diccionario léxico
ESPASA

diccionario de dichos y frases hechas

Alberto Buitrago

ESPASA

Directora Editorial
Marisol Palés

Coordinadora Editorial
Alegría Gallardo

Preparación del original
Ana Prado y Juan Miguel de Pablos

Diseño
Joaquín Gallego

Décima edición: julio, 2004
Depósito legal: M. 30.151-2004
ISBN: 84-670-0116-X

Espasa, en su deseo de mejorar sus publicaciones, agradecerá cualquier sugerencia que los lectores hagan al departamento editorial por correo electrónico: sugerencias@espasa.es

Impreso en España / Printed in Spain

Impresión: Unigraf, S. L.

Editorial Espasa Calpe, S. A.
Complejo Ática - Edificio 4
Vía de las Dos Castillas, 33
28224 Pozuelo de Alarcón (Madrid)

A Mónica, que todo lo hace posible.
A mis padres, que me hicieron posible.

Prólogo

¿Dichos? ¿Frases hechas? ¿Locuciones? ¿Modismos? ¿Expresiones? ¿Fraseología?... Batiburrillo o, más propiamente, *cajón de sastre* en el que, quizá por fortuna, nada hay claramente deslindado. Descartado todo lo que huela a refrán o proverbio —si bien muchas veces, como se verá en estas páginas, los refranes se camuflan hábilmente, cortan por aquí su carga de moralina, añaden por allá un toque de neutralidad y pasan, en silencio, a engrosar las filas de alguno de los apartados anteriores—, queda un *totum revolutum* que, voluntariamente, y con el atenuante y la dispensa de pensar que tampoco lo han hecho ni lo hacen los diccionarios, no nos hemos detenido a ordenar.

Un *modismo* es, amalgamando definiciones de aquí y de allá, una expresión fija de la lengua, cuyo significado hoy no se puede deducir interpretando las palabras que la forman. Por ejemplo, se me ocurre, *de buenas a primeras, de gorra* o *llevarse el gato al agua*. Una *locución* es, amalgamando definiciones de allá y de aquí, un grupo de palabras que forman una expresión cuyo significado no siempre se deduce de las palabras que la forman. Por ejemplo, se me ocurre, *de buenas a primeras, de gorra* o *llevarse el gato al agua*... La lengua, sobre todo si va teñida de la infinita libertad que otorga lo popular, la lengua hablada, lucha a brazo partido contra las etiquetas, y uno, a su modesto entender, cree que es mejor optar por ropajes más cómodos que por la estrechez del corsé; por eso tal vez sea mejor recurrir a términos como *locución, dicho* o *frase hecha,* que abarcan, en su libre ambigüedad, a todas aquellas expresiones para cuya interpretación o comprensión —a veces resulta bastante arriesgado hablar de significado— necesitamos filtros diferentes a los habituales, ya sean puramente léxicos (arcaísmos, tecnicismos), semánticos (connotaciones, metáforas, metonimias, eufemismos, disfemismos...) o sociolingüísticos.

Se han tenido en cuenta en este trabajo, fundamentalmente, aquellas expresiones que están construidas sobre términos arcaizantes *(echar pestes)*, extranjerismos *(de bote en bote; perder la chaveta)*, las referidas a hechos muy remotos en el tiempo y en el espacio *(cantar la palinodia)*, a relatos más o menos folclóricos *(la carabina de Ambrosio; ser la caraba)*, de carácter histórico o legendario *(al buen callar llaman Sancho)* y localista *(ser una birria; más chulo que un ocho)*. Se han procurado evitar, y seguramente no se habrá conseguido en la medida en que sería de desear, aquellas expresiones que podrían entenderse consultando cualquiera de los diccionarios al uso. En muchos casos, tal vez más de los deseables, se ha acabado por ceder ante el poco filológico criterio de la *curiosidad*.

Por lo que se refiere al aspecto meramente externo de esta obra, he querido, respetando al máximo el espíritu de lo lexicográfico, eliminar la mayor cantidad posible de ese olor a laboratorio del lenguaje que desprenden los diccionarios, y hacerla así más digerible para quien no quiera entrar en mayores profundidades, para que estas páginas puedan, además de consultarse, leerse de noche a noche o de día en día —de claro en claro o de turbio en turbio dice Cervantes en *El Quijote*— dejando una marca en la página del sueño o del cansancio. Hay, no obstante, algunas consideraciones *de laboratorio* que habrían de tenerse en cuenta:

- El orden alfabético se establece, parece verdad de perogrullo, considerando sólo las palabras en negrita de cada entrada, porque son las que configuran la frase hecha o el dicho principal. Cuando se considera al verbo, si apareciera, como un componente semántico más, forma, lógicamente, parte de la expresión. Otras veces la expresión, pese a que pueda funcionar con verbo, aparece sin él; son fórmulas en que considero que el verbo no es estrictamente necesario como componente semántico, y otras en que pueden aparecer varios verbos. En estos casos, se coloca detrás y entre corchetes el/los verbo/s más habitual/es.
- Entre paréntesis, en la misma cabecera de la entrada pero sin negrita, aparecen las variantes de la expresión. Suelen ser sinónimos o variantes fonéticas propias de la lengua coloquial.
- En el índice, que se ha deseado minucioso en extremo, se pueden encontrar las expresiones tanto en su orden alfabético propio como bajo la palabra que lleva la carga semántica principal. Si se trata

de una variante, remitirá a la expresión principal en la que se encuentra recogida.

La tarea es, ha sido y será, sobre desmesurada y agotadora, apasionante e interminable, como interminables son los territorios de la lengua hablada. De todas formas, mucho trabajo dejó ya hecho don José María Iribarren con su indispensable *El porqué de los dichos*, y justo es reconocer aquí tan impresionante, y seguramente insuperable, labor. A pesar de todo, queda mucha tela que cortar, y lo que sí es verdad es que hincándole el diente a este trabajo, uno se echa al coleto una dosis de cultura y de sorpresas impensables, tan necesarias como gratificantes.

Esto no es *el canto del cisne*, ni el *gorigori*, que tal da. Queda todo el rabo por desollar y uno tiene aún ganas de *lanzarse al ruedo*, de *meterse en harina* y de *revolver Roma con Santiago* para que esto no se quede en *agua de borrajas*.

Sabido es que don Juan Manuel, celoso de la propiedad intelectual de su obra, mandó hacer una copia de sus trabajos y la encerró a cal y canto en el castillo de Peñafiel. El fuego acabó con el celo del infante y con gran parte de los derechos de autor que le hubieran correspondido. Yo, querido lector, como no tengo castillo... ni obra, desde este momento te hago depositario y custodio de estas páginas que, pues salieron de la lengua que hablas y de lo que la rodea, son también tuyas. Cualquier sugerencia, apunte, nota, explicación, orientación o crítica que tengas a bien hacer será recibida *a bombo y platillo*.

ALBERTO BUITRAGO JIMÉNEZ
Salamanca, junio de 1995

NOTA A LA EDICIÓN DE 2002

Esta obra ha crecido considerablemente en poco más de seis años y ello, en buena parte, se debe a los amables apuntes, comentarios, sugerencias y críticas que muchos lectores tuvieron a bien hacerme. A todos ellos, muchísimas gracias.

Salamanca, enero de 2002

A

A barullo Mucho. En cantidad. *Creo que tendrás que volver a pasar el trabajo a máquina. Hay errores a barullo. Barullo* es palabra que entra en nuestra lengua a través del término portugués *barulho,* 'confusión, mezcla', con origen en el término latino *involucrum,* 'envoltorio'.

A base de bien En abundancia. *Hemos comido marisco a base de bien. De todo tipo y a muy buen precio. Bien,* más que como un adverbio de modo, funciona aquí como uno de cantidad, como elemento de formación del superlativo, similar a *muy.* Su empleo es muy frecuente en nuestra lengua: *He comprado una enciclopedia bien barata.|Es un escritor bien conocido.|La sopa se tiene que tomar bien caliente.*

A beneficio de inventario Sin preocupación ni interés. Sin trascendencia. *Mañana tendremos la reunión para adjudicar la plaza, pero será a beneficio de inventario, porque ya sabéis que sólo se ha presentado un candidato para el puesto y, como cumple los requisitos...* El *inventario* es la relación precisa que se hace de los bienes que pertenecen a una persona o institución. Los objetos inútiles o innecesarios pasan también a engordar la lista, aunque no sirvan para nada. Por ejemplo, una vieja máquina de escribir, oxidada e inservible, que se guarda en el trastero de una oficina también se relaciona en el inventario... Sirve sólo para eso. De todas formas, es muy posible que la locución se tome directamente del lenguaje jurídico, en el que aceptar una herencia con o a beneficio de inventario es un práctica que consiste en reservarse el derecho de recibirla sólo una vez realizado el inventario de los bienes, a fin de evitar que el heredero deba pagar deudas que podrían incluso superar el valor de lo heredado.

A bocajarro [disparar] Cuando alguien sufre un disparo desde una muy corta distancia, la señal que queda en su cuerpo es grande y redonda, como si, en vez de por el cañón de una pistola, le hubiesen disparado por una *boca de jarro.* Se suele utilizar también la expresión en sentido figurado, sobre todo en el ámbito deportivo: *El delantero se plantó delante del guardameta y le disparó a bocajarro.* A veces, acompañada por verbos del tipo *decir,* tiene el significado de 'dar una noticia inesperada bruscamente': *Laura me dijo ayer así, a bocajarro, que ya no quería salir conmigo.*

A bombo y platillo [anunciar; proclamar; pregonar] Todo lo contrario de guardar un secreto... Dar a conocer públicamente una noticia de manera muy evidente, casi como si el tal anuncio se acompañara de redobles de tambor y de platillos, como cuando los pregoneros anunciaban una noticia, o como hoy el presentador del circo anuncia una actuación, por ejemplo. *El presidente anunció su dimisión a bombo y platillo, rodeado de cámaras y micrófonos.*

A borbotones [sangrar; brotar; manar; hervir; salir] El *borbotón* o *borbollón* es esa burbuja que hacen los líquidos cuando salen por un orificio o cuando hierven. *La cornada había afectado a una arteria importante y la sangre manaba a borbotones.*|*En ese manantial el agua mana a borbollones.* A veces usamos la locución en sentido figurado: *Tiene una mente privilegiada: le salen las ideas a borbotones y siempre se le ocurren cosas nuevas.* Existen en nuestra lengua los verbos *borbollar* 'hacer borbollones el agua' y *borbotar,* 'nacer o hervir el agua impetuosamente o haciendo ruido' que pueden emplearse casi como sinónimos.

A bote pronto Súbitamente, sin pensar. La expresión tiene su origen en algunos deportes (tenis, fútbol...), en los que a veces se golpea la pelota en cuanto da el bote, sin detenerse a pensar en la fuerza o en la dirección que se le imprime. *Le voy a hacer diez preguntas y usted me contesta a bote pronto, lo primero que se le ocurra.*

A brazo partido [luchar; pelear] Sin armas, sin defensas, violenta y bravamente. Parece ser que la expresión puede tener origen en ciertas costumbres rurales que consistían en mostrar la fuerza pulseando, *echando un pulso,* como se dice más popularmente, hasta que uno de los dos contendientes acabara con su brazo doblado sobre la mesa y, a veces, partido. A veces tiene un uso figurado con el significado de empeñarse, insistir hasta conseguir algo, sin que exista violencia física: *Luchó a brazo partido para conseguir el puesto de trabajo que tiene hoy.* V. *Echarle a alguien un pulso*||*No dar alguien su brazo a torcer.*

A buen recaudo [poner; estar] En un lugar seguro y protegido. *El terrorista ha sido puesto ya a buen recaudo y se encuentra ahora en una celda de seguridad y con fuerte vigilancia policial.* Del latín *recapitum,* sustantivo del verbo *recapitare,* 'recaudar, guardar el dinero', y a través de la forma medieval *recabdo,* llegamos al término *recaudo,* que, con el significado de 'protección, cuidado', se usa solamente en esta expresión. En el *Cantar de Mio Cid* nos dice el anónimo autor que la carta del rey Alfonso, en la que se prohibe dar protección, amparo y alojamiento a Rodrigo Díaz de Vivar, entra en Burgos «con gran recabdo y fuertemientre sellada».

¡A buenas horas, mangas verdes! Se emplea la expresión como reproche a alguien que llega tarde a ayudar a otra persona, que hace algo a destiempo, o para aludir a una persona que dice algo fuera de tiempo y de lugar. *Ahora* *que ya he clavado la punta con una piedra llegas tú con el martillo... ¡A buenas horas, mangas verdes!* Se remonta esta expresión a finales del siglo XV, cuando los Reyes Católicos fundan el cuerpo de los cuadrilleros (llamados así por llevar como arma el *cuadrillo,* una flecha de ballesta de base cuadrada y punta piramidal) de la Santa Hermandad, que era una especie de policía rural destinada a socorrer a las gentes de los pueblos y perseguir, juzgar y castigar los delitos que se cometieran fuera de las ciudades. Al parecer dicho cuerpo no tenía a gala precisamente la puntualidad. En muchos textos de la época se alude precisamente al hecho del retraso con el que llegan a dar socorro... Por cierto, y lo más importante, el uniforme de estos cuadrilleros era una especie de casaca con las mangas verdes.

A bulto [hacer; decir; calcular; medir; pesar] Sin pensar, aproximadamente, o considerando sólo lo más importante. *No sé cuántas personas habría en el concierto, pero, así, a bulto, serían más de tres mil.* Aunque no sería extraño emparentarla con otras, como *Ir al bulto* (v.), entendiendo bulto como 'montón, masa', como la figura que ve quien no distingue los objetos, la expresión parece estar emparentada con la latina *ad vultum tuum,* que, libremente traducida, vendría a significar algo así como 'según tú lo veas'. V. *Al buen tuntún.*

A burro muerto, la cebada al rabo Usamos esta frase para dar a entender que alguien hace algo cuando ya no hay remedio o solución. *Ahora que ya está con otro la llamas todos los días y le mandas flores: a burro muerto, la cebada al rabo.* Si el burro está muerto de nada sirve intentar alimentarlo y menos aún si se le pone en el rabo... Es posible que el dicho tenga asiento en algún cuento o fábula populares. V. *A liebre ida, palos en la cama.*

A cada cerdo le llega su San Martín Con esta sentenciosa expresión se da a entender que a cada uno le llegará su hora, en el sentido de que si alguien ha actuado de forma incorrecta, tarde o temprano pagará su culpa; o sea, seguirá el mismo camino que el cerdo, destinado, aunque no tenga culpa sino más bien todo lo contrario, al fin de todos conocido: la matanza, que comienza a realizarse por San Martín, cuya festividad se celebra el 11 de noviembre. *No merece la pena que contestes a sus ofensas; déjalo: a cada cerdo le llega su San Martín.* V. *Con la ayuda del vecino mató mi padre un cochino*||*Estar de buen año.*

¡**A cagar**/mear **a la vía** (, que está fría)! Como en *Mandar a alguien a cagar* (v.), estamos ante una manera más bien «poco fina» de mostrar desacuerdo con alguien, o de «invitarle» a que se calle, a que deje de molestar o a que se vaya de algún lugar y, a ser posible, lejos, pues las vías del ferrocarril solían estar alejadas de las ciudades. *¡Hala! ¡A cagar a la vía! Estoy harto ya de escuchar bobadas, o sea que, o te callas o te vas de mi casa.* Se suele dar como más certera esta primera versión, ya que la segunda no tiene otra explicación, como tantas otras veces en la lengua coloquial, que la perniciosa fuerza de la rima consonante. A veces se dice, como eufemismo, *¡A silbar a la vía!*

A calzón quitado [ir] Rápidamente. De forma precipitada. Con gran ajetreo. *Tengo que entregar este trabajo el martes y voy a calzón quitado, porque veo que no me va a dar tiempo.* Los *calzones,* frente a las más nobles *calzas,* eran una prenda habitual de la gente humilde durante los siglos XVI y XVII, una especie de pantalones anchos que llegaban a la altura de la rodilla. Es posible que la locución se originara en la jerga de los maleantes, en referencia a quienes, sin haberles dado tiempo a vestirse, se veían obligados a huir precipitadamente de la justicia. No faltan, de todas formas, quienes hablan de algún amante sorprendido por el esposo y que, con los calzones en la mano, se vio obligado a salvar el pellejo saltando por la ventana. Hay ejemplos abundantes en la literatura de la época.

A cámara lenta [ir; andar; hacer...] Muy despacio. *Si sigues andando a cámara lenta vamos a llegar a casa de noche.* La locución se refiere a la técnica cinematográfica, también llamada *ralentí* (v. *Al ralentí),* con la que se consigue que las imágenes se reproduzcan a velocidad más lenta de lo normal.

A capa y espada [defender] Con todas las fuerzas y por un motivo que se considera justo. *La defendió a capa y espada porque estaba seguro de su inocencia. No le importaron las críticas ni los comentarios de la gente y, al final, se demostró que tenía razón.* La expresión puede tener su base en el tan traído y llevado concepto del honor, explotado al máximo en nuestro teatro clásico, donde tanto la capa como la espada son los símbolos del hidalgo, del caballero, del que defiende justamente su honor. De ahí que dichas comedias se llamen también *de capa y espada.*

A capón [meter] Por la fuerza. Sin razones ni justificaciones lógicas. *Todos los temas están bien elegidos, excepto el del arte gótico, que se nota que está metido a capón.* Llamamos capón al golpe dado con los nudillos sobre la cabeza de una persona, tradicional en los antiguos maestros de escuela, entre los que se contaban verdaderos expertos... y tal vez, precisamente, de aquí provenga el dicho.

A cara de perro [luchar; defender] (Tener/poner cara de perro) Dura y crudamente. Sin concesiones. Se usa mucho para hablar de situaciones en las que alguien se enfrenta a asuntos importantes. *La empresa quiere cerrar la fábrica, pero los obreros están luchando a cara de perro para defender sus puestos de trabajo y no van a parar hasta que lo consigan.* La locución se refiere a la actitud del perro guardián, que ladra y muestra los colmillos al sentirse amenazado o cuando debe defender la propiedad. De hecho, cuando alguien está muy enfadado decimos que *tiene cara de perro.*

A cara descubierta Abierta y claramente. Sin ocultar nada. *A mí me gusta ir por la vida a cara descubierta, llamando a las cosas por su nombre y asu-*

miendo mis responsabilidades. La cara, lo dice la certidumbre popular, es el espejo del alma y así lo certifica la locución. V. *A pecho descubierto*.

A carta cabal Esta expresión funciona como un intensificador de las virtudes o defectos de alguien. Podemos decir que alguien es bueno, honrado, malo o estúpido *a carta cabal*, si bien es cierto que se usa más con las virtudes que con los defectos. *Julio es honrado a carta cabal, jamás me ha fallado*. Significa algo así como 'por completo', 'totalmente', 'verdaderamente', como si esa virtud o defecto estuviese certificado por haber sido escrito en una *carta* que no miente, que sólo proclama la verdad, *cabal* al máximo. De hecho, antiguamente una *carta cabal* era una especie de acta notarial, el documento que daba fe de algo. V. *Dar fe de algo*.

A cencerros tapados En secreto, sin que nadie se entere. Para que las alimañas o los dueños de los pastos que atravesaban no sintieran los cencerros de su ganado, metían trapos dentro o envolvían con ellos los badajos *El ministro ha sido cesado en vacaciones cuando nadie lo esperaba, a cencerros tapados, prácticamente sin que la prensa se enterase*.

A chorros En abundancia. Copiosamente, como cuando se abre un grifo y sale con fuerza el agua. *Nadie se lo iba a decir cuando se inventó ese negocio de las pizzas a domicilio, pero hoy el dinero le llega a chorros*. V. *Cerrar el grifo*.

A ciegas Sin ver. Por lo general, se usa la locución cuando alguien está tan seguro de algo que lo hace sin verlo, sin experimentarlo o sin tener información al respecto. *Me gusta tanto esa marca que sería capaz de comprarme cualquier prenda a ciegas*.|*Si ella me invita a la fiesta, voy a ciegas, no lo dudes*. V. *A tientas*.

A cien [ponerse; estar] Enfadarse o excitarse mucho. *Cuando sé que tengo razón y me llevan la contraria es que me pongo a cien*. Se usa con frecuencia para hacer referencia a un estado de excitación sexual. Seguramente la locución se refiere a la velocidad de los coches, aunque hoy habría que decir *ponerse a doscientos cincuenta*... De hecho también decimos que alguien *está acelerado* cuando está demasiado nervioso o muy excitado.

A ciencia cierta [saber; conocer] Con total seguridad. *Desde antes de que se reúna el jurado se sabe a ciencia cierta cuál va a ser la novela ganadora*. La ciencia es el conocimiento ordenado y experimentado de las cosas, es decir, cabe poco la duda, y menos aún si al implícito adjetivo *experimentado* añadimos el de *cierto*.

A conciencia Cuidadosamente. Con gran atención. *He leído tu trabajo a conciencia y te puedo asegurar que está perfecto*. El término *conciencia* cobra en esta oración el significado de 'interés, seriedad' Cuando a la locución le precede un adjetivo se forma uno de los muchos superlativos enfáticos que circulan por la lengua coloquial: *Se ha comprado un traje feo a conciencia*.

A contramano (A trasmano) [estar; quedar; venir; pillar...] En dirección contraria. *Nada más dar la vuelta a la esquina me encontré con un coche que venía a contramano. Menos mal que pude esquivarlo.* A veces usamos la locución o la variante *a trasmano,* 'más allá de la mano', para indicar que un lugar está alejado de nuestro camino o que una situación no tiene nada que ver con nuestros intereses o conocimientos. *Luis es un buen chapista, pero la mecánica le queda muy a contramano: yo no le llevaría el coche.* V. *A contrapié*||*A mano.*

A contrapié [estar; quedar; venir; pillar...] Esta locución se usa en el mundo del deporte, sobre todo en el tenis, cuando la bola llega al pie de apoyo, es decir, hacia la dirección contraria a la que ha tomado el jugador. En la lengua cotidiana, se emplea cuando alguien es sorprendido con algo que no esperaba. *Me habéis pillado a contrapié: yo esperaba ir a cenar a un burguer y resulta que vamos a un restaurante de lujo. Si lo sé me pongo algo más elegante.* V. *Andar con el pie cambiado.*

A contratiempo (Sufrir/suceder/tener/ser un contratiempo) Inoportunamente o de forma poco adecuada a las circunstancias. *En esta comunidad andamos siempre a contratiempo: cuando hace un frío que pela, sin calefacción; cuando nos morimos de calor, la calefacción a tope.* También *A contratiempo* es una expresión que se usa en el mundo de la música para indicar que una nota que debería comprender un solo tiempo del compás, se extiende también al segundo, es decir, que está fuera de tiempo, que es inoportuna. Por esta razón llamamos contratiempo a un accidente o suceso inoportuno que interrumpe el desarrollo normal de alguna acción. *Señoras y señores, el conferenciante previsto para hoy ha sufrido un contratiempo y no podrá intervenir. Su intervención se pospone para mañana a las doce y media.*

A corazón abierto (Abrirle a alguien el corazón) Con toda sinceridad y afecto. *Ayer estuve toda la tarde con Ana y hablamos a corazón abierto de nuestros problemas, nuestros deseos, nuestras inquietudes... En fin, de lo divino y de lo humano.* Hay muchas expresiones en las que aparecen claramente las connotaciones de corazón y alma que indican amor, amistad o sinceridad: V. *Con toda el alma*||*De corazón*||*En el alma*||*No caberle a alguien el corazón en el pecho.*

A coro [decir; hablar; pedir] (Hacer coro) En grupo. Al mismo tiempo, como cuando un coro canta una canción. *Hay que tener la cara muy dura para aferrarse a la poltrona cuando más de dos mil personas, a coro, te piden cada día la dimisión.* V. *Al unísono*||*Hacerle coro a alguien.*

A costa de algo o de alguien A expensas de algo o de alguien. Haciendo un gran esfuerzo o un gran sacrificio que afecta a personas o cosas. *Sí, al final ha conseguido comprarse el coche que quería, pero a costa de empeñarse y de firmar un montón de letras.* El término *costa* significa en la anterior oración 'costo, precio'. V. *A toda costa.*

A cualquier cosa llaman chocolate las patronas/llaman las patronas chocolate La frase se emplea cuando queremos decir que algo cuya calidad previamente se ha alabado carece de valor o de interés. *Dice que se ha comprado un reloj de oro macizo... De oro macizo... A cualquier cosa llaman chocolate las patronas*. Se sabe que en época de crisis el chocolate se sustituía por un sucedáneo que había visto el cacao en fotografía... Quienes sufrieron la hambruna de la posguerra aún recuerdan aquel chocolate que sabía a arena y que también se tomaba caliente. Es posible que la frase puesta en boca de una criada que había servido sucedáneo a su patrona, se hiciera popular al aparecer en una obra del dramaturgo zamorano, autor de sainetes y de libretos de zarzuela y tremendamente popular en su época, Miguel Ramos Carrión (1845-1915), titulada *La careta verde*.

A culo pajarero [quedarse; estar] Con las nalgas al aire. Desnudo *Al salir de la piscina se le bajó el bañador y se quedó a culo pajarero*. Es probable que haya que interpretar esta locución literalmente, en referencia a la rabadilla de los pájaros, descubierta de plumas, es decir, desnuda. De todas formas no hay que olvidar que durante el siglo XVIII estuvieron muy de moda unos elegantes vestidos y sombreros, de mujer y de hombre, confeccionados con ricas telas bordadas con dibujos de pájaros, denominados por ello «pajareros». Es posible que, irónicamente, el adjetivo se usara aquí como sinónimo de la total desnudez.

A dedo [elegir; nombrar; designar] Por decisión personal, normalmente arbitraria e injusta. *Se trata del clásico «enchufe». Al secretario general lo ha elegido a dedo el presidente, que, curiosamente, es su cuñado*. Quien elige así a una persona da la impresión de señalarla con el dedo índice, ejerciendo el mando y teniendo a los demás sometidos a sus decisiones y a su voluntad. Curiosamente, la lengua coloquial ha generado un término brillante que resume, con un fantástico juego de palabras, esta prepotente actitud: «dedocracia».

A degüello [entrar; ir] De forma decidida, incluso violenta. Sin reparar en posibles inconvenientes, daños o perjuicios. *Esa casa es una ganga, yo que tú iría por ella a degüello. La compraría mañana mismo, antes de que los dueños se arrepientan y suban el precio*. Antiguamente las batallas se decidían en el cuerpo a cuerpo, en la lucha con armas blancas que, si se terciaba se empleaban para degollar a los enemigos, es decir, para cortarles el cuello.

A destajo [trabajar] Sin descanso. Intensamente. Se usa sobre todo en referencia a los trabajos que se deben terminar cuanto antes. *La obra tiene que estar lista el próximo martes y, como van con un poco de retraso, llevan un par de semanas trabajando a destajo, día y noche*. La expresión *Trabajar a destajo* es, en su primer significado, la forma de trabajar en la que se cobra un dinero por la tarea realizada, no se cobra un jornal o un sueldo fijo. *Destajar* sería algo así como «descortar», es decir, que el dinero no se *taja* en porciones.

A diestro y siniestro A derecha e izquierda (*destra* y *sinistra* en latín). Por extensión, a todas partes y sin control. *Cuando sintió las banderillas, el toro comenzó a tirar cornadas a diestro y siniestro.*

A dos velas [estar; dejar; quedarse; andar] Sin dinero o sin recursos de ningún tipo. *Tengo que reducir los gastos, porque a final de mes me quedo siempre a dos velas.* La explicación del origen del dicho es realmente peliaguda, pues entra en liza la polisemia, los muchos significados, de la palabra *vela*. Hay varias hipótesis, ninguna descartable. Antiguamente, los juegos ilegales de cartas solían celebrarse al amparo de la oscuridad; el jugador que hacía de banca, es decir, quien controlaba el dinero, solía tener junto a él dos velas para poder contarlo. Si algún jugador conseguía dejar a la banca sin dinero, se decía que la dejaba *a dos velas*. Otra explicación hace proceder la locución del hecho de que en las iglesias, tras la misa, quedaran sólo dos velas encendidas delante del sagrario, que alumbraban sólo un pequeño espacio. A veces se piensa también en el barco que, azotado por la tormenta o abordado por los enemigos, navega fatigosamente sólo con dos *velas*. Por otra parte, como en la lengua coloquial se llama *velas* a los mocos que, como si fueran gotas de cera, cuelgan de la nariz de los niños, y dado que frecuentemente se asocia al niño mocoso con la pobreza y el desamparo, podría pensarse en que el significado de la locución estuviera relacionado con este hecho. Además, cuando decimos que alguien está a dos velas nos llevamos a la nariz los dedos índice y corazón y los deslizamos hacia los labios, imitando el recorrido de estas *velas* infantiles, gesto que podría haberse generado *a posteriori* para ilustrar el dicho.

A enemigo que huye, puente de plata A veces es mejor facilitar la escapada del enemigo vencido, construirle un puente —de plata si es preciso— para que pueda vadear el río, que no perseguirlo para darle alcance y luchar contra él. Actualmente la frase se usa para expresar la satisfacción por perder de vista, sin esfuerzo o compromiso por parte de quien habla, a alguien desagradable o antipático. *La verdad es que no aguanto a Maruja. Menos mal que dice que se va a vivir a Madrid. A enemigo que huye, puente de plata.* La frase es una de las muchas máximas militares atribuidas a Gonzalo Fernández de Córdoba, El Gran Capitán (1453-1515), jefe de los ejércitos de los Reyes Católicos. V. *Las cuentas de El Gran Capitán.*

A escape [salir; irse; marcharse] Rápidamente. Muy deprisa. *Me voy a escape, que tengo que pasar por el taller para recoger el coche y cierran dentro de diez minutos.* El término *escape* es un sustantivo relacionado con el verbo *escapar,* pero en este caso no sería extraña una relación con el tubo de *escape* de los vehículos a motor, el lugar por el que escapan los humos procedentes de la combustión del motor, especialmente abundantes cuando se acelera o cuando el vehículo se pone en marcha.

A espuertas/esportones Mucho. En abundancia. *Tiene libros a espuertas y no le queda libre ni un centímetro cuadrado de pared.* La *espuerta* es ese recipiente que antes era de paja y ahora de goma en el que los albañiles acarrean la arena, la cal o el cemento y que, si es más grande de lo normal, se llama *esportón*. V. *A manta*|*A punta de pala*.

A estas alturas Usamos esta locución para indicar que algo se hace tarde o fuera de tiempo, que hemos llegado a un punto en el que algo debería ser ya conocido o haber sido hecho. *Llevamos ya seis años trabajando juntos y a estas alturas me tengo que enterar de que no te encuentras a gusto conmigo.*

A expensas de algo o de alguien [estar] A cargo o por cuenta de una persona o cosa. *No se puede estar toda la vida viviendo a expensas de la familia y de los amigos. Hay que buscarse la vida y si las cosas vienen mal dadas, mala suerte.* Las expensas son los gastos o costas que origina algún trámite. En el ejemplo anterior, los gastos originados por el caradura y asumidos por otros.

A falta de pan, buenas son tortas En ausencia de algo mejor, debemos conformarnos con lo que tenemos, es decir, si carecemos de pan, no es mala solución sustituirlo por las tortas. *Hombre, éste no es el diccionario más adecuado para hacer una traducción de este tipo, pero, a falta de pan, buenas son tortas*. La torta es, en este caso, una masa de harina y agua, generalmente sin levadura, a la que se da forma plana para cocerla al horno o freírla.

A favor de obra [ir] Con la situación a favor. Beneficiándose de las circunstancias. *El equipo empezó titubeante, pero luego se asentó, marcó el primer gol, ellos se vinieron abajo y ya fue todo a favor de obra*. Seguramente *obra* es aquí un cultismo, directamente derivado de la *operam* latina y, visto el significado actual de la frase, es más probable que se relacione con la obra de caridad que con el trabajo manual. No es descartable que, interpretándola de forma literal, la locución se refiera al tiempo o a las circunstancias favorables para emprender una acción, un trabajo o una construcción.

A fin de cuentas Se refuerza con esta locución los argumentos que se emplean a favor de algo o sobre la veracidad de nuestras palabras. *Pues yo no le pienso regalar nada. A fin de cuentas ella ni siquiera me felicitó por mi cumpleaños*. V. *En resumidas cuentas*.

A flor de piel [llevar; sentir] Cuando alguien quiere expresar que algo de lo que está sintiendo es tan evidente que casi puede verse, emplea esta hermosa expresión, dando a entender que dicho sentimiento ha florecido en su piel y, por tanto, es claramente visible. *Romeo, llevo tu amor a flor de piel*. A lo mejor Julieta no lo dijo, pero seguro que lo pensó.

A gogó En abundancia. *La película tiene situaciones divertidas a gogó y te pasas casi todo el tiempo riéndote*.|*El juez ha precintado esta discoteca porque corrían drogas a gogó*. El término *gogó* es un galicismo que aparece en nuestra lengua, y también en italiano, y se deriva de la antigua palabra francesa *gogue*, 'diversión, placer', conocida ya en el siglo XV. Por un cambio semántico la diversión se transforma en *confusión* y después en *abundancia*, *can-*

tidad. *Gogue* parece estar también en el origen del anglicismo *go-go girl*, «chica gogó» o animadora, aunque para algunos derive del verbo inglés *to go*, 'ir', empleado como exclamación de ánimo, literalmente 'chica vamos-vamos' *(go!, go!)*.

A golpe de calcetín Andando. *Ha cumplido la promesa y se ha hecho todo el camino de Santiago a golpe de calcetín*. Pese a lo que pudiera parecer, no existe la locución, más lógica, pero menos significativa, *a golpe de zapato*.

A grandes rasgos En general. En resumen. Sin entrar en detalles. *El libro es, a grandes rasgos, una novela negra con grandes dosis de humor*. La locución parece asentarse en los esbozos que los pintores realizan antes de empezar la obra o en los trazos gruesos, muchas veces hechos con golpes de carboncillo, con los que empiezan a dar forma al cuadro.

A granel Sin envasar o empaquetar, sobre todo en referencia a productos que pueden comprarse en algunos almacenes y generalmente *Al por mayor* (v.). *En esa bodega venden vino y licores a granel*. También puede significar en abundancia. *Este año en la Feria del Libro había libros de cocina a granel, por todas partes*. El término *granel* entra en nuestra lengua a partir del término catalán *granell*, 'grano menudo'. Los cereales, especialmente el trigo, se solían y se suelen vender en cantidades, de ahí el significado de la locución. V. *Al detalle*.

A grito pelado [hablar; decir; llamar] En voz muy alta. Dando tantas voces que la garganta se irrita, se pela. *No me gusta esa manía que tienes de llamarme a grito pelado de una habitación a otra*. V. *A voz en grito*||*Pedir algo a gritos*.

A hierro y fuego Se emplea esta expresión para hablar de la fortaleza y valentía de alguien, y suele ir acompañada por adjetivos como *templado*, *forjado* o *moldeado*. Decir que alguien está *templado a hierro y fuego* es como decir que ha salido de una fragua, que es de metal, que ha sido moldeado calentándolo al rojo vivo y a golpes de yunque y martillo, o sea, que es duro, rocoso, resistente y que soporta el dolor sin descomponerse. *No me preocupo por ella; siempre ha salido adelante en situaciones difíciles, está hecha a hierro y fuego*.

A huevo [estar; tener; ponerse; venir] Cuando algo es fácil de conseguir decimos que tenemos algo *a huevo*. *El delantero tenía el gol a huevo y lo falló;* también empleamos la locución para señalar que algo es muy propicio para nuestros intereses. *Si apruebo esta asignatura se me pone la carrera a huevo*. Es posible que la locución fuera más amplia en tiempos pasados, algo así como **Costar o valer a precio de huevo*, para indicar lo barato del precio de algo cuando se efectuaba un trueque. No sería descabellado pensar que la expresión *Importar algo a alguien un huevo* (v.), 'no importar nada', tenga que ver con este hecho (v. *A precio de oro*||*Valer su peso en oro*). Si se refiriese a lo barato de un producto pasaría a designar lo conveniente, y de ahí se deriva al matiz de lo fácil. Puestos a hacer conjeturas tal vez pudiera buscarse el origen en una antigua expresión utilizada en el lenguaje jurídico: *uebos* (así, sin *h* y con *b*), derivada del *opus* latino, y que tiene el significado aproximado de 'necesidad, interés o conveniencia'. A veces *a huevo* se utiliza con el significado de *a ojo*. *No sé qué tal me habrá salido la tarta, porque, como no tenía balanza, he pesado los ingredientes a huevo*. V. *¡Manda huevos!*||*No es por el huevo, sino por el fuero*||*Por huevos*.

A humo de pajas [hablar; decir; opinar] Todos sabemos que el fuego y, por consiguiente, el humo que desprenden las pajas es efímero, se *esfuma* —nunca mejor dicho— rápidamente, como efímera es la combustión. Cuando decimos a alguien que *habla a humo de pajas* le damos a entender que lo hace sin ningún fundamento, sin ninguna base científica o sin ninguna justificación. *¿Sabes con seguridad que Antonio y Maribel se han separado o hablas, como siempre, a humo de pajas?*

A hurtadillas A escondidas. Disimuladamente. *Cuando su padre se iba a la cama, Luis salía a hurtadillas por la ventana y se marchaba de fiesta*. Hurtar, ya se sabe, es sinónimo de robar. Procede del latín *furtare*, que tenía el significado de 'hacer algo ocultamente'; de ahí, por ejemplo, la palabra furtivo y la expresión que nos ocupa.

A la buena de Dios Sin pensar. De forma inconsciente. Sin considerar los pros y los contras. *No sé cómo me habrá quedado la tarta, porque se me ha estropeado el peso y he echado la harina a la buena de Dios*. Literalmente, dejando la resolución y el destino en las manos de Dios y de su bondad. V. *Como Dios me da a entender*.

A la chita callando En silencio. Disimuladamente. Sin llamar la atención. *No sé por qué me empeño en hablar contigo, en darte consejos, si luego tú, a la chita callando, haces siempre lo que te da la gana*. La *chita* o *taba* es el astrágalo, un huesecillo de la extremidad inferior de las reses con el que los niños jugaban al *juego de las chitas* o *de las tabas:* tirarlas al aire y obtener más o menos puntos según la cara por la que queda. Parece ser que el juego tenía una variante para adultos, en la que se apostaba dinero (v. *Armarse una tángana*). Es posible que, en épocas en que estos juegos de azar estuvieron prohibidos, se jugara *a la chita callando*, es decir, en secreto (v. *Irse cagando leches/chitas*). Algunos autores, no obstante, remontan el origen del dicho a la época musulmana, cuando se introdujo en la Península un felino denominado *siita*, o *chita*, una especie de *guepardo*, para usarlo en la caza. El animal era rápido y astuto y se acercaba sigilosamente a sus presas, sin levantar ninguna sospecha. El rey Alfonso X, *el Sabio*, que reinó entre 1254 y 1282, prohibió esta caza por considerarla demasiado cruenta, aunque se siguió practicando de forma clandestina. Algunas teorías sostienen que chita es una forma onomatopéyica del *chistar*, esa especie de silbido con el que se pide a alguien que se calle *(¡Chissst!)*, emparentada con la exclamación *¡chitón!*, con la que se solicita silencio.

A la desesperada Intentando los últimos recursos. Recurriendo a soluciones drásticas cuando la situación parece insalvable, cuando se está prácticamente al borde de la desesperación. *Los médicos intentaron a la desesperada salvarle la vida en el mismo lugar del accidente y, de forma casi milagrosa, consiguieron restablecer sus constantes vitales.*

A la enésima potencia (Elevar algo a la enésima potencia) En abundancia. En cantidad. Muy. Mucho. Es una expresión que funciona como una especie de superlativo enfático. *Ese tío es ridículo a la enésima potencia ¿Cómo se le ocurre ponerse ese traje blanco, con la que está cayendo?* En matemáticas, la potencia indica el número de veces por las que una cifra se multiplica por sí misma. Así, por ejemplo, 3 elevado a la cuarta potencia (3^4) es $3 \times 3 \times 3 \times 3$, y 34 elevado a la vigésima potencia (34^{20}) sería multiplicar 34 por sí mismo 20 veces. Cuando se habla de un número indeterminado de veces se usa en matemáticas el llamado número «n». Por ejemplo, elevar 8 a la enésima potencia (8^n) consistiría en multiplicar esta cifra por un número indeterminado de veces... Vamos, que la cantidad podría llegar a ser kilométrica.

A la fuerza ahorcan Se emplea esta fórmula como expresión de resignación ante un hecho palpable que no ofrece otra alternativa o ante un problema cuya solución es única: *Tengo que ir andando a trabajar. A ver, a la fuerza ahorcan, un coche lo tiene mi mujer y el otro está en el taller...* Nadie quiere ir a la horca por propia voluntad. Es posible que la frase se originara en la jerga de los maleantes.

A la greña [andar; estar] Dos personas que están a la greña están absolutamente enfrentadas, casi en pie de guerra y llegando por momentos a las manos o a tirarse de los pelos, que en realidad es lo que significa la palabra *greña,* 'mata de pelo, melena, por lo general desordenada o descompuesta'. *Esos dos andan siempre a la greña, no paran de pelearse pero en el fondo se quieren un montón.*

A la larga Después de un tiempo. *Comprar un piso supone un gasto considerable, pero a la larga es una muy buena inversión.* Puede ser que la locución esté relacionada con el juego de pelota por parejas, en el que un jugador está a la corta: espera la bola cerca del frontón, y el otro a la larga: la espera al fondo de la pista.

A la/una **legua** (A cien/mil leguas) [ver; conocer; saber; notarse] De lejos. A distancia. Se usa sobre todo para dar a entender que se adivinan claramente las intenciones o los comportamientos de una persona. *Él dirá lo que quiera, pero se ve a la legua que Marcos está loco por Ana.* La *legua* es una antigua medida de longitud que aún hoy se usa en algunos lugares, sobre todo en el mundo rural. Equivale a 5.572,7 m.

A la luz de Según. Como se deduce de. A la vista de. *A la luz de los últimos robos hay que entender que una banda de carteristas está actuando en el* *metro*. Luz, como en otros casos, es aquí sinónimo de 'inteligencia; claridad', aunque también podría interpretarse literalmente: la luz que ayuda a ver y, por tanto, entender. V. *A todas luces*||*Arrojar luz*||*Tener pocas luces*.

A la menor Al mínimo motivo. Por una razón insignificante. *No le digas nada, que ése se enfada a la menor y luego no hay quien lo aguante*.

A la pata la llana De manera natural. Sin cumplidos. *Manuel se comporta siempre sin formalidades, a la pata la llana*. La *llana* era la gente sencilla del pueblo, la que no tenía ningún tipo de privilegios ni de prebendas. La aparición de la palabra *pata*, empleada coloquialmente en su acepción de *pierna*, parece sugerir movimiento, acción, la forma de moverse de dicha gente humilde. Una explicación bastante más rebuscada supone que la locución está relacionada con la fortaleza-prisión de Al-Batha, situada en Orán, en Argelia, y a la que iban a parar muchos prisioneros españoles caídos en las emboscadas berberiscas. En esta fortaleza, llamada a veces La Pata por los españoles, el trato entre todos los presos sería directo, familiar, *llano*

A la postre (Al fin y a la postre) Empleamos esta expresión para hacer referencia al resultado final o a las consecuencias de una acción o de un cúmulo de acciones. Muchas veces la empleamos para hacer referencia al último intento, casi desesperado, para conseguir algo. Parece que, pese al significado, nada tiene que ver con el *postre*, el final de la comida, sino con una deformación de la antigua expresión *a la postrer(a) vez*, es decir 'al final', 'en último lugar'. *Los abogados no dejaron de sostener su inocencia y, a la postre, tras un sinfín de recursos, consiguieron sacarlo de la cárcel*. A veces se utiliza la expresión *al fin y a la postre*, con una redundancia muy propia de la lengua hablada. V. *Al fin y al cabo*.

A la rebatiña [andar; estar; coger; lanzar; tirar] Arrebatando algo a los demás en medio de la disputa o confusión. *Desde las carrozas tiraban caramelos y andaban todos los niños a la rebatiña*. En muchos lugares de Castilla durante los bautizos los padrinos tiran a los niños dulces y caramelos *a la rebatiña*. Rebatiña es un sustantivo creado sobre el verbo *rebatar*, forma antigua de *arrebatar*.

A la remanguillé Sin pensar. En situación de descuido o dejadez. *La verdad es que no sé cómo acerté la última pregunta: contesté a la remanguillé y mira, aprobado*.|*Tiene toda la casa a la remanguillé: nada está en su sitio, está todo desordenado, sucio*... Esta expresión suena a francés «macarrónico».

A la sazón En ese tiempo. En esa ocasión. *A la inauguración de la nueva fábrica asistieron los patrocinadores, el alcalde y don Pedro Velázquez, a la sazón ministro de Industria*. *Sazón* es el punto de madurez o de perfección de las cosas. *Sazón* procede de *sationem*, en latín 'siembra, sementera', el momento en que la tierra estaba preparada para recibir el grano. V. *En sazón*.

A la sombra [poner; estar] En la cárcel. *La policía lo detuvo in fragant; mientras robaba una joyería y parece que va a estar a la sombra durante una lar-*

ga temporada. La locución parece proceder de la lengua de germanías, la forma de hablar de los germanos o hermanos, los delincuentes de los siglos XVI y XVII. De perogrullo es decir que en la cárcel se ve poco el sol...

A la tercera va la vencida Con esta expresión se indica que al tercer intento las cosas suelen salir bien. *Sus dos matrimonios anteriores fracasaron; vamos a ver si a la tercera va la vencida*. Lo más probable es que la locución proceda de la lucha grecorromana o de otros juegos y deportes similares centrados en el cuerpo a cuerpo, en los que se vence cuando se consigue que el contrario caiga tres veces al suelo, o de la esgrima, pues algunos combates se celebraban a tres «tocados». Según cuenta Correas en su *Vocabulario de refranes* (1627), también podría venir de las justas medievales, del juego que consistía en, con el caballo lanzado a la carrera, ensartar en la lanza tres anillos, a cada cual más pequeño: quien conseguía el tercero tenía muchas más posibilidades de vencer. Hay otra explicación, referida a la disposición de las líneas de los ejércitos romanos: una primera en la que iban los *pilati* o *veliti*, soldados más inexpertos y menos disciplinados, con armas ligeras; la segunda, formada por combatientes más expertos denominados *bastati*, armados con picas; y una tercera, en la que iban los *triarios*, veteranos curtidos en mil batallas cuerpo a cuerpo; existe, incluso, la expresión latina *ad triarios ventum est*, que podemos libremente traducir como 'la fuerza está en la tercera línea', o 'en la tercera línea se decide todo', y que podría estar relacionada con la que nos ocupa. No hay que olvidar tampoco que en algunos fueros medievales el tercer robo *(ter furtum)* se castigaba con la muerte, pena que se mantuvo en el derecho penal de los siglos XVI y XVII, hecho que podría también tener que ver con la frase. V. *Ni a la de tres*.

A la vejez, viruelas Se quiere decir con esta locución que alguien que no ha hecho algo en su tiempo, cuando era joven, lo hace a destiempo, cuando no es época ni momento para ello. *Ya ves. Felipe toda la vida soltero y ahora que tiene setenta y cuatro años va y se nos casa... A la vejez, viruelas*. La *viruela* es hoy una enfermedad que se desarrolla sobre todo durante la infancia. Allá por los siglos XV y XVI se llamaba *viruelas* a las afecciones de la piel en las que aparecían manchas o granos, sea cual fuera su origen. También estaba, por tanto, *picado de viruelas* quien mostraba en su rostro lo que hoy llamamos acné juvenil, o espinillas, que son propios de la adolescencia y de la primera juventud. La frase es también el título de una obra teatral de Manuel Bretón de los Herreros (1793-1876), estrenada en 1824, y que, con evidentes influencias moratinianas, cuenta las aventuras y desventuras de dos viejos enamorados. Es posible que, dado el éxito de este autor, la frase, que ya se cita en el *Vocabulario de refranes* de Gonzalo Correas (1627), tomase nuevos bríos y volviera a usarse en esta época. Por cierto, el dramaturgo riojano es también autor de otras obras cuyo título son, curiosamente, frases hechas: *Muérete y verás*||*El pelo de la dehesa*||*Dios los cría y ellos se juntan*...

A la virulé Desordenadamente. *Todo lo haces a la virulé, sin pensar, y, claro, así te salen las cosas.* Con daño. En mal estado. En este sentido se emplea mucho cuando alguien sufre un golpe en un ojo: decimos que tiene o que le han puesto un ojo *a la virulé* (v. *Tener un ojo a la funerala*). La locución parece haberse originado en una deformación de la francesa *bas roulé* 'baja y enrollada' que se usaba para referirse a una forma, surgida en el siglo XVII, de llevar las medias, sobre todo los hombres, muy elegante para los franceses y muy estrafalaria para los españoles: un poco por encima de las rodillas y enrolladas. Seguramente la expresión llegó a nuestra lengua, convertida en *barulé,* en el mismo siglo XVII, época en la que la nobleza y las clases altas adoptan formas de vestir y de comportarse propias de la corte francesa.

A la vuelta de la esquina [estar] Muy cerca. *Con salir cinco minutos antes basta, porque el cine está ahí mismo, a la vuelta de la esquina.*

A la vuelta lo venden tinto Usamos esta expresión para rechazar las palabras o la actitud de una persona o como señal de desacuerdo o de desprecio ante alguien. *Anda, que a la vuelta lo venden tinto. Sal de aquí, que no quiero discutir más contigo.* La locución parece haberse originado en una anécdota protagonizada en Écija (Sevilla) por el famoso torero José Ortega, *Joselito* (1895-1920), y por un personaje muy popular en la localidad sevillana al que se conocía por el mote de *el Bizco Pardal.* Al parecer, el torero mandó a éste a hacer unas compras, para lo que le dio una cantidad de dinero. *El Bizco Pardal* realizó el encargo, pero se hizo el tonto para no devolver el dinero. *Joselito* le pidió la vuelta, a lo que el otro contestó: «¿La vuelta?... A la vuelta lo venden tinto». La anécdota corrió pareja a la popularidad del diestro y llegó hasta nuestros días.

A/por las claras [decir] Abiertamente. Con total claridad. *Si tienes algún problema conmigo, prefiero que me lo digas a las claras y que no me ocultes nada.*

A las mil maravillas Muy bien. Estupendamente. *A pesar de la diferencia de edad los niños se entienden a las mil maravillas. Mil* se utiliza con frecuencia como intensificador en la lengua hablada: V. *De mil amores*||*Dar cien (mil) vueltas a algo o a alguien*||*A las tantas (A las mil y quinientas ...).*

A las primeras de cambio Apenas iniciada alguna acción. *Es una película muy curiosa, porque a las primeras de cambio te enteras de quién es el asesino.* No sería nada extraño que la expresión tuviera origen en ciertos juegos de cartas, donde se llamaba *primeras* a las bazas seguidas que ganaba un jugador al comienzo de la partida. Las *primeras de cambio* eran las bazas que se cambiaban, es decir, las que se ganaban alternativamente al principio del juego. De aquí el significado de la locución. V. *De buenas a primeras.*

A las tantas (A las mil y quinientas/y una/y monas) [llegar] Muy tarde o fuera de horario. *No entiendo cómo puedes estar tan fresco: no paras de* *trabajar, sales todas las noches, llegas a las tantas y como si nada*. Es frecuente el uso del numeral *mil* como intensificador (v. *A las mil maravillas*). La aparición de la palabra *monas* podría deberse al uso despectivo que de las palabras *mono* y *mona* se hace en la lengua hablada (v. *Pintar la mona*), en este caso no resulta difícil pensar en una asociación con *Cogerse una turca/mona*... (v.), es decir, una borrachera.

A liebre ida, palos en la cama Se usa esta frase cuando se hace o dice algo fuera de tiempo, cuando ya no hay remedio. *Ahora te pones a estudiar, cuando faltan dos días para el examen: a liebre ida, palos en la cama*. La explicación resulta sumamente difícil, aunque la palabra liebre podría estar cargada aquí de alguna connotación de tipo sexual. V. *A burro muerto, la cebada al rabo*.

A lo bestia De forma ruda, muy poco delicada o, incluso, brutal. *En lugar de intentar no hacerle caso, cuando la vio se fue hacia ella y empezó a darle voces a lo bestia, con una cara que daba miedo*. En abundancia; en cantidad. *No sé dónde voy a meter tantos discos, porque me he liado a comprar a lo bestia durante estos últimos años y ahora no tengo sitio en el mueble*. Con estos mismos significados usamos adjetivos como *bárbaro* o *bestial*. *Los hinchas de los dos equipos tuvieron un comportamiento bestial: destrozaron sillas, tiraron botellas y petardos*...‖*He tenido una suerte bestial: me estudio tres temas de veinte y en las preguntas del examen me caen de esos tres*.

A lo grande Con lujo. De forma fastuosa. *No entiendo este empeño por hacer una boda a lo grande. Luego dicen que andan mal de dinero*...

A lo hecho, pecho Esta frase nos indica que debemos asumir nuestras acciones, aunque nos equivoquemos o aunque puedan traernos consecuencias negativas: cuando se decide hacer algo, hay que aceptarlo con todas las consecuencias. *Ya no hay remedio. Tendrías que habernos contado la verdad, pero ahora ya no sirve lamentarse: a lo hecho, pecho*. *Pecho* es aquí sinónimo de corazón, valentía, orgullo, como sucede en otras locuciones: V. *A pecho descubierto*‖*Darse una panzada/pechada*‖*Sacar pecho*‖*Tomarse algo a pecho*.

A los cuatro vientos [lanzar; proclamar; decir] En todas partes. *Ya sabemos que Carlos no ha aprobado, pero no es como para que lo proclames a los cuatro vientos. No es de muy buen gusto*... Cuando alguien anuncia algo a los cuatro vientos, o lo que es lo mismo, a los cuatro puntos cardinales, lo hace con el claro afán de que todo el mundo se entere.

A machamartillo/macha martillo [creer; opinar; insistir; explicar...] Firmemente. Fuertemente. Con insistencia. *Aunque todos le decimos que no tiene razón, Julio mantiene su opinión a machamartillo*. *Macho* es un martillo grande que emplean los herreros para ablandar el metal. Trabajar *a macho y a martillo* consiste en que, mientras una persona golpea la pieza con el macho, otra la va moldeando con un martillo más pequeño. La insistencia y el ritmo del golpeo sugieren el significado de la expresión.

A mano [estar; tener] Muy cerca; tanto, que se puede coger con la mano estirando el brazo. *Cuando me siento a estudiar me gusta tener a mano todos los libros que necesito, para no tener que levantarme cada dos por tres*. V. *A contramano*.

A manos llenas En gran cantidad, como si se pudieran llenar las manos. Es normal el gesto de hacer un cuenco con las palmas de las manos cuando se espera recibir algo. *Margarita es tan buena y tan agradable que tiene amigos a manos llenas*.

A mansalva En gran número. En cantidad. *El campo está precioso; con estas últimas lluvias han salido flores a mansalva*. El término *mansalva* es una palabra compuesta, formada a partir de *mano salva*. En su origen tenía un significado literal: 'sin peligro, sin cuidado', quizá porque se aplicara a quien robaba sin reparar en las posibles consecuencias; posteriormente ha sufrido un cambio semántico hacia su significado actual; lógicamente, lo que no se considera en peligro, lo que va sobre seguro, no busca protección, no se esconde, se deja ver, abunda.

A manta En abundancia. Mucho. Decimos, por ejemplo, que alguien *gana dinero a manta* cuando gana tanto que hay que transportarlo en mantas. También, por ejemplo, podemos decir de un profesor poco amigo de los aprobados que *suspende a manta*. (V. *Llover a manta*). *A este político le llueven las críticas a manta después de su intervención en el Senado*. La locución tiene que ver con la forma de recolectar las aceitunas y otros frutos, colocando mantas, paños o redes bajo el árbol y vareándolo para que caigan los frutos y poder así recogerlos y transportarlos con facilidad. V. *A espuertas*||*A punta de pala*.

A marchas forzadas (Forzar la marcha) Muy deprisa y tratando de recuperar el tiempo perdido. *Falta sólo una semana para el examen y estoy estudiando a marchas forzadas*. La locución, por lo que de ella se deduce de *disciplinario*, parece tener un origen militar.

A más moros, más ganancia Señalamos con esta frase que, cuanto mayores son las dificultades y más complicada la empresa, más valor tiene el éxito. *Sé que el trabajo es muy difícil y que vamos a necesitar mucha suerte para sacar el negocio adelante, pero precisamente por eso lo he aceptado: a más moros, más ganancia*. Sin duda se origina en las luchas contra los moros durante la reconquista. Muchos de los soldados que luchaban con los reinos cristianos eran mercenarios (las propias huestes de El Cid), por lo que, a mayor número de combates, más sustanciosas eran las ganancias. V. *A moro muerto*.

A más no poder Totalmente. Al máximo. Todo lo posible. *A la fiesta se presentó ridículo a más no poder, con un traje amarillo y una corbata verde que hacían daño a los ojos*. Reescribiendo la locución resultaría algo así como 'que no se puede más'.

A matacaballo A un ritmo extremadamente rápido, tan rápido que sería capaz de matar a un caballo. *Juan siempre hace todo a matacaballo. Nunca se toma un momento de respiro.* Seguramente se llamaba así a la marcha de los correos o mensajeros que reventaban a los caballos en su veloz carrera.

A mesa puesta [estar; vivir; llegar] Usamos esta locución para referirnos a alguien que no hace ningún esfuerzo para conseguir la comida —ni siquiera el de poner la mesa— o a quien vive a costa de los demás. *Así se vive muy bien, a mesa puesta, sin preocupaciones, con dinero en el bolsillo. Ya veremos cuando se case y tenga una familia...* V. *Estar a la sopa boba.*

A mi/tu/su/nuestro... **aire** (Hacer alguien algo a su aire||Dejar a alguien a su aire) Según el gusto y el estilo personales. Como a uno le apetezca. *Ya sé que tú haces la tortilla con menos huevos, pero yo prefiero hacerla a mi aire, porque me queda mejor.*

¡A mí, plin! Es posible que esta expresión, eslogan publicitario de una conocida marca de colchones («¡A mí, plin!... Yo duermo en pikolín») y que sugiere desdén o desinterés de alguien hacia algo, sea una deformación de *¡A mí, Prim!*, aunque esta última expresión significaba precisamente lo contrario: interés hacia alguien. Circulan diversas interpretaciones sobre su origen, pero todas coinciden en señalar a diversas mujeres como inventoras del dicho y en señalar al general Antonio Prim (1814-1870), paradigma de apostura en su tiempo, como destinatario de lo que en sus orígenes fue un piropo. *Yo ya te lo he advertido: no salgas que aún estás resfriado. Que sales y te pones peor, ¡a mí, plin! El que avisa no es traidor.*

¡A mí que me registren! Con esta curiosa exclamación expresamos nuestra inocencia, la seguridad de no estar implicados en ningún asunto, de no ser culpable. *Te aseguro que yo no le he hecho nada al coche. Yo lo cogí ayer y funcionaba perfectamente. ¡A mí que me registren!* La frase parece haberse originado en tiempos no muy lejanos de dura represión policial, en clara referencia a la despreocupación de quien, ante un registro o petición de documentación, se consideraba inocente.

A mogollón (Ser/haber un mogollón) Mucho. En abundancia. *No vuelvo a salir en coche durante un puente. En la carretera había coches a mogollón y hemos tardado seis horas en recorrer doscientos kilómetros.* Varias son las explicaciones que se han dado para el origen de la palabra *mogollón*. Podría tener que ver con mogollo o mogolla, 'masa gruesa de pan', o con mogote, 'montón de piedras o de haces de mieses'. También la locución que nos ocupa podría estar relacionada con la antigua *Comer de mogollón* (v.), 'gratis', y que se aplicaba al cordero o al ternero que, muerta su madre, mama de todas las demás hembras o bebe la leche, ya ordeñada, que éstas producen. *Mogollón* sería, en este caso, una deformación del verbo latino *mulgeo*, 'ordeñar'. De este hecho se deducen tanto la abundancia como la gratuidad de la comida. V. *De mogollón||La mar de (... Mogollón de).*

A moro muerto (Tirar lanzadas a moro muerto||A moro muerto, gran lanzada) Cuando ya no hay peligro o compromiso. *Es muy fácil hablar a moro muerto después de que otros te han solucionado los problemas. Tendrías que haber opinado antes, cuando la situación era realmente desesperada.* Se trata de una reducción de las frases *tirar lanzadas a moro muerto* y *a moro muerto, gran lanzada,* posiblemente originadas durante la reconquista, referidas a aquellos que alardeaban de haber matado a más moros que Rodrigo Díaz de Vivar, cuando en realidad se escondían en la batalla. Siempre han existido los soldados fanfarrones, los llamados *miles gloriosus* en latín, título de una divertida y mordaz comedia del dramaturgo latino Plauto (251-184 a. C.). V. *A más moros, más ganancia.*

A mucha honra Con orgullo. Se trata de una locución que se usa sobre todo cuando alguien quiere mostrar su orgullo por sus orígenes humildes. *Sí señor, yo soy de pueblo e hijo de campesinos, a mucha honra.* El clásico tema hispano del honor y de la honra está presente en muchas de nuestras obras dramáticas del Siglo de Oro; baste citar dos ejemplos: *Fuenteovejuna* y *El alcalde de Zalamea.*

A muerte [ir; estar; defender] Por completo. Hasta las últimas consecuencias. *La empresa quiere despedir al director de la fábrica, pero los obreros están a muerte con él y ya han declarado que tomarán medidas en caso de que se cumpla lo anunciado.* La locución, una de las muchas expresiones hiperbólicas que caminan por la lengua coloquial, nos lleva a pensar en que alguien puede defender sus ideas hasta prácticamente el martirio.

A nadie le amarga un dulce Damos a entender con esta frase que todo lo agradable o beneficioso, aunque no sea abundante ni necesario o aunque llegue a destiempo, es bien recibido. *Bueno, me han tocado sólo diez mil pesetas, pero, claro, a nadie le amarga un dulce.*

A ojo (de buen cubero) Se suele emplear sólo la primera parte de la expresión: «a ojo». Se usa para indicar que algo se hace sin un plan preestablecido, calculando aproximadamente o sin medir. Antiguamente la cuba, aparte de un recipiente para contener líquidos, era también una medida de capacidad, que lógicamente variaba dependiendo del ojo de su fabricante, del *cubero.* De ahí proviene la expresión completa. *El pabellón estaba casi lleno. A ojo de buen cubero habría unas cuatro mil quinientas personas.* V. *Tener ojo.*

A ojos cerrados (A cierraojos) Usamos la expresión cuando queremos dar a entender que hacemos algo sin mirar o sin pensar, normalmente porque tenemos confianza en los resultados de dicha acción, porque conocemos el asunto del que se habla o tenemos confianza en una persona o en la calidad de un producto. *Mi padre nació en este pueblo y se mueve por estas montañas a ojos cerrados.*

A ojos vistas Claramente. De forma que algo pueda ser visto. *Me gusta que en los restaurantes los pescados estén a ojos vistas para que el cliente pue-*

da elegir. La aparente falta de concordancia gramatical se explica si, como parece, la expresión tiene que ver con los juegos de naipes en que las cartas pueden ser *vistas* por todos los jugadores durante la partida.

A otra cosa, mariposa Se usa esta frase, que parece tener más explicación que la rima, para indicar que queremos pasar a otro asunto o a otro tema de conversación. *Bueno. Con esto terminamos el tema de las preposiciones y ahora, a otra cosa, mariposa.*

¡A otro perro con ese hueso! (¡A otro burro con esa albarda!) Ambas frases se emplean cuando se quiere hacer entender a nuestro interlocutor que no nos está engañando o que no nos puede convencer con sus argumentos, como inútil resulta a veces engatusar a un perro ofreciéndole un hueso o enalbardar a un burro que no acepta peso sobre sus lomos. *¿Y tú me quieres convencer a mí de que has llegado tarde porque se ha retrasado el autobús? ¡A otro perro con ese hueso! Has llegado tarde porque, como siempre, te has levantado tarde.*

A palo seco Sin adornos o sin complementos. Se usa especialmente para referirnos a la sencillez o frugalidad en la alimentación. *El puré de patatas no está bueno así, a palo seco, échale por lo menos un poco de mantequilla.* La locución procede del lenguaje marinero y se refiere al modo de navegar cuando hay tormenta, cuando se retiran las velas para que no se rompan y, de esta manera, queda desnudo el palo. No obstante, con poco fundamento, algunos piensan que *A palo seco* se refiere a la forma de cantar flamenco sin acompañamiento de guitarra ni de palmas, pues en flamenco se denomina *palo* (v. *Tocar todos los palos*) a cada una de las variedades del cante: soleá, seguiriya, taranta, fandango... V. *A secas*.

A pan y agua [estar; tener] En periodo de ayuno, aunque se utiliza sobre todo en sentido figurado, para dar a entender que se lleva mucho tiempo sin disfrutar de alguna cosa. *Es el mejor grupo de la historia del rock, pero nos tienen a pan y agua. Hace ya ocho años que no sacan un nuevo disco.* Se usa mucho para hacer referencia a la abstinencia sexual. A pan y agua se tenía antaño a los presos, en especial a los que se condenaba a un castigo extra dentro de la cárcel.

A paso de tortuga [ir; andar; avanzar...] (Ser más lento que una tortuga||A paso de buey) Muy lentamente. Se usa tanto en sentido real como en figurado. *Así no vamos a llegar a tiempo al cine; andas a paso de tortuga.*|*El trabajo es realmente difícil y hay que andar con mucho cuidado. Como puedes ver, voy a paso de tortuga.* Las tortugas, junto con los caracoles, se cuentan entre los más lentos de los animales. La imaginación popular ha creado una comparación enfática muy significativa: *Más lento que una tortuga con pantalones de plomo.* Por otra parte, tampoco los bueyes, en especial cuando realizan las tareas en el campo o cuando arrastran el carro, son precisamente bólidos y por ello a veces se utiliza la expresión *A paso de buey*.

A pasos agigantados (A paso de gigante) Lo contrario que *A paso de tortuga*, significa rápidamente, con gran velocidad, avanzando una distancia comparable a la zancada de un gigante. Se usa fundamentalmente en sentido figurado. *Este escritor se está consolidando a pasos agigantados como una de las mejores plumas de nuestra literatura contemporánea.*

A patadas En gran cantidad. *En esta calle hay tiendas de ropa a patadas, de todo tipo y para todos los gustos.* Quizás la locución tenga que ver con la abundancia de caza, en el sentido de que las piezas aparezcan simplemente golpeando el suelo o las matas. A veces usamos la expresión con el significado de 'violentamente, sin reparar en los daños causados a otros'. (V. *Darle a alguien la patada*). *Este tío ha conseguido escalar puestos en la empresa a patadas, pasando por encima de todo el mundo.* En este caso, el significado es casi idéntico al uso literal: 'golpe dado con el pie'. *La policía tuvo que derribar la puerta a patadas.* V. *En dos patadas.*

A pecho descubierto Sin protección, sin defensa. *Cuando el toro iba a cornear al banderillero, el torero le hizo un quite espectacular a pecho descubierto.* Se usa sobre todo con el significado de 'clara y abiertamente; con toda sinceridad' (v. *A cara descubierta*). *Mira, se trata de un problema muy importante, pero creo que debo hablarte a pecho descubierto, sin ocultarte nada.* El término *pecho* funciona, como en otras expresiones, como sinónimo de corazón, de valentía o de sinceridad. Seguramente el origen de la locución esté en las luchas o duelos en que no se utilizaban escudos ni armaduras. V. *A lo hecho, pecho||Con el corazón en la mano||Darse una panzada/una pechada||Sacar pecho||Tomarse algo a pecho.*

A pedir de boca [salir; resultar] Algo sale *a pedir de boca* cuando los resultados son excelentes, mejores de lo imaginado, como todos hubieran pedido antes de comenzar. *A pesar de la aparente falta de organización, el viaje ha salido a pedir de boca.*

A penseque lo ahorcaron (A penseque y a creique lo ahorcaron) Recurrimos a esta frase cuando alguien muestra una actitud medrosa o dubitativa, o cuando no sabe o no puede justificarse; en suma, cuando todo lo que dice es «yo pensé que...» «yo creí que...». *No me vengas con «pensé que no estaba», «pensé que no lo sabía»..., que a penseque lo ahorcaron. A mí cuéntame la verdad y déjate de rollos.* Ante una situación complicada, simbolizada aquí con la condena a la horca, de nada sirven excusas ni disculpas. El gran dramaturgo Tirso de Molina (1584?-1648) escribió una pieza cómica titulada *El castigo del penseque*, en la que se mofa de los pusilánimes y dubitativos.

A perdiz por barba, caiga quien caiga Esta curiosa frase la usamos cuando estamos decididos a hacer algo, aunque pueda resultarnos perjudicial. *Entonces, estamos decididos a hacer huelga y a no venir a clase hasta que nos arreglen la calefacción, ¿vale? Pues nada, adelante y a perdiz por barba, caiga quien caiga.* Como origen de la frase se cita el cuento en el que se narra la historia de un convento cuyos frailes eran unos insaciables glotones, hasta el punto de enfermar frecuentemente a causa de las pantagruélicas comidas. Un médico les recomendó reducir la ración diaria de alimentos, entre otras cosas, la perdiz que cada uno comía a diario (v. *Siempre perdiz, cansa*), pues corrían el riesgo de enfermar gravemente o, incluso, de morir. Los frailes se negaron, hicieron frente común y, según se cuenta, un poco por el dolor que les causaría la «dieta», otro por hacer ver que el convento era espléndido en el comer, respondieron con el dicho que nos ocupa. V. *Caiga quien caiga*||*Por barba*.

A pesar de los pesares Pese a todos los inconvenientes. A pesar de muchos problemas. *Era difícil terminar la carrera con un pie lleno de ampollas y con calambres en las piernas, pero, a pesar de los pesares, lo he conseguido*. Se advierte aquí una repetición propia de la lengua hablada, que encontramos en otras expresiones intensificadoras, como *Jamás de los jamases, Por los siglos de los siglos, El más tonto de los tontos*...

A pie [estar; quedarse] Sin coche, sin medio de transporte o sin ayuda para poderse desplazar. *Tengo el coche en el taller y llevo dos días a pie*.

A pie de obra [estar] Estar alguien en el lugar que le corresponde, ejerciendo su responsabilidad, aunque la situación sea complicada o comprometida, como lo está el aparejador o el maestro de obra. *Fueron unos momentos muy difíciles. La operación duró más de tres horas, pero Ana estuvo allí, a pie de obra, tranquilizándonos a todos y siempre con una sonrisa y un gesto de cariño*.

A pie enjuto Sin mojarse los pies. *Enjuto* es el participio pasado irregular de *enjugar*, verbo derivado del latino *exsucare*, 'dejar sin jugo'. Es famoso el episodio de *El Lazarillo de Tormes* en el que Lázaro, para vengarse del ciego, lo coloca ante un poste para hacerle pasar el riachuelo que ha formado la lluvia, con estas palabras: «Tío, el arroyo va muy ancho; mas, si queréis, yo veo por donde travesemos más aína sin nos mojar, porque se estrecha allí mucho, y saltando pasaremos a pie enjuto». El ciego, claro, salta, y la calabazada es de órdago.

A pie firme [aguantar; resistir] Sin moverse. *La procesión pasó con muchísimo retraso, pero nosotros aguantamos a pie firme, a la solana, más de dos horas*. A veces se usa metafóricamente con el significado de 'firmemente, con decisión, sin rendirse'. *La operación fue complicada y el tratamiento posterior durísimo, pero ella aguantó a pie firme y consiguió superar la enfermedad*. La locución parece referirse a los soldados de infantería, los de a pie, los menos protegidos y los que desempeñaban las labores más arriesgadas en combate. Normalmente iban por delante y debían soportar las flechas o el fuego enemigo sin dar un paso atrás.

A pleno pulmón [gritar; respirar] Gritar al máximo volumen. Con todo el aire contenido en los pulmones. *Le grité a pleno pulmón, pero con el ruido* *que había en la calle no me oyó.* Respirar aire puro profunda e intensamente. *A mí me encanta pasar los fines de semana en la sierra, dar grandes paseos y respirar a pleno pulmón.*

A porrillo En abundancia. *No se puede viajar el 15 de agosto. ¡Cómo estaba la carretera! Había coches a porrillo.* La palabra *porrillo* sólo se usa en español en esta locución. Es posible que se trate de un diminutivo de *porrón,* recipiente que se usa para beber vino, con una boca ancha por una parte y estrecha por otra. Sería un contexto parecido al utilizado para las expresiones *a cántaros* o *a espuertas,* en las que el recipiente funciona como una especie de adverbio de cantidad.

A posta (Aposta) [hacer] A propósito. Adrede. *Siempre tienes que llegar tarde a todas las citas, ¿es que lo haces a posta?* Para algunos la locución tiene que ver con los caballos que estaban *en la posta* (de donde nace la palabra *postal),* es decir, en su puesto, preparados para servir de relevo a los correos. La realidad es que se trata de una reducción de la locución latina *apposita ratione,* algo así como 'razón o argumento a propósito, al caso'.

A pre [estar; quedar] En paz. A la par, en el sentido de saldar una deuda económica, un préstamo. *Toma, diez mil pesetas. Con éstas quedamos a pre, ¿no?* Seguramente se trate de un galicismo, originado en la palabra francesa *prêt,* 'préstamo'.

A precio de oro [costar; valer; comprar; pagar] Carísimo. *Las angulas son muy caras todo el año, pero en Navidades no se pueden comprar: están a precio de oro.* El oro, ya se sabe, es el más precioso de los metales, patrón moneda y lujoso elemento ornamental desde remotísimos tiempos. V. *A huevo*||*Importar algo a alguien un huevo*||*Valer su peso en oro.*

A primera/simple **vista** Aparentemente. Sin pararse en detalles. *No sé cómo andará de motor, pero a primera vista el coche tiene un aspecto extraordinario.*

A prueba de bomba Muy resistente; literalmente, capaz de resistir el impacto de una bomba. *Mi abuelo tiene una salud a prueba de bomba: siempre ha comido lo que ha querido, sigue fumando y jamás ha tenido un simple resfriado.*

A punta de pala (A paladas) En gran cantidad. De tal modo que, como sugiere hiperbólicamente la expresión, hace falta una pala para mover los montones (v. *Meter la cuchara/la pala*). *Yo no sé por qué te has comprado relojes si los tienes a punta de pala. En cada cajón hay cinco o seis.* V. *A manta*||*A espuertas.*

A punto de caramelo [estar; quedar; dejar] En su punto. Preparado. En el momento justo. *Puedes meter ya a la niña en la cuna. Mira, ya se está quedando dormida, se le cierran los ojos: está a punto de caramelo.* Dicen los cocineros que freír un huevo y cogerle el punto al caramelo son dos de las labores más complicadas del arte culinario, de hecho, ambas pruebas forman parte de muchos concursos de cocina. Es difícil calcular el momento en que hay que retirar del fuego el almíbar, mezcla de agua y azúcar, para que el caramelo quede en su punto: ni muy licuado ni muy sólido, ni muy claro ni muy oscuro.

A puñados En abundancia. Como si, figuradamente, pudiera cogerse con las manos. *Se notaba que era el primer día de rebajas. En todas las tiendas de ropa había gente a puñados.*

A quemarropa [disparar] Es prácticamente sinónimo de *a bocajarro*. Disparar desde muy cerca, prácticamente con el cañón apoyado en la ropa, de forma que ésta se quema. *El cadáver presentaba un orificio de bala, con grandes destrozos en la piel y los músculos. Evidentemente, le había disparado a quemarropa.* La locución se usa mucho en sentido figurado en el lenguaje deportivo, especialmente en las crónicas de los partidos de fútbol, para dar a entender que un jugador ha lanzado un tiro desde muy cerca al portero contrario. *El portero no pudo evitar el gol porque el delantero disparó a quemarropa, prácticamente a medio metro de él.*

A quien Dios se la dé, san Pedro se la bendiga Con esta frase damos a entender que se debe aceptar el destino, que cada cual debe asumir sus responsabilidades. *Él puede hacer lo que quiera. Yo ya estoy harto de intentar ayudarlo. A partir de ahora, cada uno por su camino y a quien Dios se la dé, san Pedro se la bendiga.* San Pedro, así lo dispuso Cristo (*Mateo,* XVI,19), fue elegido representante de Dios en la Tierra. Por tanto, lo que Dios depare a los humanos, bueno o malo, ha de ser por fuerza refrendado por san Pedro (v. *Atado y bien atado*). Parece ser que el dicho nació para intentar «explicar» los beneficios, prebendas y riquezas detentados por órdenes o dignidades religiosas: si así lo había dispuesto Dios, era de ley que los hombres no fueran en contra de tal decisión.

A rabiar [gustar] Muchísimo. Exceso. En gran cantidad. Hasta tal punto que casi produce rabia, enfado, violencia. *Oigo todo tipo de música, pero la zarzuela me gusta a rabiar.*

A rajatabla [cumplir; obedecer; respetar] Con rigor. Con dureza; respetando al máximo las leyes o las costumbres. De forma recta, sin salirse de la línea, como *raja de tabla,* que no es otra cosa que la veta de la madera. *Llevo el régimen alimenticio a rajatabla. Sólo como verduras y fruta.* La expresión suele utilizarse con verbos que llevan implícito el significado de 'obligación'.

A rapaterrón Al ras. Al mismo nivel. *Los arbustos del jardín están muy descuidados. Hay que podarlos todos y dejarles la parte superior a rapaterrón.* Se trata de una expresión que utilizaban los segadores cuando se segaba con la hoz. Para no dejar mucha paja en los campos se cortaba, se *rapaba,* la espiga al ras de los terrones, *A rapaterrón,* es decir, a ras de tierra.

A raudales En cantidad. Abundantemente. *Esta niña tiene gracia a raudales ¡Hay que ver qué simpática es!* Un *raudal* es un caudal de agua que corre abundante y violento. Es una palabra emparentada con el adjetivo *raudo,* 'veloz', originado en el latino *rapidum;* también es el origen, claro está, de *rápido.*

A reclamar, al maestro armero (Las reclamaciones, al maestro armero||Reclamar al maestro armero) Se usan estas frases para evadir una responsabilidad, para avisar, por lo general antes de que se produzca el hecho negativo, de que alguien no es el culpable de una situación. *Yo ya os he advertido de que no podéis forzar el coche, de que no podéis pasar de ciento veinte. Si lo hacéis y hay algún problema mecánico, a reclamar al maestro armero.* Es posible que las expresiones se originaran porque los artilleros echaran la culpa de su falta de puntería o de los posibles accidentes a los maestros armeros, que les preparaban o limpiaban sus fusiles y se encargaban de regular y equilibrar el punto de mira.

A regañadientes Cuando alguien cumple algún mandato de manera forzada, sin ganas y protestando, es decir, hablando o regañando entre dientes, lo hace *a regañadientes. Las órdenes del jefe deben cumplirse, aunque sea a regañadientes.* V. *Apretar los dientes||Enseñar los dientes.*

A renglón seguido Inmediatamente después. A continuación.Un *renglón,* aumentativo de *regla,* es cada una de las líneas de escritura, o de lectura. Lo que está escrito en el renglón siguiente es continuación del anterior. *Dijo que no venía al cine con nosotros y a renglón seguido dijo que sí.*

A revientacalderas Con gran actividad. Al máximo. *En la oficina estamos trabajando a revientacalderas para terminar a tiempo el inventario.* Cuando los trenes y los barcos funcionaban a vapor y se deseaba alcanzar más velocidad se echaba más carbón o más leña a las calderas para aumentar la combustión. Si la caldera se alimentaba en exceso, daba la impresión de que iba a explotar o reventar. V. *A toda máquina.*

A rey muerto, rey puesto Indicamos en esta frase que las cosas y las personas se cambian por otras, que nada ni nadie es imprescindible. *Sí, estuvo ocho años con Adela, pero lo dejaron el mes pasado, y, mira, ya está saliendo con otra chica: a rey muerto, rey puesto.* Evidentemente, se alude al encadenamiento dinástico: si muere un rey, hay otro u otra preparados para sucederle.

A rienda suelta (Soltar/aflojar las riendas) Las *riendas* son las cuerdas de cuero que sirven para sujetar y dirigir a los caballos. Si al caballo se le sueltan las riendas, se pierde el control. Hacer algo *a rienda suelta* es precisamente eso: hacerlo sin control, de manera espontánea y sin atenerse a reglas o normas de comportamiento. *En la fiesta del otro día nos divertimos a rienda suelta.* V. *Llevar las riendas||Dar rienda suelta||Perder las riendas.*

A robar a Sierra Morena Dice esta frase quien se está dando cuenta de que alguien intenta timarlo o cobrarle más de lo considera justo. *¡Cien mil pese-*

tas dice que vale ese reloj! Anda, diles que a robar a Sierra Morena. Estas montañas de Andalucía fueron durante los siglos XVII y XVIII refugio de bandoleros que robaban a quienes atravesaban aquellos caminos. De entre ellos podemos citar a los famosos *Siete niños de Écija*, o al «televisivo» *Curro Jiménez*. V. *Echarse al monte*.

¡A Roma (a) **por todo!** Es ésta una exclamación que se profiere para infundir ánimo y confianza ante una empresa complicada o un problema grave. *Venga. No nos podemos venir abajo. Vamos a seguir, que el negocio tiene que ir a más, seguro. Vamos, ¡A Roma por todo!* La frase ya la recoge en sus colecciones de refranes Íñigo López de Mendoza, Marqués de Santillana (1398-1458). En 1627 Gonzalo Correas en su *Vocabulario de refranes* explica así la frase: «Dícelo el que hizo algún delito en que hubo excomunión, y se resuelve de hacer más para irse a absolver de todo junto; y aplícase a otras cosas semejantes». En resumen: que todo se arregla yendo a Roma, donde el Papa tiene la potestad de absolver cualquier pecado y de retirar la excomunión. Es decir, siempre, por muy desesperados que estemos, puede encontrarse un alivio o una solución. Relacionado con la expresión existe en nuestra lengua un refrán que nos advierte de la necesidad de solicitar los favores con mesura: *A Roma se va por todo, pero por narices no*.

A salto de mata [andar; ir; estar; vivir] Sin fijar la atención en una cosa determinada, dejándolo todo a la casualidad. Sin dedicarse a algo de manera más o menos permanente. Cambiando constantemente de forma de actuar. La persona que así se comporta da la impresión de recorrer un terreno en el que abundan las matas y que debe saltar para esquivarlas. *Primero se puso a estudiar medicina, después lo dejó. Luego hizo oposiciones a correos. No le gustaba. Ahora trabaja de repartidor de pizzas. Veremos cuánto le dura, porque anda siempre a salto de mata*.

A sangre fría (Tener/demostrar/mostrar sangre fría) Alevosamente. Sin sentimientos. Como los reptiles, animales cargados de connotaciones negativas y que, contrariamente a lo que sucede con los mamíferos, tienen la sangre fría. *Lo asesinaron a sangre fría, por la espalda y en una calle mal iluminada*. La frase *Tener sangre fría* está muy descargada del significado negativo de la anterior, pues se usa para indicar que alguien demuestra tranquilidad de ánimo, que no se pone nervioso ante las situaciones más complicadas o peligrosas. *El piloto tuvo una gran sangre fría y consiguió efectuar un aterrizaje de emergencia en condiciones atmosféricas terribles. Con ello salvó la vida de todo el pasaje*. V. *Tener la sangre de horchata*.

A sangre y fuego [luchar; pelear; defender] Con mucha fuerza, casi con violencia. Hasta las últimas consecuencias. Poniéndose en situación de peligro. *Pase lo que pase tenemos que defender nuestros puestos de trabajo a san-*

gre y fuego. Si hace falta ir a la huelga, pues se va. Parece claro que la locución nos lleva a pensar en las luchas cuerpo a cuerpo en las batallas, bien con armas blancas o de fuego.

¿A santo de qué? Preguntamos con esta expresión por la causa de algo. Es sinónima de ¿por qué?, ¿con qué motivo? *Llevas dos meses sin hablarme y ahora vienes a mi casa todo cariñoso y como si no hubiera pasado nada... ¿A santo de qué?* Conocida es la creencia popular de que cada acción, cada suceso o cada situación de la vida diaria puede encomendarse o está protegida por algún santo, hecho que responde a algún capítulo de su vida y que se refleja, por ejemplo, en las invocaciones del rezo del rosario. Por citar algunos ejemplos, san Antonio ayuda a encontrar novio y cosas perdidas; santa Bárbara nos protege de las tormentas y san Cristóbal de los peligros de la carretera; san Blas alivia los dolores de garganta y santa Apolonia los de muelas... Y así hasta completar el santoral Tampoco nos olvidemos del dicho que asegura que *Para bajar todos los santos ayudan* (v.).

A secas Naturalmente. Sin más explicaciones. Sin calificativos ni intensificadores. La expresión suele utilizarse detrás de un adjetivo: *La película es divertida, pero tampoco divertidísima. Divertida a secas.* La locución sugiere la desnudez y simpleza de una planta o de un campo secos, aunque podría estar relacionada con *A palo seco* (v.), y referirse a las velas del barco que, al no estar izadas, están secas.

A Segura (lo) llevan preso Con esta frase se aconseja prudencia y atención ante cualquier peligro, por pequeño o lejano que parezca. *Ya sé que tú no tienes miedo de andar sola por la calle de noche, pero por este barrio ten cuidado, que a Segura lo llevan preso.* Hay dos interpretaciones a propósito del origen del dicho: puede tratarse de una referencia a alguien de apellido Segura, con el correspondiente juego de palabras con el adjetivo *seguro*, lo que explicaría la variante *A Segura llevan preso*, o —y esta explicación parece más verosímil— de una referencia a la cárcel de Segura de la Sierra, en la provincia de Jaén, a la que iban a dar, en tiempos, aparte de los delincuentes, algunos nobles intrigantes y aristócratas rebeldes. En este caso, la frase podría entenderse como que cualquiera, hasta los teóricamente más protegidos puede verse en una situación problemática.

A tal señor, tal honor Usamos esta frase laudatoria para indicar que alguien, por su comportamiento, dignidad o forma de ser merece todas nuestras atenciones. *Tú te instalas en mi casa y dispones de ella como quieras. No es ninguna molestia para mí; todo lo contrario. A tal señor, tal honor.* En 1566 el escritor y cazador francés Jean de Clamorgan dedicó al rey Carlos IX, también gran amante de la caza, su *Tratado sobre la caza del lobo,* la pieza más codiciada y peligrosa en aquellos tiempos. La dedicatoria decía: «A tal señor, tal honor». V. *Hacer los honores.*

A tenor de Según. De acuerdo con. *Parece que la coalición de centro va por delante en las encuestas, aunque a tenor de lo visto en las pasadas elecciones, habrá que esperar hasta que esté escrutado, por lo menos, un setenta por ciento de los votos.* El término *tenor* procede del latín *tenorem,* un derivado del verbo *tenere* que podríamos traducir por 'carrera o marcha ininterrumpida' y figuradamente por 'mantenimiento, persistencia, continuidad', lo que explica claramente el significado de la locución que nos ocupa. Por otra parte, llamamos *tenor* al cantante de ópera que es capaz de sostener, de mantener la voz de forma ininterrumpida.

A tientas (A la tentaruja) [andar; ir] De forma desorientada. A bulto. Los ciegos, para orientarse tocan, *tientan,* los objetos y para ir por la calle miden las distancias y buscan los obstáculos golpeando con un bastón. Ésta es la imagen que se traslada para hablar de quien hace algo con incertidumbre, con dudas. *No conozco muy bien la ciudad y voy un poco a tientas, pero no te preocupes, que antes o después encontraré tu casa.* La palabra *tentaruja* es una forma derivada, un tanto despectiva, de *tentar,* que nos lleva a pensar en el manoseo más que en el tacto. *A la tentaruja* tiene el mismo significado que *A tientas*. V. *A ciegas*||*Echar un tiento*.

A tiro de piedra [estar] Muy cerca. Tanto, que podríamos lanzar una piedra y alcanzar el lugar en cuestión, lo que, como tantas otras veces, no deja de ser una común hipérbole. *Vivimos en la calle Cervantes, muy cerca de la Plaza del Mercado y a tiro de piedra de casa de mis suegros.*

A tiro hecho/fijo [ir] Con un objetivo muy definido o prácticamente conseguido, como quien dispara a un blanco muy cercano, fácil y seguro. *A mí me gusta ir a un restaurante a tiro hecho, cuando alguien que lo conoce me lo recomienda.*

A toda costa Sin límite. A cualquier precio. *Tengo que conseguir a toda costa que Luis venga para mi cumpleaños, porque sin él la verdad es que no será lo mismo.* El término *costa* –como *coste* y *costo*– es 'gasto', aunque se usa sobre todo el plural *costas* con el significado de 'gastos judiciales'. V. *A costa de algo o de alguien*.

A toda leche Rápidamente. Muy deprisa. *No pude ver a Carolina. Salió a toda leche de la reunión, sin despedirse de nadie.* Como en tantos otros casos, *leche* funciona en la lengua coloquial como eufemismo de *hostia* (v. *De mala leche*||*Salir pitando*). De todas formas, en este caso algunos apuntan a que *leche* podría ser aquí sinónimo de *semen,* aunque esto parece más claro en *Irse echando leches* (v.).

A toda máquina (A toda mecha/pastilla||A todo gas/meter) [ir] A toda velocidad. *Venga, entra en el coche y vámonos de aquí a toda máquina, antes de que empiece a salir la gente del estadio y se forme el gran atasco.* La locución procede del lenguaje marinero. Es la orden que el capitán envía a la sala de máquinas para que se aumente la velocidad del barco. O por lo menos, así se hacía cuando los barcos funcionaban a vapor (v. *A revientacalderas*). Antes, cuando todo dependía de los vientos y de las velas para ir más rápido se navegaba *A todo trapo* (v.) y hoy la orden se escribe y se recibe en una pantalla, el capitán es prácticamente virtual y el piloto es automático... En *A toda mecha* posiblemente se aluda a la velocidad con la que se consume la mecha de un explosivo (v. *Como un reguero de pólvora*). *A toda pastilla* es expresión originada en el lenguaje juvenil y que generalmente se relaciona con las *pastillas* del freno, cuando, en realidad, si así fuera deberíamos decir algo así como **A poca pastilla*. La relación podría encontrarse si pensamos en los frenazos bruscos de quien circula a gran velocidad. ¿Interpretar *pastilla* en su primera acepción, 'píldora', y pensar en el comportamiento acelerado o de quien ha ingerido alguna sustancia que le haya provocado hiperactividad sería muy descabellado?... El *gas* es la gasolina, el combustible, especialmente en el argot de los pilotos de coches y de motos, que llaman *abrir* o *dar gas* al hecho de acelerar para que entre más gasolina en el carburador y que, en consecuencia, aumente la velocidad. *Ir a todo gas* sería, por tanto, acelerar al máximo, meter, empujar al máximo el acelerador o el mecanismo que aumenta la velocidad de un vehículo: *A todo meter*.

A todas luces Desde todos los puntos de vista. Según todas las opiniones. Claramente, como si algo se viera de forma evidente y sin posibilidad de confusión, a la luz del día. Por otra parte, *luz* significa también 'inteligencia; pensamiento'; de ahí surgen expresiones como *Tener pocas luces* (v.) o *el Siglo de las Luces*. Decir *a todas luces* es decir 'con total claridad', pero también 'desde cualquier pensamiento o desde cualquier interpretación'. *Es a todas luces injusto que después de haber trabajado tanto no tengas derecho a una pensión digna*. V. *A la luz del*|*Arrojar luz*.

A todo pasto En abundancia, si nos referimos a la cantidad. *Es un restaurante donde pagas una cantidad fija y comes lo que quieras. Imagínate... Comimos marisco a todo pasto*. Sin reparar en gastos ni restricciones de ningún tipo, si hablamos de calidad. *Él no trabaja y ella es dependienta en una tienda de ropa. No entiendo cómo pueden vivir a todo pasto: casa en el campo, dos coches, cada dos por tres un viaje*... Más que probablemente estamos ante una transformación de la antigua frase *comer a pasto*, que ya aparece en el *Tesoro* de Sebastián de Covarrubias (1611): «Término de las hosterías, que por un tanto dan a un hombre de comer en abundancia, coma mucho o poco». Vamos, una especie de *buffet* libre de nuestros días. Algunas teorías suponen que la expresión tiene que ver con la abundancia de *pasto*, de hierba para la alimentación del ganado. En ambos casos, pasto procede de la forma latina *pastum*, derivada del verbo *pasto* 'dar de comer, nutrir', en un principio aplicado sólo al ganado —de aquí también *pastor*— y, posteriormente, también a las personas.

A todo trance A pesar de los problemas. Sin reparar en riesgos o perjuicios. *Yo le dije que aún no estaba curado del todo, pero él quiso salir a todo trance y, claro, ha recaído.* Un *trance* es un momento crítico, duro, decisivo, o una circunstancia grave. Etimológicamente, se origina en el verbo latino *transeo,* 'pasar de un sitio a otro'; 'ir más allá', origen también de *transitar.* De aquí que muchas veces *trance* se usara, y aún hoy se use, con el significado de 'paso de la vida a la muerte'.

A todo trapo Muy deprisa, con toda la fuerza o energía de que uno es capaz. *No he descansado ni un momento en todo el día. He trabajado a todo trapo.* La expresión procede del mundo marinero. *A todo trapo* no es otra cosa que *a toda vela,* en alusión al material del que están construidas las velas, que, para acelerar la marcha de la nave, se desplegaban en su totalidad. En la jerga marinera, el *trapo* es el velamen del barco, el conjunto de todas las velas. V. *A toda máquina*

A tontas y a locas Sin reflexionar. Sin control. De forma desordenada. *No se puede hablar a tontas y a locas. Hay que saber lo que se quiere decir y cómo quiere decirse.* La expresión podría tener su origen en una anécdota recogida por el escritor Gaspar Lucas Hidalgo en su obra *Diálogos de apacible entretenimiento,* publicada en 1605. Un fraile agustino, un tal Juan de Farfán, fue invitado a pronunciar un sermón solemne y de gran contenido teológico en un convento de monjas. Como no había tenido mucho tiempo para preparárselo, subió al púlpito y se «disculpó» diciendo que, a causa de no haber podido entrar en muchas profundidades, iba a predicar sólo «a tontas y a locas». Muchos atribuyen la anécdota y, por tanto, el origen de la locución, al gran dramaturgo madrileño Jacinto Benavente (1866-1954), Premio Nobel de Literatura en 1922, con ocasión de una conferencia a la que le invitaron unas damas del «Lyceum Club» madrileño en 1926. Seguramente don Jacinto, verdadero pozo de sabiduría, conocía la anécdota de Farfán, le vino al pelo y, ni corto ni perezoso, la aplicó.

A toro pasado Cuando ya ha sucedido lo que tenía que suceder. Cuando ya se saben los resultados de algo y no hay peligro de equivocarse. *Claro, ahora que ya se han separado, dices que tú sabías que ese matrimonio iba a fracasar... Es que es muy fácil hablar a toro pasado.* La expresión procede del mundo taurino, donde se denomina así a un recurso para poner banderillas que consiste en clavarlas cuando la cabeza del toro ha pasado ya ante el banderillero y no existe, por tanto, peligro de cornada. Existe también, con el mismo origen, el refrán *a toro pasado, valientes todos.*

A trancas y barrancas Decimos que alguien hace algo *a trancas y barrancas* cuando, a pesar de problemas, inconvenientes y obstáculos diversos que encuentra, consigue tener éxito o llegar a buen fin. *Se me ha roto alguna pieza del motor, pero he conseguido llegar aquí a trancas y barrancas.* Una *tranca* es un palo que sirve para *trancar* (o *atrancar*) una puerta o ventana.

Una *barranca* es lo mismo que un *barranco*, o sea, un despeñadero, una brecha del terreno. Volviendo a la expresión: ¿No tiene mérito una persona que a pesar de encontrarse en su camino puertas atrancadas e insalvables barrancos consigue llegar a buen puerto? De todas formas, es posible que la aparición de las dos palabras unidas obedezca, simplemente, a los efectos de la rima, como sucede en otros casos: V. *Mondo y lirondo*||*Sin decir tus ni mus*||*Sin decir oxte ni moxte*.

A trasquilones Sin orden y sin método. *La verdad es que no encuentro tiempo para terminar el informe. Voy haciéndolo a trasquilones, cuando puedo.* Trasquilar es esquilar a algunos animales y, aplicado a las personas, cortar el pelo descuidada e irregularmente. Cada tijeretazo es, pues, un trasquilón.

A troche y moche De forma incontrolada. Sin ningún sentido. Sin medida: *El profesor repartió suspensos a troche y moche*. Parece ser que la expresión tiene su origen en la tala de árboles, y en concreto de la encina. *Trochar* era podar la encina dejando ciertas ramas o *guías* para que el árbol pudiera regenerarse. *Mochar* o *desmochar* significaba —y significa— 'quitar la parte superior de algo', en este caso, la del árbol. El *trochemoche* era, por tanto, una tala incorrecta y perjudicial para el árbol, que no se atenía a lo establecido. De ahí la expresión y su uso.

A trompicones [andar; ir; marchar; avanzar...] Dificultosamente. Con discontinuidad. Lentamente. *Trompicón* es cada uno de los pasos tambaleantes o tropezones de una persona que camina con dificultad, de un borracho, por ejemplo. La locución se usa en sentido literal: *El corredor, agotado tras la durísima carrera, entró en la meta a trompicones*, o figurado: *A trompicones, en bastante tiempo, repitiendo algún curso que otro, pero por fin ha podido terminar la carrera*. V. *Al tran tran*.

A tumba abierta [lanzarse] De manera temeraria, casi suicida, hasta tal punto que la tumba parece estar esperando, abierta, al autor de la temeridad. Se usa con frecuencia al referirse a algunos deportistas de riesgo cuyos deportes están basados en la velocidad, en especial a los ciclistas: *Viendo que perdía contacto con el grupo de cabeza, se lanzó a tumba abierta en el descenso del puerto*. A veces la expresión tiene un uso metafórico. *No había estudiado nada, pero se lanzó a tumba abierta: se presentó al examen y, claro, suspendió*.

A tutiplén En cantidad, en abundancia. *Se nos ocurrió ir al teatro el sábado y había gente a tutiplén. Todo lleno, hasta el tercer piso*. Seguramente estamos ante una castellanización de la locución catalana *A tot i plé*, 'totalmente', 'todo lleno'.

A ultranza [defender] Resuelta y decididamente. Sin dudas. *Ya sé que es tu amigo, pero eso no quiere decir que siempre tengas que defenderlo a ultranza, incluso cuando no tiene razón*. Ultranza es un término derivado del latino *ultra*, 'más allá'. V. *Ser el non plus ultra*.

A uña de caballo Velozmente. A todo correr, como el caballo en su galope. *Necesito tomarme un par de días de descanso. Estoy harto de andar todo el día de allá para acá, yendo de un lado a otro a uña de caballo.*

A ver quién es el guapo que... Podemos interpretar esta frase como 'a ver quién se atreve a'. *Primero decidimos hacer el examen el ocho, ahora lo queréis cambiar para el diez... Pues a ver quién es el guapo que sube a decírselo al profesor, porque yo no pienso ir.* No sabemos cuál es el origen de la expresión, aunque tiene el aspecto de pertenecer a algún cuento en el que el argumento principal sea el juicio sobre la belleza de un hombre, o alguna competición entre hombres para hacerse con los favores de alguna dama. De ambas situaciones hay muchos ejemplos en la literatura popular.

A/al **verlas venir** [estar; quedarse] De espectador. Al acecho, a la espera de que suceda algo. *Lo que pase entre vosotros es cosa vuestra y si tenéis problemas, a mí no me afecta, porque los dos sois amigos míos, pero no me meto. Yo estoy a verlas venir y ya tomaré una actitud cuando llegue el momento.* Sin recibir nada, sin obtener ningún beneficio después de haber esperado algo. *Esperaba que me tocara algo en la lotería, aunque fuera poco, pero me quedé a verlas venir.* La locución podría tener origen en el mundo de la caza. El cazador poco diestro ve venir las piezas pero no cobra ninguna.

A/al **voleo** Sin pensar. Confiando en la suerte. *Como no sabía las respuestas, he contestado todas las preguntas a voleo.* La expresión *a voleo* es una forma de sembrar lanzando la semilla al aire, a donde caiga, según se va avanzando en la tierra, de aquí el significado de la locución. *Voleo,* como puede deducirse, es un término relacionado con *vuelo.*

A voz en grito/en cuello [hablar; pedir; proclamar; reclamar...] En voz muy alta; gritando; sintiendo en el cuello, como sugiere la variante, menos usada, las vibraciones de las cuerdas vocales. *Mi abuelo siempre hablaba por teléfono a voz en grito, y cuanto más lejos estuviera la otra persona, más gritaba.* V. *A grito pelado*‖*Pedir algo a gritos.*

A vuelapluma (A vuela pluma‖Al correr de la pluma‖A vuelamicrófono) [escribir; decir; contar] Escribir *a vuelapluma* y, por extensión, hablar, es hacerlo velozmente sin detenerse mucho a reflexionar. Como si la pluma, más que escribir, volara sobre los folios. Hoy, realmente, habría que decir, como si los dedos, más que tocarlas, volaran sobre las teclas del ordenador... *Es un poeta genial. Este soneto lo escribió así, a vuelapluma, en dos minutos, sentado en una cafetería.* Los locutores radiofónicos, en especial los deportivos, han popularizado, referida a opiniones o entrevistas recogidas rápida o precipitadamente, la expresión *a vuelamicrófono,* reflejo de lo que comentamos.

A Zaragoza, o al charco/al pozo Usamos esta curiosa expresión cuando queremos reforzar nuestras ideas, cuando estamos convencidos, hasta las últimas consecuencias, de que algo es cierto o también para indicar la terquedad o la tozudez de alguien. *Yo estoy seguro de que el culpable de que rom-*

pieran fue él, digan lo que digan y por mucho que me intenten convencer de lo contrario. Ya sabes cómo soy: a Zaragoza o al charco. Famoso es el cuento del aragonés —proverbial es la testarudez aragonesa— al que, a mitad de camino hacia Zaragoza, se le cruzó un paisano que le preguntó adónde iba. «A Zaragoza», dijo el primero. «Será si Dios quiere», puntualizó el segundo. «Iré a Zaragoza lo quiera Dios o no», replicó el otro, que siguió el camino. Dios, enfadado por tal ofensa, adoptó forma humana, se le presentó en el camino y le hizo la misma pregunta que el primer hombre. La respuesta fue la misma: «Iré a Zaragoza lo quiera Dios o no», ante lo que el Señor lo convirtió en rana y lo metió en un charco que por allí había. Después de un tiempo, Dios se apiadó, lo sacó del charco y lo volvió a su forma humana anterior. El maño tomó de nuevo la dirección de Zaragoza y Dios, convencido de haberle dado un escarmiento, se le volvió a aparecer para hacerle de nuevo la pregunta: «Y ahora, ¿adónde vas?». Esta vez la respuesta fue distinta: «A Zaragoza, o al charco».

Abrir brecha Convencer a alguien, después de mucho esfuerzo. Doblegar el ánimo o la resistencia moral de alguien. Imponer, tras varias discusiones, la propia opinión. *Creo que, después de varias reuniones, hemos conseguido abrir brecha en los vecinos y convencerlos de que lo mejor es instalar una nueva antena*. El dicho se origina en el lenguaje militar. *Abría brecha* quien hacía un hueco en las filas enemigas, en las murallas o en las posiciones defensivas. *Brecha* era también la abertura que se hacía en las murallas o en las torres de los castillos para disparar flechas o artillería en caso de ataque. V. *Estar en la brecha*.

Abrir de par en par Abrir completamente. *Hace tanto calor que he tenido que abrir todas las ventanas de par en par para que corra un poco de aire*. Antiguamente puertas y ventanas solían tener dos partes u hojas; de ahí el empleo de la palabra *par*.

Abrir el pico (Darle al pico) Hablar, por lo general más de lo debido. Se usa sobre todo en forma de orden negativa. *Tú déjame hablar a mí y no abras el pico, que siempre metes la pata*. El *pico*, de perogrullo resulta decirlo, es la boca de las aves. De hecho, *piar* (v. *No decir ni pío*) es también sinónimo de *hablar*. V. *Cerrar el pico*||*Ser un pico de oro*.

Abrir/destapar **la caja de los truenos** Originar una discusión. *Todo iba bien, hasta que mi hermano abrió la caja de los truenos al hablar de la herencia y la reunión familiar acabó como el rosario de la aurora*. Es posible que la frase se haya originado en un cruce mitológico entre los enfados de Zeus que, dueño de todos los fenómenos atmosféricos arrojaba rayos y emitía truenos cuando se enfadaba, hecho bastante frecuente (era llamado frecuentemente *Señor del Trueno*) y la caja custodiada por Epimeteo, en la que se encerraban todos los males del mundo, y que Pandora, su esposa, tuvo la feliz idea de abrir. V. *La caja de Pandora*.

Abrir la mano La mano cerrada es símbolo de opresión, de dominio (v. *Tener en un puño*). La mano abierta lo es de generosidad. Por eso, quien abre la mano otorga cierta libertad o demuestra tolerancia y liberalidad: *El examen fue difícil, por eso el profesor abrió la mano y no puso tan malas notas como nos esperábamos*.

Abrir los ojos/el ojo (¡Abre el ojo!||Tener los ojos bien abiertos) Estar atento o alerta. *Tú abre bien el ojo y, al menor movimiento extraño, aprieta el botón de la alarma*. Con el mismo sentido usamos la exclamación *¡Ojo! ¡Abre el ojo!* era una advertencia con la que se prevenía a los campesinos para que tuvieran cuidado con unos cardos largos y muy espinosos que arruinan las cosechas y que, curiosamente, llevan el nombre del aviso, *abrojos*. V. *Andar con cien ojos*.

Abrirle a alguien los ojos Desengañar a alguien. Mostrarle la verdad que él no quería o no era capaz de descubrir (v. *Caérsele a alguien la venda de los ojos*). *Estaba obcecado y entre todos le hemos abierto los ojos. Por fin se ha convencido de que sus socios lo estaban engañando. Ha roto con ellos y ahora todo le empieza a ir mejor*. Para ilustrar la explicación resulta muy clara y nos viene al pelo la certidumbre popular: «no hay peor ciego que el que no quiere ver».

Abrirse/abrírsele a alguien **la**(s) **herida**(s) Revivir o recordar una pena o un episodio doloroso aún no superado, de la misma forma que las heridas si no están cicatrizadas del todo pueden abrirse de nuevo. *Es mejor que no le hables de Ángela, no vaya a ser que, ahora que está bastante bien, se abra la herida*. El término *herida* es sinónimo de 'dolor; pena' en muchas expresiones: V. *Cerrarse la herida||Dar en lo vivo||Escarbar en la herida||Lamerse las heridas*.

Abrírsele a alguien las carnes Estremecerse. Angustiarse. *Se me abren las carnes sólo de pensar en lo mal que lo pasa esa pobre gente de Centroamérica. Cuando salen de un terremoto, llega un huracán*. La expresión del dolor queda patente en lo cruento de la frase, que transmite una idea similar a la que evocan locuciones como *En carne viva* (v.) y adjetivos como *desgarrado*.

Abrírsele/cerrársele **a alguien todas las**/muchas **puertas** Contar alguien con todas las facilidades o todas las ayudas (con todos los inconvenientes y con ningún apoyo en el caso de cerrársele) para alcanzar un objetivo. *Con una carrera como la tuya, tan difícil, y con el expediente tan fantástico que tienes, en cuanto acabes verás que se te abren todas las puertas y te ofrecerán trabajos para dar y tomar.|Aún hoy por el hecho de ser mujer y de tener más de treinta y cinco años se te cierran muchas puertas a la hora de pedir trabajo*. La palabra *puerta* es aquí sinónimo de paso libre, de acceso sin obstáculos y es posible que la frase tenga que ver con la hospitalidad de quienes daban hospedaje y amparo a peregrinos o necesitados. V. *Darle a alguien* *con la puerta en las narices*||*Llamar a las puertas de alguien*||*Saber a qué puerta llamar.*

Aburrirse como una ostra/una almeja Aburrirse tremendamente. *La verdad es que no es sólo el hecho de que dure tres horas, es que la película es soporífera. Me aburrí como una ostra; creo que, en algún momento, hasta llegué a dormirme.* Sobran las explicaciones. Basta sólo pensar en el pobre molusco, en su «frenética» actividad, en todo lo que se desplaza, en el tiempo que tarda, si es que le apetece, en fabricar una perla, en sus relaciones sociales con otros habitantes marinos... En realidad, ésta es la imagen que tenemos de tan curioso ser, pero, a título de curiosidad, hay que decir que las ostras cambian de sexo incluso varias veces al año y que pueden llegar a vivir ni más ni menos que cincuenta años... Eso sí, dicen los *gourmets* que, a partir de los cinco, pierden bastante sabor... La ironía popular, siempre alerta, ha construido la variante *Aburrirse como una almeja*, más de andar por casa, más humilde y cercana.

Acabar/terminar **como el rosario de la aurora** Finalizar una reunión de forma desordenada, tumultuosa o violenta. *La representación fue un desastre: abucheos, silbidos, pataleos, hubo incluso actores que se encararon con el público... Allí volaron tomates, huevos... Vamos, que aquello acabó como el rosario de la aurora y tuvo que intervenir la policía para apaciguar los ánimos.* El *Rosario de la Aurora* es una antigua tradición que consiste en reunirse en las primeras horas del día para rezar el rosario. El dicho hace referencia a algún incidente que se produjo en algún lugar, una vez finalizado el rezo, cuando los fieles se retiraban a sus casas, quizá entre un grupo de éstos y otro de alborotadores noctámbulos un tanto pasados de rosca. La bata la campal, por lo que parece, debió de comenzar con el apedreamiento de los faroles para evitar que su luz delatase a los alborotadores (v. *Adelante con los faroles*). En Andalucía se dice *Acabar como el rosario de Espera*, por lo que es posible que la riña que originó la frase tuviera lugar en este pueblo gaditano. V. *Armarse un cirio.*

Acostarse con/a la hora de **las gallinas** Irse a la cama muy pronto *Hoy estoy hecho polvo. Creo que me voy a acostar con las gallinas para intentar dormir por lo menos nueve o diez horas.* Es costumbre en las casas en las que hay aves de corral encerrar muy pronto a las gallinas en el gallinero y sacarlas a una hora muy temprana. La verdad es que eso es lo que requieren las aves para cumplir con su cometido: poner huevos.

¡Adelante con los faroles! Es una expresión de coraje, de valor, para infundir ánimos a alguien que intenta hacer algo difícil o que requiere una cierta reflexión: *Venga. No lo dudes. Si te gusta el coche, ¡adelante con los faroles!, cómpratelo.* Es muy probable que tenga su origen, curiosamente, en el rosario de la aurora, y que fuera un grito de ánimo para alentar a los que intentaban romper los faroles para provocar la oscuridad y así reñir impunemente (v. *Acabar como el rosario de la aurora*). Algunas teorías sostienen que el dicho tiene que ver con la organización de las procesiones, en las que abren el desfile faroles y cirios encendidos.*¡Adelante con los faroles!* sería la orden de los organizadores para colocar en su puesto a los encargados de llevarlos.

Admitir/aguantar/soportar/resistir **puyas**/varas (Darle a alguien un puyazo) Soportar desgracias o adversidades. *No sé si voy a ser capaz de admitir más puyas este año, porque entre enfermedades, problemas en el trabajo y desgracias familiares llevo ya una buena carga.* La puya es la punta metálica punzante, en forma de puñal que, colocada en una vara o garrocha, usa el picador para picar al toro. También, debido a una común sinécdoque con la que tomamos la parte por el todo, se suele llamar *puya* a la propia vara (v. *Dar la vara*). Esta palabra, emparentada con la latina *pugione(m),* 'puñal' suele confundirse con *pulla,* 'dicho mordaz, hiriente o insultante' (v. *Tirarle a alguien una pulla*), que quizá deriva de *puya,* mezclada con un derivado del antiguo verbo *repullar,* que en el siglo XV significaba 'replicar satíricamente' y que parece derivarse del latino *repellere,* 'rechazar, repeler'. V. *Crecerse en el castigo.*

Adónde/dónde **irá el buey, que no are** Se aplica esta frase a quien, pese a los cambios de lugar o al discurrir del tiempo, sigue mostrando la misma actitud negativa o causando los mismos perjuicios. *Primero lo echaron de este instituto por inútil y lo mandaron a un pueblo de Soria. Allí le pasó lo mismo. Acabó en Córdoba y, al parecer, va a correr la misma suerte... Adónde irá el buey que no are.* El buey no sabe hacer otra cosa más que arar y, por tanto, es inútil intentar adiestrarlo en otra actividad o pensar que cambiado de lugar pueda cambiar también de costumbres o de forma de ser.

Adorar al becerro de oro (Ser algo el becerro de oro) Se dice esta frase de quienes se preocupan exclusivamente por el dinero y por los bienes materiales. *Ahí lo tienes, toda su vida adorando al becerro de oro, amasando dinero, juntando una fortuna increíble para que ahora se muera sin herederos y se lo lleve todo Hacienda.* La expresión está tomada del libro bíblico del *Éxodo* XXXII, en el que se relata la travesía por el desierto de los israelitas hacia la tierra prometida. Cuando Moisés bajó del monte Sinaí tras haber recibido las tablas de la ley con los diez mandamientos, encontró que el pueblo, desesperado tras tan largo e infructuoso viaje, se había amotinado contra su hermano Aarón y había levantado un ídolo de oro con forma de becerro, al que adoraban. Moisés rompió contra la estatua las tablas de la ley y suplicó perdón a Dios en nombre de su pueblo. V. *Hacer novillos.*

Adorar/besar **al**/el **santo por la peana** (Por la peana se adora/se besa al santo) Adular o alabar a alguien, o procurar la amistad de una persona buscando el propio interés. *Este tío está todo el día haciéndome la pelota, pero me da la impresión de que quiere adorar el santo por la peana y que espera* *conseguir algo de mí... Pues está listo.* La *peana* es el soporte en el que se apoya la estatua, el santo, es decir, lo más material, lo que está más aferrado al suelo. La frase nos transmite la idea de que alguien, fingiendo buscar lo espiritual, se dedica a conseguir lo material. También podríamos interpretarla literalmente: quien besa los pies de alguien le muestra sumisión, le hace descaradamente la pelota, lo «adora» o finge adorarlo. V. *Bailarle a alguien el agua*||*Dar coba*||*Dar jabón a alguien*||*Hacerle a alguien la pelota.*

Adornarse/vestirse **con plumas ajenas** (Ponerse plumas ajenas) Usar lo ajeno como si fuera propio, especialmente textos o frases de otro. En la frase actual se advierte una clara dilogía, es decir, *pluma* funciona en sus dos significados: la del ave, que se usa como adorno, y la de escribir. *No cabe duda de que es un gran orador, pero lo sería aún mejor si no se adornara tanto con plumas ajenas, porque siempre mete, sin citar las fuentes, una frase por aquí, un fragmento de una novela por allá, un poema por el otro lado...* Es posible que la expresión se deba a una fábula, ya recogida por el griego Esopo (s. IV a. C.) y el romano Fedro (s. I), *El grajo y los pavos reales*, que cuenta la aventura de un grajo que, despreciando a los pájaros de su especie, se adornó con las plumas de un pavo real para, disfrazado, unirse a un grupo de estas aves. Los pavos reales no sólo lo rechazaron, sino que le dieron una buena tunda y le quitaron las plumas, las ajenas y las propias. El grajo volvió con sus congéneres que, al verlo de aquella guisa, desplumado y hecho unos zorros, también lo rechazaron. V. *Vérsele a alguien el plumero*||*Ser lechuga de otro huerto.*

Afeitar un huevo en el aire Ser extremadamente comedido en los gastos, y además sacar provecho económico de todo, incluso de las cosas más extrañas, vamos, en una palabra, ser un tacaño. *Antonio no sale nunca al cine para ahorrar, jamás come fuera, compra lo más barato que encuentra. Vamos, que afeita un huevo en el aire.* Imagínense a alguien armado con una cuchilla de afeitar tratando de rasurar un huevo. ¿Le podrá sacar algo? Pues ahora imagínense a ese mismo alguien tirando el huevo al aire y tratando de afeitarlo mientras cae. V. *Cortar un pelo en el aire.*

Afilar/sacar/enseñar/mostrar **las garras**/las uñas Prepararse para una disputa o una discusión. *Se notó que llevaba unos días afilando las garras para cuando se encontrara con él, porque no se puede soltar de golpe todo lo que le dijo, ni venir tan predispuesto a discutir como venía ella.* Después de afiladas, las garras ya se pueden sacar, es decir, ya se puede uno mostrar amenazante o agresivo: *Tú no dejes que te acobarden: es mejor sacar las garras desde el principio, para que los demás sepan que no pueden avasallarte.* Es lo que hacen algunos animales cuando se sienten amenazados o cuando tienen la necesidad de defenderse. V. *Ponerse de uñas*||*Enseñar los dientes.*

Aflojar/soltar **la mosca** Soltar el dinero. Pagar. *Este tío es un tacaño. No afloja la mosca ni así lo mates.* Cuando cazamos una mosca la mantenemos dentro de la mano, cerrando el puño. Si aflojamos y abrimos la mano, la mosca se escapa. Donde dice *mosca*, diga usted *dinero* y queda explicada la expresión.

Agachar/bajar **las orejas** (Irse con las orejas gachas) Rendirse. Reconocer el propio fracaso y mostrar sumisión ante quien domina o tiene la razón (v. *Bajar la cabeza*). *Después de la bronca que le eché, agachó las orejas y salió de la habitación*. En situaciones en que se ven amenazados o humillados, los perros y otros animales bajan las orejas y huyen, por lo general *con el rabo entre las piernas* (v.).

Agarrarse/pegarse **a los faldones**/a las faldas **de alguien** Buscar el amparo o protección de otra persona, igual que el niño que, aprendiendo a andar o en cualquier situación de desprotección busca agarrarse a alguien, generalmente su madre. *Así no puedes ser nada en la vida, siempre agarrándote a los faldones de los demás ¿por qué no intentas valerte por ti mismo por una vez en tu vida?* V. *Ser un perro faldero*.

Agarrarse a un clavo ardiendo Cuando alguien está en una situación extrema cualquier cosa le sirve de ayuda, aunque la esperanza de conseguir resultados positivos sea mínima. Ésta es la idea que nos transmite el dicho. *Los jugadores se agarran a un clavo ardiendo: saben que tienen que ganar todos los partidos que les quedan para no descender a segunda división. Es casi imposible, pero mientras hay vida hay esperanza*. Es posible que la frase esté relacionada con los juicios de Dios de la Inquisición que eran pruebas con las que se intentaba «demostrar» la inocencia o culpabilidad del acusado: lanzarlo a un río con una piedra atada, hacer que se agarrara a un hierro al rojo vivo o que, directamente, metiera la mano en una fogata. Si el desgraciado no se ahogaba o si no se abrasaba, era inocente (calculen el índice de probabilidades...). Si se ahogaba, dada estaba la pena; si se quemaba las manos, le esperaba otro fuego más grande para completar la chamusquina. Quien se veía en esta situación se agarraba a su última esperanza, aunque supiera que tenía todas las de perder. V. *Poner la mano en el fuego por algo o por alguien*.

Agarrarse/aferrarse **al sillón**/a la poltrona/a la silla Obcecarse en permanecer en un cargo o en una posición de mando, a pesar de los problemas que ello supone o del desacuerdo de otras personas. *Después de veinte años de presidente y tras un montón de problemas con los empleados, el tío sigue agarrándose al sillón. Yo no sé si alguien va a ser capaz de echarlo*. El sillón, la poltrona y la silla son, como el trono de los reyes, o la ficticia cátedra ('silla') de los catedráticos, representación del poder. V. *Moverle a alguien la silla*.

Aguantar carros y carretas Soportar momentos difíciles. Salir adelante tras haberse visto envuelto en situaciones muy complicadas o tras haber recibido reproches o críticas muy duros. Para comprenderlo, imaginemos a una persona haciendo el papel de animal de carga y tirando de un carro o de una carreta, más tosca y pesada que el carro, colmados de desgracias. *Después de aguantar carros y carretas y de tener con su marido una paciencia infinita, Luisa ha decidido separarse.*

Aguantar el chaparrón Soportar una bronca, una regañina de otra persona o una situación incómoda que caen como un chaparrón. *Delante de todos los compañeros el profesor me echó una bronca terrible por no entregar a tiempo el trabajo y no me quedó más remedio que aguantar el chaparrón. A ver si no qué iba a hacer.* Para transmitir esta idea decimos también que alguien recibió una *lluvia de insultos* o *de críticas* y para referirnos al autor de la riña hablamos de que alguien *le echó* a otro *un chorreo* (v. *Echarle a alguien un chorreo*) o que *lo puso a escurrir, a caldo* o *pingando*. V. *Poner a escurrir*‖*Aguantar marea*‖*Aguantar mecha*.

Aguantar el tirón Mostrar resistencia ante una adversidad. *Por un suspenso no puedes venirte abajo, tienes que aguantar el tirón y pensar que pronto vas a tener otra oportunidad.* Es más que posible que la locución se refiera al juego del *sogatira* (*sokatira* en vasco), que consiste en que dos equipos, colocados a ambos extremos de una cuerda, tiran para atraer hacia su terreno a los contrarios, de forma que sobrepasen una línea o marca hecha en el suelo. Cuando uno de los equipos tira, al otro le toca aguantar el tirón y viceversa. V. *Llevarse el gato al agua*‖*Tener tirón*‖*Tensar la cuerda*.

Aguantar (la) **marea** Soportar estoicamente, sin desanimarse, una dificultad o un contratiempo. *La situación del negocio es casi ruinosa, pero no podemos rendirnos, tenemos que aguantar marea y mirar el futuro con optimismo.* Es lo que hacen los marineros, en especial el timonel (v. *Con pulso firme*‖*Contra viento y marea*), cuando la mar se pica o cuando se desata la tempestad. V. *Aguantar el chaparrón*‖*Aguantar mecha*.

Aguantar mecha También usamos esta expresión para referirnos a quien soporta con resignación una situación complicada o un problema grave. *Los médicos le han dicho que tendrá que estar un par de semanas más en el hospital, y ahí anda, el hombre, aguantando mecha y llevándolo lo mejor posible.* Seguramente se alude aquí a la situación del artillero, del encargado de encender la mecha del cañón y de controlarla hasta que prácticamente llegaba al final. Este soldado estaba, sin duda, en una situación de máximo riesgo. V. *Estar al pie del cañón*‖*Aguantar el chaparrón*‖*Aguantar marea*.

Aguantarle/sujetarle/sostenerle **a alguien la vela** Mostrar con una persona una excesiva actitud de servilismo. Adular a alguien. *Es un pelota. A todo lo que dice el jefe dice que amén. Se pasa el día entero aguantándole la vela.* Nos viene a la mente la imagen del criado que, con una vela o un candil, acompañaba al señor o a la señora por la calle cuando era de noche.

Aguarle a alguien la fiesta (Ser un aguafiestas) Estropear la alegría de algún acontecimiento con comentarios o comportamientos negativos. *Siem-*

pre tenéis que estar discutiendo en todas partes y aguándoles la fiesta a los demás, ¿verdad? La lluvia, en otros casos tan necesaria, no suele ser bien recibida como acompañante de acontecimientos festivos, en especial si tienen lugar al aire libre.

¡Ahí le aprieta/duele **el zapato!** (Ahí le duele||Saber dónde le aprieta a alguien el zapato) Se emplea esta frase cuando se descubre el punto por el que alguien es más débil, por el que demuestra menos seguridad, o cuando se da con aquello que más le molesta. *Tú no quieres que nadie te lleve la contraria, porque siempre crees tener razón, pero cuando alguien te dice la verdad a la cara —ahí le aprieta el zapato, ¿verdad?— te quedas mudo.* Un cuento popular castellano nos narra la historia de un humilde zapatero que va a contarle al cura que no puede soportar más a su mujer y que desea separarse de ella. El cura, para tratar de desengañarlo, comienza a alabar a la mujer: buena cristiana, excelente cocinera, de belleza insuperable... El zapatero muestra al cura sus zapatos y le pide una opinión sobre ellos. El cura dice que son preciosos, hechos con la mejor piel, de cuidada confección. «Muy bien, padre —dice el zapatero—; y ahora, ¿puede usted decirme dónde me aprietan?» Evidentemente, el pobre zapatero no había encontrado en su mujer la horma de su zapato... A veces se utiliza sólo la primera parte de la expresión: *ahí le duele*. De todas formas, este cuentecillo es seguramente una versión de otro que cuenta el historiador griego Plutarco (50?-120) en sus *Vidas paralelas*. Un patricio romano repudió a su mujer, pese a ser ésta hermosísima, fiel y virtuosa. Los parientes y amigos no entendían esta decisión, y él les dijo: «¿Veis mi calzado? ¿Habéis visto alguna vez otro más elegante y lujoso?... Pues sólo yo sé dónde me aprieta».

¡Ahí/así **me las den todas!** Otro cuento popular, recogido en diversas versiones en nuestra literatura, cuenta lo que le sucedió a un alguacil que, por encargo de un alcalde, fue a cobrar una multa. Quien debía pagarla no sólo no lo hizo, sino que, además, le arreó al pobre alguacil un par de bofetadas diciéndole: «Toma, para quien te envía». El pobre alguacil se presentó ante el alcalde, le contó lo sucedido y le dijo: «Estas dos bofetadas que me han dado realmente se las han dado a usted, porque mi cara representa la suya», a lo que el alcalde, con evidente sorna, respondió: «Ahí me las den todas». Usamos, por tanto, esta expresión cuando queremos dar a entender que son bien recibidos todos los inconvenientes o desgracias que, destinados a nosotros, recaigan sobre otro. *Por mí, estupendo. Si quieres ir tú a hablar con mis vecinos para que arreglen de una vez la gotera y te monten el numerito, como suelen hacer, yo no te lo voy a impedir... ¡Ahí me las den todas!*

Ahogarse en un vaso de agua Tener problemas o no saber cómo reaccionar en una situación que no es complicada. *Pues si no tienes leche, échale un poco de nata. Es que te ahogas en un vaso de agua.* V. *Ser una tormenta en un vaso de agua.*

Ahorcar/colgar **los libros** Sugerente forma de referirse a que alguien abandona los estudios y que atribuye a los libros cualidades humanas que, en efecto, tienen. *Mis padres necesitaban que trabajara con ellos en la panadería, así que a los catorce años ahorqué los libros y me fui al pueblo.* La alusión a quien literalmente *cuelga* el hato con los libros parece estar en el origen de la frase. V. *Colgar las botas*||*Colgar los hábitos*.

Ahuecar el ala Marcharse. Abandonar un lugar. En sentido literal sería algo así como hacer un hueco al ala, o sea, desplegarla, como hacen las aves antes de iniciar el vuelo. *Aquí molestas, o sea que ahueca el ala y no vuelvas.*

Ajo y agua Usamos esta expresión para dar a entender que hay que conformarse con lo que tenemos o con lo que nos toca, a pesar de que sea perjudicial. *Pues nos hemos quedado sin leche, así que ajo y agua, o no tomamos café o lo tomamos solo.* Se trata, claro está, de una reducción eufemística de la frase *A joderse y a aguantarse*.

Ajustarle a alguien las cuentas (Ajustar/saldar cuentas con alguien||Ya ajustaremos cuentas) Decirle a alguien algo que es justo y necesario decirle. Esta expresión, que funciona como una especie de amenaza, sería más o menos sinónimo de poner las cosas en su sitio. *No me gusta el comportamiento que estás teniendo últimamente; voy a tener que ajustarte las cuentas.* Dos y dos son cuatro aquí y en cualquier parte del mundo y las cuentas tienen que cuadrar por fuerza, porque la matemática es exacta. Y a quien se sale de lo establecido, es decir, a quien no hace bien las cuentas, hay que corregírselas y ajustárselas, aunque sea a martillazos. V. *Apretarle a alguien las clavijas*.

Al albur (de) [estar; quedarse] (Correr un albur) Al azar. A lo que salga. *Tienes que prepararte por lo menos cincuenta o sesenta temas. No puedes ir a las oposiciones al albur, a ver qué pasa.* En el juego de naipes llamado *monte*, se llaman *albur* —palabra que parece haber salido del término árabe *al-bur*, 'prueba'— a las dos primeras cartas que la persona que corta el mazo extrae de la parte inferior del mazo y *gallo* las que coge de la superior. Es un juego de apuestas en el que cuenta más la suerte que la habilidad.

Al alimón Conjuntamente, en especial cuando algo lo llevan a cabo dos personas. *Los dos conferenciantes nos dieron la charla al alimón y la verdad es que resultó fenomenal.* Se usa bastante en la frase *torear al alimón*, una suerte antigua del toreo que se practica hoy en las capeas y que consiste en que dos personas sujetan el capote plegado, cada una por un extremo; cuando el toro o la vaquilla embisten se abren y el animal pasa por el medio. Es posible que la locución provenga de una canción infantil con la que se acompañaba un juego en el que, cogidos de la mano, los participantes avanzaban hacia los del otro bando y después retrocedían cantando «alalimón; alalimón», lo que no está nada lejos de una conocida copla, hasta el punto de que podría ser una variante de ella: «A la lima y al limón, que no tienes quien te quiera/A la lima y al limón, te vas a quedar soltera».

Al baño de María/al bañomaría/al baño María [poner; cocer; cocinar; preparar] Es esta una forma de cocinar en la que un recipiente con el alimento que se quiere preparar se coloca dentro de otro, más grande, que contiene agua hirviendo, de forma que el agua no entre en el recipiente pequeño. *Para que el flan de huevo quede bien hay que hacerlo al baño de María*. La expresión, que aparece ya en textos del siglo XVI como *balneum Mariae,* alude a una técnica que los alquimistas utilizaban con frecuencia para calentar productos. Parece ser que éstos la nominaron así en recuerdo de María o Myriam, hermana de Moisés, que tuvo fama de bruja y profetisa y que fue considerada en la Edad Media como la depositaria de las artes mágicas y adivinatorias del pueblo hebreo. Algunas leyendas hablan también de una judía del siglo III o IV, de nombre María, que vivió en la ciudad egipcia de Alejandría, a quien se atribuye la invención del *kerostasis,* un vaso cerrado en el que se podía fundir el cobre con los efectos del vapor.

Al/del **bies** [cortar; estar; poner] En diagonal. *Yo cambiaría la tele de sitio, porque ahí donde está hay que mirarla al bies*. *Al bies* es una forma de cortar la tela, en diagonal o sesgada con respecto al hilo. La expresión es un galicismo: *biais,* en francés es 'sesgo'.

Al buen callar llaman Sancho Se emplea esta frase para alabar las virtudes de la persona discreta, de quien sabe callar a tiempo. *Es mejor que me calle y no siga discutiendo: al buen callar llaman Sancho*. Parece que ese Sancho, paradigma de la discreción, es Sancho II, rey de Castilla. Escriben los libros que, viendo cercana su muerte, hecho que ocurrió en el año 1065, el rey Fernando I de Castilla repartió sus posesiones entre sus cinco hijos: Alfonso, Sancho, García, Elvira y Urraca. A esta última le correspondió la ciudad de Zamora, cosa que no agradó en absoluto a Sancho, quien, a pesar de ello, supo callar, como cuenta la leyenda, ante el lecho de muerte de su padre. Sancho moriría poco tiempo después a manos de Vellido Dolfos, cuando intentaba arrebatar Zamora a su hermana. De este hecho arranca el *Cantar de Mio Cid*. Habría que señalar que nada tiene que ver aquí el bueno de Sancho Panza, en otras ocasiones sabia fuente de cultura popular. Baste reproducir un pasaje del capítulo XLIII de la segunda parte de *El Quijote,* cuando Don Quijote aconseja a Sancho sobre el modo de gobernar la Ínsula Barataria y le reprende por el continuado uso de refranes: «Maldito seas de Dios, Sancho —dijo a esta sazón Don Quijote—; sesenta mil satanases se lleven a ti y a tus refranes (...) Dime, ¿dónde los hallas, ignorante? ¿Cómo los aplicas, mentecato? (...)» «Por Dios, señor nuestro amo —replicó Sancho—, que vuestra merced se queja de bien poca cosa (...) ninguna otra hacienda tengo ni otro caudal alguno, sino refranes; y ahora se me ocurren cuatro que vendrían aquí que ni pintiparados, o como peras en tabaque, pero no los diré, porque al buen callar llaman Sancho». «Ese Sancho no eres tú —respondió Don Quijote—, porque no sólo no eres buen callar, sino mal hablar y mal porfiar (...)». Tanto Covarrubias (1611) como Correas (1627) apuntan que este Sancho podría ser una deformación del adjetivo *santo*, o mejor, *sancto*, latinizado, una mala interpretación de algún copista. Entenderíamos la frase entonces como algo así: *el saber callar es señal de santidad o de bondad*.

Al (buen) tuntún Sin detenerse a reflexionar. De forma fortuita o improvisada. *Como no sabía la respuesta, he contestado a las preguntas al buen tuntún*. Esta expresión podría proceder —como *a bulto*— de una mala transcripción de la locución latina *ad vultum tuum*, 'según te parezca' 'como tú lo veas'. Otras interpretaciones sugieren la simple onomatopeya del golpe —tal vez de los martillazos poco acompasados del herrero que no repara mucho en filigranas— en el origen del dicho y otros hablan de una variante de *A bulto* (v.).

Al César, lo que es del César [dar] Esta frase la empleamos para significar que a cada cual hay que darle los méritos que le corresponden. *Gracias por vuestras alabanzas a mis bocadillos, pero la tortilla la ha hecho Andrés: al César lo que es del César*. El dicho tiene un origen «material» que hoy ha perdido, pues está tomado del pasaje evangélico (*Mateo*, XXII, 15-22; *Lucas*, XX, 25) en el que unos fariseos le preguntan malintencionadamente a Cristo si se deben pagar impuestos al César, a lo que Él responde: «Dad al César lo que es del César y a Dios lo que es de Dios».

Al contado [pagar] Dar el dinero en el momento de hacer la compra, es decir que, a cambio del producto, se entregue moneda que pueda contarse. *He pagado el coche al contado, porque así me hacían un buen descuento*. Aún existe en muchas tiendas y establecimientos la clásica inscripción de «Pagos al contado». V. *Pagar a tocateja*.

Al desgaire De forma descuidada. Sin poner atención. Sin ganas. *Si no tenías ganas de pintar la habitación, ¿por qué no has llamado a un pintor? Y no que así lo has hecho al desgaire y ha quedado de pena.... Se notan todos los brochazos*. A mediados del siglo XV se documenta en nuestra lengua la locución *mirar de desgaire*, 'mirar con desprecio', derivada seguramente de la catalana *a escaire*, 'en diagonal, oblicuamente', pues así mira quien demuestra desdén. Posteriormente la expresión pierde el verbo y se generaliza.

Al detalle Pormenorizada y minuciosamente. *La boda salió fenomenal. Estaba todo calculado al detalle: los horarios, el transporte, menús vegetarianos, zona de fumadores...* En el comercio la venta al detalle, o al por menor, es la que se hace en pequeñas cantidades o por artículos, la de los *minoristas;* resumiendo: la que se hace en tiendas. V. *A granel*||*Al por mayor*.

Al dictado [actuar; hacer; hablar; escribir] (Seguir los dictados de alguien o de algo) Siguiendo escrupulosamente las indicaciones de otra persona. Sin tener ni mostrar opinión propia. *Lo que no está bien es que los políticos actúen al dictado de sus partidos, sin poder mostrar sus propias opiniones o sus discrepancias*. Se nos viene a la mente la imagen del maestro de antaño dictando el texto y de sus alumnos copiándolo en el cuaderno, la mayoría de las veces sin entender una palabra de lo que copiaban.

Al filo de Muy cerca de. Casi en. Se usa con periodos de tiempo o con las horas. *Nos veremos en la próxima edición de noticias, que será, como siempre, al filo de la medianoche.*|*Si salís a las ocho llegaréis al filo de las once.* Ese mínimo intervalo temporal viene materializado en el espacio por el estrecho filo de un cuchillo o de una navaja. V. *En el filo de la navaja.*

Al fin y al cabo Es una expresión que sugiere resignación, aceptación de un hecho: *¡Fíjate qué lluvia!... Bueno, al fin y al cabo será beneficiosa para el campo.* Literalmente, el significado es 'al final y al comienzo', o sea, 'completamente'. *Cabo,* palabra procedente de *caput,* 'cabeza' en latín, se refiere aquí a cualquiera de los extremos de una cosa. V. *A la postre.*

Al freír será el reír Usamos este dicho para advertir a alguien de que no debe alegrarse por algo que aún no ha terminado, pues al final puede cambiar la suerte y llevarse una *decepción. Está muy contento porque hasta ahora ha aprobado todos los exámenes y ya se cree que ha pasado el curso, pero nos quedan todavía los finales: al freír será el reír.* La frase es seguramente la primera parte de un refrán más largo: *Al freír será el reír y al pagar será el llorar,* es decir, cuando se prepara la comida y cuando se come reina la alegría, pero la cosa cambia a la hora de pagarla. No obstante, se suele contar para explicar el origen del dicho una historieta que tiene todo el aspecto de haber sido creada a posteriori: un ladronzuelo roba una sartén y su dueño, que sabe que está rota en el fondo, deja que el ladrón se vaya mientras le dice: «Al freír será el reír». Una variante del cuento presenta como protagonista a un calderero madrileño de mediados del siglo XVII que, viendo que un comprador le quería pagar con moneda falsa, le vendió una sartén defectuosa. El supuesto timador salió de la tienda riéndose, a lo que el calderero respondió con la frase que nos ocupa. Algunos, siguiendo lo expuesto en *El Quijote* (cap. 37 de la primera parte), opinan que el dicho se refiere a los huevos, que sólo se sabe si son realmente buenos cuando se fríen. Don Quijote en una venta ha destrozado a espadazos unos odres de vino con los que se ha «batido». Sancho, echando mano de sus dichos, intenta convencerlo de que lo que él cree sangre no es sino vino tinto: «[...] y a lo de ser vino tinto la sangre no me engaño, vive Dios, porque los cueros allí están heridos, a la cabecera del lecho de vuestra merced, y el vino tiene hecho un lago en el aposento; y si no, al freír de los huevos se verá, quiero decir que lo verá cuando aquí su merced el señor ventero le pida el menoscabo de todo».

Al maestro, cuchillada Se usa este dicho cuando quien se considera más hábil o más experto en algo resulta perjudicado o engañado precisamente en aquello que, supuestamente, controla o domina. *Fíjate. Es el inspector jefe de policía y este fin de semana le han desvalijado la casa: al maestro, cuchillada.* Para explicar el origen tenemos que pensar seguramente en los maestros de esgrima o en los espadachines reputados, que, pese a su destreza, también resultaban heridos durante las prácticas o en los combates.

Al pan, pan y al vino, vino [llamar; decir] Decir las cosas claramente, sin tapujos ni disimulos. *A mí me gusta llamar al pan, pan, y al vino, vino, y ese programa no es que esté mal: es una auténtica porquería.* ¿Alguien es capaz de encontrar sinónimos de *pan* y de *vino?* V. *Llamar a las cosas por su nombre.*

Al pie de la letra [decir; hablar; escribir; copiar; seguir; creer; interpretar] Reproducir, hablando o escribiendo, o creer las palabras de otra persona de forma prácticamente exacta. *Yo estaba de broma y dije que Pepe había robado el coche, pero Julia interpretó mis palabras al pie de la letra.* Ya existía en latín, con idéntico significado, la locución *ad pedem literae.*

Al por mayor (Al por menor) En cantidades grandes o en cantidades pequeñas. *Yo nunca compro aceite en el supermercado. Me voy a un almacén donde lo venden al por mayor.* Se trata de dos locuciones muy antiguas que prácticamente se usan sólo con los verbos *comprar* y *vender.* Los que venden al por mayor, generalmente en almacenes, son *mayoristas* y los que venden al por menor, en tiendas, *minoristas.* V. *A granel*||*Al detalle.*

Al primer tapón, zurrapas Se emplea esta frase cuando los malos resultados de algo se aprecian desde un principio, cuando algo no empieza bien. *Me dijeron que el coche estaba perfectamente revisado, que estaba todo perfecto y al primer tapón, zurrapas: nada más salir a la carretera me deja tirado* Las *zurrapas* son los sedimentos, la arenilla, las briznas o pelillos que se depositan en el fondo de los depósitos de líquidos La expresión tiene que ver con el vino y alude literalmente al primer vino, sucio y con zurrapas que sale cuando por primera vez se le quita el tapón a la cuba. Resulta fácil trasladar esto al significado actual.

Al rabo [ir; andar; estar; llevar; tener] Detrás de una persona, bien por instinto de protección, bien por «instinto» de adulación. *Fíjate qué pelota es ese tío, siempre al rabo del director... Y lo peor es que no se da cuenta.* Las crías de los animales van así, junto al rabo de sus madres o de sus padres, de ahí el sentido de la locución.

Al ralentí Muy despacio. *El tenista tenía una lesión y ha tenido que jugar al ralentí. Aún así, ha ganado.* La palabra *ralentí* es un calco de la francesa *ralenti,* participio pasado del verbo *ralentir,* 'ir más lento', que se usa para denominar a la mínima velocidad de rotación de un motor. En cinematografía se llama *ralentí* a la cámara lenta. V. *A cámara lenta.*

Al retortero [andar; estar; ir; traer; llevar; tener] Sin orden. Sin objetivo fijo. En el caso de *andar,* la expresión es sinónimo de ir de una parte a otra sin control o sin saber qué hacer. *Tengo tanto que hacer que llevo tres o cuatro días andando al retortero, sin saber por dónde empezar ni qué hacer.* Con *traer* significa algo así como marear a una persona, llevarla de un sitio a otro, darle órdenes diferentes... *A ver si te aclaras y me dices de una vez qué vestido quieres, porque me traes al retortero, que si vamos a esta tienda, que si a la otra*. La palabra *tortero* o *retortero* es una vuelta sobre el propio eje. El término procede de otro actualmente en desuso —o mejor, en «deshuso», ya entenderán el chiste—: *tortera*, que era una pieza redonda que las antiguas hilanderas ponían para fijar el *huso* en la *rueca* y que daba vueltas con él. Además, *retortero* es palabra emparentada con *retorcido* y con *torta*, entre otras, y se refiere a algo redondo, algo que da vueltas.

Al revés te lo digo para que me entiendas Se le dice esta frase, cargada de ironía, a quien ha hecho todo lo contrario de lo que se le dijo. *Menos mal que te dije que te pusieras la corbata roja y no la azul... Y tú vas y te pones la azul. Al revés te lo digo, para que me entiendas*. Quien esto afirma deduce justamente que, diciendo lo contrario de lo que se piensa, se le entendería.

Al rojo vivo (Al rojo) [estar; ponerse] Se dice que algo está o se está poniendo al rojo vivo cuando está en un momento de sumo interés, cuando está caliente, como el hierro recién retirado del fuego. *El partido está al rojo vivo. Faltan dos minutos para que termine y el resultado es de empate a tres*. También se usa la locución para definir a alguien que está muy enfadado o exaltado. *Cuando me discuten algo en lo que yo tengo razón me pongo al rojo vivo y ya no sé lo que digo*. Verbos como *quemarse* o *encenderse*, y expresiones como *En caliente*||*Está la cosa que arde*||*Estar alguien quemado* (v.) se usan frecuentemente en la lengua coloquial para indicar enfado o excitación.

Al saber lo llaman suerte Usamos esta expresión para decir que el éxito obtenido por alguien no ha sido suerte o casualidad, como otros pueden pensar. *Un tío que ha ganado cuarenta millones en un concurso de preguntas y respuestas de la tele tiene que estar muy preparado, no es sólo fortuna: al saber lo llaman suerte*.

Al socaire [estar; ponerse] Al abrigo. Bajo la protección. *Cuando vio que estaban a punto de condenarlo, se puso al socaire de sus influyentes amistades y se libró de la cárcel*. El término *socaire* es una antigua voz de origen marinero, quizá de origen portugués, que designaba al paraje a cubierto del viento, al lado opuesto al que soplaba el aire, el que buscaban los barcos para protegerse.

Al tran tran [ir; andar; hacer] Poco a poco. De forma discontinua. Lenta y dificultosamente, *A trompicones* (v.). La locución parece ser una onomatopeya que podría evocar una marcha lenta, quién sabe si el paso cansino de las viejas locomotoras de vapor. *Al tran tran, con muchas dificultades, trabajando cuando y como podía, he conseguido terminar el libro*.

Al unísono Unánimemente. Sin opiniones discrepantes. Al mismo tiempo. *Todos los vecinos, al unísono, protestaron contra la instalación de la ante-*

na. El término *unísono* es 'lo que suena igual'. En música se denomina así al fragmento musical en el que los instrumentos o las voces suenan con el mismo tono. V. *A coro*.

Albarda sobre albarda [poner; colocar; ser] Con esta locución se critica el comportamiento de quien hace o repite lo mismo de forma torpe e innecesaria. *Sabes que el picante te sienta mal. Ayer comiste callos y te dolió el estómago y hoy, albarda sobre albarda, te metes una cazuela de gambas al ajillo*. Muchas veces se emplea para criticar redundancias o pleonasmos en la conversación o en la escritura: *Decir que la ley fue aprobada por unanimidad total y absoluta es poner albarda sobre albarda*. La *albarda* es la pieza principal del aparejo de las caballerías de carga, burros o mulos, formada por dos almohadas, que se coloca sobre el lomo del animal. Es imposible, como puede imaginarse, colocar una albarda sobre otra. La expresión está emparentada con algunos refranes que se usan en situaciones parecidas: *Albarda sobre albarda, una por (para) la barriga y otra por (para) la espalda; Albarda sobre albarda y, sobre las albardas, un borrico*.

Alborotarse/revolverse **el gallinero** (Ser algo un gallinero) Organizarse una situación tumultuosa y confusa. *La reunión estuvo tranquila hasta que el cantante bajó del escenario y se acercó al público. Entonces se alborotó el gallinero y a punto estuvo de suceder una desgracia*. Cierto es que el *gallinero* puede tomarse en sentido literal, pues no deja de ser un lugar ruidoso y alborotado (v. *Armarse un cacao*), pero da toda la impresión de que aquí estamos ante la acepción de *gallinero* —derivada del primer significado— entendido como 'paraíso o cazuela del teatro', el lugar donde se acomodaban las personas de menos poder adquisitivo y todos los que iban a provocar revueltas y a armar el mayor ruido posible para boicotear la representación (v. *Derecho al pataleo*||*El corral de la Pacheca*). Aún hoy llamamos *gallinero* a los pisos superiores de algunos teatros o cines. V. *¡Cómo está el patio!*||*De cara a la galería*.

Alegrársele a alguien la(s) **pajarilla**(s) Ponerse alguien muy contento. *Hoy estaba triste, como el día, pero en cuanto la he visto se me han alegrado las pajarillas y me ha cambiado el ánimo*. Pese a lo que pudiera parecer, la frase no tiene ninguna connotación sexual. Antiguamente se llamaba *pajarilla* o *pajarillas* al bazo, órgano en el que, según la tradición clásica y escolástica, se creía que se alojaban los fluidos corporales, o humores que provocaban la melancolía y la amargura. Si *las pajarillas* se alegran, estos estados se transforman en alegría y buen humor. V. *Coger una pájara*||*Tener agallas (hígados)*.

Algo tendrá el agua cuando la bendicen Usamos este dicho para indicar que algo o alguien considerado negativo o insulso tiene algo positivo o de interés. *Todo el mundo dice que es estúpido y nadie se explica cómo puede haber llegado a un puesto de tanta responsabilidad. Algo tendrá el agua* *cuando la bendicen.* ¿Hay algo más incoloro, inodoro e insípido que el agua? Y sin embargo se bendice y pasa a ser un elemento fundamental en muchos ritos religiosos.

¡Allá películas! (¡Allá cuidados!) Expresión con la que una persona indica que se desentiende de algo, que declina su responsabilidad, sus cuidados, que no se siente protagonista de una determinada historia, o de una determinada «película». El significado es parecido al de *¡A mí, plin!* (v.). *Yo ya te he dicho que no me parece bien que vayas a esa discoteca; si luego tú decides ir y pasa cualquier cosa, ¡allá películas!*

Allá van leyes, do quieren reyes Con esta expresión se da a entender que la ley es fácilmente manipulable según quien la aplique, algo así como 'la ley va donde quiere el que manda' o 'el poderoso se hace la ley a su medida'. Se cuenta que Alfonso VI, rey de Castilla y de León, el del *Cantar de Mio Cid,* dispuso que se abandonara el rito gótico o mozárabe para decir misa y se adoptara el romano. El clero no lo aceptó y el rey decidió que se organizase un combate entre dos caballeros: uno lucharía a favor del rito romano y otro a favor del mozárabe. Ganó quien luchaba a favor del mozárabe. A pesar de todo, se hizo otra prueba: a una hoguera se arrojaron dos misales, el romano y el mozárabe; el mozárabe resultó indemne y el romano ardió por completo. A pesar de que las pruebas eran favorables al rito mozárabe, el rey se dejó de experimentos y, presionado por el papa Gregorio VII, instauró definitivamente el rito romano, ante lo que los clérigos partidarios del mozárabe, especialmente los toledanos, exclamaron «Allá van leyes, do *(donde)* quieren reyes». Esto sucedía en 1078.

Amor platónico Amor espiritual, intelectual, inalcanzable y, por tanto, nunca físico. *Los tiempos cambian, los modelos de hombre y de mujer también. ¡Pero un pedazo de mujer como Sofía Loren! Fue, es y será siempre mi amor platónico.* Estamos ante el tipo de amor expuesto por Platón en sus *Diálogos* —de ahí la locución— y el seguido fielmente por los caballeros renacentistas, hasta tal punto que, quien rompía las reglas del juego y sobrepasaba el listón de lo espiritual para alcanzar lo físico, pagaba con su vida, como el Calisto de *La Celestina,* por ejemplo.

Ancha es Castilla Se emplea esta expresión para dar a entender que alguien tiene libertad —o se la toma— para hacer lo que le venga en gana, sin límites ni fronteras, como no tiene límites ni fronteras la grande y ancha tierra castellana. *Tú siempre haces lo que te da la gana, para ti ancha es Castilla y no te importa nada lo que piensen los demás de tu comportamiento.* El dicho completo, al parecer originado durante las épocas de la repoblación de la meseta (siglos X-XII), rezaba: «Ancha es Castilla, y el rey paga», y seguramente aludía, aparte de a la extensión del terreno, a los beneficios económicos y de otro tipo que se obtenían al repoblar las tierras que iban quedando desiertas tras la reconquista a los musulmanes.

Andando/arreando**, que es gerundio** Y claro que es gerundio, ¿pero por qué se lo recordamos a una persona cuando queremos decirle que hay que irse de un lugar o comenzar a hacer algo? *Son ya las doce, así que, andando, que es gerundio, que mañana hay que levantarse pronto*. Para explicar el origen del dicho se cuenta el chascarrillo del campesino que mandó a su hijo, más bien corto de entendederas, a estudiar a Salamanca, pero el pobre muchacho apenas cogió un leve barniz de ciencia en su estancia en el estudio salmantino. Un día su padre le ordenó que sacara al burro del establo y lo llevara al campo. Tal vez intentando sacarle alguna utilidad práctica a lo aprendido, cuentan que conducía al animal por las calles del pueblo al grito de: «Arreando, que es gerundio». No está mal recordar aquí que el excesivo uso del gerundio no es nada recomendable pues, aparte de llevarnos a cometer considerables errores gramaticales y de ser causa de ambigüedades («Vi a Luis entrando en el banco». ¿Quién entraba?), lleva con frecuencia a la afectación y a la cursilería; no en vano, el padre José Francisco de Isla (1703-1781) llamó Fray Gerundio a su ridículo predicador, modelo de los que mucho hablan y nada dicen, protagonista de su novela *Historia del famoso predicador Fray Gerundio de Campazas, alias Zotes*. Por cierto, tan unida está esta coletilla gramatical a la orden de ponerse en marcha que a veces se dice todo uno, como si la palabra *gerundio* también significara *salir* o *marcharse* y se oyen curiosidades como *nos vamos, que es gerundio*.

Andar/estar/ir **a** (la caza de) **grillos** Emplear el tiempo en hacer cosas inútiles o de poca importancia, de las que no se saca ningún beneficio. *Dices que te pasas todo el día estudiando, pero a mí me parece que andas todo el día por ahí, a la caza de grillos, haciendo tonterías*. Existe una antigua fábula, de la que seguramente proviene el dicho, que cuenta las desventuras de una zorra que, teniéndose por muy astuta y considerándolos presa fácil, salió a cazar grillos y, como los oía por todas partes, no sólo perdió el tiempo y no consiguió atrapar a ninguno, sino que, encima, se volvió loca con tanto «cri-cri». Un antiguo refrán, posiblemente originado en la fábula, recogido en las compilaciones de Hernán Núñez (Pinciano) (1475-1553) nos advierte de *que cuando la zorra anda a la caza de grillos no hay ni para ella ni para sus hijos*.

Andar(se)/estar **a la flor del berro** Usamos esta antigua frase para hablar de alguien demasiado amigo de las diversiones y los placeres y poco ocupado en asuntos serios. *A ver cuándo haces algo de provecho; con tu edad ya va siendo hora de que dejes de andar a la flor del berro*. El *berro* es una planta de la que sólo se come la hoja. La flor, blanca y pequeña, no tiene ninguna utilidad.

Andar a las dos menos diez/a las dos y diez/a las tres menos cuarto Caminar con los pies abiertos en ángulo, con las puntas hacia fuera. Así suelen andar quienes tienen los pies planos. *Es un tipo alto, descompuesto, andc* *a las dos menos diez, pero es un grandísimo futbolista*. Si nos imaginamos que cada pie es una manecilla del reloj, la explicación está clara. Eso sí, quien anda a las tres menos cuarto puede tener algún que otro problema de equilibrio...

Andar(se)/estar/mirar **con cien ojos** (Tener cien ojos||Andar(se) con ojo/con mucho ojo) Prestar mucha atención. Tener precaución. La hipérbole resulta suficientemente significativa. *Por esta carretera hay que andarse con cien ojos, porque es muy estrecha y hay poca visibilidad.*|*No le des mucha confianza a Carlos, con él tienes que andar con cien ojos, porque puede aprovechar cualquier cosa que digas para causarte problemas*. V. *Abrir los ojos*.

Andar/pillar/coger **con el pie**/paso **cambiado** (Tener/llevar el pie/el paso cambiado) Sorprender a alguien con algo que no esperaba, como sorprende la pelota al jugador de tenis o al portero de fútbol cuando se la tiran al lado contrario del que él pensaba, hasta el punto de haber iniciado el movimiento hacia el lugar equivocado. *Realmente no sé que decir. Me pillas con el paso cambiado. Yo lo último que me esperaba es que fueras a enfadarte con el regalo. Al fin y al cabo es una broma*. Posiblemente el origen de la frase esté en los pasos de la danza. V. *A contrapié*||*A contramano*.

Andar(se)/venir **con melindres** (Tener/hacer melindres||Ser melindroso) Ser demasiado ceremonioso o tímido. Mostrar excesiva educación o afectación cuando no es necesario. *Venga, no andes con melindres y dile abiertamente la verdad: es lo mejor*. El *melindre* es un pastelillo que suele hacerse con harina y miel, aunque admite otras variedades, con huevo y azúcar, por ejemplo. Quien anda con melindres, dulcifica en exceso su forma de actuar.

Andar/venir **con pamplinas** (¡No me vengas con pamplinas!||¡Déjate de pamplinas!) Poner excusas que nadie se cree. *Que si el despertador; que si el autobús se retrasó; que si el colegio de los niños... Tú siempre andas con pamplinas. El caso es que nunca vienes a trabajar a la hora*. Mostrar asco o desagrado. *Pues filete de ternera, ¿qué va a ser si no? No sé por qué andas con tantas pamplinas a la hora de comer. Pones una cara que parece que estás comiendo qué se yo*. Cosa de poca importancia o de escasa utilidad. *Venga, déjate ya de pamplinas, que ya tendremos tiempo de rematar los bordes de las puertas. Vamos a lo importante, que es pintar la habitación*. La *pamplina* es una planta, también llamada *oreja de ratón*, que crece en los sembrados y que resulta molesta e inútil para el agricultor, de aquí el significado de las locuciones. Hay, no obstante, una variedad de *pamplina*, conocida como lenteja de agua, que vive cerca de los regatos y en lugares húmedos y que se come en ensalada.

Andar/ir **con pies de plomo** (Tener los pies de plomo) ¿Se imaginan caminar con zapatos de plomo? Andaríamos despacio, con movimientos lentos y pisando fuertemente. Por eso, por esa forma de caminar y de asegurar la pisada, la expresión es sinónima de tener cuidado, de actuar con precaución. *La situación familiar es complicada y hay que andar con pies de plomo y darles la razón un poco a todos para no herir a nadie.*

Andar(se) **con tapujos** (Dejarse de tapujos) Intentar ocultar alguna acción o suceso. No decir la verdad. No hablar con claridad. *Vamos a ver si de una vez por todas me cuentas qué pasó con Luis la semana pasada. Y no te andes con tapujos, como siempre, porque el asunto sólo se puede arreglar si hablamos todos claramente.* Se llamaba *tapujo,* palabra derivada de *tapar,* al embozo de la capa, con el que la gente se cubría el rostro para no ser conocida.

Andar(se)/venir **con zarandajas** (Dejarse de zarandajas) Contar nimiedades. Hablar de asuntos intrascendentes. Llevar a cabo acciones tontas o inútiles. *Siempre andas con zarandajas y te olvidas de lo más importante. Yo no quiero saber cómo está hecho un ordenador por dentro. Necesito saber cómo funciona.* Las *zarandajas* son cosas sin valor, desechos. En Argentina se denomina así a los desperdicios de las reses. La palabra se usaba en el siglo XV para referirse a los granos o semillas con los que se alimentaba al ganado. Antes, en el siglo XIII, designaba a los granos o frutos tardíos y, por tanto, inservibles para la siembra y para el consumo humano y aquí es donde podemos encontrar el rastro etimológico de *zarandaja*, que podría ser un derivado del adjetivo latino regional *serondo,* 'tardío', originado en la forma clásica *serutinus,* de idéntico significado. Es más que posible que hubiera un cruce con *zaranda,* 'ruido, confusión', vocablo antiquísimo de origen incierto.

Andar/ir **de cabeza**/coronilla Actuar de forma desordenada o acelerada, lo que normalmente es debido al exceso de actividad, a una actividad que provoca tal descontrol que la cabeza parece intercambiar su posición con los pies. *Llevo una temporada que entre el trabajo y los niños ando de cabeza y no tengo ni un segundo libre para mí.* Podría ser que la expresión *Andar de coronilla*, de la que habría salido *Andar de cabeza,* tuviera que ver con las monedas llamadas *coronillas,* pequeñas coronas, minúsculas piezas de oro en curso durante el reinado de los primeros Borbones, y que cuando se caían eran prácticamente imposibles de encontrar por los botes que daban y lo que corrían. Algunas interpretaciones asocian la frase a la iconografía clásica, en la que los condenados al fuego eterno se suelen representar cayendo de cabeza a las profundidades infernales (v. *Ir de culo*||*Ir de cráneo*). Otros sostienen que se refiere al mundo de los acróbatas y saltimbanquis, quienes, literalmente, hacen muchos de sus ejercicios apoyando la cabeza en el suelo para mantener el equilibrio o dar giros.

Andar más que la perra de Calahorra Usamos esta frase para indicar que alguien ha tenido que caminar mucho para conseguir algo. *Anda que me he vuelto loco para encontrar tu casa. He tenido que andar más que la perra de Calahorra.* La frase parece haberse originado en un curioso suceso que tuvo lugar en la villa riojana de Calahorra. Una familia calagurritana se trasladó a Logroño y dejó abandonada a una perra preñada. El animal, según dicen, parió siete cachorros y, sujetándolos con la boca, los fue trasladando uno a uno a Logroño, a casa de la familia. Si consideramos que entre Calahorra y Logroño hay unos cuarenta y cinco kilómetros resulta que la perra recorrió unos 585 kilómetros.

Andar/ir **pisando huevos** Caminar lentamente, o mejor, con una lentitud desesperante. *Son las ocho menos cinco, hemos quedado a las ocho y tú, como siempre, andas pisando huevos.* Imagínense una calle empedrada con huevos y a alguien que camina intentando no romperlos al pisar. No hace falta más explicaciones.

Andarse con chiquitas V. *No andarse con chiquitas.*

Andarse/andar/irse **por las ramas** Divagar. Perderse en explicaciones que no vienen al caso y olvidarse de lo más importante. *Pero bueno, ¿Carlos Jesús tiene novia o no? Cuéntamelo todo y no te andes por las ramas.* O, lo que es lo mismo, saltar de un árbol (rodeo) a otro (otro rodeo) sin decidirse a bajar a tierra (explicación clara). Esta frase se usa mucho en forma negativa.

Ande yo caliente y ríase la gente Con esta frase queremos indicar que los comentarios o críticas de otros no nos afectan. *Todos se ríen de mi coche: que si tiene muchos años, que si es feísimo, que si es de viejo... A mí, mientras funcione... Ande yo caliente, y ríase la gente.* Se trata de un antiguo refrán que fue popularizado por el gran poeta cordobés Luis de Góngora (1560-1627) en una de sus más conocidas letrillas *(Ándeme yo caliente y ríase la gente)*, en la que ejemplifica perfectamente el significado de la frase. He aquí la estrofa más conocida:

«Coma en dorada vajilla
el Príncipe mil cuidados,
como píldoras dorados;*
que yo en mi pobre mesilla
quiero más una morcilla
que en el asador reviente,
y ríase la gente».

*V. *Dorar la píldora.*

¡Ángela María! Usamos esta exclamación para mostrar asombro o sorpresa. *¿Veinte mil pesetas vale ese librito? ¡Ángela María! Ni que las hojas fueran de pan de oro.* En realidad deberíamos decir «¡Ángel a María!», pues seguramente el dicho tiene que ver con el asombro de la Virgen María cuando el Ángel (el Arcángel Gabriel) le anunció que iba a concebir al Hijo de Dios (*Lucas*, I-26 y ss.): «El *Ángel* del Señor anunció *a María*», dice el Ángelus. Ha sido un curioso fenómeno de fonética sintáctica (las palabras no se dividen igual cuando hablamos que cuando escribimos) lo que ha generado el aparentemente inexplicable nombre de mujer.

Año sabático Se llama así al año en el que se deja momentáneamente el trabajo habitual para descansar o para dedicarse a otros asuntos. *Estoy ya un poco cansado de dar clase. Creo que el año que viene me voy a tomar un año sabático para dedicarme a leer y a escribir unos cuantos artículos que tengo pendientes.* La costumbre está muy extendida en países anglosajones, en especial entre los profesores universitarios, que durante este tiempo se dedican a estudiar o a la investigación. El *año sabático* estaba previsto en la ley hebrea, que, siguiendo los dictados de Moisés, (*Éxodo*, XXII, 10-12), prescribía que, después de seis años de cosechas, se dejara la tierra un año en reposo. Durante este periodo no se trabajaba en los campos, no se pagaban tributos, se condonaban deudas y se liberaba a los esclavos. Cada siete años sabáticos, es decir, cada 50 años, se celebraba un jubileo. La palabra *sabático*, como *sábado*, proviene de la hebrea *sabbath*, 'descanso semanal'. No olvidemos que en la religión judía el *sabbath*, el día sagrado, es el séptimo día, pues la semana empieza el domingo.

¡Apaga y vámonos! Cuando ya no hay nada más que decir o que hacer, o cuando algo ya está terminado, empleamos esta expresión, que es la versión reducida del dicho *apaga y vámonos, que ya está la misa dicha. Me quede sólo un examen, así que como lo suspenda, apaga y vámonos.* Es opinión general que el dicho procede de un chascarrillo andaluz que, según don José María Sbarbi, tuvo lugar en el pueblecito de Pitres, en La Alpujarra de Granada. Dos sacerdotes cruzaron una apuesta para ver quién decía la misa en menos tiempo, aunque algunos afirman que se trataba de una especie de oposición para acceder a una capellanía militar, oficio que, como se sabe, requiere celeridad y diligencia. Fuera como fuera, el caso es que el primero empezó directamente por el final y dijo *Ite, misa est* ('marchad, la misa está terminada'), a lo que el segundo respondió diciendo al monaguillo *apaga* (las velas) *y vámonos*. Eso sí, no sabemos quién ganó la apuesta o la plaza.

Aparecérsele a alguien la Virgen (La Virgen sólo se les aparece a los tontos y a los pastores) Tener alguien muchísima suerte y especialmente cuando estaba en una situación extrema. Resulta casi casi un milagro. *A este se le ha aparecido la Virgen. Parado, cinco hijos y le ha tocado la primitiva.* Relacionada con ésta, hay otra expresión, cargada de escepticismo, y propia de los que confían en cualquier cosa menos en la suerte: *La Virgen sólo se les aparece a los tontos y a los pastores*. Gustos hay para todo, como se ve. V. *Venir Dios a ver a alguien.*

Aplicarse el cuento Tomar ejemplo de un hecho sucedido a otra persona o en otro momento. *Ya has visto lo que le ha pasado a Carlos por ir como un loco con el coche: tres semanas de hospital y dos años sin carné, así que aplícate el cuento y ten un poco de cuidado.* La frase parece remitirnos a la moraleja, la enseñanza moral, de las fábulas y cuentos. *Cuento* es aquí sinónimo de relato. V. *Aprender la lección.*

Aprender(se)/saberse **la lección** (Tener la lección bien aprendida) Al igual que *Aplicarse el cuento* (v.) significa sacar provecho de algo que nos ha sucedido con anterioridad o que le ha ocurrido a otra persona. Se usa, por lo general, para hacer referencia a acciones negativas. *Lo has pasado mal con esa bronquitis de caballo, ¿a que sí? Pues espero que de una vez por todas hayas aprendido la lección y dejes de fumar.* Antes, cuando los maestros tenían palmeta y tiraban de las orejas, el estudiante que no llevaba bien aprendida la lección a clase solía, en vista del castigo recibido, aprendérsela al dedillo el día siguiente.

Apretar los dientes/puños Intentar animarse cuando hay problemas. Hacer fuerza en las situaciones complicadas. La frase se usa tanto en sentido real: *El atleta fue superado por su rival en la recta de llegada, pero no se desanimó, apretó los dientes y consiguió entrar en primera posición,* como figurado: *Ahora estamos en el peor momento desde que abrimos la tienda. Las grandes superficies nos están matando. Pero bueno, qué le vamos a hacer, hay que apretar los dientes y seguir adelante.* Cuando una persona intenta aplicar toda la fuerza de la que dispone, contrae los músculos de la cara y aprieta los dientes, además cierra con fuerza las manos en un gesto de rabia y de ánimo. V. *Enseñar los dientes.*

Apretarle a alguien las clavijas/las tuercas/los tornillos/los cordeles Es, más o menos, como *Ajustarle a alguien las cuentas* (v.): hacer de «servicio técnico» de otra persona y apretarle esas piezas que tiene sueltas para que funcione mejor. El acto puede ser más o menos doloroso, pero suele ser necesario. *Este niño cada día es más desobediente, voy a tener que apretarle un poco las clavijas.* Las clavijas, las tuercas y los tornillos bien podrían referirse a las que sirven para afinar algunos instrumentos musicales, como la guitarra. Al apretar las clavijas el instrumento (la persona) suena (se comporta) mejor. No obstante, no podemos aparcar la idea de que la frase tenga que ver con aquellos siniestros instrumentos de tortura inquisitoriales en los que se ataba al reo a un potro y, mediante clavijas y tuercas, se retorcían las sogas o se tensaban las cuerdas hasta prácticamente descoyuntarle los miembros. Es, más o menos, la forma de funcionamiento del *garrote vil,* en este caso aplicado al cuello. Se explicaría así la aparición de los *cordeles.*

Apretarse/ajustarse **el cinturón** Contener el gasto. Ahorrar. *El ministro anunció que en los próximos años va a haber que apretarse el cinturón.* En épocas de crisis se come menos. Si se come menos, se adelgaza. Si se adelgaza, el cinturón queda grande. Si queda grande, hay que apretarlo... Lógico, ¿no? Algunos creen, no obstante, que la expresión se debe al hecho de que el dolor de estómago, debido en este caso al hambre, se alivia haciendo presión sobre él.

Aprovechando que el Pisuerga pasa por Valladolid... Usamos esta curiosa frase para indicar que vamos a hablar, o que alguien habla, de algo que no tiene nada que ver con lo que se está tratando. *Bueno, ahora que estáis todos contentos porque mañana no hay clase, yo, aprovechando que el Pisuerga pasa por Valladolid, os voy a decir cuándo van a salir las fechas de los exámenes.* El origen de la frase está muy oscuro. Podría ser que se extendiera durante el siglo XVI, época en la que Valladolid fue capital del Reino, hasta que en 1560 Felipe II trasladó la corte a Madrid, para dar a entender que una ciudad tan importante tenía, sin embargo, un río tan escaso. Con la falta de correspondencia entre el gran esplendor de la capital y la poca importancia de su río explicaríamos el significado del dicho; aunque, claro, por lo mismo y con más razón, deberíamos decir «Aprovechando que el Manzanares pasa por Madrid...».

Apuntarse a un bombardeo Aplicamos este irónico dicho a quien, con tal de sacar provecho o de figurar, participa en cualquier evento o acepta cualquier invitación, aunque, a priori, pudiera ser desagradable o perjudicial para él. La hipérbole no requiere mayor explicación. *Tú no te pierdes una fiesta ni un sarao, a la hora que sea, lo organice quien lo organice. Te apuntas a un bombardeo.* Suponemos que el individuo en cuestión sería el bombardeado, no el bombardeador, aunque ninguna de las dos circunstancias son plato de gusto, la verdad.

Apuntarse un tanto/todos los tantos Tener un acierto. Contraer algún mérito. *Tenías tú razón. Esos dos no han durado juntos ni un mes. Apúntate un tanto.* Es lo que hace el jugador de cartas cuando, en algunos juegos, apunta en un papel el punto o tanto que gana. V. *Estar al tanto.*

Apuñalar a alguien por la espalda/por detrás Traicionar gravemente a alguien. *Me esperaba cualquier cosa de él, menos que me apuñalara por la espalda. ¿Cómo iba a pensar yo que mi socio, mi mejor amigo, huyera con todo el dinero de la empresa?* Quien apuñala por la espalda, aparte de actuar cobarde y alevosamente, no se deja ver y, por lo tanto, priva a la víctima de la posibilidad de defenderse. V. *Guardarse las espaldas.*

Apurar/beber(se) **el cáliz hasta las heces** Sufrir todo tipo de penalidades. Pasar por grandes sufrimientos. *A partir de ahora todo le tiene que ir bien, porque ya ha sufrido bastante. Ha apurado el cáliz hasta las heces: separación, muertes, ruina... ¡Pobre hombre!* La frase, un tanto arcaizante, se asienta en el episodio evangélico de Getsemaní, cuando un ángel recoge en un cáliz el sudor y la sangre de Cristo, que, más humano que nunca, se cuestiona el porqué de los sufrimientos que le esperan y grita «Padre, aparta de mí este cáliz». (*Mateo*, XXVI, 39; *Marcos*, X, 38 y XIV, 36 y *Lucas*, XXII, 42). Las heces son, aparte de los excrementos, los residuos o sedimentos que quedan en el fondo de un recipiente que ha contenido un líquido, en este caso, la copa. La expresión *Hasta las heces* significa en este contexto 'hasta lo más desagradable'.

Aquí hay gato encerrado La expresión quiere decir que, como explicación de algún hecho, existe una razón oculta o secreta que no se nos quiere desvelar: *¿Por qué no querrá verme Pepita? A ver si va a ser que me está en-*

gañando con otro. Me parece a mí que aquí hay gato encerrado. Allá por los siglos XVI y XVII era costumbre guardar el dinero en *gatos,* o lo que es lo mismo, en bolsas hechas con piel de gato. A los avaros incluso se los llamaba *atagatos*. Esas bolsas, a su vez, se escondían, se encerraban cuidadosamente, de aquí el origen de la expresión. Es reseñable y curioso el hecho de que en esa época a los ladrones se les llamase también *gatos,* por ser precisamente una de sus *ocupaciones* robar las bolsas de pellejo de gato. Pablos, el *Buscón* de Quevedo (1580-1645), nos cuenta en el capítulo segundo: «Otro decía que a mi padre le habían llevado a su casa para que la limpiara de ratones, por llamarle gato. Unos me decían ¡zape! cuando pasaba y otros ¡miz!».

Aquí muere/morirá/muera **Sansón con**/y **todos los**/sus **filisteos** (¡Muera yo con los filisteos!) Decimos esta frase cuando estamos firmemente resueltos a llevar a cabo una acción, sin pararnos a pensar en las consecuencias negativas que nos pueda acarrear. *Ya lo he decidido: nos compramos el coche nuevo y aquí muere Sansón con todos los filisteos.* Evidentemente, nos referimos a Sansón, duodécimo juez de Israel, cuya historia se cuenta en el *Libro de los jueces* del Antiguo Testamento (XVI, 23-31). Personaje de gran sabiduría y de increíble fuerza física —se cuenta que despedazó un león con sus manos y que liquidó el solo mil filisteos, sus más encarnizados enemigos, usando como arma una quijada de asno—, acabó cayendo, cómo no, en las redes de los encantos femeninos. Sin importarle que fuera filistea, se casó con Dalila, quien, enterada de que la fuerza de su marido residía en los largos cabellos, le cortó las siete trenzas mientras dormía. Sansón fue hecho preso por los filisteos, que lo cegaron y lo llevaron al templo de su dios Dagón, para someterlo a todo tipo de escarnios. Allí lo encadenaron a las columnas que sostenían el edificio, seguros de que ya no podría liberarse, pero Sansón le pidió a Dios que, por un momento, de devolviera la fuerza y al grito de «¡Muera yo con los filisteos!» empujó las columnas hasta derribar el templo, bajo cuyos escombros, con todos los filisteos, pereció sepultado.

Aquí no hay cáscaras (No hay más cáscaras) No hay otra solución posible. No hay que darle más vueltas a algún asunto. O, lo que es lo mismo, no hay que darle más vueltas, no hay que «pelarlo», porque no tiene cáscara. *Tienes que coger esa carretera medio rota, pero no hay otra forma de llegar a mi pueblo; no hay más cáscaras.*

Aquí te pillo/cojo**, aquí te mato** Expresamos con esta frase la necesidad de aprovechar inmediatamente una ocasión favorable o una oportunidad que se nos presenta sin esperarla. *Pasaba por la zapatería y me dije: «aquí te pillo, aquí te mato». Entré y me compré los zapatos.*|*Llevaba mucho tiempo queriendo invitar a Lucía a cenar, ya sabes..., pero la vi en el supermercado y, aquí te pillo aquí te mato, le dije que si quería salir conmigo.* Está poco claro el origen de la expresión, aunque bien podría tener relación con la caza, en alusión a la presa que aparece sin esperarla y que se pone a tiro.

Arar/cavar **en el mar** Intentar empresas inútiles o imposibles. *Es una tontería que intentes convencerlo de que tiene que estudiar. Yo lo llevo haciendo diez años y ya ves el resultado. Es como arar en el mar.* No hay que dar más explicaciones, aunque el protagonista de la obra de Vicente Blasco Ibáñez (1867-1928), *La Barraca,* consiguió convertir una laguna en fértiles tierras de cultivo a fuerza de espuertas de tierra. V. *Predicar en el desierto*

Arder Troya (Arda Troya||Ya puede arder Troya||Aquí/ahí/allí fue Troya||Arder Roma) Se aplica esta expresión cuando sucede un gran escándalo o confusión o tiene lugar una gran pelea. *Habían mezclado a los hinchas de los dos equipos y, claro, ardió Troya.* Empleamos *Arda Troya* cuando no nos importan las consecuencias de algo, por muy negativas que sean. *Yo voy a cambiar de trabajo. Ahí os quedáis, con todos vuestros enfrentamientos. Arda Troya, que a mí me da igual.* La expresión *Fue troya* se usa, generalmente, en las mismas situaciones que *Arder Troya,* aunque a veces indica que algo, hoy destruido y olvidado, fue en tiempos importante y esplendoroso: *Fíjate en esas ruinas... Pues aquí antes fue Troya, porque en este lugar se levantaba una de las iglesias románicas más hermosas de Europa.* En este sentido, podemos citar el título de un soneto de Quevedo (1580-1645) en el que el autor, con magistral y cruel pluma, describe a una vieja bruja: *Pinta el aquí fue Troya de la hermosura.* Todas las expresiones se refieren a la guerra de Troya, ciudad del Asia Menor (actual Turquía), atacada por los griegos, según la Mitología, para liberar a Helena, esposa de Menelao, rey de Esparta, que había sido raptada por el príncipe Paris (v. *La manzana de la discordia*), hijo del rey troyano Príamo. Al parecer, se trató, como en tantos otros casos, de una guerra desatada por motivos comerciales, pues los troyanos controlaban, imponiendo fuertes aranceles, el paso de mercancías por mar a través del estrecho de los Dardanelos, puerta oriental del Mediterráneo. Tras diez años de asedio (1193-1184 a. C.), los griegos consiguieron introducirse en la ciudad con una estratagema ideada por Agamenón: un gran caballo hueco de madera con «sorpresa» ofrecido a los troyanos en son de supuesta paz, pues dentro del caballo entraron varios soldados que consiguieron reducir a los centinelas y abrir las puertas. Los troyanos fueron pasados por las armas y la ciudad fue pasto de las llamas. Troya permaneció oculta hasta que en 1870 el arqueólogo alemán Heinrich Schliemann (1822-1890) descubrió las ruinas, misión a la que prácticamente había consagrado su vida. En esta guerra tomaron parte diversos personajes cuyas hazañas ocupan lugar preferente en la Mitología y en la Literatura: Aquiles (v. *El talón de Aquiles*), Héctor, Patroclo, Eneas... La guerra de Troya se narra en la *Ilíada,* de Homero (s. IX? a. C.) y en el libro III de la *Eneida,* de Virgilio (70-19 a. C.). Por lo que se refiere a la expresión *Arder Roma,* tiene que ver con el más conocido incendio de la capital imperial, el que tuvo lugar la noche del 18 al 19 de julio del año 64, atribuido falsamente al emperador Nerón, que no estaba contemplando cómo el fuego devoraba la ciudad más espléndida del mundo mientras tañía la lira, sino descansando en su villa natal de Antium, a muchos kilómetros de allí. El bulo fue difundido por la tradición historiográfica cristiana, pues los cristianos, hasta entonces practicantes de una religión oriental poco importante y una de las muchas que existían en el Imperio, fueron acusados por Nerón, para librarse de las sospechas de pirómano que crecían entre el pueblo, de ser los responsables del trágico siniestro.

Ares y mares [tener; hacer; contar] Gran cantidad. Abundancia. *Siempre está hablando de dinero. Se ve que tiene ares y mares.* A veces se usa con el significado de 'prodigios, cosas increíbles y maravillosas'. *Tengo muchas ganas de ir a Egipto, porque todo el mundo que ha ido viene contando ares y mares.* La expresión está calcada de la portuguesa *Ares e mares* ('aires y mares'). No cabe duda de que tanto el aire como el mar son símbolo de inmensidad, de lo que nunca se acaba, de lo incontable. De inmenso a fantástico o prodigioso hay apenas un paso.

Armado hasta los dientes [estar; ir] Con gran cantidad de armamento. *La verdad es que fue un poco ridículo ver a aquel montón de soldados armados hasta los dientes para sacar de la casa a aquel pobre niño asustado.* La expresión nos sugiere la imagen del que, a falta de manos, lleva el cuchillo entre los dientes. V. *Con el cuchillo entre los dientes.*

Armar(se)/formar(se)/organizar(se)/preparar(se)/montar(se) **el**/un **taco** Armarse un escándalo, pero de origen y consecuencias positivos. Se aplica mucho la frase al éxito de los toreros. *No veas el taco que armó ayer Joselito en Madrid. Es imposible torear mejor. Cuatro orejas. ¡Impresionante!* Es posible que el dicho sea del mismo origen que *Hacerse un taco* (v.), y que ambos tengan que ver con la acción de colocar o de *armar* el *taco* en las armas de fuego, el cilindro de estopa, trapo o papel que se colocaba entre la pólvora y el proyectil para conseguir mayor efectividad en el disparo, lo que a veces daría resultado *(Armar el taco)* y a veces no *(Hacerse o armarse un taco).*

Armar(se)/preparar(se)/organizar(se)/formar(se)/montar(se) **la de Dios es Cristo** (La de Dios||Armar(se) un cristo) Se emplea también sólo en su primera parte: *armarse la de Dios* o incluso en su segunda: *armarse un cristo.* Organizarse un gran escándalo, riña o pelea. *Habían vendido más entradas de las que permitía el aforo y, claro, en la puerta del teatro se armó la de Dios.* La locución tiene su origen en la polémica surgida durante el primer concilio de Nicea, en el año 325, en el que se debatió la naturaleza humana de Jesucristo: ¿Cristo es sólo hombre o es también Dios? Partidarios de cada una de las teorías se enfrentaron duramente y los obispos, que se negaron a reconocer la naturaleza humana de Cristo, fueron desterrados y excomulgados, entre ellos Arrio, fundador del *arrianismo* que era la religión de los visigodos que llegaron a España. Un dato curioso que ha de destacarse es que del concilio de Nicea nació el *Credo.*

Armar(se)/preparar(se)/organizar(se)/formar(se)/montar(se) **la de mazagatos** Organizarse una gran pendencia, riña o trifulca. *Al parecer un vecino insultó a otro porque tenía la música muy alta. La cosa empezó a liarse, unos y otros empezaron a sacar trapos sucios y se acabó armando la de mazagatos*. Se llamaba *mazagatos* a las mazas o palos que durante algunas fiestas, y especialmente por carnaval, se colocaban atados a las colas de perros y gatos, según cuenta Correas en su *Vocabulario de refranes* (1627). Era frecuente que se ataran un gato y un perro a la misma maza con lo que la pelea estaba asegurada.

Armar(se)/preparar(se)/organizar(se)/formar(se)/montar(se) **la de San Quintín** Su significado es idéntico al de la frase precedente: armarse un gran escándalo. *Los manifestantes cortaron el tráfico durante un par de horas. Luego llegó la policía y allí se armó la de San Quintín. Tuvo que intervenir el alcalde para apaciguar los ánimos*. La expresión alude a la batalla que tuvo lugar el 10 de agosto de 1557 y en la que las tropas de Felipe II, comandadas por Filiberto de Saboya, ocuparon la ciudad francesa de San Quintín, derrotando a las tropas del rey francés Francisco I, que sufrieron un gran destrozo; algo así, cuenta la historia, como unas diez mil bajas. Por cierto, en conmemoración de esta batalla el rey Felipe II ordenó la construcción del Monasterio de El Escorial. Dado que el día 10 de agosto se celebra la festividad de San Lorenzo y que éste murió torturado en una parrilla, el rey ordenó que la disposición de los patios interiores del edificio imitase precisamente una parrilla. Ésta es también la razón de que el Monasterio se llame San Lorenzo de El Escorial.

Armar(se)/preparar(se)/organizar(se)/formar(se)/montar(se) **la gorda** Se emplea esta expresión cuando tiene lugar un considerable revuelo o cuando se organiza un escándalo. *O sea, que has suspendido cuatro pero les has contado a tus padres que has aprobado todo... Pues como se enteren se va a armar la gorda. La Gorda*, al parecer, era el nombre con el que los sevillanos denominaban a la gran revolución que se estaba preparando contra la reina Isabel II durante el verano de 1868, conocida más frecuentemente como *La Gloriosa* o *La Septembrina*. *Ze varmá la gorda*, decían. Para los malpensados no está demostrado que se refirieran a la reina que por otra parte estaba ya suficientemente cargada de apelativos entre el pueblo.

Armar(se)/preparar(se)/organizar(se)/formar(se)/montar(se) **la, una marimorena** La expresión significa lo mismo que *la gorda, la de San Quintín*, o *la de Dios:* organizarse una escandalera de considerables proporciones. *Menos mal que no fui a la reunión de vecinos, porque dicen que cuando propusieron subir la cuota se armó la marimorena y casi llegan a las manos*. Dicen los libros que allá por el año 1579 se abrió en Madrid una causa contra el tabernero Alonso de Zayas y contra su mujer, la llamada María Morena, posiblemente un apelativo, por el delito de «tener en su casa cueros de vino y no quererlos vender», según se lee en los documentos del proceso. Era costumbre en la época guardar el vino bueno para servirlo a los clientes distinguidos y sacar el malo para el personal «de batalla». Por lo que parece, alguien exigió que se le sirviera vino del bueno, a lo que se negaron los taberneros. Se cuenta que la petición, apoyada por otros parroquianos, fue motivo de un escándalo de considerables proporciones, en el que la tal María Morena, *Marimorena* para el pueblo y mujer de armas tomar, tuvo un papel más que destacado. El lío, como se ha dicho, acabó en manos de la justicia. Así pudo haber nacido la frase.

Armar(se)/preparar(se)/organizar(se)/formar(se)/montar(se) **la mundial** Se usa este dicho para hablar de un gran escándalo, riña o jaleo. *Como este árbitro siga pitando así cuando acabe el partido aquí se va a organizar la mundial.* Seguramente en el origen de la frase está la alusión a la primera guerra mundial (1914-1918), conocida como «la gran guerra».

Armar(se)/preparar(se)/organizar(se)/formar(se)/montar(se) **la**/una **tremolina** También significa 'organizarse una riña, escándalo o alboroto', aunque suele usarse más con el sentido de 'gran ruido o confusión'. *Cuando las* fans *vieron al grupo en el aeropuerto se lanzaron como locas sobre ellos chillando y dando unas voces tremendas. Se armó una tremolina que ni te cuento.* La *tremolina* no es ni más ni menos que el zumbido que produce el viento cuando sopla con fuerza.

Armar(se)/preparar(se)/organizar(se)/formar(se)/montar(se) **un**/el **belén** *Belén* significa 'escándalo, jaleo, riña...'. *El presidente le retiró la palabra al diputado, los de su grupo empezaron a gritar, los otros a aplaudir. Al final, la cosa acabó en insultos y en un gritería terrible. Se organizó un belén como yo nunca había visto en el Parlamento.* No es descabellado pensar que el dicho tenga que ver con la *matanza de los inocentes,* atribuida por los Evangelios (*Mateo*, II, 6) a Herodes *el Grande,* rey de Judea, quien, para acabar con el supuesto de que Jesucristo era un «rey más potente que tú» y que, según le había sido anunciado, había llegado al mundo en Belén hacía muy poco tiempo, ordenó matar a todos los recién nacidos de la región. La Sagrada Familia —José había sido advertido del peligro en un sueño—, ya había huido a Egipto. El episodio parece más fantasía que otra cosa: es significativo que de los evangelistas sólo lo cite Mateo y que no haya ningún vestigio histórico, ni siquiera una mínima alusión en textos tan puntillosos como los del historiador Flavio Josefo (37-100?), cronista de la época de Cristo. Las fechas, de todas formas, parecen no coincidir, aunque es cierto que entre el cómputo de años de entonces y el de ahora hay considerables desequilibrios, pues Herodes *el Grande* muere en el 4 a. C. Es posible, por tanto, que la matanza fuera ordenada por Herodes Antipas (22 a. C.-39 d. C.), hijo del anterior, que fue el mismo que posteriormente juzgó a Cristo. V. *Ir de Herodes a Pilatos*||*Meterse en un belén*.

Armar(se)/preparar(se)/organizar(se)/formar(se)/montar(se) **un cacao** (Hacerse alguien un cacao||Ser algo un cacao||Tener un cacao mental) Significa 'armarse un jaleo, escándalo, confusión'. *Cuando dijeron por megafonía que se suspendía la representación se armó un cacao tremendo en el teatro. La gente estaba realmente enfadada y tuvo que intervenir la fuerza pública*. Es difícil asociar la palabra de origen nahua (la lengua de los indios mexicanos) *cacao*, 'árbol de América y semilla de dicho árbol', componente fundamental del chocolate, con el significado de estas expresiones. ¿Tendrá que ver con la dificultad de hacer el chocolate o con la suciedad que deja en los recipientes en los que se prepara o se bebe?.. ¿O debemos interpretar este *cacao* como una onomatopeya del cacareo de la gallina o el gallo? En este último caso, la explicación del origen de la frase nos llevaría a pensar en el alboroto de un gallinero. V. *Alborotarse el gallinero*.

Armar(se)/preparar(se)/organizar(se)/formar(se)/montar(se) **un cipote** El significado es idéntico al de las expresiones precedentes. *A la salida del partido se organizó un cipote y muchas personas salieron magulladas*. El término *cipote*, cuyo primer significado es el de 'mojón, bloque de piedra' funciona aquí como una de las muchas formas que existen en la lengua coloquial para referirse al órgano sexual masculino, la mayor parte de ellas originadas a partir de metáforas referentes a la forma.

Armar(se)/preparar(se)/organizar(se)/formar(se)/montar(se) **un cirio** (Montarle a alguien un cirio) También significa la frase 'organizarse una situación confusa, un escándalo, pelea o trifulca'. *Los semáforos de la Plaza de España se volvieron locos y allí se formó un cirio terrorífico. La policía municipal tardó más de media hora en arreglar el entuerto*. A veces se añade a *cirio*, término salido del latino *cereus*, 'de cera', el calificativo de *pascual*, en referencia a la vela larga y gruesa que arde en los templos desde la vigilia del Sábado Santo hasta el jueves de la Ascensión. Resulta harto difícil intentar rastrear en este hecho el origen de la expresión, que nos arrastra más bien, como en el caso de *cipote*, a la asociación metafórica del *cirio* con el órgano sexual masculino. Otra interpretación podría llevarnos a pensar en alguna escandalera surgida en alguna ceremonia religiosa. V. *Acabar como el rosario de la aurora*.

Armar(se)/preparar(se)/organizar(se)/formar(se)/montar(se) **un cisco** (Ser algo un cisco) Organizarse un jaleo, escándalo o pelea. *¡Vaya cisco que se ha formado ayer a la puerta del hotel Centro con ese grupo musical! ¡Ni que fueran Los Beatles! Para mí que la gente está mal de la cabeza*. El *cisco* son los restos del carbón quemado: algo que se destruye, se quema, arde, lo que nos lleva a pensar en los resultados de la «batalla» sin olvidarnos de las connotaciones de 'tensión, enfado' que el fuego tiene en la lengua coloquial (v. *Al rojo vivo||Estar alguien quemado*). Por otra parte el cisco, como las disputas, es algo que cuanto más se remueve más se aviva. V. *Hacer cisco*.

Armar(se)/preparar(se)/organizar(se)/formar(se)/montar(se) **un expolio** Como las expresiones precedentes, usamos ésta para aludir a una situación de gran confusión, a un jaleo o a una riña. *Al parecer alguien tiró una colilla al patio, los vecinos del bajo se enfadaron con el del piso de arriba, que no había sido el causante. Total, que empezaron a acusarse unos a otros y se armó en todo el edificio un expolio que no te digo.* El término *expoliar* es, según el *Diccionario* de la Real Academia, 'despojar con violencia o con iniquidad', lo que encaja con el sentido del dicho. De todas formas parece que se alude aquí al episodio del Nuevo Testamento en el que los encargados de crucificar a Cristo, tras haberlo despojado y expoliado de sus vestiduras, se las juegan a los dados. El momento fue magistralmente plasmado por Doménikos Theotokópoulos, *El Greco* (1541-1614) en su cuadro *El Expolio*. La visión de la magnífica obra, que se encuentra expuesta en la sacristía de la catedral de Toledo, explicaría perfectamente la frase que nos ocupa: una imagen como ésta vale mucho más que mil palabras.

Armar(se)/preparar(se)/organizar(se)/formar(se)/montar(se) **un pitote**/un pifostio Organizarse un jaleo, riña, confusión, escándalo... *Al parecer se han equivocado al dar las tarjetas de embarque, han salido números doblados y había un montón de gente que tenía el mismo asiento. Se ha armado un pitote de cuidado. Al final, hemos despegado con casi tres cuartos de hora de retraso.* El término *pitote* parece ser una variante de *mitote,* palabra de origen nahua, la lengua de los antiguos indios de la altiplanicie mexicana, que ha quedado en nuestra lengua como 'jaleo, griterío, riña' y que designaba un baile ritual de estos indígenas en el que, mientras danzaban, bebían un licor de alta graduación. Fácil son de imaginar las consecuencias del baile y de asociarlas con el significado actual del dicho. *Pifostio,* palabra no recogida por el diccionario de la Academia, parece una voz coloquial inventada, quizá creada a partir de *pitote,* que es posible que fuera una especie de híbrido entre *pifia* 'error, descuido' y la forma vulgar *hostia,* 'golpe, bofetada, enfado'.

Armar(se)/preparar(se)/organizar(se)/formar(se)/montar(se) **un**/el **pollo** La frase, surgida hace relativamente poco en el lenguaje juvenil, nos lleva por el mismo camino que las precedentes, 'organizarse un escándalo, jaleo o confusión'. *El diestro se negó a matar al toro y allí se montó un pollo impresionante. La gente empezó a tirar almohadillas, latas... Y el tío sin inmutarse. Tuvo que sacarlo la policía con los escudos.* El porqué de la frase realmente se nos escapa. Es posible que esté relacionada con la expresión, en boga durante el siglo XIX y usada en numerosas zarzuelas y comedias de costumbres, hoy en desuso, *pollo pera,* con la que se designaba a alguien excesivamente presumido y, por lo general, bastante vago. Se denominaba *pera* a la renta o a un trabajo lucrativo y cómodo que producía dinero «caído de los árboles», como las peras. Tal vez pueda asociarse el comportamiento de estos individuos de vida fácil y pendenciera con el sentido de la expresión que explicamos, pero resulta un tanto traído por los pelos. El hecho de que palabras, locuciones y frases en desuso se rescaten en la jerga juvenil no es nada extraño en la lengua coloquial: V. *¡Salut i força al canut!*||*Ser hortera*.

Armar(se)/preparar(se)/organizar(se)/formar(se)/montar(se) **un rifirrafe** (Ser algo un rifirrafe||Haber/suceder/producirse un rifirrafe) Armarse un jaleo o tumulto, por lo general de poca entidad. Tener lugar una disputa o enfrentamiento, aunque sin llegar a la pelea. *Los dos se levantaron la voz y llegaron a insultarse. Se acercaron demasiado. Hubo un rifirrafe, pero conseguimos separarlos antes de que llegaran a las manos*. La voz *rifirrafe*, como *zipizape* o *zurriburri*, parece pura onomatopeya, quizá provenga del bufido de algún animal acosado y amenazante.

Armar(se)/preparar(se)/organizar(se)/formar(se)/montar(se) **un tiberio** (Ser algo un tiberio) Desatarse un escándalo o un desorden público. *Al parecer, habían falsificado más de cinco mil entradas y a las puertas del estadio se organizó un tiberio impresionante*. En el origen del dicho está el sanguinario emperador romano Tiberio Julio César (42 a. C.-37), tristemente famoso por los excesos que cometió durante su reinado, entre ellos, el haber dado muerte a prácticamente toda su familia y por el descontrol en el que se convirtió el Imperio en el periodo que duró su mandato, durante el que, por cierto, nació y vivió Jesús de Nazareth. Murió en extrañas circunstancias, parece ser que asfixiado con sus propias vestiduras y tal vez a manos de Calígula, que le sucedió. Para hacernos una idea de la crueldad de Tiberio, baste citar las palabras del historiador Cayo Cornelio Tácito (55?-117?) en sus *Anales*, que arrancan, precisamente, con el reinado de este emperador, en un episodio en que se nos narra cómo se trataba a quienes se oponían mínimamente al poder: «Por todas partes se podía ver una carnicería terrible, hombres y mujeres, de toda edad y condición, ilustres o desconocidos, dispersos o amontonados. No se permitía a los parientes y amigos acercarse a ellos para llorarlos, ni siquiera para mirarlos. Se dispuso una guardia que acompañaba a los cadáveres mientras se trasladaban al Tíber para ser arrojados a sus aguas. Si flotaban o se acercaban a las orillas, nadie podía tocarlos ni quemarlos». Claro que a Tiberio le sucedió ni más ni menos que a Calígula: los pobres romanos salieron de Málaga y se metieron en Malagón.

Armar(se)/preparar(se)/organizar(se)/formar(se)/montar(se) **un tinglado** (Ser algo un tinglado||Meterse en un tinglado) Generarse un problema. Organizarse un lío o una situación confusa. *No has querido llevar el coche al mecánico, has intentado arreglarlo y has organizado un tinglado de padre y muy señor mío. Ahora no te va a quedar más remedio que ir al taller y te vas a gastar una pasta*. El *tinglado* es un cobertizo hecho, según el diccionario «a la ligera», con tablas entrecruzadas que solía haber en los puertos para guardar mercancías. De esa forma de construir toma la palabra el sentido figurado que encontramos en la expresión.

Armar(se)/preparar(se)/organizar(se)/formar(se)/montar(se) **un trepe** (Echarle a alguien un trepe) Organizarse un revuelo, un escándalo o una situación de gran confusión. *Cuando se supo que el cantante estaba alojado en ese hotel se armó un trepe tremendo. Tuvo que intervenir la policía para disolver a la muchedumbre que se concentró en la puerta*. La expresión *Echarle a alguien un trepe* es 'regañarlo, echarle una bronca'. *Ayer ya me harté de tantos retrasos y no tuve más remedio que llamarlo al despacho y Echarle un trepe*. *Trepe* quizá sea una voz onomatopéyica del pataleo o del ruido de las pisadas (de *trip* o *trep,* raíz que aparece en algunas lenguas germánicas occidentales). Así parece sugerirlo el verbo *trepar,* documentado en catalán antiguo y en provenzal con el significado de 'patalear, pisar' y 'bailar' y *triper,* 'patear, saltar, danzar', en francés antiguo.

Armar(se)/preparar(se)/organizar(se)/formar(se)/montar(se) **un zafarrancho** Al igual que las anteriores expresiones, significa 'organizarse un revuelo o jaleo'. *Cuando llegó la hora de la cena se armó un auténtico zafarrancho con gente por todos los lados*. El *zafarrancho* es el aviso con el que se organiza a la tripulación de una embarcación para realizar alguna tarea a bordo. La expresión se refiere al *zafarrancho de combate,* el aviso que en la marina militar anuncia a los marineros el inminente enfrentamiento y la necesidad de acudir cada uno a su puesto de combate.

Armar(se)/preparar(se)/organizar(se)/formar(se)/montar(se) **un zipizape** La expresión anuncia desorden y escándalo y podría tener origen en las voces con las que se espanta a los gatos *¡zip!, ¡zape!,* aunque, como *rifirrafe* y *zurriburri,* tiene muchas resonancias de voz onomatopéyica con la que se pretende materializar el sonido de la riña, como *zip, zap, cis, zas, plis, plas, pim, pam... El fontanero organizó un zipizape de cuidado y no arregló las tuberías*. Zipi y Zape son hoy dos conocidos personajes de cómic, creados por el dibujante Escobar, famosos por sus travesuras. No resultan verosímiles las teorías de quienes ven en ellos el origen de la frase. Sería más bien al revés, porque el dicho ya aparece recogido en el siglo XVII.

Armar(se)/hacer(se)/preparar(se)/organizar(se)/formar(se)/montar(se) **una** (buena) **jera** Desencadenarse un problema grave o una situación adversa. *Ayer el vecino de arriba se dejó abierto el grifo del cuarto de baño y no veas la jera que me ha preparado en casa*. El término *jera* podría tener aquí un uso irónico, como tantas veces sucede en la lengua coloquial, y puede significar lo contrario de lo habitual: 'regalo, situación favorable', término derivado del francés *(bonne) chére,* 'buena (cara) comida'.

Armar(se)/preparar(se)/organizar(se)/formar(se)/montar(se) **una pirula** (Hacerle a alguien la/una pirula||Hacer una pirula) Formarse un jaleo, una situación complicada o problemática. *Después de una hora de esperar en la sala de embarque un empleado nos informó de que había un retraso de cuatro horas. ¡No veas la pirula que se armó!* Enfadarse mucho una persona.

Cuando vio la papeleta con el suspenso montó una pirula terrible. Tuve que pararlo para que no hiciera algo de lo que pudiera arrepentirse. Pirula es una palabra que no recoge el *Diccionario* de la Academia, sí *pirulo*, una especie de peonza pequeña que a veces tiene forma de prisma. El uso del femenino nos lleva a pensar en una de las muchas metáforas formales referidas al pene, que en la lengua hablada se suele denominar con términos femeninos (igual que aplicamos el género masculino al órgano sexual femenino). Estaríamos aquí ante una expresión de contenido sexual empleada con connotaciones negativas en la lengua coloquial, como sucede en *Joder a alguien; Darle a alguien por el culo* o *Metérsela a alguien doblada* (v.). En la jerga juvenil, una *pirula* es una anfetamina o una pastilla de efectos similares, quiza por una reducción del término *piruleta*. Asimismo, se llama *pirulero* a quien hace uso de estas sustancias. No parece que la expresión provenga de las reacciones de quien las consume.

Armar(se)/preparar(se)/organizar(se)/formar(se)/montar(se) **una tángana** Una tángana —o *tangana* como admite ya la Real Academia Española— es un jaleo, un escándalo, una riña o disputa. La frase se usa con frecuencia en el lenguaje deportivo, para hablar del enfrentamiento entre dos o más jugadores. *Al parecer, un jugador insultó a un contrario, la cosa se lió y se acabó armando una buena tángana*. La *tángana,* tambien llamada *tanga* o *tango,* es un cilindro de madera contra el que se arrojan piedras, piezas de metal o discos de hierro en el juego llamado *de chitos*. Sobre la *tángana* se colocan las monedas apostadas por los jugadores. Quien consigue derribarla, se lleva las monedas que quedan cerca de su piedra o pieza (v. *A la chita callando*). Posiblemente el significado de la frase se deba a las disputas que se organizaban durante el desarrollo de este juego, en especial a la hora de dilucidar qué monedas debía llevarse cada jugador.

Armar(se)/preparar(se)/organizar(se)/formar(se)/montar(se) **una zalagarda**/una zapatiesta/un zurriburri Armarse un alboroto o un escándalo, por lo general fingido, festivo o poco importante. *Los amigos del novio se plantificaron la noche de bodas debajo de la ventana de los recién casados y montaron durante toda la noche una zalagarda impresionante*. Posiblemente *zalagarda* tenga que ver con la voz francesa antigua *eschagarde*, 'escaramuza, emboscada'. *Zapatiesta* acaba de incluirse en el *Diccionario* de la Real Academia ya con el significado de 'alboroto, jaleo, riña'. *Zurriburri*, 'jaleo, bulla' debe de ser un término onomatopéyico formado sobre *zurrar*, 'curtir pieles' o 'azotar a alguien'. La raíz *zurr-* parece reproducir el silbido de la vara en el aire y el golpeo contra la piel.

Armar(se)/preparar(se)/organizar(se)/formar(se)/montar(se) **una zambra** Organizarse jaleo, escándalo o confusión. *Los del cuarto organizaron anoche una buena zambra. Ni te cuento la cantidad de gente que había y la bulla que montaron. Al final tuvimos que avisar a la policía*. La *zambra*, término derivado del árabe *samra*, 'fiesta, sarao', era una fiesta muy bulliciosa, con música y baile, a la usanza árabe. La tradición y la palabra en su significado original han quedado hoy entre los gitanos granadinos que habitan las cuevas del Sacromonte.

Arrieros/arrieritos **somos y en el camino nos encontraremos** Se usa esta frase como advertencia de venganza, para anunciar la certeza de que alguien que ha sido ofendido devolverá la ofensa. *Vaya, vaya... O sea que ahora que te pido ayuda no me la quieres dar. Muy bien, arrieros somos y en el camino nos encontraremos.* La frase se hizo famosa entre los arrieros de la región leonesa de la Maragatería, que solían, antes de la llegada del ferrocarril, comerciar con los pueblos que se encontraban entre León y Madrid. Estos comerciantes ambulantes solían sentirse estafados por los comerciantes madrileños, a quienes dedicaban la frase en cuestión a título de advertencia.

Arrimar alguien el ascua a su sardina Obtener beneficios particulares de lo que debería ser un beneficio común. Favorecer a alguien afín. *Como la mayor parte de los miembros de la junta son canarios, a Canarias han ido destinadas más inversiones, y es que, se quiera o no, cada cual arrima el ascua a su sardina.* En una parrillada, las ascuas deben ser las mismas para todos; las sardinas han de hacerse al mismo tiempo. Lógicamente, mis sardinas se asarán antes si les arrimo toda la brasa, todas las ascuas. Es posible que el dicho tenga origen andaluz, ya que los jornaleros que trabajaban en los cortijos solían recibir sardinas como compensación a su trabajo, sardinas que asaban robándose las ascuas los unos a los otros, llegando a tal punto la guerra que en muchos lugares se obligó a que se asaran las sardinas en un fuego común y en otros, incluso, se prohibió que los jornaleros asaran sardinas.

Arrimar el hombro Ayudar en el trabajo. Colaborar. Hacer fuerza en común. Acercarse a otra persona —hombro con hombro— para ofrecer ayuda. *Como no arrimemos todos el hombro jamás saldremos de esta situación.* El hombro es en los trabajos más duros la parte del cuerpo sobre la que se cargan sacos o se acarrean pesos.

Arrimarse al sol que más calienta Buscar el propio provecho acercándose a personas prestigiosas o con poder. *Míralo, por meterse en política y arrimarse al sol que más calienta ahí lo tienes, director general.* Como dice Lázaro de Tormes, ya «instalado en la cumbre de toda buena fortuna, determiné de arrimarme a los buenos, por ser uno de ellos». Pues eso es lo que expresa este dicho.

Arrojar/dar **luz** Aportar datos que ayudan a entender un asunto. Aclarar una situación complicada. *La declaración de los dos testigos parece que arroja luz sobre el extraño crimen.* Luz, es aquí sinónimo de claridad, verdad, en clara oposición con oscuridad, 'ignorancia'. Lo mismo sucede en otros casos como *A la luz de*||*A todas luces*||*Tener pocas luces* (v.).

Arrojarle/lanzarle/tirarle **a alguien el guante** Desafiar, retar o provocar a alguien. *Yo no me puedo quedar de brazos cruzados. Él me ha arrojado el guante hablando mal de mí y amenazándome delante de otras personas. Y va a saber quién soy yo.* A veces, con connotaciones más positivas se usa para indicar que alguien propone a otra persona que supere lo que el primero ha hecho: *¿Y esta carambola eres capaz de superarla? Yo te he lanzado el guante. Ahora vamos a ver qué haces.* Los caballeros medievales, para retar a un enemigo le arrojaban un guante a los pies. Si éste lo recogía (v. *Recoger el guante*), aceptaba el reto —no recogerlo era rasgo de flagrante cobardía—. Si antes de lanzárselo, le abofeteaban con él la cara (v. *Cruzarle a alguien la cara*) era señal de que el combate sería a muerte. La costumbre se mantuvo hasta el siglo XIX, época en la que se prohibieron los duelos. V. *Así se dan los guantes al rey.*

Arroz y gallo muerto Cuando queremos ocultar un menú para que sea sorpresa y alguien nos pregunta qué vamos a comer, solemos contestar dos cosas: *Canguingos y patas de peces* (v.) o *Arroz y gallo muerto* (v.). Parece ser que una de las atracciones del carnaval madrileño del siglo pasado era la de vendar los ojos a varias personas y darles a cada una un garrote para que mataran a un gallo al que se había atado de una cuerda y suspendido en el aire. Quien consiguiera asestarle el golpe de gracia recibía como premio el ave que, a buen seguro, comería con arroz, ya que era éste un plato habitual.

Arrugar/torcer/retorcer **el hocico**/el morro (Tener el hocico/el morro retorcido) Expresar desagrado, incomodidad o contrariedad. *Lo que te estoy diciendo es muy serio y sabes que tengo razón, así que no arrugues el hocico y escúchame.* Un típico gesto de desagrado o de asco es juntar los labios y elevar hacia un lado (torcer) el labio superior, al mismo tiempo que se entrecierra un ojo y se inclina la cabeza. Así descrito suena un tanto ridículo, y aquí no tenemos imagen que valga más que cien palabras. Mientras leen esto hagan la prueba y nos sobra incluso la imagen.

Así como así A la ligera. De cualquier forma. Sin pensar. Sin justificación. *No se puede criticar a la gente así como así. Hay que saber qué se dice y por qué se dice.*

Así se cuenta/se escribe **la Historia** Se utiliza esta frase cuando queremos dejar claro que alguien ha dicho algo absolutamente incierto que ha sido tomado, o que podría ser tomado por cierto. *Dicen que me han visto borracho por la calle el domingo pasado. Pues fíjate, precisamente a la hora que dicen que me vieron, yo estaba en el hospital. Me estaban operando de apendicitis... Así se cuenta la Historia.* Parece ser que el escritor y filósofo francés François-Marie Arouet, más conocido por el seudónimo de *Voltaire* (1694-1778) fue quien empleó por primera vez la frase, dando a entender que la Historia está contada con pequeñas mentiras que acaban siendo reconvertidas en realidad por los historiadores. De todas formas, también se ha dicho siempre que la Historia la cuentan los vencidos...

Así se dan los guantes al rey Decimos esto, de forma irónica, cuando alguien nos entrega algo de mala manera, con modales poco adecuados o de mala gana. *En lugar de tirarlo de esa forma, podías acercarte para darme el libro. Así se dan los guantes al rey.* Sin duda se trata de una frase histórica, y aunque se nos escapa quién y en qué momento la pronunció seguramente se refería a la necesidad, dictada por los buenos modales, de entregar los guantes en mano, pues arrojarlos suponía retar a alguien en duelo. V. *Arrojar el guante.*

Así se las ponían a Fernando séptimo Empleamos la frase cuando estamos seguros de que alguien puede conseguir algo muy fácilmente o porque recibe una gran ayuda o porque la empresa resulta muy sencilla para conseguir un fin. *Como para no aprobar el inglés... Su madre es escocesa y él ha vivido tres años en Londres. Así se las ponían a Fernando séptimo.* Al parecer, el rey Fernando VII era un gran aficionado al juego de billar, pero un pésimo jugador. Dicen las malas lenguas que siempre que jugaba se cargaba un tapete. Para contentarlo, sus cortesanos ponían las bolas sobre la mesa de forma que le resultara poco menos que obligatorio hacer carambola. ¿Recuerdan al submarinista que colocaba el salmón en el anzuelo de Franco? ¿Y al guarda de ICONA que le ponía a diez metros el ciervo narcotizado?...

Asomar/enseñar **la**(s) **oreja**(s) Dejar ver alguien sus defectos o sus puntos débiles. *Sí. Si yo no discuto que Andrés sea un tipo fantástico, lo que sucede es que siempre acaba asomando la oreja y sacando ese aire de superioridad que me pone negro.* El dicho parece asentarse en una antigua fábula, recogida por el fabulista latino del siglo IV Flavio Aviano y citada por Mateo Alemán (1547-1615?) en su *Vida del pícaro Guzmán de Alfarache* (1599). Un asno, cansado de ser objeto de las burlas de otros animales, se disfrazó con el pellejo de un león para asustarlos y se escapó del pueblo. Su amo, después de mucho tiempo buscándolo, acabó dando con él y moliéndolo a palos... Y es que el disfraz no le tapaba las orejas. V. *Ponerse la piel del león*||*Enseñar la patita.*

Atado y bien atado [estar; dejar] Ser algo seguro. Estar un asunto completamente claro o decidido, sin que exista posibilidad de cambio o variación. *No sé qué sentido tiene esta oposición ¿Por qué se empeñan en sacar a concurso la plaza si todo está atado y bien atado? Todos sabemos que el elegido de antemano es Ramírez.* La locución podría tener asiento en un pasaje del Evangelio en el que Cristo se dirige a Pedro: «Y a ti daré las llaves del reino de los cielos; y todo lo que ligares en tierra será ligado en los cielos, y todo lo que desatares en la tierra será desatado en los cielos» (*Mateo,* XVI,19). V. *A quien Dios se la dé, san Pedro se la bendiga.*

Atar cabos (Atar/unir cabos sueltos) Relacionar entre sí varias pistas o diferentes ideas sueltas para tener una opinión general o llegar a unas conclusiones, lo mismo que se atan los *cabos*, las cuerdas que se usan en los barcos. *La policía, atando cabos, ha conseguido relacionar ambos crímenes y detener al culpable*. V. *No dejar cabos sueltos*.

Atar corto a alguien Atamos corto a una persona cuando la tenemos siempre bajo control o cuando queremos de alguna forma cortar una libertad excesiva, como hacemos con el animal, especialmente con las caballerías, al que se le ata una cuerda corta entre las dos patas delanteras para que no se aleje o para que no pueda montar a la hembra. *A ese chico tienes que atarlo corto, porque lleva una vida que no le conduce a nada bueno*. V. *Darle a alguien cuerda larga*.

Atar la vaca por los cojones Cometer un despropósito o un disparate. *Eso de desviar toda la circulación por el centro de la ciudad ha sido atar la vaca por los cojones. Nadie ha pensado en las consecuencias que va a tener para los monumentos*. Intentar lo imposible. *¿Has visto qué pedazo de temario? Voy a ver hasta dónde llego, porque intentar estudiar todo es atar la vaca por los cojones*. Lo bueno que tienen este tipo de expresiones, rotundas y sólidas, de nuestra lengua es que sobran mayores comentarios.

Atar los perros con longaniza(s) ¿Se imaginan la alegría de un perro al que le atáramos una cadena hecha con una buena ristra de chorizos? Con esta expresión aludimos a ese país fantástico donde todo es abundante, modélico, lujoso y placentero, también llamado *Jauja* (v. *Esto es Jauja*). Se emplea especialmente para contestar irónicamente a quien habla de las bondades extremas o del gran beneficio de alguna acción o de algún lugar: *Mi primo dice que en Alemania se gana muchísimo dinero y se trabaja muy poco. Ni que allí se ataran los perros con longaniza*. Se dice, a saber si con algún viso de realidad, que en el precioso pueblo salmantino de Candelario, famoso por sus embutidos, la fábula se hizo realidad. En dicho pueblo vivió a finales del siglo XVIII don Constantino Rico, o mejor *el tío Rico, el choricero*, proveedor real inmortalizado por el maestro de Goya, Francisco Bayeu (1734-1795), en un conocido tapiz. *El choricero* tenía una fábrica de embutidos en la que trabajaban muchas empleadas y fue a una de ellas a quien se le ocurrió la brillante idea de atar a la pata de una silla con una ristra de longaniza a un perrillo que molestaba. Quienes lo vieron lo contaron, y el pueblo interpretó tan curioso hecho como símbolo claro de la opulencia con que se vivía en casa de don Constantino.

Atar moscas por el rabo (¡Átame esa mosca por el rabo!) Usamos esta frase cuando alguien dice algo inapropiado, falso o disparatado, sobre todo cuando, a partir de las palabras de otro, se han establecido deducciones claramente falsas. *Yo sólo he dicho que ella tiene mucho dinero. Eso de que él se ha casado por interés es atar moscas por el rabo, y lo piensas tú, no yo*. ¿Se imaginan que las moscas tuvieran rabo? ¿Se imaginan que, si lo tuvieran, atáramos una a otra por el rabo?

Atarse/ajustarse/apretarse **los machos** Prepararse atentamente para llevar a cabo una empresa complicada. Mentalizarse para hacer algo que se supone problemático. *Te espera un curso complicado, el más difícil de toda la carrera. Tendrás que ajustarte los machos y empezar a estudiar desde el principio. Si consigues superarlo, luego todo es mucho más sencillo.* Los *machos* son los cordones, terminados en una borla, que cuelgan de la parte inferior de la taleguilla —el «pantalón»— de los toreros. Lo último que hace el torero, ya vestido, antes de salir hacia la plaza es atarse los machos para ajustar el calzón a la pantorrilla, de aquí el origen y el significado de la frase.

¡Averígüelo Vargas! Se utiliza la expresión para dar a entender la suprema dificultad de averiguar, de conocer la explicación o los motivos de algo. *¿Y a mí me preguntas por qué Carlos está siempre de mal humor? ¡Averígüelo Vargas! Ése es uno de los grandes enigmas de la humanidad.* El licenciado Don Francisco de Vargas fue un personaje muy famoso en la corte de los Reyes Católicos. El tal Vargas, que comenzó siendo secretario y ayuda de cámara del rey Fernando *el Católico,* pasó a ser el encargado de enterarse e informar a los reyes de todo lo que sucedía en la corte y de las quejas o pretensiones de los cortesanos. La frase que nos ocupa incluso llegó a figurar como fórmula hecha en los decretos reales; cuando en ellos se ordenaba el cumplimento de alguna misión, junto a aquellas cuestiones complicadas o que requerían de informaciones específicas, se colocaba la frase «Averígüelo Vargas».

Aviso a/para **navegantes** Con esta expresión se previene de la posibilidad de encontrar dificultades en algún trabajo o se anuncia la llegada inminente de algún problema. *Pese a la bonanza económica de los últimos tiempos no debemos confiarnos, porque —aviso a navegantes— dentro de no mucho va a llegarnos un periodo de crisis y tenemos que estar preparados para afrontarlo.* El dicho proviene del lenguaje marinero, en el que los avisos a navegantes son, mejor dicho, eran las correcciones, anotaciones y apuntes que se hacían en las cartas de navegación y en los mapas para señalar escollos, accidentes y otros peligros que no constaban en tales documentos. Con los avisos de los navegantes se iban, poco a poco, elaborando mapas mucho más fiables.

Ayer fue la víspera Esta frase, que parece más un juego de palabras, se emplea cuando una persona presenta como novedad algo conocido o que ya ha sucedido. *¿Que Lucía se ha casado? ¿De verdad? ¿Y te crees que eres el único que lo sabe? Pues ayer fue la víspera.* La *víspera* es el día anterior a que algo suceda. Si nos referimos al día anterior a la víspera, estamos hablando de hoy, de lo que todo el mundo puede ver, de lo que no hace falta contar.

B

Bailar alguien al son que le tocan Se aplica esta frase a quienes son incapaces de tener opiniones propias o de seguir líneas de actuación no marcadas por nadie. O, dicho de otra forma, quien baila al son que le tocan no es independiente ni en sus actuaciones ni en sus juicios. Si tocan valses, baila valses; si tocan tangos, baila tangos; si pasodobles, pasodobles y si no hay música, pues se queda quieto. *Jaime no tiene ninguna personalidad, nunca toma ninguna decisión; se deja influir por todo el mundo y siempre baila al son que le tocan.*

Bailar con la más fea Hacer la tarea más ingrata, la misión que nadie quiere. Tocarle a alguien la peor parte. *¿Es que todos los días voy a tener yo que lavar los platos? Ya veo que siempre me toca bailar con la más fea.* Interpretada en sentido literal, la frase trae recuerdos de bailes de pueblo y de guateques: chico guapo y chico menos guapo van a las fiestas del pueblo de al lado en busca de ligues. Llegan a la plaza. Chica guapa y chica menos guapa esperan. O bailan las dos o no baila ninguna, claro. Chico guapo se pone a bailar con chica guapa y, ya se sabe, al otro le corresponde el, por llamarlo de alguna forma, «trabajo sucio»: bailar con la más fea.

Bailarle a alguien el agua Adular a alguien. Estar siempre de acuerdo con las acciones u opiniones de otro, normalmente para conseguir algo a cambio. *Ese pintor es un auténtico estafador, lo que sucede es que se ha hecho famoso porque siempre ha tenido un montón de críticos que le han bailado el agua.* Es algo así como *Hacerle a alguien la pelota* (v.). La explicación del dicho resulta bastante oscura. Es posible que se hayan cruzado dos orígenes diferentes. Se sabe que una de las formas de agradar a una persona es moverse con ella, ponerse delante, hacerle reverencias, como si el adulador bailase ante el adulado. Otra de las formas de mostrar respeto, y lo sigue siendo en algunos lugares del mundo, es ofrecer a quien llega agua para beber y para lavarse (v. *Dar jabón a alguien*). Este rito, reflejado en el lavatorio de los pies, símbolo de modestia y de sumisión, que recuerda lo que hizo Jesucristo con sus discípulos, se mantiene actualmente en la liturgia del Jueves Santo. V. *Adorar al santo por la peana*‖*Dar coba.*

Bajar (a alguien) **de la nube** Volver a la realidad. Abandonar los ideales y centrarse en lo real. *Ahora, después del éxito de este libro, de tantos homenajes y reconocimientos tengo que bajar de la nube y ponerme a escribir la novela que tengo en la cabeza desde hace tiempo*. Las nubes materializan aquí lo etéreo, lo vano (v. *Estar en las nubes*‖*Estar en una nube*), pero también lo elevado y lo sublime (v. *Poner por las nubes*).

Bajar/subir **el pistón**/el diapasón Disminuir la intensidad de una acción o de un trabajo. *Voy a tener que bajar el pistón, porque este ritmo de trabajo no se puede soportar mucho tiempo más*. El *pistón* es un cilindro móvil que tienen algunas máquinas, en especial los motores llamados «de explosión» —el de los coches, por ejemplo— y que funciona como un émbolo: sube y baja alternativamente para dejar que entre o salga un fluido —el combustible—: cuando sube el pistón, entra la mezcla de combustible y aire y se genera mayor potencia; si baja, sucede todo lo contrario. También se llama *pistón* a cada una de las llaves de algunos instrumentos de viento. Cuando estos pistones se pisan con los dedos se regulan los tonos que produce el instrumento. Si hablamos de *bajar el diapasón* nos referimos también a lo dicho anteriormente, pero la frase se usa además para hablar de la necesidad de bajar el tono de voz o la intensidad de un debate o de una discusión. *Oye, baja el diapasón y habla con un tono normal, que el tema tampoco merece tanto acaloramiento. A ver si hablando de fútbol vamos a acabar a voces*. El *diapasón* es un aparato que se usa para regular el tono de las voces y de los instrumentos musicales. Es una lámina de acero doblada en forma de horquilla que cuando se hace sonar da un la, sexta voz de la escala musical establecido en 435 vibraciones por segundo. Ambas expresiones se usan sobre todo con el verbo *subir*.

Bajar/bajarse/caer/cerrar/echar **el telón** Terminar algo, en especial, un ciclo o una temporada. *Con la sesión de hoy ha bajado el telón en el Parlamento. Los diputados volverán a reunirse después de las vacaciones veraniegas*. Evidentemente, se alude a la bajada del telón una vez terminada la representación teatral. V. *Subir el telón*.

Bajar/agachar/doblar/inclinar **la cabeza**/la cerviz Mostrar sumisión y obediencia. *Si tu padre te echa una bronca y, además, con razón, ¿qué puedes hacer?... Pues nada, bajar la cabeza y aguantar el chaparrón*. Reconocer una derrota o una situación de inferioridad. *Jugamos de forma valiente y de tú a tú, pero al final tuvimos que bajar la cabeza, porque ellos son mucho mejores que nosotros*. El gesto de inclinar la cabeza es señal de respeto y de sumisión ante alguien superior. Ya en latín *cervix* significaba 'nuca' y también 'valor; osadía, atrevimiento'. V. *Agachar las orejas*‖*Levantar la cabeza*‖*No levantar cabeza*‖*Pasar por las horcas caudinas*‖*Tener la frente alta*.

Bajar la guardia Disminuir la atención o la precaución necesarias para llevar a cabo algún asunto. *En esta carretera nunca puedes bajar la guardia, por-*

que es muy traicionera y a la menor ocasión puedes tener algún problema. La frase está tomada de la lucha con espadas, del lance en el que uno de los contendientes se desprotege, involuntariamente o adrede, para tenderle una trampa al rival. De aquí pasa a algunos deportes, como la esgrima o el boxeo, en los que, aparte de intentar atacar al contrario, el deportista no puede descuidar su protección, no puede descubrirse, dejar de «guardarse». V *Estar en guardia*.

Bajarle/bajársele **a alguien los humos** Lograr que alguien desista de su actitud altiva y presuntuosa. Derrotar a alguien. *Ahí lo tienes, el más listo, el más guapo, el más estudioso, el que presumía tanto de ser perfecto. Espero que este suspenso le haya bajado los humos.* El término *humo* es sinónimo de altivez y de enfado (v. *Estar alguien que echa humo*). Es curiosa la interpretación de Joaquín Bastús, que habla de la costumbre romana de colocar a la entrada de las casas las imágenes de los antepasados más ilustres, que acababan tiznadas por el humo de las lámparas. Los más cargados de humo serían, pues, los más importantes, aquellos que merecían más respeto. V. *Subírsele a alguien los humos*.

Bajarse/quitarse **los pantalones** (Ser algo una bajada de pantalones) Humillarse, ceder de forma vergonzante ante las pretensiones injustas de alguien, pese a tener razón o haber actuado correctamente. *Mucho decir que iban a hablar en nombre de todos y que le iban a exigir a la empresa un aumento de sueldo para todos y reducción de horarios y resulta que cuando están delante de él se bajan los pantalones y ni aumento, ni reducción de horarios, ni nada. Si estamos peor que antes.* La referencia a los pantalones como símbolo de masculinidad o de virilidad, en suma, de poder, parece clara (v. *Llevar los pantalones*). Quien tiene los pantalones bajados se dispone a dejar que abusen de él, en el más cruel sentido de la palabra. A veces se llega más allá en el figurado *strip-tease* y se dice *Enseñar el culo/las vergüenzas* o *Quedarse con el culo al aire* (v.) para hacer referencia a una humillación.

Bajo cuerda [dar; entregar] De forma oculta e ilegal. Encubiertamente. *Este tío gana mucho dinero y no me explico cómo. A mí me parece que le pagan bajo cuerda.* Existía antiguamente —Gonzalo Correas y Quevedo, entre otros, hablan de él ya en el siglo XVII— un juego parecido al actual tenis, que consistía en que dos jugadores pasaban alternativamente una pelota por encima de una cuerda. Cuando uno de ellos se despistaba, el otro aprovechaba la ocasión para hacer trampa y pasar la pelota por debajo de la cuerda.

Bajo mínimos [estar] En una situación precaria o comprometida. *A ver si de una vez cumplen lo prometido y nos arreglan la conducción del agua y de la electricidad y nos asfaltan las calles, porque en este pueblo no es que estemos mal, es que estamos bajo mínimos.* La expresión parece propia del lenguaje de la economía, en referencia al mínimo de ganancias indispensable para no llegar a la ruina. Quien está por debajo de estos mínimos está, evidentemente, rozando el peligro.

Baño de sangre [ser un; haber un] Se llama así a una gran y cruenta tragedia, tanto que, con cruda hipérbole, las víctimas se bañan en sangre. *Si alguien no pone remedio a estas tensiones entre los dos bandos aquí va a haber un baño de sangre. De eso estoy seguro.*

Barrer para casa (Barrer hacia/para adentro) Buscar el beneficio propio o favorecer deliberadamente a alguien conocido o en algún sentido afín. *Claro, el árbitro era de Valladolid, como el equipo que ganó. No se puede negar que barrió para casa. Barrer,* en este caso, está utilizado en su acepción de acaparar o de llevarse muchas cosas. Nadie mete en su propia casa la suciedad que arrastra al barrer, más bien la suele meter en casa ajena, ¿o no? En muchos juegos de cartas se llama barrer al hecho de hacerse con la baza, con las cartas puestas sobre la mesa. Quien barre el mayor número de bazas suele acabar ganando la partida. La frase bien podría haberse generado aquí.

Batalla campal Se llama así a una pelea o enfrentamiento, generalmente violentos y de consecuencias graves. *La supuesta manifestación pacífica acabó cuando un grupo de alborotadores empezó a romper cabinas y escaparates. La policía tuvo que cargar y aquello derivó en una batalla campal.* Una batalla campal era la que se desarrollaba a campo abierto, sin escaramuzas ni estratagemas, en la que, por tanto, había una lucha cruenta, enfrentamientos cuerpo a cuerpo y gran número de pérdidas humanas. Nada que ver con la actual —aunque a veces más cruel— guerra tecnológica.

Batir(se) **el cobre** Trabajar con gran esfuerzo para conseguir algo. *Hemos perdido el partido, pero los jugadores se han batido el cobre sobre el campo.* Batir el cobre, es decir, golpearlo con el martillo, requiere un gran esfuerzo físico y mucha destreza y precisión; de aquí procede el dicho. Citamos las palabras del *Tesoro* de Sebastián de Covarrubias, publicado en 1611: «Batir el cobre es hacer mucho ruido y trabajar con solicitud en algún negocio porque los que labran cobre suelen estar sobre una pieza martillando tres y cuatro juntos, guardando el compás de los golpes».

Bautismo de fuego Los militares llaman así a la primera vez que se participa en un combate. La expresión puede aplicarse también a la primera vez que una persona realiza una actividad complicada o que entraña cierto peligro. *Enhorabuena, Peláez. Tu bautismo de fuego en la oficina ha sido todo un éxito. Ya habrás comprobado que trabajar aquí es una auténtica locura.* Las tropas cristianas durante la época de la reconquista celebraban misa y comulgaban antes de entrar en combate. A los que no habían sido bautizados se les bautizaba, para que pudieran recibir la comunión y, en caso de que murieran, poder esquivar los tormentos infernales. La expresión puede, pues, proceder de la amalgama de los dos tipos de bautismo, el de agua y el del fuego enemigo. No se olvide que los ejércitos musulmanes comienzan a utilizar las armas de fuego, desconocidas en la Península hasta entonces, a mediados del siglo XIII, en la época del rey Alfonso X, *el Sabio*. Para mayor exactitud, parece ser que fue en 1262, durante el asalto a la ciudad onubense de Niebla.

Bautismo de sangre Si el *bautismo de fuego* es entrar por primera vez en combate, el *bautismo de sangre* es resultar herido por primera vez. Aparte de los militares, utilizan la expresión los toreros, para referirse a la primera cornada que sufren. *El joven novillero recibió su bautismo de sangre al entrar a matar al cuarto toro. Afortunadamente la cornada no reviste gravedad.* Al parecer, como el sacramento, este tipo de bautismo también imprime carácter.

Beber (de) **la copa de Alejandro** Se emplea la frase para aludir a la gran confianza que una persona tiene en otra. Indica amistad y lealtad: *Pepe es mi mejor amigo. Con él bebo la copa de Alejandro.* Se cuenta que Alejandro Magno (356-323 a. C.) contrajo durante su campaña en Asia una grave enfermedad que su amigo y médico Filipo trataba de curar haciéndole beber un brebaje que le ofrecía en una copa. Al caudillo macedonio le llegaron rumores de que Filipo era el cabecilla de una conjura urdida por Darío, rey de los persas, que intentaba acabar con él envenenándolo poco a poco con el líquido de la copa. Alejandro, no obstante, no dio crédito a los rumores: llamó al médico y, mientras bebía el líquido, le mostró la carta en la que se le informaba de la supuesta conjura. El joven rey macedonio continuó el tratamiento y logró sanar, demostrando así la confianza infinita que tenía en su amigo.

Beber los vientos por algo o por alguien Dedicar todos los esfuerzos a conseguir algo o a alguien. Se aplica fundamentalmente a casos de enamoramiento galopante. *Mariano está enamoradísimo de Mari Pili; hace todo lo que ella dice, va donde ella va, vamos, que bebe los vientos por ella.* La persona que persigue un fin o que corre veloz detrás de otra da la impresión, más que de cortar el viento, de bebérselo, lo mismo que quien, enamorado hasta las trancas, parece estar permanentemente boquiabierto. El origen de la expresión, de todas formas, podría estar en la caza, ya que los perros, mientras olfatean el aire para oler el rastro de la pieza, dan la impresión de estar bebiéndoselo. De hecho, existen perros, expertos en el rastreo, denominados *venteros* o *venteadores*. Donde dice *perro* pongan *enamorado/a*, donde dice *rastro* pongan *amor* y donde dice *pieza* pongan *enamorada/o*. Explicado queda.

Beberle/sorberle **a alguien las palabras** Escuchar a alguien con gran atención y placer, con tanto deleite y embobamiento, que, quien oye, seguramente boquiabierto, da la impresión de querer engullir lo que el otro dice. *Luego dice Marta que no está enamorada de Ángel: fíjate cuando él dice algo cómo le mira ella, le bebe las palabras.* A veces la frase significa 'servir a alguien atenta y esmeradamente', es decir, que cuando uno ordena, el otro, sin dar tiempo a que caigan las palabras de la boca del primero, las recoge. *Yo a mis padres les tengo un respeto enorme; ellos me dicen algo y yo me bebo sus palabras.*

Besar alguien la tierra que otro pisa (Besar alguien (por) donde otro pisa) Mostrar respeto o agradecimiento hacia alguien. *¿Has visto?, con todo lo que yo he hecho por él y no me hace ni caso, cuando debería besar la tierra que piso*. En la Antigüedad era costumbre recoger la tierra en la que había pisado algún santo, o del lugar en el que había vivido, o la que se había teñido con la sangre de su martirio. Esta tierra se colocaba en un relicario que se exponía públicamente y se besaba en señal de adoración. Es probable que esta tradición explique el origen del dicho.

Bien está/se está **san Pedro en Roma** Con esta frase damos a entender que nos encontramos bien donde estamos y que no queremos cambiar aunque nos ofrezcan supuestas mejoras o comodidades. El dicho resulta prácticamente sinónimo de una conocida certidumbre popular: *más vale lo malo conocido que lo bueno por conocer. Yo a mis años ya no me muevo de aquí. Tengo mi trabajo, mi casa, mi familia. Por mucho que me ofrezcan, no cambio. Bien está san Pedro en Roma*. Evidentemente, san Pedro, hablemos del santo o de la basílica, no puede estar en otro lugar. Sería inconcebible. La frase existió, y a veces aún se oye, con una coletilla: «Bien está san Pedro en Roma, si no le quitan la corona», que es la variante que recoge Gonzalo Correas en su *Vocabulario de refranes*, publicado en 1627. Otros «apéndices» son: *... aunque no coma; ... y el cagajón en su boca; ... y san Alfonso en Zamora*. El toledano Sebastián de Horozco (1510?-1580) explica perfectamente el dicho [illegible] sus *Refranes glosados* con esta redondilla:

«Bien se está san Pedro en Roma,
y aunque pierda lo servido,
donde el hombre es conocido,
no le falta pan que coma».

Blanco y migado, leche Expresión con forma de adivinanza que se emplea para aludir a lo que está claro y no necesita de ninguna explicación. *Si ella no estaba en casa y él te dijo que iba a salir, es que están juntos: blanco y migado, leche*. Cosas blancas y que se puedan migar no hay muchas, la verdad. V. *Más claro que el agua*||*Verde y con asa...*

Boca/boquita **de piñón** [tener] Se llama así a la boca pequeña —del tamaño de un piñón, según la hipérbole— y muchas veces, de forma irónica, a la boca excesivamente grande. *Ana tiene una boquita de piñón muy proporcionada con su cara.*|*Deja ya de bostezar, boquita de piñón, que cuando abres la boca así pareces el león de la Metro.*

Borrar/eliminar/quitar **de un plumazo** Suprimir, eliminar algo de forma expeditiva y casi permanente. *A la vista de los resultados de las elecciones parece claro que los votantes han borrado de un plumazo todas las posibilidades de que se forme un gobierno de coalición*. El dicho alude a una tachadura de tinta hecha con una pluma, una de las muchas formas que existían antaño de censurar un texto.

Borrar/desaparecer **del mapa** Eliminar definitivamente algo o a alguien. *Antes esta ciudad estaba llena de árboles. Ahora los han borrado del mapa. No queda ni uno*. Quien *desaparece del mapa* se ausenta de un lugar. *¿Sabes algo de Carlos? Ha desaparecido del mapa. Nadie lo ha visto desde hace un par de semanas*. Parece que estamos ante una expresión surgida de la jerga militar. Aquellas plazas ya tomadas, las posiciones ganadas o perdidas o los ejércitos derrotados se borran del mapa sobre el que se construía la estrategia.

Borrón y cuenta nueva [hacer] Si uno está haciendo una operación matemática, es decir, una cuenta, y se equivoca, tacha, o borra, y vuelve a empezar. Si alguien comete algún error en su vida o no le sale algo bien, lo lógico es que lo olvide y vuelva a intentarlo. *Este año que termina ha sido desastroso para la empresa. Las ventas han sido bajísimas. El año que viene, borrón y cuenta nueva y a empezar desde cero*. V. *Echar un borrón*.

Brillar algo o alguien por su ausencia Expresión irónica que se utiliza para indicar que algo o alguien destaca, precisamente, porque no está. *En esta fiesta las chicas guapas brillan por su ausencia*. Tácito (55-120), ilustre historiador romano, emplea la frase en el capítulo 76 del libro III de sus *Anales*, cuando habla de que en el entierro de Junia, una dama romana de alta alcurnia, los personajes más destacados fueron, por su ausencia Casio y Bruto: «Praefulgebant Cassius, atque Brutus, eo ipso, quod effigies eorum non visebantur». Y es que estos dos habían sido hallados culpables del asesinato de Julio César, ocurrido en el senado los idus (el 15) de marzo del año 44 a. C. (V. *Guárdate de los idus de marzo*). Según algunos se habían suicidado; según otros, habían sido ejecutados por Octavio Augusto. El caso es que en tal funeral no estuvieron presentes, ni tampoco sus imágenes, como era usanza, pues estaba prohibido que los condenados por algún crimen o los enemigos de la patria no pudieran comparecer, ni siquiera en efigie, en los funerales. El episodio y la frase de Tácito fueron recogidos por el escritor francés Marie-Joseph Chénier (1764-1811) en su drama *Tiberio*, de gran éxito en su época.

Brillar con luz propia Sobresalir una persona en alguna cualidad: talento, belleza, valor... *En la fiesta brilló con luz propia la mujer del embajador, tan bella como discreta y modesta. Toda una señora*. También de estas personas se dice que son estrellas, que son los cuerpos estelares que, precisamente, brillan con su propia luz, no con el reflejo de otros astros.

Brindis al sol [ser un; hacer un] Atrevimiento. Fanfarronada. Actuar de forma demagógica, prometiendo lo difícil o imposible de cumplir con tal de obtener los favores de alguien. *El gobierno ha dicho que dentro de un par de años todas las pensiones habrán subido más de un treinta por ciento. A mí, la verdad, me parece un brindis al sol*. La locución se origina en la fiesta de los toros. *Brindis* es el ofrecimiento que de la lidia y muerte del toro hace el torero, al presidente de la corrida o a otra persona o personas, para lo cual les entrega o lanza la montera. Algunos toreros, buscando el triunfo fácil, brindan la muerte del toro a los tendidos de sol, donde se acomoda el público menos entendido y más bullanguero, y realizan allí gran parte de la faena. De aquí proviene el significado del dicho.

Buen día, que canta Mahoma Esta curiosa frase se emplea como augurio de buena jornada. *Sol, buena temperatura, no hay que trabajar. Buen día, que canta Mahoma.* También la empleamos, irónicamente, con el sentido contrario. *Se me ha estropeado el coche, he tenido que venir andando y me he puesto a caldo y, encima, he llegado tarde a trabajar. Buen día, que canta Mahoma.* El origen del dicho es más noche que día. Una posible explicación es que tenga que ver con la primera llamada a la oración que desde el alminar, la torre de la mezquita, hace el almuédano en los países de religión musulmana. Si fuera así, la frase podría haberse generalizado durante la época de la dominación árabe.

Buscar a María por Rávena Esta curiosa frase se emplea cuando resulta sumamente difícil encontrar algo o solucionar un problema. *No sé si lo voy a encontrar, porque localizar un libro en esta biblioteca es buscar a María por Rávena.* Se usa mucho para destacar lo complicado de encontrar algo o a alguien en un lugar muy concurrido. *Quedamos en el centro comercial, pero claro a esa hora estaba a tope de gente. Al final la encontré, aunque fue como buscar a María por Rávena.* El origen lo encontramos en un dicho latino: *Ravennae maria quaerere,* 'buscar los mares de/en Rávena', que significaba precisamente lo contrario, 'buscar algo fácil de encontrar, algo que se encuentra en abundancia'. El cambio de significado se explica si consideramos la situación geográfica de Rávena (Ravenna, en italiano), una ciudad del norte de Italia, *casi* bañada por el Adriático, que era, y es aún hoy, uno de los más importantes puertos del Mediterráneo, pese a que el mar —y he aquí el porqué del adagio latino y del cambio de significado en la actualidad— dista unos diez kilómetros de la ciudad: encontrar el mar es tan fácil como difícil. Ya en algunos dialectos italianos antiguos se confundió *maria,* 'mares' con el nombre de mujer *María,* y se documenta, ya con el significado actual, la expresión *cercar(e) Maria per Ravenna,* 'buscar a María por Rávena', de poco uso hoy en italiano. Es más que posible que la frase acabara en nuestro idioma traída por los soldados que hicieron las sucesivas campañas de Italia durante los siglos XVI y XVII.

Buscar/armar **camorra** (Ser un camorrista) Buscar pendencia. Encontrar motivos para armar escándalo. Se llama, por tanto, *camorrista* al pendenciero, al que siempre busca broncas. *Yo no quise contestarle, porque a quien va siempre buscando camorra, como él, amenazando e insultándote, es mejor no hacerle ni caso.* La *camorra* es la mafia de la región italiana de Campania, asentada fundamentalmente en Nápoles y sus alrededores. Es muy improbable que la expresión se deba a esto; más bien parece todo lo contrario: una palabra hispánica, de incierto origen, que llegó al sur de Italia, zona dominada por españoles desde mediados del siglo XV, en que fue conquistada por la Corona de Aragón, hasta la invasión napoleónica de 1799. Es curioso, y nada descartable, volviendo a la historia de la palabra y relacionándola con el dominio aragonés de la región, el hecho de que Joan Corominas piense que la *camorra*, que aparece en nuestra lengua a mediados del siglo XVIII con el significado de 'riña', está relacionada con la enfermedad convulsiva del ganado lanar a la que en la región aragonesa de Ribagorza aún hoy se denomina, curiosamente, *camorra* y en otros lugares de la Península, *modorra*. En castellano se documenta a principios del siglo XVII otro término de igual significado, *cimorra*, que nos lleva a pensar como origen común de todas estas palabras en la voz del bajo latín *chimorrea*, 'catarro', compuesta por dos griegas: *khêima*, 'frío' y *rhéei*, 'fluye, mana'. En resumidas cuentas: castillos en el aire; hermosos castillos, pero sin cimientos sólidos. Quizá eso sea lo más bonito de esta ciencia...

Buscar con candil (Ni buscando/buscado con candil) Buscar detenidamente, con paciencia y suma atención. *Necesitamos una persona con conocimientos de informática, pero, mucho cuidado, hay que buscar con candil, porque no vale cualquiera*. La expresión parece deberse al comportamiento del filósofo griego Diógenes de Sinope, el Cínico (410-323 a. C.) (v. *El movimiento se demuestra andando)*, quien, según el escritor romano Fedro (s. I), llevaba siempre, día y noche, un candil encendido para buscar el inexistente modelo perfecto de la especie humana.

Buscar/encontrar/hallar/ser **El Dorado**/Eldorado Buscar un imposible, en especial en lo referente al dinero o a la fortuna. *No busco El Dorado. Sé que no puedo hacerme rico al año de poner el negocio. Tendrán que pasar dos o tres años hasta que salga adelante*. El Dorado o Eldorado era un supuesto país de la abundancia y de las delicias, del oro —de aquí el nombre—, de las piedras preciosas, situado en un lugar indeterminado de América del Sur. Muchos conquistadores españoles perdieron la hacienda y la cabeza por encontrarlo. Entre ellos, cabe citar al vasco Lope de Aguirre (1508-1561). V. *¡Esto es Jauja!*||*Ser una utopía*.

Buscar/pedir/querer **guerra** (Declararle a alguien la guerra||Tenerle a alguien la guerra declarada) Provocar premeditadamente el enfado o la incomodidad de alguien. Crear conscientemente problemas. Hostigar a alguien. *Yo no pienso decirle absolutamente nada, pero como venga buscando guerra la va a tener, porque yo no me pienso callar*. A veces la frase se usa para hacer referencia a una provocación de tipo sexual. *Con esos vestiditos tan cortos y ajustados da la impresión de ir pidiendo guerra por la calle*. V. *Dar guerra*.

Buscar la luna en el/un **pozo** Pretender cosas imposibles. Hacer cosas inútiles, sin sentido. *No te empeñes en darle consejos. Es como buscar la luna en el pozo, porque hace siempre su santa voluntad*. Son múltiples los cuentos y leyendas que nos hablan del reflejo de la luna en un pozo o en un río y de personas o animales que se ahogan por intentar alcanzarla. Una antigua fábula nos relata la historia del lobo (el zorro en otras versiones) que, creyendo que el reflejo de la luna en un pozo era un queso, se ahogó al intentar cogerlo.

Buscar/encontrar **una aguja en un pajar** [ser; ser como] Empeñarse en conseguir o en encontrar algo muy difícil, prácticamente imposible. *Buscar el libro que necesitas en esta biblioteca es como buscar una aguja en un pajar. A ver si alguien se dedica a poner un poco de orden, porque es un caos*. Dicen que quien busca halla, pero es bastante improbable que, en este caso, tuviera éxito. ¿Se imaginan la situación?

Buscarle a alguien las cosquillas/las vueltas Buscar el punto en el que una persona es más vulnerable, con el fin de conseguir algo, de sacar algún beneficio o de atacar a alguien, es decir, el lugar en el que tiene cosquillas. *Siempre consigues de mí lo que quieres porque sabes buscarme las cosquillas*. Quien le busca a otro las vueltas es quien intenta que éste se descubra para poder atacarlo. Posiblemente esta última expresión tenga que ver con las peleas con cuchillos o espadas, o con algunos deportes, como el boxeo o la esgrima. V. *Bajar la guardia*.

Buscarle el pelo/los pelos **al huevo** Buscar motivos, por muy estúpidos que sean, para reñir o pelearse. *Parece que disfrutas buscándole el pelo al huevo. ¿A ti te parece que podemos discutir por el tipo de pan que tenemos que comprar?* La frase tiene todo el aspecto de haber salido de algún relato o chascarrillo, originado en algún mesón o en alguna venta, que relatara alguna disputa por haber encontrado algún comensal un pelo en su comida, que, obviamente, estaría elaborada con huevos.

Buscarle tres/cinco **pies al gato** Buscar excusas imposibles de creer o tratar de demostrar lo indemostrable. *Si te dice que no ha podido ir a trabajar porque le dolía la cabeza, créetelo y no le busques tres pies al gato*. De todas formas, no resulta difícil asegurar que el gato tiene tres pies, o dos o uno, pues tiene cuatro... La frase original era *Buscar cinco pies al gato* y parece ser, como cuenta Sebastián de Covarrubias en su *Tesoro de la lengua castellana* (1611) que hubo alguien que se los encontró, pues consideró la cola como un pie más.

Buscarse la vida Apañárselas para sobrevivir. *Con diecisiete años se fue de casa y no tuvo más remedio que Buscarse la vida. Se fue a Londres y ahí comenzó su carrera musical*. A veces se utiliza con el significado, más atenuado, de buscar alguien soluciones por sus propios medios, sin ayuda de nadie. *El profesor nos ha dado el tema del trabajo; cada uno de nosotros tiene que buscarse la vida para hacerlo: libros, fotos, información en Internet*. A la vista de la frase, no podemos dejar de pensar en insignes figuras de nuestra literatura, representadas en nuestro más prototípico héroe de antihéroes: Lázaro de Tormes. Nadie como él supo buscarse la vida.

C

Cabeza de alcornoque [tener la; ser un] (Ser un (pedazo de) alcornoque) Llamamos así a quien es muy bruto, muy terco o a quien demuestra escasa inteligencia. *Eres un cabeza de alcornoque: te dije que te abrigaras más, que hacía frío, y tú ni caso. Ahora mira las consecuencias: tres días en la cama y lo que te queda.* El alcornoque es un árbol de madera durísima y gruesa corteza de corcho. Compárese todo esto con la cabeza y las entendederas del aludido y no hay más que decir. V *Ser un madero/un tronco.*

Cabeza de chorlito [tener; ser un] Tienen *cabeza de chorlito* quienes son sumamente torpes, brutos o inconscientes, como parece demostrar por su comportamiento el ave zancuda llamada *chorlito*. Esta ave, que habita en las costas, construye su nido en el suelo, con lo que los huevos quedan desprotegidos y son presa fácil de los depredadores. *¿Pero cómo se te ocurre salir de viaje con el coche en ese estado? Eres un cabeza de chorlito.*

Cada dos por tres (Cada tres por cuatro||En un dos por tres/tres por cuatro) Con mucha frecuencia. *Hace ya un año que vive por su cuenta, pero viene a verme cada dos por tres.* En un dos por tres significa 'rápidamente'. *Yo prefiero viajar en avión porque te plantas en cualquier lugar del mundo en un dos por tres.* Las locuciones aluden a la duración de los compases musicales denominados *dos por tres* o *tres por cuatro.*

Cada loco con su tema Se emplea la expresión para dejar claro que cada persona tiene su propia opinión, por muy extraña que sea, o su forma particular de reaccionar ante una situación, por muy extravagante que parezca. *¿Sabes que Luis en invierno se pasea en manga corta? Bueno. Cada loco con su tema.* Ya se sabe: un loco se cree Napoleón, el otro Agustina de Aragón... Existe un refrán que dice *Cada loco con su tema y cada llaga con su postema.* La *postema* es el absceso infeccioso. Queda saber, como siempre en estos casos, si el dicho salió del refrán o a la inversa.

Cada mochuelo a su olivo [irse; marcharse] Usamos esta frase para indicar que cada cual ocupa su posición o vuelve a su lugar de origen. *Después de la boda no hubo baile ni fiesta ni nada. Se fue cada mochuelo a su olivo.*

Bueno, no sé si alguno de los jóvenes se iría a la discoteca, pero me parece que no. Al parecer los mochuelos suelen apostarse en los olivos para, desde sus ramas, acechar a sus posibles piezas cuando cae la noche.

Cada uno/cual **habla de**/cuenta **la feria según le va en ella** Se asegura con este dicho que las opiniones al respecto de algo suelen ser subjetivas, según los beneficios o perjuicios que se reciban. *A mí me encanta el calor, pero entiendo que los agricultores digan que esta sequía está siendo horrible. Al fin y al cabo cada uno habla de la feria según le va en ella.* El dicho alude, sin duda, a las antiguas ferias de ganado (v. *Hacer el agosto),* donde unos hacían negocio y otros se quedaban a verlas venir.

Caer a plomo Caer súbita, rápidamente y en línea recta, como caería un pedazo de plomo, uno de los metales más pesados. Se suele usar cuando una persona cae al suelo con todo el peso del cuerpo. *De repente empezó a ponerse blanco y, sin decir nada, cayó a plomo, menos mal que nos dio tiempo a sujetarlo.* Con este mismo significado existe en nuestra lengua el verbo *desplomarse.* V. *Caer en picado.*

Caer algo por su propio peso O sea, por la ley de la gravedad, sin que nadie lo empuje ni ayude en la caída. Usamos la frase cuando queremos indicar que algo se resolverá o se aclarará, o que una persona que ha actuado mal será desenmascarada sin que sea necesario que nadie intervenga. *Tus argumentos son absolutamente falsos y yo no te quiero llevar la contraria porque el tiempo me acabará dando la razón: caerán por su propio peso.*

Caer (muy) **bajo** Comportarse de forma ruin. Perder la dignidad. Degradarse. *¡Y yo que pensaba que eras mi amigo! ¿Qué necesidad tenías de ir contando eso de mí cuando, además, sabes que es mentira? ¡Qué bajo has caído!* Los verbos *subir* o *ascender* y *bajar* o *caer* se usan coloquialmente con los significados respectivos de 'tener éxito' y 'fracasar'. Desde luego quien más bajo cayó fue el ángel Luzbel, expulsado del paraíso, que fue a dar con sus alas en el infierno y acabó convertido en Lucifer. Es posible que este episodio bíblico tenga que ver con el dicho. V. *Más dura será la caída.*

Caer chuzos de punta Con el auge de los llamados porteros automáticos y de los guardias de seguridad, han desaparecido por completo de nuestras calles los entrañables serenos, siempre prontos y dispuestos para acudir a la llamada del trasnochador. Llevaban los serenos gorrilla de plato y botones dorados, el manojo de llaves en una mano y una especie de bastón con la punta metálica que sacaba chispas de los adoquines cuando los golpeaba ruidosamente: *el chuzo.* Por cierto, esta curiosa palabra parece una deformación del gentilicio *suizo,* pues, al parecer, antiguamente los soldados suizos usaban como arma un palo con un pincho o con una cuchilla. Decimos que *caen chuzos de punta* cuando llueve mucho, muchísimo, cuando cae esa lluvia ruidosa y dura, casi sólida, dura y puntiaguda como chuzos. *No salgas a la calle ahora que están cayendo chuzos de punta.*

Caer/morir **como moscas/**chinches Morir mucha gente en un breve periodo de tiempo. *Con cada epidemia de peste negra que asolaba a la Europa medieval la gente, en especial los más humildes, caía como moscas, hasta el punto de que la población del continente se redujo de forma considerable.* La frase, tan cruel como significativa, nos lleva a pensar en un montón de moscas atrapadas en esas cintas pegajosas que se usaban antes de que existieran los insecticidas o en un montón de molestas chinches abatidas por el insecticida. Por cierto, las *chinches,* unos insectos homeópteros, se cuentan entre los insectos más odiados por los humanos —de hecho hemos creado el verbo *chinchar* 'molestar sobremanera'—, porque se alimentan de nuestra sangre, por su nocturnidad, por la fetidez que desprenden y por lo molesto de sus picaduras. V. *Ser un chinche*||*Ser un matasiete*.

Caer como una bomba (Ser algo una/la bomba) Causar un asunto asombro, sorpresa o confusión. La frase se aplica sobre todo a una noticia inesperada o sorprendente. *El anuncio de la boda del príncipe ha caído como una bomba, porque nadie, absolutamente nadie, se lo esperaba* Una bomba es tan inesperada como destructiva, aunque en muchos casos en la lengua coloquial lo destructivo se convierte en sorprendente e, incluso, en muy bueno o extraordinario, como cuando decimos que esa canción es la *bomba* del verano, que lo hemos pasado *bomba* o que aquella chica es la *bomba*.

Caer(se) **de culo y romperse las narices**/la cabeza Tener muy mala suerte. *Llevo dos semanas que no me toca el gordo de la lotería por un número. Me caigo de culo y me rompo las narices.* La humorística crueldad de la frase habla por sí sola. Si al menos se hubiera roto el culo...

Caer(se)/bajar(se)/apearse **del burro**/del macho/del machito/de la burra Convencerse alguien de algo. Existen también las expresiones *ir bien en el burro* o *no apearse del burro*, para indicar la terquedad o la persistencia en una opinión equivocada. *Cuando se dio cuenta de que todos estaban en su contra cayó del burro y rectificó.* Todas las expresiones anteriores parecen tener su semilla en algún cuento popular cuyo protagonista afirmaba que jamás se caería de su burro, hasta que se cayó, claro. En la segunda parte de *El Quijote* (cap. XIX), el Licenciado Corchuelo se atreve a intentar luchar con Don Quijote desde su burra, fingiéndose diestro en el manejo de la espada. Por supuesto, cae, y comenta a Sancho Panza tras la caída: «Yo me contento de haber caído de mi burra y que me haya mostrado la experiencia, la verdad.» La propia Celestina, segura de que Pármeno se autoconvencerá de la inutilidad de su fidelidad a Calisto y caerá en las redes que ella le tiende, afirma «déjale, que él caerá de su asno». V. *Ir a gusto en el machito*||*No apearse del burro*.

Caer en el/al **vacío** Resultar indiferente o ignorado algo que se propone. *Yo ya dije hace unos cuantos meses que este plan iba a ser un fracaso, pero mi* *opinión, como casi siempre, cayó en el vacío*. La imagen de la palabra cayendo como piedra al pozo profundo de la ignorancia, aparte de lo cursi de la frase, nos sirve perfectamente.

Caer en gracia/en desgracia Resultar simpático; complacer, caer bien a alguien. *Este tío no ha hecho nada, simplemente ha caído en gracia a los jefes y ahí lo tienes, vicepresidente*. Todo lo contrario, resultarle antipático, molesto o incómodo a alguien es *caer en desgracia*. *Al parecer, el ministro había caído en desgracia y ha sido el presidente el que prácticamente le ha obligado a presentar la dimisión*.

Caer en la cuenta Darse cuenta de algo una persona por sí misma. *No sabía que su marido tenía una amante; cayó en la cuenta cuando le encontró una carta de ella en un bolsillo de la chaqueta*. Literalmente, la locución significa 'entender la cuenta', o sea, la operación matemática, seguramente en alusión al hecho de descubrir la causa del posible error.

Caer en la trampa/en el lazo/en el garlito Resultar burlado o engañado por otra persona. *A mí me dijo que necesitaba el dinero para pagar el último plazo de la matrícula, que si no pagaba lo echaban de la Universidad, y yo, ingenuo de mí, caí en la trampa*. Se nos ofrece aquí la imagen del animal que cae en la trampa o que mete la pata en el lazo, o la del pez que cae en el garlito, una especie de cesto que tiene en uno de sus extremos una red, dispuesta de tal forma que la presa puede entrar, pero no salir.

Caer en las garras de alguien o de algo Dar con alguien de quien se espera grave daño o perjuicio, el mismo que espera el animal que es atrapado por un depredador, o del pez que entra en la red del pescador. *Este año nos va a ir mal en matemáticas, porque hemos caído en las garras del profesor Vázquez, el más hueso de todos los huesos*.

Caer en las redes/en la red **de alguien o de algo** Ser engañado, seducido con trampas o con mentiras. Acabar atrapado, sin posibilidad de escapar, como el pez en la red del pescador. *Melibea cae en las redes que le tiende Celestina y acaba entregándose a Calisto*.|*Nadie podría pensar que ese chico iba a acabar cayendo en las redes de la heroína*.

Caer en picado Caer verticalmente y a gran velocidad. La locución se usa sobre todo referida a aviones, y también a algunas aves, como las rapaces, que cazan de esta forma. No es otra cosa que caer «de pico». *La avioneta hizo un extraño, luego un giro y cayó en picado* (v. *Caer a plomo*||*Entrar en barrena*). Frecuentemente se usa en sentido figurado, para hablar de un fracaso o de una depreciación. *Hace un par de años era el escritor que más vendía, pero ha caído en picado y ya nadie habla de él*.|*Ayer el euro cayó en picado con respecto al dólar*.

Caer/echar/guardar/meter **en saco roto** Ignorar de forma voluntaria un asunto importante. La imagen del saco que, roto por el fondo, deja escapar su contenido es más que evidente. Se usa mucho en forma negativa. *Espero* *que todo lo que os he dicho no caiga en saco roto y el año que viene no repitamos los mismos errores.*

Caer gordo a alguien La gordura, ya se sabe, es en nuestra sociedad marchamo de antipatía, y si decimos de alguien que nos *cae gordo*, estamos diciendo, simplemente, que nos resulta antipático. *Tú dirás que es encantador, pero a mí desde siempre ese tío me ha caído gordísimo.*

Caerse algo a pedazos Estar una cosa muy vieja y deteriorada. *A ver si de una vez empiezan las obras de restauración de la catedral, porque se cae a pedazos.*

Caerse/estrellarse **con todo el equipo** Meter la pata de manera más que notoria. Equivocarse por completo. Si malo es caerse, imagínense qué malo es hacerlo con todo ese equipo —pongamos que de paracaidista— que debía, cuando menos, protegernos en la caída. *Estaba convencido de que abrir un restaurante era un gran negocio y se ha caído con todo el equipo: en un año se ha arruinado.*

Caerse de un guindo Expresión con la que alguien da a entender que no se está creyendo una mentira que le cuentan. *Manoli me ha dicho que su marido gana un millón al mes. Ésta se cree que yo me he caído de un guindo.* La persona que la utiliza quiere dar a entender que tiene mucho mundo, que no ha aparecido de repente en la tierra, como si fuese una fruta —*guinda* en este caso— caída del árbol.

Caerse del/de un **nido** Ser demasiado inocente o crédulo. Ignorar lo que parece ser conocido por la mayoría. En suma, mostrar tan escasa madurez para manejarse por el mundo como el polluelo caído del único lugar en el que encuentra una cierta protección: el nido. *¿Y ahora me vienes con que a Luisa le gusta Carlos? Eso lo sabemos todos desde hace casi un año. Parece que te has caído de un nido, chaval.*

Caérsele a alguien el alma a los pies Con esta tristísima y significativa frase se sugiere una profunda decepción, disgusto o malestar ante algo, acompañado todo ello de un anulamiento de la capacidad de reacción de la persona. El alma parece tomar forma y desprenderse, descarnada y dolorosamente del cuerpo. *Vi a ese pobre niño, medio desnudo, pidiendo limosna y se me cayó el alma a los pies.*

Caérsele/venírsele **a alguien el mundo encima** Sufrir una persona un gran disgusto o decepción. Sentirse abrumado y deprimido por alguna desgracia *Sinceramente yo iba tranquilo conduciendo, pero cuando el examinador me dijo que había pisado la línea continua se me cayó el mundo encima y en ese momento supe que me iba a suspender.* Algunos pueblos de la Antigüedad, como los celtas, vivían con el temor de que el cielo cayera sobre sus cabezas. De ello es buen ejemplo Abraracurcix, el jefe de la aldea gala de Asterix. Es posible que estos miedos ancestrales tengan relación con la frase.

Caérsele a alguien el pelo (¡Se te/le/nos/os/les va a caer el pelo!) Sufrir una persona sanción o condena por haber cometido alguna falta o algún delito. *O sea, que la policía pilló a los ladrones cuando salían del banco, pues se les va a caer el pelo*. La frase parece tener que ver con el castigo inquisitorial consistente en rapar el pelo a los condenados para público escarnio. Se cortaba también el pelo a los condenados a arder en la pira. Este castigo se aplicaba también en los cuarteles a los soldados como sanción disciplinaria, aunque muchas veces también era una medida higiénica para evitar las plagas de piojos. De todas formas, está demostrado que quien soporta algún gran disgusto o sufrimiento puede perder el cabello y sufrir otro tipo de problemas físicos. Esto fue lo que le sucedió a un personaje prototípico en nuestra lengua coloquial: Picio (v. *Ser más feo que Picio*), mote con el que se conocía a un pobre zapatero de la villa granadina de Alhendín y que, a comienzos del siglo XIX, fue condenado a muerte por un crimen que, al parecer, no había cometido. Aunque fue indultado a última hora, se llevó tal susto que se le cayó todo el pelo de su cuerpo y se llenó de pústulas y granos; de aquí también su consabida fealdad.

Caérsele a alguien la baba Si es niño, es un hecho normal, para eso existen los baberos. Si es adulto habrá que pensar en algo que provoca el asombro de esa persona hasta el punto de quedarse con la boca abierta (se dice también *quedarse boquiabierto*) y no controlar la emisión de saliva: *Francisco está enamoradísimo de Beatriz; cada vez que la ve, se le cae la baba*. V. *Ser un babieca*.

Caérsele a alguien la cara de vergüenza Si a alguien le da mucha vergüenza algo, lo normal es que se ponga colorado. Si le da muchísima vergüenza, la cara prácticamente le arderá hasta desprendérsele. La expresión, como otras muchas de nuestra lengua, sólo requiere para su interpretación una mínima dosis de imaginación. *El camarero lo pilló robando la jarra y el tío ni se inmutó. Si me pasa a mí, se me cae la cara de vergüenza*.

Caérsele a alguien la casa encima (¡A ti no se te cae la casa encima!) No querer estar en casa. Sentirse molesto o enfadado por no salir a la calle. *A ver si me quitan pronto la escayola y puedo salir a tomar el aire, porque después de dos meses de estar aquí ya se me cae la casa encima*. La expresión *¡A ti no se te cae la casa encima!* es una frase que se le dice a quien está siempre en la calle. *Sales a las ocho de la mañana y vuelves a las dos de la madrugada. ¡A ti no se te cae la casa encima!* Hoy la expresión se interpreta en un sentido más literal. Antiguamente tenía el significado de 'tener alguien muy mala suerte; ocurrirle a alguien una desgracia', significado que seguramente se debía al que tenía en el siglo XVII en el argot de los jugadores de cartas: 'perder porque alguien hace trampas'.

Caérsele a alguien la venda de los ojos Desengañarse una persona. Salir de un estado de ceguera mental, de tozudez o de obcecación. *Me alegro* *de que por fin se te haya caído la venda de los ojos y hayas descubierto por ti mismo que ese tipo de amistades no te interesan*. La venda es, en este caso, como la que dicen que lleva la justicia, puramente metafórica. V. *Abrirle a alguien los ojos*||*Quitarse la máscara... (Quitarse la venda)*.

Caérsele a alguien los palos del sombrajo Lo mismo que caerse el alma a los pies, empleamos esta expresión, quizá más propia del sur peninsular, para indicar sorpresa mezclada con disgusto y con sensación de impotencia ante algo: *Esa chica me gustaba muchísimo y cuando me enteré de que tenía novio se me cayeron los palos del sombrajo*. El *sombrajo* es la sombra hecha con un toldo de ramas, cañas o tela, sustentado por tres o cuatro palos. Si se caen los palos, el invento se viene abajo. Trasladen la imagen a lo dicho anteriormente y no hay que dar más vueltas.

Cagarse/irse **por las patas abajo** (Estar caga(d)o||Ser un caga(d)o||Cagarse/ciscarse de miedo) Tener mucho miedo. *Es una película de miedo de verdad, de ésas de pasarte dos horas gritando. Vamos, de cagarse por las patas abajo*. Uno de los efectos fisiológicos del miedo o de los estados de nerviosismo que produce es la relajación del esfínter anal y la consiguiente evacuación, lo que, traducido al lenguaje coloquial, se resume el verbo que aparece en la frase. Como ilustración, valga citar el conocido episodio de *El Quijote* (cap. XX. Parte I) en el que Don Quijote y Sancho, solos en un bosque por la noche, comienzan a oír unos ruidos amenazadores. Don Quijote, que barrunta la aventura, sale a investigar. Sancho lo sigue a regañadientes. En un momento el caballero se para y le dice: «Paréceme, Sancho, que tienes mucho miedo». «Sí tengo —responde Sancho—. ¿Mas en qué lo echa de ver vuestra merced ahora más que nunca?». «En que ahora más que nunca, hueles; y no a ámbar», sentencia Don Quijote. Al final resulta que los ruidos son los de la noria de un molino de agua. *Ciscar* se usa en la lengua coloquial con el significado de 'defecar'. Parece un término relacionado con *cisco*, 'carbón vegetal menudo', por la forma y el color semejante a un excremento.

Caiga quien caiga Pase lo que pase. Sin considerar las consecuencias o las repercusiones negativas que, especialmente en algunas personas, pudiera acarrear una decisión. *A partir de mañana abrimos a las nueve y cerramos a las dos, y por la tarde estamos hasta las ocho. Caiga quien caiga*. El dicho podría haberse originado en la jerga militar, en referencia a la necesidad de llevar a cabo alguna operación a pesar de prever graves consecuencias, sobre todo un gran número de bajas. Algo así como «muera quien muera». También podríamos estar ante un fragmento de la frase *A perdiz por barba, caiga quien caiga* (v.). En este caso, como en otras tantas ocasiones, queda por decidir lo del huevo y la gallina: ¿la frase precedente se generó en *Caiga quien caiga* o fue al revés?

Caja o faja Significa algo así como 'o todo o nada'. Se emplea en contextos en que una persona quiere dar a entender que está arriesgando mucho en algún aspecto de su vida, de forma que puede lograr el éxito total o el fracaso más rotundo: *He gastado todo el dinero que tengo, y mucho del que no tengo, en poner este negocio y no sé qué va a a pasar: caja o faja*. Aunque no es una expresión muy usada, la recogemos aquí porque su origen es ciertamente curioso. En 1843 fue enviado a Barcelona el general Prim, para sofocar uno de los muchos levantamientos que tuvieron lugar durante esos turbulentos años del siglo XIX. A las acusaciones de que lo único que buscaba era la faja de mariscal, respondió situándose en primera línea y gritando para cargar: «¡Adelante! ¡O caja —de muerto, se entiende—, o faja!». Al final, fue la faja, que le otorgó el regente, general Serrano.

Cajón de sastre [ser un; parecer un] En un cajón de sastre entra todo: hilos de mil tipos, tijeras, botones, cremalleras, metros, dedales, agujas, alfileres, pedacitos secos de jabón para marcar la tela... Decimos que algo es un cajón de sastre cuando comprende o recoge cosas heterogéneas, muy diversas y, además, de forma desordenada. *Los estudiantes de inglés han sido divididos en tres grupos: en uno están los que saben algo, en otro los que no saben nada; el otro es un cajón de sastre en el que hay personas que entienden algo, otros que no hablan nada pero entienden, uno que entiende un poquito, dos que hablan perfectamente pero no saben gramática...*

Calar/catar **el melón** (Calar a alguien||Tener a alguien bien calado) Tantear o probar algo o a alguien con el fin de intuir qué puede depararnos. *Yo creo que vamos a hacerle un contrato de tres meses antes de hacerle el definitivo. Es mejor calar el melón*. Es bastante frecuente que en algunos puestos los melones y las sandías se vendan *a cala*, es decir, cortándolos y probándolos *(catándolos)* previamente para que el comprador esté seguro de que están en el punto de madurez y de sabor. Con el mismo significado se usa el vebo *calar* referido a personas: *Te puedo asegurar que Ambrosio es un tipo de lo más falso. Créeme, que lo tengo bien calado*.

Calentar motores Prepararse para hacer algo. *No nos queda nada ya para la boda. Estamos ya calentando motores, haciendo las últimas compras y pendientes de que todo salga bien... En fin, vamos a ver qué pasa*. En la locución se alude al movimiento de los motores de algunos medios de transporte, en especial los aviones, previo al inicio de la marcha y necesario para que alcancen la temperatura adecuada.

Calentársele a alguien la boca Expresarse alguien de forma violenta o insultante. No reprimir una persona sus palabras. En la frase se advierte siempre un rasgo de involuntariedad y de arrepentimiento. *De verdad, lo siento, pero cuando me llamaste egoísta se me calentó la boca y te dije lo que nunca me hubiera imaginado*. Los verbos *calentar(se)* y *quemar(se)* suelen significar enfadarse en la lengua coloquial, y se usan en expresiones que dan a entender enfado, excitación o molestia: V. *Calentársele a alguien los cascos||Estar alguien quemado*.

Calentársele/calentarle **a alguien los cascos** (Calentarle a alguien la cabeza) Enfadarse, y además de manera violenta y perdiendo el control. *Tú dile a todo que sí. No le lleves la contraria, porque enseguida se le calientan los cascos y puede llegar a ponerse violento.* Los *cascos* no son otra cosa que la cabeza o, mejor dicho, el entendimiento, la mente, en frases como la anterior o como *Levantarse de cascos* (v.) o *Romperse los cascos* (v.). Los verbos *calentar(se)* o *quemar(se)* se usan frecuentemente en la lengua coloquial con los significados de 'molestar' o 'enfadarse'. *Casco* se usó en castellano para aludir al cráneo, acepción que permanece en el *casco* militar, como reflejo metafórico del significado principal de 'pedazo de vasija o de teja rota', derivado de *cascar,* y también posible origen de los cascos de las caballerías. El cráneo, como la vasija, no sería otra cosa que la unión de varias piezas, de varios cascos. Es la misma identificación que aparece en *testa-tiesto*.

Calma chicha [haber; tener] Calma. Tranquilidad, aunque con visos de no ser duradera y con una cierta inquietud que presagia problemas. *Todo el mundo sabe que va a haber recortes de personal y que muchos empleados se van a ir a la calle, pero, de momento, hay calma chicha en la fábrica.* Es una locución propia del lenguaje marinero que se usa cuando la mar está en total calma, sobre todo tras la tempestad o antes de que ésta se desate. *Chicha* es una voz que procede de la francesa *chiche,* 'escaso, parco', derivada a su vez de la latina *ciccu(m),* 'cosa pequeña, sin importancia'.

Camarón que se duerme, se lo lleva la corriente Alude esta frase, con clara estructura de refrán, incorrección sintáctica incluida —debería ser «al camarón...»—, a la necesidad de estar alerta, preparado ante las posibles contrariedades. *A pesar de que la autopista es estupenda y no hay apenas curvas hay que estar muy atento y no perder nunca la concentración: camarón que se duerme se lo lleva la corriente.* A veces también la usamos para destacar la importancia de innovar, de buscar novedades, de abrirse a nuevas modas, tendencias o tecnologías. *Si queremos estar en igualdad de condiciones con nuestros competidores tenemos que renovar todos los equipos informáticos y conectar todos los ordenadores a la red. Ya se sabe: camarón que se duerme, se lo lleva la corriente.* El *camarón* o *quisquilla* es una especie de gamba muy pequeña. En algunos casos el *camarón* se cambia por un *camaleón,* que, evidentemente, se sentiría aquí bastante fuera de su hábitat.

Cambiar/mudar **de aires** Irse a otro lugar, de vacaciones o para establecerse allí, por una temporada o definitivamente. *El mes que viene me voy a ir quince días a Canarias. Siento que necesito cambiar de aires.* A veces usamos la frase para referirnos a un cambio o una renovación. Esta tienda se ha quedado anticuada. *Hace falta cambiar de aires, reformarla y darle un estilo mucho más juvenil.* Los médicos antiguos recomendaban frecuentemente «cambiar de aires» como terapia para combatir ciertas enfermedades, especialmente las pulmonares. La costumbre se mantuvo hasta no hace mucho, sobre todo como forma de curar la tuberculosis. De aquí viene el dicho.

Cambiar(se) **de**/la **chaqueta**/camisa (Volver la chaqueta||Ser un chaquetero) Actuar de manera completamente diferente a la habitual. Se usa fundamentalmente —y en los tiempos que corren de manera especialmente relevante— para referirse a un cambio radical de posición política. La persona que obra así es llamada, cómo no, *chaquetero*. *Luismi ha cambiado de chaqueta de una manera vergonzosa: hace un par de años tenía carné del partido comunista, pero a las próximas elecciones se presenta como candidato por el partido de la derecha*. Antiguamente la expresión era *cambiar o volver la casaca*, que, como puede suponerse, tiene un origen militar. Cada facción o ejército combatiente se distinguía por la casaca que llevaban sus soldados sobre la cota de mallas o la armadura. Cuenta la historia que en las numerosas guerras de religión que tuvieron lugar en Francia durante el siglo XVI, los católicos llevaban estas casacas con cruces rojas, mientras que los calvinistas las llevaban completamente blancas. Para engañar al enemigo, los unos y los otros se daban la vuelta a la casaca, pues por el revés la llevaban blanca o con cruz, según fueran calvinistas o católicos. Es posible que la frase se adaptara en los años inmediatamente posteriores a la guerra civil española (1936-1939) y que apareciera entonces la variante *Cambiar de camisa*. Tras la contienda fueron muchos los que, con el único fin de medrar y de buscar buenos puestos en la administración, se inscribieron en la Falange, grupo político cuyos miembros se distinguían por llevar una camisa azul, al estilo de las camisas negras de los fascistas italianos y de las camisas pardas de los nazis alemanes. Los falangistas se dividieron entonces entre los «camisas viejas», quienes habían luchado en la guerra, y los «camisas nuevas», los recién llegados, que, cambiando la camisa incluso literalmente, intentaban hacerse pasar por veteranos.

Cambiar de/el **disco**/rollo Abandonar un tema de conversación que aburre o del que no es agradable hablar. Lo mismo que hace el pinchadiscos en la discoteca o, en el caso del *rollo*, hacía el encargado de la proyección de una película. *Ya estoy harto de que me cuentes las aventuritas de cuando fuiste a la mili. ¡Hala!, cambia de disco y háblame de otra cosa*. V. *Cortarle a alguien el rollo||Ser un rollo*.

Cambiar de/el **registro** Cambiar de conversación o de forma de comportarse, por lo general para adaptarse a otra persona. *A ver si cuando se case cambia de registro, se hace un poco menos machista y echa una mano en casa, porque si no, pobre de su mujer*. La locución tiene un claro origen musical. En instrumentos como el órgano, el armonio o el clavicémbalo, los *registros*, unas piezas móviles accionadas mediante botones o palancas, permiten cambiar el timbre y el tipo de sonido: oboe, violín, flauta...

Cambiar de tercio Desviar la conversación. Pasar a otro asunto. *Bueno, vale ya, que no es momento para tratar esos temas tan tristes, vamos a cambiar de tercio y a hablar de la fiesta de fin de curso, ¿os parece?* Estamos ante una de las muchas expresiones que proceden del mundo taurino. La lidia de un toro se divide en tres tercios, anunciados con toque de clarines y timbales tras haber mostrado el presidente de la corrida un pañuelo blanco: el de varas, en el que el matador recibe al toro con el capote y lo lleva al caballo del picador, el de banderillas y el de muleta, el más importante, que concluye con la suerte suprema, con la muerte del toro.

Cambiar el chip Adaptarse a una nueva situación o a un nuevo tema de conversación. *Bueno, después de unas maravillosas vacaciones de verano nos toca cambiar el chip y empezar este curso, que va a ser duro de verdad.* El *chip* es un microprocesador, generalmente de silicio, sobre el que se imprimen circuitos integrados que se usan en informática y en electrónica. Esta minúscula maravilla de la técnica debe su nombre a un antiguo término inglés, *chip*, 'astilla; pedazo pequeño de un objeto'. Por la misma razón las patatas cortadas en láminas muy finas y fritas se llaman *chips* en esa lengua.

Cambiar/volverse **el naipe**/los naipes Cambiar la suerte, igual que en un instante y por una sola carta, puede cambiar el signo de la fortuna del jugador. ¿Hay algo que represente más a la suerte que los naipes? *Llevo una racha de mala suerte increíble. A ver si, de una vez por todas, cambia el naipe y me empiezan a ir medianamente bien las cosas.*

Cambiar el/de **rumbo** (Dar un cambio de rumbo||Dar/ser un golpe de timón) Cambiar de forma de actuar, de comportamiento o de actitud. *Empezó la carrera bastante mal, pero a partir del tercer año cambió el rumbo, las notas empezaron a ser estupendas y terminó sin ningún problema.* Evidentemente, estamos ante una de las muchas expresiones de origen marinero que aparecen en la lengua coloquial.

Cambiar(se)/girar(se)/invertir(se)/volverse **las tornas** Dar un vuelco, sufrir un cambio radical una situación. *El año pasado íbamos los últimos en la clasificación, pero este año han cambiado las tornas y ya somos los terceros.* La explicación de la expresión hay que buscarla en las labores agrícolas. Las *tornas* son, en muchos lugares del antiguo Reino de León (León, Zamora y Salamanca), los surcos que se hacen en la tierra para regarla. Cambiar las tornas no era otra cosa que cambiar de dirección cuando, a la hora de hacer el surco, se llegaba al límite de la tierra. En algunos lugares del centro-oeste peninsular *torna* es también sinónimo de *parva*, mies extendida en la era para trillarla. Cambiar las tornas era, pues, 'girar, remover esas parvas o tornas'. Cualquiera de las dos explicaciones nos sirve.

Cambiar/girar **los vientos** (en otra dirección) Pasar de una situación favorable a otra desfavorable o viceversa. *Hace un par de años se las prometían muy felices porque el negocio funcionaba a la perfección y derrocharon* *un montón de dinero en tonterías, pero han cambiado los vientos y ahora han tenido que vender el local y están casi en la ruina*. La frase, de claro origen marinero, nos lleva a pensar en el velero que debe buscar los vientos favorables para mantener el rumbo. V. *Ir viento en popa*.

Cambiarles el agua a las aceitunas/al canario Bonito, plástico, metafórico y divertido eufemismo que significa 'orinar'. *Me escapo un minuto que ya no aguanto más y voy a cambiarle el agua a las aceitunas*. Hay que decir desde el principio que resulta sumamente raro que una mujer emplee alguna de estas dos expresiones —se entenderá el porqué—. En el caso de las aceitunas, entra el componente «salado», compartido tanto por el orín como por la salmuera en la que se conservan las olivas. Además, las aceitunas recuerdan, por su forma, a los testículos. El caso del canario es evidente: se recurre al *pajarito,* sea canario o no, sobre todo en el lenguaje infantil, o mejor, en el absurdo lenguaje con el que los adultos hablan a los niños, para evitar decir lo que debiera ser inevitable, pero en fin...

Campar alguien por sus respetos (Campar alguien a sus anchas) Hacer alguien lo que quiere en algún lugar, sin pedir permiso ni atenerse a las normas. Actuar sin miramientos ni consideraciones hacia otras personas. *Esos niños son terribles. Cada vez que vienen a vernos campan por sus respetos por la casa y nos la dejan destrozada*. *Campar* no es otra cosa que *acampar,* instalarse en el campo, en este caso el de batalla, aunque es más que posible que en la expresión se haya producido un cruce de significados con *campear,* 'moverse, normalmente a caballo, por el campo de batalla' o, incluso, 'guerrear'.

Canela en rama (Canela fina) [ser] Ser algo de excelente calidad o de gran categoría. *No te pierdas esta novela. De verdad, es canela en rama*. Aplicado a personas, ser de gran belleza o de gran inteligencia. *Vaya secretario que hemos fichado para la oficina. Canela en rama. Yo pensé que ya no quedaban joyas así*. La *canela* es segunda corteza de las ramas del *canelo,* un árbol originario de Ceilán, muy común hoy para aderezar postres y valiosísima en la Antigüedad por su origen y su exótico perfume, hasta el punto de alcanzar precios altísimos en los mercados europeos. Había barcos en los siglos XVI y XVII, sobre todo portugueses, que se dedicaban exclusivamente al comercio de esta especia. La canela en rama es la corteza sin refinar, unos bastoncillos cilíndricos formados por láminas. La canela fina es esta misma corteza pulverizada. V. *Cobrar en especie*||*La flor y nata (La flor de la canela)*.

Canguingos y patas de peces [comer] Fórmula que se usa para no decir qué se va a comer. Cuando el niño, impaciente, pregunta: *¿qué vamos a comer, mamá?* La madre contesta: *canguingos y patas de peces*. Los *canguingos* no se sabe qué extraño animal o verdura pueda ser; las patas de peces, sin embargo, no deben de ser muy jugosas... Suena a plato tan exótico como inexistente, inventado seguramente por alguien harto de que le preguntaran por la comida que iba a servirse. La frase tiene todo el aspecto de haberse originado en alguna historieta popular a la que le hemos perdido la pista. V. *Arroz y gallo muerto*.

Cantar de plano Decir una persona, normalmente a la policía o al juez, todo lo que sabe sobre algún asunto. *El sospechoso ha cantado de plano. Ha confesado que él fue el autor del atraco y ha dado los nombres de sus cómplices*. El término *cantar* es 'hablar, confesar' y, sobre todo 'delatar a los cómplices' en la jerga de los delincuentes. Sentenciar *de plano* en Derecho significa 'dictar una sentencia sin trámites, según lo que el inculpado ha expuesto ante el juez'. Quien *canta de plano,* por lo tanto, dice todo lo que sabe clara, abierta y directamente. V. *Cantar la gallina*.

Cantar el alirón Triunfar. *Aunque todavía no pueda cantar el alirón, parece que Jacinto ha aprobado las oposiciones*. La expresión, que se usa abundantemente en el ámbito deportivo, en especial en el futbolístico cuando un equipo gana la liga, tiene un origen realmente curioso. En 1913 la cupletista Marietina estrenó en el Teatro Romea de Madrid una canción titulada *El Alirón,* cuya letra decía:

«En Madrid está de moda
la canción del Alirón
y no hay nadie en los Madriles
que no sepa esta canción,
pues las niñas ya no entregan
a un galán su corazón
si no sabe enamorarlas
entonando el Alirón.
Alirón, pon, pon.
Alirón, pon, pon».

Cuando Teresita Zazá estrenó la canción en Bilbao, el Athletic, el equipo de fútbol de la ciudad, estaba a punto de ganar el campeonato de liga, por lo que la cupletista, con gran regocijo por parte del público, cambió el estribillo por el de: «¡Alirón! ¡Alirón! El Athletic campeón». Posteriormente, dado el éxito del cambio, los letristas crearon una letra adaptada al nuevo estribillo que se hizo famoso en todo el país y que sirve para cantar las glorias deportivas de cualquier equipo, aunque no sea el bilbaíno.

Cantar(le) a alguien **el kyrie eleison**/el kirieleisón Si alguien canta el kyrie eleison, pide misericordia, aunque el motivo tenga poco de divino y mucho de humano. *Con este calor en junio el verano que se avecina va a ser terrible, ya podemos ir cantando el kyrie eleison*. Si a alguien se lo cantan piden misericordia para él, es decir, que está muerto, real o metafóricamente. *Este equipo lleva ya muchas jornadas que no levanta cabeza. Hay que cantarle el kyrie eleison, porque se va a segunda a toda velocidad*. En el ritual preconciliar, al principio de la misa, tras el introito, el sacerdote pronunciaba las palabras de origen griego *Kyrie* ('¡Oh, Señor!'), *Eleison* ('ten piedad'), destinadas a implorar el perdón divino. V. *Durar los kiries*.

Cantar la gallina Confesar alguien todo lo que sabe, en especial cuando se ve obligado a hacerlo. Se usa sobre todo para hacer referencia al delincuente que, acosado y sin coartadas, confiesa su delito (v. *Cantar de plano*). *Cuando se ha dado cuenta de que las pruebas en su contra eran evidentes, el detenido ha cantado la gallina y ha contado a la policía con pelos y señales cómo organizaron y llevaron a cabo el atraco*. La gallina no canta, cacarea, y *cacarear* es en la lengua coloquial 'hablar mucho y muy deprisa'. Además, hay en el dicho, pues las arrastra el ave, claras connotaciones de 'cobardía'. V. *Ser un gallina*.

Cantar/recitar **la palinodia** Retractarse, desdecirse públicamente de lo dicho con anterioridad. *Primero me acusaste de mentiroso, ahora cantas la palinodia y me alabas. ¿A qué estás jugando?* Los griegos, que eran cultos y redichos hasta la saciedad, inventaron unas composiciones poéticas destinadas precisamente a decir lo contrario de lo que habían dicho antes, composiciones que, claro está, se cantaban o recitaban en público y que se llamaban, precisamente, *palinodias*, algo así como 'nuevos cantos'. La primera palinodia fue la compuesta por Estesícoro (s. VII-VI a. C.), poeta griego nacido en Sicilia, que narró el rapto de Helena por Paris, origen de la guerra de Troya (v. *Arder Troya*), y a quien, por haberse atrevido a relatar los hechos tal y como fueron y haber llamado a Helena infiel y casquivana, Cástor y Pólux, hijos de Zeus, dejaron ciego. El pobre Estesícoro escribió entonces la tal *palinodia*, en la que afirmaba que la raptada no había sido Helena, dama virtuosa y fiel a su esposo, el rey espartano Menelao, sino una doble suya. Lo que son las cosas: al terminar de componerlo, recuperó la vista.

Cantar victoria (No cantes victoria) Alegrarse o presumir por un éxito o triunfo. *Yo creo que ya puedo cantar victoria, porque he hecho realmente bien el examen*. Se suele usar mucho el consejo *No cantes victoria* para dar a entender que se debe ser prudente antes de anunciar un triunfo. *Espérate y no cantes victoria antes de que el árbitro pite, que éstos son capaces de empatarnos en el último minuto*. Seguramente el dicho tenga que ver con el grito de los ejércitos romanos, tras haber finalizado con éxito un combate, con el que se daba las gracias a la diosa Victoria.

Cantarle a alguien el gorigori/el *De profundis* Es una forma humorística de referirse a los cantos fúnebres que acompañan el entierro o el funeral. Uno de los muchos rasgos del humor negro español. Decir que a alguien le están cantando el *gorigori* es decir que ese alguien o está muerto o está a punto de estarlo, la mayor parte de las veces en sentido figurado. *Tú continúa fumando, que dentro de poco te vamos a cantar el gorigori*.|*Este grupo está en horas bajas. Los dos primeros discos eran buenísimos, el tercero bueno, el cuarto regular y este quinto es horroroso: será mejor que le vayamos cantando el gorigori*. El origen de la palabra *gorigori* radica en una simple onomatopeya: *grgr...*, que trata de reproducir el sonido emitido por la garganta o el murmullo entre dientes propio de la imitación de un canto. El *De profundis* es el salmo penitencial que se canta o recita en el oficio de difuntos.

Cantarle a alguien el trágala (Cantar el trágala) Burlarse de alguien que se ha visto obligado a aceptar o soportar —a *tragar*— algo con lo que no está de acuerdo o que considera desfavorable. *El alcalde prometió que en un par de años estaría lista la nueva autovía, pero se ve que desde el partido le han dado otras consignas y ahora dice que, de momento, no hay presupuesto y que se pospone la construcción. Es normal que los de la oposición y todos los periódicos estén cantándole el trágala a diario.* El dicho nace a comienzos del siglo XIX, cuando los liberales zaherían a los partidarios del absolutismo de Fernando VII con una cancioncilla que decía:

«Trágala o muere
tú, servilón,
tú, que no quieres
Constitución».

Los absolutistas, como no podía ser menos, tenían una réplica:

«Trágala, trágala,
tú, liberal,
tú, que no quieres
corona real».

Cantarle a alguien las cuarenta Reñir justamente a una persona. Decirle a alguien las verdades a la cara. Exponer cruda y sinceramente a una persona la opinión negativa que de él o ella se tiene. *Este chico hace siempre lo que quiere, sale cuando le apetece, llega a las tantas; claro, como no tiene nadie que le cante las cuarenta bien cantadas.* En el popular juego de cartas llamado tute, *las cuarenta* son la combinación del rey y el caballo del palo del *pinte* o triunfo. Quien canta las cuarenta suele ser quien más posibilidades tiene de ganar o, por lo menos, quien domina la situación porque tiene la partida en su mano. De todas formas, quien canta las cuarenta lo hace con fuerza y resueltamente, muchas veces golpeando el tapete. De esta actitud enérgica podría haber salido el significado actual de la expresión.

Canto(s) **de sirena**(s) Se llama así a aquello que, aparentando ser interesante o seductor, lleva aparejado algún perjuicio: *La subida de sueldo es un canto de sirenas, porque con ella llega un aumento terrible de las retenciones.* También usamos la locución para referirnos a una noticia que, aunque parezca magnífica, es sólo un rumor sin ningún tipo de fundamento: *Al parecer, eso que han publicado estos días algunos periódicos de que van a nombrar a Antonio director financiero no es más que un canto de sirenas.* Las sirenas, mitad mujer —hermosísima mujer— y mitad ave, aunque hoy las representemos más con el cuerpo de pez, vivían —quién sabe si aún viven— en el Mediterráneo, concretamente en el estrecho de Mesina. Se pasaban la vida entonando unos hermosísimos cantos que ejercían sobre los navegantes una atracción irresistible y fatal que les obligaba a dirigir sus barcos hacia la costa, lugar que nunca alcanzaban, pues las naves se estrellaban contra los acantilados. En el canto XI de la *Odisea,* Homero nos cuenta cómo Ulises consigue librarse del desastre al emplear un curioso y fácil sistema *antisirena:* tapa sus oídos y los de sus marineros con unas bolitas de cera y se ata al palo mayor del *Argos*. También hay que decir que el dios Orfeo echó una mano y contrarrestó con su dulce música los embaucadores cantos de las sirenas. Por cierto, la sirena de las ambulancias, bomberos, coches de policía, barcos..., aunque poco tenga de melodioso, está claramente relacionada con los cantos de estos seres mitológicos, a los que debe su nombre.

Capear el temporal Evitar hábilmente los problemas. Salir con éxito de situaciones difíciles o comprometidas. *El curso pasado fue el más difícil de todos, pero bueno, fui capeando el temporal como puede y al final pude aprobar todas las asignaturas*. La frase tiene un claro origen marinero. Se refiere a las capas enceradas o impermeables con las que los marineros que están en la cubierta del barco se protegen de la lluvia y de las olas del mar en las tormentas.

Cara de haba [poner; quedarse con; tener] Cara de tonto, de quien no se entera de nada, en referencia, seguramente, a la humildad y «simpleza» de estas legumbres, tan importantes en otro tiempo en la alimentación de las clases más pobres. *Él siempre adopta la misma actitud cuando le riñes, pone cara de haba, aguanta lo que le eches y luego hace lo que le da la gana*. V. *En todas partes cuecen habas*||*Tonto del haba*.

Cara y cruz (La cara y la cruz||Salir cara/cruz||Ser la cara y la cruz de algo o de alguien||Tener algo o alguien su cara y su cruz) Ofrecer una situación dos vertientes contrarias, o comportarse una persona de dos formas opuestas, una positiva (la cara) y otra negativa (la cruz). *El concierto tuvo cara y cruz: la primera parte, con las canciones de siempre, excelente. La segunda, con las del nuevo disco, aburridísima.*|*Ya sabes cómo es Carlos: tiene su cara y su cruz. En cuestión de diez minutos puede ser el tío más amable del mundo o el más desagradable que hayas conocido*. El dicho tiene que ver con la forma tradicional de acuñar las monedas, que por una parte tienen una cara, la del rey o el máximo gobernante y por la otra un escudo o símbolo, que en tiempos solía ser una cruz. Cuando se hace algún sorteo con una moneda entre dos personas se pregunta a cada una de las partes «¿Cara o cruz?»; ambos eligen, después se lanza al aire la moneda y gana el que haya acertado. V. *Jugarse algo a cara o cruz*||*No tener ni gorda*||*Pa' ti la perra gorda*.

Cargar con/cargarle/echarle/colocarle/tocarle a alguien **el mochuelo** Alguien carga con el mochuelo cuando soporta una responsabilidad o una culpabilidad que no debería corresponderle. Está claro que *cargar* es sinónimo de *tocar* o de *corresponder*. *Tú eres muy listo, eliges siempre los trabajos fáciles en la casa y yo siempre cargo con el mochuelo: fregar, barrer, hacer la comida*... Parece ser que la expresión tiene su origen en un cuento popular que recoge el caso de un mozo andaluz y un soldado gallego que llegaron a una posada a hora intempestiva. Pidieron algo para cenar, pero el posadero les informó de que sólo disponía de una perdiz y de un mochuelo, esa rapaz nocturna parecida a la lechuza y que no es precisamente muy comestible que digamos. «Ase vuestra merced las dos piezas, que ya veremos cómo nos las repartimos», ordenó el andaluz. Llegados los pájaros a la mesa, dijo el andaluz al gallego: «Elige: o tú te comes el mochuelo y yo me como la perdiz, o yo me como la perdiz y tú te comes el mochuelo», a lo que el gallego, resignado ante la sagacidad y el convencimiento del otro, respondió: «No sé por qué me parece a mí que me va a tocar cargar con el mochuelo»

Cargar con el muerto (Cargarle/echarle/colocarle a alguien el muerto) Significa lo mismo que *cargar con el mochuelo:* verse obligado a asumir una responsabilidad que no le corresponde. *El coche que iba delante frenó bruscamente y yo le di por detrás; pero aunque la culpa la tuvo él, me toca a mí cargar con el muerto y pagar sus reparaciones y las mías*. En muchos fueros medievales se legislaba que si aparecía el cadáver de una persona muerta violentamente y no se detenía al culpable, cargaría con el castigo el pueblo en cuyo término municipal hubiera aparecido el muerto, castigo que consistía en pagar entre todos los vecinos una multa llamada, precisamente, *homicidium, omecillo* en lenguaje popular. Por eso era habitual que cuando alguien encontraba algún cadáver en su pueblo lo trasladase al término municipal más cercano para cargar a otros la responsabilidad. V. *Quitarse el muerto de encima*.

Cargar/llevar alguien **con la**/una/su **cruz** (Ser algo una cruz) Soportar una prolongada situación desfavorable o un cúmulo de desgracias. *Todos le decíamos que no se casara, que él no la quería, que era todo una cuestión de intereses. Pues nada. Siete años lleva ya cargando con la cruz*. La frase alude, claro está, a la pasión y muerte de Jesucristo, obligado, según los Evangelios, a cargar con la cruz con la que fue crucificado en el Gólgota, aunque lo más seguro es que, como era usanza entre los romanos, cargara sólo con el madero transversal apoyado en los hombros, pues el vertical se clavaba antes en el lugar en que se iba a llevar a cabo la crucifixión. V. *Traer a alguien por la calle de la amargura*||*Pasar un via crucis*.

Cargar la mano Ser excesivamente severo en el castigo o en la crítica. La expresión alude al castigo corporal, al hecho de poner toda la fuerza en las manos para golpear a alguien; no obstante, suele emplearse en casos de castigo no físico. *No es bueno cargar la mano cuando hay que responder a alguna crítica, siempre es más adecuada la moderación*.

Cargar las tintas Exagerar una situación o hablar en demasía de algo. *Esta emisora de radio está cargando las tintas sobre el nuevo plan de presupues-*

tos del gobierno. En su origen, era una frase del mundo del periodismo con la que se indicaba que, dada la importancia o la conveniencia de una noticia, se debía insistir constantemente en ella, escribiendo todo tipo de artículos relacionados con el asunto, gastando grandes cantidades de tinta que, literalmente, había que cargar en las máquinas. V. *Correr tinta*.

Cargarle a alguien la escopeta Predisponer negativamente a una persona contra algo o contra alguien. *Ya sé que Julia no te cae bien, a mí tampoco, pero lo que no puedes hacer es cargarle a Alfonso la escopeta aprovechando que fue su novia*. La actitud de quien obra así, sin dar la cara, cobardemente y sin correr ningún riesgo, recuerda a la labor de los mochileros, los ayudantes que en tiempos cargaban las escopetas de los cazadores o los fusiles de guerra para que otros dispararan.

Cargarse/cargar a alguien **de moscas** Enfadarse. Molestarse. Perder la paciencia, como quien se ve permanentemente atosigado por las moscas y no sabe cómo quitárselas de encima. *Mira, me estoy cargando de moscas. Ya no insisto más. Si quieres venir, ya sabes dónde estamos y si no quieres venir, allá tú*. Con el mismo significado existe en nuestra lengua el verbo *mosquear(se)*. V. *Estar con la mosca detrás de la oreja*||*Estar mosqueado*||*¿Qué mosca te ha picado?*||*Mosca cojonera*||*Zumbarle a alguien los oídos*.

Cargo de conciencia/de alma [darle a alguien; tener; ser un] Sentimiento de culpa. *Cargo* funciona como sinónimo de 'pena; mancha'. *No puedo tirar todos los días tanta comida sabiendo que hay gente que pasa hambre. Me da cargo de conciencia*.

Caro como aceite de Aparicio (Más caro que el aceite de Aparicio) [ser] La curiosa expresión se usa para decir que algo es excesivamente caro. *Aquí está el azafrán. Al final lo he encontrado en una tienda de la plaza: caro como aceite de Aparicio, pero si no hay más remedio y no le quieres echar colorante artificial a la paella*... El *aceite de Aparicio* era una pócima para cicatrizar úlceras y heridas, inventada por un tal Aparicio de Zubia allá por el siglo XVI y que, como su inventor, se hizo tremendamente popular. Al parecer, los resultados eran increíbles, tanto los terapéuticos para el enfermo, como los económicos para el inventor. El tal aceite, dicen, costaba un capital. Para que se hagan una idea del porqué de la eficacia del bálsamo y para que lo preparen en casa, he aquí sus ingredientes: aceite de oliva, hipérico (una planta medicinal con pequeños frutos resinosos en forma de corazón), romero, lombrices de tierra, incienso en polvo, resina de enebro, trementina y almáciga. Con este aceite cura Altisidora los arañazos que los gatos hacen a Don Quijote (2ª parte; cap. XLVI).

Carretera y manta Con esta fórmula anunciamos la intención de iniciar o proseguir un camino, sea a pie o en coche. *Venga, a dormir, que mañana tempranito, carretera y manta*. A veces la usamos para echar de un lugar a alguien molesto. *Para que vengas a incordiar y a criticar todo lo que hacemos es* *mejor que te vayas, así que ya sabes: carretera y manta*. Posiblemente el dicho tiene origen en las costumbres de los pastores o de los arrieros, que iban de un sitio a otro llevando como único equipaje una manta para resguardarse de las inclemencias del tiempo.

Carta blanca [dar; tener; otorgar] Tiene carta blanca quien está autorizado para obrar como quiera para conseguir algún fin, aunque sea de manera poco ortodoxa o aparentemente inapropiada. *El presidente del gobierno ha dado carta blanca al ministro de Economía para subir los impuestos* La expresión podría tener su origen en los documentos en blanco que, firmados y sellados, entregaban a sus protegidos aquellas personas que ejercían algún cargo, o que ostentaban cierta dignidad, para que hicieran de ellos el uso que desearan. Otra interpretación es que pudiera proceder de ciertos juegos de cartas en los que la *carta blanca*, es decir, la que no tiene ninguna figura, vale como comodín, o sea, tiene el valor que al jugador más le interese, se puede usar como a uno le apetezca y combinar de múltiples formas. V. *Dar un cheque en blanco*.

Carta canta (Hablen cartas y callen barbas) Usamos esta expresión para señalar que lo escrito es lo que prevalece, lo real. Quien no aporta pruebas documentales no puede justificar sus argumentos ni exigir que se le dé la razón. *No merece la pena que discutamos. Mañana vamos al banco, pedimos los papeles del crédito y allí está todo escrito: fechas, cantidades intereses... Carta canta*. Varias frases de nuestra lengua van por caminos parecidos (v. *Negro sobre blanco*||*Las palabras se las lleva el viento*|*Lo que no está escrito*||*Saber de buena tinta*). La frase está relacionada con un dicho, hoy prácticamente en desuso, citado en *El Quijote*, y recogido por Sebastián de Covarrubias en su *Tesoro* (1611): *Hablen cartas y callen barbas*, es decir, hablen los papeles y callen las personas. Otra variante de la frase, muy utilizada durante el Siglo de Oro, era *rezan cartas*.

Casarse de penalti Casarse una pareja que está esperando un hijo. Generalmente usamos el dicho para señalar que el matrimonio se lleva a cabo de forma obligada a causa de compromisos sociales o familiares. *Un montón de años que si hay boda, que si la dejan, y ya ves, se casan de penalti. Ellos no querían, pero ya sabes*. El símil, tan ingenioso como cruel, nos remite al mundo del fútbol, en el que el gol (léase matrimonio) puede marcarse en jugada elaborada (léase larga y estandarizada relación amorosa prematrimonial) o por la vía rápida, es decir, *de penalti*, por una falta cometida en el área pequeña (cada uno que lea aquí lo que quiera).

¡Casi nada/nadie **al aparato!** Con esta curiosa expresión ponderamos la dificultad, grandeza o trascendencia de algo o la importancia de una persona. En este último caso, usamos indistintamente *nada* y *nadie*. *Dentro de muy poco cuatrocientos cincuenta millones de personas hablarán español en el mundo... ¡Casi nada al aparato!*|| *Ayer me llamó a su despacho el Director*

General, al que yo sólo conocía por las fotos de los periódicos, ya ves ¡casi nadie (nada) al aparato! Tanto *nada* como *nadie* se refieren a la categoría o al nivel social de una supuesta persona que nos llamaría por teléfono *(aparato)* a nosotros, pobres mortales. La frase parece haber salido de algún equívoco recogido en algún cuento, relato o pieza teatral.

Causar/hacer **estragos** Provocar un gran daño. Tener unos efectos muy negativos. *La gripe de este año, una de las más dañinas que se recuerdan, ha causado estragos entre la población, especialmente entre los ancianos y los niños*. A veces se usa en sentido figurado, con el significado de 'embaucar; embobar; atraer; obnubilar a una persona'. *No entiendo cómo este niñato puede causar estragos entre todas las jovencitas. Antes de que empiece a cantar ya están histéricas. ¡Y todavía si cantara bien!* El término *estrago,* que suele usarse en plural, es un daño físico o moral grave. Es el sustantivo de *estragar,* término derivado del latino vulgar **stragare,* 'devastar; asolar; destruir', derivado a su vez de *strage(m),* 'ruina; matanza; desastre'.

Cavarse alguien su propia tumba/fosa (Enterrarse alguien a sí mismo) Contribuir alguien, con sus palabras o comportamiento, a su propio fracaso o desprestigio. *Estaba claro que un candidato a las elecciones no podía prometer lo que no iba a cumplir. La gente no es tonta y él mismo se ha cavado su propia tumba. Ha arruinado para siempre su carrera política*. La imagen resulta ya suficientemente contundente: uno coge la pala, se cava la tumba y se mete dentro. Lo que más difícil tiene es echarse la tierra encima, pero con un poco de paciencia... V. *Echar tierra encima*||*Enterrarse en vida*.

Caza de brujas Se llama así a la persecución o represalias que alguien que ostenta el poder o una situación de privilegio lleva a cabo contra quienes no piensan igual o contra quienes le resultan incómodos por sus actitudes o ideas. *Los periódicos denunciaban ayer que el nuevo presidente está llevando a cabo una tremenda caza de brujas. Según parece, está despidiendo, o está mandando a otros destinos, a todos los cargos nombrados por el anterior equipo directivo*. La locución parece remitirnos a tiempos inquisitoriales, cuando buscar y ajusticiar supuestas brujas llegaba a ser una auténtica obsesión. Pero en realidad fue acuñada por un dibujante estadounidense del periódico *Washington Post,* Herbert Block, seguramente recordando los episodios sucedidos en la localidad de Salem (Massachusetts) en 1692, cuando fueron cruel e injustamente quemadas unas chicas acusadas de brujería. Este dibujante la aplicó a la represión que entre 1950 y 1954, encabezada por el senador republicano Joseph McCarthy, se llevó a cabo en Estados Unidos contra supuestos comunistas e izquierdistas que trabajaban en la Administración pública. McCarthy instauró una red de espionaje y de denuncias al más puro estilo inquisitorial que convulsionó a toda la sociedad americana y que llegó a envolver a la prensa, el arte y hasta a la propia industria del cine. Son famosas las manifestaciones contra el *macartismo,* palabra que se ha acuñado para hacer referencia a tan negro periodo, encabezadas por las más conocidas estrellas de Hollywood, Humphrey Bogart entre otros. El Senado retiró los poderes a McCarthy el 12 de diciembre de 1954.

Cazarlas/cogerlas **al vuelo** (Coger algo al vuelo) Ser perspicaz. Entender rápidamente lo que se dice, sin necesidad de entrar en muchos detalles o explicaciones. *Ten cuidado con lo que dices delante de esta niña, porque las caza al vuelo y luego se lo cuenta a todo el mundo. Más de una vez me ha metido en un compromiso.* Seguramente la frase hace referencia a la habilidad que tienen algunas personas para atrapar moscas al vuelo, aunque tampoco es extraño pensar que tenga que ver con la destreza del halcón o del ave de cetrería, que caza a sus presas en pleno vuelo, o con el perro de caza que es capaz de levantar perdices y otras aves y de atraparlas cuando inician el batir de alas. Donde se dice *moscas, presas* o *perdices* pongan *palabras* y no hay más que explicar.

Ce por be [contar; decir; narrar...] Relatar algo de forma muy precisa, con todo lujo de detalles, o sea, letra por letra. *Y ahora me vas a contar ce por be tu viaje a China.* Antiguamente la locución se usaba con el significado de cambiar erróneamente una cosa por otra, confusión sólo explicable por la cercanía de ambas letras en el alfabeto. De este significado, de forma un tanto extraña y sin que podamos dar muchos más datos, evolucionó hacia el actual. V. *De pe a pa.*

Ceder/cambiar/pasar/entregar **los trastos** Entregar a otra persona un cargo o una responsabilidad. *Llevo ya tres años de presidente de la comunidad de propietarios y yo creo que ya ha llegado el momento de que ceda los trastos, ¿no?* La frase nos remite a lo que hace el torero de más años de profesión cuando en la ceremonia de la toma de la alternativa (v. *Dar la alternativa*) cede la muleta y el estoque —los trastos de torear— al novillero, quien, desde ese mismo instante, pasa a ser torero y al que, en curioso paralelismo con el sacerdote que canta misa por primera vez, se conoce en el argot taurino como *toricantano.*

Cerrar a cal y canto Cerrar por completo, sin dejar posibilidad de entrar ni de salir, como si la puerta se cerrase con cantos —piedras— unidos con mortero de cal, lo que, por cierto, era habitual antaño, especialmente cuando a alguien se le emparedaba, o sea, se le condenaba a morir encerrado tras una pared. *En esa habitación no se puede respirar, lleva todo el día cerrada a cal y canto.*

Cerrar/abrir **el grifo**/la espita Suprimir una ayuda, por lo general económica, que se considera inútil o despilfarro por parte de quien la daba. *Lleva estudiando la carrera ocho años, viviendo fuera de casa, en un piso magnífico y sin pegar ni golpe, pero este año su padre le ha cerrado el grifo y o se busca la vida o se vuelve al pueblo.* La imagen del grifo que no deja de soltar agua o de la espita por la que se escapa el gas hasta que alguien los cierra explica perfectamente la frase. *Abrir el grifo,* 'entregar una ayuda', se utiliza bastante menos. *El gobierno ha abierto el grifo y ha empezado a dar subvenciones a todos los menores de 30 años que abran negocios.* V. *A chorros*||*Cortar los suministros.*

Cerrar el pico Callarse. Se usa sobre todo como orden. *¡Quinientos kilómetros de Madrid a Valencia!... Anda, cierra el pico, que no sabes lo que dices.* El pico es la parte por la que *hablan,* o mejor, *pían* las aves. Piar significa 'hablar' en la lengua coloquial (v. *No decir ni pío*). V. *Abrir el pico*||*Darse el pico*||*Ser un pico de oro.*

Cerrar filas en torno a alguien Disponerse alrededor de una persona, para protegerla. Procede esta expresión del léxico militar y se refiere a la acción de rodear, para protegerlo, a algún jefe o algún lugar especialmente importante. Hoy la expresión se emplea casi únicamente en sentido figurado, para dar a entender que varias personas apoyan con sus comentarios u opiniones las ideas de otro: *El partido ha cerrado filas en torno a su presidente y todos los militantes apoyan el nuevo cambio de estrategia política.*

Cerrarse en banda Mantener alguien su opinión o su comportamiento en contra de la opinión mayoritaria y más razonable. *Cada vez que intento decirle a Pepe que el tabaco no le hace nada bien y que fuma demasiado, se cierra en banda y no atiende a razones.* Como en tantos otros casos, parece que estamos ante una expresión de origen marinero. *Cerrarse en banda* es la acción de una nave que para resistir el fuerte temporal se coloca a sotavento, en la parte contraria a aquella de donde viene el viento y navega sin perder de vista la costa. Es decir, que el barco resiste pese a las contrariedades, lo mismo que la persona a la que aplicamos la frase. El verbo *bandearse* tiene el mismo origen y hace referencia a alguien que se maneja bien, que soporta bien las dificultades o que resuelve con éxito los problemas. Algunos autores hacen derivar la frase de *banda* en su acepción de 'facción, bando', aludiendo a quien mantiene tercamente sus ideas.

Cerrarse/cerrársele a alguien **la**(s) **herida**(s) Superar una desgracia o una pena, de la misma forma que las heridas acaban por cicatrizar, por muy profundas que sean. *Lo pasé muy mal cuando Luisa me dejó. Llevábamos juntos más de diez años; pero, en fin, la herida se va cerrando poco a poco y uno cada vez tiene más ganas de salir, de divertirse, de reír.* El término *herida* se usa con este sentido metafórico de 'dolor, pena' en bastantes expresiones: V. *Abrirse la herida*||*Dar en lo vivo*||*Escarbar en la herida*||*Lamerse las heridas.*

Chiste verde Chiste de contenido sexual. *Lo siento, pero yo no puedo contar ningún chiste, porque todos los que me sé son bastante verdes.* Hasta no hace mucho el adjetivo *verde* se aplicaba a las personas mayores para indicar que tenían aspecto y comportamientos juveniles, de no maduro, significado que hoy mantenemos en la expresión *Estar verde* (v.). De aquí, por un común proceso de envilecimiento semántico, el adjetivo pasó a calificar los comportamientos sexuales poco acordes con la edad y a significar, aplicado no sólo a personas, 'obsceno, procaz'. V. *Viejo verde*.

Chupar cámara Se aplica a las personas que tienen excesivo afán de protagonismo, de salir en la foto o en la televisión. La explicación está clara: se arriman tanto a la cámara que parecen querer chuparla. *La mayoría de los políticos lo único que pretenden con tanta foto y tanta entrevista es chupar cámara*.

Chupar del bote Aprovecharse de un bien que, aunque apetecible, es común. *Hay muchos políticos que lo único que hacen, en vez de ayudar, es chupar del bote*. El *bote* parece hacer referencia aquí al recipiente en el que se metían las conservas, aunque también podría pensarse en la hucha en la que se guarda el dinero.

Chupar rueda (Ir/marchar/llevar a rueda) Las expresiones proceden de la jerga de los ciclistas. Un ciclista *chupa rueda* cuando corre muy cerca del otro, como si le *lamiera* la rueda. De aquí ha pasado a la lengua coloquial con el significado de 'imitar o seguir los pasos de otras personas'. *Este escritor fue el primero en escribir un libro de recetas de cocina antiguas, pero después otros muchos han chupado rueda y hoy existen en el mercado treinta o cuarenta libros que hablan de lo mismo*.

Chuparle a alguien la sangre Explotar a alguien. Aprovecharse de forma reiterada y abusiva de una persona, especialmente de su dinero. *Ella es muy trabajadora y, además, de una familia riquísima y él ha sido toda su vida un inútil y un vago. Ya se sabía cuando se casaron que le iba a chupar la sangre*. La sangre es un elemento vital. Quien, metafóricamente hablando, se aprovecha de la sangre de otro le está quitando la vida para vivir él. Es lo que hacen, ahora ya sin metáforas, algunos animales, como los vampiros, las garrapatas y las sanguijuelas (v. *Ser una sanguijuela*), a las que seguramente se refiere la frase. V. *Sacarle a alguien la hijuela*||*Sacarle a alguien los higadillos*.

Chuparse el dedo Se da a entender con esta expresión que alguien, aunque pueda fingirlo, se entera de todo y no es fácil de engañar. Es decir, que no es tan infantil o inocente como para chuparse el dedo, como hacen los bebés: *¿Es que piensas que yo no sé que tienes novio y que te quieres ir de excursión con él? A ver si te crees que yo me chupo el dedo*.

¡Chúpate ese hueso, que tiene caña! Usamos esta frase como burla a alguien que ha recibido su merecido o que se ha llevado un chasco cuando presumía de no equivocarse nunca. *Estabas muy convencido de que aprobabas la oposición y presumías de que tu tío era amiguete de éste y del otro. Vamos, que todo estaba hecho. Y ahora has suspendido. Pues, sabes lo que te digo, ¡chúpate ese hueso, que tiene caña!* A veces también se usa como exclamación de asombro ante una acción o un comportamiento soprendentes. *¡Anda!*

Las doce y en la cama. ¡Chúpate ese hueso, que tiene caña! Menos mal que querías madrugar. La expresión debió de haberse originado en algún cuento o chiste en el que alguien quisiera aprovecharse de otro y quedarse con la mejor parte de la comida, con la carne. Descubierta la burla, el supuesto burlado habría acabado llevándose las mejores tajadas y soltándole la irónica exclamación que nos ocupa al supuesto burlador, que habría tenido que conformarse con roer los huesos y chuparles la caña (el tuétano). V. *¡Toma del frasco, Carrasco!*

Ciertos son los toros Con esta frase se resalta la certeza de un suceso o el seguro cumplimiento de un hecho, por lo general no muy positivo. *Lleva siete meses sin llover, verás como dentro de muy poco hay restricciones en el consumo de agua. Ciertos son los toros.* Antaño, y hoy en muchos lugares, era habitual durante las fiestas de los pueblos que se instalaran plazas de toros portátiles o que se improvisaran con carros. Cuando la gente observaba estos preparativos, que solían incluir un castillo de fuegos artificiales con el que terminaba el festejo, podía prever con toda certeza la celebración de tales espectáculos. El dicho completo, hoy en desuso, era *Puesto está el castillo, ciertos son los toros.*

Círculo vicioso [ser un; estar en un] Problema, argumento o comportamiento que no tiene solución, pues siempre acaba volviendo al punto de partida. *Para obtener el permiso de trabajo antes tienes que tener el de residencia, pero, claro, no te dan el de residencia si no demuestras que tienes o vas a tener un trabajo estable. Vamos, un auténtico círculo vicioso.* El término nace aplicado a la lógica y referido a las argumentaciones basadas en elementos que pertenecen a lo que se quiere demostrar: *Te pones enfermo si no comes y si te pones enfermo no puedes comer.* V. *La pescadilla que se muerde la cola.*

Clamar al cielo Algo que *clama al cielo* es algo injusto, algo que merece reprobación e, incluso, condena; literalmente, que 'llama al cielo' para que éste ejerza justicia. *Te has presentado ya siete veces al examen del carné de conducir y las siete te han suspendido. Es que lo tuyo clama al cielo...* V. *Poner el grito en el cielo.*

Clavar a alguien (Darle/meterle a alguien una clavada/un clavo) Engañar a una persona en el precio de una compra. Cobrarle a alguien mucho más de lo debido. *Se nos ocurrió pedir un par de copas en la terraza de la Plaza Mayor y claro, nos clavaron.* Algunos piensan para explicar el origen de estas expresiones en la crucifixión de Jesucristo, realizada con clavos y no con cuerdas, como era habitual entre los romanos (v. *Crucificar a alguien*), pero la explicación con más traza de ser cierta la da, como en tantas ocasiones, el maestro Sebastián de Covarrubias en su *Tesoro de la lengua castellana o española,* que vio la luz en 1611: «Echar clavo es engañar, y por otro modo dicen: enclavóle, es decir, engañóle. Pienso haber traído origen de una gran bellaquería que no se puede presumir, sino de algún desalmado, impío y más que salteador de caminos. Dicen que cuando pasa de camino algún extranjero con una buena bestia, queriéndola herrar o requerir de clavos, maliciosamente se la enclava (haciendo que el clavo penetre hasta la carne) y de manera que por la primera jornada no se eche de ver. Sale otro echadizo con una bestia, no tal (no tan buena como la del extranjero), y encuentra con él en el camino, llegan a la posada y empieza a sentirse [mal] la cabalgadura; y acontecerá que el herrador de aquel lugar se entienda con el otro, y hace entender al pobre caminante que en muchos días no podrá pasar adelante, y en lugar de curarla se la pone peor, y si va con prisa, le es fuerza hacer cambalache con el otro que finge no haber de pasar por allí, o el mismo albéitar le trueca otra bestia inferior, y así le engañan, echándole clavo o enclavándole».

Cobrar/pagar **en especie** Cobrar sin dinero, con género, objetos o con cualquier tipo de producto. *Este proveedor cobra siempre en especie: yo le compro cuberterías y le pago con piezas de cerámica*. Evidentemente el dicho original, que hoy nadie usa, era *cobrar en especia*, pues las especias (clavo, pimienta, cilantro, canela...) eran valiosísimas entre los siglos XVI y XVIII (v. *Canela en rama*), hasta el punto de que muchos comerciantes preferían que sus clientes les pagaran con especias y no con dinero para revenderlas y obtener mayores beneficios. No se olvide que Colón llegó a América buscando una nueva ruta para llegar a Oriente y evitar así que los barcos especieros españoles no tuvieran que pagar tasas a los portugueses, que controlaban las rutas de las especias desde India hasta China. Es muy frecuente que en la lengua hablada se llame *especies* a las *especias*.

Codo con/a **codo** (Hombro con hombro) [estar; trabajar] Juntos. Colaborando entre dos o más personas. Haciendo un esfuerzo común para conseguir algo. *Aquí o trabajamos todos codo con codo o el negocio se nos va a pique*. El codo seguramente hace referencia a los trabajos del campo, al hecho de cavar en la tierra, para lo que es necesario doblarlo reiteradamente y el hombro debe de referirse a los trabajos de carga. V. *Arrimar el hombro*.

Coger/pillar/agarrar **a alguien por banda** Abordar a alguien en el momento más oportuno para reñirle o para castigarle. *Ramón no esperaba que yo estuviera allí, así que nada más que lo vi aparecer, lo cogí por banda y le dije todo lo que pensaba de su comportamiento*. La expresión, propia del lenguaje militar, se refiere al hecho de coger desprevenido a un ejército atacándolo por el lado o flanco menos protegido.

Coger/agarrar/sujetar **algo o a alguien con pinzas** Tratar un asunto con prudencia o precaución o a una persona excesivamente susceptible con gran delicadeza. *Lo que nos ha dicho vamos a cogerlo con pinzas y a no darle mucha importancia hasta que oigamos a la otra parte*.|*Contigo nunca se sabe qué te gusta ni qué te molesta. Siempre hay que cogerte con pinzas*. Con esta expresión nos viene a la mente la idea del cirujano o del científico manejando las pinzas o, para no ir más lejos, la del filatélico tratando a sus valiosos sellos con sumo cuidado.

Coger/agarrar/tomar **el dos y la media manta** Irse rápidamente y de mal humor. *En cuanto vi que, después de dos horas de reunión, lo único que había quedado claro era la hora y el lugar en el que íbamos a comer, cogí el dos y la media manta y me marché.* Si se utiliza como mandato, es una orden dada de no muy buena manera y con bastante disgusto para que alguien abandone un lugar. *Aquí se viene a hablar, a discutir y a criticar, pero siempre con educación y sin insultar, y lo que tú has dicho es realmente ofensivo. Ahora mismo coges el dos y la media manta y te vas.* Estamos ante una de esas frases curiosas cuyo origen es tremendamente enigmático. Se ha apuntado que el *dos* es una carta de la baraja, pero ¿qué sentido tiene coger el dos e irse?; ¿qué pinta —nunca mejor dicho— en el juego de cartas la media manta? A no ser que media manta fuera la denominación de una carta de la baraja que, combinada con un dos, supusiera el cierre de la partida. Se ha dicho también que el dos podría ser una caballería de dos años (¿por qué no de tres o de cuatro o de ocho?) y la media manta una manta pequeña que los arrieros llevaban para protegerse de frío cuando pensaban regresar a casa y no dormir al raso, caso en el que llevaban una manta más grande. Personalmente, creo que *el dos* es una forma de llamar a las alforjas —formadas por dos bolsas unidas que se colocaban en el lomo y colgaban a ambos flancos de la caballería— en la peculiar lengua de los arrieros. Éstos, de natural pendencieros —y de ello hay episodios significativos en nuestra literatura, baste repasar las veces que le miden los lomos a Don Quijote—, serían más de una vez invitados en ventas y posadas a *coger el dos y la media manta*, es decir, a coger sus atavíos y largarse para evitar mayores problemas.

Coger/seguir **el hilo** Captar y seguir el argumento o las líneas principales de un relato, un suceso, una película... *El argumento de la película es un tanto rebuscado. Si no estás muy atento es bastante complicado coger el hilo.* La locución nos remite al episodio mitológico de Teseo en el laberinto cretense, quien, después de haber matado al minotauro, pudo salir siguiendo el hilo que le había entregado Ariadna. V. *El hilo de Ariadna||Estar al hilo||Perder el hilo||Tirar del hilo.*

Coger/tomar/agarrar **el portante** Marcharse de algún lugar rápidamente y de forma ostensible. *Lo que se estaba hablando en aquella reunión no me gustaba, así que recogí mis cosas y cogí el portante.* Aunque el significado nos lleve a pensar en algo así como *coger la puerta* nada tiene que ver con esto. El *portante* es el paso rápido de una caballería, ese paso breve y rápido en que el animal mueve la mano y el pie del mismo lado simultáneamente, llamado también *paso de ambladura* o *de andadura*, y que suele ser más habitual cuando la caballería va enganchada a un carruaje. V. *Coger el tranquillo.*

Coger/agarrar/tomar **el toro por los cuernos** Afrontar un problema o tomar una decisión de forma valiente y arriesgada. El toro es el problema y viene hacia usted, usted hace de *forcado* portugués y lo atrapa... Es fácil. *La empresa está en una situación difícil. Hay que despedir a algunos empleados. La decisión es dura, pero es necesario coger el toro por los cuernos.*

Coger/cogerle a algo **el tranquillo** Conseguir, a fuerza de practicar o de repetir, controlar o dominar algo. Acostumbrarse a una nueva actividad o a un nuevo trabajo. *Hombre, aprender a hacer punto no es difícil, lo que pasa es que tienes que cogerle el tranquillo. Luego ya lo haces casi automáticamente.* El término *tranquillo* parece un derivado de tranco, en su acepción de 'paso largo de las caballerías o de los toros'. Literalmente, *coger el tranquillo* sería 'coger la marcha adecuada'. V. *Coger el portante*||*Cogerle el aire a algo.*

Coger/tomar/llevar/manejar **la batuta** Tener el control de una situación. Ejercer el poder o la máxima responsabilidad, como hace el director de la orquesta moviendo la *batuta* que lleva en la mano. *Este equipo es un desastre, una pura anarquía. No hay nadie que lo maneje, ningún jugador que coja la batuta y ponga las cosas en su sitio.* El término *batuta* es una palabra de origen italiano, proveniente del verbo latino *battere,* 'golpear, batir', pues las primeras batutas eran unos pesados bastones con los que el director de orquesta golpeaba el suelo para llevar el compás. Tal era el estruendo que provocaba que muchos espectadores, entre ellos el filósofo francés Jean-Jacques Rousseau (1712-1778), se quejaban de que no permitían escuchar la pieza que interpretaba la orquesta. Se cuenta —lo que seguramente no pasa de ser mera anécdota— que el compositor francés Jean Baptiste Lully, maestro de capilla del rey Luis XIV (1638-1715) y uno de los padres de la ópera francesa, murió a causa de la gangrena provocada por una herida que se hizo al darse un «batutazo» en el pie mientras dirigía a la orquesta.

Coger(se)/agarrar(se)/pillar(se) **un globo** Marearse. *No sé qué me pasó, quizá fue que había comido poco, el caso es que me cogí un globo en la oficina y dos compañeros tuvieron que llevarme a casa.* La expresión de reciente cuño, procede del argot juvenil, aplicada a los efectos del hachis o de otras sustancias estupefacientes: quien las ingiere tiene la sensación de volar, de viajar en globo. Actualmente se usa mucho como sinónimo de enfadarse, dando a entender que quien se enfada también pierde la consciencia. *Yo estoy harto de esperarlo siempre y, para una vez que llego un poco tarde, el tío va y se coge un globo impresionante.* V. *Coger un rebote.*

Coger(se)/agarrar(se)/pillar(se) **un rebote** Enfadarse. *Pues la verdad es que yo sólo le he dicho que el vestido que traía no me parecía muy adecuado para la ocasión, y ya ves, se ha cogido un rebote tremendo y se ha ido a toda velocidad.* La expresión, propia de la jerga juvenil, nos transmite la idea de que, como la pelota que rebota en el suelo o contra las paredes, la persona que se enfada se muestra inquieta y nerviosa. Con el mismo significado existe el verbo *rebotarse.* V. *Coger un globo.*

Coger(se)/agarrar(se)/enganchar(se)/pillar(se) **una mona** (Dormir la mona/la zorra) Emborracharse. *Se ha liado a beber sangría como un loco y, claro, ha cogido una mona de mucho cuidado*. El *mono*, o la *mona* —antiguamente se denominaba con el femenino incluso a los machos—, se elige en este dicho para elaborar comparaciones en las que se quieren destacar la tontuna, el ridículo o lo grotesco de una persona o de una situación: V. *Corrido como una mona*||*El último mono*||*Pintar la mona*. Quien se emborracha actúa de forma incontrolada, hace gestos ridículos, similares a los de estos animales, o lo que es lo mismo *monadas*. El maestro Sebastián de Covarrubias afirma lo siguiente en su *Tesoro de la lengua castellana* (1611): «Estas monas apetecen el vino y las sopas mojadas en él y hace diferente efecto la borrachez en ellas, porque unas dan en alegrarse y se arriman a un rincón, encubriéndose la cara con las manos. De aquí se vino a llamar *mona triste* al hombre borracho que está melancólico y callado y *mona alegre* al que canta y baila y se huelga con todos».

Coger/agarrar/tener/sufrir/darle/entrarle a alguien **una pájara** (Estar con/tener la pájara) Sufrir un desfallecimiento repentino. Agotársele a alguien las fuerzas. *No sé si ha sido porque no he dormido bien o porque he comido poco, el caso es que esta tarde he cogido una pájara en la oficina, me he sentido mal de repente y he tenido que pedir un taxi y venirme a casa*. A veces se usa también en sentido figurado. *El PTJ comenzó muy bien en las primeras encuestas, con una intención de voto que le otorgaba hasta cuatro escaños en el parlamento, pero justo al final de la campaña electoral parece haber cogido una pájara y ya no cuenta para casi nadie*. La expresión pertenece al argot de los ciclistas y se usa cuando alguno, por no haberse alimentado adecuadamente o por no haber medido bien sus fuerzas pierde ritmo poco a poco hasta quedarse prácticamente parado, en especial subiendo algún puerto. Esta pájara suena a pájaro de mal agüero, a materialización de la desgracia, aunque no sería extraño pensar que la frase sea más antigua y que de la lengua común pasara a la jerga del ciclismo, y es que antiguamente se llamaba *pajarilla* o *pajarillas* al bazo —hoy en algunos lugares llaman así al bazo del cerdo—, órgano en el que, según la tradición clásica y escolástica, se pensaba que se alojaban los fluidos corporales, o humores, que provocaban la melancolía y la amargura. De aquí al cansancio y al desfallecimiento hay apenas un paso. V. *Alegrársele a alguien las pajarillas*.

Coger(se)/agarrar(se)/darle a alguien **una perra** Enfadarse. Irritarse mucho. Se suele usar bastante a menudo referido a los niños. *Al pasar por el quiosco se ha empeñado en que quería caramelos y, como no se los hemos comprado, se ha cogido una perra*. Resulta complicado relacionar la expresión con la perra moneda (v. *Pa' ti la perra gorda*). Considerando que se usa fundamentalmente hablando de los niños, podría pensarse en la actitud caprichosa e insistente del perro cuando desea conseguir algo, lo que nos lleva a pensar en el verbo emperrarse. De más difícil explicación resulta el hecho de que aparezca el femenino. Podría tratarse de una elipsis —fenómeno nada ajeno a la lengua hablada: *Fuimos a ver una [película] de guerra*||*Dame una [ración] de calamares*— de algo así como *Cogerse una (rabieta) perra*. Donde se dice *rabieta* puede decirse cualquier otro sustantivo femenino de parecido significado.

Coger(se)/agarrar(se)/enganchar(se)/pillar(se) **una turca**/castaña/cogorza/curda/tranca/trompa/merluza/mierda/moña/pedo/pedal/tajada/tablón (Estar curda||Estar moña||Estar pedo||Estar trompa) Emborracharse. *Ayer fue mi cumpleaños y sin saber ni cómo me cogí una turca de cuidado*. En germanía —el habla de los *germanos* o *hermanos*, es decir, los maleantes y marginados de los siglos XVI y XVII—, se llamaba *turco* al vino y *turca* a la borrachera. Los turcos eran viejos conocidos de los españoles por los contactos —poco amistosos, se entiende— mantenidos en las rutas mediterráneas. Según sus leyes religiosas, son de religión musulmana, no podían beber vino. Parece ser que, cuando transgredían estos preceptos, lo hacían cumplidamente y se saciaban sin medida. Los curdos (o *kurdos*) son un pueblo de Asia Menor; muchos de ellos viven en la actual Turquía. Seguramente ésta es la explicación de la expresión tan valleinclanesca *coger una curda*. Sabido es que borrachera es una de las palabras que tiene más sinónimos en nuestra lengua. Veamos alguno de ellos. *Castaña* funciona a veces en la lengua coloquial con el significado de 'cosa sin valor; engaño', significado que parece haberse originado en Andalucía (v. *Ser algo una castaña*||*¡Toma castaña!*). *Cogorza* parece ser una palabra que, a través de una supuesta voz **confortia*, procede del verbo latino vulgar *confortiare*, 'auxiliar; confortar', seguramente aludiendo a eso que se llama «ahogar las penas en vino». La *tranca* es, en la primera acepción del diccionario, un palo grueso y fuerte, quien *coge una tranca* tiene la misma sensación de quien se golpea o es golpeado con ella; lo mismo le sucede a quien está muy resfriado o con gripe, quien tiene *un trancazo*. La *trompa* nos remite a la sensación del borracho, que parece tener dentro de la cabeza una peonza, también llamada trompo o trompa, que gira sin cesar. *Merluza* nos remite un estado de ignorancia, de estupidez o de inconsciencia de alguien a quien, curiosamente, denominamos *merluzo* o *besugo* (v. *Diálogo de besugos*||*Ser un besugo*), comparable al del borracho. *Moña* parece ser una voz inventada, quizá sobre *mona*. *Mierda*, *pedo* y *pedal* —palabra creada sobre *pedo*— hablan bien a las claras de lo desagradable de los efectos de la intoxicación etílica. La *tajada* y el *tablón* funcionan como ponderativos de la cantidad: la *tajada* es un buen pedazo (de borrachera) y el tablón un gran trozo de madera (o de borrachera) con el que hay que cargar o con el que uno puede golpearse o ser golpeado, lo que identifica *tablón* con *tranca*. V. *Estar bolinga*.

Cogerle/pillarle **algo de nuevas a alguien** Pillar a una persona de sorpresa una noticia, especialmente cuando se trata de algo que mucha gente ya conoce. *¿Que Carlos y Raquel se casan en mayo? De verdad que no lo sabía. Me coge de nuevas*. El término *nueva* es una noticia que no se ha oído o no se ha dicho con anterioridad. Es una palabra que hoy está prácticamente en desuso y que encontramos en la anterior expresión, en *Hacerse de nuevas* (v.) y en *La buena nueva,* dicho que se usa para anunciar una noticia positiva y, especialmente, en la liturgia católica y en los textos sagrados para referirse al nacimiento de Cristo.

Cogerle el aire a algo Acostumbrarse a una actividad, a un trabajo o a una nueva situación. *Hombre, no es fácil pasar de trabajar en una panadería a hacerlo en una tienda de ropa. Yo he tardado varios meses en cogerle el aire al nuevo trabajo*. Tenemos que entender *aire* en esta frase en su acepción de 'cada una de las maneras de caminar de los solípedos y demás cuadrúpedos que suelen domarse para el transporte en general', lo que nos lleva a otra expresión de significado casi idéntico: V. *Coger el tranquillo*.

Cogerle el gusto/gustillo **a algo** Aficionarse a algo, en especial a una cosa que antes era desconocida o no nos gustaba especialmente. *Él era muy futbolero, pero ahora le ha cogido el gustillo al golf y está todo el día dale que te pego con el palito y la pelotita*. A la persona en cuestión le ha sucedido lo mismo que a quien necesita probar varias veces una comida para que le acabe gustando.

Cogérsela/agarrársela **con papel de fumar** Comportarse de forma excesivamente escrupulosa o mojigata. Ser demasiado puntilloso. *Hombre, bien está que no te gusten las películas violentas, pero decir que una peli del oeste debería prohibirse porque hay dos tiros y una pelea a puñetazos es cogérsela con papel de fumar*. El pronombre femenino se refiere, hecho frecuente en la lengua coloquial, al órgano sexual masculino (al femenino le aplicamos el masculino). Estamos ante una de esas imágenes tan sugerentes como jocosas de las que hay abundancia en nuestro idioma. ¿Se imaginan a alguien que, por ejemplo, para orinar se *la* sujetara con un papel de fumar porque le diera asco hacerlo «al natural»?

Colgar las botas Retirarse de la práctica de la actividad futbolística o de otros deportes. El futbolista que abandona los terrenos de juego guarda o cuelga para siempre las botas. La frase se puede también aplicar a otras profesiones: *Estoy harto de este trabajo: o cuelgo las botas o acaba conmigo* (v. *Ahorcar los libros*‖*Colgar los hábitos*). En la antigua Roma los gladiadores que ganaban su libertad solían colgar las armas en el templo de Hércules, en señal de agradecimiento y de abandono de tan dura y arriesgada vida.

Colgar/ahorcar **los hábitos** Abandonar la vida eclesiástica. *Estuvo ocho años de fraile, pero colgó los hábitos para casarse con la condesa*. Al igual que la expresión *Colgar las botas* (v.), puede aplicarse al hecho de abandonar cualquier profesión o actividad. *Fue un excelente fotógrafo pero ya hace mucho que colgó los hábitos y hoy sólo coge la cámara de fotos cuando hay alguna ceremonia especial o algún acontecimiento familiar.* Seguramente la expresión tiene mucho que ver con la ceremonia en la que los gladiadores que ganaban su libertad en la antigua Roma colgaban para siempre sus armas en el templo de Hércules. V. *Ahorcar los libros*.

Colgarle/colocarle/ponerle **a alguien el**/un **sambenito** Acusar a alguien injustamente de algo o recordar a alguien únicamente por una mala acción, sin considerar sus virtudes. *Yo no sé por qué a las mujeres nos han colgado el sambenito de que conducimos mal.* El *sambenito* era la especie de casulla o de gran escapulario que colocaba la Inquisición a los condenados para que éstos hicieran penitencia, a veces de por vida, para público escarnio y para advertir al pueblo que esa persona estaba condenada por el Santo Oficio. El *sambenito* —nombre que deriva de la deformación de *saco bendito*, en alusión a los hábitos bendecidos de telas bastas de arpillera, de saco, de los antiguos penitentes— se acompañaba de un llamativo capirote (v. *Tonto de capirote*) y solía ser de un color amarillento, con cruces rojas de san Andrés y alegorías infernales pintadas (v. *¡Que me emplumen! ¡Que me aspen!*). Los condenados a la pena capital, o sea, a la hoguera: brujas, judíos, herejes y renegados, llevaban un sambenito completamente negro. También se llamaba *sambenito* a la lista de condenados que se exponía al público en las iglesias. Ésta es la explicación más aceptada, aunque parece bastante más lógica la del gran historiador Américo Castro (1885-1972), quien sostenía que *sanbenito* era el nombre que se daba al gran escapulario que los monjes benedictinos (orden fundada por san Benito) llevaban sobre el hábito, que les llegaba de hombro a hombro y les colgaba hasta la altura de las rodillas. Por similitud con este escapulario, más un delantal que otra cosa, se habría llamado sambenito al atuendo de los condenados por la Inquisición. Su explicación parece tan válida como la primera.

Comer a dos carrillos Comer con avidez, masticando de forma evidente y moviendo la comida de un carrillo a otro. *Míralo, comiendo a dos carrillos. Se nota que tenía hambre atrasada.*

Comer como una lima Comer mucho. *Ese niño para lo pequeño que es come como una lima. Se ha metido dos filetes con patatas fritas que se salían del plato.* La lima es ese instrumento de metal que tiene unos salientes, unos dientes, y que sirve para alisar madera o metal, ya que al rozar con la superficie se «come» lo sobrante.

Comer con los ojos (Comerse a alguien con los ojos/con la mirada) Apetecer mucho una comida, como si ya se estuviera degustando con la simple contemplación. *Me encanta este restaurante más que nada por la presentación de los platos, es que comes con los ojos, de verdad.* Se usa bastante para reñir a alguien que se ha servido gran cantidad de comida en el plato y no ha sido capaz de terminarla (v. *Llenarse antes el papo que el ojo*). *Bufé libre no significa que tengas que comer de todo. Tú, claro, comes con los ojos, has cogido un poco de cada cosa y ahora dejas la mitad.* Cuando, en vez de comida, hablamos de personas *(Comerse a alguien con los ojos)* nos referimos al hecho de mirar a una persona muy fijamente, con muchísimo interés y con un cierto toque de lujuria. *¿Que no crees que María esté enamorada de Julián? Mírala, parece que se lo está comiendo con los ojos.* Y es que hay algunas miradas que parecen tener que ver más con el sentido del tacto y con el del gusto que con el de la vista... ¿O no?

Comer de/en **la mano de alguien** Mostrar excesiva sumisión, casi servilismo, hacia una persona. Tener prácticamente dominado a alguien, casi hasta el punto de anular su voluntad. *Con Carlos podéis contar sin duda. Basta que se lo diga Ana, ya sabéis que come de su mano.* La referencia al perro u otro animal de compañía que acepta la comida de la mano de su amo parece más que clara a la hora de explicar el origen del dicho.

Comer de mogollón Comer gratis. *Tiene un morro que se lo pisa, lleva no sé cuanto tiempo comiendo de mogollón. Tiene una facilidad pasmosa para autoinvitarse a comer en casa de parientes, amigos o compañeros.* Esta expresión, actualmente en desuso, se usaba referida al cordero o al ternero que, muerta su madre, mamaba de todas las demás hembras o bebía la leche de éstas, ya ordeñada. *Mogollón* sería una deformación del verbo latino *mulgeo,* 'ordeñar'. V. *A mogollón*||*De gorra.*

Comer del/en el **mismo plato** Estar muy de acuerdo con alguien. Mostrar gran familiaridad y confianza con otra persona. *Esos dos comen del mismo plato, están siempre juntos, a los dos le gusta lo mismo. Para mí que entre ellos hay algo más que amistad.* La comida, aparte de una necesidad fisiológica, no deja de ser un rito social, de convivencia, de afirmación de un grupo. De hecho, para dar a entender que alguien es desconocido decimos que «nunca hemos comido juntos». Antiguamente no se comía en platos individuales, sino que todos los comensales, especialmente en comidas familiares o en los almuerzos de los trabajadores del campo, comían de un mismo plato, lo que se consideraba signo de confianza y amistad. En la Edad Media, incluso, se consideraba norma de extremada educación y cortesía compartir plato con una dama desconocida. Lo contrario, la desconfianza y el recelo, ha quedado plasmado en otra expresión culinaria: *Hacer rancho aparte* (v.).

Comer más que/como **un heliogábalo** (Ser un heliogábalo) Comer en abundancia, con avidez y sin mesura. *Yo no sé dónde lo mete, ya ves lo delgado que está, pero este tío come más que un heliogábalo. Ayer se metió para cenar él solo una fuente de costillas asadas con una especie de barreño a tope de ensalada.* Heliogábalo (Elagábalo o Elagábal) es el sobrenombre con el que pasó a la Historia el emperador romano Marco Aurelio Antonio (200?-222), cuyo verdadero nombre era Vario Avito Basiano. Nació este emperador en Antioquía, en la actual Turquía, capital de la antigua provincia romana de Siria. Su familia había salido de Emesa, actual Homs (Siria), por orden del emperador Macrino. En esta ciudad se encontraba el templo de El Gebal, dios sirio del Sol, del que el futuro emperador, haciendo un curioso y nada extraño cruce con Helios, deidad griega del Sol y de la luz, tomó el apodo. Heliogábalo creyó desde pequeño, convencido por su madre y por su abuela, que era hijo del emperador Caracalla y que, por tanto, debía heredar el poder supremo de Roma. En el año 218 sobornó a la legión romana acampada en Emesa y se proclamó emperador. Enterado Macrino, fue a su encuentro, pero fue hecho prisionero y ejecutado. El valor que demostró el joven Heliogábalo en la batalla le concedió predicamento entre los soldados, lo que hizo que llegara a Roma con cierta fama y que causara entre el decepcionado pueblo bastante expectación. Nada más acceder al poder, comenzaron sus disparatadas extravagancias: la primera, autonombrarse sumo sacerdote del El Gebal, dios del Sol, y convertir a éste en la deidad suprema del Imperio. Posteriormente, organizó unas fastuosas bodas para casarlo con la Luna, en las que despilfarró enormes cantidades de dinero de las maltrechas arcas imperiales. Jamás se ocupó de asuntos de Estado, que quedaron en manos de su madre, su tía y su abuela. Se cuenta que celebraba casi a diario banquetes enormes e interminables —motivo de la comparación que nos ocupa—; que llenó el palacio de polvo de oro; que le gustaba vestirse de mujer; que llegó a esposarse con una virgen vestal y con varios gladiadores; que asesinó, inducido por su madre, a cientos de supuestos conspiradores. Se dice que a algunos de éstos les sirvió un espléndido banquete, regado con abundante vino, y que, cuando estaban completamente ebrios, hizo entrar en el comedor a varias fieras hambrientas. Hartos de soportar la situación, de ruina casi total y descontrol permanente, los pretorianos asesinaron en el año 222 de nuestra era a uno de los emperadores más sanguinarios y estúpidos del Imperio Romano.

Comer más que un sabañón Comer en abundancia. *A ti sale más barato comprarte un traje que darte de comer. Comes más que un sabañón.* Es curioso el cruce de significados que se produce en esta expresión. En los siglos XVI y XVII comer significaba, aparte de lo habitual, picar. Los sabañones que, a causa del frío, salían detrás de las orejas o entre los dedos, comían, o sea, *picaban,* acepción hoy en desuso. A raíz de un juego de palabras basado en esta dilogía, nace la expresión que nos ocupa y que hace referencia, únicamente, a la alimentación. Valga, para ilustrar el dicho y el juego de palabras, un párrafo de Quevedo, perteneciente al capítulo III de *El Buscón,* el del Dómine Cabra: «Y todo esto creerá quien supiere lo que me contó el mozo de Cabra, diciendo que (...) una Cuaresma topó con muchos hombres, unos metiendo los pies, otros las manos y otros todo el cuerpo en el portal de su casa, y esto por muy gran rato (...); y preguntando a uno un día que qué sería (...), respondió que los unos tenían sarna y los otros sabañones, y que, en metiéndolos en aquella casa, morían de hambre, de manera que no comían».

Comer sopas y sorber no puede ser Se ratifica con este dicho la imposibilidad de hacer dos cosas al mismo tiempo. *Quieres ir a las cinco al cine y resulta que a las cinco y cuarto has quedado con Marta en su casa. Aclárate, porque comer sopas y sorber no puede ser.* Está claro que sí se puede comer sopas y sorber simultáneamente, ¿o no? La frase más bien parece referirse a la falta de educación que tal costumbre supone.

Comerle/comérsele **a alguien la lengua el gato** Se usa esta frase, normalmente en forma de pregunta dirigida a los niños, para intentar conocer los motivos por los que alguien no quiere hablar. *Llevas toda la mañana sin hablar, ¿qué te pasa?, ¿por qué no contestas?, ¿te ha comido la lengua el gato?* Difícil es justificar la expresión, a no ser por el surrealismo humorístico que a veces tiñe la lengua hablada o porque tuviera que ver con algún relato, chiste o fábula. La verdad es que los gatos no suelen comer lenguas humanas, pero sí a la inversa. Las *lenguas de gato* son una deliciosa especialidad de chocolate.

Comerse/merendarse **a alguien** (crudo/vivo/con patatas) (Comerse / merendarse algo (con patatas)) *Comerse* a alguien significa en la lengua coloquial 'vencerlo, superarlo', como hacen los depredadores con sus piezas; de hecho, nos comemos las fichas en el juego de las damas o en el del parchís. Eso sí, el plato, así lo quiere el humorismo popular, puede ir con o sin guarnición: con patatas o crudo. *Hombre, en un partido de tenis siempre caben las sorpresas, pero en este caso estaba claro que a nuestro tenista el ruso se lo iba a comer.* La expresión *Comerse algo,* en este caso un «alimento» desagradable, se usa con el significado de 'retractarse, admitir un error'. *En esta revista publicaron la noticia de la separación de la princesa, luego, claro, se la tuvieron que comer.* Las patatas (seguramente fritas) son humorístico, hiperbólico e hispánico acompañamiento.

Comerse el coco/la cabeza (Comerle a alguien el coco/la cabeza) Darle vueltas a la cabeza. Preocuparse. Pensar mucho antes de tomar una decisión. Es una expresión relativamente moderna, propia del lenguaje juvenil. *No te comas el coco si no sabes contestar una pregunta, no pierdas tiempo y pasa a otra.* El dicho *comerle a alguien el coco* es 'convencer a alguien', 'influir sobre la voluntad y el comportamiento de una persona'. *Ella no quería irse a Madrid pero, como siempre, él le ha comido el coco y al final se han trasladado.* El término *coco* es aquí *cabeza,* por una común metáfora que la identifica con la forma del fruto. Parecer ser que los primeros que, literalmente, comieron cocos fueron los marinos de la expedición del portugués Vasco da Gama, que entre 1497 y 1499 dobló el Cabo de Buena Esperanza y llegó a la actual India. Es posible que la cáscara peluda y los tres agujeros les recordaran la cabeza de *El Coco,* el fantasma con el que se asustaba y se asusta en Portugal, y también en España, a los niños. V. *Sorberle a alguien el seso.*

Comerse el manso Literalmente, la expresión significa 'comer mucho', aunque se suele usar bastante más con el significado de 'dilapidar un capital o arruinarse cuando se poseían considerables bienes'. *Su familia era riquísima y él gano mucho dinero con negocios inmobiliarios Pero ya ves, entre el juego, los caprichos, los saraos y los malos consejos se ha comido el manso y ahora está tirado en la calle.* Antiguamente se llamaba *manso*, del latín medieval *mansus*, 'finca, villa', a las tierras o bienes que tenían algunos monasterios o parroquias y que estaban exentas de cualquier tipo de impuestos o cargas fiscales. Seguramente en sentido literal la frase aludiría a comerse los productos producidos por dicha tierra.

Comerse las palabras Hablar o escribir rápida, precipitada o nerviosamente, de forma que se omiten sílabas o palabras completas. Quien así actúa da la impresión de haberse comido lo que falta. *A este niño no hay quien lo entienda, habla tanto y tan deprisa que se come las palabras.*

Comerse los santos Esta locución, harto significativa, se aplica a quien es excesivamente beato, a quien pasa gran parte de su tiempo en la iglesia. *Éste está todo el día en la iglesia. Se come los santos.* Más que comer con los santos, que parecería lo lógico, se diría que éstos le sirven de alimento. V. *Ser un meapilas.*

Comerse un marrón (Pillar/coger con el marrón||Ser algo un marrón||Caerle a alguien un marrón) Verse envuelto en una situación muy comprometida. Pagar o asumir, de forma injusta, una culpa o unas responsabilidades. *Resulta que en el coche íbamos los cuatro y el marrón me lo como solo yo. ¿No os parece que la multa la deberíamos pagar entre todos?* Es una expresión propia del lenguaje de los jóvenes y de algunos lenguajes marginales. Con respecto al origen de estos dichos, podemos dar dos explicaciones. En primer lugar, *marrón* —la alusión al color es más que evidente— significaría algo así como 'mierda'. La segunda explicación nos lleva a los primeros años de la época franquista, en los que era habitual que en la tristemente famosa DGS, la Dirección General de Seguridad de la Puerta del Sol, los detenidos al amparo de la ley de vagos y maleantes (indigentes, prostitutas, pedigüeños...) fueran fichados y pasaran directamente a los calabozos. Con posterioridad, se les entregaban unas tarjetas identificativas: a los que se decidía poner en libertad se les entregaba una blanca; los que quedaban detenidos, la recibían de color marrón. Al parecer, también eran de este color las papeletas que les entregaban al ingresar en la cárcel de Carabanchel, donde acababan muchos de ellos. La aparición del verbo *comer*, real o metafórica, está más que justificada. El escritor Juan Manuel de Prada aporta en un artículo publicado en ABC (6-V-2001) una explicación distinta. Parte de la expresión, surgida hace unos quince años, *Me pillaron con el marrón.* El término *marrón*, según él, se referiría al color del papel de estraza que solían emplear los contrabandistas, trapicheadores y traficantes de droga para envolver sus mercancías. Dice De Prada: «Marrón tendría, pues, un origen metonímico, y una intención eufemística: el delincuente sorprendido *in fraganti* en mitad de una redada policial se negaba a designar por su nombre a las *chinas* o *papelinas* que le habían sido incautadas, y las nombraba elusivamente, en un rasgo de delicadeza y pudor». Al hilo de esta explicación se me ocurre otra: ¿No podría referirse también marrón a la porción de droga, especialmente hachís, que se vendía en unas barras de color marrón? Ésa es, desde luego, la razón de que en la jerga se denominara *chocolate* a tal droga. Utilizamos, por tanto, la expresión *Ser un marrón* para designar una situación muy comprometida, difícil o problemática. *A ver ahora quién le dice a Purita que Marcos la engaña. Es un marrón.*

Comida/cena **pantagruélica** (Banquete pantagruélico) Comilona. Comida excesivamente abundante, exagerada. *Yo no sé cómo han podido pensar que después de una comida tan pantagruélica los invitados iban a tener ganas de bailar. Claro, en cuanto apareció la orquesta casi todo el mundo se fue. Allí quedaron los novios y pocos más.* El adjetivo hace referencia a Pantagruel, gran glotón y bebedor, hijo del gigante Gargantúa, protagonistas de la obra *Horribles y espantosos hechos y proezas del famosísimo Pantagruel,* novela satírica en cinco libros del humanista francés François Rabelais (1494-1553).

Como a un perro [tratar; dejar] De mala manera. Con desprecio. *Yo no quiero volver a verlo. Me ha tratado como a un perro y eso no se lo perdono.* Es habitual en la lengua hablada que el mejor amigo del hombre sea paradigma de las desgracias o de lo negativo. V. *Como un perro*||*De perros*||*Ser un perro viejo.*

Como abeja en flor [estar; sentirse] De buen humor. Alegre. Satisfecho. *Desde que he cambiado de trabajo estoy como abeja en flor.* ¿Hay hábitat e inquilino más compenetrados que la abeja y la flor?

Como agua en/de **mayo** [caer; esperar; venir...] En el momento más oportuno y conveniente. *La verdad es que el sobresueldo que me han pagado me viene como agua en mayo.* El dicho, como otros tantos, proviene del mundo de la agricultura, pues las lluvias en mayo, si no son excesivas, son muy beneficiosas para el desarrollo del cereal y originan abundantes cosechas, como atestigua el refrán: *Agua de mayo, pan para todo el año.*

Como alma que lleva el diablo [correr; irse; marcharse; salir...] Muy rápidamente y con mucho miedo, como si el alma de uno fuese perseguida por el diablo para llevarla al mismísimo infierno. *Me dan mucho miedo los perros: en cuanto veo uno salgo corriendo como alma que lleva el diablo.*

Como anillo al dedo [venir; estar; sentar; quedar] Ser algo muy oportuno o conveniente para alguien. Encajar perfectamente una cosa con otra, como encaja el anillo en el dedo. *Fíjate, este bolso me viene como anillo al dedo para llevarlo con los zapatos claros, ¿a que sí?*

Como de la noche al día (Como del día a la noche) [cambiar] Con esta comparación se pone de manifiesto una transformación evidente, un cambio total, como el contraste entre la oscuridad y la luz. *Es increíble cómo ha cambiado Lucas en un par de años, y no sólo físicamente. Como de la noche al día, si lo ves no lo conoces.*

Como dijo el otro... (Como dijo aquél...) Usamos esta muletilla para justificar o reafirmar lo dicho con una frase famosa, a veces supuestamente famosa, cuyo autor ignoramos o con un dicho o refrán. *Mira, yo me lo pensaría dos veces antes de empezar una historia con él. Sí, parece muy buena persona, muy atento, muy cariñoso, pero como dijo el otro «no es oro todo lo que reluce».* Sobre la frase se cuenta una anécdota que, aunque no podamos afirmar que sea su origen, resulta sumamente curiosa e ilustrativa. Un caballero, cuyo nombre ignoramos, pronunció delante de Felipe II (1527-1598) la frase «como dijo el otro». El rey, quisquilloso en extremo preguntó que quién era «el otro». El caballero salió a la calle, agarró al primero que pasaba por allí y lo presentó ante el rey diciéndole: «Señor: éste es el otro».

Como Dios [estar; quedarse; vivir...] Estupenda e insuperablemente. De maravilla. *Desde que cambié de trabajo vivo como Dios: buen sueldo, muchos descansos, trato exquisito. ¿Qué más puedo pedir?* La comparación —prácticamente un superlativo absoluto—, un tanto irreverente, va por un camino claro: ¿Qué hay mejor que Dios? Está en la misma línea que otras expresiones, de cierto tono crítico, que circulan por la lengua coloquial. V. *Vivir como un cura.*

Como Dios/como su madre **lo**/la **trajo**/echó **al mundo** (Como su madre lo parió) [estar; quedarse] Totalmente desnudo/a. Sobran todas las explicaciones y todas las ropas, incluidas las hojas de parra con las que la iconografía clásica ha dibujado a Adán y Eva. *Ten un poco más de cuidado, que siempre te dejas la puerta abierta cuando te duchas y todos te ven como Dios te trajo al mundo.* V. *En cueros*||*En pelota.*

Como Dios manda Se emplea esta expresión, que ha perdido por completo su originario sentido religioso ('según está escrito en los mandamientos de Dios'), para ponderar la legalidad, la adecuación, la necesidad o la perfección de algo. *Ahora cuando llegue a casa, me voy a dar una duchita como Dios manda y me voy a ir a la cama.*

Como Dios me/te/le/nos/os/les **da a entender** Como buenamente se puede; aplicando toda la buena voluntad o el entendimiento de que se dispone. *El armario viene sin instrucciones de montaje, así que lo he armado como Dios me dio a entender. Espero que haya quedado bien.* V. *A la buena de Dios.*

Como Dios pintó a Perico Con esta frase se alude a la certeza de algo. *¿Que si voy a irme de vacaciones? Por supuesto que me voy, como Dios pintó a Perico.* Perico era el apelativo por antonomasia, el nombre con el que antiguamente se designaba a cualquier hombre (v. *Como Pedro por su casa*), quizá en referencia al encargo que Cristo le dio a san Pedro de ser el representante de Dios entre los hombres, cabeza visible de la Iglesia. Curiosamente, la palabra se ha recuperado hoy en la lengua coloquial de los jóvenes, que al decir *perico* o *perica* quieren decir *chico* o *chica*. Como ejemplo de la certeza de algo se toma el hecho de que Dios pintara —aunque lo correcto sería decir *esculpiera*— al hombre a su imagen y semejanza. V. *De menos nos hizo Dios*.

Como el perro y el gato [llevarse; ser; estar...] Cuando dos personas no sólo no se entienden, sino que además se muestran recíproca manía y hasta violencia decimos que se llevan *como el perro y el gato*, aunque, la verdad, hay perros que se llevan bien con los gatos, y viceversa, tanto que ya quisieran muchos humanos. *Estos dos están siempre discutiendo, se llevan como el perro y el gato, pero la verdad es que no pueden vivir separados*.

Como el que tiene tos y se rasca la barriga/los cojones (Como tener tos y rascarse la barriga/los cojones) [ser] Se aplica esta humorística frase a algo inútil o inadecuado. *Intentar atornillar las estanterías con este destornillador es como el que tiene tos y se rasca la barriga*. No sé si en alguna medicina oriental tendrá eficacia el remedio, quién sabe, pero no parece un buen sistema para aliviar o curar la tos, pero sí, en todo caso, el picor de barriga. V. *Como el que tiene un tío en Alcalá*.

Como el que tiene/tener **un tío en Alcalá**/en América/en Las Indias [ser] También se recalca con esta comparación la inadecuación o inutilidad de alguna acción. *Sí, tenemos ese diccionario canijo para hacer la traducción, pero eso es como tener un tío en Alcalá*. La frase completa era *Como tener un tío en Alcalá, que ni es tío ni es na*, seguramente fruto de la fuerza de la rima más que de otra cosa, lo mismo que la variante *Como tener un tío en Granada, que ni es tío ni es nada*. No obstante, Alcalá, Granada, ciudades famosas por su vida universitaria y por su historia, y América —Las Indias— eran algunos de los destinos preferidos para hacer fortuna y muchos eran los que tenían algún pariente en alguno de estos lugares.

Como gallina/gallo **en corral ajeno** [estar; sentirse] Estar despistado, descontrolado y sin rumbo. *Hace un par de semanas que me mudé y aún me siento en la casa nueva como gallina en corral ajeno*. Hagan la prueba: cambien de corral a una de estas aves. V. *Ser el gallito*.

Como hongos [darse; salir; crecer; multiplicarse; proliferar; reproducirse] Extenderse rápidamente. Multiplicarse sin cesar, como los hongos, que se reproducen tan rápida como abundantemente. *Últimamente los restaurantes de comida rápida se multiplican como hongos. Hay uno en cada esquina*.

Como llovido/caído/bajado **del cielo** [llegar; venir] Ser algo o alguien muy oportuno. Aparecer una persona o una cosa en el momento en que más se necesita, como esa lluvia que cae del cielo cuando más falta hace. *Cuando ya pensábamos que nos tocaba hacer noche al raso apareció, como caído del cielo, el todoterreno de los guardias forestales.* Es posible que la comparación tenga que ver con el *maná,* el alimento que cayó del cielo cuando el pueblo de Israel, guiado por Moisés, estaba a punto de morir de hambre en el desierto en su marcha hacia la Tierra Prometida, según se relata en el libro bíblico del *Éxodo* (XVI, 31). *Esperar el maná* (v.).

Como los (mismos/mismísimos) **ángeles** Maravillosamente. Rozando la perfección. Los ángeles son, que duda cabe, los seres más cercanos a la perfección, a mitad de camino entre lo terrenal y lo celestial. *Nunca ha ido a clases, ni ha tenido maestros, pero canta como los ángeles.*

Como los chorros del oro Es una expresión ponderativa con la que se quiere indicar que algo está limpísimo. *Este niño va siempre al colegio como los chorros del oro.* Los *chorros de oro* son las vetas de este metal precioso, que forman una especie de chorro en la piedra. Podría también referirse el dicho a los torrentes de agua en los que se buscan pepitas de oro.

Como los perros en misa [estar] Estorbando. Fuera de lugar. *Yo no sé qué hago aquí si este tipo de fiestas no me va y además no conozco a nadie. Estoy como los perros en misa.* Es evidente que no resulta muy adecuado meter animales de compañía en la iglesia, pero la comparación seguramente se asienta en alguna antigua costumbre por la que se permitiera que miembros de la nobleza o de las clases altas llevaran a misa a sus perros de compañía o en algún cuento popular.

Como mandan los cánones [hacer] Ateniéndose a las normas. Correcta y escrupulosamente. Con toda perfección. *Pues claro que me ha quedado buena la tortilla. La he hecho con todo cariño y como mandan los cánones: poca cebolla y batiendo antes las claras.* El *canon* era el catálogo de los libros a los que la Iglesia católica consideraba como auténticamente sagrados. Era también el conjunto de reglas que expresaban la proporción perfecta de la figura humana, según los escultores egipcios y griegos, adoptado y adaptado posteriormente por los artistas del Renacimiento. Es famoso el canon de proporciones de Leonardo da Vinci (1452-1519). Actualmente la frase se usa mucho en el lenguaje taurino. *Ha banderilleado como mandan los cánones, dejando llegar al toro y levantando los brazos en el momento justo.*

Como Mateo con la guitarra [estar] Muy contento e ilusionado. *Desde que ha aprobado la oposición está como Mateo con la guitarra. Le da igual donde la manden.* Ignoramos, como en el caso de tantos otros personajes proverbiales, quién era este guitarrista de tan buen talante.

Como mierda al sol [estar; quedarse; dejar a alguien] Quien es objeto de tan escatológica y cruel comparación está esperando, plantado (v. *Dejar* *plantado*), solo, sin que nadie acuda para hacerle compañía o en su ayuda. *Me dijo que a las ocho estaba aquí y me tiré hasta las doce esperándolo, sin poder hacer nada. Vamos, como mierda al sol.* Parece que a la persona en cuestión no le queda otra cosa que —como a la «materia» con la que se compara— secarse, pudrirse y desaparecer.

Como para parar un tren/un carro Se emplea esta expresión para indicar que algo abunda, que es enorme en cantidad o calidad. *Paco tiene dinero como para parar un tren.* ¿Se imaginan cuántos billetes harían falta para hacer con ellos un montón que, situado en el medio de la vía del tren, fuera capaz de detenerlo?

Como pedrada en ojo de boticario/de tuerto [venir] Esta curiosa expresión se utiliza para indicar que sucede algo muy apropiado, y además en el momento oportuno: *Tus consejos me han venido como pedrada en ojo de boticario para aprobar el examen.* Esta palabra, *boticario,* cuyo significado se acerca al actual de 'farmacéutico', designaba a quien tenía en su establecimiento muchos *botes* —de ahí el nombre de la profesión— donde guardaba hierbas curativas, medicinas diversas, fórmulas magistrales. Las explicaciones para dar con el sentido de la expresión son varias y se entrecruzan. Era costumbre que los frascos más valiosos se guardasen en una especie de repisa de cristal con forma ovalada, de ojo, llamada *ojo de boticario.* ¿Se imaginan una pedrada en el ojo de boticario? Sería una gran desgracia, justo lo contrario de lo que se quiere dar a entender cuando empleamos la expresión, pero cuántas veces utilizamos, de forma irónica, por oposición, muchas expresiones para dar a entender precisamente lo contrario de lo que estamos diciendo. Piénsese, por ejemplo, en la persona que lleva ocho días en la cama, con una fiebre tremenda, que ha perdido ocho kilos... Un amigo va a ver a este enfermo y, cándidamente, le pregunta: *¿Qué tal estás?;* el otro le contesta, con una sonrisa cruel: *Aquí estoy, estupendamente, como una rosa, ¿no me ves?* Por otra parte, era norma de los boticarios colocar a la entrada de la botica un cartel con el símbolo de su profesión: una mano abierta con un ojo en la yema de uno de los dedos, para indicar las dos normas básicas de la profesión: mano —habilidad— y vista, ambas unidas. La explicación sería, por tanto, similar a la anterior. Más simple, y más lógico, parece pensar que una pedrada en un ojo, desgracia tremenda para cualquiera, lo sería menos, sería más *conveniente,* para un boticario, que tenía a mano todo lo necesario para curarse. Se explicaría de la misma forma la variante *en ojo de tuerto:* puestos a darle a alguien una pedrada en un ojo, que se la den a un tuerto, que no lo tiene. Algunos autores sostienen que esta expresión es una transformación de la más antigua (y extraña) *Encajar algo como pedrada en ojo de vicario.* Se habría cambiado vicaro por boticario para descargarla del supuesto contenido antirreligioso e irreverente.

Como Pedro por su casa [andar; ir; estar] Decimos esto cuando queremos indicar que una persona se encuentra cómoda y se desenvuelve sin problemas en un sitio o que conoce perfectamente algún lugar, como si estuviera en su casa. *Manolo nunca se pierde en las montañas. Anda por ellas como Pedro por su casa.* Ya hemos indicado al comentar otras frases (v. *Como Dios pintó a Perico)* que *Pedro* es el nombre genérico con el que en las expresiones coloquiales, en el folclore popular y en el refranero se designa al protagonista de algún dicho o refrán, tal vez con la idea de personalizar la expresión, de hacerla más directa. En el caso de la que nos ocupa, se ha dicho que, visto que se refiere al dueño de alguna casa, podría pensarse en san Pedro, guardián de las puertas del Cielo, que sería su casa. A título de curiosidad diremos que en tierras de Aragón existe la fórmula *Como Pedro por Huesca,* pero en este caso con un Pedro identificado, pues se usa en alusión al cerco al que en el 1095 sometió a Huesca el rey Pedro I de Aragón.

Como perro sin pulgas [estar; dejar; quedarse; sentirse] Solo, pero feliz. Libre de las molestias de otras personas. *No sabes lo bien que estoy sin niños, aunque sólo sea por un día. Como perro sin pulgas, de verdad.* El solitario es el aliviado perro, claro está; los demás, sean niños o adultos o las pulgas, son los molestos... Tan sincero como evidente.

Como pez en el agua (Como un pez fuera del agua) [estar; sentirse; ser; parecer] Sentirse cómodo, a gusto, en algún lugar: *Eres un peleón; en cuanto se forma la bronca empiezas a sentirte como pez en el agua y ya no hay quien te pare;* o bien sentirse incómodo y a disgusto: *En cuanto entré en aquella fiesta me sentí como un pez fuera del agua. Aquello no era para mí. Con decirte que la media de edad era de veinte años.* Imagínense el pez dentro y fuera del agua. ¿Hacen falta explicaciones?

Como piojos en costura [estar] Estar muchas personas en un lugar, de forma que apenas tienen espacio para desenvolverse. *Si nos metemos ocho en el coche vamos a estar como piojos en costura.* Era normal en épocas pasadas que los piojos pusieran sus huevos en las costuras de las ropas, de forma que en estos dobleces se acumulaban gran cantidad de tan molestos ácaros, que pican sólo con pronunciar su nombre. V. *Como sardinas en lata.*

Como puta por rastrojos [andar; ir; estar; tener a alguien] De un lado para otro y sin sacar ningún provecho. *Unos me dicen que suba al cuarto a la ventanilla ocho, otros que baje al primer piso, este señor me indica que vaya al sexto. La verdad es que me tienen como puta por rastrojos.* Difícil resulta desentrañar el origen de este curioso dicho. Algunos piensan que se refiere a que en la época de la siega, cuando en los campos sólo quedaban rastrojos, los labradores, con dinero fresco, frecuentaban a las prostitutas, explicación que no encaja muy bien con el significado de la expresión. Para otros, la frase debe entenderse en sentido literal: los encuentros entre segadores y prostitutas se consumaban entre rastrojos, pues allí iban las mujeres, visto el gran número de jornaleros que acudían a la siega. Al ser gente pobre, los beneficios no serían muchos. Pero tal vez la clave la hallamos en el significado de *rastrojo* 'resto de la mies después de segada', es decir, los desechos, lo que queda en el campo tras la siega. Nada pinta, por supuesto, una prostituta en la siega, pero sí tiene sentido pensar en que *rastrojos* se aplique aquí, metafóricamente, a desechos de otro tipo, a gente ruin, de baja estofa, de poca categoría. La prostituta, en este caso, poco tendría que hacer. Apoya esta teoría el hecho de que existiera en nuestra lengua la expresión, recogida en el *Diccionario de la Lengua Española* de la Real Academia Española, *Sacar a alguien de los rastrojos,* con el significado de 'sacarle de estado bajo o humilde'. Por cierto, a veces se endulza la comparación con un curioso eufemismo: *como mujer pública por campo segado.*

Como quien no quiere la cosa Conseguir algo sin esfuerzo aparente, sin dar la impresión de poner excesivo interés, casi sin quererlo o sin darle importancia. *Ahí tienes a Justo. Estudió derecho, hizo las oposiciones como quien no quiere la cosa y ya es juez.*

Como quien oye/ve **llover** Sin hacer caso. Se usa especialmente en las situaciones en las que una persona se dirige a otra y ésta parece no prestar atención, como quien, estando a cubierto, oye o ve la lluvia. *Te he dicho mil veces que dejes recogida tu habitación, pero tú como quien oye llover; siempre tengo que ordenártela yo.*

Como sardinas en lata/en banasta [estar] Muy apretados, sin espacio. *El autobús íba hasta los topes. Estábamos como sardinas en lata.* Abran una lata de sardinas en aceite y vean que, más que unidas la una a la otra, están una «dentro» de la otra. Las banastas eran unos cestos de mimbre en los que se llevaba el pescado y otros productos a los mercados. Por cierto, el gran Ramón Gómez de la Serna (1888-1963) dice en una de sus maravillosas *Greguerías:* «Las sardinas en lata viajan siempre en tranvías llenos». V. *Como piojos en costura.*

Como si tal cosa Como si no hubiera pasado nada. Sin dar importancia a una acción. Casi sin saber lo que se hace, de ahí la aparición del indefinido *tal. El tío se comió medio kilo de filetes como si tal cosa.*

Como tres/siete **en un zapato** [estar; andar] Muy juntos, muy apretados y en un reducido espacio. Muy agobiados. *Tenemos que pensar en comprarnos una casa más grande porque aquí estamos ya como tres en un zapato.* La comparación se usa sobre todo referida a personas, y personas parecen los supuestos protagonistas de la hiperbólica frase. No parecen muy claras las interpretaciones que relacionan el dicho con las épocas en que los zapatos eran «heredados» por los hermanos más pequeños (v. *Como un niño con zapatos nuevos*). A veces se usa en sentido figurado para hablar de una situación de agobio, confusión o excesivo trabajo. *Ahora en verano hay un montón de gente de vacaciones y en la oficina andamos como tres en un zapato.*

Como tres y dos son cinco (Como dos y dos son cuatro) Con esta matemática e indiscutible expresión queremos dejar clara la certeza que tenemos sobre la realización, el desarrollo o el éxito de una acción. *Pues aunque el abrigo sea caro, no me importa. Me gusta y me lo voy a comprar, como tres y dos son cinco*. V. *Decirle a alguien cuántas son tres y dos*.

Como un cangrejo [estar; ponerse] Muy rojo, especialmente a causa de la acción del sol sobre la piel. *Mira ese extranjero tan blanco. Lleva al sol toda la tarde y se va a poner como un cangrejo*. Curiosamente los cangrejos sólo se ponen rojos al ser hervidos. Sáquense las conclusiones oportunas.

Como un carretero [hablar; jurar; fumar] Los antiguos carreteros han desaparecido, pero, para su desgracia, han quedado en la lengua coloquial, al igual que los cosacos (v. *Como un cosaco*), como paradigma de los vicios, pues, al parecer utilizaban muchas palabras malsonantes, blasfemaban y fumaban sin parar (v. *Fumar como una coracha*). *Yo no sé dónde habrá aprendido este niño esas palabrotas, el caso es que habla como un carretero*.|*Es normal que no se te quite esa tos, fumas como un carretero*.

Como un clavo [estar; ser] Puntual. Exacto. *No te preocupes que a las ocho estaré a la puerta del cine, como un clavo*. El *clavo* parece evocar rectitud, precisión, inmovilidad, puntería. De hecho usamos el adjetivo clavado para hablar de exactitud, de perfección, incluso en el parecido físico: *es clavado a su padre*.

Como un condenado Mucho. Con gran abundancia o gran intensidad. Quizá porque el condenado a muerte, visto lo que le espera, ha de hacer todo rápida e intensamente. *Ya se acercan las fechas de los exámenes y últimamente estoy estudiando como un condenado*.

Como un cordero/un corderito (Ser un cordero/un corderito) Mansamente. Con bondad y sumisión. *Está enamoradísimo, no vive para otra cosa. Va siempre detrás de ella, como un cordero*. El cordero en nuestra cultura es símbolo de bondad, de paz y mansedumbre; de hecho, es una de las representaciones simbólicas de Cristo en los Evangelios. V. *Ser un lobo con piel de cordero*.

Como un cosaco [beber; fumar; mentir...] Los *cosacos* eran un antiguo pueblo caucásico que contuvo las invasiones de los mongoles y siglos después formó parte de los ejércitos de los zares. Son famosos por su rudeza y temeridad y en la lengua coloquial son paradigma de prácticamente todos los vicios. *Al tío jamás lo he visto borracho, ni siquiera un poco alegre, y eso que bebe como un cosaco*. V. *Como un carretero*||*Fumar como una coracha*.

Como un descosido Mucho. En abundancia. Con ahínco excesivo. Se usa sobre todo con verbos de movimiento y con hablar. *Cuando le dijeron que la plaza era suya se puso a dar botes como un descosido*. *Descoser* sería aquí una especie de sinónimo de 'liberarse', de desatar los sentimientos para obrar con toda libertad. Por otra parte, sabido es que los *descosidos* se hacen cada vez más grandes rápidamente, como si avanzaran a gran velocidad.

Como un guante [sentar; quedar; venir; estar] Justo, apropiado, perfecto. Se suele usar sobre todo con referencia a prendas de vestir. *¿Has visto cómo me queda el traje? Como un guante, ni que me lo hubieran hecho a medida.* Pocas prendas hay que se ajusten más y mejor al cuerpo que un guante, tan imposible es entrar en unos pequeños como colocarse unos grandes.

Como un hospital roba(d)o [estar; ser; dejar; tener] (Parecer un hospital robado) Aplicamos esta comparación a un lugar desordenado en extremo. *A ver si recoges un poco tu habitación, que está como un hospital robado.* Si una casa por la que han pasado los cacos está completamente desordenada, ¿imaginan cómo estaría un hospital, un lugar en el que, por fuerza, todo tiene que estar en su sitio?

Como un jabato (Ser/estar hecho un jabato) Con gran ánimo, fuerza o valentía. *Yo pensé que no ibas a aguantar más de diez o doce kilómetros en bici y te has portado como un jabato, al final hasta estabas menos cansado que nosotros.* El *jabato* es la cría del jabalí, y referida al arrojo de este animal nace la comparación, que cobra vigor en la lengua gracias a *El Jabato,* el héroe del cómic creado por el dibujante Víctor Mora, padre también de *El Capitán Trueno. El Jabato* es un íbero valiente, testarudo y romántico que vive sus aventuras en la Hispania romana.

Como un niño con zapatos nuevos [estar] Muy contento. *¿Que si estoy ilusionado con el viaje a Egipto? Como un niño con zapatos nuevos.* Hasta hace no muchos años los zapatos eran poco menos que un artículo de lujo y se hacían durar años y años —¿se han dado cuenta de que ya casi no quedan zapateros remendones?—. Los niños heredaban el calzado de sus hermanos mayores, que a su vez los habían heredado de otros. Fácil es, por tanto, imaginarse la alegría de un niño que estrenara zapatos. V. *Como tres en un zapato.*

Como un perro [estar; quedarse; sufrir; vivir] Solo. Sin compañía ni ayuda. *Desde que murió su mujer el pobre está como un perro. Nadie viene a verlo, nunca suena el teléfono y eso que dicen que tiene tres hijos.* El perro, pese a ser, según dicen, el mejor amigo del hombre, no está muy bien considerado en la lengua coloquial, donde está cargado de connotaciones negativas. V. *Como a un perro*||*De perros*||*Ser un perro viejo.*

Como un pulpo en un garaje (Más despistado/perdido que un pulpo en un garaje) [estar] Muy despistado o perdido. Completamente fuera de lugar. *Desde que han cambiado el sentido de la circulación en las calles del centro no me aclaro, estoy como un pulpo en un garaje.* Estamos tal vez ante la comparación más surrealista, y las hay en cantidad, de nuestra lengua, y quizá al mismo tiempo ante una de las más «fotográficas» y, por tanto, más eficaces. ¿Se imaginan al pobre cefalópodo en una cochera? Cualquier otro animal también estaría perdido, pero no sería lo mismo, tiene que ser un pulpo.

Como un rayo/un relámpago/una centella Muy veloz. *En cuanto oí el teléfono salté de la cama como un rayo con un susto tremendo. Luego, claro, era uno que se había confundido.* Sabido es que nada hay más rápido que la luz, que viaja ni más ni menos que a 299.792,5 km por segundo. Por eso en la tormenta el ruido del trueno, muchísimo más lento (331 metros por segundo), llega después que el resplandor del rayo, del relámpago o de la centella.

Como un reguero de pólvora (Como la pólvora) [extenderse; correr] (Ser un reguero de pólvora) Propagarse algo rapidísimamente y sin posibilidad de parar. Se usa sobre todo para hablar de noticias o de rumores. *Marta quería tener escondido lo de su boda hasta unos días antes, pero la noticia se ha extendido como un reguero de pólvora y ya hay poco gente que no lo sepa.* En cuanto se le aplica fuego, la pólvora se inflama. Cuando no hay mecha (v. *A toda máquina/A toda mecha...),* se hace un reguero de pólvora que lleva al lugar en el que está el explosivo. En cuanto se le aplica el fuego, empieza a correr a gran velocidad siguiendo el camino de la pólvora.

Como un reloj [estar; funcionar; ir; marchar] Con el verbo estar, la expresión indica que alguien goza de una perfecta salud: *El abuelo tiene noventa y tantos años, pero está como un reloj, el tío.* Si se emplea con los verbos del tipo funcionar, damos a entender que algo o alguien posee exactitud o perfección en su funcionamiento o forma de comportarse: *Este coche nunca me ha dado ningún problema, va como un reloj.* En ambos casos se toma al reloj como paradigma de exactitud y perfección en su funcionamiento. A veces, incluso, se da una vuelta más de tuerca en tal perfección acudiendo al tópico referido al origen de la máquina: *como un reloj suizo.*

Como (la radiografía de) **un silbido** [estar; quedarse; ser] (Parecer (la radiografía de) un silbido) Extremadamente delgado/a. *A ver si comes un poco, hijo, que estás como un silbido. Dentro de nada no te vamos a ver.* Parece otra de esas hiperbólicas expresiones que pululan por la lengua hablada, tan disparatadas —la variante de la *radiografía* es fantástica— como significativas. Puede pensarse, claro está, en que nada hay más delgado que un soplo, pero también en que se trate de una variante «vulgar» de la comparación, de idéntico significado, *Como una sílfide* (v.), considerando que, además de la cercanía formal de las palabras *sílfide* y *silbido*, las sílfides eran en la Mitología clásica las ninfas que habitaban el aire. V. *Estar como un fideo.*

Como una bala/un tiro/una flecha/un cohete [ir; salir] Muy deprisa; literalmente, igual que sale la bala cuando se dispara el arma, la flecha cuando se suelta la cuerda del arco o el cohete cuando se le prende la mecha. *Desde que he arreglado la moto va como una bala. Es impresionante, no tiene nada que ver con lo de antes.* V. *Como una exhalación*||*Salir disparado.*

Como una casa/una catedral/un templo/un piano/(la copa de) un pino Todas estas expresiones hiperbólicas indican el tamaño de algo y se emplean para reforzar el adjetivo grande, aunque es normal que dicho adjetivo no aparezca. Significan, pues, 'enorme', 'grandísimo', 'sobresaliente'. *Has cometido un error como una casa.|Como no ha estudiado, le han puesto un cero más grande que una catedral.|Tengo una gripe como la copa de un pino.|Se cogió una borrachera como un piano.*

Como una exhalación [irse; marcharse; salir] A gran velocidad. *Yo no sé qué tiene con nosotros. El caso es que en cuanto nos vio entrar en el bar, salió como una exhalación.* La exhalación es una expulsión de aire, generalmente acompañada de un suspiro, o de otro tipo de gases. V. *Como una bala.*

Como una lapa [pegarse; ser; parecer] Se llama lapa a quien va constantemente en compañía de otra persona o a quien se une casi permanentemente a otro, con una sensación de agobio. *El defensa se pegó al delantero como una lapa y no le dejó tocar ni un balón en todo el partido.* Las lapas son una especie de molusco que crecen fuertemente aferrados a las rocas de los cantiles.

Como una moto [estar; ir; ponerse] En situación de excesiva actividad: *El próximo mes tengo un examen y llevo ya unas cuantas semanas como una moto, sin dejar ni un momento de estudiar.* En la jerga juvenil se emplea frecuentemente para aludir a alguien hiperactivo por estar bajo los efectos de alguna droga: *No sé qué se tomó, el caso es que se puso como una moto y se pasó toda la noche bailando.* Se usa también para dar idea de rapidez: *El ciclista subía como una moto y todo el pelotón llegó a más de diez minutos.*

Como una rosa/un clavel (reventón) [estar] Fresco. Sano. *Hace sólo un par de días que lo operaron y está como una rosa el tío.* Las flores, y en especial la rosa, se emplean frecuentemente como paradigma de lo sano, de lo bello, de lo juvenil o de lo puro. El color rosa es, además, representación del amor —hablamos de *novela rosa*— y del optimismo: V. *Verlo todo de color de rosa|Ser un camino de rosas.*

Como una/la **seda** [estar; quedarse; funcionar; marchar; ir] *Estar* y *quedarse como una seda,* significa 'suave, tranquilo' y de este modo se llega, incluso, al sueño (v. *Hacer seda*). *Cuando estoy nervioso me pongo un disco de música clásica y me quedo como una seda.* Con los otros verbos, *seda* tiene, sin perder las connotaciones de 'suavidad', el sentido de 'perfección'. *Esta máquina de escribir tiene treinta años, pero funciona como una seda.*

Como una sílfide [estar; quedarse; ser] (Parecer/ser una sílfide) Muy delgada y estilizada. Es extraño que la comparación se aplique a hombres. *¿Te acuerdas de que antes estaba más bien rellenita? Pues no sé qué habrá hecho o qué régimen habrá seguido que ahora se ha quedado como una sílfide.* Las *sílfides* eran en la Mitología un tipo de ninfas, unos espíritus elementales, bellos y etéreos —de aquí el significado de la comparación— que habitaban en el aire. En la Edad Media se creía que también habitaban en los bosques. V. *Como un silbido*.

Como una sopa (Hecho una sopa) [estar; ponerse] Empapado. *He salido sin paraguas y me he puesto como una sopa*. ¿Hay algo más «mojado» que una sopa?

Como unas castañuelas [estar; ponerse; ser] Muy contento. *Cuando le dije que había ganado el premio se puso como unas castañuelas*. Si un instrumento musical es capaz de transmitir alegría este es, precisamente, las castañuelas. A lo mejor son la causa de que muchos extranjeros crean que todos los españoles cantamos flamenco vestidos de toreros mientras nos reímos y decimos «olé».

¡Cómo está el patio! Se emplea esta exclamación ante una situación difícil de solucionar confusa o tensa. *¡Madre mía, cómo están en esa familia¡ Nadie se lleva bien con nadie, sólo saben hablar a voces. ¡Cómo está el patio!* Se suele afirmar que la frase tiene que ver con la confusión y las riñas frecuentes en las corralas, en los patios de vecindad, popularizadas por los sainetes y las zarzuelas del siglo XIX. No obstante, la expresión parece más antigua y habría que relacionarla con las discusiones, disputas y griterío que se formaba en los *corrales* o *patios* de comedias (conservamos hoy el de Almagro, en Ciudad Real) de los siglos XVI y XVII durante las representaciones teatrales (v. *Alborotarse el gallinero*||*El corral de la Pacheca*). Se ha apuntado también como posible origen del dicho *El patio de Monipodio* (v.), el lugar en el que, según se cuenta en la novela ejemplar de Cervantes *Rinconete y Cortadillo* (1613), se juntaban todos los pícaros y maleantes de Sevilla.

Complejo de Edipo [tener; ser; sufrir] Mostrar alguien un sentimiento de tipo amoroso por la madre, lo que implica ver al padre como rival. Se suele usar por lo general para indicar que un hombre tiene predilección por su madre, que está muy ligado a ella. *Sí, es hijo único y además mimadísimo. Jamás se ha despegado de las faldas de su madre. Para mí que tiene algo de complejo de Edipo*. La expresión fue acuñada por el padre del psicoanálisis, Sigmund Freud (1856-1939), quien se basó en un mito ampliamente tratado en el teatro griego, especialmente en obras de Sófocles (496-406 a. C.), de las que *Edipo rey* y *Edipo en Colona* son las más conocidas: Edipo, que había sido abandonado nada más nacer a causa de una profecía, tal y como habían predicho los oráculos, mata sin saberlo a su padre, Layo, rey de Tebas, y se casa con Yocasta, su propia madre, a la que tampoco conoce, con lo que se convierte en rey de Tebas. Con Yocasta tiene dos hijos, Eteocles y Polinice, y dos hijas, Antígona e Ismene. Al descubrirse el parricidio y el incesto, Yocasta se suicida y Edipo se saca los ojos y marcha a Colona, cerca de Atenas, donde muere.

Compuesta y sin novio Empleamos o, mejor dicho, las mujeres emplean la expresión para indicar que algo les ha fallado a última hora. *Media hora* *esperándolo a la puerta del cine y al final ya no tuve ganas de entrar: compuesta y sin novio*. Es extraño encontrar la versión masculina, tal vez porque los hombres suelen ser más dados a abandonar a las mujeres al pie del altar cuando ellas ya están *compuestas* —arregladas y vestidas para la ocasión— que a la inversa. Ya se sabe lo de aquél que el día de la boda dijo que se iba a por tabaco y hasta hoy. Tampoco sería extraño pensar en aquellas mujeres que antaño, con el ajuar preparado y en edad de merecer, es decir, *compuestas*, no conseguían encontrar novio.

Comulgar con ruedas de molino Creer o aceptar cosas imposibles de creer o de aceptar. *Se suele emplear en forma negativa*. Conociendo el significado del verbo y el diámetro de la rueda o noria de un molino de agua, sobran las explicaciones. *El cristal lo habéis rotò vosotros y ya está, no me digáis que ha sido el viento y no me hagáis comulgar con ruedas de molino*.

Con avaricia (Con ganas) Usamos esta locución para enfatizar cualidades negativas. Funciona prácticamente como un superlativo del adjetivo que la precede. *¿Que el novio de Enriqueta es guapísimo? Pues a mí me parece feo con avaricia*. Más que abundancia de fealdad, codicia y avidez. Así de clara y cruel es la lengua coloquial.

Con azúcar está peor Damos a entender con esta frase que muchos remedios tienen resultados perjudiciales, que lo que se tiene por solución es muchas veces un modo de empeorar un problema. También se usa para indicar que, por dar una excusa, se incurre en una falta o contradicción mayor. *Ya has llegado tarde y no hay remedio. No intentes ahora dar excusas. Déjalo, que con azúcar está peor*. El dicho se atribuye al músico navarro Emilio Arrieta (1823-1894). En su época de director del conservatorio de Madrid, Arrieta vivía en una humilde pensión de la calle del Desengaño. Al parecer, del cuarto de baño salía permanentemente un olor de lo más desagradable y el músico insistía a la patrona para que arreglara el problema. Un día, al regreso a la pensión, Arrieta percibió un olor aún más penetrante y desagradable. La patrona le contó que había pasado toda la tarde quemando azúcar para que se fuera el hedor del baño, a lo que el músico contestó: «¡Ay, doña Blasa. ¡Con azúcar está peor!». De todas formas, más bien parece una anécdota creada, como en tantos otros casos, a posteriori. ¿Por qué no interpretar el dicho en un sentido más literal?: a veces resulta peor endulzar las situaciones difíciles; se acaba resultando empalagoso.

Con cajas destempladas [echar; despedir; irse; marcharse; largar] Expulsar a alguien de un lugar con malos modos. *Después de veinte años trabajando en la empresa, lo han echado con cajas destempladas*. Antiguamente era costumbre en el ejército expulsar a quien cometía algún delito, especialmente a los cobardes o a los desertores, mientras sonaban los tambores que, previamente, se habían destemplado para que sonaran a lata de forma vergonzante. Para destemplarlos, se destensaban las cuerdas que sujetaban el parche a la caja. También se destemplaban los tambores que redoblaban al paso del condenado a muerte en su camino hacia el patíbulo.

Con conocimiento de causa Con total conocimiento de los antecedentes y las repercusiones de algo. *Cuando yo le riño tanto lo hago con conocimiento de causa. Intento que reaccione, que me haga frente, que exprese él también su opinión.* La locución nace en el lenguaje jurídico referida a quien obra con plena consciencia de las causas y de las consecuencias de algún asunto. V. *Hacer causa común.*

Con creces En mayor medida de lo esperado. Con abundancia. Generosamente. *Es cierto, él me hizo un favor, pero yo se lo devolví con creces cuando le conseguí el trabajo.* Se llama *creces* al aparente aumento del grano de trigo o de la sal una vez almacenados.

Con/a **cuentagotas** En cantidad muy escasa y en raras ocasiones. *Este jugador tiene mucha calidad, pero la demuestra con cuentagotas.* El *cuentagotas* es el instrumento que sirve para dosificar líquidos, especialmente medicinas.

Con el corazón/el alma **en la mano** Sinceramente. Tal como se siente. Como si se mostrara a los demás el corazón, que es el depósito de la sinceridad, para que se viera claramente que no hay engaño. *Te lo digo con el corazón en la mano: no me gusta nada cómo te estás comportando.* Vienen al pelo aquí las palabras del despechado Yago, personaje del *Otelo* de Shakespeare, quien, con una frase antológica, afirma que sólo será sincero cuando se haya vengado del Moro de Venecia: «I'll bring my heart upon my sleeve», 'Llevaré mi corazón sobre la manga'. V. *A pecho descubierto.*

Con el corazón/el alma **en un puño** [estar] (Tener el corazón en un puño) Se emplea esta expresión para dar a entender que una persona está muy nerviosa o soporta mucha tensión. *Hace ya una semana que hice el examen y aún no me han dado los resultados; estoy con el corazón en un puño.* Cuando alguien se ve en esta situación parece tener el corazón desbocado, como si quisiera salir. Es normal el gesto de colocar la mano en la parte izquierda del pecho y cerrar la mano, como tratando de aferrarlo. V. *Darle a alguien un vuelco el corazón*||*De infarto*||*Encogérsele a alguien el corazón*||*Tener un pálpito.*

Con el cuchillo entre los dientes [ir; estar] (Llevar/tener el cuchillo entre los dientes) Predispuesto a la discusión, a la bronca o a la violencia. *Así no adelantamos nada. Todos intentamos ser dialogantes, pero tú siempre vas a las reuniones de vecinos con el cuchillo entre los dientes y, claro, la cosa acaba como el rosario de la aurora.* La frase nos lleva a pensar en alguien al acecho, arrastrándose para no ser visto y con el cuchillo, arma silenciosa, entre los dientes. V. *Armado hasta los dientes.*

Con el rabo entre las piernas [irse; marcharse; escapar(se); huir; salir] Alguien se va *con el rabo entre las piernas* cuando ha sido vencido por completo, humillado y escarmentado. *Nadie se atrevía a decirle que es un mentiroso, pero María se lo dijo y él, en vez de enfadarse, se fue con el rabo entre las piernas.* Algunos animales, como los perros, cuando huyen atemorizados meten la cola entre las patas. Esto se debe a que bajo la cola está el ano, donde hay unas glándulas que identifican al animal ante otros individuos de su especie y que son una especie de «carnet de identidad». Sabido es que los perros, por ejemplo, establecen sus contactos sociales oliéndose el ano. El animal que escapa con el rabo entre las piernas oculta tales glándulas, está avergonzado, derrotado y no quiere que lo identifiquen.

Con el tiempo y una caña Usamos esta locución para dar a entender que con paciencia todo puede conseguirse o que, después de la espera, llegarán los beneficios o las soluciones. *El inglés me parece muy difícil y lo hablo bastante mal, pero bueno, acabo de empezar las clases. Con el tiempo y una caña...* Parece ser que el dicho tiene que ver con la recolección de algunos frutos, como los higos o las aceitunas, que se suele hacer con el procedimiento del vareado, usando una caña o un palo largo. Hace falta paciencia y habilidad y, por lo tanto, tiempo, para aprender a golpear correctamente las ramas del árbol, de forma que se recoja la mayor cantidad de frutos sin dañarlos. De todas formas, tampoco es extraño pensar en la pesca para buscar el origen: quien tiene una caña tarde o temprano acabará capturando un pez.

Con la ayuda del vecino mató mi padre/mi madre **un cochino** Esta frase se emplea, más que nada como reproche hacia alguien, para indicar que es fácil o muy cómodo pedir ayuda cuando alguien debía hacer algo por sí mismo. *Yo me he tirado tres días haciendo la traducción de latín y tú le has pedido ayuda a tu hermano y has terminado en media hora. Así es muy fácil. Con la ayuda del vecino mató mi padre un cochino.* La matanza (v. *A cada cerdo le llega su San Martín)* es aún un rito y una fiesta en muchos pueblos. Es muy normal que se pida ayuda a algún vecino para matar al cerdo, como ceremonia social y, más que nada, porque es imposible hacerlo solo o, incluso, entre dos.

Con la gorra Cómodamente. Sin esfuerzo. *El examen que nos han puesto ha sido facilísimo. Lo he hecho con la gorra.* La expresión debe relacionarse con la palabra *gorrón* y con la locución *de gorra* (v.), 'gratis, sin esforzarse' en alusión a los que se colaban en los banquetes con la gorra en la mano, muchos de ellos estudiantes.

Con la iglesia hemos topado La frase se aplica cuando existe un impedimento religioso para llevar a término alguna acción. *El obispo no ha permitido que el concierto se celebre en la catedral. Con la Iglesia hemos topado.* Procede, como tantas otras, de *El Quijote,* aunque en la obra cervantina la iglesia está tomada únicamente en su acepción de 'edificio', por eso la escribimos con minúscula. En el capítulo IX de la segunda parte, Don Quijote y Sancho llegan a El Toboso. Don Quijote, empeñado en buscar el supuesto alcázar en el que a buen seguro ha de vivir Dulcinea, encuentra la iglesia y afirma: «Con la iglesia hemos dado, Sancho». A la frase se le dio posteriormente un sentido negativo, tomando la palabra *iglesia* en su acepción de 'congregación'.

Con la lengua fuera [andar; ir; estar...] Muy cansado/a. Con síntomas de agotamiento. La referencia al perro, que saca la lengua para refrescarse cuando está cansado o tiene calor, es evidente. *Esta mañana he perdido el autobús y he llegado a trabajar con la lengua fuera porque me ha tocado ir corriendo.*

Con las manos en la masa [coger; pillar; sorprender] Imagínese a un panadero al que sorprendemos trabajando, con las manos metidas en la masa: ¿podría negar que está haciendo pan? La expresión se usa para dar a entender que alguien ha sido sorprendido haciendo algo, por lo general malo. Se utiliza especialmente en contextos de delitos: *El ladrón fue sorprendido cuando salía del banco con el botín. La policía lo pilló con las manos en la masa.* V. *In fraganti*||*Estar metido en harina.*

Con/por **las velas que nos alumbran** Esta expresión la empleamos para mostrar decepción y pesimismo ante lo que se avecina, cuando no tenemos demasiadas razones para pensar en positivo. *Pues sí, Juanito ya lleva tres suspensos y con las velas que nos alumbran...* Cuando no existía luz eléctrica se usaban velas para alumbrarse por la noche. Si la iluminación no era lo suficientemente adecuada no se podían llevar a cabo ciertas tareas. La frase puede aludir a esto.

Con los pies por delante [sacar; llevar(se)] Muerto. *El ayuntamiento ya tiene todos los permisos para expropiar la casa, pero los inquilinos afirman que sólo los sacarán de allí con los pies por delante.* Se alude en la frase al cadáver que, camino del cementerio, abandona la casa en la que se le ha velado. Por tradición, los pies son la primera parte del cuerpo que abandona la casa, excepto cuando el muerto es un sacerdote, caso en el que se saca primero la cabeza. Es una de las muchas formas eufemísticas que existen en la lengua hablada para mencionar la muerte. V. *Estar criando malvas.*

Con miras a (Con la mirada puesta en) Con el objetivo, con el propósito de. *Ha comprado tres apartamentos con miras a alquilarlos a estudiantes el año próximo.* La *mira* que aquí aparece no es otra cosa que el punto de mira de las armas de fuego, con el que se fija el objetivo, el blanco, el mismo que, metafóricamente, aparece en la locución.

Con pelos y señales [contar; decir; explicar...] Con todos los detalles; sin callarse nada. *Paquita me ha contado con pelos y señales cómo va a ser su boda: el vestido, la iglesia, el banquete, los invitados...* La expresión podría tener su origen en la descripción física, en el hecho de describir a un animal o a una persona en todos sus detalles, haciendo hincapié, incluso, en rasgos mínimos, como pelos, cicatrices o señales de diverso tipo que puedan aparecer en su cuerpo.

Con pulso firme [llevar; manejar; mantener; dirigir...] De forma seria, firme y prudentemente. *Pese a que muy pocos confiaban en él, Adolfo Suárez supo manejar con pulso firme los momentos clave de la transición de España hacia la democracia*. Seguramente se refiere esta locución al timonel, que necesita grandes dosis de fuerza y de destreza para mantener el rumbo del barco, incluso en las situaciones más adversas. V. *Aguantar marea*||*Contra viento y marea*||*Llevar el timón*.

Con puntos y comas [contar; decir...] Sin ocultar ningún detalle. Totalmente. *Ahora siéntate ahí y cuéntame con puntos y comas qué pasó en la reunión*. La frase nos recuerda a quien, dictando un texto, indica incluso los signos de puntuación. V. *Sin faltar una coma*.

Con segundas (Con segundas intenciones) Con doble intención o con una intención diferente a la que en un primer momento se interpreta. *Creo que cuando me ha dicho que estoy muy elegante, me lo ha dicho con segundas y que en realidad quería decir que no le gusta nada mi traje*.

Con/en **sordina** En silencio. En voz baja. Con disimulo. *Estoy cansado de tener que decir con sordina lo que pienso de ti. A partir de ahora te vas a enterar.* La *sordina* es una pieza que, acoplada a ciertos instrumentos, especialmente a los de viento, disminuye la intensidad del sonido y modifica el timbre.

(Que) **Con su pan se lo coma** Empleamos esta expresión cuando queremos dejar claro que cada uno debe asumir sus propias decisiones, aunque sean errores, y que nadie debe inmiscuirse en los asuntos de los demás. *Él quiso ir de vacaciones solo. Si se aburre, que con su pan se lo coma*. Es posible que el dicho, más antiguo, fuera popularizado en una fábula recogida por Tomás de Iriarte (1750-1791), autor de composiciones muy famosas en su época, titulada *El elefante y otros animales*, cuya moraleja es que nadie debe darse por aludido cuando se habla para un grupo. Éste es el final de la composición:

> «A todos y a ninguno
> mis advertencias tocan.
> Quien las siente, se culpa;
> el que no, que no las oiga [...]
> Y pues no vituperan
> señaladas personas,
> quien haga aplicaciones,
> con su pan se lo coma».

Con toda el alma [querer; desear] (Con el alma y la vida||Dar el alma y la vida) Con total sinceridad. Con todo cariño. *Sabes que deseaba con toda el alma que vinieras por vacaciones, pero si no puede ser no tienes por qué justificarte. Lo entiendo*. El alma y el corazón suelen ser sinónimos en la lengua coloquial. No en vano los antiguos creían que el alma vivía dentro del corazón. Por eso alma y corazón son también sinónimos de vida, lo que no deja de sonar a bolero. V. *A corazón abierto||De corazón||En el alma||No caberle a alguien el corazón en el pecho*.

Con todas las de la ley Justamente. Con toda legalidad o con toda justificación. *Estaba claro que perdíamos y al final nos han ganado con todas las de la ley. No se puede salir a un campo a pasearse*. Literalmente, al amparo de las leyes. La elipsis que se advierte en la frase podría ser la de, por ejemplo, *garantías*.

Con un/el **pie en el estribo** [estar] (Poner/tener un/el pie en el estribo) A punto de marcharse: *Me coges con un pie en el estribo; estaba a punto de salir*. El *estribo* es el lugar en el que reposan los pies del jinete y donde se apoya para subirse a la montura. Por eso quien está con un pie en el estribo está prácticamente iniciando la marcha. Miguel de Cervantes, previendo la cercana muerte, dedica al Conde de Lemos su última obra, *Los trabajos de Persiles y Segismunda*, con estos versos:

> «Puesto ya el pie en el estribo,
> con las ansias de la muerte,
> gran señor ésta te escribo».

Con una mano delante y otra/una **detrás** [quedarse; estar; dejar] (Tener una mano delante y otra detrás) En una situación de extrema pobreza, literalmente, sin ropa, ni siquiera con ropa interior, de forma que las manos son el único medio de taparse las denominadas por unos «vergüenzas» y por otros «partes nobles». *Hasta hace un par de años el negocio le funcionaba de maravilla, pero, lo que son las cosas, hoy está arruinado; se ha quedado con una mano delante y otra detrás*.

Condiciones leoninas [poner; ser] Condiciones muy duras, abusivas, prácticamente imposibles de aceptar o de cumplir. *Sus padres lo han ingresado en una residencia donde tienen unas condiciones leoninas: se levantan a las seis y media, comen a las dos en punto, cenan a las nueve y es obligatorio que a las diez y media estén todos los residentes en la cama*. El término *leonina* es el adjetivo de *león*, pues la locución nace de una conocida y antigua fábula recogida por el gran fabulista griego Esopo en el siglo VI a. C., *El león y el onagro* (un asno salvaje). En ella se cuenta que unos animales fueron de caza y, a la hora de repartir las piezas capturadas, el león hizo tres partes y dijo: «La primera para mí, que soy el rey de la selva; quedan dos: una para mí, pues vamos a medias en la caza, y la otra también; y tendrás problemas si no estás de acuerdo». V. *Llevarse la parte del león*.

Confundir el culo con las témporas (Confundir la velocidad con el tocino/el tocino con la velocidad||Confundir la gimnasia con la magnesia/la magnesia con la gimnasia) Equivocarse por completo. Relacionar una cosa con otra con la que no tiene nada que ver. Hacer deducciones completamente erróneas. *Me parece que tú confundes el culo con las témporas: he dicho que la novia de Carlos no me cae bien, no que sea fea ni maleducada, ¿vale?* En la expresión, prueba una vez más de los torrentes de imaginación deliciosamente absurda que corren por la lengua coloquial, se ponen en relación dos conceptos alejadísimos en forma y en significado, pues pasamos de lo más vulgar, lo más «corporal», el *culo,* (v. *Culo veo, culo quiero),* a lo más virtuoso o lo más «celestial», las *témporas*. *Témporas* es un plural de creación popular, construido sobre *tempora,* plural del neutro latino *tempus,* 'tiempo'. Siendo escrupulosos —que no podemos serlo cuando nos enfrentamos con la lengua coloquial—, la expresión debería ser *confundir el culo con las tempora*. El dicho se refiere a las cuatro *tempora,* o *témporas,* del año, concepto religioso bajo el que se recogen los tiempos en los que la Iglesia católica prescribe el ayuno, a saber: Adviento (desde el primer domingo de los cuatro que preceden a la Navidad hasta la vigilia de esta fiesta), Navidad, Cuaresma (los cuarenta y seis días que van del Miércoles de Ceniza al Domingo de Ramos) y Pentecostés (celebración de la venida del Espíritu Santo). Según Covarrubias (1611), las *témporas* son: «El ayuno que la Iglesia guarda en los cuatro tiempos del año; conviene saber, en primavera, estío, otoño e invierno, y son como un diezmo que pagamos a Dios de los días del año. Instituyóle el papa Calixto I». Circula un chascarrillo que tiene todo el aspecto de haberse generado a posteriori para intentar explicar el dicho y que cuenta que un fraile, cansado ya de tener que, aparte de guardar el ayuno prescrito, azotarse con el cilicio en la espalda y las posaderas, no pudo por menos de preguntar a alguno de sus compañeros: «Dime, ¿qué tiene que ver el culo con las témporas». Por lo que se refiere a la velocidad y al tocino, resulta realmente difícil buscar dos términos menos relacionados entre sí. ¿Se imaginan ir a un tocino de 140 km/h o pedir un bocadillo de velocidad frita? En el caso de la gimnasia y la magnesia (óxido de magnesio) la confusión parece meramente formal, por el parecido gráfico entre ambas palabras, tan alejadas, por otra parte, en su significado.

Confundir romanos con cartagineses/cartagineses con romanos
Tomar una cosa por otra. Mezclar conceptos. Equivocarse en juicios u opiniones. *No confundas romanos con cartagineses: yo te he dicho que no me apetece ver a Carlos, no que esté enfadado con Carlos*. Romanos y cartagineses, un belicoso pueblo originario del actual Túnez, lucharon dura y cruentamente durante los siglos III y II a. C. por la hegemonía militar en el Mediterráneo en las llamadas guerras púnicas. Aníbal Barca, el más famoso general cartaginés, después de haber sometido el occidente de la península Ibérica, con el famoso episodio del cerco de Sagunto (219 a. C.) que dio origen a la segunda guerra púnica, llegó a las mismísimas puertas de Roma, atravesando los Alpes con sus elefantes. Sólo las murallas de la ciudad y las hábiles maniobras del general romano Publio Cornelio Escipión, *el Africano,* consiguieron frenar sus ímpetus.

Conocer a alguien hasta los perros Ser alguien muy conocido. *¿Que no sabes quién es Juan Tejado? Pues debes de ser el único en la ciudad, porque lo conocen hasta los perros*. La frase nació unida a un famoso alcalde del Madrid del siglo XVIII, don Francisco de Chinchilla, celoso guardián del orden público. Donde surgía la más mínima reyerta o la discusión mas peregrina, allí estaba don Francisco con sus alguaciles. Este alcalde, para acabar con los perjuicios que ocasionaban y las enfermedades que transmitían los numerosos perros abandonados que pululaban por la capital, mandó a sus alguaciles liquidarlos sin el menor miramiento. Los madrileños, siempre dados a la jocosa exageración, hicieron correr la noticia de que los perros conocían a su exterminador, porque, en cuanto olían a don Francisco, echaban a correr aullando. Así nació el dicho.

Conocer a alguien o algo como la palma de su mano Conocer algo perfectamente, en todos sus detalles. *No hace falta mapa. No te preocupes, porque Luis conoce todas esas carreteras como la palma de su mano*. No sé si todos conocemos perfectamente las palmas de nuestras manos, pero, en fin...

Conocer el percal/paño El percal es un tipo de tela, en concreto la que se usa para elaborar los capotes de torear. Esta expresión seguramente se ha desgajado de otra bastante conocida: *No es mal sastre el que reconoce el paño* (v.). Con ella se da a entender que alguien conoce perfectamente algo (v. *Conocer la aguja de marear*), en especial el comportamiento, la forma de ser de una persona, la situación en la que alguien se desenvuelve o el resultado de alguna acción, lo mismo que el sastre conoce a la perfección todos los tipos de paños: *Ahora dice que se va a poner a régimen, pero yo conozco el percal y sé que dentro de un par de semanas volverá a comer lo que le dé la gana*.

Conocer la aguja de marear La aguja de marear nada tiene que ver con mareos o desmayos, porque no es otra cosa que la aguja de orientarse en el mar, es decir, la brújula. Es una locución que, como *Conocer el percal* (v.), hace alusión al conocimiento o la experiencia de alguien, en este caso no es la del sastre, sino la del marinero. *Es un gran profesor y, además, lleva muchos años dando clase y conoce la aguja de marear, sabe cómo son y qué esperan de él sus alumnos*. V. *Perder el norte*.

Conocer los entresijos de algo (Tener algo muchos entresijos) Conocer una cosa en todos sus detalles, desde su estructura, su composición o sus orígenes hasta sus dificultades o secretos. *Llevo ya treinta años trabajando en un ministerio y puedo decir que conozco perfectamente los entresijos de la administración pública*. Un *entresijo*, término de origen nada claro aunque podría ser una variante popular de *intersticio*, es una cosa interior, oculta o secreta.

Construir/edificar **en**/sobre **la arena** Hacer algo sin fundamento sin una base sólida. Evidentemente, si se construye un edificio con cimientos endebles o sobre un terreno arenoso se acaba cayendo. *Es lógico que el proyecto haya fracasado, porque la empresa estaba construida en la arena. Desde fuera todo parecía maravilloso, pero había numerosos problemas internos, sobre todo económicos y de gestión.* La expresión, con el significado antes expuesto, aparece ya en la Biblia, fuente de la que posiblemente nos haya llegado (*Mateo,* VII, 26). V. *Hacer castillos en el aire.*

Consultar con la almohada Dejar que pase un tiempo prudencial, habitualmente una noche, de ahí la aparición de la almohada, antes de tomar una decisión importante. *Mañana te daré respuesta a lo que me has preguntado. Déjame que lo consulte con la almohada.*

Contante y sonante Esta locución suele acompañar a la palabra *dinero* o puede emplearse en contextos relacionados con dicha palabra. El significado es parecido a *en efectivo. Me ha dicho que mañana me paga lo que me debe, pero nada de letras ni cheques: dinero contante y sonante.* Es decir, ni cheques ni tarjetas, moneda que se pueda contar y que suene o, lo que es lo mismo, calderilla.

Contar batallas/batallitas Contar mentiras. Relatar algo de forma exagerada y añadiendo datos falsos. *No te creas ni la mitad de lo que te diga Anselmo. Cuenta unas batallas que para qué.* Se usa mucho en la forma *No me cuentes batallas* para pedirle a alguien que vaya al grano y no nos relate hechos que no nos interesan o que no vienen al caso o para que no ponga disculpas inútiles. *Mira, a mí no me cuentes batallas, lo único que sé es que siempre llegas tarde y yo ya estoy hasta las narices de excusas.* Todos tenemos abuelos o parientes mayores que alguna vez, ampulosa y teatralmente, nos han contado sus hazañas en alguna guerra: los nuestros, en la guerra civil, los padres de los nuestros, en la de Cuba o en la de África y así sucesivamente. A eso se refiere el dicho, popularizado en España por un famoso personaje de cómic, *el abuelo Cebolleta,* experto en estas lides. V. *Contar historias.*

Contar/meter/decir **bolas**/trolas (Ser algo una bola/una trola) Mentir. *Para mí que Domingo no ha aprobado y que nos ha contado una bola impresionante.* La frecuente construcción con el verbo meter nos lleva a pensar en algún juego con bolas o pelotas, en el hecho de que alguien derrote a otro, quizá con algún tipo de trampa. También podría pensarse en trampas en algunos juegos de cartas, como el tresillo, en el que se llama *bola* al lance, muy infrecuente, en el que un jugador gana todas las bazas de la partida. *Trola* parece ser una castellanización de la palabra francesa *drôle,* 'gracioso, pícaro', aplicada a quien usa su don de gentes para engañar.

Contar/cantar/decir/venir con **milongas**/una milonga (Ser algo una milonga) Lamentarse o quejarse, por lo general con la intención de provocar piedad en otro o de engañarlo. Aducir excusas poco creíbles. *Yo no me creo eso de que está en el paro, que su mujer está enferma y que tiene que man-*

tener a cuatro hijos. Te digo yo que este tío nos ha contado una milonga. La *milonga* es una tonada popular argentina, de la zona del Río de la Plata, de contenido generalmente triste y que se canta generalmente con acompañamiento de guitarra.

Contar/venir con **historias**/historietas/una historia/una historieta (Contar películas/una película) Mentir. Relatar algún hecho falseándolo o exagerándolo. Poner excusas difíciles de creer. *Te garantizo que la mitad de lo que nos ha dicho es mentira. Nos ha contado unas historias que no se las cree ni ella.* Evidentemente estamos ante la *historia* con minúscula, la subjetiva (v. *Contar batallas*); se trata de una palabra comodín en la lengua hablada actual, especialmente en la de los jóvenes, es un término vacío de contenido que debería evitarse: *¡Vaya historia!*||*Tuvo una historia con Margarita hace unos años.*|*Ayer me pasó una historia muy rara.* Por otra parte, las películas son siempre ficticias, suelen estar alejadas de la realidad y son subjetivas e interpretables, lo que se refleja en el significado de la locución.

Contra viento y marea Superando obstáculos y dificultades. La locución materializa, como otras tantas, una imagen, en este caso la del timonel que consigue mantener firme el barco en medio de la tempestad (v. *Aguantar marea*||*Con pulso firme*). *Llovía, hacía frío, la carretera era malísima, pero el ciclista, contra viento y marea, consiguió llegar a la meta.* Muchas veces empleamos la expresión para expresar que alguien defiende su opinión, y la mantiene, en contra de la de la mayoría: *Todos le decían que dimitiera, pero él, contra viento y marea, se mantuvo en el cargo y consiguió enderezar la empresa.*

Cornudo y apaleado (Además de/tras cornudo, apaleado) Empleamos esta significativa expresión para dar a entender que una persona que ha sufrido una ofensa o un daño, sufre aún otro mayor. ¿Hay algo peor que ser engañado por el propio cónyuge? (v. *Ponerle a alguien los cuernos*). Pues sí, que en vez de consolarte, te apaleen. *Ya ves, el tío se salta un semáforo, me da un golpe por detrás, me destroza el coche y el juez le da la razón a él. Cornudo y apaleado.* El origen de la frase, que originariamente era *tras de cornudo, apaleado, sobre cornudo, apaleado o sobre cuernos, penitencia,* está en un cuento recogido por Giovanni Boccaccio (1313-1375) en la novela séptima de la séptima jornada del *Decamerón*. Cuenta la historia de una mujer, enamorada del criado y con ganas, e intención, de llevárselo a la cama. Para burlar al marido, le informa de que el criado está enamorado de ella y quiere verla en el jardín. Ante esto, el marido se viste con las ropas de la mujer y acude al jardín. Mientras aquel vigila, los dos amantes se reúnen con total tranquilidad. Tras una larga noche de amor, y para completar la burla, baja el criado con un garrote y apalea al amo haciéndole creer al pobre desgraciado que está apaleando a la mujer, mientras grita: «Desgraciada, traidora, no sólo engañas a mi señor sino que crees que yo también lo iba a engañar». Con lo que el criado libera a la mujer de sospecha, demuestra al señor su lealtad y queda este último, cornudo, apaleado y, encima, satisfecho. El relato se hizo muy popular en España durante el siglo XVI y lo recogen diversos autores de esa época, entre ellos el gran cuentista valenciano Juan de Timoneda (1520-1583) en su *Sobremesa y alivio de caminantes*. Otra explicación, que es la que el maestro Covarrubias sostiene en su *Tesoro* (1611), es que la expresión tiene que ver con la pena que en su tiempo se imponía al hombre que ejercía de proxeneta de su mujer y que, al parecer, existió también en Francia: pasearlo en un jumento, con un casquete con dos cuernos en la cabeza para pública burla. A veces la mujer iba detrás, azotándolo con una ristra de ajos, según el lexicógrafo «porque los dientes de los ajos tienen forma de cornezuelos o porque la ristra se divide en dos ramales en forma de cuernos». Poca pena, según Covarrubias, pues «si tras esto los enviaran a galeras, no se iría todo en risas». Como colofón, no está de más citar uno de los muchos y siempre sabios refranes que campean por nuestra lengua y que, como sucede con frecuencia, no podemos saber si está en el origen de la expresión o si sale de ella: *Tras cornudo, apaleado y mándanle bailar.* La explicación no parece muy convincente por una razón fundamental: este cornudo es «voluntario», consentidor y fomentador de su propia cornamenta, lo que poco tiene que ver con el significado de la frase. V. *Encima de puta, pongo la cama*.

Correr a alguien a gorrazos Expulsar a alguien de un lugar. Tratar a alguien, merecidamente, de mala manera. *Yo no me puedo presentar en la oficina a las once diciéndole al jefe que no me ha funcionado el despertador. Me corre a gorrazos, seguro*. Dos interpretaciones pueden aportarse para explicar el origen de este dicho: el enfado de los porteros de hoteles u otros establecimientos que, usando su gorra de plato como arma arrojadiza, correrían detrás de quienes quisieran colarse; o alguna broma o novatada de militares o de estudiantes en la que golpearan con sus gorras a los recién incorporados a la milicia o a la universidad. V. *De gorra||Ser un gorrón*.

Correr como un gamo Correr muy deprisa. No tanto como el animal, rumiante, cérvido, al que se refiere la expresión, pero casi. *Detrás del ladronzuelo iban cinco o seis policías, pero el tío corría como un gamo y no pudieron echarle el guante*.

Correr/soplar **malos vientos** (Correr malos tiempos) Ser una mala época para alguien o para hacer algo. Sufrir circunstancias adversas, como la nave que en el mar no encuentra el golpe de viento adecuado o encuentra demasiado violento. *Estudia informática, o economía, porque corren malos vientos para las letras y seguro que vas a tener más salida*. Lo de los *malos tiempos,* mucho más general, no necesita mayores aclaraciones.

Correr tinta/ríos de tinta Ser un asunto muy tratado y comentado en periódicos, revistas o libros. *Hace un par de años corrió tinta sobre el hallazgo de aquellos restos prerromanos, pero hoy parece que todo el mundo se ha ol-*

vidado de ellos. La antigua y romántica imagen de la tinta escapándose «a chorros» de la pluma, o «a ríos» si se escribe mucho, es la que aparece en la expresión. V. *Cargar las tintas*.

Correr un tupido velo Olvidarse intencionadamente de algo. Omitir, dejar apartada de forma definitiva una cuestión polémica o complicada. Se usa especialmente la forma *corramos un tupido velo*. *Tu comportamiento de ayer fue absurdo e infantil, pero bueno, corramos un tupido velo, porque estabas cansado y un poco nervioso. Esperemos que no vuelva a suceder*. La imagen de la cortina o el visillo de tela gruesa que cubren las ventanas es suficientemente clara para explicar el origen de la frase.

Corrido como una mona [quedarse; estar] Avergonzado. Puesto en ridículo. *Manolo se dio cuenta de que estaba haciendo el ridículo con Paquita, porque ella estaba tratando de ligar con Luis, y se fue corrido como una mona*. El término *corrido* tenía y tiene el significado, aunque el uso sea limitado, de 'avergonzado'. Ya se sabe que son habituales las recurrencias al *mono*, o *mona*, como antiguamente se denominaba incluso a los machos, para referirse a acciones ridículas. V. *Cogerse una mona*||*El último mono*||*Pintar la mona*.

Corriente y moliente [ser] Normal. Ordinario. Sin nada extraordinario ni que llame la atención. *Quiero comprarme un coche corriente y moliente, que tenga lo básico, sin lujos, porque lo quiero para circular por la ciudad*. Hay varias interpretaciones sobre el porqué de la expresión, pero todas nos llevan a pensar en que el origen está en los molinos, llamados a veces entre los siglos XVI y XVII *molientes*, fueran de viento o de agua. Ambos eran *molientes* —muelen el grano— y *corrientes:* en el primer caso, *corren* las aspas que, a su vez, mueven la rueda que hace girar la piedra; en el segundo, es la *corriente* del agua la que cumple esta función. Allá por el siglo XVII se decía del molino que estaba en buen uso y capacitado para ejercer con suficiencia su misión que era *corriente y moliente*. Posteriormente la expresión se incorporó a la lengua coloquial y adquirió el significado actual.

Cortar/arrancar/eliminar/quitar **de raíz**/de cuajo Eliminar totalmente, suprimir algo por completo. *En los presupuestos de este año han cortado de raíz todas las partidas destinadas a la adquisición de nuevos ordenadores*. Atajar un mal o un problema eliminando la causa que lo produce. *La gripe hay que cortarla de raíz, porque si no se cura bien puede provocar secuelas bastante graves*. Si se corta un árbol o una planta por las ramas o por el tronco, puede volver a crecer, no así si se arranca o si se corta por la raíz. Con este mismo sentido empleamos el adjetivo *radical* y el adverbio *radicalmente*. *El médico me ha prohibido radicalmente la sal*. El término *cuajo*, como *coágulo*, vienen del término latino *coagulu(m)*. Quien arranca algo *de cuajo* lo extrae cuando ya está solidificado, compacto.

Cortar/partir/repartir **el bacalao** Se utiliza esta frase para definir a la persona más importante o que más manda en algún lugar. *En esta oficina, como* *el jefe no está nunca, es su hijo quien corta el bacalao.* El bacalao seco se partía en las pescaderías —ahora ya lo venden en bolsas al vacío— con una cuchilla afiladísima, una especie de guillotina para cuyo manejo se necesitaba fuerza y destreza; de ahí que el responsable de cortarlo fuera el jefe o el encargado. Por otra parte, el bacalao salado, frecuentemente otro tipo de pescado en salazón que se vendía como bacalao, era en tiempos —hoy está por las nubes— comida propia de gente humilde. Quien lo cortaba y servía era, como era de rigor, el padre de familia, razón que también podría explicar el dicho. V. *Darle a alguien bacalao*||*Te conozco, bacalao, aunque vengas disfrazao.*

Cortar/cortarle a alguien **los suministros** Dejar de mantener, ayudar económicamente o favorecer a alguien. *Su familia se ha dado cuenta de que no ha venido a estudiar, sino a divertirse y le ha cortado los suministros. Ahora tendrá que buscarse un trabajo para seguir aquí.* La frase parece proceder de la táctica militar consistente en cortar el paso de los suministros (alimentos, combustible, medicinas...) destinados a un ejército o a una ciudad para provocar así la rendición. V. *Cerrar el grifo.*

Cortar por lo sano Resolver una situación de forma drástica, violenta o traumática, pero enérgica y eficaz, como hace el cirujano cuando al operar corta no sólo los tejidos enfermos, sino también la parte sana para que el mal desaparezca por completo y no pueda reproducirse ni extenderse. *La empresa tiene muchas dificultades; tenemos que cortar por lo sano, reducir gastos superfluos y empezar de nuevo.* V. *Darle a alguien un corte.*

Cortar un pelo/un cabello **en el aire** Ser muy hábil o muy sagaz. *Es imposible disimular o mentir delante de ella, se entera de todo. Es que corta un pelo en el aire, de verdad.* Tal vez el dicho, en sentido literal, se refiriera a los espadachines extremadamente hábiles —y a la hoja de la espada extremadamente afilada, claro—, capaces incluso de cercenar un pelo suspendido en el aire.

Cortarle a alguien el rollo (¡Corta el rollo!) Hacer que alguien se calle, en especial cuando está hablando de asuntos intrascendentes u ofensivos o contando mentiras: *Mira, voy a cortarte el rollo, porque estoy harto de oír hablar de Adolfo y Lucrecia: me importa un bledo lo que hagan esos dos, ¿vale?* Hacer que una persona deje de molestar: *A las cuatro de la mañana se pusieron unos a cantar debajo del balcón, pero en cuanto me asomé les corté el rollo y se fueron.* A veces con la frase se da a entender que termina, de forma brusca, una situación divertida o de alegría: *Lo estábamos pasando de maravilla en la discoteca, pero el pincha empezó a poner esa música estúpida del chunda-chunda y nos cortó el rollo.* Con la exclamación *¡Corta el rollo!* se pretende que alguien abandone su discurso, aburrido, estúpido o falto de razón: *O sea, que tú llegas tarde y me echas a mí la culpa porque hemos quedado demasiado pronto. ¡Corta el rollo!* La expresión parece estar relacionada con las antiguas proyecciones cinematográficas, cuando era necesario cortar la proyección para cambiar el rollo (v. *Cambiar de disco/de rollo*). Podría pensarse también en que *rollo* se refiera la insistencia del soldado recién licenciado, que antaño recorría audiencias y llamaba a todas las puertas en busca de trabajo o de sustento con su *rollo* de papeles, es decir sus documentos enrollados dentro de un canuto de lata. V. *Dar la lata*||*Ser un rollo*.

Cortarle a alguien la cabeza Eliminar, despedir, apartar o alejar a alguien incómodo. *El director de recursos humanos estaba empezando a resultar bastante incómodo para los dueños de la empresa y, como era de prever, el consejo de administración le ha cortado la cabeza*. La expresión seguramente es más antigua, como lo es el hecho de decapitar a los condenados. La Revolución Francesa, en especial durante el periodo de mandato de Maximilien de Robespierre, conocido como *El Terror* (1794), fue la época de esplendor de la guillotina, cuando a uno –que le pregunten al propio Robespierre— se le operaba de anginas por un quítame esas pajas. V. *Rodar cabezas*.

Cortarle a alguien las alas Coartar la libertad o los derechos de alguien. *Me parece muy bien que eduques a tus hijos de forma tan liberal, pero creo que a veces es bueno cortarles las alas si no quieres tener problemas con ellos en el futuro*. Las alas son aquí claro símbolo de libertad, aunque el origen bien podría estar en la antigua costumbre de recortar las plumas de las alas a algunas aves de corral para que no pudieran escaparse. V. *Darle a alguien alas*.

Cortarse la coleta Es costumbre entre los toreros cortarse en público simbólicamente la castañeta, moña o coleta postiza —que antes no lo era— en la última corrida que torean. La expresión se emplea a veces como sinónimo de 'jubilarse', de retirarse de cualquier profesión. *Estoy cansado de trabajar, llevo ya cincuenta años; el año que viene pido la jubilación y me corto la coleta*.

Cortina de humo [ser una; lanzar una; echar una] Palabras, actitudes o maniobras con los que se oculta el verdadero objetivo o la verdadera causa de algo. *Mucho se está hablando de esa chica como novia del príncipe, para mí que es una cortina de humo, que la futura princesa ya está elegida, y no es ésa, y hasta está fijada la fecha de la boda*. Antiguamente, cuando se luchaba a cielo abierto, para ocultarse del enemigo o para confundirlo, los ejércitos encendían grandes fuegos en los que quemaban ramas y hojas verdes a fin de levantar grandes y espesas cortinas de humo, de aquí proviene la expresión.

Cosas veredes Se usa esta locución para mostrar sorpresa, extrañeza o estupor ante algo. *Míralo, el que decía que jamás se iba a casar, que si algún día lo veíamos casado le retiráramos la palabra. Ahí lo tienes, con dos niños y a punto de celebrar los diez años de matrimonio. Cosas veredes...* El término *veredes* es la forma antigua de la segunda persona del plural *(vos*, en este caso) del verbo ver *(veréis)*. La expresión procede de uno de los romances más conocidos del denominado *Romancero del Cid*, textos orales construidos sobre el *Cantar de Mio Cid*, muy famosos a partir del siglo XIV. En concreto, del romance veinticuatro (en la numeración de Ramón Menéndez Pidal), «Palabras que tuvo el Cid con el abad nuevo de Cardeña». Rodrigo Díaz de Vivar se reúne en el monasterio de San Pedro de Cardeña con el rey Alfonso VI, que le propone ir a conquistar Cuenca. El Cid le contesta que está cansado de pelear y Bermudo, el abad, le replica de mala manera que si no quiere seguir luchando, se retire del servicio del rey y deje campo libre a otros. Ante estas palabras, Rodrigo se irrita y el rey lo reprende:

«¡Calledes —le dijo el rey—
en mal hora, que no en buena.
Cosas *tenedes*, el Cid,
que farán fablar las piedras,
pues por cualquier niñería
facéis campaña a la iglesia».

Debido al carácter oral de estos poemas es habitual que encontremos varias versiones. Una de ellas, la más famosa, aunque ilógica dentro del contenido general, es:

«cosas *veredes*, el Cid
que farán fablar las piedras»

De estos dos versos, desgajados del poema, surgió la expresión.
Por cierto, hablando de versiones extrañas, el mejor ejemplo quizás sea el del romance que comienza:

«Marinero de Tarpeya
a Roma como se ardía»

francamente absurdo si no sabemos que la versión original es:

«Mira Nero (Nerón) de (desde) Tarpeya
a Roma como se ardía».

Costar/salir **caro** (Pagar un alto precio por algo) Sufrir las consecuencias negativas de una acción: *Engañó a la empresa fingiendo una enfermedad, pero lo han descubierto y ahora le puede costar caro*. Emplear mucho esfuerzo en conseguir algo: *No pienso dimitir. Me ha costado muy caro llegar hasta aquí y voy a seguir hasta que las fuerzas me lo permitan*.

Costar/valer **cuatro cuartos**/perras/duros Costar muy poco dinero. *Cómprate estos cacharros para el microondas; cuestan cuatro cuartos y son de lo más útil*. El *cuarto* era una antigua moneda fraccionaria, generalmente de cobre, que equivalía a cuatro maravedís de vellón. Son varias las expresiones que contienen la palabra *cuarto* en la lengua coloquial: *Dar cuartos al pregonero*||*De tres al cuarto*||*Echar alguien su cuarto a espadas* (v.). Se llamó *perras* a las monedas de diez *(perras gordas)* y a las de cinco céntimos *(perras chicas)* acuñadas a partir de 1870, en cuyo reverso figuraba la cabeza de un león, tan desafortunadamente diseñada, que la gente no dudó en calificar como *perro* y posteriormente, para mayor sonrojo, como *perra*. También el término aparece en algunas expresiones: V. *No tener ni gorda*||*Pa' ti la perra gorda*.

Costar Dios y ayuda Se intenta con esta expresión describir el sufrimiento o los problemas que se padecen hasta llegar a un fin: *Me ha costado Dios y ayuda encontrar tu casa. He estado más de media hora dando vueltas*. Para ponderar la dificultad se da a entender que ha sido necesario pedir ayuda e, incluso, invocar a Dios.

Costar/valer **un riñón**/un ojo/los ojos de la cara/un huevo/un *güevo*/un huevo y la yema del otro/un huevo y parte del otro Se aplican estas expresiones a algo de precio elevado o exagerado: *A pesar de que dice que no tiene ni un duro, se ha comprado un cochazo que le tiene que haber costado un riñón* (o *un ojo de la cara*). A veces la expresión *me cuesta un güevo* se usa para indicar el sufrimiento padecido para conseguir algo: *Me ha costado un güevo estudiar matemáticas, pero, finalmente, he conseguido aprobar*. Curiosamente, se eligen partes de la anatomía humana que existen a pares —el *huevo* o *güevo*, como suele pronunciarse coloquialmente, nada tiene que ver con el de la gallina; si acaso, está más ligado al gallo—, para dar a entender que uno entrega una parte, si no vital sí importantísima, de su cuerpo a cambio del objeto deseado. A veces, incluso, entrega parte y media...

Costar un triunfo Conseguir algo con gran esfuerzo o sacrificio. *Al final la convencí para que se viniera con nosotros, pero no creas que fue fácil. Me costó un triunfo*. La explicación más extendida para explicar el origen del dicho es la que lo remite a la acción de sacrificar un triunfo, una carta de más valor por ser del pinte, del palo elegido al azar por el jugador que reparte (v. *No pintar nada*), para conseguir una baza mejor o ganar la partida. Quien así actúa obtiene beneficios pero a costa de arriesgar. Podría estar también en el origen de la expresión el *triunfo* romano, los honores que se rendían a los generales vencedores en la antigua Roma. No era fácil conseguir un triunfo —de aquí el dicho—, pues el candidato debería haber vencido en una guerra extranjera y después pacificado el territorio, haber ensanchado los límites del Imperio y haber dado muerte, como mínimo, a cinco mil enemigos (se supone que no personalmente...). El triunfador entraba en un caballo ricamente adornado por la puerta Capena hacia el Capitolio, coronado de laurel (v. *Dormirse en los laureles*) y vestido con una toga. Precedido por los prisioneros y los jefes vencidos, así como por el botín de guerra, pasaba bajo los arcos y guirnaldas de flores construidos para la ocasión. Llevaba en el índice de la mano derecha un tosco anillo de hierro, como el de los esclavos, que le recordaba su condición humana y la necesidad de no vanagloriarse. Un esclavo que lo acompañaba de vez en cuando se lo decía: «Recuerda que eres hombre y que volverás a la nada». Cuando llegaba al Capitolio, era recibido por el Senado, se coronaba de laurel a Júpiter, se ofrecían sacrificios a los dioses y, para terminar la fastuosa ceremonia, se ofrecía un banquete.

Craso error Se llama así a una gran equivocación, a un error considerable o trascendente. *Nos confiamos pensando en que no iba a cambiar el tiempo. Craso error, porque no te puedes fiar de la montaña. Al llegar arriba estaba nevando y tuvimos que pasar la noche en el refugio*. El término *craso* es un adjetivo procedente del latino *crassus,* 'gordo, graso', que usamos hoy con el significado de 'grande, importante' y prácticamente de forma exclusiva en esta expresión. V. *Más rico que Creso*.

Crear/hacer **escuela** Convertirse en ejemplo. Marcar una pauta que otros siguen. *Al principio de su carrera nadie creía en él, pero su forma de hacer humor, sin una sola mueca, sin reírse, sin cambiar el gesto, ha creado escuela*. El término *escuela* se toma aquí en su sentido más clásico de 'conjunto de discípulos o imitadores de una persona, tendencia o movimiento'.

Crecer como la espuma Aumentar algo de forma rápida y espectacular, mucho y en poco tiempo, de la misma forma que lo hace la espuma: *No nos lo esperábamos, pero la verdad es que durante este último año las ganancias han crecido como la espuma*. Muchas veces se usa la frase para explicar la actitud de quien medra, de quien busca el beneficio propio: *Era un don nadie, pero se ve que tenía amistades importantes y ha crecido como la espuma. Ahora es director de ventas*.

Crecerle a alguien la nariz Se usa este dicho para comunicarle a alguien, sobre todo a un niño, que nos estamos dando cuenta de que miente. *No me digas que has hecho los deberes, porque te está creciendo la nariz... ¿A que no los has hecho?* La expresión se debe a *Pinocchio,* personaje protagonista del relato homónimo del escritor italiano Claudio Collodi, seudónimo de Carlo Lorenzini (1826-1890). Pinocchio *(Pinocho* en español) es un muñeco de madera que tiene la curiosa característica de que, cada vez que dice una mentira, le crece la nariz.

Crecerse en el castigo El toro bravo ha de crecerse ante el castigo sufrido por parte del picador, tiene que seguir entrando al caballo y no debe rehuir la lucha (v. *Admitir puyas*||*Estar picado*). Trasladada la imagen a la vida diaria, se crece en el castigo quien no se hunde moralmente ante los problemas, sino que los emplea como incentivo o acicate para seguir adelante. *No te preocupes por mí. Es un palo que te traten así, que te dejen tirado como un perro, pero sabes que me crezco en el castigo y que voy a salir adelante*. Como ejemplo, ahí van estos versos, entresacados de un hermosísimo soneto de Miguel Hernández:

> «[...] Como el toro me crezco en el castigo,
> la lengua en corazón tengo bañada
> y llevo al cuello un vendaval sonoro.
> Como el toro te sigo y te persigo,
> y dejas mi deseo en una espada,
> como el toro burlado, como el toro».

Creer/creerse algo **a pies**/pie **juntillas** Creer algo totalmente, a ciegas, sin necesidad de verlo, de comprobarlo. *Paco es amigo mío, y lo que él diga yo me lo creo a pies juntillas*. No parecen muy sólidas las explicaciones que relacionan el dicho con la forma de atar los pies a los reos o a las caballerías. La expresión parece tener su origen en el juego infantil que consiste en saltar con los pies juntos y con los ojos vendados de un cuadro, pintado en el suelo, a otro, mientras un compañero, cuyas indicaciones hay que creer por completo —aquí está el origen de la locución—, va orientando a quien salta.

Creer(se) **que los pájaros**/los pajaritos **maman** Ser ingenuo e inocente en extremo, como lo sería quien pudiera clasificar a los pájaros como mamíferos. *Así que ayer por la noche te quedaste estudiando en casa de Lucía. Y yo me creo que los pájaros maman, ¿verdad?*

Creerse/ser **el ombligo del mundo** Considerarse alguien imprescindible, el más importante o el más necesario: *Se da unos humos y tiene una forma prepotente de actuar que me pone de los nervios. Es la última que ha llegado y se cree el ombligo del mundo*. A veces se usa con referencia a un lugar considerado importante: *Hace unos años, por lo que se refiere a las actividades culturales, Madrid era el ombligo del mundo*. La frase tiene un origen mitológico, pues se llamaba «ombligo del mundo» —*ónfalos* en griego, *umbelicum* en latín— a la piedra que se veneraba en el santuario de Apolo en Delfos, el mayor centro de espiritualidad para los griegos, considerado por entonces el lugar más importante del mundo conocido. Cuenta la leyenda que Cronos —Saturno para los romanos—, rey de los titanes, gigantescos hijos de Gea y Urano, devoró a todos sus hijos, excepto al menor, Zeus, y que éste se salvó gracias a que Rea, hermana y esposa de Cronos y madre de Zeus, le hizo comer la piedra, el *ónfalos* u *ombligo,* haciéndole creer que era su hijo menor. Posteriormente, gracias a un brebaje suministrado por Metis, diosa de la inteligencia y primera esposa de Zeus, Cronos devolvió a todos los hijos y también la piedra, que fue a caer en Delfos, en el lugar donde se edificó el santuario. V. *Mirarse el ombligo*.

Creerse/pensar **que todo el monte es orégano** Se indica con este dicho que un asunto no es tan fácil de resolver ni tan beneficioso como se piensa y que también puede arrastrar inconvenientes. *¿Qué te crees, que irse de viaje es sólo hacer las maletas? ¿Y quién compra los billetes de avión? ¿Quién reserva los hoteles? ¿Quién busca información? Tú te has pensado que todo el* *monte es orégano*. El *orégano* es una hierba aromática que se da en zonas montañosas, de ahí el origen de su nombre: *oríganos* significa en griego 'la alegría de las montañas', lo que también explica el significado de la expresión.

Criar/echar/lucir/tener **buen pelo** Estar sano y bien alimentado. La expresión suele utilizarse en sentido irónico, o sea, para indicar todo lo contrario. *O sea, que en todo el día has tomado un café y un bollo. ¡Así vas a criar buen pelo!* Es sabido que para saber si un animal está bien comido y cuidado ha de mirarse si su pelo es brillante, señal de que está fuerte es que no se cae. Con esto está todo dicho. V. *Dejarse ver el pelo*.

Criar/echar/hacer **moho** Estar una persona inactiva o una cosa en desuso durante mucho tiempo. *Estaba ya harto de estar en casa y, aunque no tenía el alta, antes de criar moho sentado en la butaca, me fui a trabajar.* El moho es la capa verde, compuesta por hongos microscópicos, que se forma en la superficie de la materia orgánica en descomposición o en la de algunos metales.

Crucificar a alguien Perjudicar gravemente a una persona. Hacer sufrir mucho a alguien. *Al final se demostró que todo lo que dijeron de él era falso, pero aquellos rumores fueron suficientes para crucificarlo y para acabar con su carrera política*. La alusión al martirio de Cristo en la cruz parece más que clara. V. *Clavar a alguien*.

Cruzar/atravesar/pasar **el charco** Atravesar el mar, en especial el océano Atlántico. *Pues este año hemos pensado que vamos a cruzar el charco y nos vamos a ir de vacaciones a Estados Unidos*. Es más que posible que la expresión tenga su origen en la ola de emigración a América surgida a mediados del siglo XIX y que el hecho de llamar jocosamente al mar *charco* sea una forma de autoconvencimiento para reducir mentalmente las distancias. V. *Hacer las Américas*.

Cruzarle a alguien la cara Abofetear a alguien. Se suele usar como amenaza, especialmente hacia los niños. *Eres un caprichoso. ¿Por qué tienes que llorar ahora? Como no te calles de una vez te cruzo la cara, fíjate lo que te digo*. En la Edad Media los caballeros, para retar a un enemigo, le arrojaban un guante a los pies (v. *Arrojar el guante*). Si éste lo recogía del suelo (v. *Recoger el guante*), y no recogerlo era un deshonroso acto de cobardía, aceptaba el reto. Si antes de lanzárselo, le abofeteaban, le cruzaban con él la cara, el combate sería a muerte. La costumbre se mantuvo hasta el siglo XIX, época en la que, cuando estaban en pleno apogeo, se prohibieron los duelos.

Cruzarse en el camino de alguien Sufrir alguien un encuentro inesperado con otra persona o suceder una circunstancia con la que no se contaba. Puede tener sentido positivo: *Yo era un bala perdida hasta que Merche se cruzó en mi camino;* o negativo: *Estaba a punto de conseguir el trabajo cuando aquella enfermedad se cruzó en su camino y, claro, tuvo que renunciar.* Se usa con frecuencia en forma de amenaza: *Vete de mi vista y ojalá nunca más te vuelvas a cruzar en mi camino*. El tópico de la vida humana como camino y del hombre como caminante *(homo viator)*, plasmado ya en la Biblia, es uno de los más antiguos de la historia de la humanidad y se ve reflejado también en otras expresiones: *Dar un paso atrás*||*Dar un paso en falso* (v.).

Cruzársele a alguien los cables (Tener los cables cruzados||Estar cruzado de cables) Sufrir alguien una momentánea situación de inconsciencia o de locura. Perder momentáneamente el control. Cometer alguien alguna acción inesperada. *No sé lo que le pasó, se ve que se le cruzaron los cables, porque de otra forma no se explica que, sin más ni más, se bajara del coche y le metiera un puñetazo al otro conductor.* Cuando a una máquina o mecanismo que funciona mediante electricidad se le cruzan los cables, es decir, cuando hay un contacto, se produce un cortocircuito, el aparato deja de funcionar y, a veces, se incendia. Donde se dice *cables* ponemos *nervios* y donde *máquina, cabeza,* que también deja de funcionar, y queda perfectamente explicado el porqué del dicho.

¡Cuán/qué **largo me lo fiáis!** Empleamos esta frase para dar a entender que el plazo impuesto para algo es demasiado largo y que posiblemente no se vaya a cumplir la obligación contraida. *O sea, que te ha dicho que dentro de dos años te devolverá el dinero... ¡Cuán largo me lo fiáis!* Proviene de la obra teatral *El burlador de Sevilla,* de Tirso de Molina (1571-1648), en la que aparece varias veces en boca de su protagonista, don Juan Tenorio. Al final de la obra, por ejemplo, cuando llega el momento en el que don Juan expía sus pecados, se oye esto:

> «No hay plazo que no llegue
> ni deuda que no se pague
> (...) ¿Mientras en mundo viva
> no es justo que diga nadie:
> ¡Cuán largo me lo fiáis!
> siendo tan breve el cobrarse?»

La expresión aparece también en *Don Juan Tenorio,* de José Zorrilla (1817-1893), y es probable que se hiciera más popular gracias a esta última obra, más famosa y representada que la de Tirso.

Cuando el diablo no tiene que hacer, mata moscas con el rabo/con el rabo mata moscas Se le espeta esta frase a alguien demasiado ocioso, tanto que dedica su tiempo libre a hacer tonterías o a molestar y causar problemas a los demás. *Pues claro que has sido tú el que ha estropeado el ordenador. Ya no sabes en qué dar. Cuando el diablo no tiene que hacer, mata moscas con el rabo.* Se da a entender en el dicho que quien habitualmente no hace nada positivo (el diablo) no puede dedicarse a nada útil ni trascendente en su tiempo de descanso.

Cuando las vacas vuelen (Cuando las ranas críen pelo||Cuando las gallinas meen) Jamás. *Ése lleva diez años estudiando la carrera. Me pa-*

rece a mí que la va a terminar cuando las vacas vuelen. Verdades de perogrullo, a mitad de camino entre el surrealismo y la evidencia, son que las vacas, salvo sueño, borrachera o tornado, no pueden volar (los ingleses les ponen alas a los cerdos), que no hay ninguna especie de rana peluda y que las gallinas, como las demás aves, no orinan. V. *Hasta que Colón baje el dedo*.

Cubrir/completar/rellenar **el expediente**/el trámite Realizar una acción sin mucho interés y sin buscar el éxito, con el único afán de terminarla o de hacer lo indispensable, lo mismo que para rellenar un frío expediente o un documento oficial, estandarizados y cargados de formulismos y de giros hechos, no hace falta esforzarse, sólo escribir aquello que se pide. *Como ganaban cuatro cero en la primera parte, los jugadores salieron en la segunda a cubrir el expediente y a no esforzarse mucho*.

Cuéntaselo a Rita (la cantaora)/al nuncio/a Nuncio/a tu abuela Empleamos estas expresiones para darle a entender a alguien que no creemos sus palabras. *¿Que te ha tocado el premio gordo de la lotería? Anda, cuéntaselo a Rita*. Rita parece ser santa Rita de Casia, religiosa italiana del siglo XV canonizada en 1900 y considerada por los fieles como abogada de los imposibles (v. *Santa Rita, Rita; lo que se da no se quita*). Es posible que en la expresión «se entrometiera» la supuesta cantaora del mismo nombre, algún personaje famoso de coplas o de chascarrillos populares. El *nuncio* es el embajador del Vaticano en otro país o un emisario del Papa. El que aparece en el dicho, al que a veces se le otorga la mayúscula y se transforma el cargo en nombre propio, parece ser don Francisco Ortiz, nuncio apostólico del papa Sixto VI y canónigo de la catedral de Toledo, que, a finales del siglo XV, fundó el manicomio de Toledo, al que la gente dio en llamar «Casa del nuncio o del Nuncio». La frase, pues, podría entenderse como «cuéntaselo a un loco, o a alguien que, como el nuncio, los entienda, porque yo no te creo». Por último, las abuelas son quienes con más facilidad creen, o fingen creer lo que les contamos y las que más tolerantes son con nuestras faltas. V. *No tener abuela*.

Culo veo, culo quiero Así se le dice al envidioso, al que sería capaz de desear hasta lo peor, lo más negativo, lo menos deseable, que es aquí lo que representa la palabra *culo*, como en otros casos (v. *Confundir el culo con las témporas*). *Tu coche era el mejor y el más bonito hasta que Andrés se compró el suyo. Tú, como siempre, culo veo, culo quiero*. No es descartable pensar en que la frase pudiera referirse a quien, cegado por la envidia, sería capaz incluso de darse a prácticas homosexuales.

Curarse en salud Prevenirse por adelantado contra las consecuencias de algo o contra las críticas que se le puedan hacer. Es decir, interpretando la expresión al pie de la letra, curarse cuando se está sano; así, cuando llegue la enfermedad, pasará de largo. *El director, para curarse en salud, ha dicho que su próxima película va a ser menos aceptada por el público que la anterior*. V. *Ponerse la venda*.

D

Dale que te pego (Dale que dale/le das) Con esta frase se recalca, irónicamente, la insistencia de una persona por hacer algo que se considera inapropiado o inútil. *Te he dicho mil veces que ya está bien por hoy de trabajar, pero tú dale que te pego. No te levantas del ordenador ni para ir al baño.*

Dame pan y llámame perro/tonto La frase la suele emplear quien, o se suele aplicar al que, cuando consigue lo que se propone no tiene en cuenta las opiniones o actitudes negativas que otros puedan tener hacia él. *Tiene cuarenta años, sigue viviendo con sus padres, que no lo aguantan porque es un vago y encima los trata mal. Cada día tienen un bronca pero él, tan contento: dame pan y llámame perro.* El dicho se explica claramente con la actitud sumisa del perro o de otros animales de compañía que, mientras se les dé de comer, soportan malos tratos y humillaciones.

Dar al traste con algo (Irse/mandar algo al traste) Destruirse o estropearse una cosa, una idea o un proyecto. *La enfermedad de Julia ha dado al traste con todos nuestro planes de vacaciones.* Las expresiones *Irse al traste* o *Dar los trastes* son antiguos dichos marineros que significaban 'naufragar una embarcación', especialmente tras haberse estrellado contra un acantilado. *Traste* es una voz a la que Sebastián de Covarrubias identifica en su *Tesoro* (1611) con la latina *trausta,* 'banco de galeras'. V. *Irse a pique.*

Dar algo por sentado/descontado Entender que algo queda claro o que ya es conocido por todos y no necesita explicación ni admite discusión. *Doy por sentado, antes de empezar mi discurso, que todos ustedes conocen la situación por la que atraviesa la empresa. Sentado* es la forma arcaica de *asentado* que significa 'claro, conocido, establecido' y también 'asentado o reflejado en las cuentas', significado que podemos unir con el de *dar por descontado,* que nos lleva a pensar en la cuenta o relación contable en la que ciertas compras o gastos necesarios se descuentan de antemano del total.

Dar (la) **batalla** Luchar por superar las dificultades o por conseguir algo. *Los vecinos acabarán perdiendo el pleito con el ayuntamiento pero seguramente darán batalla hasta el final.* V. *Dar guerra.*

Dar betún a alguien (Darse betún/lustre) Adular. Hacer la pelota. *Te hace tantos regalos no porque le caigas bien ni porque te quiera, sino por darte betún*. Quien se da betún, por tanto, se alaba a sí mismo. *Sí, vale, la casa te ha quedado muy bien pintada, pero para una cosa que haces tampoco es como para que estés dándote betún a todas horas*. Se nos transmite aquí la antigua y significativa imagen del limpiabotas que, postrado a los pies del ricachón, le da lustre a sus zapatos. V. *Dar jabón a alguien*||*Dar lustre*||*Quedar a la altura del betún*.

Dar bola/cancha Ganarse la confianza de alguien con el trato o la conversación, por lo general con el fin de sacar ventaja, engañarle o aprovecharse de él, como hacen los deportistas cuando, voluntariamente y fruto de una táctica preestablecida, le entregan el dominio de la bola —el balón— o de la cancha —el campo de juego— a los contrarios. *Cuando veas a Luis no le hagas ver que estás enfadado, dale bola e intenta tirarle de la lengua para que te cuente todo lo que sabe de nosotros*.

Dar (la) **boleta** Despedir a alguien de un trabajo: *Lo contratamos por tres meses, pero a los quince días le tuvimos que dar boleta. Yo no he visto nunca a un tío más vago y más inútil*. Romper la amistad o la relación con alguien que resulta incómodo o molesto: *Le he dado boleta porque estaba harto de sus caprichos, de su mal humor y de sus niñerías*. La *boleta*, término de origen italiano *(boletta)*, era la cédula o salvoconducto que se daba a alguien para que pudiera entrar o salir —que es lo que parece sugerir el dicho— de algún lugar. En la jerga militar, la *boleta* es la cartilla militar, también llamada *blanca*, el documento que se entregaba cuando el soldado se licenciaba, lo que también coincide con el significado de la locución.

Dar/llevarse **calabazas** Tiene esta expresión dos significados. En el lenguaje estudiantil significa 'suspender': *En el examen de Física me han dado calabazas*. También, en ciertos contextos, cobra el significado de abandonar, 'romper una relación amorosa, dejar al novio o a la novia': *Raquel le ha dado calabazas a Joaquín... Era de suponer*. La calabaza es símbolo de lo vano, de lo que no vale nada, por estar muchas de ellas —como las de los peregrinos de Santiago, que sirven como depósito de líquidos o las que antiguamente se usaban como flotadores— vacías por dentro y porque, por lo general, son fruto de poca estima entre la gente. Desde la Antigüedad se considera que la calabaza simboliza lo vano, la frustración.

Dar/meter/repartir/sacudir **caña**/estopa/tralla/cera Golpear. Comportarse o tratar a alguien de forma ruda o violenta: *El partido iba tranquilo hasta que los brasileños empezaron a dar caña y allí se organizó la marimorena*. A veces se usa con el significado de 'criticar con dureza': *Con su primera novela obtuvo un éxito sin precedentes, pero ahora, con la segunda, la crítica le ha dado una caña terrible*. Los jóvenes usan también la expresión como sinónimo de 'subir el volumen': *Dale caña a esa música, que ahora entra la* *batería y ya verás cómo suena*. Seguramente la aparición de la *caña* tenga que ver con los azotes dados a esclavos o condenados, castigos infligidos a veces con palos o cañas, o con el palo con el que antaño le medían las costillas los maestros. Por las mismas razones existe la misma expresión con los términos: *estopa*, 'parte basta del lino o del cáñamo' que era uno de los materiales con los que se elaboraban los látigos o azotes; las *trallas*, los trozos de cuerda que se colocaban en los extremos del látigo para que restallasen; la *cera* era a veces la segunda parte del suplicio, pues se vertía, hirviendo, sobre las llagas hechas por los latigazos. La locución es hoy una especie de grito de guerra de rebeldía juvenil y no es frecuente encontrarla en pintadas en las que *kaña* aparece así escrita, con *k* (como *música kañera* —la del chunda-chunda— *anarkía*, *Vallekas* o *mili, kaka*), otra de las supuestas señales de rebeldía de las llamadas «tribus urbanas». V. *Dar leña*||*¡Leña al mono!*

Dar carpetazo Dar por terminado un asunto de forma definitiva. *Hace varias semanas que a esos dos no se los ve juntos, para mí que hace tiempo que le han dado carpetazo a su relación*. La locución, que tiene todo el aspecto de haber salido del lenguaje jurídico y nos lleva a pensar en quien, acabado un trámite, un proceso o un expediente, procede a su sobreseimiento, es decir, guarda todos los documentos en una carpeta, la cierra y, con el desprecio que da el alivio, la coloca bruscamente en la estantería o en la caja de los papeles viejos.

Dar/tomar **carta de naturaleza** Asentarse, de forma definitiva, algo o alguien que hasta el momento se había considerado provisional, extraño o poco importante. *La nueva comedia cinematográfica española toma carta de naturaleza a partir de los primeros años ochenta, con* Ópera prima *y las primeras películas de Almodóvar*. La *carta de naturaleza* era algo así como el actual permiso de residencia, un documento por el que a un extranjero se le naturalizaba, es decir, se le consideraba de la misma forma que a un natural del país, otorgándole los mismos derechos y exigiéndole las mismas obligaciones.

Dar(le) **cien** (mil) **vueltas a algo o a alguien** Superar sobradamente a alguien en destreza, habilidades o conocimientos. *Yo soy bastante mejor que Luis en historia, pero él me da cien vueltas en matemáticas*. La frase parece llevarnos al mundo del deporte. Nos hace pensar, quizá, en alguna carrera en la que un contrincante venza al otro sobradamente, incluso doblándolo. Lo de las cien veces ya forma parte de la presunción del vencedor. V. *Dar quince y raya*.

Dar coba Adular a alguien. Alabar a otro de forma interesada. *Se nota que el pelota de Domínguez tiene intención de pedir el aumento de sueldo. ¿Te has dado cuenta de cómo le da coba a todos los jefes y jefecillos con los que se cruza?* En *germanía*, la jerga de los delincuentes, llamados entre ellos *germanos* 'hermanos', muy en boga durante los siglos XVI y XVII se llamaba *coba* a la moneda de un real. Es posible que a quien se quisiera tener contento, a quien facilitara alguna información o a quien hiciera algún «trabajillo» no precisamente muy honrado se le *diera coba*, es decir, se le pagara con estas monedas, lo que habría dado origen a la locución actual. V. *Adorar al santo por la peana*||*Bailarle a alguien el agua*||*Dar jabón a alguien*||*Hacerle a alguien la pelota*.

Dar coces contra el aguijón ¿Se imaginan a un caballo, una vaca o buey enfadado coceando el *aguijón*, o sea, la vara terminada en una punta metálica que se emplea para azuzarlos y hacer que anden más deprisa? ¿Quién saldría perdiendo, la vara o el animal? Sería algo así como lanzar un melón contra un cuchillo. Por eso la expresión la usamos para referirnos a alguien que intenta insistentemente luchar contra una fuerza superior. *Nada... Que no consigo entender las Matemáticas. Intentar estudiarlas es como dar coces contra el aguijón*. La expresión tiene unos orígenes remotísimos. Aparece ya en el Nuevo Testamento, cuando se narra la conversión de san Pablo. *(Hechos de los Apóstoles*, IX, 3-5):

> «—Saulo, Saulo, ¿Por qué me persigues? (...)
> —¿Quién eres tú, Señor? (...)
> —Soy Jesucristo, a quien tú persigues. Difícil es para ti dar coces contra el aguijón (...)»

El gran fabulista riojano Félix María de Samaniego (1745-1801) explica perfectamente el significado de la frase en la moraleja de una de sus fábulas, *La serpiente y la lima:*

> «Quien pretende sin razón
> al más fuerte derribar
> no consigue sino dar
> coces contra el aguijón».

Dar cornadas al aire/al viento Esforzarse inútilmente por conseguir algo. Lo mismo que hace el toro cuando intenta atrapar a quienes lo acosan o cuando se duele tras haberle colocado las banderillas. *Llevo ya dos años intentando escribir una novela y me parece que lo voy a dejar, porque es como dar cornadas al aire*.

Dar/pedir **cuartel**/cuartelillo Ser clemente o generoso con alguien, especialmente con el más débil o con el perdedor. Se usa mucho, especialmente en forma negativa, en el lenguaje deportivo: *El Madrid ganaba cuatro a cero pero no dio cuartel al equipo local, al que acabó derrotando por un contundente siete a cero*. Darle a una persona confianza o libertad. No atosigarla. También se usa más en forma negativa: *¿Es que siempre te tengo que decir dónde estoy, con quién voy, cuándo entro, cuándo salgo... ¿Así demuestras tu confianza en mí? ¿Es que jamás me vas a dar cuartel?* También a veces significa 'dar cobijo': *Nunca olvidaré que cuando llegué a esta ciudad tú me dis-*

te cuartel hasta que encontré una casa. La expresión tiene origen militar: para pedir que sus contrincantes les perdonaran la vida, los soldados o los espadachines acosados se rendían entregando las armas al grito de «¡Cuartel!», que venía a indicar algo así como 'amparo, protección' y, más literalmente, «llévame a tu cuartel, soy tu prisionero!» V. *Dar tregua*||*Lucha sin cuartel*.

Dar cuartos/un cuarto **al pregonero** Proclamar una noticia que debería permanecer en secreto. *Te pedí que no dijeras a nadie que me caso. No entiendo por qué has tenido que dar cuartos al pregonero*. El *cuarto* era una moneda fraccionaria antigua, generalmente de cobre, que equivalía a cuatro maravedís de vellón; de hecho, *cuartos* aún es sinónimo de dinero en la lengua coloquial (v. *Costar cuatro cuartos*). La gente de los pueblos que quería que el pregonero anunciase públicamente alguna noticia, algo que vendían, que necesitaban o que se les había perdido, tenía que darle una propina, unos cuartos.

Dar cuerda/carrete **a alguien** Animar a una persona, seguirle la corriente, para que siga hablando y acabe por equivocarse o podamos servirnos de lo que dice. Bien podríamos pensar en un objeto mecánico al que hay que dar cuerda para que funcione, aunque parece que la locución habría que entenderla mucho más literalmente: darle a alguien una cuerda para que se ahorque con ella, es decir, para que él mismo caiga en su propia trampa. En el caso de *Dar carrete*, pensamos en el pez al que hay que dejar libertad de movimientos soltando un poco de sedal para que se canse y para que no rompa el hilo con sus tirones. *Cuando te encuentres con Paco dale cuerda, a ver si te cuenta qué pasó realmente entre él y Amelia*. V. *Tener carrete*||*Tener cuerda para rato*.

Dar de lado a alguien Apartarse del trato con alguien. Rehuir a una persona, ignorarla, es decir, no mirarla a la cara, sino de perfil, de lado. *Antes, cuando era rico, tenía un montón de amigos. Ahora, que soy pobre, todos me han dado de lado*. V. *Darle de lado algo a alguien*.

Dar(se) **de sí** Estirarse una cosa, especialmente una prenda y, en sentido figurado, esforzarse una persona al máximo, consumir una gran parte de sus energías. *Como te pongas los zapatos sin desatar antes los cordones los vas a dar de sí*.|*Llevo toda la semana trabajando once horas diarias. Yo ya no puedo dar más de sí*. El término *sí* es una forma del pronombre reflexivo *se*, que tiene uso en expresiones como la que nos ocupa y en otras construcciones con preposición como *a sí mismo, por sí mismo, para sí, en sí...*

Dar duro con hueso (Dar duro contra tieso) Tratar de imponer con firmeza la propia opinión a alguien que tiene una opinión diversa y que la mantiene también con gran fuerza. Tropezarse con alguien que tiene un carácter tan fuerte e inquebrantable como el propio. *Es prácticamente imposible que el presidente del Gobierno y el jefe de la oposición se pongan de acuerdo. Dan duro con hueso, aunque, por el bien del país, sería conveniente que uno de los dos cediera*. La imagen es clara: un objeto duro tratando de quebrar otro de la misma dureza. ¿Cuál se romperá antes? V. *Pinchar en hueso*||*Ser un hueso*||*Tenérselas tiesas con alguien*.

Dar el banderazo/pistoletazo **de salida** Anunciar el comienzo o la inauguración de algo. *Hoy se ha dado el banderazo de salida a las rebajas de verano*. Las carreras ciclistas empiezan cuando el juez de salida agita una bandera. Las de motos o de coches empezaban antiguamente de la misma forma. Hoy se inician con la luz verde de un semáforo. Las carreras de atletismo empiezan con un disparo de pistola que sigue a los gritos de «a sus puestos» y «listos». En estas acciones encontramos la explicación del origen de la frase.

Dar el callo Trabajar con ahínco. *Ya ves, casi cincuenta años dando el callo para que ahora te queden cuatro perras de pensión*. Seguramente la locución se debe a los callos que les salen en las manos a los trabajadores que, como los del campo o los peones, se pasan la jornada cavando la tierra o manejando el pico y la pala.

Dar el cante Llamar la atención por algún hecho negativo. Hacer el ridículo. *Me dijiste que era un acto informal y resulta que dimos el cante: los únicos que allí no llevaban traje y corbata éramos nosotros*. El verbo *cantar* se usa mucho en el lenguaje deportivo con el significado de 'equivocarse gravemente': *El portero cantó en la salida y el delantero sólo tuvo que empujar el balón a la red*. Generalmente significa 'llamar la atención con estridencia', 'ser algo inapropiado o ridículo': *Yo creo que debes ponerte otra falda, el naranja y el amarillo cantan mucho*. Los términos *cante* y *cantada* (v. *Ser una cantada*) suelen ser sinónimos de 'error de bulto', 'situación ridícula o comprometida': *De verdad, ¡vaya cantada!... ¿Cómo se nos pudo olvidar a todos que ayer era el cumpleaños de Isabel?* Es posible que todos estos usos estén relacionados con las personas que se empeñan en cantar en los festejos y celebraciones, lo que no deja de ser una forma de llamar la atención y, las más de las veces, de molestar. V. *Dar el motete*||*Dar la nota*.

Dar el coñazo/la coña (Ser algo un coñazo/una coña/una coña marinera) Molestar. Aburrir. *Coñazo* es sinónimo de 'molesto, aburrido'. *¡Y yo que pensé que la conferencia iba a ser interesante! ¡El tío ha estado dos horas dándonos el coñazo con el sistema fonético del húngaro!* Es habitual que, en la lengua coloquial, las expresiones en las que aparecen los órganos sexuales femeninos estén cargadas de connotaciones negativas *(Dar el coñazo*||*Ser un coñazo*||*Qué coño dices*||*Estar en el quinto coño...)* y aquellas en las que aparecen los masculinos, de connotaciones positivas *(ser cojonudo; tener huevos o cojones; de cojones...)*. Sorprende la aparición del adjetivo *marinera* junto a *coña*, sin más explicación que el propio absurdo que a veces tiñe la lengua coloquial. ¿Es machista el lenguaje? Puede, aunque mucho me temo que va a ser imposible cambiarlo. V. *De coña*||*Estar de coña*||*Ni de coña*.

Dar el do de pecho Realizar un esfuerzo extraordinario para conseguir algo. *El equipo, aunque estaba sin tres jugadores titulares, ha dado el do de pecho y hemos conseguido ganar un partido muy difícil*. La expresión procede del mundo de la música y se explica porque entre los cantantes líricos el *do de pecho* es la nota musical más aguda y de realización más difícil que alcanza un cantante. Parece ser que la expresión *Do de pecho* fue acuñada cuando el tenor italiano Enrico Tamberlik cambió el segundo *sol* del aria *Di quella pira*, más conocida como *Madre infelice*, de la ópera de Giuseppe Verdi (1813-1901) *Il trovatore*, por un *do* larguísimo y profundo que, en vez de las cuerdas vocales, parecía salir de lo más recóndito del pecho. Esta tradición se ha mantenido hasta nuestros días y está tan arraigada que, cuando en la *prima* de *La Scala* de Milán del año 2000 el maestro Riccardo Mutti decidió respetar la partitura verdiana y suprimir el «apócrifo» do de pecho del aria, se formó un escándalo monumental. Por cierto, la ópera está fielmente basada en el drama romántico *El trovador*, famosísimo en su época, escrito por el dramaturgo gaditano Antonio García Gutiérrez (1813-1884). V *Dar la nota*.

Dar el espectáculo Llamar la atención de forma negativa. Comportarse de forma ridícula o escandalosa. *¿Por qué no vais a casa a discutir todo lo que queráis? ¿Es que siempre tenéis que dar el espectáculo en la calle?* V. *Montar una escena*.

Dar/pegar **el**/un **gatillazo** La expresión *Dar gatillazo* es, según el *DRAE*, 'malograrse la esperanza o concepto que se tenía de alguien o algo' significado que, la verdad, no tiene mucho rendimiento en nuestra lengua. Sí lo tiene, en cambio el de, expresado finamente, 'impotencia transitoria del hombre durante la cópula; pérdida de la erección durante el acto sexual'. *Mucho presumir, mucho presumir y luego es de los que dan el gatillazo una vez sí y otra también, que te lo digo yo*... En ambos casos, en el segundo con metáfora *(pene = gatillo)* está incluida la explicación en el significado literal de gatillazo: 'ruido del gatillo de las armas de fuego, especialmente cuando se encasquillan y no sale el tiro'. Cambien *tiro* por lo que quieran...

Dar el motete Aburrir. Molestar a alguien con discursos repetitivos o interminables. *¡Basta ya de quejarte de que hace calor! ¡Deja de darme el motete, por favor! ¿Es que tengo yo la culpa de que sea verano?* El *motete* era una composición musical breve, con letra de textos de las Escrituras, que se repetía durante las celebraciones religiosas. V. *Dar el cante*||*Dar la nota*.

Dar el pego Engañar. Hacer creer lo que no es. *Este abrigo es de piel sintética, pero ¿a que da el pego?* La expresión se origina en una trampa —el *pego* o la *pega*— que antiguamente se hacía en algunos juegos de cartas y que consistía en untar levemente algunas de ellas con una sustancia pegajosa, por lo general pedacitos de cera que se ablandaban en la mano, para que quedasen unidas entre sí o para que la sintiera al tacto quien las repartía. V. *De pega*||*Poner pegas*||*Tirarse un pegote*.

Dar(se) **el queo** Avisar. Advertir: *Esta noche no voy a venir a casa, pero como le des el queo a alguien te vas a enterar.* Con *darse,* es 'huir, escapar': *Aquí lo único que haces es estorbar, así que date el queo y vuelve más tarde.* La frase nace en el argot de la delincuencia con el significado de 'dar la alarma para huir; avisar de la presencia de la policía'. En caló *queo* es 'casa' y con la exclamación *¡Queo!,* que se interpreta por algo así como «¡A casa!», los delincuentes avisaban a sus compinches de que se acercaba la policía o de que había algún peligro.

Dar el tostón (Ser un tostón) Aburrir. Molestar. *Anda, deja ya de darme el tostón y cómprate lo que te dé la gana. Toma, aquí tienes el dinero.* Se llama *tostón* al trozo de pan frito o tostado (de ahí el nombre) con el que se acompañan algunas comidas, por lo general cremas, sopas o revueltos. El tal trozo, complicado de comer por lo grande y seco, suele resultar de difícil y pesada digestión. De ahí que, trasladando lo dicho al campo de las relaciones humanas, *dé el tostón* quien sea pesado, repetitivo y, metafóricamente hablando, difícil de digerir, o como se dice en español coloquial, de *tragar.* Como sustantivo, es *un tostón* la persona o cosa con las características antes reseñadas: *¿Divertida esa película? Es un tostón insufrible.*

Dar en el blanco/en la diana (Hacer blanco/diana) Acertar. Atinar. *Creo que con este regalo vamos a dar en el blanco, porque se vuelve loca con los libros antiguos.* El *blanco* es el objeto que se sitúa a distancia para ejercitar la puntería o el objetivo sobre el que se dispara un arma. Es posible que la denominación se deba a que se procuraban colocar como *blancos* objetos de color claro, que se distinguen mejor en la distancia y con poca luz. La *diana* es el punto central de dicho blanco o el círculo sobre el que se dispara o se lanzan dardos o flechas. V. *Dar en el clavo.*

Dar en el clavo/en el hito Acertar o adivinar algo. *Mira, con tu regalo has dado en el clavo, porque, la verdad, necesitaba ese libro.* Se supone que quien intenta clavar un clavo ha de atinar con el martillo, como ha de atinar quien dispara a un blanco o a una diana. Parece ser que existía en los siglos XVI y XVII un dicho, alusivo a la torpeza de alguien, que era algo así como «eres como el herrero, que da un golpe en el clavo y cien en la herradura» (v. *No dar una en el clavo*), en alusión al trabajo que consistía en agujerear la herradura con un clavo para permitir la entrada de las puntas que la fijaban al casco de la caballería. La expresión podría proceder también del antiguo juego del *hito,* que consistía en acertar con una moneda o con una pieza de metal o de cerámica en un *hito* —un clavo introducido en el suelo—. La frase *dar en el hito* está documentada en algunos textos de la época antes citada. V. *Dar en el blanco.*

Dar/herir **en lo vivo** Volver a herir o a causar dolor, generalmente en el sentido de pena o tristeza, a alguien que antes ha sufrido por el mismo motivo. *Hace apenas un año la fábrica en la que trabajaba quebró; hace unos días* *ha sucedido lo mismo con la empresa en la que estaba colocado ahora. La verdad es que esto último le ha dado en lo vivo.* La expresión *lo vivo* hace referencia a una herida abierta, de ahí la locución *En carne viva*, y posiblemente *Dar en lo vivo* fuera originariamente golpear a las caballerías donde se les hacía más daño, es decir, en heridas o mataduras anteriores, como así refleja Gonzalo Correas en su *Vocabulario de refranes y frases proverbiales* (1627): «Metáfora de las bestias matadas, que sienten allí más los palos. Díjose por picar y tocar y morder a uno con razones o palabras en lo que más siente». V. *Abrirse la herida*||*Cerrarse la herida*||*Escarbar en la herida*||*Lamerse las heridas.*

Dar fe de algo Asegurar. Certificar. Estar totalmente convencido de algo. *Está mintiendo descaradamente. Puedo dar fe de que a las seis de la tarde no estaba en casa, porque a las seis menos dos minutos salía por el portal. Ana y yo lo vimos.* La expresión *Doy fe* es la fórmula, con total validez jurídica, con la que los notarios certifican en sus escritos la veracidad de algún asunto. V. *A carta cabal.*

Dar/vender **gato por liebre** Engañar. Dar una cosa diferente, normalmente de menor calidad, de la solicitada. *Me parece que el carnicero me ha dado gato por liebre y me ha vendido carne de segunda a precio de carne de primera.* Era normal hace años servir en las ventas y hosterías carne de gato haciéndola pasar por carne de liebre, conejo o cabrito, tal es el parecido físico una vez desollados y, dicen, el sabor, sobre todo si previamente se metían en adobo. Tal llegó a ser la desconfianza de los clientes de estos establecimientos que circulaba un conjuro que se servía al serles servida la pitanza: «Si eres cabrito, mantente frito. Si eres gato, salta del plato». Historias de la posguerra nos hablan de cómo los gatos, una vez limpios, se dejaban un par de noches al sereno para que la carne se reblandeciese. Ni el paladar más exquisito era capaz de establecer la diferencia y menos cuando se guisaban con arroz.

Dar guerra Molestar, importunar. La locución puede aplicarse tanto a personas como a cosas: *Yo no sé qué tiene este niño. Lleva todo el día dando guerra; a lo mejor es que le están saliendo los dientes.*|*Llevo una semana horrible en el trabajo. Estamos terminando unos informes que nos están dando guerra de verdad.* A veces se usa en sentido positivo, para indicar que alguien aún tiene fuerza o cosas importantes que hacer o que decir: *Pensábamos que su carrera como escritor ya había terminado, pero con esta novela nos ha demostrado que aún va a dar mucha guerra.* V. *Buscar guerra*||*Dar batalla.*

Dar jabón a alguien (Darse jabón) Adular a una persona. Intentar ganarse su confianza para obtener beneficio. *No vas a conseguir aprobar la asignatura, por mucho jabón que des al profesor.* Esta expresión seguramente está relacionada con *Bailarle a alguien el agua* (v.), o sea, con la costumbre de ofrecer agua y jabón a alguien que llega a algún lugar para que se lave las manos en señal de hospitalidad. De todas formas, la frase también podría estar relacionada con la antigua costumbre de dar jabón a las cuerdas o ruedas de las máquinas para que se deslizaran con más facilidad, más o menos el mismo efecto que consigue el «enjabonador» en el «enjabonado». Quien se da jabón a sí mismo, por tanto, se autoalaba descaradamente. *Pues a mí me parece un tío normalito, más bien tirando a imbécil. No sé por qué ese empeño en estar todo el día dándose jabón.* V. *Adorar al santo por la peana‖Dar betún a alguien‖Dar coba‖Hacerle a alguien la pelota.*

Dar jicarazo Terminar algo de cualquier manera, rápidamente y sin poner mucho interés. *A ver cuando le doy jicarazo de una vez por todas a ese trabajo de literatura, que ya me está desesperando.* El término *jicarazo* es el golpe dado con una jícara, una taza o pocillo de madera o de loza usada sobre todo para tomar chocolate. Es posible que la locución se refiera a la conclusión habitual de las discusiones tabernarias: lanzándose platos, vasos o, si se ponían a mano, jícaras.

Dar (mucho/poco) **juego** Tener algo o alguien más efecto o rendimiento de lo previsto. *El toro, pese a salir muy parado, se vino arriba y dio juego en la muleta.* Es posible que la locución naciera referida al jugador mano, que en los juegos de cartas reparte, a quien da el juego.

Dar/tomar **la alternativa** Trasladar a una persona alguna responsabilidad o cederle un cargo. En el caso de *tomar la alternativa,* 'recibir o aceptar tal responsabilidad'. *Ya es hora de que los que llevamos mucho tiempo al pie del cañón nos retiremos a descansar y demos la alternativa a los jóvenes, que vienen con fuerza y ganas de trabajar. Da la alternativa* el torero con más años de profesión al novillero que torea su primer toro, en una ceremonia en la que el primero cede el estoque y el capote al novato, denominado en la jerga taurina «toricantano», término que recoge todo lo que de ritual tiene el acto de la toma de la alternativa. V. *Ceder los trastos.*

Dar la barba Demostrar alguien su valentía o sus capacidades en una situación complicada. *Sé que estás enfadado con Luis y creo que de nada sirve que te escondas; da la barba y habla con él.* La barba era para muchos pueblos de la Antigüedad, entre ellos para muchas tribus germánicas, símbolo de valentía y virilidad: se la acariciaban antes de entrar en combate, juraban por ella y consideraban grave ofensa que alguien se la tocara; de ahí el significado de la locución. Basta echar un vistazo al *Cantar de Mio Cid* para constatar la cantidad de veces que el anónimo autor se refiere al héroe como «el de la barba vellida» ('vellosa, poblada'), o las ocasiones en que, antes de entrar en combate, se mesa las barbas. V. *Dar la cara‖En las barbas de alguien‖Mentir por la barba‖Pelillos a la mar‖Por barba‖Ser un tío con toda la barba‖Subírsele a alguien a las barbas.*

Dar la barrila Molestar. *Mira, tío, haz lo que quieras y no me des la barrila. Si quieres salir, sal; si te quieres quedar en casa, quédate.* El término *barrila* es una palabra puesta de moda hace unos años y que formó parte del lenguaje juvenil conocido como *cheli*. El término, derivado de *barril*, se emplea en algunos lugares del norte de la Península para denominar a una especie de botija. Es difícil de saber cómo ha llegado al significado de 'molestia, escándalo, confusión' con el que se usa actualmente, quizá porque en algunas fiestas o juegos populares se usaran para romperse, con el consiguiente ruido, o quizá porque fueran demasiado grandes para beber, incómodas de manejar... No dejan de ser, tal vez más que otras veces, meras conjeturas.

Dar la brasa Molestar a una persona. No ha de olvidarse, para relacionarlo con *brasa*, que en español existe el uso del verbo *quemar* con el sentido de 'cansar, molestar o agotar la paciencia de alguien' (v. *Estar alguien quemado*). A veces, incluso, se dice *abrasar* con el significado de 'agotar', de 'cansar completamente a una persona con discursos aburridos o fuera de lugar'. *Nos dio la brasa durante un año con el rollo de que se iba a comprar un mercedes y ahí lo tienes, con un utilitario, como todos.*

Dar/recibir **la callada por respuesta** Contestar intencionadamente a algo con el silencio. *Le pregunté por qué no quería hablarme, pero me dio la callada por respuesta.*

Dar la campanada Llevar a cabo alguna acción inesperada y que causa gran impacto. *Un escritor completamente desconocido ha dado la campanada y ha conseguido ganar el Premio Cometa de literatura, el más importante que existe en España.* Aún hoy, sobre todo en los pueblos, se anuncian con campanadas los hechos importantes: nacimientos, fallecimientos, peligros diversos, fiestas... Ésta parece ser la razón del dicho, aunque algunos autores sostienen que se debe a la «hazaña» del rey aragonés Ramiro II, *el Monje* que sofocó una revuelta de los nobles cortándoles la cabeza y colgándolas a modo de campana (v. *Más sonado que la campana de Huesca*). V. *Darle a alguien un toque*||*Lanzar las campanas al vuelo*||*Oír campanas y no saber dónde*||*Parece que te llaman con campana.*

Dar la cara No esconderse. Asumir responsabilidades o culpas. Responder una persona de sus propios actos. *En los momentos difíciles uno no puede esconderse. Hay que dar la cara y tratar de solucionar los problemas* La cara es lo que primero destaca de una persona y, en caso de pelea, el primer objetivo, la primera parte del cuerpo en la que hacer daño. V. *Plantar cara*||*Sacar la cara por alguien*||*Tener más cara que espalda.*

Dar la espalda Rechazar, despreciar a alguien. Rehuir el trato con una persona (v. *Dar de lado*): *Tenía diecisiete años cuando se quedó embarazada El padre no quiso saber nada y hasta su propia familia le dio la espalda. Tuvo que buscarse la vida desde muy joven. Realmente se merece todo lo que tiene ahora.* Superar un problema, una adversidad o una situación complicada: *Por fin, después de tantos sacrificios, podemos dar la espalda a este año, realmente horrible para nuestra empresa.* V. *Volver la espalda.*

Dar/pegar **la**/una **espantada** Mostrar cobardía. Huir precipitada y poco airosamente de una situación problemática. *Cuando uno mete la pata y ofende a los demás debe por lo menos disculparse y asumir sus responsabilidades, y no dar la espantada y esconderse, como has hecho tú.* El dicho es muy usado en el lenguaje taurino para denominar la actitud «poco valiente» de algunos toreros que, más que valor, muestran *espanto* ante el morlaco. La expresión se popularizó tras habérsele aplicado a uno de los toreros más grandes de la historia de la tauromaquia, capaz de combinar el arte más puro y el valor más sincero con la desinhibición más flagrante y el canguelo más evidente: Rafael Gómez *El Gallo* (1882-1960).

Dar la lata/el latazo Molestar, aburrir, cansar física o moralmente a alguien. *Niño, por favor, deja de dar la lata con el juguetito ese, que tiene un sonido insoportable.* Para explicar el origen de la locución, se han ofrecido diversas explicaciones. Muchas apuntan a la costumbre de las «cencerradas», que existía y hoy existe en algunos pueblos, y que consiste en disfrazarse y hacer sonar cencerros y esquilones, o golpear o arrastrar por las calles latas vacías, especialmente por la noche —con la consiguiente molestia—, sobre todo en Carnavales y Navidad. Según el gran filólogo Dámaso Alonso (1898-1990), *lata* no es aquí el recipiente metálico, sino un palo o estaca, antigua voz, existente también en portugués y en francés *(latte),* derivada de la latina *latta,* 'vara, tabla'. *Dar la lata* sería, pues, 'golpear con un palo', explicación que podría aplicarse a las locuciones, de idéntico significado, *Dar la paliza* (v.), 'golpear con palos', y *Dar la vara* (v.). Alonso explica que en varios textos del escritor parisino François Marie Arouet, *Voltaire* (1694-1778), aparece la expresión *coup de latte,* 'varapalo'. En esta misma línea hay una interpretación curiosa: para algunos la expresión está relacionada con la acepción de lata como 'tabla delgada sobre la que se aseguran las tejas', derivada también de la *latta* latina citada antes. Con la lluvia y el viento las tejas golpean estas tablas, *dan la lata,* con la consiguiente molestia. Para otros la locución está relacionada con las molestias que provocaban con su insistencia y sus exigencias los antiguos soldados de los siglos XVI y XVII cuando recorrían los despachos pidiendo compensaciones o trabajo con su licencia y sus pliegos de hazañas enrollados (v. *Ser un rollo*) dentro de un canuto de lata. Justificaría lo dicho el hecho de que en la época, y posteriormente, se usa con el significado de 'licenciar al soldado o despedir a alguien de un trabajo' la expresión, hoy en desuso, *dar canuto* o *dar el canuto* (v. *Pasarlas canutas*). La explicación más pintoresca es, sin duda, la que da don José María Sbarbi, quien apunta que el dicho pudo haber nacido en Málaga, ciudad en cuya cárcel se vendían a los presos unas latas llenas de restos y posos procedentes de la elaboración de los vinos y de la destilación de licores. Los que tomaban el brebaje se emborrachaban con increíble rapidez y molestaban a sus compañeros lanzándoles las latas y haciendo ruido con ellas.

Dar la mano y tomarse el pie Abusar de la confianza que una persona deposita en otra. La confianza queda clara en el hecho de tender la mano a otra persona; el abuso, en la hipérbole humorística que supone el agarrarse al pie de otro. *A los niños no puedes darles tanta confianza y tratarlos siempre como si fueras uno de ellos, porque les das la mano y se toman el pie.*

Dar la matraca/la monserga/la murga/la serenata Significa 'molestar, agobiar'. *Si sigues dándome la matraca con la eterna pregunta de si nos vamos de vacaciones, vas a terminar yendo tú solo.* La *matraca* es una especie de carraca, un instrumento de origen árabe —su nombre deriva del vocablo *tárak*, 'golpear'— formado por unas bolas de madera que al girar golpean una tablilla y provocan, más que un sonido, un ruido. Antiguamente se usaba en los conventos para avisar a los monjes o para llamarlos a maitines. También en las iglesias el monaguillo manejaba una *matraca* o una campanilla para ir anunciando a los fieles las diferentes partes de la misa. Hoy sirve como acompañamiento a algunas procesiones en tierras castellanas. *Monserga* es un discurso confuso, pesado y aburrido. Se llama *murga* a un grupo de músicos no muy hábiles que entonan (o desentonan) canciones y melodías festivas, especialmente en carnavales o en fiestas populares. *Serenata*, palabra de origen italiano, es la música compuesta especialmente para ser interpretada al aire libre, generalmente por la noche, destinada a cantársela a alguien (no diremos «a una mujer» por eso del machismo), a ser posible bajo su balcón. Los vecinos del destinatario seguro que usarían la expresión con el significado con el que la usamos hoy en día.

Dar la nota Llamar de forma evidente y negativa la atención. Comportarse en algún lugar de manera inconveniente. *Te digo que tienes que venir elegante a la fiesta, que es una reunión social muy importante, y tú, dando la nota, como siempre, te presentas en vaqueros y zapatillas de deportes.* La expresión procede del mundo de la música, donde se usa la expresión *dar la nota discordante*, que es lo que hace el músico o cantante que se equivoca de nota, con lo que se pone en evidencia y se destaca negativamente sobre sus compañeros. V. *Dar el cante*||*Dar el do de pecho*||*Dar el motete*||*Darse tono*||*Exagerar la nota.*

Dar la paliza (Ser un paliza(s)) Molestar, aburrir o cansar a alguien. *Paliza* es el resultado de apalear a alguien, de darle con palos. Así, metafóricamente hablando, queda la persona que sufre la pesadez y el aburrimiento provocados por otra. *Todo el año dando la paliza con ese cantante, que ni canta ni nada, y ahora dices que ya no te gusta. No hay quien te entienda, la verdad.* Existe también la expresión *ser un palizas* para hacer referencia a alguien extremadamente pesado o aburrido. V. *Dar la lata*||*Dar la vara.*

Dar la pelma/la pelmada (Ser un pelma(zo)) Significa 'cansar, molestar'. *Anda, cómprale el helado al niño, porque lleva ya dos horas dando la pelma y hasta que no se lo compres no va a parar.* El término *pelma* es, en su primer significado, una cosa compacta y casi inseparable —de ahí la palabra *apelmazado*—; en un uso figurado, significa también 'digestión pesada'. La metáfora está clara, la expresión *ser un pelma* hace referencia a la persona «indigesta», es decir, a quien aburre y cansa, a quien se demuestra pesado, insistente en exceso. *Hay que ver qué pelma eres. Y me has dicho siete veces que mañana tenemos que ir donde tu madre. No te preocupes, que no se me olvida.*

Dar la tabarra Molestar, aburrir, cansar. *¡Vaya niños más maleducados! La hora que han estado aquí no pararon de dar la tabarra y sus padres tan contentos y sin decirles nada.* El *tabarro* o *tábarro* es ese insecto, llamado más comúnmente *tábano,* una especie de pesado e insistente abejorro, de dolorosa picadura y molesto zumbido, que a duras penas conseguimos quitarnos de encima. V. *Mosca cojonera.*

Dar la talla Ser apropiado o tener las cualidades para hacer algo. *Para estar al frente de un país se necesitan políticos preparados, gente que en las situaciones difíciles sepa dar la talla.* La locución proviene del mundo militar, donde está interpretada únicamente en sentido físico, no moral. El primer paso de los mozos para cumplir el servicio militar es *tallarse,* medirse. *Da la talla* quien tiene la altura suficiente para incorporarse a filas o quien no se pasa por exceso.

Dar la vara Aburrir, molestar de forma insistente. *No me des más la vara con temas de trabajo que estoy de fin de semana.* Esta locución, tan en boga hoy en el lenguaje juvenil, es posible que tenga el mismo origen que *Dar la lata* (v.), o *Dar la paliza* (v.). En el primer caso, en opinión de Dámaso Alonso (1898-1990), *lata* podría entenderse como 'palo, madero, vara', palabra que apenas se usa hoy pero que se usó antiguamente en nuestra lengua y que procede de la latina *latta,* 'tabla, palo'. De todas formas en textos antiguos y en otras lenguas, como el portugués, existen, con el significado de 'molestia', referencias a los golpes dados con el objeto con el que se hacen sonar latas, tambores y otros instrumentos similares: *mazazo, porrada, macanazo...* Asimismo, son muy tradicionales en las fiestas populares los personajes que, como la *birria* (v. *Ser una birria*), el *zangarrón* o los cabezudos, golpean o molestan con varas a los presentes. Por otra parte, algunas interpretaciones relacionan esta vara con la puya (v. *Admitir puyas*) o garrocha con la que el picador «molesta» al toro. En lo que se refiere a la *paliza,* la relación entre golpear a alguien con un palo y hacerlo con una *vara* parece bastante evidente. V. *Dar la paliza.*

Dar(le) **la vuelta a la tortilla** (Girar(se)/volverse la tortilla) Cambiar por completo una opinión o una situación, como ha de girarse ciento ochenta grados la tortilla en la sartén para que se haga por ambas partes. *Tú has dicho que nos invitabas a cenar a todos, no quieras ahora dar la vuelta a la tortilla diciendo que lo has dicho de broma...*

Dar largas Alargar, retrasar deliberadamente el cumplimiento de algo. *Llevas un año diciéndome que un fin de semana me lleves a Madrid y este fin de semana tampoco. Estoy harta de que me des largas*. Habría que buscar quizá el origen de la expresión en el mundo de los toros, en el que una *larga* es una suerte de capote muy empleada para recibir al toro, que sale con fuerza y pies de los chiqueros. El torero despliega la capa y mueve con mucho recorrido los vuelos de la tela para que el animal se desplace lejos. Donde se dice *toro* dígase *obligación*. Donde se dice *suerte de capote* dígase *estratagema* para dejar pasar y alejar tal obligación.

Dar las últimas boqueadas/bocanadas Estar a punto de llegar al final una época, un periodo de tiempo o un asunto. *España perdió sus últimas colonias cuando el siglo XIX daba las últimas boqueadas*. Da *boqueadas*, es decir, abre la boca compulsivamente el pez cuando, fuera del agua, intenta obtener oxígeno. Por cercanía formal, fonética y de significado usamos también el término, en principio incorrecto, *bocanada*, que en realidad es la cantidad de líquido que se toma en la boca o se expulsa o el humo que se echa cuando se fuma.

Dar leña [repartir; sacudir] Golpear. Pelear de forma violenta. En la actualidad el uso de la locución ha quedado prácticamente reducido al lenguaje deportivo. *Realmente no hubo partido, porque el equipo visitante se olvidó del balón y se dedicó a dar leña*. Sin duda la expresión alude a las peleas con palos o estacas, *leña* en cualquier caso. V. *Dar caña*||*¡Leña al mono!*

Dar lustre (Para mayor lustre||Dar brillo) Realzar. Dar esplendor. *Para dar lustre a la ceremonia se ha pensado que actúe la orquesta de cámara al principio y al final*. Lustre es 'brillo', especialmente el que se obtiene limpiando los objetos de metal o los zapatos *Dar jabón* (v.).

Dar/tener **luz verde** Otorgar permiso o autorización para tomar alguna medida o llevar a cabo alguna acción. *El Gobierno ha dado luz verde a las empresas petroleras para que, a partir del próximo mes, suban de forma graduada el precio de los combustibles*. La luz verde es la que en los semáforos permite el paso de vehículos o peatones. En nuestra sociedad el color verde se interpreta como permiso y el rojo como prohibición.

Dar marcha atrás (Poner la marcha atrás||Echarse atrás) Desdecirse. Rectificar una decisión. Abandonar una empresa ya iniciada. Cambiar de opinión. *El Gobierno, ante las presiones de todos los sectores sociales, ha decidido dar marcha atrás en su decisión de subir los precios de los combustibles*.

Dar pábulo Avivar o agravar con palabras o con hechos un problema, una situación ya de por sí complicada. Suele referirse a calumnias o a rumores infundados. *No se puede dar pábulo a infundios tan graves como esos sin comprobar antes la veracidad de los hechos*. El término *pábulo* es una voz infrecuente, usada sólo en registros muy cultos, que significa 'comida, alimento'. De hecho, quien *da pábulo,* alimenta la gravedad de la situación. A veces se oye **Dar pábilo,* incorrección debida a un cruce con *pábilo,* 'mecha que está en el centro de la vela; parte quemada de esta mecha', origen de *despabilar.*

Dar/estar de **palique** Dar conversación. Hablar durante bastante tiempo, por lo general de asuntos intrascendentes. *No me gusta nada este dependiente. En lugar de limitarse a enseñar a los clientes el género y a intentar venderlo se dedica a darles palique.* El término *palique* está relacionado con *palo* o *palillo* y seguramente es una forma de identificar la conversación ligera, alegre o intrascendente con el repiqueteo de los palillos o castañuelas. Como curiosidad diremos que en Puerto Rico existe, con el mismo significado, la expresión, bastante malsonante por estos lares, *echar un palito.*

Dar palos de ciego Actuar a tientas, sin rumbo fijo, sin saber lo que se hace. *Así nunca vas a conseguir terminar la tesis. Cada día cambias algo. A mí me parece que estás dando palos de ciego.* Este dicho se enmarca en ese grupo de expresiones *—ciego de ira, de pasión, de dolor, ponerse ciego—,* que tratan de reflejar inconsciencia o falta de medida, como si el protagonista no viera lo que hace por estar ciego. A propósito de la locución que nos ocupa, habría que decir que existen juegos, el más famoso es la *piñata,* que consisten en vendar los ojos del participante y entregarle un garrote para que, a tientas, rompa una olla de barro que contiene caramelos, agua, harina... Por otra parte, en algunas fiestas medievales de Castilla, Aragón y Navarra se llevaba a cabo un cruel juego consistente en armar a unos ciegos con estacas e introducirlos en un corral con varios cerdos vivos, a los que debían golpear. Los asistentes se divertían más con los garrotazos que se propinaban entre sí los desdichados que con los que daban a los animales. Esto se cuenta, por ejemplo, en la crónica latina del Alfonso VII, *el Emperador,* rey de Castilla y de León, en el episodio referido a las bodas de su hija bastarda, Urraca, con García Ramírez, rey de Navarra, celebradas en 1144. Como aclaración diremos que esta Urraca no es la doña Urraca que fue reina de Castilla, madre de Alfonso VII y, por tanto, abuela de la primera. Resulta fácil asociar estos «juegos» con el significado de la expresión.

Dar pie Dar motivos a alguien para que actúe o hable de una forma determinada o ayudar a que se realice alguna acción. *La situación económica ha dado pie al ministro para bajar los impuestos.* La expresión puede llegar a nuestros días por dos caminos diferentes, puesto que *dar pie* era ayudar al jinete a subirse a la cabalgadura colocándole el pie en el estribo o permitiéndole el criado, palafrenero, que lo apoyara en sus manos. *Dar* o *decir el pie* es una expresión de la jerga teatral que se emplea para que un actor diga la frase o frases finales de su intervención a fin de que su compañero de diálogo pueda iniciar la suya. Cualquiera de las dos explicaciones nos sirve, pero es la primera la que tiene más visos de ser el origen de la locución actual.

Dar/estar de **plantón** No acudir a una cita, en este caso la persona que espera queda *plantada* o *está de plantón:* sola e inmóvil, como si fuese una *planta*. Es posible que la locución se originara en el lenguaje militar, referida al soldado que hacía guardia. *Quedamos a las ocho en punto, pero por favor, no me des plantón, como haces normalmente*. V. *Dejar plantado*.

Dar/haber/pegar/ser (el/un) **pucherazo** (Volcar el puchero) Manipular los resultados de una elección realizada mediante emisión de votos, aumentando o disminuyendo fraudulentamente su número o cambiando su sentido. *Los dirigentes de ese país quieren hacernos creer que han implantado un sistema democrático, cuando todos los observadores internacionales coinciden en que en las últimas elecciones han dado un pucherazo tremendo, porque la victoria de los partidos opositores estaba cantada*. Seguramente la frase tiene que ver con el hecho de que antiguamente, para elegir a los representantes en las juntas comunales o en cualquier otra institución se votara en pucheros u ollas de barro. Para cambiar el sentido de la votación era necesario volcarlas o romperlas, es decir, *dar un pucherazo*. Esta trampa se «institucionalizó» en nuestro país durante la segunda mitad del siglo XIX, periodo en que los partidos conservador y liberal se alternaban en el gobierno cada cierto tiempo, fuera cual fuera el resultado real de las elecciones —qué casualidad—. Es el sistema conocido como «turnismo», que, no puede decirse lo contrario, contribuyó a atenuar las turbulencias políticas y sociales de la época y a dar estabilidad a la institución monárquica. Conocida es la frase que el rey Alfonso XII (1857-1885), en el lecho de muerte, le dijo a su esposa, María Cristina de Habsburgo-Lorena (1858-1929), futura regente, a propósito de tan «estable» sistema político: «Cristinita, ya sabes: de Cánovas a Sagasta y de Sagasta a Cánovas». Antonio Cánovas del Castillo (1828-1897) y Práxedes Mateo Sagasta (1825-1903) eran, respectivamente, los jefes de los partidos conservador y liberal.

Dar puntadas gruesas/gordas (Coser con hilo gordo/puntadas gordas) Hacer algo con poca atención o poco interés, de forma rápida o descuidada. *Sé que este trabajo lo he hecho dando puntadas gruesas, pero no tenía otro remedio si quería terminarlo a tiempo. Más adelante intentaré perfeccionarlo*. La frase nos lleva a pensar en los hilvanes de los sastres y modistas, esas puntadas largas, rápidas y provisionales que dan para ajustar y probar las prendas antes de coserlas de forma definitiva. V. *No dar puntadas sin hilo*||*Hilar fino*.

Dar que hablar Ser algo o alguien motivo de discusiones o comentarios. *Este torero ha revolucionado la fiesta y va a dar mucho que hablar en el futuro*.|*El vestido transparente con el que se presentó en la boda dio que hablar. Ya sabes que a ella le encanta dar la nota*.

Dar quince/ciento **y raya** Superar ampliamente en calidad una cosa o una persona a otra. *El libro de Popov sobre la vida del cangrejo de río da ciento* *y raya a todos los que se han escrito sobre ese asunto*. La frase, en sus dos variantes, tiene su origen en el juego de pelota vasca, cuando uno de los jugadores da un *quince*, o lo que es lo mismo, cuatro puntos de ventaja a su contrincante, además de no contarle como punto en contra una *raya*, es decir, la falta que consiste en que la pelota bote en la raya pintada en la pared. V. *Darle cien vueltas a algo o a alguien*.

Dar rienda suelta Dejar que algo o alguien se manifieste libre y espontáneamente. No ejercer ningún control sobre las personas, las acciones o las propias palabras. *En muchos espectáculos deportivos hay violencia y la gente da rienda suelta a toda la tensión acumulada durante la semana*. La *rienda*, ya se sabe, es la cuerda con la que se gobierna a las caballerías, por eso el significado de esta expresión y de otras similares. V. *A rienda suelta*||*Perder las riendas*.

Dar tregua Calmarse, suspenderse por algún tiempo una situación difícil, un problema, un acoso o un dolor: *La situación comienza a recuperarse. Las ventas han aumentado y los bancos están empezando a dar tregua. Con un poco de suerte saldremos adelante*. Se usa bastante en forma negativa: *Tengo que ir al dentista porque ya no puedo resistir más. El dolor no me da tregua y cada vez tengo más inflamada la encía*. El término *tregua* significa el cese temporal de la lucha en una guerra. Como tantas otras palabras de carácter bélico *(guerra, casco, espada, espuela...) tregua* es de origen germánico: *triggwa* significaba 'acuerdo, pacto' en el antiguo gótico. V. *Dar cuartel*||*Lucha sin cuartel*.

Dar tumbos (Ir/andar dando tumbos) Actuar o comportarse de forma confusa o irregular, con dificultades o tropiezos. *Antes de encontrar una situación estable familiar y laboral hay que aprender mucho de la vida, equivocarse y dar muchos tumbos. A todos nos ha pasado*. En el origen de la locución parece estar la forma de caminar de los borrachos.

Dar/ser **un balón de oxígeno** Aliviar una situación complicada. *No se puede ocultar que la situación económica es difícil y que, aunque el crédito del banco nos ha dado un balón de oxígeno muy importante, hay que seguir luchando denodadamente para salir del hoyo*. El *balón* es, en este caso, la bombona, según el diccionario, el 'recipiente para contener gases'. Es evidente que quien no puede respirar encuentra alivio y remedio en el oxígeno.

Dar/pegar/ser **un**/el **braguetazo** Casarse por interés económico un hombre con una mujer rica. *Él treinta años y ella setenta. A mí que no me digan que se han casado por amor. El tío ha dado un braguetazo y no hay más que hablar*. El término *braguetazo* sería, literalmente, el golpe dado con la bragueta... Evidentemente, el amor parece brillar por su ausencia.

Dar/entregar/firmar/ser **un cheque en blanco** Quien da un cheque en blanco autoriza a otro para que obre como crea oportuno, sin considerar los métodos que éste puede emplear o las consecuencias negativas que se derivan. *El presidente le ha dado al entrenador un cheque en blanco para renovar el equipo y tratar de llevarlo a primera división.* V. *Carta blanca.*

Dar un/el **espaldarazo** Ayudar a alguien a conseguir algo, en especial a formar parte de un grupo o a conseguir algún cargo o trabajo. *Es un gran poeta. No me extraña que muchos escritores e intelectuales le hayan dado un espaldarazo para entrar en la Academia.* El *espaldarazo* era el golpe que se le daba a alguien en la espalda para armarlo caballero. Se le daba con la parte plana de la espada. Quien daba el espaldarazo, por tanto, consideraba al nuevo caballero como un igual, lo admitía en su grupo, le «ayudaba» de alguna forma a conseguir sus propósitos.

Dar un giro de ciento ochenta grados Cambiar completamente algo o alguien. Pasar de tener un comportamiento a tener el contrario. Pasar algo de ser positivo a negativo, o viceversa. *Desde que conoció a esa chica ha dado un giro de ciento ochenta grados: de ser antipático y descuidado ha pasado a ser simpatiquísimo y a ir siempre como un pincel.* Quien da un giro de ciento ochenta grados (de media circunferencia) pasa a situarse en la parte opuesta a la que antes estaba. Es la situación que, por ejemplo, tienen en el reloj las doce y las seis, o las tres y las nueve. A veces se oye *giro de trescientos sesenta grados* (circunferencia completa) para referirnos al cambio total o a lo contrario de algo, sin considerar que quien lo diera volvería al mismo lugar en el que estaba, o que la situación que se diera al final volvería a ser idéntica a la anterior.

Dar(le) a alguien **un**/el **mitin** [Armar(se)/preparar(se)/organizar(se)/formar(se)/montar(se) un/el mitin] Soltar una charla larga, aburrida y poco interesante: *Realmente yo quería comprarme la enciclopedia, pero el vendedor nos dio un mitin tan horroroso sobre su utilidad y su magnífico precio que se me quitaron las ganas.* Comportarse de forma inapropiada o vergonzosa: *Cuando quieras discutir con alguien puedes hacerlo con un tono de voz normal y con tranquilidad, no tienes por qué dar el mitin de ayer, que se enteró toda la casa.* El término *mitin,* ya se recoge en el *Diccionario de la Lengua* de la Real Academia Española, es una españolización del inglés *meeting,* 'reunión'. En nuestra lengua ha pasado a referirse casi exclusivamente a las reuniones políticas y a los discursos que en ellas, especialmente en campaña electoral, se pronuncian. La mala prensa y la escasa credibilidad que suelen tener los políticos explican claramente las connotaciones negativas de las que se han teñido las expresiones que comentamos.

Dar un paso atrás (Ser algo un paso atrás) Suponer algo un retroceso, un problema o una contrariedad para conseguir algún fin. *No cabe duda de que esta derrota supone un paso atrás en nuestras aspiraciones, pero el próximo domingo tenemos otro partido y hay que reponerse de este duro golpe.* Como otras expresiones (v. *Dar un paso en falso*), nos remite ésta al viejo tópico del *homo viator,* de la vida humana como camino que debemos recorrer

(v. *Cruzarse en el camino de alguien*). El sabio adagio popular, con un punto de inconsciencia, dice: *Un paso atrás, ni para coger impulso.*

Dar/ser **un paso en falso** (Dar/ser un mal paso/paso equivocado) Equivocarse. Hacer algo que puede acarrear problemas o resultar negativo. Con este mismo sentido se usa el verbo tropezar. *Llevaba una carrera impecable, pero yo creo que ha dado un paso en falso aceptando ese trabajo. Ya veremos qué consecuencias le acarrea.* Es habitual la identificación de la vida con el camino por el que el hombre debe transitar. V. *Cruzarse en el camino de alguien*||*Dar un paso atrás.*

Dar/pegar/ser **un pelotazo** Enriquecerse rápidamente y generalmente mediante la especulación, a través de negocios no muy transparentes. *Toda esa urbanización la construyó un amiguete de un ministro que, según dicen, pegó un pelotazo de miles de millones y después se piró a Brasil.* La locución estuvo muy en boga hace no muchos años, a mediados de los noventa, periodo en el que se habló incluso de la «cultura del pelotazo». *Pelotazo* no es sino el golpe dado con una pelota, en este caso el ganador, el que decide una partida de algún juego o deporte en el que interviene una pelota o balón. En la lengua coloquial también se llama *pelotazo* (o *lignoso)* al trago de una bebida fuerte que se toma para levantar el ánimo o para entrar en calor; evidentemente, golpea en el estómago como si se tratara de una pelota (o de un lingote).

Dar un quiebro Esquivar un problema o una situación difícil. *Ha estado un mes en la UVI, pero le ha dado un quiebro a la muerte y ha salido adelante. Quebrar* es romper lo que está recto. Un *quiebro* es cambiar la dirección bruscamente, como lo hace, por ejemplo, la línea quebrada. La expresión, como otras tantas, alcanza su mayor sentido en el ámbito taurino, en el que un *quiebro* es una forma de poner las banderillas consistente en llegar ante la cara del toro, amagar que se va a salir por una parte y, cuando el animal toma esa dirección, clavar las banderillas y salir por la contraria. El protagonista del ejemplo le hizo esto mismo al negro toro de la muerte.

Dar/ser **un recital** Ofrecer un espectáculo maravilloso, increíble. Obtener mucho éxito en algún asunto. Actuar de forma sobresaliente: *Enhorabuena por tu exposición: has dado un recital de sencillez, profundidad y buen gusto.* Muchas veces se usa de forma irónica, para indicar todo lo contrario: *El torero estuvo brillante con el capote y sublime con la muleta, pero con la espada dio un recital de torpeza: ¡doce pinchazos!* Un *recital* es el concierto de un solo artista que ejecuta varias obras en un mismo instrumento o la lectura de composiciones poéticas. Lo sublime de la música o de la poesía ha quedado en el significado de la expresión.

Dar/pegar/ser **un sablazo** Abusar de la generosidad de alguien pidiéndole dinero, generalmente con insistencia y descaro y con poca intención de devolvérselo: *Luis no tiene problemas económicos. Cuando se le acaba el dinero, se dedica a dar sablazos a los amigos.* A veces se emplea la expresión para dar a entender que algo ha resultado excesivamente caro: *Hemos ido a ese restaurante francés y por cuatro tonterías que hemos comido nos han dado un sablazo impresionante*. El *sablazo* es, en su primera acepción, el golpe dado con el sable. Figuradamente, quien recibe tales sorpresas queda igual de herido que si le hubieran dado un sablazo de verdad. Existe, con el mismo significado que la locución, el verbo *sablear*.

Dar un vuelco Cambiar por completo una situación, como lo que, al girar 180 grados, se vuelca, se cae. *Parecía que los dos bandos jamás se iban a entender, pero la situación ha dado un vuelco increíble e inesperado y parece que mañana mismo van a comenzar las negociaciones*. V. *Darle a alguien un vuelco el corazón*.

Dar/echar/pegar **una cabezada**/cabezadita (Descabezar un sueño) Quedarse dormido por un momento, por lo general en una silla o sillón; de ahí la expresión, puesto que cuando uno se duerme en posición de sentado, la cabeza cae hasta que la barbilla golpea con el pecho. *Antes de ir a trabajar, voy a dar una cabezada. Despiértame dentro de un cuarto de hora, por favor*.

Dar una de cal y otra de arena Actuar alternativamente de forma positiva y negativa. *El equipo no funciona bien. Un día gana y al siguiente pierde. Está dando una de cal y otra de arena*. Antiguamente, cuando no existía el cemento, los ladrillos o piedras se fijaban con *mortero*, un compuesto que se hacía con una palada de cal, el material caro y más noble, la parte buena, y otra de arena, lo más abundante y menos importante. Con frecuencia, con la intención de ahorrar o de engañar al contratante, se echaba más arena que cal.

Dar yuyu (Darle a alguien yuyu||Tener yuyu||Ser algo yuyu) Dar algo repugnancia o repelús. Provocar nerviosismo o inquietud. Considerar que algo o alguien trae mala suerte. *No es que los ratones me den miedo: me dan yuyu.*|*A mí es que el amarillo... Que otro se vista con algo amarillo pase, pero ponerme yo una prenda de ese color, no sé cómo decirte, me da yuyu*. La expresión es relativamente moderna. Generalmente se considera que *yuyu* es la voz resultante de la repetición «¡Huy!, ¡huy!, ¡huy!, ¡huy!...», exclamación de sorpresa o temor. De todas formas, en quechua, lengua amerindia de la que aún quedan restos en Perú, existe una voz onomatopéyica similar que se emplea en conjuros para invocar a los espíritus y, curiosamente, en suahili, lengua de África Oriental, existe la exclamación *¡Juu!* 'arriba', referida a los espíritus que habitan en la cima del Kilimanjaro, la montaña más alta de África, que se eleva entre Tanzania y Kenia. En algunas películas de Tarzán la repiten los porteadores, señalando la montaña, y suena muy parecido a *yuyu*. Presten atención la próxima vez que vean una. Lo del quechua sí puede ser origen de esta expresión, en cambio lo del suahili no pasa de ser simpática coincidencia... ¿O no? V. *Tener mal fario*.

Darle/ponerle **a alguien** (las) **alas** Estimular, apoyar o alentar a una persona para llevar a cabo alguna acción. *Los constantes ánimos de los amigos y de la gente que te quiere te dan alas para superar los momentos difíciles.* Las *alas* funcionan como claro símbolo de libertad, de rapidez y de eficacia. V. *Cortarle a alguien las alas.*

Darle a alguien algo en la nariz (Me da en la nariz que...) Sospechar algo. Prever un acontecimiento, como si se oliera lo que va a suceder, al igual que el perro de caza u otros animales utilizan el olfato para seguir una pista o para localizar a la presa. *Me da en la nariz que el próximo mes vamos a tener poco trabajo.* De hecho, existe el verbo pronominal *olerse* con este mismo significado. *No sé por qué me huelo yo que mañana va a hacer un calor tremendo.* V. *No oler bien algo.*

Darle/meterle **a alguien bacalao** Golpear, derrotar, humillar y, en general, perjudicar a alguien. *Luis y yo estábamos muy confiados en que pasábamos el examen, pero no pudimos ni presentarnos porque nos dieron bacalao en las pruebas físicas.* El *bacalao* era, en tiempos pasados, la comida más humilde, la considerada de peor calidad y uno de los productos más sometidos a fraude, dado que se presentaba en salazón, características que están en el origen de este dicho y en el de otros de nuestra lengua: V. *Cortar el bacalao*||*Te conozco, bacalao, aunque vengas disfrazao.*

Darle a alguien/darse alguien **con la puerta en las narices** (Cerrarle a alguien la puerta en las narices) La frase se puede usar en sentido literal 'no permitir a alguien el paso a un lugar': *Fui a verlo a su casa, pero me dio con la puerta en las narices;* sin embargo se emplea más con el significado de 'negarle a una persona lo que pide; no ayudar a alguien': *He ido a pedir trabajo a un montón de sitios, pero en todos me han dado con la puerta en las narices.* Este uso figurado de *puerta* aparece en otras expresiones: *Abrírsele a alguien todas las puertas*||*Llamar a las puertas de alguien*||*Saber a qué puerta llamar* (v.).

Darle a alguien cuerda/soga **larga** Otorgarle a alguien amplia libertad. Confiar en una persona. En ambos casos, la cantidad de libertad o de confianza están graduadas por el supuesto «otorgador», por lo que el aparente sentido positivo no lo es tanto: larga, sí, pero cuerda al fin y al cabo. *No puedes ser tan estricto con tus hijos. Es mejor que les des cuerda larga, porque así ellos se sienten más seguros y piensan que no los estás controlando todo el día.* Al animal rebelde se le ata corto (v. *Atar corto a alguien*), al más dócil, largo. El dicho está relacionado con una serie de refranes del que quizá el más representativo (y machista) sea el que afirma que *a la mujer y a la cabra, soga larga.*

Darle a alguien el día/la mañana/la tarde/la noche/la comida/la cena Molestar a alguien durante el periodo indicado. *A ver si consigues tú que el niño se duerma, porque me ha dado el día: no ha parado de llorar un solo* *instante desde las nueve de la mañana*. El verbo *dar* se emplea, evidentemente, con sentido irónico.

Darle a alguien en la cresta/en la cabeza/en las narices/en los morros Demostrar a alguien superioridad. Dar un escarmiento. Tomarse la revancha. *María decía que yo no era capaz de sacarme el carné de conducir, pues le he dado en la cresta, porque me lo he sacado a la primera*. Es algo así como *dar un capón*, un golpe en la cabeza en señal de triunfo de quien lo da y de humillación por parte de quien lo recibe. *Cresta*, metafóricamente, significa *cabeza*. Las *narices* y los *morros* seguramente se refieren a los golpes que se dan en la parte más sensible de algunos animales, especialmente a los perros, para castigarlos o mostrarles superioridad.

Darle a alguien esquinazo Abandonar la compañía de alguien ocultándose o yéndose. Despistar a una persona que te acosa o persigue. Literalmente, doblar una esquina y desaparecer: *El ladrón, después de haber sido rodeado por seis policías, ha conseguido darles esquinazo*. Antiguamente se decía *dar cantonada, cantón,* aunque no se usa mucho, significa 'esquina'.

Darle a alguien fuerte por algo o por alguien Encapricharse firmemente una persona con algo o con alguien, casi hasta el límite de la obsesión o la manía. El verbo *dar* significa 'golpear, impactar'. *Yo pensé que se trataba sólo de una aventura de verano, pero le ha dado muy fuerte. Ahora va a verla todos los fines de semana*.

Darle/pegarle/meterle **a alguien la**/una **patada** (en el culo) Despedir a alguien. Expulsar a una persona de un lugar o excluirla de alguna tarea. *Después de veinte años trabajando la empresa recorta la plantilla y le dan la patada*. Lo violento y lo injusto de los modales empleados quedan claros en la expresión.

Darle a alguien la puntilla (Apuntillar a alguien||Ser algo la puntilla) Provocar en una persona un disgusto que la deja hundida moralmente. Provocar en alguien la ruina o una gran desgracia. *Sabes que llevo toda la vida enamorada de Carlos y, de verdad, ahora que me has dicho que se ha casado, me has dado la puntilla*. La *puntilla* o *cachete* es el cuchillo que se clava en la nuca del toro cuando está ya caído en la arena de la plaza para cortarle la médula espinal y provocarle definitivamente la muerte. A quien da la puntilla al toro se le denomina *puntillero*. En la expresión ha de leerse *ofensor* igual a *puntillero, ofendido* igual a *toro* y *ofensa* igual a *puntilla*. V. *Darle a alguien un bajonazo||El golpe de gracia*.

Darle a alguien la/una **tarántula**/tarantela (Estar alguien picado de tarántula) Actuar repentinamente una persona de forma inesperada o caprichosa, muchas veces con aspavientos o gestos exagerados. *Estaba tranquilamente sentado leyendo el periódico, me dio la tarántula y me puse a desmontar todas las ventanas para limpiar los cristales.|Yo no sé que tiene este niño en la cabeza. Iba tan tranquilo y de repente le dio la tarántula, empezó a chillar y* *a dar brincos porque quería que le comprara un globo*. La *tarantella,* forma dialectal de *tarantola,* 'un baile típico del sur de Italia, de movimientos rápidos y un tanto violentos que, según algunos, recuerdan a las convulsiones que en algunos enfermos produce la picadura de la *tarántula'*, lo que resulta bastante exagerado, pues el veneno de esta araña peluda únicamente suele producir en el hombre enrojecimiento e inflamación. Es verdad que en la Antigüedad se creía que quienes sufrían ataques epilépticos, cuando no se pensaba en posesiones demoníacas, habían sido picados por estos animales u otros similares (v. *Tener el baile de san Vito*). Según otros, el baile era un conjuro para esquivar la picadura o un remedio contra sus males. Lo que sí está claro es que el nombre de la danza y el del arácnido están relacionados y ambos con la expresión que comentamos y con la antigua, de idéntico significado, *estar alguien picado de tarántula*.

Darle/hinchársele **a alguien la vena** (Darle a alguien la/una venada) Sufrir una persona un ataque repentino y brusco de ira, de rabia o de mal humor. *Ya ves. Estábamos aquí tan tranquilos y de repente a Paco le ha dado la venada, ha dicho que se aburría y se ha ido*. Las expresiones tienen una explicación: cuando alguien se excita o se enfada se le dilatan, se le *hinchan,* algunas venas de la cabeza, especialmente las del cuello y las de los parietales. Por eso decimos también de alguien colérico, que se enfada frecuente y violentamente, que *se le sube la sangre a la cabeza*. V. *Subírsele a alguien la sangre a la cabeza*.

Darle/pegarle **a alguien la**/una **ventolera** Comportarse alguien de forma extraña, inesperada o extravagante. *Cuando ninguno lo esperábamos se levantó y empezó a cantar a pleno pulmón. Le dio la ventolera, como le pasa de vez en cuando. No busques más explicaciones*. Era creencia de los antiguos que el viento influía sobre el estado de ánimo de los hombres, provocaba la melancolía y era incluso causa de la locura. De aquí la expresión. V. *Quedarse de un aire*.

Darle a alguien lo mismo ocho que ochenta (Ser/dar lo mismo/igual ocho que ochenta) No importarle algo a una persona. Se muestra con esta frase que alguien tiene poco interés por un asunto, hasta el punto de no tener en cuenta las posibles consecuencias. *A éste le da igual ocho que ochenta. No estudia ni con examen, ni sin examen, ni por el día, ni por la noche*. Dos cosas nos llaman la atención en la frase: la inexactitud matemática y la elección del número ocho. La explicación nos la puede dar la segunda parte de la frase, que raras veces se usa: *si los ochos son dieces*. Solucionado el problema matemático, nos queda la cuestión de la cifra. Es posible que el dicho se refiera a los reales de a ocho, moneda que a lo largo de la historia tuvo diferentes valores: en el siglo XVI valía ocho reales de plata vieja. Es posible que en algún momento, o en alguna región, se equiparara con ochenta reales normales, es decir, que cada real de plata vieja valiera diez reales. Es posible también que se trate de una frase surgida de algún juego de cartas en el que hubiera que conseguir ochenta puntos: quien hace ocho tantos cuyo valor es de diez puntos consigue la misma puntuación que el que hace ochenta tantos de a uno. Evidentemente, da igual sumarlos de diez en diez que de uno en uno cuando se llega al mismo resultado. V. *No tener un duro*.

Darle a alguien lo mismo/igual **so que arre** (Ser/dar lo mismo/igual so que arre) Mostrar indiferencia o desinterés ante algo. No importarle a alguien los consejos o reprensiones de otros. Ser testarudo. *Si él quiere salir esta noche ya le puedes tú decir so que arre, que saldrá.* «¡So!» es la voz con la que se ordena parar a las caballerías; «¡Arre!» es la exclamación con la que se les anima a iniciar la marcha. Los animales distinguen perfectamente las dos y cumplen las órdenes, no así la persona a la que le aplicamos la frase, que actúa siempre como le viene en gana: si le mandas parar, sigue y si le mandas seguir, para.

Darle a alguien lo mismo/igual **tronchos que berzas** Hacer alguien a todo. No mostrar preferencia por nada. Mostrar indiferencia a la hora de elegir. La frase, como denota su origen, se suele emplear para hacer referencia a la comida: *Yo con mis hijos no tengo ningún problema a la hora de la comida. Les da igual tronchos que berzas. Lo mismo comen carne que pescado, legumbres que pasta...* A veces la usamos también en sentido figurado. *No tengo problemas en ir a ver una película de acción o una comedia; me da igual tronchos que berzas*. Los *tronchos* son los tallos de las hortalizas; las berzas son cualquier tipo de coles y, por extensión, de hortalizas. En caso de necesidad igual se comen las unas que los otros. Las legumbres y verduras, algunas de muy baja calidad, eran en tiempos una parte importantísima de la dieta de las clases sociales más bajas, y de ello han quedado testimonios en la lengua coloquial: V. *En todas partes cuecen habas*||*Importarle algo a alguien un bledo*||*Jugarse las alubias*||*Ser un berzas*.

Darle a alguien mala espina Se emplea esta expresión cuando algo tiene mal aspecto o cuando una situación da la impresión de que va a concluir de forma negativa. *Me da muy mala espina que Juan lleve casi un mes sin llamarme. Seguro que le ha pasado algo*. La *espina*, empleada en sentido figurado, es muchas veces sinónimo de 'pena, desazón o tormento', posiblemente debido a la iconografía religiosa, que nos presenta en no pocas representaciones la espina o la corona de espinas como símbolo del sufrimiento. Por eso la expresión que nos ocupa ha de interpretarse como 'tener pensamientos negativos'. V. *Tener una espina clavada*||*Sacarse la espina*.

Darle a alguien más palos que a una estera (Recibir más palos que una estera) Golpear insistente y violentamente a alguien. *Recuerdo que don Antonio nos daba unas bofetadas terribles cuando no nos sabíamos la lección. A mí un día, por no saber escribir con números en la pizarra «un millón uno», me dio más palos que a una estera*. Las esteras, alfombras gruesas de esparto, juncos o palma, y otros tipos de alfombras se suelen limpiar golpeándolas con un palo o con una especie de paleta de mimbre denominada *palmeta*. De aquí proviene la frase.

Darle a alguien para el/pal **pelo** (Darle a alguien una peluca) Castigar; pegar o darle un escarmiento a una persona. *Manolo no dejaba de insultar al otro conductor. Al final, claro, acabaron discutiendo y el otro, que era un cachas de dos metros, le dio para el pelo*. El origen de la frase seguramente lo tenemos que buscar en *Darle a alguien una peluca*, expresión menos utilizada en la actualidad. Cuando un novicio, en las órdenes monacales, no se comportaba como era debido y sus superiores no lo consideraban preparado para profesar los votos de forma definitiva, le daban una peluca y lo expulsaban del monasterio. Con la peluca podía ocultar la tonsura, símbolo de su anterior condición, hasta que volviera a crecerle el pelo, evitando así comentarios y preguntas indiscretas. De aquí que los superiores solieran reprender a los novicios amenazándolos con darles una peluca, con darles para [tapar] el pelo, es decir, con expulsarlos.

Darle a alguien (el) **pasaporte** Despedir o expulsar a alguien de un lugar o de un empleo: *Después de veinte años en la fábrica ahora resulta que hacen una regulación de empleo y, sin más ni más, le dan pasaporte*. Romper de forma definitiva las relaciones con una persona: *No, él no la ha dejado, ha sido ella la que, con toda la razón del mundo, le ha dado pasaporte*. A veces, con desprendida e irónica crueldad, y más como disfemismo que como eufemismo, se usa con el significado de 'matar, asesinar': *Parece ser que fueron sus antiguos compinches quienes, en un ajuste de cuentas, le dieron pasaporte*.

Darle a alguien puerta Expulsar a una persona de un lugar: *Eran ya las doce y nadie pensaba en irse a su casa, así que, con más o menos buenas maneras, tuve que darles puerta*. Romper una relación. Apartar a alguien del trato: *Llevaban quince años juntos y ni te imaginas lo que ella ha aguantado hasta decidirse a darle puerta*. *Dar puerta* es lo que se hace con las vaquillas bravas en el campo tras haberlas tentado para probar su bravura: abrirles el portón de la plaza de tientas para que vuelvan a los chiqueros o al cercado, lo que se hace al grito de «¡Puerta!», proferido normalmente por el ganadero.

Darle a alguien sopas con honda Superar claramente en habilidad o conocimientos a una persona. *Yo soy mejor que él en Geografía, pero en Física, él me da sopas con honda*. La expresión, interpretada al pie de la letra, nos lleva a pensar en alguien tan hábil que es capaz de darle de comer a otro *sopas*, es decir, pedazos de pan empapados en un líquido, lanzándoselas a la boca con una *honda*. En la lengua coloquial la hipérbole linda muchas veces con el más delirante surrealismo.

Darle a alguien un bajonazo (Despachar de un bajonazo) Acción traicionera, humillante y ofensiva hacia alguien. *No me esperaba que me enga-*

ñaras y que te aprovecharas de mí. Podía esperarlo de cualquier persona menos de ti. Realmente me has dado un bajonazo (v. *Darle a alguien la puntilla*). Con el verbo *despachar*, significa algo así como 'terminar mal y precipitadamente un asunto'. *Este informe que me has presentado es horroroso. Está mal hecho y tiene hasta faltas de ortografía. Se nota que lo has despachado de un bajonazo.* El *bajonazo* es, en el lenguaje taurino, la estocada que cae baja, es decir, alejada del morrillo, de la parte posterior al cuello del animal. Tal espadazo suele provocar un vómito de sangre y es fuertemente criticado por el público, que lo considera una ofensa al toro. Los toreros, a veces, lo usan como recurso para eliminar a un enemigo incómodo de forma rápida y con menos riesgo para su integridad.

Darle a alguien un baño Vencer con mucha autoridad o mostrar gran superioridad sobre otra persona. *¿Que si hemos ganado...? Seis a cero hemos perdido. Nos han dado un baño.* Posiblemente la expresión venga de que en algunos pueblos es tradición arrojar al río, estanque o pilón a los que resultan perdedores en los juegos y competiciones que se organizan con motivo de las fiestas. También podría tener que ver con el antiguo juego, ya practicado en la Grecia clásica, en el que dos grupos, sujetando los extremos de una cuerda, se sitúan cada uno a la orilla de un riachuelo. El juego consiste en tirar de la soga hasta conseguir que los miembros del otro equipo caigan al agua. V. *Llevarse el gato al agua.*

Darle a alguien un corte (Llevarse un corte||Darle corte algo a alguien) Tratar mal a alguien. Provocar en una persona malestar, apuro o vergüenza, sentimientos que sufre quien se lleva un *corte*. *Como un día no le des un buen corte va a estar toda la vida aprovechándose de ti. A ver si de una vez por todas le dices lo que se merece y lo pones colorado.|Claro, yo entré a buscar un libro y me los encontré allí... Imagínate el corte que me llevé.|Yo no lo llamo, que me da mucho corte. Llámalo tú, anda.* El origen de la frase está en la forma que tenían los maleantes y gentes de mal vivir de resolver sus trifulcas: con un navajazo en la cara para que la cicatriz sirviera como motivo de mofa y escarnio. En la expresión, por fortuna, la cuchillada es meramente dialéctica y significa algo así como 'vergüenza'. V. *Cortar por lo sano||Quedarse cortado.*

Darle/cogerle **a alguien un pronto** (Tener un pronto) Tener alguien una reacción inesperada, generalmente violenta. El *pronto* es la primera reacción, la más irreflexiva, la que se produce de golpe, de pronto, y después se atempera. *Cuando la vi me dio un pronto y estuve a punto de irme hacia ella, pero después me lo pensé y me di la vuelta.* Decimos que tiene *un pronto* la persona que en un primer momento se muestra extraña o violenta, pero que después suele cambiar su comportamiento. *Mi padre tiene un pronto terrible y a veces hasta te asusta, pero, si sabes llevarlo, te das cuenta de que en realidad es un pedazo de pan.*

Darle/meterle/pegarle **a alguien un repaso** Demostrar gran superioridad. Apabullar a una persona o a un grupo: *Luis iba de gallito pensando que Marta no había jugado nunca al tenis y al final ella le dio un repaso impresionante: 6-1 y 6-0*. Amonestar o reñir severamente a alguien: *Ayer mi padre se enteró de que había llegado a las tres de la mañana y me pegó un repaso que esta noche se me han quitado las ganas de salir.* Quien *da un repaso* a alguien pasa sobre él (en sentido moral y a veces hasta físico) y vuelve a pasar: como una plancha. De hecho existe, con un significado muy similar, la expresión *Pasarle a alguien por encima* (v.). No obstante, la frase podría estar relacionada con *Darle a alguien una lección* (v.), de significado más atenuado: puede entenderse que quien le da a otro un repaso le da una lección varias veces.

Darle a alguien un tirón de orejas (Tirarle/estirarle a alguien de las orejas) Amonestar o reprender a alguien. *Las ventas han bajado un veinte por ciento con respecto al mes pasado. No tiene mayor importancia pero es normal que el jefe nos dé un tirón de orejas*. La frase tiene que ver con el castigo, habitual en las escuelas, de tirar de las orejas al estudiante si no se sabía la lección o al que no se comportaba según las órdenes del maestro. Curiosamente, entre los soldados romanos el hecho de tirar de las orejas era señal de felicitación y de orgullo, pues de esta manera los jefes agradecían a los legionarios los servicios prestados cuando éstos abandonaban la milicia y se retiraban a colonizar las tierras que les habían sido asignadas. Por eso le tiramos de las orejas, alborozadamente, al que cumple años, infeliz que en España no sale muy bien parado: las orejas doloridas y, encima, le toca invitar.

Darle a alguien un toque (de atención) Amonestar o advertir a alguien. Darle a alguien un aviso. *Si sigue comportándose así y tratando a la gente de esa forma voy a tener que darle un toque*. Es posible que este *toque* tenga que ver con el de la campana, antigua forma de comunicar en los pueblos las noticias buenas, las desgracias y los peligros. En algunos lugares, generalmente en actos públicos (juicios y parlamento), quienes presiden siguen dando toques de aviso, bien con una campanilla (v. *De campanillas*) o bien con el clásico martillo o mazo de madera. V. *Dar la campanada*‖*Lanzar las campanas al vuelo*‖*Oír campanas y no saber dónde*‖*Parece que te llaman con campana*.

Darle/otorgarle **a alguien un voto de confianza** (Ser un voto de confianza) Confiar en alguien que no tiene experiencia y que previamente ha fracasado o no ha mostrado capacidad. *Es cierto, la nueva secretaria tiene unos modales un tanto rústicos y no parece muy despierta, pero yo soy partidaria de darle un voto de confianza. Vamos a esperar un par de meses y luego decidiremos*. En política se denomina *voto de confianza* a la autorización que el parlamento da a un gobierno para que actúe de la forma que considere oportuna en un determinado asunto. Lo contrario, es decir, la prohibición o limitación de una determinada forma de actuar es el *voto de censura*.

Darle a alguien un vuelco el corazón Sufrir un sobresalto, una fuerte impresión, de tal forma que el corazón parece volcarse, ponerse del revés *Cuando vi que el coche estaba a punto de atropellar al niño me dio un vuelco el corazón*. V. *Con el corazón en un puño*||*De infarto*||*Encogérsele a alguien el corazón*||*Tener un pálpito*||*Dar un vuelco*.

Darle a alguien una lección Escarmentar a alguien: *Hay que reconocer que ya no somos los mejores jugando al mus. Estos dos nos han dado una lección impresionante*. Conseguir una persona, con su ejemplo o comportamiento, que otro reconozca sus faltas o reflexione: *Con su comportamiento, Ángel nos ha dado a todos una lección de humildad* De la frase emana un claro sentido pedagógico, educativo, presente en el término *lección*. Se espera que quien la recibe sea capaz de aprender algo. V. *Darle a alguien un repaso*.

Darle/meterle/pegarle **a alguien una leche** una galleta/una castaña/un castañazo (Darse/meterse/pegarse alguien una galleta/una castaña/un castañazo) Golpear o golpearse violentamente. *¿Has visto el debate de ayer en la tele? ¡Fue increíble! Una señora del público bajó al plató y, sin mediar palabra, se fue hacia el ministro y le dio una leche impresionante*. El término *leche*, como en otras expresiones, se usa como eufemismo de *hostia* estableciendo quizá una relación entre alimento corporal y alimento espiritual, aparte de la identificación por el color (v. *De mala leche*||*¡Me cago en la leche!*). La palabra *galleta* —ya tenemos para mojar— parece mucho más adecuada en la expresión por lo que se refiere a su identificación con *hostia*. *Galleta* se utiliza mucho cuando hablamos de tortazos, de golpes en la cara. El término *castaña* tiene en algunos lugares de España, especialmente en Andalucía, el significado de 'chasco, engaño', quizá porque los serranos, considerados tramposos por los de la llanura, tenían la costumbre de pagar con castañas, no siempre bien pesadas ni en buen estado. V. *Cogerse una turca/una castaña*||*Ser algo una castaña*||*¡Toma castaña!*

Darle/meterle **a alguien una manta**/una somanta (de palos) Golpear a alguien mucho y en todo el cuerpo. Darle a alguien una paliza con tanta saña como contundencia. *¡Pobre Don Quijote! ¡Vaya manta que le dan los arrieros en la venta! Y todo porque le dio a uno de ellos un golpecito de nada con la lanza...* Quien tan violentamente actúa cubre el cuerpo de alguien —como lo cubre la manta— de golpes; le teje una manta, también calurosa, pero sin duda menos acogedora. La *somanta* es la sobremanta, es decir la colcha: golpes sobre golpes.

Darle a alguien vidilla Permitirle algo a alguien. Ayudar a que otra persona pueda conseguir algo, generalmente de poca importancia, de ahí la presencia del extraño diminutivo. Es una expresión propia del lenguaje juvenil. *Trabajo por las noches en un bar y me saco un dinero. No es un sueldo, pero me da vidilla y es una ayuda para los estudios*.

Darle algo a alguien mascado (Darle/meterle algo a alguien con cuchara) Facilitarle enormemente una tarea a una persona. Explicarle algo a alguien con total claridad. *Hombre: te he dicho qué libros tienes que usar, te he redactado el esquema, te he enseñado un modelo... Vamos, que te he dado el trabajo mascado*. Las ideas, como los alimentos, también se pueden hacer puré para facilitar su digestión.

Darle de lado algo a alguien Utilizamos la expresión para dar a entender que algo no nos importa: *He suspendido matemáticas, pero me da de lado porque no voy a tardar mucho en dejar de estudiar.* V. *Dar de lado a alguien*.

Darle fatiga algo a alguien Sentirse alguien avergonzado o apurado por tener que hacer o decir algo. *Entra tú, anda, que yo hace mucho que dejé de venir a esta panadería y me da fatiga entrar.* Quien muestra estos reparos intenta decir, de forma hiperbólica, que sufre cansancio, angustia o dificultades respiratorias, que es lo que significa *fatiga*.

Darse/tener (muchos) **aires** (Darse aires de algo||Dárselas de algo||Tener/darse aires de grandeza) Presumir. Vanagloriarse. Hacer ostentación de algo. *No aguanto a Martín. Se da unos aires que para qué. Siempre está hablando bien de él y mal de los demás. Él es el más guapo, el más inteligente, el más trabajador...* El término *aire* se toma aquí en su acepción de 'aspecto, apariencia'. No parecen muy sólidas las explicaciones que identifican la frase con la acción de sacar pecho, de hincharlo, de «darle aire», propia de quien quiere alardear de algo o mostrar superioridad.

Darse bombo Presumir de alguna cualidad. Autoalabarse. Alardear de algo tan insistentemente y de forma tan exagerada que parece que el comentario se anuncia golpeando un bombo, para que todos queden avisados (v. *A bombo y platillo*). *Manoli es guapa, es verdad, pero tampoco es como para darse bombo a todas horas*. Entre quienes leen una tesis doctoral o quienes optan a una plaza de profesor o catedrático se ha puesto de moda la palabra *autobombo* para denominar a la parte en la que el candidato expone sus méritos al tribunal. V. *Darse pisto||Darse tono*.

Darse con un canto en los dientes/el pecho/los pechos Antiguamente la expresión era *darse con un canto en el pecho* o *en los pechos*. Tiene el significado de conformarse con algo que podía resultar o haber resultado peor. *No he comprado mucha lotería este año, o sea, que si me toca algo, aunque sea poco, me puedo dar con un canto en los dientes*. La expresión es algo así como decir: «si me ocurre algo bueno, aunque sea poco, hago penitencia». No parece muy claro su origen, aunque se sabe que algunos pueblos agradecen los favores recibidos de sus dioses o expresan su dolor con una penitencia que consiste en golpearse con piedras o azotarse. Entre los antiguos pueblos árabes y judíos era habitual que, a la hora de lamentarse o de pedir ayuda a Dios, se cubrieran la cabeza con ceniza y polvo, se rasgaran las vestiduras (v. *Rasgarse las vestiduras*) y se golpearan el pecho con una piedra. La costumbre pervive hoy en el rito del perdón en la Misa, cuando, mientras rezan el fragmento del Credo que dice «por mi culpa, por mi culpa, por mi grandísima culpa», los fieles se golpean el pecho con la mano. Algunas formas de penitencia, basadas en la autotortura, persisten, incluso, en nuestro país, en el pueblo riojano de San Vicente de la Sonsierra, cuyos habitantes celebran la Semana Santa con una procesión de penitentes, conocidos como *los picaos*, que se flagelan la espalda hasta hacerse sangrar con una especie de látigo con forma de cola de caballo; o en Valverde de la Vera, en Cáceres, también en Semana Santa, con los *empalaos*, que se atan con cuerdas a un madero.

Darse contra las paredes/la pared (Darse cabezazos/de cabezazos contra las paredes) Estar alguien demasiado enfadado, nervioso o desesperado. *Al salir del examen me acordé perfectamente de todo. Hubiera podido contestar a todas las preguntas sin problemas. ¡Me hubiera dado contra las paredes!* Quienes sufren graves enfermedades mentales suelen golpearse contra las paredes que los rodean, de ahí que las habitaciones de los centros en que son ingresados estén completamente acolchadas. La relación con la frase parece clara. V. *Subirse por las paredes*.

Darse de narices/de morros/de hocicos Encontrarse de forma imprevista y brusca con alguien o con algo que no se ha visto o que no se busca. Es como si uno tocara con la nariz o con la boca a la persona o la cosa encontrada: *Fíjate que no quería ver a Juanita... Pues no hago más que salir de casa, doblo la esquina y me doy de narices con ella*. También significa caerse *De bruces* (v.) o golpearse en la cara: *Me tropecé y me di de narices contra el marco de la puerta*.

Darse el abrazo de Vergara Empleamos esta expresión para dar a entender que entre dos o más personas se ha producido una reconciliación que parecía casi imposible. *Los dos hermanos no se hablaban desde hacía veinte años, pero la hermana ha conseguido que se den el abrazo de Vergara*. La frase hace referencia al acuerdo de paz que puso fin a la primera guerra carlista y que firmaron en Oñate (Guipúzcoa) el 29 de agosto de 1839, y ratificaron dos días después con un abrazo en la localidad también guipuzcoana de Vergara, los generales Baldomero Espartero (1793-1879) y Rafael Maroto (1783-1847), jefes de los ejércitos cristino y carlista, respectivamente.

Darse el gusto (Darse/pegarse el gustazo) Hacer algo que complace o agrada en gran medida. *Ayer acabé el régimen y, te lo tengo que confesar, me di el gusto de meterme un filete con patatas fritas así de grande.*/*Estaba ya harto de que nadie le dijera nada e hiciera su santa voluntad y hoy me he pegado el gustazo de decirle a la cara lo que pienso de él*.

Darse/pegarse **el lote**/el filete Meterse mano. Magrearse. *Yo no me meto en la vida de los demás y cada uno puede hacer lo que le venga en gana mientras no moleste, pero no me parece bien encontrar en cada banco del parque a una parejita dándose el lote a plena luz del día*. El término *lote*, con origen en el francés *lot*, 'parte, porción', se emplea en nuestra lengua para hablar de una porción o grupo de cosas y también de lo que toca a cada cual en una lotería (de aquí el nombre) o en otros juegos en los que se sortean premios en metálico. Parece ser que a este último sentido tenemos que acudir para explicar la locución: cada uno de los que se da el lote obtiene premio del otro... *Filete*, como el verbo *magrear*, parece transmitirnos clara y crudamente la idea de lo carnal.

Darse el/un **pico**/piquito Besarse, por lo general, leve y «superficialmente». *Hombre, no puedes decir que la cosa haya ido a mayores. Si sólo se dieron un pico*. La identificación de la boca con el pico de las aves, como sucede en otros casos parece clara: uno le da la boca al otro. V. *Cerrar el pico*.

Darse/pegarse **la vida padre** Vivir alegre, lujosa y despreocupadamente. *Trabaja cinco horas al día, sólo por la mañana. Gana un sueldo que ni te lo imaginas. Está soltero, vamos, que el tío se da la vida padre*. Como en otras expresiones de nuestra lengua (v. *De padre y muy señor mío*||*Hacerle a alguien padre*), se alude al padre como eje de la vida familiar, figura marcada positivamente en la lengua coloquial a partir de evidentes (y rancias) convenciones sociales: cabeza de familia, responsable de la manutención familiar, figura represora... La figura de la madre no sale tan bien parada: *De puta madre* (v.).

Darse pisto/pote Expresión que significa lo mismo que *darse bombo:* autoalabarse de manera exagerada. *Tu coche es el mejor, el más caro, el más bonito y el más rápido, ya lo sabemos, no hace falta que te des tanto pisto*. *Pisto* es hoy un guiso de verduras, pero antes era un jugo que se sacaba machacando la carne del pollo y de otras aves. Era una comida muy elaborada y cara, que se reservaba sobre todo para los enfermos. Se comprende, pues, la arrogancia de quien se da algo tan precioso y exquisito a sí mismo. En el caso de *darse pote*, cuyo significado es exacto al de *darse pisto*, su origen es también culinario. Esta vez, en lugar de la sopa de ave, alude al suculento y nutritivo plato gallego y asturiano elaborado de forma similar al cocido, con carne, embutidos, verduras y legumbres. V. *Darse bombo*||*Darse tono*.

Darse tono/postín Darse importancia. Vanagloriarse. *Siempre va dándose tono, como un pavo real, y resulta que no vale un duro. Es tan prepotente como ignorante*. Seguramente la locución tiene que ver con la labor del músico que da el tono al resto de la orquesta, es decir, el que con su instrumento les indica la nota adecuada para atacar un pieza (v. *Dar la nota*). *Postín* es lujo, boato. V. *De postín*||*Darse bombo*||*Darse pisto*.

Darse/pegarse/meterse **un tute**/un julepe/una jupa Realizar un trabajo muy intenso o un esfuerzo extraordinario, como extraordinario y poco común es hacer *tute*, reunir los cuatro reyes o los cuatro caballos en el juego de cartas de dicho nombre: *Esta mañana me he dado un tute tremendo, porque he ordenado todos los libros de la casa*. El *julepe* es otro juego de naipes en el que se apuesta dinero y en el que el triunfo depende mucho más de la suerte que de la habilidad. De todas formas, su aparición aquí parece deberse a que en la lengua de los gitanos cobra el significado de 'castigo, reprimenda'. *Jupa*, que en el *DRAE* se incluye solo como coloquialismo centroamericano con el significado de 'cabeza', es un término que se recogía en otros diccionarios, sin mayores especificaciones, como regionalismo, definido como 'paliza, esfuerzo extraordinario'.

Darse/pegarse/meterse **una panzada**/pechada Comer en exceso. *En ese restaurante se come bien y baratísimo. Por cuatro perras nos hemos dado una panzada impresionante*. Hacer algo de forma exagerada o excesiva. *Este domingo me he dado una buena panzada limpiando toda la casa*. A partir del significado de 'atracón, comida exagerada', parece desprenderse el significado de esta expresión en esta segunda frase donde funciona como una especie de adverbio de cantidad. *Darse una pechada* se usa solamente con el significado de exageración a la hora de hacer algo: *Nos metimos una buena pechada a andar; hicimos más de quince kilómetros*. Existen los verbos *pechar* y *apechugar con algo*, 'soportar un peso, una responsabilidad o una carga'. *Pecho*, como en otras expresiones, aparece aquí con el valor de 'responsabilidad, sinceridad, valentía'. V. *A lo hecho, pecho*||*A pecho descubierto*.

Dársela/pegársela **a alguien con queso** Burlar, engañar por completo a una persona mediante algún tipo de trampa. *Vaya, vaya... O sea, que tenía otro novio y ha estado seis meses dándomela con queso*. La explicación más extendida para explicar el origen de la frase es la que se refiere a la costumbre que antaño tenían los taberneros manchegos de agasajar a los veedores o inspectores vinateros, a compradores de vino que venían de otras regiones y a los clientes con trocitos de queso picante, muy madurado, y por lo general conservado en aceite: el fuerte sabor impedía que saborearan bien el vino y ayudaba a que no distinguieran el que estaba picado o el aguado del vino bueno, por lo que el timo era sencillo. La verdad es que, tras haber probado un pedacito de estos quesos fuertes, se tiene la sensación de quedarse con la lengua insensible, como anestesiada. No por ser la más sencilla hay que descartar la explicación que primero nos viene a la cabeza, que es la que da el maestro Covarrubias en su *Tesoro* (1611): antes de que existieran los raticidas era habitual cazar ratas y ratones utilizando trampas en las que, como cebo, se colocaba un pedacito de queso para «engañar» al roedor. Covarrubias nos informa de que en su época existía la variante *Armarla con queso*, pues con él se armaban o preparaban tales trampas. Pintoresca y divertida, tanto como fantasiosa, es la explicación que relaciona el dicho con la leyenda de un gobernador de la ciudad flamenca de Utrecht, que, allá por el siglo XVII, a falta de balas de cañón, empleó como proyectiles, y parece que con éxito, quesos de bola pintados de negro. Vamos, que se la dio con queso a sus enemigos...

De a pie Común. Normal. *Yo creo que al ciudadano de a pie sí le interesa la política; lo que no le interesa son los políticos*. Estamos ante una locución de origen militar: los soldados de a pie, la infantería, eran las fuerzas más numerosas, las de menos prestigio y las que corrían más riesgos. La caballería eran las tropas de elite, las consideradas más «nobles».

De abrigo [ser] Temible. De cuidado. *No molestes a Felipe, porque cuando se enfada es de abrigo.|El pasado invierno me cogí una gripe de abrigo.* La locución da a entender que se necesita un *abrigo,* es decir, una *protección,* para defenderse de algo o de alguien. A veces, por la misma razón que adjetivos como *tremendo* o *bárbaro* y locuciones como *De miedo* (v.) pueden tener connotaciones positivas, se usa con el significado de 'de categoría, de calidad'. *Se ha comprado una moto de abrigo. Le tiene que haber costado un ojo de la cara.*

De agárrate y no te menees Enorme. Muy grande. Extraordinario. De gran calidad. En realidad la expresión funciona como un superlativo de *grande* o de *bueno*. *Me he agarrado una gripe de agárrate y no te menees. He estado cuatro días en la cama.|Se ha comprado un cochazo de agárrate y no te menees. Yo no he visto nada igual.* La frase parece describir la actitud de quien recibe un gran impacto, una fuerte impresión o una gran sorpresa: agarrarse a lo primero que encuentre para no sufrir un desvanecimiento y quedarse completamente inmóvil.

De alivio Grande. Funciona como un aumentativo del sustantivo que lo precede. Se suele emplear con enfermedades o problemas. *Salí sin abrigarme y me cogí un resfriado de alivio.* El término *alivio* es, precisamente, lo contrario, la descarga de una pena, el aligeramiento de un peso, por lo que la locución, como otras tantas, debió de nacer con un sentido puramente irónico.

De alta alcurnia/cuna De ascendencia o linaje noble o aristocrático. *Creo que el novio de Marina es de alta alcurnia, hijo de unos marqueses.* Figuradamente, se usa para dar a entender que algo es de mucha categoría, muy elegante. *La pasada nochevieja estuvimos en una fiesta de alta alcurnia. ¡No veas cómo iba la gente de puesta!* El término *alcurnia* procede del árabe *alkunya,* 'el sobrenombre, el apellido, el origen', más o menos lo mismo que *cuna*. El adjetivo *alto,* claro está, significa aquí 'importante'.

De alto copete [ser] De mucha categoría. De gran importancia social. *A pesar de venir de una familia de alto copete, de duques y condes, es una chica sencilla y humilde que no se las da de nada, sino todo lo contrario.* A veces funciona con el significado de 'elegante, selecto'. *Ponte algo de mucho vestir porque va a ser una cena de alto copete.* El término *copete* es, en una de sus acepciones, el penacho de plumas que algunas aves, como el pavo real o la abubilla, tienen en la cabeza y, por extensión, el que adornaba en tiempos los sombreros de las damas y caballeros de las altas clases sociales: a plumas más altas y abundantes, más alcurnia. Por la misma razón, se llamó también *copete* al peinado alto de las damas de la aristocracia, especialmente durante los siglos XVI y XVII. V. *De alta alcurnia.*

De altos/cortos **vuelos** (De vuelo alto/corto) [ser] (Volar alto/corto) De grandes —o de pequeños, en el caso de *cortos* o *corto*— objetivos o aspiraciones. Se aplica sobre todo a personas. *Maruja se ha casado con un ejecutivo de altos vuelos.* La asociación entre *volar, elevarse, llegar arriba* y el *éxito* parece clara.

De andar por casa [ser] Con esta expresión se califica a algo que, pese a su modestia y a no tener muchas pretensiones o a no costar mucho dinero, resulta útil y cómodo, sencillo y familiar, como las zapatillas *de andar por casa. No quería gastarme mucho dinero y me he comprado un frigorífico pequeño, de andar por casa, que me funciona a las mil maravillas.*|*Pese a haber sido ministro tres veces es un hombre de andar por casa, sencillo y muy campechano.*

De antología [ser] (Ser algo antológico) Extraordinario. Maravilloso. Literalmente, digno de figurar en una antología, es decir, en una recopilación de lo mejor. *No he visto torear a nadie mejor, y mira que he visto toros en mi vida, ha hecho una faena de antología.*|*Es mejor que nos olvidemos de lo que has dicho, porque has soltado unas estupideces de antología.* El término *antología* procede del griego, en concreto de *ánthos*, 'flor', cuya traducción sería 'selección de flores; florilegio'. En un principio se aplicó únicamente a selecciones de fragmentos literarios, a las mejores «flores» de la prosa y la poesía.

De aquellos polvos vienen estos lodos (Aquellos polvos traen/trajeron estos lodos) Empleamos esta frase para certificar que las desgracias o inconvenientes del presente tiene su explicación en hechos pasados. *Mira que te lo dije: como no estudies un poquito más te vas a llevar unas cuantas sorpresas, y no precisamente agradables. Y ahí lo tienes: tres suspensos. De aquellos polvos vienen estos lodos.* Intentando explicar el dicho al modo de Perogrullo puede decirse que, pese a parecer sustancias muy distintas para que el polvo se convierta en lodo basta el agua: de la sequía a la inundación sólo hay un paso. La expresión aparece ya recogida, con el mismo significado que tiene hoy, en el *Tesoro de la lengua castellana o española* de Sebastián de Covarrubias, publicado en 1611, por lo que no tiene razón de ser la explicación que sitúa el origen del dicho en 1784 en Madrid, a consecuencia de un auto de fe de la Inquisición en el que se acusó de brujería a varias personas que supuestamente habían elaborado y distribuido unos polvos afrodisíacos. Este proceso fue reflejado por el pintor Francisco de Goya en uno de sus conocidos *Caprichos*, titulado, precisamente, *Aquellos polvos*. A la frase, a posteriori, se la ha cargado de contenido sexual. V. *Echar un polvo*.

De aquí a Lima Fórmula de comparación para dar a entender que una persona o cosa supera ampliamente a otra en cierta cualidad. Para exponer claramente esta distancia se toma Lima, capital del Perú, como punto de referencia de lugar lejano. Es posible que la locución se originara en el siglo XVI, época en la que Lima era una de las ciudades más importantes del Nuevo Mundo. *Picasso es mejor pintor que Dalí... Pero vamos, de aquí a Lima.*

De aquí te espero Muy bueno o muy grande. Se trata de una de las muchas locuciones que funcionan como superlativos en la lengua coloquial. *Claro, ha mezclado todo tipo de bebidas y se ha cogido una borrachera de aquí te espero.*

De armas tomar [ser] De cuidado. Se suele decir que es *de armas tomar* aquella persona de la que necesitamos protegernos, literalmente, si hace falta, tomando las armas, aunque también puede interpretarse en el sentido de que la persona en cuestión es bien capaz de tomar las armas para atacarnos. *María, a pesar de lo que parezca por su aspecto, es de armas tomar, cuando se pone furiosa se lleva a quien sea por delante.* V. *Ser de cuidado.*

De aúpa Grande. Considerable. Se usa tanto con sentido positivo como negativo. *Con el premio de la lotería se ha comprado un coche de aúpa.|Le dije que se pusiera un sombrero, pero no me hizo caso y, claro, se ha cogido una insolación de aúpa.* El término *¡aúpa!* se utiliza frecuentemente como exclamación de ánimo o para ayudar a alguien a levantarse. *Aupar* es 'alzar o levantar algo o a alguien'. La acción de subir se asocia con lo positivo y es posible que la locución que nos ocupa naciera en un principio para ponderar únicamente aspectos positivos. *Aúpa* parece ser una voz onomatopéyica que acompaña al esfuerzo de levantar un peso. Es posible que entrara en nuestra lengua a través de la expresión francesa, de igual significado, *¡houp là!*

De baja estofa [ser] De baja calidad. *Yo preferiría haber comprado tres sillas y un armario de calidad que todos esos trastos de baja estofa que ha comprado él.* Aplicado a personas, de poca educación o categoría; con escaso sentido de la moralidad. *No te fíes de él. Es un mentiroso y, si puede, te va a engañar. Es uno de esos tipos de baja estofa de los que uno debe cuidarse.* El término *estofa* nos llegó desde el francés antiguo *estofe* 'material, paño', palabra posiblemente de origen germánico y pasó a denominar en nuestra lengua a la tela de labores. Se compara así al tejido de baja calidad con la persona de escasa catadura moral.

De balde Gratis. Sin pagar. *Como su padre es el acomodador, Jaime entra siempre de balde en el cine.* En esta acepción, *balde* procede de la palabra árabe *bátil*, 'inútil, que no vale nada' (v. *En balde*). Antiguamente era bastante popular el dicho *Di que eres de Cuenca y entrarás de balde,* aludiendo al privilegio otorgado por el rey Alfonso VII a los conquenses a mediados del siglo XII a los que eximía de pagar impuestos de portazgos (paso por un lugar determinado, generalmente por la puerta de una muralla), pontazgos (paso por un puente) y barcajes (transporte de mercancías en barca) en todo el reino de Castilla. Es muy posible que la locución actual proceda directamente de tal frase.

De bandera [ser] Maravilloso. Extraordinario. Excelente. *En ese restaurante dan un jamón de bandera. Sin duda, el mejor que he probado en mi vida.* La locución parece llevarnos a pensar en el lenguaje militar. La bandera flamea en lugar preferente, en el mejor lugar, en el más destacado, en el que merece mayor honor, de ahí el significado de la expresión. V. *Dejar alta la bandera.*

De batalla [ser] Objetos, utensilios o prendas de uso cotidiano o destinados al trabajo, que son cómodos y pueden tratarse con poco cuidado, por contraste con la ropa elegante o de vestir: *Esta gabardina es más de batalla que la clara, pero me gusta más y me siento más cómodo con ella.* Producto de baja calidad: *La comida fue buena y abundante. Lo peor fue que nos dieron un vino de batalla.* Da toda la impresión de que la locución tiene que ver con los uniformes militares, unos elegantes, de paseo o de gala, y otros, más resistentes, cómodos y sufridos, para la instrucción, las maniobras, o si llega el caso, el combate.

De bigote(s) [ser] Expresión ponderativa que equivale a mucho, en gran cantidad o intensidad, e incluso, muy bueno. *Ayer hizo un frío de bigote, ocho bajo cero.*|*Paco es un tío de bigote, siempre que puede te ayuda.* La expresión parece que surgió en la guerra de Marruecos de 1924 y que, posteriormente, se hizo muy popular entre los soldados que combatían en la guerra civil. Su creador pudo haber sido el general Serrano Orive, famoso entre sus compañeros de armas por su ingenio, sus chistes y por ser tremendamente malhablado. Se cuenta que este general aplicaba tanto a lo muy bueno como a lo muy malo, fuera una guerra o una mujer, la expresión *de bigote negro.* De todas formas, son muchas las expresiones del español que, por influencia germánica, relacionan la barba y el bigote con el valor, la valentía y la virilidad, características marcadas positivamente en la lengua coloquial (v. *Dar la cara*||*Ser un tío con toda la barba*|| *Subírsele a alguien a las barbas*). El origen de la propia palabra nos puede poner sobre la pista, pues parece haberse generado en el grito que, llevándose la mano al mostacho y a la barba, residencia del valor, proferían los guerreros germanos antes de entrar en combate: «bî God!», '¡Por Dios!'. V. *Jugarse el bigote.*

De bóbilis bóbilis Sin esfuerzo. De manera gratuita, inesperada o casual *Mira, todos decían que Luisito era tonto y ahí lo tienes, de bóbilis bóbilis ha encontrado trabajo, se ha casado y vive como un rey.* Parece que estamos ante una deformación popular de la expresión latina *de vobis, vobis,* y que podría traducirse como 'de ti, para ti', con la que solían pedir limosna los mendigos y en la que hacían referencia a que la limosna era premio para el que la recibía y para el que la daba. Muchos de los que pedían, algunos falsos ciegos, cojos o mancos, obtenían pingües beneficios sin apenas molestarse: de aquí el significado de la locución. Con su forma latina aparece en *El Quijote* y es Sancho Panza, aficionado a sentencias y refranes, quien la utiliza, dirigiéndose a Don Quijote, que no quiere casarse con Dorotea, presunta princesa (Parte I, cap. XXX): «(...) ¿pues cómo es posible que pone vuestra merced en duda el casarse con tan alta princesa como aquesta? (...) ¿Es por dicha más hermosa mi señora Dulcinea? No por cierto, ni aún con la mitad, y estoy por decir que no llega al zapato de la que está presente (...) Cásese, cásese luego, encomiéndole yo a Satanás, y tómese ese reino que le viene a las manos de *vobis vobis*, y en siendo Rey, hágame Marqués, o Adelantado (...)». Menos visos de ser cierta tiene la teoría que relaciona el dicho con una deformación popular de la palabra *bobo*, pues con idéntico significado existe la locución *a lo bobo*.

De boca en boca [andar; estar; ir] Comentado por todos, con especial referencia a un rumor o a una noticia extraña o sorprendente. Uno se lo cuenta a otro, éste a un tercero, y así hasta el infinito, con la consiguiente deformación. *¿Que no sabías que Julia y José ya no viven juntos? Pero bueno, ¿en qué mundo vives? si hace ya un par de meses que la noticia circula de boca en boca*.

De boquilla (De boquiqui) [hablar] Sin intención de poner en práctica lo que se afirma de forma fanfarrona y presuntuosamente. *Tú mucho de boquilla: que si le voy a decir, que si le voy a pedir, y luego cuando lo tienes delante no abres la boca ni para coger aire*. La expresión y la variante *De boquiqui* parecen estar claramente relacionadas con *Decir algo con la boca pequeña* (v.) y parecen haberse aplicado, en primer lugar, al lance del juego de cartas en que el jugador se arriesga a apostar algo sabiendo que no tiene las cartas adecuadas, es decir, jugar al llamado *farol* (v. *Tirarse un farol*), lo que encaja perfectamente con el significado antes expuesto.

De bote en bote [estar] Lleno de gente. La expresión nada tiene que ver con las latas de conserva, pues es una transcripción, un tanto particular, de la francesa *de bout à bout* que significa literalmente 'de extremo a extremo'. *El cine estaba de bote en bote;* o sea, había gente de un extremo al otro. V. *De extremo a extremo*.

De bruces [caer(se); dar(se)] Caer boca abajo, a veces incluso golpeándose la cara. *Me tropecé con el bordillo y me caí de bruces. Menos mal que pude poner las manos*. Parece que la locución tiene que ver con la forma *buru* o *buruz*, 'cabeza' en vasco. Seguramente todos hemos oído alguna vez hablar del *Euskadi Buru Batzar*, máximo organismo directivo del Partido Nacionalista Vasco, literalmente 'Consejo Ejecutivo (Cabeza) del País Vasco'. *Bruces* nada tiene que ver, pese a que la explicación parezca lógica, con una supuesta deformación de *brazos* en la también supuesta expresión **Caer de brazos*. V. *Darse de narices*.

De buen o mal grado [aceptar; admitir; hacer] De buena gana; con gusto, y todo lo contrario si la expresión es *De mal grado*, aunque esta última tiene un uso bastante escaso. *El presidente de la empresa ha propuesto a los em-*

plegados un plan de trabajo que éstos han aceptado de buen grado. La locución se construye sobre un significado de la palabra *grado* que hoy sólo permanece en dicha locución y en palabras como *grato*. Procede del latín *gratus -a, -um:* 'agradable, hecho con buena voluntad'. La expresión es antiquísima. Podemos rastrearla en abundantes textos medievales, incluso en el *Cantar de Mio Cid*. En el fragmento en el que El Cid y los suyos han sido desterrados y abandonan Castilla, al atravesar Burgos encuentran todas las puertas cerradas y ningún burgalés sale a recibirlos ni a darles comida ni alojamiento, aunque, como dice el anónimo autor, «convidar le íen de grado», pero el rey Alfonso VI lo ha prohibido, so pena de muerte. Sólo una niña «de nuef annos» habla con ellos y les informa de la orden real.

De buenas/de malas (Estar/coger/pillar a alguien de buenas/de malas) De buen o mal humor. *Bueno; vale. Hoy me pillas de buenas. Te doy permiso hasta las doce... Pero no te lo tomes por costumbre*.

De buenas a primeras De repente. Súbitamente. *Jamás hemos sabido que tuviera novia y ahora, de buenas a primeras, dice que se casa*. La expresión podría tener relación, como *A las primeras de cambio* (v.), tener relación con algunos juegos de cartas y, literalmente, se puede interpretar referida a las bazas que se hacen al comienzo de la partida y que, además, son las buenas, las inesperadas, las de más valor, las sorprendentes, con lo que ya el resto del juego carece de interés.

De buten Muy bueno. Muy bien. De gran calidad. *He ido de vacaciones al Caribe y me lo he pasado de buten*. Esta expresión, recuperada hoy en el lenguaje juvenil, y pronunciada de varias formas *(dabuten; da buti; de abuten)* podría tener origen en el alemán *guten:* 'bueno'. La palabra, deformada en los oídos de la soldadesca que a lo largo de los siglos XVI y XVII combatió en Centroeuropa contra los luteranos o contra los flamencos, llegaría a España en la forma que hoy conocemos. Sin embargo, es más lógico pensar que proceda del término caló *de but*, que tiene el mismo significado, como otras muchas expresiones de la lengua de los gitanos: *gachí, churumbel, chipén...*, que pasan a ser patrimonio de la lengua coloquial. En este último sentido es bastante significativa su aparición en una zarzuela tan popular como *La verbena de la Paloma*, compuesta por el músico salmantino Tomás Bretón (1850-1923) y estrenada en 1894. De una taberna sale la voz de una cantaora flamenca y los gritos de los hombres que se la disputan. En la calle pasean dos guardias, que mantienen el siguiente diálogo: «— No me extraña nada que se la disputen. ¿Qué te parece, Pedro? —Que canta de buten».

De caballo Muy grande o muy grave. Esta curiosa locución ponderativa de cantidad, una de las muchas que circulan por nuestra lengua coloquial, se usa especialmente para hacer referencia a enfermedades o lesiones. *Llevo una semana sin ir a trabajar. Me he cogido una gripe de caballo y no hay manera de que me baje la fiebre*. Para dar a entender que, dada su importancia, se salen de lo puramente humano se recurre al caballo, animal apreciado por su fidelidad y fortaleza, como elemento de comparación. De hecho, de alguien fuerte decimos que *tiene una fuerza de caballo* o que *parece un caballo*.

De cabo/de punta **a rabo** Completamente. Del principio al fin. *Mi hermano se sabe la lista de los reyes godos de cabo a rabo*. El término *cabo*, en su significado etimológico, no es otra cosa que *cabeza* (del latín *caput*), es decir, *principio*, cobra el mismo significado en la expresión *al fin y al cabo*. El término *rabo*, claro está, es, metafóricamente hablando, el extremo final de una cosa. V. *De la cruz a la fecha*.

De campanillas Muy importante. *Hasta ahora había ganado muchos concursos literarios pero ninguno de campanillas y realmente no se esperaba un premio tan importante*. Es posible que la locución tenga que ver con el uso de la campanilla como símbolo de autoridad, pues es un instrumento con el que los jueces, presidentes de parlamentos o de corporaciones, imponen silencio. V. *Darle a alguien un toque*.

De campeonato Grande, sea cuantitativa o cualitativamente. *No sé cómo puedes salir con ese tío. Es un tonto de campeonato*. El campeonato es, traducido al lenguaje deportivo, lo máximo a lo que se puede aspirar, lo superlativo.

De capa caída [estar; andar; ir...] En situación de deterioro. En decadencia física, moral, económica, de fama... *Esta discoteca, que antes era lo más moderno, donde se reunía toda la* jet, *lleva tres o cuatro años de capa caída*. La interpretación más fácil del origen es la literal, ya que el hecho de que un caballero fuese antaño con la capa caída se interpretaba como claro signo de desaliño, dejadez, desventura o caída de su fortuna. Para dar una idea de la importancia de la capa en la apariencia física... y moral, baste citar un par de pasajes de *El Lazarillo de Tormes*. Pertenecen ambos al Tratado Tercero, el del escudero muerto de hambre cuya única obsesión es fingirse noble. Dice Lázaro, hablando de su desdichado amo: «(...) Y con un passo sossegado y el cuerpo derecho, haciendo con el y con la cabeça muy gentiles meneos, echando el cabo de la capa sobre el hombro y a veces so el braço, y poniendo la mano derecha en el costado, salió por la puerta (...)». «(...) ¡Grandes secretos son, Señor, los que vos hacéis y las gentes ignoran! ¿A quién no engañará aquella buena disposición y razonable capa y sayo (...)». Hay otra interpretación que relaciona este modismo con el francés *Chercher chape chute*, 'buscar capa caída' en sentido literal, pero interpretable como 'meterse en jaleos, verse envuelto en escándalos'. Por último, se ha dado también una explicación, bastante más peregrina y menos consistente, que relaciona al modismo con la capa de hojas verdes que cae de los árboles cuando llega el otoño, lo que no deja de incidir en el tono de melancolía que se desprende de su significado.

De cara a la galería (Para la galería) [decir; hacer; ser] Con el fin de presumir o de exhibirse. Inútilmente. *No creas a ningún político en campa-*

ña electoral, la mitad de lo que dicen es de cara a la galería, para buscar el aplauso fácil.|*Sí, es verdad. Hemos jugado bonito, de cara a la galería, pero claro, nos han ganado porque ellos han jugado de forma mucho más práctica.* La *galería* es la parte más alta del teatro, el gallinero (v. *Alborotarse el gallinero*), y por este camino debemos buscar el origen del dicho, en la intención de los actores, común en los corrales de comedias del Siglo de Oro, de buscar el aplauso fácil mirando, dirigiéndose o aludiendo en sus parlamentos al público que ocupaba la galería.

De carrerilla/de corrido/de carretilla [saber(se); decir; hablar; aprender(se)...] Rutinariamente. De memoria. *Pepito no sabe estudiar, porque aprende todo de carrerilla y luego, claro, se le olvida.* La *carrerilla* encierra los dos componentes básicos de la expresión: la cantidad y la rapidez. Quien sabe, o dice o aprende *de carrerilla, de corrido* o *de carretilla* —variante lógica de *de carrerilla,* dado el contexto— no recopila sus conocimientos en la mente, sino que los traslada de un lado a otro inconsciente y rápidamente, corriendo.

De casta le viene al galgo (De tal palo, tal astilla) Certificamos con esta frase que las tradiciones, cualidades o defectos, sean éstos morales o físicos, suelen ser hereditarios, se transmiten de padres a hijos. *Es tan cabezota como buena persona. Igual que su padre. De casta le viene el galgo.* La *casta* es aquí la ascendencia o el linaje. El dicho es la primera parte de un refrán: *De casta le viene al galgo el ser rabilargo,* en alusión al largo rabo de esta raza canina, común a todos los individuos. Por otra parte, si de un palo sacamos la astilla, la madera sigue siendo la misma.

De chichinabo De muy poca calidad. *Claro que se te estropea la ropa. No me extraña, con esa lavadora de chichinabo que te has comprado.* Originariamente la locución era *De chicha y nabo*. El término *chicha,* del italiano *ciccia,* que hoy es palabra propia del lenguaje infantil para denominar a todo tipo de carne, por lo general antes se refería a la carne de menos calidad; véase, por ejemplo, *salchicha*. Lo mismo sucede con el *nabo,* tal vez la más *pobre* de las verduras. Quienes se alimentaban de chicha y nabo pertenecían, pues, a las clases más humildes; de aquí el significado de la locución.

De chiripa Por muy poco. *Ten cuidado al atravesar la calle, porque ese coche no te ha atropellado de chiripa.* La palabra *chiripa* procede originariamente del juego del billar y designa a una carambola dificilísima que se realiza con muchísima suerte, a causa de un golpe absolutamente casual. Todos los diccionarios etimológicos se refieren a *chiripa* como una palabra de origen incierto, dudosamente relacionada con *chiripita,* 'cosa pequeña' o *chiribita,* 'chispa' (v. *Hacerle a alguien los ojos chiribitas*). Aventurándonos a dar algo de luz, aunque sea la de una humilde vela, podríamos pensar en un término onomatopéyico, por lo menos en la primera parte, una exclamación expresada como reacción de sorpresa o de desaprobación ante lo inesperado de la carambola.

De churro (Ser algo un churro||Estar/ir hecho un churro) De suerte. *El gol fue totalmente de churro. Sacó el portero. El balón rebotó en la espalda de un defensa, en un poste y se metió dentro.* Llamamos *churro* a algo mal hecho, improvisado o a algo o alguien de aspecto feo o descuidado. *No puedes presentarle al profesor ese dibujo lleno de manchas de tinta. Eso es un churro, hombre.* Todas estas expresiones tienen que ver con los clásicos *churros,* la pasta de harina frita que se identifica con lo casual y con lo desaliñado tanto por su simple elaboración como por su forma irregular. V. *Mandar a alguien a freír espárragos (churros).*

De cine (De película) [ser] Se califica así a alguien o algo extraordinario en algún aspecto, siempre con referencia a una cualidad positiva. *Me he comprado un equipo musical de cine. ¡No veas cómo se oye!* Tan sobresaliente que merecería verse reflejado en una película para que todo el mundo lo conociera. V. *De fábula.*

De circunstancias Improvisado. Ocasional. Obligado por las circunstancias, por los imprevistos. *A causa de las lesiones, el Barcelona se vio obligado a presentar un equipo de circunstancias, con seis suplentes y dos juveniles.*

De (mucha) **consideración** [ser] Importante. Grande. Literalmente, que se debe considerar, tener en cuenta. *La cornada es de consideración y el torero va a tener que estar al menos un mes alejado de los ruedos.*

De coña [ser; ir; venir] Magnífico. Estupendo. *Gracias por haberme prestado ese libro. Me ha venido de coña para hacer el trabajo.* Quizá estemos ante la única expresión en la que los órganos sexuales femeninos se toman en sentido positivo. V. *Dar el coñazo||Estar de coña||Ni de coña.*

De (todo) **corazón** Con total sinceridad y cariño. *Si te hace falta dinero, pídemelo. Sabes que te lo digo de todo corazón.* El corazón, aparte de hotel de los sentimientos, suele considerarse lugar de residencia de la vida. V. *A corazón abierto||Con toda el alma||En el alma||No caberle a alguien el corazón en el pecho.*

De dulce [ser; estar; ir] De gran bondad: *Mariano es un tipo de dulce. Da gusto estar con él.* Muy tranquilo: *El perro ha estado toda la tarde de dulce, no se ha movido de la cesta.* Los taurinos emplean la locución para referirse a un toro cómodo y muy manejable para el torero: *De acuerdo con que cortó cuatro orejas, pero no me negarás que le salieron cuatro toritos de dulce.* El término *dulce* es en estos casos sinónimo de 'amable, grato, apacible'. Sin salir del mundo de los toros, un torero va *de dulce* cuando está muy bien vestido, especialmente con un traje blanco el día de su alternativa, de la confirmación o en alguna otra fecha importante para él. *Iba de blanco y oro, con unos bordados cargadísimos y una seda espléndida, de dulce.*

De ensueño Fantástico. Maravilloso. Tan extraordinario que parece soñado. *Hemos pasado una semana de ensueño en las Maldivas. Nunca hubiera imaginado que existía un lugar como ése.* V. *Ni por asomo (Ni por ensueño...).*

De estampida [salir; irse; marcharse] Rápida, precipitada y violentamente. *No soporto a los perros. Me dan un miedo terrible. En cuanto veo uno, aunque esté lejos, salgo de estampida.* La estampida es la huida, generalmente confusa y ruidosa, de un grupo de animales.

De extranjis En secreto. De forma oculta. Clandestinamente. *La película era para mayores de dieciocho años, pero me metí en el cine de extranjis.* Parece ser una deformación humorística de *de extranjía*, una antigua locución de nuestra lengua, ya en desuso, que se aplicaba a las cosas y los actos propios de los extranjeros. Quien actúa *de extranjis* lo hace como si fuera alguien que llega de fuera, del otro lado de lo legal, como un extraño que necesita ocultarse.

De extremo a extremo De principio a fin. De una parte a la otra: *La novela es fascinante de extremo a extremo. Si la coges ya no la sueltes. No te la pierdas.* Por completo: *No tiene término medio. Es un imbécil de extremo a extremo.* V. *De bote en bote.*

De fábula Muy bueno. *Me he comprado un piso de fábula en el centro de la ciudad.* Una *fábula* es un cuento en el que intervienen animales, pero la palabra procede del verbo latino *fabulare*, de donde viene también *hablar*. Algo *de fábula* es, por tanto, algo tan maravilloso que es digno de ser contado para que se conozca. V. *De cine.*

De garabatillo Grande. Extraordinario. *Yo sólo le he dicho que no me gustaba su comportamiento y ella se ha agarrado un enfado de garabatillo.* La locución procede de la expresión *purgaciones de garabatillo*, con la que se denominaba a las purgaciones, es decir, a las enfermedades de transmisión sexual, difíciles de curar y rebeldes a todos los tratamientos, especialmente la blenorragia. Quizá se llamaran así en referencia al *garabato* o *garabatillo*, un instrumento con forma de garfio que posiblemente fuera usado por los cirujanos en el tratamiento de la enfermedad. Por un proceso de ennoblecimiento semántico la expresión, reducida, pasa a servir para designar lo extraordinario, grande o espectacular.

De golpe y porrazo Súbitamente. De repente: *Estaba tan contento, cantando y bailando, y de golpe y porrazo se echó a llorar.* Sin reflexionar. De forma precipitada: *No me acordaba de cómo se llamaba su novia y dije de golpe y porrazo el primer nombre que se me vino a la cabeza. Metí la pata, claro.* Cabe interpretar *golpe* y *porrazo* como el impacto, la impresión que causa en quien presencia lo inesperado del hecho del que se habla. Por cierto, *porrazo* no es otra cosa que el golpe dado por una *porra*.

De gorra Gratis. *Si conoces a algún portero es muy fácil entrar de gorra en el estadio.* La expresión antiguamente se refería sólo al hecho de comer gratis, colándose en los lugares donde se daban comidas o se celebraban banquetes. El truco, citado en el *Vocabulario de refranes y frases proverbiales y otras fórmulas comunes de la lengua castellana*, de Gonzalo Correas, publicado en

1627, consistía en acudir a los banquetes y en la puerta quitarse la gorra y saludar a los porteros, como si quien esto hacía fuese pariente o amigo de la familia. Otra posible interpretación es la que nos remite a la vida de los estudiantes salmantinos de los siglos XVI al XVIII, llamados muchos de ellos *capigorristas* o *capigorrones* por su forma de vestir: capa negra y gran gorro, indumentaria parecida a la de los actuales tunos. Eran estos estudiantes especialistas en colarse gratis en banquetes y celebraciones y en vivir del cuento, o sea, en comer y *vivir de gorra,* en alusión al atuendo expuesto. Bastantes son los ejemplos de todo lo expuesto en nuestra literatura, pero baste exponer aquí un fragmento del romance de Francisco de Quevedo *Boda y acompañamiento del campo,* en el que el genial autor *humaniza* a varias verduras; hay también una alusión a la suculenta sopa de nabo que tomaban habitualmente los estudiantes en los pupilajes y Colegios Mayores:

«Don Nabo, que, viento en popa,
navega con tal bonanza,
que viene a mandar el mundo
de gorrón de Salamanca.»

La expresión *Ser un gorrón* (v.) está también, evidentemente, relacionada con estas explicaciones. V. *Con la gorra.*

De guante blanco Con esta expresión se valora la elegancia, cortesía, educación o buenos modales empleados en alguna acción. *Pese a las posturas enfrentadas y al tenso ambiente que la había precedido, la reunión puede decirse que ha sido de guante blanco.* Se sabe que ponerse guantes blancos es símbolo de educación, respeto y cortesía. Los soldados, por ejemplo, se los colocan cuando van vestidos de gala. La locución se emplea mucho en la actualidad para calificar la buena conducta de los participantes en competiciones deportivas. *El partido ha sido de guante blanco, apenas ha habido faltas.* Existe también la expresión *Ladrón de guante blanco,* para referirnos a quien roba objetos valiosos de forma *elegante,* es decir, sin dejar pistas y sin causar estropicios considerables; curiosamente, en francés, los guantes son amarillos («gants jaunes»).

De hierro/acero [ser] (Salud de hierro) Muy fuerte o muy resistente. *Es de hierro el tío. Se ha dado un cabezazo tremendo contra la pared y como si nada.* Se utiliza mucho la expresión: *salud de hierro. Mi abuelo tiene una salud de hierro: noventa años y jamás ha tenido un simple resfriado.* El *hierro* y *acero* son metales que tienen en la lengua connotaciones de fuerza, resistencia, duración. V. *Nervios de acero.*

De higos a brevas (De guindas a brevas||De uvas a peras) Cada mucho tiempo. De tarde en tarde. *La verdad es que no me gusta mucho el cine. Voy de higos a brevas.* La higuera produce primero brevas y, después de maduradas éstas, a los dos o tres meses, higos. Lógicamente, entre la producción de higos y la siguiente de brevas pasa casi un año, lo mismo que pasa mucho tiempo entre el periodo de maduración del resto de las frutas que se combinan en las variantes del dicho: entre la vendimia de la *uva*, en otoño, y la recolección de las *peras*, generalmente en septiembre, pasan también unos once meses. V. *De pascuas a ramos*.

De hoz y coz [meterse; entrar] Sin precauciones. Sin reparos. Con fuerza e interés. *Me he metido en este negocio de hoz y coz, lo mismo me hago rico que me arruino*. Antiguamente la *entrada* en un negocio era en el sentido literal de atravesar una puerta. Hoy tiene más el sentido de comprometerse en un trabajo o de verse envuelto en un problema; no obstante, la explicación del dicho hay que buscarla en ese primer sentido literal. En la locución está claro que la palabra *coz* alude a la violencia, a la fuerza de la entrada, rompiendo a patadas la puerta. *Hoz*, más que al instrumento de siega, podría referirse al *hocico*, a la cabeza. No olvidemos que la palabra *hocico* procede de *focico*, 'pequeña hoz', entendida esta *hoz* en su acepción de 'desfiladero labrado por un río; paso entre montañas largo y estrecho', como el *hocico*. Imagínense a alguien entrando en un lugar a patadas y cabezazos... Pues a eso se refiere la expresión, pero metafóricamente hablando. Ésta es, más o menos, la explicación que da Gonzalo Correas en su *Vocabulario de refranes*, de 1627. Sebastián de Covarrubias, por su parte, sostiene en su *Tesoro* que el dicho «está tomado de los segadores, que echan la hoz a la mies, y dan por lo bajo una coz para quebrantarla y segarla mejor». Considerando los verbos que suelen usarse con la locución, parece más convincente la teoría de Correas.

De infarto [ser] Que produce gran inquietud y nerviosismo, casi hasta el punto de afectar al corazón y provocar un infarto de miocardio. La locución suele formar parte del léxico de los locutores deportivos. *El partido es de infarto. Faltan dos minutos y el empate puede deshacerse en cualquier momento*. Debemos relacionar la locución con otras, de parecido significado, en las que se alude al sufrimiento del músculo cardiaco: V. *Con el corazón en un puño*||*Darle a alguien un vuelco el corazón*||*Encogérsele a alguien el corazón*.||*Tener un pálpito*.

De juzgado de guardia [ser] Muy grave. Intolerable. Contra toda ley. *El vestidito rojo con la chaqueta verde lechuga le queda de pena. Es de juzgado de guardia*. Se da a entender en la locución, generalmente de forma hiperbólica, que un hecho o un comportamiento son tan graves que habrían de ser inmediatamente denunciados en el juzgado de guardia.

De la cruz a la fecha Por completo. Totalmente. De principio a fin. *El artículo es brillantísimo de la cruz a la fecha. Sin duda es uno de los mejores que he leído este año.*|*No es por llevarte la contraria, pero me parece que estás equivocado de la cruz a la fecha*. El dicho obedece a la antigua costumbre de encabezar las cartas y otros documentos con una cruz y fecharlos al final. V. *De cabo a rabo*||*Hacer cruz y raya*.

De la leche Significa esta expresión ponderativa 'impresionante', 'increíble', 'fantástico'. *Se ha comprado un coche de la leche. Cuarenta millones le ha costado... ¡De dónde habrá sacado el dinero!* A veces se usa como un simple adverbio de cantidad, 'mucho', 'muchísimo': *Llovía de la leche y tuvimos que quedarnos en casa y salir al día siguiente*. V. *Del carajo*||*De mala leche*.

De la noche a la mañana De forma súbita. Sin esperarlo. *Se llevaban tan bien y parecían estar tan enamorados... Y ya ves, de la noche a la mañana cada uno por su lado*. Interpretando la locución literalmente, nos referimos a algo que cambia por completo en el plazo de una noche; al acostarse era de una manera y al levantarse, de otra.

De libro [ser] Funciona esta locución como un adjetivo con el significado de 'indiscutible, evidente, claro', tan claro como si estuviese escrito en un libro. Ya se sabe que lo que está escrito en los libros es una especie de dogma de fe (v. *Negro sobre blanco*). *El árbitro ha estado fatal; no ha pitado dos penaltis de libro*. V. *De tomo y lomo*.

De lo lindo Mucho. Intensamente. *Esta tarde ha llovido de lo lindo*. El término *lindo* significa 'bonito, agradable de ver', y es normal que en la lengua coloquial lo mucho y lo bueno estén relacionados, a pesar de la proverbial frase del *Oráculo manual* de Baltasar Gracián (1601-1658): «Lo bueno, si breve, dos veces bueno».

De los/las **que entran pocos**/pocas **en quintal** Se emplea esta expresión para enfatizar la calidad, gran tamaño, abundancia o intensidad de algo. Un quintal métrico son cien kilogramos; evidentemente, si en un quintal entra poco de algo, ese *algo* ha de ser de considerable tamaño. *Manolo ha aprobado las oposiciones y, para celebrarlo, ayer se cogió una borrachera de las que entran pocas en quintal*.

De los/las **que hacen**/marcan **época** [ser] (De época||Hacer/marcar época) Sobresaliente. Destacado. Extraordinario por lo bueno o por lo malo. *Esta película va a ser de las que hacen época. Te lo digo yo*.|*Me he agarrado un gripazo de los que hacen época*. Normalmente las épocas son las que marcan a las personas o los sucesos. La expresión, y de ahí su sentido, va por el camino contrario: algo o alguien es determinante hasta el punto de nominar o marcar su época o de dejar largo recuerdo. La expresión *De época* puede usarse con el significado antes expuesto: *Se cogió un cabreo de época;* pero muchas veces significa 'antiguo; de otro tiempo': *Voy a participar en el rally de coches de época con el Ford del abuelo*.

De lujo (Ser algo un lujo) De maravilla. Formidablemente. *Fíjate, sin hijos, con dos sueldazos...; pues cómo van a vivir: de lujo*. El término *lujo*, se sabe, es sinónimo de 'exceso'; de aquí el valor ponderativo de la locución.

De mala leche (De mal café) [estar; ponerse] Estar de mal humor. *No le hables hoy al jefe porque parece que está de muy mala leche*. Es posible que el origen de la expresión pueda interpretarse en sentido literal: el estado de la vaca que no da leche o que la da de baja calidad. Es posible también que *leche* no sea sino un eufemismo que valdría por «hostia» (existe también esta misma expresión con esta palabra), como sucede en muchas otras de nuestra lengua. V. *A toda leche*||*De la leche*||*Darle a alguien una leche*||*Ser la leche*||*Tener mala uva (mala leche)*. La frase *Estar de mal café* debe de ser un simple paralelismo humorístico con *de mala leche*, aunque, siguiendo la línea de otras expresiones (v. *Tener mal vino*) podría pensarse en la reacción de quien hubiera tomado un café de mala calidad. En este sentido, las conexiones con la cebada tostada, la achicoria o los timos del estraperlo de la posguerra podrían también venir a colación, y más si consideramos que durante la guerra civil y los primeros años de posguerra la expresión *dar café* funcionaba como un eufemismo de 'matar, liquidar, purgar' al enemigo político.

De mala muerte Muy malo. De muy baja calidad. Muy poco importante. *Me da mucha pena esa familia. Son ocho y viven en una casucha de mala muerte.* Aunque no lo parezca, hay algo peor que morir: morir de mala manera. A pesar de todo, la muerte puede tener también su lado positivo en la lengua coloquial: *De muerte* (v.).

De mano en mano [ir; andar] De una persona a otra. De uno a otro dueño. *El cuadro desapareció durante la primera guerra mundial. Después fue de mano en mano hasta llegar a la casona en la que fue descubierto.* El estribillo de una de las coplas más famosas y desgarradas de la tonadilla española, *Falsa moneda*, con letra de Perelló y Mostazo e interpretada, entre otros, por el gran Miguel de Molina, dice así:

«Gitana, que tú serás
como la falsa *monea*,
que de mano en mano va
y ninguno se la *quea*».

De marca (mayor) Es esta una de las muchas locuciones que sustituyen en la lengua hablada al superlativo. *¿Es que todos los días vas a levantarte a las doce? Eres un vago de marca. O sea, si existieran en el mercado marcas comerciales denominadas vago, tu llevarías la más importante.* Donde dice *vagos*, póngase otros adjetivos, normalmente de significado negativo y referidos a personas. En nuestros Siglos de Oro se utilizaba mucho la expresión *de marca* para referirse al tamaño y a la calidad de las armas, de los paños y de las caballerías (igual que hoy la gente busca ropa «de marca»). Es en esta época cuando se origina la expresión.

De marras Es una expresión eufemística con valor de adjetivo que usamos para referirnos irónicamente a algo que ya se conoce, que nos ha causado desagrado o de lo que no queremos hablar bien. *Cuarenta mil pesetas me ha cos-*

tado arreglar el cochecito de marras. Antiguamente, como refleja el maestro Sebastián de Covarrubias en su *Tesoro de la lengua castellana o española* (1611), se empleaba la locución para hablar de cosas pasadas que no se querían nombrar. *Marras,* según parece, procede del término árabe *márrat,* 'una vez; en otro tiempo'.

De/como/para **mear y no echar gota** [ser] Increíble. Sorprendente. Extrañísimo. Tan raro como orinar sin expulsar nada. La lengua hablada suele ser tan expresiva como contundente. *Esta mañana, treinta y dos grados. Cinco horas después, diez grados menos y una granizada impresionante... vamos, para mear y no echar gota.* La expresión suele emplearse en situaciones negativas o desfavorables para quien habla y muchas veces lleva aparejado el matiz de 'intolerable'. *O sea, que está de baja médica por faringitis y ayer lo han visto por la mañana en el mercado, por la tarde en la playa y por la noche en la discoteca. Esto es de mear y no echar gota.*

De medio pelo [ser] De poca categoría. De escasa calidad, pese a lo que pueda aparentarse o lo que otros puedan decir. *No sé por qué este tío vende tantos miles de libros; a mí, sinceramente, me parece un escritor de medio pelo.* La expresión, como *Criar buen pelo* (v.), tiene que ver con el hecho de mirar el pelo de un animal para determinar su calidad o la ausencia de enfermedades, o su resistencia a las inclemencias climatológicas dependiendo de si lo tiene largo, medio o corto. V. *Lucirle a alguien el pelo.*

De menos nos hizo Dios (De menos hizo Dios a Perico) La frase se emplea para dar a entender que no hay nada imposible, que una acción puede llevarse a cabo si se quiere. A veces, incluso, se dice *De menos nos hizo Dios, que nos hizo de la nada. Mira, como no viene el fontanero, voy a intentar arreglar el grifo yo, ¡total, de menos nos hizo Dios!* No ha de olvidarse que, según el *Génesis* (I, 2), Dios moldeó al hombre con el más humilde de los materiales: el barro. *Perico* funciona en la lengua coloquial como sinónimo de 'ser humano' *Como Dios pintó a Perico* (v.).

De mentirijillas En broma. De mentira. *¡Cómo va a ser verdad que no voy a la fiesta! Se lo dije de mentirijillas, para ver qué cara ponía.*

De mi/tu/su... **cosecha** (De la propia cosecha) [ser] Del propio ingenio. De uno mismo. *¿Y todo este pedazo de trabajo es de tu cosecha? ¿De verdad que no has copiado nada de ninguna parte?* Seguramente tiene que ver con el hecho de que el campesino se abasteciera, casi únicamente, de lo que producían sus campos, sin pedir préstamos ni otro tipo de ayudas. Es normal en muchos pueblos que las verduras o el vino que se consumen sean de las propias tierras.

De miedo/pánico/espanto Extraordinario o extraordinariamente, según funcione como adjetivo o como adverbio: *Llévate el abrigo, que hace un frío de miedo.|Ha sido una de las fiestas más divertidas a las que he ido. Lo he pasado de miedo.* Curiosamente, como otras palabras y frases cuyo primer significado es negativo *(bárbaro, de escándalo, de muerte, de vicio ..)*, suele emplearse de forma positiva. Hace unos años una campaña de RENFE para incitar a la gente a viajar en tren en vacaciones y evitar así atascos rezaba: «Déjese de sustos y vaya de miedo».

De mil amores Es una locución adverbial que tiene el significado de 'con mucho gusto'. *María me ha pedido que la acompañe en el viaje y yo la voy a acompañar de mil amores*. El amor, al menos en el uso que nos ocupa, es lo mejor y lo más sublime, o por lo menos eso dicen.

De milagro Por casualidad. Inesperadamente o por sorpresa. Por muy poco. *Pues he encontrado tu casa de milagro, porque no es fácil llegar hasta aquí.*|*Cogimos el avión de milagro, porque había un atasco terrible para llegar al aeropuerto*. Casi casi, como sugiere la locución, por intervención divina.

De mogollón Sin pagar. Gratis. *Ya me contarás cómo haces para ir de mogollón todos los domingos al fútbol*. V. *Comer de mogollón*.

De muerte (Que te mueres) Se trata de una locución ponderativa marcada positivamente, pese a lo que pudiera parecer (v. *De miedo*), que se emplea con el significado de 'muy bueno, excelente' cuando funciona como adjetivo, y que como adverbio es algo así como 'de forma extraordinaria o sobresaliente'. *Ana preparó una paella de muerte (que te morías de buena).*|*Ya verás que voz tiene Rosa, canta de muerte (que te mueres)*. Y es que también lo bueno puede hacer morir... El sentido negativo con el que a veces se usa suele depender del significado del sustantivo al que acompaña: *Me has dado un susto de muerte.*|*Se ha agarrado un resfriado de muerte*. La expresión que sí es realmente negativa es otra locución similar, *De mala muerte* (v.).

De narices (De cojones||De pelotas||De tres pares de narices/cojones/pelotas) Esta locución funciona como intensificador de cantidad. Significa *muy* cuando acompaña a un sustantivo y *mucho* cuando va con un nombre. Siempre va pospuesta. *Se ha comprado una corbata fea de narices.*|*Abrígate bien, que hace un frío de narices*. Se trata, evidentemente, de un eufemismo que se utiliza en vez de *cojones*, quizá por ser otro órgano *dual*. De ello hay abundantes ejemplos en nuestra lengua: V. *Estar hasta las narices*||*Por narices*||*Ponérsele a alguien una cosa en las narices*||*Tener agallas*||*Tocarle a alguien las narices*. Cercana a esta expresión, existe otra locución también relacionada con los atributos masculinos: V. *Del carajo*.

De noche todos los gatos son pardos Con esta antigua expresión, usada ya por Cervantes en *El Quijote*, más refrán que otra cosa, se señala que los objetos o las personas se igualan o se confunden ante la carencia de luz. *¿Qué es guapo?, de verdad que no te entiendo. Será que había poca luz en la discoteca y ya se sabe que de noche todos los gatos son pardos*. A veces se emplea la segunda parte cuando se quiere indicar que en determinadas circunstancias, o por causa de la subjetividad, todo nos parece igual y no apreciamos diferencias. *Para ti todos los gatos son pardos. Como te gusta esta escritora, todas sus novelas son estupendas. Pues las hay mejores y peores, como en todo.* La frase hay que entenderla en sentido literal: de noche, y más si andan por los tejados, resulta imposible distinguir el color de los gatos, todos parecen pardos. Dado que los habitantes de Madrid eran, y son aún, denominados *gatos,* el dicho pasó a utilizarse, seguramente a partir del siglo XVII, para advertir a quienes iban a la villa y corte de que no frecuentaran de noche ciertos lugares, ante el peligro de ser asaltados. En el siglo XIX se publicaron incluso guías con la relación de robos, timos y engaños más frecuentes en la capital.

De nuevo/reciente **cuño** [ser] Nuevo. Original. Moderno. De reciente creación. *El auge de la informática ha supuesto que en nuestra lengua aparezcan palabras de nuevo cuño que poco a poco se van incorporando al diccionario.* El cuño es el troquel o sello con el que se imprime o con el que se graban las monedas. La locución nace referida a las monedas que se acuñaban por primera vez: «real de nuevo cuño», «ducado de nuevo cuño», para diferenciarlas de las que ya estaban en circulación.

De órdago (a la grande) [ser] (Echar/dar/tirar/tirarse un órdago||Ser algo un órdago) Mucho. Muy grande. Muy bueno... *Ha salido a la calle sin abrigarse y, claro, ha pillado un resfriado de órdago.* En el *mus,* popular juego de cartas, el *órdago* es algo así como una apuesta por la que el jugador arriesga todos los tantos que tiene, lo que se denomina en el argot «envite del resto». Si le sale bien, gana la partida, si no, lo pierde todo. Este factor de riesgo está presente en echar un órdago y todas sus variantes, que significa 'arriesgarse, tentar a la suerte': *Los sindicatos le han echado un órdago al Gobierno con esto de la huelga general. Vamos a ver cómo les sale la jugada. Órdago,* como *mus,* es un término vasco. El primero significa literalmente 'ahí está'. El segundo parece haber salido de un cruce entre *musus,* 'labio', y *mustur,* 'hocico', por alusión a las muecas que se hacen durante el juego.

De ordeno y mando [ser] Intolerante. Estricto. Dictador. *Con tu padre no se puede discutir. Siempre tiene que tener razón y se coge unos cabreos tremendos si le llevas la contraria o si no le haces caso. Es de ordeno y mando.*

De pacotilla [ser] Malo. De mala calidad. Puede referirse a una cosa o a una persona. *La verdad es que ha perdido el juicio porque tenía un abogado de pacotilla.* El término *pacotilla* es un diminutivo de *paca,* 'fardo, paquete', y era el pequeño fardel que se permitía subir a bordo a los tripulantes de un barco sin pagar impuestos ni tasas de aduanas. Normalmente, como puede suponerse, las cosas que se permitían meter en la *pacotilla* eran, además de pocas, de muy poco valor y de escasa calidad. También, a partir del significado expuesto, se llamaba *pacotilla* a las baratijas y mercancías de poca importancia que se usaban para regalar a los indios o para cambiárselas por otros productos.

De padre y muy señor mío Extraordinario. De grandes proporciones. Normalmente se aplica a sustantivos no materiales. *Cuando los hinchas del equipo contrario empezaron a insultar a los del nuestro se organizó un escándalo de padre y muy señor mío.* El origen de la expresión habría que buscarlo en el respeto que antaño se tenía por la figura del padre, no sólo cabeza de familia, sino también *señor, dueño.* Algo *de padre y muy señor mío* es algo respetable, enorme, que está por encima de nosotros y sobre lo que no podemos mandar. De hecho, existe la expresión *Hacerle a alguien padre* (v.) utilizada para dar a entender que a alguien le ha sucedido algo bueno. Además, a veces usamos la palabra *padre* como fórmula hiperbólica que acompaña a algunos sustantivos para ponderar su abundancia o sus grandes proporciones: V. *Darse la vida padre*||*El cachondeo padre.* Una obra del genial dramaturgo Enrique Jardiel Poncela (1901-1952) lleva, por ejemplo, el curioso título de *Madre, el drama padre.* Curiosamente —así es la lengua—, para remitirnos a una expresión similar con la palabra *madre,* debemos remitirnos a *De puta madre* (v.).

De pascuas a ramos De tarde en tarde. Cada mucho tiempo. *Hace años leía un libro todas las semanas; ahora leo de pascuas a ramos. Pascuas* hace referencia a la Pascua de Resurrección también llamada Pascua Florida; *ramos,* al Domingo de Ramos, final y comienzo respectivamente de la Semana Santa. Por tanto, entre la Pascua de Resurrección y el Domingo de Ramos siguiente pasa exactamente un año menos una semana. V. *De higos a brevas.*

De pe a pa [saber; conocer; decir...] Por completo. Del principio al final. *Cuando iba al colegio me hicieron aprender de memoria los poemas de Campoamor. Me los sé de pe a pa.* Resulta ciertamente complicado rastrear el porqué de la expresión, existente desde antiguo en nuestra lengua (aparece ya en 1499, en *La Celestina*); la única explicación que podría, si no darse, al menos sugerirse, es la que nos lleva a asociarla con la abertura de la boca, con la claridad en la pronunciación. Un cambio semántico, siempre supuesto, llevaría a esta claridad a adoptar el significado de 'explicación completa', y, de ahí, al de 'exposición prolija'. Juguemos a las suposiciones e imaginemos a un maestro enseñando a un niño a pronunciar la sílaba *pe:* labios unidos, aire que se expulsa de golpe y boca que se entreabre. Veamos ahora la pronunciación de la sílaba *pa:* labios unidos, aire que se expulsa de golpe y boca que se abre por completo. De menos a más. De boca más cerrada a boca más abierta. De menor a mayor claridad. En este mismo sentido, y con esta misma presuposición de cambio de significado, se ha hecho derivar la locución de la lengua hebrea, en la que *pe* es 'boca' y *pa* podría ser una contracción o pronunciación descuidada de *pathah*, 'abrir'. No es extraño, por otra parte, pensar en una creación caprichosa (v. *Ni fu ni fa*). V. *Ce por be*.

De pega De mentira. Falso. *¿A que este reloj parece de los de verdad, de los de medio millón? Pues, aunque no te lo creas es de pega. Dos mil pesetas me ha costado*. La *pega* o el *pego* era una trampa de algunos juegos de cartas que consistía en untarlas con una sustancia pegajosa, normalmente cera que el jugador llevaba en la mano, para que se unieran entre sí o para detectarlas a la hora de repartir. V. *Dar el pego*||*Poner pegas*||*Tirarse un pegote*.

De perdidos, al río Con esta frase se indica la necesidad de intentar lo que sea, aun a riesgo de empeorar la situación, cuando la situación es comprometida, peligrosa o complicada. *El entrenador no tuvo más remedio que quitar a dos defensas y meter a dos delanteros. De perdidos al río. Total, faltaban quince minutos y perdían dos a uno*. El dicho nos hace pensar en quien, para alcanzar un lugar, una vez perdido el camino, no tiene más remedio que lanzarse a un río para atravesarlo.

De perros La expresión se emplea a menudo en la lengua coloquial como una hipérbole que sustituye al superlativo y que, como contraposición al elemento humano, significa *muy mal* o *muy malo: día/noche de perros, frío de perros, humor de perros, vida de perro... Menudo día de perros no ha parado de llover y además tenía que coger un tren y lo perdí por dos minutos*. Es también habitual que quien debería ser el mejor amigo del hombre figure como paradigma del desprecio, de lo más inhumano. V. *Como a un perro*||*Dame pan y llámame perro*||*Los mismos perros con distintos collares*||*Ser un perro viejo...*

De peso Importante. Prestigioso. Más que a lo cuantitativo, la locución parece hacer referencia a lo cualitativo, a la calidad. *La película es floja, pero, al estar protagonizada por tres o cuatro actores de peso, los defectos quedan un poco más ocultos y se deja ver.*

De pies a cabeza (De los pies a la cabeza||De la cabeza a los pies) Totalmente. Por entero. *Me extraña mucho que Alfredo te haya tratado así: es un caballero de pies a cabeza y ese comportamiento no es propio de él*. Se aplica casi exclusivamente a personas, como parece lógico.

De piñón fijo [ser] (Ir a piñón fijo) Ser terco. No cambiar de opinión. Comportarse de la misma manera. *Carlos es de piñón fijo. Ya le puedes dar consejos o echarle broncas, que nunca te hace caso. Él siempre hace su santa voluntad*. La locución tiene que ver con la rueda dentada en la que encaja la cadena que hace girar un mecanismo, por ejemplo la rueda trasera de la bicicleta, llamada *piñón*. Las bicicletas más sofisticadas o las de carreras tienen un piñón móvil, con más o menos dientes para compensar la velocidad con el esfuerzo, que se cambia automáticamente según sea el terreno o según las necesidades del ciclista. Otras bicicletas u otras máquinas tienen un piñón fijo, que nunca cambia y que hace girar la rueda o el mecanismo con la misma velocidad. De aquí procede la locución.

De pitiminí Hoy se suele usar esta locución para calificar algo excesivamente sofisticado, ridículo, cursi. *¿Cómo puedes salir a la calle con ese vestido de pitiminí?* Originariamente significaba 'pequeño, delicado', pues nace de la amalgama, pronunciada a la española, de dos términos franceses prácticamente sinónimos: *petit,* 'pequeño' y *menu,* 'menudo'. La locución se aplicó originariamente a unas rosas muy pequeñas que produce un rosal trepador, también llamado *de pitiminí.*

De poder a poder De igual a igual. Con las mismas fuerzas. Se usa mucho en el lenguaje deportivo. *El partido se jugó de poder a poder; al final la suerte decidió que ganara el equipo visitante.* La locución probablemente se originó en el lenguaje militar para describir las luchas de ejércitos con fuerzas parejas.

De postín (De mucho postín||Ser postinero) De categoría. De calidad. De lujo. *Después de la reunión el embajador nos invitó a una cena de postín.* El término *postín* significaba originariamente 'vanagloria, presunción' (v. *Darse tono*). Hoy ha sufrido un cambio de significado hacia el uso expresado anteriormente. Según el gran etimólogo Joan Corominas el término *postín* es de origen indostánico, derivado de *post,* 'piel', y entra en nuestra lengua, donde se documenta sólo a finales del siglo XIX, a través del gitano. En ambas lenguas tenía el significado de 'piel, pellejo'. Es posible que en nuestra lengua pasara a significar 'lujo y ostentación en el vestir', hacia el significado actual no hay más que un paso.

De primer orden Muy bueno. De primera calidad. Sobresaliente. Las personas o cosas a las que se aplica ocuparían entre sus semejantes los primeros puestos, el primer orden. *Han comprado una máquina de primer orden para la fábrica. La producción va a aumentar de forma considerable.* Se suele usar con sentido positivo. Pocas veces se refiere a características negativas. *Es un imbécil de primer orden.* V. *De primera||De primera fila.*

De primera De gran calidad. Sobresaliente. *He comprado un jamón de primera, el mejor que he probado en mi vida. Ya verás cuando lo pruebes.* Se sobreentiende de primera clase o de primera categoría. V. *De primer orden||De primera fila.*

De primera/segunda/tercera/cuarta **fila** De primera calidad. De gran categoría. *Este año el Ayuntamiento ha tirado la casa por la ventana en las fiestas. Van a venir cuatro o cinco cantantes y grupos musicales de primera fila.* Posiblemente la locución haga referencia a la posición privilegiada de quienes asistían al teatro u otro tipo de espectáculos en la primera fila de asientos. V. *De primer orden.*

De primera mano [saber; conocer] Sin intermediarios. Directamente. Con total seguridad. *Luis se casa la próxima semana. Tengo información de* *primera mano*. Mano aporta aquí el sentido de 'tocar, usar, trabajar'. La información *de primera mano* es la que no ha sido usada, esto es, manipulada. No se olvide que, por ejemplo, el coche u otro objeto usado previamente por otro se denomina de segunda mano.

De puertas adentro (Para adentro) De forma privada. Lo que se produce en un círculo reducido. Como sugiere la locución, dentro de casa. *Lo que se hable aquí, de puertas adentro, en ningún caso puede salir a la luz pública, ¿está claro?*

De puertas afuera (Para afuera) En público. De cara al exterior. Literalmente, fuera de casa. *En casa es muy serio y normalmente está de mal humor, pero de puertas afuera se transforma y es el tío más simpático del mundo*.

De punta en blanco [ir; estar; ponerse; vestirse...] Vestido elegantemente. *Aunque sea para ir a jugar al parque, los hijos de Antonia van siempre de punta en blanco*. La expresión proviene de la antigua frase *Ir armado de punta en blanco* o *con la punta en blanco,* que, entre los caballeros medievales que iban a entrar en batalla o en torneo, significaba ir vestido con todas las piezas de la armadura y sosteniendo la lanza o la espada con la punta desnuda, es decir, en blanco. Recuérdese, de paso, que las armas metálicas, puntiagudas y con filo, como cuchillos, lanzas, navajas, etc., se llaman armas *blancas*.

De pura/buena **cepa** [ser] Auténtico. Genuino. *La verdad es que en Madrid hay pocos madrileños de pura cepa*. Se alude claramente en la locución a la parte de un tronco o arbusto que queda bajo tierra y que, por tanto, sujeta la planta al suelo, más concretamente a la calidad de las cepas que producen las uvas de vino.

De puta madre [ser] Muy bueno o muy grande. La etiqueta se le cuelga hoy prácticamente a todo: *un tiempo de puta madre, una película de puta madre, un amigo de puta madre, una borrachera de puta madre*... Es posible que la frase naciera con un significado negativo, ya que una prostituta que fuese madre tendría más problemas para seguir ejerciendo su profesión y una boca más a la que alimentar y que, por una cruel ironía, pasara a significar todo lo contrario. Quevedo, en una de sus obras jocosas, un pequeño texto titulado *Premática que han de guardar las hermanitas del pecar, hecha por el fiel de las putas,* hablando de los diferentes tipos de mujeres que se dedican a la prostitución y del precio que hay que pagar por los servicios de cada una de ellas, afirma: «Mujer casada y con hijos y rica, ha de pasar a música y comedia y dijes de plomo para los niños; y ella está obligada a costear y hacer ropa blanca para el galán [...]». V. *Darse la vida padre*||*De padre y muy señor mío*||*Hacerle a alguien padre*.

De rechupete [estar; quedar; salir; ser...] Muy sabroso; riquísimo. Tanto que nos chupamos los dedos repetidamente (v. *Estar para chuparse los de-*

dos). En este caso solemos utilizar el verbo *estar*. *Prueba estos callos son los mejores que he comido en mi vida. Están de rechupete*. Muchas veces funciona también como superlativo de *bueno* o como adverbio de modo, con el significado de 'muy bien, estupendamente'. *Estoy contento porque la estantería que me he hecho me ha quedado de rechupete*.

De refilón De pasada. De forma oblicua. Levemente. *Cuando me di cuenta de que el madero estaba cayendo me aparté y sólo me dio de refilón en un hombro*. El término *refilón* tiene que ver con *filo*, y es más que posible que la locución se originara en el lenguaje de los malhechores del Siglo de Oro para designar la cuchillada que no hería por completo, cuando el cuchillo apenas rozaba con el filo al otro contendiente. V. *De soslayo*.

De relumbrón [ser] De gran lujo o valor, aunque sólo en apariencia. *A mí no me gusta ir a esas fiestas de relumbrón en las que lo único que importa es cómo vas vestido y de quién eres amigo*. El *relumbrón* es, según el diccionario, un rayo de luz vivo y pasajero, lo que explica perfectamente el uso de la locución que, evidentemente, tiene que ver en su origen con adjetivos como *brillante, espléndido, deslumbrante*...

De rompe y rasga [ser] De ánimo fuerte y comportamiento valiente. *Es un tipo de rompe y rasga. No tiene miedo de nada ni de nadie, siempre dice lo que piensa y nunca renuncia a dar la cara*. Tal vez el origen tenga que ver con los epitafios que se grababan en las tumbas de los soldados más importantes o de los más destacados en combate, alusivos a la valentía y a las hazañas del muerto. Muchos de ellos, escritos en primera persona, empezaban así «Rompí, rasgué, maté, derribé...». La costumbre se recuperó durante la Edad Media. Es posible, por otra parte, que esta locución esté relacionada con la costumbre de algunos pueblos de expresar admiración o escándalo ante algo. V. *Rasgarse las vestiduras*. En la actualidad, se usa mucho para aludir a mujeres u hombres de presencia física imponente y muy llamativos. *Había bailando en el centro de la pista una morena de rompe y rasga a la que todos mirábamos embobados*.

De rondón (De matute) [colarse; entrar; meter(se)] *De rondón* es una expresión de origen francés y emparentada con el *run* ('correr') inglés que significa 'al galope' y que se usaba cuando alguien irrumpía a caballo, violentamente, en algún lugar. Hoy la usamos para indicar que alguien o algo entra en un lugar de forma equivocada, sin permiso o sin tener derecho a ello. *En el libro se han colado de rondón tres erratas gravísimas*. La locución *de matute*, que tiene el mismo significado, se aplicó originariamente a los contrabandistas, en referencia a la forma de transportar las mercancías a su destino. Es posible que *matute* sea una variante de *matutino*, pues el contrabando se solía hacer con las primeras luces del alba.

De solemnidad En gran medida. En abundancia. Esta locución funciona como un superlativo enfático y se usa sobre todo con cualidades negativas y en especial con el adjetivo *pobre*. *Mozart, como otros grandes artistas, murió pobre de solemnidad.* El término *solemnidad* se usa aquí, con evidente ironía, en su acepción de 'grandeza, majestuosidad'.

De sopetón Por sorpresa. Inesperadamente. *La noticia nos pilló de sopetón y, claro, tuvimos que suspender el viaje.* Un *sopetón* es un golpe repentino y fuerte dado con la mano, lo que explica perfectamente el sentido de la locución. El término salió del latino *supitu(m)* 'súbito, repentino'.

De soslayo [mirar] De lado. De forma oblicua. Con este significado suele usarse acompañado del verbo *mirar*, normalmente para explicar la actitud de quien mira a otros con desprecio. *Nos pusimos delante de él para que nos dijera algo, pero nos miró de soslayo y se dio la vuelta.* Con otros verbos significa 'de pasada, de forma secundaria'. *En la reunión el asunto de las vacaciones se tocó sólo al final y de soslayo.* Según Joan Corominas, más que respetable autoridad lexicográfica, la locución aparece a principios del siglo XIV como *en deslayo*, 'de pasada', derivada del verbo *deslayar*, de significado parecido al actual *soslayar* 'poner algo de lado' o 'pasar por un lado', posiblemente relacionado con la voz francesa y occitana antigua *s'eslaisser*, 'lanzarse impetuosamente'. Tanto *en deslayo* como *deslayar* se empleaban sobre todo para referirse a las lanzadas que tiraba el enemigo en un combate o un jinete al galope al blanco en un torneo y que, frecuentemente, pasaban rozando, *de soslayo*. V. *De refilón*.

De tapadillo Ocultamente. A escondidas. Con disimulo. *Juan ha venido a pasar unos días de tapadillo, porque no quería que nadie supiera que estaba aquí.* Era costumbre en tiempos pasados que las mujeres, sobre todo las de la alta sociedad, salieran a la calle con la cabeza y el rostro cubierto con un velo o con el manto, lo que se llamaba *ir de tapadillo*. Lo hacían en señal de recato y de decencia y para que los hombres no se fijaran en ellas; evidentemente, como puede suponerse, conseguían que los hombres se fijaran aún más.

De tejas abajo (De tejas arriba) Usamos *De tejas abajo* para referirnos a asuntos naturales, cotidianos, propios de este mundo, que se desarrollan sin causas sobrenaturales, sin supuestas intervenciones divinas. *Está claro que de tejas abajo cada uno tiene lo que se merece, lo que gana con su trabajo, y de nada valen casualidades ni suertes.* La expresión *De tejas arriba* es todo lo contrario: lo sobrenatural, lo que se escapa al entendimiento humano, lo que no se puede explicar. *A doscientos por hora se estrelló contra un muro, el coche destrozado y él ileso. ¿No es eso algo de tejas arriba?* Bajo las tejas está nuestra casa, lo nuestro, lo que controlamos. Sobre las tejas, el cielo, lo que se nos escapa, lo que no depende de nosotros. No parece acertada la relación que algunos establecen entre el dicho y el antiguo sombrero «de teja» sacerdotal.

De tiros largos [ir; ponerse; vestirse; estar] Muy elegante. *Esa chica siempre va a trabajar de tiros largos. Nunca se pone ropa normal.* Esta expresión se refería antiguamente a los tiros de caballos. Aunque cada cual podía llevar los caballos que quisiera, por ley sólo el rey y la nobleza podían llevar los denominados «tiros largos», es decir, el tiro delantero más separado de los demás que éstos entre sí, y lo hacían en ocasiones de pompa y ceremonias de gala. Por eso los tiros largos acabaron siendo identificados en la lengua coloquial con el lujo y la pompa.

De todo hay en/tiene **la viña del Señor** Se utiliza esta frase para dar a entender que en un grupo siempre existen características, comportamientos, opiniones o actitudes adecuados o no a una situación determinada. *Fíjate, estamos a cinco grados bajo cero y ése va en manga corta... De todo hay en la viña del Señor.* El dicho era en sus orígenes más largo: *De todo tiene la viña, uvas, pámpanos y agraz* (la uva sin madurar que queda en el racimo). Su invención se le atribuye a fray Hortensio de Paravicino, que fue el encargado de decir misa en los Reales Alcázares en cierta ocasión en que el rey Felipe IV, allá por 1624, visitó Sevilla. El Evangelio correspondiente era el de la parábola de la viña y fray Hortensio comenzó su sermón con estas coplillas, que bien podrían cantarse con ritmo de sevillanas:

«De todo tiene la viña,
Sacra y Real Majestad,
de todo tiene la viña:
uvas, pámpanos y agraz».

De toma pan y moja [estar] (Estar alguien (como) para mojar pan). Con esta curiosa expresión se valora positivamente la calidad o las cualidades de algo o de alguien. Se usa especialmente para aludir al aspecto físico de una persona. *Marta se ha echado un novio guapísimo... Está el tío de toma pan y moja.* Originariamente, el dicho se empleaba —y a veces se emplea en la actualidad— para calificar una comida suculenta, tan exquisita, que nada queda en el plato, ya que la salsa y los restos se mojan, se recogen y se comen con pan. Relaciónese esto con el significado erótico-festivo-sexual que a veces se da al verbo *comer* en la lengua coloquial, en expresiones del tipo *está para comérselo/comérsela*.

De tomo y lomo Muy grande. De gran importancia. *Todos esperaban unas palabras de compromiso, pero el ministro pronunció un discurso de tomo y lomo, de gran importancia política.* Se emplea, sobre todo, para valorar cualidades negativas. *No te fíes de ese tío. Es un sinvergüenza de tomo y lomo.* El término *tomo* designa a un libro grande y *lomo* es la parte lateral del libro por la que se cosen las hojas. Se da a entender, por tanto, que esa cualidad negativa es tan palmaria como si estuviese expuesta en un libro (v. *De libro*), y además es tan grande que ha de contarse en un libro de gran tamaño: *tomo*.

De trapillo [ir; andar; vestir] Con ropas de poca calidad, estrafalarias o poco adecuadas para la situación. *Hombre, no era una boda como para ir de* *etiqueta, pero tampoco para presentarse de trapillo, como hizo Marta*. Parece que la locución se debe a la romería popular que se celebraba en tiempos en la madrileña ermita de San Marcos, a la que concurrían un gran número de artesanos y mucha gente humilde. La nobleza, para burlarse de los romeros, se acomodaba en sus coches a lo largo de la calle de Fuencarral. Fueron éstos quienes, en referencia a los vestidos que llevaba la gente, acuñaron la expresión, que durante el siglo XIX llegó incluso a dar nombre a la romería: Romería del Trapillo.

De tres al cuarto Excesivamente vulgar. De muy baja calidad o categoría. *Tienen muchísimo dinero, pero son muy tacaños, viven en un piso de tres al cuarto*. Antiguamente, el cuarto era una de las monedas fraccionarias más bajas que se empleaban; era una pieza de cobre que equivalía a cuatro maravedíes de vellón, más o menos, a tres céntimos de peseta. Si por un cuarto daban tres productos, juzguen ustedes la calidad de los mismos. Quién sabe si algún día en vez de decir *De tres al cuarto*, diremos *De todo a cien...*

De tú a tú [tratar] Llana y familiarmente. Sin diferencias ni privilegios. Literalmente, sin utilizar el *usted*. *Es quizá el escritor más famoso y el que más vende en este país, pero trata a todo el mundo de tú a tú. Da gusto hablar con él*. En el lenguaje deportivo la locución se usa para dar a entender que un equipo, pese a ser considerado inferior, está jugando sin miedo e igual o mejor que el teóricamente superior. *El Murcia ha hecho un partido soberbio. Ha tratado de tú a tú al Real Madrid y al final ha recibido su premio*.

De una tacada De una vez. De un tirón. *Me he leído de una tacada todos los periódicos nacionales*. La expresión procede del mundo del billar, donde se refiere a la cantidad de carambolas seguidas que un jugador es capaz de hacer en un turno, en una *tacada*. El *taco* es el palo que se usa en el juego.

De verbena [ser] Poco serio. De poca categoría. *No se puede organizar un curso supuestamente serio y traer unos conferenciantes de verbena*. La verbena es una fiesta popular, desahogada y donde prima el desenfado sobre la seriedad.

De vía estrecha [ser] De escasa importancia o valía. *Todo el mundo dice que es un político de vía estrecha. Lo que no entiendo es cómo ha llegado a estar donde está*. La expresión nace referida a los trenes denominados «de vía estrecha», más adecuados para los trayectos cortos y, supuestamente, menos veloces y de menos calidad. V. *Estar en vía muerta*||*Vía libre*.

De vicio [estar; ser; quedar; salir] Muy bueno. Espectacular o extraordinario, de gran calidad o de gran belleza. *He hecho un examen de vicio. Nunca pensé que me fuera a salir tan bien*. Con el verbo *estar* se usa bastante referido a una persona de gran atractivo físico. *Pues me gusta tanto Tony Thomas porque, aparte de cantar como los ángeles, está de vicio el tío*. Como en tantas otras ocasiones lo supuestamente negativo se convierte en lo más positivo (v. *De miedo*||*De muerte*). En este caso nos referimos a alguien o a algo tan estupendo o perfecto que, más que en la virtud, nos lleva a pensar en el pecado, en el vicio.

De viva voz [decir; hablar; contar] De forma oral. Con la palabra. En contraposición con la voz «muerta», que sería la escritura. *De cartas nada. Yo voy a ir a su casa y se lo voy a decir de viva voz.*

Decir a todo amén (Jesús) Estar de acuerdo con todo. No poner ninguna pega. *A los hijos no se les puede dar siempre la razón. Los padres no pueden decir a todo amén y dejar que hagan lo que les venga en gana.* El término hebreo *amén* se ha utilizado frecuentemente al final de las oraciones o durante la misa y significa 'así sea'. Quien dice a todo amén, por tanto, no muestra la propia opinión, se calla siempre y, frecuentemente, se deja avasallar. V. *En un santiamén.*

Decir algo con la boca pequeña/chica (Hablar con la boca pequeña) Mostrar modestia, generalmente falsa, con la propia opinión. No decir todo lo que se piensa. *Dice que el examen no le ha salido tan bien como esperaba, pero no te preocupes, como siempre lo ha dicho con la boca pequeña. Ya verás como saca otro sobresaliente.* Quien así actúa da la impresión de no abrir bien la boca para hablar, es decir, no habla claramente; más bien parece susurrar lo que piensa, como cerrando la boca para intentar que nadie le oiga. V. *De boquilla.*

Decir el milagro y callar el santo Relatar hechos, normalmente de carácter negativo, sin nombrar al autor o a los autores, por lo general para no acarrearles perjuicios. *Dices que algunos vecinos quieren perjudicarte, pero da nombres. No se puede decir el milagro y callar el santo.* Sabido es que cuando se buscan, los milagros abundan. Otra cosa es a quién y de qué forma se le atribuyan. Milagros son, y el que quiera que los crea. Curiosamente, frente a la versión «celestial» existe, con el mismo significado, la versión «infernal»: V. *Se dice el pecado, pero no el pecador.*

Decirle a alguien cuántas son tres y dos/dos y dos Decirle a alguien las cosas a la cara. Expresarle a una persona con total claridad lo que se piensa de ella. *Ya me está cargando ese tío con sus comentarios estúpidos. Creo que ha llegado la hora de decirle cuántas son tres y dos.* La cuenta como la actitud de quien así se expresa, no admite equivocación ni otro resultado posible. V. *Como tres y dos son cinco.*

Decirle/soltarle/plantarle **a alguien cuatro frescas** (Soltar una fresca) Llamarle a alguien la atención. Reñirle. Reprender a una persona por su comportamiento o actitud. *Ya estaba harto de ver cómo se comportaba en el trabajo, de esa actitud prepotente con sus compañeros, y he tenido que decirle cuatro frescas.* Debemos relacionar *fresca* con *fresco* y con *frío*, seguramente en relación con el estado en que se queda quien recibe la reprimenda.

Decisión/sentencia **salomónica** (Juicio salomónico) Se denomina así a la determinación absolutamente justa. *Como el jurado no se ponía de acuerdo sobre cuál era la mejor película, adoptó una decisión salomónica y se entregaron dos primeros premios.* El adjetivo se refiere a Salomón (970-931 a. C.), hijo de David, y rey de Israel y de Judá, y a su equitativa manera de repartir justicia entre sus súbditos. En concreto, es posible que aluda a un conocido y significativo episodio narrado en el *Libro de los Reyes* del Antiguo Testamento (Libro III). Se dice que ante Salomón acudieron dos mujeres reclamando ambas ser la madre de un niño que traían. El rey ordenó a un soldado que partiera en dos al niño y entregara una mitad a cada una de las mujeres. Ante esto, una de ellas dijo: «No lo matéis. Dadle el niño entero a la otra, pero no matéis a mi hijo». Al oír esto, el rey supo que la que había hablado era la verdadera madre.

Defenderse como gato panza arriba Defenderse enérgica y valientemente. *Desde hace un par de meses el Ayuntamiento está intentando derribar esta casa, pero el anciano que la habita está luchando como gato panza arriba para evitar el desalojo.* Los gatos, cuando se ven acosados, suelen defenderse colocándose panza arriba, sacando las uñas e intentando arañar, de esta actitud proviene el dicho.

Defensa numantina Cuando alguien lucha con todas sus fuerza, física o moralmente, a pesar de tener pocos recursos y escasas posibilidades de éxito, para defender hasta sus últimas consecuencias lo que considera justo, se dice que hace una defensa numantina. *La empresa ya ha anunciado que va a haber varios despidos, pero los trabajadores están haciendo una defensa numantina de sus puestos de trabajo.* La expresión alude a la defensa que los numantinos hicieron de su ciudad, Numancia, situada muy cerca de la actual Soria. La resistencia que la ciudad mantuvo contra la dominación romana hizo que fuera el propio Publio Cornelio Escipión Emiliano, *Africano el Menor* (185-129 a. C.), conquistador de Cartago, quien tomara personalmente el mando de las operaciones. Cercó la ciudad y así la mantuvo hasta que entendió que sus habitantes aceptarían una paz honrosa, pero éstos, a pesar de llevar mucho tiempo sin agua ni comida, la rechazaron. Escipión ordenó el ataque y cuando los soldados romanos entraron en la ciudad, la encontraron quemada y a todos sus habitantes muertos. Habían preferido suicidarse y destruir la ciudad antes que caer en manos del enemigo. Esto sucedía en el año 133 a. C. El cerco había comenzado diez años antes.

Dejado de la mano de Dios (Olvidado de Dios) [estar] Abandonado a su suerte. Sin que nadie haga caso. Literalmente: hasta Dios parece haberse olvidado. Se aplica más a cosas que a personas. *Mira que huerto más enorme, pero claro, como no lo cuidan, está dejado de la mano de Dios.*

Déjalo, Juan, y no leas Con esta expresión se le da a entender a alguien que está haciendo mal algo y que debe dejar de hacerlo. *Dijiste que tú solo eras* *capaz de empapelar el cuarto, pero, en vista de cómo está quedando, déjalo, Juan, y no leas.* El dicho completo es un diálogo entre dos personas, tal vez perteneciente a algún chascarrillo o cuento popular: «—Déjalo Juan, y no leas./—¿Leo mal?/—No, pero déjalo, Juan». Existen otras expresiones coloquiales sobre los *Juanes* como *Ser un Juan Lanas* (v.).

Dejar a alguien colgado/tirado (Quedarse colgado/tirado) Abandonar a alguien. Dejar a alguien en una situación complicada o comprometida. *Lo que puedes hacer es comprometerte a poner la mitad del dinero y, cuando estemos a punto de abrir, largarte y dejarme colgado (tirado).|El coche nos dejó colgados (tirados) a diez kilómetros de Madrid.* La expresión, seguramente a imagen de la inglesa *hanged up* 'colgado' (v. *Estar colgado*) trae la imagen de quien, literalmente, está suspendido de una percha. Igual de significativa es la imagen del que, no pudiendo continuar el camino, se queda tirado por los suelos.

Dejar a alguien/quedarse **con la palabra en la boca** No permitir a alguien expresarse. No querer escuchar a una persona. Retirarle a alguien el uso de la palabra. *Él me dijo todo lo que le dio la gana y cuando le iba a replicar se dio la vuelta y me dejó con la palabra en la boca.|La presidenta no permitió la réplica y dejó al diputado con la palabra en la boca.* La palabra aquí parece haberse solidificado al no haber podido pasar a uno de sus medios naturales el aire. Quien se queda con la palabra en la boca permanece estupefacto, sorprendido y, claro, boquiabierto.

Dejar algo bien sentado Aclarar algo por completo. *Antes de comenzar a hablar, el jefe de la oposición ha dejado bien sentado que no está en absoluto de acuerdo con las medidas del Gobierno.* Lo mismo que en las expresiones *Dar por sentado* (v.) o en *Sentar la cabeza* (v.), *sentado* tiene el significado de 'asentado, claro, evidente'.

Dejar(se)/quedarse/olvidarse **algo en el tintero** Olvidarse de escribir o de decir alguna cosa o no querer decirla. *El profesor Smith se ha dejado varias cosas en el tintero en su conferencia, pero ha sido, como él ha dicho, por falta de tiempo.* En un principio la frase se refería sólo al campo de la escritura; de ahí la metonimia que identifica al instrumento (tintero) con la acción (escribir).

Dejar algo o a alguien por imposible Renunciar, por considerarlo imposible, a conseguir algo o a convencer a alguien. *Estuve cinco años intentando sacarme las oposiciones, pero acabé dejándolo por imposible.|He intentado que entre en razón y que piense las cosas fríamente, pero no me ha hecho ni caso y he tenido que dejarlo por imposible.*

Dejar/poner (bien) **alta la bandera** (Dejar alto/bien alto el pabellón) Triunfar o tener éxito en alguna empresa. *Creo que los de nuestro colegio hemos sido los mejores en los exámenes de selectividad. Hemos dejado bien alta la bandera.* La frase procede del lenguaje militar. La bandera ocupa el mejor lugar, el más destacado, el que merece mayor honor (v. *De bandera*). Cuando se conquista una plaza o se vence a un ejército, la bandera del vencedor se coloca en el lugar más alto, de ahí el dicho. *Pabellón* es prácticamente sinónimo de *bandera,* y es una palabra con una curiosa historia que merece la pena conocer. Hoy la usamos, casi exclusivamente, en su acepción de 'construcción que forma parte de un conjunto: hospital, cuartel, complejo universitario, monumento, etc.', o para referirnos al edificio donde se llevan a cabo acontecimientos deportivos, pero cuando a finales del siglo XV entró en español, procedente del francés antiguo *paveillon* (en francés actual *pavillon*), era un término del vocabulario militar que significaba 'tienda de campaña'. Del hecho de que en un campamento se colocaran varias tiendas deriva el significado actual, al que antes nos referíamos. Pero hay más cosas que decir, porque llegamos al francés *paveillon* partiendo del latín *papilione(m),* 'mariposa', pues se identificaba el movimiento y textura de las lonas y telas de la tienda con los de las alas del insecto. Más tarde, y siempre con la mariposa como punto de referencia, pasó a llamarse también *pabellón* al dosel o colgadura que cubría una cama, un trono o un altar, y a las banderas o emblemas que portaban los ejércitos, en especial a aquellos con las armas de los reyes.

Dejar/quedarse **buen o mal sabor de boca** (Saber algo mal) Producir algo o alguien un buen o mal recuerdo, una alegría o un disgusto, como la comida, sabrosa y delicada o fuerte y desagradable, cuyo sabor permanece largo tiempo en el paladar. *La película es muy triste, pero el final es bastante optimista y te deja con buen sabor de boca.*

Dejar (el) **campo libre** (Tener campo libre) Retirarse para que otro actúe. *Yo ya he hecho todo lo posible y lo imposible para arreglar los problemas de esta comunidad de vecinos. Ha llegado la hora de dejar campo libre para que otro ocupe el cargo.* La expresión parece referirse al llamado «campo de honor», el terreno que se acotaba para que se celebrara un torneo, un combate o un duelo, seguramente al hecho de retirar a los heridos o las armas para que se celebrara otra lucha.

Dejar/quedarse **clavado**/tieso Dejar a alguien sin capacidad de reacción, sin saber qué hacer ni decir, inmóvil, como si estuviera clavado al suelo. *Cuando le dije que le había tocado la lotería se quedó clavado.* V. *Dejar planchado.*

Dejar correr (¡Déjalo correr!) Desentenderse de algo. Intentar olvidar un asunto dejando que discurra, que se acabe alejando, como si fuera la corriente de un río. *De acuerdo: lo que te han hecho es muy grave y no tenían ningún derecho, pero es mejor dejarlo correr que hacer algo de lo que tarde o temprano te arrepientas.*

Dejar/quedar **en buen**/mal **lugar** Poner a alguien en una situación airosa o favorable (buen lugar), desairada o desfavorable (mal lugar). *La represen-*

tación que enviamos a la reunión de Estocolmo ha dejado a nuestra universidad en muy buen lugar.

Dejar/quedarse/estar **en la estacada** Abandonar a una persona cuando más necesidad tiene de ayuda. *Cuando los negocios iban bien, mi socio colaboraba en todo; ahora que empiezan a ir mal, me ha dejado en la estacada*. La *estacada,* denominada también *palenque,* era la empalizada hecha con estacas que servía como defensa en las batallas o que delimitaba el campo en los torneos medievales. Quien quedaba en la estacada no alcanzaba su objetivo y quedaba, pues, a merced del enemigo, en situación extremadamente peligrosa. V. *Salir a la palestra.*

Dejar mear al macho (que meando descansa/que ha comido berros) Le soltamos esta curiosa frase a quien nos agobia, a quien nos atosiga, a quien nos mete prisa. *Ya sé que tengo que terminar todo hoy, pero a mi ritmo. No me metas prisa. Deja mear al macho*. El término *macho* es una de las denominaciones del *mulo*. El dicho parece haberse desgajado de algún chiste o cuentecillo popular. V. *Ir a gusto en el machito.*

Dejar mucho/bastante **que desear** Defraudar. No cumplir las expectativas. Evidentemente, nos quedamos deseando mucho más. *Su primera novela fue excelente, pero la segunda deja mucho que desear.*

Dejar/quedarse **planchado** Provocar, con palabras o acciones, que alguien se quede sin reaccionar, desolado, triste, como si estuviera paralizado o, literalmente, planchado, aplastado, tieso. *Me esperaba aprobar. De verdad, este suspenso me ha dejado planchado*. V. *Dejar clavado.*

Dejar/quedarse **plantado** Dejar a alguien esperando. No ayudar a una persona que espera colaboración. Quien espera a una persona o la ayuda de otra se queda igual que una planta, sin moverse, sin hacer nada, esperando (v. *Como mierda al sol*). *Me habías dicho que me ayudabas a arreglar el coche pero, al final, me has dejado plantado y he tenido que ir al mecánico*. Con el mismo significado existen la expresión *Dar plantón* (v.) y el verbo *plantar.*

Dejar que alguien haga algo a su aire (Ir alguien a su aire) Permitir que una persona actúe como le apetezca. *Ya sé que tú eres el que más sabe de matemáticas, pero déjame que resuelva el problema a mi aire.*

Dejar rodar/que ruede **la bola** Permitir que todo siga su curso. *Si no desmientes ahora mismo esos rumores y dejas que ruede la bola, la situación puede llegar a ser muy grave*. En la frase parece aludirse a la bola de nieve que, como el rumor, se hace más grande cuanto más rueda por la pendiente. V. *Ser una bola de nieve.*

Dejarle/ponerle **a alguien la cara como un mapa** (Tener la cara como un mapa||Estar/quedar/poner hecho un mapa||Parecer un mapa) Golpear violentamente a una persona hasta dejarle la cara completamente señalada, llena de cicatrices y magulladuras, identificadas en la comparación, crudamente, con los accidentes geográficos: montañas, ríos, lagos... *No es grave y pa-*

rece que va a quedarse un par de días en el hospital, pero le han dejado la cara como un mapa, y lo peor es que no sabe ni quién ni por qué. V. *Estar hecho un cristo.*

Dejarse la piel/el pellejo (Dejarse la piel en el intento) Sufrir mucho, física o mentalmente, para conseguir algo. La expresión es tan significativa como plástica. *Su padre se dejó la piel para levantar el negocio y él en dos días lo ha mandado a pique.*

Dejarse llevar/arrastrar **por la corriente** Permitir una persona que le afecten todas las opiniones o formas de actuar y no tener las suyas propias. La imagen es clara: la persona que está en un río o en el mar a merced de las corrientes, sin poder avanzar hacia donde quiere. *Antes a Mariano no le gustaban las películas de Spielberg, pero ahora se ha dejado llevar por la corriente y le encantan.* V. *Ir contracorriente||Seguirle a alguien la corriente.*

Dejarse ver el pelo Aparecer alguien en un lugar. Dejarse ver. *Hasta la vista. Y déjate ver el pelo de vez en cuando, que nos tiramos meses enteros sin saber nada de ti.* Seguramente encontramos en el dicho una referencia al pelo de los animales, a su longitud y color, características que facilitaban la identificación del ganado. También se miraba el pelo de los animales para saber si estaban sanos o para cerciorarse de su calidad: V. *Criar buen pelo.*

Del ala Esta locución pondera el valor de la cantidad de dinero a la que precede. Suele usarse de lo inapropiado o exagerado del precio. *¡Vaya timo! Por dos cañas y tres cafés dos mil del ala.* Posiblemente esta *ala* tenga que ver con el movimiento de arriba abajo, una especie de aleteo, que se hace con la mano cerrada para indicar que se paga al contado.

Del carajo (la vela) Muy grande. *Llegué diez minutos tarde y se agarró un enfado del carajo.* Se usa mucho con *frío. Para estar ya a mediados de mayo la verdad es que hace un frío del carajo.* El término *carajo* es una de las muchas formas de designar al *pene,* en este caso parece que a uno de considerables dimensiones. El término, de oscuro origen, podría proceder del catalán *quer,* 'peñasco', que habría generado un aumentativo como *querall* o *carall,* de donde en español tendríamos *carajo,* en gallego *carallo,* y en portugués *caralho.* Lo mismo nos sucede con la extraña expresión *Del carajo la vela,* para la que se han dado diversas hipótesis: desde la posible alusión a un pequeño barco pesquero mexicano que navega con una vela denominada caraja, hasta la referencia al pez volador, denominado por algunos pescadores carajillo y que al salir del mar despliega una especie de vela. Sin ir tan lejos, podría pensarse que se trata de una reducción de la supuesta frase **El carajo a la vela,* es decir, el pene en erección, tieso como una vela (v. *Más tieso que un huso/que una vela/que un ajo*), y la referencia a la vela es para designar a la de alumbrar, no a la del barco. V. *De la leche||De narices||Mandar a alguien al carajo.*

Del demonio (Del diablo||De todos los demonios/diablos||De mil demonios/diablos) Son todas estas expresiones ponderativas con las que se hace referencia a algo especialmente extraordinario, por lo general negativo, como puede deducirse por la siniestra presencia del *demonio* o del *diablo*, que tal da. Curiosamente, se utiliza con frecuencia para hablar de un frío especialmente cruel: *Estas Navidades ha hecho un frío del demonio. No hemos superado los dos grados ni un solo día.*

Del mal, el menos/el menor La expresión transmite una clara idea de resignación: ya que han de corresponderme males, que me toquen los menos malos. *Yo vi que venía un coche de frente, giré el volante a la derecha y me fui a la cuneta. Tengo un par de huesos rotos, pero, mira, del mal, el menos.* Parece ser que el dicho se hizo popular a partir de su aparición en una de las fábulas de Fedro, escritor romano del siglo I, quien utiliza la expresión *minima de malis*. También la encontramos en el Libro III de la *Imitación de Cristo*, obra ascética de la baja Edad Media compuesta entre mediados del siglo XIV y mediados del XV, y seguramente de origen benedictino, atribuida por lo general a Tomas de Kempis o a Gersen de Vercelli: «De duobus malis, semper minus est eligendum» ('De entre dos males, siempre se debe elegir el menor').

Del montón [ser] Muy común. Vulgar. No destaca en ningún aspecto *Yo no sé cómo han podido endiosar de tal forma a ese escritor cuando es bastante mediocre, uno del montón.* Las cosas de calidad se separan y aíslan, las normales, se amontonan.

Dentro de cien años/en cien años, **todos calvos** Con esta frase señalamos que todos, antes o después, tenemos que morir. *Pues yo prefiero disfrutar a tope de todo lo que me ofrezca la vida. Total, dentro de cien años, todos calvos.* Evidentemente, dentro de cien años no tendremos pelo en la cabeza, entre otras cosas porque tampoco tendremos cabeza... Cuenta Sebastián de Covarrubias en su *Tesoro* (1611) que el rey persa Jerjes (s. V a. C.), en pleno esplendor de su poder y para señalar lo inexorable del paso del tiempo, exclamó, contemplando a sus invencibles ejércitos, dispuestos a invadir Grecia: «De hoy en cien años todos seremos calvos». La frase la recoge también Íñigo López de Mendoza, Marqués de Santillana (1398-1458): *Al cabo de mil años, todos seremos calvos.* Al respecto del dicho, el gran escritor gallego Wenceslao Fernández Flórez (1879-1964) recoge una anécdota que, según él tuvo lugar en Madrid en 1888, durante la ejecución de uno de los autores del llamado crimen de *La Guindalera*. Al parecer, el reo, ya en el patíbulo, se adelantó unos pasos hacia el público que se disponía a presenciar la ejecución y, con imponente presencia de ánimo, gritó: «Respetable público: dentro de cien años, todos calvos».

Derecho al pataleo [tener] Denominamos así a la forma de protesta que le queda a quien, cansado de protestar de buenas maneras, no se siente atendido ni respetado. *El Ayuntamiento hace lo que se le viene en gana, sin dar opor-*

tunidad a los ciudadanos de opinar, y mucho menos de criticar. Sólo nos queda el derecho al pataleo. Era costumbre en nuestro Siglo de Oro que durante las representaciones teatrales los espectadores, muchos de ellos pagados por otros autores, patalearan para mostrar su disconformidad o, simplemente, por armar escándalo. V. *Alborotarse el gallinero*‖*El corral de la Pacheca.*

Derecho de pernada [tener; ejercer; haber] Libertad o prebenda que tiene una persona para actuar como le apetezca, aunque sea cometiendo atropellos o excesos. *Quienes van a comer al campo se creen con derecho de pernada para tirar los desperdicios por todas partes.* Durante la Edad Media se denominaba así al *privilegio* que tenían los señores feudales para pasar la noche de bodas con la esposa del siervo que había contraído matrimonio. La ceremonia solía ser testimonial y en ella, de ahí el nombre, el señor o su delegado tomaban posesión del lecho matrimonial poniendo una pierna sobre él. El derecho de pernada fue abolido en 1486.

Desaparecer como por ensalmo Desaparecer repentinamente, sin que nadie se dé cuenta. *¿Alguien ha visto a Luis? Estaba aquí hace un momento, pero ha desaparecido como por ensalmo.* El *ensalmo,* palabra claramente relacionada con *salmo,* era una invocación, una especie de rezo, que formaba parte de los rituales de magos y curanderos, llamados muchas veces *ensalmadores.* En la expresión se hace referencia a lo rápido que, por lo visto, desaparecían los males del enfermo tras el ensalmo.

Desaparecer de escena Ausentarse. No dejarse ver. *¿Sabéis algo de Joaquín? Nadie lo ha vuelto a ver desde Navidades. Ha desaparecido de escena.* La expresión tiene que ver, claro está, con el *mutis* de un actor (v. *Hacer mutis por el foro*), la acción de retirarse del escenario. V. *Entrar en escena.*

Descargar/soltar **adrenalina** (Subirle a alguien la adrenalina) Soltar el exceso de tensión acumulada. *Me encanta ir al gimnasio y pegarle unos cuantos puñetazos al saco de boxeo. No veas cómo descargo adrenalina.* Por el contrario, a quien le sube la adrenalina le aumenta la tensión nerviosa. *No puedo tolerar que la gente sea tan maleducada. Me sube la adrenalina y exploto.* La *adrenalina* (término latino) o *epinefrina* (término griego) es una hormona que segrega la masa medular de las glándulas suprarrenales, situadas en la parte superior de los riñones, secreción que, en casos de tensión nerviosa, se hace más abundante y produce un aumento considerable de la presión sanguínea. *Adrenalina* y *epinefrina* tienen su raíz, respectivamente en *ad renem* y *epi nefrós,* 'junto a, sobre el riñón'.

Descubrir(se) **el pastel**/la tostada Descubrir algo, por lo general una trama o una mala acción, que se había ocultado. *Joaquín llevaba un par de años engañando a su mujer, pero hace una semana que ésta ha descubierto el pastel y se ha preparado una buena.* En los siglos XVI y XVII los pasteles no eran lo que hoy entendemos, sino una especie de empanadas rellenas de carne picada. En la época era habitual que los pasteleros pusieran mucha masa y poca carne, y ésta de dudosa procedencia; de ahí que *descubrir el pastel* fuese, literalmente, adivinar dónde estaba el relleno. Son famosas las burlas de muchos escritores contra los pasteleros, en especial, puede suponerse, las del ínclito Quevedo. En el capítulo VII de *El Buscón,* Pablos se encuentra con el verdugo que ahorcó a su padre, quien le cuenta cómo se produjo la ejecución: «Cayó sin encoger las piernas ni hacer gesto; quedó con una gravedad que no había más que pedir. Hícele pedazos y dile por sepultura los caminos. Dios sabe lo que a mí me pesa verle en ellos, haciendo mesa franca a los grajos. Pero yo entiendo que los pasteleros desta tierra nos consolarán, acomodándole en los (pasteles) de a cuatro (maravedíes)». Por otra parte, en la jácara titulada *Carta de la Perala a Lampuga, su bravo,* el mismo autor escribe: «Con las manos en la masa/está Domingo Tiznado/haciendo tumbas a moscas/en los pasteles de a cuatro.» Sobran comentarios. De todas formas, hay otra explicación del dicho, ya que, en la misma época, se llamaba *pastel* a una trampa en el juego que consistía en preparar las cartas para repartirlas a conveniencia del que las distribuía. No es descabellado pensar que el nombre de esta fullería saliera de la trampa de rellenar los pasteles con productos cuando menos dudosos. La variante con *la tostada* obedece seguramente a un cruce semántico con la expresión *Olerse la tostada* (v.), que significa 'sospechar o prever algo'. No olvidemos que hoy, en la lengua coloquial, usamos el verbo *pastelear* como sinónimo de 'apañar; compincharse con alguien; hacer trampas' y *pasteleo* con el significado de 'amaño; manejo; trapicheo'. V. *Repartirse el pastel||Ser algo un pasteleo.*

Descubrir/inventar **la pólvora**/América/el agua caliente/el Mediterráneo Dar como novedad lo que ya todos conocen. *Adivinar* algo que ya está adivinado. Enterarse de algo que es evidente, como es evidente que quien redescubriera la pólvora, América, el agua caliente o el Mediterráneo optaría a pocos galardones... *Fíjate, este tío ha hecho un trabajo de trescientas páginas para demostrar que no se sabe quién escribió el* Cantar de Mio Cid... *¡Ni que hubiera descubierto la pólvora!*

Descubrir/enseñar/mostrar **las cartas** Revelar las verdaderas intenciones: *Tú no digas nada. Limítate a escuchar y no descubras las cartas hasta el final de la reunión.* Hacer ver una persona cuáles son sus verdaderas capacidades: *El atleta ruso fue toda la carrera al final del grupo y sólo descubrió las cartas en la última curva, cuando, con un tirón increíble, ganó la carrera por sorpresa.* En ambos casos se actúa de la misma forma que el jugador que, manejando el juego según sus intereses, espera el momento propicio para colocar las cartas boca arriba en la mesa y demostrar así su triunfo. V. *Las cartas boca arriba||Poner las cartas en la mesa*

Desenterrar/sacar **el hacha de guerra** Dar comienzo a las hostilidades. Provocar un enfrentamiento o un conflicto. *Esos dos llevaban ya mucho tiempo comportándose de forma civilizada, pero, por lo que he podido ver ayer,* *han vuelto a desenterrar el hacha de guerra. ¡Hay que ver cómo se han puesto el uno al otro!* Algunas tribus indígenas americanas enterraban el hacha (v. *Enterrar el hacha de guerra*), su arma principal, en periodos de paz y la desenterraban para declarar la guerra a sus enemigos. De esta ceremonia, vía Hollywood, nos llega la expresión.

Deshojar la margarita Reflexionar antes de tomar una decisión. *No sé qué hacer. Aquí me encuentro muy bien y tengo mi vida hecha, pero el puesto que me han ofrecido en Valencia es estupendo y muy prestigioso. Llevo un par de semanas deshojando la margarita.* La expresión obedece a la costumbre de deshojar margaritas para decidir entre el sí y el no, costumbre novelesca y bobalicona de los enamorados. A saber: se coge una margarita y se le van quitando pétalos alternativamente mientras se dice: «me quiere; no me quiere; me quiere; no me quiere...». Claro que nunca faltan los que cuentan los pétalos antes para elegir margarita de pétalos pares o impares, según el objetivo, o quienes, adivinando un resultado negativo, los arrancan de dos en dos, para que todo acabe en un feliz sí...

Desnudar/desvestir **a un santo para vestir a otro** Quitarle una cosa a una persona para dársela a otra. Solucionar un problema creando otro. Buen ejemplo del uso de la frase lo encontramos en el séptimo auto de *La Celestina*. Pármeno, que está en la cama con Elicia, y no se lo está pasando mal precisamente, se ofrece para acompañar a Celestina a casa:

> «— Madre, ¿mandas que te acompañe?
> —Sería *quitar a un santo por poner en otro;*
> acompañeos Dios, que yo vieja soy; no he
> temor que me fuercen en la calle».

Era habitual en las iglesias de los pueblos que las amas de los curas o los sacristanes vistieran al santo que había de salir en procesión con los adornos y ropas de otros que quedaban en la iglesia; de ahí la expresión. V. *Quedarse para vestir santos*.

Despacharse alguien a (su) **gusto** Desahogarse una persona actuando sinceramente o diciendo lo que realmente piensa, sin reprimirse. *Esta mañana me he encontrado a Margarita y me he despachado a gusto con ella; le he dicho que es una mentirosa, que se meta en sus asuntos y que me deje en paz.* El verbo *despachar* tiene frecuentemente en español coloquial el significado de solucionar algo pendiente que es el que ha de entenderse aquí: *Ya he despachado ese trabajo que me encargaron hace un mes.*

Despacito y buena letra Se usa la expresión cuando se quiere indicar que algo ha de hacerse lentamente y con sumo cuidado, como los trazos de las letras en la caligrafía que un maestro, en tan difícil y olvidado arte, aconseja; de ahí se deriva el dicho. *Con esta niebla no se ve nada, así que reduce la velocidad, ponte a la derecha y despacito y buena letra.*

Despedirse/marcharse/irse **a la francesa** Abandonar un lugar sin despedirse. *¿Pero no estaba Carlos aquí? Vamos, que se ha ido y, como siempre, se ha despedido a la francesa*. Se dice que en el siglo XVII se puso de moda en la corte francesa, ejemplo de comportamiento y de etiqueta para otras cortes europeas, no despedirse cuando se abandonaba una reunión, pues estaba muy mal visto entre los finos cortesanos del vecino país que se interrumpieran sus importantísimas reuniones aunque fuera para saludar o para decir adiós. Se permitía eso sí, mirar el reloj y dar a entender que había que marcharse. La expresión existe también en inglés, *To Take French Leave*, y en alemán *Sich auch französisch verabschieden*. Los franceses, seguramente por despecho y por devolver la moneda a los ingleses, dicen *Filer à l'anglaise*, 'despedirse a la inglesa', de donde se toma la expresión en italiano *Andarsene (filarsela) all'inglese*. De todas formas, en descargo de nuestros vecinos del norte, hay que decir que esta costumbre del *sans adieu*, 'sin adiós', empezó a usarse en aquellos casos en que quien se despedía pensaba regresar en un breve espacio de tiempo. Posteriormente, acabó extendiéndose a todas las despedidas.

Desplumar a alguien (Dejar a alguien sin plumas||Quitarle a alguien las plumas) Dejar a alguien sin dinero o sin bienes. Se usa especialmente para hacer referencia a alguien que pierde en el juego. *Mira ése, tanto dinero que tenía y en un par de partidas de póquer lo han desplumado*. Las plumas son fundamentales para las aves. La que está desplumada está desnuda, como el que lo pierde todo, y le aguarda un destino bastante parecido al del arruinado: la cazuela. V. *En cueros||Quedarse como el gallo de Morón, sin plumas y cacareando*.

Devanarse los sesos/el cerebro Pensar en exceso algo. Preocuparse mucho tratando de buscar explicaciones o soluciones. *No sé cómo he podido suspender el examen. Llevo todo el día devanándome los sesos y no encuentro ninguna explicación*. Los *sesos* son, ya se sabe, el cerebro. *Devanar* no es otra cosa que enrollar una madeja de hilo, especialmente de lana, o un alambre en un ovillo. Como es sabido, el cerebro, con sus numerosas circunvoluciones, tiene forma de ovillo o de madeja, de este modo sobran las explicaciones.

Devolver la pelota Contestar de la misma forma o actuar con los mismos hechos que la persona con quien se mantiene una conversación o una discusión. *El alcalde criticó al concejal por haber gastado mucho dinero en las fiestas, pero este último devolvió la pelota al alcalde y le respondió que más dinero se había gastado en los adornos navideños*. Trasladado esto al frontón o a la pista de tenis, alcalde y concejal actuaron como dos pelotaris o como dos tenistas: uno golpeó la pelota, el otro la devolvió, el primero la volvió a golpear con más fuerza, y así *ad infinitum*...

Día señalado (Fecha señalada) Llamamos así a los días en los que celebramos alguna fiesta o acontecimiento especial. *Hombre, el del cumpleaños* *es un día muy señalado en el que nos gusta salir a comer fuera, estar con la familia, con los amigos...* La expresión sin duda viene de la costumbre romana de clasificar los días del año en *dies fasti* ('días *fastos*, de buenos presagios') y *dies nefasti* ('días nefastos, de malos presagios'). Los *fastos* se destinaban a los negocios y a las actividades públicas y se señalaban en el calendario con una F —de aquí la expresión *día señalado*—; los segundos se dejaban para realizar los trabajos que eran absolutamente imprescindibles. V. *Por fas o por nefas*.

Diálogo de besugos Conversación en la que los interlocutores no se entienden, por resultar ésta absurda y disparatada. *Es imposible hablar contigo. Cada vez que te pregunto algo tú me respondes con una cosa que no tiene nada que ver. Siempre el mismo diálogo de besugos*. En la lengua coloquial no son raras las referencias a los peces, seres de más bien poco cerebro, para denotar la memez o las pocas entendederas: V. *Cogerse una turca (... una merluza)*||*Estar pez en algo*||*Ser un merluzo*||*Ser un besugo*.

Dicho y hecho Sin demora. Con gran rapidez. Como sugiere la locución, sin que apenas transcurra tiempo entre el momento en que una acción se anuncia y el momento en que se lleva a cabo. *Dijeron que se casaban y, dicho y hecho, al día siguiente fueron al Ayuntamiento y en una hora ya estaban casados*.

¡Dichosos/benditos **los ojos!** (¡Dichosos/benditos los ojos que te ven!) Le decimos esto a quien hace mucho tiempo que no vemos. *¡Hombre! ¡Dichosos los ojos! Por fin te dejas ver el pelo. Hace más de un año que no aparecías por aquí*. La expresión suena a canto trovadoresco, a cuita de amor.

Dijo la sartén al cazo: «quita de ahí, que me tiznas» (Dijo la sartén a la caldera: «quítate allá, culinegra») Con esta frase se reprende a quienes, teniendo mucho que callar por su forma de ser, defectos o acciones negativos, se permiten criticar a los demás. Se suele usar sobre todo la primera parte *(Dijo la sartén al cazo). A él lo han denunciado por calumnias y ahora se permite hablar mal de Carlos, que al fin y al cabo no hizo más que soltar una mentirijilla piadosa. Dijo la sartén al cazo: «quita de ahí, que me tiznas»*. La aparición de los dos utensilios de cocina se explica fácilmente cuando pensamos que antaño, con el fuego de leña o de carbón, se tiznaban los fondos (los «culos»): igual de negro estaba el fondo (el alma) de la sartén (el que critica) como el del cazo o el de la caldera (el criticado).

Dimes y diretes (Dares y tomares) Rumores sin fundamento. Habladurías. Cotilleos. *Nada se sabe seguro sobre el adelanto de las elecciones. Son todo dimes y diretes de la prensa*. Trasladado al español más actual el dicho sería *dime y te diré*, lo que sucede es que el verbo *decir*, con el pronombre *te* pospuesto, se ha sustantivado en la expresión hasta tal punto que incluso se le ha añadido un plural: *te diré-diréte-diretes*. En un principio la frase tenía el significado de discusión, disputa verbal entre dos personas: *si tú me dices (lla-*

mas) esto, yo te diré (llamaré) lo otro. La expresión *Dares y tomares* parece tener un origen un tanto más violento, como sugieren los verbos que están en la raíz, *dar* y *tomar*, seguramente golpes.

Dios aprieta, pero no ahoga Se aplica esta frase como una especie de bálsamo o consuelo para quienes se encuentran en una situación muy problemática. *No te preocupes. Seguro que dentro de un par de meses se vende la tierra y se arreglan los problemas de dinero. Dios aprieta pero no ahoga*. Considerando que es Dios quien dispone el destino humano, las situaciones pueden ser complicadas, pero no definitivas... O al menos así debería ser.

Dios da pan a quien no tiene dientes/hambre (Dios da almendras al que no tiene muelas) Con esta curiosa y significativa frase se da a entender que alguien posee alguna característica que no sabe explotar o algo que no sabe manejar. Se advierte en ella una cierta punzada de envidia. *Tiene una voz preciosa, la más bonita que he oído nunca, pero no sabe hablar... De cada tres palabras que dice, dos son tonterías. Dios da pan a quien no tiene dientes.*|*Mira qué pedazo de coche le ha tocado en el sorteo... Y no sabe conducir. Es verdad que Dios da pan a quien no tiene dientes*. En la obra del Marqués de Santillana (1398-1458) y en *La Celestina* (1499) se registra el refrán del que parecen haberse desprendido las variantes actuales: *Dio Dios habas a quien no tiene quijadas*.

Dios mediante Si Dios quiere. Si no ocurre nada que lo impida. Literalmente, 'si Dios media, si Dios interviene, con su mediación'. Se usa sobre todo al hablar de hechos futuros. *El año próximo, Dios mediante, iremos de vacaciones a Australia*.

¡Dios te/me/se/nos/os **la depare**/mande **buena!** Con esta exclamación proclamamos nuestro deseo de suerte, sobre todo cuando prevemos que la situación no se presenta muy favorable, o cuando vamos a acometer una empresa peligrosa o complicada. *Así que esta tarde el oral de lingüística románica... Pues vas a comprobar por qué al profesor lo llaman «Superhueso»... ¡Que Dios te la depare buena!* El maestro Gonzalo Correas explica así el dicho en su maravilloso *Vocabulario de refranes y frases proverbiales* (1627): «Dicen que un médico ignorante que no sabía recetar tomó de casa de un boticario muchas recetas en una alforja, y fuese por los lugares que no era conocido a curar, y a cualquier enfermedad que se ofrecía, sin distinción, sacaba una receta de la alforja y dábala al enfermo y decía: *Dios te la depare buena*». La misma historieta aparece en la primera parte de una de nuestras mejores novelas picarescas, el *Guzmán de Alfarache* (1599), del sevillano Mateo Alemán (1547?-1615).

Discusión bizantina Discusión que no tiene ningún sentido porque trata problemas intrascendentes. *Lleváis diez minutos diciendo que si quedamos a las ocho, que si a las nueve y no os ponéis de acuerdo... La verdad es que es una discusión bizantina. Quedamos a las ocho y media y ya está*. Cuenta la leyenda que los bizantinos eran bastante dados a discutir públicamente sobre memeces tales como el sexo de los ángeles, o sea, si tenían y cómo lo tenían. En éstas, dicen, los pillaron los turcos cuando en 1453 tomaron Constantinopla, la actual Estambul. En nuestra lengua ha quedado también la frase *Hablar* o *discutir sobre el sexo de los ángeles,* para hacer alusión a conversaciones vanas o intrascendentes.

Discutir sobre galgos o podencos Discutir sobre cuestiones banales, sin tratar lo realmente trascendente. *Llevamos dos horas discutiendo sobre galgos o podencos. ¿Por qué no pasamos a hablar de una vez de lo que realmente interesa?* Cuenta una antigua fábula, de la que existen varias versiones, que dos liebres perseguidas por unos perros se entretuvieron discutiendo si éstos eran galgos o podencos, dos razas caninas muy parecidas... Tanto se enfrascaron en la discusión que acabaron por olvidarse de sus perseguidores. Al final sucedió lo que tenía que suceder: que los perros las atraparon.

Disfrutar/divertirse/pasárselo/trabajar **como un enano** Divertirse muchísimo. Pasarlo muy bien. *El pasado fin de semana llevé a los niños al parque de atracciones. Ellos se lo pasaron en grande, pero yo disfruté como un enano.* En la frase se alude a los bufones juglares y enanos habituales en todas las cortes europeas desde la Edad Media y especialmente abundantes en la española en época de los Austrias. Ellos eran los encargados de amenizar banquetes y reuniones, divertir a los invitados y acompañar y entretener a los príncipes, damas y personajes de alcurnia. De ello dan buena fe los pinceles del gran Diego Velázquez (1599-1660), especialmente en su obra maestra, *Las Meninas*. Con el verbo *trabajar* toma el matiz de 'realizar un trabajo duro e intenso', tal vez el mismo que llevaban a cabo los comediantes y bufones a los que antes aludíamos, o tal vez el de las personas, muchas veces niños, que, por su pequeña estatura, se destinaban en las minas para que se introdujeran en los recovecos a la búsqueda de metales y piedras preciosas. Los enanitos de *Blancanieves* no son pura invención.

Disparar/tirar **con pólvora del rey**/con pólvora ajena Gastar alguien alegremente el dinero que no le pertenece, especialmente cuando se trata de fondos públicos: *Claro, yo también viajaría en primera clase y me alojaría en hoteles de lujo si fuera asesor del ministro: es muy fácil disparar con pólvora del rey.* La expresión *Disparar con pólvora ajena* es servirse del dinero o de los medios de otro para conseguir algo: *Claro, con el papá rico ya se puede gastar ese dineral todos los fines de semana, hacerle regalos a todo el mundo e invitar a comer a media ciudad. Es muy fácil disparar con pólvora ajena.* La frase, que en un principio se aplicó a quien se jugaba a los juegos de azar los bienes que no eran suyos, se refiere a la pólvora y munición empleada en otro tiempo por los soldados, seguramente por los de los tercios de Flandes, pagada, es evidente, por las arcas reales.

Divide y vencerás La frase aconseja provocar la discordia entre los que se entienden o están de acuerdo para poder dominarlos o imponer la propia opinión. *El presidente está intentando crear rencillas entre los consejeros para que se enfrenten entre ellos y así hacerse él con prácticamente todo el poder: divide y vencerás*. El lema, muchas veces expresado en latín, *divide et impera*, se atribuye generalmente a Filipo II (382-336 a. C.), rey de Macedonia y padre de Alejandro Magno, aunque también a Luis IX de Francia (san Luis) (1214-1270), a Nicolás Maquiavelo (1469-1527), a Catalina de Médicis, reina de Francia (1519-1589), y, cómo no, al mismísimo Napoleón Bonaparte (1769-1821).

Doblar la bisagra/el espinazo Trabajar, en especial en alguna actividad que exija una considerable dosis de esfuerzo. *Tenemos que trasladar todos los muebles y el material al piso de arriba, así que, ¡hala!, todos a doblar la bisagra, a ver si esta tarde tenemos todo listo*. La expresión se refiere al hecho de doblar el cuerpo por la mitad, es decir, por la cintura, que cumple las funciones de una *bisagra*. El *espinazo* es el nombre que se da vulgarmente a la columna vertebral. Como parece lógico, por la postura que describen ambas frases, se aplicaron originariamente a las labores del campo.

Doblar la servilleta Morirse. *Estaban todos los sobrinos esperando que la vieja doblara la servilleta para caer como buitres sobre la herencia*. Es una de las tantas formas, mezcla de humor negro e irreverencia, con las que nos referimos a la muerte en lenguaje coloquial (V. *Estar criando malvas*||*Estirar la pata*). Cuando terminamos de comer doblamos la servilleta y la dejamos sobre la mesa. El gesto se traslada a quien deja de vivir. Más que de un eufemismo —término que se usa para atenuar la expresión para evitar lo que se considera *tabú*—, parece todo lo contrario, un disfemismo.

Doctores tiene la (Santa Madre) Iglesia Con esta expresión alguien confiesa que no es la persona adecuada para dar una opinión o resolver un asunto y remite a personas más autorizadas: *A mí me parece que* La Celestina *tiene un solo autor, pero bueno, yo no soy experto en literatura. Doctores tiene la Santa Madre Iglesia*. La frase que nos ocupa aparece en el famoso catecismo del Padre Gaspar Astete (1608), y es posible, dada la influencia y popularidad de esta obra, que ése sea su origen. El catecismo está redactado en forma de diálogo entre el padre y unos discículos. Éste es el fragmento en cuestión:

> «—¿Además del Credo y los Artículos, creéis otras cosas?
> —Sí, padre. Todo lo que cree y enseña la Santa Madre Iglesia Católica, Apostólica y Romana.
> —¿Qué cosas son ésas?
> —Eso no me lo pregunte a mí, que yo soy ignorante. Doctores tiene la Santa Madre Iglesia que os sabrán responder».

Don de gentes [tener] Saber tratar a las personas y relacionarse con ellas. Ser simpático y amable. Saber atraerse la confianza y la amistad de los demás. *Como guía no es una maravilla, pero su falta de preparación la suple, y con creces, con su don de gentes. Don* es aquí sinónimo de 'regalo, virtud'.

Don Quintín el Amargao [ser; parecer; ser como] Se llama así a la persona que está permanentemente enfadada o de mal humor. *Hijo, no hay quien te diga nada. Hay que ver qué carácter tienes. Pareces don Quintín el Amargao.* El dicho es el título de un sainete, popularísimo en su tiempo, de Carlos Arniches (1866-1943), el cual llevaba el significativo subtítulo de *El que siembra vientos recoge tempestades*. Sobre el carácter del protagonista sobran comentarios; baste decir que la letra de una de las canciones del sainete dice:

> «si (don Quintín) a un amigo del alma tiene el capricho
> de obsequiarle con algo, le compra un nicho».

Donde Cristo dio las tres voces (Donde Sansón perdió el flequillo) [estar; quedar; vivir] Se emplea esta frase para indicar que algo está muy lejos. *Sí. La casa es muy bonita y la zona preciosa, pero está donde Cristo dio las tres voces.* La locución se refiere al desierto, donde Jesucristo se retiró a hacer penitencia y donde fue tentado tres veces por el demonio. Cuenta el Nuevo Testamento que Cristo rechazó al demonio de manera firme, con grandes voces y en tres ocasiones. Según el Evangelio *(Lucas,* IV, 1-13) esto fue lo que le dijo: la primera «No tentarás al Señor, tu Dios»; la segunda, «Vete, Satanás, porque escrito está: al Señor, tu Dios, adorarás y sólo a Él servirás»; y la tercera, «No sólo de pan vive el hombre, sino de toda palabra que sale de la boca de Dios» (v. *No sólo de pan vive el hombre*). A propósito de Sansón, duodécimo juez de Israel, no fue precisamente el flequillo, sino la melena, lo que perdió a manos de la malvada Dalila (v. *Aquí muere Sansón con todos los filisteos*). Una curiosidad: los peruanos, más irreverentes, o reverentes, según por donde se mire, dicen *Donde el diablo perdió el poncho*.

Donde dije digo, digo Diego Con este juego de palabras se da a entender que alguien cambia de opinión y se desdice de lo dicho anteriormente: *Ayer dijo que no le gustaba el vestido; hoy dice que le encanta... Donde dije digo, digo Diego.* No parece que haya ningún Diego de por medio. La frase debe de obedecer a un simple juego de palabras.

Donde las dan las toman Esta frase se usa en situaciones en que se produce un desquite o una venganza, cuando alguien que previamente ha causado algún mal, lo recibe en la misma medida. *El mes pasado me dijiste que no me prestabas los apuntes y ahora me los pides, ¿verdad? Pues no te los dejo: donde las dan las toman.* Queda la duda de adjudicarle un referente a ese «las»: ¿bofetadas?

Donde los/las **haya** Es ésta una de las muchas locuciones que usamos en la lengua coloquial para formar el superlativo de los adjetivos. Funciona, por tanto, igual que *muy* o que el sufijo *-ísimo*. Esta expresión va siempre pospuesta al adjetivo. *Yo ya lo dejo por imposible. Ese tío es tonto donde los haya y no hay más que hablar.* Sería algo así como pensar en el lugar donde se reunieran gran cantidad de tontos, de listos, de gordos, de altos... Pues todos ellos, y sus características, concentrados en una sola persona.

¡Dónde/adónde **va a parar!** Con esta exclamación reafirmamos nuestra preferencia por una cosa frente a otra. Es decir, que lo que nos gusta llega más lejos, toma más distancia con respecto a aquello con lo que lo comparamos, no puede detenerse para hacer el parangón. *Cualquier comedia de las más mediocres de Lope de Vega es infinitamente mejor que esta estupidez a la que le han dado el premio a la mejor comedia del año, ¡dónde va a parar!*

¿Dónde va Vicente?... Donde va la gente Así le decimos a quien no tiene criterio ni opinión propios, a quien se deja influir por los demás. *¿Es que no puedes ir a ver una película simplemente porque te apetece? ¿Es que siempre te vas a guiar por lo que te digan otros y por las críticas de la prensa? ¿Dónde va Vicente?... Donde va la gente.* No parece que se aluda a ningún Vicente en concreto, la aparición de este nombre está claramente forzada por el efecto de la rima.

Dorar(le) a alguien **la píldora** Comunicar una mala noticia tratando de hacerla más agradable para la persona que la recibe, de minimizarla o de darle menos importancia de la que tiene. *A ver... Dime de una vez qué ha sucedido, porque llevas media hora dorando la píldora y dando rodeos* Antiguamente la palabra *píldora* no era lo que hoy entendemos, aunque sí algo parecido: designaba a unas bolitas medicinales, por lo general purgantes y de un sabor amarguísimo. Hay expresiones en nuestra lengua, como *Tragarse la píldora* (v.), que aluden a este sabor. Para que a primera vista no parecieran tan desagradables, se extendió entre los boticarios la costumbre de recubrirlas de una especie de tintes de colores y, sobre todo, dorados. Así lo cuenta Sebastián de Covarrubias en su *Tesoro* (1611): «[Las píldoras] son unas pelotillas medicinales y purgativas que se toman por la boca, y los boticarios suelen dorarlas para disimular el amargo del acíbar que llevan dentro, y así quedó el proverbio *píldora dorada*, por los lugares honoríficos que tanto parecen de codiciar y después amargan más que mil hieles». El poeta cordobés Luis de Góngora (1560-1627) nos da fe de ello en una conocida letrilla (*Ándeme yo caliente y ríase la gente*): «Coma en dorada vajilla/el Príncipe mil cuidados,/como píldoras dorados [...]». Por eso, *dorar la píldora* es decir algo que por fuera no parece malo, pero que por dentro es muy desagradable. Con el mismo sentido existe en nuestra lengua este refrán: *Si la píldora no fuera amarga no habría por qué dorarla.*

Dormir a pierna suelta/a pierna tendida Dormir profundamente. *A mí para dormir me da igual el invierno que el verano. Yo me meto en la cama y haga frío o calor duermo a pierna suelta toda la noche.* La expresión *a pierna* *suelta* parece dar al hecho de dormir un sentido de libertad y de falta de preocupaciones, por lo que no resulta descabellado pensar que la expresión tenga su origen en el lenguaje carcelario, ya que era habitual que los presos durmieran enganchados unos a otros por las piernas, con las piernas unidas entre sí, o atados, a la altura del tobillo, a pesadas bolas de hierro o de piedra.

Dormir como/más que **un lirón**/una marmota/un cesto/un tronco/un leño/un ceporro [ser] Dormir mucho y muy profundamente. *La verdad es que he vuelto al trabajo descansadísimo. Me he tirado todas las vacaciones durmiendo como un lirón*. El lirón es un mamífero roedor, muy parecido al ratón, que habita en los bosques y pasa todo el invierno aletargado, de ahí la comparación. Lo mismo le sucede a la *marmota,* otro roedor, aunque de mayor tamaño, que habita en zonas montañosas, cerca de los ríos. El *cesto,* el *tronco* (v. *Ser un tronco*), y el *leño* son comparaciones que denotan un sueño estático e inmutable, aunque en el primer caso parece existir una clara relación, a través de una común metonimia, entre el *cesto* y la *canasta* o cuna en la que duerme el niño. *Ceporro* hay que interpretarlo aquí en su significado de 'persona torpe e ignorante' que es quien mejor duermen, evidentemente. El término *ceporro* es, en su primera acepción, la cepa vieja e inservible que se arranca y se echa al fuego. V. *Ser un ceporro*.

Dormir el sueño de los justos Estar una persona inactiva o permanecer un objeto sin ser utilizado durante mucho tiempo. *Carlos es un tipo realmente válido para la empresa. No sé por qué lo tienen en ese despacho sin pegar ni golpe, durmiendo el sueño de los justos*.|*Resulta que te empeñaste en comprar el vídeo y lleva quince días en la caja, durmiendo el sueño de los justos*. La frase hace referencia al estado (de inactividad, reposo, vagancia, relax, paz, tranquilidad, ataraxia..., pongan lo que gusten) de quienes, habiendo sido acogidos en el cielo por sus buenas acciones en la tierra, permanecen allí eternamente tranquilos (o tranquilos eternamente).

Dormirse en los laureles/en las pajas Descuidarse, dejar de esforzarse tras haber obtenido éxitos o triunfos. *No cabe duda de que Pepín es un gran futbolista; el problema es que después de fichar por el Barcelona, de ser internacional, de haber ganado el premio al mejor jugador europeo, se ha dormido en los laureles y lleva una temporada horrible*. El laurel era en la Antigüedad griega el símbolo de Apolo, dios consagrado a la belleza y a la juventud y que quedó convertido en una rama de laurel —«escabechado», dice el omnipresente Quevedo— mientras rijoso perseguía a la ninfa Dafne. Con laurel se coronaba en Grecia y Roma a los poetas y a los atletas y los emperadores y generales romanos lo lucían como símbolo de la victoria (v. *Costar un triunfo*). La costumbre se extendió a la Edad Media, época en la que los poetas, artistas y doctores se tocaban con coronas de laurel; de aquí la palabra *laureado* para referirnos a una persona galardonada con diversos premios y de aquí también que, por ejemplo, los licenciados italianos se llamen *laureati,* 'laureados', y que se les imponga, tras haber leído su tesis, una corona de laurel. Por cierto, metidos ya en laureles, la palabra *bachillerato* parece derivarse de una forma latina *baccae lauri(atus),* que podría traducirse por algo así como 'coronado con frutos (bayas) de laurel'. El origen de *dormirse en las pajas,* frase de igual significado, parece mucho más pedestre y literal, pues nos lleva a pensar en la costumbre de los campesinos de dormirse en las eras, descuidando su trabajo.

Durar/tardar **los kiries**/kyries Muchísimo. En gran cantidad *Es una película estupenda; sólo le veo un defecto; dura los kiries.* La expresión *kyrie eleison* es la invocación griega que se hacía, y aún se hace hoy, en las misas cantadas o solemnes, tras el introito para pedir piedad a Dios. Significa 'Señor, ten piedad' (v. *Cantar el kyrie eleison*). La palabra *kirie,* vocativo de *Kirios,* 'señor', se repite varias veces en el canto o en el rezo, acompañando al nombre de los santos de la letanía. De estas abundantes repeticiones, que hacen más extensa de lo normal la ceremonia, nace el significado que en la actualidad tiene la expresión. Es muy posible que en un principio el dicho fuera *Llorar los kiries,* dado que la invocación se repetía muchísimo en los entierros. Existe en algunos lugares de Andalucía la curiosa expresión *echar los kiries,* que no es otra cosa que 'vomitar'.

Durar menos que un caramelo/un bizcocho **a la puerta de un colegio** Durar muy poco. Ser algo efímero. *Me parece a mí que si pones ese jarrón en esa mesita baja, entre los niños y el perro va a durar menos que un caramelo a la puerta de un colegio.* La verdad es que, con los tiempos que corren, donde dice *caramelo* o *bizcocho* debería decir *bollycao...*

E

¡Échale guindas al pavo! Es una expresión con la que se muestra asombro ante un hecho poco habitual, especialmente ante la facilidad y desparpajo de una persona para solucionar un problema o salir de una situación complicada. *Ahí lo tienes, trabajando y ha sido capaz de sacarse la carrera en tres años. ¡Échale guindas al pavo!* La frase se popularizó tras la aparición en 1936 de la película *Morena Clara,* dirigida por Florián Rey y protagonizada por Imperio Argentina y Miguel Ligero. En la película se cantaba una cancioncilla que se hizo tremendamente famosa y cuyo estribillo era: «Échale guindas al pavo,/que yo le echaré a la pava/azúcar, canela y clavo». En realidad, el dicho parece tener su origen en la expresión *Échale guindas a la tarasca y verás cómo las masca*. La *tarasca* era un ingenio mecánico que se sacaba a las calles durante las fiestas del Corpus y que tenía forma de pájaro o dragón, con un largo cuello que movían los que iban dentro y un pico que molestaba —hoy usamos la palabra *tarascada* para referirnos a un golpe— a los que presenciaban el desfile y les robaba prendas y sombreros. Era costumbre, y de ahí la relación con la expresión, que los chicos metieran guindas, cerezas y dulces en el pico de la tarasca. De la época es el dicho, hoy en desuso, *No hay procesión sin tarasca,* referida a las procesiones del Corpus.

¡Échale hilo a la cometa! (¡Hay que echarle hilo a la cometa!) Es una expresión de asombro. Se suele usar en situaciones en las que se demuestra incredulidad o impotencia ante un hecho. *¡Pero otro suspenso! ¿Es que no vas a aprobar ni una asignatura? ¡Échale hilo a la cometa!* La frase no tiene un origen nada claro, aunque es más que posible que provenga de algún cuento infantil. Lo que sí es evidente es que a la cometa que no vuela, o a la que se suelta, de nada sirve echarle hilo.

¡Échale un galgo! (Hay que echarle un galgo||Echarle a alguien un galgo) Indicamos con esta frase la imposibilidad de alcanzar a alguien que va muy deprisa. *Yo voy a mi ritmo porque a él no puedo seguirlo. Va al doble de velocidad que nosotros. ¡Échale un galgo!* La persona en cuestión se nos escapa a tal velocidad que no la atraparíamos ni echándole, como a la liebre, un galgo.

Echar a alguien a los leones/a las fieras Poner a alguien en una situación muy comprometida o complicada, aunque quizá no tanto como la que sufrían los pobres desgraciados a los que se refiere la frase, aquellos que en los anfiteatros romanos se veían rodeados de fieras hambrientas y sin ninguna escapatoria. *Yo creo que ese chico es demasiado joven para ese puesto tan importante. Para mí que la empresa lo ha echado a los leones.* V. *Poner a alguien a los pies de los caballos.*

Echar/echarse **a perder** Estropear. Deteriorar. *Es un chico fantástico, pero tiene una madre de lo más absorbente que, antes o después, lo va a echar a perder.* Se usa bastante con los alimentos. *Es normal que las patatas se hayan echado a perder; con el calor que hace en esa habitación, qué vas a esperar.*

Echar algo a rodar Provocar el fracaso de algo, especialmente un negocio o una relación. *Estábamos a punto de firmar el acuerdo del siglo y él, con su tremenda falta de tacto, perdió los nervios y lo echó todo a rodar.* Se nos transmite la imagen de algo que se nos escapa de las manos, rueda por una pendiente y ya resulta imposible recuperarlo.

Echar alguien su/un **cuarto a espadas** Intervenir en una conversación o dar una opinión en algún asunto. *Allí estaban todos los vecinos discutiendo sobre la necesidad de pintar la escalera, y yo eché mi cuarto a espadas y dije que había cosas más importantes que hacer.* La frase podría tener dos orígenes: los naipes o la esgrima. En la primera posibilidad, sería algo así como apostar dinero —el *cuarto* era una antigua moneda de cobre que equivalía a cuatro maravedís de vellón— al palo de las espadas. La segunda, quizá con más visos de ser cierta, se refiere a los maestros del arte de la esgrima que andaban por los pueblos dando lecciones o retando a quienes quisieran entablar combate con ellos. El maestro, antes del espectáculo, ponía una bandeja en la que la gente que deseaba intervenir echaba su *cuarto* o moneda correspondiente. *Cuarto* era entonces, como puede ser un *duro,* sinónimo de *moneda.*

Echar anclas/el ancla Quedarse. Arraigar en un lugar, como el barco que, llegado a puerto, echa el ancla para permanecer allí durante un tiempo. *Llegué hace ya catorce años, pero ya no me muevo de aquí; he echado anclas y me encuentro muy bien.* A veces se usa con el significado de 'mantener alguien tenazmente sus ideas'. *Tú nunca haces caso a los demás. Tus ideas son siempre las mejores y las más brillantes, echas anclas y no atiendes a razones.* V. *Levar anclas*||*Soltar amarras*||*Echar raíces.*

Echar/lanzar/tirar **balones fuera** Inhibirse. No comprometerse. Desviar la atención hacia otro asunto. *Tienes que aceptar, de una vez por todas, tu responsabilidad. De nada sirve echar balones fuera y decir que no estás preparado o que aún no es el momento.* La situación es la misma que la del equipo de fútbol que, acosado por el contrario, en vez de intentar jugar la pelota, se dedica a lanzarla lo más lejos posible, fuera incluso del campo de juego, con el único fin de perder tiempo.

Echar carne a las fieras Alimentar la maledicencia, el rumor o la violencia con el fin de tapar la verdad o de desviar la atención del asunto que realmente parece importante. *La verdad es que a muchas de las llamadas revistas del corazón no les interesa la noticia en sí, sino echar carne a las fieras*. La frase la hizo famosa el escritor francés Émile Zola (1840-1902) durante el proceso seguido contra Alfred Dreyfus (1859-1935), un capitán del ejército francés, desterrado tras haber sido encontrado culpable de pasar información secreta a Alemania. Zola defendió a Dreyfus en un artículo publicado en los periódicos con el título de *Yo acuso*, lo que condujo a revisar el proceso y a reconocer la inocencia del militar. Se dice que el escritor, al escuchar a la multitud que antes había insultado a Dreyfus y ahora le insultaba a él declaró a un periodista: «El pueblo es una fiera a la espera de su ración de carne».

Echar/arrojar/lanzar/poner/tirar **el anzuelo** Emplear trampas o artificios para atraer a una persona, generalmente con el fin de engañarla o para aprovecharse de ella. *Yo jamás pude pensar que una persona tan educada y amable se estuviera acercando a mí para echarme el anzuelo y estafarme*. Es lo que hace el pescador con el ingenuo pez, aunque, claro, habría que vernos muchas veces a nosotros en la situación de los pobres peces. V. *Morder el anzuelo*.

Echar el cerrojo/el cierre (Dar cerrojazo) Finalizar una actividad. *La próxima semana echamos el cerrojo al curso y nos olvidamos de todo durante un par de meses*.

Echar/poner **el freno** (¡Echa el freno, Magdaleno/Macareno!) Parar o reducir el ritmo en una actividad. *Llevamos trabajando a tope más de cinco meses y o echamos el freno o acabamos todos en el psiquiátrico*. Muchas veces se usa en imperativo para pedirle a alguien que se calle o que se tranquilice. *¡Echa el freno Magdaleno! Deja de dar voces, relájate y habla como las personas*. La aparición del extraño nombre propio, como sucede en tantas ocasiones, es un simple capricho de la rima.

Echar el hígado/los hígados/los higadillos/el bofe/los bofes/la(s) asadura(s)/las tripas/las entrañas Realizar un esfuerzo extraordinario. *La cocina estaba sucísima. He echado los hígados para limpiarla*. La expresión y sus variantes son una de las tantas y expresivas hipérboles que circulan en la lengua coloquial. Quien tanto se esfuerza tiene la impresión de que las vísceras se le escapan con el aliento. Se llama *bofe* a los pulmones de algunos animales, en especial a los de las reses. La *asadura* es el conjunto de vísceras de un animal. Sobre *las tripas* y *las entrañas* sobran comentarios. A veces, sin mucho sentido, se relaciona el origen del dicho con antiguos impuestos que existían en algunos lugares y que exigían el pago de una res viva o de las asaduras para que se franqueara el paso a los rebaños.

Echar/poner/envidar **el resto** Realizar un último y gran esfuerzo para conseguir llevar a buen término una tarea difícil. *Me quedan todavía tres exámenes y voy a echar el resto para aprobar todos*. La frase tiene su origen en las partidas de cartas en las que se apuesta dinero, en el lance en el que el jugador se juega de un golpe todo lo que le queda en la mesa. V. *Jugarse el todo por el todo*.

Echar en cara/a la cara Reprochar. En sentido literal, arrojarle algo a alguien a la cara, aunque sólo sean palabras. *Siempre que he podido, te he ayudado, así que no tienes que echarme nada en cara*.

Echar(se)/lanzar(se)/tirar(se) **flores** Alabar. Adular. *Ya sabemos que tienes un jefe estupendo, pero tampoco es cuestión de que te pases todo el día echándole flores. Me parece a mí que eres un poquillo pelota...* Es más que posible que la frase tenga que ver con las ceremonias de coronación, de triunfo (v. *Costar un triunfo*) u otras similares, en las que al paso del cortejo la gente arrojaba flores y pétalos, o con las justas poéticas o juegos florales, en los que se entregaban y se lanzaban flores a los poetas que resultaban vencedores.

Echar/cerrar **la cremallera** Callarse. Guardar silencio. La cremallera no es otra cosa que la imagen metafórica de la boca. Se suele usar como orden. *Ya está bien por hoy de decir tonterías. ¡Echa la cremallera y escucha a los demás, anda!*

Echar(le) **la culpa al empedra**(d)**o** (La culpa es del empedrado/la tiene el empedrado) Buscar excusas inútiles para justificarse. Las caídas podrán ser culpa de las piedras alguna vez, pero no siempre. *Lo que no se puede es no pegar ni golpe durante todo el año y al final del curso echarle la culpa al empedrado: que si el profesor me tiene manía, que si esa pregunta era para cazar a la gente...*

Echar la soga tras el caldero Olvidarse de lo secundario o menos importante una vez que ya se ha perdido lo principal: si el caldero (el cubo) ya se nos ha caído al pozo, de poco nos sirve ya la soga que, tranquilamente, puede seguir el mismo camino. *Al final, acabó jugándose al póquer el reloj de oro. Total, era echar la soga tras el caldero, porque ya había perdido el apartamento de la playa y el coche*. Sebastián de Covarrubias nos cuenta en su *Tesoro* (1611) que el dicho está tomado «del que, yendo a sacar agua del pozo, se le cayó dentro el caldero, y de rabia y despecho, echó también la soga con que le pudiera sacar, atando a ella un garabato o garfio».

Echar las cuatro cartas/cartitas Esforzarse mínimamente. Hacer sólo lo imprescindible cuando se podía hacer más. Es una frase que se emplea normalmente en el mundo de los toros: *El joven novillero, ante un toro que parecía excelente, se limitó a echar las cuatro cartas, por lo que su labor se silenció*. El lenguaje taurino es sumamente permeable y recibe tantas expresiones como aporta. En este caso la frase proviene de algunos juegos de cartas, el *póquer* por ejemplo, en los que se permite a los jugadores renunciar a las cuatro cartas que le son entregadas al comienzo de la partida y cambiarlas por otras. Quien echa las cuatro cartas es, por tanto, quien no arriesga, quien se decanta por lo más fácil.

Echar/añadir (más) **leña al fuego** (Atizar/avivar el fuego) Agravar con hechos o palabras una situación ya de por sí muy complicada. Si echamos leña al fuego, lógicamente, conseguimos que se avive. Donde dice *fuego*, dígase *problema*. *Si te encierras en ti mismo y no sales de casa, nunca vas a olvidarla y lo único que vas a conseguir va a ser echar leña al fuego*. Como curiosidad y como ejemplo de que la lengua coloquial evoluciona con los tiempos, es interesante señalar que los italianos dicen *Echar gasolina al fuego*.

Echar/lanzar **los pies**/las patas **por alto** Perder el control y decir lo que no se desea o actuar de forma inconsciente. *No sabes discutir. En lugar de exponer tus argumentos echas los pies por alto y te pones a dar voces como un loco*. Algunos animales, especialmente las caballerías, cuando se ponen nerviosos levantan las patas delanteras. Seguramente es éste el origen de la frase. V. *Levantarse de cascos*||*Poner patas arriba*.

Echar mano de algo o de alguien Recurrir a la ayuda de una persona o de una cosa. *Si quisiera podría echar mano de las influencias de su padre, pero siempre procura ser uno más y pasar inadvertido*.

Echar margaritas a los cerdos Ofrecer cosas de mucha calidad a quien no tiene la preparación suficiente para disfrutarlas. *Regalarte a ti ese libro tan maravilloso, con lo bruto que eres, es echar margaritas a los cerdos*. A pesar de lo que pueda parecer, la *margarita* no es aquí la flor, sino un tipo de perla de muchísimo valor, conocida técnicamente como *melegarina margaritina*. De hecho, a veces se dice *Echar perlas a los cerdos*. La frase tiene un origen bíblico y aparece, con el mismo significado que tiene hoy, en el Nuevo Testamento, en el pasaje del Sermón de la Montaña (*Mateo*, VII-6): «No deis las cosas santas a los perros ni echéis vuestras margaritas a los puercos».

Echar/decir/soltar **pestes** Maldecir. Mostrar enfado diciendo improperios, insultos o palabras malsonantes. *Cuando se ha enterado de que su equipo ha perdido se ha marchado echando pestes*. La expresión nada tiene que ver con la mortífera enfermedad —aunque así suele creerse—, ya que *peste*, en este caso es el plural de *pésete* («te pese»), una imprecación muy habitual durante los siglos XVI y XVII (*¡Pese o pesi a tal!, ¡Mal que te pese!*). Fue tan común que la interjección se sustantivó hasta el punto de admitir el plural, como puede verse, por ejemplo, en el capítulo XV de la primera parte de *El Quijote*, donde Cervantes nos dice que Sancho, tras haber dado con sus huesos en el suelo después del encuentro con los yangüeses, «(...) despidiendo treinta ayes, y sesenta suspiros, y ciento veinte *pésetes*, y reniegos de quien allí le había traído, se levantó (...)».

Echar/poner **pie a tierra** Abandonar una actividad, normalmente por cansancio o por fracaso. *Ha intentado durante no sé cuántos años sacar las oposiciones para registrador de la propiedad, pero ha acabado echando pie a tierra y ha empezado a trabajar en un bufete.* Vamos, que dicho con una metáfora lorquiana —con perdón por la osadía—, *se ha apeado del negro caballo de las oposiciones.*

Echar/tirar/arrojar/lanzar **por la borda** Estropear o destruir algo. Fracasar en un asunto que parecía estar controlado. *Quería haberme ido un par de semanas de vacaciones al Caribe, pero la huelga de pilotos ha echado todos mis planes por la borda.* En caso de peligro de hundimiento, en los barcos se echaba por la borda, es decir, por uno de los costados, el lastre inútil, las cosas que no eran indispensables, por lo que la expresión, en un primer momento, significaba únicamente 'desprenderse de lo inútil'.

Echar por tierra Destruir, estropear, malograr algo. *La tozudez de Gerardo y su falta de sensibilidad echaron por tierra el matrimonio.* Aunque la primera imagen que nos viene a la mente es la del caballero en el suelo, derrotado, derribado por otro en un torneo o en un combate, no es descabellado pensar que en los orígenes de la expresión esté la idea de las cosechas de frutales destruidas por las inclemencias meteorológicas.

Echar raíces Establecerse, hacerse una nueva vida en un lugar que no es el propio. *Mike nació en Australia, pero ha echado raíces en España y hoy es un español más.* Las plantas o esquejes trasplantados a otra tierra pueden o no echar raíces en ella; por eso surge la expresión. A veces se usa también con el sentido de 'aburrirse, cansarse de esperar' y nos sirve la misma imagen botánica para explicarla. *Quedamos a las siete y son las ocho menos veinte: diez minutos más esperando y echo raíces.* V. *Echar anclas.*

Echar/escupir/soltar **sapos y culebras** Decir improperios, insultos o palabras malsonantes. *Cuando se ha enterado de que le toca hacer la mili en Ceuta ha echado sapos y culebras.* La frase completa es *echar sapos y culebras por la boca,* y se refiere claramente al hecho de blasfemar. La blasfemia y las posesiones demoniacas son representadas frecuentemente en la iconografía religiosa, especialmente en los *marginalia,* los minúsculos dibujos que se hacían en los márgenes de los manuscritos, con reptiles y otros animales similares; de aquí proviene la expresión. V. *Tragar sapos y culebras.*

Echar tierra encima (Echar tierra sobre/en algo o alguien||Echarse tierra encima) Ocultar. Intentar borrar el recuerdo de una cosa o de una persona, cometido que en nuestra cultura se encomienda a la tierra del cementerio. *Es muy difícil echar tierra encima de una relación de diez años, pero tienes que intentar superarlo.|Es un político de raza. Después de aquel estrepitoso fracaso electoral quisieron echarle tierra encima, pero supo recuperarse y ahí lo tienes, casi con mayoría absoluta.* A veces también se usa con el significado de 'perjudicar, querer hacer daño a alguien', muchas veces a uno mismo. *Han dicho muchas mentiras sobre mí y me han echado mucha tierra encima, pero no van a conseguir hundirme.*|*Con tu comportamiento tú mismo te estás echando tierra encima y vas a acabar más solo que la una.* V. *Cavarse alguien su propia tumba.*

Echar/ser algo **un borrón** (El mejor escribiente/escribano echa un borrón) Tener un fallo. Cometer un error. *Por mucho que lo pienses un suspenso no es un borrón en tu expediente. Todos podemos tener un mal día y eso es perfectamente justificable.* Y, a propósito de borrones, ¿por qué las manchas de tinta china siempre aparecían cuando estábamos terminando el dibujo? V. *Borrón y cuenta nueva.*

Echar un ojo Vigilar. Controlar. *Mientras yo me doy un baño, échale un ojo a mi ropa, por favor.* V. *Echarle el ojo a alguien o a algo.*

Echar un polvo/un casquete Realizar el acto sexual. Fornicar. *La verdad es que no te sabría decir qué tal están los actores, porque se pasan tres cuartos de película echando un polvo tras otro. Parece una película porno.* Se han dado muchas explicaciones para el origen de la expresión, la mayor parte de ellas con poco o nulo fundamento. Algunos aseguran que tiene que ver con el consumo de rapé o polvo de tabaco: los caballeros se retiraban después de las comidas o actos sociales a otra habitación para *tomar* o *echar un polvo,* frase que podría haber servido como excusa cuando se retiraran a realizar otro asunto más privado, dicho finamente, a satisfacer un urgente apretón sexual: «¿Adónde vas?», le preguntarían. «A echar un polvo», contestaría. También se dice que estamos ante una interpretación *sui generis* de la frase del capítulo tercero del *Génesis:* «polvo eres y al polvo volverás», que explicaría la identificación de *polvo* con *coito:* el hombre se genera en una relación sexual y a su vez él genera otra vida con una relación sexual. Pero tal vez la explicación más convincente sea la del profesor y académico Francisco Rico. Según él, debemos remontarnos a una expresión que ya aparece en el *Vocabulario de refranes y frases proverbiales* del maestro Gonzalo Correas (1627): *Tomar un polvo,* y que tenía el significado de 'tomar un vaso de vino', tal vez originada en las ventas y tabernas para hacer referencia al efecto benéfico «desatascador» que la bebida producía en el reseco y polvoriento gaznate del caminante. Andando el tiempo, se documentan, con el mismo significado antes expuesto, *Echar un polvo* y *Echar un polvillo.* Es posible que el significado actual de la expresión no sea sino un reflejo metafórico del de estas otras: se «desatascaría» aquí otro conducto corporal que no es precisamente la garganta, aunque, de nuevo recurriendo a la común metáfora, se le asemeja en la forma. Otra metáfora se utiliza para hablar de *casquete* para referirnos al glande, una especie de «casco» en la «cabeza» del pene.

Echar un tiento Reconocer. Examinar algo. *De estos coches de segunda mano no te puedes fiar. Tengo que echarle un tiento antes de comprarlo.* Intentar adivinar las intenciones de una persona. *Creo que Mario puede servir* *para este puesto, pero antes quiero echarle un tiento, a ver cómo respira.* La expresión tiene que ver con el hecho de emplear las manos para orientarse o para reconocer objetos en la oscuridad (v. *A tientas*). Muchas veces significa 'echar un trago o probar un alimento', es decir, examinarlo, probarlo. *Pásame la bota, que le eche un tiento.*

Echar una cana/canita **al aire** Realizar una acción que se sale de la rutina diaria. Se usa más habitualmente en casos en que una persona mayor hace cosas inadecuadas a su edad, con especial referencia a aspectos *verdes,* es decir, relacionados con el sexo. *El abuelo se quiere ir un par de semanas a Benidorm. Ya ves, ochenta años y dice que quiere echar una cana al aire.* Parece que el dicho alude al hecho de transformar en juventud la vejez eliminando las canas, testigos de ésta.

Echar/tender **una mano** Ayudar. *Voy a pintar la casa; si me echas una mano, terminaré mucho antes.*

Echarle a alguien de comer aparte (Hay que echarte/le/os/les de comer aparte) Con esta frase indicamos que alguien es peculiar o especial, que destaca entre otros, bien sea por razones positivas o negativas, aunque suele emplearse más con un matiz peyorativo. *Todos se conforman y nadie protesta, menos tú. A ti, como siempre, hay que echarte de comer aparte.* La expresión seguramente tenga que ver con el animal que, por sus especiales características, no acepta la convivencia con otros y debe vivir y comer apartado.

Echarle a alguien el guante (Echar mano a alguien||Echarle a alguien la zarpa/las zarpas) Atrapar. Coger. *Los ladrones consiguieron escapar tras el atraco, pero la policía les siguió la pista y ha conseguido echarles el guante.* Es posible que la expresión surgiera porque los guantes eran una prenda que formaba parte del uniforme de los cuadrilleros de la Santa Hermandad, de corchetes, alguaciles y otros encargados del orden público en tiempos pasados. El término *zarpa,* 'garra', se usa como sinónimo de mano en la lengua coloquial: *¡No pongas las zarpas encima de la mesa! ¡Quita las zarpas de la comida!*

Echarle a alguien el lazo/el gancho Atrapar y sujetar, en sentido figurado, a una persona, como si se la atrapara e inmovilizara con una cuerda al modo de los *cow-boys* de las películas del oeste o como si se le colocara un gancho para remolcarla, para tirar de ella. Se suele utilizar mucho en asuntos, por llamarlos de alguna forma, «amorosos». *A mi marido le eché el lazo en una discoteca en una fiesta del instituto.*

Echarle a alguien los perros Acosar, reñir o enfrentarse a una persona. *Tú siempre llegas con retraso, y para una vez que llego yo un par de minutos tarde me echas los perros.* Aunque la expresión nos evoca a quien en una casa de campo o en una finca azuza a sus perros para defenderse de algún intruso, es bastante posible que tenga que ver con la antigua costumbre de echar perros a los toros bravos para cansarlos y poder sujetarlos, o a los excesivamente mansos, como escarnio, herencia de lo que frecuentemente se hacía en los anfiteatros romanos, donde eran muy frecuentes las luchas entre perros y toros u otros animales, como osos o leones. Por otra parte, era frecuente que los conquistadores españoles llevaran jaurías de perros hambrientos para acosar a los indios, bárbara costumbre de la que bien pudo haber nacido el dicho.

Echarle a alguien un cable/un cabo Ayudar a alguien a salir de una situación difícil. *Yo te ayudo con las matemáticas, pero tú tienes que echarme un cable con la geografía, ¿vale?* La expresión se refiere con toda probabilidad al cable marinero, al cabo que se arroja a quienes caen al mar para que puedan agarrarse a él y ser rescatados.

Echarle a alguien un capote Como *echar un cable:* ayudar a alguien en que está en una situación complicada. *Sabes que no quiero ver a Julia y estoy seguro de que va a venir a la fiesta, o sea, que a ver si me echas un capote y te la llevas lejos de mí.* La locución proviene del mundo de los toros, en el que *echar un capote* es ayudar al torero que se encuentra en apuros ante la cara del toro, para lo cual otros toreros meten o arrojan capotes a fin de distraer la atención del animal y poder llevárselo a otro terreno; es lo que en el lenguaje de la tauromaquia se llama *hacer el quite*. V. *Estar al quite*.

Echarle a alguien un chorreo Echar una bronca. Reñir violentamente a alguien, como si sobre esta persona cayera un «chorro» de reproches. *Mi padre me pilló fumando por la calle y me echó un chorreo impresionante*. El término *chorreo,* por cierto, tiene mucho que ver con chorrada, hasta el punto de ser, en su uso real, no figurado, prácticamente sinónimos, pues ambas significan 'chorro'. V. *Tener chorra*||*Ser algo una chorrada*||*Aguantar el chaparrón*||*Poner a escurrir*||*Echarle a alguien un rapapolvo*||*Echarle a alguien una catilinaria*||*Echarle a alguien una filípica*||*Sentar como un jarro de agua fría*.

Echarle a alguien un pulso Competir con alguien, especialmente en sentido figurado. Generarse una tensión entre dos personas, una especie de competición en la que alguien tiene que resultar vencedor. *Los dos bancos llevan mucho tiempo echándose un pulso, a ver quien, al final, se come a quien*. Es, llevado al terreno de lo físico, lo que sucede en el juego que llamamos *echar un pulso*, en el que dos contendientes, con el codo en la mesa, se entrelazan la mano derecha o la izquierda. Gana quien consigue doblar el brazo del otro hasta hacerle tocar la mesa con la mano. V. *A brazo partido*||*No dar alguien su brazo a torcer.*

Echarle/soltarle/meterle **a alguien un rapapolvo** Reprender a alguien. Reñir con severidad a una persona. *Tengo que irme, que llego tarde a trabajar y no quiero que el jefe me eche un rapapolvo como el del otro día* Escasísimos son los datos que existen sobre la palabra *rapapolvo*. Etimológicamente parece tener que ver con *rapar,* término relacionado con la supuesta voz gótica **hrapôn*, 'arrancar, quitar, tirar del pelo'. Si lo identificamos con una riña o disputa, no estamos muy alejados de la expresión que nos ocupa. El problema es que el *polvo* parece no venir mucho al caso, a no ser que añada, como pudiera ser, nuevas connotaciones de violencia, de pelea en el suelo, de lucha en la tierra. De todas formas no dejan de ser conjeturas; como tantas otras veces en esta ciencia, castillos en el aire. V. *Echarle a alguien un chorreo*||*Echarle a alguien una catilinaria*||*Echarle a alguien una filípica*.

Echarle/soltarle **a alguien una catilinaria** Reñir, amonestar, reprender firme y vehementemente a alguien. *Últimamente su rendimiento en el trabajo está bajando mucho. Como siga así voy a tener que echarle una catilinaria*. El origen de la frase se debe a los cuatro discursos que en el año 63 a. C. pronunció Marco Tulio Cicerón (106-43 a. C.) en el Senado romano contra Lucio Sergio Catilina, cabeza de una conjuración contra el propio Senado y que, tras las denuncias de Cicerón, fue derrotado en la batalla de Pistoia, en el 62 a. C. Todos los que hemos estudiado latín conocemos de carrerilla el comienzo de la Primera catilinaria: «Quosque tandem abutere, Catilina, patientia nostra?», '¿Hasta cuando, Catilina, abusarás de nuestra paciencia?'. V. *Echarle a alguien un chorreo*||*Echarle a alguien un rapapolvo*||*Echarle a alguien una filípica*.

Echarle/soltarle **a alguien una filípica** Reprender a alguien. Hacerle una advertencia en tono fuerte. Abroncarle. *El director ha reunido a los empleados y les ha soltado un buena filípica*. La palabra tiene su origen en los cuatro discursos y advertencias pronunciados por el orador Demóstenes (384-332) contra Filipo II (382-336), rey de Macedonia y padre de Alejandro Magno, cuando éste declaró su intención de entrar en guerra contra Atenas. Curiosamente se llamó también *filípicas* a las violentas diatribas de Cicerón (v. *Echarle a alguien una catilinaria*) contra Marco Antonio (83-30 a. C.), que supusieron la muerte del orador a manos de mercenarios contratados por este último. V. *Echarle a alguien un chorreo*||*Echarle a alguien una catilinaria*||*Echarle a alguien un rapapolvo*.

Echarle el ojo a alguien o a algo Fijarse con detalle en algo o en alguien, como si se le colocara un ojo encima, o como si, literalmente, se le lanzara. *Le he echado el ojo a una chaqueta preciosa, pero lo que pasa es que es carísima*. V. *Echar un ojo*.

Echarse al/meterse en el **coleto** Comer y beber abundante y desordenadamente. *Es impresionante lo que puede comer Luis. Ayer estuvimos de cena y se echó al coleto un par de raciones de paella, medio cochinillo y un par de litros de vino*. En una segunda acepción, derivada de la primera a través de un sentido figurado, significa 'asumir una tarea que parece desproporcionada'. *La novela tiene casi ochocientas páginas, pero yo me la eché al coleto en un par de tardes*. El *coleto,* palabra de origen italiano, era una prenda que usaban los campesinos soldados durante los siglos XVI y XVII, una especie de casaca de piel ajustada al cuerpo, que llegaba a la cintura y que llevaba incorporadas una especie de faldas que cubrían ambas caderas. A la hora de comer y de beber, la soldadesca, famosa por sus poco pulcros modales, solía echarse por encima, o sea, en el coleto, la comida y la bebida. De aquí, o del hecho de que bajo tales faldas escondieran la comida robada, pudo surgir la expresión.

Echarse al monte Literalmente 'huir de la justicia refugiándose en los montes', en clara referencia a los bandoleros que surgieron por toda España, y especialmente en Andalucía, durante el siglo XIX. Actualmente se utiliza con el significado de 'perder las formas; actuar sin educación, de forma violenta'. *Se puede estar o no de acuerdo con las decisiones de la mayoría, y se pueden discutir; lo que no se puede hacer es echarse al monte y ponerse a dar voces como un loco, a patalear y a dar puñetazos en la mesa.*

Efecto bumerán/*boomerang* [tener] (Ser algo un bumerán/*boomerang)* Decimos que tienen *efecto bumerán* las acciones, comportamientos o palabras que se vuelven contra su autor y terminan por perjudicarle. *Al final se ha demostrado que la supuesta noticia bomba era un bulo. El escándalo ha tenido ya un efecto bumerán y el periódico que la publicó está al borde de la quiebra.* El *boomerang* (el *Diccionario de la Lengua* de la Real Academia lo recoge como *bumerán*) es un pedazo de madera plano y curvado que usan los aborígenes australianos para cazar. Si no da en el blanco, describe una parábola y vuelve al lugar desde el que se ha lanzado. El término inglés *boomerang* se origina en la expresión aborigen *wo-mur-rang*, algo así como 'va y viene'.

El abogado de las causas perdidas (Abogado de causas perdidas) [ser; parecer] Llamamos así a quien, aun a sabiendas de que su empresa no va a tener éxito, intenta ponerse de parte de los teóricamente perdedores o de los menos potentes. *Todo el mundo está de acuerdo en que la culpa es de Ángel, pero tú, que eres siempre el abogado de las causas perdidas, vas y te pones del lado de Margarita.* Estamos en la misma situación del abogado que se ve obligado a aceptar un caso perdido de antemano.

El abogado del diablo [ser; parecer] (Hacer de abogado del diablo) Denominamos abogado del diablo a quien pone objeciones o sirve de contrapunto a las decisiones o afirmaciones de otro, a quien, por lo general con el fin de llegar a la verdad, se ve obligado a llevar la contraria. *Todos estáis de acuerdo en que el suspenso es injustísimo y que Pedro tiene que reclamar, pero, y perdonadme que sea yo el abogado del diablo, ¿le habéis preguntado a Pedro qué piensa él?* En los procesos de beatificación y canonización la Iglesia encarga a un sacerdote la ingrata misión de investigar el lado negativo del candidato a beato o a santo, de buscar debilidades, momentos de decaimiento en su fe, en suma, «pegas» a sus supuestas virtudes... Es el denominado *abogado del diablo*, que tiene que contrastar sus argumentos con el *abogado de Dios*, encargado de investigar el lado positivo. La figura del *abogado del diablo* se hizo más conocida gracias a la novela, del mismo nombre, del escritor australiano Morris West, publicada en 1959 y llevada posteriormente al cine.

El alma *mater* [ser] El elemento más importante. Lo que da sentido o vitalidad a algo. *Estaba claro que Luis era el alma* mater *de Los Serpas. Cuando él emprendió su carrera como cantante en solitario el grupo tardó un par de meses en desaparecer.* Se suele llamar así a la universidad. *Muchas de las universidades de Hispanoamérica salieron del alma* mater *salmantina.* La locución *alma mater* significa en latín 'madre nutricia', es decir 'nodriza', y era frecuentemente empleada por los poetas latinos para referirse a Roma. En latín el adjetivo *almus* significaba 'nutricio', pero también 'maternal, bondadoso'. Llamamos, pues, *alma mater* a quien sirve de alimento espiritual o intelectual.

El arca de Noé [ser; parecer] Se llama así al lugar en el que hay muchos animales y, por extensión, a aquel en el que hay mucha gente y mucha confusión. *Aquello ni era fiesta ni nada. Todo el mundo gritando, la música altísima, gente por todas partes... Parecía el arca de Noé.* Por mandato divino, y para salvarlos del diluvio universal, Noé metió en un arca que él mismo construyó a una pareja de cada una de las especies animales de la Tierra (*Génesis,* VI-VIII).

El arte de Cúchares Así se llama, entre otras denominaciones, en la Tauromaquia, al arte de torear, en homenaje a uno de sus más ilustres representantes, el torero madrileño Francisco Arjona Herrera, *Curro Cúchares* (1818-1868). *No puede negarse que muchos fueron los escritores, pintores y escultores del siglo* XX *que buscaron su inspiración en el arte de Cúchares.*

El asno de Buridán [parecer; ser como] Se compara con este asno a quien experimenta tremendas dudas cuando tiene que escoger entre dos cosas: *¡Venga, hijo, decídete! ¿Te compras el rojo o el verde? Llevas media hora pensándotelo ¡Pareces el asno de Buridán!* Jean Buridán (1300-1358) fue un filósofo francés, discípulo del británico Guillermo de Occam, que llegó a ser rector de la Sorbona. Buridán fue famoso por sus estudios de lógica y por sus trabajos sobre la falta de capacidad de decisión del ser humano y la negación del libre albedrío. Parece ser que sus detractores propalaron el infundio de que, para demostrar sus tesis, había recurrido a la fábula aristotélica del burro —con el que acabaron comparándolo— al que le colocaron delante dos haces de heno idénticos y, como no supo cuál comer, murió de hambre. El ejemplo aparece citado también en la *Divina comedia,* de Dante Alighieri, compuesta entre 1307 y 1313.

El Ave Fénix [ser; parecer] Se llama así a quien se recupera, ya sea física o psíquicamente, o a quien recobra su fama o notoriedad, tras un periodo muy negativo. *Nuestro equipo es como el Ave Fénix: cuando el rival nos tiene prácticamente vencidos, nos recuperamos y acabamos ganando.* El origen del dicho está en la historia del Ave Fénix, seguramente un ibis, animal sagrado en el antiguo Egipto. Cuentan las leyendas, recogidas por el historiador griego Herodoto (484-430 a. C.) en sus *Historias* y por el romano Plinio el Viejo (24-79) en su *Historia Natural*, que tal ave vivía quinientos sesenta años y que era una representación del Sol. Era única y no podían existir dos al mismo tiempo. Cuando el ave sentía próximo su final, se refugiaba en su nido y dejaba que el sol lo incendiara. De las cenizas se generaba un nuevo ejemplar; el ave formaba un huevo de mirra y dentro de él trasladaba los restos de su progenitor al templo del Sol para darle la vida eterna. En esta leyenda se basaron los primeros teólogos cristianos para explicar la Resurrección, atribuyendo al Ave Fénix la capacidad de renacer de sus propias cenizas. V. *Renacer alguien de sus cenizas*.

El banco de la paciencia Así llamamos a la situación en la que nada se puede hacer sino esperar y tener paciencia. *Parece que la operación ha salido muy bien, pero aún va a tener que estar ingresado diez días. Ya sabe lo que le espera: el banco de la paciencia.* El *banco*, al que se refiere la frase, es seguramente el de los galeotes, los condenados a galeras, quienes, sentados en el banco y amarrados al remo, sin más recurso que dejar pasar los días, confiaban en un golpe de suerte o en la llegada del casi imposible perdón para abandonar tan miserable vida.

El barrio chino Así se denominaba, y empleamos el pasado porque se trata prácticamente de una reliquia, al barrio en el que proliferaban los establecimientos dedicados a la prostitución y que era el lugar más sórdido y menos recomendable de las ciudades. *El Ayuntamiento va a poner en práctica un plan para recuperar como zona de ocio el antiguo barrio chino de la ciudad.* Actualmente, esta concepción no tiene nada que ver con el barrio chino de algunas ciudades, que es la zona en la que habitan los ciudadanos de este origen, como sucede en Estados Unidos con *Chinatown* ('la ciudad china'). En nuestra lengua parece ser que la denominación es bastante antigua y se importó de Hispanoamérica. Los indios quechuas, habitantes del actual Perú, llamaban, y llaman, *china* a la mujer, denominación que se extendió para hacer referencia a otras indígenas. Muchos navegantes españoles, gran parte de ellos huidos de la justicia, pendencieros y gentes no muy recomendables, acudían a los barrios indígenas para abusar de las mujeres. Posteriormente muchas de estas *chinas* fueron trasladadas a zonas específicas de las ciudades y recogidas en prostíbulos donde, la mayor parte de las veces forzadas, ejercían la prostitución.

El beso de Judas [dar; ser] Muestra aparentemente amistosa, pero que es en realidad falsa o hecha por compromiso. *Manuela ha dado a su cuñada el beso de Judas para que la gente crea que se lleva bien con ella, pero en realidad la odia.* Judas, ya se sabe, fue quien, en el Huerto de los Olivos, señaló a Jesucristo, mediante un beso, para que lo reconocieran quienes venían a prenderlo (*Mateo*, XXVI, 47-49; *Marcos*, XIV, 43-45; *Lucas*, XXII, 47-48.

Juan, curiosamente, no cuenta el episodio del beso: XVIII, 3-5). V. *Llevar a alguien al huerto*ǁ*Más falso que Judas.*

El bicho que picó al tren [ser; parecer; ser como] (Más malo/peor que el bicho que picó al tren) Así llamamos a una persona cuyas intenciones son cualquier cosa menos buenas. *No te fíes de ella. Tiene carita de mosca muerta pero en realidad es el bicho que picó al tren.* De nuevo nos vemos ante uno de los ejemplos de glorioso surrealismo con que de vez en cuando nos obsequia la lengua coloquial. Imaginen a un bicho en la vía. Llega el tren; el bicho saca un tremendo aguijón, espera a que el mercancías se acerque y ¡pum!, se lo clava. Automáticamente, el tren descarrila...

El bobo/tonto **de Coria** [parecer; ser como] El bobo de Coria es una denominación que le colgamos a alguien con más bien pocas luces y que actúa de manera poco inteligente. *En invierno ibas en manga corta y ahora, cuando tenemos cuarenta grados, con jersey de cuello alto. Pareces el bobo de Coria.* No se sabe si este personaje paradigmático de la estulticia y oriundo de la localidad cacereña, aunque los corianos lo quieran hacer pasar por vecino de la sevillana Coria del Río, existió en realidad. La interpretación más extendida, y con más visos de ser cierta, es que el personaje que originó el dicho fue un bufón del duque de Alba, y posteriormente del rey Felipe IV, al que Velázquez (1599-1660) retrató en un famoso cuadro llamado *El bufón Calabacillas.* Se sabe que el duque tenía tierras en Coria, por lo que la explicación no puede andar del todo desencaminada. Al parecer, en un inventario de la obra del pintor sevillano, realizado a finales del siglo XVIII, por ignorancia o por hacer una gracia, se llamó a este retrato «El bobo de Coria», lo que nos indica la fama que tanto el cuadro como la expresión habían atesorado. Algunas explicaciones identifican al tonto de Coria con el arquitecto romano que construyó en dicha ciudad un puente bajo el que, y puede comprobarse, no pasa el río. La verdad es que el río Alagón pasó por debajo del puente hasta 1755, fecha en la que el tristemente célebre terremoto de Lisboa desvió el curso de las aguas.

El broche de oro [poner; ser] (Cerrar con broche de oro) Culminación brillante, de gran éxito de un acto o de una trayectoria personal. *La interpretación del «Gaudeamus igitur» puso el broche de oro a la inauguración del curso.*|*El Premio Nacional de Literatura pone el broche de oro a la trayectoria de un gran poeta.* Difícil es intuir cuál puede ser el broche de oro al que se refiere la expresión, quizá el que solía sujetar, a la altura del cuello, las capas o mantos de los reyes o gentes de la nobleza.

El buen samaritano [ser] Llamamos así a quien muestra compasión hacia quien está en apuros, al que intenta socorrer a la persona que está en peligro o en una situación complicada, a quien obra siempre con solidaridad y altruismo. *Carlos es el buen samaritano. Siempre está visitando enfermos en los barrios más pobres. Desde que empezó la carrera ha entendido la medi-*

cina como un servicio a los más necesitados. El personaje de *El buen samaritano* es el protagonista de una parábola del Evangelio (*Lucas*, X, 30-37), un caminante que, pese al odio que se profesaban mutuamente judíos y cristianos, socorre a un hebreo al que se encuentra malherido en un camino.

El buey solo/suelto, **bien se lame** Damos a entender con esta frase, más bien un refrán, que quien está solo goza de toda la libertad para obrar como le venga en gana. *Olvídalo, por mucho que quieran casarlo, él va a quedarse soltero, te lo aseguro: el buey solo, bien se lame.*

El buque insignia [ser] El elemento más importante o más significativo de un grupo de personas o de cosas. *Este coche es el buque insignia de la gama de utilitarios y se espera que también sea el más vendido*. En las flotas militares siempre hay un *buque insignia*, un barco, normalmente un portaaviones, el más importante por su tamaño o dotación, en el que suele ir el jefe de la escuadra o de la división naval.

El burro/ruin **delante** (para que no se espante) [poner] Así le decimos a quien, en la enumeración de una serie de personas, coloca el «yo» en primer lugar. *No, Marcos no vino. Fuimos Yo, Ana; perdón, el burro delante para que no se espante. Quería decir que fuimos Ana, Mateo, Luisa y yo.* El lugar del *burro* (funciona aquí el doble sentido del término) suele ser detrás del amo, que lo sujeta con una cuerda. *Ruin*, aparte de referirse a quien, de forma poco educada, se coloca delante, también podría ser una deformación de *rocín*.

El caballo de batalla [ser] Punto principal de un problema o de una discusión: *El caballo de batalla de los mineros, lo que los ha llevado a la huelga, no es tanto el aumento de sueldo como la mejora de las medidas de seguridad en la mina*. También se denomina así al motivo por el que sobresale o es conocida una persona: *Es un gran profesor de literatura y sabe de todo, pero su caballo de batalla es la época medieval*. En la Antigüedad los reyes, los nobles y los soldados elegían al caballo más fuerte de su cuadra para adiestrarlo como caballo de batalla, para que soportara el peso de la armadura y no volviera la cara al combate. Era, por lo general, el preferido, el más importante, de aquí provienen los significados actuales de la expresión. Los otros caballos se destinaban al paseo, a la caza o a otros actos sociales.

El cabeza de turco (Cabeza de turco) [ser] Se llama así a la persona que paga las culpas de otros. *La policía sabe que fueron varios los autores del robo, pero han cogido sólo a uno que seguramente va a ser el cabeza de turco*. No hay constancia de un hecho claro que originara el dicho, pero seguramente —visto además que la expresión existe en otras lenguas, como el francés— se refiere a los constantes enfrentamientos que los países europeos tuvieron con los turcos por el control del Mediterráneo entre los siglos XIV y XVII. En ellos, que fueron demonizados desde la época de las Cruzadas, se vertían todas las culpas, aunque no las tuvieran. Contra ellos se luchaba periódicamente casi como *deporte nacional* y a ellos se achacaban todos los males. Era frecuente que, cuando se capturaban prisioneros turcos, se les cortaran las cabezas y se ensartaran en lanzas y hasta en los palos de los barcos para increparlas y someterlas a todo tipo de humillaciones. V. *El chivo expiatorio*.

El campo de Agramante [ser; parecer; convertirse en] Se llama así al lugar en el que se establecen riñas o discusiones y donde hay confusión y desorden (v. *El corral de la Pacheca*). *Ayer hubo fuertes enfrentamientos dialécticos entre Gobierno y oposición. La verdad es que el Parlamento parecía el campo de Agramante*. El origen de la frase está en la obra del escritor italiano Ludovico Ariosto (1474-1533), *Orlando furioso*, exactamente en el episodio narrado en el canto XXVII. La obra cuenta el ataque de los sarracenos a París y la defensa de las tropas de Carlomagno. Cuando la capital francesa está a punto de caer, recibe la ayuda del arcángel san Miguel, que recoge a la Discordia de un convento, en el que con gran polémica se elige nuevo abad, y la esparce sobre el lugar en el que está acampado Agramante, el cabecilla de los invasores. De aquí también la actual frase *Sembrar la discordia* (v.). Los sarracenos comienzan a pelearse entre sí y estas disputas internas facilitan la victoria de Carlomagno.

El canto del cisne [ser] Los antiguos creían que los cisnes tenían la extraña y lírica costumbre de entonar un armonioso canto justo antes de morir —«claro, no van a cantar después», dicen los geniales *Les Luthiers*—. Fuera de bromas, los cisnes no cantan nunca, sino que emiten una especie de graznido, casi un ronquido, de lo más desentonado. Dado que tal ave es en el arte símbolo de armonía y de belleza, se sublimaron también en la Antigüedad clásica sus escasas dotes cantoras. Así lo hicieron, entre otros, Platón y Esopo. Hoy se llama *canto del cisne* a la última obra o actuación de una persona, que suele ser, por lo general, la más acertada. *Este escritor está ya muy viejo, pero ha escrito una novela excelente, que posiblemente es el canto del cisne*.

El capitán Araña [parecer; ser] El dicho completo es *el capitán Araña, que embarcó a los demás y él se quedó en tierra*, y se emplea para calificar a la persona que compromete a otras en una aventura o asunto problemático y al final él es el primero que se vuelve atrás. *Este es como el capitán Araña, nos hace cambiar el turno de trabajo, porque dice que es más conveniente por la tarde y ahora resulta que él viene a trabajar por la mañana*. Parece ser que a finales del siglo XVIII existió un capitán llamado Arana o Aranha, vasco o portugués, y que hizo fortuna reclutando voluntarios por las ciudades costeras españolas para embarcarse rumbo a América e incorporarse a las tropas que trataban de sofocar las primeras revueltas independentistas de las colonias. Se dice que el tal capitán no era sino un embaucador que jamás subió a una nave, lo que dio origen a la comparación.

El cementerio está lleno de valientes (Los cementerios están llenos de valientes) Con esta frase se da a entender que la prudencia, aunque raye en la cobardía, suele dar mejores resultados que el valor mal entendido. *Si a mí me recomiendan que no vaya a ciertos lugares por la noche, no voy. Allá tú si te atreves. El cementerio está lleno de valientes.* No está muy claro quien fue el autor de la frase, pero ya desde antiguo hay testimonios de esta forma de actuar. El poeta-soldado griego Arquíloco, que vivió en el siglo VII a. C., nos confiesa que en pleno combate perdió su escudo y, viéndose acosado, salió corriendo para salvar su vida. A propósito de la grave deshonra que suponía para un guerrero perder su escudo, nos dice «¡Vaya a paseo! Ya compraré otro».

El chivo expiatorio [ser] Utilizamos esta locución para referirnos a la persona que paga por las culpas cometidas por otros. *No he tenido nada que ver en su enfado. Ha sido todo un malentendido, pero, claro, os viene muy bien que yo sea el chivo expiatorio.* Hay que hacer una llamada de atención sobre este término ya que no es, como a veces se lee, *chivo espiatorio,* 'el que espía' sino *expiatorio,* 'el que paga una culpa', que eso significa *expiar.* El origen de esta expresión hay que buscarlo en el Antiguo Testamento. En el *Levítico,* uno de los libros del *Pentateuco* bíblico, se cuenta que los judíos, para celebrar la fiesta de la expiación o del perdón *(kippûr),* llevaban un chivo o un cabrón, símbolo del pecado y del demonio, ante el Sumo Sacerdote, quien hacía una especie de conjuro para que recayeran sobre el animal las culpas por los pecados cometidos por el pueblo de Israel. Posteriormente el chivo era llevado al desierto, donde se le dejaba libre para que muriera de hambre y sed. V. *El cabeza de turco.*

El chocolate del loro [ser] Aludimos con esta curiosa frase a un ahorro insignificante con respecto a la reducción de gastos que se pretende. *La empresa quiere reducir gastos limitando el uso del material de oficina: folios, bolígrafos...; a mí me parece que eso es el chocolate del loro y que el verdadero ahorro se hace de otra forma...* Para explicar el origen del dicho se cuenta el chascarrillo de una dama de la alta sociedad venida a menos que veía que su fortuna menguaba día a día a causa de sus dispendios en caprichos varios. La buena señora tenía un lorito al que mimaba en extremo y al que había acostumbrado a comer chocolate a diario. Pensando en reducir gastos lo primero que se le ocurrió fue en retirarle al loro sibarita la ración diaria de chocolate, hecho que, evidentemente, no arregló la situación.

El convidado de piedra [parecer; ser; estar como] Se califica así a la persona que en una reunión parece sobrar y está como una figura decorativa, porque no interviene, porque no entiende o porque no se encuentra a gusto. *En la reunión, como no hablo inglés y no había traducción simultánea, estuve como el convidado de piedra.* La frase alude a la leyenda sevillana, con variantes en otras regiones como Galicia, que narraba lo sucedido a don Gonzalo de Ulloa, comendador de la Orden de Calatrava. El hecho fue recogido por fray Gabriel Téllez, más conocido por el seudónimo Tirso de Molina (1584?-1648), y sirvió de base para componer su obra *El Burlador de Sevilla y Convidado de piedra*. La leyenda cuenta cómo don Juan Tenorio intenta burlar a doña Inés de Ulloa, una monja sevillana. Don Gonzalo, padre de la doncella, reta en duelo a don Juan, pero muere a manos de éste. Años más tarde, don Juan lee en el cementerio una lápida que dice: «Aquí aguarda del Señor/el más leal caballero/la venganza de un traidor». Al darse cuenta de que es la tumba de don Gonzalo, se burla de él e invita a cenar a la estatua que preside la sepultura... Y la estatua del comendador se presenta a la cena para llevar a cabo su venganza. El argumento es fuente de otras obras, tal vez más conocidas que la de Tirso, como el *Dom Juan ou le festin de pierre* (Don Juan o el convidado de piedra), de Molière (1622-1673), la ópera *Don Giovanni*, de Mozart (1756-1791), el *Don Juan* de Lord Byron (1788-1824) o el célebre *Don Juan Tenorio*, de José Zorrilla (1817-1893). Ésta es la macabra invitación de don Juan en la obra de Zorrilla: «Yo a nada tengo pavor:/tú eres el más ofendido,/mas, si quieres, te convido/a cenar, Comendador./Que no lo puedes hacer/creo, y es lo que me pesa;/mas, por mi parte, en la mesa/te haré un cubierto poner».

El coño de la Bernarda [ser; ser como; parecer] (Tomar a alguien por el coño de la Bernarda) Se llama así a la persona o cosa que es motivo de burla, que nunca se toma en serio o aquello que presenta gran desorden y confusión. *Ese director es el coño de la Bernarda: hace el ridículo por donde va y cada vez que abre la boca dice un disparate.*| *A ver si de una vez por todas se organizan un poco porque lo de esa oficina es el coño de la Bernarda.* Ignoramos quién pudo ser el personaje proverbial de tan renombrado trajín sexual, seguramente una prostituta. Quizá no tenga ninguna relación, pero no deja de ser curioso el hecho de que en dialecto veneciano al órgano sexual femenino se le llama, curiosamente, *bernarda*.

El corral de la Pacheca [parecer; ser; ser como] Llamamos *el corral de la Pacheca* al lugar en el que hay gran desorden, jaleo y confusión (v. *El campo de Agramante*). *En esta casa cada cual hace lo que le da la gana, uno llega y se va cuando le apetece, nadie recoge sus cosas. Esto parece el corral de la Pacheca.* Los *corrales* eran los teatros antiguos, una especie de patio, en los que se representaron la mayoría de las obras de nuestro Siglo de Oro. Se acomodaban en los corrales los espectadores atendiendo a su sexo —los hombres en la parte baja y las mujeres en los corredores— y a las clases sociales —los de algún ringorrango se sentaban en bancos, otros detrás, de pie, y los demás se apiñaban como podían en lo que se dio en llamar, dado el guirigay que se organizaba, el *gallinero* (v. *Alborotarse el gallinero*)—. Cada vez que había una representación los partidarios del autor aplaudían, mientras que los detractores gritaban y pateaban (v. *Derecho al pataleo*). Hoy en

Madrid quedan algunos, llamados *corralas*, y aún subsiste el corral de comedias de Almagro (Ciudad Real). A mediados del siglo XVI el más famoso y el más bullicioso de los corrales madrileños era el perteneciente a Isabel de Pacheco, conocida como *la Pacheca*. A él se debe la expresión.

El corregidor de Almagro [ser; parecer; ser como] Se aplica este apelativo a las personas sumamente delicadas y sensibles, especialmente sensibilizadas ante los problemas ajenos. *Tú siempre tienes que ocuparte de los problemas de los demás y jamás resuelves los tuyos: pareces el corregidor de Almagro*. Se cuenta que un vecino de Almagro, localidad de Ciudad Real famosa por su corral de comedias del siglo XVII, se hizo un chaleco en el sastre que, una vez pagado, resultó que le quedaba demasiado estrecho. El vecino fue a quejarse al corregidor, al alcalde, que se vio tan afectado por el problema de su conciudadano que se murió de pena. Eso se llama sentir de verdad los problemas de los conciudadanos.

El cuarto poder Así se llama a la prensa que, con su labor de información, de crítica y de crear opinión se coloca al nivel de los tres poderes del Estado de derecho: ejecutivo, legislativo y judicial. *Una de las mejores películas de la historia del cine,* Ciudadano Kane, *de Orson Welles (1940), se centra en la consideración de la prensa como «el cuarto poder»*.

El cuento de la buena pipa [contar; ser; parecer; ser como] Llamamos así a las narraciones extensas y confusas, que parecen no tener fin. *Bueno, ¿qué pasó al final con el perro? Abrevia, que nos estás contando el cuento de la buena pipa*. Se trata de una broma que se gasta a los niños y que es, más o menos así: «¿Quieres que te cuente el cuento de la buena pipa?», a lo que el niño responde «Sí» o «No». «No te pido que contestes sí o no, sino si quieres que te cuente el cuento de la buena pipa...» Y así hasta que el niño te manda a paseo o se echa a llorar. V. *El cuento de nunca acabar.*

El cuento/la fábula **de la lechera** [ser; parecer; ser como] (Echar/hacer las cuentas de la lechera) Ambas expresiones hacen referencia a una ilusión vana, fantasiosa y sin fundamento. *Dice que en sólo dos años va a pagar el piso y que después lo va a vender y va a comprar otro más grande. Me parece que eso es el cuento de la lechera*. En el origen de las frases está un conocido y antiguo relato —del que tienen versiones el fabulista francés Jean de La Fontaine (1621-1695) y el español Félix de Samaniego (1745-1801)— que narra la historia de una lechera que va a vender su leche al mercado y por el camino va pensando cómo invertir el dinero que le den, primero comprando huevos, que darán pollos, que cambiará por un cochino, que venderá para comprar un ternero... En estas divagaciones el cántaro cae al suelo, y, en palabras de la lechera, «adiós, leche, dinero, huevos, pollo, lechón vaca y ternero». El cuento aparece ya recogido en el *Calila e Dimna*, una colección de relatos procedentes del *Panchatantra* hindú, traducidos al castellano a mediados del siglo XIII, y en la obra del infante don Juan Manuel (1282-1348)

El conde Lucanor, concretamente en el Enxiemplo VII, «De lo que contesció a una muger quel'dizían doña Truhana». En estos relatos lo que lleva la mujer en la cabeza es una olla de miel. El resto del cuento es igual al que conocemos.

El cuento de María Sarmiento/de Juan Pimiento [ser; contar] Así llamamos al relato que tiene toda la pinta de ser falso o exagerado. *Eso que me acabas de contar no te lo crees ni tú. Es el cuento de María Sarmiento.* Ignoramos quiénes eran estos personajes, aunque parecen haber sido creados *ad hoc* por el simple motivo de rimar con cuento. Aprovechando la rima a veces se amplía el dicho: *El cuento de María Sarmiento (de Juan Pimiento), que fue a cagar y se la (lo) llevó el viento,* o *que fue a cagar y no ha vuelto.*

El cuento de nunca acabar [ser] Se denomina de esta manera a una situación tediosa, por lo general desagradable, en la que no se vislumbra el final o que no parece tener solución, como esos cuentos infantiles que no tienen final. *En esta casa lo de las averías del ascensor es el cuento de nunca acabar. Jamás ha funcionado más de tres día seguidos.* V. *El cuento de la buena pipa.*

El cuerno de la abundancia [tener; ser; parecer] Se llama así a quien goza de una situación económica excelente y que mejora progresivamente. *Antes vivían en un apartamento alquilado y ahora son dueños de cuatro casas; parece que tienen el cuerno de la abundancia.* El *cuerno de la abundancia* o *cornucopia* era un vaso en forma de cuerno, lleno de frutas, flores y monedas, que portaba la diosa grecorromana Abundancia, representante de la riqueza y el bienestar. Según la leyenda, el cuerno pertenecía a la cabra Amaltea, que había amamantado a Zeus, y que había sido trasladada por éste al Olimpo para convertirla en un símbolo benefactor (v. *Estar bajo la égida*). En uno de sus proverbiales ataques de ira había sido el propio Zeus quien le había arrancado el cuerno a la cabra. Más tarde, arrepentido, le concedió el don de que produjera oro, flores, frutas y otros productos. Cuando Amaltea murió, Zeus la transformó en la constelación de Capricornio. A veces también se representa con la cornucopia a otras divinidades benefactoras como Ceres, Cibeles o Fortuna.

El día del juicio (final) Muy tarde. En un plazo tan lejano que lo más fácil es que no se cumpla. *Sí. Me ha dicho que me va a devolver el dinero que le presté, pero no me ha dicho cuándo... Me lo devolverá el día del juicio.* Según el cristianismo, al final de los tiempos Dios juzgará por sus obras a los vivos y a los muertos para premiarlos con el cielo o condenarlos al infierno. V. *En el valle de Josafat.*

El diablo está/anda **en Cantillana** Empleamos esta curiosa frase para dar a entender que en algún lugar se ha producido una situación extraña, confusa o sospechosa: *Hace un mes todo iba sobre ruedas y ahora todos están re-*

ñidos con todos y el ambiente está de lo más enrarecido: el diablo está en Cantillana. A veces también la situación confusa llega al caos o al daño: *Ya lo había dicho yo: el diablo está en Cantillana. Se sabía que, antes o después, medio vecindario iba a acabar a tortas*. En ocasiones se usa para mostrar, irónicamente, escepticismo y hasta chufla ante situaciones supuestamente inexplicables: *Sí, vale. La tele se enciende sola y las puertas se abren y se cierran cuando les da la gana. Será que el diablo está en Cantillana* Varias son las explicaciones que se han dado para explicar el origen del dicho que relaciona al diablo con el tranquilo pueblo sevillano. El maestro Gonzalo Correas en su *Vocabulario de refranes y frases proverbiales* (1627) recoge una leyenda que suele contarse como explicación de la frase y que tiene como protagonista al rey castellano Pedro I *el Cruel* (1334-1369) y cuyo enunciado completo es el siguiente: *El diablo está en Cantillana, urdiendo la tela; o tejiendo la lana*. Cuenta la leyenda que el rey don Pedro pretendió allí el amor de una doncella principal desposada y que el esposo venía a verla de noche, hecho fantasma por miedo al rey; de esta forma vino a espantarse la gente y a hacer ese refrán. Otras explicaciones hablan de los desafueros de algunos lugartenientes de don Jofre Tenorio, Almirante de Castilla, que durante el reinado de Alfonso XI (1311-1350) atemorizaban con sus saqueos y desafueros a las gentes de Cantillana y alrededores, lo que hacía que los caminantes y arrieros se alejaran del aquel lugar en el que, según decían, «andaba el mismísimo demonio». Por último, algunos hablan de que el diablo del dicho podría ser Juan Pacheco, valido del rey Enrique IV de Trastámara (1425-1474), un siniestro personaje, permanente tejedor de intrigas, odiado por el pueblo que lo comparaba con el mismo diablo. Cuando el rey se desplazó a la ciudad andaluza, Pacheco, por miedo a los sevillanos, se alojó en Cantillana, lugar hasta el que se veía obligado a desplazarse el rey para despachar con él

El enano de la venta [ser como; parecer] Se trae a colación a este personaje para compararlo con alguien que presume o fanfarronea en exceso y sin motivo. *A ti se te va la fuerza por la boca. Mucho decir que le vas a dar un escarmiento, que le vas a hacer esto, que le vas a hacer lo otro y luego nada. Pareces el enano de la venta*. Como origen del dicho se cuenta, con diversas variantes, la historia de cierta venta, para algunos manchega, para otros andaluza, cuyo dueño tenía un curioso sistema para apaciguar las grescas que se organizaban o para intimidar a quienes pretendían irse sin pagar. Cuando comenzaba la discusión aparecía en una ventana del piso superior una enorme cabeza que parecía la de un malencarado gigante. El cabezón pegaba cuatro gritos, amenazaba con bajar y darles su merecido a los alborotadores y los ánimos se sosegaban. Todo esto hasta que un día un mozo —un estudiante de Alcalá, según algunas versiones—, valiente y descarado, retó al «gigante» a que bajara. Éste aceptó y entonces fue cuando pudo descubrirse que el supuesto gigante no era sino un enano con una cabeza descomunal. Lope de Vega

(1562-1635) llamó a una de sus comedias de enredo, con fanfarrón incluido, *El enano de la venta* y Don José María de Cossío, en su magna enciclopedia *Los toros*, nos cuenta que a mediados del siglo XIX hubo un torero cómico enano, Antonio Merino, que alcanzó cierta fama en Castilla y que se anunciaba en los carteles como *El enano de la venta*.

El enemigo público número uno [ser] Esta denominación puede aplicarse al delincuente muy peligroso, pero en la lengua coloquial suele servir para referirnos a una persona indeseable, molesta e incómoda para los demás. *No entiendo por qué Avelino, de estar con vosotros a todas horas ha pasado a ser el enemigo público número uno del grupo*. La expresión se origina en Estados Unidos, donde, durante los años 30, se aplicaba a los gángsters más buscados por la policía. Al parecer el primero que mereció el dudoso honor de ser llamado «public enemy n. 1» fue John Dillinger, muerto en un tiroteo con la policía en 1934.

El enfermo de Rute [ser; parecer; ser como] Podemos llamar así tanto a los enfermos imaginarios como a los excesivamente delicados en la alimentación, en especial a aquellos que ponen siempre reparos y hacen ascos a la comida cuando están en público y en privado se atiborran sin miramientos. *Sí, claro, le duele la cabeza y está muy débil... Me parece a mí que ése es como el enfermo de Rute*.|*Tú pareces el enfermo de Rute. No comes nada en ningún sitio: que si te repite, que si está fuerte, que si te da asco y luego, cuando llegas a casa, asaltas el frigorífico y te pones morado*. El dicho se origina en el chascarrillo que se cuenta en el pueblo cordobés de Rute a propósito de un supuesto enfermo que, según decía él mismo, no toleraba el caldo de gallina. Eso sí, cuando las visitas se iban, él se comía la gallina con la que se había hecho el caldo. El cuento se hizo famoso y se acabó extendiendo en una versión más larga que la actual: *El enfermo de Rute, que se comía los pollos piando*.

El espíritu de la contradicción (Espíritu de contradicción) [ser; parecer] Así se llama al que siempre lleva la contraria, al que nunca está de acuerdo con las ideas o decisiones de los demás. *Si me apetece salir a dar un paseo, tú quieres quedarte en casa. Si propongo ir al cine, prefieres pasear. Si nos quedamos en casa, te aburres... Aclárate de una vez, que pareces el espíritu de la contradicción*. El término *espíritu* se toma aquí en su acepción de 'esencia; principio generador; carácter último'.

El espíritu de la golosina [ser; parecer; estar como; quedarse como] Tan curiosa frase nos sirve para calificar a la persona excesivamente delgada. *Tendrás que pensar en tomarte unos días de descanso, relajarte y comer un poco más, porque te estás quedando como el espíritu de la golosina*. Seguramente el dicho, por muy enrevesado que parezca, hay que interpretarlo en su sentido más literal: la persona está tan delgada que parece el *espíritu*, es decir, el alma, del caramelo una vez chupado; es decir, casi nada o, como mucho, el palo.

El farolillo rojo [ser; llevar; tener] El que va en último lugar, especialmente en una competición deportiva. *El ciclismo es, sin duda, el deporte más duro. Todos, desde el primero hasta el farolillo rojo, merecen nuestra admiración y nuestro reconocimiento.* El dicho se debe a que hace años se solía colgar un pequeño farol rojo en la parte trasera del último vagón del tren para que, desde la distancia, se pudiera saber dónde terminaba. Por tanto, poco tiene que ver esta expresión, como algunos sostienen, con la costumbre de colocar faroles rojos a la puerta de los burdeles, nacida en Aviñón a mediados del siglo XIII. V. *Estar en el furgón de cola.*

El festín/el banquete/la cena **de Baltasar**/del rey Baltasar [ser; parecer; ser como; darse] Comilona exagerada. Banquete excesivamente opulento. *La verdad es que se pasaron. Empezamos a comer a las tres y terminamos a las seis. Aquello fue el festín de Baltasar.* El dicho es el título con el que se conoce el quinto capítulo del libro bíblico del profeta Daniel. En él se cuenta un episodio sucedido en el siglo VI a. C. Se dice que Baltasar, hijo de Nabucodonosor II, rey de Babilonia, organizó un banquete en el que usó todos los vasos, copas y otros elementos sagrados que su padre había saqueado del templo de Jerusalén. En plena orgía, hacia la que había derivado el festín, aparecieron de forma milagrosa unas extrañas inscripciones grabadas en las paredes. Como ningún mago ni adivino era capaz de interpretarlas, llamaron al profeta Daniel que, basándose en ellas, pronosticó el fin de Babilonia. Baltasar murió asesinado al día siguiente y el reino de Babilonia fue invadido y conquistado por los persas. Basándose en estos hechos, Calderón de la Barca (1600-1681) escribió uno de sus más famosos autos sacramentales: *La cena del rey Baltasar.* Seguramente, el dicho se refería, en otro tiempo, a los efectos perniciosos de la comida y bebida excesivas.

El garbanzo negro [ser] Se llama así a quien, por sus cualidades negativas, destaca de entre los miembros de un grupo, como en un cocido destaca el garbanzo de un color más oscuro. *Es el garbanzo negro de la familia. No da ni golpe, vive a costa de sus padres y encima presume de ello.* Vuelven a funcionar las connotaciones negativas que el color negro tiene en nuestra lengua. V. *La oveja negra*||*Por un garbanzo no se estropea el cocido.*

El golpe/el tiro **de gracia** [dar; darle a alguien; asestar; asestarle a alguien; recibir; ser] Destrozar anímicamente a alguien. Darle a una persona un enorme disgusto ante el que no puede reaccionar. *Las acusaciones de los testigos lo dejaron bastante tocado, pero el golpe de gracia se lo dio su mejor amigo cuando declaró contra él. A pesar de que se acabó demostrando que era inocente, ya no volvió a ser el de antes.* Conducir algo al fracaso. Mandar definitivamente un negocio a la ruina. *La empresa iba mal, pero el golpe de gracia se lo dio la salida a bolsa. Fue un fracaso de tal calibre que en medio año se fue todo a pique.* El llamado *golpe* o *tiro de gracia* era el golpe o tiro que se daba (desgraciadamente no podemos poner el pasado de forma definitiva) a quienes quedaban malheridos en el campo de batalla o tras haber sido ejecutada la condena a muerte en el paredón, con el «humano» propósito de ahorrarles el agónico sufrimiento. V. *Darle a alguien la puntilla*.

El hijo pródigo [ser] Regresar a un lugar, a una forma de vida o a una ideología tras largo tiempo de alejamiento. *Carlos llega mañana para incorporarse de nuevo a su trabajo como profesor de literatura. Después de ocho años en Estados Unidos ha vuelto el hijo pródigo.*|*El partido socialista elegirá seguramente como candidato a Pedro Vega, al que todos llaman el hijo pródigo después de su salida del partido hace diez años, su paso por la extrema izquierda y su regreso hace un par de años a las filas socialistas*. El dicho se basa en la parábola evangélica del hijo que, tras haber abandonado a su padre para emprender una vida equivocada, regresa a su casa. El padre, ante los reproches de los demás hijos, que han permanecido con él y se han ganado la vida de forma honrada, lo recibe con los brazos abiertos, como el pastor que encuentra la oveja perdida (*Lucas*, XV, 11-32).

El hilo de Ariadna [ser; encontrar; tirar del; seguir...] Llamamos así al elemento que sirve para resolver un problema o aclarar una situación complicada. *Después de seguir muchas pistas falsas, la policía encontró restos de barro en una alfombra y esa pista, aparentemente tonta, fue el hilo de Ariadna que los llevó a localizar y detener a los ladrones*. Cuenta la mitología griega que en la isla de Creta, oculto en un intrincado laberinto, vivía un terrible minotauro, un ser monstruoso con cabeza de toro y cuerpo de hombre, que sólo calmaba su ira cuando, periódicamente, le entregaban una joven virgen. El joven Teseo, príncipe de Atenas (v. *El lecho de Procusto*), se ofrece para acabar con tan duro tributo. Entra en el laberinto (v. *Meterse en un laberinto*) llevando un ovillo de hilo que le había sido entregado por Ariadna, princesa de Creta. Cumplida la misión de acabar con la bestia, Teseo puede salir del laberinto siguiendo el hilo de Ariadna. V. *Coger el hilo*||*Estar al hilo*||*Perder el hilo*||*Tirar del hilo*.

El huerto del francés [parecer; ser] Se llama así al lugar en el que se dan cita numerosos delincuentes (v. *El patio de Monipodio*). *La verdad es que el barrio antiguo tendría que estar más vigilado, porque a partir de las nueve o diez de la noche aquello parece el huerto del francés*. La expresión nació a partir de uno de los sucesos más célebres de la crónica negra española: los asesinatos que se descubrieron en 1904 en Peñaflor (Córdoba) y que fueron cometidos por Juan Aldije, alias *el Francés*, llamado así por haber nacido en el país vecino, y José Muñoz Lopera. Este último consiguió engañar a seis individuos, a los que convenció de que podían enriquecerse en las partidas de cartas que se celebraban en la finca de un francés, un tipo riquísimo y fácilmente *desplumable*, y que no era otro que su cómplice, Aldije. Cuando los incautos fueron acudiendo al lugar, tras robarles todo lo que traían, los asesinaron y los enterraron en el huerto de la finca. Los autores de los crímenes fueron condenados a muerte y ejecutados en el garrote en Sevilla, el 31 de octubre de 1906.

El huevo de Colón (El huevo de Juanelo) [ser] Llamamos así a lo que parece difícil de hacer pero, en realidad, resulta sencillísimo. *No te preocupes, que yo te monto el armario, que ya lo hice otra vez y es el huevo de Colón.* Se cuenta, más como leyenda que como hecho cierto, que cuando los maestros salmantinos, reunidos en el convento de San Esteban, afirmaron que el proyecto de buscar un nuevo camino para las Indias era de imposible realización, Colón preguntó al auditorio si alguien era capaz de poner, o mejor, de colocar, un huevo derecho. Todos dijeron que no era posible, pero el marino cogió el huevo, le dio un pequeño golpe en la cáscara y consiguió sostenerlo sobre la mesa en posición vertical. Decían que era imposible, pero ninguno se había atrevido a intentarlo... Según otras teorías la demostración la hizo el marino para convencer a la propia reina Isabel la Católica y según otros fue producto de una disputa tabernaria con gentes que le increpaban por su loco proyecto. Esto mismo se cuenta del arquitecto florentino Filippo Brunelleschi (1377-1446), autor de la cúpula de la catedral de Florencia, entre otras obras notables. Bien pudo Colón haber conocido en su Génova natal la anécdota del artista toscano, considerando, claro está, que demos por real el suceso. También se atribuye el hecho al famoso inventor italiano establecido en Toledo, Juanelo Turriano (1501-1585), según narra Calderón de la Barca (1600-1681) en su famosa comedia *La dama duende*.

El huevo de la serpiente [incubar; romper; ser] Así llamamos al germen del odio, a los sentimientos que acaban derivando en rencor y violencia. *Las organizaciones racistas captan a jóvenes con escasa formación, hacen que incuben el huevo de la serpiente para que, como algo natural, acaben dando rienda suelta a todo su odio y a toda su violencia.* La serpiente es en nuestra cultura representación simbólica de los vicios, de todo lo malo e, incluso, del mismísimo diablo, que con esta forma ofreció a Eva el fruto prohibido (v. *Fruta prohibida*). A este animal se le profesa una especie de mezcla atávica de odio y temor, seguramente a causa de la imagen que nos ha transmitido la religión. Para otros pueblos, como los aborígenes australianos, es todo lo contrario: símbolo generador de vida.

El infierno está lleno de buenas intenciones Con esta frase damos a entender que las buenas intenciones no siempre conducen a hechos positivos, que muchas veces, intentando hacer bien, conseguimos todo lo contrario. *Sí, ya sé que cuando le dijiste a Julia que debería adelgazar lo hiciste con buena intención, por su bien, pero antes de abrir la boca deberías haber pensado que el infierno está lleno de buenas intenciones.*

El lecho de Procusto/Procustes [ser; parecer; ser como] Así se llama a la afirmación, norma o solución que se aplica a situaciones muy dispares. *Para los políticos lo de la bajada de los impuestos es como el lecho de Pro-*

custo: hay crisis económica y la gente está descontenta, todo se arregla con bajar los impuestos; y por el contrario, que la economía va bien, podemos bajar los impuestos. Procusto o Procustes, también llamado Procopte o Polipemón, es un personaje mitológico, un bandido que asaltaba a todos los que transitaban entre Atenas y Megara. Procusto capturaba a sus víctimas y las tendía sobre un lecho. Si la víctima era de baja estatura, estiraba sus miembros hasta alcanzar las dimensiones de la cama; si era alta y sobresalía, se los amputaba. Con estas soluciones tan drásticas el lecho —y de ahí el significado actual de la expresión— servía para todos. Procusto fue asesinado por Teseo, el mismo que acabó con el minotauro cretense (v. *El hilo de Ariadna*), que le aplicó su mismo castigo: lo tumbó en un lecho más largo que él y lo estiró.

El lindo don Diego [ser; parecer] Se llama así a alguien muy presumido, que cuida en exceso su aspecto físico y su vestuario y que habla y se mueve afectada y empalagosamente. Suele usarse como sinónimo de «afeminado». *Míralo. Por ahí va el lindo don Diego, todo compuesto y creyéndose que todo el mundo se da la vuelta para mirarlo por lo guapo que es*. La expresión es el título de una comedia, famosísima en su tiempo, de Agustín Moreto (1618-1669). En ella se ridiculiza a un caballero rico y presumido, pagado sólo de sí mismo. La obra está basada —«es un *remake*» se diría hoy— en otra de argumento muy similar, *El Narciso en su opinión*, de Guillén de Castro (1569-1631), cruda sátira contra un afeminado que se enamora de sí mismo.

El lucero del alba Se usa esta locución en frases como *enterarse hasta el lucero del alba; saberlo el lucero del alba* o *decírselo incluso al lucero del alba*. En todos los casos nos referimos a una noticia que debía mantenerse en secreto es conocida por muchas personas, que se ha divulgado o va a divulgarse para que todos la conozcan. *Te dije que no quería que nadie se enterara de que me voy a casar y resulta que se lo has dicho hasta al lucero del alba*. *Lucero del alba* es el nombre que se da al planeta Venus, primera «estrella» que aparece por la noche y última que se oculta por la mañana. Dada su omnipresencia y su particular brillo, se *entera* de todo lo que sucede en la Tierra. Los griegos llamaron al Venus matutino *phosfóros* y los romanos Lucífero. Ambas palabras significan 'el que lleva la luz'. Al de la tarde lo denominaron los primeros Héspero y los segundos Véspero, en ambos casos, 'el de la tarde'. En lo dicho está la razón de que en las oraciones y letanías a la Virgen se la denomine *Stella matutina*, 'estrella de la mañana' o *Stella vespertina*, 'estrella de la tarde'.

El más pintado [ser] (Ni el/al más pintado||Hasta el más pintado) El más sabio, listo, hábil o prudente. El más indicado para realizar una determinada tarea. *No te preocupes. El más pintado comete errores de los que luego le toca arrepentirse. Basta con que no vuelvas a hacerlo y ya está*. Es más que posible que la sabiduría o prudencia fueran, en los orígenes de la frase, las que adornaban a los reyes, militares de predicamento o gentes de la nobleza, literalmente los más pintados, los más retratados por los pintores de corte. Con estos planteamientos, «el más pintado», paradigma de todas las virtudes, sería el propio rey. Algunos sostienen que este pintado nada tiene que ver con la pintura, sino con la pinta de los naipes, es decir, con el hecho de saber diferenciarlas por unas minúsculas rayas que tenían en sus extremos y que eran diferentes según el palo. V. *No pintar nada*||*Tener buena o mala pinta*.

El más rico del cementerio [ser] Así llamamos al avaro, al que acumula inútilmente dinero sin disfrutarlo o aquel para el que ganar dinero no es más que una obsesión, hasta el punto de comprometer su propia salud a causa del exceso de trabajo. *Hace todas las horas extras que le ofrecen, cuando sale de la fábrica se dedica a hacer chapuzas por las casas y, encima, vende enciclopedias a domicilio. Para mí que va a ser el más rico del cementerio*. Con tan macabra e hispánica expresión le recordamos aquello tan antiguo del *carpe diem*, disfruta ahora que puedes, que al último viaje no se permite llevar maleta.

El mejor baila(d)**or, sin castañuelas** (El mejor jugador, sin cartas||La mejor mula sin manta) Decimos esto cuando se ha dejado fuera de algún asunto a quien tiene más interés en él, a quien es más experto o a quien más se puede molestar por ello. *¡La que hemos armado! Les hemos comprado un detalle a todas las chicas, excepto a Marisa, el mejor bailador, sin castañuelas. Pues con las malas pulgas que tiene*. Si quien mejor baila no tiene castañuelas o quien mejor juega no está en la partida la cosa, claro está, no puede salir ni medio bien.

El miedo guarda la viña/el viñedo Se alude con esta frase a los efectos que sobre el comportamiento puede causar el miedo al castigo o a sufrir alguna situación desagradable. *No te preocupes, que vendrá. Sabe que si no viene se las tendrá que ver conmigo, y además se lo he dicho enfadadísimo, con cara de ogro, y te aseguro que el miedo guarda la viña*. En el *Refranero* del Marqués de Santillana (1398-1458) se recoge, con el mismo significado, el refrán *Miedo guarda la viña, que no viñadero*. Es decir, el temor al posible castigo, en este caso al que podría sufrir quien entrara en los viñedos a robar uvas, es bastante más eficaz que cualquier vigilancia. V. *Entrar por uvas*||*Guardar la viña*.

El mismo que viste y calza Se reafirma con esta frase la identidad de la persona de la que estamos hablando. *Claro que era Joaquín, el mismo que viste y calza. Te lo aseguro*. Vestir y calzar son dos características propias del ser humano y que aquí sirven para corroborar la cercanía, la humanidad, el conocimiento que tenemos de la persona en cuestión.

El momento/la hora **de la verdad** (El momento supremo||La suerte suprema) Situación muy importante. Momento decisivo o trascendente. *Ven-*

ga, que ha llegado la hora de la verdad. No te pongas nervioso y hazlo como sabes, verás que dentro de media hora ya tienes el carné de conducir. La expresión, como tantas otras, nos llega del mundo de los toros, donde sirve para denominar a todo el ritual que precede a la muerte del toro, los muletazos para cuadrarlo, a la parsimonia a la hora de montar la espada y a la estocada en sí.

El movimiento se demuestra andando Se usa este dicho para asegurar que la mejor forma de demostrar algo es con hechos, que las teorías se demuestran poniéndolas en práctica. *Vale, yo te creo. Dices que estudias mucho, pero vamos a ver qué pasa en los próximos exámenes, porque el movimiento se demuestra andando.* La frase aparece en la obra del escritor griego Diógenes Laercio *Vida de los filósofos ilustres*, escrita en el siglo III. Cuenta este autor que Diógenes *el Cínico* (410/13?-323/27? a. C.), el que se atrevió a pedirle a Alejandro Magno que se apartara para que no le quitara el sol, ante la perorata de cierto personaje que quería demostrarle con complicados argumentos que el movimiento no existía, se levantó y se puso a andar. V. *Buscar con candil*.

El muerto, al hoyo, y el vivo, al bollo (Al vivo, la hogaza; al muerto, la mortaja) Con esta expresión ponemos de relieve que la muerte ha de entenderse como inevitable, como natural, y no debe afectar al desarrollo normal de la vida, representada aquí por el alimento por excelencia, el pan. *Sí. Lo pasará mal unos meses, pero lo acabará superando. Es duro decirlo, pero tiene que mentalizarse de que el muerto, al hoyo y el vivo, al bollo.* En algunos casos se usa, maliciosamente, como reproche hacia alguien a quien parece no afectarle la muerte de un ser querido. *Ahí lo tienes, hace un par de meses que enterró a su mujer y ya lo han visto con otra: el muerto al hoyo y el vivo al bollo.*

El mundo es un pañuelo Se indica con esta frase que el mundo, pese a parecer tan grande, es demasiado pequeño, como un pañuelo. Algunos, ahondando en el lamentable estado del Planeta, dan una vuelta más de tuerca: *un pañuelo lleno de mocos*. La usamos sobre todo cuando nos encontramos con alguien en un lugar inesperado o lejano. *No te lo vas a creer, pero en Londres, en plena Plaza de Trafalgar, me encontré con mi primo Andrés. Si es que el mundo es un pañuelo.* V. *En un pañuelo*.

El niño de la bola [ser] El más afortunado, el preferido, el más mimado. *Roberto es el niño de la bola. Sus padres le dan todos los caprichos que les pide.* Seguramente la frase se refiere al Niño Jesús que en algunas representaciones iconográficas porta una bola, imagen del mundo, en una mano. A veces también aparece apoyando un pie sobre la bola.

El nudo gordiano [ser; desatar; deshacer] Se llama así al problema que se presenta prácticamente irresoluble y que es necesario solucionar sea como sea. *El tráfico en las grandes ciudades es el nudo gordiano de prácticamen-*

te todos los ayuntamientos. El origen del dicho está en un episodio legendario que sucedió en Frigia, región de Asia Menor, actual Turquía, allá por el siglo IV a. C. Narra la leyenda que Gordias, un labrador que estaba trabajando un día en el campo, vio un águila que se posó en el yugo de sus bueyes y permaneció allí hasta la llegada de la noche. Intrigado por ello, Gordias consultó a una profetisa, quien le aseguró que el águila simbolizaba el poder real. Años después los frigios acudieron al oráculo para tratar de elegir a un rey que pusiera fin a una guerra civil. El oráculo les aseguró que el nuevo rey llegaría montado en un carro y en ese momento apareció una carreta de bueyes conducida por Gordias, que inmediatamente fue proclamado rey de Frigia. En señal de agradecimiento a Zeus, Gordias fundó una ciudad a la que llamó Gordio y allí ató una lanza al yugo de su carro con un nudo que no tenía extremos y era, por tanto, imposible de desatar, asegurando que aquel que desatase el nudo y uniese el yugo al carro sería el dueño de Asia. El nudo gordiano permaneció atado hasta que, de camino a Persia, Alejandro Magno (356-323 a. C) pasó por Gordio. Enterado de la leyenda, ni corto ni perezoso, sacó su espada y cercenó el nudo. Las predicciones se cumplieron: Alejandro derrotó a Darío, rey de los persas, y sometió Asia.

El número de tontos/necios **es infinito** Se usa la frase como ratificación de la estupidez o la estulticia de alguien, especialmente cuando el comportamiento de la persona en cuestión es propio de bastante gente. *¿Que por qué la gente prefiere los locales ruidosos, llenos y, además, caros? ¿Qué quieres que te diga? El número de tontos es infinito*. La expresión transita desde antiguo por nuestra lengua. Ya en el siglo XVI el escritor cordobés Juan Rufo (1547-1620) decía lo siguiente: «Aunque, como dicen, es infinito el número de los necios, casi todos se reducen a tres géneros: los unos son verdaderamente leños, porque discurren poco y hablan menos: no son molestos, entrometidos ni perjudiciales. El segundo linaje es el de los majaderos, gente que hace ruido, desenvuelta y bulliciosa. Los otros son badajos: gobiernan, reprenden y pronostican; necios de metal resonante que escriben y dan consejo, todo sin más razón que la confianza que les nace del no saber hoy más que ayer, infiriendo neciamente de aquí que han llegado al cabo de lo que hay que saber».

El octavo sabio [ser; creerse] El que, siendo más bien inútil, un tanto zoquete y de luces bastante apagadas, alardea de sabio y de culto. *Tu primo se cree el octavo sabio: lo sabe todo, se mete en todas las conversaciones y tiene un aire de superioridad insoportable, cuando en realidad es un ignorante de marca mayor.* Se afirma, irónicamente, que la persona en cuestión pasaría a aumentar la lista de los famosos siete sabios de Grecia, cuyos nombres fueron grabados en el templo del Dios Apolo, en Delfos, a saber: Blas de Priene, Cleóbulo de Lindos, Periandro de Corinto, Pitaco de Mitilene, Quilón de Esparta, Solón de Atenas y Tales de Mileto.

El ojo del amo engorda al/el **caballo** Con esta expresión queremos decir que la vigilancia e interés del propietario de un negocio, o de la persona más interesada en un asunto, suelen conducir al éxito. *Es normal que les vayan bien las cosas: el ojo del amo engorda el caballo. Sólo viven para su tienda, se pasan allí todo el día y atienden muy bien su negocio.* Se suele explicar el origen de la frase recurriendo a una anécdota, seguramente creada a posteriori, en la que se cuenta que a un mozo de cuadra se le preguntó cuál era el mejor alimento, el que más hacía engordar al caballo. «El ojo del amo —respondió—, que siempre lo ve gordo y hermoso, como suyo que es».

El orden de (los) **factores no altera el producto** (El orden de pollinos no altera la recua) Damos a entender con este dicho que resulta indiferente el orden en que se hagan las cosas: el resultado siempre será el mismo. *Sabes que primero tienes que ir a Valladolid, a Zamora y a Salamanca. Si te es más cómodo ir primero a Salamanca o a Zamora y luego a las otras ciudades me es indiferente: el orden de factores no altera el producto.* Es ésta una de las más conocidas leyes matemáticas: en la multiplicación da igual el orden en que coloquemos los factores, es decir, las cifras que vamos a multiplicar, porque el resultado es el mismo: $7 \times 6 = 6 \times 7$. Lo mismo sucede con los sumandos, las cifras de una suma: $4 + 8 = 8 + 4$. Puestos a trivializar algo tan sumamente serio como las leyes matemáticas, los hablantes se han inventado una versión más de andar por casa: *el orden de pollinos no altera la recua,* es decir, da igual el orden en el que vayan los burros de una recua, el caso es que vayan todos.

El parto de los montes [parecer; ser] Se llama así a aquel acontecimiento que, a pesar de la expectación que ha despertado, se resuelve de forma insignificante, decepcionante. *El examen ha sido como el parto de los montes: cuatro meses de preparación, un miedo tremendo y, al final, cuatro preguntas cortas y facilísimas.* La frase hace alusión a un fragmento del *Ars Poetica* del poeta latino Horacio (65-8 a. C.): *Parturiunt montes, nascetur ridiculus mus* (Los montes parieron y nació un ridículo ratón), texto que posiblemente Horacio tomó de una obra de Esopo, fabulista griego del siglo VI a. C. Posteriormente el poeta latino Fedro, que vivió en el siglo I, y el español Félix de Samaniego (1745-1801), tomaron como argumento la frase horaciana en sendas fábulas.

El paso del ecuador [ser; hacer; celebrar; festejar; estar en] (Pasar/atravesar el ecuador de algo) Celebraciones de los estudiantes, que normalmente culminan en un viaje, cuando están a mitad de carrera. *Este año es el paso del ecuador de nuestra promoción. Estamos recaudando dinero para irnos a Praga.* Fiesta que se organiza en los barcos cuando se atraviesa el Ecuador, es decir la línea horizontal imaginaria que divide la tierra en dos partes iguales (de aquí el primer significado), la que forma una circunferencia equidistante de ambos polos. Su longitud es, aproximadamente, de 40.000 km. *En* *el momento del paso del ecuador se apagaron todas las luces del barco, empezó a sonar una música preciosa y apareció en el salón una enorme tarta iluminada con bengalas.* Estos festejos tienen una antigua tradición, pues ya hacían fiestas y farsas a bordo, regadas abundantemente, los marineros que en el siglo XVI se dirigían a América o a las Indias en el momento de atravesar el Ecuador o los Trópicos. Quien pasa el ecuador de algún asunto o de un espacio de tiempo está, por tanto, a la mitad. *A mediados de agosto, pasado ya el ecuador del verano, comienza a refrescar.*

El patio de Monipodio [parecer; ser] El significado es similar al de *El huerto del francés* (v.), pues con esta expresión se alude al lugar donde se reúnen maleantes de todo tipo. Monipodio es un personaje de la novela cervantina de corte picaresco *Rinconete y Cortadillo* (1613). Era este tipo una especie de mecenas, protector y maestro de todos los ladronzuelos, timadores y pícaros sevillanos, «la infame academia», en palabras del propio Cervantes, que se reunían y escondían de la justicia en su patio. Monipodio ejercía de «padrino» de todos ellos, organizaba los delitos y recibía un porcentaje de los beneficios. V. *¡Cómo está el patio!*

El pelo de la dehesa [tener] Se llama así al aspecto y a los modales pueblerinos, en el sentido de rústicos, de poco refinados, de una persona. *Lleva veinte años viviendo en la ciudad, pero aún se le nota el pelo de la dehesa.* El término *dehesa* designa a una gran extensión de terreno dedicada a pastos. La palabra *pelo* significa en este contexto 'piel, aspecto exterior, pinta'. Resulta fácil unir ambos significados.

El perro de Alcibíades [parecer; ser; ser como] Hecho o asunto que, a propósito, se emplea para desviar la atención de otros más importantes o trascendentes. *Lo de bajar la gasolina es el perro de Alcibíades, te lo digo yo. Así nos quedamos contentos y cuando nos suban los impuestos nos estamos calladitos.* Alcibíades (450-404 a. C.) fue un estadista y general ateniense que vivió durante la época de mayor esplendor de la Grecia clásica. Fue educado por Pericles y era íntimo amigo de Sócrates. Por su gran personalidad, sabiduría y alguna que otra excentricidad llegó a ser tan querido como odiado por sus conciudadanos. Se dice que se compró un perro carísimo, al que le cortó su hermosa cola. Todos se lo reprocharon y el hecho fue criticado y comentado por toda la ciudad. Alcibíades, en cambio, parecía de lo más satisfecho y cuando sus amigos le preguntaron el porqué de tan aparentemente absurda satisfacción, cuentan que les contestó: «Porque he conseguido lo que quería: todos os preocupáis por mi perro y su cola y así no tenéis tiempo de murmurar sobre mí ni de criticarme por cosas más trascendentes».

El perro/perrito **de todas las bodas** [ser; parecer] Se llama así a quien, por costumbre, acude a todos los actos sociales, por lo general con la intención de obtener algún beneficio. *El otro día estaba en la presentación del libro, ayer me lo encontré en el teatro, esta noche ha hablado en la radio... Pa-*

rece el perro de todas las bodas. El dicho es la síntesis de un refrán, que a su vez parece tener relación con alguna fábula: *El perro de muchas bodas, que no comió en una por comer de todas*. Quizá tenga que ver con los perros que en los banquetes se arremolinaban bajo las mesas en espera de las sobras.

El perro del hortelano [parecer; ser; ser como] El dicho completo es *Parece el perro del hortelano que ni come ni deja comer al amo*, o *que ni come las berzas ni las deja comer al amo*. Se emplea para describir a aquellos que no hacen algo y al mismo tiempo impiden que los demás lo hagan. *Eres como el perro del hortelano: no coges el coche porque dices que te da miedo conducir, pero tampoco dejas que los demás lo cojan*. La expresión, como parece corroborar el hecho de que exista en otras lenguas, seguramente procede de una antigua fábula, ya recogida por el fabulista griego Esopo, que vivió en el siglo IV a. C., «El perro en el pesebre». En ella se cuenta que un perro tenía la costumbre de dormir en un pesebre repleto de heno. Cuando los bueyes llegaban, les enseñaba los dientes y no los dejaba comer. Un día un buey se armó de valor y le dijo: «¡Bestia envidiosa y malvada! Ni te comes el heno ni dejas que lo haga yo». Félix Lope de Vega (1562-1635) escribió una famosa comedia titulada *El perro del hortelano*, que tiene como argumento el propio significado de la expresión. No está por tanto esta obra, como a veces se piensa, en el origen del dicho.

El peso de la púrpura [llevar; soportar] Llamamos así a las obligaciones y responsabilidades, a veces convertidas en disgustos, que acarrea un cargo importante o una posición socialmente destacada. *Muchas veces se usa de forma irónica. El mes que viene dejo la presidencia de la comunidad de vecinos. No puedo soportar el peso de la púrpura*. El color púrpura (rojo tirando a violeta) suele asociarse a la realeza, a los antiguos mantos de reyes y emperadores y al cargo de cardenal. Los cardenales llevan la faja y el solideo de este color, por eso muchas veces, por medio de una metonimia, llamamos *purpurados* a los cardenales.

El plato fuerte [ser] El momento o el asunto más importante de una serie de ellos. *El plato fuerte del curso será, sin duda, la conferencia del profesor Scholl sobre literatura renacentista*. La expresión, claro está, se refiere al plato más fuerte, el de mayor alimento de una comida, generalmente el segundo.

El primer espada [ser] La persona más importante o más destacada. *El Ministerio no envió a la reunión a los primeros espadas. No vinieron ni la ministra, ni el subsecretario, ni ningún director general. Mandaron a un par de jefes de sección y dos delegados territoriales*. En el mundo de los toros, de donde procede la expresión, el *primer espada* es el de más años de alternativa de entre los que participan en la corrida. Sobre él cae la responsabilidad de la dirección de la lidia. Se llama también *primeros espadas* a los toreros más importantes del escalafón. Es muy normal la metonimia por la que a una persona se la denomina con el nombre del instrumento que maneja: *Ana es* *el primer violín||Carlos es la mejor escopeta de la región||Sánchez era el trompeta.*

El príncipe azul [ser; encontrar] El hombre ideal de una mujer. *Desengáñate, Isabel: los príncipes azules no existen, como tampoco existen las princesas de cuento, y tal vez sea mejor así.* La expresión procede de los cuentos infantiles, sobre todo en los denominados «de hadas», en muchos de los cuales este príncipe, compendio de virtudes y de belleza, que viste fastuosamente y monta un espléndido caballo blanco, acaba casándose con la protagonista. Es más que posible que la elección del color tenga que ver con otra expresión de nuestra lengua, *Sangre azul* (v.), referida al color de las venas que se transparentaban bajo la pálida piel de los nobles, en cambio la piel morena y curtida era privativa de quienes, pobres desgraciados, vivían y trabajaban al aire.

El principio del fin [ser] Utilizamos esta expresión para explicar que algo está comenzando a fallar o que se va a producir alguna desgracia de forma inminente. *Ya ves. Nos han marcado dos goles nada más comenzar el partido... Esto es el principio del fin.* La frase se le atribuye al político francés Charles Maurice de Talleyrand-Périgord (1754-1838), ministro de Napoleón Bonaparte (1769-1821), y no está muy claro si la pronunció tras las derrotas que el emperador sufrió en España o tras el desastre de Rusia. En cualquier caso, el final del sueño napoleónico estaba próximo.

El que asó la manteca [parecer; ser como] Con este curioso dicho se designa a alguien ciertamente torpe o que actúa de manera ridícula. Normalmente aparece en la expresión *eso no se le ocurre ni al que asó la manteca. Este tío es como el que asó la manteca: intentó cortar unos cables eléctricos con unas tijeras sin desconectar la corriente.* A veces, por efecto, o mejor, por defecto, de la pronunciación se oye *Ser como el caso (de) la manteca.* No sabemos quién fue el necio que tuvo la ocurrencia, seguramente uno de los tantos personajes proverbiales que circulan por la lengua coloquial.

El que avisa no es traidor Quien dice esto intenta descargarse de responsabilidades si algo no sale bien o si no tiene el efecto previsto. *Bueno, es una pieza para piano, pero voy a intentar tocarla con la guitarra. Si no sale bien no protestéis: el que avisa no es traidor.* La frase tiene todo el aspecto de proceder del lenguaje militar, tal vez referida al enemigo que no se rendía, a pesar de habérsele avisado de un inminente ataque en superioridad.

El que la sigue, la consigue/la mata Se asegura con este dicho que el que persevera en el intento acaba consiguiendo sus objetivos. *Se fue a Madrid hace un par de años porque estaba empeñada en ser actriz, y ahí la tienes, protagonista de la obra de teatro de más éxito de la temporada: el que la sigue la consigue.* La variante *El que la sigue la mata* nos pone sobre la pista: originariamente el dicho se refiere el cazador que sigue el rastro de la pieza.

El que las sabe las tañe Con esta frase afirmamos que cada cual debe hablar sólo de lo que entiende y hacer únicamente aquello para lo que está capacitado. *Si el mecánico te ha dicho que es un problema del cambio hazle caso, que el que las sabe las tañe*. El dicho alude al tañido de las campanas que, pese a su aparente simplicidad, no son nada fáciles de tocar, especialmente en tiempos pasados, cuando eran un medio de comunicación. Así según fueran los toques, se avisaba a la gente de distintos sucesos o acontecimientos.

El que más/mejor **cape, capador** Se usa este dicho cuando tenemos que seleccionar a alguien de entre un grupo, para indicar que el elegido será el más hábil, el más diestro o el más rápido. *No me gustan esas listas de los libros más vendidos que aparecen después de cada feria del libro. La literatura no es el que más cape, capador; eso está bien para los que fabrican coches, pero no para quienes escriben libros*. La profesión de capador, prácticamente desaparecida, estuvo muy en boga en tiempos pasados. Los capadores eran los encargados de *capar,* de castrar a los animales machos. En algunos casos, como en el de los cerdos, se les capaba para facilitar su engorde o para impedir la cópula, en otros, como en el de los toros, para convertirlos en bueyes y dedicarlos al tiro o a las labores del campo. Solían trabajar a destajo, es decir, cobrando según la cantidad de «servicios» realizados, de ahí proviene el significado del dicho.

El que no corre, vuela O sea, que cada cual aunque no lo parezca, se las ingenia para buscar su beneficio y sus intereses por el camino más corto. *La convocatoria salió hace un par de días y ya hay más de diez mil solicitudes: aquí el que no corre vuela*. Los verbos *correr* y *volar* hacen referencia a la celeridad con que se mueve el aludido para obtener lo que desea. Unos van más lentos (los que corren) y otros a más velocidad (los que vuelan).

El que/quien **se fue a Sevilla perdió su**/la **silla** La frase da a entender que quien se va de un lugar pierde las posesiones o privilegios que tenía en él. *¿Has estado un par de años fuera de casa y ahora quieres usar el coche sólo tú? Pues no: quien se fue a Sevilla perdió su silla*. Seguramente en sus orígenes el dicho era *Quien se fue de Sevilla perdió su silla,* pues, casi con total certeza, alude a las vicisitudes que pasó don Alonso de Fonseca para recuperar la silla arzobispal sevillana. Era don Alonso uno de los personajes favoritos y más influyentes en la corte del rey Enrique IV de Trastámara (1425-1474), lo que le había supuesto el nombramiento de arzobispo de Sevilla; al mismo tiempo, había conseguido que un sobrino suyo fuera nombrado arzobispo de Santiago de Compostela. Como por aquellas fechas había abundantes conflictos en el reino de Galicia, que afectaban directamente al arzobispado compostelano, el sobrino pidió auxilio al tío, quien decidió irse personalmente a la sede de Santiago y que su pariente ocupara la de Sevilla. Pacificados los gallegos, don Alonso regresó a Sevilla y su sobrino, que no tenía ninguna gana de regresar a la conflictiva Galicia, se negó a devolverle su silla arzobispal. El conflicto derivó en duros enfrentamientos entre partidarios del uno y del otro, y se acabó solucionado con las intervenciones del rey y del Papa, que restituyeron en su cargo a don Alonso. La historia, pues, confirma que la frase debería ser *El que se fue de Sevilla perdió su silla*. Como pasa tantas veces, ha dejado en la lengua una versión nada acorde con la realidad, debida seguramente a alguno de los muchos cruces semánticos que se producen con el transcurrir del tiempo. V. *Moverle a alguien la silla*.

El que tiene padrino(s) **se bautiza** Quien tiene la ayuda de alguien importante o con influencias consigue lo que quiere. Es así desde que el mundo es mundo, y seguirá siendo así *secula seculorum*. *Creo que recordar que, como mi padre era íntimo amigo del coronel, hice como mucho seis o siete días de mili. Ya sabes: el que tiene padrino se bautiza*. Los *padrinos* (el padrino y la madrina), literalmente 'pequeños padres', son las personas que acompañan y asisten a otras en algunos sacramentos, como el bautismo, la confirmación o el matrimonio. Son, por tanto, una especie de guías o ayudas espirituales. De aquí se deriva la acepción de 'persona que protege o que ayuda a triunfar a otra', presente en el dicho. Baste recordar al famoso don Vito Corleone, interpretado grandiosamente por Marlon Brando en la película *El padrino*, de Francis Ford Coppola. V. *Tener padrino*.

El que venga detrás, que arree Con esta frase, clara materialización del egoísmo, se indica que alguien actúa buscando únicamente el beneficio o los intereses propios, sin importarle las consecuencias que tal actitud pueda producir en otras personas, sin mirar atrás para ver los perjuicios que se causen a otro. Es algo así como «yo primero y lo demás no importa». *Tú llegas y sin decir nada a nadie, te coges el coche, te vas por ahí todo el día y el que venga detrás que arree*. Quien va por delante alcanzará sin duda su objetivo en primer lugar. Al que viene detrás sólo le queda arrear, gritar y azuzar a la caballería, para ir más deprisa y poder colocarse a la altura del primero

El quid de la cuestión [ser; estar; encontrar; dar con...] El centro u origen de un problema. *Para acabar con la contaminación en las grandes ciudades habría que reducir el tráfico. Ése creo yo que es el quid de la cuestión*. En la época en que el latín era la lengua culta, era costumbre de quienes leían anotar la palabra *quid* ('¿qué?' en latín) al margen de lo que no entendían o *hic* ('aquí') junto a lo que parecía más importante. De este hábito pudo nacer la expresión. Otras interpretaciones explican el dicho por la dificultad que suponía para los estudiantes de latín aprenderse la declinación de los pronombres relativos *qui* (que con frecuencia se confundía con *quid*), *quae quod*. V. *Encontrar el busilis*.

El rey Midas [ser; parecer] (Ser un Midas) Se denomina así a la persona que genera gran cantidad de riqueza con cualquier trabajo que emprende y también a quien es inmensamente rico. *Este director es el rey Midas del cine. Todas sus obras producen unos beneficios impresionantes*. Midas, que vivió en el siglo VI a. C., fue rey de varios pueblos de Asia Menor, de Frigia y de Macedonia. Cuenta la leyenda que este rey recogió en su jardín a un sátiro (ser que era mitad hombre, mitad cabra) perdido, borracho como una cuba, que pertenecía a Dionisos, dios griego del vino. Éste, como prueba de agradecimiento, le concedió el don de convertir en oro todo aquello que tocase. Cuando Midas comprobó que incluso la comida que tocaba se convertía en oro y no podía comerla, pidió a Dionisos que le retirara el don, lo que consiguió bañándose en el río Pactolo. La tradición cristiana recogió y adaptó la leyenda. Midas era tan piadoso y creyente como avaro y pidió a Dios el don de convertir en oro todo lo que tocara. El resto del cuento es idéntico, aunque aquí Midas pierde su terrible don purificándose en las aguas del río Jordán. A Midas se le satiriza en las comedias griegas presentándolo con las enormes orejas de burro que le hizo salir el dios Apolo, enfadado porque en una disputa entre él y Pan —dios de los pastores, de los cazadores y de los pescadores— sobre quién tocaba mejor la flauta, Midas se había decantado por este último.

El rigor de las desdichas [ser; parecer; ser como] Tener muy mala suerte. Sufrir una desgracia tras otra. *El año pasado se rompe la pierna, hace un mes lo operan de apendicitis, ahora ha cogido la varicela. La verdad es que parece el rigor de las desdichas.* La persona en cuestión es tan sumamente desgraciada que materializa todo el rigor, es decir, toda la fuerza y la severidad de las desdichas; vamos, que es la desdicha a la enésima potencia. La frase no deja de ser una especie de metonimia: quien sufre tantas desdichas es la propia desdicha.

El *sancta sanctorum*/sanctasantórum [ser] El lugar que alguien considera más reservado, más íntimo: *No le gusta que nadie entre en su despacho, ni siquiera yo. Para él es el* sancta sanctorum. A veces se denomina también así a la parte más importante de un complejo o de una institución: *Éste es el* sancta sanctorum *de la fábrica. Aquí es donde se le añade el cuajo a la leche caliente.* La expresión, que es la versión latina que aparece en la *Vulgata* del hebreo *quodesh haq-quodashim,* significa 'el sagrado de entre los sagrados' está tomada del Antiguo Testamento, donde aparece varias veces referida a la parte más sagrada del Templo de Jerusalén, el tabernáculo, donde, oculta tras un velo, se guardaba el Arca de la Alianza.

El sastre de El Campillo (que fue a coser y olvidó el hilo/que cosía de balde y ponía el hilo) [ser; ser como; hacer como; parecer] Así se llama a quien no muestra ningún interés por sus propios negocios, a quien no le importa no obtener ningún beneficio e incluso perder dinero con su trabajo. *No puedes hacerle descuento a todo el mundo que compra. Ya puestos, por qué no regalas las cosas. Eres como el sastre de El Campillo.* Las variantes del dicho completo, menos usado, nos dan una clara idea de la forma de trabajar de este sastre proverbial. Queda saber si el pueblo en el que trabajaba era El Campillo de Valladolid o el de Zamora, aunque bien podría ser también alguno de otras provincias castellanas, donde no es infrecuente este topónimo.

El séptimo arte El cine. *El cine nació en Europa, es cierto, pero fue en Hollywood donde se hizo grande al séptimo arte.* En 1923, veintiocho años después de la primera proyección de los hermanos Lumière, el periodista y escritor italiano Ricciotto Canudo publicó el *Manifiesto de las siete artes*, donde se refería al cine como «el arte de la síntesis total», pues, según él, recogía las características expresivas de las seis artes clásicas: pintura, escultura, literatura, música, danza y arquitectura. El *Manifiesto* de Canudo tuvo gran repercusión y la denominación de «séptimo arte» referida al cine cuajó rápidamente.

El suplicio de Tántalo [pasar; sufrir; soportar; ser] Esta locución, de origen mitológico, hace referencia a la situación de quien habiendo deseado algo con mucha fuerza e interés, cuando ya lo tiene al alcance de la mano, no lo logra. *Fíjate, todos estábamos convecidos de que la cátedra era para Roberto, y él mismo lo estaba. Imagínate cuando el presidente del tribunal anunció que se la concedían al otro: el pobre Roberto pasó el suplicio de Tántalo.* Tántalo, hijo de Zeus y de la ninfa Pluto, era rey de Lidia, antigua región de Asia Menor. No está claro si el pecado que cometió fue robar ambrosía, el nectar de los dioses, servir la carne de su propio hijo en un banquete divino, apropiarse de un perro de Zeus o cotillear los secretos del Olimpo; el caso es que el padre de los dioses le impuso una terrible condena: pasar eternamente hambre y sed en el Hades (el infierno). Cuando intentaba alcanzar los jugosos frutos de los árboles, las ramas se elevaban y cuando intentaba beber de las cristalinas y frescas fuentes, el agua se retiraba después de haberle apenas mojado los labios.

El *sursum corda* Se usa esta expresión especialmente con verbos del tipo *librar, ordenar, mandar,* etc., y en frases como *No te libra ni el* sursum corda; *aunque lo mande el* sursum corda, etc. Con ella se da a entender que una situación no va a cambiar aunque se intente y que su desenlace es absolutamente invariable, hasta el punto de que ni siquiera Dios podría cambiarlo. *No has estudiado nada y no te va a librar del suspenso ni el* sursum corda. *Sursum corda* eran unas palabras que dirigía el sacerdote en la misa cuando ésta se celebraba en latín y que pueden traducirse como 'levantemos los corazones', a lo que los fieles contestaban *habemus ad Dominum*, es decir, 'los tenemos (levantados) hacia Dios'.

El talón de Aquiles El punto débil. *El talón de Aquiles de este equipo es, sin duda, la defensa. Han encajado veinte goles en cinco partidos.* Aquiles, uno de los protagonistas de la *Ilíada* de Homero (s. IX a. C.?), es uno de los héroes griegos más prototípicos. Cuenta la leyenda que, nada más nacer su madre la ninfa Tetis, lo sumergió en la laguna Estigia para que las aguas lo convirtieran en inmortal. Al sumergirlo, lo sujetó por un talón, que no se mojó y, por tanto, quedó como único punto vulnerable de su anatomía. Durante la guerra de Troya, Aquiles mata a Héctor, que a su vez había matado a su amigo y amante, Patroclo, y arrastra su cadáver alrededor de las murallas de Troya, pero Paris, hermano de Héctor, dispara un flecha que, guiada por el dios Apolo, se clava en el talón de Aquiles y lo mata. V. *Arder Troya*||*La manzana de la discordia*.

El tío Paco con la(s) **rebaja**(s) [venir] (¡Ya vendrá el tío Paco con la rebaja!) De esta curiosa forma le recordamos a alguien, casi en forma de amenaza, que lo positivo puede transformarse en negativo, que puede cambiar su suerte cuando menos lo espere. *Sí, ahora estás muy contento porque acaba de empezar el curso, sales todas las noches y no pegas ni golpe. Pero ya llegará el tío Paco con la rebaja. Llegará junio, los exámenes...* Ignoramos si el tal tío Paco existió, aunque seguramente es uno de los muchos personajes proverbiales creados por la imaginación popular. Lo que sí nos llama la atención es el hecho de que el dicho, interpretado literalmente, parece transitar de lo malo (lo caro) a lo bueno (la rebaja), cuando lo utilizamos a la inversa: de lo bueno a lo malo. De todas formas este cambio puede ser perfectamente explicable cuando tratamos fundamentalmente con la lengua hablada. ¿Pudo ser este tío Paco algún vendedor ambulante que ofreciera en tiempos de penuria económica su mercancía a buen precio? Es mucho suponer.

El último cartucho [agotar; disparar; gastar; quemar; ser] Llamamos así a la última posibilidad de que algo pueda dar buenos resultados. *Como no se recuperaba con ningún tratamiento, los médicos han decidido quemar el último cartucho y lo van a operar a vida o muerte*. Seguramente la expresión tiene un origen militar: emplear la última munición para defenderse o para atacar.

El último grito [ser] Lo más moderno. *Pues no te gustarán mis pantalones amarillos, pero son el último grito de la moda parisina*. El término *grito* sugiere desahogo, rebeldía; de ahí el significado de la locución. V. *Estar a la última*.

El último mono (de la cuadrilla/comparsa) [parecer; ser] La expresión se emplea para dar a entender que una persona es la menos importante o con la que menos se cuenta para algún asunto. *Aunque soy el director de esta empresa, aquí todo el mundo manda más que yo. Soy el último mono*. A buen seguro la explicación de la frase hay que buscarla en los circos ambulantes que iban de pueblo en pueblo, una de cuyas atracciones eran las comparsas de monos. Son varias las expresiones de nuestra lengua que se refieren a la identificación entre hombre y mono para hacer alusión a las pocas luces o a la estupidez: V. *Cogerse una mona*||*Corrido como una mona*||*Pintar la mona*.

El último mono, que se ahogue Con esta frase indicamos que alguien va a ir por su camino buscando únicamente su propio beneficio, sin importarle lo que hagan los demás o el daño que pueda causarles. *Yo voy a ser el primero* *en pedir las vacaciones y no me importa lo que hagan los demás. El último mono, que se ahogue.* El *mono,* como en tantos otros casos (v. *El último mono*), vuelve a ser sinónimo de 'persona inútil, de pocas entendederas'.

Empapelar a alguien Hacer causa contra una persona. Acusar, denunciar a alguien. *Con sus mentiras me ha causado un montón de perjuicios y estoy decidido a empapelarlo.* La metáfora sobre la que se construye la frase es muy significativa: a la persona en cuestión se la empapela como una pared, pero no precisamente con papel pintado, sino con sentencias, denuncias y pleitos.

Empeñar (hasta) **la venera** Gastar todo lo que sea menester incluso lo que no se tiene, para conseguir algo. *Hemos tenido que empeñar la venera, pero ya tenemos la casa que queríamos.* La *venera* o *vieira* es la concha que llevaban —y aún llevan— al pecho como distintivo, como una especie de salvoconducto, los peregrinos que recorren el Camino de Santiago. Para conseguir sustento durante el largo viaje, una vez que se terminaba el dinero, muchos de ellos se veían obligados a vender o empeñar los objetos que llevaban consigo, hasta la venera si llegaba el caso.

Empezar/comenzar **desde**/de **cero** (Empezar/comenzar de la nada) Partir desde una situación en la que no se dispone de nada o se desconoce todo, vacío y desconocimiento materializados aquí por el cero. *Empezó desde cero. Con cuatro perras montó un negocio de camisas a medida y hoy está en la lista de los treinta hombres más ricos del mundo.*

Empezar/comenzar/iniciarse **el baile** Iniciarse algo que se promete muy movido o fatigoso, con mucha acción o comprometido. El término *baile* es aquí sinónimo de movimiento, de agitación. *Ayer tomó posesión el nuevo director general y hoy mismo ha empezado el baile. Ha puesto toda la empresa de patas arriba. No hemos parado en la oficina ni un momento.* V. *En danza.*

Empezar/comenzar **la casa por el tejado** Empezar un trabajo por el final o de manera desordenada. Evidentemente, si antes no existen cimientos y pilares, no se puede construir el tejado de un edificio, aunque ahora con esos inventos japoneses que suben cúpulas por control remoto... *Una lengua no se puede hablar aprendiendo como un papagayo listas de palabras. Eso es empezar la casa por el tejado.*

Empinar/alzar/levantar **el codo** Beber en abundancia. Literalmente, empinar, colocar por encima de la cabeza la bota o el porrón, y en consecuencia el codo, para beber. *Modérate un poco, que tienes que conducir, llevas desde las ocho empinando el codo y como sigas a ese ritmo vas a acabar a cuatro patas.*

En abanico [abrirse; desplegarse; extenderse] Extendiéndose a lo ancho según se va avanzando, de la misma forma que se abre un abanico. *Con la Reconquista, el castellano se extendió en abanico hacia el sur de la Península.*

En amor y compañía/compaña [estar; ir] En armonía. Juntos. Se aplica normalmente a las parejas. *Ahí los tienes. Nunca los he visto separados. Siempre están en amor y compañía.*

En aras de En beneficio de..., para..., con el fin de... *Todos los países de la zona tienen que hacer un esfuerzo y ceder en sus planteamientos en aras de la paz.* En la locución se alude con claridad a los sacrificios que antiguamente se celebraban en el *ara,* la piedra del altar, para honrar a los dioses o predisponerlos favorablemente.

En/sobre **ascuas** [estar; tener a alguien] Con inquietud, tensión o preocupación. *Dime de una vez si me quieres o no, porque me tienes en ascuas.* Las ascuas son las brasas, los restos del fuego. Quien, literalmente, estuviera en ascuas estaría quemándose, sufriendo algún tormento.

En balde [trabajar; esforzarse] Sin éxito. Sin resultados positivos. Inútilmente. *He estado tres meses trabajando en balde, porque se me ha estropeado el ordenador y se me ha borrado toda la información.* La palabra *balde* en este caso nada tiene que ver con el cubo, sino que procede del término árabe *bátil:* 'inútil'. V. *De balde.*

En bandeja (de plata) [entregar; poner; servir; llevar] Con todas las facilidades. *He jugado fatal. No tenía que haber sacrificado aquel alfil y tenía que haber atacado a sus torres. Le he entregado la partida en bandeja de plata.* El origen de la expresión probablemente debemos buscarlo en la muerte de Juan el Bautista por el capricho de la princesa idumea Salomé, que se relata en el Nuevo Testamento (*Mateo,* XIV, 6-12 y *Marcos,* VI, 21-28). Salomé, una mujer de espléndida belleza, era hija de Herodías, la mujer de Herodes Filipo, casada en segundas nupcias con el hermanastro de éste, Herodes Antipas. Este matrimonio fue considerado un hecho escandaloso y criticado duramente por el pueblo, con Juan el Bautista a la cabeza, motivo por el que Herodes Antipas lo hizo apresar. Salomé, en un sensual baile, sedujo a su tío, que, perdidamente enamorado de ella, le ofreció lo que quisiera. Ella, siguiendo los deseos de su madre, Herodías, le pidió la cabeza del Bautista que, según cuenta la leyenda, le fue entregada en una bandeja de plata. Esto sucedía en el año 28 de nuestra era. El episodio fue recogido por Oscar Wilde (1854-1900) en una de sus mejores y más conocidas obras teatrales, *Salomé.* De todas formas, no es descartable una explicación más simple: que la bandeja de plata que aparece aquí sea, simplemente, la que se empleaba para servir las mesas en los suntuosos banquetes de otros tiempos; quien la portaba le facilitaba al comensal la tarea de servirse la comida.

En barbecho [estar; dejar; poner; quedar; tener] (Firmar en barbecho) En reposo o en abandono durante un tiempo: *Sí. Estoy preparando un libro para el año que viene, pero lo he dejado un tiempo en barbecho porque me estaba absorbiendo demasiado.* A veces se usa con el sentido de 'dar conformidad a algo que nos resulta ajeno o estar de acuerdo con algo que realmente no conocemos': *Me he comprado este coche por intuición y porque un amigo me lo había recomendado, pero realmente he firmado en barbecho. Ya te diré cómo me sale.* Se llama *barbecho* a la tierra de labranza que se deja reposar durante uno o más años sin sembrar y que se ara para que se airee y repose, por eso quien abandona algo por un periodo de tiempo lo deja *en barbecho* y por eso también quien firma *en barbecho* lo hace prácticamente en blanco, en el vacío, como vacía está la tierra.

En bolas [estar; quedarse] Desnudo. *Para ponerse esos bañadores minúsculos es mejor que no se pongan nada y que se paseen en bolas por la playa.* Podría pensarse en una común metáfora morfológica para explicar el significado, aunque sólo explicaríamos el desnudo masculino: *bolas* serían los *testículos*. Parece, no obstante, que hay alguna relación con el término *bola,* que en la germanía, 'la lengua de los hermanos', es decir, el argot de los delincuentes de los siglos XVI y XVII, significaba 'mercado o feria'. Quien estaba *en bolas* se exhibía públicamente, como en un mercado, tal vez en referencia a quienes mostraban su cuerpo para ejercer la prostitución en estos mercados o ferias. V. *En pelota*||*En cueros*.

En buena lid [ganar] Con toda justicia y razón. Sin trampas. Literalmente, en justo combate. *No podemos quejarnos ni del árbitro, ni de la mala suerte, ni de nada. Nos han ganado en buena lid y no nos queda más remedio que felicitarlos.* El término *lid* está hoy casi en desuso, procede de la palabra latina *lite(m)* 'combate, pelea', emparentada con el verbo *litigare*, 'pelear; pleitear'. Se usaba mucho en español medieval como sinónimo de 'combate, torneo, lucha'.

En buenas manos [estar; dejar; quedar] Bajo la responsabilidad o el cuidado de alguien que ofrece todas las garantías. Este cuidado se representa metafóricamente, en la locución, con las manos. *No te preocupes, que seguro que la operación sale bien. Está en buenas manos.*

En Calatañazor, Almanzor perdió el tambor Con esta frase se le recalca a alguien que ha perdido en el juego o que ha fracasado en algún asunto. *Se creía el mejor jugando al ajedrez y le han ganado... En Calatañazor, Almanzor perdió el tambor. Almanzor,* o *Al-mansur* (939-1002), que significa 'el invencible', fue un caudillo árabe cuyo verdadero nombre era Abuamir Mohamed, famoso por haber conquistado Barcelona, Zaragoza, León, Coimbra y Santiago de Compostela, ciudad de cuya catedral robó las campanas. Murió en el 998, en la batalla de Calatañazor (Soria), donde los reyes de Navarra y de León derrotaron a los musulmanes. En la Crónica de Lucas de Tuy, fechada en 1236, se cuenta que, tras la derrota y la muerte del caudillo, un fantasma recorría las orillas del Guadalquivir susurrando sin parar: «En Calatañazor/perdió Almanzor/el atamor (tambor)».

En caliente Inmediatamente, sin reflexionar y, por lo general, de forma vehemente y un tanto violenta: *Antes de contestarle debiste haber contado* *hasta diez, porque aquello que le dijiste así, en caliente, fue una auténtica barbaridad.* Se usa muchas veces referida a lesiones o heridas: *En caliente no lo sentí, pero después de un par de horas empezó a dolerme mucho y ahora prácticamente no puedo mover el brazo.* La locución se refiere a la forma de trabajar el hierro y otros metales en la fragua, calentándolos previamente y llevándolos al yunque inmediatamente, cuando aún están al rojo vivo (v. *En frío*). No podemos olvidarnos de las connotaciones de nerviosismo o tensión que tienen en nuestra lengua palabras y expresiones relacionadas con el calor: *Al rojo vivo*||*Está la cosa que arde*||*Estar alguien quemado* (v.).

En carne viva Así está la parte del cuerpo que, a causa de una herida o una quemadura, se ha quedado sin piel. *Me he caído de la bici y tengo los codos en carne viva.* Suele usarse en sentido figurado, con referencia a un sentimiento de dolor muy fuerte, que, a pesar del paso del tiempo, no se atenúa. Como ejemplo nos vale un fragmento de una conocida canción del incombustible Raphael: «Que tengo el corazón/en carne viva,/que yo no sé olvidar/como ella olvida». V. *Abrírsele a alguien las carnes.*

En carne y hueso En persona. Al fin y al cabo es lo que somos, al menos por fuera (y algunos también por dentro): carne y hueso. *¿A que no sabes a quién me encontré en las rebajas? No te lo vas a creer: a la mujer del presidente del gobierno, en carne y hueso.*

En ciernes [estar] En sus orígenes o en sus primeras fases. *Este niño hace unas redacciones preciosas. En él se ve un escritor en ciernes.* Realmente la expresión era *en cierne*, pues procede de *cerner* en su acepción de 'florecer'. Las viñas, olivos y trigo *en cierne* son los que están *en flor*. El *Diccionario de la Lengua* de la Real Academia, en su última edición, ya admite *en ciernes*, que, seguramente a causa de alguna etimología popular o de algún cruce con otra expresión, como *en mantillas*, es lo más extendido.

En cuadro [estar; quedarse] En situación precaria, especialmente por lo que se refiere a la falta de personal. *Entre la gripe y las vacaciones nos hemos quedado en cuadro en la oficina.* La expresión procede del lenguaje militar. Se decía que un ejército o un cuerpo estaba *en cuadro* cuando, a causa de las bajas, se quedaba prácticamente sin tropa, reducido casi a su cuadro de mando: jefes y oficiales.

En cuclillas [estar] Agachado. Estar sentado en los talones. La locución procede de la palabra *clueca*, aunque se produce un cambio en el orden en los sonidos, o *metátesis*, frecuente en la lengua hablada. Está *en cuclillas* quien se coloca como las gallinas *cluecas*, es decir, las que están empollando. *Me pasé toda la mañana haciendo ejercicio en cuclillas para fortalecer los músculos de las piernas.* Quevedo emplea la expresión en el *Cuento de cuentos*, aunque en su forma antigua, en la que se ve claramente el origen: *cluquillas*, derivado de *cluequillas*.

En cueros [estar; quedarse] (Dejar a alguien en cueros| *in puribus)* Totalmente desnudo. *Ayer saltó un tipo a la pista cuando estaban jugando un partido de tenis y empezó a desnudarse delante de las cámaras hasta que se quedó en cueros*. Cuando se *deja a alguien en cueros* se alude, por lo general, a que se deja a esa persona en una situación de pobreza o desamparo, a que queda metafóricamente *desnuda* (v. *Desplumar a alguien*) *Cuero*, obviamente, es sinónimo de *piel* (v. *En pelota*). *In puribus* es una corrupción, ejemplo del llamado «latín macarrónico», de la locución latina *in puris naturalibus*, 'en (estado) puramente natural', también se dice en puros o en purititos cueros. Vertiendo esta expresión al castellano y uniéndola con la anterior nos resulta algo que decimos con mucha frecuencia: *en puros (purititos) cueros*. V. *Estar alguien como Dios lo trajo al mundo*.

En cuerpo y alma [darse; dedicarse; entregarse] Totalmente. Por entero. Física (cuerpo) y espiritualmente (alma). *Lleva veinte años dedicado en cuerpo y alma a la investigación contra el cáncer*. V. *En el alma*.

En danza [estar; entrar; poner(se)] En movimiento. En acción, como el bailarín al iniciar el baile. *Estoy agotado. Esta mañana me puse en danza a las siete y llevo diez horas sin parar*. V. *Empezar el baile*.

En dos palabras En resumen. Brevemente. *Te voy a dar mi opinión sobre el vestido en dos palabras: es horroroso*. Lo de la exactitud del número es casualidad, porque también valdría lo siguiente: *Te voy a dar mi opinión sobre el vestido en dos palabras: es absolutamente horroroso. Y además, carísimo*. En el anecdotario celtibérico, y en la lengua coloquial, está ya la definición que un famoso torero hizo de algo que le gustó especialmente. Dijo: «En dos palabras: Im-prezionante».

En dos patadas Rápidamente. *No te preocupes. El sábado vengo yo y te pinto toda la casa en dos patadas*. No parece que la locución tenga mucho que ver con la patada entendida como 'golpe dado con el pie', a no ser que se refiera a la forma rápida de solucionar una lucha o una disputa. Parece, más bien, que la relación de *patada* con *velocidad* pasa por interpretar aquélla como 'zancada'. V. *A patadas*.

En el alma [sentir; doler] Profunda y sinceramente: *De verdad, me ha dolido en el alma que me hayas tratado así. Yo te tenía por mi mejor amigo y me has defraudado*. A veces no pasa de ser pura formalidad: *Lo siento en el alma, créame, pero sin el pasaporte yo no le puedo dar la tarjeta de embarque*. Ya desde muy antiguo el alma, muchas veces identificada con el corazón como se refleja en muchísimas expresiones de nuestra lengua, parece ser residencia de los sentimientos. V. *A corazón abierto*||*Con toda el alma*||*De corazón*||*En cuerpo y alma*||*No caberle a alguien el corazón en el pecho*

En el culo del mundo [estar; vivir] En un lugar muy apartado y, por lo general, no muy agradable. *Tendré que ir en un taxi, porque la única farmacia de guardia está en el culo del mundo*.

En el filo de la navaja [estar; moverse; vivir; poner a alguien; andar; bailar; caminar...] En una situación muy comprometida, de riesgo, peligrosa. ¿Se imaginan cómo sería caminar sobre el filo de una navaja? ¿Qué pasaría si damos un paso en falso o hacemos más fuerza al pisar? *Desde hace un par de meses estamos en el filo de la navaja. Cualquier operación equivocada puede llevarnos a la quiebra.* V. *Al filo de*||*Estar en la cuerda floja*.

En el pecado lleva/llevas/llevan/va/tiene/tienes/tienen **la penitencia** Se aplica esta frase a quien comete una falta que encierra en sí misma el castigo adecuado. *Sebastián está bebiendo mucho, pero bueno, ya sabe que si se emborracha en el pecado lleva la penitencia.*

En el quinto pino/coño/carajo/infierno/la quinta puñeta [estar] (Irse/mandar (a) alguien al quinto pino/coño/carajo/infierno/la quinta puñeta) Muy lejos. *Sí. La casa es preciosa, muy amplia y con mucha luz, pero está en el quinto pino*. Está muy poco claro el origen de la locución. Tal vez nació porque el árbol se tomara como punto de referencia para medir distancias, aunque no se entiende muy bien el porqué del concreto numeral. La aparición de *coño, carajo* e *infierno* parecen más claras, pues las tres funcionan en la lengua con connotaciones claramente negativas (v. *Dar el coñazo*||*Del carajo*||*Mandar a alguien al carajo*). La *puñeta* es sinónimo aquí tanto de largo tiempo como de larga distancia, porque se tardaba mucho en hacer esas complicadas puntillas de encaje que adornaban los puños de magistrados y nobles y porque las mejores estaban en Flandes. V. *Mandar a alguien a hacer puñetas*.

En el valle de Josafat (Hasta el valle de Josafat) En un lugar y en un tiempo lejanísimos. En un plazo que, prácticamente, jamás se cumplirá. *Le pedí que me entregara el informe hace diez días. Verás como me lo entrega en el valle de Josafat, cuando ya no sirva para nada.* Se usa mucho cuando una persona presume que ya no va a ver a otra o que va a tardar mucho en verla. *Se ha ido a trabajar a América. No sé yo si volveremos a verlo. Igual ya no lo vemos hasta el valle de Josafat*. El valle de Josafat es el lugar en el que, según las Escrituras, se celebrará el juicio final. El poeta Joel (IV, 2) lo sitúa en Palestina, entre Jerusalén y el Monte de los Olivos, por lo que es posible que sea el denominado valle de Cedrón. Es posible, de todas formas, que la denominación que el profeta da al valle sólo sea una amalgama de las palabras hebreas *Jehovah*, 'Dios' y *Sehaphat*, 'juicio'. V. *El día del juicio*.

En fila india [ir; andar; marchar; ponerse] Uno detrás de otro, como era costumbre entre los indios norteamericanos cuando iban de caza o para iniciar un ataque, quizá para que el animal o el enemigo no pudieran darse cuenta del número de atacantes. *La mejor manera de que no nos perdamos es ir en fila india y muy juntos.*

En frío Cuando ya ha pasado el momento oportuno: *Tendrías que haberle reñido cuando lo hizo. Ahora ya, en frío, no te va a servir de nada* Muchas veces se usa con heridas o lesiones: *Cuando me caí no me dolía nada y seguí corriendo sin problemas, pero ahora, en frío, se me ha empezado a hinchar el pie.* Súbitamente, sin preparación: *No sé. Me resulta muy difícil tocar así, en frío, porque primero tendría que afinar el piano, pero bueno...; vamos a intentarlo.* La locución tiene que ver con una forma de trabajar el hierro, retirándolo antes de la fragua, dejando que se enfríe y golpeándolo cuando ya no está tan caliente. V. *Golpear en hierro frío*||*En caliente.*

En función de Dependiendo de. Según. *Vamos a esperar hasta el jueves y en función de la gente que quiera ir decidimos si ponemos dos o tres autobuses.* Parece que la locución procede de la ciencia matemática, en la que se llama *función* a la relación existente entre dos magnitudes, de forma que a cada valor de una de ellas corresponde determinado valor de la otra. Vamos, que si hay cincuenta personas, un autobús, y si hay cien, dos. Está clarísimo.

En jaque [poner; tener; traer; estar] En una situación problemática o comprometida. Provocar el nerviosismo en alguien. *Con tu forma de conducir eres capaz de poner en jaque al más tranquilo.* La expresión procede de un movimiento del juego del ajedrez, denominado *jaque*, término de origen persa que significa 'rey' con el que se amenaza al rey del oponente. Cuando esta amenaza es definitiva se denomina *jaque mate*, expresión originada en el *shah mat* persa, 'el rey ha muerto', lance que hace que venza la partida quien lo da.

En las (mismísimas) **barbas**/narices **de alguien** [hacer; ocurrir; pasar; ser; suceder...] (Reírsele a alguien en las barbas) Delante de alguien y sin ningún rubor ni vergüenza. No entiendo a esos padres que dejan que los niños digan palabrotas en sus barbas. Sin duda el dicho está relacionado con la importancia que la barba tenía en algunos pueblos, especialmente entre los germanos, como símbolo de virilidad, valor y poder. De ello hay numerosos testimonios en nuestra lengua. V. *Dar la barba*||*Mentir por la barba*||*Pelillos a la mar*||*Por barba*||*Ser un tío con toda la barba*||*Subírsele a alguien a las barbas.*

En/para **las calendas griegas** (Dejar algo para las calendas griegas) Nunca. *¿Por fin le prestaste el diccionario? Pues me parece a mí que te lo va a devolver en las calendas griegas.* Las *calendas* no existían entre los griegos. Sí entre los romanos que denominaban así al primer día de cada mes. *Calenda*, como puede suponerse, es el origen de *calendario*. En estos días se debían abonar los intereses a los prestamistas y vencían los plazos para pagar las deudas. La expresión la atribuye el historiador latino Suetonio (70-140 d. C.) al emperador Octavio Augusto (63 a. C- 14 d. C.), precisamente aplicada a quienes se habían empeñado tanto que jamás podrían cancelar sus deudas.

En loor de multitud(es) Con gran aclamación. En medio de gran expectación. Literalmente, 'con alabanzas de todos'. *Loor* es una antigua palabra, prácticamente en desuso, que significa 'elogio, alabanza'. *Ayer llegó a nuestra ciudad en loor de multitud el cantante que más discos ha vendido en la historia del pop.* Con mucha frecuencia se oye *En olor de multitud,* lo que, aparte de trasladarnos un desagradable olor a sudor o, dicho más finamente, un montuno aroma a humanidad, nos lleva a pensar en un cruce con la expresión *En olor de santidad* (v.).

En masa En conjunto. En bloque. Masa que en este contexto significa 'muchedumbre', por un grupo de personas que actúa y se comporta como una sola. *Esta mañana la gente se ha lanzado en masa a las rebajas.*

En menos que canta un gallo Rápidamente. *Dices que no tienes hambre, pero te has comido el filete en menos que canta un gallo.* La expresión posiblemente habría que relacionarla con el pasaje del Nuevo Testamento referido a las negaciones de san Pedro. Jesucristo, antes de ser prendido, predice a Pedro que le negará tres veces antes de que cante el gallo. Cristo es hecho prisionero y los criados de Caifás buscan también a quienes lo acompañaban; cuando preguntan a Pedro si era uno de ellos, éste lo niega por tres veces. La predicción se cumple y, casi en el mismo momento en que se producen las negaciones, canta el gallo (*Lucas,* XXII, 60). V. *Otro gallo le cantara.*

En menos que se reza un credo (En un credo||En un avemaría) Con rapidez. *No te preocupes por la comida que en menos que se reza un credo preparo una ensalada y unas tortillas.* El *Credo* no es precisamente una oración muy corta, al menos no tan breve como el Ave María, a no ser que se rece, como se hacía cuando se rezaba en latín, de carrerilla y sin entender nada de lo que se decía. V. *En un decir Jesús||En un santiamén.*

En menos que se santigua/persigna **un cura loco** Muy rápido. *Yo no sé si realmente sientes el sabor del café. Te lo bebes en menos que se santigua un cura loco.* Una vez más el surrealismo hispano nos ofrece una significativa perla, seguramente cultivada por influencia de aquellos curas con menos latines que vocación, que lo mismo decían la misa de carrerilla sin entender nada, que se santiguaban, por ignorancia o por dejadez, haciendo una especie de escorzo con la mano de la frente al pecho.

En mi/tu/su... **fuero interno** En mi conciencia. Según mi más profunda convicción, aunque aparentemente parezca lo contrario. *Tenía que darle un buen castigo, aunque en mi fuero interno sabía que me iba a arrepentir.* El término *fuero,* derivado del *forum* latino, 'plaza pública', es el lugar en el que, entre otras cosas, se impartía justicia y funciona aquí como sinónimo de 'juicio, razón, conciencia'.

En olor/loor **de santidad** Como los santos. Con actitud y fama propia de los santos. *El padre prior murió en olor de santidad, rodeado de todos los miembros de la congregación.* Seguramente la expresión nació a partir de los numerosos relatos hagiográficos (de vidas de santos) que narran cómo en el momento de la muerte o cuando se abre la tumba de un santo o beato o de alguien al que en vida se tenía por tal, emana un perfume de flores. Se cuenta, por ejemplo, que en el momento de la muerte de santa Teresa de Jesús inundó la habitación un intenso aroma de rosas. Por un cruce con la expresión *En loor de multitud* (v.) apareció la variante *En loor de santidad*.

En palmitas (En palmas) [estar; ir; llevar; tener; poner...] Con alabanzas. Con cuidado y protección. *Como es la única niña de la familia la tienen en palmitas*. La explicación más extendida del modismo es la que relaciona *palmitas* a las palmas de las manos de los ángeles, pequeñas por lo que parece. Va, por tanto, *en palmitas* quien va sustentado y protegido por los coros celestiales. No podemos olvidar tampoco que las ramas de palmera o *palmas,* como sucedió con la entrada de Jesucristo en Jerusalén, servían en la Antigüedad para honrar a alguien, incluso a los atletas, en señal de paz y reconocimiento, tradición que se mantiene hoy en el Domingo de Ramos. V. *Llevar a alguien en andas*||*Llevarse la palma*.

En paños menores Casi desnudo. *La policía tuvo que cubrir con mantas al mendigo, que estaba en paños menores*. La locución alude a la ropa interior, por lo general de reducido tamaño, de aquí el adjetivo *menor*.

En pelota/pelete/pelote/porreta (En pelota picada) [estar; quedarse] Desnudo completamente. *En verano cuando hace mucho calor duermo en pelota*. Hay que tener cuidado ya que no debe decirse, como habitualmente se hace, *en pelotas,* pues no hay en la locución ninguna referencia, llamémosla así, *testicular.* Los términos *pelota* y *pelete* proceden, simplemente, de *piel*. Sería, por tanto, algo así como *Estar en piel,* locución que también existe en francés *(A poile)*. *Pelete* parece ser un derivado de pelo. Por otra parte, la identificacion entre piel y cuero (v. *En cueros*) resulta evidente. *Porreta* son las hojas tiernas del puerro, de los ajos y las cebollas, o las primeras hojas del cereal, las que nacen cuando la planta no está vestida o, si se permite la metáfora, las que forman la *ropa interior* de la planta. Suele oírse la variante incorrecta —si es que de incorrección puede hablarse en el mundo de la lengua hablada— *En porretas,* por evidente analogía con la forma *En pelotas*. La expresión *En pelota picada* parece ser una jocosa metáfora que aludiría a la forma del escroto, comparable con una pelota desinflada, es decir, picada. V. *Estar alguien como Dios lo trajo al mundo*.

En peores plazas hemos torea(d)**o** (En peores garitas hemos hecho guardia) Con estos dichos se intenta infundir valor a alguien para que no se desanime ante las dificultades que se le avecinan o ante una situación desagradable. *El trabajo es duro, desagradable y, la verdad, no pagan nada bien, pero no te desanimes, que seguro que encuentras algo mejor. Además, en peores plazas hemos toreao, ¿no?* La situación es la que se encontrarían, por ejemplo, un torero de cierto predicamento en una plaza de pueblo construida con carros o un soldado que se ve obligado a hacer la guardia en una garita siniestra, fría y sórdida.

En pie de guerra [estar; ponerse] Estar muy enfadado. Estar predispuesto negativamente hacia una persona o una cosa. *Los vecinos ya están hartos de los malos olores del vertedero y se han puesto en pie de guerra contra el Ayuntamiento.* Literalmente, aunque se usa menos, se aplica a los países o facciones que están preparados («en pie») para la guerra.

En (situación de) **punto muerto** [estar; dejar; quedar] Sin avances. Sin cambios. *Las conversaciones de paz entre ambos países están ahora mismo en punto muerto. Parece que el martes se reanudan, pero no hay hada confirmado.* La expresión *punto muerto* hace referencia a la situación en la que el coche no tiene metida ninguna marcha, por lo que, obviamente, no puede moverse.

En resumidas cuentas En consecuencia. En resumen. Finalmente. El paralelismo con el lenguaje de la contabilidad y la referencia al cierre de cuentas (v. *A fin de cuentas)* es bastante claro. Se suele emplear la expresión después de una larga y prolija explicación. *Me has contado que estás cansado, que no tienes tiempo, que tienes que estudiar... En resumidas cuentas, ¿vienes o no vienes de excursión este fin de semana?*

En ristre Preparado. Dispuesto. Con el instrumento necesario para hacer algo. *No sé jugar mucho al tenis, pero allí estaré, raqueta en ristre, haciendo lo que pueda.* Antiguamente la expresión era, únicamente, *lanza en ristre.* El *ristre* era una especie de horquilla situada en la parte derecha del peto de la armadura, a la altura del pecho, en la que los caballeros medievales apoyaban la lanza para sujetarla y amortiguar los golpes. Cuando colocaban la lanza en el ristre estaban, pues, prestos al combate.

En (su) **sazón** [estar] En el momento justo. Oportunamente. A tiempo. *Estas cosas hay que cogerlas en sazón. Si tienes que echarle la bronca a alguien hazlo en el momento, no dos días después.* La palabra *sazón* procede del término latino *sationem,* 'siembra, sementera', es decir, el momento en que la tierra estaba preparada para recibir el grano. V. *A la sazón.*

En su punto [estar] En el momento oportuno, propicio o conveniente. En todo su desarrollo; en toda su perfección. Se usa mucho en referencia a las comidas. *Retira ya la paella del fuego, que está en su punto.*

En (un) **tiempo récord** Rapidísimamente. En muy poco tiempo. *Pues sí, aunque no te lo creas se casan la semana que viene. Han organizado la boda en tiempo récord.* En realidad la locución debería ser *en tiempo de récord,* pues se refiere a las marcas que se obtienen en las competiciones deportivas. *Récord* es un anglicismo prácticamente instalado ya en nuestro idioma.

En tiempos de Maricastaña (Ser algo de los tiempos de Maricastaña) Empleamos esta expresión para indicar que algo es muy viejo o que está muy anticuado y pasado de moda. *Pero hombre, cómo te pones esos panta-*

lones, si son los que se llevaban en tiempos de Maricastaña. La historia no deja muy claro quién fue este personaje popular a cuya época nos referimos cuando queremos hablar de algo muy lejano en el tiempo. Se sabe que existió en Lugo, allá por el siglo XIV, una tal *Mari Castaña*, apodo que podría obedecer bien al color de su pelo, bien a que fuese la mujer de alguien apellidado Castaño. Lo que sí podemos suponer es que la buena señora debió de ser una mujer de armas tomar, puesto que encabezó una rebelión de ciudadanos lucenses contra el pago del tributo impuesto por el obispo de Mondoñedo, hazaña que, por lo que parece, la hizo pasar a la posteridad en forma de dicho popular.

En tiempos del rey que rabió [suceder; pasar] (Ser algo de los tiempos del/de cuando el rey que rabió‖Acordarse del rey que rabió) En tiempos muy remotos. Hace muchísimos años. *Hombre, eso que me cuentas sucedió en tiempos del rey que rabió, me parece que ya deberías haberlo olvidado*. Este personaje proverbial aparece desde antiguo en nuestra lengua. Encontramos referencias a él en la obra de Francisco de Quevedo (1580-1645), en concreto en la *Visita de los chistes*. El tal rey ordenó que la Ira y la Locura, responsables de los males del mundo, fueran quemadas en una hoguera. Cuando estaban ardiendo, una gran ventisca esparció las cenizas por todo el mundo, de modo que todos los que respiraron el humo, incluido el propio rey, se volvieron locos e iracundos. La expresión se hizo popular gracias a una famosa zarzuela, *El rey que rabió*, estrenada en 1891, con música de Ruperto Chapí y libreto de Miguel Ramos Carrión y Vital Aza.

En todas partes cuecen habas Se utiliza esta frase proverbial para dar a entender que en todos los lugares hay problemas más o menos parecidos, que en todas partes suceden cosas similares o iguales. *He estado de vacaciones en París y, la verdad, hay tanto tráfico como en Madrid. En todas partes cuecen habas*. Hoy sólo se emplea la primera parte de un dicho que, originariamente, era *En todas partes cuecen habas y en mi casa a calderadas*. Antiguamente las habas y otras legumbres eran un componente fundamental de la alimentación, porque eran baratas y fáciles de encontrar; de aquí la expresión que nos ocupa y otras como *Cara de haba* (v.) o *Tonto del haba* (v.), que aluden a la extremada simpleza y baja categoría de la legumbre en cuestión. Lo mismo sucede en la lengua coloquial con otras legumbres y verduras: V. *Darle a alguien lo mismo tronchos que berzas*‖*Importarle algo a alguien un bledo*‖*Jugarse las alubias*‖*Ser un berzas*.

En tromba De repente y con ímpetu o vehemencia. *Quisieron controlar todos los accesos, pero, al final, la gente acabó entrando en tromba*. El término *tromba* designa a un torbellino de agua que se levanta desde el mar a causa de la acción de un torbellino de viento. Se llama así por su forma de *trompa*.

En tropel Rápida, violenta y confusamente. La locución suele emplearse referida a un grupo de gente. *Tropel* está relacionado con *tropa*. *Por favor, en fila y con calma, no queráis entrar todos en tropel.*

En última instancia (En último extremo||En último término) Como último recurso. *Voy a intentar conseguir un billete de avión o de tren y, en última instancia, iré en autobús.* La locución procede del lenguaje jurídico, en el que se llama instancia a cada uno de los grados jurisdiccionales que dictan sentencia (primera instancia, segunda instancia...). Al llegar a la última instancia las partes deben aceptar la sentencia, que no puede ser recurrida.

En un abrir y cerrar de ojos Rápidamente. Literalmente, en el tiempo que dura un parpadeo. Si a lo largo de una vida media (75-80 años) pestañeamos unos 415 millones de veces, echen cuentas... *Este libro es entretenidísimo. Me lo he leído en un abrir y cerrar de ojos.*

En un decir Jesús Muy deprisa. Como *En un santiamén* (v.) y *En menos que se reza un credo* (v.), forma parte de ese grupo de expresiones religiosas que significan 'rápidamente'. *Con la nueva autopista se llega a Madrid en un decir Jesús.* De todas formas, la expresión seguramente se refiere a la interjección que se dice cuando alguien estornuda, *¡Jesús!,* y que no es otra cosa que una especie de conjuro para que el alma vuelva dentro del cuerpo, ya que los primitivos cristianos pensaban que con el estornudo escapaba el alma que Dios, con un soplo, donó al hombre.

En un pañuelo Muy cerca, en espacio o en orden; literalmente, dentro del espacio correspondiente a un pañuelo. Se usa mucho en el lenguaje deportivo. *Los cuatro corredores entraron en un pañuelo, con diferencias de décimas de segundo.* V. *El mundo es un pañuelo.*

En un periquete Rápidamente. *El problema no era difícil y lo he resuelto en un periquete.* La palabra *periquete* seguramente está relacionada con el mote *Perico,* referido a una persona, tan abundante en expresiones coloquiales. V. *Como Dios pintó a Perico||Más duro que la pata de Perico||Más tonto que Perico el de los palotes...* Algunas teorías identifican este periquete con el perico u orinal. La expresión se referiría, por tanto, al breve tiempo que se tarda en evacuar la vejiga en tan socorrido utensilio, interpretación que parece un tanto peregrina.

En un santiamén (En un decir amén) En un instante. Muy deprisa. *El examen era facilísimo, lo terminé en un santiamén.* El término *santiamén* es la unión de las últimas palabras que se decían al santiguarse o al finalizar una oración, o que pronunciaba el cura al bendecir: *In nomine Patris, et Filii, et Spiritus Sancti, Amén.* A no ser que nos atranquemos con el latín, no se tarda mucho en decirlas, y menos se tarda aún en decir amén, 'así sea'. V. *En menos que se reza un credo||En un decir Jesús||Decir a todo amén.*

En un soplo/un suspiro Rápidamente. Haciendo una interpretación literal, vendría a ser algo así como 'en el tiempo que se tarda en soplar o en suspirar'. *Lo llamé para que viniera a echarme una mano y se presentó aquí en un soplo.*

En un tris [estar] (Por un tris) A punto de. *Como llovía y el piso estaba muy peligroso, hemos estado en un tris de salirnos de la carretera y tener un accidente.* El término *tris* parece ser una palabra onomatopéyica con la que se trata de materializar el sonido que provoca un objeto delicado al quebrarse, el ruido de algo rápido que corta el aire o el chasquido de los dedos. La primera interpretación transmite la idea de peligro, las otras, de inminencia, de rapidez. El maestro Gonzalo Correas recoge ambas ideas en su *Vocabulario de refranes y frases proverbiales* (1627), donde afirma que la locución «Denota suma brevedad, como la de un golpe; tómase del sonido de una cosa que se quiebre, como de vidrio o barro, y significa también el punto de peligro en que estuvo algo para caerse o quebrarse: estuvo en un tris; no faltó un tris; no faltó sino un tris». V. *En un tris tras.*

En un tris tras/plis plas/tristrás/plisplás/pisplás/pispás/zis zas Muy rápidamente. *No sé qué tal me habrá quedado la paella, porque andaba con prisa y la he preparado en un tris tras.* Las expresiones *tris tras, plis plas, zis zas,* forman parte de ese grupo de expresiones onomatopéyicas que transmiten la idea del movimiento rápido (v. *En un tris*). En este caso, bien podría pensarse en el ruido que se hace cuando, para dar a entender que algo está terminado o que resulta fácil de hacer, nos golpeamos levemente, girándolas las palmas de las manos.

En un verbo Al igual que la locución anterior, significa 'rápidamente'. *No te preocupes. Ya verás cómo aprendes a manejar el ordenador en un verbo.* El término *verbo* es aquí sinónimo de *palabra,* de *vocablo.* Literalmente, sería algo así como 'en el tiempo que tardamos en pronunciar una sola palabra'.

En vilo (Con el alma en vilo/en un hilo) [estar] (Tener el alma en vilo/en un hilo||Con/tener el alma pendiente de un hilo) Estar muy preocupado o intranquilo a causa de algún acontecimiento que se imagina negativo. *Cada vez que tienes que viajar me quedo en vilo hasta que me llamas para decir que has llegado.* La palabra *vilo* sólo existe en esta locución y seguramente procede del latín *vilis,* 'sin fuerza, sin valor', en alusión a la persona a la que el miedo y la preocupación le impiden reaccionar. La variante *en un hilo* nos remite a la fragilidad del hilo o cuerda fina que, en cualquier momento, pueden quebrarse, de los que cuelga un objeto pesado.

Enamorarse como un cadete Enamorarse de forma apasionada y absorbente. *A tu edad, con el mundo que tú tienes, con lo bien que vives a tu aire y vas y te enamoras como un cadete.* La aparición del *cadete,* el joven que se formaba en una academia militar, obecede aquí a dos factores: la corta edad (los chicos solían incorporarse a las academias en su adolescencia) y la inexperiencia en estas «lides».

Encendérsele a alguien la bombilla Tener una idea brillante. Reaccionar positivamente en una situación complicada. *El acuerdo parecía definitivamente perdido, pero al presidente se le encendió la bombilla, propuso una serie de compensaciones económicas y al final todo se solucionó.* En la lengua coloquial el término luz es frecuentemente sinónimo de 'inteligencia': V. *Ser una lumbrera||Tener pocas luces.*

Encima/además **de puta, pongo la cama** Se emplea esta expresión cuando pese a ser perjudicados da la impresión de que somos los culpables o cuando a una situación desagradable sigue otra aún peor. *Él fue el que me amenazó y me insultó y ahora resulta que la policía me detiene a mí... Encima de puta, pongo la cama.* V. *Cornudo y apaleado.*

Encogerse de hombros Mostrar indiferencia o ignorancia moviendo los dos hombros hacia arriba. En realidad, los hombros se estiran y lo que se encoge es la cabeza. *Le pregunté por qué no quería venir con nosotros al cine y, por toda respuesta, se encogió de hombros.*

Encogérsele a alguien el corazón/el ombligo/las tripas Asustarse. Sufrir una fuerte impresión. *Cuando vi que el automóvil iba a atropellar al niño se me encogió el corazón.* Al sufrir una de estas impresiones es normal sentir más acelerado el pulso, hasta el punto de notar un movimiento brusco del corazón o hacer una profunda inspiración que nos obliga a retrotraer el vientre, lo que explicaría las dos variantes. V. *Con el corazón en un puño||Darle a alguien un vuelco el corazón||De infarto||Tener un pálpito.*

Encomendar las ovejas al lobo (El lobo guarda/cuida las ovejas) Encargar el cuidado de algo a una persona que no está capacitada o de la que se desconfía. ¿Se imaginan a un lobo guardando un rebaño de ovejas? *Han nombrado director general a un tipo que ha llevado a dos empresas a la quiebra. Si eso no es encomendar las ovejas al lobo...*

Encontrar alguien/dar alguien con/hallar/ser **la horma de su zapato** Encontrar alguien, para lo bueno o para lo malo, a la persona más adecuada a sus características. *Pepe jamás había tenido novia porque tiene un carácter muy difícil, pero ahora ha encontrado la horma de su zapato, porque Antonia es igual de insoportable que él.* La *horma* es el molde que sirve para fabricar o dar forma al zapato, por lo que ambos, horma y zapato, encajan perfectamente.

Encontrar/dar con/ser/hallar **el busilis**/búsilis/intríngulis (¡Ahí está el busilis/búsilis!) Hallar la clave, el punto más importante o problemático de un asunto. *No te preocupes porque se te cale el coche; es nuevo y extrañas el embrague. Tienes que encontrarle el busilis.* Era normal que muchos textos escritos en latín comenzaran algunos pasajes con la fórmula *In diebus illis,* 'En aquellos tiempos; en aquellos días', destinada a situar al lector en un tiempo lejano. La fórmula es muy frecuente en el Evangelio de san Mateo y precisamente se cuenta que el término *busilis* se originó en la mala interpretación que de uno de sus pasajes hizo un clérigo ignorante o un estudiante no menos zoquete que el clérigo, que entendió la expresión como *In die busillis*. Las dos primeras palabras podían más o menos traducirse: 'en el día', pero la otra constituía un verdadero problema o, lo que es lo mismo, un *busilis*. El maestro Gonzalo Correas nos cuenta en su *Vocabulario de refranes* (1627) que un estudiante de teología, poco docto en latín, al ser interrogado por un profesor sobre cómo traducir la expresión *In diebus illis* contestó: «En las Indias... Pero lo del *busilis* no lo entiendo». *Intríngulis* es una forma de origen incierto, seguramente una creación popular surgida a partir de *intrincar*. La aparición de la forma esdrújula *búsilis* parece deberse a una asimilación con *intríngulis*. V. *El quid de la cuestión*.

Engañar a alguien como a un chino Engañar por completo y fácilmente a alguien. *Me ha engañado como a un chino. Me ha dicho que le ha tocado la lotería y que me iba a regalar un par de millones...* Parece ser que cuando los primeros europeos, listillos y *civilizados* ellos, encabezados por el veneciano Marco Polo (1254-1324), llegaron a lo que hoy es China, consiguieron traerse casi todo lo que se propusieron con extrema facilidad, por lo general recurriendo al trueque. Claro, queda una duda en suspenso: ¿quién engañó a quién? V. *Martirio chino*||*Tener más trampas que una película de chinos*||*Trabajo de chinos*.

Engordar para morir Se aplica esta durísima frase, como tantas otras que nos ofrece la lengua coloquial, a quien disfruta de bienes o de una situación privilegiada que resultan insignificantes, efímeros y que no le van a servir de nada. *Mira ése. Ahora tiene casa, coche, finca... Pero claro, a costa de pedir un montón de préstamos a los bancos. Engordar para morir.* La frase, claro está, hace alusión al cerdo, engordado y tratado a las mil maravillas con el único fin de obtener más carne cuando llegue la hora de matarlo. También antaño formaba parte del argot del juego, destinada al incauto al que se dejaba ganar unas manos para que se confiara y, posteriormente, quitarle todo el dinero, dicho en la jerga de los jugadores, para «desplumarlo».

Enmendarle/corregirle **a alguien la plana** Corregir o tratar de mejorar lo hecho por otra persona. *Me gusta hacer las cosas yo solo, aunque me equivoque, y odio que me enmienden la plana. Si me equivoco, mala suerte.* No hace muchos años se llamaba *plana* al folio, a la hoja del cuaderno. En la escuela muchas veces los deberes consistían en escribir una plana sobre el tema indicado por el maestro, que, posteriormente, devolvía los trabajos enmendados, o sea, corregidos. Este parece ser el origen de la expresión, aunque también podría haberse generado en el lenguaje periodístico, referida a las páginas o planas ya preparadas que se enmiendan o cambian según van llegando las noticias de última hora.

Enrollarse como/más que **las persianas**/una persiana Hablar en exceso, hasta provocar aburrimiento. Detenerse en asuntos insignificantes. *No me* *extraña que paguemos esas facturas de teléfono. Cada vez que llamas a alguien te enrollas como las persianas*. El término *rollo* significa en la lengua coloquial 'discurso largo o aburrido' o 'asunto tedioso, molesto o pesado' (v. *Ser un rollo*). Por eso quien provoca tales situaciones se enrolla, vive permanentemente enrollado y tiene una extraña facilidad para ellos, como las persianas: basta tirar de una cuerda...

Enseñar/mostrar **el culo**/las vergüenzas Quedarse en una situación tremendamente desairada. Humillarse. *Lo último que puedes hacer es perder la dignidad. Si no tienes dinero, cierra el negocio. Lo que no puedes hacer es ir enseñando el culo a todos los parientes y amigos para que se apiaden de ti y te presten cuatro perras*. La sensación de quien obra así se compara con la de quien se viera obligado a mostrar sus partes más íntimas. V. *Bajarse los pantalones*||*Quedarse con el culo al aire*.

Enseñar/asomar/mostrar/sacar/vérsele a alguien **la patita**/la pata Mostrar alguien sus verdaderas ideas o intenciones. *Ganó las elecciones prometiendo formar un Gobierno democrático pero ahora, al verse en el poder, comienza a enseñar la patita y a dejar bien claro que no es más que un dictadorzuelo camuflado*. La frase se origina a partir del conocido cuento de *Los tres cabritillos* que, advertidos por su madre, y para no caer en la trampa del lobo, deben pedir a todo el que llame a la puerta que enseñe la patita por debajo, aunque diga que es pariente o amigo. V. *Asomar la oreja*.

Enseñar/mostrar **los dientes**/los colmillos Demostrar a alguien que no se le tiene miedo, que uno es capaz de defenderse y de atacar. Es lo que hacen algunos animales al sentirse amenazados o acosados (v. *Afilar las garras*). *No deberías dejar que todos te trataran como a un estúpido. Se ríen de ti y te toman el pelo porque eres demasiado bueno. ¿Por qué no enseñas los dientes alguna vez?* V. *A regañadientes*||*Escupir por el colmillo*||*Tener el colmillo retorcido*.

Ensuciarse las manos (Tener las manos sucias) Estar implicado en algún asunto ilegal o poco claro. *Yo no creo que Ramírez tenga nada que ver con el asunto. Me parece demasiado inteligente como para ensuciarse las manos por cuatro perras*. Tradicionalmente la limpieza corporal se asocia con la espiritual. Era costumbre de algunos pueblos que quien era falsamente acusado de algún delito se lavara públicamente las manos para demostrar su inocencia. El salmo LXXII así lo dice: «Lavaré mis manos entre los inocentes». V. *Lavarse las manos*||*Tener las manos limpias*.

Enterarse alguien de lo que vale un peine (Enterarse de cuántas púas tiene un peine||Saber cuántas púas tiene un peine) Recibir alguien su merecido, el castigo o escarmiento correspondiente a una mala acción. La frase se usa en forma de amenaza. *Como vuelvas a hablar mal de mí sin que esté yo presente te vas a enterar de lo que vale un peine*. Parece que la expresión está relacionada con un siniestro instrumento de tortura llamado, por su forma, *peine:* una barra de metal o de madera de la que salían una serie de púas y que se pasaba, haciendo cada vez más fuerza, por la piel del reo hasta arrancarle la confesión... o la vida.

Enterrar/guardar **el hacha de guerra** Poner fin a una guerra o a un enfrentamiento, si es *enterrar,* o bien mostrar hostilidad, iniciar un enfrentamiento, si es *desenterrar. Hacía ocho años que Paqui y yo no nos hablábamos, pero hace unos días nos hemos visto y hemos enterrado el hacha de guerra.* Era costumbre de algunas tribus de indios americanos enterrar o desenterrar un hacha (v. *Desenterrar el hacha de guerra*), símbolo de la guerra, según se quisiera terminar una disputa o iniciarla. Las películas del Oeste dan buen testimonio de ello. V. *Fumar la pipa de la paz.*

Enterrarse en vida Recluirse. Apartarse voluntariamente de toda actividad social. Quien así actúa da la impresión de que intenta hacer creer a los demás que ha muerto. *Desde que murió su marido se ha enterrado en vida. No sale de casa ni siquiera para comprar el pan.* Antiguamente se aplicaba mucho la frase a las jóvenes que profesaban como monjas. V. *Cavarse alguien su propia tumba.*

Entrado en años De edad madura. *Jaime es un hombre entrado en años, pero hace mucho deporte y se conserva muy joven.* Se materializa aquí el clásico tópico de la vida como camino. Los años no son sino puertas por las que vamos pasando o lugares en los que entramos y de los que salimos.

Entrar a saco Entrar en un lugar, aunque sea figurado, de forma violenta e irrespetuosa, por lo general con la idea de apropiarse de lo ajeno. *Muchas revistas del corazón entran a saco en la vida privada de las personas.* El término *saco* significa en este contexto 'saqueo'. *Entrar a saco* es lo mismo que *saquear,* 'atacar un lugar, destruirlo y apoderarse de todo lo que hay en él'. Desgraciadamente es famoso el denominado Saco de Roma, sucedido el 6 de mayo de 1627, cuando los lansquenetes, mercenarios suizos reclutados para formar parte de las tropas de Carlos V en Milán en su lucha contra Francia, asaltaron salvajemente la ciudad.

Entrar al trapo (Ponerle a alguien el trapo) Dejarse engañar. Caer en la trampa, normalmente dialéctica, que alguien nos tiende. *Me provocó, yo entré al trapo como un imbécil, le di una bofetada y el árbitro me expulsó a mí, claro.* La expresión proviene del mundo taurino: es lo que hace el toro cuando embiste a los engaños (a los «trapos»), el capote y la muleta.

Entrar con buen pie/el pie derecho Iniciar una actividad o un periodo de tiempo con acierto o en condiciones muy favorables. *He entrado en el nuevo año con el pie derecho: me ha tocado la lotería.* El buen pie es siempre el derecho, pues en nuestra cultura, lo derecho es lo marcado positivamente (v. *Entrar por el ojo derecho*||*Levantarse con el pie derecho*||*Ser el ojo derecho*||*Ser la mano derecha...*). Los buenos se sientan a la derecha de Dios, y así se refleja en la iconografía católica, lo *justo* es lo mismo que lo *derecho* y, en la Antigüedad, las aves que venían por la derecha eran señal de buenos presagios, no así las que aparecían por la izquierda (v. *Levantarse con el pie izquierdo*||*Tener mano izquierda*). Es posible que la locución tenga que ver directamente con lo que se señala en el misal: el sacerdote, tras el introito, en el momento de acercarse al altar, debe dar el primer paso con el pie derecho, acción que sin duda obedece a todo lo comentado anteriormente a propósito del simbolismo de lo *derecho*.

Entrar/caer **en barrena** Estar en una situación muy problemática y de difícil solución, casi desesperada. *Las relaciones entre los dos países puede decirse que ha entrado en barrena. Estamos al borde de la guerra.* La expresión procede del mundo de la aeronáutica. Un avión entra en barrena cuando comienza a caer verticalmente y girando sobre sí mismo, como un barreno o taladro. V. *Caer en picado*.

Entrar en escena (Salir a escena||Aparecer en escena) Intervenir. Comparecer. Implicarse en algún asunto. La imagen del actor entrando en el escenario explica perfectamente la frase. *Ahora que en la negociación ha entrado en escena el delegado ministerial es posible que se solucione el conflicto.* V. *Desaparecer de escena*||*Hacer mutis por el foro*.

Entrar en materia Comenzar a tratar la parte más importante de algún asunto. *Bueno. Después de esta breve introducción vamos a entrar en materia. Comenzamos con el primer punto del orden del día.* La materia simboliza aquí lo tangible, lo realmente importante, frente a lo espiritual, lo intangible, lo etéreo.

Entrar en razón/razones Comprender qué es lo más favorable. Hacer caso. Actuar de manera sensata. *A Manolo le he dicho mil veces que no puede adelgazar si no deja de tomar cañas y tapas, pero no quiere entrar en razones.*

Entrar/estar **en una espiral de algo** (Ser algo una espiral) Complicarse una situación hasta el punto de no ver la salida, de no adivinar las soluciones, de la misma forma que parece enroscarse alrededor de sí misma la línea espiral: cuantas más vueltas se den más difícil es volver atrás. Hablamos, sobre todo, de espiral de violencia. *La pena de muerte debería abolirse en todos los Estados. Con ella se entra en una espiral de violencia y de venganza que a nada conduce.*

Entrar por el ojo derecho Gustar mucho una cosa o una persona. *A ti no te gustará ese chaquetón, pero a mí me ha entrado por el ojo derecho y me lo voy a comprar.* Lo derecho, lo *diestro*, es siempre lo bueno y lo más conveniente en las culturas mediterráneas, donde lo *izquierdo* es lo *siniestro* (v. *Entrar con buen pie*||*Ser la mano derecha*). Con el término *ojo* hay otra expresión, también positiva: *Ser el ojo derecho* (v.). Artemidoro de Éfeso, un escritor del siglo II d. C., en su *Onirocriticon*, un tratado sobre los sueños y su interpretación, asegura que el ojo derecho significa el hijo, el padre o el hermano y el izquierdo la hija, la madre o la hermana; se identifica de esta forma al elemento masculino con lo positivo y al femenino con lo negativo.

Entrar/ir/salir (a) **por uvas** A pesar de que generalmente se piensa que la expresión significa 'hacer algo tontamente' o 'equivocarse' —y así se usa, en especial en el lenguaje deportivo: *El portero salió a por uvas, perdió el balón y el delantero remató cómodamente*—, la realidad es que el significado es el contrario: arriesgarse, poner todo el interés al emprender una acción. Se dice especialmente del torero que entra a matar con fuerza y con riesgo. *Allí nadie se atrevía a decir nada, pero yo me arriesgué, entré por uvas y dije todo lo que pensaba*. La expresión es originaria de Andalucía, donde existían personas que, desde atalayas, vigilaban las viñas para que nadie entrara a robar uvas. Quien entraba a por uvas corría, pues, un gran riesgo de ser descubierto y castigado. La frase no parece tener relación, como piensan algunos, con la antigua fábula de *La zorra y las uvas:* una zorra, cansada de saltar y no alcanzar el racimo de uvas abandonó su empresa diciendo. «¡Bah! No están maduras». V. *El miedo guarda la viña*||*Estar a uvas*||*Guardar la viña*.

Entre bastidores/bambalinas Privadamente. Con gran discreción. Se suele usar para hablar de los puntos más importantes de un asunto, o de las decisiones más trascendentes, que están ocultos para la mayoría de la gente. *Nadie se enteró de la dimisión del ministro hasta que la noticia apareció en los periódicos. Fue un asunto que decidieron, entre bastidores, representantes del partido en el Gobierno y de la oposición*. Ambas expresiones tienen su origen en el lenguaje teatral. Los bastidores son los armazones que sujetan el decorado. Las bambalinas son las telas o los bastidores que cuelgan del techo, del llamado *telar,* del teatro. Entre bastidores y bambalinas se desarrolla lo que el público no ve: el repaso del papel, el cambio de vestuario, los efectos especiales, los juegos de luces...

Entre bobos/tontos **anda el juego** Se emplea esta expresión para dar a entender que todos los que intervienen en algún asunto tienen la misma falta de capacidad o, en sentido irónico, son igualmente «inteligentes». *Las reuniones de la comunidad de vecinos son increíbles. Así nunca se va a hacer nada provechoso. La verdad es que entre bobos anda el juego*. La expresión se hizo famosa tras el estreno de la obra del mismo nombre del dramaturgo José Rojas Zorrilla (1607-1648), una comedia de enredo en la que dos protagonistas masculinos pretenden conseguir el amor de dos damas que consideran, por su falta de ingenio, presa fácil. Como puede suponerse, al final no queda del todo claro quiénes son los tontos, si los unos o las otras.

Entre col y col, lechuga Se usa esta locución para indicar que entre varios asuntos o acciones similares se interponen otros que nada tienen que ver. *Me gusta oír música clásica, pero a veces entre un concierto y otro escucho una canción de rock. Entre col y col, lechuga*. Antiguamente, los hortelanos acostumbraban, por motivos estéticos, a plantar juntas estas dos hortalizas, de forma que entre dos coles, aparecía una lechuga, de ahí salió la expresión.

Entre pitos y flautas (Por pitos o por flautas||Cuando pitos, flautas; cuando flautas, pitos) Entre una cosa y otra. Por un motivo o por el otro. Se suele indicar con la locución que las cosas no suelen suceder como se desea, generalmente porque suelen acumularse una serie de contrariedades. *Tenía que comprar muy pocas cosas en el supermercado, pero entre pitos y flautas me he gastado más de diez mil pesetas*. El origen de la expresión es muy oscuro, pero es posible que sea parte de algún dicho o refrán más largo que aludiera a las molestias causadas por la música en los bailes populares, en los que solían tener papel preferente ambos instrumentos de viento. Luis de Góngora (1560-1627) recoge la expresión en una conocida letrilla burlesca, una de cuyas estrofas dice: «¡Cuán diversas sendas/se suelen seguir/en el repartir/honras y haciendas./A unos da encomiendas,/a otros sambenitos/Cuando pitos, flautas,/cuando flautas, pitos».

Entre todos la mataron/matamos **y ella sola se murió** Aparece esta curiosa frase cuando se quiere indicar que algo ha fracasado por la acción de varias personas o por diversas causas, sin que se pueda determinar un culpable. *La asociación funcionaba muy bien hasta que los socios dejaron de aportar dinero y acabó desapareciendo. No puede decirse que nadie tenga la culpa: entre todos la mataron y ella sola se murió*. Ignoramos a qué se debe la aparición del pronombre femenino *la,* aunque tal vez nos orienta hacia la pieza (liebre, perdiz, paloma...) que todos los cazadores se adjudican o la que no parece haber sido cobrada por ninguno.

Equilibrar(se) **la balanza** Compensar una situación. Es, al fin y al cabo, lo que sucede cuando en los dos platillos de la balanza hay el mismo peso. *Lo difícil de este tipo de trabajos es conseguir equilibrar la balanza entre lo teórico y lo práctico*. V. *Inclinar la balanza*.

Equivocarse/confundirse **de medio a medio** Por completo. Seguramente la expresión hay que interpretarla como 'en el centro del centro', es decir, en la esencia, en lo más grave y, por tanto, totalmente. *Te equivocas de medio a medio si piensas que en algún momento he querido meterme en tus asuntos. Sólo quería echarte una mano*.

Éramos pocos y parió la abuela Con esta frase se indica, de forma irónica, que, tras haber sufrido una desgracia, ha llegado otra peor y mucho más imprevisible. Imaginen, por ejemplo, una familia cargada de hijos a la que llegue uno más que es parido por la abuela... *¡Vaya por Dios! Éramos pocos y parió la abuela. Encima de que voy con retraso, se me pincha una rueda*. En un principio la expresión, que parece haberse desgajado de algún cuento o chascarrillo popular, se utiliza únicamente para hacer referencia a la abundancia excesiva de gente en algún lugar. En la actualidad, también se usa con este significado, pero es más habitual emplearla con el anterior. El maestro Gonzalo Correas la recoge así en su *Vocabulario de refranes* (1627): *Éramos treinta y parió nuestra agüela.*

Erre que erre [seguir; continuar] (Don erre que erre) [ser; parecer; ser como] Con esta locución indicamos que alguien está haciendo algo obcecadamente, con una terquedad que no conduce a nada. *Le he dicho mil veces que se abrigue para salir a la calle, que hace frío, pero él erre que erre, sale siempre a cuerpo.* Sabido es que, para los extranjeros, y también para los nativos, los sonidos [r] y [rr] son de los de más difícil pronunciación y que requieren una mayor insistencia, más terquedad, para conseguir su correcto aprendizaje (recuérdese aquella frase surrealista de las antiguas ortografías y libros de dictados: *El perro de san Roque no tiene rabo, porque Ramón Ramírez se lo ha cortado*). Éste es el motivo que podría explicar el significado de la expresión. A quien demuestra una obsesión inútil en algún asunto se le suele llamar *Don erre que erre.*

Error de bulto Gran equivocación. *Me parece que lo de salir a primera hora de la mañana ha sido un error de bulto porque es cuando más tráfico hay.* El término *bulto* podría ser aquí una especie de sinónimo de 'masa; grande', aunque podríamos interpretar la locución en sentido literal: el médico o cirujano que al operar se equivoca de «bulto», seguramente en referencia a los errores que se cometían al hacer sangrías o al abrir los abcesos infecciosos. V. *Escurrir el bulto*||*Ir al bulto.*

Error garrafal Error o equivocación enorme. *En el último minuto el portero cometió un error garrafal que nos costó el partido. ¡Qué le vamos a hacer, así es el deporte!* El término *garrafal* nada tiene que ver con *garrafa*. Es una palabra emparentada con *garrofa*, una variante de *algarroba*, que originó el adjetivo *garrafal* o *garrofal*, que quedó reducido a la denominación de cierto tipo tipo de guindas más grandes que las comunes. De aquí, por común metáfora, pasó a aplicarse, ya entrado el siglo XVII, a los errores de más tamaño o consideración.

Erudito(s) **de/**a **la violeta** Se denomina así a los que, a pesar de aparentar gran cultura, sólo tienen «culturilla», o sea, un ligero barniz superficial y demuestran afectación y cursilería en sus comportamientos. *No te fíes de lo que te diga ése. Aunque todos piensen que es cultísimo, no es más que un erudito de la violeta.* La expresión procede del título de una obra del escritor prerromántico español José Cadalso (1741-1782), autor, entre otras obras importantes, de las famosas *Cartas marruecas*. El título completo es *Los eruditos a la violeta, o curso completo de todas las ciencias dividido en siete lecciones para los siete días de la semana. Publícase en obsequio de los que pretenden saber mucho estudiando poco* (1772). Cadalso define así al prototipo de erudito a la violeta: «Barbilampiño, peinado, empolvado, adonisado y lleno de aguas olorosas de lavanda, sausparcilla, ámbar, jazmín, bergamota y violeta, de cuya última voz toma su nombre mi escuela».

Escapar del trueno y dar/caer **en el relámpago** Salir de una situación complicada y caer en otra mucho más problemática: el trueno no causa daño; el relámpago puede causarlo. *Resulta que salimos de la otra carretera porque estaba llena de baches y nos hemos ido a meter en un auténtico camino de cabras. Esto es escapar del trueno y dar en el relámpago*. Hay varias expresiones sinónimas en la lengua coloquial: *Ir de Herodes a Pilatos*||*Salir de Málaga y entrar en Malagón*||*Saltar de la sartén al fuego* (v.).

Escapársele de las manos algo a alguien Perder una persona el control de una situación. *Tienes que ser un poco duro con los alumnos para que la clase no se te escape de las manos*. Las manos son sinónimo de dominio, de control, de guía. Para explicar la frase podemos pensar, por ejemplo, en quien conduce un medio de transporte.

Escarbar/hurgar/ahondar/profundizar **en la herida**/llaga Reavivar el dolor o la pena de alguien recordándole el motivo que los provocó. *No le hables a Pepe de su madre, porque hace poco que murió y eso es escarbarle en la herida*. Hay que destacar el violento, casi cruel, contenido que aporta la utilización del verbo *escarbar* en la locución. V. *Abrirse la herida*||*Cerrarse la herida*||*Dar en lo vivo*||*Lamerse las heridas*.

Esconder la cabeza bajo el/debajo del **ala** Inhibirse. No querer ver la realidad. *Cuando algo sale mal hay que afrontar la realidad y mirar hacia adelante. No se adelanta nada escondiendo la cabeza bajo el ala*. El ave herida o asustada busca protección metiendo la cabeza debajo del ala.

Escribir/grabar **algo con letras de oro** Con esta frase se expresa la necesidad de destacar o resaltar un hecho sobresaliente o extraordinario. *¡Hombre! ¡El primer aprobado de la carrera! Vamos a tener que escribirlo con letras de oro*. En los antiguos códices, los miniaturistas escribían con letras doradas los pasajes o fragmentos más destacados, echando polvo de oro en los grabados del punzón, o decorando la letra inicial, llamada *capitular*. Lo mismo se hacía en las lápidas o en otras inscripciones, en las que se insertaba pan o polvo de oro en los bajorrelieves o en los relieves de las letras.

Escribir más que El Tosta(d)**o** Escribir mucho y de muy diversas materias. Alonso Tostado (1404-1455), llamado también Alonso de Madrigal, por haber nacido en el pueblo abulense de Madrigal de las Altas Torres, fue catedrático de la Universidad de Salamanca y posteriormente consejero del rey Juan II de Castilla y obispo de Ávila. Se cuenta que tenía una memoria prodigiosa y que era capaz de recitar sin equivocarse pasajes bíblicos extensísimos y toda la *Summa theologica*, de santo Tomás de Aquino. Es muy difícil calcular todo lo que escribió durante su vida, aunque en su epitafio, sobre su hermosísima tumba en la catedral de Ávila, figura la siguiente inscripción, redactada por Suero del Águila: «Aquí yace sepultado/quien virgen vivió y murió/es muy cierto que escribió/en cada uno tres pliegos/de los días que vivió./Su doctrina así alumbró/que hacer ver a los ciegos». Si lo de los tres pliegos diarios es cierto —y, a no ser que naciera con una pluma entre los dedos, no lo es— y considerando que vivió cincuenta y un años, la multiplicación es fácil: escribió ni más ni menos que 55.845 pliegos. Cálculos aparte, lo que sí sabemos es que nos dejó una obra en latín que consta de veinticuatro tomos *in folio,* así como innumerables escritos en castellano.

Escupir al cielo Ser excesivamente prepotente o arrogante, sin considerar que tal comportamiento se puede volver en contra de quien así actúa. *No puedes andar por la vida tratando a la gente como trapos, porque algún día puede que te veas tú en su misma situación. Lo que tú haces es escupir al cielo.* La frase se desgajó de un conocido refrán, *Quien escupe al cielo, en la cara le cae,* que en sus orígenes se aplicó a los que blasfemaban o a los que no mostraban respeto o temor hacia Dios, que eran candidatos seguros a las llamas del infierno. En el libro bíblico del *Eclesiastés* se advierte de algo parecido: «El que tire la piedra a lo alto se expone a que le caiga en la cabeza».

Escupir por el colmillo/de medio lado Fanfarronear. Decir bravuconadas. Normalmente se aplica el dicho a personas que no son mucho de fiar o que hacen gala de pocos escrúpulos. *No me fío de Lucas, te mira de una forma extraña, con aire de superioridad y no es nada agradable con la gente. Me parece que es de los que escupen por el colmillo.* Es posible que el origen se asiente en un gesto propio de maleantes y gente del hampa de los siglos XVI y XVII: Escupir por un lado de la boca —como atestigua la variante *Escupir de medio lado*—, seguramente para expulsar el tabaco mascado. No olvidemos que el tabaco fue introducido en Europa durante el último tercio del siglo XVI, aunque ya se conocían y se usaban en el Viejo Continente unas plantas de efecto sedante y narcótico llamadas *tabacco* o *atabaca,* palabras de origen árabe. La expresión presenta evidentes paralelismos en su significado con *Tener el colmillo retorcido* y es posible que entre ambas se hayan producido cruces semánticos y se hayan acercado los significados. En este caso, lo que se retuerce no es el colmillo, sino la boca, con lo que se muestra el incisivo.

Escurrir el bulto Inhibirse en un trabajo u obligación. *Tú eres muy listo. Siempre que sabes que hay mucho trabajo escurres el bulto y no apareces en todo el día.* La expresión podría proceder del mundo de la medicina o de la veterinaria, en referencia a quienes, en vez de atajar el mal, se limitaban a hacer sangrías o a abrir los bultos del enfermo para extraer el pus. Curiosamente —ya se sabe de la permeabilidad de este mundo—, la expresión se utiliza mucho, con el significado arriba indicado, en el ámbito taurino: *Ante un gran toro, el espada se limitó a escurrir el bulto y, tras un trasteo breve, pasaportó al animal de media estocada.* En la tauromaquia, sin aparente relación con lo dicho anteriormente, se denomina *bulto* a la imagen que el toro —animal de pésima visión— tiene del torero. V. *Error de bulto*||*Ir al bulto.*

Eso es otro cantar La expresión significa 'eso es otro asunto, eso no tiene relación con lo que se habla o se trata en este momento'. *Me pides consejo y* *yo te lo doy; que me hagas caso o no, eso es otro cantar.* El *cantar* que nos ocupa tal vez tenga que ver con los músicos o juglares que se ganaban la vida por los pueblos, sin que pueda descartarse la referencia a la misa cantada. De hecho, en la lengua coloquial decimos cosas como «siempre estás con la misma canción». V. *La misma canción.*

Eso lo saben (hasta) **los negros** Con esta expresión reforzamos la total seguridad de que algo es o será cierto o de que nuestras intenciones son reales. *Como sigas en ese plan te vas a quedar sin amigos. Eso lo saben los negros.*|*El fin de semana me largo de vacaciones, seguro. Eso lo saben los negros.* En los mapas antiguos las denominadas «tierras de negros», «cafrería» o «tierra de leones» eran las zonas más ignotas, más desconocidas y alejadas, especialmente referidas al continente africano. Algo que pudiese llegar a aquellas tierras debería ser, por fuerza, de general conocimiento, sabido por mucha gente.

Eso son palabras mayores (Ser algo palabras mayores) Tener un asunto más gravedad, seriedad o importancia que el tratado previamente. *Sí; Góngora es magnífico, pero Quevedo... Eso son palabras mayores.* En los Siglos de Oro se llamaba así a las palabras malsonantes y a los insultos. Concretamente, en la *Nueva recopilación de textos legales castellanos,* que data de 1567 y estuvo en vigor hasta 1805, se llama *palabras mayores* a *gafo* ('leproso'), *sodomítico, cornudo, traidor, hereje* y *puta* (referida a la mujer casada). Quien así insultara a alguien debía desdecirse públicamente y «pechar trescientos sueldos». La expresión, como tantas otras, ha sufrido con el andar del tiempo un proceso de ennoblecimiento semántico que la ha conducido al significado actual. V. *Ser gafe*||*Pasar a mayores.*

Eso va a misa Con esta expresión señalamos que algo es absolutamente cierto y, como tal, debe ser tenido en cuenta. El hecho de *ir a misa,* en el sentido de 'merecer ser incluido en la misa', da idea clara de su trascendencia y certeza. *Fíate de Luis. Si te ha dicho que mañana va a hacer frío, eso va a misa.*

Ésos son otros López Se usa este dicho cuando, pese a ser parecidos, dos cosas o dos asuntos no tienen ninguna relación: *Sí son dos coches muy parecidos, pero ya quisiera yo tener el otro. Son casi idénticos por fuera, pero de motor... Amigo, ésos son otros López.* También lo usamos cuando no nos interesa que nos relacionen con algo o con alguien: *Sí, ellos también son de mi pueblo y se dedican a la artesanía, como yo, pero no tienen nada que ver conmigo. Ésos son otros López.* El gran folclorista andaluz don Luis Montoto remite el origen del dicho a un supuesto personaje, de procedencia desconocida, un tal Juan López Pérez (prototipo de la «originalidad» en cuanto a nombre y apellidos, como puede verse), quien, para demostrar el rancio abolengo de su común apellido, se identificaba como pariente de cualquier López que fuera o hubiera sido obispo, ministro, militar, santo, personaje o personajillo histórico en suma. Uno de sus vecinos, queriéndole gastar una broma, leyó ante él la noticia del ahorcamiento de un tal José López y López, que había sido verdugo, jugador, ladrón, asesino... Nuestro personaje, muy dignamente, contestó: «Ésos son otros López. No son los míos».

Esperar/ser **el maná** (Esperar que llueva el maná del cielo) Se aplica esta frase a quien no hace nada para solucionar un problema, excepto esperar que llegue alguna ayuda externa o que la situación se arregle por sí sola. Si tal solución llega será «el maná». *Esperando el maná no vas a arreglar nada, así que empieza a moverte y a intentar buscar algún remedio, que antes o después seguro que lo vas a encontrar.* El *maná* es el alimento que, caído del cielo como si fuese una nevada (v. *Como llovido del cielo*), sació el hambre del pueblo de Israel durante la travesía del desierto hacia la Tierra Prometida, según se cuenta en el libro bíblico del *Éxodo* (XVI, 31): «Y el pueblo de Israel dio el nombre de maná a aquel alimento blanco, semejante a una semilla de cilantro y que sabía a torta de miel». El término *maná* procede de la expresión *Man hu*, proferida por los hebreos al apreciar tan extraño fenómeno, y que significa, curiosamente, '¿qué es esto?'.

Está la cosa que arde (Esto está que arde‖Estar algo que arde) Empleamos esta frase cuando una situación es muy tensa o cuando existe una disputa fuerte, de forma que, para intervenir en ella, hay que hacerlo con suma prudencia. *En la empresa hay problemas de trabajo, las máquinas se han quedado anticuadas, no hay piezas, la producción ha disminuido, hay varias amenazas de huelga, el director es incapaz de controlar la situación... vamos, que está la cosa que arde*. Ya se sabe que en la lengua coloquial todo lo que sugiere *calor* transmite problemas y agitaciones (v. *Al rojo vivo‖En caliente‖Estar alguien quemado*). Un ejemplo en un titular de la jugosa prensa deportiva: «A falta de un mes, los presidentes comienzan a *calentar* el derby».

Estar a años luz Estar una cosa o persona muy distante de otra, por lo general en méritos o calidad. *En los sesenta nuestra tecnología estaba a años luz de la de otros países europeos. Hoy puede decirse que estamos en la vanguardia*. El año luz es un sistema para medir grandes distancias, usado sobre todo en astronomía, que equivale a la distancia que recorre la luz en un año. Ni más ni menos que unos nueve billones y medio de kilómetros.

Estar/quedarse/andar **a**/en **la cuarta pregunta** Ser sumamente pobre. No tener dinero. *He pagado el último plazo del coche y me he quedado a la cuarta pregunta* La expresión tiene un origen jurídico. Era costumbre en siglos pasados que el escribano tomara declaración en los juzgados con un formulario que constaba de cuatro preguntas: «1 Nombre y edad. 2 País de nacimiento y profesión. 3 Religión y estado civil. 4 Rentas y patrimonio». A esta cuarta pregunta muchos declaraban negativamente para no sufrir embargos, lo que hoy sería declararse insolvente. Ante preguntas posteriores relacionadas con el dinero, los declarantes se remitían a lo dicho en la cuarta pregunta. De este formulario se derivó uno burlesco, que se empleaba en las novatadas o en la selección de tunos de la Universidad de Alcalá de Henares: «1 *¿Salutem habemus?* 2 *¿Ingenium habemus?* 3 *¿Amores habemus?* 4 *¿Pecuniam habemus?* (¿Tienes salud? ¿Tienes ingenio? ¿Tienes amores? ¿Tienes dinero?)». Los estudiantes, evidentemente, también contestaban negativamente a la cuarta pregunta.

Estar/andar **a la que salta** Estar atento y dispuesto para aprovechar las ocasiones que se presentan, como está el cazador a la espera de que salte la pieza tras el matorral (v. *Saltar a la vista*). *Es un gran delantero. En el área no hay nadie como él. Está siempre a la que salta y en cuanto te descuidas, caza un balón perdido y ¡zas!, lo enchufa*. El origen cinegético parece el más lógico, aunque podría proceder también la expresión del juego y señalaría al jugador que está atento a la carta que sale o *salta* sobre la mesa. *A ese defensa es casi imposible sorprenderlo mal colocado, porque siempre está a la que salta*.

Estar a la sopa boba (Comer/vivir de la sopa boba) Se aplica a alguien que come sin trabajar y sin hacer ningún esfuerzo por conseguir la comida. Por extensión, se dice también de las personas que viven a costa de los demás (v. *A mesa puesta*). *Todos los hijos trabajan, menos el mayor, que es un vago y seguramente estará toda la vida a la sopa boba*. La *sopa boba* era el sopicaldo, elaborado con restos de comidas, huesos, verduras y legumbres, que servían en algunos conventos para dar de comer a los pobres. Como parece obvio, debe su apelativo a la pobreza de ingredientes con que se elaboraba. En el siglo XVII se llamaba *sopistas* o *brodistas* (de *brodo*, 'caldo', palabra de origen italiano, hoy en desuso, introducida seguramente por los soldados de las campañas de Italia, v. *Ser un bodrio*) a los que vivían de la caridad ajena y comían en estos centros, muchos de ellos estudiantes. V. *Ser un gorrón*.

Estar/ir **a la última** Ser muy moderno. Estar muy actualizado. La frase parece una reducción de *a la última moda*. *Para competir en el mercado europeo es necesario estar a la última en tecnología*. V. *El último grito*.

Estar a las duras y a las maduras Estar a lo bueno y a lo malo. Estar dispuesto a aceptar los perjuicios exactamente igual que los beneficios. *Cuando necesitas ayuda, la pides, pero cuando los demás la necesitan y te la piden, tú nunca estás dispuesto y eso no puede ser. Hay que estar a las duras y a las maduras*. Originariamente, el dicho era *tomar las duras con las maduras* y es muy posible que procediera del reparto de la fruta que se hacía en las explotaciones agrícolas o en los territorios comunes en los que había frutales. Para que este reparto fuera equitativo, se hacían lotes en los que entraban igual número de frutas verdes (duras) que de maduras. Lo mismo suele hacerse en los mercados, cuando en los cajones se reparten proporcionalmente.

Estar/llevarse **a matar** Tener muy malas relaciones con alguien. *Hasta hace unos años eran uña y carne pero de un tiempo a esta parte se llevan a matar*. La hipérbole sobre la que se construye el dicho es de lo más significativa.

Estar/quedar **a merced de algo o de alguien** Estar dominado por alguien o por algo o bajo su total control, generalmente en una situación peligrosa. *El torero tropezó y quedó a merced del toro, pero afortunadamente no pasó nada.* Quien así está confía en la merced, es decir en la clemencia de su dominador.

Estar a pájaros (Tener la cabeza a pájaros) No enterarse. Estar despistado o ausente. *Te he dicho mil veces que apagues el gas cuando salgas de casa, pero como estás a pájaros y no te enteras de nada....* Los pájaros, ya se sabe, simbolizan tanto los ideales de libertad, como la inestabilidad y lo etéreo. V. *Tener la cabeza llena de pájaros.*

Estar/llevarse **a partir un piñón** Llevarse muy bien con una persona o estar muy de acuerdo con alguien en algún asunto. Ser muy amigo de alguien. *Estos dos antes se odiaban a muerte, pero ahora están a partir un piñón.* El verbo *partir,* en este caso, significa 'compartir'. Evidentemente, dos personas que comparten hasta algo tan sumamente «grande» y «apetitoso» como un piñón han de tener una relación de lo más especial. V. *Partir peras con alguien.*

Estar/ir/ponerse **a tono** Estar conjuntado o de acuerdo con alguna tendencia o situación. *Este cuadro no está muy a tono con el salón. Yo lo colocaría en el estudio.*|*Yo creo que vestidos así, no muy formales, vamos bastante a tono con el acto.* Se usa mucho, sobre todo con el verbo *ponerse* para referirse a una situación de elevada tensión sexual (por decirlo finamente) y cuando alguien se ha excedido con la bebida (por decirlo también finamente). *Hay algunos que se ponen a tono con ver la portada de una revista del corazón.*||*Por más que le dijimos que dejara de beber no hubo manera. Como siempre, se puso a tono y acabó haciendo el ridículo.* V. *Subido de tono.*

Estar/quedarse **a uvas** No enterarse de nada. Estar despistado, ausente con la mente en otro lugar. *Ayer dijimos que cambiábamos el lugar y la hora de cita, pero como tú siempre estás a uvas no te enteraste, claro.* Quizá esta ausencia haya que interpretarla en sentido físico para comprender el origen del dicho, que podría estar relacionado con los periodos que pasaban lejos de su hogar los trabajadores que acudían a la vendimia, muchos de ellos en el extranjero. Según algunas interpretaciones, el dicho podría tener que ver con la conocida fábula de *La zorra y las uvas,* recogida ya por Esopo en el siglo IV a. C., en la que una zorra que, tras innumerables intentos, comprende que no puede alcanzar un racimo de uvas abandona la empresa con desprecio diciendo que las deja porque no están maduras. La primera teoría parece bastante más convincente. V. *Entrar por uvas.*

Estar acelerado Mostrar precipitación. Perder el control. Estar en un estado de excesivo nerviosismo o excitación... Como un coche lanzado a gran velocidad. *Es mejor que ahora no decidas nada. Estás muy acelerado. Vete a casa, descansa y ya hablaremos mañana.* V. *A cien.*

Estar/poner a alguien **al borde del precipicio** Estar en una situación muy comprometida, de mucho riesgo o peligro, igual que quien se encuentra al borde de un precipicio. *La situación es muy tensa. El país está al borde del precipicio y la guerra civil parece inevitable.*

Estar al cabo de la calle Estar enterado de algo. *¿Qué ha pasado por el mundo? Es que llevo un mes de vacaciones, sin leer los periódicos ni ver la tele y no estoy al cabo de la calle.* En el español de los Siglos de Oro *cabo* significaba 'asunto o pormenor', y es ésa la acepción que ha quedado en el dicho.

Estar al caer Estar alguien a punto de llegar o algo a punto de suceder. *No, Ana no ha llegado todavía, pero debe de estar al caer porque ya son las ocho pasadas.|No sé exactamente cuándo convocarán las oposiciones pero me parece que están al caer.* Seguramente la frase se refiere a la fruta madura, al momento en el que está muy cerca de caer del árbol.

Estar/poner(se) **al corriente** Estar enterado. Tener conocimiento de algo. *No hace falta que nos contéis nada de lo de Carlos y Rosa. Ya estamos al corriente.* La locución *al corriente* es una reducción de *Al día corriente*, expresión que se usa en contabilidad *(al corriente de pago)* para indicar que las cuentas están actualizadas. En la frase que nos ocupa, lo actualizado son, claro está, las noticias.

Estar/poner(se) **al día** Estar actualizado. *Un buen profesor de español debe estar al día en todo lo referente a nuevas tecnologías, porque el futuro de la enseñanza de lenguas va por ese camino.* Aparte del sentido que nos transmite a propósito del inexorable paso del tiempo, la expresión parece tener que ver con la contabilidad, con el hecho de revisar diariamente las cuentas de una empresa, de *ponerlas al día*.

Estar al hilo Estar atento, pendiente de la situación, como quien está tejiendo, hilando o devanando una madeja. *Tú está al hilo y quédate con todo lo que digan en la reunión, y después me lo cuentas.* V. *Coger el hilo||El hilo de Ariadna||Perder el hilo||Tirar del hilo.*

Estar al loro Estar atento. Es una expresión que hace unos años entró a formar parte del lenguaje juvenil. *Me voy a duchar. Está al loro por si suena el teléfono.* Es posible que esté relacionada con *loro*, que en la jerga de los jóvenes, por evidente metáfora con el ave parlanchina, significa 'radio, aparato de música'. Según Manuel Martín Sánchez, la locución procede el lenguaje carcelario. Entre los presos, una de las formas de controlar los movimientos de los vigilantes es hacer como que se escucha la radio. El falso radioescucha en realidad no está atento a la radio, sino a los carceleros para en un momento determinado advertir a sus compañeros. Quien está *al loro* es, en realidad, quien está más alerta.

Estar al pie del cañón Permanecer en un lugar o situación, por lo general difíciles o comprometidos, cuando otros se han ido, como el soldado que está disparando el cañón y, por tanto, en un lugar en el que es blanco fácil o en el que puede sufrir los efectos de algún fallo del arma. *El profesor tiene casi setenta años, pero no ha querido jubilarse y sigue al pie del cañón*. V. *Aguantar mecha*||*Estar en la brecha*.

Estar al plato/al caldo **y a las tajadas** Estar involucrado al mismo tiempo en dos asuntos diferentes y, por lo general, incompatibles. Querer sacar partido de dos situaciones distintas. *Si te apetece leer, lee, pero no estés constantemente interviniendo en la conversación. Lo que no puedes hacer es estar al plato y a las tajadas*. El dicho cobra sentido si lo relacionamos con los cocidos o potes, que suelen constar de un primer plato de caldo o sopa, que se le sirve a cada cual, y de un segundo, que son las tajadas de carne, las verduras y legumbres y que suelen colocarse en grandes bandejas repartidas por la mesa. No se puede estar al mismo tiempo comiendo la sopa o el caldo del plato y engullendo las tajadas. Todo tiene que llegar a su tiempo y por su orden.

Estar/ir/salir **al quite** Estar alguien preparado por si es necesaria su intervención en alguna situación comprometida. *Voy a invitar a la fiesta a Julia y a Margarita; ya sabes que se odian, o sea, que está al quite por si tenemos que separarlas*. En el léxico taurino un quite es quitar al toro del lugar en el que puede causar problemas a alguien. Cuando un torero está lidiando a un toro, sus subalternos están *al quite*, en los burladeros cercanos, preparados para ayudar a su maestro si lo necesita. V. *Echar a alguien un capote*.

Estar al tanto Estar atento, alerta. *Voy a ducharme. Está al tanto por si suena el teléfono*. La expresión procede del mundo del juego de cartas. *Estar al tanto* no es otra cosa que llevar la cuenta de las bazas y los puntos, es decir, los tantos que los demás jugadores van haciendo. V. *Apuntarse un tanto*

Estar algo a la orden del día Ser muy frecuente. Repetirse algo casi a diario. *En esta región durante el invierno las nevadas están a la orden del día*. La frase procede del lenguaje militar, en el que se llama *orden del día* al documento que se lee o se coloca en el tablón de anuncios para que los soldados sepan qué deben hacer durante la jornada. Evidentemente, algunas tareas se repiten prácticamente todos los días: guardias, limpieza, maniobras... En una reunión se llama *orden del día* a la relación cronológica de los asuntos que se van a tratar.

Estar algo cantado Ser algo inevitable. Estar una cosa o un suceso totalmente previsto. Se suele usar en pasado. *No me extraña que haya tenido un accidente. Nunca he visto a nadie hacer tantas locuras al volante. Estaba cantado*. Es posible que la locución se refiera a las misas o los oficios cantados por los religiosos, cuyo texto era conocido y cantado por todos sin necesidad de recurrir al misal o a los cantorales. Tampoco es descartable que se refiera al trabajo de los antiguos pregoneros, que «cantaban» sucesos o daban avisos para público conocimiento.

Estar/tener/llevar **algo cogido**/prendido **con alfileres** Ser una cosa provisional, no definitiva: *El libro está aún prendido con alfileres. Faltan algunas cuestiones por rematar, pero tiene un aspecto excelente*. Se usa mucho el dicho para indicar que los estudiantes no tienen bien aprendida la lección o suficientemente estudiado el temario: *No sé que tal me saldrá el examen, porque llevo la asignatura prendida con alfileres*. La frase nace referida a lo que hacen los sastres y modistas, quienes, antes de coser, unen los trajes o vestidos de forma provisional con alfileres para «presentarlos» y probárselos a sus clientes.

Estar algo chupado Ser muy fácil. *Chupado* tiene que interpretarse como 'no tener jugo ni sabor', es decir, no tener ninguna complicación. *Yo te enseño a manejar el ordenador. No te preocupes, que está chupado*.

Estar algo de Dios Ser inevitable. Estar un suceso, de alguna forma, escrito en el destino o previsto en la voluntad divina, contra la que, evidentemente, nada se puede. Se usa como muestra de resignación y suele emplearse en pasado. *Pues fíjate, se partió la cadera de la forma más absurda: se le rompió la silla y cayó al suelo. Se ve que estaba de Dios*.

Estar/quedar(se)/dejar **algo en el aire** Estar un asunto pendiente, por decidir, en suspenso, literalmente como flotando en el aire. *En la reunión no se decidió nada sobre el nuevo plan de estudios. Ha quedado todo en el aire, pendiente de una próxima reunión*.

Estar/tener **algo trillado** (Ser un camino trillado) Ser algo muy conocido, muy frecuente o común. *Yo que tú cambiaría el tema de la tesis. Quevedo está trillado*. El verbo *trillar* significa separar el grano de la paja triturando el cereal con el *trillo*, una tabla con piedras o fragmentos de metal encajados en su parte inferior que, tirada por un animal, se pasa una y otra vez —de aquí el dicho— sobre la mies. V. *¡Vuelta la burra al trigo!*

Estar/sentirse **alguien a sus anchas** Sentirse una persona muy cómoda en algún lugar. La expresión, literalmente, se refiere a la abundancia de espacio de que disfruta una persona. *Me gusta mucho ir a Italia, porque es un país en el que estoy a mis anchas*. V. *Quedarse más ancho que largo*||*Quedarse tan fresco*/*pancho*...

Estar alguien atado de pies y manos (Atar a alguien de pies y manos) No poder actuar. No tener capacidad de reacción a la hora de tomar decisiones. No poder, en sentido figurado, moverse, como quien estuviera atado de tal guisa. *Comprende que no puedo tomar ninguna decisión. El presupuesto de compras lo maneja la central y yo, en ese sentido, estoy atado de pies y manos*.

Estar alguien aviado/apañado (con poca ropa)/fresco Todas estas expresiones se emplean de forma irónica, como otras tantas, para dar a entender todo lo contrario de lo que sugiere su significado literal, casi siempre positivo. Es decir, para transmitir sensación de que algo es inconveniente o que puede causar problemas o para mostrar enfado o desacuerdo. *Muy bien, aho-*

ra empieza a llover y nosotros a un kilómetro del coche y sin paraguas... ¡Estamos aviados!||*O sea, que quieres que te deje mil pesetas. Sí, hombre, estás listo tú...* V. *Ir alguien dado*.

Estar alguien cañón Ser excepcional, sobre todo desde el punto de vista físico. Ser muy atractivo o atractiva. *A mí me sigue gustando Paul Newman. A pesar de los años que tiene, el tío está cañón*. En el mismo sentido de 'espectacular, sorprendente o extraordinario' empleamos otras palabras similares, como *explosivo, bomba, bombazo* o *dinamita*, seguramente por la sorpresa y por los efectos que causan, en sentido figurado, tales términos.

Estar alguien chupado Muy delgado, literalmente, como si se le hubiera chupado el jugo, la sustancia y se hubiera quedado en la piel y los huesos. *Fíjate, pesaba noventa kilos y después del régimen se ha quedado chupado*. V. *El espíritu de la golosina*.

Estar/quedarse/andar **alguien como Dios lo trajo al mundo** Estar completamente desnudo. *Cuando la policía lo detuvo estaba como Dios lo trajo al mundo*. Según parece —o al menos así nos lo contaron— cuando nacimos estábamos totalmente desnudos. El dicho nos remite también al *Génesis*, a la creación del mundo. Dios creó al hombre y a la mujer desnudos y sólo sintieron vergüenza por su desnudez tras haber comido de la fruta prohibida. Cuando fueron expulsados del paraíso iban ya vestidos. V. *En cueros*||*En pelota*.

Estar/sentirse **alguien en su** (propia) **salsa**/en su elemento Sentirse una persona cómoda, feliz, a gusto en algún lugar o en alguna situación. *En esas fiestas de tanta etiqueta yo me siento fatal, fuera de sitio, pero mi mujer se siente en su salsa*. La frase tiene mucho que ver con la gastronomía: cada carne o pescado tiene una salsa más adecuada que otra como aderezo. A nadie se le ocurre acompañar, por ejemplo, una carne roja con una mayonesa o una lubina a la sal con mostaza de Dijon, aunque, la verdad, cosas peores se ven por ahí... V. *Estar en todas las salsas*||*Ser el perejil de todas las salsas*.

Estar alguien (como) **para que le den**/echen **los aceites** Estar una persona en muy malas condiciones físicas, literalmente, a punto de morir; para que le den la extremaunción, o lo que es lo mismo, para ungirlo con los santos óleos, vulgarmente, los aceites. *A ver si te cuidas un poco más, no trabajes tanto y tómate unos días de descanso, que estás para que te den los aceites*.

Estar/parecer **alguien puesto por el Ayuntamiento** No hacer nada. Ser algo o alguien inútil. Estar de más. *Pues no sé muy bien cuál es el trabajo de Antonio en la empresa. Yo creo que está puesto por el Ayuntamiento. Ni él mismo sabe lo que tiene que hacer*. Como bien se deduce, la frase tiene que ver con la «buena» consideración de la gente hacia la administración, especialmente hacia la administración local.

Estar alguien que bota Estar muy enfadado o muy inquieto, tanto, que da la impresión de que se va a poner a pegar saltos de un momento a otro. *¿Qué le has hecho a Joaquina, que está que bota?*

Estar alguien que echa chispas (Echar chispas) Estar una persona muy enfadada. *Me han dado un golpe en el coche y estoy que echo chispas*. Cuenta la Mitología que cuando el dios Zeus se enfadaba arrojaba fuego, chispas y rayos sobre los desgraciados mortales o, si se ponían a tiro, sobre otros dioses. A veces, gráficamente, en referencia al brillo de las pupilas de quien está enfadado decimos que los ojos le *echan chispas*. V. *Hacerle a alguien los ojos chiribitas*.

Estar alguien que echa humo (por las narices) Estar enfadadísimo. La frase, muy antigua, ya que aparece recogida en el bíblico *Libro de los Reyes*, parece estar relacionada con los dragones y otros animales mitológicos, que mostraban su cólera echando humo por las narices. V. *Bajarle a alguien los humos*||*Subírsele a alguien los humos*.

Estar alguien que muerde Estar una persona encolerizada. La hipérbole compara al enfadado con el animal que muestra su ira mordiendo. La expresión, evidentemente, está relacionada con *tener un humor de perros*, o con *día de perros*. *¿Qué le has hecho a Mario, que está que muerde?*

Estar alguien que trina Estar una persona muy enfadada. *Trinar* es 'emitir cantos los pájaros' y, figuradamente, 'enfadarse'. *Es mejor que no hables hoy con el jefe, porque tiene un día malísimo y está que trina*.

Estar alguien quemado (Tener a alguien quemado) Estar muy enfadado, muy decepcionado o muy cansado de una situación. *Llevo ya más de un año seguido soportando a estos vecinos y, de verdad, estoy quemado. No los soporto más*. Los verbos *calentar(se)* y *quemar(se)* se usan muy frecuentemente en expresiones en las que se da a entender enfado o molestia: *Al rojo vivo*||*Calentársele a alguien la boca*||*Calentársele a alguien los cascos*||*Dar la brasa*||*Estar frito*||*Traer a alguien frito* (v.).

Estar alguien verde No tener experiencia. No estar preparada una persona para algún trabajo o alguna tarea, como no están preparadas las frutas verdes para ser comidas. *La película es muy buena, aunque se nota que el director es muy joven y está algo verde todavía*.

Estar bajo la égida de algo o de alguien Estar muy protegido por alguna institución o persona. *La verdad es que hay algunas personas a las que no se puede criticar lo más mínimo, porque parecen estar bajo la égida del poder y puedes buscarte algún problema*. La *égida* era, según la mitología griega, el escudo del dios Zeus hecho con la piel de Amaltea, la cabra que lo amamantó (v. *El cuerno de la abundancia*). En el centro tenía la imagen de Medusa, que tenía el poder de dejar de piedra a quien la miraba (v. *Ponerse hecho un basilisco*||*Quedarse de piedra*). La *égida* era también un manto, hecho de la misma piel que la coraza, del que colgaban serpientes. A veces Zeus entregaba la égida a otros dioses que necesitaban protección, como Apolo o Atenea.

Estar bajo la férula de alguien Estar sometido al dominio de otra persona. *Tiene veinte años, pero aún está bajo la férula de su padre*. El origen del dicho está en la vara o regla utilizada por los maestros para castigar a los alumnos, llamada *férula*. Realmente, *férula* es el nombre de una planta de tallo largo y flexible, tallo que en la Antigüedad se empleaba para azotar a los esclavos o a los animales. A veces era también bastón de mando o símbolo del poder imperial. Se denominaba, además, *férula* a una especie de tablilla cortada en dos partes, que sonaba al ser golpeada y que se usaba en los conventos para llamar a los frailes o a las monjas al coro. Se denomina también *férula* a la tabla de madera, escayola u otro material que se usa en traumatología para inmovilizar fracturas y otras lesiones óseas.

Estar bolinga Estar borracho. *Tuvimos que llevarlo a casa a rastras porque estaba bolinga*. No parece nada claro el origen del término *bolinga*, aunque podría estar emparentado con el inglés *bowling* 'bolos'. A causa del ruido, el rodar de la bola, el golpeo contra los bolos y la caída de éstos, quien está borracho cuando se levanta al día siguiente tiene en la cabeza una auténtica bolera. V. *Coger una turca*.

Estar chapado a la antigua Se aplica esta frase a la persona que tiene costumbres y comportamientos considerados como anticuados. *Mi padre está chapado a la antigua y no me permite llegar a casa después de las diez de la noche*. *Chapar* es recubrir algo, generalmente una construcción, con chapa, para reforzarlo o aislarlo; en este caso, evidentemente, el *algo* es la persona y la *chapa* son las costumbres.

Estar/ponerse **chispa**/achispado (Coger(se) una chispa||Estar alegre) Estar un poquito borracho. *Ayer estaba un poquito chispa. Me tomé un par de copas y creo que dije más tonterías de la cuenta*. El término *chispa* suele ser, en la lengua coloquial, sinónimo de ingenio o de alegría (v. *Tener chispa*). En este caso parece corresponder a la inhibición que demuestra quien ha ingerido más alcohol de la cuenta. V. *Salir pitando||Salir echando chispas*.

Estar colado/coladito **por alguien o por algo** (Colarse por alguien o por algo) Estar muy enamorado de alguien o desear mucho algo. *Por la forma que tiene de mirarla yo diría que está coladito por ella.|Me encanta ese vestido. Estoy colada por él*. El verbo *colar* tiene aquí el mismo valor que *derretir* o *deshacerse* en muchas otras expresiones: *Cada vez que oigo su voz es que me derrito.|Se deshizo en elogios hacia ella*; es decir que lo sólido, lo compacto, tiene defensas, no cede; no sucede lo mismo con lo menos espeso o lo líquido, que transmite una mayor sensación de vulnerabilidad, como en este caso el enamorado.

Estar colgado (Ser un colgado) Estar bajo los efectos de la droga o del alcohol. *No me creí ni una palabra de lo que me dijo. Como siempre, estaba colgado*. La persona en tal estado parece estar colgada, suspendida, en el aire. La expresión procede directamente de la inglesa *hanged up*, 'colgado', que se usa con los dos significados, el literal y el metafórico. V. *Dejar a alguien colgado*.

Estar como san Alejo (debajo de la escalera) Estar alguien oculto, escondido, por lo general en un lugar angosto y oscuro. *Yo voy a bajar a recepción a pedir que nos cambien de habitación. Aquí estamos como san Alejo.* Alejo, que después sería santo, era hijo de Eufemiano, un rico senador romano. El mismo día de su boda sintió la llamada divina, dejó plantada a su esposa y huyó a Oriente, donde vivió muchos años mendigando, llevando una vida en la más miserable austeridad. De vuelta a Roma, su propio padre, sin saber quién era, lo encontró pidiendo por las calles y se ofreció para alojarlo en su casa. Alejo se instaló en un habitáculo bajo una de las escaleras del palacio. Allí, entre las burlas de todos los sirvientes, oraba, comía y leía. Murió después de diecisiete años sin haber salido de aquel lugar. A su muerte, su padre halló entre sus ropas un escrito en el que decía quién era realmente.

Estar como un cencerro Estar loco. La expresión se usa por lo general en sentido figurado. La cabeza de quien así está es comparada con el cencerro, hueco y sonoro. De hecho, también se dice de quien está loco que *está sonado* (v. *Estar sonado*). *En la calle la gente va con abrigo y a ti se te ocurre salir en manga corta. Estás como un cencerro.* V. *Estar loco de atar/remate*‖*Estar tararí*‖*Tener muchos ruidos.*

Estar/quedarse/ser/parecer **como un fideo**/una espátula/el palo de la escoba Estar una persona muy delgada. *Yo creo que te has pasado un poco con el régimen de adelgazamiento. Estás como un fideo.* Los objetos con los que se hace la comparación hablan bien a las claras de la delgadez extrema de la persona a la que nos referimos. La *espátula* es un instrumento que suelen usar los albañiles, una especie de paleta de mango largo y bordes afilados. Por la forma de su pico, semejante a este utensilio, se denomina también espátula a un tipo de ave zancuda que vive en los pantanos. V. *Como un silbido*‖*Ser un esqueleto.*

Estar/temblar **como un flan** (Estar más nervioso que un flan‖Estar hecho un flan‖Ser un flan) Temblar de forma compulsiva, especialmente a causa del miedo o del nerviosismo. *Nunca me suelo poner nervioso, pero el día en que me examiné del carné de conducir temblaba como un flan. No era capaz ni de pisar el embrague.* La persona que tiembla de esta forma hace los mismos movimientos que un flan o que cualquier otro dulce o pastel gelatinoso cuando movemos el plato o el recipiente en el que se sirve.

Estar/ponerse **como un tonel**/un trullo (Ser un tonel/un trullo) Estar muy gordo. *Chico, a ver si te pones a hacer deporte, que estás como un tonel.* Cruel e hiperbólicamente se compara el aspecto físico de la persona muy gruesa con la forma de la cuba o tonel donde se guardan líquidos o grano. El *trullo* es el lagar, la gran cuba en la que se pisa la uva o se prensa la manzana o la aceituna. Tiene un depósito inferior para recoger el mosto o el aceite.

Estar como un tren Ser un hombre o una mujer muy atractivos o espectaculares desde el punto de vista físico. *En las revistas sale guapa pero al natural está como un tren.* Esta frase es relativamente nueva, pues aparece en nuestro idioma en la década de los cincuenta. Las razones no parecen muy claras, quizá tenga que ver con la velocidad o con la fuerza o potencia del tren, traducida como 'espectacularidad' en el plano físico.

Estar/ponerse **como una cabra**/chiva/chota (Estar más loco que una cabra/chiva/chota||Ser una cabra loca) Estar considerablemente loco, en sentido real o figurado. *¿Y pretendes subir a lo alto de la torre andando? Tú estás como una cabra, chaval.* Son las cabras animales de comportamientos imprevisibles y capaces de trepar a lugares inverosímiles; de ahí la expresión. *Chiva* es sinónimo de cabra. El *choto* es el cabrito o el ternero. En la expresión se suele usar el femenino por analogía con *cabra*.

Estar como una cafetera Estar loco. Se usa, por lo general, en sentido figurado. *¿Tú te crees que puede salir a la calle en camiseta, con el frío que hace? Está como una cafetera.* A las connotaciones de calor ('inconsciencia, enfado', v. *Calentársele a alguien los cascos*) se une la imagen de alguien a quien parece escapársele «el chorro», es decir, el entendimiento, por la cabeza. Es una imagen muy plástica, similar a la que se advierte en *Estar como una regadera* (v.).

Estar como una regadera Se usa, generalmente de forma figurada, para aludir a alguien que está loco o se comporta de forma incomprensible. La regadera tiene su alcachofa o *cabeza* llena de agujeros, como quien no está en sus cabales. V. *Estar como una cafetera.*

Estar con el agua al/hasta el **cuello** (Tener el agua al cuello) Estar en una situación muy apurada, muy problemática o complicada. Sobran las explicaciones. *Muchos agricultores están con el agua al cuello. Como no termine la sequía van a verse obligados a buscarse otro trabajo o a subsistir con las ayudas del gobierno.*

Estar con la antena puesta (Tener la antena puesta||Poner/conectar la antena) Estar atento a todo lo que se dice o hace alrededor. Espiar. Más que oídos, quien así actúa parece tener antenas o receptores. *Es mejor que nos vayamos a hablar a la calle, porque los camareros están con la antena puesta y se enteran de lo que dice todo el mundo.*

Estar con la mosca detrás de la oreja (Tener la mosca detrás de la oreja) Sospechar. Desconfiar de algo o de alguien. *Hay rumores de que esa fábrica va a desaparecer y todos los trabajadores están con la mosca detrás de la oreja.* La explicación más normal, y seguramente más cierta, del dicho suele ser la más simple: quien siente próximo el zumbido de una mosca está incómodo e inquieto y trata de cazarla, como lo está quien sospecha algo y trata de cazar una prueba que confirme sus suposiciones y termine con el *zumbido* del rumor. No obstante, algunos piensan, quién sabe si con razón, que esta *mosca* no es el insecto, sino la mecha con la que, antes de que se inventaran los percutores, las denominadas *llaves*, los arcabuceros y mosqueteros daban fuego a sus armas. Entre carga y carga de pólvora colocaban esta mecha encendida tras la oreja, como el lápiz los carpinteros y los antiguos tenderos. Estaban pues, en plena tensión y al acecho. V. *Cargarse de moscas||Estar mosqueado||Zumbarle a alguien los oídos.*

Estar con la soga al cuello (Tener/ponerle a alguien la soga al cuello) Estar en una situación muy complicada y de difícil solución, como quien, ya en el patíbulo, está a punto de ser ahorcado y no tiene escapatoria posible. *Tengo que devolverle al banco un millón de pesetas y no sé cómo hacerlo. Estoy con la soga al cuello.*

Estar/poner/tener/colocar/llevar/situar **contra las cuerdas** Lo decimos de quien está en una situación muy comprometida de la que muy difícilmente va a poder salir. *La difícil situación económica del país ha puesto al gobierno contra las cuerdas.* La expresión procede del boxeo: se dice que un boxeador *está contra las cuerdas* cuando su rival ha conseguido arrinconarlo y lo está golpeando junto a las cuatro cuerdas que delimitan cada lado del *ring*.

Estar cortado por el mismo patrón Ser una persona muy similar a otra, bien sea en el aspecto físico, en el carácter o en el modo de pensar. Se suele usar más en este último sentido y, por lo general, de forma peyorativa. *Padre e hijo tienen el mismo carácter avinagrado, la misma mala leche. Están cortados por el mismo patrón.* Los patrones son las plantillas que hacen los sastres o modistas para cortar los trajes o vestidos. Lógicamente, de patrones iguales saldrán piezas idénticas.

Estar criando malvas Estar muerto. El eufemismo tiene su razón de ser en el hecho de que en los cementerios son muy abundantes esas florecillas moradas llamadas *malvas*. Macabramente, y así lo refleja el dicho, se cree que el muerto les sirve de abono. Es una de las tantas formas que hay de referirse a la muerte en la lengua coloquial. V. *Con los pies por delante||Estirar la pata||Irse para el otro barrio||Llevarse a alguien Pateta||Ser una malva.*

Estar curado de espanto No sorprenderse una persona prácticamente por nada, como si el asustarse fuera una enfermedad de la que ya se ha curado, o mejor, una epidemia ante la que ya está inmunizado. *¿Y te sorprende que un equipo de segunda división gane a otro de primera? A mí no, porque he visto muchas cosas raras en el fútbol y ya estoy curado de espanto.*

Estar curtido (en mil batallas/en estas lides) Tener mucha experiencia. Ser veterano. *A mí no me afectan las críticas ni los comentarios negativos de la gente; yo ya estoy curtido. Simplemente, no les hago ningún caso.* El término *curtido* significa aquí 'endurecido; resistente', como el cuero y, seguramente, el dicho original fuera de origen militar —como atestiguan las variantes, *curtido en mil batallas* o *en estas lides*— y se aplicara a los soldados veteranos, quienes habían combatido en numerosas ocasiones y habían vivido todo tipo de experiencias.

Estar/ponerse **de buen año** Estar gordo. *Antes estaba muy delgado, pero de un tiempo a esta parte está de buen año. El otro día me crucé con él y casi* *no lo reconozco. Habrá engordado por lo menos veinte kilos.* La expresión es una clara referencia a la abundancia de comida que existía en los años en que, a causa de la bonanza climatológica, los animales estaban mejor cebados. Esto suponía que los productos obtenidos tras la matanza del cerdo fueran más abundantes y de mejor calidad. El dicho, por tanto, hace referencia tanto a la gordura del animal como a la del que se alimenta de él. De hecho, aún se dice en algunos lugares, con el mismo significado que el de la frase que nos ocupa, *estar para la matanza*. V. *A cada cerdo le llega su San Martín||Sacar la tripa de mal año.*

Estar de buena o de mala luna (Tener buena/mala luna) Estar de buen o mal humor. *Déjalo tranquilo y no lo molestes, que hoy está de mala luna y no hay quien lo aguante.* Desde antiguo se ha considerado muy importante el influjo de la luna en los estados de ánimo, en los cambios bruscos de humor debidos, según la astrología, al poco tiempo que permanece en cada signo zodiacal. Leyendas como las de los hombres lobo dan testimonio de esta influencia o el hecho de que se llame *lunáticos* a quienes no parecen tener mucho contacto con la realidad

Estar de coña Estar de broma. No hablar en serio. *¿Cómo que el mes que viene te casas? ¿Estás de coña o qué?* Es ésta una de las muchas expresiones en las que los genitales femeninos se usan con connotaciones negativas en la lengua coloquial. V. *Dar el coñazo||De coña||Ni de coña.*

Estar/ser **de mírame y no me toques** Ser algo muy inestable, muy poco resistente, tanto, que da la impresión de que va a caerse o a desintegrarse sólo con mirarlo. *Esa estantería está de mírame y no me toques. Tengo que comprar tacos más gordos para reforzarla.* Se usa también para definir a las personas de carácter voluble o de salud muy delicada. *No sé qué le habrá pasado que está de mírame y no me toques: en cuanto le dices una palabra más alta que otra se echa a llorar.|Esta gripe me ha dejado destrozado. Estoy de mírame y no me toques.*

Estar/ponerse **de morros**/hocicos Estar enfadado. *Manolo y Julia llevan una semana de morros porque él no la felicitó por su cumpleaños.* La expresión tiene un origen que pudiéramos denominar «fisonómico». ¿Se han dado cuenta de lo feas que se ponen algunas personas, y especialmente los niños, cuando se enfadan? Fruncen el ceño, guiñan los ojos y abocinan los labios; de ahí la expresión.

Estar/quedarse **de rodríguez** (Ser un rodríguez) Se llama así al hombre que, durante las vacaciones y generalmente por motivos de trabajo, permanece en su lugar de residencia mientras su familia está de vacaciones. *Esta semana estoy de rodríguez. El sábado me voy a la playa con la familia, que lleva ya una semana allí.* Este apelativo, que se basa en lo común del apellido, etiquetado como «de oficinista o de funcionario», comenzó a generalizarse durante los años sesenta y setenta, con el *boom* del veraneo familiar. Con el sarcasmo y la mala uva que caracteriza el ingenio popular, y haciendo un juego de palabras con otro apellido común, algunos llaman al *rodríguez* «putiérrez». No es difícil imaginarse el porqué... Hay que decir que los *rodríguez* están actualmente de capa caída y en permanente declive.

Estar/venir **de vuelta** (de todo) Conocer todo tipo de situaciones y de comportamientos. Tener mucha experiencia en la vida. *Marta ha tenido ya siete u ocho novios, o sea, que en cuestiones sentimentales está de vuelta de todo*. Si tomamos la vida como un camino, antiquísimo *topos* bíblico, quien está de vuelta de todo podemos decir que ha hecho ya el viaje de ida y vuelta, por lo que será difícil que pueda asombrarse de algo o descubrir cosas nuevas.

Estar/ser **ducho en algo** Conocer a la perfección un asunto, una materia o una actividad. *A ver, tú, que estás muy ducho en Historia, dime ¿quién fue el padre de Fernando VI?* La palabra *ducho* procede de la latina *ductus*, que podríamos traducir literalmente como 'conducido' y, más libremente, como 'cultivado, ilustrado', de hecho, el vocablo está directamente emparentado con *docto*.

Estar en alza Estar de moda o de actualidad. *Hoy en día están en alza los vehículos todoterreno tanto para el campo como para la ciudad*. El término *alza* está relacionado con *alzar* y su primer significado es el de 'pedazo de suela con el que se aumenta la altura de un zapato'. De aquí pasamos al uso de *alza* como 'aumento; crecimiento; elevación' que aparece frecuentemente vinculado con la economía.

Estar en auge (Tener auge||Estar algo o alguien en su apogeo) Estar algo o alguien en el momento de mayor fuerza, intensidad o fama. Estar de moda. *Durante los últimos años del siglo XX estuvo en auge la literatura fantástica. Hoy se vuelve al intimismo, a lo poético*.|*Los Beatles estuvieron en su apogeo a mediados de los 60*. Los términos *auge* (del árabe *awy'*, 'lo más alto del cielo') y *apogeo* (del griego *apógeios*, 'lejos de la Tierra') son prácticamente sinónimos en astronomía y designan el punto más distante de la Tierra en la órbita lunar, dicho de otro modo, el punto más alto de la Luna en relación a la Tierra, de aquí el significado de las expresiones. *Apogeo* también puede significar el punto más distante en la órbita de cualquier satélite, incluso artificial, con respecto a su centro de atracción.

Estar en Babia Estar despistado o pensando en otra cosa. *Nunca me atiendes cuando te hablo, parece que estás en Babia*. La explicación más extendida, y con más posibilidades de ser cierta, es la que se refiere a las largas temporadas de descanso que pasaban los reyes leoneses en Babia, territorio de las montañas cantábricas, entre las actuales provincias de León y Asturias, cazando osos, corzos y jabalíes. Cuando el rey era requerido para algún asunto de estado, los cortesanos contestaban: «El rey está en Babia». Esa ausencia física pasó con los siglos a ser ausencia espiritual. Se ha apuntado también otro origen, más romántico y seguramente menos cierto, que era el de la «morriña» de los pastores trashumantes babianos en sus largos periodos invernales en Extremadura, los cuales ante el fuego quedaban ensimismados pensando en su tierra. V. *Estar en Las Batuecas*.

Estar en boga Estar de actualidad. Estar de moda. Tener aceptación. *Este cantante estuvo en boga a finales de los ochenta*. La locución está relacionada con bogar, 'remar'. Lo que está en boga sería, pues, lo que avanza, lo que marcha.

Estar en brazos de Morfeo Estar dormido. *Luis me dijo que lo avisara a las siete, pero me dio pena, porque estaba en brazos de Morfeo*. Morfeo es el dios griego y latino del Sueño, hijo de la Noche. A veces se le representa como a un anciano con dos alas en la cabeza, símbolo de la imaginación y fantasía propias de los sueños. Otras veces su imagen es la de un joven recostado sobre un lecho de amapolas, flor del sueño, emparentada con la adormidera, de la que se extrae el opio.

Estar en (el) **candelero** Estar de moda. Estar en boca de todos. Ser famoso circunstancialmente. *Ahora están en candelero unos cantantes que sólo saben dar gritos*. El *candelero* era una especie de palmatoria alta que antiguamente se empleaba para colocar en él velas y alumbrar las casas. Lo que estaba *en candelero* era lo que se podía ver, lo que tenía luz; de ahí, metafóricamente, el sentido de la expresión. Cuando se apague la vela de la fama, lo que antes estaba *en candelero*, volverá a la oscuridad del olvido.

Estar en capilla Estar en los momentos previos a un momento muy importante o trascendente. *Estoy en capilla. Mañana salen las listas de aprobados en las oposiciones*. No está muy claro cuál es el origen de la locución, que podría habernos llegado por tres caminos distintos. El primero, y posiblemente el que tiene trazas de ser más real, nos lleva a pensar en los condenados a muerte en los momentos inmediatamente anteriores a la ejecución de la sentencia. Felipe II ordenó que se habilitaran en las cárceles pequeñas capillas para que los reos pudieran confesarse, oír misa y comulgar y que, por respeto al Sacramento, la sentencia se ejecutara al día siguiente a la Comunión. Quienes aguardaban su inminente y negro destino estaban, pues, en la capilla. El segundo camino nos remite al mundo estudiantil, a los doctorandos salmantinos y, más concretamente, a cómo pasaban el día anterior a su presencia ante el tribunal. Era tradición que los aspirantes a doctores por el estudio salmanticense se encerraran el día previo a la defensa de su tesis en la capilla de Santa Bárbara de la Catedral Vieja, donde tendría lugar el examen. Allí pasaban el día y la noche, sentados en una silla situada ante la tumba del obispo Juan Lucero, con los pies apoyados en los de la estatua yacente, lo que, decían, y dicen aún hoy, les daba fuerza y suerte. La tercera vía nos lleva a pensar en los aspirantes a caballero que, antes de ser armados, debían pasar una noche entera en la capilla, vestidos de blanco y velando sus armas. V. *Pasar la noche en blanco*.

Estar/andar/estar metido/meterse **en el ajo**/en todos los ajos/en la pomada Estar involucrado en una situación complicada, desagradable o peligrosa. *Han descubierto a los que se llevaron el dinero del banco y parece ser que hay algún empleado metido en el ajo*. Para entender la expresión hay que interpretar figuradamente la palabra *ajo*, en un sentido derivado del olor y sabor del bulbo: algo desagradable o picante. La alusión a la *pomada* hay que entenderla en el sentido de 'formar parte de la composición de algo; ser un componente fundamental', en referencia a los ingredientes con los que se fabricaban antaño los ungüentos y las pomadas. Por cierto, el término *pomada* procede del latino *pomu(m)*, que significó primero 'fruto comestible de árbol' y más tarde 'manzana'. Durante el siglo XVII se extendió la costumbre de perfumar con esencia de manzana los ungüentos que se utilizaban en medicina, elaborados casi en su totalidad con malolientes grasas animales. De aquí proviene el nombre. V. *Estar en todas las salsas*.

Estar en el alero Estar algo en una situación de indecisión. *No sé si iré de vacaciones a Canarias. Está la cosa en el alero*. El *alero* es la parte del tejado que sobresale de la pared y es por la que corre el agua de la lluvia. La expresión proviene de otra, más larga: *Estar la pelota en el tejado (en el alero)*(v.), con lo que no se sabe si va a caer hacia abajo o si va a quedarse arriba.

Estar en el camino de Damasco Estar alguien cercano al arrepentimiento o a la conversión a otro credo o ideología distintos a los que profesaba. *Antes era un auténtico delincuente sin escrúpulos pero en la cárcel debe de haber sufrido alguna extraña iluminación y está en el camino de Damasco, ahora se quiere meter fraile*. La frase se refiere a la conversión de san Pablo quien, de camino a Damasco, fue derribado del caballo por un relámpago e, iluminado por la gracia divina, se convirtió en «Apóstol de los gentiles» (*Hechos de los Apóstoles*, IX, 3).

Estar en/ir por **el camino de Emaús** Estar distraído, ausente. Pensar en otra cosa. *Todo el mundo los ha visto y tú no te has enterado de que Carmen y Paco acaban de pasar por delante de nosotros. No sé cómo lo haces, pero el caso es que siempre estás en el camino de Emaús*. La frase nace de un episodio del Nuevo Testamento (*Lucas*, XXIV, 13-35). De camino a Emaús, dos discípulos se encuentran con Jesucristo, al que no reconocen y toman por un viajero. Sólo se dan cuenta de que es Él cuando, sentados a la mesa, parte el pan y desaparece.

Estar/quedarse **en el chasis** Estar una persona muy delgada. *A ver si me recupero un poco, porque la enfermedad me ha dejado hecho polvo, estoy en el chasis*. Quien se queda así es prácticamente piel y huesos y nos recuerda a un coche que fuera sólo chasis, es decir, que sólo tuviera su estructura; ni motor, ni interior, ni chapa. El chasis es algo así como el esqueleto del coche.

Estar/dejar/quedarse **en el dique seco** Estar inactivo, por lo general a causa de un problema o una avería: *Nos tienen que rehacer toda la red informática, así que, de momento, estamos en el dique seco*. Se usa mucho en el lenguaje deportivo para aludir a los deportistas que, a causa de lesiones, no pueden ejercer su actividad: *No es una fractura muy grave, pero Márquez estará en el dique seco al menos un par de meses*. El *dique seco* es el espacio que se habilita en la orilla de la dársena de un puerto para limpiar o reparar los barcos. Lógicamente, la nave que está en este lugar no está navegando, no está activa.

Estar/ir/viajar **en el furgón de cola** Ser el último de una serie, en calidad o cantidad. *Hace unas décadas nuestro país estaba en el furgón de cola de los países occidentales. Hoy puede decirse que estamos en vanguardia*. La frase alude al último vagón de los trenes, en el que viajaban los pasajeros de condición más humilde. V. *El farolillo rojo*.

Estar/vivir **en el limbo** (Quedarse algo en el limbo) Estar despistado o distraído, con la cabeza en otro lugar. *Era tu turno y no te has enterado porque, como siempre, estabas en el limbo. Ahora te toca esperar y entrar el último*. El *limbo* es el lugar al que, según la tradición católica, van a esperar el juicio final las almas de los inocentes que mueren sin ser bautizados. V. *Estar en las nubes*.

Estar en el ojo del huracán Estar en una situación muy comprometida, provocada generalmente por acusaciones o críticas. *Después del escándalo de corrupción, que destaparon algunos periódicos, el consejero general está en el ojo del huracán*. En meteorología se llama *ojo* a la zona central del huracán o del ciclón, al punto de más baja presión, un sector de calma libre de la furia de los vientos pero completamente rodeado por ellos.

Estar en el Olimpo (Llegar/subir al Olimpo||Alcanzar/ser algo el Olimpo) Estar en una posición destacada, de privilegio: *Empezaron con un pequeño negocio de comida a domicilio y hoy están en el Olimpo de la hostelería europea*. Con frecuencia quien está en tal situación se envanece en exceso, se deja vencer por el orgullo y se olvida de la realidad: *Es un buen escritor, no cabe duda, pero últimamente parece estar en el Olimpo: no acepta entrevistas, escribe tonterías en los periódicos; para mí que se le ha subido la fama a la cabeza*. El Olimpo es un monte de Grecia, entre Tesalia y Macedonia. En él, según la mitología griega, moraban los doce grandes dioses, los denominados *olímpicos*, a saber: Zeus, padre de todos los dioses; Hera, esposa de Zeus y protectora de las ciudades; Ares, dios de la guerra; Atenea, diosa de la sabiduría y del arte; Apolo, el Sol, dios de las plagas, médico y arquero divino; Afrodita, diosa de la belleza y del amor; Artemisa, diosa de la naturaleza y de la caza, protectora de los niños y de los partos, a veces identificada con la Luna; Démeter, diosa de la agricultura; Hades, dios de los infiernos; Hefesto, dios del fuego; Poseidón, dios de los mares y Hestia, diosa del hogar. En honor de todos estos dioses se celebraban los Juegos Olímpicos.

Estar/tener **en el punto de mira** Ser observado. Ser deseado. Ser objetivo de alguien. *Es un excelente jugador. Está en el punto de mira de muchos equipos de los denominados «grandes».*|*La interpretación del tenor está en el punto de mira de todas las críticas.* La imagen del cazador apuntando a su presa, teniéndola en el punto de mira de su arma explica el origen del dicho. V. *Poner la mira en algo.*

Estar en el séptimo cielo Quien está en tal lugar se encuentra fuera del mundo, envuelto por la paz y la felicidad y, por tanto, ausente y distraído. *La verdad es que oyendo esta música estoy en el séptimo cielo.* El origen de la expresión podría deberse a que el séptimo cielo es el más alto de los que existen en la religión musulmana, el paraíso, el lugar al que, a lomos de su caballo Al Borak, ascendió Mahoma. Por otra parte —lo que tampoco, considerando el origen común de las tres grandes religiones monoteístas, se contradice con la explicación anterior—, según las teorías de Tolomeo, astrónomo, matemático y geógrafo griego del siglo II, y retomadas en el Renacimiento, el universo se componía de varios cielos, uno por cada planeta: Luna, Mercurio, Venus, Sol, Marte, Júpiter y Saturno. El octavo era el de las estrellas fijas, el denominado *Primum Mobile,* donde residían los beatos y los santos. Por encima de todos, habitaba Dios. Así lo explica, por ejemplo, Dante Alighieri (1265-1321) en la *Divina Comedia.* El séptimo cielo es, por tanto, el último al que podía acceder el ser humano como tal. Quien está en él se encuentra, por tanto, muy cerca de la perfección. V. *Estar en la gloria*|*Música celestial.*

Estar en/pasar la **época de vacas flacas**/gordas (Pasar las vacas flacas/gordas) Pasar una temporada de sufrimientos y de penurias, o de beneficios y bondades, aunque se usa más la expresión en sentido negativo. *Los primeros años me fue bastante bien el negocio, pero de un tiempo a esta parte estoy pasando una época de vacas flacas.* Cuenta el *Génesis,* el primer libro de la Biblia (XLI 1-4), que el faraón de Egipto vio en sueños siete vacas gordas y después siete vacas flacas que se comieron a las gordas. José, hijo de Jacob, que estaba prisionero, interpretó el sueño y le dijo al faraón que habría siete años de riqueza y de abundantes cosechas, a los que seguirían otros siete de desgracias y escasez, que harían olvidar la bondad de los anteriores.

Estar en estado de gracia Estar inspirado. Tener mucha suerte. Se dice de la persona a la que le sale bien todo lo que hace, como si estuviera tocado por el sobrenatural don de la gracia, otorgado por Dios al hombre para conseguir el permanente estado de bienaventuranza. *En las veinte últimas corridas ha cortado orejas. Se ve que está en estado de gracia.*

Estar/sentirse **en forma** Estar en buenas condiciones físicas. Tener buena salud. *Forma* puede interpretarse aquí como 'corrección; perfección'. *Después de estas estupendas vacaciones estoy en forma otra vez. Realmente las necesitaba.*

Estar/ponerse **en guardia** Estar alerta, precavido, en actitud defensiva. *De momento parece que ha pasado la epidemia de gripe, pero hay que estar en guardia y tomar una serie de medidas para que no nos vuelva a atacar.* La frase procede de la lucha con espadas, donde los contendientes se protegen, se *guardan,* con el arma esperando el movimiento de su rival. De aquí se traslada a otros deportes, como la esgrima o el boxeo. V. *Bajar la guardia.*

Estar en horas bajas Estar una persona en una situación de decaimiento o el estado de una cosa en un momento de poca importancia o de escasa fuerza, como, por ejemplo, haber perdido la fama que se tuvo en otro tiempo. *Nadie duda de que es un gran cantante, aunque ahora esté en horas bajas.*|*La pintura abstracta tuvo su época pero ahora está en horas bajas.* El uso del sustantivo *hora* nos transmite la idea de que, igual que se ha producido la caída, puede llegar nuevamente el ascenso.

Estar/seguir/continuar/permanecer **en la brecha** Cumplir alguien con su obligación, aunque se encuentre en una posición comprometida, difícil o peligrosa. *A pesar de la lluvia y del frío que hacía, el cantante estuvo en la brecha y el concierto se celebró como estaba previsto.* La acepción de *brecha,* que se adivina en la expresión, es la que se refiere a la abertura que se hacía en las murallas o en las torres de los castillos para disparar flechas o artillería en caso de ataque o también se denomina así al hueco abierto en ellas por la artillería enemiga. Era una posición defensiva peligrosa pues quien estaba en la brecha carecía de protección. V. *Abrir brecha*|*Estar al pie del cañón.*

Estar en la cresta de la ola Estar de moda o en una situación de evidencia. *Ahora vuelven a estar en la cresta de la ola los novelistas de los años treinta.* Seguramente la frase no tiene connotaciones positivas en sus orígenes, pues se refiere a la situación de peligro inminente en que estaba una embarcación cuando, en medio del temporal, era arrastrada hacia la parte más alta de la ola. Como tantas otras veces, por un común proceso de ennoblecimiento semántico, la expresión se cargó de connotaciones positivas.

Estar/andar/bailar/caminar/trabajar **en la cuerda floja**/en el alambre Estar algo o alguien en una situación comprometida y de riesgo, de peligroso equilibrio, de forma que en cualquier momento puede caer o terminar. *A causa de los últimos resultados negativos, el entrenador está en la cuerda floja.*/*Los negocios de muchos pequeños ganaderos están en el alambre, pues dependen casi exclusivamente de las ayudas de la Unión Europea.* La cuerda floja o el alambre son esas atracciones circenses en las que un funambulista pasa andando de un extremo a otro, con evidente riesgo de caer. V. *En el filo de la navaja.*

Estar en la fosa de los leones (Ser una fosa de leones) Estar en una situación muy complicada, peligrosa o de gran riesgo. *No sé qué hacer. Por un lado el director general me pide una cosa; por el otro, mi jefe me pide la* *contraria. Estoy en la fosa de los leones y me temo que al final el que saldrá perdiendo seré yo.* La frase nos remite al episodio bíblico (*Daniel,* IV) que nos cuenta cómo el profeta Daniel fue arrojado por el rey persa Darío a una fosa llena de leones. Contrariamente a lo que sucedía con todos los condenados a muerte, los animales no le hicieron ningún daño y se dejaron incluso acariciar por él.

Estar en la gloria Estar en un lugar o en una situación de gran comodidad, de tranquilidad, de placidez. Estar muy a gusto. *Yo en agosto prefiero quedarme en la ciudad. No hay nadie, se puede pasear, hacer la compra sin agobios, ir al cine... Está uno en la gloria.* Aunque pudiera parecer que la expresión hace referencia a la gloria «divina», al cielo, no tiene con esta acepción más que una relación indirecta. En algunas antiguas viviendas de Castilla y León se denominaba *gloria,* sin duda con reminiscencias celestiales, a una habitación bajo cuyo suelo circulaba un ingenioso sistema de calefacción, ideado por los romanos, el *hypocaustum.* Este sistema estaba basado en la combustión lenta de paja o leña en una chimenea cuyo tiro se hallaba en el extremo opuesto de la habitación. Esto obligaba al humo a circular, para buscar la salida, por una cámara situada bajo los suelos, que se calentaban lo suficiente como para actuar de superficie radiante, con la grata sensación añadida de ayudar a mantener siempre calientes los pies. Por eso era el lugar más confortable y acogedor de la casa. V. *Estar en el séptimo cielo||Ser gloria bendita||Saber a gloria||Tocar el cielo con las manos.*

Estar en la higuera Estar despistado. No estar atento. *Claro que te dije que ayer era el cumpleaños de Paula, lo que pasa es que, como siempre, estabas en la higuera y no te enteraste.* Seguramente tenga que ver esta expresión con los muchos cuentos en los que sus protagonistas, generalmente chicos, son sorprendidos mientras, sin darse cuenta del riesgo —y de aquí la expresión— roban higos subidos a las higueras, preferiblemente a la del cura...

Estar/quedarse **en la inopia** Estar con la mente en otro lugar. No enterarse de lo que sucede alrededor. *Inopia* es una palabra en desuso que significa 'pobreza'; procede del latín *in* ('no') *opiam* ('riqueza'). Quien está en la inopia es el *inope,* el pobre, el que vive al margen de la sociedad o apartado del mundo, de aquí proviene la desviación semántica de *pobre* a *despistado* o *ignorante. Juan Carlos vive en la inopia, no se entera de los líos que se arma su jefe en el trabajo.*

Estar/meter/poner/tener **en la lista negra** (Hacer una lista negra) Estar en una situación complicada o peligrosa. Estar señalado como enemigo por alguien de quien se espera represalias. *Sé que el profesor me va a suspender, porque estoy en la lista negra desde el día en que le discutí aquello en clase.* Es sabido que en el lenguaje popular existen muchas expresiones que identifican a lo blanco con lo bueno (v. *Dar o tener carta blanca*) y a lo negro con lo malo (v. *El garbanzo negro||Estar negro||La oveja* *negra*||*Mano negra*||*Tener la negra*||*Verlo negro*||*Verse negro*). La expresión que nos ocupa es una de estas últimas. Desde tiempos remotísimos, los mandatarios o personas con poder hacían circular listas de personas que estaban condenadas, que no eran gratas o cuya amistad debía evitarse. Baste citar aquí las de la inquisición o las que existieron tras la guerra civil. De todas formas, algunos piensan que la expresión nace en la época de la Revolución Francesa, cuando se apuntaban en un libro, al parecer de tapas negras, los nombres de los supuestos enemigos del movimiento revolucionario, futura carne de guillotina.

Estar en la órbita de algo o de alguien Estar bajo el control o la influencia de una persona o de una cosa. Estar vigilado. *Es un gran abogado. A pesar de su juventud está ya en la órbita de varios bufetes y empresas muy importantes*. La frase encierra un símil astronómico: quien controla es el planeta o el denominado «centro de atracción», el que atrae hacia sí al satélite, al controlado, que gira alrededor del primero.

Estar/poner a alguien **en la picota** Se dice de quien se encuentra en una situación de vergüenza, de compromiso o de dificultad conocida por todos. *Los últimos resultados negativos han puesto en la picota al entrenador del equipo*. La *picota* o *rollo* era una especie de cilindro de piedra terminado en una afilada punta de hierro. Solía estar situada en lugares transitados de las ciudades, cerca de los puentes o a la entrada y salida de los centros urbanos. En ella se colocaban las cabezas de los ejecutados y a ella se ataba a los reos para público escarnio.

Estar en las/los **antípodas de algo** Ser una persona o cosa lo contrario de otra. *No entiendo cómo puede salir Lucía con ese chico. Está en las antípodas de su ideal de hombre: ella siempre ha dicho que le gustan morenos y altos y éste es rubísimo y más bien bajito*. A pesar de que en la lengua hablada la palabra *antípoda* suele ser considerada femenina, es masculina, y así debería usarse. *Antípodas*, del latín *antipodes*, literalmente 'pies en oposición', son quienes viven en el lado diametralmente opuesto de la Tierra, en nuestro caso los habitantes de Nueva Zelanda, aunque también se llame así a los australianos.

Estar en Las Batuecas Esta locución significa 'estar despistado o con la mente puesta en otro sitio', al igual que la expresión *Estar en Babia* (v.). *Te he dicho mil veces que no me apetece ver esa película, pero como tú siempre estás en Las Batuecas y nunca me escuchas*... Las Batuecas es un valle que se abre entre dos estribaciones de la Sierra de Francia, al sur de la provincia de Salamanca, limítrofe con Las Hurdes cacereñas. Desde siempre ha sido considerado este lugar como mágico y misterioso, dada su inaccesibilidad y su belleza. Las creencias populares afirmaban que los habitantes de este valle andaban desnudos y adoraban al diablo. A sustentar el mito contribuyó la literatura popular. El propio Lope de Vega (1562-1635) se basó en estas historias para escribir una comedia: *Las Batuecas del Duque de Alba*. Hasta el escritor francés Montesquieu (1689-1755) dedicó varias páginas al valle, en las que llegó a asegurar que sólo se había podido llegar a aquel lugar en tiempos de Felipe II. Muchas de estas supersticiones fueron duramente criticadas por Fray Benito Jerónimo Feijoo (1676-1764) en su *Fábula de las Batuecas y países imaginarios,* incluida en el *Teatro crítico universal*. Años más tarde, Mariano José de Larra (1809-1837) identificaría a toda España con el ignorado e ignorante país de Las Batuecas en varios de sus artículos periodísticos, lo que sigue haciendo hoy el escritor y periodista Jaime Campmany.

Estar/vivir **en las nubes**/en la luna (Tener la cabeza en las nubes) Estar con la mente en otro lugar. Pensar en cosas inalcanzables o irreales. De aquí la aparición de las nubes y de la luna. *Desde que conoció a esa chica está en las nubes: no se entera de nada*. Como curiosidad, viene al caso citar que Sócrates (470-399 a. C.), prototipo del despiste, tanto o más que de la sabiduría, aparece en la comedia de Aristófanes (450-385 a. C.), *Las nubes,* meditando en una cesta suspendida entre las nubes. V. *Estar en el limbo*||*Estar en una nube*||*Poner por las nubes*.

Estar en las últimas (Dar las últimas) Dar las últimas muestras de vida. Estar a punto de morir o, figuradamente, estar en una situación irresoluble. *Por más que se empeñe en mantener a flote el negocio, está en las últimas y se va a ver obligado a cerrar dentro de nada*. No sería muy extraño pensar, partiendo de la expresión *Dar las últimas* —y más considerando el sentido tan «irreverentemente respetuoso» que la lengua coloquial suele dar a la muerte— que ambas frases estuvieran relacionadas con «la última partida», con las últimas manos o cartas que se juegan.

Estar/entrar/poner **en** (la) **liza** Estar en disputa, por lo general dialéctica, dos o más personas. Estar en un proceso de debate o decisión importante: *Hay tres candidatos que están en liza por un puesto en el Senado*. Estar debatiéndose un asunto trascendente: *En esa reunión está en liza el futuro de más de mil trabajadores*. La *liza* era el lugar cerrado con una empalizada en el que, durante la Edad Media, se celebraban justas, torneos, combates, carreras... Por una común metonimia se llamaba, y se llama aún hoy, *liza* a la propia disputa, a la pelea. V. *Poner en tela de juicio*.

Estar/quedarse **en los huesos** Estar extremadamente delgado, como si no se tuviera piel ni carne. *Después de la enfermedad, tu hermano se ha quedado en los huesos*. V. *Ser un esqueleto*.

Estar en mantillas/en pañales Ser algo muy nuevo, poco maduro. Tener poca experiencia. *Este chico llegará a ser torero, pero ahora está en mantillas, le falta mucho por aprender.* El término *mantillas* designaba a los pañales y a otras prendas de los recién nacidos. Quien estaba *en mantillas,* por tanto, acababa de nacer. He aquí el porqué del dicho.

Estar en (el) **medio, como el jueves** (Ser como el jueves) Se aplica esta expresión a quien está siempre estorbando o en el lugar más inoportuno. *Parece mentira, siempre que necesito estar tranquilo tienes que estar tú en el medio, como el jueves*. De los siete días de la semana, el jueves es el del medio. Están tres por delante: lunes, martes y miércoles; y tres por detrás: viernes, sábado y domingo. Antiguamente se decía *En medio, como el miércoles;* y es que depende de por qué día empecemos la semana. Si comenzamos con el lunes, en el medio está el jueves. Si la empezamos por el domingo, como la liturgia católica, como en el mundo anglosajón o como los judíos, en el medio está el miércoles. V. *No ser nada del otro jueves*.

Estar en (la) **onda** Estar enterado. Estar actualizado. Ser moderno. Ir a la moda. *¿Que quién es este grupo? Es que no estás en onda, tío: Los Hipnóticos, la mejor banda pop de los últimos diez años*. La expresión nació en el lenguaje juvenil, aunque hoy está muy extendida en la lengua coloquial. *Onda* es aquí la onda hertziana, la de la radio, la que llega por el aire para permitirnos estar al día, para estar actualizados, para conocer todas las noticias. Quien *está en onda* capta todo lo que se cuece en el mundo. V. *Perder la onda*.

Estar/quedarse **en puertas**/a las puertas (Llamar algo a la puerta/las puertas) Estar muy próximo a conseguir un logro o a suceder algo, de la misma forma que está a la puerta de la casa quien va a entrar en ella. *Este año estamos en puertas de conseguir los mejores resultados económicos de la historia de esta empresa.|El próximo fin de semana subirán considerablemente las temperaturas. Una gran ola de calor está llamando a la puerta*.

Estar en tanganinas/tanganillas Estar algo muy inestable, prácticamente a punto de caer. *Vas a tener que hacer un agujero en la pared y meter un taco, porque ese cuadro con esos clavos tan pequeños está en tanganinas*. Parece ser que la forma original era *tanganillas*, derivada de *tanganillo*, el palo o piedra en los que se apoya o con el que se sujeta provisionalmente algo, por lo general apoyado en el suelo.

Estar/meterse **en todas las salsas** (como el perejil) Estar en todas partes. Participar en todo tipo de actos. Verse involucrado en cualquier situación, como ciertos ingredientes que forman parte de todo tipo de salsas o aderezan una gran variedad de comidas: el perejil, por ejemplo. *Hace unos días me lo encontré en Madrid. Ayer lo vi en el cine. Esta mañana estaba con el alcalde y esta tarde abro el periódico y aparece una foto suya. Este tío está en todas las salsas*. V. *Estar alguien en su salsa||Estar en el ajo||Ser el perejil de todas las salsas*.

Estar en un ay Mostrar dolor muy intenso. *Al niño le están saliendo los dientes y el pobre lleva unos días que está en un ay*. La persona a la que aplicamos el dicho no deja de quejarse. La única palabra que sale de su boca parece ser «¡ay!». Es como si hubiera empezado a emitir un gemido que nunca acaba.

Estar en un callejón sin salida (Ser algo un callejón sin salida) Estar en una situación que parece no tener remedio, a la que no se adivina solución. *La verdad es que no sé qué hacer: sin ella no puedo vivir, pero cada vez que la veo me dan ganas de romper todo para siempre. Estoy en un callejón sin salida.* Es lo mismo que quien, acosado, se mete en un callejón cerrado: no puede seguir y, si vuelve atrás, se encuentra el mismo peligro o los mismos problemas de los que venía huyendo.

Estar en un compás de espera Suspensión de un asunto por un tiempo determinado: *Las dos partes parece que han aceptado una solución intermedia. La huelga, de momento, está en un compás de espera.* Tiempo que transcurre hasta que sucede algo que se da por seguro: *Pues la niña tendría que nacer ya. Estamos en un compás de espera, con más nervios que nunca.* En música se denomina *compás de espera* al silencio que se mantiene mientras transcurre el tiempo de un compás, en espera del siguiente. V. *Perder el compás.*

Estar/andar/meterse **en un fregado**/todos los fregados (Ser algo un fregado) Implicarse, por lo general de forma innecesaria, en una situación conflictiva o de riesgo. *Yo no sé por qué quieres comprar un piso. Luego tienes que pedir préstamos, pagar letras, estar empeñado. Eso es meterse en un fregado, hombre.* El término *fregado,* aparte de la acción de lavar el suelo o la vajilla con agua, es también un lío, un enredo, acepción que no queda muy lejos de *refriega* ('contienda', 'pelea'). *Yo no quiero saber nada de esos rollos que te traes con Carlos: eso es un fregado del que preferiría mantenerme al margen.* Debemos rastrear aquí la huella del verbo latino *fricare,* 'rozar', 'frotar', lo que al fin y al cabo hacemos con la fregona y también 'golpear', 'pegar'. No se olvide que dos verbos muy cercanos en su significado a *fregar,* como *limpiar* y *barrer,* desde muy antiguo, en lengua coloquial, pasan a significar 'robar, desvalijar'. Tal vez haya que buscar en ello este especial significado de *fregado.*

Estar/tener/vivir/meter **en**/bajo **una campana de cristal** Estar protegido en exceso. Vivir aislado de la realidad. *Yo no sé qué va a ser de ese niño cuando vaya al colegio, cuando se relacione con otros niños. Lo va a pasar mal, porque sus padres lo han tenido prácticamente aislado del mundo. Siempre ha estado en una campana de cristal.* Antiguamente los enfermos que padecían enfermedades infecto-contagiosas eran aislados del resto con una especie de campana de cristal o de otro material. Lo mismo se hace hoy en los laboratorios con algunas sustancias y lo que hacemos con algunos alimentos, con el queso sin ir más lejos.

Estar/vivir **en una nube** Estar abrumado por el éxito, por la excesiva adulación o a causa de algún impacto emocional: *Desde que le dijeron que había aprobado la oposición está en una nube, parece que vive en otro mundo.*|*No ha podido aceptar la muerte de su padre, está en una nube, apenas te escu-*

cha cuando le hablas y es incapaz de decir un par de frases coherentes. Quien se siente así parece estar flotando en el aire, en una situación irreal, casi onírica. V. *Bajar de la nube*||*Estar en las nubes*||*Poner por las nubes*.

Estar en vena (de aciertos) (Dar en la vena) Estar inspirado: *Me encanta escribir poesía, pero me cuesta mucho. Son raros los casos en los que me pongo y me salen tres o cuatro poemas, tengo que estar en vena.* Tener una racha de suerte, de aciertos o de éxitos. *Juega al cupón y le toca; compra lotería y gana un par de millones; hace la primitiva y también gana: eso se llama estar en vena.* Dar en la vena es, por tanto, acertar con la clave del éxito o con el punto más importante: *Yo creo que con este regalo vamos a dar en la vena, ya lo veréis.* La vena que nos ocupa bien podría ser la veta del metal precioso, o incluso la corriente de agua subterránea, tan arduamente buscadas ambas y, por lo general, halladas con un golpe de suerte. También podría ser la *vena* en su acepción más común, la de 'vaso sanguíneo', en referencia a la habilidad de los antiguos barberos o sangradores a la hora de encontrar la vena para hacer la incisión y efectuar la sangría. También, y siempre en estos menesteres terapéuticos, se decía antiguamente *tener buena o mala vena* o *estar en buena o mala vena*, en relación con el pulso de los enfermos: quien tenía *buena vena* lo tenía fuerte, estaba sano; no así quien la tenía mala. Es posible que estas frases también estén relacionadas con las expresiones que nos ocupan.

Estar/entrar **en vía muerta** Estar parada una actividad. Estar en situación de espera, como la locomotora o los vagones que, en espera de ser utilizados, se sitúan en una vía muerta, es decir, en una vía cerrada a la circulación, sin salida. *Las conversaciones de paz están en vía muerta a la espera de que se forme un comité mediador internacional.* V. *De vía estrecha*||*Vía libre*.

Estar entrado/metido **en carnes** Estar gordo. *Yo creo que debería plantearse la posibilidad de empezar algún régimen de adelgazamiento, porque está entrado en carnes, ¿no crees?* Nos da la impresión de que la persona hubiera «entrado» en las carnes, en la «gordura», y fuera ya incapaz de salir. Algo parecido sucede con *entrado en años*.

Estar/meter/poner/tener **entre algodones** (Criar entre algodones) Ser protegido o mimado en exceso. *El delantero está entre algodones, con vigilancia médica permanente y sin hacer ningún tipo de esfuerzo, a la espera del partido del próximo sábado.*|*Esa niña cuando sea un poco mayor no sé cómo va a reaccionar. Sus padres la han criado entre algodones, y eso a la larga suele resultar bastante negativo.* El algodón simboliza la salud, la protección, el aislamiento, el calor, la delicadeza, la suavidad...

Estar/moverse/nadar **entre dos aguas** Tiene esta expresión dos significados. A veces se da a entender indecisión o duda: *Estoy entre dos aguas. No sé si estudiar medicina o biología.* Otras veces, parece indicar la habilidad de una persona para sortear complicaciones sin entrar en ellas o para no expresar una opinión clara: *Bueno, estás de nuestra parte o de la de ellos. Decídete, porque es muy cómodo nadar entre dos aguas*. En el primer caso *dos aguas* puede interpretarse como la desembocadura de un río en el mar, es decir, un lugar peligroso para el tránsito de las embarcaciones. En el segundo, tal vez habría que pensar en quien nada entre el fondo y la superficie del agua, o sea, a salvo de una situación problemática, sin arriesgarse al éxito —salir a la superficie—, o al fracaso —hundirse.

Estar entre dos fuegos Estar entre dos peligros o entre dos situaciones comprometidas sin saber cómo salir de ellas. Verse en un dilema. Estar en la situación de quien se ve atrapado entre dos líneas de fuego, entre quienes disparan de un lado y quienes lo hacen del otro. *Si voy con vosotros, Clara y Mario se enfadan. Si estoy con ellos, os enfadáis vosotros. Siempre estoy entre dos fuegos*. Joaquín Bastús sostiene en *La sabiduría de las naciones* que el dicho procede de los sacrificios humanos que los druidas, los sacerdotes de los antiguos celtas, ofrecían a su dios Beleno. El desdichado que se dirigía al altar marchaba entre dos grandes antorchas u hogueras, entre dos fuegos. La explicación parece un tanto rebuscada.

Estar entre el martillo y el yunque/entre el yunque y el martillo Estar en una posición muy comprometida. Verse involucrado en una situación que parece no tiene salida. Tener que elegir entre dos opciones igualmente negativas o peligrosas. *Si acepto el empleo se van a aprovechar de mí todo lo que puedan y si no lo acepto voy a tener muy pocas posibilidades de encontrar otro trabajo. Estoy entre el martillo y el yunque*. En tal posición no cabe más salida que recibir un martillazo, claro está. V. *Estar entre la espada y la pared*||*Estar entre Escila y Caribdis*.

Estar entre la espada y la pared Estar acorralado. Verse en una situación complicada o peligrosa, de la que es difícil salir, pues sólo hay una opción posible y siempre peligrosa: la parte de la espada. *Estoy entre la espada y la pared: si vendo la casa ahora, pierdo dinero; si no la vendo en este momento, es posible que ya no encuentre comprador*. V. *Estar entre el martillo y el yunque*||*Estar entre Escila y Caribdis*.

Estar/quedarse/dejar **entre**/ante **los cuernos**/las astas **del toro** Estar en una situación peligrosa, comprometida o de difícil solución, como el torero que se sitúa entre ambas astas y se arriesga a recibir una cornada al menor despiste o al más mínimo movimiento del animal. *No sé si aceptar ese trabajo y dejar el que tengo. Puedo ganar mucho o perderlo todo. La verdad es que estoy entre los cuernos del toro*.

Estar entre Pinto y Valdemoro Se emplea para indicar indecisión a la hora de optar por dos o más cosas. *No sé si voy a aprobar. Me ha dicho el profesor que estoy entre Pinto y Valdemoro*. Pinto y Valdemoro son dos pueblos de la provincia de Madrid que antaño estaban separados únicamente por un arroyo. Si se saltaba el riachuelo se estaba en Pinto. Si se volvía a saltar, en Valdemoro. Si se ponía un pie en cada orilla, tan estrecho era el arroyuelo, se estaba entre Pinto y Valdemoro, o sea, ni en un sitio ni en otro. Se suele decir que el dicho nació cuando a un borrachín le dio por dar saltos de un lado a otro del regato diciendo: «Ahora estoy en Pinto. Ahora en Valdemoro. Ahora en Pinto...». Por otra parte, Valdemoro, como se deduce del topónimo (Val>Valle del Moro) fue una villa de fundación árabe, conquistada en 1083 por el rey Alfonso VI. Pinto, aunque también de origen árabe, fue colonizada por cristianos. De la convivencia o enfrentamientos entre los habitantes de ambos lugares, separados sólo por un riachuelo, pudo haber nacido el dicho. Hay una tercera interpretación, bastante más peregrina, que sugiere que el dicho pudo deberse a que hace años en Madrid se consumía vino elaborado en ambas villas. El comprador o el consumidor, dado que los dos vinos eran de buena calidad, se mostraba indeciso a la hora de comprarlos o de beberlos.

Estar entre Escila/Scilla **y Caribdis** Estar entre dos problemas igual de complicados o en medio de dos situaciones igual de peligrosas o de graves. Verse obligado a decidir entre dos opciones igualmente negativas. *No sé qué hacer: si voy a la fiesta seguro que acabamos discutiendo y tirándonos los trastos a la cabeza; si no voy me van a poner verde y, antes o después, vamos a tener una bronca. Estoy entre Escila y Caribdis*. Escila y Caribdis eran, según la mitología griega, dos terribles monstruos que habitaban en el estrecho de Mesina, entre la Península Itálica y Sicilia y que infundían un gran terror a los navegantes. Escila, que había sido una hermosísima ninfa, tenía un cuerpo mezcla de perra y de mujer; de sus ingles nacían seis cabezas de perro. Había sido transformada en tan horrendo ser por Anfítrites, diosa del mar, celosa de su gran belleza. Según otras versiones el hechizo se debía a la también celosa maga Circe. Caribdis era hija de Gea, la Tierra, y Poseidón, dios de los mares, y había sido transformada en roca por Zeus. Cada día tragaba grandes cantidades de agua, con peces, barcos y navegantes, que posteriormente vomitaba —es la interpretación mitológica de las tradicionales tormentas y remolinos de la zona—. La frase nos ha llegado a través de la *Odisea*, de Homero (s. IX? a. C.). Ulises, que en su viaje de vuelta a Ítaca tiene que atravesar dos veces el estrecho de Mesina, se ve en ambas ocasiones entre Escila y Caribdis y consigue salvarse. V. *Estar entre el martillo y el yunque*||*Estar entre la espada y la pared*.

Estar forrado Tener muchísimo dinero. Ser muy rico. ¿Has visto la pinta que lleva, que te dan ganas de darle una limosna? Pues está forrado. Tiene dinero en todos los bancos de la ciudad y un montón de pisos y de tierras. Podemos apuntar dos posibles interpretaciones sobre el origen del dicho. Si tomamos *forrado* en sentido literal podemos entender que la persona tiene tanto dinero como para poder hacerse un forro, una funda de billetes. Por otra parte, lo que parece más lógico, podemos entender *forrado* como sinónimo de 'protegido', de 'abrigado', en referencia a la «tranquilidad» que supone el dinero.V. *Tener bien forrado el riñón*||*Estar montado*.

Estar/quedarse **frito**/roque/sopa Estar dormido. *Estaba tan cansado que me quedé frito en el cine*. Los verbos *freír* y *asar* tienen mucho rendimiento en la lengua coloquial. Tratan de transmitir enfado, hastío, agobio, aburrimiento y, por extensión, cansancio y sueño (v. *Tener a alguien frito*). El término *roque*, usado aquí como adjetivo, puede tener que ver con *roca* o bien puede haberse originado a partir de la onomatopeya del ronquido. Por otra parte quien se queda sopa se diluye, se convierte en líquido, pierde el entendimiento...; se duerme.

Estar/dejar/pillar/quedarse (en) **fuera de juego** (Dejar a alguien fuera de juego) Estar despistado. No enterarse de lo que sucede. Sentirse ajeno a una situación. *A ver, explicadme otra vez lo de Julia y Carlos, que acabo de llegar de vacaciones y estoy fuera de juego*. La frase procede del fútbol. El *fuera de juego* es la falta que comete un jugador cuando, en el momento en que le pasa el balón un compañero, se encuentra detrás del último defensor del equipo contrario. Se sanciona con lanzamiento libre indirecto. Así dejar a alguien *fuera de juego* es dejar a una persona en una situación desairada o comprometida.

Estar fundido Estar muy cansado, agotado, sin fuerzas, como el aparato eléctrico que se ha fundido, que se ha quemado. *Me voy a la cama, que llevo catorce horas trabajando sin parar y estoy fundido*. V. *Fundírsele a alguien los plomos*.

Estar grilla(d)o Estar mal de la cabeza. Estar loco. *¿Recorrer media Europa con ese cacharro? ¡Tú estás grillao, chaval!* El término *grillado* seguramente tiene que ver con el *grillo* 'insecto', con su permanente canto que acaba por resultar obsesivo, por hacer perder la paciencia a quien lo escucha. Otras expresiones de la lengua van también por este camino: *Jaula de grillos* (v.). Tampoco parece fuera de lugar relacionar la expresión con el *grillo* 'grillete', refiriéndola al trastorno mental de quien se encontraba preso, con grilletes en brazos y piernas.

Estar hasta las narices/la coronilla/el cogote/el gorro/los pelos/el moño/el culo/los huevos/los cojones/las pelotas/el nabo/la polla (Estar hasta arriba) Estar muy cansado física o moralmente. Estar muy enfadado. Estar harto. Es muy posible que la expresión hasta las narices esté emparentada con *Hinchársele a alguien las narices* (v.), es decir, dilatar las aletas de la nariz, lo que es un claro síntoma de enfado. *Isabel está hasta las narices de trabajar tantas horas los fines de semana*. Las otras expresiones se refieren todas al último lugar del cuerpo, la parte superior de la cabeza, para dar a entender que no cabe más enfado o malestar en una persona. Lo mismo sucede con el *culo* que, aparte de las connotaciones de desprecio y de hastío que sugiere, es también el último lugar, aunque empezando por arriba. La aparición de *huevos, cojones* y *pelotas* constituye una clara referencia —de tono machista, como suele suceder en la lengua coloquial— a los órganos con los que se tiene más cuidado y a los que se presta más atención y que, en este caso, son «molestados», con lo que el grado de indignación sube de tono. V. *De narices||Por narices||Ponérsele a alguien una cosa en las narices||Tener agallas||Tocarle a alguien las narices*.

Estar hecho con los pies Estar algo muy mal hecho. *Esta casa es feísima y está muy mal distribuida. La verdad es que está hecha con los pies*. Sobran las explicaciones ya que los pies, frente a las manos, son la antítesis de la habilidad. V. *Ser un piernas*.

Estar hecho polvo/añicos/pedazos/migas/fosfatina/puré/papilla (Estar molido||Estar roto) Estar muy cansado o muy abatido. *Desde que se murió su padre está hecho polvo. Es imposible consolarlo*. Literalmente, sería como estar deshecho o *roto* en pequeñas porciones, que es lo que significa *añicos* (v. *Hacer añicos*), *pedazos* y *migas*. Si las partículas son más pequeñas, son polvo. ¿Se imaginan cómo quedaríamos después de pasar por la piedra de un molino? La *fosfatina* era un reconstituyente de origen francés que tomó el nombre de la marca comercial, «Phosphatine», algunos de cuyos componentes eran fosfatos y otras sustancias minerales. Se vendía en botes, y era un polvo finísimo, de aquí el significado de la expresión. Sobre *puré* y *papilla* poco hay que decir; basta imaginarnos a nosotros mismos pasados por la *turmix*. V. *Hacer cisco*.

Estar hecho un abril (Estar como un abril||Parecer un abril) Ser o conservarse joven; estar lozano. *Hay que ver qué buen aspecto tiene el abuelo; con ochenta y ocho años y está hecho un abril el tío*. El término *abril* significa en este contexto *primavera* y, por tanto, *alegría, juventud, vida*.

Estar/quedarse **hecho un asco**/un asquito/una lástima Estar en muy malas condiciones físicas o anímicas. *Pues imagínate cómo estoy después de quince días con treinta y nueve de fiebre; hecho un asco*. Con la crueldad propia de la lengua coloquial, se nos transmite la idea de que quien se encuentra en tan lamentables condiciones no es que produzca asco, es que es el propio asco.

Estar/poner(se) **hecho un Cristo**/un eccehomo/un nazareno (Estar como/parecer un Cristo/un eccehomo/un nazareno) Estar magullado, lleno de heridas. *Ayer Antonio se cayó de la moto. No tiene nada grave, pero está hecho un Cristo*. Todas estas expresiones aluden a los sufrimientos de Cristo, sometido a todo tipo de torturas, durante la Pasión. *Eccehomo*, 'he aquí el hombre' son las palabras con las que, según el Evangelio, Poncio Pilatos, después de haberlo azotado, lo presentó al pueblo cubierto con un manto púrpura, coronado de espinas y con una caña a modo de cetro, con la intención de evitar la condena a muerte (*Juan*, XIX, 5). *Nazareno* es el gentilicio del lugar de procedencia de Jesucristo, Nazareth. V. *Dejarle a alguien la cara como un mapa||Estar hecho un cromo||Ser un poema.*

Estar hecho un cromo/cuadro (Poner/ser/estar como un cromo||Parecer un cromo) Estar herido, magullado o lesionado. *No te asustes cuando lo veas, porque está hecho un cromo: la cara hinchada, medio cuerpo amoratado, el otro medio vendado.* A veces se usa para hablar de un daño psicológico. *Desde que la novia lo dejó está hecho un cromo. Sólo piensa en eso.* El término *cromo* aparece referido a los colores y «dibujos» de la tumefacción, de los llamados «cardenales», que varían en tamaño y en tonalidades: del púrpura al negro, pasando por el azul y el amarillo. V. *Dejarle a alguien la cara como un mapa||Estar hecho un Cristo||Ser un poema.*

Estar/ponerse **hecho un toro** (Estar/ponerse/ser como una vaca) Tener mucha presencia y resistencia físicas. *Mariano era como un fideo, pero ha ido al gimnasio y ahora está hecho un toro.* El toro es, en nuestra cultura, el paradigma de la virilidad y de la fuerza bruta. El femenino, en cambio, vuelve a estar teñido de connotaciones negativas: 'gorda'.

Estar hecho una(s) **braga**(s) (Estar como una(s) braga(s)||Ser una braga) Estar en un lamentable estado físico. *Tengo que dejar de fumar. He corrido cien metros y mira cómo estoy, hecho una braga.* La expresión *ser una braga* se usa para calificar a algo de ínfima calidad o de muy poca categoría. *Esa tele que te has comprado será muy barata, pero es una braga, te lo digo yo.* El término *braga* no tiene que ver aquí con la prenda femenina, sino con sus directos antepasados, los calzones o pantalones cortos, por encima de la rodilla, que usaban en tiempos los campesinos y la gente de extracción humilde. De consideración de tal prenda como poco elegante y de baja calidad nació la frase que nos ocupa. Por cierto, la palabra *braga* seguramente procede de una tribu celta, los *braqui* o *bráccari,* que usaban una especie de calzón corto de cuero que los distinguía de otras tribus y a los que seguramente debemos el nombre de dos importantes ciudades portuguesas: Braga y Braganza y quizás también el topónimo Bracamonte. V. *Pillar/coger en bragas.*

Estar/ir **hecho una facha** Tener un aspecto físico poco favorecedor. Ir muy poco elegante o desarreglado. Vestir de forma estrafalaria. *Hay que ver. Tanto que cacarea que el vestido le ha costado una fortuna y resulta que está hecha una facha, ¿no te parece?* El término *facha* es aquí un italianismo, de *faccia,* 'cara, rostro', tomado en el sentido de 'mala cara; feo aspecto'. V. *Tener buena o mala pinta/buena o mala facha.*

Estar/quedarse **hecho una pasa**/un higo Tener la piel muy arrugada. Ser muy viejo. Al llegar a una cierta edad, la piel humana se seca, pierde elasticidad, se arruga y se pliega. Es lo mismo que le sucede a la de la uva, que acaba transformándose en pasa, y a la de los higos secos. *Esa señora está hecha una pasa pero sigue conservando la elegancia que siempre tuvo.*

Estar/dejar/quedarse **hecho unos zorros**/un guiñapo Estar muy cansado o muy deteriorado físicamente. *No tienes ya edad para jugar al fútbol... Mira cómo has acabado el partido, hecho unos zorros* Los *zorros* son un instrumento que sirve para limpiar el polvo, una especie de plumero que consiste en un palo al que están unidas unas tiras de piel o de tela. Estos trozos de tela son los que, metafóricamente, se identifican con el lamentable estado físico de la persona. Es más que posible que antaño esas tiras fueran de piel de zorro, una alimaña contra la que se hacían frecuentes batidas. Llamar *zorros* al utensilio sería en este caso una común metonimia: designar al objeto con la palabra correspondiente al material con el que está fabricado, como en *Hacía frío y me puse el visón* (en vez del *abrigo de visón*) o *En el partido hubo dos disparos a la madera* (en vez de *al poste*). Un *guiñapo*, variante de *harapo*, es algo parecido, una prenda o un trapo muy deteriorado, andrajoso. V. *Poner como un trapo/un guiñapo...*

Estar la pelota en el tejado/alero (Tener alguien la pelota en su tejado) Estar una decisión por tomar. No saber cómo se va a resolver una situación. *El comité está reunido. Ahora mismo está la pelota en el tejado y no sabemos si la huelga va a seguir o si se va a desconvocar.* Cuando una pelota va a dar a un tejado no sabemos si va a caer por un lado o por otro. Por otra parte, quien tiene la pelota en su tejado tiene la capacidad o la posibilidad de elegir o de decidir. *Yo ya le he hecho una propuesta. Ahora él tiene la pelota en su tejado.* V. *Estar en el alero.*

Estar las espadas en (todo lo) **alto** Estar un asunto por decidirse o una cuestión por resolverse. *El partido está muy entretenido e igualado. Puede ganar cualquiera porque las espadas están en alto.* Bien puede derivar la frase de que, antes de entrar en combate, los jefes de los ejércitos mantenían las espadas desenvainadas en alto. La señal para iniciar el ataque era bajar la espada.

Estar limpio En el argot policial, no ser culpable. No tener antecedentes penales. Se alude aquí a una limpieza moral, al hecho de que alguien no tiene ninguna «mancha» moral o ningún «borrón» en su historial delictivo. *La policía lo puso en libertad a las dos horas de su detención porque comprobaron que estaba limpio.* También *está limpio* quien, en el momento de ser detenido, no lleva drogas o quien ha conseguido «desengancharse» de su adicción a los estupefacientes. *Ha estado más de un año en tratamiento en una clínica especializada y ya se puede decir que está limpio.*

Estar loco de atar/remate Estar alguien muy loco, hasta el punto de que debería ser atado o inmovilizado con una camisa de fuerza, para que no causara problemas, como solía hacerse en los hospitales psiquiátricos, o —cruelmente— ser rematado para que muriera. No obstante, este *remate* podría ser también el repique del badajo de la campana, lo que acercaría la expresión a otras similares (v. *Estar como un cencerro*). La expresión suele usarse en sentido figurado. *¿A Suecia en coche?... Tú estás loco de atar.*

Estar mal de la azotea Estar loco. Estar mal de la cabeza. Estamos ante una de las muchas metáforas de la cabeza. En este caso, igual que ésta es la parte superior del cuerpo, la *azotea* es la parte más elevada de un edificio, su cubierta es llana. *Se gasta una millonada en ese coche y a los dos meses quiere venderlo porque dice que se ha cansado de él... Si te digo yo que ese tío está mal de la azotea.*

Estar/tener **manga por hombro** Estar una cosa o un lugar en completo desorden. *Cada vez que me voy unos días de casa, cuando vuelvo está todo manga por hombro.* Baste pensar en un vestido en el que la manga estuviera en el lugar del hombro, y viceversa.

Estar mano sobre mano Estar sin hacer nada. *Si no quieres ayudar haz el favor de largarte de aquí, porque me pone nervioso que estés aquí mano sobre mano mirando a los que trabajamos.* Una postura propia del descanso es sentarse o tumbarse y colocar una mano sobre la otra, a veces con los dedos entrelazados. Es también una postura propia del descanso... en paz, pues así se les suelen colocar las manos a los muertos.

Estar más para allá/*pallá* **que para acá**/*pacá* (Estar *pallá*) Estar trastornado. Estar más loco que cuerdo. Estar en otro «territorio» distinto al común de la gente, lejos de la forma habitual de ser o de comportarse. *Es mejor que no discutas con él y que le des siempre la razón, porque como está más* pallá *que* pacá, *uno nunca sabe cómo va a reaccionar.* A veces se usa con el significado de 'estar muy grave', es decir, más muerto que vivo, más en el otro mundo que en éste. Es una de las muchas formas, disfemismos más que eufemismos, de referirse a la muerte. *Dudo mucho que salga adelante. Y ahora mismo no pueden operarlo porque está más* pallá *que* pacá.

Estar/quedarse **más solo que la una**/que un hongo/que una seta Estar completamente solo. *Mi familia se ha ido de vacaciones y en el edificio prácticamente no queda nadie. Estoy más solo que la una.* Cuando suenan las campanadas del reloj, la de la una sólo se oye una vez, es decir, es la única que no va acompañada. Al dar el resto de las horas siempre oímos más de una campanada. Por otra parte, los hongos suelen crecer en el campo o en los bosques de uno en uno. No es muy normal encontrar mazos o «manojos» de varios hongos.

Estar metido/meterse **en harina** Estar involucrado en un trabajo. *No tengo tiempo de ir al cine, porque el lunes debo entregar un trabajo de literatura y llevo toda la semana metido en harina.* El panadero, cuando se pone a trabajar, se mete literalmente en harina. De aquí se deriva una expresión que, por su origen, es hermana *Con las manos en la masa* (v.).

Estar montado (en el dólar) Ser rico. *Carlos está montado, es verdad, pero se lo ha ganado con su esfuerzo, trabajando mucho y sacrificándose una barbaridad.* Quizá el adjetivo *montado* se deba a que en tiempos pasados sólo iban montados, en caballo, carroza o coche, los que tenían una buena situación económica o una posición social superior a la del pueblo llano, que iba a pie. El dólar es la moneda fuerte por excelencia, garantía de solvencia y de capacidad adquisitiva, de ahí que se incruste en la expresión. V. *Estar forrado*.

Estar mosqueado (Estar mosca) Estar molesto o enfadado, como quien se ve importunado por una *mosca*. *Estoy mosqueado contigo porque siempre tienes que tener razón y nunca escuchas a los demás*. A veces se usa con el sentido de 'sospechar': *Me dijo que me llamaba el martes y no ha dado señales de vida. La verdad es que estoy un poco mosqueado, porque Luisa no es así: ¿no le habrá pasado algo?* Como se sabe, el verbo *mosquearse* tiene un gran rendimiento en la lengua coloquial. V. *Cargarse de moscas*‖*Estar con la mosca detrás de la oreja*‖*Zumbarle a alguien los oídos*.

Estar muy visto Ser algo muy común, muy conocido, poco original. *No dudo de que tenga una mecánica excelente. Seguro que es un coche estupendo, pero no me negarás que lo tiene todo el mundo. Está muy visto*. V. *Más visto que el tebeo*.

Estar/ponerse **negro** Estar muy enfadado. Parece que a quien se irrita le cambia hasta el color de la cara, que va del rojo al morado y, exagerando, llega hasta el negro. *¿Tú te crees que es posible? La semana pasada llevo el coche a arreglar, me cobran un ojo de la cara y hoy mismo me vuelve a dejar tirado. Estoy negro. Me van a oír los del taller.* No podemos olvidarnos, por otra parte, de las connotaciones que tiene este color en nuestra lengua: V. *El garbanzo negro*‖*La oveja negra*‖*Mano negra*‖*Tener la negra*‖*Verlo negro*.

Estar (como) **para chuparse los dedos** Estar algo riquísimo, muy sabroso. *Jamás he comido una paella como ésta. Está para chuparse los dedos*. Cuando se comía con las manos y no existían ni servilletas ni manteles, los dedos se limpiaban chupándolos. La costumbre ha dado origen al dicho que usamos para indicar que un alimento es realmente apetitoso. De hecho lo seguimos haciendo cuando nos manchamos con alguna salsa o algún dulce. V. *De rechupete*.

Estar para sopas/sopitas **y buen caldo** Estar muy débil, muy deteriorado físicamente. *Yo antes me hacía todos los fines de semana más de treinta kilómetros en bici; ahora doy un par de pedaladas y me asfixio. Estoy para sopitas y buen caldo*. Antiguamente se creía que todas las enfermedades se curaban con caldos y sopas y los médicos prescribían a sus pacientes este tipo de alimentación. Por otra parte, los ancianos, que, aparte de su delicado estado de salud, suelen tener la dentadura deteriorada, no pueden ingerir alimentos sólidos y toman sopas y caldos.

Estar pendiente de un hilo (Pender de un hilo) Estar algo poco seguro o en una situación de peligro, como si únicamente estuviera sujeto por un hilo. *Afortunadamente se ha recuperado, porque tras el accidente su vida llegó a estar pendiente de un hilo*. Esta expresión, fácilmente asociable con la imagen del peso que cuelga, que *pende*, de un frágil hilo, también podría estar relacionada con la fábula mitológica de las Parcas —para los romanos— o Moiras —para los griegos—. Eran éstas tres hermanas, hijas de la Noche, que regulaban el curso de la vida humana, representada por un hilo. Cloto lo hilaba, Laquesis lo devanaba en el huso y Átropo lo cortaba cuando llegaba el momento inexorable de la muerte. Si hilaban lana de color blanca, la vida de aquel hombre sería dichosa y duradera. Si la lana era negra, desgraciada y corta. Si mezclaban los dos colores habría tanta felicidad como desgracia.

Estar pez en algo No tener conocimientos de alguna cosa o de una materia determinada. *Yo de francés sé algo, pero en inglés estoy pez*. Es sabido que los peces no destacan dentro del reino animal precisamente por su inteligencia, hecho que explica fácilmente el origen del dicho. No obstante, algunos piensan que no se trata aquí del pez, sino de *la pez,* esa sustancia resinosa que se usaba como impermeabilizante. Como se untaba por dentro de los odres y pellejos de vino antes de llenarlos, estos recipientes estaban tan vacíos como la cabeza del individuo en cuestión. La interpretación parece un tanto rebuscada. V. *Diálogo de besugos*||*Ser un besugo*.

Estar picado Estar molesto o enfadado, generalmente con otra persona. *Esta picado conmigo porque le he dicho a la cara lo que pienso de él*. Es posible que la expresión esté relacionada con la reacción del caballo al ser picado por las espuelas del jinete, o con el comportamiento del toro de lidia al sentir la puya del picador (v. *Crecerse en el castigo*). De hecho, muchas veces este «pique» supone un acicate, un afán de superación, sobre todo cuando aparece el verbo en forma reflexiva: *picarse*. *Cuando me dijo que yo no era capaz de terminar el trabajo a tiempo me piqué tanto que lo he acabado dos días antes del plazo previsto*. Un conocido refrán, mediante un juego de palabras, nos advierte de la inutilidad del enfado: *El que se pica ajos come*.

Estar por la labor Ser partidario de algo. Estar de acuerdo, literalmente, 'estar a favor del trabajo'. *Parece que la empresa está por la labor de aumentar gradualmente los sueldos*. También se usa en sentido negativo: *No estar por la labor* (v.).

Estar por las nubes Ser muy caro. Más literalmente, ser una cosa inaccesible a causa de su elevado precio, tan inalcanzable como si estuviera en el cielo. *Me encantan los percebes, pero es que están por las nubes*. V. *Poner por las nubes*.

Estar/acabar/dejar/quedar **por los suelos** Estar en una situación muy mala o de mucho desprestigio. *Después de haber engañado a sus empleados, la credibilidad de la empresa está ahora mismo por los suelos*. Quien se rinde, quien cae o quien repta, es decir, quien vive en el suelo, no tiene precisamente muy buena consideración.

Estar salido (Estar más salido que el rabo de un cazo/que el carnero de la legión/que la esquina de una mesa/que el pecho de un gorila) Mostrar excesivo deseo sexual o evidenciarlo con mucha frecuencia. *Es que tú no puedes acercarte a una chica sin acosarla, claro, así ellas se dan cuenta de que estás salido y huyen.* La expresión *estar salida* se emplea para denominar a las hembras de algunos mamíferos, especialmente de los perros, cuando están en celo, aludiendo a la excesiva protuberancia que en esa época muestran sus genitales. De aquí proviene el uso coloquial y no, como parecería más lógico, de la *salida* del glande del macho. Las comparaciones enfáticas, auténticos superlativos, no son sino fruto del desbordante ingenio popular, agudizado sobremanera en asuntos relacionados con el sexo.

Estar sembrado Estar acertado. Estar lúcido, brillante, «fértil» mentalmente hablando, como si a alguien le hubieran sembrado de ideas el cerebro. *En la reunión de ayer estuviste sembrado: no se pueden decir mejor las cosas, con menos palabras y con más claridad. Enhorabuena.* Muchas veces se usa irónicamente. *¿Cómo se te ha ocurrido preguntarle a Ana por Ignacio? ¿Pero es que no sabes que lo han dejado hace un mes? Anda, que has estado sembrado.*

Estar sentado en/sobre/encima de **un**/el **volcán**/polvorín Estar envuelto en una situación problemática, complicada, de mucho riesgo, por lo general sin ser consciente de ello o mostrándose indiferente ante el peligro. *No sabemos cuánto va a durar el nuevo ministro en el cargo, porque con todos los escándalos que han ido saliendo en el Ministerio está sentado en un volcán.* La frase es lo suficientemente gráfica como para no necesitar ninguna explicación.

Estar sin blanca (No tener ni blanca) No tener dinero. *A ver si cobramos pronto porque, como todos los últimos de mes, estoy sin blanca.* La *blanca* era una moneda, de escaso valor, acuñada en tiempos de Pedro I *el Cruel*, que reinó entre 1369 y 1379, y que estuvo en circulación hasta finales del siglo XVI. Sus tres siglos de existencia le valieron el paso al lenguaje popular. V. *No tener ni gorda.*

Estar/andar/poner **sobre aviso** Estar advertido de algo. Estar atento y prevenido ante lo que pueda suceder. *Ya sé que estos días hay mucho tráfico y que ese tramo es peligroso. Estoy sobre aviso, no te preocupes.*

Estar sona(d)o/trona(d)o Estar loco. *¡Pero cómo se te ocurre gastarte todo ese dinero en una moto! ¡Tú estás sonao, siempre lo he dicho!* La expresión, mitad hipérbole, mitad metáfora, y que suele aplicarse a los boxeadores, se explica diciendo que a quien demuestra poca salud mental parece sonarle la cabeza, como si dentro tuviera piedras o cascajo (v. *Estar como un cencerro*). También se dice que alguien *tiene muchos ruidos* o *más ruidos que el sonajero de un niño*, cuando no se comporta como sería de esperar. Alcanza su mayor rentabilidad lingüística en ingeniosas comparaciones populares:

Ese tío está más sonado que las maracas de Machín. V. *Estar tararí*||*Tener muchos ruidos*.

Estar tararí (¡Tararí!||¡Tararí que te vi por la mañana temprano!) Estar loco, trastornado. Como la mayor parte de expresiones de este tipo, se suele emplear en sentido figurado. *¿Que si vamos a la playa? ¡Con este frío!... ¡Tú estás tararí!* A veces se usa con el significado de 'estar borracho'. *Deja, que ya conduzco yo, que te has pasado con el vino y estás tararí*. La expresión *¡Tararí!* es una forma de rechazo o de negación referida a la supuesta locura de quien afirma o pide algo. *¿Que te preste todo ese dinero así, de repente...? ¡Tararí!* No es extraño comparar a quien no parece estar en su sano juicio con algún instrumento musical, aludiendo a los «ruidos» que parecen salirle de la cabeza. V. *Estar como un cencerro*||*Estar sonado*||*Tener muchos ruidos*.

Estar teniente Estar sordo. Oír mal. *Al abuelo háblale alto, que ya sabes que está teniente*. Quizá la expresión naciera en los cuarteles, entre la tropa, referida al hecho de que los tenientes y otros oficiales no hicieran caso de las quejas de los soldados, que los trataran con desprecio, que se hicieran los sordos ante las posibles demandas o las peticiones de permiso.

Estar tente mientras cobro Estar algo en equilibrio inestable, con peligro de venirse abajo o de estropearse. *Tienes que poner mejor ese cuadro, porque está tente mientras cobro*. La expresión, «traducida» al lenguaje actual, sería algo así como 'sujétate, aguántate mientras cobro'. Podría interpretarse, aunque no hay fuentes que lo corroboren, como 'aguanta sin comer hasta que tenga dinero para comprar comida'.

Estar/andar/dejar **tieso** No tener dinero. Estar en una situación económica delicada. *Hasta hace poco era riquísimo pero desde que le dio por ir al casino y meterse en todos los bingos está tieso*. El adjetivo *tieso* bien podríamos identificarlo con *muerto*, en concreto con *muerto de hambre*, lo que no dejaría de ser una de las muchas hipérboles que circulan por la lengua coloquial. También podría deberse a la actitud de aquellos fingidos nobles o hidalgos que durante los siglos XVI y XVII, en plena obsesión por la «honra», con tal de aparentar buena vida y riqueza, salían a la calle tiesos como velas, dejándose ver, vestidos con ropas hábilmente zurcidas y habiéndose colocado estratégicamente algunas migas de pan en la barba para hacer creer que habían comido. Buenos ejemplos de lo dicho los encontramos en *El Lazarillo de Tormes* y en *El Buscón* de Quevedo.

Estar tirado Ser algo muy fácil, tan fácil como recoger una cosa que estuviera tirada en el suelo, o de tan poco valor o importancia como algo que se tirase. *Creo que sacaré una buena nota, porque el examen estaba tirado*.

Estar/quedar/dejar **tocado** (del ala) Estar loco. Las posibles explicaciones del origen hay que analizarlas a partir de la expresión *estar tocado del ala*. El término *ala* designa a la parte del sombrero que rodea la copa y que cae sobre las sienes. Cuando queremos dar a entender que alguien no está muy bien de la cabeza, nos *tocamos* o barrenamos la sien. Quienes llevaban sombrero, hacían el mismo gesto en el ala. Otra explicación relaciona la frase con la caza, concretamente con el vuelo *alocado* y el comportamiento del ave, generalmente una perdiz o una paloma, que resulta herida o *tocada* en un ala. También decimos que *está tocado* quien se muestra muy afectado ante una desgracia o un fracaso. *Espera unos días antes de hablar con él. Ahora está muy reciente lo de su madre y está bastante tocado*. En este caso el tocado, el herido, es el corazón, el espíritu.

Estar/tener **todo el pescado vendido** (Vender todo el pescado) Estar una situación resuelta. Estar algo prácticamente terminado. *Bueno, yo creo que nos podemos ir ya. Total, perdemos tres cero y faltan cinco minutos. Aquí está todo el pescado vendido*. Parece ser que la frase se originó en las lonjas de pescado: los pescadores se asociaban para vender el pescado que llegaba a puerto y para establecer los precios. Tenían clientes fijos que compraban grandes cantidades. Por eso, aunque en la lonja hubiera pescado, estaba todo vendido y los compradores que llegaban tarde no encontraban nada.

Estar/dejar/quedar(se) **vendido** Estar en una situación de peligro o de apuro en la que nada puede hacerse para evitar que suceda algo desagradable. *El portero no ha tenido culpa de ninguno de los cuatro goles, porque en todos estaba vendido*. Seguramente la expresión haga alusión a la situación en la que se veían los esclavos, que eran abandonados a su suerte y *vendidos* al mejor postor.

Estar verde No estar maduro. No estar preparado. Ser inexperto. *Puede llegar a ser un gran director, pero aún está verde y su película, que es estupenda, tiene fallos de principiante, lógicos por otra parte*. Tener poco dominio de alguna materia. *Es mejor que te ayude Ana, que yo en matemáticas estoy muy verde*. Se compara a la persona con la fruta que aún no ha madurado. V. *Chiste verde*||*Viejo verde*.

Estar/andar/ir/quedarse/parecer un **zombi** Estar aturdido, atontado, generalmente a causa del cansancio. *Llevo prácticamente dos días sin dormir y estoy zombi*. En los ritos del vudú los *zombis* son muertos vivientes, que carecen de voluntad y se comportan como si fueran autómatas. *Zombi* o *zombie*, que es la transcripción inglesa, es un término de origen africano occidental, derivado de la voz *zambi*, 'imagen'.

Estarle algo bien empleado a alguien Merecerse una persona el escarmiento recibido. *Te has quemado toda la espalda, ¿verdad? No será porque no te dije mil veces que te dieras la crema y que te pusieras a la sombra. Te está bien empleado*.

Estatua de sal [quedarse como; convertirse en; ser una] Quedarse muy sorprendido, estupefacto, inmóvil, sin poder reaccionar. *Cuando le di la noticia de que el trabajo era suyo se quedó como una estatua de sal*. La expresión se origina a partir de un episodio bíblico (*Génesis*, XIX, 24-26): Antes de destruir, a causa de sus pecados, las ciudades de Sodoma y Gomorra con una lluvia de fuego, Dios avisa a Lot y a su familia para que huyan, con la advertencia de no volver la vista atrás pasara lo que pasara, so pena de quedar convertidos en estatua de sal. La mujer de Lot se vuelve y se cumple el castigo.

Éste no es mi Juan, que me lo han cambia(d)**o** Con esta curiosa frase, cuyo protagonista puede cambiar según el nombre de pila de la persona a quien nos refiramos, indicamos el inesperado cambio de carácter o de forma de actuar de alguien. *O sea, que ahora estás todo el día en casa, tienes novia formal y no sales por las noches. Éste no es mi Juan, que me lo han cambia(d)o*. Seguramente tiene su origen en algún cuento popular, posiblemente relacionado con esta cancioncilla que se canta en algunos lugares de Andalucía: «*Éste no es mi Juan/que me lo han cambiao,/que aquél tenía pelo/y éste está pelao*».

Estirar la pata Morir. *Todos están esperando a que la vieja estire la pata para llevarse la herencia*. Los españoles, siempre extremistas, tratamos a la muerte con el más imponente de los respetos (eufemismos): *irse al otro mundo; pasar a mejor vida; fatal desenlace; estar criando malvas...*, o con el mayor de los desprecios (disfemismos): *diñarla; irse para el otro barrio; llevarse a alguien Pateta; estirar la pata...* Esta última expresión se refiere a los estertores que muestran algunos animales en el momento de la muerte y que les hacen estirar las extremidades de forma espasmódica. V. *Quedarse patitieso*.

¡Estírate, galgo, que mañana vas de caza! Se le dice esto a quien se estira para desperezarse, costumbre muy propia de los perros y, en especial, de los galgos. *Se ve que acabas de levantarte así que estírate, galgo, que mañana vas de caza*.

¡Esto es Jauja! (Ser algo Jauja||Vivir en Jauja) Se emplea esta expresión para calificar todo aquello que es abundante, próspero, modelo de belleza, de riqueza, el no va más de la perfección, pero que sólo es ilusión y fantasía. *Eres un vago. Todo el día sin trabajar, gastando dinero, saliendo por la noche, quedándote en la cama hasta las tantas. ¿Es que te crees que esto es Jauja?* El término *Jauja*, designa a una ciudad peruana que existe en la realidad y que fue fundada por Francisco Pizarro (1478-1541), era una especie de mito de la placidez y la abundancia. Se decía que su clima curaba las enfermedades, que allí se producían todos los frutos imaginables y que corrían por los montes ríos de plata, que no eran otra cosa que las vetas de ese mineral que se hallaban en la superficie de la tierra. En 1547, el dramaturgo sevillano Lope de Rueda (1505-1565) escribió una pieza titulada *La tierra de Jauja*, de sencillo argumento, que explica claramente el significado de la expresión: *Mendrugo*, un campesino de pocas luces, va por un camino con una cazuela de comida.

A mitad de trayecto se encuentra con unos ladrones que le cuentan que vienen de Jauja, la tierra donde de las fuentes manan leche, los árboles dan pasteles, las montañas son de queso... Mientras Mendrugo escucha con la boca abierta el relato, los ladrones le roban la comida y huyen. V *Buscar El Dorado*||*Ser una utopía*.

Estrechar/romper **lazos** Fortalecer las relaciones de amistad, o destruirlas en el caso de *romper lazos*. *La reunión de los dos presidentes tiene como objeto fundamental estrechar lazos entre ambos países y establecer nuevas relaciones comerciales*. Cuando los lazos se aprietan las dos partes a las que unen —imaginemos un zapato— se juntan; cuando los lazos se rompen, dichas partes se separan.

Estrujarse/exprimirse **el magín**/las meninges (Darle al magín/a las meninges) Pensar mucho. Cavilar. Yo no tengo ni idea de qué regalarle. *Cada vez que llega su cumpleaños tengo que estrujarme el magín para buscar algo original, porque tiene de todo*. El término *magín* parece creado a partir de *imaginación*. Las *meninges* son las tres membranas que envuelven el encéfalo y la médula espinal. V. *Romperse los cascos*.

Exagerar la nota Exagerar alguna situación o comportamiento con el fin de llamar la atención. *Bueno, no pasa nada por un suspenso; ya tendrás otra oportunidad de aprobar. Tampoco es como para exagerar la nota*. La expresión tiene que ver, como *Dar la nota* (v.), con el músico que se equivoca de nota o que la exagera, con lo que consigue destacar negativamente entre los demás instrumentos de la orquesta.

Excusas de mal pagador [poner; dar; ser] Excusas o justificaciones banales, poco creíbles, como las de los que intentan evitar o retrasar algún pago. *Dame una razón sólida para no venir a mi fiesta de cumpleaños. No me pongas excusas de mal pagador, anda*.

Explicarse/hablar **como un libro abierto** (Ser un libro abierto) Hablar con claridad, elegancia y erudición. *Parece mentira, tiene sólo cinco años, pero se explica como un libro abierto*. ¿Hay algo más claro, más elocuente, más culto y más cierto que un libro?

F

Faena de aliño [hacer una; ser una] Se llama así a lo que se realiza con poco interés, sin mucho esfuerzo, por necesidad o compromiso. *Pues no sé cómo habrá salido el informe, porque no tenía tiempo y me he limitado a hacer una faena de aliño.* La locución procede del mundo de los toros, en el que designa a la faena en la que el torero se limita a cumplir el trámite sin ningún tipo de intención artística, a pegarle un par de muletazos y a matarlo.

Fallar más que una escopeta de feria Fallar mucho. No funcionar correctamente un aparato. *Me voy a tener que comprar un ordenador, porque éste falla más que una escopeta de feria.* Las escopetas de balines en las casetas de tiro al blanco, que encontramos en las ferias, están tocadas por una suerte de magia, eso sí, siempre que no se encasquillen: cuando apuntas a una bola o a un monigote sueles derribar el de al lado.

Faltar el canto de un duro (Por el canto de un duro) Faltar muy poco para suceder o para conseguir algo. *El otro coche se saltó el semáforo, menos mal que después frenó y yo pude esquivarlo, porque faltó el canto de un duro para darnos un buen golpe.*|*Fíjate, por un número. ¡Por el canto de un duro no me ha tocado el gordo!* El término *duro* era la denominación popular de la moneda de cinco pesetas (v. *No tener un duro*). No puede decirse, precisamente, que su canto, su borde, tuviera una gran superficie, ni siquiera en los duros más antiguos.

Faltarle a alguien la tierra bajo los pies Verse en apuros o en una situación de peligro. Tener muchos problemas. *No sé qué hacer. El negocio va fatal y tengo un montón de deudas. Me falta la tierra bajo los pies* La sensación de quien parece caer a un agujero puede explicar perfectamente la frase, aunque lo más seguro es que surgiera referida a los ahorcados, a la sensación que podrían sentir en el momento de perder el punto de apoyo en los pies.

Faltarle a alguien un tornillo Estar trastornado, loco, por lo general en sentido figurado. *A ti te falta un tornilllo. ¿Cómo pretendes meterte a estas horas en coche por el centro de Madrid?* Comparamos al individuo en cuestión con una máquina que ha perdido un tornillo o alguna pieza y que, por lo tanto, no funciona correctamente. ¿Recuerdan los aparatosos tornillos que lucía en las sienes el monstruo del doctor Frankenstein?

Fíate de la Virgen y no corras Su significado es el contrario del que podría entenderse haciendo una interpretación literal del dicho, pues con esta expresión se le intenta decir a alguien que no se fíe de nada ni de nadie. *Sí, sí, tenemos mejores jugadores que ellos y vamos a ganarles. Eso dicen todos, y el año pasado nos metieron tres. Tú fíate de la Virgen y no corras.* Se cuenta que allá por los albores del siglo XIX un imprudente torero, invocando la protección de la Virgen, se dedicaba a hacer delante del toro todo tipo de temeridades, hasta que sufrió una fuerte cogida. Mientras trataba de huir de la cara del bicho, un espectador, con la fina ironía que da la crueldad, le espetó: «Anda, fíate ahora de la Virgen y no corras». Otra interpretación sitúa el origen de la expresión en la primera guerra carlista, cuando en 1835 el pretendiente al trono, Carlos María Isidro, nombró a la Virgen de los Dolores *generalísima* de sus ejércitos. Días después, los carlistas, derrotados en Mendigorría, huyeron del campo de batalla. Los isabelinos crearon y difundieron entonces el dicho que nos ocupa.

Fiera corrupia [ser una] Se llama así a quien tiene muchísimo genio o muy mal carácter. *Ten cuidado con Juan, porque cuando se enfada se pone hecho una fiera corrupia y no se sabe cómo va a reaccionar.* El personaje de la Fiera Corrupia se originó en los romances de ciego de los siglos XVIII y XIX. Según contaban los ciegos por las plazas de pueblos y ciudades, era un terrible y malvado personaje, basado seguramente en la bestia del Apocalipsis, que asesinaba sin piedad a todos los que se cruzaban en su camino. A veces tenía cabeza de toro y cuerpo de lagarto; otras, cuerpo de dragón, siete cabezas y diez cuernos e, incluso, algunos la definen como un engendro con una cabeza de hombre, otra de oso, otra de serpiente, seis manos, seis patas y seis velas encendidas en la cabeza. El 666, no se olvide, es el número diabólico.

Flojo de remos [ser; estar; andar] Estar débil, especialmente en las piernas. Tener problemas para sostenerse de pie. *Claro, después de un mes en la cama es normal que estés flojo de remos. Tendrás que empezar a caminar poco a poco y muy despacio.* Se dice mucho de los toros de lidia que se caen durante la corrida, de donde seguramente ha pasado a la lengua coloquial. *Remo* es una metáfora formal de la extremidad inferior que encontramos también. V. *Meter la pata/el remo.*

Forzar la máquina Esforzarse al máximo. Llevar una situación al límite con el fin de conseguir algo. *Como no fuercen la máquina no van a conseguir terminar a tiempo la casa.* La comparación es muy clara: es como poner una máquina a la máxima potencia para conseguir el mayor rendimiento. Es muy posible que esta máquina sea la del tren, cuando funcionaba a vapor. Para conseguir mayor velocidad había que echar más carbón a la caldera. V. *Pisar el acelerador.*

Fray modesto nunca fue prior Con esta frase se señala que con la modestia y con la timidez no se llega a ninguna parte, que no se consigue nada. Literalmente, que el modesto, el que no intenta destacar sobre los demás será fraile toda su vida. En el dicho hay un juego con el adjetivo modesto y con el nombre propio Modesto. *Tienes un montón de virtudes y todas las capacidades del mundo, lo que pasa es que tienes que valorarte mucho más y darte a conocer para que los demás te respeten y te tomen en consideración. Recuerda que fray modesto nunca fue prior.*

Freír a alguien a tiros/preguntas Dispararle a alguien repetidamente. Es una cruel hipérbole: quien recibe muchos disparos tiene el cuerpo quemado, «frito», por la pólvora de las balas (v. *A quemarropa*). *Lo esperaron en un descampado y lo frieron a tiros. Parece tratarse de un ajuste de cuentas.* Por otra parte, un interrogatorio no deja de ser «un tiroteo» de preguntas. *No me gusta nada ir a casa de tu tía porque se quiere enterar de todo y me fríe a preguntas.*

Frotarse las manos Mostrar satisfacción, normalmente poco justa poco moral o maligna. *Llevamos ocho partidos seguidos perdiendo. Seguro que nuestros próximos rivales se están frotando las manos.* Resulta clásica en el teatro la imagen del malandrín que, sonriendo con sarcasmo, se frota las manos saboreando el éxito de su plan.

Fruta prohibida (El fruto prohibido) [ser] Lo que no está permitido. Lo que, a pesar de lo mucho que se pueda desear, no se puede obtener. *Si fuera inmensamente rico me compraría ese coche, pero me parece a mí que será siempre fruta prohibida.* La locución se refiere al fruto del Árbol de la Ciencia que, según se narra en el *Génesis,* Dios prohibió comer a Adán y Eva. El diablo, en forma de serpiente, tentó a Eva, que comió la fruta y se la hizo comer a Adán, lo que les valió su expulsión del Paraíso, el pecado original y a nosotros, desgraciadamente, la obligación de ganar el pan con el sudor de nuestra frente. V. *La manzana de la discordia.*

Fuera de combate [estar; quedar(se); dejar; poner] Vencido, física o moralmente. Estar muy cansado. *Esta gripe me ha dejado fuera de combate. Me siento realmente débil.* Se suele usar mucho para indicar que alguien se ha visto obligado a retirarse de algún asunto, por lo general a causa de un problema o de una desgracia o que algo está estropeado o fuera de uso. *Ahora con esto del esguince de tobillo estoy fuera de combate, pero ya veréis cuando me recupere, ya...*|| *Tendrás que dejarme tu coche porque el mío está en el taller y va a estar un par de días fuera de combate* La frase nació en el lenguaje militar. Se decía que estaban fuera de combate los soldados heridos y también, más tarde, las piezas de artillería, las armas o los vehículos deteriorados o estropeados. De aquí la expresión pasó al vocabulario de algunos deportes, como el boxeo o la lucha, y a la lengua coloquial.

Fulano de tal [ser] (Ser un fulano) Se alude con esta palabra a un individuo indeterminado, a una persona cualquiera. Parece ser que proviene del árabe *fulân,* término que era una especie de apelativo que empleaban los árabes para dirigirse a alguien cuyo nombre ignoraban o, voluntariamente, no querían pronunciar, algo así como el actual *tipo*. La palabra hebrea *feloni,* 'cualquiera', parece estar también emparentada con la árabe. V. *Ser una fulana*.

Fumar como/más que **una coracha** Fumar en exceso. *No entiendo cómo estando embarazada puedes fumar como una coracha*. La *coracha* —no *colacha,* como suele oírse, tal vez pensando en algún inexistente animal— era una pequeña bolsa de cuero que se ataba al cinturón y en la que antiguamente los fumadores llevaban el tabaco que introducían en la pipa. V. *Como un carretero*‖*Como un cosaco*.

Fumar la pipa de la paz Establecer la paz o apaciguar un conflicto. *Después de ocho meses de no mirarse a la cara, Antonio y Charo han fumado la pipa de la paz*. Algunas tribus de indígenas de América del Norte tenían la costumbre de compartir una pipa con los que habían sido sus enemigos cuando querían terminar un enfrentamiento. V. *Enterrar el hacha de guerra*‖*Más chupado que la pipa de un indio*.

Fundírsele a alguien los plomos/las bielas (Tener fundidos los plomos/fundidas las bielas) Agotársele a una persona las fuerzas o las ideas. *Lo siento, pero ya no aguanto más. Ya se me han fundido los plomos. Me voy para casa*. A veces también se usa, sobre todo de forma figurada, con el sentido de 'trastornarse; perder la cabeza; volverse loco'. *Yo creo que de tanto estudiar y de tirarse encerrado en casa un montón de días se le han fundido los plomos, porque no sabe lo que dice*. La persona que está en este estado «deja de funcionar», como el aparato al que se le queman los *plomos,* es decir, el dispositivo que detecta la sobrecarga de corriente eléctrica, o como la máquina cuyas *bielas* —las barras que transforman un movimiento de vaivén en uno de rotación— se funden o se estropean. V. *Estar fundido*.

G

Ganar o perder terreno Crecer o decrecer en importancia o en influencia. *Entre la policía va ganando terreno la hipótesis de que no hubo suicidio, de que fue un crimen perfectamente organizado*. La frase procede del lenguaje militar, aplicada al avance o a la retirada de un ejército. Hoy se usa mucho en el mundo de la tauromaquia para hablar del dominio que el torero ejerce sobre el toro, o viceversa. Si el torero consigue hacerse con el animal, lo llevará al terreno que desee, y a la inversa.

Ganar por la mano Ganar por poco, cuando nadie lo esperaba. Anticiparse, en el último momento, al casi seguro triunfo de otro. *No hay nada que decir. Me ha ganado por la mano, limpiamente*. *Yo iba agotado los últimos metros y él ha sacado fuerzas de flaqueza y me ha rebasado prácticamente en la línea de meta*. Quizá la frase tenga que ver con las justas o torneos medievales, en concreto con las carreras de caballos, usada para indicar que un jinete había vencido a otro prácticamente *in extremis*, en el último momento y por un palmo (una mano) de diferencia. De todas formas no podemos descartar que esté relacionada con los juegos de cartas: cuando todo el mundo da la partida por terminada, un jugador gana *por la mano*, es decir, haciendo puntos con las últimas cartas que le quedan en la mano.

Ganarse/buscarse **el pan**/el cocido/las alubias/los garbanzos Trabajar. Ganar el dinero necesario para vivir. *Tengo un pequeño negocio. No puedo decir que soy rico, pero me gano el pan sin problemas*. El *pan* —consta ya en el *Génesis*, cuando Dios expulsó a Adán del Paraíso con la consigna de «Ganarás el pan con el sudor de tu frente»— es el alimento por antonomasia (v. *Más bueno que el pan*||*Nacer con un pan debajo del brazo*). Desde entonces, por lo que parece, el trabajo viene a ser una condena, un sufrimiento, como demuestra el propio origen de la palabra: *trabajo* viene de *tripalium*, 'tres palos', un instrumento de tortura, conocido ya en el siglo VI, formado por tres maderos cruzados a los que se ataba el reo para golpearlo, azotarlo o atormentarlo. Por otra parte, las legumbres son también una especie de «paradigma alimentario» en la lengua hablada, en referencia al único sustento del que disponía la gente más humilde. En concreto, el cocido, cuyo ingrediente fundamental son los garbanzos y que suele llevar verduras, patata y carne de diversos tipos, era en tiempos la única comida del día y se tomaba varias veces a la semana. V. *En todas partes cuecen habas*||*Jugarse las alubias*.

Gajes del oficio [ser] Se llama así a los imponderables, a las molestias o a los prejuicios propios de un trabajo. *Los profesores solemos padecer mucho de la garganta, pero bueno, ya sabemos que eso son gajes del oficio*. Los *gajes* son, en su primera acepción, los emolumentos extras que percibe un trabajador, las retribuciones o pagas complementarias del sueldo que le corresponden a quien desempeña una función determinada, como complementarias o extras parecen ser las inevitables molestias antes descritas. Como también se suele decir, «van en el sueldo». *Gaje* es un término derivado del francés *gage*, 'prenda', y se aplicó antiguamente a la señal o prenda con la que alguien aceptaba un desafío, un duelo. Posteriormente pasó a definir a la paga que un príncipe o noble pagaba a sus criados o a sus soldados.

Garrotazo/palo/patadón **y tentetieso**/tente tieso Forma de actuar dura, implacable, con cierta violencia, sin miramientos ni consideraciones. *Con él no se puede. He intentado de todas las maneras posibles tratarlo con delicadeza, con cortesía, convencerlo con buenas palabras y no me ha hecho ni caso. A partir de ahora lo tengo muy claro: garrotazo y tentetieso*. Garrotazo y palo nos ponen sobre la pista de lo expeditivo del método. El *tentetieso* es ese muñeco, con un contrapeso en la base, que vuelve a levantarse aunque se le derribe y por muchos golpes que se le den, como se supone que hará la persona a la que se va a aplicar el trato antes descrito. *Patadón y tentetieso* se emplea en el mundo del fútbol para describir esa táctica defensiva, tan eficaz como antiestética, que consiste en golpear el balón sin ninguna intención y cuanto más lejos mejor con la única idea de perder tiempo.

Gastar la pólvora en salvas (Disparar salvas) Hacer cosas inútiles. Desperdiciar fuerzas o recursos en tareas innecesarias. *Vete un poco más despacio y no gastes la pólvora en salvas, que lo duro del camino está por llegar y luego vas a necesitar las fuerzas que ahora estás quemando*. La frase, de origen militar, se refiere a la pólvora desperdiciada en salvas, es decir, en disparos hechos al aire en señal de homenaje o de reconocimiento hacia alguien, y que podría ser necesaria a la hora del combate.

Gastar saliva (en balde/en vano) Hablar más de lo necesario. Hablar inútilmente, sin conseguir nada. *Nunca hace caso de lo que le dicen, no sé cómo todavía te atreves a darle consejos. Yo que tú no gastaría saliva*.

Genio y figura (hasta la sepultura) [ser] Así llamamos a quien es muy especial, a quien destaca por alguna razón, especialmente por su original forma de ser. Se suele usar con sentido positivo. *El barco pegaba unos bandazos terribles, las olas nos pasaban por encima y soplaba un viento impresionante. Estábamos todos muertos de miedo y él va, se sienta al lado del timón y se pone a silbar. Todos nos quedamos mirándolos y el tío, con toda* *su calma, dice: «Bueno. Nos vamos a morir de una forma muy original». Genio y figura.*

Gigante/coloso **con pies de barro** [ser un] (Tener los pies de barro) Así se denomina a lo que, aunque fuerte, sólido, incluso amenazante en apariencia, es muy débil y vulnerable. *A mí me parece que una sociedad como ésa, creada mediante la fusión de siete bancos, es un gigante con pies de barro.* Con personas se suele usar en sentido moral. *Yo pensaba que era una persona honradísima, un modelo de comportamiento para todos, un gran empresario hecho a sí mismo, y mira cómo ha acabado, en la cárcel. Al final era un gigante con pies de barro.* La expresión tiene un origen bíblico (*Daniel,* II, 31-35). Procede del episodio en el que se nos cuenta el sueño del rey Nabucodonosor, rey de Babilonia entre el 605 y el 562 a. C.: Una enorme estatua hecha de diferentes materiales —oro, plata, bronce, hierro— es golpeada por una piedrecita que cae de un monte. De forma increíble la estatua cae al suelo, totalmente destruida. La piedra había dado en una parte del pie modelada con barro. Daniel interpreta el sueño como una señal de que todos los grandes imperios tienen su punto débil y, antes o después, acaban sucumbiendo.

Giro copernicano [dar un; ser un] Cambio total de planteamiento, ideas o comportamiento. *Este partido ha dado un giro copernicano en su ideología, del comunismo más radical ha pasado a posiciones de centro, más bien conservadoras.* Se alude a la revolucionaria teoría del astrónomo polaco Nicolás Copérnico (1473-1543), el descubridor de la teoría del heliocentrismo: los planetas, incluida la Tierra, giran alrededor del Sol. Fue el primero en afirmar que la Tierra no era el centro del Universo y el Sol y los planetas no giraban a su alrededor, como sostenía la teoría geocéntrica, formulada en el siglo II por el matemático y astrónomo griego Tolomeo.

Golpear/machacar/martillear/martillar **en hierro frío** Empeñarse en una misión inútil, sobre todo cuando se intenta convencer a alguien que no tiene voluntad de escuchar. *Él ya ha tomado la decisión. Quiere dejar la carrera y lo va a hacer. Intentar convencerlo de lo contrario es golpear en hierro frío. Yo ya lo he intentado y no ha querido ni oírme.* La misión es tan difícil como intentar darle forma al hierro a martillazos sin haberlo calentado previamente en la fragua. V. *En caliente*||*En frío*.

Gramática parda [saber; tener] Habilidad. Picardía. Astucia para desenvolverse en una situación difícil. *No te preocupes por él. Va a estar en un país extranjero, no conoce a nadie, no habla la lengua, pero saldrá adelante, porque tiene mucha gramática parda.* La *gramática parda* es la ciencia de quien no tiene más cultura que su innata inteligencia. *Gramática* sería aquí sinónimo de *astucia,* de sabiduría. El adjetivo *parda* materializa la rudeza, la falta de instrucción, el color de la tierra. La escritora Cecilia Böhl de Faber (1796-1877), que firmaba con el seudónimo de Fernán Caballero, expone en sus *Cuentos y poesías andaluzas* las tres reglas más importantes de esta particular gramática: «Ver venir; dejarse ir y tenerse allá». A título de curiosidad diremos que en 1865 se publicó en Madrid un divertido libro titulado *Curso completo de gramática parda o Vivir sin trabajar,* del que es autor un tal Bachiller Cantaclaro.

Guardar/cerrar/encerrar/tener **bajo**/con **siete llaves** Guardar algo en un lugar muy seguro, con mucho cuidado y atención. *Es un libro valiosísimo que se exhibe por primera vez. Normalmente se guarda bajo siete llaves.* Se usa bastante para hablar de lo que debe quedar en secreto. *No te preocupes. Lo que me has dicho quedará entre tú y yo. Quedará guardado bajo siete llaves.*

Guardar/conservar/tener **como oro en paño** Conservar o proteger una cosa con suma prudencia y gran cuidado. *Toma este décimo de lotería y guárdalo como oro en paño, que nos va a tocar.* Para que no se deterioraran, era costumbre guardar los objetos de oro, en especial los sagrados, entre paños de seda o terciopelo. Hoy día, incluso, los joyeros protegen y presentan las joyas en paños, generalmente rojos o de color púrpura, para que no se estropeen y para que luzcan más al exhibirlas. De este hecho podría derivarse la expresión. De todas formas, no es extraño pensar que estemos ante una deformación de *guardar como oro en pan,* expresión usada en los siglos XVI y XVII, es decir, guardar algo de la misma forma que se guardaba y protegía el *pan de oro* —finísimas láminas de oro que se empleaban en la decoración de esculturas y retablos— para que no se estropeara o no se lo llevara el viento.

Guardar la viña Cuidar o proteger los bienes propios, simbolizados aquí por la viña. *Ahora que has conseguido un trabajo fijo y puedes vivir con desahogo, guarda la viña y no dejes que nadie se meta en tu vida.* V. *El miedo guarda la viña.*

Guardar/mantener **las apariencias** Disimular los verdaderos sentimientos. Mostrar un talante o un estado de ánimo que no son los reales. *Uno puede estar preocupado por asuntos personales, pero en el trabajo no se debe notar esta preocupación. Hay que guardar las apariencias todo lo que se pueda.*

Guardar las distancias Mostrar respeto. No expresar excesiva cercanía o familiaridad en el trato. *Por mucha confianza que me den los jefes yo prefiero guardar las distancias con ellos. Me siento más cómodo así.*

Guardar/perder **las formas**/la compostura Saber estar. Comportarse de forma adecuada en ciertas situaciones. *Seguramente la recepción será aburridísima, pero hay que guardar las formas, sonreír en todo momento y hablar con todo el mundo.* Quien pierde las formas o la compostura es el que se muestra maleducado, el que se «descompone». *En una reunión tan importante no se pueden perder las formas. Por mucho que te indignen las palabras de los demás debes saber escuchar y responder con el tono adecuado.*

Guardarse/tener guardadas/cubrirse/protegerse **las espaldas** Protegerse de los sucesos imprevistos, es decir, de aquellos que no se pueden ver. De aquí también proviene la palabra *guardaespaldas*. *Tal y como está la situación es conveniente hacerse un plan de pensiones para tener guardadas las espaldas, que nunca se sabe qué nos puede deparar el futuro*. La expresión bien podría venir de una táctica que empleaban los que luchaban con espadas o cuchillo y que consistía en arrimarse a una pared para tener protegida la espalda y prevenirla de estocadas traicioneras (v. *Apuñalar a alguien por la espalda)*. *Espaldas*, como *pechos* o *narices*, es una palabra en desuso, que suele aparecer en frases hechas o refranes *(tener las espaldas anchas, darse con un canto en los pechos; darle a alguien con la puerta en las narices...)*. Normalmente usamos el singular.

Guárdate/cuídate **de los idus de marzo** Con esta frase advertimos a alguien sobre la posibilidad de sufrir un peligro o una contrariedad. *Ten cuidado con ese tipo. No me gusta un pelo y, si puede, va a ir a por ti. Guárdate de los idus de marzo*. Según la leyenda, fue lo que le dijo el adivino Espurina a Julio César para prevenirlo sobre la conjura que le esperaba en el senado. Éste no hizo caso de la advertencia y fue asesinado, precisamente en los idus de marzo del año 44 a. C., por un grupo de conjurados dirigidos por Bruto, su sobrino. En el calendario romano los *idus* eran los días quince de marzo, mayo, julio y octubre y el 13 de los demás meses. La frase aparece en la *Vida de César*, del escritor latino Suetonio (70-140 d. C.) y en el *Julio César* de William Shakespeare (1564-1616): «Beware de Ides of March». V. *Brillar algo o alguien por su ausencia*.

Guerra de nervios [ser una; hacer una] Momento de gran tensión, generalmente provocado con el fin de confundir, atemorizar o inducir a alguien al error. *Los dos candidatos han empezado un cruce de declaraciones con el objetivo de provocar una guerra de nervios para ver quién da el primer paso en falso*.

Gustarle a uno una escoba con faldas Se le aplica al hombre al que le gustan todas las mujeres, sean guapas o feas. El dicho podría tener un origen ciertamente antiguo, pues ya aparece, con algunas variantes, en el noveno auto de *La Celestina*, cuando Elicia, despechada porque Sempronio ha hablado de la belleza de Melibea, dice: «(...) si algo tiene de hermosura es por los buenos atavíos que trae. Ponedlos a un palo, también diréis que es gentil».

H

Ha pasado un ángel Se emplea esta expresión cuando en una conversación se ha producido un largo momento de silencio. *¿Por qué os habéis callado todos de repente? ¿Ha pasado un ángel?* Quizá la frase tenga que ver con el hecho de que antiguamente, cuando se mentaba a un muerto, se guardaban unos segundos de silencio en señal de respeto, quizá porque se pensaba que su espíritu, su «ángel», se hacía presente en aquel momento.

Haber/ser/estar **cuatro gatos** Haber muy poca gente en un lugar. *La conferencia fue un fracaso total. Había cuatro gatos en el salón de actos.* Se recurre al gato, con cierto desprecio hacia los presentes, para dar a entender que ni siquiera estos animales, que están por todas partes, se encuentran en tal sitio.

Haber/tener **de todo, como en botica** Se emplea este dicho cuando en un lugar no falta nada de lo que se supone necesario para realizar algo. *¿Qué novela te apetece leer: de aventuras, de amor, filosófica, de ciencia ficción, histórica...? Aquí hay de todo, como en botica.* En las *boticas* —palabra derivada de la griega *apoteca* y emparentada con *bodega* y con la francesa *boutique*— había antiguamente, aparte de todas las medicinas que necesitara un enfermo para curarse, mercancías de muy diverso tipo y procedencia. De ahí procede esta expresión. El gran folclorista y filólogo andaluz José María Sbarbi afirma que en la Sevilla del siglo XVII se llamaba «boticas» a los burdeles del barrio de las mancebías, quizá porque en ellos se encontraba «de todo».

Haber/dar/repartir/sacudir **hule** (Mandar al hule) Se utiliza la frase para hacer referencia a una riña o disputa violenta y con heridos. *El partido fue tremendo, porque hubo hule por ambas partes: tras una patada fuerte venía otra peor.* La expresión se debe a que, antiguamente, las porras de los guardias, las que usaban para golpear a los delincuentes o para reprimir las manifestaciones, estaban forradas de tela de hule. El *hule*, palabra que podría proceder de la expresión francesa *toile huilée*, 'tela aceitosa', pues originariamente era un tejido que se trataba con aceites y barnices para impermeabilizarlo, es un material mezcla de tela y plástico o caucho. Hace años, las mesas de operaciones de los quirófanos de los hospitales, y también las de las enfermerías de las plazas de toros estaban forradas con hule. Si sucedían percances, si había alguna cogida, se decía que *había habido hule* o que el toro *había mandado al torero al hule*, expresiones que han permanecido hoy en el lenguaje taurino. *Con estos torazos lo más fácil es que esta tarde en la corrida haya hule*.

Haber mar de fondo (Haber marejada/marejadilla) Se emplea esta expresión para indicar que existen problemas, inquietudes o complicaciones que, aunque no se aprecian a simple vista o no aparecen de forma directa, dificultan la realización o la buena marcha de algo. *En apariencia todo parece tranquilo en el partido, pero todo el mundo sabe que hay mar de fondo y que en el próximo congreso van a saltar chispas entre las distintas corrientes de opinión*. En el lenguaje marinero se llama *mar de fondo* a la agitación de las aguas que se propaga desde el interior, desde alta mar, hacia la costa, por lo que desde puerto, a simple vista, no se aprecia. La *marejada* es el movimiento agitado de la mar; cuando es más débil se denomina *marejadilla*. Estos movimientos se pueden producir aunque no haya borrascas ni temporales, y por eso son difíciles de prever.

Haber pasado/corrido **mucha agua** (bajo el/los puente(s)) Haber transcurrido mucho tiempo. *Ya no me acuerdo de cómo se llamaba la chica aquella que me perseguía por los pasillos del instituto. Ha pasado mucha agua desde entonces*.

Haber sido cocinero antes que fraile Se usa esta frase para señalar que alguien, antes de ocupar determinado puesto o de tener un trabajo estable, ha desempeñado otra actividad que conoce y puede opinar sobre ella. *Los profesores solemos saber de qué pie cojean nuestros alumnos por una sencilla razón: hemos sido cocineros antes que frailes*. Antiguamente era normal que muchos legos, que entraban en los conventos como cocineros, acabaran tomando los hábitos. El dicho está relacionado con un conocido refrán: *Quien ha sido cocinero antes que fraile lo que pasa en la cocina bien lo sabe*.

Haberse tragado alguien (el palo de) **la escoba** Ser altanero, distante, frío en el trato. Considerarse superior. *Antes era una persona simpatiquísima, muy agradable en el trato, pero desde que es concejal no hay quien lo aguante; parece que se ha tragado el palo de la escoba*. Quienes muestran este comportamiento suelen caminar erguidos, estirados, como si estuvieran sujetos por dentro con un palo o rodrigón, de ahí el dicho. A veces se usa en sentido literal, para describir a quien camina muy tieso, con la cabeza hacia arriba.

Hablando del rey/ruin **de Roma** La expresión es más larga, aunque se suele usar solamente la primera parte: *Hablando del rey de Roma, por la puerta asoma*. Se utiliza cuando llega una persona de la que en ese momento se está hablando. Antiguamente se decía *En hablando del ruin de Roma, luego (por la puerta) asoma*. Posteriormente, por deformación popular, el *ruin* se hizo *rey*.

Una persona *ruin* es alguien de mal comportamiento o trato, una de esas personas que suelen aparecer cuando menos se espera. *Roma* parece ser más una necesidad de rima que otra cosa. De todas formas, no es descartable que tanto *ruin* como *rey de Roma* hicieran referencia al papa, puesto que hasta 1903, año de la muerte de León XIII, los papas eran considerados reyes de Roma.

Hablando/hablar **en plata** (Hablando mal y pronto) Expresándose con claridad, aunque tal claridad implique rudeza o, incluso, usar alguna palabra malsonante: *Mira, tu comportamiento no me agrada. No actúas como yo creo que... Hablando en plata: no te soporto*. Se emplea *en plata* en contraposición con lo que sería más fino, aunque menos claro: *en oro*. Quizá también se deba a que antiguamente se grababan en placas de metal, muchas veces de plata, frases o discursos de importancia, que convenía dejar para la posteridad.

Hablar de la mar (y los/sus barcos) Hablar de cosas improbables o fantásticas. *Sí, eso que dices es muy bonito, pero aquí no hemos venido a hablar de la mar. Queremos propuestas serias y soluciones*. El dicho seguramente se origina referido a los relatos fantasiosos y sorprendentes sobre aventuras diversas e increíbles monstruos marinos que solían contar los marineros.

Hablar de/mentar **la soga en casa del ahorcado** Hablar de temas que pueden molestar o disgustar a alguno de los presentes. *Con tus comentarios sobre los niños hablaste de la soga en casa del ahorcado. ¿Es que no sabes que Luis y Marta no pueden tener hijos?* Se suele usar en forma negativa, como advertencia. *Si vas a comer con Jaime no se te ocurra hablar de Mariví: no mientes la soga en casa del ahorcado*. Evidentemente, no sería muy oportuno hablar de la soga o de la cuerda en casa de parientes o amigos de aquel al que le ha causado la muerte.

Hablar en chino (¿Es que hablo en chino?) Decir cosas ininteligibles. Hablar de cuestiones muy complicadas. *¿De qué habla? ¿De química? Pues para mí es como si hablara en chino. No estoy entendiendo nada*. Se usa mucho en forma de pregunta retórica para reprender a quien no nos hace caso. *Te he dicho mil veces que te pongas las zapatillas para estar en casa y tú nada, siempre con esos zapatones. ¿Es que hablo en chino?* La lengua china es considerada entre los occidentales lejana y complicadísima, prácticamente imposible de aprender. De ello dan testimonio otras expresiones de nuestro idioma: V. *Sonar a chino*||*Tenerlo en chino*.

Hablar en cristiano/román paladino Hablar de forma comprensible. *¿Qué es eso de* catering*?... A mí no me vengas con palabras inglesas, háblame en cristiano*. La expresión se usaba para indicar que el habla de los judíos y de los musulmanes —la *algarabía* (de *al-arabiyyah*, 'la lengua árabe')—, eran incomprensibles para los cristianos españoles. Se llamaba *román paladino*, literalmente 'romance claro', a la lengua que allá por los siglos XII y XIII ya no era latín, sino un romance peninsular procedente del latín, con el que se comunicaba el pueblo entre sí. Son famosos los versos de la *Vida de santo Do-*

mingo, de Gonzalo de Berceo (finales del s. XI-1252): «Quiero hacer una prosa en román paladino/en el cual suele el pueblo hablar con su vecino».

Hablar ex cátedra Hablar con autoridad y responsabilidad, con plena consciencia de lo que se dice. *Yo siempre me fío de los consejos de mi abuelo. Para mí habla ex cátedra*. La expresión latina *ex cathedra*, 'desde la cátedra', se empleaba, y aún hoy se emplea referida al Papa, infalible en materia de fe cuando habla como sucesor de san Pedro, es decir, desde la cátedra, desde la silla de san Pedro. V. *Sentar cátedra*.

Hablar largo y tendido Hablar mucho, de muchos asuntos, extensa y claramente. *La situación es complicada. Tenemos que sentarnos todos y hablar largo y tendido para intentar buscar una solución*. El término *tendido* significa en este contexto *extendido, extenso*.

Hablar más que un sacamuelas Hablar mucho y de cualquier asunto. *Cuando está Jorge nadie puede intervenir en la conversación, porque no te deja. ¡Qué tío! Habla más que un sacamuelas*. Según parece, los sacamuelas, profesión que antaño ejercían los barberos, eran pesados e incansables conversadores, herencia que, parece, han transmitido a los actuales peluqueros. Conocido es el chiste del barbero que en cuanto el cliente se sienta, le ata el paño al cuello y, antes de nada, le pregunta: «¿Fútbol o toros?»

Hablar para el cuello de la camisa Murmurar. Hablar en voz muy baja y con la cabeza gacha, de manera que sólo el cuello de la camisa podría entender lo dicho. *¿Quieres repetir en voz alta lo que acabas de decir? Es que, como hablas para el cuello de la camisa, yo no me entero de nada*.

Hablar por boca de ganso Habla por boca de ganso quien repite las palabras o las opiniones de otro. *Tú nunca tienes tu propia opinión. Repites todo lo que oyes, todo lo que lees y todo lo que te cuentan; hablas siempre por boca de ganso*. Varias son las explicaciones, todas verosímiles, que se han dado del dicho. La más simple se refiere al estúpido comportamiento de los gansos que, en cuanto grazna uno, graznan todos (v. *Hacer el ganso*). Otra interpretación aludiría a la repetición de algo que otro ha escrito, es decir, a un plagio, que al fin y al cabo es lo que está en el significado de la frase. Sabemos que las mejores plumas para escribir eran, precisamente, las de ganso. La tercera explicación se basa en que en el siglo XVII se llamaba *gansos* a los preceptores o ayos de los niños, que iban detrás de ellos a todas partes, como los polluelos del ganso. Los discípulos, claro está, repetían lo que sus maestros les enseñaban.

Hablar (hasta) **por los codos** Hablar en demasía y sin pensar mucho en lo que se dice: *En cuanto se toma un par de copas habla por los codos. No hay quien lo haga callar*. Ser indiscreto: *No le cuentes a Carlos lo que te he dicho, que habla por los codos y se lo puede cacarear a cualquiera*. La hipérbole nos lleva a pensar en una persona muy locuaz, que habla no sólo con la boca, sino con todo el cuerpo, en alguien que gesticula mucho, que mueve mucho los brazos y que, por tanto, dobla frecuentemente los codos. No es descartable tampoco que la expresión esté relacionada con la abundancia de conocimientos o la facilidad de palabra de quien mucho estudia, del que hinca o clava los *codos*. Por otra parte, algunos sostienen que tiene que ver con una de las formas de atar a los condenados, codo con codo. Para librarse del castigo, o para reducirlo, tenían que confesar, que hablar, que contar todo lo que sabían.

Hablar/discutir **sobre el sexo de los ángeles** Hablar de asuntos vanos, inútiles o intrascendentes, sobre argumentos que no aportan ningún interés ni llevan a ninguna solución. *Discutir si estamos a treinta y cuatro o a treinta y seis grados es como hablar sobre el sexo de los ángeles. Hace un calorazo terrible y punto.* Sabido es que los antiguos, ilustrados en las fuentes de los clásicos, eran aficionados a este tipo de discusiones, que incluso formaban parte fundamental de la docencia. V. *Discusión bizantina.*

Habló/díjolo/lo dijo **Blas**(, punto redondo) La expresión completa es *habló Blas* (o *lo dijo Blas), punto redondo,* aunque lo más habitual es emplearla con la forma que aquí se presenta. Con este dicho se trata de responder, irónicamente, a quien siempre cree tener razón y, en realidad, sólo dice tonterías, o que a causa del hastío se trata de cerrar una discusión dando la razón a quien en realidad no la tiene. *Así que Matías ha dicho que la gasolina no es tan cara como piensa la gente; pues muy bien, habló Blas.* Blas es un personaje inexistente cuyo nombre se toma como prototipo del tonto o del infeliz (véase la obra de Miguel de Unamuno *San Manuel Bueno, mártir*). Algunos, sin ningún argumento histórico, lo identifican con un señor feudal al que acudían sus villanos para resolver todo tipo de cuestiones. El tal Blas infundía tal temor que nadie osaba discutir sus decisiones, fueran cuales fueran. V. *Habló el buey y dijo mu.*

Habló el buey y dijo mu Con esta frase señalamos que ha hablado quien menos debía hacerlo, a quien menos caso se le va a hacer. *Todo el mundo diciendo que la paella estaba para chuparse los dedos y va él y dice que el arroz estaba pasado... Habló el buey y dijo mu.* La frase es muy antigua y se originó a causa de la fama de bobos y de poco inteligentes que tenían estos animales, hasta el punto de que Sebastián de Covarrubias afirma en su *Tesoro de la lengua castellana o española* (1611), con muchas posibilidades de que la hipótesis sea cierta, que *bobo* procede de *bove(m),* 'buey' en latín. Sostiene que bobo es el «hombre tardo, estúpido, de poco discurso, semejante al buei». Seguramente el dicho se revitalizó en el siglo XVIII a raíz de la aparición de una conocida e irónica fábula del poeta madrileño Juan Bautista de Arriaza (1770-1837): «Junto a un negro buey cantaban/un ruiseñor y un canario,/y en lo gracioso y lo vario/iguales los dos quedaban./—Decide la cuestión tú,/dijo el buey al ruiseñor,/Y metiéndose a censor/habló el buey y dijo mu». V. *Habló Blas.*

Hace un frío que pela Se utiliza esta expresión para decir que hace muchísimo frío, tanto que se nos cae la piel. *Para estar a mediados de junio hace un frío que pela, vamos a tener que sacar los abrigos*. Lo que parece simple exageración a veces se produce: la piel se levanta y aparecen los dolorosos sabañones.

Hacer a pelo y a pluma Dar igual una cosa que otra. Se emplea sobre todo para referirse a la ambigüedad en el comportamiento sexual. *Unas veces se le ve abrazado a una chica, otras a un chico... Para mí que ése hace a pelo y a pluma*. La frase proviene del argot de los cazadores, que igual disparan a liebres y conejos (pelo) que aves (pluma).

Hacer agua(s) Fallar, fracasar. Estar algo deteriorado. *De nada sirve tener una delantera fantástica, que marca un montón de goles si luego la defensa hace aguas por todas partes*. La expresión procede del lenguaje marinero, donde se aplica a la embarcación en la que se ha abierto una vía de agua, por la que está entrando agua en el interior, con el consiguiente peligro de hundimiento.

Hacer alguien de las suyas Actuar o comportarse una persona como se espera de su carácter. Se usa sobre todo de forma peyorativa. *Ya has hecho otra de las tuyas, ¿verdad? Has roto el jarrón con la pelotita. Es que no te puedo dejar solo ni un momento*.

Hacer alguien de su capa un sayo Obrar con excesiva libertad, de forma inadecuada, sin consultar con nadie o sin atenerse a ningún consejo. *Le he dicho que no me gusta que salga por la noche, pero él hace siempre de su capa un sayo y sale todas las noches*. La *capa* es una prenda sin mangas que se sostiene sobre los hombros y cubre los vestidos. *Sayo* es un vestido completo, una especie de hábito. De una capa no puede hacerse un sayo o, lo que es lo mismo, aquello que parece adecuado y correcto en una situación, no lo es en otra. Como dicen que dijo *el Guerra* (el torero), «lo que no puede ser no puede ser; y además es imposible».

Hacer alguien la guerra por su cuenta Actuar individualmente, sin ayuda, tratar de resolver personalmente un asunto, con lo que se suele acabar causando más problemas. *Lo único que está claro es que para sacar esto adelante tenemos que trabajar codo con codo, todos juntos. De nada vale que cada uno haga la guerra por su cuenta*. Está claro que no tendría mucho éxito —a no ser que se llamara Rambo— quien se empeñara en hacer la guerra por sí mismo. V. *Ir cada uno por su lado*.

Hacer añicos Hacer pedazos. Romper completamente, destrozar algo, bien sea en sentido real o figurado. *El pedrisco ha hecho añicos las ilusiones que los agricultores tenían puestas en la cosecha de este año*. Los añicos son los pequeños pedazos en que se divide una cosa al romperse. El término, que prácticamente sólo se usa en plural, procede del árabe *al-niqd*, 'lo roto, lo deshecho'. V. *Estar hecho polvo/añicos*.

Hacer boca Tomar como aperitivo. Literalmente, 'acostumbrar, hacer a la boca para la comida; prepararla para comer'. *Creo que para hacer boca voy a preparar un canapé.*

Hacer buenas o malas migas Tener buenas relaciones. *El gato y el perro, a pesar de lo que se pudiera pensar, hacen muy buenas migas.* La expresión, que se usa más en sentido positivo, alude al guiso típico de los pastores llamado *migas*, cuyos ingredientes son, fundamentalmente, pan y grasa. Si los ingredientes son adecuados, ligarán bien, harán, literalmente, buenas migas.

Hacer cábalas Hacer suposiciones, conjeturas o pronósticos. *Pues no sé qué menú nos pondrán en la boda y, además, para qué vamos a hacer cábalas. Nos comeremos lo que nos sirvan y en paz.* En la tradición judía la cábala es un sistema de interpretación, mitad mística, mitad esotérica de los textos del Antiguo Testamento, muchas veces sustentada en el cálculo numérico. La cábala resurgió, como doctrina secreta, una especie de código ocultista para iniciados, en la Europa de los siglos XII y XIII y alcanzó gran auge entre los judíos expulsados de España en 1492 y entre los que, supuestamente, decidieron convertirse. Rápidamente la cábala se asoció con la brujería y fue motivo de varias muertes en las hogueras de la Inquisición. El más famoso cabalista fue Nechonia ben Hakkana, que vivió en el siglo I a. C. y que compuso el *Bahin*, una especie de manual de la cábala. *Cábala* significaba en el antiguo hebreo rabínico 'tradición'.

Hacer carrera Prosperar. Alcanzar éxito en lo profesional. Llegar a una posición social acomodada, bien por méritos propios, bien a causa de ayudas ajenas, de algún que otro «enchufe». *Su familia era muy humilde, pero él, con gran esfuerzo, consiguió compaginar el trabajo en el campo con los estudios y poco a poco fue haciendo carrera. Hoy es uno de los cardiólogos más reputados del continente.*| *Así ya se puede; también hubiera hecho yo carrera teniendo un padre catedrático y un tío ministro.* V. *Hacer la calle.*

Hacer caso omiso No hacer caso. Ignorar algo de forma premeditada. *La Guardia Civil le advirtió de que no siguiera adelante, que las condiciones meteorológicas no eran buenas, pero él hizo caso omiso y, claro, acabó bloqueado por la nieve.* El término *omiso* es el participio pasado irregular de *omitir*, 'dejar de hacer algo; no decir, voluntariamente, una cosa'.

Hacer/construir **castillos en el aire**/en la arena (Hacer castillos de naipes/de arena) Tener sueños o ilusiones irrealizables o que se vienen abajo rápidamente, como irrealizables serían los supuestos castillos que no se apoyaran en el suelo —patrimonio de fábulas y relatos fantásticos—, como se acaban cayendo los castillos que se hacen con naipes o como acaban abatidos por el viento y por el agua los que se construyen con arena en la playa. *Creerse que estudiando un poquito a última hora se aprueban los exámenes es hacer castillos en el aire.* Curiosamente, los franceses y hasta los italianos, éstos por influencia del francés, emplean con este mismo significado la frase *Cons-*

truir castillos en España (Faire des châteaux en Espagne/Fare dei castelli in Spagna), quizá por la fama de inconstantes e improvisadores con la que siempre tenemos que cargar los españoles. V. *Construir en la arena.*

Hacer causa común Unirse con más personas para lograr algo que interesa a todos. Sumar los esfuerzos o intereses propios a los de otras personas. *Todos los vecinos debemos hacer causa común para conseguir que el Ayuntamiento peatonalice la calle de una vez por todas.* La locución procede del lenguaje jurídico, donde se usa para indicar que varios demandantes se unen para proceder en común, entre todos, contra alguien. V. *Con conocimiento de causa||Hacer frente común.*

Hacer/estar/dejar hecho **cisco**/picadillo/papilla/puré/trizas Destrozar algo o a alguien. En este último caso se usa para hablar de estados físicos o anímicos. *Ten cuidado, que puede haber cristales. Esta mañana se me ha caído un plato y se ha hecho cisco.|Estoy hecho picadillo. Ayer estuve jugando al tenis y hoy me duelen todos los músculos del cuerpo.|No ha conseguido superar lo del accidente. Se siente terriblemente culpable. La verdad es que está hecho trizas.* Todos los sustantivos que se usan aluden al estado en que queda el objeto o la persona, reducidos a fragmentos. El *cisco* es el carbón vegetal menudo; el *picadillo,* carne cortada en pedacitos muy pequeños; el *puré* y la *papilla,* los alimentos prácticamente reducidos a líquido y las *trizas* —del latín *tritus,* 'triturado, molido'—, todos los fragmentos, migas o partículas a los que se reduce un objeto cuando se rompe, de esta manera sobran otras explicaciones. V. *Estar hecho polvo||Armarse un cisco.*

Hacer cruz y raya Se expresa con esta frase el deseo de olvidarnos para siempre de algo o de alguien, de no volver a tratar nunca un asunto o relacionarse con una persona. *No vuelvo a viajar en avión. Siempre me tocan todas las huelgas, los retrasos, me pierden las maletas. De verdad te lo digo, cruz y raya.|Lo que me ha hecho Adela es muy grave. A partir de ahora, yo con ella cruz y raya.* V. *De la cruz a la fecha||Poner una cruz sobre algo.*

Hacer de tripas corazón Esforzarse por disimular el miedo, el cansancio o el sentimiento de tristeza para seguir actuando con normalidad. *Su padre había muerto el día anterior, pero él, haciendo de tripas corazón, no faltó a su trabajo.* Cuando el corazón está roto y no es capaz de superar una situación difícil, es decir, cuando no se puede apelar a los sentimientos o al raciocinio, las tripas, o sea, las vísceras menos *humanas* —si se permite la palabra— han de ocupar su lugar y cumplir su función. Éste es el sentido de la expresión. También, en un sentido más fisiológico, cuando estamos muy nerviosos o sufrimos un choque emocional grande, el estómago y las vísceras, «las tripas», parecen subírsenos al pecho.

Hacer el agosto Se emplea esta expresión para indicar que se ha hecho mucho dinero y de forma muy fácil en algún negocio. *Con estas últimas lluvias, los vendedores de paraguas han hecho el agosto.* Procede esta expresión de las ferias de ganado que durante la Edad Media se hacían en toda la Península, fundamentalmente en Castilla. Se celebraban en época veraniega y la mayor concentración de mercados tenía lugar en el mes de agosto, sobre todo el día 15, fiesta de la Asunción de la Virgen. Los feriantes salían con sus productos o con su ganado y, literalmente, *hacían el agosto*, es decir, iban de pueblo en pueblo comprando y vendiendo mercancía (v. *Cada uno habla de la feria según le va en ella*). Terminado el mes, regresaban a casa con buenas ganancias. Actualmente, y continuando la tradición, se siguen celebrando ferias y corridas de toros en media España. La expresión se refiere también a la recolección y a la vendimia, a la época en la que el campesino ve su trabajo transformado en dinero porque recoge y vende lo que su tierra le da y en la que el jornalero ve aumentadas sus ganancias con el trabajo en el campo. Las dos interpretaciones están fuertemente emparentadas.

Hacer el avestruz (Esconder/enterrar la cabeza como el avestruz) Demostrar miedo o cobardía. No dar la cara. No asumir una persona sus responsabilidades. *Nos hemos equivocado todos y entre todos tenemos que sacar esto adelante. De nada sirve hacer el avestruz, hay que dar la cara*. El avestruz, la mayor ave que existe, cuando se siente acosado baja su largo cuello y esconde la cabeza entre las plumas de su cuerpo; llega incluso a esconderla en agujeros que excava en el suelo.

Hacer el canelo Hacer el tonto. No comportarse de forma adecuada. *Claro, en vez de estudiar te pasas todo el día por ahí, haciendo el canelo y luego pasa lo que pasa*. El término *canelo* es nombre propio de perros, especialmente de los que tienen el pelo marrón, es decir, de color canela. Se aplica este término a quien, más que perrerías, hace «monerías» y se comporta de forma poco adecuada a su humana condición, por decirlo finamente. V. *Hacer el ganso*||*Hacer el indio*.

Hacer el egipcio Ser avaro en demasía. Tener mucho apego al dinero. Intentar obtener dinero por todo, muchas veces de forma poco clara. *Hay mucha gente que se pasa el verano haciendo el egipcio, dando conferencias de curso en curso y cobrando hasta por respirar.*|*En algunos países los propios policías hacen el egipcio y admiten sobornos para quitarte multas o para resolverte más rápidamente un trámite*. En las pinturas egipcias, las figuras humanas suelen representarse en una especie de danza de perfil, con los brazos flexionados y una mano extendida hacia delante, con la palma hacia arriba, y la otra hacia atrás, de forma que, según la interpretación popular, parecen estar pidiendo dinero. V. *Poner el cazo*.

Hacer el ganso/el oso (Ser un ganso) Hacer el tonto; comportarse de forma ridícula. *No me extraña que la gente no quiera estar cerca de ti ¿Te parece que una conferencia es lugar para hacer el ganso de esa manera?* Al parecer, son los gansos aves extremadamente memas y existen otros testimonios de ello en el español coloquial (v. *Hablar por boca de ganso*). *Hacer el oso* alude a esos desgraciados plantígrados que los cíngaros paseaban por los pueblos y que bailaban y hacían todo tipo de monadas, o mejor, *osadas,* al son de la música. Para ilustrar la explicación, baste reproducir aquí el final de la maravillosamente disparatada obra teatral *La venganza de don Mendo,* de Pedro Muñoz Seca (1881-1936): «Mendo.— Fuera, ocioso/Ved cómo muere un león/cansado de hacer el oso. *(Se clava el puñal [...])*/Manfredo.— ¡Qué puñalada!/Moncada.— ¡Tremenda!/¡Infeliz, se está muriendo./Mendo *(Agonizando).*— Sabed que menda... es don Mendo, y don Mendo... mató a menda». V. *Hacer el canelo*||*Hacer el indio.*

Hacer el indio Hacer el tonto o el ridículo. *Se tomaron dos copas de más y se pasaron toda la fiesta haciendo el indio.* Para explicar el origen de la frase normalmente se hace referencia a la extrañeza que en los primeros conquistadores de América causaron la lengua, el aspecto, las pinturas y los atavíos de los indios (y viceversa). Así parece confirmarlo el hecho de que en otras lenguas exista la misma expresión, como en italiano *fare l'indiano,* aunque en este caso con el significado de 'no querer enterarse de algo; hacerse el sordo'. De todas formas, Luis Carandell sostiene en su estupendo y curiosísimo *Diccionario de la españología* que la frase se originó en 1892 en Madrid durante los actos de conmemoración del IV Centenario del Descubrimiento de América. Se cuenta que se organizó una cabalgata por las calles de la ciudad en la que participaron numerosos figurantes disfrazados de indios, ante el regocijo y el pitorreo general de sus conciudadanos. Se cuenta también que por hacer el indio les pagaron dos duros, hecho en el que se originó otra frase que usamos habitualmente en la lengua coloquial: *¡Que te den dos duros!* (v.). V. *Hacer el canelo*||*Hacer el ganso.*

Hacer el paripé (Ser algo un paripé) Disimular. Fingir. Mostrar una actitud de cara al exterior que en nada coincide con lo que realmente se siente o se piensa. Cumplir un trámite. *Ella se lleva a matar con su cuñada, lo que pasa es que cuando se ven en este tipo de ceremonias o en alguna reunión familiar hacen el paripé.*|*Realmente hacemos el examen porque nos obligan. La verdad es que es un paripé, porque aprueba todo el mundo.* Todas las teorías apuntan a que *paripé* es una deformación del término caló *paruipén,* que entre los gitanos significa 'cambio; trueque' y, por extensión, 'fingimiento; hipocresía'.

Hacer el primo (Ser un primo) Comportarse de manera demasiado crédula o ingenua. Hacer un mal negocio. Dejarse engañar. *Me he comprado un coche de segunda mano y he hecho el primo, porque me he gastado ya más dinero en arreglarlo que si me hubiera comprado uno nuevo.* El uso de la palabra *primo* para denominar a alguien poco avispado y de escasas luces tiene un origen de lo más curioso. Se gesta durante el comienzo de la guerra de la independencia, en 1808, en una carta que envía el general francés Joachim Murat (1767-1815) al infante don Antonio Pascual de Borbón, hijo del rey Carlos IV, a raíz de los sangrientos sucesos del 2 de mayo en Madrid. En ella amenaza con pasar por las armas a todo el que se oponga a los franceses. Era habitual que el rey y la familia real se dirigiesen en sus cartas a los nobles y grandes de España llamándolos *primo,* costumbre que, con un fortísimo sentido de ironía, quiso adoptar el general de Napoleón para referirse al atontado e incapaz infante que, mientras su padre y el heredero, Fernando VII, permanecían secuestrados en Bayona, se dejaba engañar y manipular con suma facilidad por los manejos de Murat. Entre el pueblo madrileño acabó cuajando la expresión *Hacer el primo* con el significado de 'dejarse manipular'. De aquí evolucionó hasta el sentido actual.

Hacer/ser **el**/un **tancredo**/el don Tancredo Permanecer inmóvil en una situación de peligro, cuando lo esperable sería escapar. No preocuparse ni ponerse nervioso ante nada. Guardar la calma incluso en los momentos de mayor agitación o nerviosismo. *Fíjate, con el tráfico que hay y ese señor en medio de la calle sin inmutarse, haciendo el tancredo.*|*Todos estamos cardíacos con los exámenes y tú eres un tancredo; como si nada, tan tranquilo.* Se llamaba *don Tancredo,* quiza en recuerdo del primero que lo hizo, al personaje que antiguamente en algunos espectáculos taurinos se situaba inmóvil en el centro geométrico del ruedo, generalmente subido a un cajón o a una silla, a completa merced del toro. Precisamente la total inmovilidad era su única protección ante el animal que, debido a su deficiente visión, sólo lo embestía si se movía, o si, casualmente, tropezaba con él.

Hacer/ser **encaje de bolillos** Cavilar. Pensar durante mucho tiempo. Darle muchas vueltas a un asunto complicado. *Como no nos coincidían las vacaciones hemos tenido que hacer encaje de bolillos para encontrar unos días e irnos a la playa.* Los *bolillos,* diminutivo de *bolo,* son unos palitroques de madera a los que se sujeta el hilo con el que se teje el encaje. En la complicada elaboración de este tipo de tejido ornamental, los bolillos se entrecruzan rápida y hábilmente, siguiendo un dibujo predeterminado en cuya silueta, sujeta en un bastidor, se van clavando alfileres. Es un tipo de artesanía, totalmente manual, que aún existe en algunas zonas del centro-oeste de España. V. *Hacer filigranas*||*Hacer florituras.*

Hacer eses (Ir/andar haciendo eses) Estar borracho o mareado. *¡Que sólo se tomó una copita! Si cuando nos encontramos con él iba haciendo eses y ni siquiera nos conoció.* Las *eses* no son sino el zig-zag que va trazando al caminar la persona que se haya en tal estado. También se puede ir haciendo eses, voluntaria o involuntariamente, en un medio de transporte. *Mira aquel motorista ¡Está loco! ¡Cómo se puede ir por la autopista con este tráfico y haciendo eses!*

Hacer experimentos/pruebas **con gaseosa** Hacer pruebas inútiles, sin objetivos concretos. Hacer experimentos que no conducen a ningún fin. El químico que hiciera experimentos con sustancias inocuas, como la gaseosa, conseguiría, evidentemente, no quemarse con ácidos y evitar entrar en contacto con otras sustancias peligrosas, pero los resultados de tales pruebas serían del todo inútiles. *Probar el coche en una pista cerrada es hacer experimentos con gaseosa. Los coches hay que probarlos en ciudad y en carretera.* A veces, la frase se usa como advertencia, para indicarle a una persona que, antes de asumir riesgos inútiles o de provocar situaciones irremediables, intente hacer algunos ensayos previos. *Antes de teñir el abrigo yo probaría el tinte en algún trapo viejo de un tejido parecido. Es mejor hacer experimentos con gaseosa.* La frase «No se pueden hacer experimentos con gaseosa» se atribuye al escritor, periodista y filósofo catalán Eugenio d'Ors (1881-1954).

Hacer filigranas Hacer un gran esfuerzo mental para conseguir algo. Dar muchas vueltas para encontrar la solución a un problema o para realizar algún trabajo. Cavilar. *La modista ha tenido que hacer filigranas para adaptarle el vestido de novia. Le sobraba tela por todas partes.*|*Hay muchas familias que viven de un sueldo bastante bajo y tienen que hacer filigranas para llegar a fin de mes.* Llamamos *filigrana* a una obra de gran delicadeza y muy trabajosa, por lo general a las joyas que se hacen con hilos de oro o de plata, tejiéndolos como si de una tela se tratara. *Filigrana* es un término compuesto de *filo,* 'hilo', y *grana,* 'grano', pues se suelen emplear, como adorno o remate de la joya, unas pequeñas bolitas o «granos» del mismo metal con el que aquélla se elabore. Es famosa la filigrana charra, joyas de plata típicas de la provincia de Salamanca. V. *Hacer encaje de bolillos*||*Hacer florituras.*

Hacer/andar(se) con **floreos** (Ser algo un floreo) Emplear palabras o dichos ingeniosos o graciosos, aunque superfluos. Hacer juegos de palabras a modo de diversión o de demostración de ingenio, pero sin abordar temas serios o importantes. *Sí, en el discurso ha hecho un montón de floreos y ha sido muy divertido, pero yo no he sacado nada interesante.* El origen del término *floreo* hay que buscarlo en la esgrima, donde designa al adorno previo que hacen los tiradores antes de comenzar el combate, una especie de escorzo con la punta de la espada, un movimiento vibratorio del arma. *Florear* es, en su primera acepción, 'adornar con flores' (v. *Hacer florituras*); del adorno floral pasamos al adorno de la esgrima y, de él, al del lenguaje.

Hacer/andar con **florituras** (Ser algo una floritura) Adornarse de forma superflua. Buscar adornos innecesarios, aunque poco prácticos, en cualquier actividad. *Hoy día en el deporte de alta competición se busca lo práctico. La belleza en el juego, las florituras, pasan a un segundo plano.*|*Es un buen bailarín, aunque para mí hace demasiadas florituras y le falta un poquito de técnica.* En música se llama *floritura* al adorno innecesario que se hace en el canto. El término, como floreo (v. *Hacer floreos*), está relacionado con el verbo *florear,* 'adornar con flores'.

Hacer/formar (un) **frente común** Unirse varias personas o instituciones para lograr un objetivo. *Los principales partidos políticos han afirmado que* *se debe hacer un frente común contra el aumento del paro*. La expresión procede del lenguaje de la milicia, donde se usaba —y desgraciadamente se sigue usando— para señalar que dos o más ejércitos se aliaban para luchar con un enemigo común. *Las grandes potencias europeas hicieron frente común contra Napoleón*. El frente es el territorio en el que se combate. V. *Hacer causa común*.

Hacer fu, como el gato Huir. *Yo no sé qué tiene este niño contigo. En cuanto te ve hace fu como el gato y ya no le ves el pelo*. No querer saber nada de algún asunto. *Cuando le dijimos que había que poner dinero para el regalo de bodas de Carmen y Mario hizo fu como el gato y ya no hemos vuelto a saber de él*. *Fu* es la onomatopeya del bufido del gato, en este caso cuando escapa atemorizado. V. *Ni fu ni fa*.

Hacer/causar **furor** Tener muchísima aceptación. Estar algo o alguien muy de moda, tanto que, como se deduce del hiperbólico uso del término *furor*, llega a causar una suerte de locura, ira, obsesión y pérdida de control... Piensen en las y los *fans* de los grupos de moda. *En los años sesenta la música de Los Beatles causaba furor entre los jóvenes*.

Hacer gala de algo (Tener/llevar algo a gala) Alardear. Presumir de una cosa. *Luis hace gala de su cortesía y finos modales, pero en realidad es un pesado*. El término *gala*, posiblemente de origen germánico, es 'adorno, ornato' y, por tanto, algo inútil y superficial.

Hacer hincapié Insistir en algo. Referirse a una cosa de forma reiterada. *El conferenciante hizo hincapié en la importancia del latín en la enseñanza secundaria*. La palabra *hincapié*, formada con *hincar* y *pie*, es decir, 'clavar el pie', como quien quiere aferrarse a un lugar. La imagen es la de alguien que quisiera agarrarse, hundirse, *clavarse*, a sus argumentos.

Hacer la calle/la carrera Ejercer la prostitución. *Es lamentable ver cómo muchos emigrantes se ven obligados a hacer la calle en las afueras de las ciudades para sobrevivir*. En la aparición del sustantivo *calle* parece clara la alusión al hecho de recorrer la calle en busca de clientes. *Carrera* se ha interpretado tradicionalmente como una irónica y cruel referencia a la carrera académica, a los «estudios», pero Manuel Martín Sánchez en su *Diccionario de Español coloquial* nos ofrece una curiosa e interesante explicación sobre el origen del dicho, que bien podría ser cierta. Al parecer, en el Madrid del siglo XVII se obligaba por ley a las prostitutas a acudir los domingos a misa de doce, a la iglesia de la Victoria, situada en la Puerta del Sol, en la confluencia de la Calle de Alcalá y la Carrera de San Jerónimo. Antes y después de entrar, para «aprovechar el viaje», las prostitutas paseaban Carrera arriba, Carrera abajo en busca de posibles clientes. De aquí pudo haberse originado la frase. V. *Hacer carrera*.

Hacer(le) a alguien **la guerra sucia** (Ser algo una guerra sucia) Obrar con deslealtad, de mala fe. Traicionar a alguien. Buscar perjudicar o hacer daño a una persona. *La tienda de enfrente ha bajado los precios de una forma bestial. Más que competencia me está haciendo la guerra sucia.* Con *hacer la guerra,* y todo lo que ella implica, se sobreentiende una crueldad suficiente, pero incluso en la guerra hay ciertas normas y comportamientos que, según convenciones internacionales, deben respetar los bandos en conflicto. Personalmente, dudo mucho de que haya alguna guerra «limpia».

Hacer/preparar **la**(s) **maleta**(s) Prepararse para irse. Es, claro está, lo que hace quien se va de viaje. *A las dos semanas de casados hizo las maletas y se volvió a su tierra.* Se usa mucho para indicar que algún empleado o cargo público está a punto de dejar su puesto, por decisión propia o por voluntad de otros. *Creo yo que, tal y como van las encuestas de intención de voto, el presidente del gobierno puede ir haciendo las maletas.*

Hacer la/una **pamema**/pamplina (Ser algo una pamema/una pamplina||¡Pamemas!||¡Pamplinas!||Andar con/venir con/hacer pamemas/pamplinas) Hacer una tontería. *Para mí que Carlos hizo la pamema comprándose ese coche: lo barato acaba saliendo caro.* Andar o venir con *pamemas* es ser excesivamente remilgado, demasiado fino o poner excusas. *A mí no me vengas con pamemas ni con finuras: háblame claramente y vete al grano.*|*No vas a la boda porque no te apetece, no porque tengas ningún compromiso. Habla claramente, no andes con pamemas.* El término *pamema,* 'tontería; dicho o hecho vano e inútil', parece un vocablo nacido de la amalgama entre *pamplina,* 'cosa inútil o insignificante', en alusión a la hierba, inútil e incómoda, del mismo nombre que crece entre los sembrados, y *memo,* 'tonto'.

Hacer la peseta Hacer el gesto de desprecio que consiste en encoger los dedos de una mano dejando estirado únicamente el dedo corazón, muchas veces acompañado de un corte de mangas. El porqué del dicho resulta de lo más oscuro, pero nos atrevemos a aventurar que quizá se deba al gesto de tirar una peseta o cualquier otra moneda al aire para hacer un sorteo. *No contento con haberme adelantado por la derecha, cuando le pité sacó la mano por la ventanilla y me hizo la peseta.* V. *Hacer un corte de mangas*||*Hacer una higa.*

Hacer la rosca del galgo Ponerse a dormir en cualquier lugar. *Tú con tal de no hacer nada haces la rosca del galgo hasta en una cama de cardos.* El galgo, cuando duerme, se enrosca sobre sí mismo. De aquí el dicho.

Hacer la vista gorda No querer enterarse voluntariamente de algo. Fingir que algo no se ha visto. *El policía sabía que yo iba a más velocidad de la permitida, pero hizo la vista gorda y no me dijo nada.* El término *gorda* significa en este contexto 'torpe; poco ágil, poco fino o sutil'. Es como el que, no queriendo distinguir algo con nitidez, prefiere ver un bulto y no entrar en más detalles. El mismo sentido lo encontramos, aparte de la referencia al tamaño de la herramienta, en «pintor de brocha gorda».

Hacer las Américas Buscar trabajo en el extranjero. Hacerse rico, hacer un buen negocio, por lo general fuera del propio país y no sólo en América. *Hace años muchos excelentes científicos, a causa de las carencias de medios de nuestro país se veían obligados a hacer las Américas*. A veces, referido a cantantes o toreros, se usa en sentido literal. *En otoño, cuando acaba la temporada taurina en España, los toreros marchan a hacer las Américas porque allí es primavera*. La frase alude a quienes, desde el Descubrimiento y hasta mediados del siglo XX, marchaban a América en busca de fortuna. Algunos, los llamados indianos, la encontraban y regresaban a España cargados de dinero. V. *Cruzar el charco*.

Hacer las primeras armas (Hacer alguien sus primeras armas) Realizar por primera vez un trabajo o actividad. *Carlos Vázquez ha hecho hoy las primeras armas como nuevo delegado regional de turismo*. La frase tiene que ver con la formación que durante la Edad Media recibían los jóvenes caballeros. Desde muy temprana edad tenían maestros que los instruían en el manejo de las armas: espada y lanza. Quien empezaba su instrucción hacía, por lo tanto, sus primeras armas. V. *Velar armas*.

Hacer leña del árbol caído Criticar con dureza a alguien que ha tenido un fracaso o una desgracia. La expresión suele usarse en forma negativa. *Bastantes críticas se le hicieron ya al presidente durante su gestión. Ahora que ya no está, no sirve de nada hacer leña del árbol caído*. El árbol o el presidente caído tienen ya bastante castigo como para, encima, meterles el hacha maderera o el destral de la crítica.

Hacer limpieza (Hacer limpia) Eliminar personas u objetos inútiles o incómodos. *Al parecer el nuevo jefe quiere hacer una limpieza de personal, pero una limpieza a fondo. Quiere renovar prácticamente toda la plantilla*.

Hacer los honores Agasajar a los invitados o a los huéspedes. *Tú quédate en el salón haciendo los honores, que ya me ocupo yo de las cosas de la cocina*. Desde antiguo, y prácticamente en todas las culturas, a quienes visitan la casa propia se les dispensan todo tipo de cuidados y atenciones. La hospitalidad es una obligación. V. *A tal señor, tal honor*.

Hacer llorar a las piedras (Ablandar a las piedras) Se dice de un suceso enormemente conmovedor, que produce una gran pena, hasta el punto de que se ablandan los corazones más duros. *Las imágenes que vemos por televisión de esos niños hambrientos, raquíticos, que aún así no pierden la sonrisa, hacen llorar a las piedras*. Tal vez el origen de la frase esté en el relato de Eusebio, obispo de Cesarea (265-340) a propósito de una cruel persecución a la que fueron sometidos los cristianos de aquella antigua ciudad Palestina. Cuenta que, milagrosamente, con un cielo azul y despejado, sin una sola nube, las columnas que sostenían los pórticos de entrada a la ciudad comenzaron a destilar gotas de agua, semejantes a lágrimas.

Hacer malabarismos (Hacer piruetas) Aguzar el ingenio para conseguir algo. Meditar mucho hasta dar con la solución de algún asunto. *Con ese sueldo y dos hijos tienen que hacer malabarismos para llegar a fin de mes.|He tenido que hacer malabarismos para organizar los turnos de trabajo y las vacaciones, pero al final creo que me ha salido bien.* Los malabarismos y las piruetas son aquí mentales, claro está. *Malabarismo* aparece en nuestra lengua bien entrado el siglo XIX como calco del portugués. Llamaron *malabarismo* los portugueses a los complicados equilibrios, saltos o juegos de manos que hacían algunos individuos, expertos en estas lides, de la costa de Malabar, en el suroeste de la India. Esta zona era frecuentada desde el siglo XV por los marinos y comerciantes lusos en sus rutas comerciales hacia Oriente. *Pirueta* es una voltereta, un giro dado en el aire o en una superficie. Es un término procedente del francés, lengua en la que *pirouette* significó primero 'peonza' y más tarde 'giro, cabriola'. Se documenta en nuestra lengua a finales del siglo XVIII, época de los «afrancesados», en la que entra un considerable número de galicismos.

Hacer mangas y capirotes Hacer alguien lo que le da la gana. No hacer caso de nadie. *Yo creo que la culpa de que haya tantos accidentes de tráfico no la tienen las carreteras, sino los conductores, que hacen mangas y capirotes: ignoran las señales, sobrepasan los límites de velocidad, van hablando por teléfono, no descansan...* También se usa con el significado de 'hacer algo precipitadamente, sin poner atención'. *Hombre, para pintar una pared no hace falta ser ingeniero, pero tampoco se pueden hacer mangas y capirotes, como has hecho tú, que se notan todos los brochazos.* El término *mangas* designa aquí a los instrumentos utilizados en repostería, a la mangas pasteleras, las que se usan para meter dentro crema o nata y adornar los dulces; los *capirotes* son las caperuzas, esos «sombreros» cónicos que llevan los nazarenos. Tienen ambos la misma forma, y nada se hace de manera más rápida y sencilla: basta cortar un triángulo de tela y enroscarlo. Se pueden hacer, por lo tanto, sin pensar mucho y sin necesidad de ningún consejo.

Hacer manitas Acariciarse. Toquetearse. *Míralos. Son como dos tortolitos. Llevan veinte años casados y aprovechan la más mínima ocasión para hacer manitas.* El diminutivo tiene una fácil explicación: las manos parecen hacerse muy pequeñas, para meterse por todas partes, claro. V. *La fila de los mancos||Meter mano.*

Hacer mella Causar algo un daño físico y, sobre todo, moral en una persona. *Federico es muy fuerte, pero, aunque intente disimularlo, yo creo que la separación ha hecho mella en él.* La *mella* es una hendidura en el filo de un instrumento cortante. Mediante una sencilla metáfora trasladamos la «herida» en el objeto, duro y resistente, a la herida en el alma, por muy dura y acerada que sea, de la persona.

Hacer méritos Actuar con la idea de conseguir el reconocimiento de los demás, de «merecerse» algo. *Es un escritor genial y últimamente está haciendo méritos para conseguir el Nobel.* Hacer la pelota. *Éste está siempre metido en el despacho del jefe, se conoce que está haciendo méritos.*

Hacer mutis (por el foro) Irse de un lugar. *Cuando me di cuenta de que en aquella reunión sólo se pretendía hablar mal de quienes no estaban presentes, hice mutis por el foro.* Es una expresión procedente del mundo teatral, en el que *hacer mutis*, del latín *mutare*, significa 'mudarse; cambiar de lugar; marcharse; salir de escena' y, por extensión, 'callarse' —no está lejos la palabra *mutismo*—. El *foro* es la parte posterior del escenario, la que está más lejos del espectador, la opuesta a la embocadura. Es normal que en las acotaciones al texto teatral figure la instrucción *hace mutis por el foro*, cuando el autor desea que un personaje abandone el escenario. Por cierto, cuando un actor parece que abandona el escenario pero vuelve a él hace *medio mutis*. V. *Desaparecer de escena*||*Entrar en escena*.

Hacer novillos/pellas No cumplir alguien con una obligación, en especial, cuando no asisten los estudiantes a clase. *Había un niño en el colegio que, cada vez que faltaba a clase, traía un papel firmado por su padre en el que decía que estaba enfermo, hasta que descubrimos que en realidad hacía novillos.* La expresión se refiere a aquellos niños de los pueblos que, deseosos de ser toreros, se escapaban de la escuela o de las labores de la tierra para asistir a tentaderos o para torear, sin ser vistos, a los novillos de las dehesas. Cuando lo hacían de noche, como el gran Joselito *el Gallo*, se decía que *hacían lunas*. Una interpretación, tan pintoresca como aventurada, sugiere que la expresión se debe a la falsa creencia popular de que los judíos hispanos, en vez de dedicarse a sus obligaciones o de adorar a Dios, construían «toras», es decir, «hacían novillos». La expresión es un rocambolesco cruce entre la *Torah*, la ley escrita de los hebreos, el toro y el becerro de oro (v. *Adorar al becerro de oro*) que los israelitas construyeron en el desierto cuando Moisés subió al monte Sinaí para recoger las Tablas de la Ley (*Éxodo*, XXXII). La voz *pella*, procedente de la latina *pilûla*, diminutivo de *pila*, 'pelota', designa a una masa compacta, redonda, de una sustancia blanda que ya se empleaba en la Edad Media y que designaba, entre otras cosas, a la pelota que se usaba en el juego del frontón. Es posible que de aquí, de la acción de escaparse para ir a jugar a la pelota, derive el significado de *Hacer pellas*. No obstante, también podría pensarse en una fuga para hacer pellas de barro y lanzárselas a otros, o para hacerlas de argamasa y yeso, es decir, para trabajar en la construcción. En todo caso, como vemos, el origen de la expresión se presenta bastante oscuro.

Hacer/tener **oídos**/orejas **de mercader** Hacerse el tonto. Hacer alguien como que no oye. No querer enterarse, voluntariamente, de algo. *Escúchame y no hagas oídos de mercader, como es habitual en ti, que tengo que decirte algo muy importante.* Los mercaderes no se dejan convencer fácilmente por los compradores cuando les piden rebajas, ni por los vendedores cuando pretende aumentarles el precio de la mercancía. No les hacen caso.

Hacer oídos sordos No querer enterarse de algo. No hacer caso. No prestar atención. Es como si, de repente, uno tuviera la capacidad de cerrar los oídos, de «ensordecerlos» para que no le llegue aquello que no le apetece oír. *Lo mejor ante las críticas es hacer oídos sordos y seguir haciendo tu trabajo como hasta ahora*. V. *Por un oído me entra y por el otro me sale*.

Hacer pasillo/antesala Esperar para ser recibido por alguien. *Pues yo llevo aquí desde las nueve haciendo pasillo y aún faltan tres personas para que me toque*. Adular. Alabar a una persona poderosa o influyente con el fin de obtener algún beneficio. *Ahí tienes a Márquez. Así es como se consigue un buen puesto en la empresa: haciendo pasillo y dejándose ver.* Antiguamente, en los palacios de los reyes, los cortesanos solían permanecer mucho tiempo en los pasillos o salas contiguas a las dependencias reales con el único deseo de ser recibido o, simplemente, de hacerse ver por el rey o alguno de los miembros de la familia real. Eran, en suma, un enjambre de aduladores. V. *Las cosas de palacio van despacio*.

Hacer pinitos Dar los primeros pasos en alguna actividad. Comenzar a hacer por primera vez una cosa. *Es bastante habitual que los actores de cine hagan también sus pinitos como directores*. En la Antigüedad, y de ello se da testimonio en numerosas obras literarias, desde el *Libro de Buen Amor* a varias novelas cervantinas, *hacer pino, ponerse en pino, tenerse en pino,* significaba 'ponerse en pie', con evidente referencia al árbol. En plural, *hacer pinos* se aplicaba a los movimientos que hacía el niño para ponerse de pie cuando comenzaba a andar. De aquí proviene la expresión, endulzada hoy con el amable diminutivo, tan abundante en la lengua coloquial.

Hacer pis/pipí Orinar. Se trata de expresiones eufemísticas. *Pararemos sólo una vez a mitad de camino, para tomar un café y hacer pis*. Los términos *pis* y *pipí* parecen ser la onomatopeya de la micción.

Hacer pucheros Sollozar. Lloriquear. Hacer los gestos de quien se va a echar a llorar. *Este niño se pone a hacer pucheros en cuanto le riñes*. El origen de la locución podría estar en una «carantoña» que se hacía a los niños en la antigua Roma y que consistía en cogerlos por las orejas, como el que coge una olla o puchero por las asas y que al igual que otros gestos «cariñosos», como por ejemplo los pellizcos o cachetes, provocaban a veces el llanto. Por otra parte, también podría pensarse en que los hipos y ruidos que se hacen cuando se está a punto de llorar, son similares a los que salen de un puchero cuando la comida que está dentro cuece.

Hacer puente Tomarse uno o más días laborables de descanso cuando éstos quedan entre dos fiestas. *El martes es fiesta local y el lunes prácticamente todo el mundo hace puente*. La imagen que nos quiere transmitir la locución es la de un puente tendido entre dos días festivos para «vadear» el laborable.

Hacer quinielas Hacer conjeturas o pronósticos. Vaticinar. *Nadie se imagina quién va a ser el próximo ministro de Asuntos Exteriores. Los periódicos llevan más de una semana haciendo quinielas*. Quien intenta adivinar el resultado de algo actúa de la misma forma que el que en el popular juego de las quinielas hace pronósticos sobre si el partido lo ganará el equipo de casa (1), el visitante (2) o si terminará en empate. Antiguamente, la quiniela era un juego de pelota en el que tomaban parte cinco jugadores, de ahí el nombre, y también se denominaba así al pronóstico que se hacía sobre su resultado.

Hacer rancho/corro **aparte** Rehuir el trato con los demás. Mostrarse introvertido, huraño. Ser excesivamente individualista, poco sociable e incluso insolidario. *Él siempre se comporta igual. Todos bailamos, charlamos y nos divertimos y él hace rancho aparte, se mete en un rincón, siempre solo, y se dedica a leer el periódico o a mirar por la ventana.*|*Todos los compañeros hemos ido a ver a Luisa al hospital, excepto Martín, que ya sabes que siempre hace rancho aparte*. Antiguamente todos los comensales, ya fuera un grupo familiar, los jornaleros o los soldados —de aquí la aparición de la palabra *rancho*— solían comer, dispuestos en círculo, en *corro*, del mismo plato, de una fuente o bandeja que se colocaba en el centro de la mesa. Era, incluso, un rasgo de buena educación, un gesto de confianza, amistad o compañerismo (v. *Comer del mismo plato*). Quien se alejaba para comer era, por tanto, el individualista, el que no quería mantener ninguna relación con nadie. La expresión *hacer corro aparte* podría también deberse a quienes no participan de las conversaciones de los otros, a los que se limitan a relacionarse o a conversar con un íntimo círculo social o también se refiere a los comentarios aparte del grupo.

Hacer sangre Ensañarse. Mostrarse excesivamente cruel. Criticar muy duramente algo o a alguien. *Yo creo que, a pesar de que la crítica haya hecho sangre con su última interpretación de Tosca, es uno de los tenores con más futuro en el panorama lírico mundial*. La expresión seguramente nace en los torneos y justas medievales, referida a los contendientes que se tomaban demasiado en serio la lucha o que realmente luchaban a sangre o a muerte, costumbre que se trasladó a los duelos de honor, tan en boga durante el siglo XIX, que podían hacerse a primera sangre —bastaba que uno de los dos duelistas resultase herido— o a muerte.

Hacer seda Dormir profundamente. *Se acostó muy tarde y a las doce de la mañana todavía estaba haciendo seda*. Como se sabe, los gusanos de seda tejen un capullo en el que se encierran a *dormir*, hasta que se transforman en crisálida. V. *Como una seda*.

Hacer sombra a alguien Sobrepasar a una persona en méritos o calidad humana. Suele usarse en forma negativa. *Pelé ha sido, es y será el mejor futbolista del mundo y todavía no ha aparecido nadie que pueda hacerle sombra*. Quien hace sombra, quien quita el sol a otro es, lógicamente, quien es más alto y de mayor tamaño. Se llama también *hacer sombra* al ejercicio de entrenamiento de los boxeadores en el que, sin golpearse, el uno sigue los movimientos del otro, como si fuera su sombra. V. *Ser la sombra de alguien.*

Hacer tabla rasa Prescindir o desentenderse de algo, por lo general con la intención de volver a empezar un asunto. *Creo que es imposible restaurar esta casa. Tenemos que hacer tabla rasa y tirar prácticamente todo para pintarla, amueblarla y decorarla de nuevo.* Los romanos llamaban *tabula* a una tablilla encerada sobre la que escribían con un punzón. Para eliminar lo escrito, bastaba pasar un pedazo de madera o, simplemente, la mano para volver a igualar la cera, para rasarla. De aquí la expresión. V. *Medir por el mismo rasero.* Algunas explicaciones, sin mucho fundamento, identifican la expresión con el hecho de que la mesa *(tabula)* quedara completamente vacía *(rasa)* de viandas al acabar los pantagruélicos y larguísimos banquetes medievales.

Hacer teatro/(la) comedia Fingir. Simular. *Ni siquiera lo toqué, pero claro, el otro hizo teatro y el árbitro no sólo pitó penalty, sino que encima me expulsó.* El teatro, ya se sabe, es por naturaleza el arte del fingimiento. V. *Hacer una pantomima*‖*Montar una escena.*

Hacer tiempo Entretener la espera. Esperar el momento oportuno para hacer algo. *Llegué demasiado pronto al cine pero estuve haciendo tiempo mirando libros en la nueva librería que han abierto al lado.* Quien realiza alguna actividad mientras está esperando parece controlar mejor el tiempo, parece que lo puede manejar a su gusto, acortarlo o estirarlo a voluntad. V. *Matar el tiempo.*

Hacer/representar **un buen o mal papel** (Hacer un papelón) Llevar a cabo con éxito alguna acción o fracasar, según se deduzca del contexto. Parece claro que las expresiones tienen que ver con el mundo del teatro, referidas al buen o mal trabajo del actor. *Nuestros representantes han hecho un buen papel en los juegos olímpicos.*|*Está claro que el alcalde ha hecho un mal papel durante esta legislatura y se prevé que pierda un buen número de votos.* La expresión *hacer un papelón,* que en el mundo el teatro es una frase absolutamente elogiosa y positiva, se usa aquí irónicamente para indicar todo lo contrario: hacer el ridículo. *Nadie me dijo nada y yo me presenté sin traje en una fiesta que era superelegante. Hice un papelón.* V. *Invertirse/cambiarse los papeles.*

Hacer/dar/pegar **un corte de mangas** El corte de mangas es un gesto de desprecio que consiste en colocarse una mano en el antebrazo contrario y doblar el codo. A veces se acompaña de la acción de mostrar extendido el dedo corazón (v. *Hacer la peseta*‖*Hacer una higa*). Hacer un corte de mangas es, por tanto, 'despreciar, ignorar a una persona; burlarse de alguien'. *Todos esperaban heredar parte del dinero de la tía rica, pero ella les hizo un corte de mangas y le dejó todo a la sociedad protectora de animales.*‖*Cuando menos* *te lo esperas el destino te hace un corte de mangas y te toca sufrir, pero así es la vida.*

Hacer/haber **un enjuague** (Ser algo un enjuague) Asunto sucio o irregular que se realiza para conseguir algo de manera poco clara o ilegal. *Está claro que en la adjudicación de plazas han hecho un enjuague para colocar entre los primeros al enchufado de turno.* El verbo *enjuagar* hace referencia al último paso en el lavado de la ropa: quitarle el agua y el jabón y escurrirla para ponerla a secar. Finalizado esto la ropa está ya completamente limpia. De la misma forma, después del *enjuague* el asunto «turbio» o «sucio» ya está «limpio». V. *Ser algo un pasteleo*||*Ser algo un trapicheo.*

Hacer/firmar/tener **un pacto con el diablo** Se aplica a quien, pese a su avanzada edad, se conserva sorprendentemente joven. *Tiene setenta años y tú no le echarías más de cincuenta; parece que ha hecho un pacto con el diablo.* La frase se refiere a Fausto, el legendario personaje que vendió su alma al diablo con tal de no envejecer, reinterpretado por varios escritores a lo largo de la historia de la literatura, entre ellos el inglés Christopher Marlowe (1564-1593) *(The Tragical History of Doctor Faustus)* y los alemanes Johann Wolfgang Goethe (1749-1832) *(Faust)* y Thomas Mann (1875-1955) *(Doktor Faustus)*. V. *Venderle el alma al diablo.*

Hacer un pan como unas tortas/unas hostias Hacer algo mal cuando en realidad se quería hacer bien. *O sea, que yo he invitado a la fiesta a los dos, porque pensé que estaban enamorados y resulta que he hecho un pan como unas tortas, porque no se pueden ver.* El pan es el pan alto y con miga. Las tortas son diferentes, son más bajas —lo son aún más las hostias— y tienen menos miga porque llevan muy poca levadura. El panadero que, pese a su buena intención, se confunde al dosificar los ingredientes hace un pan como unas tortas o como unas hostias. Éste es el porqué del dicho.

Hacer una higa (Importarle una higa algo a alguien) Despreciar algo o a alguien. Burlarse de una persona o de una cosa. *Ya estaba harta de aguantar a su marido. Le ha hecho una higa y se ha ido a vivir por su cuenta.*||*El accidente ha sido terrible y me he librado por los pelos. Esta vez puede decirse que le he hecho una higa a la muerte.* La *higa* era un gesto, muy similar al de *Hacer la peseta* (v.), que se hacía antaño en señal de rechazo hacia alguien, para espantar el mal de ojo o, a modo de conjuro, cuando se hablaba de algún tema desagradable o tabú. Era normal que a los niños, para protegerlos de aojamientos, conjuros y maleficios, se les colocara al cuello una *higa,* un pequeño talismán que representaba una mano haciendo la higa. En el *Libro de la vida,* santa Teresa (1515-1582) afirma que, cuando sentía la presencia del diablo, presto a la tentación, le hacía una higa. V. *Hacer un corte de mangas.*

Hacer una/la **pantomima** (Ser algo una pantomima) Fingir. Simular. *Yo creo que no está enfadada realmente. Para mí que está haciendo una pan-*

tomima con el único motivo de que te acerques a ella para pedirle perdón. La *pantomima* es el género teatral en el que el actor se expresa sólo por gestos, sin usar la voz. Previo paso por el latín, el término nos llega del griego *pantómimos,* 'el que todo lo imita'. V. *Hacer teatro*||*Montar una escena.*

Hacerla buena Como tantas otras, esta locución significa —por un cambio semántico, fenómeno habitual en la lengua coloquial— todo lo contrario de lo que parecen indicar las palabras que la forman, pues se emplea para expresar que alguien ha hecho algo muy mal o de manera inconveniente. *Anda, que la has hecho buena, te has dejado los grifos abiertos y has inundado a la vecina de abajo.*

Hacerle a alguien el caldo gordo Actuar de forma que se favorece a otro, queriendo o sin querer. *Yo estoy seguro de que ese pobre desgraciado no es el culpable del robo, lo que sucede es que, con su silencio, está haciendo el caldo gordo a los verdaderos ladrones.* La explicación del dicho parece clara: el mejor caldo, el más gordo, o sea, el más espeso, el que tiene más sustancia y más tajadas, se hacía sólo en ocasiones especiales, o para las personas a las que más se apreciaba. Quienes nos caen peor van bien servidos con un poco de agua y un hueso, con el denominado «aguachirle».

Hacerle/seguirle **a alguien el juego** Adular o favorecer a alguien con el fin de obtener beneficios. *Ya sabemos que tienes un jefe que no tiene ni idea y que está absolutamente perdido, pero eso es mejor para ti. Hazle el juego, gánate su confianza y lo tienes todo resuelto.* La frase parece haberse originado en los juegos de cartas, cuando uno de los jugadores se equivoca al manejar los naipes y lo que consigue es favorecer a otro. A veces, voluntariamente, se hacía el juego que le favorecía a otro, con la intención de que éste ganara, por lo general con el propósito último de que fuera tomando confianza para, posteriormente, «desplumarlo», ganarle todo el dinero.

Hacerle a alguien el vacío Aislar a una persona o rehuir su trato. Literalmente, dejar vacío todo lo que la rodea. *Como María es tan criticona y siempre se va de la lengua, sus amigos han decidido hacerle el vacío por una temporada, a ver si escarmienta.*

Hacerle a alguien la boca un fraile/una monja (¡Parece que te ha hecho la boca un fraile!||Pedir alguien más que si le hubiera hecho la boca un fraile) Se dice de quien está constantemente pidiendo. *Tú nunca tienes nada. Un día que si un boli, otro que si unos folios, esta mañana que si la grapadora, ahora que si un disquete... A ti te ha hecho la boca un fraile.* Parece clara la referencia en el dicho a los antiguos clérigos mendicantes, que vivían de la caridad y de la limosna, pidiendo por pueblos y aldeas. Tenían muy mala reputación y se les consideraba gorrones y avaros. V. *Llegar a la hora del fraile*||*Pedir por boca de fraile.*

Hacerle a alguien la cama Conspirar contra una persona. *Todos aparentan llevarse muy bien con el jefe, pero por detrás le hacen la cama, porque quieren* *que se vaya de la empresa*. La expresión *hacer la cama* hace referencia a esa broma, un tanto cruel, en la que una persona se coloca, doblada sobre la cintura, a la espalda de otra, sin que ésta se entere, de modo que el bromista parece la cama del incauto. Todo esto, con el fin de que un tercero empuje a la víctima para que caiga sobre la espalda, sobre la *cama*, del otro. Por otra parte, y siguiendo una especie de deducción lógica que podría quizá conducirnos a otro posible origen de la expresión: la cama es para dormir. El que duerme no se entera de nada. Si alguien pretende que otro duerma, con el fin de que desaparezca de algún lugar o de que permanezca ajeno a lo que se trama contra él, para facilitarle el *sueño*, le hace antes la cama.

Hacerle a alguien la cusca/la cusqui Molestar. Fastidiar. Perjudicar. *Hay algunos alumnos que parece que van a clase con el único propósito de hacerle la cusca al profesor*. A veces también se usa como sinónimo de 'engañar'. *Me dijiste que este año nos íbamos de vacaciones, pero, como yo me imaginaba, me has hecho la cusca y acabaremos quedándonos en casa, como siempre*. Resulta poco menos que imposible rastrear el origen de *cusca* —*cusqui* es una variante expresiva, una especie de diminutivo—. Podría ser un término de origen onomatopéyico, surgido de esa especie de suspiro con el que expresamos contrariedad o fastidio.

Hacerle a alguien la/una **faena**/una putada (Ser algo una faena/una putada) Hacer algo malo o no adecuado a alguien. Perjudicar a una persona *El profesor de matemáticas me ha hecho la faena, porque me ha puesto un seis y yo necesitaba un siete para poder hacer una buena media*. La *faena* que aquí nos interesa es la que hace referencia a la labor del hombre ante el toro. El torero, tras haber engañado convenientemente al animal, tras haberle hecho la *faena* —existe también la expresión *Torear a una persona*—, lo mata. Se sabe que en la lengua coloquial los usos de *puto-puta*, generalmente como adjetivos *(No tiene un puto duro, Lo echaron a la puta calle)* y sus derivados no son precisamente muy positivos. Sólo detectamos un uso positivo en la expresión *De puta madre* (v.). V. *Meterse en faena*.

Hacerle a alguien la/una **mamola** Burlarse de alguien. *Ten cuidado con ése, que tan pronto se puede mostrar cariñosísimo contigo y ser el hombre más maravilloso del mundo, como te hace una mamola y desaparece para siempre*. La expresión *hacer la mamola* se refería al gesto, ya en desuso, que consistía en darle pequeños golpecitos con los dedos a una persona en la barbilla, como si tamborilearan sobre ella. A veces se le tocaba con el puño. Era una especie de falsa caricia con la que se resaltaba la ingenuidad de la persona en cuestión. Covarrubias en su *Tesoro* (1611) recoge las formas *mamola* y *mamona*. Esta última también aparece en *El Quijote*. El término *mamola* tiene su origen en el árabe *mamula*, 'caricia fingida'.

Hacerle a alguien la pascua Fastidiar, molestar o causar un perjuicio a alguien. *El niño me ha tirado la mayonesa en el vestido y me ha hecho la pas-*

cua, porque ahora no tengo nada que ponerme para ir a la fiesta. La *pascua*, del hebreo *pesach*, es la fiesta con la que los judíos conmemoran la salida de Egipto. En realidad la pascua recuerda un hecho alegre y de ello hay muestras en la lengua coloquial (v. *Más contento que unas pascuas*‖*Y santas pascuas*), por lo que, como tantas otras expresiones, como *estar apañado* o *estar listo*, el dicho *hacer la pascua* significaría, con un tono irónico, lo contrario de lo que significaba en su origen. De todas formas, algunas explicaciones, que podrían ser perfectamente válidas, refieren el dicho al cordero que los judíos comen en dicha fiesta y que se está engordando todo el año hasta que llega el momento de *hacerle la pascua*. El «perjuicio» que se le causa al pobre cordero, símbolo de la inocencia en nuestra cultura, es, como se puede deducir, irreparable. Por otra parte, *pesach* es en hebreo tanto *salida* como *paso* o *tránsito* y, según algunos, la frase también podría aludir al episodio bíblico del *paso* del ángel exterminador por las casas de los egipcios para dar muerte a todos los primogénitos. El sentido negativo de la expresión se generaría, por tanto, en este hecho. Actualmente, conservamos el significado de 'paso, tránsito' de la vida a la muerte en la *Pascua* de Resurrección y el sentido festivo de la *pesach* en las *Pascuas*, es decir, en las Navidades.

Hacerle a alguien la pelota/la pelotilla/la rosca/la rueda (Ser un pelota/un pelotilla/un pelotillero) Adular, halagar a una persona con el fin de obtener algún provecho. *Por más que me hagas la pelota, estás castigado y esta tarde no sales*. No está muy clara la explicación de la locución *hacer la pelota*, aunque podría referirse al hecho de que una persona que adula a otra (el *pelota*), la tiene en sus manos, y la toca, la aprieta, trata de redondearla, de amoldarla a su gusto, como el alfarero que modela una pelota o *pella* de barro. Más claro está el origen del dicho *Hacer la rosca*, que coincide en parte con la anterior explicación, en el hecho de que una persona *amase* a otra como si fuera un pan o una rosca; pero además no se ha de olvidar que la *rosca* es un pan o dulce redondo. Quien *hace la rosca* o *la rueda* a otra persona, la *rodea* permanentemente, gira siempre en torno a ella. Ambas expresiones podrían haber salido de la especie de «danza nupcial» que el gallo, el palomo y otras aves ejecutan ante la hembra, dando vueltas sobre sí mismas con la cabeza encogida y que suele denominarse *hacer la rueda*. V. *Adorar al santo por la peana*‖*Bailarle a alguien el agua*‖*Dar coba*‖*Dar jabón a alguien*.

Hacerle a alguien la puñeta Hacerle a alguien algo malo. *Yo pensaba que el Madrid iba a ganar el partido, pero me ha hecho la puñeta, porque ha perdido y me ha fastidiado la quiniela*. Es posible que *puñeta* sea una españolización de la palabra italiana *pugnetta*, 'masturbación; paja', claramente relacionada con *pugno*, 'puño'. También se llama *puñeta* a los adornos de encaje de los puños de algunos jueces y clérigos, aunque la relación con el dicho no parece clara en este caso. V. *Mandar a alguien a hacer puñetas*.

Hacerle a alguien la vida imposible Molestar permanentemente a alguien. Acosar sin descanso a una persona. *No sé qué hacer con mi ex novia. Lleva una temporada que me llama permanentemente, que se hace la encontradiza por la calle, que se presenta en el trabajo. Me está haciendo la vida imposible.*

Hacerle/echarle **a alguien los ojos chiribitas** Alegrarse. Ilusionarse. *A mí, delante de un buen plato de jamón ibérico, me hacen los ojos chiribitas.*|*Se nota que está enamoradísimo de ella: cada vez que la ve le hacen los ojos chiribitas*. Las *chiribitas,* término con el que se intenta traducir el brillo de los ojos de quien se muestra contento e ilusionado, no son otra cosa que *chispas*. V. *Estar alguien que echa chispas*||*Ver las estrellas.*

Hacerle a alguien luz de gas (Ser luz de gas) Intentar confundir a alguien. Intentar que alguien crea que sucede algo que en realidad no está sucediendo. *Los médicos le están haciendo luz de gas, pero yo creo que él sabe que la enfermedad que tiene es muy grave*. La frase se incorpora a nuestra lengua a partir del estreno de una famosa y extraordinaria película dirigida en 1944 por George Cukor e interpretada por Ingrid Bergman y Charles Boyer, *Gaslight* (Luz de gas), pues contrariamente a lo que era habitual en la época no se le cambió el título. La cinta narra la historia de una rica heredera cuyo marido, para quedarse con todo el dinero, intenta envenenarla. Según van apareciendo los síntomas de la enfermedad, él la va convenciendo de que en realidad está muy enferma y sufriendo los primeros síntomas de la demencia.

Hacerle a alguien padre Darle a alguien una gran alegría, como si se le comunicara que va a tener un hijo. *Cuando me has dicho que la declaración de la renta me salía negativa, me has hecho padre*. La figura del padre está presente en la lengua coloquial, claramente machista, como elemento positivo: cabeza de familia, responsable de la manutención familiar, figura que ha de respetarse... (v. *Darse la vida padre*||*De padre y muy señor mío*). Paralela a esta «beneficiosa» paternidad, aparece una expresión, no muy afortunada y digamos «poco elegante», relacionada con la maternidad: *De puta madre* (v.).

Hacerle a alguien tilín Gustar una persona o una cosa a otra. Sentir predilección por algo o por alguien. *Encarna se pone como tonta cuando ve a Carlos; se nota que le hace tilín.*|*Estará muy de moda y venderá muchos libros, pero a mí ese escritor no me hace tilín*. Es conocida —especialmente en los cómics y en los dibujos animados— la imagen de la campanita que suena para representar esa especie de aturdimiento que aparece con los primeros «síntomas» del amor. *Tilín* es la onomatopeya del sonido de la campanilla en cuestión. De quien está atontado —no se dice aquí que el enamorado lo esté— se dice que está sonado (v. *Estar sonado*).

Hacerle a alguien un flaco favor/servicio Se usa esta expresión para indicar que queriendo hacerle un favor a alguien, se le ha perjudicado, de ahí la aparición de la palabra *flaco,* usada antiguamente en nuestra lengua con el significado de 'perjudicial, negativo'. *Flaco favor me has hecho dejándome el coche. Me ha dejado tirado en la carretera y he tenido que pagar yo la grúa y la avería.*

Hacerle/cortarle **a alguien un traje** Criticar duramente a una persona. *Siempre que este director estrena una película la crítica le hace un traje, aunque luego hay que reconocer que la gente llena los cines, que es al fin y a cabo lo más importante.* Estamos ante una de las tantas expresiones irónicas de nuestra lengua que se usan para indicar todo lo contrario de lo que parecen sugerir. Quizá aquí el sentido negativo esté en el hecho de que quienes murmuran o critican usan metafóricamente las tijeras, como si estuvieran «recortando» al criticado, dividiéndolo en piezas, como el sastre cuando corta un traje.

Hacerle coro a alguien Apoyar siempre las opiniones de alguien. Mostrarse permanentemente de acuerdo con una persona, por lo general con el fin de adularla. *Claro, yo siempre que no estoy de acuerdo con la opinión de los jefes se lo digo y él sistemáticamente les hace coro. Así ha llegado donde ha llegado.* Quienes hacen los coros a un cantante van repitiendo lo que éste dice. V. *A coro.*

Hacerse/ponerse **algo cuesta arriba** (Hacérsele/ponérsele cuesta arriba algo a alguien) Transformarse un asunto en complicado, difícil de resolver. Necesitar un gran esfuerzo —en la expresión se indica mediante la locución *cuesta arriba*— para llevar algo a cabo. *Hasta marzo el curso se lleva bien, pero a partir de abril, cuando empiezas ya a tener cerca los exámenes, se hace muy cuesta arriba.*

Hacerse alguien unas gachas Enternecerse. Mostrarse excesivamente meloso. Metafóricamente, derretirse, deshacerse. *Puedo enfadarme con ella muchísimo y hasta pegarle cuatro voces, pero cuando me mira a los ojos y me sonríe de esa forma tan especial es que me hago unas gachas.* Las *gachas* son una especie de papilla con agua y sal a la que se suele añadir leche y miel. Se mezclan, por tanto, lo tierno y lo dulce: la persona en cuestión se «hace papilla» y se «endulza». V. *Estar colado por alguien o por algo.*

Hacerse (de) **cruces** Mostrarse muy sorprendido ante algo. *No sé por qué ahora te haces de cruces porque te digo que quiero estudiar medicina, si ya sabías que nunca he querido ser abogado.* La expresión se refiere a la costumbre de santiguarse o persignarse, de hacer la señal de la cruz para invocar la protección divina ante un hecho extraño o una dificultad. V. *La primera, en la frente.*

Hacerse de nuevas Fingir que no se sabe algo que de antemano se conoce. *Me dijeron que al final del verano se casaban. Yo ya lo sabía, porque me lo había dicho Raquel, pero, claro, me hice de nuevas.* El término *nueva* se usa con el significado, hoy prácticamente en desuso, de 'novedad, noticia', que aparece también en las expresiones *Hacerse de nuevas* (v.) y en *La buena* *nueva*, dicho que se usa para anunciar una noticia positiva y, especialmente, en la liturgia católica referida al nacimiento de Cristo. V. *Cogerle algo de nuevas a alguien*.

Hacerse de oro Enriquecerse. *Nadie lo hubiera dicho cuando empezó, pero se ha hecho de oro fabricando sillines de bicicletas*. Ya sabemos las connotaciones que el preciado metal tiene en la vida y en la lengua.

Hacerse de rogar Resistirse ante las peticiones o pretensiones de otros que, más que proponer o pedir, parece que deben rogar. *Venga, no te hagas de rogar, anda, que en el fondo estás deseando venir con nosotros el fin de semana*.

Hacerse eco de algo Recoger una información ya adelantada por otros. Repetir. Reproducir. Es al fin y al cabo lo que hace el eco. Se usa mucho en el lenguaje periodístico. *Todos los periódicos se hacen eco de las declaraciones del presidente del Gobierno durante su visita a China*. V. *Tener eco*.

Hacerse el harakiri/hara-kiri/haraquiri Suicidarse. Se suele usar en sentido figurado, para dar a entender que alguien ha fracasado en alguna actividad por su propia culpa. *Le dije que poner los precios tan bajos era hacerse el harakiri y no me hizo caso. Ahora, claro, tiene que cerrar la tienda*. El *harakiri* es el suicidio ritual japonés: abrirse el vientre con una espada, que es, precisamente, lo que significa la palabra: *hara*, 'vientre' y *kiri* 'corte'.

Hacerse el longuis/longui No querer enterarse de algo. Fingir que no se ve o no se oye. Hacerse el distraído. *Ya le he dicho al jefe que prefiero tener las vacaciones en septiembre, pero se ha hecho el longuis. Ha dicho que tenía mucha prisa y que ya hablaríamos*. Los términos *longuis* y *longui* vienen de *longuiso*, vocablo de germanía, la jerga de los delincuentes de los siglos XVI y XVII, que se aplicaba a quien simulaba distracción, ausencia o lejanía, física y mental, cuando en realidad estaba plenamente atento a lo que sucedía. En el origen de *longuiso* parece estar el término latino *longus*, 'lejano, apartado'. Tal vez sea también ésta la razón por la que decimos que alguien muy avispado, muy vivo, es *muy largo*. V. *Ser alguien corto o largo*.

Hacerse el sueco Desentenderse voluntariamente de algo. No hacer caso. Disimular para hacer creer que no se oye o que no se ve. *Ayer me crucé con tu primo, pero, cuando iba a saludarlo, se hizo el sueco y pasó de largo*. La explicación más *folclórica* del dicho lo sitúa un par de siglos atrás, cuando llegaron a España los primeros viajeros o, si se prefiere, los primeros *turistas* de países del Norte. La expresión adquiriría carta de naturaleza durante los años del *boom* turístico español, finales de los cincuenta y principios de los sesenta. Por esa época comenzaron a llegar a las playas de nuestro país, lo que no dejaba de constituir una especie de atracción de feria, gentes hasta entonces poco vistas, hombres y mujeres rubios y altos. Tanto en el caso anterior, como en éste, por antonomasia y aunque fueran de otro país, se llamó *suecos* a los exóticos extranjeros. Evidentemente, el sueco no entendía cuando se le hablaba en español y, lógicamente, no se daba por aludido. La explicación más científica, y seguramente más cierta, trata la palabra *sueco* no como el gentilicio de Suecia, sino como un derivado de la palabra latina *soccum,* origen del actual *zueco,* y que era una especie de zapato bajo de madera usado por los actores cómicos latinos y griegos, a diferencia de los trágicos, que usaban una especie de botas altas llamadas *coturnos*. El *soccum* era, pues, el calzado que tipificaba a los personajes graciosos, los que representaban a personas vulgares o de poco entendimiento. De ahí que *hacerse el sueco* signifique 'no entender' o 'no enterarse', y también que de *soccum* provengan, aparte de *zueco,* palabras como *zoquete* o *socarrón*.

Hacerse humo Desvanecerse. Desaparecer. El humo es el último resto de algo que existía y también acaba desapareciendo. Antes venía por aquí casi cada día, pero se ha hecho humo. *Hace más de tres meses que no se le ve el pelo.*|*¡Hala! Vete de aquí, que estorbas. Hazte humo, venga.*

Hacerse (de) **la picha un lío** Liarse. Embrollarse. Confundirse con facilidad. *Al final me he hecho la picha un lío con los verbos irregulares y me parece que he metido la pata en tres o cuatro preguntas*. El término *picha* es una de las múltiples denominaciones del *pene* en la lengua coloquial, tal vez una variante de *pijo-pija*. ¿Verdad que resulta bastante extraño «hacerse un lío» con tal parte del cuerpo? ¿Se lo imaginan con un nudo? Pues precisamente en tal hipérbole parece estar la gracia de la expresión que se suele usar referida a quien se equivoca con lo que, aparentemente, resulta más sencillo.

Hacerse/criar(se) **mala sangre** Enfadarse. Estar de mal humor. Mostrar odio o rabia. *Ya sabes que Carlos tiene esos arranques en los que dice cosas que en realidad no piensa. Es mejor que no le hagas ni puñetero caso y no te hagas mala sangre*. Los antiguos creían que quien con frecuencia se mostraba colérico envenenaba su sangre, creencia seguramente radicada en el enrojecimiento o amoratamiento de la cara de quien se enfada con vehemencia, que parece estar a punto de sufrir una congestión. V. *Estar negro*.

Hacerse un hueco Conseguir una posición en un lugar, bien sea de forma real o figurada. *Con mucha paciencia y un poquito de caradura conseguí hacerme un hueco en primera fila.*|*Es jovencísimo, pero ya se ha hecho un hueco entre los escritores de más renombre de la última generación*.

Hacerse un ovillo Enroscarse alguien sobre sí mismo. Encogerse. Adoptar la posición fetal. *Yo no sé cómo puedes dormir hecho un ovillo, con lo incómodo que debe de ser eso*. El ovillo es la bola que se forma cuando se enrolla o devana el hilo, especialmente el de lana.

Hacerse/armarse alguien **un taco** Confundirse. Liarse. *Tengo tantos alumnos que me hago un taco con los nombres y no consigo identificar prácticamente a ninguno*. Es muy posible que la frase tenga que ver con la acción de colocar o de *armar* el *taco* (v. *Armar el taco*) en las antiguas armas de fuego. El *taco* era un cilindro de estopa, trapo o papel que se colocaba entre la pólvora y el proyectil para conseguir una mayor efectividad en el disparo. A veces, si no se hacía bien, podía ser incluso peligroso para el que disparaba; en estos casos, de forma irónica, se emplearía la expresión que nos ocupa.

Hacerse una composición de lugar Tomarse tiempo, reflexionar antes de llevar algo a cabo. Conocer previamente el estado de algo con el fin de tomar una decisión. *No podemos comprar un coche así como así. Antes tenemos que hacernos una composición de lugar: ver qué modelo preferimos, cuánto nos queremos gastar, qué vamos a hacer con éste que tenemos...* La frase nos lleva a pensar en quien, antes de acudir a un lugar, estudia los planos para intentar imaginarse cómo es. Podríamos pensar, por ejemplo, en quienes, antes de lanzar un ataque o de dar batalla estudiaban detenidamente el terreno más apropiado para sus intereses en la lucha. La expresión bien podría haber salido, por tanto, del lenguaje militar.

Hacérsele/antojársele **a alguien los dedos huéspedes** Sospechar de todo el mundo. Ser excesivamente receloso y suspicaz. *En cuanto está con más gente se le hacen los dedos huéspedes y no deja de pensar en que todo el mundo la mira mal y la critica.* La expresión, hiperbólica y surrealista, nos lleva a pensar en una persona tan sumamente desconfiada que hasta sospecha que sus propios dedos son de otro. Quevedo (1580-1645) emplea la frase con otro sentido en varias obras, referida al ladrón que robaba las bolsas o carteras de otro: los dedos se metían en una «casa» que no era suya, eran huéspedes.

Hacérsele a uno la boca agua Tener muchas ganas de una cosa, especialmente de comer algo. *Ese pollo asado tiene una pinta que se me está haciendo la boca agua.* Cuando alguien tiene muchas ganas de comer, las glándulas salivales comienzan a expulsar saliva dentro de la boca. De ahí la hipérbole, que pretende dar a entender que se tiene la boca tan llena de saliva que es agua.

Hasta el más tonto hace relojes La frase sugiere que cualquier persona, pese a que podamos dudar de sus capacidades, puede hacer cualquier cosa, por muy difícil que parezca. *Nunca hubiera pensado que Luis pudiera sacarse el carné de conducir. Hasta el más tonto hace relojes.* Fabricar relojes es una tarea que requiere de experiencia y precisión, un trabajo para el que no está preparado todo el mundo.

Hasta el rabo, todo es toro Se trata de una expresión procedente del mundo de los toros, que se usa para indicar que, hasta que no termina algo, no se puede hablar de éxito ni de fracaso. *Sí, vamos perdiendo dos cero, pero quedan aún quince minutos y hasta el rabo, todo es toro.* Los toreros saben muy bien que el toro no es sólo cabeza y cuernos, que no te puedes fiar del animal ni aunque le estés viendo la grupa.

Hasta en la sopa [estar; encontrarse] En todas partes. *En cualquier revista que abres te la encuentras. Está hasta en la sopa.* Una sopa puede elaborarse con cualquier alimento o, dicho de otra forma, en la sopa se puede encontrar de todo. En la expresión parece haber una referencia a la *sopa boba,* el sopicaldo, elaborado con huesos, verduras, legumbres, con restos de comidas y cualquier producto alimenticio que hubiera a mano, que se servía en algunos conventos para dar de comer a los más necesitados. V. *Estar a la sopa boba.*

Hasta la bandera (Lleno hasta la bandera) [estar] Abarrotado. Lleno hasta el máximo posible. *No vimos nada de la ceremonia, porque llegamos cinco minutos tarde y la iglesia estaba hasta la bandera.* Suele creerse, quizá por la excesiva frecuencia con la que se aplica en el lenguaje taurino, que la expresión se refiere en su origen a las plazas de toros repletas de gente, tanto que casi se acomodan en el tejadillo, donde ondea la bandera. Es posible que, en cambio, naciera en el lenguaje marinero, para indicar que un barco iba muy cargado, *Hasta los topes* (v.), es decir, hasta lo más alto de los palos, lugar en el que suelen colocarse las banderas.

Hasta la médula/los tuétanos/el tuétano Por completo. Intensamente. Hasta lo más profundo o hasta lo más íntimo. Se suele aplicar a actitudes o sentimientos. *No le hagas caso, es tonto hasta la médula.|Ella estaba enamorada hasta los tuétanos pero él no le hacía ni caso.* La *médula* (se admite también la forma *medula)* o *tuétano* es la sustancia que se encuentra en el interior de los huesos.

Hasta las cachas Por completo. Con total convencimiento. Se usa sobre todo para hablar de formas de pensar o de sentimientos. *Mi abuelo siempre fue comunista hasta las cachas.* Las *cachas* son cada una de las dos piezas que forman el mango del cuchillo o de la navaja, por lo que la expresión en un principio fue *Hundirle a alguien el cuchillo hasta las cachas,* es decir, completamente. Hoy ha quedado sólo la segunda parte. Algunas interpretaciones identifican estas *cachas* con la forma coloquial de llamar a las *nalgas.* Quien estuviera involucrado hasta las cachas en algo estaría metido hasta la cintura, con graves problemas para salir. Vamos, que habría metido la pata hasta el fondo. La primera explicación es, qué duda cabe, mucho más convincente.

Hasta las cejas [meterse; hundirse] Del todo. Por completo. Se suele usar cuando una persona se ha metido en graves problemas. *Parece ser que un alto cargo del Ministerio está metido hasta las cejas en un asunto de corrupción.* La locución nos hace pensar en quien se hunde en el agua o en un terreno pantanoso: cuando las aguas o el barro llegan a las cejas ya no hay salvación posible.

Hasta las trancas/trencas Totalmente. *El director del banco, al parecer, está metido hasta las trancas en un sucio asunto de evasión de divisas.* El término *trancas* hace referencia a las estacas con las que se cierran las puertas, por lo que no tendría mucho sentido buscar en esta palabra la explicación de la locución. Sí lo tendría si pensáramos que se trata de una deformación de *Hasta las trencas,* expresión hoy prácticamente en desuso y que, con el significado que antes se indicó, aparece en el episodio de *El Buscón* que en el capítulo V narra las burlas de Alcalá. Los estudiantes alcalaínos gastan a Pablos una burla cruel: hacen sus necesidades sobre la cama del pobre Buscón sin que éste se entere: «Acostéme y cubríme y torné a dormir; y como entre sueños, me revolcase, cuando desperté halléme sucio hasta las trencas». *Trencas* son los palos que sujetan los panales dentro de las colmenas. Cuando la miel es muy abundante, cae hasta las trencas y llena por completo la colmena; imagen que, por el puente de la metáfora, nos lleva a entender perfectamente la desgracia del desdichado Pablos. Por otra parte, se llama también *trencas* a las raíces principales de una cepa, a las más profundas, significado en el que también se advierte cierta relación con el de la expresión que nos ocupa.

Hasta los gatos quieren zapatos Se usa esta frase para hablar de las pretensiones desmesuradas o inadecuadas de una persona. *Antes nos conformábamos con un balón o con una muñeca. Hoy en día cualquier niño pide de regalo un ordenador, incluso los que no levantan un palmo del suelo. Hasta los gatos quieren zapatos.* Como sucede en otros tantos casos de la lengua coloquial, la frase se debe a la poderosa fuerza de la rima, única razón por la que podemos calzar a los gatos y no, por ejemplo, a los perros, o por la que podemos ponerles zapatos a los felinos y no sandalias...

Hasta los topes (A tope||Lleno hasta los topes) [estar] Completamente llena alguna cosa o algún lugar. *Anoche fui al cine y estaba hasta los topes.* Los *topes* son hoy los límites de algo, palabra derivada de los *topes* de los vagones del tren. El *tope* es, aparte del punto en el que choca o *topa* una cosa, término onomatopéyico del sonido del golpe, el extremo más alto del palo de un barco, palabra que entra en español a través del antiguo germano *top*, 'cumbre, cima'. De un barco que iba muy cargado se decía, con una hipérbole propia de la lengua coloquial, que iba *a tope* o *hasta los topes*. La expresión *Hasta el tope* aparece registrada en español antes de que se inventase el ferrocarril, por lo que seguramente se refiere a la parte más alta del palo de los veleros, llamada también *tope*. V. *Hasta la bandera*.

Hasta que Colón/san Juan **baje el dedo** (Cuando Colón baje el dedo) Se quiere decir con esta frase que algo va a durar muchísimo tiempo. *Me has puesto tanta paella que me parece que no voy a terminármela hasta que Colón baje el dedo.* En muchas ocasiones esta expresión significa 'nunca'. *Dicen que dentro de un par de años estará lista la autovía, pero yo creo que, con el ritmo que llevan, van a terminarla cuando Colón baje el dedo.* Colón, como san Juan Evangelista, suelen representarse en esculturas o pinturas con el dedo índice alzado, el uno señalando América, el otro, indicando a la Virgen el camino del Calvario. V. *Cuando las vacas vuelen*.

Hasta (más) **verte, Jesús mío** Se emplea esta expresión para despedir a alguien o a algo que no se sabe si va a regresar. *¿Que le has prestado diez mil pesetas a Carlos? Pues hasta verte, Jesús mío, porque no te las devolverá.*

Hace años en los refectorios de los conventos se daba a los frailes el agua y el vino en unos cuencos que en el fondo llevaban grabadas las iniciales I.H.S. (*Iesus Hominis Salvator,* es decir, 'Jesucristo, Salvador de los hombres'). Cuando apuraban completamente el cuenco, aparecía el nombre de Jesucristo, por lo que, jocosamente, se despedían de Él hasta la próxima vez en que se vieran, o sea, hasta que volvieran a apurar el vino o el agua. De ser una frase empleada únicamente a la hora de brindar, pasó al uso que tiene en la actualidad.

Hay más días que longaniza(s) Con esta frase se quiere dar a entender que siempre hay tiempo para hacer algo, que no se deben precipitar los acontecimientos. *Tenemos un mes para visitar París, o sea, que no vamos a ver todo en una semana, que hay más días que longanizas*. El dicho tiene un origen gastronómico y alude a la necesidad de ahorrar la comida en época de escasez para que no falten embutidos. Con este sentido ya es recogido en obras del Marqués de Santillana (1398-1458) y en el *Tesoro,* de Sebastián de Covarrubias (1611).

Hay moros en la costa Usamos esta expresión para indicar que en determinado lugar hay peligros, problemas o personas cuya presencia resulta incómoda. *Es mejor que me lo cuentes fuera que aquí hay moros en la costa y nos puede oír cualquiera*. La frase, que se emplea más en forma negativa (v. *No hay moros en la costa*), se usaba para advertir desde las atalayas a los barcos y a los habitantes del litoral, especialmente de las costas del Estrecho de Gibraltar, de la presencia de piratas berberiscos cerca de la costa.

Hay ropa tendida Se usa el dicho para indicar la presencia de alguna persona ante la que no se debe decir algo, especialmente niños. *Bueno, bueno, no me cuentes detalles de la película porno, que hay ropa tendida*. Parece ser que la expresión era propia del lenguaje carcelario y de los delincuentes de hace años, que la incluían en sus conversaciones cuando querían avisar de la presencia de alguien incómodo, normalmente algún vigilante o policía.

Hecha la ley, hecha la trampa (El que hace la ley hace la trampa) Aseguramos con esta frase que toda ley tiene recovecos, excepciones o casos por los que alguien, normalmente el que la conoce, el poderoso, puede incumplirla y librarse así de la acción de la justicia. *Se libró de la cárcel porque el tribunal rechazó la grabación de vídeo al considerar que violaba la intimidad del acusado. Ya sabemos lo que pasa en estos casos: hecha la ley, hecha la trampa*.

Helársele a alguien la sangre (en las venas) (Helarle algo la sangre a alguien) Sobrecogerse a causa de una sensación muy fuerte de disgusto, angustia o miedo. *Mira que me conozco* Psicosis *de memoria, pero cada vez que veo esa imagen de la sombra del cuchillo en las cortinas de la ducha se me sigue helando la sangre*. Quien sufre una gran impresión queda paralizado, frío, sin poder reaccionar, como si la sangre dejara de circularle. Todo lo contrario es lo que le sucede a quien le *hierve la sangre*. V. *Hervirle a alguien la sangre*||*No tener ni una gota de sangre en las venas*.

Herrar o quitar el banco Usamos esta frase para indicar que una persona está en la disyuntiva de cumplir con su obligación o renunciar a su empleo o cargo. *Un ministro tiene que llevar a cabo una gestión transparente y si se ve obligado a investigar a miembros de su propio partido debe hacerlo: tiene que herrar o quitar el banco*. El dicho se basa en la leyenda de un herrero al que sus vecinos permitieron instalarse en medio de la calle, para atender mejor a las caballerías que por allí pasaban. Transcurrieron los días, el herrero no se estrenaba y su *banco* (la mesa de trabajo) y todos sus aparejos y herramientas interrumpían el paso por la calle. Los vecinos, cansados de las molestias, le hicieron una advertencia: *herrar o quitar el banco*. O trabajaba, o se iba al taller.

Hervirle/calentársele/quemarle/pudrirle **a alguien la sangre** Ser muy inquieto y activo. Ser muy nervioso. *Este niño no puede estar más de cinco minutos parado. No deja de moverse, de correr, de saltar. Le hierve la sangre*. Enfadarse mucho. *Cuando veo cómo te trata y que tú no le dices nada y te callas es que me hierve la sangre. Un día le voy a soltar cuatro frescas*. En ambos casos se produce una fuerte sensación de desasosiego y la persona no puede estarse quieta, como si la sangre se le calentara y circulara más deprisa, calor que se le transmite a todo el cuerpo. Esta expresión tiene un significado contrario a *Helársele a alguien la sangre* (v). V. *Quemarse la sangre*.

Hijo de papá [ser] Joven acomodado, con una desahogada situación económica que ha logrado más que por sus méritos, por la influencia y el dinero de sus padres. *Yo he tardado un montón de años en comprarme un utilitario y éste nada más cumplir dieciocho años ya tiene un mercedes. Lo que hace ser hijo de papá*.

Hilar (muy) **fino**/delgado/muy delgado Tratar con mucho cuidado, muy sutilmente, algún asunto delicado. Deducir o imaginar cosas extremadamente complicadas. *Para tratar contigo hay que hilar muy fino, porque te enfadas por todo*.|*No creo que Luis no te avisara para ir al cine porque no quiere que te vean con él, eso me parece hilar muy fino*. Los bordados de calidad se hacían, y se siguen haciendo, con hilo muy fino y valioso y con suma delicadeza; de aquí la expresión. V. *Dar puntadas gruesas*||*No dar puntadas sin hilo*.

Hincar(le)/meter(le) **el diente a algo** Comer, en especial algo cuya ingestión se prevé trabajosa o desagradable. *Esta carne está durísima. No hay quien le hinque el diente*. En sentido figurado significa emprender una tarea complicada. *El director me ha encargado un informe sobre la situación económica de la empresa y no sé cómo hincarle el diente, porque el asunto es realmente delicado*. V. *Ser duro de roer*||*Ser un hueso*.

Hincar/doblar **la rodilla** Rendirse. Claudicar. Reconocer la superioridad o la razón de otro. *Empecé ganando el partido pero él poco a poco fue cogiendo el ritmo y al final tuve que hincar la rodilla.*|*Ante los argumentos de la oposición, el Gobierno no va a tener más remedio que hincar la rodilla y cambiar la ley.* Desde antiguo postrarse de rodillas ha sido un gesto de humillación, de respeto, ante alguien, ante Dios, ante un rey o ante el vencedor.

Hinchar el perro Exagerar. Dar a un suceso o a una noticia mucha más trascendencia de la que merece. *Bueno, es sólo un suspenso. Tampoco hay que hinchar el perro y decir que no va a terminar la carrera.* La expresión parece estar relacionada con algún cuento popular en el que alguien que huye de un perrillo exagera el tamaño del animal, lo hincha, para que a la hora de contar el suceso no se burlen de él.

Hinchársele a alguien las narices/las pelotas/los cojones Enfadarse. *Por favor, quieres bajar un poco la música, porque ya me estás hinchando las narices con tanto ruido.* Quien se enfada, por efecto de la inspiración del aire, suele ensanchar inconscientemente las aletas de la nariz, lo que da la impresión de hinchazón. En el teatro griego y romano las máscaras que representaban a los personajes gruñones tenían las narices exageradamente abiertas. Por otra parte, *Tener o coger hincha a alguien* es un dicho que, abundando en el sentido del enfado que alguien puede provocarnos, procede de la primera expresión. V. *Estar hasta las narices.*

Historia rocambolesca (Ser rocambolesco) Situación o narración muy complicada, inverosímil en la que se acumulan gran cantidad de hechos inexplicables. *Le he preguntado por qué no había ido a clase y me ha contado una historia rocambolesca que nadie podría creerse.* El adjetivo *rocambolesco* hace alusión a *Rocambole,* personaje de los 22 volúmenes de novelas publicadas entre 1859 y 1867 por el vizconde Pierre Alexis Ponson du Terrail (1829-1871), un escritor francés autor de folletines. Al tal Rocambole le suceden, a lo largo de sus aventuras, peripecias enredadísimas que poco tienen que ver con la realidad, de ahí el significado expuesto anteriormente. Se dice que, para no repetirse, el autor llevaba una lista con las aventuras vividas por Rocambole y con los innumerables personajes que aparecían en la serie. Esto no resulta nada extraño si se piensa que Camilo José Cela hizo lo mismo en su novela *La colmena* (1951).

Hombre de paja [ser el/un] Se denomina así a quien está en un puesto de poder o de responsabilidad, aunque dirigido o manipulado por otra persona, que suele usarlo como escudo. *El general, verdadero artífice del golpe de Estado, ha colocado a un hombre de paja como presidente de la república.* La imagen del *hombre de paja* nos recuerda al espantapájaros, al títere o a la marioneta (v. *Ser una marioneta*) que se mueven cuando otro los mueve, hablan cuando otro lo desea y viven si otro quiere. Nos traen también la imagen de los monigotes rellenos de paja que son objeto de burlas y golpes en las ferias y festejos populares.

Hoy por ti, mañana por mí Cuando alguien nos da las gracias por haberle hecho un favor solemos responder con esta frase, que deja clara la posibilidad de que quizá algún día el favor nos pueda ser devuelto a nosotros. *No tienes que agradecerme nada. Si entre vecinos no nos ayudamos... Hoy por ti, mañana por mí.* La frase quizá tenga que ver con una que solían grabar los romanos en las lápidas sepulcrales o a la entrada de los cementerios, aunque tiene otro sentido completamente distinto en nuestra lengua: *Hodie mihi, cras tibi,* 'hoy a mí, mañana a ti' es decir; 'hoy el muerto soy yo, pero mañana te puede tocar a ti'.

Huida/fuga **hacia adelante** [ser una; hacer una; emprender una] Decisión muy arriesgada y que no tiene vuelta atrás. Reacción desesperada e irreflexiva ante una situación muy difícil. *El hecho de demandarnos por injurias es sólo una huida hacia adelante, una triquiñuela para retrasar todo el proceso, porque sabe que no tiene razón.* Bien podemos pensar, para explicar el origen de la frase, en los soldados que, prácticamente derrotados, acosados, rodeados, a punto de ser atrapados, no tienen otra alternativa que lanzarse de forma suicida hacia el enemigo para escapar o morir matando. Más que un ataque, es una huida hacia adelante.

Huir/escapar **de**/a **la quema** Salir de una situación problemática, comprometida o peligrosa. *Es una asignatura muy difícil, lo sé, con un altísimo índice de suspensos, pero la única manera de huir de la quema es estudiar, créeme.* Es fácil pensar que esta *quema* sea la de la Inquisición. La expresión se debería pues a los que, con infinita fortuna, con alguna poderosa influencia o con una bolsa bien repleta de monedas, conseguían librarse de las hogueras del Santo Oficio.

Huir/salir **del fuego y**/para **dar**/caer **en las brasas** (Saltar del fuego y caer en las brasas) Salir de una situación complicada o peligrosa e ir a dar en otra aún peor. *Resulta que salimos de la ciudad para evitar el agobio y en la playa hay todavía más gente. Esto es huir del fuego y dar en las brasas.* Las brasas, pese a lo que pudiera parecer, queman más que el fuego pues acumulan más calorías. V. *Saltar de la sartén al fuego.*

I

Ídem de/del **lienzo** Esta curiosa expresión se usa hoy para indicar que una cosa, persona o acción es igual a otra. *La primera novela de este escritor es aburridísima; la segunda, también, y la tercera, ídem de lienzo*. La locución proviene de la relación escrita que el encargado del almacén de cada cuartel entregaba a los soldados durante la primera guerra carlista (1833-1839), y en la que figuraba la ropa que se les daba: la de gala era de paño; la de faena de lienzo. Tal relación decía así: «Pantalones de paño, ídem de lienzo; chaqueta de paño, ídem de lienzo; botines de paño, ídem de lienzo...». No está de más recordar que el pronombre latino *idem* significaba 'el mismo'. Se suele oír, con una deformación propia de la lengua hablada, *Ídem del lienzo*.

Importarle algo a alguien un bledo/pimiento/pepino/rábano/comino/güito/pito No dar ninguna importancia a algo o a alguien. *A mí me importa un bledo que me critiquen cuando yo sé que he hecho las cosas bien*. El *bledo* es una humilde verdura similar al berro, aunque de mucho menos sabor, que en algunos lugares se come cocido, pero que normalmente se emplea para dar de comer a los animales. En la lengua coloquial es muy normal recurrir a nombres de verduras, hortalizas y legumbres, abundantes en prácticamente todas partes, para hacer referencia a asuntos de poca importancia o de escaso valor (v. *Darle a alguien lo mismo tronchos que berzas*||*En todas partes cuecen habas*||*Jugarse las alubias*||*Ser un berzas*). El caso del *comino*, evidentemente, nos lleva a pensar en su reducidísimo tamaño. El *güito* es el *pipo*, la semilla de las aceitunas y de algunas frutas como la ciruela o el albaricoque: pocas cosas hay más inútiles y de menos valor. El *pito* es aquí el silbato, originariamente un pedazo de caña hueco con una hendidura que al soplar, sonaba. Se trata, por tanto, del instrumento más común, simple y de menos valor. Dichos similares a éstos ya se usaban en tiempos remotos y conocidas son las comparaciones de Gonzalo de Berceo, *no vale un guisante* o *no vale una arveja*, frecuentísimas en su obra y en otras de los siglos XIII y XIV.

Importarle algo a alguien un huevo/güevo Esta expresión significa 'no importar absolutamente nada algo o alguien'. *Lo que haga ese tío me im-*

porta un huevo. Él tiene su vida y yo la mía y cuanto menos nos veamos, mejor. Es bastante posible que la expresión tenga que ver con las compras o trueques que se hacían antiguamente, cuando, en lugar de dinero, se utilizaban productos alimenticios como elemento de pago. En este caso, el *huevo* sería la «moneda» de menos valor. V. *A huevo*||*A precio de oro*||*Valer su precio en oro*.

In fraganti [coger; pillar; sorprender] En el mismo momento de realizar alguna acción, generalmente negativa. *La policía cogió a los ladrones in fraganti, cuando salían del banco con el botín*. Se trata de la deformación de la locución latina *In flagrante delicto*, que libremente traducida es algo así como 'en el fuego del delito'. *Flagrare* significaba 'arder' en latín. El origen es el mismo que el de la palabra *flagrante*, que se aplica a los delitos evidentes, o el de *deflagración*, 'explosión'. (V. *Con las manos en la masa*).

Inclinar(se) **la balanza** Decantarse un asunto a favor de algo o de alguien. *La brillante intervención de Luis Cánovas ayer en televisión hará seguramente que se incline la balanza a favor de su partido*.|*Con sus parciales decisiones el árbitro inclinó la balanza a favor del equipo de casa*. Cuando en uno de los platillos de la balanza se coloca algo de más peso que en el otro, lógicamente ésta se vence hacia la parte del objeto más pesado. V. *Equilibrar la balanza*.

Intereses creados [haber; ser; tener] Ventajas o favoritismos dispuestos de antemano. *Es muy difícil acceder a una plaza, incluso aprobando la oposición. Hay muchos enchufes y muchos intereses creados*. Mal funcionamiento de alguna sociedad o institución debido a tradiciones anticuadas o a determinados intereses personales. *El servicio de reclamaciones no funciona pero no porque la gente no reclame, sino porque en el Ayuntamiento hay muchos intereses creados y mucha gente que no quiere que funcione*. La expresión, que ya existía en nuestra lengua, cobró vigor a partir del estreno en 1907 de la obra más conocida del dramaturgo Jacinto Benavente (1866-1954), *Los intereses creados*, una farsa que tiene mucho que ver con la *Commedia dell'Arte* italiana. Con la idea de que Leandro se case con Silvia, hija del «riquísimo» Polichinela, Leandro y Crispín, dos pícaros, se hacen pasar por ricos y obtienen varios créditos. Con ese dinero favorecen a diversos caballeros sevillanos de forma que estos caballeros sean la clave para acceder al matrimonio. Por otra parte, nadie sabe que Polichinela realmente está en la ruina y ve en la boda la salvación de su hacienda... Según avanza la obra vemos que se va tejiendo una tupida red de intereses creados donde lo que menos importa es lo más importante: el amor.

Inventos/invento **del**/de **tebeo**/T.B.O. [ser; hacer] Novedad extraña y de dudosa utilidad. *A mí no me gusta nada deshacer el chocolate en el microondas. Eso son inventos del tebeo. Yo sigo haciéndolo al baño María, como toda la vida*. Entre los años sesenta y setenta del siglo pasado alcanzó enorme popularidad en España una publicación, mezcla de revista y cómic, llamada TBO. Tanta aceptación tuvo que hoy en español llamamos *tebeo* a cualquier cómic. Una de las secciones fijas era la llamada «Inventos del TBO» en la que el Profesor Franz de Copenhague explicaba sus ingeniosos, extrañísimos e hilarantes inventos, de todo punto inútiles, claro. De ahí viene la expresión, lo que constituye otra muestra más de la importancia de la revista. V. *Más visto que el tebeo.*

Invertirse/cambiarse **los papeles** Realizar una persona o cosa la actividad que en teoría correspondería a otra. Suceder en una situación determinada lo que debería suceder en otra y al contrario. *Normalmente en esta zona la primavera es templada y el otoño bastante frío, pero este año se han invertido los papeles y hemos tenido un otoño con un clima agradabilísimo y una primavera heladora.* Comportarse una persona como debería comportarse otra y viceversa. *Ana normalmente es muy tranquila y Carlos suele ser nervioso e inquieto, pero en la boda se invirtieron los papeles: ella estaba nerviosísima y él como si nada.* La frase procede del mundo teatral, donde se refiere a los actores que se intercambian los papeles previamente asignados. V. *Hacer un buen papel.*

Ir/nadar/navegar **(a) contracorriente** Ir en contra de la opinión general o adoptar una moda o un comportamiento diferentes al de la mayoría, como quien, en lugar de navegar siguiendo la corriente de un río, como parece lógico, la remonta. *Tú vas siempre a contracorriente: cuando se llevaban los cuadros, te ponías rayas; ahora que se llevan las rayas, te pones cuadros.* V. *Dejarse llevar por la corriente.*

Ir/estar **a gusto en el machito** (Ir bien montado en la burra/el burro/el macho||Ir (bien) puesto en el burro) Estar en una situación cómoda y provechosa. *Claro que no se casa. Vive en casa de sus padres; dinero no le falta; sale cuando quiere y entra cuando le da la gana. Va a gusto en el machito.* Antiguamente existía la expresión, con el mismo significado que ésta que nos ocupa, *Puesto en el burro aunque le den doscientos,* que podría ser el origen de las que comentamos. Se refería al castigo que se daba a algunos reos, a los que se sacaba de los calabozos a lomos de un burro o de un macho (mulo) y se conducía a la plaza pública, donde se le daban los latigazos correspondientes. Muchos de estos condenados hacían el recorrido altaneros y desafiantes, como si montaran un elegante corcel, sin importarles el castigo que les esperaba, aunque fueran doscientos latigazos. V. *Caer del burro||Deja mear al macho||No apearse del burro.*

Ir/andar/estar/navegar **a la deriva**/al pairo Ir sin rumbo, sin dirección. No tener alguien claro sus objetivos, lo que realmente quiere hacer. *Desde que Marga lo dejó, Miguel va a la deriva. Ha dejado los estudios y se comporta de una forma extraña.* Las expresiones *A la deriva* y *Al pairo* son de origen marinero. La primera se aplica al barco que, por un accidente o en la tormenta, navega sin control, a merced del oleaje; la nave que está al pairo es la que permanece quieta, con las velas extendidas, esperando que sople el viento. V. *Traerle algo a alguien al fresco||Perder el norte*.

Ir/venir **a más o a menos** Mejorar o empeorar, por lo general en calidad, categoría o en posición social. *El restaurante no tuvo mucha aceptación al principio pero de un tiempo a esta parte va a más*.

Ir/andar/estar **a remolque**/a rueda Actuar por iniciativa ajena, siguiendo las acciones o impulsos de otro, como un remolque arrastrado por otro vehículo. *En la moda los italianos siempre han creado estilo. Los demás diseñadores han ido siempre a remolque*.

Ir/entrar **al bulto** (Buscar el bulto) Actuar sin reflexionar, por lo general con violencia, sin ningún cuidado. *El defensa hizo una entrada terrible, fue al bulto en vez de ir al balón*. Es lo mismo que hace el toro, dada su escasa visión, cuando no se fija en la muleta y ataca al torero. V. *A bulto||Error de bulto||Escurrir el bulto*.

Ir al grano Fijarse en lo más importante y olvidar lo superfluo. *Te he preguntado que si te casas con Rosa, no me cuentes historias y vete al grano: sí o no*. Cuando se recoge el trigo se separa el grano, lo que sirve, de la paja, lo que no sirve. De hecho llamamos *paja* al discurso superfluo e inútil. V. *Meter paja*.

Ir/acudir **al reclamo de algo o de alguien** Ir alguien a un lugar atraído por la idea de obtener algún beneficio. *España es uno de los países más turísticos del mundo. Al reclamo del sol y de las playas acuden cada año millones de turistas.|Ciento veinte mil personas llenaron el estadio al reclamo del mejor grupo de la historia del rock*. En el mundo de la caza se llama *reclamo* al ave amaestrada que atrae a sus congéneres con su canto o al instrumento con el que se imita tal canto.

Ir/tener **algo de cara** Marchar un asunto de forma positiva. Tener éxito. *Desde que pusimos el nuevo negocio todo nos va de cara. Llevamos tres años con superávit*. V. *Ir de culo*.

Ir algo o alguien que arde/que chuta Tener más que suficiente, incluso de sobra. *Con una manita de pintura la habitación va que arde.|Toma; con dos euros para caramelos vas que chutas*. Los verbos *arder* y *chutar* nos transmiten la idea de velocidad, quizá comparando el buen funcionamiento de un coche con la situación de la persona o cosa que *va que arde*. V. *Irse chutando*.

Ir alguien/dejar a alguien **a su bola** Actuar alguien de forma independiente y personal, sin hacer caso de las opiniones o consejos de los demás. No someterse a ningún tipo de reglas ni de convenciones. *Fíjate cómo va ese tío: por el medio, adelanta sin intermitentes; va a su bola, como si circulara sólo él por la autopista.|No le des consejos, que es peor. Deja que vaya a su bola que así trabaja mejor*. La frase podría haberse originado en algún juego, quizá en el de la petanca u otro similar, referida al jugador que se ocupa únicamente de su bola, sin importarle las de los demás.

Ir/estar **alguien dado**/listo Mediante la ironía, como en tantos otros casos, esta expresión indica todo lo contrario de lo que su significado literal nos sugiere y se usa para rechazar una opinión o una propuesta. *¿Que te deje el coche para el fin de semana? Sí, hombre, vas dado.* V. *Estar alguien avisado.*

Ir cada uno/cada cual **por su lado** Actuar dos o más personas de forma independiente, sin considerar lo que hacen los otros, lo que normalmente acaba en desorden o en fracaso. *El negocio se fue a pique porque los socios jamás se pusieron de acuerdo. Iba cada uno por su lado y así es imposible.* Quizá la frase proceda del lenguaje militar y tenga que ver con la descoordinación en los movimientos de las tropas. V. *Hacer alguien la guerra por su cuenta.*

Ir como un gitano (Estar/andar hecho un gitano||Parecer un gitano) Ir sucio y desaliñado. Es una frase que suelen decirles las madres a los hijos. *Anda, lávate un poco y cámbiate de ropa, que vas hecho un gitano.* La lengua coloquial, no podía ser de otro modo, recoge todo tipo de comportamientos sociales, incluido el racismo, del que hay numerosos ejemplos: *Trabajar como un negro, Ser un gitano, Ser un judío...* Los gitanos, etnia originaria del norte de la India, de una zona situada entre Cachemira y Nepal, deben su nombre al lugar desde el que directamente llegaron a la península Ibérica a partir del siglo XIV: Egipto. Eran los *egiptanos.*

Ir con/llevar/tener **la cabeza**/la cara (bien/muy) **alta** Sentirse orgulloso. Mostrar satisfacción, generalmente de un trabajo o de un logro. No tener ningún motivo de vergüenza. *Hay muchos que me critican, pero yo estoy convencido de que lo que hice fue lo correcto y voy con la cabeza alta.* Frente a la humillación de agachar la cabeza, llevarla alta es señal de orgullo, de rectitud, de valentía, de seguridad en sí mismo.

Ir/venir **con las de El Beri**/las del beri (Pasar las de El Beri/las del beri) Tener malas intenciones. *Sí, parece muy amable contigo, pero ten cuidado con él, que va con las de El Beri.* Pasarlo mal. Sufrir muchas penalidades. *Primero lo del despido; luego la separación; más tarde el accidente. El pobre ha pasado las de El Beri.* Es una creencia popular que *El Beri* es el apodo de un gitano contrabandista que anduvo en tiempos por tierras de Andalucía. Se explicarían así tanto la mala reputación como los sufrimientos derivados de la permanente huida de la justicia. De todas formas, podría pensarse que las expresiones —o bien el apodo del gitano— hubieran salido del término *berí,* también de origen caló, que en el argot de los delincuentes significa 'cárcel'.

Ir/andar/hacer algo **contra reloj**/(a) contrarreloj Tener mucha prisa. Disponer de poco tiempo para hacer algo. Quien está tan apurado da la impresión de estar luchando contra el reloj. *Es mejor que quedemos mañana porque hoy tengo muchísimas cosas que hacer y voy contra reloj.* La frase seguramente ha pasado al lenguaje común proveniente del lenguaje del ciclismo, donde la contrarreloj es una de las pruebas claves de todas las grandes vueltas: cada participante debe intentar conseguir el menor tiempo posible recorriendo en solitario un circuito determinado.

Ir/hacer/llevar/venir **de carabina** (Ser la carabina||Tener a alguien de carabina) Ir, generalmente como estorbo y con la idea de velar por lo que «pudiera pasar», acompañando a una pareja de novios o de novietes. *Sí, claro que Marta aceptó la invitación al cine. La invité a ella y a su prima, que vino de carabina.* Hasta hace algunos años era práctica común en España que, por encargo, generalmente de los padres de la chica, alguna amiga o familiar acompañara a los novios para vigilar atentamente —como si fuera armada con una carabina, arma que llevaban los antiguos guardias o carabineros— que la pareja respetase estrictamente la moralidad imperante. La *carabina* era la encargada de decir, cuando se acercaban demasiado, aquello de «A ver, separaos un poco. Que corra el aire». El dicho ha quedado en la lengua coloquial para designar también a una persona incómoda para otras o cuya presencia es molesta. *¿Pero por qué tiene que venir este tío con nosotros a todas partes? Estoy harto de que venga de carabina. Si, además, nadie lo aguanta.* V. *Ir de paquete.*

Ir de culo (De culo y cuesta abajo||Ir cuesta abajo y sin frenos) Tener alguien un mal comportamiento o ser algo muy negativo para sus intereses. Encaminarse alguien hacia el fracaso. *Como siga suspendiendo exámenes, va de culo para sacar la carrera.* La expresión *Ir algo de cara* significa 'marchar bien, convenientemente y sin ocultar nada'. El dicho que comentamos significa, claro está, todo lo contrario. A veces se dice *Ir de culo y cuesta arriba*, con lo que se refuerza el sentido negativo; por otra parte la imposibilidad de parar para evitar el fracaso se sugiere con la frase *Ir cuesta abajo y sin frenos*. La expresión se usa a veces como fórmula de rechazo o de desacuerdo. *Quiere hacerse rico con ese barucho; ¡va de culo!* V. *Andar de cabeza||Mojarse el culo||Partirse el culo||Perder el culo.*

Ir de cráneo Ir hacia una situación negativa, peligrosa o comprometida. Se suele usar prácticamente como sinónimo de *Ir de culo* (v.); tan mal va quien resbala sobre una u otra parte del cuerpo. *Como no cambie el tiempo y deje de llover los hosteleros este año van de cráneo.* A veces significa algo así como 'estar equivocado' y se emplea para asegurarle a alguien que no va a alcanzar lo que pretende, que va a fracasar en su intento. *¿Que quieres vender ese cacharro de coche por cuatro mil euros? ¡Vas de cráneo!* V. *Andar de cabeza.*

Ir/andar/picar/volar **de flor en flor** (Ser un picaflor||Ir/saltar de rama en rama) Ser inconstante. Cambiar continuamente de idea o de lugar. *Empezó medicina y lo dejó al segundo año; después se metió en biología, duró menos y ahora anda en derecho. Así, yendo de flor en flor, no conseguirá* *nada*. También se dice de la persona, especialmente del hombre, que cambia con mucha frecuencia de pareja. *Yo creo que con casi cuarenta añitos ya es hora de que te asientes y te cases de una vez, que te has pasado media vida volando de flor en flor.* El *picaflor* o *colibrí*, denominado por los conquistadores de América *pájaro mosca*, es un ave de tamaño diminuto que va de flor en flor libando su néctar. No se detiene en ningún momento, ni se posa. Es, al fin y al cabo, como actúa el que no se acomoda en ninguna parte ni con persona alguna. Algo parecido hacen los demás pájaros y otros animales arborícolas: van de rama en rama hasta encontrar un lugar cómodo o tranquilo.

Ir de frente Ser sincero. Comportarse honradamente. *No me importa que me engañen. Yo siempre voy de frente y digo las cosas como son. Si alguien me miente, problema suyo*. Quien va de frente, mostrando la cara, ni teme al peligro ni tiene nada que ocultar. V. *Ir por derecho*.

Ir de Herodes a Pilatos (Salir de Herodes y entrar en Pilatos) Ir de un sitio a otro sin encontrar solución. Normalmente se aplica en situaciones en las que por querer buscar algo mejor se encuentra una cosa aún peor que la que se tenía. *Llevo dos semanas buscando piso y no encuentro nada... Al revés, voy de Herodes a Pilatos*. El origen de la expresión está, evidentemente, en el Nuevo Testamento. Jesucristo, antes de ser condenado a muerte, fue conducido ante Herodes Antipas (22 a. C.-39 d. C.), rey de Judea (v. *Armarse un belén*), y posteriormente ante Poncio Pilatos, gobernador romano de la provincia entre los años 26 y 36 (v. *Lavarse las manos*), sin que ninguno de los dos se pronunciara a favor o en contra del condenado. V. *Escapar del trueno y dar en el relámpago*||*Salir de Málaga y entrar en Malagón*||*Saltar de la sartén al fuego*.

Ir/andar **de la ceca a La Meca** (Ir de ceca en meca) Ir de un sitio a otro sin parar y sin orden aparente. *Llevo toda la mañana de compras de la carnicería a la panadería, de la ceca a La Meca*. La *ceca* era el lugar en el que los árabes acuñaban las monedas, especialmente en el norte de África, un término que los venecianos extendieron posteriormente por Europa. La Meca es el centro sagrado de peregrinación de los musulmanes. Quien iba de lo material a lo espiritual iba *de la ceca a La Meca*. Por otra parte, los cristianos cordobeses llamaban *ceca* a la mezquita, puede ser que por su riqueza de adornos, lo que entroncaría con el significado de *ceca* anteriormente expuesto de 'lugar donde se fabrica el dinero'. Los musulmanes tenían, y tienen, la obligación de peregrinar a La Meca al menos una vez en su vida, por lo que iban *de la ceca a La Meca*. De todas formas, la expresión, que antiguamente aparecía a veces sin artículos, *De ceca en meca*, podría haberse originado, como otras tantas, en un simple juego con la rima, sin ningún significado. V. *Ir del caño al coro*.

Ir/llevar/estar **de paquete** Ser guiado o conducido por otra persona. Ir acompañado de alguien. Suele aplicarse a quien va de acompañante en una moto o bicicleta, de donde es posible que venga la expresión. *Yo sólo he montado una vez en moto; de paquete, claro y te aseguro que no vuelvo a hacerlo.* El término *paquete* es a veces sinónimo de 'estorbo', 'carga'. *Pues sí, ayer salí con Isabel, pero se llevó de paquete a su prima.* V. *Ir de carabina||Ser un madero/un tronco/un paquete.*

Ir/irse/andar(se) **de picos pardos** Marcharse de juerga. Salir buscando diversión. *Llevaba un mes encerrado, sin salir de casa, y anoche decidí irme de picos pardos.* Antiguamente, y aún hoy en algunos casos, significaba 'ir con prostitutas', debido a que estas mujeres eran obligadas por ley a usar jubones, mantos, túnicas y faldas terminados en unos picos de color oscuro o pardo. Así se recoge en una ordenanza de tiempos de Felipe II, basada en otras disposiciones más antiguas. Es curioso señalar que en época de Alfonso IX de Castilla (1166-1230) las prostitutas debían llevar una especie de tocas de color azafrán. V. *Ir de pingo.*

Ir/irse/andar/estar **de pingo** (Ser un pingo||Ser una pilingui) Irse de juerga. Salir a divertirse, generalmente por la noche y, por decirlo de alguna forma, de manera «poco ortodoxa». *Claro, cómo no vas a estar hecho polvo, si vas de pingo un día sí y el otro también.* La expresión *ser un pingo* significa 'llevar una vida desordenada; estar más fuera que dentro de casa; vivir en la calle', aplicada a mujeres, suele tener connotaciones mucho más negativas, las mismas que frente a «hombre de vida alegre» tiene «mujer de vida alegre». *¿Con ésa se va a casar? ¿Con la fama que tiene en el pueblo? Pero si es un pingo.* De *pingo,* con este último sentido, podría haber salido la forma coloquial o eufemismo de prostituta, *pilingui.* El término *pingo,* en su primera acepción es 'pingajo; harapo; jirón de tela', por lo que todas estas expresiones tal vez tengan que ver con el atuendo que antaño se obligaba a llevar a las prostitutas: jubón, mantos y túnicas de picos pardos (v. *Ir de picos pardos*) o, simplemente, con el desaliñado atuendo que llevaban quienes se veían obligadas a ejercer la prostitución, por lo general mujeres de clases muy humildes.

Ir/agarrado/cogido **del brazo de alguien** (Llevar/agarrar/coger a alguien del brazo) Apoyarse, en sentido figurado, en una persona. Depender de alguien a quien se considera superior o más importante. *El ministro de Comercio es la única cara nueva del gabinete, aunque desde hace ya unos años va del brazo del presidente y ha sido su asesor y consejero personal.* Algunas veces significa 'mostrar servilismo o adulación hacia alguien'. *¡Qué pelota es el tío! Va del brazo del jefe hasta al cuarto de baño. Es que no se separa de él ni un momento.* Pensamos, claro está, en la persona ciega, anciana o desvalida que necesita a otra para que la guíe y la ayude a moverse.

Ir/andar **del caño al coro** Ir de un lugar a otro. *A ver si de una vez alguien me informa de dónde tengo que entregar la solicitud, porque llevo toda la mañana yendo del caño al coro y nadie sabe decirme nada.* Literalmente sería algo así como 'ir de la fuente a cantar', pero más que nada parece como en otros casos, un juego de palabras: si se repite la frase varias veces, rápidamente y variando el orden («Del caño al coro. Del coro al caño»).V. *Ir de la ceca a La Meca*.

Ir/llevar/estar **en berlina** Estar en una posición muy cómoda, sin ningún problema y sin necesidad de realizar esfuerzos. *El director realmente va en berlina porque tiene un magnífico equipo de colaboradores que le hacen todo el trabajo*. La *berlina*, llamada así porque los primeros modelos se fabricaron en Berlín (Alemania), era un coche de caballos cerrado, generalmente de dos plazas. Quien iba en berlina iba, por tanto, cómoda y relajadamente. Hoy llamamos *berlina* al coche grande, de cuatro puertas. V. *Poner en berlina*

Ir/volver **en el coche de san Fernando** (En el coche de san Fernando, un poquito/ratito a pie y otro andando) Ir andando. *Estuvimos media hora esperando un taxi y al final nos tocó ir a casa en el coche de san Fernando*. De nuevo debemos una expresión a la inconmensurable fuerza de la rima.

Ir hecho/ir como/estar hecho/parecer **un pincel**/un figurín/un brazo de mar Estar alguien muy compuesto y elegante. *La verdad es que Luis va siempre a trabajar hecho un pincel*. El pincel, aparte de su esbeltez, está siempre bien *peinado*. No puede descartarse que la expresión tenga que ver con la pintura y que, de una posible referencia a la perfección de las formas de una persona, en el sentido de que parecería pintada o hecha de encargo *(Estar hecho a pincel* o *con pincel)*, hubiéramos pasado a la forma actual *(un pincel)*, por una común analogía con las otras variantes aquí expuestas: *Hecho un figurín* o *un brazo de mar*. El *figurín* es el *maniquí*, es decir, lo que se toma como modelo, la reproducción perfecta del modelo perfecto. Lo del *brazo de mar* es más complicado de entender, a no ser que lo tomemos como una simple referencia a la belleza paisajística de una *ría*, que es lo que entendemos por *brazo de mar*.

Ir/entrar **por derecho** Enfrentarse a una situación directa y abiertamente. *Las personas que son sinceras y van por derecho son las que acaban triunfando*. La locución proviene del mundo taurino, en el que, *entrar por derecho*, así se recoge en todos los tratados de tauromaquia, es entrar a matar sin desviarse y sin tratar de huir, dando el pecho al toro. Veamos, por ejemplo, lo que nos dice el gran José Delgado Guerra, *Pepe-Illo* (1754-1801), uno de los toreros que nos dejó escritos —dictados en este caso— sus saberes y experiencias taurómacos: «(...) en el mismo centro se ha de meter la estocada, no porque el diestro se quede en él, sino porque su brazo ha de entrar por la rectitud, y al cargue de la suerte se ha de dexar caer con la estocada».V. *Ir de frente*||*Por todo lo alto*.

Ir (a) **por lana y volver**/salir **trasquilado** Usamos esta frase cuando una persona, en el intento de engañar o perjudicar a otra, resulta engañada o perjudicada ella misma, o cuando alguien espera resultados positivos y obtiene todo lo contrario. *Federico fue a decirle a Ana que la dejaba y, cuando llegó ante ella, antes de dejarlo hablar, Ana le dijo que no quería salir más con él. Fue por lana y salió trasquilado.* El verbo *trasquilar* significa lo mismo que *esquilar* y hay una antiquísima fábula, de origen bastante incierto, que refiere la historia de un carnero que se metió en un rebaño que no era el suyo con la intención de aprovecharse de las incautas ovejas. El pastor, pensando que el macho le pertenecía, lo esquiló. El cuento dio origen a un proverbio, ya recogido en el *Poema de Fernán González*, compuesto en la segunda mitad del siglo XIII, y posteriormente en *La Celestina* (1499): *El carnero encantado, que fue por lana y volvió trasquilado.* Es muy probable que éste sea el origen del dicho. De todas formas, *trasquilar* era también cortar el pelo sin orden, como se hace con las ovejas, pena que la Inquisición aplicaba a brujas, blasfemos y falsos conversos, a los que a veces se condenaba a trasquilar a cruces, es decir, a raparles el pelo formando cruces. También por este camino, aunque la primera explicación parece más sólida, podrían rastrearse los orígenes de la expresión.

Ir/andar/llevar/salir **por otros derroteros** (Tomar otros derroteros) Ir por otro camino. Cambiar, real o figuradamente, de dirección. *Estudié química, pero mi vida fue por otros derroteros y acabé dedicándome a la música.|Empezaron hablando de la situación económica pero enseguida la conversación tomó otros derroteros y acabaron hablando de la pintura de Velázquez.* En el lenguaje marinero se llama *derrotero* al camino que se señala para un barco en la carta de navegación o a la dirección que debe tomar la nave y que se da por escrito. Cuando el barco cambia el rumbo toma, por tanto, otro derrotero.

Ir/andar/marchar/venir **sobre ruedas** (Ir/andar/marchar/venir algo rodado) Desarrollarse algo adecuadamente para los intereses de una persona, de forma fácil y sin necesidad de hacer esfuerzos, como si esa *cosa* fuese montada sobre ruedas y no hubiera que arrastrarla, esto es, que forzar la situación. *Lleva casado cuarenta años y su matrimonio ha ido siempre sobre ruedas.*

Ir/marchar **viento en popa** Funcionar algo perfectamente, como los veleros cuando el aire sopla por la popa, o sea, por la parte posterior del barco e hincha completamente las velas, haciendo que la embarcación avance. *Hace un par de años puso una tienda de regalos y el negocio le va viento en popa.* V. *Cambiar los vientos.*

Irse/mandar/enviar **a pique**/al garete Fracasar. Malograrse algo. *Pusieron una tienda entre los tres, luego cada uno se dedicó a buscar el beneficio personal y, claro, el negocio se fue a pique.* La expresión *irse a pique* tiene un origen marinero y significa 'naufragar', pues el *pique* es un componente fundamental del barco, una pieza curva de la proa de la que parte la cuaderna, es decir, el *esqueleto* del barco. Si la nave va *a pique*, es decir, con el *pique* por delante, se hunde sin remedio, de ahí el significado negativo de la locución y también que la palabra *hundirse* se emplee muchas veces de forma metafórica con este mismo sentido. *Irse al garete* —originalmente *ir al garete*, aunque por una posible analogía con *irse a pique* empleamos más la forma *irse al garete*— tiene también origen en el lenguaje marinero. Se refiere al hecho de que una nave pierda el rumbo y acabe a merced de las olas o siendo arrastrada por las corrientes. La palabra *garete* es seguramente una deformación de la expresión francesa *être égaré* 'estar, ir, andar perdido, sin rumbo'. V. *Dar al traste con algo*.

Irse chutando Irse muy deprisa. *Son las ocho y diez y he quedado a y cuarto. Me voy chutando.* La expresión proviene del lenguaje del fútbol, en el que *chutar* es 'golpear fuertemente el balón a la portería', con lo que alcanza una gran velocidad. V. *Ir algo o alguien que arde/que chuta*.

Irse/marcharse **como el tío Sierra** Irse de un lugar sin despedirse. *¿Alguien sabe algo de Julián? El viernes pasado se fue de la fiesta como el tío Sierra y no ha vuelto a dar señales de vida.* El tío Sierra es uno de los muchos personajes proverbiales de la lengua coloquial. Algunos hablan de un personaje real, un pastor hosco y renegón de la comarca zamorana de Sayago, al suroeste de la provincia. Otros sostienen que era de la comarca salmantina de Las Arribes del Duero, limítrofe con la zamorana.

Irse/marcharse **con la música a otra parte** Con la expresión se da a entender que alguien está haciendo algo molesto en un lugar y debe marcharse a otro. Parece clara la referencia a los cómicos y músicos ambulantes que se ganaban la vida de pueblo en pueblo y que no siempre eran bien recibidos u obtenían el beneficio esperado, por lo que debían marcharse a otro lugar. Más que motivo de diversión solían ser considerados motivo de molestia. *Esta mañana vino un señor pesadísimo, de esos que venden enciclopedias, y le tuve que decir que se fuera con la música a otra parte.*

Irse/largarse/marcharse/salir **con viento fresco** Irse de un lugar de no muy buena manera. Se usa mucho en forma imperativa. *Aquí lo único que haces es estorbar, así que vete con viento fresco.* El hecho de que alguien se vaya cuanto antes mejor queda reflejado claramente en la frase, pues la persona en cuestión se va por la mañana temprano, con la fresca. Quizá también tenga que ver con el lenguaje marinero, aplicado a la nave que zarpaba con el primer viento de la mañana.

Irse/estar **de jarana** (Montar/armar jarana||Ser un jaranero) Irse de fiesta. Irse de juerga. *No me extraña que estés sin un duro ya a mediados de mes. Lo que no se puede es irse todos los días de jarana.* El término *jarana* significa 'fiesta; bulla, alboroto' y es probablemente un término de origen amerindio, quechua, de **harana*, 'impedimento, engaño'.

Irse de la lengua/del pico/de la mui/de la muy (Soltar/soltársele a alguien la lengua||Soltarse de la lengua) Hablar más de lo debido. Ser indiscreto. No poder guardar un secreto. ¿Se imaginan una lengua poco sujeta, autónoma, que actuara por su cuenta? *A ti es imposible confesarte un secreto, porque te falta tiempo para irte de la lengua y publicarlo por ahí.* El término *pico* funciona normalmente como 'boca' en la lengua coloquial (v. *Abrir el pico||Cerrar el pico||Ser un pico de oro*). En el argot de la delincuencia la *mui* o *muy,* préstamo del caló, es la boca. *Irse de la mui* significa 'delatar' y *achantar la mui,* 'callarse'.

Irse de rositas Salir beneficiado de una situación, metafóricamente hablando, con un ramo de rosas, cuando lo realmente merecido sería un castigo. La expresión suele usarse en forma negativa. *Pues si me llega a llamar eso a mí no se va de rositas, no, porque, como mínimo, le atizo un bofetón.*

Irse de vareta Tener diarrea. Ventosear. *Algo de la cena debió de sentarme mal porque me he ido de vareta toda la noche.* Se llama *vareta* a un palito, junco o pedazo de esparto que, untado con liga, una sustancia vegetal pegajosa, se emplea para cazar pájaros. Es posible que aquí, comparando esta vareta con el que se ensucia por efecto de la diarrea, se haya originado la expresión. V. *Cagarse por las patas abajo.*

Irse/marcharse/salir **echando**/cagando **leches**/chitas Irse muy deprisa, a gran velocidad. Se suele emplear en forma de amenaza. *Te he dicho mil veces que no te quiero ver por aquí. ¡Vete echando leches antes de que me cabree de verdad!* El término *leches* podría ser un eufemismo de *semen,* con lo que la expresión *echar leches* sería algo así como eyacular, acción súbita y veloz. De todas formas, también podría funcionar como eufemismo de *hostias* (v. *A toda leche*). La *chita* o taba es el astrágalo, un hueso del tarso del pie de algunos animales que se usaba antiguamente para jugar a las chitas: se lanzaban al aire y se apostaba para adivinar de qué forma caían. Resulta complicado, por tanto, relacionar este juego con la frase *irse cagando chitas.* Parece más factible identificarla con el animal denominado *siita* o *chita,* un tipo de guepardo introducido por los árabes que se domesticaba y se usaba para cazar. Era un animal rapidísimo —aquí estaría la posible relación con el dicho— y astuto, que se acercaba a las presas sigilosamente y sin levantar sospechas. El rey Alfonso X, *el Sabio,* que reinó entre 1254 y 1282 prohibió este tipo de caza por considerarla demasiado ventajista y cruenta. V. *A la chita callando||Salir pitando.*

Irse/marcharse **para el**/p'al **otro barrio** (Mandar a alguien para el/p'al otro barrio) Morirse. *Se comió no sé cuántos kilos de mejillones en mal estado y a punto estuvo de irse para el otro barrio.* Es ésta una de las muchas formas —quizá más disfemismo que eufemismo— que existen en la lengua coloquial para hacer referencia a la muerte, que nos infunde tanto respeto como distanciamiento y que, frecuentemente, da pie a la ironía y al humor negro. La vida que tenemos más cerca, la más personal, la del día a día es el barrio.

La muerte es «la otra vida» y, claro está, debe de ser otro barrio, aunque de la periferia... V. *Estar criando malvas*||*Estirar la pata*.

Irse/salir(se)/escaparse **por la tangente** Contestar algo con evasivas o con respuestas que poco tienen que ver con lo que se pregunta. *Esta mañana al ministro le han preguntado si el Gobierno piensa adelantar las elecciones, pero se ha salido por la tangente y no hemos sacado nada en claro*. En geometría se llaman *tangentes*, del latín *tango*, 'tocar', a las líneas o superficies que se tocan, que tienen puntos en común, pero sin cortarse entre sí. Quien se sale por la tangente *toca* ligeramente, de pasada, lo que se le pregunta, pero no entra de lleno en la cuestión, vamos, que no la «corta».

Irse/marcharse/salir **por los cerros de Úbeda** Usamos esta locución para dar a entender que alguien al hablar se pierde en divagaciones innecesarias, se sale del argumento que estaba tratando, cambia de tema de conversación sin motivo o responde a lo que se le pregunta con algo que nada tiene que ver con la cuestión. *Le pregunté que qué le había parecido la película y se fue por los cerros de Úbeda. Me empezó a hablar del precio del cine, de la gente que come palomitas, de lo incómodas que eran las butacas*... El dicho tiene su origen en la reconquista a los musulmanes de la ciudad jiennense de Úbeda, acontecida en 1234. Parece ser que uno de los más importantes capitanes del rey Fernando III, *el Santo*, desapareció instantes antes de entrar en combate y se presentó en la ciudad una vez que había sido reconquistada. Al preguntarle el rey dónde había estado, el otro, ni corto ni perezoso contestó que se había perdido por los cerros de Úbeda. La frase fue tomada irónicamente por los cortesanos y los soldados y se perpetuó como signo de cobardía. En la actualidad se nos presenta un poco más ennoblecida. Una interpretación, mucho menos bélica, y seguramente bastante menos cierta, es la que nos remite a las andanzas de un antiguo alcalde de la ciudad, enamorado de una moza que vivía en un pueblo de los cerros próximos. Durante una sesión del ayuntamiento, reprochándole su escasa atención a los asuntos municipales, un concejal le dijo, con toda la intención del mundo, que él en lo único que pensaba era en «irse por los cerros».

Írsele/marchársele/subírsele **a alguien el santo al cielo** Despistarse. Perder la atención u olvidarse de algo. Se usa especialmente para aludir a quien se olvida del tema del que estaba hablando. La frase seguramente tenga su origen en el cuento de un cura que, en pleno sermón, se enredó hablando de cosas terrenales y se le olvidó de qué santo y con qué motivo había comenzado a hablar. *Encendí el horno, después llamó tu madre por teléfono, se me fue el santo al cielo y se me carbonizó el pollo*. V. *Írsele a alguien la especie*.

Írsele a alguien la cabeza/la olla Despistarse. Perder el control. Equivocarse. Volverse loco. *Aún no me explico cómo pude contestar mal a esa pregunta. Se me fue la cabeza y metí la pata*.|*Cuando murió su mujer se le fue* *la cabeza por completo y tuvieron que ingresarlo en un hospital psiquiátrico.* El término *olla* es, como *azotea, pelota* o *coco,* metáfora formal de cabeza. Cuando a alguien, por haberla dejado demasiado tiempo en el fuego, se le va la olla, se le escapa la comida, el caldo, la sustancia, lo mismo que le sucede al que se le va la cabeza, recalentada también en exceso. V. *Calentársele a alguien los cascos.*

Írsele a alguien la especie (Perder la especie) Despistarse. Perder el hilo. Olvidarse de lo que se estaba diciendo. *Ya no me acuerdo de qué te estaba hablando. Has cambiado de conversación y se me ha ido la especie. Especie,* término polisémico derivado del latino *specie(m),* 'conjunto de cosas semejantes entre sí', significa aquí 'caso, suceso, asunto'. V. *Írsele a alguien el santo al cielo.*

Írsele a alguien la fuerza por la boca Hablar demasiado y a destiempo, casi, como sugiere hiperbólicamente la frase, hasta llegar al agotamiento físico. *Tú tienes muchos proyectos y siempre nos sueltas unos rollos terribles sobre tus fantásticas ideas. Luego, como se te va la fuerza por la boca, no haces nada de nada.*

Írsele a alguien la mano Exagerar. Excederse. Se suele usar sobre todo en dos contextos: el castigo y las comidas. *Sólo quería darle un golpecito pero se me fue la mano y le arreé un buen bofetón.|La paella está buena, pero me parece que se te ha ido un poco la mano con la sal.* Del verdugo que se comportaba de forma excesivamente violenta o del cocinero que añadía demasiado condimento pudo haber nacido la frase.

J

Jamás de los jamases Nunca. En ningún momento. *Tú puedes creer a quien quieras, pero yo te aseguro que jamás de los jamases he dicho esa barbaridad*. La expresión pertenece a ese grupo de formas enfáticas de repetición tan comunes en la lengua coloquial y que funcionan muchas veces de forma similar al superlativo: *nada de nada, lo mejor de lo mejor, lo más de lo más*.

Jarabe de palo [dar; recetar; ser] Paliza. Castigo corporal. *Ahora los maestros consienten demasiado a los niños. En mis tiempos era otra cosa. Que no te sabías la lección o que armabas jaleo en clase, jarabe de palo*. La locución nos transmite la poco edificante y salvaje idea de que si el jarabe es el remedio para curar una enfermedad, el castigo, los golpes, son el remedio para curar otro tipo de «enfermedades».

Jaula/olla **de grillos** [ser una; parecer una; estar en una] (Tener la cabeza como una olla/jaula de grillos) Sitio dominado por el ruido, el desorden y la confusión. Imagínense lo que sería meter a un montón de grillos en una jaula o en una olla, con el ruido que hace uno solo. *Más que una reunión de vecinos aquello era una jaula de grillos, todos hablaban a voces y al mismo tiempo, se interrumpían, se insultaban... En fin, un desastre*. Cuando alguien se encuentra sumamente aturdido decimos que *tiene la cabeza como una olla de grillos. Voy a salir a dar un paseo, porque llevo todo el día estudiando y tengo la cabeza como una olla de grillos*. V. *Estar grilla(d)o*.

Joder(se) **la marrana** Molestar mucho. Perjudicar. Arruinar algo. Llevarle a alguien la contraria. *Así todos los fines de semana: yo que intento trabajar en el ordenador y el plasta del vecino de arriba jodiendo la marrana con el taladro.*| *Ya los había convencido para ir de vacaciones a la montaña y has tenido que venir tú a joder la marrana con el mar, ¿verdad?*| *Estábamos todos tan contentos y en cuanto apareció ella se jodió la marrana*. El verbo *joder* funciona aquí en su común acepción de 'molestar, importunar'. La aparición de *marrana* tal vez sólo se deba a las negativas connotaciones del animal. No obstante, y considerando que a principios del siglo XIII se comenzó a llamar *marranos* a los judíos conversos, y por extensión a los no conversos, podría tomarse el nombre del animal, cuya carne no podían comer, y estaríamos ante una expresión mucho más antigua que tal vez hubiera que interpretar en sentido literal de molestar, incluso sexualmente, a una mujer judía o conversa.

¡Jódete y baila! Con esta exclamación mostramos alegría por la desgracia ajena. Es una forma absolutamente irónica de decirle a alguien que no hay remedio y que no vamos a facilitarle ninguna ayuda, algo así como «aguántate y, además, si puedes, baila de alegría». *Quisiste comprarte ese modelo y todos te dijimos que era una locura. Ahora ha cascado la caja de cambios y el arreglo te cuesta más que el coche... ¡Jódete y baila!*

Jugar a dos bandas No tomar, interesadamente, una posición clara por una idea u opinión. Estar de acuerdo con alguien o algo y también con la persona o cosa contraria. Pese a que la expresión pudiera conducirnos a pensar en el juego del billar, la palabra *banda* hay que entenderla aquí en su acepción de 'bando, partido o facción'. La palabra *jugar* aporta la idea de poca seriedad en el comportamiento de quien así actúa. *Tú dices que estás de acuerdo conmigo, después cuentas por ahí que nunca tengo razón. ¿Por qué juegas a dos bandas?*

Jugar a la ruleta rusa (Ser algo una ruleta rusa) Arriesgarse en exceso. Ponerse en una situación muy comprometida o peligrosa. *Salir a la carretera el quince de agosto es jugar a la ruleta rusa.|En las oposiciones jugué a la ruleta rusa y tuve suerte: de cincuenta temas me preparé sólo cinco y me cayeron dos de los que me había preparado.* La *ruleta rusa* es un macabro juego en el que se apuestan fuertes sumas de dinero y que consiste en colocar una sola bala en el tambor de un revólver, que posteriormente se hace girar. El individuo que «juega» se lleva el arma a la sien y aprieta el gatillo.

Jugar al ratón y al gato/al gato y al ratón Así decimos cuando dos o más personas, a pesar de diversos intentos, no consiguen encontrarse o ponerse en contacto. *Llevamos una semana jugando al ratón y al gato; cuando ella me llama yo no estoy y al revés.* La frase procede de un clásico juego infantil, llamado también «el pillao» o «guardias (o policías) y ladrones», que, como puede suponerse, reproduce lo que hacen el ratón y el gato: uno intenta no dejarse atrapar y el otro intenta atraparlo.

Jugar alguien bien sus/las **cartas**/bazas Manejar una persona sus posibilidades con lógica y sentido común. Sacar alguien beneficio de sus recursos, aunque éstos sean pocos. *Tenía una empresa muy modesta, pero jugó bien sus cartas: supo esperar el momento oportuno, se la vendió a una multinacional y ganó muchísimo dinero.* Es lo que hace el buen jugador: sacar el mayor partido y ganar el mayor número de bazas con sus naipes. V. *Ser una buena baza.*

Jugar con/a **dos barajas**/dos paños Como *jugar a dos bandas*, es jugar con ventaja, adoptar dos comportamientos diferentes según sea la situación. *A mí me dices una cosa y a los demás lo contrario. ¿Qué pretendes jugando* *con dos barajas?* Es lo mismo que hace el jugador que ha marcado las cartas, que emplea una baraja u otra según las características del juego. A veces se dice también *Jugar con las cartas marcadas* para describir la misma situación. *Jugar a dos paños* se dice de quien juega a la vez, generalmente a la ruleta, en dos mesas, llamadas *paños* en el argot por estar cubiertas con el clásico tapete de color verde.

Jugar con fuego Actuar de forma inconsciente en situaciones que pueden ser peligrosas. *Tienes novio desde hace ocho años; ahora estás saliendo con otro; tu novio no sabe nada; éste no sabe que tienes novio; ellos dos son amigos... Chica, estás jugando con fuego y te vas a quemar.* Este mismo significado de *fuego* se repite en varias expresiones, como *Estar entre dos fuegos* o *Echar leña al fuego* (v.).

Jugar con/tener **las cartas marcadas** (Jugar con ventaja) Actuar con ventaja porque se conoce de antemano alguna situación, como el tramposo que en el juego marca las cartas. *El nuevo director juega con las cartas marcadas, porque lleva muchísimos años en la empresa y conoce a todos los empleados.*

Jugar en casa Actuar en un ambiente propicio. Estar en una situación favorable como, teóricamente, lo está el equipo deportivo que juega como local, en casa, en el lugar en el que está radicado. *Claro que aquí la gente sabe mucho de toros, pero es que jugamos en casa porque esta provincia es la que tiene un mayor número de ganaderías.*

Jugar limpio o **sucio** Actuar de buena fe. Conseguir algo de forma legal, por propios méritos, o utilizar todo tipo de trampas o triquiñuelas para conseguir algo. *Jugar sucio* significa también 'mentir; engañar; traicionar'. *Es lógico: han elegido a Velasco porque tenía mejor puntuación que yo. El tribunal ha jugado limpio y no tengo nada que decir.*|*Yo te he dado toda mi confianza y tú has ido por ahí poniéndome verde. Si algo de mi comportamiento te molestaba yo debería haber sido el primero en saberlo: has jugado sucio conmigo.* Las expresiones proceden de quien hace trampas en el juego.

Jugarle a alguien una mala pasada (Ser una mala pasada) Engañar. Traicionar a alguien. *Lo que te dije debía quedar entre tú y yo y no se te ocurre otra cosa que cacarearlo a diestro y siniestro. Me has jugado una mala pasada, de verdad.* Empleada con un sujeto inanimado la frase significa 'perjudicar; hacer daño; causar problemas'. *A partir de ahora tengo que cuidarme, porque el corazón me ha jugado una mala pasada y me he asustado.* Una de las acepciones de *pasada*, que es la más adecuada a este contexto, es 'cada una de las partidas de un juego'. Quien es traicionado o perjudicado pierde la partida. V. *Jugársela a alguien.*

Jugarse/echar **algo a cara o cruz**/a tío o perro (Salir cara/cruz||Ser la cara/la cruz de la moneda) Arriesgarse. Confiar en la suerte. *Tenía un dinero y me la jugué a cara o cruz. Invertí en bolsa y me salió bien.* La frase se refiere a los sorteos que se deciden lanzando al aire una moneda: puede salir *cara,* la parte en la que aparece la cara del rey o del mandatario correspondiente *(tío),* o *cruz,* el reverso, donde en España antiguamente había una cruz, un escudo o un león rampante, al que la gente, tras la emisión de monedas de cinco y diez céntimos en 1870, debido a su ridículo aspecto, comenzó a llamar *perro* o *perra*. De aquí surgió la denominación de la moneda, que aún hoy se mantiene como sinónimo de «dinero». V. *La otra cara de la moneda*||*No tener ni gorda*||*Pa' ti la perra gorda*.

Jugarse el bigote Arriesgarse en exceso. Entre las tribus germanas que invadieron la Península, la barba y el bigote eran rasgos de virilidad, de valor y de honor. Para un germano no podía haber mayor afrenta que tocarle la barba. De ello hay numerosos ejemplos en el español coloquial (v. *De bigote*||*Subírsele a alguien a las barbas*). La frase se inserta en esta tradición. Quien se *jugaba el bigote* ponía en riesgo lo más preciado: su propia vida. Por cierto, la palabra *bigote,* extraña a todas las lenguas románicas, parece haberse originado en la costumbre de estos pueblos de tocarse la barba y el *bigote* antes del combate, al mismo tiempo que imploraban la ayuda de su dios diciendo algo así como «bî God», 'por Dios'. De esa expresión, filtrada por los oídos de los hispanolatinos y asociada a la parte que se tocaban pudo haber nacido *bigote*.

Jugarse el tipo/el físico/la cara Arriesgarse. Ponerse en situación comprometida o peligrosa para conseguir algo. Mostrar mucho valor. *Hace falta ser muy valiente y llevarlo en la sangre para jugarse el tipo todas las tardes delante de un toro de más de quinientos kilos*. V. *Mantener el tipo*.

Jugarse/dar/intentar **el todo por el todo** Arriesgarse completamente en una situación, de forma que el resultado puede ser el éxito o el fracaso. *El entrenador se ha jugado el todo por el todo, porque ha retirado a dos defensas y ha sacado a dos delanteros*. La expresión proviene de los juegos de azar y se refiere al lance en el que un jugador apuesta todo lo que tiene con la intención de llevarse todo lo que hay en la mesa o de que la mesa se lleve todo lo suyo... V. *Echar el resto*.

Jugarse las alubias/el cocido/los garbanzos Arriesgar el puesto de trabajo. Poner en peligro la única fuente de sustento. *Yo no puedo jugarme las alubias. Tengo que decir que sí a todo lo que me manden los jefes, aunque no esté de acuerdo y aunque sepa que me están explotando*. La recurrencia a las legumbres como prototipo de comida, como único alimento de los pobres es muy abundante en la lengua coloquial (v. *En todas partes cuecen habas*). Hasta no hace mucho en algunos lugares el cocido era lo único que se comía durante la semana, repartiendo cada día sus diversos ingredientes. V. *Ganarse el pan*.

Jugarse (hasta) **las pestañas** Ser un jugador empedernido. Estar obsesionado por el juego. *Ése en el bingo se juega hasta las pestañas. Se ha arrui-*

nado y ha arruinado a media familia pero no escarmienta. Hiperbólicamente se nos da a entender que quien ya no tiene dinero ni objetos que jugarse, llega a poner sobre la mesa hasta partes de su propio cuerpo.

Jugarse los cuartos con alguien (No saber alguien con quién se juega los cuartos) Se emplea esta frase, a modo de advertencia, para indicarle a una persona que no se relacione con otra o que no la subestime *¿Que vas a demandar a tu ex jefe por despido improcedente? Tú no sabes con quién te juegas los cuartos*. Procede del mundo del juego y con ella se aconsejaba a los incautos que no se metieran en partidas con tipos más experimentados, muchos de ellos tahúres y jugadores de ventaja. El *cuarto* era una antigua moneda fraccionaria de cobre. Aún hoy en día *cuartos* es sinónimo de *dinero*.

Jugarse/jugárselo **todo a una carta** (Jugar la última carta) Tener una única oportunidad para conseguir un determinado objetivo, generalmente para salir de una situación problemática o complicada. *Mañana hago el último examen y de él depende que termine la carrera: me lo juego todo a una carta*. El juego de cartas más sencillo, normalmente con dinero de por medio, es extraer un naipe de la baraja, de forma que gana quien saca el de valor más alto. Seguramente la frase está relacionada con este juego.

Jugársela a alguien (Hacerle a alguien una/la jugada/jugarreta) Engañar. Mentir. Traicionar la confianza de una persona. *Le presté el dinero porque lo consideraba amigo, pero ya veo que me la ha jugado y que no me lo va a devolver.* La frase seguramente se refiere a la situación del jugador de cartas que, cuando está a punto de ganar la partida, es vencido por otro en la última baza. V. *Jugarle a alguien una mala pasada*.

Juntarse el hambre con/y **las ganas**/la gana **de comer** Juntarse dos situaciones negativas o dos personas no muy bien consideradas. Literalmente, juntarse dos personas o cosas prácticamente idénticas. El *hambre* y las *ganas de comer* nos ponen sobre la pista de lo negativo. *Pues fíjate tú. Primero la sequía y ahora el pedrisco: se han juntado el hambre con las ganas de comer.*|*Él es un maleducado y un prepotente y ella mira a todo el mundo por encima del hombro: se juntan el hambre con las ganas de comer.*

Jurar en hebreo/arameo Decir palabras malsonantes. Blasfemar. Despotricar. Mostrar enfado de manera ostensible. *Imagínate, se me estropeó el coche en una carretera desierta, no había teléfono, no pasaba nadie... Estuve tres o cuatro horas jurando en hebreo, hasta que llegó un coche y me ayudó.* Los judíos españoles fueron obligados por los Reyes Católicos a convertirse al cristianismo si no querían ser expulsados por el decreto de 1492. Muchos de ellos hicieron falsas conversiones con el fin de quedarse en el país y, mientras juraban, renegaban del juramento en su lengua hebrea. De ahí proviene la expresión. El *arameo* se toma como símbolo de una lengua incomprensible y lejana, de hecho proviene del norte de la actual Siria, tan incomprensible como las palabras de quien suelta un improperio tras otro a causa de su enfado. Como curiosidad, podemos decir que es más que probable que Jesucristo hablara un dialecto arameo, pues tal origen tenía la lengua que en la época se hablaba en Judea.

Jurársela a alguien (Tenérsela a alguien jurada) Tener la intención de perjudicar o de hacer daño a alguien, generalmente como producto de una venganza. *Desde que descubrió que su socio había desviado parte del dinero de la empresa para fines personales se la tiene jurada*. El verbo *jurar* nos conduce a pensar en lo sólido de las convicciones de quien así actúa, en una especie de pacto de honor.

Justicia catalana Se denomina así a la venganza que alguien ejerce por su cuenta a raíz de algún daño o perjuicio sufrido. *Estamos de acuerdo en que te ha difamado y te ha hecho mucho daño, pero eso de mandarle amenazas y matones es justicia catalana. Hay que esperar la decisión de los tribunales*. La expresión nace referida a las duras represalias que las tropas del aventurero catalán Roger de Flor, llamadas almogávares, llevaron a cabo tras el asesinato de su caudillo. Roger de Flor (1262-1307), nacido según algunos en Cataluña, según otros en Brindisi, en el sur de Italia, había acudido con sus tropas a Constantinopla para socorrer al emperador Andrónico II, acosado por los turcos. Roger de Flor, tras haber acabado con los enemigos de Constantinopla, alcanzó gran fama y reconocimiento, hasta el punto de constituir una grave amenaza para el poder establecido. Consciente de ello, el emperador le tendió una trampa y fue asesinado. Sus tropas se vengaron dura y salvajemente y asolaron durante mucho tiempo los territorios del Imperio de Oriente. V. *Tomarse alguien la justicia por su mano*.

L

La alegría de la huerta [ser] Se aplica a la persona que siempre muestra alegría y buen humor. *Cuando estamos todos abatidos, llega él, nos cuenta un par de chistes, dice tres o cuatro tonterías y nos cambia la cara. Es la alegría de la huerta*. La locución es el título de una famosa zarzuela ambientada en la huerta murciana, de Enrique García Álvarez y Antonio Paso, padre del dramaturgo Alfonso Paso. Posteriormente, en 1940, sobre el argumento de la zarzuela y con su mismo título, Ramón Quadreny dirigió una película de gran éxito, protagonizada por Flora Santa Cruz y Salvador Castillo.

La asignatura pendiente [ser] (Tener una asignatura pendiente/asignaturas pendientes) Tarea que falta por realizar o que se le resiste a alguien. *He viajado por un montón de lugares, aunque todavía no he conseguido ir a Egipto. Es la asignatura pendiente que tengo.*| *La cocina se me da bastante bien, aunque no consigo cogerle el punto a la paella, es mi asignatura pendiente*. Todos los estudiantes tienen una asignatura que se les da peor, que les exige un esfuerzo extra para aprobar o que, si no superan el examen, les queda pendiente, de ahí deriva el dicho. En 1977 José Luis Garci dirigió la película *Asignatura pendiente,* un retrato sociológico de la transición española, una especie de manifiesto generacional, cinta que contribuyó sobremanera a «avivar» el dicho.

La bestia negra [ser] (Ser la bestia negra de alguien) Llamamos así al constante enemigo de alguien, a la persona o cosa que supone siempre un problema o un obstáculo. *Las matemáticas son mi bestia negra. Por mucho que las estudio no consigo entenderlas*. Se usa mucho en el lenguaje deportivo. *Nueva victoria de la bestia negra del equipo español: los yugoslavos volvieron a derrotarnos*. Es muy posible que la expresión se refiera a las representaciones del diablo en los códices medievales, en los que suele aparecer como una bestia similar a un lobo o un dragón de color pardo o negro. Entre éstas destacan las de los comentarios que el Beato de Liébana realizó en el s. VIII al *Apocalipsis* de san Juan. Tampoco podemos olvidarnos de que la unión de *bestia* y *negra* posee por sí misma las suficientes connotaciones negativas como para decir poco más sobre el origen de la frase.

La Biblia en verso/en pasta [ser] Con esta expresión nos referimos a un discurso, una relación, una explicación, un texto, etc., de gran extensión, aburrido, farragoso y difícil de comprender. *A la boda van a ir quinientos invitados: padres, hermanos, tíos, cuñados, sobrinos, primos, primos de los primos..., vamos, la Biblia en verso.* El dicho alude al trabajo llevado a cabo por el padre José María Carulla (1839-1911), buen abogado, pésimo dramaturgo y peor poeta, blanco de las chuflas de muchos escritores contemporáneos suyos, quien, no contento con haber traducido y rimado ni más ni menos que la *Divina Comedia*, emprendió la tarea de poner la Biblia en verso, que publicó por entregas en la revista «La Civilización», fundada por él mismo, y que hizo llegar al mismísimo papa León XIII. Consiguió el buen hombre versificar con estridentes ripios el *Génesis*, el *Éxodo*, el *Libro de Tobías* y el *Libro de Judith*. El manuscrito se conserva en la actualidad en Granada, en el museo de la Abadía del Sacromonte. Éstos son algunos de los versos de la Biblia de Carulla: «Con traje de tertulia/salió Judith del pueblo de Betulia»; «Jeroboam, potente,/engendró a Eliecer alegremente»; «Todo aquél inclemente/que ojeriza tomara aborrecible/a su hermano excelente/merecerá insufrible/que le condene el juez a pena horrible». Pero tal vez sea el episodio de las lentejas de Esaú y Jacob el más significativo (v. *Venderse por un plato de lentejas*):

Coció este preferido
un potaje, y habiendo luego hablado,
el hermano rendido,
le dijo con agrado:
«El manjar rojo dame que has guisado».

Se atribuye también a este sacerdote poeta una *Historia de Jesús* en verso, con algunas estrofas dignas de mención, como ésta referida al nacimiento: «Nuestro Señor Jesucristo/nació en un pesebre./¡Donde menos se espera/salta la liebre!».

En descargo del vilipendiado Carulla, debemos decir que fue excelente persona y destacado sacerdote y que por su labor a favor de la Iglesia se le concedió la cruz *Pro ecclesia et Pontifice*. La variante *la Biblia en pasta* seguramente se refiere al gran tamaño que tendría el libro si se imprimiera en pasta normal de papel, y no en ese tan sumamente fino al que llamamos, claro está, *papel biblia*.

La cabra tira al monte Se usa esta frase para indicar que somos animales de costumbres, que cada cual orienta sus acciones o actitudes hacia sus hábitos, gustos o aficiones. *Ya sabes, yo soy de mar y la cabra tira al monte. En cuanto tengo un par de días libres me voy a la playa.* La cabra, por mucho que se la intente llevar por el llano, acaba triscando en las zonas más abruptas y escarpadas. V. *Estar como una cabra.*

La caja de Pandora [ser; abrir; destapar] Con esta expresión se indica que algo que aparentemente parece beneficioso puede resultar muy perjudicial. *No te compres ese coche, que es la caja de Pandora: muy bonito, por fuera, asientos tapizados, muy cómodo, muy lujoso, pero el motor falla por todas partes*. Según la mitología griega, Pandora, nombre que quiere decir 'todos los dones', fue la primera mujer que existió sobre la tierra. Fue modelada con barro por Hefesto, por encargo de Zeus. Los dioses le concedieron la belleza y el don de la palabra. Minerva le dio sus armas y Mercurio su sabiduría y un esposo: Epimeteo, que custodiaba una caja bellísima que prohibió abrir a Pandora. Ésta la abrió y de ella salieron todos los males y se extendieron por el mundo. A pesar de todo, Pandora cerró la caja antes de que también escapara de ella la Esperanza. V. *Abrir la caja de los truenos*||*La esperanza es lo último que se pierde*||*La semilla de la discordia*.

La caraba (en bicicleta) [ser] La *caraba* es algo o alguien extraño, sorprendente, que provoca diversión o incredulidad. *Cuando llueve, vas andando; cuando hace bueno, en coche. Macho, eres la caraba*. La historia del dicho es ciertamente curiosa. Parece ser que a mediados del siglo XIX circulaba por algunas ferias de Andalucía un gitano que pregonaba ante un barracón: «¡La caraba, señores! ¡Pasen a ver la caraba!». La gente se preguntaba qué y cómo sería la tal *caraba*, y el gitano, lógicamente, contestaba algo así como «Pase usted y lo verá». Atraídos por aquello que se suponía extraño monstruo, eran muchos los que pagaban para entrar a ver *la caraba*, que resultó ser una mula vieja y llena de mataduras. Ante las protestas de la gente, que quería ver *la caraba* y no a aquel desgraciado animal, el gitano respondía: «Ésta que ven aquí es la *caraba* (contracción coloquial de *la que araba*), porque antes araba y ahora ya no». El curioso episodio fue recogido, entre otros, por Juan Valera (1824-1905) en sus *Cuentos y chascarrillos andaluces*. En 1927 el dramaturgo Pedro Muñoz Seca (1881-1936) estrenó, con gran éxito, como solía ser habitual, una comedia titulada *La Caraba*, hecho que seguramente contribuyó a la popularización del dicho.

La carabina de Ambrosio [ser; ser como; parecer] Se llama así a un instrumento que no sirve para nada o que no funciona de la forma prevista. *Me he comprado estas tijeras especiales para cortar papel y son la carabina de Ambrosio; más que cortarlo, lo arrancan*. Dice la leyenda que el tal Ambrosio fue un labrador sevillano de principios del siglo XIX que, harto de vivir malamente, se echó al monte con una carabina inservible para ejercer de bandolero. Como era tan buena persona y tan conocido en la comarca, cada vez que intentaba atracar a alguien, el atracado se lo tomaba a risa y Ambrosio pensaba que la culpa del poco respeto que imponía la tenía su vieja y destartalada carabina, de esta forma nació el dicho. El personaje del bandido bueno que no provoca miedo, sino risa, aparece varias veces en cuentos y leyendas. Tal vez el más conocido sea el *Fendetestas* de la obra de Wenceslao Fernández Flórez (1879-1964) *El bosque animado*.

La casa de la Troya [ser; parecer] Se llama así a un lugar en el que hay gran desorden y confusión. *En mitad de la conferencia algunos comenzaron a insultar al conferenciante, otros lo defendían, muchos silbaban. Aquello parecía la casa de la Troya*. El dicho es el título de una obra del dramaturgo y crítico taurino Alejandro Pérez Lugín (1870-1926), ambientada en la vida estudiantil de Santiago de Compostela. La casa de la Troya es en la obra el centro de reunión de los estudiantes.

La casa de tócame Roque [ser; parecer] Con esta expresión se denomina a una casa en la que reina el desorden y hay frecuentes riñas. *Aquí todos tienen que hablar a voces, nadie deja hablar al otro, todos se quejan de la comida. De verdad te digo que esto parece la casa de tócame Roque*. Esta casa, llamada así por uno de sus propietarios, que tenía un hermano que le desafiaba para que le pegara al grito de «tócame Roque», existió hasta 1850 en la madrileña calle del Barquillo. Era una casa vieja, a punto de venirse abajo, cuyos vecinos se negaban repetidamente al desalojo, lo que provocaba constantes grescas con la autoridad. Esta numantina resistencia del vecindario hizo que la casa quedara inmortalizada en un sainete de Ramón de la Cruz (1731-1794), titulado *La Petra y la Juana o El buen casero*, y en el artículo «Día de toros» de las *Escenas Matritenses*, de Ramón de Mesonero Romanos (1803-1882).

La corte de los milagros [ser; parecer] Se llama así a un lugar peligroso por la abundancia de delincuentes y de gentes de mal vivir que en él se concentran. *El barrio en el que vives es precioso, pero hay una plaza que parece la corte de los milagros... ¡Vaya unos tipos que circulan por allí!* La Corte de los Milagros *(La Cour des Miracles)* era el barrio parisino en el que vivían los maleantes. Aparece citado en la obra de Victor Hugo (1802-1855) *Nuestra Señora de París*, de donde seguramente procede la locución.

La cuadratura del círculo [ser; buscar] Lo complicadísimo. Lo que resulta prácticamente imposible de hacer, de resolver o de entender. *Hombre, en dos semanas la casa puede estar para vivir en ella, pero ni mucho menos estará completamente rematada: eso es la cuadratura del círculo.*|*Me dijo que no había podido venir porque el médico le había cambiado la hora.... En fin, no me acuerdo, porque las excusas que me puso eran la cuadratura del círculo*. La cuadratura del círculo, la duplicación del cubo y la trisección del ángulo son tres de los más antiguos problemas de la geometría, aún no solucionados. El primero, que consiste en crear con una regla y un compás un cuadrado de área idéntica a la de un círculo determinado, fue planteado ya por los antiguos geómetras griegos. Desde entonces fueron muchos los que intentaron resolverlo hasta que en 1882 el matemático alemán Ferdinand von Lindemann, apoyado en la trascendencia del número pi, demostró que no tiene solución.

La cuenta de la vieja [echar; hacer; ser] Llamamos así a la cuenta simple y lógica, la que se hace sin ayuda de ningún medio técnico, usando, como mucho, los dedos. Es tan sencilla que puede hacerla una persona mayor con pocos estudios, como se desprende del dicho. *Si por cada botella dan cinco puntos, echando la cuenta de la vieja me tengo que beber todavía cien litros de zumo para que me den el regalo.*

La cuesta de enero [estar en; pasar; sufrir; superar; ser...] Denominamos así al periodo de apuros económicos que suele suceder a los gastos derivados de los excesos navideños y que, lógicamente, coincide con este mes: a la despreocupada cuesta abajo de finales de diciembre sucede, por lógica, la empinada cuesta de enero. *Con un claro sentido comercial, las rebajas suelen coincidir con la cuesta de enero.* La cuesta se hacía aún más dura antes de que existiera la paga extraordinaria de Navidad, sobre el veinte de diciembre, cuando a los funcionarios públicos se les adelantaba el sueldo de enero que, lógicamente, llegaba flaquísimo a comienzos del mes. De esta costumbre pudo haber nacido la expresión.

La de tirios y troyanos [armarse; montarse; organizarse; prepararse...] Se denomina así a una discusión violenta o a un enfrentamiento entre partidarios de bandos o partidos opuestos. *En la plaza se encontraron los hinchas del Atlético con los del Real y se armó la de tirios y troyanos.* El dicho se refiere a las numerosas luchas que en el siglo XI a. C. mantuvieron los habitantes de Tiro, la más importante ciudad de Fenicia, y los de Troya por el control comercial del Mediterráneo oriental, y en especial del Estrecho de los Dardanelos que era el paso marítimo que conecta el mar de Mármara y el mar Egeo. Los tirios controlaban todos los mercados de la zona occidental y los troyanos todo el comercio con Oriente.

La docena del fraile [ser; hacer; contar] Conjunto de trece objetos. *Le pedí una docena de pasteles y me ha puesto trece. Claro, como los cobran al peso ha hecho la docena del fraile.* La expresión se asienta en el chascarrillo que cuenta cómo un fraile fue a comprar una docena de huevos y, para enredar al tendero, los pidió separados de la siguiente manera: media docena para el padre prior (y separó seis); un tercio de docena para el padre guardián (apartó cuatro) y para él, un cuarto de docena (y se llevó tres). Al parecer el huevero, poco ducho en matemáticas, descubrió el embrollo cuando ya era tarde.

La edad del pavo [estar en; ser; pasar] Se refiere esta locución a la adolescencia y a la primera juventud, época de proverbial tontuna y atolondramiento, de caprichos y de especial sensibilidad. *Ahora a mi hija, como está en la edad del pavo, le ha dado por decir que no le gustan sus piernas y no se quita los pantalones.* El *pavo* y otras aves similares son, en la lengua coloquial, un elemento recurrente para referirnos a comportamientos tontos o de poco fundamento: V. *Más tonto que la mierda de pavo*||*Ser un pavo (un pa-*

visoso), decir una pavada||Ser un pato (un pato mareado)||Ser un gallina||Subírsele a alguien el pavo.

La espada de Damocles [estar bajo; tener] Peligro o amenaza constante a la que está sometida una persona. *Los entrenadores de fútbol están siempre bajo la espada de Damocles; en cuanto el equipo pierde tres o cuatro partidos seguidos, ¡hala!, a la calle.* Damocles era un cortesano de Dionisio I, *el Viejo,* tirano de Siracusa allá por el siglo IV a. C. Cicerón y Horacio, entre otros, nos cuentan que Damocles envidiaba el poder y la fortuna de Dionisio y que el tirano le propuso compartir con él su dinero y su poder, pero con una sola condición, que asumiera también todas las obligaciones de gobierno. Aceptó Damocles y Dionisio lo hizo sentar en un rico trono y le pidió que mirara hacia arriba. Damocles vio que, sobre su cabeza, colgaba una espada sostenida únicamente por una crin de caballo. El tirano le demostró de esta manera que la riqueza y el poder eran sólo ilusorios y que podían más las responsabilidades y peligros a los que estaba sometido. V. *Tener el techo de cristal.*

La esperanza es lo último que se pierde Usamos esta frase como consuelo ante una situación apurada o comprometida, cuando apenas se vislumbran soluciones. *Bueno, aunque tú creas que has hecho fatal el examen a lo mejor no está tan mal y, aunque sea por los pelos, apruebas. La esperanza es lo último que se pierde.* La frase tiene un origen mitológico. Cuando Pandora, la primera mujer que existió sobre la tierra, modelada con barro por Hefesto, por encargo de Zeus, abrió la caja que custodiaba Epimeteo, su esposo, y que expresamente le había prohibido abrir, salieron todos los males y se extendieron por el mundo. Pero Pandora reaccionó a tiempo y cerró la caja antes de que también escapara de ella la Esperanza. V. *La caja de Pandora||Mientras hay vida hay esperanza.*

La excepción que confirma la regla [ser] Ser algo extraordinario, original, fuera de lo normal, que escapa a todo tipo de convención. *En esa familia todos morenísimos, con los ojos negros como el azabache, menos Carlos, que es rubio y tiene los ojos verdes: la excepción que confirma la regla.* Todas las reglas suelen tener una excepción, lo que mediante un indiscutible silogismo sirve para confirmar que, efectivamente, hay regla.

La fe del carbonero [tener; ser] Se alude con esta expresión a la fe de las personas que creen firmemente en sus ideas y no necesitan explicaciones o pruebas difíciles de entender para demostrar que sus creencias son ciertas. *Todos dicen que vamos a perder, que el otro equipo es más fuerte que nosotros, pero nosotros tenemos la fe del carbonero y, aunque parezca difícil, a lo mejor damos la sorpresa.* La frase proviene del cuento, recogido ya por Gonzalo Correas en su *Vocabulario de refranes* (1627), que narra las explicaciones que un carbonero dio a un teólogo a propósito del misterio de la Santísima Trinidad. Ante la pregunta de cómo era posible que existieran tres personas en una sola, el carbonero hizo tres dobleces a su mandil y después lo volvió a extender, demostrando que las tres partes formaban un todo. El cuento fue recogido por Miguel de Unamuno (1864-1936) en una de sus obras cumbre, *La agonía del cristianismo*.

La fe mueve montañas Se emplea este dicho para asegurar que si alguien tiene fe, si cree en lo que hace, puede lograr lo que se proponga, por muy difícil que parezca. *Él siempre dijo que quería ser juez y, después de haber luchado lo indecible, ya lo es. La fe mueve montañas*. Es una frase bíblica, tomada de la primera Epístola de san Pablo a los Corintios.

La fila de los mancos Es una expresión ya en desuso, sobre todo desde el auge de esos cines de quirófano denominados «minicines» o «multisalas» Se llamaba así a la última fila del cine, aquella en la que se sentaban las parejas que, menos ver la película, iban a hacer de todo y que eran frecuente blanco de la indiscreta linterna del acomodador. *Recuerdo que antaño en los cines había muchas sesiones en las que sólo había gente en la fila de los mancos*. Como las manos de ambos solían estar ocultas en algún prohibido lugar, parecían no tenerlas, ser mancos, de ahí proviene el dicho. V. *Hacer manitas*.

La flecha del parto [disparar; lanzar; tirar] Decir o hacer, justo en el momento de marcharse, cuando nadie lo espera, algo hiriente u ofensivo para alguna de las personas presentes. *Había estado calladito toda la noche, pero claro, al despedirse tuvo que disparar la flecha del parto y le dijo a Lola que esperaba que la próxima vez se pusiera un vestido más apropiado*. Los partos, un antiguo pueblo, emparentado con los escitas, que se estableció en el siglo III a. C. al noreste del actual Irán, usaban en sus combates una curiosa táctica: se dejaban perseguir por los enemigos, y cuando éstos parecían tenerlos dominados, disparaban las flechas sin mirar, en dirección opuesta a su marcha, colocando el arco por encima del hombro o por debajo del brazo, «de sobaquillo», con lo que frecuentemente hacían blanco en sus perseguidores, desprevenidos y preocupados únicamente de controlar las riendas del caballo. La expresión es muy antigua, pues aparece ya citada por el poeta latino Virgilio (80-19 a. C.) en sus *Geórgicas*.

La flor y nata (La flor de la canela) [ser] Lo más selecto y distinguido. *En la boda de Maruchi estaba la flor y nata de la alta sociedad madrileña*. El término *flor*, en sentido metafórico, designa a lo mejor de algo *(la flor de la vida)*. La *nata* es lo mejor, lo más puro, de la leche. La *canela* es una especia que en otro tiempo tuvo un gran valor, hasta el punto de equipararse al oro o a la plata en las transacciones económicas. V. *Canela en rama*.

La gallina de los huevos de oro [ser; encontrar; matar] Se llama así a lo que, sin causar ningún tipo de esfuerzos ni de complicaciones, genera muchísimos beneficios. *Un primo mío ha encontrado la gallina de los huevos de oro: ha puesto una tienda de comidas preparadas y de bocadillos cerca de la zona de oficinas*. El dicho se refiere a una conocida fábula del autor griego Esopo, que vivió en el siglo VI a. C., que narra la historia de un campesino, dueño de una gallina que ponía huevos de oro. Pensando que el ave tendría dentro de su cuerpo una gran masa de oro, la mató, con lo que, por buscar toda la riqueza de un golpe, acabó con un beneficio para toda la vida.

La gota que colma/llena/hace rebosar **el vaso** [ser] Ser el motivo último que desata una discusión, que provoca un enfado o que desencadena un conflicto. *He soportado mucho durante estos cinco años pero verlo el otro día acaramelado con aquella tía ha sido la gota que ha colmado el vaso*. La imagen que se nos transmite en la expresión es la de un vaso completamente lleno de líquido, que rebosa en cuanto le cae una sola gota.

La intemerata [durar; llevar; ser] Muchísimo tiempo. *Sí, esta ópera es bonita, lo que pasa es que dura la intemerata y se acaba haciendo un poco pesada*. El adjetivo latino *intemerata* significaba literalmente 'no manchada; no contaminada'. La forma coloquial *la intemerata* pasó a designar en castellano 'lo más perfecto; lo que ha llegado al máximo', significado que se mantiene actualmente, aunque de forma bastante limitada y sobre todo con el verbo *ser*. *Para mí el Guernica, dentro de la pintura de Picasso, es la intemerata*. El sentido de la expresión ha derivado hacia 'lo más grande; lo más largo; lo más extenso'.

La joya de la corona [ser] La persona u objeto más valiosos de entre un grupo. *Ese muchacho es la joya de la corona de la empresa: licenciado en Berkeley y máster en Harvard.*|*Tengo muchos libros valiosos, pero éste es la joya de la corona: una Biblia del siglo* XV. La expresión se refiere a las valiosísimas joyas que se incrustaban en las coronas de los reyes. Siempre había una de más valor, por su calidad o por lo que pudiera representar, que solía colocarse en el centro o en la parte superior. Son especialmente famosas las joyas de las coronas de los reyes de Inglaterra, custodiadas en la Torre de Londres.

La justicia de Peralvillo (que, ahorcado el hombre, hacíale pesquisas del delito) [ser; aplicar] Se usa esta frase cuando se castiga a alguien antes de indagar su delito o cuando se critica a alguien antes de que haya expuesto sus ideas o realizado su trabajo. *Primero tengo que pagar la multa y, luego, si se demuestra que tengo razón, ya se determinará qué sucede. A mí me parece que esto es la justicia de Peralvillo.*|*Antes de que salga el libro la crítica ya lo ha puesto verde, eso es la justicia de Peralvillo; además, ya verás cómo la novela le encanta a la gente*. Para algunos, la frase, que suele usarse sólo en su primera parte, se debe a que en el pueblo de Peralvillo (Ciudad Real) se estableció un tribunal de la Inquisición, especialmente cruel, que llegó a ejecutar a varios supuestos delincuentes sin haberlos juzgado.

La lanza de Aquiles (, que hiere y sana) [ser; ser como; parecer] Se denominan así los males o los inconvenientes que acaban generando algo positivo o aquello que, siendo perjudicial, contiene en sí mismo el remedio para el mal que provoca. *Bueno, por una parte lo de la operación es un inconveniente, pero bien mirado es la lanza de Aquiles: ¡por fin voy a poder descansar durante quince días seguidos!* El dicho se debe a la historia de *Télefo*, un personaje legendario, rey de Misia, antigua región del noroeste de Asia menor (actual Turquía), y protagonista de la tragedia homónima de Eurípides (485-406 a. C.). De camino a Troya, los griegos desembarcaron en Misia, lo que fue tomado por Télefo como una invasión. Hubo varios combates y en uno de ellos Aquiles (v. *El talón de Aquiles*), capitán de los Aqueos, hirió a Télefo en una pierna. La herida, muy profunda, no se cerraba y se iba poco a poco infectando. Se consultó al oráculo de Apolo, que aseguró que al rey sólo lo sanaría el mismo objeto que le había producido el daño. Télefo, vestido de mendigo, marchó a Troya, a cuyas puertas acampaban los griegos. Allí consiguió, para algunos por las buenas y según otros raptando al hijo de Agamenón, la lanza de Aquiles, con cuyo óxido la herida sanó por completo. V. *La mancha de mora con otra verde se quita*||*No hay mal que por bien no venga*||*Un clavo saca otro clavo*.

La letra con sangre entra La frase indica que a veces el castigo, incluso el más violento, puede llegar a ser productivo. *Si ya se lo has dicho un montón de veces y de mil maneras distintas, ya sólo te queda castigarlo, darle un buen escarmiento. Ya sabes: la letra con sangre entra.* Era éste uno de los lemas de los antiguos maestros: el alumno, según estos monstruos —*sensu stricto*— de la pedagogía, aprendía mucho mejor a base de golpes.

La ley de la selva/jungla/del más fuerte [ser; haber; imperar] (Ser algo una selva/una jungla) Forma de comportamiento en la que impera el desorden total, la ley del que más puede y además, interpretando literalmente la expresión, el más descarnado salvajismo. *Aquí ni semáforos ni nada, esto es la ley de la selva, cada uno pasa cuando le da la gana o cuando los otros le dejan.* El dicho refleja claramente la teoría darwiniana de la evolución: el más fuerte, el mejor adaptado al medio, sale adelante y sobrevive. V. *La llamada de la selva*.

La ley del embudo [ser; aplicar] Se llama así a la ley que no es imparcial, pues siempre es favorable para el que la hace y perjudicial para el que la recibe, o sea, ancha por una parte y estrecha por otra, como un embudo. *Como él es el jefe, se va cuando le da la gana; cuando yo le pido permiso para irme un día me dice que no. Ya ves: la ley del embudo.* En el *Tesoro* de Sebastián de Covarrubias (1611) aparece ya la frase, explicada así por el lexicógrafo toledano: «Cuando alguno es muy escrupuloso para los otros y muy licencioso para sí suelen decir que bebe por lo ancho del embudo y a los demás da de beber por lo angosto». V. *Pasar por el aro/el embudo...*

La ley del talión [ser; aplicar] Es la que sostiene que el castigo o la venganza para quien comete un daño ha de ser imponer el mismo daño cometido: *Ojo por ojo, diente por diente* (v.). *La pena de muerte debe abolirse en* *todos los casos, incluso en los más crueles asesinatos. La ley del talión es sólo un círculo vicioso de odio y sangre.* El nombre de la ley, parece haber salido del adverbio latino *tale(m),* 'tal; igual; semejante'. La ley aparece ya formulada en la Biblia *(Éxodo,* XXI, 24 y *Levítico,* XXIV, 14-23).

La llamada de la selva [ser; sentir] Así se denomina a la voz silenciosa del instinto, al sentimiento oculto que nos obliga a volver a los orígenes, a las vivencias más personales. *Yo me encuentro bien en la ciudad pero de vez en cuando siento la llamada de la selva y me tengo que escapar al pueblo un par de días a cargar las pilas.* La expresión está tomada de la novela del escritor estadounidense Jack London (1876-1916) *The call of the wild* (1903) (La llamada de lo salvaje) título que se tradujo al español como *La llamada de la selva.* V. *La ley de la selva.*

La mancha de (la) **mora con otra**/con mora **verde se quita** Asegura este dicho que muchos males se curan con lo que los causó o muchos problemas llevan en sí mismos la solución. *Hace un par de meses estaba hecho polvo porque Lucía lo había dejado. Ahora ha encontrado a esta chica y es el tío más feliz del mundo: la mancha de mora con otra verde se quita.* La frase suele aplicarse al «mal de amor»: las penas por un amor desgraciado se alivian sólo con otro amor, lo cual suena a bolero pero es cierto, como también es cierto que para eliminar las rebeldes manchas de mora la mejor solución es frotarlas con otra verde. V. *Un clavo saca otro clavo*||*La lanza de Aquiles.*

La madre del cordero [ser] La explicación de un hecho. El dato que lleva a la solución de un problema. *Si queremos llegar pronto y sin atascos hay que salir de madrugada; ésa es la madre del cordero para no encontrar tráfico en la carretera.* No existen explicaciones claras para este dicho, aunque podría haberse originado en alguna de esas adivinanzas de perogrullo que juegan con el equívoco: «¿Quién es la madre del cordero?... La *cordera.* Pues no: la oveja».

La manzana de la discordia [ser] Denominamos así al origen o a la causa de una discusión. *Luisa y Marcos se han separado y la manzana de la discordia parece haber sido el excesivo tiempo que, a causa de su trabajo, pasaba él fuera de casa.* La explicación del origen del dicho nada tiene que ver con el fruto que el diablo, en forma de serpiente, ofreció a Eva en el Paraíso (v. *Fruta prohibida*), origen del pecado original, según se narra en el *Génesis.* Hay que buscarla en la mitología griega, en el episodio sucedido en el monte Ida entre las diosas Hera, Afrodita y Atenea durante la boda de Peleo, rey de Ftia, *nieto* de Zeus y de la nereida Tetis, matrimonio del que nacería Aquiles. Erida, diosa de la discordia, no había sido invitada y, por despecho, envió una manzana de oro con una inscripción que decía «Para la más bella». Zeus nombró como juez a Paris, príncipe de Troya, a quien tocaba la difícil misión de decidir quién era la más hermosa. Afrodita, conocedora de todo tipo de artimañas de seducción, lo sobornó, prometiéndole el amor de Helena, esposa del rey de Esparta, Menelao, y fue proclamada la más bella. Ante esto, Hera y Atenea decidieron destruir Troya. De la primera elección de *misses* de la historia a la guerra más famosa... V. *Arder Troya*||*La caja de Pandora*||*La semilla de la discordia*.

La mar de...(La tira de...||La pila de...||La leche de... |Mogollón de...) Todas éstas son expresiones enfáticas de cantidad equivalentes a *mucho* o *muy*, según vayan con sustantivo o con verbo o adverbio respectivamente. *A las cuatro de la madrugada había la mar de gente por la calle*.|*Estoy cansado. Me he hecho la tira de kilómetros*.|*La casa es bonita, pero está mogollón de lejos*. La *mar*, qué duda cabe, es lo máximo, el infinito, lo inmenso (v. *Mar de confusiones*). *Tira* son muchas cosas colocadas una detrás de otra, y *pila*, dispuestas una sobre la otra, *apiladas*. El término *mogollón* puede tener que ver con *mogollo* o *mogolla*, 'masa gruesa de pan', o más seguramente, con *mogote*, 'montón de piedras o de haces de mieses'. V. *A mogollón*.

La media naranja [ser; encontrar] Se llama así a la persona que se complementa perfectamente con otra, sobre todo en el plano amoroso; ambas encajan sin ningún tipo de fisura, como las dos mitades de la misma naranja. *Llevo treinta años casado y cada día estoy más feliz. No cabe duda de que he encontrado la media naranja*.

La misma/eterna/vieja **canción**/música (La canción de siempre) [ser; estar; repetir; venir con] Decir, hacer o suceder algo de forma repetida. Ser insistente y pesado. *Todos los fines de semana el pesado del vecino se pone a dar martillazos como un loco, es la eterna canción*.|*Cada mes de agosto lo mismo. Llegas a la playa y no tienes ni un hueco para extender la toalla: la misma canción de todos los veranos*. El dicho parece hacer referencia a las coplas, cantares y poemas que los antiguos juglares y los ciegos —muchos de ellos fingidos— interpretaban en los pueblos y que solían formar parte de repertorios repetidos y muy conocidos. V. *Eso es otro cantar*||*Irse con la música a otra parte*||*Sacarle a alguien cantares*.

La mujer del César no sólo tiene que ser honrada, también tiene que parecerlo (A la mujer del César no le basta con ser honrada, también tiene que parecerlo||Ser como la mujer del César) Esta frase la usamos referida a una persona de la que sospechamos alguna acción negativa, pese a estar muy bien considerada por todos, o para exigir a alguien que se comporte, privada y públicamente, de forma impecable. *Ya sé que Antonio es uno de mis mejores amigos, que jamás le ha hecho daño a nadie y todo lo que tú quieras, pero la mujer del César no sólo tiene que ser honrada, también tiene que parecerlo*. Se atribuye la frase a Julio César (100-44 a. C.), así lo recoge el escritor griego Plutarco (50-125) en sus *Vidas paralelas*. Al parecer, un patricio romano, Publio Clodio Pulcro, enamorado de Pompeya, la mujer de Julio César, se coló en la casa de éste durante una fiesta disfrazado de músico. El intruso fue detenido y castigado y César, aun estando seguro de la fidelidad de su esposa, la repudió con la frase en cuestión.

La(s) **obra**(s) **de El Escorial**/de El Pilar/de la Seo [ser; parecer; hacer] (Ser/parecer obra de romanos||Ser algo más lento que la obra de El Escorial/de El Pilar||Durar más que la obra de El Escorial/de El Pilar) Se denomina así al trabajo que dura mucho tiempo, a lo que tarda mucho en acabarse. *A ver si de una vez por todas acabo el informe que tengo que hacerle al jefe, porque llevo ya un par de semanas y no consigo terminarlo. Parece la obra de El Escorial*. Las obras del colosal Monasterio de San Lorenzo de El Escorial, monumento erigido por mandato de Felipe II (1527-1598) para conmemorar su victoria contra los franceses en la batalla de San Quintín (10 de agosto de 1557) (v. *Armarse la de San Quintín*), comenzaron el 23 de abril de 1563 y se finalizaron veintiún años después, lo que —dadas las ciclópeas dimensiones del monumento, considerado por muchos «la octava maravilla del mundo» (v. *La octava maravilla*)— resulta más bien poco tiempo. De todas formas, jamás se desarrollaron en su totalidad los proyectos diseñados por el arquitecto Juan de Herrera (1530-1593). La basílica de El Pilar, construida en el lugar en el que, según la tradición, la Virgen se apareció al Apóstol Santiago sobre una columna o «pilar», se comenzó a levantar en 1681 y se concluyó definitivamente en 1969, cuando, en la fachada principal se colocó el relieve de *La Aparición,* obra de Pablo Serrano. La *seo,* es decir, la catedral (término procedente del aragonés y catalán *seu,* derivado del latino *sede(m),* 'sede; asiento episcopal') parece ser la de Barcelona, que se comenzó en 1298, se fue levantando a impulsos con el pasar de los siglos y cuya aguja central se finalizó en 1913. Según algunos es la de Zaragoza, a la que se conoce, por antonomasia, como «La Seo», cuyas obras empezaron mediado el siglo XII y terminaron bien entrado el XVI. Considerando que la basílica de El Pilar está junto a La Seo, tampoco sería extraño pensar en que esta variante del dicho tenga que ver con la catedral de la capital aragonesa. La expresión *obra de romanos* se refiere a las enormes, perfectas y utilísimas obras públicas de los romanos, de las que quedan aún numerosos vestigios en nuestro país: hasta hace no mucho el Acueducto de Segovia seguía llevando agua a la ciudad y aún transitan hoy camiones pesados por muchos puentes romanos.

La ocasión la pintan calva (Asir/coger/agarrar/tomar la ocasión por el copete/la melena/el pelo/los pelos/el cabello/los cabellos) Empleamos esta frase para dar a entender que debe aprovecharse una ocasión ventajosa, una oportunidad que aparece sin esperarla. *O sea, que te ofrecen el trabajo en el extranjero y te pagan muchísimo... No lo dudes, acepta, que la ocasión la pintan calva*. Los romanos representaban a la diosa Ocasión con la efigie de una mujer hermosísima, alzada de puntillas sobre una rueda, con una espada en la mano, y con alas en los pies, para simbolizar lo efímero y rápido de su paso, con un largo pelo que le caía de la parte delantera de la cabeza —de aquí el dicho *coger la ocasión por el copete, la melena, el pelo*— y completamente calva por detrás, lo que da a entender que, cuando se deja pasar, la belleza del momento desaparece y, además, ya no se puede recuperar y es imposible agarrarse a ella.

La octava maravilla (del mundo) [ser; creerse] Llamamos así a algo o alguien fantástico o extraordinario, tan fuera de lo normal que, interpretando la frase de forma literal, debería unirse a las siete maravillas del mundo antiguo. *Estoy contentísimo con el coche que me he comprado. Es la octava maravilla*. Muchas veces, sobre todo con el verbo *creerse*, se usa de forma irónica, como crítica a quien muestra excesivos aires de superioridad. *No lo aguanto, se cree la octava maravilla y es el tío más estúpido del mundo*. Las denominadas «siete maravillas del mundo» eran: las pirámides de Egipto —las únicas que perviven—; el mausoleo (tumba del rey Mausolo) de Halicarnaso; los jardines colgantes de la reina Semíramis, en Babilonia; el templo de Diana en Éfeso; el coloso de Rodas; la estatua de Zeus en Olimpia y el faro de Alejandría. A veces se denomina la octava maravilla del mundo al Monasterio de El Escorial. V. *La obra de El Escorial*.

La otra cara de la moneda (El reverso de la moneda) [ser; tener; tocarle a alguien] Aspecto negativo que presenta una persona, una cosa o un hecho que tiene también otra parte positiva, como diferentes son el anverso y el reverso de las monedas. *Las vacaciones en verano tienen de bueno que puedes disfrutar del buen tiempo, claro, pero tienen de malo que todo es más caro y que hay mucha más gente en todas partes. Es la otra cara de la moneda*. V. *Jugarse algo a cara o cruz*.

La oveja negra/descarriada [ser] Se llama así a la persona que, dentro de un grupo, destaca por sus características o por su comportamiento negativos la que se sale de la normalidad del *rebaño*. *Todos sus hijos son maravillosos, menos el tercero, que se fue de casa hace muchos años y vive prácticamente en la calle: es la oveja negra de la familia*. El color negro, como se sabe, está tradicionalmente teñido de connotaciones negativas, sobre todo en la lengua coloquial: *El garbanzo negro*||*Estar en la lista negra*||*Estar negro*||*Mano negra*||*Tener la negra*||*Verlo negro*||*Verse negro* (v.). La expresión *la oveja descarriada* se origina en el Nuevo Testamento *(Mateo*, XVIII, 1-14 y *Lucas*, XV, 3-7), en la parábola en la que Cristo compara a Dios con el pastor que, a pesar de dejar abandonadas a las demás, no descansa hasta que encuentra a la oveja perdida, es decir, al pecador, y, con gran alegría, la reintegra al rebaño. V. *Volver al redil*.

La/una **pájara pinta** [ser] De esta forma se denomina a la mujer de vida licenciosa. Muchas veces es, al igual que *pájara*, sinónimo de 'prostituta'. *Yo no sé cómo puede estar tan coladito por ella, si todo el pueblo sabe que es la pájara pinta*. Es curioso destacar cómo a lo largo de la historia la expresión ha sufrido un proceso de envilecimiento semántico, pues en tiempos era positiva y significaba todo lo contrario, pues se aplicaba a las damas educadas y discretas. *La pájara pinta* es un antiguo «juego de corro», propio de niños, que se acabó transformando en juego de prendas, un tanto más picante, entretenimiento «de sociedad» para gente de clases altas. Hay diferentes variantes, pero el hilo conductor del juego es una conocida cancioncilla: «Estaba la pájara pinta/sentadita en el verde limón;/con el pico recoge la hoja,/con las alas recoge la flor./¡Ay, sí! ¡Ay, no!/¿Cuándo vendrá mi amor?/Dame una mano;/dame la otra,/dame un besito/que sea de tu boca [...]».

La panacea (universal) [ser; buscar; encontrar; hallar...] La solución a todos los problemas. El remedio para todos los males. La medicina que cura todas las enfermedades que, por supuesto, no existe. *La reducción de plantilla y el recorte de presupuestos no es ni mucho menos la panacea para arreglar la situación de la empresa. Hay que acometer una renovación mucho más profunda.|Los antibióticos son necesarios en muchos casos pero no son la panacea para todas las enfermedades*. Se llamaba *panacea universal* al medicamento que antiguamente buscaban los alquimistas, un remedio que curaría todas las enfermedades, identificado muchas veces con *La piedra filosofal* (v.), la sustancia capaz de convertir cualquier metal en oro. *Panacea* era, en la mitología griega, la hija de Asceplio (Esculapio para los romanos), dios de la medicina y de Lampetia, hija de Helios, dios del Sol. Tenía el poder de curar todos los males, y eso es precisamente lo que significa su nombre 'que todo lo cura', elegido por los alquimistas para nominar a su supuesto remedio. Los hermanos de Panacea, Macaón y Podalirio, participaron como médicos en la guerra de Troya.

La pescadilla/serpiente **que se muerde la cola** [ser] Aplicamos el dicho a los problemas que no tienen solución porque vuelven siempre al punto de partida, como si de un círculo vicioso se tratase. *Los países ricos explotan a los pobres, pero si no los explotaran, serían aún más pobres. El problema del reparto de riqueza en el mundo es la pescadilla que se muerde la cola.* En muchos lugáres de España se comen pescadillas de ración a las que, para freírlas, se les mete la cola en la boca. Ésa es la causa del dicho. Antiguamente el dicho era *la serpiente que se muerde la cola* y así aparece el reptil, tradicional materialización del mal y del demonio, en muchas representaciones iconográficas. La idea que se nos quiere transmitir está clara: qué maldad no encerrará dentro de sí que es capaz de hacerse daño a sí mismo. V. *Círculo vicioso*.

La piedra angular [ser] El fundamento o la base de una institución, de un grupo o de una estructura. *Carlos es la piedra angular de este equipo. Cuando él no está, no funciona nada*. La *piedra angular* es la que hace esquina en un edificio y que, por tanto, une y sostiene dos paredes. Si se elimina una piedra angular la construcción pierde consistencia y puede venirse abajo. La expresión aparece varias veces en la Biblia, en el Antiguo y en el Nuevo Testamento. San Pablo la utiliza referida a Cristo, piedra angular *(lapis angularis)* de la Iglesia. *(Carta a los Efesios,* II, 20).

La piedra del escándalo [ser] Llamamos así al motivo de un escándalo, discusión o disputa. *Las relaciones familiares estaban ya bastante deterioradas pero la piedra del escándalo fue la herencia del abuelo. ¡Vaya numerito que montaron!* En la antigua Roma se denominaba *piedra del escándalo (lapis offensionis et petra scandali)* a una piedra de la colina del Capitolio que tenía grabada la figura de un león. Sobre ella se sentaban los que habían llevado sus negocios a la quiebra o los que habían hecho estafas o desfalcos. Habían pagado ya sus culpas o habían sido declarados insolventes, por lo que no se les podía perseguir. Sentados en tal lugar, reconocían su culpa y se sentían a salvo. La piedra, que no era sino un medio de declarar públicamente la culpabilidad, asumía las responsabilidades de quien realmente era origen del escándalo, el estafador.

La piedra filosofal [buscar; encontrar; hallar; ser...] El remedio o solución para todo que, lógicamente, no existe. Para los antiguos alquimistas la piedra filosofal o polvo de proyección era la sustancia que podía convertir en oro cualquier metal. Muchos consideraban que también tenía el poder de generar piedras preciosas, curar todas las enfermedades (v. *La panacea*), de prolongar la vida humana y de conceder a quien la encontrara el don divino de la sabiduría. El famoso médico y alquimista suizo Paracelso (1493-1541) la describe como un cuerpo sólido, de color rubí oscuro, transparente, flexible y, al mismo tiempo, quebradizo. V. *Ser la quintaesencia.*

La/una **piedra miliar** [ser] (Ser un hito) Llamamos así a la persona, obra, invento o teoría que por su gran importancia constituye un punto fundamental de una época, una marca en la historia. *El invento de la penicilina es la piedra miliar de la medicina moderna.*|*No puede negarse que Los Beatles son ya un hito en la historia universal de la música.* Las *piedras miliares* o *miliarias,* a veces llamadas también *hitos* (v. *Mirar de hito en hito*), eran las columnas, postes o mojones de piedra que en las antiguas calzadas y vías romanas se colocaban cada mil pasos, es decir, a cada *milla,* palabra derivada de la latina *milia,* abreviatura de *milia passuu(m).* La milla romana equivalía a 1.478,5 m. Los viajeros podían así calcular la distancia recorrida y la que les faltaba por recorrer.

La pregunta del millón [ser; hacer; hacerle a alguien] Pregunta clave para conocer algo o para desentrañar algún asunto. Generalmente es la más comprometida o la de más difícil respuesta. *Vale, de acuerdo. Tenéis muchos problemas, dices que ella no te entiende, estáis siempre peleando. Ahora yo te voy a hacer la pregunta del millón: ¿Tú realmente estás enamorado de ella?* Cuando en los años cincuenta del pasado siglo llegó la televisión a nuestro país, los primeros programas eran una reproducción de las fórmulas radiofónicas que tanto éxito habían tenido durante los años de la posguerra. Un apartado fundamental en la programación era el de los concursos tradicionales de preguntas y respuestas. De entre ellos, quizá el más famoso fue uno de los años sesenta en el que al ganador se le entregaba un millón de pesetas, una cantidad exorbitante entonces: «Un millón para el mejor». Después de sucesivas eliminatorias, el concursante debía contestar una última pregunta que le suponía el premio: la del millón. La fórmula fue trasplantada con éxito a otros concursos.

La primera, en la frente (para que nos libre Dios de los malos pensamientos) Se usa esta expresión cuando, pese a las advertencias o previsiones, algo comienza mal. *Yo no quería que se comprara la moto y se lo he dicho mil veces. Mira tú por dónde, a los dos días de comprarla, la primera en la frente: se cae y se rompe la clavícula*. El dicho tiene que ver con la acción de hacer la señal de la cruz, de persignarse o santiguarse, en la que se señalan tres cruces sobre el cuerpo: la primera en la frente (el entendimiento), la segunda en la cara (los sentidos) y la tercera en el pecho (el corazón, los sentimientos). Es una especie de conjuro contra el mal y de invocación de la protección divina. V. *Hacerse de cruces*.

La procesión va por dentro La frase significa que, pese a que externamente no se demuestre, internamente se está experimentando un sentimiento de tristeza, angustia, temor, nerviosismo... *Sí, aparentemente está normal, incluso más simpático de lo que en él es habitual, pero te garantizo que lo está pasando muy mal con lo del despido y que la procesión va por dentro*. Suele decirse que el dicho se refiere a las procesiones que en Semana Santa, a causa de las inclemencias meteorológicas, se desarrollan en el interior de la iglesia, por lo que no pueden ser vistas por el público. De todas formas quizá sólo sea una referencia a la ostentación o exhibición pública de la fe: hay algunos que la demuestran saliendo en procesión y otros que la viven interior e íntimamente.

La prueba del nueve/del algodón [ser; pasar; hacer; someter a...] La prueba definitiva para demostrar o para legitimar algo. *Para comprobar quién ha tenido la culpa del accidente sólo hay que mirar las marcas de los frenazos: es la prueba del nueve*.| *¿A que has estado en la playa? Ese moreno es inconfundible, es la prueba del algodón*. La prueba del nueve es una prueba con la que se comprueba si una operación matemática está bien hecha. Suele aplicarse sobre todo a la división. La expresión *la prueba del algodón* es de muy reciente cuño, debida al anuncio televisivo de un limpiador. Un mayordomo, para demostrar que con otros productos la limpieza no es definitiva y que con el limpiador que se anuncia sí, pasa un algodón por las paredes y electrodomésticos de la cocina: en el primer caso, se ensucia; en el segundo, está aún más blanco que antes. Es bastante normal que frases y eslóganes publicitarios se incorporen a la lengua coloquial: «—¿Qué tal? —Muy bien con okal»; «Qué bien, que hoy comemos con Isabel»; «La chispa de la vida»;

«Siempre igual, como la cerveza el águila». A veces sucede lo contrario, que algunas expresiones o frases hechas se convierten en lemas publicitarios «¡A mí, plin! Yo duermo en pikolín». V. *A mí, plin*.

La punta del iceberg [ser] La parte que se conoce o que se aprecia a simple vista de algo mucho más importante o trascendente que está oculto. *El asunto de la estafa a los pequeños inversores es sólo la punta del iceberg de un escándalo financiero de grandes proporciones*. Los *iceberg*, grandes bloques de hielo flotantes que se desprenden de los glaciares, tienen sumergido en el mar las cuatro quintas partes de su volumen, algo así como el ochenta por ciento de su masa, por lo que sólo se ve a simple vista una mínima parte. *Iceberg* es una palabra que entra en el español directamente del inglés; es de origen neerlandés y significa, literalmente, 'montaña de hielo'.

La purga de Benito/Hernando [ser] Se llama así a la medicina o al remedio que produce efectos positivos inmediatos. *Te acabas de tomar la aspirina y ya quieres que se te quite el dolor de cabeza. ¡Ni que fuera la purga de Benito!* El tal Benito es el personaje protagonista de un chascarrillo. Se cuenta que entró en una botica a pedir un purgante. Antes de tomarlo, en la misma farmacia, el tal Benito *se desatascó*, con el consiguiente desastre. El purgante era tan eficaz que había obrado efecto sin siquiera tomarlo. En algunos lugares existe otra variante del dicho: *la purga de Hernando, que en la botica ya estaba obrando*.

La quinta columna Se llama así al conjunto de fuerzas enemigas o de espionaje que, durante un conflicto, operan en el interior de un país. *Hoy en día con la guerra electrónica y los modernos métodos de espionaje, las quintas columnas ya no tienen la importancia de antaño en los conflictos bélicos*. La expresión, que hoy es prácticamente internacional, se debe al general golpista, Emilio Mola (1887-1937), jefe del ejército del norte, quien al comienzo de la guerra civil española, en noviembre de 1936, declaró en la radio que avanzaban hacia Madrid cuatro columnas de tropas y que una *quinta* estaba dentro de la ciudad, preparada para entrar en acción. La frase, según otros, fue pronunciada por otro de los jefes sublevados, el general Gonzalo Queipo de Llano (1875-1951).

La rueda de la fortuna [ser; cambiar; girar] Se alude con esta expresión a lo caprichoso de la suerte, a lo cambiante del destino. A veces resultamos favorecidos y a veces perjudicados. *El año pasado nos tocó algo en la lotería prácticamente todos los fines de semana. Este año no nos ha tocado nada. Es que no acertamos ni un número. ¡Qué le vamos a hacer! Eso es la rueda de la fortuna*. Los romanos representaban a la diosa Fortuna, identificada con la Tique griega, que presidía los sucesos de la vida, y distribuía a ciegas los bienes y los males, con una venda en los ojos, sujetando *El cuerno de la abundancia* (v.), una esfera, y una rueda de timón, el elemento que queda en el dicho: girando el timón en una u otra dirección el barco —léase la suerte o el sino— cambia de rumbo. El tema de la veleidosa Fortuna fue uno de los más recurrentes en el periodo humanista. En nuestro país el ejemplo más claro es *El Laberinto de Fortuna* o *Las Trescientas*, obra en verso del escritor cordobés Juan de Mena (1411-1456).

La sal de la tierra [ser; creerse] Se llama así a la persona ingeniosa, alegre y simpática. *Pase lo que pase y esté donde esté siempre lo ves de buen humor, con una sonrisa en los labios: es la sal de la tierra*. A veces, generalmente con *creerse*, la expresión se emplea de forma irónica, referida a alguien que presume de ser el más sabio. *Cada vez que habla me pone de los nervios. Se cree la sal de la tierra y sólo es un pobre imbécil que cada vez que abre la boca mete la pata*. La frase procede del Nuevo Testamento y pertenece al Sermón de la Montaña con el que Jesucristo se dirigió a sus fieles: «Vosotros sois la sal de la tierra; pero si la sal perdiera su sabor, ¿con qué sería salada? Ya no servirá para nada, sino para ser echada al muladar y hollada por los hombres». (*Mateo*, V, 13; *Lucas*, XIV, 34-35). La sal era en aquellos tiempos un elemento valiosísimo, fundamental para la vida; se usaba incluso como moneda. Los legionarios romanos recibían su paga en sacos de sal, de ahí la palabra *salario*. En tiempos de Cristo la sal se usaba incluso para curar heridas. Los romanos tenían un dicho, una especie de juego de palabras, suficientemente significativo para entender la importancia de este producto: «Nada hay más importante que el sol y la sal». *Sal* es también, y lo era entonces, sinónimo de 'inteligencia; chispa; alegría'. Haciendo un paralelismo con la comida, quien no tiene «condimento» en la cabeza no tiene sal, es *un soso;* a quien lo tiene, en cambio, lo llamamos *salado*. V. *Tener poca sal*.

La semilla de la discordia [sembrar; extender; ser] Se llama así al motivo que origina una discusión, una disputa o un enfrentamiento. *Parecía que se había llegado a un acuerdo entre los dos bandos, pero a última hora apareció la semilla de la discordia: a quién debía pertenecer el control de un pequeño pueblo fronterizo, y las posturas volvieron a enfrentarse*. La expresión podría referirse a la parábola bíblica de *la cizaña* (*Mateo*, XII, 24-30), en la que un hombre siembra esta planta venenosa y parásita en los campos de trigo de otro (v. *Meter cizaña*). Tampoco es descartable que sea un cruce entre *La manzana de la discordia* (v.), causa del enfrentamiento entre varias diosas del Olimpo y de la guerra de Troya, y *La caja de Pandora* (v.) de la que escaparon todos los males del mundo.

La señorita del pan pringa(d)**o** [ser] Ser excesivamente fina y afectada, rayando casi en la cursilería, en aspecto y comportamientos. *Todo el mundo fue en camiseta y vaqueros, como se suele ir al campo, pero la señorita del pan pringao se presentó con vestido y taconcitos*... Siempre dando la nota. El *pan pringado* aparece, de forma irónica, como alimento rústico, propio de gente de clase humilde, nada adecuado a las normas de etiqueta.

La serpiente multicolor En el lenguaje de la prensa deportiva se llama así al pelotón de los ciclistas, en referencia a los variados colores de los *maillots* y a la forma en que a veces circulan, prácticamente en fila india. *Hoy se cortará el tráfico en la mayor parte de las calles del centro porque, como todo el mundo sabe, la serpiente multicolor llega esta tarde a nuestra ciudad.*

La sin hueso (La húmeda) [darle a; mover...] La lengua. *De lo que te diga ese, créete la mitad de la mitad, que le gusta mucho darle a la sin hueso y a veces no sabe ni lo que dice.*

La suerte del enano [tener] Así llamamos a la malísima suerte. *Como siempre, he tenido la suerte del enano: a los dos días de comprarla, se me quema la tele, y encima los de la tienda dicen que ha sido por un mal uso y que no vale la garantía.* La frase completa, debida, como en tantos otros casos, a la fuerza de la rima consonante es: *La suerte del enano, que fue a cagar y se cagó en la mano.*

La suerte está echada Con esta frase se da a entender que ya no hay posibilidad de volverse atrás o de cambiar una decisión tomada. *He decidido irme a trabajar al extranjero. Ahora ya la suerte está echada y no pienso cambiar de idea.* Es una traducción de *alea jacta est,* la frase que, según la leyenda, pronunció Julio César (100-44 a. C.) tras haber pasado el río Rubicón, cuando se dirigía a luchar contra Pompeyo (106-48 a. C.). V. *Pasar el Rubicón.*

La tonta del bote [ser; parecer] Se llama así a la mujer que es considerada de pocas luces o que sirve de blanco de todas las burlas. *Siempre me toca hacer todo en esta casa, nadie me ayuda en nada; vosotros os debéis de haber creído que yo soy la tonta del bote, ¿verdad?* No tenemos referencias de *tontas del bote,* sí de *tontos del bote,* en concreto, se sabe que en el siglo XIX se hizo famoso uno que pedía limosna con un bote; por las iglesias madrileñas. Se cuenta que en cierta ocasión se escapó un toro de las Ventas. Sucedió que estaba sentado por allí *el tonto del bote,* durmiendo inmóvil; el toro se acercó a él, lo olfateó y, sin hacerle nada, siguió su camino calle Alcalá abajo. La expresión se emplea casi únicamente en femenino a causa de una conocida película, *La tonta del bote,* basada en la obra teatral homónima de Pilar Millán Astray, y que tuvo dos versiones, ambas de gran éxito, una en 1939, dirigida por Gonzalo P. Delgrás y protagonizada por Josita Hernán y otra en 1970, con Juan de Orduña como director y Lina Morgan como protagonista.

La torre de Babel (Una Babel) [ser; parecer] Llamamos así al lugar en el que reina la confusión, especialmente cuando se juntan personas de diferentes lenguas y culturas. *Hubo que aplazar la reunión porque era imposible entenderse; el sistema de traducción no funcionaba y allí cada uno hablaba en una lengua distinta. Parecía la torre de Babel.* A veces se usa, sin ninguna connotación negativa, para indicar que en algún lugar se concitan gentes que hablan idiomas muy diferentes. *Durante el verano Salamanca parece una torre de Babel, con gentes de diferentes lugares del mundo que acuden* *a los cursos de español*. La expresión se refiere al episodio bíblico (*Génesis*, XI, 1-9) en el que se cuenta cómo varios hombres, reunidos en la llanura de Shinear después del Diluvio, resolvieron levantar una torre gigantesca que llegara hasta el cielo. Dios decidió castigar su orgullo y obstaculizó sus planes, para lo que «confundió sus lenguas» de modo que los obreros no pudieran entenderse entre sí. De este modo, la colosal obra hubo de abandonarse. El relato tiene una sólida base histórica, pues los babilonios para honrar a sus dioses, solían levantar inmensas torres a las que denominaban *zigurats*, de las que se conservan algunos restos. En 1913, el arqueólogo alemán Robert Koldewey, apoyándose en textos del historiador griego Heródoto (480?-420 a. C.) descubrió en las proximidades de Babilonia la ubicación de la torre que podría ser la citada en la Biblia. Su base es un cuadrilátero de 91,55 m por lado. El interior, que es la parte más antigua, está formado por un núcleo de ladrillos crudos. La altura, aumentada en tiempos de los reyes Nabopolasar (625-605 a. C) y Nabucodonosor (604-562 a. C) podía alcanzar unos noventa metros. Las excavaciones han dejado a la vista tres escaleras, dos laterales y una central; esta última perpendicular a la estructura del edificio. *Babel* podría tener que ver con *Babilonia* y también con el *balbuceo* de quien no sabe hablar («bla», «bla»), que seguramente también está en la raíz del término latino *barbaru(m)*, literalmente 'el que no sabe hablar (latín)'.

La travesía del desierto [ser; parecer; hacer; pasar; terminar] Periodo duro. Época de problemas y dificultades. *Hemos pasado una mala racha, con muchos apuros económicos, pero ahora los dos estamos trabajando y parece que ha terminado por fin la travesía del desierto y empiezan tiempos mejores*. La expresión se refiere al largo y penoso viaje —duró unos cuarenta años— que, cruzando el desierto del Sinaí y atravesando las aguas del mar Rojo los israelitas, guiados por Moisés, llevaron a cabo desde Egipto hasta la Tierra Prometida, actual Israel. Este episodio se narra en el libro bíblico del *Éxodo*.

La última playa [ser; llegar a] El último remedio. La última posibilidad de solucionar un grave problema o de solventar una situación muy complicada. *Estamos con las deudas hasta el cuello y tendremos que declarar quiebra si no nos conceden este crédito: es la última playa*. Para explicar el origen de la expresión podría pensarse en el náufrago que intenta desesperadamente salvarse llegando a una playa, pero tal vez tenga que ver con los combates marítimos y haga referencia a un lugar seguro, el único, libre de enemigos, a una playa o cala en la que poder refugiarse, en la que ponerse a salvo.

La unión hace la fuerza El esfuerzo colectivo da muchos más frutos que la suma de los individuales. *Para reclamar al Ayuntamiento lo mejor es que nos unamos todos los vecinos y presentemos un escrito común firmado por todos: la unión hace la fuerza*. La frase parece ser antiquísima. Según algunos se debe a Buda, que la habría escrito en su relato *Las hadas prudentes y las necias*, quinientos años antes de Cristo, pero la realidad es que ya aparece en la fábula de Esopo *El labrador y sus hijos*, escrita cien años antes del nacimiento de Buda. El dicho figura como lema en el escudo de armas del reino de Bélgica.

La vaca sagrada [ser] La persona más importante, respetable e influyente dentro de un grupo, a salvo de problemas y de críticas. *La remodelación de la plantilla va a afectar a la práctica totalidad de los trabajadores, excepto a las tres o cuatro vacas sagradas de la empresa*. La frase tiene que ver con la importancia que en algunas religiones, como el hinduismo, se le da a la vaca, a la que se considera animal sagrado e intocable.

La vela/la cera **que va delante es la que alumbra** Aconseja esta frase adelantarse a la hora de hacer las cosas y no confiar en que los que nos sucedan las hagan por nosotros: lo hecho, hecho queda. Un conocido refrán nos asegura lo mismo: *el que da primero da dos veces*. *Este cantante es la bomba del verano. Ha tenido un montón de imitadores, pero ha vendido más discos que nadie: la vela que va delante es la que alumbra*. Seguramente el dicho nace en relación con las procesiones: quienes van alumbrando con sus velas a la imagen religiosa son los que van delante, al comienzo de la fila; los que van detrás llevan también velas, pero no alumbran, no destacan.

La voz de su amo [ser; parecer; ser como] Repetir alguien las palabras o los actos de otro a quien considera superior. No ser independiente. Estar absolutamente supeditado a otra persona y manejado por ella. *¿Qué esperas que diga el concejal? Es la voz de su amo y se limita a decir exactamente las mismas tonterías que el alcalde*. La expresión es la traducción de una famosa casa discográfica estadounidense creada en 1899, *His Masters Voice*, cuya imagen era la de un perro que escuchaba un gramófono y que tiene detrás una historia verídica y curiosa. Tras la muerte de su amo, el perro, llamado Nipper, rechazaba la comida. El dueño, aficionado a las nuevas tecnologías, había grabado varios discos con su voz. Al hacerle escuchar esos discos, el perrito reconoció la voz de su amo y volvió a comer.

La voz que clama en el desierto [ser; parecer] Así se denomina a quien, por mucho que lo intente, no consigue ser escuchado, al que se esfuerza inútilmente por dar consejos o advertencias. La frase, que aparece en la Biblia, en el *Libro de Isaías* (XL, 3), se refiere a Juan *el Bautista*, que, desde su vida de anacoreta en el desierto, anunciaba la llegada del Mesías y bautizaba en las aguas del río Jordán (*Marcos*, I, 1-6). V. *Predicar en el desierto*.

Labor/trabajo **de zapa** [hacer] Actuar ocultamente y en secreto, por lo general con la intención de boicotear el trabajo de otra persona o de echar abajo sus planes. *Hay varios policías infiltrados en algunas organizaciones de narcotraficantes que hacen una labor de zapa arriesgada pero muy eficaz*. La *zapa* es una pala pequeña y cortante, la que usan los *zapadores*. También se llama *zapa* a la excavación de una galería subterránea o de una zanja. Ambas acepciones explican claramente el dicho: poco a poco y de forma oculta, bajo tierra, se va cavando en la base o en las raíces de una tarea o de una organización hasta conseguir destruirla.

Ladrar a la luna Pretender o pedir un imposible: *Me parece que pedirle a Marcos que te ayude, con lo vago que es, es ladrar a la luna.* Quejarse o protestar inútilmente: *Yo que tú lo dejaría pasar y no haría nada. Intentar reclamar a la Administración es como ladrar a la luna.* Según la creencia popular, los perros ladran a la luna atraídos por su poderoso influjo, más o menos lo mismo que hacen los lobos. Según el adagio latino, usado ya con un sentido parecido al de la expresión que nos ocupa, a más brillo, más ladridos: *Quo plus lucet luna, magis ladrat molossus.*

¡Lagarto, lagarto! Expresión de rechazo o de desagrado ante algo o alguien. *Yo no me fiaba un pelo de ese tío. En cuanto lo vi te lo dije: ¡Lagarto, lagarto!* Es de origen gitano y suele usarse como una especie de conjuro contra la mala suerte o contra una palabra o situación desagradables. *A mí, la verdad, el color amarillo me da muy mal fario. ¡Lagarto, lagarto! Cuando veo algo amarillo miro para otra parte.* Los reptiles siempre han provocado repugnancia y rechazo, al haber sido considerados representación del mal y de los vicios.

Lágrimas de cocodrilo [llorar; echar; soltar; ser] Son las que vierte una persona fingiendo una pena o un dolor que no siente. *En el entierro la viuda no dejó de soltar lágrimas de cocodrilo, porque, en realidad, siempre había deseado hacerse con la herencia del marido.* Contaban algunos naturalistas y viajeros que el cocodrilo, para atraer a sus víctimas, fingía una especie de llanto de petición de ayuda, y que incluso lloraba mientras las engullía. En realidad, tales lágrimas son una secreción acuosa con la que el reptil mantiene húmedos sus ojos cuando está en tierra. Por otra parte, dada la posición de los ojos del animal, muy cerca de la boca, podría dar la impresión de que llora mientras come, cuando en realidad se trata de saliva. En palabras de Sebastián de Covarrubias (1611), y parodiando el *ora et labora* ('reza y trabaja') conventual, el cocodrilo *plora et devora,* ('llora y devora').

Lamerse la(s) **herida**(s) Intentar alguien aliviar su dolor, su pena o su tristeza por sí mismo, sin la ayuda de nadie. *Después de la desgracia se ha pasado un par de meses sin ver a nadie, lamiéndose las heridas y ahora está intentando recuperar la normalidad: ha vuelto a trabajar, a salir, a intentar divertirse.* Los animales se lamen las heridas para aliviar el dolor y porque la saliva contiene ácidos que actúan como cicatrizantes, de aquí viene el dicho. V. *Abrirse la herida*||*Cerrarse la herida*||*Dar en lo vivo*||*Escarbar en la herida.*

Lanzar/echar **las campanas al vuelo** Anunciar algo positivo o beneficioso, por lo general antes de tiempo, y muchas veces de forma precipitada. *No po-*

demos aún lanzar las campanas al vuelo, pero casi estoy por asegurarte que he aprobado el examen.|*Lanzó las campanas al vuelo, invitó a todo el mundo porque estaba seguro de haber aprobado y al final, suspendió.* Antiguamente —aún hoy en algunos lugares se mantiene la tradición— era costumbre hacer repicar las campanas de las iglesias, lanzarlas al vuelo, para anunciar acontecimientos que eran motivo de alegría: nacimientos o bodas reales, fiestas, visitas importantes. Más modestamente, se hacía y se hace aún en muchos pueblos. V. *Dar la campanada*||*Darle a alguien un toque*||*Oír campanas y no saber dónde*||*Parece que te llaman con campana*||*Repicar gordo*.

Lanzar/echar/ser/soltar/tirar **un globo sonda** Decir o hacer algo con la intención de comprobar las reacciones de la gente y obrar en consecuencia. *Para mí que lo de la dimisión del presidente no tiene fundamento; me parece que su propio gabinete ha lanzado un globo sonda para ver cómo reacciona la prensa y la opinión pública en general.* El *globo sonda* es un globo pequeño, sin tripulantes, que lleva aparatos registradores y sube a gran altura. Se emplea generalmente para hacer predicciones meteorológicas.

Lanzar/echar/mandar/tirar/ser **una andanada** Crítica, reprensión o riña severa: *Todo el mundo se ha dado cuenta de que siempre llega tarde y el director hoy le ha echado una buena andanada.* Comentario ácido, irónico u ofensivo: *Adela no se ha olvidado de lo grosero que estuviste con ella el otro día y te tienes merecida la andanada que te lanzó ayer por la tarde delante de todo el mundo; a ver si aprendes.* La *andanada* era la descarga simultánea de toda la batería de cañones del costado de un barco.

Lanzarse/tirarse/echarse/saltar **al ruedo**/a la arena Arriesgarse. Decidirse. Enfrentarse con valor a algún peligro o a una situación comprometida. *Estaba dudando si comprarme la casa o no, pero me he lanzado al ruedo y ya veremos qué pasa y cómo la pago.* La expresión, como tantas de la lengua coloquial, tiene su origen en el mundo de los toros y alude a lo que hacen los espontáneos cuando se tiran al ruedo, llamado también *la arena* en el argot taurino, para intentar dar al toro unos pases y así procurar hacer carrera como toreros.

Las bodas de Camacho [parecer; ser] Con esta expresión nos referimos a un acontecimiento espléndido, de gran lujo y abundancia. *Para celebrar la buena marcha de la empresa, el jefe nos ha invitado a una comilona espléndida. Parecían las bodas de Camacho.* La frase tiene su origen en los capítulos XX y XXI de la segunda parte de *El Quijote*, donde se narran las bodas de Quiteria con el rico Camacho, para las que se organiza un opíparo banquete con un novillo entero, carneros, liebres, gallinas, «una muralla» de quesos, y todo tipo de dulces de sartén. En realidad, quien finalmente se casa con Quiteria, usando una ingeniosa argucia, es el pobre Basilio: se clava una espada y, moribundo y bañado en sangre, hace prometer a Quiteria, de quien estaba locamente enamorado, que se casará con él antes de morir. Quiteria, con la anuencia de todos los invitados, se lo promete y Basilio descubre su engaño: no se ha herido con la espada y la sangre no es suya. Camacho y sus parientes sacan sus armas para vengarse, Don Quijote intercede a favor de Basilio y todo se soluciona pacíficamente.

Las calderas de Pedro Botero Es éste uno de los muchos eufemismos con los que se denomina al Infierno. Antiguamente se creía que el Infierno era un espacio en el que había unas enormes calderas u ollas en las que los condenados se iban cocinando a fuego lento. *Pedro* o *Perico* son apelativos frecuentes en la lengua coloquial para referirnos a quien desconocemos o a quien no queremos nombrar (v. *Perico, el de los palotes*‖*como Pedro por su casa*‖*Como Dios pintó a Perico*‖*Más duro que la pata de Perico...*). *Botero* puede referirse al fabricante de botas de vino, que emplea la *pez,* una sustancia resinosa e inflamable, para impermeabilizarlas, como según la tradición la emplea el demonio para encender el fuego de sus ollas.

Las canas de don Diego de Osorio [tener; ser; salirle a alguien] Se alude con este dicho a la degradación del aspecto físico de una persona, especialmente al cambio de color de los cabellos, a causa de un problema o de un gran sufrimiento psíquico. *Después de la muerte de su mujer le han salido* las *canas de don Diego de Osorio*. El tal don Diego fue un condenado a muerte a mediados del siglo XV y su cabello se volvió completamente blanco, como dicen le sucedió a María Antonieta la noche antes de su ejecución. V. *Más feo que Picio*.

Las cañas se vuelven/se tornan **lanzas** Empleamos la expresión para referirnos al brusco cambio que se produce cuando algo que resultaba positivo y beneficioso se vuelve perjudicial o contrario a nuestros intereses. *Antes todo eran arrullos y carantoñas y ahora, desde que se han separado, las cañas se han vuelto lanzas y se odian a muerte*. La frase tiene origen en un romance de mediados del XVI titulado *Las Guerras Civiles de Granada,* escrito por Ginés Pérez de Hita. En una de las partes del texto se cuenta que Garzul, enamorado de Lindaraja, se marcha de Granada para *jugar a las cañas,* es decir, para celebrar un torneo con cañas en vez de con lanzas. Lindaraja, celosa de que pueda encontrase con Zayda, que persigue a Garzul, suelta esta especie de conjuro: «Y plegue Alá que en las cañas/los enemigos que tienes/te tiren secretas lanzas/porque mueras como mientes».

Las/los **carga el diablo** Se dice de las armas de fuego y, por extensión, de todos los objetos peligrosos o difíciles de manejar. El diablo es, claro está, directa o indirectamente, el culpable de toda la gama de maldades y desgracias diseminadas por el mundo. *Ándate con ojo con la escopeta que, aunque sea de aire comprimido, las carga el diablo.*|*Ten mucho cuidado con la moto y vete despacio, que las carga el diablo*.

Las cartas boca arriba [poner; estar] Obrar con sinceridad, a la vista de todos. Descubrir públicamente un propósito o una forma de actuar. *Si quere-*

mos que esta empresa funcione no podemos actuar de forma oculta y a escondidas, todos tenemos que poner las cartas boca arriba. El dicho alude a los juegos de naipes llamados *descubiertos*, en los que todos los jugadores conocen las cartas de sus oponentes. V. *Descubrir las cartas*||*Poner las cartas en la mesa*.

Las cosas claras y el chocolate espeso Se deja patente con esta expresión la necesidad de *Llamar a las cosas por su nombre* (v.) o también, como suele decirse, *Al pan, pan y al vino, vino* (v.), de ser completamente claro en lo que se dice y en lo que se hace, de no expresarse ni actuar con segundas intenciones. *Mira, desde el principio te voy a decir cuál va a ser tu sueldo y las vacaciones a las que tienes derecho. Las cosas claras y el chocolate espeso*. A principios del siglo XVI el padre Aguilar envió desde América las primeras muestras de la planta de cacao a sus hermanos del aragonés Monasterio de Piedra, para que la dieran a conocer, sin embargo ésta fue rechazada por su amargo sabor y se empleó sólo para fines medicinales. Años más tarde unas monjitas del convento mexicano de Oaxaca añadieron azúcar a la pasta de cacao que consumían los indígenas como tónico y consiguieron un producto que causó rápidamente furor en Europa y llegó incluso a provocar debates en el seno de la Iglesia sobre si el producto rompía o no el ayuno. Paralelamente, surgía otra polémica: ¿El chocolate debe tomarse puro y espeso, «a la española», o más líquido y diluido en leche, es decir, «a la francesa»? Pese a que en la lengua, en un rasgo de orgullo, quedó lo contrario, la segunda opción acabó siendo la más común.

Las cosas de palacio van despacio Se asegura, con este antiguo dicho, que todos los asuntos oficiales —de aquí la aparición de la palabra *palacio*— se tramitan y se resuelven lentamente. *No sé si me habrán concedido la beca que pedí hace tres meses. Ya sabes que las cosas de palacio van despacio*. Antiguamente los cortesanos y quienes esperaban la decisión de algún pleito se pasaban jornadas enteras esperando que se resolvieran sus asuntos. V. *Hacer pasillo*.

Las cuentas de El Gran Capitán [ser; echar; hacer; presentar] Denominamos así a las cuentas exageradas, a las hechas de forma arbitraria y poco seria. También a las que suelen presentarse sin ningún tipo de justificante. *Cuando vi la factura del hotel me quedé blanco ¡Aquello eran las cuentas de El Gran Capitán! Catorce mil de teléfono; ocho mil de minibar y veinte de servicio de habitaciones*.|*A mí no me vale que me cuentes que te has gastado tanto en taxis, tanto en comida y tanto en gastos personales. Esto son las cuentas de El Gran Capitán. Necesito las facturas o los tickets*. El dicho se refiere a don Gonzalo Fernández de Córdoba (1453-1515), el militar de más renombre de la España de los Reyes Católicos. Participó en la conquista de Granada y expulsó a los franceses del reino de Nápoles, del que fue nombrado virrey. Tras la muerte de la reina Isabel en 1504 sus relaciones con el rey Fernando se deterioraron considerablemente, especialmente cuando el monarca le pidió que rindiera cuentas de la campaña de Nápoles. Al rey tampoco le agradaron tales cuentas —hechas con toda la ironía y mala intención del mundo— ni la forma en que se presentaron, hecho que, al parecer, provocó la ruptura definitiva entre los dos y la vuelta, en contra de sus deseos, de El Gran Capitán a España, donde murió. La versión apócrifa de parte de los apuntes que don Gonzalo hizo llegar al rey es ésta: «Cien millones de ducados en picos, palas y azadones para enterrar a los muertos del enemigo. Ciento cincuenta mil ducados (según otras versiones «sólo» dos mil setecientos treinta y seis ducados y nueve reales) en frailes monjas y pobres, para que rogasen a Dios por las almas de los soldados del rey caídos en combate. Cien mil ducados en guantes perfumados, para preservar a las tropas del hedor de los cadáveres del enemigo. Por reponer y arreglar campanas, destruidas de tanto repicar a victoria, ciento sesenta mil ducados. Finalmente, por la paciencia al haber escuchado estas pequeñeces del rey, que pide cuentas a quien le ha regalado un reino, cien millones de ducados». V. *A enemigo que huye, puente de plata*.

Las delicias de Capua Así denominamos al exceso de vida regalada, cómoda y placentera. *Estoy realmente cansado de tanto trabajo y necesito unas vacaciones de verdad. Este agosto pienso darme a las delicias de Capua, pase lo que pase*. Según cuenta el historiador romano Tito Livio (59 a. C.-17 d. C.) en su magna obra *Ab urbe condita,* más conocida como las *Décadas* (Libro XXIII, cap. XVIII), el general cartaginés Aníbal y sus tropas, tras la victoria en Cannas en el 216 a. C., no se atrevieron a atacar Roma y prefirieron dominar la Italia meridional. En la ciudad de Capua, en la actual región italiana de Campania, cerca de Nápoles, el invierno de los años 216-215 a. C. Allí se abandonaron a la vida ociosa y a los placeres de la buena mesa. Durante unos años quedaron bloqueados en la región y, tras haberse rearmado, los romanos derrotaron a Aníbal, según la leyenda, a causa del aturdimiento provocado en los cartagineses por la inactividad y la buena vida. El ejército romano hizo salir a Aníbal y sus tropas de la Península para que regresara a Cartago, donde en el 203 a. C. había desembarcado Publio Cornelio Escipión, *el Africano*. El dicho se popularizó en España tras el estreno en 1921 de la zarzuela *Las delicias de Capua,* con música de Ernesto Pérez Rosillo y libreto de F. Romero y G. Fernández Shaw.

Las palabras se las lleva el viento Con esta frase se da a entender que a veces nos olvidamos de lo que hemos dicho o que, llegado el momento, no tenemos en cuenta nuestras palabras. Se alude así a la necesidad de escribir aquello que resulta importante o trascendente. *Yo me fío totalmente de ti, pero prefiero que pongamos por escrito nuestro acuerdo*. Seguramente el dicho es una traslación a nuestra lengua del adagio latino *verba volant, scripta manent* (las palabras vuelan, los escritos permanecen). V. *Carta canta||Lo que no está escrito||Negro sobre blanco||Saber de buena tinta*.

Las paredes oyen (¡Si las paredes hablaran!) Se advierte con esta frase que debemos ser discretos y tener muy en cuenta dónde y a quién se hacen ciertos comentarios. *Vámonos a la calle, que tengo que decirte algo importante y las paredes oyen*. Como explicación del origen del dicho se cuenta una leyenda que tuvo como protagonista a Catalina de Médicis (1519-1589) reina de Francia y esposa de Francisco I. Se dice que mandó hacer agujeros en las paredes del palacio real para espiar a los supuestos conspiradores y a los que intrigaban contra ella y su hijo, el rey Carlos IX. Entre los cortesanos y criados se extendió entonces la advertencia de «¡Cuidado! Las paredes oyen!». Las intrigas palaciegas alcanzaron su punto culminante en la corte francesa de la época, y acabaron con la matanza de los hugonotes la desgraciada noche de San Bartolomé, el 24 de agosto de 1572. Con el título de *Las paredes oyen*, el dramaturgo Juan Ruiz de Alarcón (1580-1639) escribió una obra teatral de gran éxito en su época en la que criticaba el feo vicio de la murmuración. Un antiguo refrán castellano nos avisa de lo mismo: «en consejas, las paredes han orejas».

Las ratas abandonan el barco Se emplea esta frase para anunciar que alguien escapa de un lugar o renuncia a sus responsabilidades ante el anuncio o el presagio de un acontecimiento negativo. *Cuando el partido ganaba todas las elecciones todos colaboraban; ahora, cuando se prevé el fracaso, las ratas abandonan el barco*. Antiguamente, los marineros contaban que cuando las ratas que poblaban las bodegas se lanzaban al mar, había que dar por seguro un inminente naufragio, pues estos animales tenían un sentido especial que les hacía buscar la muerte antes que vivir la tragedia. De aquí procede la expresión.

Las siete partidas (del mundo) [recorrer; andar] Ir de un sitio a otro sin parar. *Me he recorrido las siete partidas, pero, al final, he conseguido encontrar una panadería abierta*. Los antiguos geógrafos pensaban que el mundo estaba dividido en siete partes, a las que llamaban *partidas:* seis de tierra y una de agua. Fue muy famoso en el siglo XVI el *Libro del infante don Pedro de Portugal, que anduvo las siete partidas del mundo*, editado en 1570. Este infante, que vivió a caballo entre los siglos XIV y XV, hijo del rey Juan I de Portugal, visitó prácticamente todas las cortes europeas e hizo numerosas expediciones marítimas por Asia y el norte de África. El título del famoso código jurídico del rey Alfonso X (1221-1284), *el Sabio, Código de las siete partidas,* con claro afán de universalidad, se debe a la misma razón: las siete partes en las que se dividía el mundo.

Las verdades del barquero (Las tres verdades||Las cuatro verdades) [decir; contar; ser] Se dicen las verdades del barquero cuando se cuenta la verdad sin esconder ningún detalle o cuando a alguien se le explica abiertamente lo que se piensa. *Cuando me encontré con Pablo le dije las verdades del barquero, que me parecía muy mal lo que había hecho con Julia, que no se puede jugar así con las personas.* Como tantas otras, esta expresión tiene su origen en un relato popular del que circulan varias versiones. Esta vez el protagonista es un estudiante que le pide a un barquero que le pase gratis a la otra orilla de un río. El barquero se compromete a pasar al estudiante con tal de que éste le diga tres —según otras versiones cuatro— verdades indiscutibles. El estudiante se las dice: la primera es que «pan más vale duro que no ninguno»; la segunda se enuncia como «zapato malo más vale en el pie que en la mano»; y la tercera dice «si a todos los pasas como a mí, dime, barquero, ¿qué haces aquí?». Seguramente el relato se basa en el mitológico barquero Caronte, una de las divinidades del mundo subterráneo en la mitología griega. Su misión era conducir la barca que trasladaba a los difuntos desde el mundo de los vivos hasta el mundo de los muertos, surcando la laguna Estigia. Cuando alguien moría, su alma era conducida por el dios Hermes (Mercurio) hasta la orilla de la laguna. Allí esperaba la llegada de la barca de Caronte. Era necesario pagar el pasaje al barquero, por ello existía la costumbre de colocar en la boca de los muertos una moneda. Una vez en la barca, era el propio difunto quien remaba, nunca Caronte. La barca le trasladaba definitivamente al otro lado de la orilla, al mundo de los muertos, al Hades, cuyas puertas estaban custodiadas por el Cancerbero, un monstruo con varias cabezas de perro, cola de serpiente y con cabezas de serpiente en el lomo.

Las verdades del pastor [decir; contar; ser] Hablar, aunque de forma sencilla, clara y sinceramente. *Jaime se quedó boquiabierto cuando María le dijo a la cara las verdades del pastor.* Es proverbial la sabiduría innata de los pastores, pese a ser considerados gente rústica y poco letrada, y de ello hay testimonios en la literatura, en el teatro y en el folclore. El propio Hércules, sin ir más lejos, se vale de un pastor para recuperar el poder a su llegada a Ítaca, según nos cuenta Homero en la *Odisea*. En el refranero también encontramos ejemplos de lo dicho: *Cuando al pastor se le muere la oveja paga con la pelleja.*

Lavar los trapos sucios Solucionar los problemas, sobre todo aquellos de tipo familiar, laboral o privado, por lo general sin que tengan trascendencia pública. *En la oficina había varios enfrentamientos, pero el director ha reunido a todos los trabajadores y se han lavado los trapos sucios.* El verbo *lavar* tiene un claro significado purificador y lo sucio y lo negativo están frecuentemente igualados en la lengua coloquial (v. *Quedar a la altura del betún*). Suele decirse, aludiendo precisamente a la necesidad de no trascender el ámbito de lo privado, que *los trapos sucios se lavan en casa*. V. *Poner como un trapo*||*Sacar los trapos sucios.*

Lavarle a alguien el cerebro Tratar de convencer a alguien de algo con suma insistencia o con argucias. *No te estoy lavando el cerebro cuando te digo que el tabaco es malo para la salud, te digo simplemente la verdad.*

Quien así actúa da la impresión de querer borrar con agua y jabón las ideas del cerebro de una persona. La frase, en franca alusión a una especie de tortura psicológica con la que los comunistas pretendían «reformar» las ideas de una persona, parece haberse popularizado en nuestra lengua tras la guerra de Corea (1950-54).

Lavarle la cara a algo (Darle a algo un lavado de cara) Reparar o adecentar algo sin esforzarse mucho, por lo general sólo la parte visible *La casa está en bastante buenas condiciones. Le vamos a dar un lavado de cara, pintarla un poco y pulir los suelos y el mes que viene nos trasladamos. Luego ya iremos poco a poco reformándola*. La idea que nos transmite el dicho es la de la persona que se lava el rostro, lo que más se ve, aunque necesitaría una limpieza más profunda.

Lavarse como los gatos(, por no pasar malos ratos) (Hacer/ser los lavados del gato) Lavarse por encima, apenas acariciándose la cara con los dedos mojados. Esta frase se suele utilizar con los niños. *Haz el favor de llenar el lavabo de agua y de frotarte bien con jabón. No te laves como los gatos*. Los gatos, grandes amantes de la limpieza, huyen del agua y se lavan a diario pasándose la lengua por todo el cuerpo.

Lavarse las manos(, como Pilatos) Desentenderse de algún asunto. Declinar una responsabilidad. *Tú ya eres mayor y yo no soy quién para decirte cómo debes comportarte; haz lo que te dé la gana; yo me lavo las manos*. La locución se refiere a la actitud tomada por Poncio Pilatos, gobernador romano de Judea (v. *Ir de Herodes a Pilatos*), quien, en lugar de perdonar o condenar a Jesucristo, para demostrar que él no quería mancharse de sangre y que era inocente del posible crimen, se lavó las manos ante el pueblo y evitó tomar una decisión (*Mateo,* XXVII, 24 y 25). De todas formas, Pilatos no hizo otra cosa que llevar a cabo una antigua tradición, pues el lavado de manos para mostrar inocencia y en señal de purificación era práctica común entre los judíos y pasó a la liturgia cristiana. En la misa preconciliar, el sacerdote, después del ofertorio, se lavaba las manos y pronunciaba la frase *Lavabo inter innocentes manus meas* (Lavaré mis manos entre los inocentes). Curiosamente, en la primera palabra de esta frase, el futuro del verbo latino *lavare,* está el origen de nuestro *lavabo*. Por otra parte, en el *Deuteronomio* (XXI, 6) se explica que, ante el hallazgo de un cadáver, todos cuantos allí estuvieran deberían lavarse las manos para demostrar su inocencia. V. *Ensuciarse las manos*||*Tener las manos limpias*.

Leer entre líneas/entre renglones Entender o interpretar algo que, aunque no está escrito de forma explícita, puede deducirse o inferirse del texto. Es como si lo que se entiende estuviera escrito en el espacio que queda entre los renglones. *Sí, en el artículo el escritor agradece el premio y las críticas favorables, pero se puede leer entre líneas un sentimiento de decepción y de amargura hacia muchos de sus colegas de profesión*.

Leerle a alguien el pensamiento Adivinar las intenciones de una persona, como si se tuvieran poderes telepáticos. *Venga, yo te acompaño a tomar café. Me has leído el pensamiento, porque lo estaba deseando.* V. *Tener algo escrito en la frente.*

Leerle a alguien la cartilla Reñir justa y merecidamente a alguien. *Mi hijo lleva tres días llegando a las tantas y hoy he tenido que leerle la cartilla.* Esta *cartilla* es, seguramente, el librillo que servía a los niños para aprender a leer y escribir. Posiblemente el dicho se refiera a la actitud del maestro ante el alumno que no se sabía la lección y que consistía en leerla delante de él para que no la olvidara. V. *Saberse la cartilla.*

Lengua de estropajo/de trapo [tener; hablar con] (Tener media lengua) Así llamamos al que tiene problemas a la hora de hablar, al que presenta dificultades en la articulación de los sonidos, como si, en vez de lengua, tuviera un pedazo de estropajo o de trapo. Se dice sobre todo de los niños cuando empiezan a decir sus primeras palabras. *Es increíble lo de este niño: con esa lengua de estropajo tan graciosa repite todo lo que oye.*

Lengua viperina (Lengua de víbora‖Lengua venenosa/envenenada) [tener; ser de] Tiene *lengua viperina* quien habla con la intención de hacer daño a los demás. Ser amante de murmuraciones y críticas. *Yo no me preocuparía de lo que diga por ahí Lucas. Todos saben que tiene una lengua viperina y que no hay que dar importancia a lo que dice. El término viperina* es el adjetivo relativo a la *víbora*. Antiguamente se pensaba que estas serpientes tenían el veneno en su lengua bífida, de aquí el dicho. Hoy se sabe que lo tienen en una glándula conectada a sus dos dientes huecos.

¡Leña al mono(, que es de trapo/hasta que rompa la cadena/hasta que hable inglés!) Con esta expresión se remarca la necesidad de perseverar en algo para conseguir un fin, aunque para ello sea necesario recurrir a la violencia. *Tú no dejes de estudiar ni un día. ¡Leña al mono! Verás como así apruebas sin problemas.*| *No debes ser tan indulgente con tus empleados. A veces para conseguir que te hagan caso tienes que utilizar mano dura. No te cortes y ¡leña al mono, que es de trapo!* Seguramente el *mono* que aparece aquí es el que se exhibe en los circos. Para conseguir que hiciera toda suerte de piruetas, de monerías, cosas que ni siquiera serían exigibles a los humanos, sería a veces necesario emplear métodos ciertamente brutales, castigarlo y hasta golpearlo. Es posible también que el *mono* sea el muñeco de trapo o de plástico de las casetas de feria, contra el que se tiran las - bolas para derribarlo y conseguir el premio correspondiente. V. *Dar caña*‖ *Dar leña.*

Letra muerta [ser] Texto o documento inútil, que no tiene ningún valor. *Sin un sello oficial o sin la firma del encargado del registro ese documento es letra muerta.* Por extensión se llama así al concepto, comportamiento o costumbre anticuado o inútil. *Hoy en día todas aquellas normas de urbanidad que nos hacían aprender en el colegio son ya letra muerta.*

Levantar/provocar/producir **ampollas**/ronchas Provocar un asunto reacciones de rechazo, de disgusto o de contrariedad, lo que se compara con la enfermedad, accidente o traumatismo que produce llagas o quemaduras en la piel. *Las medidas del Gobierno sobre la congelación de los sueldos han levantado ampollas entre los funcionarios, que se están planteando ir a la huelga.*

Levantar (la) **cabeza** Recuperarse tras haber sufrido una desgracia *Hemos tenido una época horrible pero parece que de un tiempo a esta parte estamos levantando cabeza.* Se sabe que la cabeza sirve para indicar valentía, orgullo o reverencia, y así se refleja en la lengua coloquial; de aquí expresiones como la que nos ocupa y como *Bajar la cabeza* (v.). Esta expresión se usa mucho en forma negativa: V. *No levantar cabeza*||*Tener la frente alta.*

Levantar la(s) **alfombra**(s) Intentar descubrir y sacar a la luz los secretos escondidos en algún lugar. Es algo así como *tirar de la manta. El nuevo ministro ha dicho que su primera medida va a ser levantar la alfombra para ver qué ha dejado su antecesor.* Es proverbial la habilidad de quienes hacen la limpieza para esconder debajo de las alfombras lo que barren, para que no se vea la suciedad y evitarse así el tener que recogerla. Éste es el origen del dicho.

Levantar la liebre Desvelar un secreto. *Yo no sé quién ha levantado la liebre, pero el caso es que, aunque yo no quería que se enterara nadie, todo el mundo sabe que me voy a casar.* Es lo que hace el perro del cazador cuando descubre a la liebre oculta entre los matorrales. En el caso que nos ocupa la liebre es el secreto y el bocazas el perro...

Levantar/levantarse/armar(se)/formar(se) **una**/mucha **polvareda** Provocar un asunto gran escándalo o agitación, muchas veces desmesurado. *La posible implicación de la ex mujer del ministro en la estafa de la sociedad inmobiliaria ha levantado una gran polvareda y es portada en todos los periódicos. Yo creo que, cuando menos, habría que esperar a ver qué deciden los jueces.* Es lo que sucede cuando por un camino pasa un grupo de personas o animales: la polvareda que se levanta hace pensar desde lejos que hay mucha gente o que el rebaño es muy grande.

Levantarse con el pie derecho Tener la suerte a favor. *Hoy me debo de haber levantado con el pie derecho, porque me han subido el sueldo y, encima, me ha tocado la lotería.* Ya se sabe que en nuestra cultura lo derecho, frente a lo izquierdo, es siempre lo bueno. V. *Entrar con buen pie*||*Entrar por el ojo derecho*||*Levantarse con el pie izquierdo*||*Ser el ojo derecho*||*Ser la mano derecha*||*Tener mano izquierda.*

Levantarse con el pie izquierdo Tener mala suerte. *Hoy me he levantado con el pie izquierdo, se me ha estropeado el coche, he tenido un día* *horrible en el trabajo y, encima, he perdido la cartera*. Con lo izquierdo pasa todo lo contrario que con lo derecho —excepto en el mundo taurino, donde quien maneja bien la mano izquierda suele triunfar—; las aves que aparecían por la izquierda anunciaban malos presagios y, además, en latín, izquierdo se decía *sinister;* de ahí nuestra palabra *siniestro*. Por eso, *levantarse con el pie izquierdo* es anuncio de mala suerte. V. *Entrar con buen pie||Entrar por el ojo derecho||Ser el ojo derecho||Ser la mano derecha||Tener mano izquierda*.

Levantarse/estar **con los pantalones de cuadros** (Tener/llevar los pantalones de cuadros) Estar de mal humor. Mostrarse intransigente. No atender a razones. *Mira, es mejor que lo dejemos, porque hoy te has levantado con los pantalones de cuadros y no se puede hablar contigo*. El origen del dicho es muy oscuro, por no decir desconocido. Quizá podemos aventurar que los pantalones de cuadros sean, como los de pana, los que antiguamente se usaban para trabajar, frente a los lisos de paño, que eran los de los domingos o festivos. Habría, por tanto, una clara identificación entre el trabajo y el mal humor, cosa nada extraña por otra parte.

Levantarse de cascos (Estar levantado de cascos||De cascos levantados) Alborotarse. Ponerse alguien nervioso. Enloquecer. Caer en una situación de obnubilamiento. *Estos días de exámenes no hay quien lo aguante; a la menor se levanta de cascos y te manda a paseo*. Las caballerías, cuando están inquietas o nerviosas, se levantan de cascos, es decir, se apoyan sobre las patas traseras y muestran los cascos de las delanteras (v. *Echar los pies por alto*). Quizá sea éste el origen de la locución, aunque también los cascos son la cabeza (v. *Calentársele a alguien los cascos*) y quien se levanta de cascos, evidentemente, se vuelve loco. V. *Romperse los cascos*.

Levantarse la veda Iniciarse un periodo de críticas o de ataques hacia alguien o algo, por lo general porque se han levantado las prohibiciones o han terminado los prejuicios para hacerlo. *Desde el momento en que desde su propio partido se le ha criticado, se ha abierto la veda y todas las formaciones políticas se han lanzado despiadada e injustamente a por él*. La veda es la prohibición de cazar o pescar algunos animales, que se mantiene durante cierto tiempo. Cuando se levanta la veda, se pueden volver a capturar.

Levar/levantar **anclas** Irse de un lugar. Es lo que hace un barco antes de zarpar del puerto. *Bueno, ya llevamos dos horas aquí y yo creo que deberíamos levar anclas, que estos señores tendrán que dormir*. Es lo mismo que *Soltar amarras* (v.) y lo contrario de *Echar anclas* (v.).

Ley draconiana Ley muy dura y estricta. *El gobierno ha dictado unas leyes draconianas para castigar el fraude fiscal*. La expresión hace referencia a Dracón, primer legislador de Grecia, que vivió a finales del siglo VII a. C. y que recibió el encargo de redactar el primer código criminal griego. Las leyes en él recogidas eran tan duras que se decía que estaban escritas con sangre. El código draconiano posibilitaba, por ejemplo, que se pudiera aplicar la pena de muerte a cualquier delito.

Liar/preparar/hacer/tomar **el petate** Hacer los preparativos para marcharse. *Como vuelvas a ofenderme de esa forma lío el petate y me largo, te lo advierto.* A veces, con ese despegado humor negro tan característico de nuestro pueblo, se usa la frase con el significado de 'agonizar; estar a punto de morir'; algo así como estar haciendo la maleta para irse al otro mundo. *Pues yo creo que ya está liando el petate. Ya ni se mueve. Los médicos dicen que seguramente no pase de la próxima semana.* El *petate* es el paquete con la ropa y objetos personales del soldado o del marinero, que normalmente se lleva en una bolsa, también denominada *petate,* al hombro. El término es de origen *nahuatl,* una de las lenguas aztecas, y designa a la estera de palma sobre la que se duerme en algunas zonas del Caribe, que por la mañana se enrosca —de aquí se toma el significado que tiene en español— y se guarda.

Liar/preparar/hacer **los bártulos** Preparar una persona sus pertenencias, generalmente para marcharse a otro lugar. *Ya tengo liados los bártulos, o sea, que pasa a recogerme cuando quieras.* Los *bártulos* son los utensilios o las pertenencias de una persona. La palabra deriva del nombre del jurista italiano Bórtolo (o Bártolo, posteriormente, por deformación, *Bártulo)* de Sasso-Ferrato (1314-1356), comentarista de los textos de Justiniano y profesor de las universidades de Bolonia, Pisa, Padua y Perugia. Su fama llegó a ser inmensa en nuestro país, hasta el punto de que quienes estudiaban leyes en Salamanca durante los siglos XVI y XVII recurrían a él y lo citaban permanentemente, llegando incluso a llevar sus obras, escritas en folios y pliegos sueltos, a todas partes. Por una común metonimia, el autor da el nombre a la obra —igual que cuando se dice que alguien compra *un Picasso*— y la expresión *apunte de Bártulo* pasa a ser, simplemente *bártulo*. La expresión *liar los bártulos* se relacionaba con el hecho de preparar y atar los libros y apuntes para irse a clase o salir de ella.

Liarse/liar/enredar(se) **la madeja** Complicarse, enredarse un asunto, igual que a veces se enreda la madeja de lana o de hilo cuando intentamos devanarla para hacer el ovillo. *Pensábamos salir de madrugada, pero entre que llegamos tarde por la noche, las despedidas y las últimas compras, se lió la madeja y acabamos saliendo después de comer.*

Liarse la manta a la cabeza Actuar de forma decidida, sin tener en cuenta los posibles peligros o inconvenientes, ni la opinión ajena. *El pasado fin de semana me lié la manta a la cabeza y me dediqué a pintar toda la casa.* Lógicamente, quien se lía la manta a la cabeza se oculta de los demás y se oculta a sí mismo la dificultad que tiene delante. Ya se sabe, ojos que no ven...

¡Libertad, cuántos crímenes se cometen en tu nombre! Con esta frase se asegura que no se puede actuar impunemente para alcanzar la libertad o en nombre de ella. *O sea, que como vivimos en un país libre se puede de-*

cir lo que se quiera contra quien se desee. ¡Libertad, cuántos crímenes se cometen en tu nombre! Pese a que se suele creer que la frase fue pronunciada por María Antonieta, reina de Francia (1755-1793), mientras se dirigía a la guillotina, su autora auténtica se encontraba en la misma situación y fue Marie-Jeanne Philipo, esposa de Jean Marie Roland, ministro del Interior de Francia. Esta mujer desde 1971 acogió y apoyó, en reuniones celebradas en su casa, a varios jefes girondinos, lo que le valió la condena a la guillotina. En 1793, cuando subía al patíbulo y a la vista de una estatuilla de yeso de la Libertad que allí se había colocado, pronunció la famosa frase. Los girondinos eran los miembros de un partido político formado en Francia en tiempos de la Revolución, formado principalmente por diputados del departamento de Gironda, con capital en Burdeos. El partido girondino aspiraba a la República, protegía la propiedad individual y condenaba el régimen del terror y las ejecuciones sumarias indiscriminadas. Los girondinos fueron perseguidos por los jacobinos y muchos acabaron como Madame Roland.

Limar asperezas Acercar posturas enfrentadas. Intentar solucionar o atenuar los conflictos entre personas, instituciones o países. Dialogar para buscar acuerdos. *La primera reunión entre los representantes de los dos países, que no se reunían desde hace diez años, ha servido para limar asperezas y comenzar a elaborar la agenda de los futuros encuentros.* El carpintero o el herrero, terminada la pieza, usan la lima para rebajar las posibles rebabas, para alisar las imperfecciones. Donde se dice rebabas e imperfecciones léase desacuerdos o problemas; donde se dice lima, léase diálogo o buena voluntad.

Limpiar lo que ve la suegra Limpiar por encima, por la superficie, sólo lo que está a la vista. *Hoy estoy cansadísimo, así que voy a pasar el plumero y a limpiar lo que ve la suegra y ya haré limpieza en profundidad el domingo.* Las pobres suegras, ya se sabe, cargan con la fama de meterse donde no las llaman y pasar el dedo por los muebles, en casa de los hijos, para hacer notar a la nuera o al yerno que hay polvo. Este «rechazo» a la desdichada suegra ya se producía en la Antigüedad clásica. Afro Publio Terencio, uno de los comediógrafos latinos de más renombre estrenó en el 160 a. C., un año antes de su muerte, una obra terriblemente cáustica titulada *La suegra*.

Limpio de polvo y paja [estar] Claro y puro. *Tiene un corazón limpio de polvo y paja.* Si se aplica a personas, significa 'inocente; sin responsabilidad; sin culpa'. *El tribunal lo ha absuelto y ha salido a la calle libre, limpio de polvo y paja.* La expresión alude a la tarea de aventar el cereal y trillarlo en la era para separar el grano —lo útil, lo valioso— de la paja y el polvo —lo inútil, lo superficial. V. *Ir al grano*||*Meter paja*.

Llámalo equis/hache Con esta expresión se da a entender a quien nos discute o aclara algo que realmente se está hablando de lo mismo. *—Paco está raro, ¿verdad?— Raro no, lo que está es triste.—Bueno, llámalo equis.* La expresión era antiguamente llámalo *hache*, en alusión a la no existencia de sonido para dicha letra. *Lo mismo da con hache que sin hache, es decir, lo mismo es lo que digo yo que lo que dices tú*. Se produciría, por analogía, un cruce de significados entre el significado de *hache,* lo inútil, lo que es igual, y el de *equis,* letra con la que se designa lo desconocido, la incógnita en el lenguaje matemático.

Llamar/convocar **a capítulo** Reunirse con alguien para reprenderle, para pedirle explicaciones o para tratar un asunto importante. *Parece ser que el director ha llamado a capítulo a los trabajadores que se sumaron a la huelga no autorizada*. El *capítulo* es la reunión extraordinaria de los miembros de una orden religiosa, que se suele convocar cuando han de tomarse decisiones trascendentes como, por ejemplo, reprender a algún religioso por su mal comportamiento y que se celebra, por lo general, en la llamada *sala capitular.*

Llamar a la(s) **puerta**(s) **de alguien** (Llamar a todas las puertas) Buscar la ayuda de una persona. Suplicarle a alguien un favor. *No quiero cuentas con él, porque cuando más apurado estaba llamé a su puerta y no me quiso echar una mano*. La frase se refiere a la hospitalidad, prácticamente sagrada para muchos pueblos. V. *Abrírsele a alguien todas las puertas||Darle a alguien con la puerta en las narices||Saber a qué puerta llamar.*

Llamar a las cosas por su nombre Hablar claramente, sin rodeos, aunque lo que se diga resulte fuerte o negativo para alguien. Ser totalmente sincero. *A mí no me gusta que me digan las cosas dando mil vueltas, intentando enredarme. Me gusta la gente directa, la que llama a las cosas por su nombre*. V. *Al pan, pan y al vino, vino||Las cosas claras y el chocolate espeso*.

Llamarse a engaño Equivocarse, confundirse. Suele usarse como advertencia, en forma de orden negativa. *Sí, parece muy simpático y muy dispuesto, pero no te llames a engaño: como pueda engañarte, te engañará*.

Llamarse andana (Iglesia me llamo) Escapar de una obligación; evadirse. Inhibirse en algún asunto: *Siempre que te hueles que vamos a tener mucho trabajo, te llamas andana y no apareces hasta casi la hora de salir*. A veces también significa 'desdecirse, retractarse': *El atracador declaró ayer que entró solo en el banco, pero hoy se ha llamado andana y ha dicho que hubo tres cómplices*. El significado original era 'librarse de un castigo; huir', y aludía al derecho de asilo que existía en las iglesias, donde, por ser lugar sagrado, no se podía entrar armado y estaba prohibido detener a los delincuentes, por lo que muchos de ellos se refugiaban en los templos para esquivar la acción de la justicia. Se sabe, por los numerosos ejemplos que hay en la literatura de la época, que en el siglo XVII *antana,* palabra de la que procede *andana,* significaba 'iglesia' en *germanía,* la lengua de los delincuentes. Si algún malhechor era sacado de la iglesia por la fuerza y llevado ante el juez, reclamaba su derecho de asilo y a las preguntas que se le hacían respondía siempre citando a la iglesia, o sea, a la *antana*. Así, cuando se le preguntaba el nombre, respondía *me llamo antana,* y cuando se le pedía que marrara lo acaecido, aunque hubiera existido confesión previa, se retractaba de lo dicho citando de nuevo a la iglesia. Para ilustrar la explicación, baste citar uno de los muchos ejemplos que aparecen en la obra de Quevedo, conocedor como nadie de la germanía de su tiempo. La cita pertenece a la jácara *Villagrán refiere sucesos suyos y de Cardoncha:* «Tienen la tirria conmigo/los confesores de historias;/mas sólo Iglesia me llamo/pueden hacer que responda». Sebastián de Covarrubias ya recoge en su *Tesoro* (1611) las frases, de idéntico significado a las que comentamos, *acogerse a las aras* y *tomar iglesia*.

Llegar a buen puerto (Llevar/conducir la nave/el barco a buen puerto) Concluir con éxito alguna empresa, igual que el barco que arriba a puerto sin incidentes. *Gracias a la ayuda de varias empresas y casas comerciales la expedición al Everest ha conseguido llegar a buen puerto. Ayer hicieron cima y se espera que mañana estén de nuevo en el campamento base*.

Llegar a humo de velas Llegar tarde a algún lugar. *Como siempre, llegó a humo de velas y, claro, fue imposible encontrar entradas*. La frase se refiere a quien llegaba cuando un oficio religioso acababa de terminar, en el momento en que las velas, recién apagadas, aún humeaban. V. *Llegar a los anises*.

Llegar a la hora del fraile Llegar a la hora de comer. *Venga, pasa, que llegas a la hora del fraile y hemos hecho una paella estupenda*. Los frailes, según el entender popular, siempre han sido duchos en el arte de estar en el lugar adecuado en el momento oportuno. Solían presentarse a mendigar en las casas a las horas de las comidas; así, aparte de la limosna, les caía algo más en el plato. En un anecdotario recopilado durante la primera mitad del siglo XIX se recoge una divertida historia que le sucedió al aldeano vasco Fernando Amézqueta (Pernando Amezquetarra). Iba el tal Pernando —la *f-* inicial es una especie de calvario para los vascohablantes— hacia su caserío cuando dos frailes, con la intención de tomarle el pelo, le preguntaron: «Oye, Pernando; si una piedra cae de la Luna hasta la Tierra, ¿cuánto tardará en llegar?» A lo que el aldeano, ni corto ni perezoso, contestó: «Una piedra no sé, pero si fuera un fraile seguro que a las doce en punto estaba sentado a la mesa del párroco». V. *Hacerle a alguien la boca un fraile*||*Pedir por boca de fraile*.

Llegar a las manos Pelearse. *Empezaron a discutir porque al del cuarto le cayó agua cuando el del quinto estaba regando las macetas y acabaron llegando a las manos. Tuvieron que intervenir varios vecinos para separarlos*.

Llegar a los anises Llegar al final de la comida y, por extensión, al final de algún acto o ceremonia. *La cena estaba prevista a las diez y salimos de casa con mucho tiempo, una hora antes, pero encontramos un tráfico terrible y llegamos a los anises.*|*La boda era a las doce y media y Pili, como siempre, llegó a los anises, cuando el cura estaba ya echando la bendición*. Al final de las comidas, después del café, y especialmente en los restaurantes o cuando se invita a alguien, se suele ofrecer a los comensales aguardiente, anís u otros licores. Antiguamente se ofrecía sólo anís o aguardiente. Quien *llega a los anises,* llega cuando ya no hay nada sobre la mesa. V. *Llegar a humo de velas.*

Llegar y besar el santo Conseguir algo positivo muy rápidamente, al poco tiempo de iniciar una acción. *Martín salió en los últimos minutos del partido y, nada más entrar, metió un gol; eso se llama llegar y besar el santo.* El dicho alude a la satisfacción que siente el peregrino o el romero cuando, tras el fatigoso viaje, va rápidamente a besar el santo o la imagen motivo de la peregrinación.

Llegarle algo a alguien al alma Causarle algo a alguien un fuerte impacto emocional, generalmente una gran alegría o una gran tristeza. *De verdad, esas palabras tan bonitas que has dicho sobre mí me han llegado al alma. Muchas gracias.* El alma y el corazón son residencia de las emociones. Así lo demuestran muchas expresiones coloquiales. V. *A corazón abierto*||*Con toda el alma*||*De corazón*||*En el alma*||*No caberle a alguien el corazón en el pecho.*

Llegué, vi y vencí Con esta frase indicamos que alguien ha obtenido un éxito o un logro rápidamente. *A las dos horas de hacerme la entrevista ya me habían contratado: llegué, vi y vencí.* Según el historiador latino Tranquilo Cayo Suetonio (70?-140?) y el griego Plutarco (50?-120), esta frase en latín, *Veni, vidi, vici,* la pronunció Julio César (100-44 a. C.) para informar a su amigo Amincio —según otros al Senado— de la rápida y eficaz victoria obtenida en Zela, Asia Menor y actual Turquía, sobre Farnaces II, rey del Ponto.

Llenar(se)/cargar(se) **las alforjas** Coger muchas cosas. Obtener beneficios, sean materiales o no, de alguna situación. *El otro día estuve en la feria del turismo y llené las alforjas de bolígrafos, encendedores, llaveros, folletos...*||*El viaje a la India ha sido para mí una experiencia maravillosa. He llenado las alforjas de paz, espiritualidad, calma...* A veces se usa en sentido peyorativo: *Hay algunos políticos que sólo piensan en llenarse las alforjas y se olvidan por completo de servir al pueblo, que es quien los elige.* Las *alforjas* (del árabe *al-jurya,* 'la talega, la bolsa') son una pieza de tela alargada y cerrada por los extremos para formar dos bolsas grandes y cuadradas en las que, al hombro o a lomos de una caballería, pueden transportarse cosas de forma que se reparta el peso. También puede usarse el singular *alforja.*

Llenársele a alguien antes el papo que el ojo Ser ávido en el comer. Se suele aplicar esta expresión a los que se sirven mucha comida y luego dejan gran parte en el plato, a los que sacian antes el estómago que la vista. *Es mejor que te sirvas primero el muslo y luego, si quieres más, lo coges. No te sirvas medio pollo para dejarlo luego en el plato, que a ti se te llena antes el papo que el ojo.* El *papo* es el buche de las aves. V. *Comer con los ojos.*

Llevar a alguien al huerto Engañar a alguien para conseguir un propósito. Por lo general, el engaño al que se alude es de tipo amoroso. *O sea, que* *te ha pedido diez mil pesetas y te ha dicho que mañana te las devuelve. Pues me parece que te ha llevado al huerto, porque a mí me hizo lo mismo hace tres años.* El *huerto* como lugar de engaño parece aludir al *Huerto de los Olivos,* lugar en el que tuvo lugar la traición de Judas (v. *El beso de Judas*||*Más falso que Judas*). De todas formas, como centro de citas y engaños amorosos, su uso es abundantísimo en la literatura medieval y renacentista. Baste referirnos a *La Celestina* y al *Huerto de Calisto y Melibea,* situado en Salamanca y donde, según la tradición, se produce el primer encuentro entre los dos amantes.

Llevar a alguien al matadero/al degolladero Meter a una persona en graves problemas. Poner a alguien en una situación muy comprometida o de gran riesgo y peligro. *Con su actitud irresponsable y cerril el delegado del sindicato llevó a todos los trabajadores al matadero: la empresa acabó cerrando y nadie aún ha recibido las indemnizaciones correspondientes.* ¿Hay situación más desgraciada y de peor remedio que la de los animales cuando son conducidos al matadero para ser sacrificados?

Llevar/tener **a alguien en andas** Alabar, respetar o admirar profundamente a alguien, a veces hasta el punto de llegar a la adulación excesiva. *Siempre habla bien de su mujer: es la más guapa, la más lista, la más trabajadora, la que lo hace todo bien. La verdad es que la lleva en andas.* La persona objeto de tales alabanzas se equipara con el santo o con la imagen religiosa a la que se saca en procesión, en andas, por las calles. Llamamos *andas* a un tablero sostenido por dos o más barras horizontales, generalmente de madera, que se colocan sobre los hombros. V. *En palmitas.*

Llevar alguien a su terreno a otro Arrastrar una persona a otra hacia el tema, argumento o situación que más le conviene. *No discutas abiertamente con él. Llévalo a tu terreno dándole la razón y luego, cuando esté calmado, intenta convencerlo.* La frase parece tener un origen militar: el ejército o el luchador que se sentía en minoría o inferior en habilidad, intentaba llevar al enemigo al terreno más favorable para él. Se usa mucho en el mundo de los toros: el torero dominador lleva al toro a su terreno, al lugar donde más le interesa lidiarlo; el torero que se deja dominar acaba en el terreno en el que quiere el toro, generalmente junto a las tablas.

Llevar/arrimar/arrastrar **alguien el agua a su molino** Actuar buscando el beneficio propio. Al final, todos vamos a ver la película que te gusta a ti. *No sé cómo lo haces, pero siempre consigues llevar el agua a tu molino.* Para hacer que funcionaran los molinos de agua en época de sequía era necesario desviar el agua del río hacia el arroyo o pequeño cauce en que estaba situado el molino, con lo que, buscando el propio beneficio, se perjudicaba a otros.

Llevar/manejar/conducir **el timón** Dirigir. Ser el responsable de algún asunto, equipo, empresa o negocio. *Es un jugador imprescindible en el esquema* *del entrenador. Es el que lleva el timón del equipo*. La imagen del timón el de un barco resulta tan clara como tópica. V. *Con pulso firme*.

Llevar en volandas *Volanda* es el participio pasivo femenino del verbo latino *volare*, 'volar'. La expresión significa, literalmente, 'llevar algo o a alguien por el aire, sin tocar el suelo'. *Los subalternos recogieron rápidamente el torero y lo llevaron en volandas a la enfermería*. En un uso figurado significa 'rápidamente'. *Hasta hace poco era un absoluto desconocido y nadie contaba con él. Han sido los propios trabajadores y los pequeños inversores quienes, en dos o tres meses, lo han llevado en volandas a la dirección del barco*.

Llevar la voz cantante Literalmente, ser el portavoz de un grupo. Suele usarse en referencia a la persona que dirige o representa a otras, a la que tiene más poder o responsabilidad, a quien lleva la iniciativa. *Tú puedes opinar lo que quieras, pero aquí el que lleva la voz cantante soy yo y la decisión final será mía*. La frase alude al *solista* de los coros musicales, al que ejecuta un solo en una pieza. Es, evidentemente, la voz que más destaca.

Llevar/tener **las de ganar o las de perder** Tener muchas posibilidades para saldar un asunto con éxito o con fracaso. *Con todas esas pruebas que han presentado en su contra, el acusado claramente lleva las de perder*. El dicho se refiere a los juegos de cartas, a tener las cartas adecuadas para ganar, o para perder, la partida. V. *No tenerlas alguien todas consigo*.

Llevar/coger/tomar **las riendas** Ejercer el control en una situación complicada. *Me encanta ese jugador porque sabe llevar de maravilla las riendas del equipo*. Las *riendas* son las correas que sirven para controlar la marcha de las caballerías. V. *A rienda suelta||Dar rienda suelta||Perder las riendas*.

Llevar/tener **los pantalones** (Llevar/tener bien puestos los pantalones) Dominar una situación; imponer alguien su autoridad, especialmente en el ámbito familiar. *En mi casa es mi mujer la que lleva los pantalones*. Los pantalones son la prenda de vestir propia del hombre y, por tanto, de quien, teórica y «machistamente» ejerce el *mando*. V. *Bajarse los pantalones||Vestirse alguien por los pies*.

Llevarle a alguien la contraria Tener una opinión diferente a la de otra persona. *¿Por qué siempre que digo algo tienes que llevarme la contraria?*

Llevarle/llevársele **a alguien los demonios**/los diablos/los mismísimos demonios/todos los demonios/diablos (Darse al diablo/al demonio||Darse a todos los diablos/demonios) Encolerizarse. Enfadarse muchísimo. Desesperarse. *No soporto que siempre, por costumbre, llegues tarde a todas partes, es que me llevan los demonios*. Las expresiones sugieren que la persona pierde de tal forma el control sobre lo que hace y dice que queda a merced de los demonios a causa de sus blasfemias, en una palabra, que se condena.

Llevarse a alguien Pateta/Patilla Morirse. Es una de tantas formas jocosas, propias del hispánico humor negro, de referirse a la muerte (v. *Estirar la* *pata||Estar criando malvas*). *No comas tantos dulces, que te va a dar un entripado que te va a llevar Pateta*. Los términos *Pateta* y *Patilla* son apelativos humorísticos con los que nos referimos al diablo y que hace alusión a la cojera que, según diversas leyendas —véase, por ejemplo, *El diablo cojuelo*, de Luis Vélez de Guevara (1579-1644)—, tiene el demonio, y que fue producida por el batacazo que se dio al caer del Cielo cuando fue expulsado por Dios.

Llevarse a alguien por delante Atropellar a una persona: *Atravesaba la calle con el semáforo rojo y una moto se lo llevó por delante*. Destruir, arrasar algo: *La avalancha de nieve se llevó por delante cuatro casas y un hotel*. También se utiliza con el significado de 'matar; acabar con alguien', bien sea real o metafóricamente: *Nadie sabe qué pudo pasarle por la cabeza, el caso es que cogió la escopeta y se llevó por delante a media familia*.|*A mí los problemas no me arredran. Tengo la suficiente fuerza de voluntad como para llevarme por delante cualquier dificultad*. Llevarse por delante a una persona o a una cosa, en cualquiera de los sentidos, es avasallarla, pasarle por encima.

Llevarse/ganar **de calle** Con gran facilidad. Sin ningún esfuerzo. Literalmente, como si se estuviera dando un paseo por la calle. *Con ese encanto y esa forma de ser tan agradable se lleva de calle a la gente al instante*.|*Se notaba que ellos llevan ya dos meses de preparación. Nos han ganado de calle y no hemos podido hacer nada*.

Llevarse el gato al agua Salir victorioso en una disputa o en una discusión. *A pesar de haber sufrido durante todo el partido, nuestro equipo ha conseguido llevarse el gato al agua*. Ya los griegos y los romanos practicaban un juego, similar al *sokatira* vasco, que, con diversas variantes, consistía en dos personas o equipos que tiraban cada uno de un extremo de una cuerda tendida sobre una charca o sobre un riachuelo. Ganaba quien conseguía poner *a gatas* al otro equipo y arrastrarlo hacia el agua, de aquí proviene la expresión. Algunas interpretaciones —con bastante menos fundamento— sobre el origen del dicho se basan en la acepción de *gato* como 'trampa para cazar ratones' y en la costumbre de sumergir en agua a la presa una vez capturada. V. *Aguantar el tirón||Dar a alguien un baño||Tener tirón||Tensar la cuerda*.

Llevarse/ganar(se) **la palma** Resultar vencedor. Sobresalir. *En cuanto a ventas en la pasada Feria del Libro nadie duda que esta escritora se lleva la palma; otra cosa es que nos guste o no, pero eso es otro cantar*. A veces la «victoria» no es del todo positiva. *Esta ciudad se lleva la palma en contaminación ambiental*. En la Antigüedad, la hoja de palma y el laurel eran símbolos de victoria y de honor y se entregaban tanto a los generales victoriosos (v. *Costar un triunfo*) como a los atletas vencedores en los juegos y a los poetas que ganaban los concursos (v. *Dormirse en los laureles*). Asimismo, el pueblo de Jerusalén recibió con palmas y ramas de laurel a Jesucristo (v. *En palmitas*). La tradición de emplear la palma para estos fines se debe, según algunos, a un pasaje del Evangelio Apócrifo de Mateo en el que se cuenta cómo, en plena huida a Egipto, Jesucristo hizo el milagro de que una hoja de palmera se doblara para que la Virgen pudiera coger sus dátiles. De las raíces del árbol brotó un manantial con el que saciaron su sed. Jesús bendijo entonces la palmera y prometió que con la palma sería, a partir de entonces símbolo de la victoria y el honor. V. *Lucir palmito*.

Llevarse/quedarse con/ser **la parte del león** Obtener la mejor parte o el mejor beneficio en algún asunto, normalmente de forma abusiva. *Sí, nos ha tocado la lotería, pero la parte del león se la han llevado Paco y Charo, que se quedaron con muchas más papeletas que nosotros y no nos dijeron nada*. El dicho procede de una conocida fábula de Esopo (s. VI a. C.), *El león y el onagro* (una especie de asno salvaje). Cuenta la fábula que ambos animales fueron de caza y a la hora de repartir *democráticamente* las piezas cobradas, el león hizo tres partes y dijo: «La primera para mí, que soy el rey de la selva; quedan dos: una para mí, pues vamos a medias en la caza, y la otra también, y tendrás problemas si no estás de acuerdo». La fábula también fue recogida por Fedro (15 a. C.?-50 d. C.) y por La Fontaine (1621-1695). V. *Condiciones leoninas*.

Llevarse las manos a la cabeza Sorprenderse; asombrarse. *La verdad es que los precios del marisco en navidades son como para llevarse las manos a la cabeza*. Una de las reacciones más frecuentes de sorpresa o asombro es colocar las dos manos sobre la cabeza. V. *Tirarse de los pelos*.

Llevarse un chasco (Ser algo un chasco) Sufrir un desencanto o un desengaño. *Me compré ese coche porque me dijeron que tenía un motor excelente y menudo chasco me he llevado, porque lo tengo en el taller cada dos por tres*. Es más que posible que *chasco* sea un sustantivo derivado de *chascar*, un verbo de carácter onomatopéyico que se refiere a ese ruido que hacemos cuando sufrimos una contrariedad o cuando mostramos desaprobación, uniendo la lengua al paladar y separándola bruscamente.

Llevarse/sufrir/ser **un palo** (Pegarle/darle a alguien un palo||Darle palo algo a alguien||Llevarse/darle a alguien/ser un varapalo) Sufrir un gran daño moral. *Yo, sinceramente, esperaba aprobar y con este suspenso me he llevado un palo terrible*. Se traduce aquí al plano psicológico lo que sería sólo físico: el dolor de quien fuera golpeado con un palo o con un varapalo (un palo largo). *Darle palo algo a alguien* se usa con el significado de 'dar vergüenza'; es una expresión propia del lenguaje juvenil. *Después de la broma que le gastamos yo no voy a hablar con Raquel, me da palo*.

Llorar a lágrima viva Llorar en abundancia y durante mucho tiempo. *Yo creo que no es para tanto. Es verdad que lo de haber roto con Ángel ha sido muy fuerte, pero es que lleva tres días llorando a lágrima viva*. El adjetivo *vivo* se usa aquí en su acepción de 'intenso, fuerte', igual que cuando decimos, por ejemplo, *al rojo vivo*.

Llorar/estar **como una Magdalena** (Ser/parecer/estar hecho una Magdalena) Llorar muchísimo. *A este niño le deben de estar saliendo los dientes, porque lleva todo el día llorando como una Magdalena.* La expresión alude a María de Magdala, la adúltera a la que Cristo perdona sus pecados *(Lucas,* VII, 36-50). La referencia al llanto se debe a que la Magdalena fue una de las mujeres que acompañaron al Calvario a la Virgen María y presenciaron y lloraron la muerte de Cristo; o a que, como también se relata en el Evangelio, estaba llorando junto al sepulcro cuando Cristo se le apareció *(Juan,* XX, 11-14). Cuenta la leyenda que la Magdalena continuó llorando sin parar hasta el fin de sus días.

Llorar lágrimas de sangre Sufrir muchísimo. Sentir una gran pena o dolor. *Cuando salí de mi casa me tocó llorar lágrimas de sangre y tardé mucho tiempo en adaptarme a la vida aquí, pero hoy me siento totalmente integrado.* La unión de lágrimas y sangre parece suficientemente significativa. La frase podría tener relación con *Sudar sangre* (v.), referida al sufrimiento de Jesucristo en el Monte de los Olivos pensando en su cercano sacrificio (*Lucas,* XXIV, 39-44).

Llover a cántaros Llover en abundancia, como si el agua cayese del cielo no como lluvia, sino como chorro salido de la boca de varios cántaros. *Si sales ahora te vas a calar hasta los huesos, porque está lloviendo a cántaros.*

Llover a manta (Caer una manta de agua) Llover muchísimo, de forma que el agua que cae da la sensación de formar una manta, de ser una especie de telón de agua. Cuando la lluvia no es tan fuerte hablamos de una *cortina* de agua. *Nos cayó una manta de agua nada más entrar en la autopista que no se veía a cinco metros. Tuvimos que pararnos en el arcén hasta que amainó un poco, porque era imposible seguir.*

Llover más que cuando enterraron a/al **Zafra** Llover muchísimo. *Estuvo prácticamente ocho meses sin caer ni una gota de agua y justo el día de nuestra boda llovió más que cuando enterraron a Zafra.* La segunda parte de la frase, que no se suele usar es *...que el ataúd era de plomo y flotaba sobre las aguas.* Hay dos versiones sobre el origen del dicho. La primera nos lleva a Granada y nos cuenta la historia de un joven caballero, Zafra de apellido, enamorado de una gitana que vivía cerca de su casa. Enterado el padre del chico de los amoríos de su hijo, intentó impedirlos a toda costa. Enrabietado porque no lo conseguía, desvió el curso del riachuelo que llevaba el agua a casa de la gitana, que le echó una maldición: «Quiera Dios que el agua lo entierre». Cuando Zafra murió llovió tanto que se desbordó el río Darro y las aguas se llevaron por delante su casa y su propio cadáver, que estaba siendo velado y del que nunca más se supo. La segunda versión nos sitúa en la localidad de Zafra (Badajoz), a mediados del siglo XV, cuando una sequía tremenda dejó sin agua todos los pozos y manantiales de la ciudad y sus alrededores, excepto la fuente del castillo del conde de Zafra, que no dejaba que nadie entrara por agua. Se cuenta que una gitana que osó entrar recibió un número de azotes idénticos al de pedazos en que se rompió el cántaro. La gitana le echó una maldición asegurándole que antes de una semana moriría y su cadáver sería arrastrado por las aguas. Así fue, porque a los seis días falleció el conde, al mismo tiempo que comenzaba a llover con una fuerza nunca vista. Las aguas inundaron el castillo y arrastraron el ataúd del conde hasta un precipicio por el que se despeñó.

Llover sobre mojado Añadir una desgracia o un acontecimiento negativo a otros anteriores que aún persisten. *La empresa está al borde de la quiebra, pero no es cosa de ahora, llueve sobre mojado, porque hace un año la crisis obligó a despedir a muchos empleados*. Lógicamente, si la tierra no tiene tiempo de secarse tras la lluvia y vuelve a recibir una gran cantidad de agua, se encharca.

Lo comido por lo servido [irse] Con esta expresión indicamos que los gastos y los beneficios de algún asunto han resultado a la par. *Estuve un año en Londres trabajando, pero vine sin dinero, porque lo que ganaba era para pagar el hotel y para comer: lo comido por lo servido*. No hay referencias claras sobre el origen del dicho, pero es bastante probable que tenga que ver con la antigua forma de pagar a los criados que servían las mesas, es decir, les permitían participar del banquete, bien en las cocinas, bien ofreciéndoles los restos una vez terminado: lo que comían valía para pagar lo que servían.

Lo cortés no quita lo valiente Es decir, la buena educación, las elementales normas de convivencia están por encima de rencillas, disputas o intereses. Ser educado no significa dejar de ser firme o valiente en la defensa de las propias convicciones. *Nuestras ideas políticas son radicalmente distintas y discutimos frecuentemente de forma acalorada, pero nos llevamos bien y de vez en cuando nos vamos a tomar una caña juntos. Lo cortés no quita lo valiente*.

Lo habido y por haber Muchísimo. Literalmente, todo lo que ya se ha producido y lo que se producirá en el futuro acerca del asunto del que se trata. *Llevaba casi un año sin fumar pero ayer he fumado lo habido y por haber*. La frase está tomada del lenguaje administrativo de otros tiempos, cuando, al redactar contratos y otro tipo de documentos, con la fórmula *lo habido y por haber* se indicaba que lo acordado afectaría a los bienes o a la situación que existiera en el momento de firmar *(lo habido)* y a lo que pudiera llegar en el futuro *(por haber)*.

Lo prometido es deuda Se afirma con esta frase que es necesario cumplir lo que se promete, que quien hace una promesa contrae una deuda. *No te preocupes. Te he dicho que en vacaciones nos vamos a Londres, y nos vamos a Londres. Lo prometido es deuda*.

¡Lo que faltaba para el/p'al **duro!** Exclamación de contrariedad o desagrado cuando a los problemas ya existentes se añade uno nuevo. Como en tantos otros casos, una expresión positiva —literalmente 'el dinero que faltaba para llegar al duro'— se usa en contextos negativos. *He llegado tarde para cenar y además me he olvidado la cartera en el taxi, es lo que faltaba para el duro.* A la moneda de cinco pesetas la llamamos *duro*, término que se usa frecuentemente en la lengua coloquial como sinónimo de 'dinero' (v. *Cuesta cuatro cuartos/duros*||*No tener un duro*) en recuerdo del *peso duro*, nombre que se daba en el siglo XVI al real de a ocho.

Lo que hay en España es de los españoles Las cosas que hay en una casa o en un lugar común pertenecen a todos los que conviven allí. Se suele usar cuando se coge algo sin permiso de su propietario. *Pues no sé de quién será esta camiseta, pero yo me la voy a poner. Lo que hay en España es de los españoles.*

Lo que no está escrito (Lo que no está en los escritos) Es una expresión ponderativa que acompaña al verbo y que en la mayor parte de los casos puede sustituir al superlativo *muchísimo. Este tío come lo que no está escrito.* Interpretando literalmente la frase, nadie ha sido capaz aún de contar por escrito lo que come el susodicho. Se sabe que lo que está escrito es lo creíble, y lo que no, lo increíble. V. *Carta canta*||*Las palabras se las lleva el viento*||*Negro sobre blanco*||*Saber de buena tinta.*

Lo que no puede ser no puede ser y, además, es imposible Es decir, que algo es imposible de hacer o de conseguir. ¿Queda claro? *Por muy deprisa que vayas con ese coche no tardas menos de tres horas en llegar a Valencia. Lo que no puede ser no puede ser y, además, es imposible.* La frase se le atribuye a uno de los mejores —y más «filósofos»— toreros de la historia, el cordobés Rafael Guerra Bejarano, *Guerrita* (1862-1941), al intentar justificar la imposibilidad de lidiar un toro que le había tocado en suerte. Tomada desde este punto de vista, la frase se desprende de su tono de perogrullada y se acerca a las lindes del ingenio.

Lo que no va/se va **en lágrimas va**/se va **en suspiros** La frase se usa para mostrar resignación ante lo que se pierde; se suele usar para hablar de dinero: lo que no se va por un lado se acaba yendo por otro. *Es inútil intentar explicarse a final de mes en qué se gasta el dinero: lo que no se va en lágrimas se va en suspiros.* Pero siempre del lado negativo. Aparece ya recogida en *El Criticón*, de Baltasar Gracián (1601-1658).

Lo que sea, sonará Se indica con esta frase que es del todo inútil preocuparse por qué sucederá en el futuro, pues, antes o después, lo acabaremos sabiendo y no podemos hacer nada para cambiarlo. *De momento es sólo una amiga muy especial. Vamos a ver cómo evoluciona la relación y lo que sea, sonará.* La frase completa es *lo que sea sonará, como tamboril en boda*, referida a la antigua costumbre de tocar el tambor y otros instrumentos musicales durante el banquete y las celebraciones de las bodas: antes o después acababa siempre sonando el tamboril.

Los árboles no te/le/nos/os/les **dejan ver el bosque** Los asuntos menos importantes, los intrascendentes, no permiten apreciar los de fondo, los que realmente interesan. *Tú tienes a Juan en demasiado buen concepto y crees que lo que pasó ayer fue una rabieta, pero los árboles no te dejan ver el bosque: tiene un carácter insoportable y siempre se comporta así.* Delante de los primeros árboles de un bosque no se puede apreciar la verdadera extensión de éste porque aquéllos nos lo impiden.

Los mismos perros con distinto(s)/diferente(s) **collar**(es) [ser] Se usa esta frase para certificar, de forma peyorativa, que en muchas ocasiones las personas y las cosas cambian pero sus ideas o su esencia permanecen y en otras ocasiones los defectos y problemas anteriores se mantienen. *Todos los nuevos directivos formaban parte del equipo anterior, así que en realidad ha habido pocos cambios: son los mismos perros con distintos collares* La frase se le suele atribuir al rey Fernando VII. Se cuenta que en 1823 presenciaba en Madrid el desfile del recién creado cuerpo de voluntarios realistas, surgido tras la disolución de la milicia de Madrid a causa de la entrada del ejército francés de los Cien Mil Hijos de San Luis, con el duque de Angulema al mando. El monarca, al reconocer entre los miembros del cuerpo de voluntarios a muchos de los antiguos milicianos, que acababan de ser licenciados, cuentan que dijo: «Son los mismos perros con distintos collares». Algunos afirman que la frase surgió dos años antes y que la acuñó el pueblo de Madrid para expresar su desencanto tras la sustitución del gobierno de Agustín Argüelles (1776-1843) por el de Valdemoro-Feliú: cambiaron los nombres, pero no las ideas ni la mala gestión. De todas formas lo más probable es que se trate de un dicho más antiguo que se hubiera aplicado a las situaciones anteriormente expuestas. V. *Como a un perro*||*Dame pan y llámame perro*||*De perros*||*Ser como el perro del hortelano*.

Los polvos de la madre Celestina Así nos referimos, con un punto de ironía, a la medicina o al remedio que se tienen por milagrosos y que nunca suelen serlo. *No me puedo creer que con el gripazo que tienes te tomes los polvos de la madre Celestina y mañana estés como nuevo...* Sin duda el dicho se refiere a la Celestina, la protagonista de la obra homónima de Fernando de Rojas (1470?-1541), publicada en 1499. Celestina es alcahueta, bruja, sanadora y remendadora de virgos. En la obra muchos de los personajes se dirigen a ella como «madre». V. *Ser una celestina*.

Los últimos de Filipinas [ser; quedar] Con esta expresión se alude a las últimas personas que permanecen en un lugar o a las últimas personas que defienden unas ideas. *A partir de las doce se empezó a ir la gente de la fiesta y a las tres de la mañana sólo quedábamos nosotros; como siempre, los últimos de Filipinas*. El dicho se refiere a la resistencia, contra las tropas americanas y los independentistas, que unos cuantos soldados españoles llevaron a cabo en la iglesia —convertida en un fuerte— de la localidad filipina de Baler.

El 14 de agosto de 1898 se rindió la capital de las islas, Manila, por lo que terminaba la guerra y se ponía fin a la soberanía española. No obstante, los pocos soldados del fuerte de Baler, no enterados de que la guerra había terminado, continuaron resistiendo. Al final sobrevivieron treinta y tres, que se acabaron rindiendo a los tagalos, tras más de diez meses de asedio, el 2 de junio de 1899. Estos militares, popularizados e idealizados por la película de 1945 *Los últimos de Filipinas,* dirigida por Antonio Román, con guión de Enrique Llovet y protagonizada por Armando Calvo, pasaron a simbolizar la lucha por unos ideales imposibles de conseguir, si bien es verdad que fueron hábilmente convertidos en héroes por el aparato franquista.

Los últimos serán los primeros Los más necesitados o los más desfavorecidos serán alguna vez los más beneficiados. *Es un extraordinario cantante, aunque poca gente lo conoce, pero él sabe que, con paciencia y trabajo, los últimos serán los primeros.* A veces la expresión se usa en sentido más literal, referida al lugar o a la posición. *Yo en los autobuses que te llevan a los aviones siempre pongo en práctica eso de que los últimos serán los primeros: los últimos que entran al autobús son los primeros que suben al avión.* La frase pertenece al Evangelio (*Mateo,* XX, 1-16). Con ella, Jesucristo quiso dar a entender que los últimos, los más pobres en la tierra, serían los primeros, los más favorecidos, en el cielo.

Lucha sin cuartel/sin tregua Disputa dura, cruda, sin piedad, sin concesiones. Se usa de forma metafórica, a menudo en el lenguaje deportivo. *Después de una lucha sin cuartel que se ha prolongado más de lo debido, obreros y patronal han alcanzado un principio de acuerdo.*|*El partido fue precioso, entretenidísimo, una lucha sin cuartel entre dos equipos lanzados al ataque.* Antiguamente, para suplicar a sus enemigos que les perdonaran la vida, los soldados o los espadachines, al sentirse acosados, se rendían dejando caer sus armas y levantando los brazos mientras gritaban «¡Cuartel!», es decir 'perdón; amparo; protección'. La tregua es la suspensión de las hostilidades por un tiempo determinado entre los bandos beligerantes. V. *Dar cuartel*|| *Dar tregua.*

Luchar/pelear(se) **contra molinos de viento** Intentar tenazmente conseguir algo que parece muy difícil o imposible, o discutir con alguien con quien no se puede razonar. *Ya estoy harto de darle consejos y de que haga siempre lo que le venga en gana. Me he cansado de pelearme contra molinos de viento; a partir de ahora no le voy a decir ni media palabra.* La frase nos remite al episodio más conocido de *El Quijote* (cap. VIII de la Primera Parte), cuando Don Quijote, creyéndolos gigantes y pese a las advertencias de Sancho, entra «en fiera y desigual batalla» contra unos molinos de viento. Como era previsible, sale vapuleado. Quien lucha contra molinos de viento es, por tanto, quien persigue ideales que inevitablemente le conducen a la decepción.

Lucir/pasear (el) **palmito** (Tener palmito) Presumir. Pavonearse. Se dice de quien exhibe, normalmente de forma exagerada, su elegancia o atractivo físico. *Todos venimos a la playa a divertirnos, a tomar el sol y a pegarnos un baño, pero él da la impresión de que viene sólo a lucir palmito.* Esta expresión es gemela de otra, ya en desuso: *Ir como un palmito.* El término *palmito* se toma aquí en su acepción de 'palma pequeña'. Ya sabemos que la *palma* ha sido siempre símbolo de orgullo, triunfo y honor (v. *Llevarse la palma*). Quien luce palmito exhibe, orgullosamente, su supuesto triunfo.

Lucirle a alguien el pelo (¡Así te/le/nos/os/les luce el pelo!) Salir perjudicado. Tener mala suerte o salirle a alguien mal las cosas. Se suele usar como amenaza. *Como sigas llevando esa vida que llevas, durmiendo poco y no comiendo nada, te va a lucir el pelo.* Una de las formas de comprobar si los animales están sanos es observar el brillo del pelo: a mayor brillo, más salud. Como en otros tantos casos, la expresión se emplea de forma irónica, para decir lo contrario de lo que se da a entender literalmente. V. *Criar buen pelo.*

Lugar común [ser un] Tópico. Estereotipo. Argumento manido, muy conocido y usado. *Eso de que en España hace sol y buen tiempo prácticamente todo el año es un lugar común. Vete a Teruel en enero, anda.* En la retórica y la lógica clásicas el lugar común *(topos)* era un argumento al que se solía recurrir para demostrar una argumentación. Se trataba, por lo general, de afirmaciones comúnmente aceptadas y convalidadas por la opinión de un reconocido pensador *(auctoritas).*

Lujo asiático/oriental Lujo exagerado. Pompa y ornato excesivos. *En Santo Domingo estuvimos en un hotel impresionante. Puro lujo asiático, de verdad.* Los numerosos viajeros europeos que a lo largo de la Historia fueron a Oriente dejaron constancia en sus relatos del lujo de los palacios de muchas de las ciudades y países de Asia, jamás visto, ni siquiera imaginado en el Viejo Continente: Bagdad, Babilona, Samarkanda, el fabuloso reino de Siam, Shangdu... Tal vez el más famoso de ellos fue el veneciano Marco Polo (1254-1324), que da numerosos testimonios de lo dicho en su *Libro de las maravillas.*

Luna de miel Así llamamos al periodo, de más o menos duración, que sigue a la boda y en el que los recién casados suelen hacer un viaje. *Todo lo de la boda está ya organizado, pero todavía no sabemos adónde vamos a ir de luna de miel. Yo quiero ir a Egipto, pero Luis prefiere Grecia.* Hay varias explicaciones a propósito del origen de la expresión. La que parece más cierta es la que se refiere a la costumbre romana en la que la madre de la recién casada dejara cada noche una vasija de miel, alimento energético por excelencia, junto a la habitación de los esposos para que éstos recuperaran fuerzas. Lo hacía durante toda una luna, es decir, durante los veintiocho días del ciclo lunar, identificados también con el ciclo menstrual femenino. Algunos se remiten a una tradición de los teutones, un antiguo pueblo germano de la costa báltica, en la que sólo se celebraban bodas durante la luna llena. Los novios, después de la ceremonia, bebían *hidromiel,* un aguardiente de miel que se consideraba afrodisíaco y tonificante. Lo mismo hacían otros pueblos escandinavos y también, con el mismo fin, los novios tomaban este licor, al que denominaban *melikraton,* durante los banquetes nupciales en la Antigua Grecia. Por último, también se ha querido ver el origen de la locución en un proverbio árabe: «La primera luna después del matrimonio es de miel, y las que le siguen, de ajenjo, amargas como el acíbar». La expresión existe también en inglés *(honey moon),* francés *(lune de miel),* italiano *(luna di miele),* portugués *(lua de mel),* catalán *(lluna de mel)* y gallego *(lúa de mel).*

Luz y taquígrafos (Con luz y taquígrafos) Se indica con esta expresión que algo necesita hacerse clara y públicamente, a la vista de todos. *La situación política no se arregla con reuniones privadas; hacen falta luz y taquígrafos.* El término *luz* es evidente sinónimo de claridad; los *taquígrafos* son quienes toman nota de todo lo dicho en reuniones, congresos o en el parlamento.

M

Malas artes [tener; usar; emplear...] Medios o procedimientos reprobables que utiliza una persona para conseguir algún fin. *Yo no era muy partidario de meterme en esto pero Adela —con lo que yo creía interés y lealtad y resultaron ser malas artes— me acabó convenciendo*. El término *arte* se usa aquí en su acepción de 'astucia; maña; habilidad'.

¡Manda/tiene **huevos**/cojones**!** Usamos esta expresión para desaprobar algo, para mostrar nuestro enfado o, simplemente, en señal de disgusto. *Siempre tienen que venir cuando más molestan y, encima, si les dices algo se enfadan... ¡Manda huevos!* Nada tiene que ver con los huevos, con ningún tipo de huevo, ni real ni metafórico, pese a la forma y pese a que, con frecuencia, se sustituyan los *huevos* por los *cojones* en la expresión. Estos huevos deberían ser *uebos*, palabra que es un tecnicismo jurídico y que deriva del opus latino, 'obligación, necesidad o conveniencia', y que se usaba sobre todo en expresiones como *uebos nos es* 'necesitamos', o *uebos de lidiar* 'se hace necesaria la lucha, el litigio'. Literalmente, la expresión sería algo así como 'el trabajo o la necesidad mandan, obligan'. La forma que nos ha llegado hoy es fácilmente explicable: si no escribimos las palabras entre *huevos* y *uebos* no hay ninguna diferencia. Las continuas referencias, en la lengua coloquial, a los *huevos* o *cojones* para ponderar, quejarse o hablar del valor han hecho el resto. V. *A huevo*||*No es por el huevo, sino por el fuero*||*Por huevos*.

Mandar a alguien a cagar (¡Vete a cagar!) Rechazar las palabras o la presencia de alguien. *Mira, no sé si hice bien o no. Lo único que sé es que estaba harto de sus estupideces y lo mandé a cagar*. Lo escatológico de la frase nos evita mayores explicaciones. V. *Mandar a alguien a la mierda*||*Mandar a alguien al guano*||*¡A cagar a la vía!*

Mandar a alguien a freír espárragos/monas/churros/buñuelos (Mandar a alguien a esparragar||¡Vete a freír espárragos/monas/churros/buñuelos!||¡Vete a esparragar/a escardar cebollinos!||Mandar a alguien a escardar cebollinos) Echar a una persona de un lugar o apartarla del trato. Muchas veces se trata de fórmulas que se emplean en una discusión para dar a entender que la otra persona no tiene razón y que se quiere cerrar la polémica. *Me vino con el cuento de que yo había dicho que su novia no me caía bien. Yo le dije que era mentira, pero siguió discutiendo y, al final, lo mandé a freír espárragos*. Todas estas fórmulas con el verbo *mandar* son eufemismos para evitar expresiones como *mandar a tomar por el culo* o *mandar a la mierda*. Lógicamente, se ordena a la persona incómoda que haga una actividad imposible, algo que le ocupe mucho tiempo, algo tan absurdo como freír *espárragos* o, con ese tinte surrealista tan propio de la lengua coloquial, *monas,* palabra que nos conduce hacia la simpleza y las pocas luces (v. *Coger una mona*||*Pintar la mona*). No es descartable que las *monas* que aquí aparecen sean esas roscas que por Pascua de Resurrección se comen en algunos lugares, lo que nos pondría en conexión con los *churros* y los *buñuelos:* la aparición del verbo *freír* resultaría, en ambos casos, más que lógica (v. *De churro*). La expresión *escardar cebollinos* indica también la realización de una actividad harto trabajosa, que requeriría un tiempo considerable pues estos cebollinos no parecen aquí las plantas pequeñas de cebolla, sino una variedad de lirio silvestre, de flores rojas que se cría en las tierras no cultivadas o en barbecho y, por tanto, llenas de cardos.

Mandar a alguien a hacer puñetas/gárgaras (¡Vete a hacer puñetas/gárgaras!) También usamos esta expresión para expulsar o apartar a una persona de un lugar o para rechazar sus opiniones. *Intenté hablar con el profesor para que me cambiara el examen, pero se ve que estaba de mal humor, porque antes de terminar de hablar me mandó a hacer puñetas*. En este caso, se envía al indeseable a ejercer una actividad que le va a tener entretenido durante una larga temporada. En realidad esta expresión debería tener connotaciones positivas, pues las *puñetas* eran, y aún son, los adornos de encaje que se colocaban en los puños de algunas togas de los jueces y de algunos hábitos eclesiásticos. Hacer estas *puñetas* requería un trabajo enorme, de gran perfección y mucho esfuerzo, por lo que quien hacía puñetas estaba mucho tiempo fuera de casa o entretenido en esta labor. Por eso, cuando a quien se quería ver lejos —incluso en Flandes, de donde venían los mejores encajes— se le mandaba, metafóricamente, *a hacer puñetas*. A causa de esta expresión, la palabra *puñetas,* como *puñetero,* se tiñó de connotaciones negativas, que son las que se detectan en la expresión que nos ocupa. Otra interpretación es la que relaciona *puñeta* con la palabra italiana *pugnetta,* 'masturbación, paja', evidentemente, y sin entrar en mayores detalles, relacionada con *pugno,* 'puño', y que podría haber pasado a formar parte del lenguaje de la soldadesca que participó en las campañas de Italia durante los siglos XVI y XVII. A quien se mandaba a hacer puñetas también se le enviaba lejos, pero en este caso a realizar una actividad, aunque también manual, bastante menos noble... (v. *Hacerle a alguien la puñeta*). Algunos también consideran que la expresión se referiría al hecho de recluir a una joven en un convento, a alejarla para siempre de la vida mundana, pues hacer bordados y puñetas era labor propia de monjas. Las *gárgaras*, palabra onomatopéyica, son los enjuagues que se hacen manteniendo un líquido en la garganta y haciendo vibrar el velo del paladar y la laringe, lo que provoca el sonido. No sería descabellado pensar que, en el origen de la expresión, esté el hecho de enviar a alguien a que se enjuague tras haber blasfemado o haber dicho algo inconveniente o ridículo. Al mismo tiempo, se da a entender al individuo en cuestión que, al menos mientras hace gárgaras, no puede decir tonterías. Visto, además, que las gárgaras se suelen hacer antes de acostarse, también se podría pensar en que, para librarnos de alguien, lo mandamos a la cama.

Mandar a alguien a la mierda/a la eme (¡Vete a la mierda/a la eme!||Irse/mandar algo a la mierda) Rechazar de forma tajante y definitiva la presencia, las palabras o los actos de alguien, de ahí que se le mande al peor lugar que se nos puede ocurrir, muchas veces con eufemismos: *por ahí, a aquel lugar; a ese sitio que sabes, al guano* (v. *Vete al guano*) o *a la eme*, letra inicial del término innominable. *Como siga acosándome de esa forma un día lo voy a mandar a la mierda y se va a acabar el asunto*. Cuando algo *se va a la mierda*, se estropea, se destruye prácticamente sin remedio. *Es triste que una relación de tantos años se haya ido a la mierda por un estúpido malentendido*. V. *Mandar a alguien a cagar.*

Mandar a alguien a la porra (¡Vete a la porra!) También con esta expresión intentamos rechazar o apartar a una persona o sus opiniones. *Siempre quieres tener razón y pasar por encima de los demás. Anda, ¡vete a la porra y déjame en paz! No quiero seguir hablando contigo*. El origen es realmente curioso y tiene que ver con la jerga militar. La *porra* era una especie de bastón, terminado en un gran puño de plata, que llevaba el tambor mayor de los antiguos regimientos de los siglos XVII y XVIII. Cuando las tropas acampaban, el tal bastón se clavaba en el suelo e indicaba el lugar donde debía permanecer el soldado en caso de arresto. Por tanto, el que era castigado por sus superiores era enviado *a la porra*.

Mandar a alguien a paseo (¡Vete a paseo!) Mostrar rechazo o desprecio ante alguien, sus palabras o sus acciones. Literalmente, enviar a alguien a la calle para que no moleste. *No tenía ganas de discutir con ella, así que en cuanto sacó el tema, la mandé a paseo.*

Mandar a alguien a tomar morcilla(s) (¡Vete a tomar morcilla(s)!) Rechazar o despreciar las acciones, las palabras o la presencia de alguien molesto. La frase está relacionada con la antigua costumbre de eliminar a los perros callejeros dándoles morcillas envenenadas, especialmente durante las epidemias de rabia. V. *¡Que te den morcilla!*

Mandar a alguien a tomar vientos (¡Vete a tomar vientos!) La frase tiene todo el aspecto de ser un eufemismo para evitar decir la expresión *a tomar por el culo*, pero también podría referirse a las personas que, para curarse de alguna enfermedad, especialmente de la tuberculosis iba, por prescripción facultativa, a tomar los aires al campo o a la montaña. V. *Cambiar de aires.*

Mandar a alguien al carajo (¡Vete al carajo!) Como las expresiones anteriores, usamos ésta para rechazar a alguien molesto, inoportuno o que nos causa rechazo o desprecio. *Ayer se lo permití porque me pilló de sorpresa, pero como vuelva a levantarme el tono de voz lo mando al carajo y me quedo tan fresco.* Se llama *carajo* al miembro viril. Es un término que, mediante una metáfora antropomórfica, muy normal para designar coloquialmente a los órganos sexuales *(pene, vagina* —'pincel' y 'vaina' en latín— *nabo, rabo, almeja, breva...),* quizá proceda del catalán *querall, aumentativo de quer,* 'peñasco'. V. *Del carajo||En el quinto pino/carajo.*

Mandar a alguien al cuerno (¡Vete al cuerno!) Rechazar la presencia, acciones o palabras de una persona. *Si estás harta de sus bromitas haz como yo, mándalo al cuerno de una vez y verás cómo te deja en paz.* El *cuerno* que aparece en la expresión es el vaciado que antaño se usaba como recipiente para contener y evacuar líquidos, es decir, como vaso y como orinal. Recordando este uso, aún hoy en algunos lugares de España se llama al orinal *cuerno de orinar.* La expresión sería, por tanto, algo así como *mandar a alguien a mear.*

Mandar a alguien al guano (¡Vete al guano!) El significado es idéntico al de las expresiones anteriormente comentadas: rechazar o expulsar a alguien o cerrar una conversación. *Estoy harto de que vengas a darme la paliza con tus estupideces. Sabes lo que te digo, que te vayas al guano y dejes de molestarme de una vez.* El *guano* es la acumulación de excrementos de las gaviotas y otras aves marinas, que a veces se usa como abono. Evidentemente, se trata de un eufemismo de *Mandar a alguien a la mierda||Mandar a alguien a cagar* (v.).

Mandar a alguien al infierno/al diablo (¡Vete al infierno/al diablo!) ¿Hay algún sitio mejor que el infierno para ver en él a quien no queremos precisamente muy bien? Allí mandamos a quien resulta sumamente molesto, a quien no queremos ver o a quien actúa de forma que provoca nuestro disgusto. *En lugar de consentirle tantas tonterías y de aguantar sus bromitas deberías mandarlo al infierno, a ver si piensa un poquito y cambia de actitud.*

Mano a mano [ponerse; hacer] Conjuntamente con otra persona. *Las habitaciones las hemos pintado Alfonso y yo. Nos pusimos mano a mano y en un par de días lo hicimos todo.* La expresión procede del lenguaje taurino, en el que designa a la corrida o novillada en la que intervienen únicamente dos toreros. V. *Al alimón.*

Mano dura/de hierro [tener] Rigidez o disciplina extremas en el mando o en el control. *Un buen maestro debe saber cuándo debe tener mano dura con sus alumnos y cuándo debe ser condescendiente.* La locución nos lleva a pensar en un golpe dado con la mano enfundada en un guante metálico, como los de las antiguas armaduras. Conocido es el proverbio que aconseja en el trato y en el gobierno delicadeza en la forma y dureza en el fondo: *mano de hierro en guante de seda*.

Mano negra/oculta [ser la; haber una] Persona que interviene en un asunto de forma secreta para perjudicar los intereses de otra. *María sacó el número dos de la provincia en la oposición, y así salieron las primeras listas, pero una mano negra la cambió de puesto para colocar a alguien en su lugar. Ahora tiene el número tres y tendrá peor destino*. La *mano* nos orienta hacia la acción del individuo; el color, que arrastra en la lengua coloquial el sambenito de lo más negativo, nos lleva claramente a pensar en lo ilegal y oscuro de ella (v. *El garbanzo negro*||*Estar en la lista negra*||*Estar negro*||*La oveja negra*||*Tener la negra*||*Verlo negro*||*Verse negro*). A modo de curiosidad, diremos que una de las más siniestras organizaciones anarquistas de finales del siglo XIX fue, precisamente, la autodenominada *Mano negra*, responsable de numerosos atentados, entre otros, del asesinato de Antonio Cánovas del Castillo en 1897.

Mano sobre mano [estar; quedarse] Sin hacer nada. *Llevas dos días mano sobre mano, a ver si te pones a estudiar de una vez*. Quien está en actitud de descanso suele colocar las manos entrelazadas o una sobre la otra. Además, así se les colocan las manos a los muertos, que, no se puede negar, están bastante inactivos.

Manos blancas no ofenden Con esta frase se indica que una ofensa no causa ningún efecto en el ofendido debido a las características de la persona que intenta ofender. *Esta mañana me he encontrado con Margarita, me ha echado en cara que me he aprovechado de su hermana y ahora la he dejado y me ha llamado de todo. En fin, manos blancas no ofenden*. La frase, aunque ya se usaba en los siglos XVI y XVII para hacer referencia al respeto debido a una mujer, seguramente se ha hecho famosa en nuestra lengua coloquial gracias a uno de los personajes más intrigadores y con menos escrúpulos que han circulado por las cortes de los reyes de España en toda la Historia, don Francisco Tadeo de Calomarde (1773-1842), ministro de Gracia y Justicia de FernandoVII. Calomarde, presionado por los partidarios de la reina Cristina, hace firmar al moribundo rey el decreto de abolición de la ley sálica, que hasta entonces impedía reinar a las mujeres, con lo que puede subir al trono la única hija de Fernando VII, Isabel II, que entonces era una niña; posteriormente, tras haber recibido numerosas presiones por parte del hermano del rey, Carlos María Isidro, le hace firmar el decreto de abolición de la abolición, o sea, de restablecimiento de la ley sálica... En éstas estamos cuando la infanta Carlota Luisa, hermana de la reina Cristina y cuñada del rey, partidaria de que reine su sobrina Isabel, se cruza con Calomarde por un pasillo y le planta una sonora bofetada. El ministro contesta con la frase «Señora, manos blancas...», que no termina, porque la infanta le da la espalda. Todo este lío, que concluyó con la abolición de la ley sálica y la regencia de

María Cristina hasta la mayoría de edad de Isabel II, ya se sabe que acabó llevando al país a la guerra carlista. Por cierto, el voluble Calomarde acabó siendo vilipendiado por carlistas y por isabelinos. Murió en Toulouse, en un triste exilio.

Mantenella* y no *enmendalla Empleamos este dicho para asegurar que hay que mantener las propias decisiones o acciones, que no se debe rectificar, aun a riesgo de que el resultado de tan tozuda forma de actuar sea negativo. *Si has decidido que quieres irte a trabajar fuera, fenomenal, pero no cambies de opinión a los dos meses. En estos casos lo mejor es mantenella y no enmendalla*. La formas verbales *mantenella* y *enmendalla* son las formas arcaicas de *mantenerla* y *enmendarla*. La expresión parece haberse desgajado de una de las muchas frases históricas sin filiación que circulan por la lengua coloquial y puede haberse fosilizado con su forma original.

Mantener/sostener **el tipo** Aguantar dignamente ante las adversidades o los peligros. *Después de todo lo que ha pasado este año yo no sé de dónde saca fuerzas para mantener el tipo y seguir adelante; es increíble*. El término *tipo* está tomado aquí en su acepción de 'figura; aspecto de una persona'. V. *Jugarse el tipo*.

Mantenerse/seguir/continuar/plantarse **alguien en sus trece** No ceder en un propósito, en una actitud o en unas ideas. *Todos dicen que estoy anticuado, que tengo que comprarme un ordenador para escribir, pero yo me mantengo en mis trece y sigo con mi vieja máquina de escribir.* El origen del dicho parece tener que ver con *el quince*, un juego de cartas, parecido a las siete y media, en el que se deben hacer quince puntos sin pasarse. Gana el que llega a esta cifra o quien más se acerca. Del mazo de cartas se quitan el as y el dos de cada palo, por lo que, una vez conseguidos trece puntos, coger cualquier otra carta puede suponer sobrepasar los quince, a no ser que se trate de una figura (rey, caballo o sota), que vale medio punto. Quien alcanza trece se suele mantener, pues, en esa cantidad, a la espera de que ningún otro jugador logre catorce o quince puntos: se mantiene «en sus trece». Frecuentemente, con poco fundamento, se remite el origen de la expresión al comportamiento del papa Pedro Martínez de Luna (1328-1424), que se negó a renunciar a su pontificado, al que había accedido con el nombre de Benedicto XIII. La historia cuenta que entre 1378 y 1418, diversos intereses políticos de los Estados europeos provocaron el Gran Cisma de Occidente, que derivó en la elección de dos papas, Clemente VII y Urbano VI, con sedes en Aviñón y Roma, respectivamente. Muerto Clemente VII, fue elegido el español Pedro Martínez de Luna, que accedió al pontificado con el nombre de Benedicto XIII. El cisma terminó con el concilio de Constanza (1414-1418), en el que se eligió como único papa a Martín V. El papa Luna no aceptó la decisión y murió en su castillo de Peñíscola, autoproclamándose único papa de la Iglesia y, según dicen, sin dejar de gritar: «¡Soy Benedicto XIII!». Con menos fundamento aún, algunos afirman que el dicho se refiere a los trece miembros que regían la antigua Orden de los Caballeros de Santiago, de gran poder e influencia hasta bien entrado el siglo XVII.

Mañana será otro día Es una expresión de resignación o consuelo con la que se da a entender que todo lo negativo acaba pasando y que, al día siguiente, las cosas serán distintas o se verán de otra forma: *Sé que estás muy triste y que no te merecías el trato que te ha dado, pero intenta olvidarte y descansa, que mañana será otro día*. Se usa mucho para afirmar que dejamos un trabajo para retomarlo al día siguiente: *Mira, me voy a la cama porque esto no me sale y tengo la cabeza para pensar poco; mañana será otro día*. Para buscar el origen de la expresión suele recurrirse a un chascarrillo que, como en tantos otros casos, da toda la impresión de haber sido elaborado a posteriori. Se cuenta que un tuerto salió a buscar espárragos al atardecer. Como no los veía, o como no quería trabajar, abandonó la tarea diciendo: «Mañana será otro día y verá el tuerto los espárragos».

Mar de confusiones/dudas [estar en un; ser un; haber un] Estado de gran indecisión, duda o confusión. *Ya ves, tres años en el paro y ahora tengo un montón de ofertas de trabajo; de la más absoluta desesperación he pasado a estar en un mar de dudas*. El término *mar* funciona en la lengua coloquial como sinónimo de 'inmensidad', hasta el punto de usarse muchas veces como adverbio de cantidad. V. *La mar de*.

Marear la perdiz Fingir que se trabaja o que se hace algo. Demorarse voluntariamente cuando se realiza alguna actividad: *Dice que trabaja mucho, pero está todo el día delante del ordenador navegando por Internet y mareando la perdiz*. Dar muchos rodeos para decir algo: *Si lo que quieres decir es que no me vas a invitar a tu boda, dímelo claramente, que no me sienta mal. Lo que me molesta es que marees tanto la perdiz*. La frase se refiere a lo que hace el perro con la perdiz herida, «marearla», cansarla, jugar con ella hasta que la atrapa.

¡Maricón el último! La frase solían decirla los chicos cuando salían corriendo hacia un lugar o cuando «echaban carreras». Hoy se usa para destacar la necesidad de hacer algo cuanto antes, de resolver lo más rápidamente posible los problemas personales o de llegar antes que nadie a un lugar *Dijeron que a los cien primeros que llegaran les darían un regalo y no veas la que se lió. ¡Maricón el último!*‖*Yo estoy seguro de que antes o después la fábrica cierra y, por si acaso, ya me he buscado otro trabajo, ya sabes ¡maricón el último!* V. *El último mono, que se ahogue*.

Martirio chino/tortura china [ser un] Se llama así a algo o a alguien insoportable. *Aguantar a ese profesor durante dos horas seguidas es un martirio chino*. Parece ser —Marco Polo (1254-1324) ya da algún testimonio de ello en su *Libro de las Maravillas*— que los chinos eran maestros en el *arte* de martirizar con refinada crueldad a sus prisioneros. De todas formas, la literatura y el cine se encargaron de difundir esta leyenda. Famosos en este sentido son los innumerables libros y películas sobre el malvado Fumanchú. V. *Tener más trampas que una película de chinos*.

Más bonito que un san Luis Muy guapo o muy elegante. Se usa exclusivamente con referentes masculinos. *Con el traje nuevo iba más bonito que un san Luis*. La comparación seguramente se refiera al rey Luis IX de Francia, posteriormente canonizado, y la referencia a la belleza sería tanto física como moral. Otras interpretaciones llevan el origen de la expresión al madrileño Colegio de San Luis, famoso a principios de siglo XX por su elegante uniforme. Cada uno de estos colegiales sería, entonces, un *san luis* o un *sanluis*.

Más bueno que el pan [ser] (Ser un pedazo/un trozo/un cacho de pan) De gran bondad, de excelente comportamiento. El pan funciona aquí como el alimento por antonomasia, el más necesario y el de mejor calidad, lo más vital, lo que nunca puede faltar. *Cuando nació era muy llorona y yo pensaba que iba a dar mucha guerra, pero es más buena que el pan: siempre come a sus horas y duerme toda la noche de un tirón*. V. *Ganarse el pan*||*Nacer con un pan debajo del brazo*.

Más burro/bruto **que un ara**(d)**o** Rudo, torpe o ignorante en extremo. *¡Eres más burro que un arao! Te he dicho mil veces que no abras las botellas con los dientes*. Lo campestre, lo relacionado con la agricultura ha sido secularmente relacionado con la ignorancia (v. *El pelo de la dehesa*); de hecho, el adjetivo *rústico,* que en sus orígenes significaba únicamente 'relacionado con el campo', tiene hoy unas connotaciones peyorativas y significa 'basto, maleducado'.

Más chulo que un ocho [ser] *Chulo,* en su acepción más clásica, se refiere a una persona bien plantada, castiza y un punto fanfarrona, aunque hoy suele usarse con un tono más peyorativo y con el significado de 'prepotente, descarado'. Con la expresión que nos ocupa se refuerza esta sana *chulería*. *Ahí tienes al abuelo, ochenta años y más chulo que un ocho, que dice que se va a buscar novia*. Son los *chulos* y *chulas* los genuinos representantes del Madrid de corrala y zarzuela, inconfundibles en su forma de hablar y de moverse. Cuando en la capital había tranvías, el número 8 era el que iba desde la Puerta del Sol, centro de la ciudad, hasta San Antonio de la Florida, ermita donde las modistillas pedían al santo un novio. La última parada y las cocheras estaban en La Bombilla, cerca de dos típicos merenderos, «La Huerta» y «Casa Juan», donde sonaban permanentemente los organillos. Era esta línea la que, dado su recorrido, registraba una mayor densidad de *chulos*. Por cierto, la palabra *chulo* tiene un origen incierto: para algunos procede de la italiana *(fan)ciullo,* 'muchacho, chico', para otros, proviene de *chulapo,* 'chico, pícaro', que nos llegó del árabe. V. *Más tieso que un siete*.

Más chupa(d)**o que la pipa de un indio** [estar; quedarse] Delgadísimo. *Está bastante bien, lo único que después de una enfermedad tan larga* *se ha quedado más chupado que la pipa de un indio*. Se supone que de tanto chuparla, la pipa de la paz que fuman los indios ha de estar bastante desgastada (v. *Fumar la pipa de la paz*). De todas formas *chupado* se usa muchas veces con el significado de 'delgado' en la lengua coloquial.

Más claro que el agua [estar] (Más claro, agua) Clarísimo. Prácticamente seguro. Que no necesita de ninguna explicación. *Él no esta enamorado de ella. Se casa por dinero, eso está más claro que el agua.* ¿Hay algo más claro, más transparente y más verdad que el agua? V. *Blanco y migado, leche*.

Más contento/alegre **que unas pascuas**/castañuelas [estar; ponerse] (Estar como una pascua) Muy alegre. Tres son las fiestas que en el calendario religioso católico reciben el nombre de *Pascua*, palabra derivada de la hebrea *pesach*, 'paso, tránsito', aplicada especialmente a la fiesta que recuerda la huida de los judíos de Egipto: Pascua de Navidad, de Pentecostés y Florida o de Resurrección. Las tres son fiestas de tono jubiloso, aunque el dicho se refiere a la más alegre, es decir, a la última, ya que su primera formulación fue *más alegre que pascua florida*. V. *Hacerle a alguien la pascua*||*Y santas pascuas*.

¡Más cornás da el hambre! Con esta frase justificamos y minimizamos los posibles riesgos de alguna actividad; damos a entender que siempre hay empresas mucho más peligrosas. *Ya sé que me meto en un negocio arriesgado y que puedo fracasar estrepitosamente, pero más cornás da el hambre*. Son muchos los toreros que a lo largo de la historia han declarado temerle más al hambre, recordando la que pasaron cuando eran niños, que a los toros, pero la frase se le suele atribuir al diestro que ha quedado, incluso en la lengua coloquial, como prototipo del valor, el sevillano Manuel García Cuesta, *el Espartero* (1865-1894). Este torero sufrió, a causa de su temeridad, muchas cogidas en su corta carrera y, como era previsible, acabó muriendo en el ruedo, concretamente en Madrid. El toro que lo mató, cuando entraba a matar, se llamaba *Perdigón*, era colorado y, cómo no, de la trágicamente legendaria ganadería de Miura. V. *Tener más valor que el Espartero*.

Más corto que las mangas de un chaleco [ser] De escasa inteligencia. Torpe. Ingenuo. *Pero cómo se te ocurre tender la ropa tal y como estaba el cielo, con la tormenta que se estaba preparando; eres más corto que las mangas de un chaleco*. El adjetivo *corto* se aplica aquí al entendimiento, al sentido común. Se sabe que las mangas de los chalecos suelen ser bastante cortas, tanto que no las tienen...

Más delicado que la cebada [ser] Débil o enfermizo en extremo. También, excesivamente fino, exigente o escrupuloso. *No puede salir a la calle si hace un poco de aire, porque rápidamente se constipa: es más delicado que la cebada.*|*Ella jamás bebe vino en un vaso grande: es más delicada que la cebada*. La cebada es el cereal que menos se adapta a los cambios de tiempo y el que exige más cuidados.

Más dura será la caída Se asegura con esta frase que quien se las promete muy felices o quien ha llegado a disfrutar de la fama o del éxito acabará, generalmente por medios no muy ortodoxos, sufriendo una decepción, cayendo en picado de su pedestal. *Se ha hecho rico especulando y engañando a mucha gente, pero déjalo, que tarde o temprano se le acabará la suerte y más dura será la caída*. Es posible que esta *caída* sea la del ángel Luzbel, expulsado del cielo y arrojado al infierno. V. *Caer bajo*.

Más duro que la pata de Perico [ser; estar] Muy duro. Se ignora quién pudo ser el tal Perico, aunque ya sabemos que es habitual emplear los nombres *Pedro* o *Perico* en la lengua coloquial (v. *Como Pedro por su casa*‖*Como Dios pintó a Perico*‖*En un periquete*‖*Más tonto que Perico el de los palotes*...). No obstante, en el caso que nos ocupa, lo más fácil es que el tal Perico fuera un cojo legendario, protagonista de algún relato, que llevase una pata de palo. Por otra parte, se contaba en tiempos un relato jocoso que tiene toda la pinta de haber sido elaborado *a posteriori* para explicar el dicho. Tenía como protagonistas a un caballero inglés y a una señora americana que, en prueba de amistad, le regaló un periquito, o sea, un *perico*. El inglés, pensando que se trataba de una especie comestible, se lo zampó. Al preguntarle la señora por el perico, respondió el inglés: «Bien, pero un poco dura la pata del perico...».

Más falso que Judas/que un judas de plástico [ser] Se aplica esta expresión a la persona de comportamiento muy engañoso o al objeto que no es original, que es una burda imitación. *Ayer me dijo que yo era su mejor amigo y hoy me ha ido poniendo verde por todas partes: es más falso que Judas.*|*Dice que el brillante que llevaba es verdadero pero a mí me parecía más falso que Judas*. Judas Iscariote, que había sido uno de los doce apóstoles, fue quien traicionó a Jesucristo por treinta monedas de plata; condujo a sus captores al Huerto de los Olivos (v. *Llevar a alguien al huerto*) y lo delató dándole un beso (v. *El beso de Judas*). Posteriormente, los remordimientos le condujeron al suicidio. Si Judas está representado en una estatuilla y, además, es de plástico, será una doble, o mejor, triple falsedad. V. *Ser un Judas*.

Más feo/viejo/tonto **que Carracuca** Muy feo, viejo o tonto. *Yo no sé, con lo guapos que son los padres, cómo puede ser tan feo el niño; es más feo que Carracuca*. El nombre de *Carracuca* proviene de uno de esos personajes proverbiales de filiación desconocida a los que se usa como paradigma de lo negativo (v. *Más feo que el sargento de Utrera*‖*Más tonto que Abundio*). A veces, incluso, se usa la comparación con otros adjetivos o sustantivos: *más perdido que Carracuca; más hambre que Carracuca*... Algunos autores apuntan que *Carracuca* podría ser el apodo de un mendigo, enano o bufón de corte del siglo XVII.

Más feo que el sargento de Utrera [ser] Muy feo. *Pues el novio de Juani es simpatiquísimo, pero eso sí, más feo que el sargento de Utrera*. Como suele ser habitual en estos casos (v. *Más feo que Carracuca*), tampoco sabemos si el tal sargento existió realmente. Tampoco lo saben en Utrera, la localidad sevillana de la que supuestamente era originario.

Más feo que pegar a un padre (con un calcetín suda(d)o) [ser] Muy feo. Se aplica tanto a personas como a cosas. *Se ha echado un novio más feo que pegar a un padre.*|*La habitación está muy bien, pero ese armario yo lo cambiaría. Es más feo que pegar a un padre.* Entra esta expresión, especialmente cuando se usa completa, en la corriente surrealista tan propia de estas comparaciones enfáticas.

Más feo que Picio [ser] Ser extremadamente feo. *La verdad es que, con lo guapísima que es ella, nadie entiende que se haya casado con un hombre así: es más feo que Picio.* El tal Picio, personaje proverbial donde los haya, fue un zapatero granadino, natural de la localidad de Alhendín, que vivió en la primera mitad del siglo XIX. El desdichado zapatero fue condenado a muerte, según parece injustamente y, aunque el indulto llegó a tiempo, la angustia y el sufrimiento provocaron que se le cayera el pelo y se le llenara la cara de granos y pústulas (v. *Las canas de don Diego de Osorio*). Se convirtió así en la viva representación de la fealdad. Los andaluces, tan dados a la puntillosa exageración, dicen que, de puro feo que se volvió, «el cura le tuvo que dar la extremaunción con caña». Rechazado por sus deformidades, Picio terminó sus días retirado en un pueblo de Sierra Nevada.

Más feo que un peca(d)**o** (mortal) (Como un pecado/un pecado mortal) [ser] Feísimo. Se usa para personas y para cosas. *Es más fea que un pecao, y encima se viste con unos trapos horrorosos.*|*Se ha comprado un abrigo más feo que un pecao, absolutamente ridículo y encima carísimo.* Para la tradicional mentalidad católica de nuestro pueblo pocas cosas hay peores que un pecado y más si es mortal. La «fealdad» espiritual se traslada al plano físico.

Más fresco que una lechuga (Como una lechuga) [estar; quedarse] Muy fresco. Lozano. Sin rastros de cansancio pese a la situación o el esfuerzo. *No entiendo cómo después de haberte hecho cien kilómetros en bici puedes estar más fresco que una lechuga.* La *lechuga* es una hortaliza que contiene mucha agua, de sabor refrescante, que se suele emplear para hacer ensaladas. V. *Como una rosa.*

Más fuerte/sano **que un roble** (Como un roble) [ser; estar; ponerse] Muy fuerte y con muy buena salud. *Ahí tienes al abuelo: noventa y siete años y está más fuerte que un roble; jamás se ha cogido ni un simple resfriado.* El roble es un árbol de hoja perenne que, aparte de tener un tronco muy resistente y de excelente madera, aguanta perfectamente las temperaturas extremas y se adapta a multitud de lugares diferentes.

Más grande/largo/alto **que un mayo** [ser] (Ser como un mayo) Muy alto o corpulento. *Míralo, tiene sólo quince años y es más grande que un* *mayo: les saca la cabeza a todos los chicos de su edad*. También, con el adjetivo *largo*, se aplica a lo que dura mucho. *La película es interesante, pero más larga que un mayo*. La frase se refiere a los *árboles o cruces de mayo*, esos palos que antiguamente, y hoy en algunos pueblos, se colocaban durante el mes de mayo en las plazas de los pueblos y se adornaban con guirnaldas para honrar a la Virgen. La palabra *majo* está relacionada con este hecho y con el de lucir las mejores galas para celebrar la fiesta. Aún hoy en algunos lugares de España se dice *ponerse de mayo* o *sacar los majos* para hacer referencia a los vestidos de gala.

Más infeliz/simple/tonto **que un cubo** (Como un cubo) [ser] Muy ingenuo. Muy simple. *No le tomes el pelo de esa forma, porque se cree todo lo que le dices. Es más infeliz que un cubo*. Pocos utensilios puede haber más sencillos en su forma y funcionamiento que un cubo. Realmente los cubos tienen poca ciencia. V. *Verde y con asas*.

Más largo que la cuaresma/que un día sin pan [ser] De mucha duración, pesado, aburrido. *La película es interesante, lo que sucede es que es más larga que la cuaresma*. A veces también se aplica a personas de elevada estatura. *Vaya pareja. Ella más larga que la cuaresma y él que no levanta un palmo del suelo*. La cuaresma es el tiempo de cuarenta y seis días, desde el miércoles de ceniza hasta el domingo de Resurrección, con el que la Iglesia recuerda la penitencia que hizo Jesucristo en el desierto. Durante este tiempo se prescribía el ayuno, que en la actualidad suele reducirse a los viernes. El significado de la expresión, excepto cuando la aplicamos a la estatura, no obedece a la duración en sí del periodo, sino a la dureza del ayuno. La segunda comparación, *más largo que un día sin pan*, con su carga adicional de impaciencia, hay que interpretarla en el mismo sentido.

Más largo que un real de hilo Muy alto o muy largo, dependiendo de si es una persona o una cosa. *No me extraña que lo haya fichado un equipo de baloncesto; es más largo que un real de hilo.|La novela es más larga que un real de hilo; a mí me parece que, por lo menos, le sobran cien páginas*. A veces se usa como superlativo de 'hábil, astuto, sagaz', una de las acepciones de *largo*. *Sólo tiene seis años, pero es más listo que un real de hilo el tío; no lo engañas de ninguna manera*. Antiguamente, cuando el hilo se compraba en porciones, no en madejas, un real de hilo era una cantidad considerable.

Más listo que Cardona [ser] (Saber más que Cardona) Muy listo. Muy sagaz. *Yo no me preocuparía tanto por él. Es más listo que Cardona y sabrá salir adelante, ya verás*. En 1363, el rey aragonés Pedro IV, llamado *el Ceremonioso*, hizo asesinar a su hermano, el infante don Fernando, porque creyó que era el cabecilla de una conspiración contra él. El vizconde de Cardona, íntimo amigo de don Fernando, dedujo que la próxima muerte sería la suya y huyó rápidamente desde Castellón a su castillo de Cardona, en Barcelona, con lo que evitó su muerte. La rápida reacción de Cardona quedó en lengua coloquial como signo de astucia.

Más listo que el hambre [ser] (Ser como el hambre) Muy listo. *Yo tengo un perrillo callejero, pero es más listo que el hambre. Entiende perfectamente todo lo que le dices.* Sabido es que nada hay que haga aguzar más el ingenio que el hambre. Quien la sufre, se las ingenia para ser más listo que ella y vencerla. Sin ir más lejos, citemos a alguien que podría ser un claro ejemplo de lo que subyace en la comparación: Lázaro de Tormes, que pone en práctica todo tipo de argucias para superar en ingenio al hambre.

¡Más madera! Con esta exclamación se pide más alegría, más juerga, más marcha y, en general, para reclamar más cantidad de algo. *¡Que no pare la fiesta! ¡Pon otro disco, venga! ¡Más madera!*‖*Venga, vamos a pedir otra ración de gambas. ¡Más madera!* La frase pertenece a una famosa película de los hermanos Marx, *Los hermanos Marx en el Oeste*, estrenada en 1941. Con ella Groucho, que va en la locomotora de un tren, se dirige a sus hermanos que, como se ha terminado el carbón, están destrozando los vagones y bancos del tren que son de madera para alimentar la máquina.

Más majo que las pesetas [ser] Muy guapo o muy simpático. *La conozco desde hace poco, pero me parece más maja que las pesetas, simpatiquísima, alegre y siempre dispuesta a echarte una mano.* Pocas cosas hay que nos gusten más que el dinero y sobre sus bondades hay unanimidad. La añorada *peseta* debe su nombre al término catalán *peçeta*, 'pieza pequeña'.

Más malo que Caín/que un demonio/que un diablo/que un dolor/que la quina/que la sarna/que la carne del pescuezo [ser] Muy malo en su forma de actuar o en sus cualidades. *Este gato es más malo que Caín: en cuanto te descuidas, te suelta un arañazo.*|*Dirán que es muy famoso, pero en ese restaurante nos dieron una paella más mala que la quina.* Caín, hijo de Adán y Eva, es prototipo de la maldad y de la envidia: celoso de la primogenitura de su hermano Abel, lo asesinó con una quijada de burro (*Génesis*, IV, 11-14). Lo del demonio, del diablo y del dolor resulta evidente y no merece mayor comentario. La *quina* es una sustancia de sabor muy amargo, que se extrae de la corteza de un árbol llamado *quino* y de la que a su vez se obtiene la *quinina*. Se usa en medicina para combatir fiebres de diverso origen y también para elaborar bebidas; sin duda es su desagradable sabor lo que la hace paradigma de maldad (v. *Tragar sapos*). La *sarna* es una enfermedad muy contagiosa de la piel que provoca tremendos picores. Por último, la *carne del pescuezo* de las reses es la considerada como de tercera, la de peor calidad, por tanto, la menos apreciada y la más barata. Pese a lo tajante del dicho, se trata de una carne sabrosísima, ideal para guisados. V. *Pasar las de Caín*.

Más negro/más feo **que Tito**/que un tito (Como un tito) [ser; estar] Muy negro, muy sucio o muy feo; o las tres cosas al mismo tiempo. *Yo prefiero el* *moreno dorado, suave. No me gusta tumbarme al sol todo el día y ponerme más negro que un tito.* Dos explicaciones tiene el dicho, según tomemos el nombre propio o el común. En el primer caso, se alude a Tito o Titonio, hijo de Laomedonte, rey de Troya, y que, a cambio de obtener la inmortalidad, fue convertido en cigarra por los dioses. Este hecho explicaría seguramente el matiz de la expresión que tiene que ver con la fealdad. En el segundo caso, *estar como un tito,* la frase se refiere al *tito,* es decir, al guisante y otras legumbres que se han ennegrecido por la acción del sol, o al hueso de la aceituna o de algunas frutas, con lo que se explica lo que tiene que ver con la negrura o suciedad.

Más pesado que el/un **plomo** (Ser un plomo||Como un plomo) Ser algo o alguien muy aburrido. Provocar cansancio, hastío. *Temo encontrarme con Lucas, porque es un plomo y me tiene media hora contándome siempre los mismos rollos de su trabajo.|Por mucho que hablen maravillas los críticos, esa novela es un plomo; no hay quien la lea.* La pesadez física del plomo está representada en la comparación con un uso metafórico que es muy habitual en la lengua hablada.

Más pesado que una vaca en brazos/en las pestañas [ser; ponerse] Como en la comparación anterior, la palabra *pesado* se emplea en su uso figurado de 'aburrimiento; cansancio'. *El profesor de física es más pesado que una vaca en brazos. Y no es lo que dice, que también es un rollo, sino cómo lo dice.* La *vaca* es a veces en la lengua coloquial paradigma de gordura, de pesadez física: *ser o parecer una vaca, estar o ponerse como una vaca...* La hipérbole, de gran rendimiento humorístico en las comparaciones enfáticas coloquiales y muchas veces surrealista, como sucede en el segundo caso, resulta ciertamente jocosa. ¿Se imaginan la escena?

Más pobre que las ratas [ser] Extremadamente pobre. *Llegó a amasar una fortuna, pero la dilapidó en un abrir y cerrar de ojos. Y ahí lo tienes ahora, más pobre que las ratas.* Las ratas van unidas inevitablemente a la miseria, a la pobreza, a la suciedad. La comparación resulta tan cruel como eficaz.

Más pobre que puta en Cuaresma (Como puta en Cuaresma) [ser; estar] Muy pobre. *No entiendo a la gente. Anda por ahí diciendo que no tiene un duro, que es más pobre que puta en Cuaresma y se acaba de comprar un piso de lujo.* Durante la Cuaresma, los cuarenta días previos a la Semana Santa, la Iglesia prescribía a sus fieles el ayuno y la abstinencia, la renuncia a la carne, tanto en sentido gastronómico como sexual, por lo que era la peor época para las prostitutas que, en muchas ciudades, eran encerradas en guetos durante ese periodo. En Salamanca, se las llevaba al otro lado del Tormes, donde permanecían hasta el lunes siguiente al de Pascua, el llamado «Lunes de Aguas», cuando los estudiantes iban a recogerlas.

Más rico que Creso [ser] (Ser un Creso) Ser extremadamente rico. *Antes no tenía un duro, pero le tocó una quiniela y ahí lo tienes: más rico que*

Creso. Creso (590-470 a. C.) fue el último rey de Lidia, antigua región de Asia Menor, en la actual Turquía, y pasó a la historia por las enormes riquezas que acumuló, la mayor parte de ellas debidas a sus campañas militares. Entre otras ciudades, conquistó Éfeso y Mileto. Fue derrotado por el rey persa Ciro en el 547 a. C., con lo que acabó el esplendor de Lidia. Se cuenta que fue precisamente Creso quien acuñó las primeras monedas de oro de las que se tiene noticia. A veces se dice, erróneamente, **Más rico que Craso* o **Ser un Craso*, quizá por un cruce con *craso*, adjetivo procedente del latino *crassus*, 'gordo, graso', que se usa hoy con el significado de 'grande, importante', y prácticamente de forma exclusiva en la expresión *craso error* (v.).

Más se perdió en Cuba/en la guerra La expresión completa, que se usa a menudo, es *más se perdió en Cuba y vinieron cantando*. Se trata de consolar a quien ha tenido algún fracaso. Y se le consuela con el tópico recurso de que siempre hay cosas peores (v. *¡Virgencita, Virgencita, que me quede como estoy!*). *O sea, que estás así de triste porque te han dado un golpe en el coche. Anímate, hombre, que más se perdió en Cuba*. Realmente con la pérdida de Cuba y de Filipinas en 1898, España veía cómo se desmoronaban definitivamente cuatrocientos años de imperio ultramarino.

Más seco/tieso **que la mojama** (Como la mojama) [estar, ser] Muy seco o muy tieso. *Esta mañana los bollos estaban esponjosos y ahora, fíjate, están más secos que la mojama.*|*El tío va por la calle más tieso que la mojama, con la cabeza levantada y sin mover un músculo*. La expresión *más tieso que la mojama* se usa frecuentemente con el significado de 'muy pobre'. Alude a aquellos fingidos hidalgos, en realidad pobres muertos de hambre, tan abundantes en la España de los siglos XVI y XVII, que para aparentar honra y riqueza salían a la calle con la figura erguida, las ropas con remiendos disimulados y migas de pan en la barba para hacer creer que habían comido. De ello da abundantes ejemplos la literatura de la época, aunque tal vez el más prototípico sea el escudero de *El Lazarillo de Tormes* (tratado quinto). La *mojama* es la cecina de atún, el atún seco y salado. Los árabes denominaban *almojama* a la carne seca. V. *Estar tieso*.

Más simple que/ser como **la calabaza**/el mecanismo de un chupete [ser] Muy ingenuo. Muy inocente. *Le tienes que decir, punto por punto, todo lo que tiene que hacer. Es incapaz de tomar ninguna iniciativa, es más simple que la calabaza*. También se aplica a las cosas demasiado sencillas. *Sí, la película es entretenida, pero más simple que la calabaza; todo lo que pasa es muy previsible*. La calabaza y el chupete no son, precisamente, logros tecnológicos de última generación.

Más sonado que la campana de Huesca [ser] (Ser algo la campana de Huesca) Se califica así a un suceso de gran repercusión. *¿Que no te has enterado de que ha dimitido el ministro? Pero hombre, si ha sido más sonado que la campana de Huesca*. El dicho alude a la leyenda protagonizada por el rey aragonés Ramiro II, que reinó entre 1134 y 1137, y que fue recogida a finales del siglo XIV en la *Crónica de San Juan de la Peña*, para algunos anónima y para otros escrita por el rey de Aragón Pedro IV, *el Ceremonioso*. Cuenta que eran muchos los nobles aragoneses que no apoyaban al monarca, al que despectivamente llamaban *el Monje*, porque había sido fraile en un monasterio de la localidad francesa de Narbona antes de acceder al trono tras la muerte de su hermano, Alfonso I. Ramiro II pidió consejo a su antiguo abad, Frotardo, y éste, sin decir palabra, cogió una hoz, salió al jardín y cortó los tallos más altos. Entendió el rey el mensaje y, a su llegada a Huesca, mandó llamar a los cabecillas de los nobles rebeldes con la excusa de mostrarles una campana que se oiría en todo Aragón. Según fueron llegando al castillo, les fueron cortando las cabezas y colgándolas del techo formando una circunferencia, a modo de campana. En el centro, el rey colocó, como si fuera el badajo, la del obispo Ordás, promotor de las revueltas. V. *Dar la campanada*||*Ser algo sonado*.

Más sordo que una tapia (Como una tapia) [ser; estar] Muy sordo. *No importa que pongas la música a todo volumen porque sólo queda en la casa la vecina del tercero y está más sorda que una tapia*. Relacionada con la comparación existen las expresiones *hablar a la pared* o *como si le hablaras a la pared*, que se usa para indicar que alguien no presta atención a lo que se le dice.

Más suave que un guante (Como un guante||Suave como un guante) [estar; quedarse; poner; dejar...] Muy tranquilo. Calmado, por lo general a causa de un castigo o de una reprimenda. *Después de la bronca que le eché el otro día por teléfono está más suave que un guante*. Los guantes, antes de que fueran prenda de abrigo, lo eran de adorno. Se fabricaban con seda, piel o terciopelo, materiales costosos y muy suaves al tacto.

Más terco/tozudo **que una mula** (vieja) (Terco/tozudo como una mula (vieja)) Muy terco. Muy cabezota. Se dice de quien siempre cree tener razón, de quien no acepta ningún tipo de consejo. *Le he dicho no sé cuántas veces que el coche es viejo y no puede forzar tanto el motor, pero, como es más terco que una mula y hace lo que le viene en gana, acabará quemándolo*. La mula, híbrido del burro y el caballo, suele comportarse de esta manera y, aparte de las acompañadas del palo, pocas son las órdenes que acepta. V. *Ser un mulo*.

Más tieso/derecho **que un huso**/que una vela/que un ajo [ser; estar; ir; andar]. (Tieso como un huso/una vela/un ajo) Muy erguido; muy recto. *Tiene casi noventa años pero hay que ver lo elegante que va y lo recto que camina, más tieso que un huso. Parece un chaval de veinte años*. La *vela* seguramente es la de cera, la de alumbrar, pero no sería extraño que fuera la del barco (v. *Del carajo*/*Del carajo la vela*). El *huso* es el instrumento que se utilizaba para hilar, un pequeño palo de madera más alto que ancho, que se colocaba verticalmente en la rueca. El *ajo* que aparece aquí no es el diente, sino la planta, más concretamente el tallo, que sobresale de la tierra unos treinta o cuarenta centímetros y que crece, por lo general, completamente recto.

Más tieso que un siete [ser; estar; ir; andar] Muy erguido. *No creas que es más alta que yo, lo que pasa es que con esa forma que tiene de andar, más tiesa que un siete, parece que mide cuatro o cinco centímetros más*. Si nos fijamos en la forma del número siete, parece tener la cabeza adelantada y está tieso, un poco vencido hacia atrás, como si caminara altivo, orgulloso. V. *Más chulo que un ocho*.

Más tonto/bobo **que Abundio** [ser] Ser muy tonto. *Ves que está lloviendo a cántaros y sales a la calle en zapatillas; eres más tonto que Abundio*. A este personaje proverbial, espejo de necedad, se le atribuyen innumerables «hazañas» pero, entre todas, hay tres que destacan: *echó una carrera él solo y quedó el segundo; vendió el coche para comprar la gasolina y cuando iba a vendimiar llevaba uvas de postre*. Algunos afirman que el famoso Abundio vivió en Córdoba a principios del siglo XVIII y que su bien ganada fama se debe a que pretendía regar todo un cortijo «con el solo chorrillo de la verga».

Más tonto que la mierda de pavo [ser] Muy tonto. Estúpido hasta el máximo. *Se cree un intelectual que está muy por encima de todos y en realidad es más tonto que la mierda de pavo y no lo aguanta nadie*. Si el pavo se considera un animal más bien estúpido —como bien se deduce de varios ejemplos de la lengua coloquial (v. *La edad del pavo*||*Ser un pavo*)— ¡cómo serán sus excrementos!...

Más tonto que Perico el de los palotes [ser] *Perico* (Pedro), como Juan, es un apelativo proverbial para designar a alguien de nombre ignorado (v. *En un periquete*||*Como Dios pintó a Perico*||*Más duro que la pata de Perico*||*Ser un Juan Lanas*). De todas formas, la expresión podría referirse a un retrasado que tocaba un tambor —como sostiene el maestro Sebastián de Covarrubias— o a otro personaje que, por más que intentaba aprender a escribir, sólo conseguía *hacer palotes*.

Más vago que la chaqueta de un guardia/de un peón caminero Muy vago. *No me extraña que te suspendan. Eres más vago que la chaqueta de un guardia, llevas tres meses sin abrir un libro*. Es difícil orientar en algún sentido a qué se pueden deber la asociación entre la chaqueta del guardia y la holganza. Tal vez se aluda a la rigidez de las guerreras y casacas de algunos uniformes militares. En el segundo caso, la vagancia de la prenda es más comprensible, pues los peones camineros, encargados de hacer y adecentar caminos y carreteras, se despojaban de sus chaquetas para trabajar y las dejaban, *inmóviles*, sobre una piedra o colgadas de un árbol.

Más vale maña que fuerza Se consigue más con la destreza y la suavidad que con la fuerza, la violencia y la disciplina. *Para abrir estos botes de cris-*

tal no tienes que usar guantes ni trapos ni hacer tanto esfuerzo, basta darles unos golpecitos en la parte de la tapa que hace rosca y ya está; como siempre, más vale maña que fuerza.

Más viejo que Cascorro [ser] Muy viejo, en el caso de una persona, o muy antiguo, si se trata de una cosa. *A mí que no me vengan con que es un matrimonio por amor. Ella tiene veintidós años y él es más viejo que Cascorro.|Estos zapatos son más viejos que Cascorro pero no veas qué cómodo ando con ellos.* Eloy Gonzalo García (1876-1897) fue un soldado español que durante la guerra de Cuba (1895-1898) incendió el fuerte de Cascorro, en la provincia de Camagüey, donde se había atrincherado un grupo de independentistas cubanos. Alegando su condición de huérfano y asegurando que nadie lo esperaba en España, se ofreció voluntario para incendiar la posición; tomó una lata de petróleo, se ató una cuerda a la cintura para que sus compañeros pudieran recuperar su cuerpo en caso de que muriera y consiguió prender fuego al reducto. La hazaña le valió el sobrenombre de «el héroe de Cascorro» o, simplemente, *Cascorro*. Fue rescatado con vida, aunque gravemente herido de bala. Murió unos días después. La comparación se refiere a la famosa estatua del héroe que se halla en Madrid, realizada por el escultor segoviano Aniceto Mariñas (1866-1953) y erigida en 1902 en la plaza a la que desde entonces da nombre, a la entrada de la Ribera de Curtidores, donde los domingos y festivos se instala el conocido Rastro. En ella se le representa con la lata y la cuerda a la cintura.

Más viejo que Matusalén [ser] La expresión funciona como superlativo de viejo, o de antiguo si nos referimos a objetos. *¡Vaya cara más dura que tiene ésta! Se ha casado con un millonario más viejo que Matusalén y dice en todas las revistas que lo ha hecho por amor.|Esta tele es más vieja que Matusalén, pero funciona como el primer día.* Alude la comparación a un personaje bíblico que, según el *Génesis* (V, 21-27), vivió novecientos setenta y nueve años. Hay que considerar, evidentemente, que los espacios temporales reflejados en la Biblia no coinciden con los que manejamos en la actualidad y que los cómputos de años de entonces y los actuales no tienen nada que ver. Además, es bastante posible que los nombres propios en estos casos se refieran a tribus y no a una sola persona, es decir, que quien viviera novecientos sesenta y nueve años fuera de la estirpe de Matusalén, sus descendientes. Como curiosidad, siempre según el cómputo de años bíblico, Noé vivió 950 años y Adán, 930.

Más visto que el tebeo/T.B.O. [estar] Muy conocido. Muy poco original. *¿Pero otra vez te vas a poner ese traje azul? Ponte otro, hombre, que ese está más visto que el tebeo.* Durante los años sesenta y setenta del siglo pasado alcanzó enorme popularidad en España una publicación, mitad revista mitad cómic, llamada TBO, hasta el punto de que hoy llamamos *tebeo* a cualquier cómic. Esta fama, la gran aceptación por parte de todo tipo de lectores, además de la popularidad de sus personajes, contribuyeron a que hoy utilicemos normalmente esta comparación. Aparte de lo dicho, hay también un juego de palabras entre *visto* y *tebeo (te veo)*, lo que contribuye a reforzar el sentido de la expresión *Inventos del tebeo* (v.).

Matar al mensajero Criticar o atacar a la persona que trae noticias perjudiciales y no a quien genera estas noticias. *Este periódico ha denunciado una red de corrupción que afecta a varias personalidades y ahora su director está sufriendo amenazas constantes. En vez de matar al mensajero, deberían investigarse a fondo las denuncias.* En Persia y en algunos pueblos del Asia Menor existía la costumbre de matar al portador de malas noticias, especialmente a quien anunciaba derrotas militares. Del zar de Rusia Iván IV (1530-1584), que ha pasado a la historia con el sobrenombre de *el Terrible*, se cuenta que clavaba en el suelo los pies del mensajero que le llevaba malas noticias, para que no pudiera llevárselas otra vez. Por las mismas razones, en muchos pueblos se recompensaba con largueza al mensajero portador de buenas noticias.

Matar dos pájaros de un tiro Lograr dos objetivos o resolver dos asuntos al mismo tiempo, como el cazador que, con un solo disparo, abate dos piezas. *Esta tarde voy a ir a Correos y así mato dos pájaros de un tiro: compro los sellos y recojo el paquete que nos han enviado*. Quizá la frase tenga algo que ver con un antiguo sistema de caza de palomas que consistía en horadar un balín o perdigón grueso y pasar un hilo muy fino por el agujero. El otro extremo del hilo se ataba a algún lugar o se clavaba en el suelo. La paloma engullía el balín y quedaba atrapada, pues ya no le salía del buche: era una especie de «pesca» de palomas. Ese balín a veces se «reciclaba» después para meterlo en los cartuchos normales de pólvora, por lo que se podía emplear para capturar un segundo pájaro.

Matar el gusanillo Tratar de aliviar el hambre. *Tengo un poco de hambre y todavía falta una hora para comer. Me voy a tomar una tapita de jamón para matar el gusanillo*. Por extensión, usamos la frase para dar a entender que una persona, aunque jubilada o retirada, sigue practicando su profesión, gustos o habilidades para no perder la costumbre o para no sentir añoranza. *Siempre quiso ser escritor y, aunque se dedica completamente a la política, de vez en cuando escribe algunos cuentos para matar el gusanillo*. Antaño se creía que el hambre, los cosquilleos y los rugidos estomacales que la acompañan tenían que ver con los parásitos y las lombrices que habitan en el intestino. Incluso médicos tan prestigiosos como Louis Pasteur (1822-1985), descubridor de los microbios, se refirieron a los perniciosos efectos de unos parásitos que habitan en la saliva de quienes están en ayunas. La creencia popular afirmaba que era muy sano tomar en ayunas una copa de aguardiente o de otra bebida alcohólica, con lo que se mataba al *gusanillo* —al «bicho», como se dice hoy en portugués— y desaparecía el peligro, sobre todo el peligro más grave: el del hambre, el peor gusano que puede habitar en nuestro estómago. En esta creencia está el origen del dicho.

Matar el tiempo Dejar pasar el tiempo, por lo general haciendo una tarea inútil o de poco interés. *Tenía que estar tres horas en el aeropuerto y para matar el tiempo me hice una revista entera de crucigramas.* Comentando la teoría de la relatividad, el gran escritor y articulista gallego Julio Camba (1884-1962), con su fino sentido del humor, escribió: «¡Si lo sabremos nosotros, señor Einstein! El tiempo no existe porque los españoles lo hemos matado». V. *Hacer tiempo.*

Matar moscas a cañonazos Emplear remedios demasiado drásticos, absolutamente desproporcionados al fin que se persigue. *Hombre, yo no me tomaría ese analgésico tan fuerte para un simple dolor de cabeza. Eso es matar moscas a cañonazos.* Sobran explicaciones, aunque, la verdad, a veces dan ganas de usar un cañón y hasta una bomba atómica para eliminar a tan pesados insectos.

Matarlas callando Se aplica la expresión a la persona que, a pesar de su aspecto y su supuesta falta de capacidad, comete alguna acción por lo general no muy positiva. El dicho nos lleva a pensar en alguien que, sin dar ninguna importancia al hecho y sin inmutarse, fuera incluso capaz de matar. *Parece tonto, pero no te fíes de él, porque las mata callando y en cualquier momento te puede buscar un problema.*

¡Me cago en la leche!/en diez/en Dioro/en Diógenes/en la mar (salada)/en la puta (de bastos/de oros)/en tu estampa/en tu sombra (Cagarse en la leche/en diez...) Estas exclamaciones, que a veces rozan el improperio, funcionan como expresión de desagrado, de disgusto, de contrariedad o de enfado. *¡Me cago en la leche! Ya es la tercera semana que me encuentro un rayón en el coche. ¡Será posible!* La aparición de la *leche* no parece tener que ver con el semen, como sugieren algunas teorías (v. *Irse echando leches*), sino que más bien debemos interpretar la palabra en sentido literal: parece que se sugiere que el enfado conduce a estropear uno de los alimentos principales, con las connotaciones que tiene el color blanco. No es descartable tampoco que estemos ante un eufemismo —una forma de evitar la palabra que no queremos decir— de *hostia* (v. *Darle a alguien una leche*). El término *diez* sí nos lleva a pensar en un eufemismo, de Dios. De hecho, es normal que aparezcan en la expresión otros eufemismos, como *Dioro* (posible deformación del nombre propio *Diodoro*) o *Diógenes*. La expresión *cagarse en la mar* o *en la mar salada* nos acerca más a la sensación de impotencia o de inutilidad de quien así expresa su queja o su enfado. No parece que una simple deposición, por decirlo finamente, se note en la inmensidad del océano. El empleo de los términos *puta, puta de bastos* y *puta de oros* (la de espadas y la de copas no se prodigan mucho en estos menesteres) nos llevan a pensar en la sota de la baraja, denominada *puta* en el lenguaje del juego, y que no arrastra muy buena fama en la lengua coloquial (v. *Ser una sota*). Se adivina en la exclamación el cabreo de quien no tiene su día con los naipes. La *estampa* es la imagen, el dibujo o la representación iconográfica de una persona, por lo que en este caso, más que ante un exabrupto, estamos ante un insulto de considerables dimensiones, como sucede con la *sombra*, asociada a la suerte de las personas, especialmente en los conjuros de la tradición gitana (v. *Tener mala sombra*). Todas estas construcciones con el verbo *cagar* que encontramos en nuestra lengua parecen tener influencia árabe.

Me lo ha dicho/contado **un pajarito** Usamos esta frase cuando no queremos que se sepa de qué forma hemos llegado a saber algo o cuando no queremos delatar a quien nos lo ha contado. *Me ha dicho un pajarito que ya tienes novia, ¿es verdad?* La expresión se refiere a la antiquísima costumbre de muchos pueblos de predecir el futuro observando el vuelo de los pájaros o escuchando su canto. Muchos pueblos han considerado y consideran a las aves como portadoras de buenas o malas noticias. Todas estas tradiciones están recogidas, como muchas otras, en la Biblia, en concreto en el capítulo X del *Eclesiastés,* uno de los libros sapienciales del Antiguo Testamento, donde leemos: «Ni siquiera en la intimidad de tu cuarto critiques al rico, porque las aves del cielo llevarán la voz y harán saber tus palabras». Incluso en el *Génesis* se nos cuenta cómo Noé espera la llegada de un ave que le anuncie el final del diluvio. En la literatura de transmisión oral y en el folclore popular son abundantísimos los ejemplos en los que diversos tipos de aves desvelan secretos, por lo general de tipo amoroso.

¡Me río yo de los peces de colores! (Reírse de los peces de colores) Con esta frase mostramos ironía o desacuerdo ante las palabras o las acciones de otro o no damos importancia a algún hecho o afirmación. *Así que te ha asegurado que en tres años termina de pagar la casa, pues ¡me río yo de los peces de colores! Ése no sabe lo que dice*. Poco podemos decir del origen del dicho, salvo atribuirlo al capricho o a algún chiste o chascarrillo al que, a lo largo del tiempo, le hemos perdido la pista.

Mear(se) **fuera del tiesto** Decir o hacer algo inconveniente en el momento menos oportuno. *No tenías que haberle dicho eso, porque sabes que es muy sensible. Como siempre, has meado fuera del tiesto*. Aunque hoy conocemos la palabra *tiesto* exclusivamente en su acepción de 'maceta', antaño, y aún hoy, en algunos lugares de Castilla se llamaba tiesto al orinal, en tiempos fabricado también de barro; de ahí proviene el significado de la locución.

Medias palabras/tintas [decir; expresarse con; andar con; venir con...] No decir —o escribir en el caso de la expresión *medias tintas*— todo, bien sea por ignorancia, bien sea por propia voluntad. Insinuar algo sin llegar a afirmarlo del todo. *A mí no me vengas con medias palabras. Dime si te gusta o si no te gusta, y no empieces que si estaría mejor así, o que si yo le quitaría esto o lo otro.|No me gustó el artículo porque no se puede andar con medias* *tintas: si criticas a una persona, hazlo directamente y con datos y no con insinuaciones vanas y en muchos casos absurdas*. Más que *medias palabras* deberíamos decir *medias frases*.

Medir con/por **el mismo o con distinto rasero** (Usar el mismo o distinto rasero) Ser equitativo o parcial a la hora de juzgar o de tratar a alguien. *Lo bueno de esta empresa es que nadie tiene ningún tipo de privilegio. Aquí se nos mide a todos por el mismo rasero.*|*Si yo digo lo que dijo ella me machacan, pero claro, como aquí se nos mide con distinto rasero*. El *rasero* es un palo de madera o una tabla que se usa para rasar, para poner al ras del recipiente, el grano y las legumbres. V. *Hacer tabla rasa*.

Medir las palabras Expresarse con cautela, razonando y sopesando, *midiendo* todo lo que se dice. *Ten cuidado con lo que le dices, porque lleva unos días muy susceptible y hay que medir las palabras para que no se mosquee*.

Medirle a alguien las costillas/los lomos Golpear a una persona. Darle a alguien una paliza. Interpretando la expresión al pie de la letra, 'darle a alguien con la *vara* de medir', es decir, con el palo o vara que, antes de que se adoptara el sistema métrico decimal y, con él, el metro, se utilizaba como medida de longitud y que equivalía a una *vara:* aproximadamente ochenta y tres centímetros. Las costillas son, como otras veces en la lengua coloquial, las espaldas. *Cuando era un chaval me pilló el guarda robando ciruelas en el huerto de los curas y me midió las costillas a base de bien*.

Mejor/más vale **no meneallo** (Peor es meneallo) Usamos esta frase para indicar que es mejor dejar algo como está, sin revolverlo ni insistir en ello. *Creo que Juan ya no está enfadado por lo que le hicimos, pero, por si acaso, será mejor no meneallo*. El término *meneallo* es la forma antigua de *menearlo*, o sea, 'moverlo'. La locución seguramente provenga de un antiguo consejo culinario referido a la preparación del arroz que, como se sabe, cuando se pega, es mejor no moverlo. Confirman lo dicho las palabras que Sancho dice en el capítulo XXXVII de la segunda parte de *El Quijote*, hablando de la discreción y honradez de las dueñas: «será mejor no menear el arroz, aunque se pegue».

Mejorando lo presente Se usa esta frase cuando, delante de alguna persona, se alaba a otra u otras. Se suele emplear, con un tinte un tanto machista, cuando se habla de la belleza de una mujer estando otra presente. *Pues la prima de Manolo es un bellezón; mejorando lo presente, claro*.

Memoria de elefante [tener] Muy buena memoria, como, según parece, tienen estos paquidermos, los animales más grandes que existen sobre la Tierra. *Mariano tiene una memoria de elefante: es capaz de repetir una página entera de un libro sólo con mirarla un par de minutos*.

Menos da una piedra (Menos da una piedra y hace más daño) Expresión con la que mostramos resignación y conformismo ante un beneficio o un logro mínimo, insignificante. *Bueno, hemos acertado tres en la primitiva y cobramos dos euros: menos da una piedra*. La piedra representa aquí lo árido, lo negativo, lo inútil, pero también contribuye a que funcione la dilogía de *dar*, 'recibir' y 'golpear'.

¡Menos lobos! (¡Menos lobos, Caperucita!/tío Pinto!) Se dirige esta frase a quien en sus afirmaciones se muestra exagerado o excesivamente prepotente. *¿Que en ese regato coges dos sacos de cangrejos en una hora? ¡Menos lobos!* Se suele apuntar como origen del dicho un chascarrillo que cuenta que un campesino andaluz —para otros el guarda de un cortijo—, conocido como el tío Pinto, afirmaba haber visto más de cien lobos. Ante el choteo general y los gritos de «¡Menos lobos, tío Pinto!», fue rebajando la cifra hasta llegar a uno, para acabar reconociendo que sólo le había visto la cola, y de lejos, y que tampoco podía asegurar si era lobo o zorro. En la primera variante, *¡menos lobos!*, hay cierta vinculación con el famoso cuento de *Caperucita roja*, cuya versión más conocida es la del francés Charles Perrault (1628-1703). Algunos piensan que el dicho y todas sus variantes podrían tener relación con el conocido cuento del pastor mentiroso, ese que solía gritar «¡Que viene el lobo! ¡Que viene el lobo!» para que la gente del pueblo acudiera en su ayuda. Cuando sus paisanos llegaban al monte, no había lobo. Así un día tras otro, hasta que vino el lobo de verdad y le comió las ovejas, porque, evidentemente, nadie fue a socorrerlo.

Mentir como un bellaco Mentir clara, desahogada y descaradamente. *Dice que no pudo ir porque estaba enfermo, y miente como un bellaco, porque Carlos lo vio al mediodía en el supermercado*. El término *bellaco* es 'ruin, perverso, malvado'. Es un término de origen poco claro, que podría relacionarse con el antiguo céltico **bakk(a)llakos*, 'campesino, rústico' o, más probablemente, con el vasco oriental *bilhakatu* 'maltratar; arruinar'.

Mentir más que la gaceta (Ser como la gaceta) Mentir con exageración y de forma reiterada. *No te fíes de lo que te diga Carlos, porque miente más que la Gaceta*. La palabra *gaceta*, nombre que hoy llevan algunos periódicos, procede de una moneda veneciana de siglo XVI denominada *gazetta* y que, precisamente, era lo que costaba una especie de hoja informativa manuscrita que, destinada a sus ciudadanos, publicaba la Serenísima República Véneta para mantenerlos informados de la guerra contra los turcos. Evidentemente, las noticias eran parciales y poco fieles a la realidad. Esta tradición de poca objetividad, que acabaría derivando en el sensacionalismo más exagerado, se extendió por otros países europeos, que comenzaron a publicar sus *gacetas*. En el nuestro, fue famosa, sobre todo durante el siglo XVIII, la *Gaceta de Madrid*, fundada en 1616, cuyas increíbles noticias y su estilo ampuloso fueron criticados, entre otros, por Fray Benito Jerónimo Feijoo (1676-1764) en su obra más famosa, *Teatro Crítico Universal*.

Mentir por la barba/por la mitad de la barba Mentir descaradamente, sin ningún tipo de pudor. *Si dice que a las ocho estaba en casa miente por la barba, porque yo lo vi a las ocho menos cinco en la plaza y él vive a más de diez minutos en coche de allí*. Para muchos pueblos germánicos la barba era símbolo de valor, virilidad y lealtad. Se la acariciaban antes de entrar en combate y consideraban una gravísima ofensa que alguien se la tocara. De lo dicho hay numerosos ejemplos en la lengua coloquial. V. *Dar la barba*||*En las barbas de alguien*||*Por barba*||*Pelillos a la mar*||*Ser un tío con toda la barba*||*Subírsele a alguien a las barbas*.

Mentira podrida Mentira total, absoluta. *Dice que ha estudiado tres meses sin parar. Mentira podrida, porque no ha pegado ni golpe, te lo digo yo*. El término *podrida*, en este contexto, puede entenderse como 'asquerosa; sucia; repugnante'.

Mercado persa [ser un; parecer un] Lugar en el que todo se compra y se vende, donde se desarrollan transacciones comerciales confusas y poco transparentes. *Esto más que una exposición de pintura es un auténtico mercado persa. Aquí todos han venido a hacer su negocio y nadie se preocupa de lo artístico*. En la antigua Persia, como hoy en todo el mundo árabe, eran muy tradicionales los *zocos* o mercados al aire libre, en los que se puede comprar y vender de todo, generalmente con el sistema del regateo. El ambiente de los mercados persas se transmite a la perfección en la pieza musical más conocida del compositor inglés Albert William Ketelby (1875-1959), *En un mercado persa*.

Merienda de negros [ser una; parecer una] Desorden, descontrol, confusión. *La gente que tenía las entradas más baratas se colocó en las primeras filas y cuando llegaron los que habían sacado esas entradas aquello fue una merienda de negros: hubo insultos, peleas, carreras*. Estamos ante una de las muchas —demasiadas quizá— expresiones racistas del español coloquial. Se alude a la gresca que podría organizarse en una comida en la que participaran personas supuestamente poco acostumbradas a guardar la etiqueta o la compostura en la mesa.

Meter(le)/poner(le) **(a alguien) palos en las ruedas** Perjudicar a una persona de manera constante. Buscar, de forma permanente, el fracaso de alguien. Intentar interrumpir la buena marcha de una persona colocándole todo tipo de obstáculos. *Yo estoy convencido de que es un gran escritor pero la crítica y sus propios colegas le están metiendo palos en las ruedas desde que apareció la novela. Si no se viene abajo demostrará lo que vale*. Si a un carro, carreta, bici o moto se le colocan palos entre los radios la rueda se bloquea o se rompe y, por lo tanto, el vehículo no avanza. Donde dice *vehículo* léase 'persona' y donde dice *palo* léase 'impedimento; perjuicio; obstáculo'.

Meter agua en un cesto (Coger agua en/con un cesto) [ser] Intentar un imposible. *Convencer a Juan para que se ponga corbata es meter agua en un cesto. Ni siquiera cuando se casó la llevaba*. Seguramente el dicho tenga que ver con el castigo divino impuesto a las Danaides, que eran, según la mitología griega, las cincuenta hijas de Danao, rey de Argos, que la noche de sus bodas mataron a todos sus esposos. Los dioses las condenaron a acarrear agua eternamente en los infiernos con un recipiente sin fondo.

Meter baza Intervenir, por lo general de forma intempestiva, en un asunto o conversación. *¿Por qué no te callas? Siempre tienes que meter baza, aunque no sepas de qué estamos hablando.* Se llama *baza* a las cartas que, en cada turno, se lleva un jugador en ciertos juegos de baraja. Quien *mete baza* es quien echa la carta ganadora y, por tanto, consigue todas las demás y, en su caso, los puntos correspondientes. *Baza* es un término que procede del árabe *bazza*, 'ganancia, botín'.

Meter/sembrar/echar/extender **cizaña** Malmeter. Predisponer a alguien en contra de otros. *Eran una pareja modélica, hasta que una amiga de él se dedicó a meter cizaña para que creciera la desconfianza entre ellos. Al final todo acabó de mala manera.* La *cizaña* es una planta venenosa que vive de forma parasitaria, que arruina los campos en los que crece y acaba con las cosechas. El dicho tiene su origen en el Nuevo Testamento (*Mateo*, XIII, 24-30). Para ilustrar cómo es el Reino de los Cielos, Jesucristo cuenta la parábola de la cizaña: «El Reino de los Cielos es semejante al hombre que sembró su campo con buena simiente. Cuando todos dormían, vino cierto enemigo suyo (el demonio) y sembró cizaña entre el trigo y se marchó». Cuando crece la cizaña, los campesinos quieren arrancarla, pero el dueño de los campos les aconseja que dejen crecer juntos trigo y cizaña y que, llegado el momento de la cosecha, recojan el trigo y quemen la cizaña, se trata de una clara referencia al juicio final. V. *La semilla de la discordia.*

Meter/entrar **con calzador** Hacer o decir algo de forma forzada. *El programa del curso está muy bien en líneas generales, aunque las dos conferencias sobre arte están metidas con calzador.|El discurso fue muy interesante, aunque la alusión al partido opositor estaba metida con calzador.* A veces el pie no entra en el zapato que nos queda un poco justo y necesitamos ayudarnos con un calzador, ésta es la idea que se nos transmite en el dicho.

Meter el cuezo/el cazo Entrometerse en asuntos ajenos. Mostrar alguien interés por lo que no es de su incumbencia. *Yo no sé qué ha pasado entre ellos porque no me gusta meter el cuezo en los asuntos de los demás. Lo único que te puedo decir es que ya no están juntos.* El *cuezo* era, aparte de una artesa pequeña en la que los albañiles amasaban el yeso, una especie de cuenco, o cestillo que se usaba para medir el grano. *Cuezo* y *cazo* llegaron a identificarse en la lengua hablada, por lo que quien metía el cuezo o el cazo en un recipiente era quien intentaba sacar beneficio de algo. Era, de alguna manera, una especie de robo, como robo —a la intimidad de los demás— es intentar meternos donde no nos llaman. V. *Poner el cazo||Meter las narices||Meterse alguien a redentor||Meterse alguien donde no lo llaman.*

Meter en cintura Dominar a una persona, generalmente por la fuerza o con métodos represivos. *Este chico hace siempre lo que le da la gana. No hay nadie que lo meta en cintura.* Seguramente la frase se refiere al cinturón con el que se azotaba a quien cometía algún delito o a quien no se atenía a razones. Podría pensarse también que estuviera relacionada con los antiguos corsés, esos horrendos artilugios con los que las damas intentaban dominar sus cinturas hasta hacerlas de avispa.

Meter en el mismo saco Considerar de la misma forma cuestiones o problemas completamente distintos. Tratar de igual manera a personas o asuntos totalmente diferentes. *Dar un aprobado general es siempre una injusticia porque supone meter en el mismo saco a los que estudian y a los que no pegan ni golpe.*

Meter/poner/entrar **en vereda** Someter a alguien a unas reglas o a una disciplina determinada. Obligar a una persona a cumplir con una serie de obligaciones. *Es un grupo muy difícil, formado en su mayoría por chicos problemáticos. Como no los metamos en vereda desde el principio se nos va a ir de las manos.* La frase se usaba en sus orígenes referida a los rebaños, a los que los pastores debían mantener en las veredas para que no estropearan los pastos o los sembrados.

Meter la cabeza Entrar en un lugar, generalmente con la idea de colocarse, situarse o acomodarse en un empleo o en un puesto determinados. *Una vez que has aprobado las oposiciones has metido la cabeza en la administración pública y ya nadie te puede quitar tu puesto.*|*Es muy ambicioso. Ahora ha metido la cabeza en la política y ya verás como dentro de poco lo vemos en algún cargo importante.* Es decir, quien mete la cabeza antes o después acaba metiendo todo el cuerpo.

Meter la cuchara/la pala Sacar beneficio de algo. *El presupuesto del Ayuntamiento era suficiente, pero todos han metido la cuchara y ya no queda ni un duro.* Antiguamente no se utilizaban en la mesa los platos y era uso habitual que los comensales metieran la cuchara en un puchero que se colocaba en el centro. El paralelismo con el significado actual del dicho es claro. Y como en estos casos siempre hay abusones, algunos no se conforman con la simple cuchara y prefieren las paladas: con menos esfuerzo se saca más partido. V. *A punta de pala.*

Meter la pata/la gamba/la pezuña/el remo (hasta el fondo/el corvejón/las orejas) (Ser algo una metedura de pata) Equivocarse. *Has metido la pata, como siempre. ¿Cómo has podido preguntarle a Marta por Pedro?, ¿es que no sabes que han roto hace un par de semanas?* Es más que probable que la locución se refiera al hecho de meterse en algún lodazal o muladar, y de aquí puede derivarse su uso figurado (v. *Hasta las trancas*). La variante de esta expresión que emplea la palabra *gamba,* puesta de moda recientemente en el lenguaje juvenil, es un italianismo de nuevo cuño —lo mismo que llamar *birra* a la cerveza— *gamba* es 'pierna' en italiano. La *pezuña* es el conjunto de los *pesuños* ('dedos') de los animales de pata hendida. A través de una metáfora formal, denominamos *remo* a cada una de las patas de los cuadrúpedos y, a veces, a las extremidades del hombre (v. *Flojo de remos*). Cuando alguien se equivoca gravemente decimos que mete la pata *hasta el corvejón*, es decir, hasta la corva, la parte posterior de la rodilla, o con humorística y lúcida hipérbole, *hasta las orejas*.

Meter/asomar **las narices**/la nariz/el hocico Inmiscuirse alguien en asuntos que no son de su incumbencia. Curiosear. Fisgonear. Aparecer alguien en un lugar en el que no debe. *Estoy harto de que tu madre meta las narices en nuestra relación. Un día me va a pillar de malas y se lo voy a decir a la cara.*|*Te dije que no aparecieras por allí, que la gente estaba mosqueada contigo, pero, claro, tú tuviste que asomar el hocico y se lió la que se lió.* Es habitual, en este mismo sentido, el uso del verbo oler como sinónimo de 'espiar'. Circula también por nuestra lengua coloquial una certidumbre popular de indudable exactitud: *Quien mete las narices en todas partes acaba por no saber dónde está la mierda.* V. *Meter el cuezo*||*Meterse alguien a redentor*||*Meterse alguien donde no lo llaman*.

Meter/meterse **mano** (Meter mano a la caja) Aplicada a personas, significa 'manosear, palpar'. *Antiguamente las parejas que se sentaban en la última fila del cine iban únicamente a meterse mano. Les importaba un pimiento la película.* Aplicado a cosas significa 'atreverse con un trabajo o acción problemáticos o complicados'. *Tengo que presentar un trabajo sobre literatura medieval alemana y no sé por dónde meterle mano.* La expresión *meter mano a la caja* significa 'robar caudales públicos'. *Las investigaciones dejan claro que varios altos cargos metieron mano a la caja y se apropiaron de parte del dinero destinado a ayudas sociales.* Antiguamente la expresión *meter mano* se usaba referida exclusivamente al pomo de la espada que iba sujeta en el cinto, dando a entender que se podía desenvainar en cualquier momento. Era lo que hacían quienes iban armados para prevenirse o para intimidar a alguien. La expresión, con el tiempo, acabó cambiando radicalmente de significado. V. *Hacer manitas*.

Meter/ser **paja**/broza La expresión hace referencia, de forma extensa, a asuntos inútiles o intrascendentes, por lo general poco relacionados con el tema tratado. *Es normal que te hayan suspendido. Te han preguntado por la unificación de Italia y tú has metido un montón de paja. ¿Qué tienen que ver Julio César y Marco Polo con el tema?* Cuando se recoge el trigo, se separa lo útil, el grano, de lo que no sirve, la paja. Cuando se mete paja en los sacos se intenta, pues, engordarlos (v. *Ir al grano*||*Limpio de polvo y paja*). La *broza* son los despojos de las plantas: ramas, hojas secas, cortezas, o el terreno lleno de matojos y maleza.

Meter (la) **tijera** Cortar. Censurar. *El informe es demasiado largo, vas a tener que meterle tijera y quitarle seis o siete páginas.*|*Durante los años sesenta* *la censura franquista metió tijera a varias películas americanas y francesas*. En el caso de los denominados «plurales duales», el empleo del singular es propio de usos coloquiales: *la tijera; el alicate; la braga; el calzoncillo; la gafa*... Algunos singulares se han acabado imponiendo *(espalda; pecho)* o alternan con el plural *(pantalón/pantalones)*.

Meter a alguien **un embola**(d)**o** (Meterse en un embolado||Ser algo un embolado) Meterse en una situación difícil, comprometida o problemática. *Me he metido en un embolado impresionante. Como no sé decir que no, mi jefe me mete todos los embolados habidos y por haber: ayer me tocó estar todo el día con unos japoneses que quieren comprar unas acciones de la empresa y que no hablaban ni una palabra de español ni de inglés*. La frase tiene que ver con el mundo del teatro, en el que se llamaba —a veces se sigue llamando— *embolado* a un papel corto, deslucido, de poco interés, el que nadie quiere, el más desagradable.

Meter un paquete/un puro/un tubo Castigar o multar. La expresión procede de la vida militar, aunque a veces se usa en otros ámbitos. *Como no aclare pronto su situación financiera, Hacienda le va a meter un paquete que se va a quedar temblando*. Es muy posible que tanto *meter un paquete* como *meter un puro* tengan que ver con los paquetes de seis cigarros puros que Tabacalera puso a la venta en 1908, con la idea de celebrar el centenario de la Guerra de la Independencia. Tales paquetes venían cubiertos con un papel opaco, de modo que los compradores no podían ver el contenido, como era usual hasta entonces, pues los puros se vendían de uno en uno y sin envoltorio. Rápidamente se comenzó a extender el rumor de que los cigarros se envolvían para ocultar su dudosa calidad, lo que quizá era cierto. A partir de este hecho, para dar a entender que había que aguantarse con algo malo o perjudicial, se puso de moda la expresión *Tragar paquete* (v.), hoy no muy utilizada, y que tal vez esté en el origen de las que explicamos (v. *Ser un madero*). La expresión *meter un tubo* parece derivada de la jerga militar y quizá se deba a la forma alargada y estrecha y a la oscuridad de algunos calabozos en los que se cumplían los arrestos.

Meterle a alguien el agua en casa Derrotar, superar o convencer a alguien en su propio territorio o en aquello que teóricamente domina. *Sí, irían los últimos, pero nos han metido el agua en casa: tres cero y han podido ser cinco*. Ser traicionado o engañado por los que se suponen leales o afines. *El alcalde no ha dimitido por propia iniciativa. Han sido varios concejales de su propio partido quienes le han metido el agua en casa y lo han obligado a marcharse*. Quien parece más inocente o menos sospechoso es, a la postre, quien provoca la «inundación», quien nos trae el temporal.

Meterle a alguien el/un **dedo en el ojo** Molestar. Importunar. Hacer enfadar a alguien. *Jamás estás de acuerdo conmigo. Siempre me tienes que* *llevar la contraria. A veces creo que lo único que pretendes es meterme el dedo en el ojo.* ¿Se imaginan que nos tomáramos la frase en sentido literal?

Meterle a alguien las cabras en el corral Asustar a alguien. Convencer a una persona de algo mediante amenazas. *No vas a adelantar nada amenazándome. Iré si me apetece, que a mí nadie me mete las cabras en el corral.* Existía la costumbre en algunos pueblos de que las cabras de un determinado pastor fueran «hechas presas» y llevadas a los corrales comunales de los concejos cuando destrozaban las propiedades de los vecinos. Asimismo, los pastores encerraban en los corrales a las cabras si sentían la amenaza de lobos o zorros. Por cualquiera de estos dos caminos puede habernos llegado la frase.

Meterle a alguien los dedos (en la boca) Sonsacarle algo a una persona. Provocar hábilmente a alguien para que hable, para que diga lo que no quiere decir. *Va a ser difícil que te cuente qué pasó, pero tú métele los dedos, intenta que se enfade, a ver si te dice algo.* Para provocar el vómito lo normal es meterse los dedos en la boca hasta alcanzar prácticamente la úvula. Cuando queremos que alguien «vomite», «suelte» todo lo que sabe, hacemos lo mismo, aunque metafóricamente hablando. V. *Tirarle a alguien de la lengua.*

Meterle a alguien los perros en danza Provocar alegría o entusiasmo en otros. Prometerle a una persona lo que quizá no se pueda cumplir. Engatusar a alguien, generalmente un niño. *Vamos a ver cómo es su segunda película, porque con la primera nos metió a todos los perros en danza.*|*Ahora no puedes dejar de llevar al niño a los caballitos, que ya le has metido los perros en danza y él no se va a olvidar.* Parece que el dicho se refiere al estado de alegría, de excitación, que se produce en los perros de caza cuando intuyen que salen al campo a cazar o cuando se les suelta para que realicen su trabajo. Rápidamente se ponen «en danza», es decir, en acción.

Meterle/marcarle/colarle **a alguien un gol** (por toda la escuadra) Aprovecharse de una persona sin que ésta se dé cuenta. Abusar de la buena voluntad de una persona. Engañar a alguien usando el factor sorpresa, cogiéndolo desprevenido, de forma que la persona engañada no puede reaccionar, como tampoco puede reaccionar el portero de fútbol al que le meten un gol, y más cuando es por la escuadra. *Nunca hubiera pensado que una gente que parecía tan educada y tan respetable me fuera a pagar con un cheque sin fondos Me han metido un gol por toda la escuadra.*

Meterse a alguien en el bolsillo Ganarse el favor y la confianza de una persona hasta el punto de dominarla y de 'llevársela puesta' como sugiere el dicho. *Este locutor no es nada del otro mundo, pero, con su simpatía, se mete en el bolsillo a todo el que le escucha.*

Meterse alguien a redentor Entrometerse una persona a solucionar algo o a poner paz en un asunto que no le va ni le viene. *Si discuten, que discutan. Ya sabes que son así, pero tú no te metas a redentor, porque luego te* *echan la culpa de la discusión*. El dicho, que suele usarse en forma negativa, como consejo o advertencia, es la transformación de una frase que hoy ya no se utiliza: *No hagas como Jesucristo, que se metió a redentor y lo crucificaron*. V. *Meter el cuezo*||*Meter las narices*||*Meterse alguien donde no lo llaman*.

Meterse alguien donde no lo llaman Involucrarse una persona en asuntos que no le interesan o que no le incumben. *Si discuten, déjalos que discutan, pero tú no te metas donde no te llaman*. V. *Meter el cuezo*||*Meter las narices*||*Meterse alguien a redentor*.

Meterse alguien en su concha Encerrarse una persona en sí misma. Aislarse. Mostrarse muy introvertido y poco sociable. *Es muy difícil intentar acercarse a Sofía, hablar con ella de algo que tenga cierta trascendencia, saber un poco de su vida. Cuando está con más gente se mete en su concha y no sale de ella*. Muchas veces esta reacción se produce por una excesiva timidez o por un desmesurado afán de autoprotección. Es lo mismo que hacen algunos animales, como la tortuga o el caracol que, ante la menor amenaza, se esconden en su concha. V. *Tener más conchas que un galápago*.

Meterse/entrar/lanzarse/tirarse **de cabeza** Entrar con todas las consecuencias en alguna situación, muchas veces problemática. *Desde hace un par de meses no sale de casa. Está metido de cabeza en la tesis doctoral*.|*Sin darse cuenta se metió de cabeza en el mundo de la droga*. La frase nos hace pensar en quien se lanza al agua de cabeza: evidentemente, entra por completo.

Meterse en camisa(s) **de once varas** Meterse una persona en asuntos o problemas que no conoce, que no le competen o que no reportan ningún beneficio. *Claro, se rompió el grifo y en vez de avisar al fontanero te metiste en camisas de once varas y, no sólo no lo arreglaste, sino que lo estropeaste más*. En la Edad Media era costumbre, al adoptar a un hijo, que quien iba a ser el padre adoptivo, muchas veces un eclesiástico que deseaba un sucesor, lo metiera por la manga de una camisa muy amplia —de ahí la exagerada medida de once varas— y lo sacara por la cabeza, queriendo simbolizar con este recorrido un segundo parto. Quien se metía en esta camisa, por tanto, iba a dar en una familia y a un lugar que no eran los suyos, lo que a veces, como parece sugerir la frase, especialmente cuando se adoptaba a jóvenes o adultos, no salía del todo bien. Por cierto, la vara equivalía a 835,9 milímetros. Esta ceremonia, documentada en varios países de Europa, habría dado también origen a refranes y frases, hoy en desuso, como «Éntrale por la manga y sácale por el cabezón», «Metedlo por la bocamanga y salirse os ha por el seno (por el cabezal)». En algunas zonas, el padre o la madre adoptivos metían al niño bajo su manto o sus vestiduras en señal de protección. Estas costumbres, u otras muy similares, se mantienen actualmente en algunos pueblos eslavos del sur (búlgaros y bosnios) y entre los turcos. La expresión, con el mismo significado, existe actualmente en portugués.

Meterse/entrar/estar **en faena** Comenzar a trabajar o a hacer algo. *Bueno, voy a meterme en faena, que ya va siendo hora y hay mucho por hacer.* El término *faena* procede del catalán antiguo *faena*, 'quehacer; labor', y éste a su vez del latín *facienda*, 'lo que hay que hacer'; funciona generalmente como sinónimo de 'trabajo'. En el mundo de la tauromaquia se denomina *faena* al conjunto de pases que da el torero al toro. V. *Hacerle a alguien la faena*.

Meterse/estar **en la boca del lobo** Meterse en una situación comprometida o peligrosa. *Ese barrio es peligroso por la noche. Sin darte cuenta, te puedes meter en la boca del lobo.* La frase parece aludir a una conocida fábula de la que existen diferentes versiones: a un lobo se le queda un hueso clavado en la garganta. Como no puede quitárselo, pide ayuda a una cigüeña. Ésta mete el pico dentro de la boca del lobo y le extrae el hueso; a cambio, le pide una recompensa. Esto es lo que, según versión de Félix María Samaniego (1745-1801), responde el lobo: «¿Tu salario? ¿Pues qué más recompensa/que el no haberte causado leve ofensa/y dejarte vivir para que cuentes/que pasiste tu vida entre mis dientes?». No obstante, no es descartable que el dicho se originara en el lenguaje marinero: se llamaba boca de lobo al agujero por el que se accedía a la cofa, la meseta de vigilancia que se asentaba en un palo del barco. V. *Oscuro como boca de lobo*.

Meterse/estar **en un**/el **atolladero** Estar en una situación complicada, comprometida, de difícil salida. Tener un problema cuya solución no parece clara. *Creo que no debería haberle dado tanta confianza a Maribel. Ahora ella me llama a todas horas y yo no sé cómo quitármela de encima. La verdad es que me he metido en un atolladero. Atollarse* es atascarse y el *atolladero* es, lógicamente, atascadero, un lugar en el que se producen atascos. Se usa, por ejemplo, para designar a las zonas o recodos de los ríos en los que las ramas arrastradas hacen que el agua se empantane, se atasque.

Meterse en un belén/en belenes (Ser algo un belén) Meterse en un lío. Buscarse problemas o complicaciones innecesarios. *No sé por qué se te ha ocurrido desmontar el aparato. Te has metido en un belén y ahora no te va a quedar más remedio que avisar al técnico.* La frase, claramente relacionada con *Armarse un belén* (v.), parece referirse al episodio bíblico conocido como *la matanza de los inocentes*, atribuida por los Evangelios (*Mateo*, II, 6) a Herodes *el Grande*, rey de Judea.

Meterse/estar **en un berenjenal**/berenjenales (Ser algo un berenjenal) Meterse en líos. Buscarse complicaciones. *Si antes de haberte metido en esto me hubieras pedido consejo no hubiéramos llegado a esta situación. Ahora te has metido en un berenjenal del que tendrás problemas para salir.* Tanto la planta de la que nace, también denominada berenjena, como la hortaliza tienen unos pequeños pinchos que hacen que la recolección sea una tarea bastante complicada. Tampoco podemos olvidar que la berenjena es de color morado, color que en la lengua coloquial presenta con frecuencia connotaciones negativas. V. *Pasarlas canutas/moradas||Ponerse morado.*

Meterse en un jardín/en una huerta/en jardines/en huertas (Meterse en un charco/en charcos/en todos los charcos||Pisar un charco/charcos/todos los charcos) Complicarse la vida innecesariamente. Meterse en problemas o complicaciones gratuitos, que no aportan ningún beneficio, sino todo lo contrario. *No deberías haber hablado de política en la reunión. Te metiste en un jardín sin tener por qué.* La expresión *meterse en un jardín* procede de la jerga del teatro, donde se aplica al actor que improvisa tanto y tan gratuitamente, al que *mete tantas morcillas* que acaba por hacerse un lío y por no saber salir del enredo para volver al texto original. Sobre la expresión anterior se construyen las variantes de *huerta* —prácticamente sinónimo de *jardín*— y *charco.*

Meterse/estar **en un laberinto**/en laberintos (Ser algo un laberinto) Meterse en una situación de la que resulta muy difícil salir, en un problema que resulta difícil de solventar. *Como siempre, hablaste más de la cuenta, te comprometiste a invitarlos a cenar y te metiste en un laberinto. Me parece a mí que no vas a tener más remedio que hacerlo.* La frase se refiere al laberinto de la isla de Creta, construido por Dédalo —personaje mitológico, arquitecto y escultor— para el rey Minos. En este lugar, según la mitología griega vivía un terrible minotauro, un ser con cabeza de toro y cuerpo de hombre, que sólo calmaba su ira cuando, periódicamente, le entregaban en sacrificio a una joven virgen. El joven Teseo, príncipe de Atenas, entró en el laberinto llevando el ovillo de hilo que le había entregado Ariadna, princesa de Creta. Una vez muerto el monstruo, Teseo pudo salir del laberinto siguiendo *El hilo de Ariadna* (v.). V. *Coger el hilo||Estar al hilo||Perder el hilo||Tirar del hilo.*

Meterse entre pecho y espalda Comer en abundancia, hasta el punto de llenar todo el hueco que hay entre el pecho y la espalda, según indica la expresión. *Ayer Paco se metió casi un cordero entero entre pecho y espalda.* Figuradamente, significa 'realizar un gran esfuerzo'. *Hoy me he montado en el coche a las ocho de la mañana y he salido de él a las nueve de la noche. Me he metido más de mil kilómetros entre pecho y espalda.*

Meterse/entrar/pasar **por el ojo de una aguja** Ser extremadamente astuto. *Éste es capaz de todo, y si dice que se va un mes de vacaciones y no va a gastar ni un duro, seguro que busca la forma de conseguirlo, porque se mete por el ojo de una aguja.* La frase se asienta en la afirmación de Jesucristo en el Evangelio (*Mateo,* XIX, 24): «Es más fácil que un camello pase por el ojo de una aguja que un rico entre en el reino de los cielos».

Metérsela a alguien doblada (Tragársela(s) doblada(s)) Engañar totalmente a alguien. *Se la he metido doblada. Le he dicho que me ha tocado la primitiva y que voy a desaparecer por una temporada en una isla desierta y se lo ha tragado.* La frase presenta evidentes connotaciones sexuales, las mismas que se advierten en la expresión *joder a alguien* (v. *Joder la marrana*). En este caso el engaño es doble, porque el figurado miembro viril entra incluso doblado sin que la otra persona, ingenua al máximo, se entere. *Tragar* también significa coloquialmente 'creerse algo; ser muy ingenuo', por lo que también se advierte un claro uso dilógico en *Tragársela doblada*.

Metérsele algo a alguien entre ceja y ceja (Tener algo o a alguien entre ceja y ceja) Obsesionarse con una persona o con una cosa. *El próximo coche que me compre será un mercedes. Se me ha metido entre ceja y ceja y antes o después lo voy a tener.* Tener manía u odio a algo o a alguien. *Desde que dijo aquello de mí, tengo a Mariano entre ceja y ceja*. La expresión *entre ceja y ceja* es, evidentemente, 'en la cabeza', mejor dicho, 'en el medio de la cabeza'.

Mezclar/confundir/juntar (las) **churras con** (las) **merinas** Confundir cosas o conceptos que no tienen nada que ver, aunque parezcan semejantes. *Perdona, pero son casos distintos: a él lo despidieron y yo dejé el trabajo porque quise. No mezcles churras con merinas.*| *La poesía de Lope y la de Quevedo pueden ser formalmente semejantes, pero en el fondo no tienen nada que ver, es juntar churras con merinas*. *Churras* y *merinas* son las dos razas ovinas características de la península Ibérica, las churras son de origen prerromano y las merinas fueron introducidas por los *benimerines*, tribu norteafricana, durante la primera mitad del siglo XIV. La churras tienen manchas negras en las pezuñas, el hocico y la zona que circunda los ojos y completamente negras las orejas; su lana es blanca, lisa, larga y basta al tacto. Las merinas tienen el hocico más ancho. Su lana es corta, fina y rizada. Como puede apreciarse por lo dicho, resulta sumamente fácil diferenciarlas, aunque no se tengan muchos conocimientos de zoología o de pastoreo.

¡Mi/tu/su/nuestro/vuestro **gozo en un pozo!** Frase con la que se muestra desencanto o decepción ante algo que se daba por resuelto y finalmente se malogra o ante un hecho que se preveía positivo y se convierte en negativo. *¡Y yo que pensaba que hoy iba a hacer un sol estupendo para ir a la playa y fíjate la que está cayendo! ¡Mi gozo en un pozo!* Está claro que, aparte de la necesidad de la rima, el pozo representa lo oculto, lo perdido, lo inalcanzable. En su *Tesoro* (1611), Sebastián de Covarrubias da una pintoresca explicación del origen del dicho, atribuyéndolo a ciertas personas que tenían «un animalejo que daba contento y con quien jugaban; y saltando de una parte a otra cayó en el pozo y ahogose».

¡Mi reino por un caballo! Se usa esta exclamación para resaltar una necesidad imperiosa. *¡Qué calor! ¡Vengo deshidratado! ¡Dame un vaso de agua, anda! ¡Mi reino por un caballo!* La frase pertenece a la obra *Ricardo III*, de William Shakespeare (1564-1616). En la batalla de Bosworth Field (1485) contra los partidarios del futuro rey Enrique VII, el rey Ricardo III (1452-1485) se ve descabalgado, rodeado de enemigos y traicionado por los suyos. Es entonces cuando, antes de morir, pronuncia la famosa frase.

Miedo cerval [tener un; pasar un] Muchísimo miedo. *Desde que tuve el accidente, le tengo un miedo cerval al coche*. El término *cerval* es el adjetivo del sustantivo *ciervo,* por lo que el origen de la expresión está en la actitud asustadiza del ciervo, de agudo oído, en cuanto siente la más mínima amenaza.

Miel sobre hojuelas [ser] Usamos esta locución para indicar que algo es muy apropiado o conveniente. *Nos vamos un mes de vacaciones al norte. No nos importa mucho que haga bueno, pero si encontramos buen tiempo, miel sobre hojuelas*. El prototipo de bondad, con todas las connotaciones positivas que encierra la palabra *dulzura,* es, en este caso, un exquisito dulce a base de miel y hojaldre.

Mientras hay vida hay esperanza Frase de ánimo ante una situación límite. Se usa tanto en sentido real como figurado. *Está gravísimo, pero mientras hay vida hay esperanza.*|*Faltaban sólo dos segundos y el equipo perdía por dos puntos, pero se hizo bueno el dicho de que mientras hay vida hay esperanza: anotamos una canasta de tres puntos y ganamos*. V. *La esperanza es lo último que se pierde*.

Mirar como las vacas al tren (Quedarse como las vacas mirando al tren) Quedarse embobado, boquiabierto, mirando algo o a alguien. *Oye, no me parece educado que a cada chica que pasa te la quedes mirando como las vacas al tren*. Realmente las vacas miran al tren fijamente en señal de alerta, porque el ruido que produce lo interpretan como un aviso de peligro. Mirarían cualquier otra cosa o persona que pasara.

Mirar con lupa Escrutar. Revisar cuidadosamente algo o a alguien, como quien usa una lupa para mirar algo atentamente, en todos sus detalles. *La novela es estupenda, pero el original tiene bastantes erratas; vamos a tener que mirarlo con lupa.*|*Sé que es un puesto de mucha responsabilidad y que me van a mirar con lupa, pero no me da miedo aceptarlo*.

Mirar de hito en hito Mirar con toda atención, fijamente, como escrutando cada parte de lo que se mira. *Cuando entró en la fiesta, todos la miraron de hito en hito*. Los *hitos* eran —y aún lo son en algunas carreteras— las piedras que, situadas a ambos lados del camino, marcaban la dirección que se debía seguir e indicaban la distancia a la que estaba el punto de destino. Quien caminaba por lugares desconocidos fijaba la vista en ellos e iba buscándolos para no perderse.

Mirar para otro lado Inhibirse. Ignorar voluntariamente algo. No querer enterarse de lo que sucede. *Los problemas hay que afrontarlos como vienen y tratar de resolverlos. No se adelanta nada mirando para otro lado: así se complican más*.

Mirar por encima del hombro Mirar a alguien de manera despectiva, con aires de superioridad. *Desde que la nombraron subdirectora no hay quien* *la aguante. Nos mira por encima del hombro y no ha vuelto a dirigirnos la palabra.* Cuando miramos por encima del hombro a alguien da la impresión de que esta persona se encuentra por detrás de nosotros. De aquí el sentido de la expresión.

Mirarse alguien en el/un **espejo** Reflexionar sobre los propios comportamientos o defectos, sobre todo antes de criticar los de los demás. La verdad es que alguien debería inventar un «espejo de defectos». *¿Y dices que yo tengo mal genio? ¿Te has mirado tú en un espejo?*

Mirarse el ombligo Autoalabarse. Presumir. Hablar alguien permanentemente de sí mismo. *Cuando seas un poco más modesto y dejes de mirarte el ombligo permanentemente la gente aprenderá a respetarte.* Quien se mira el ombligo se mira a sí mismo, claro está, pero también tenemos que entender aquí el término *ombligo* en su sentido figurado: 'centro o medio de cualquier cosa'. V. *Creerse/ser el ombligo del mundo.*

Mojarle a alguien la oreja Vencer a alguien en una disputa. *Normalmente siempre ganamos nosotros al tute, pero hoy nos han mojado la oreja bien mojada.* En algunos juegos infantiles existía la costumbre de que quien ganaba mojaba con saliva la oreja del perdedor, posible parodia del sacramento del bautismo, en el que el sacerdote mojaba con saliva la oreja del bautizado con la intención de abrirla a las verdades de la religión.

Mojarse el culo Comprometerse. Hacer todo lo necesario, arriesgándose si hace falta, para conseguir algo. *Así, tumbado todo el día en el sofá delante de la tele, seguro que no vas a encontrar trabajo. Hay que moverse, mirar, hablar con la gente, buscar... Hay que mojarse el culo.* La frase se ha desgajado de un conocido refrán: el que quiera peces, que se moje el culo. V. *Ir de culo||Partirse de risa/el culo||Perder el culo.*

Molarle algo a alguien (Molar algo cantidad||¡Mola (cantidad)!) Gustar. Agradar. *Me mola esa moto pero es carísima. A ver si el viejo se enrolla y me da una ayudita.* La expresión, que está cayendo en desuso, es propia del lenguaje juvenil. Como tantas otras palabras coloquiales *(gachó; currar; currelar; chachi...),* es un gitanismo; significa 'valer; servir'.

Mondo y lirondo Limpio. Claro. Sin adornos ni añadidos. *Quiero que me cuentes los hechos mondos y lirondos. Lo que pasó exactamente.* A veces también se usa con el significado de 'simple; pobre'. *Hombre, yo le hubiera puesto unas patatas, unas verduritas, una salsa, no sé... Es que poner en la mesa un trozo de carne hervida, monda y lironda es un poco pobre, ¿no?* El término *mondo* significa 'mondado; pelado; sin piel o sin cáscara', lo que tiene mucho que ver con el significado de la frase. *Lirondo* es un término inventado, como en tantos otros casos (v. *A trancas y barrancas||Sin decir oxte ni moxte||Sin decir tus ni mus*), a mayor gloria de la rima consonante. V. *Ser la monda.*

Moneda corriente/común [ser] Así llamamos a lo que es frecuente, normal, a lo que no nos extraña ni nos llama la atención, a lo conocido, a lo que, como el dinero, manejamos todos los días. La moneda corriente es la usual, la de curso legal en un país. *Es mejor que te vacunes, porque la gripe en esta época del año es moneda corriente y más vale prevenir.*

Moneda de cambio [ser] Elemento o persona que se emplea para intercambiar por otros o para conseguir algún fin. Cumple, pues, la misma función que el dinero que se entrega a cambio de algo. *No acepto eso de que si yo te trato mejor tú vas a ser más amable: los sentimientos no son moneda de cambio.*|*La guerrilla ha secuestrado a varios civiles para usarlos como moneda de cambio con otros tantos guerrilleros.*

Montar en cólera Enfadarse muchísimo. Encolerizarse. *Cuando le dije que quería casarme con ella montó en cólera y me echó de casa.* Quien alcanza tal estado da la impresión de «subir» a la misma cólera, de encaramarse a ella.

Montar/hacer/organizar/preparar **una escena**/una escenita/un número/un numerito/un espectáculo Preparar un escándalo, normalmente fingido y con el fin de impresionar o conmover a alguien para conseguir algo. *Cuando le dije que ya no quería salir con ella hizo una escena en mitad de la calle que no puedes ni imaginarte.* La palabra *escena* nos lleva al mundo del teatro y ya se sabe que en el teatro nada es lo que parece, pero tiene que parecer que lo es... *Número* y *numerito* nos transportan, en cambio, al circo, pues así se llaman cada una de las actuaciones que componen la función. ¿Hay algo más fantástico y exagerado que un espectáculo circense? Entre teatro y circo, las explicaciones parecen evidentes. V. *Dar el espectáculo*||*Hacer teatro*||*Hacer una pantomima.*

Montárselo bien o mal (Tener algo bien o mal montado) Organizarse de forma adecuada o inadecuada. Actuar acertada o desacertadamente. *Este año me lo he montado bien: he dejado los tres o cuatro días de vacaciones que me debían y los he unido con las vacaciones de verano.* El término *montar* es aquí sinónimo de 'construir; fabricar'. La expresión se usa mucho en el lenguaje juvenil.

Morder/comer(se)/picar/tragar(se) **el anzuelo** Creerse una mentira, como la cree el pez que muerde el cebo. De hecho, en estos casos solemos usar coloquialmente el verbo *picar* para referirnos a la trampa en la que cae el engañado. *Marta es una ingenua. Le he dicho que me ha tocado la lotería y ha mordido el anzuelo.* V. *Echar el anzuelo.*

Morder el polvo Sufrir una derrota. *Llevábamos diez partidos seguidos ganando, alguna vez teníamos que morder el polvo.* Era usanza en la Edad Media que los caballeros, una vez derribados en el combate y al sentirse heridos de muerte, tomaran un puñado de tierra y la besaran, en señal de despedida del mundo y de agradecimiento porque se disponía a recoger su cuerpo.

Morderse la lengua/los labios/el labio Contenerse para no decir lo que realmente se piensa. *Se hubiera merecido que le hubiera respondido en el* *mismo tono grosero que él empleó, pero me mordí la lengua y me limité a lanzarle una mirada de desprecio.* Quien actúa de esta forma, aparte de morder, metafóricamente hablando, sus propias palabras, se muerde la punta de la lengua o el labio inferior para contener la tensión. Se usa mucho en forma negativa. *Es un tipo que jamás se muerde la lengua y que siempre dice lo que piensa, aunque te haga daño.*

Morir con las botas puestas Fracasar dignamente. Resistir hasta el final. Asumir todas las consecuencias de algo, por muy negativas que puedan ser. *Aquí estamos todos en el mismo negocio. Si esto sale adelante, nos beneficiamos todos; si fracasamos, fracasaremos todos, pero, eso sí, moriremos con las botas puestas.* La frase se debe a la famosa película de Raoul Walsh *They died with their boots* (Murieron con las botas puestas) de 1941, protagonizada por Errol Flynn y Olivia de Havilland. En ella se cuenta la historia del general estadounidense George Armstrong Custer (1839-1876) y de la batalla de Little Big Horn contra los pieles rojas, en la que murió junto a sus 650 hombres del séptimo de caballería.

Morir hasta el apuntador (Aquí muere hasta el apuntador||No quedar ni el apuntador) Se dice de la película, obra de teatro o novela en la que hay muchos muertos. *La película no está mal, pero tiene una dosis excesiva de violencia. En la batalla final muere hasta el apuntador.* En el teatro el apuntador o traspunte es la persona que, entre bambalinas o desde la concha del proscenio, apunta el texto, es decir, el que se encarga de recordar —«cantar» se dice en el argot— su texto o sus movimientos a los actores que los olvidan. Es una figura en vías de extinción, pues está dejando paso al «pinganillo», ese microingenio mecánico de color carne que se coloca en la oreja y a través del cual el actor recibe el papel y las instrucciones por control remoto.

Mosca cojonera [ser; parecer; ser como] Persona molesta, pesada, insistente. *¡Este tío es una mosca cojonera! Siempre aparece en los momentos menos oportunos. Dile que estoy en una reunión y que mañana me voy. ¡Qué pesado!* Vale que las moscas den la paliza, se puede más o menos soportar, pero que ronden ciertas partes... V. *Cargarse de moscas*||*Dar la tabarra.*

Mover/remover/revolver/juntar **cielo**(s) **y tierra**(s)/el cielo con la tierra Hacer lo posible y lo imposible para lograr algo. Hacer muchas gestiones y dar muchos pasos para conseguir un fin. *He movido cielo y tierra para que me dieran la beca y al final, después de un montón de papeleo, lo he conseguido.* Quien obra de esta forma es capaz de hacer cualquier cosa, hasta lo más increíble o disparatado, como disparatado sería tratar de juntar el cielo y la tierra. De todas formas, también podemos interpretar la frase como hacer *lo divino* (el cielo) y *lo humano* (la tierra). V. *Revolver Roma con Santiago.*

Mover/menear **el bigote**/la mandíbula Comer. *Ya son las dos y media. Habrá que ir pensando en mover el bigote, ¿no?*

Mover/dirigir/manejar **el cotarro** (Estar (metido)/andar/meterse en el cotarro||Ser el amo del cotarro||Alterarse/alborotarse/revolverse el cotarro) Mandar, dirigir, controlar, manejar. *El presidente es una figura decorativa, aquí el que de verdad mueve el cotarro es Povedilla, el director general.|En cuanto apareció el cantante se alborotó el cotarro y las fans se lanzaron como locas a por él.* Se llamaba *cotarro* —despectivo de *coto*— al lugar donde por las noches se daba cobijo a pobres y vagabundos. En este lugar era frecuente que se colaran pícaros que dirigían o controlaban el alojamiento, obteniendo beneficios por ello. Eran los que movían el cotarro. También era frecuente que se produjeran discusiones y trifulcas, que se alborotara el cotarro.

Mover/menear **el esqueleto** Bailar. *¿Tú no bailas? Pues es una música estupenda para mover el esqueleto.*

Mover ficha Actuar en primer lugar. Tomar la iniciativa. *En la próxima reunión yo voy a esperar a que algún vecino mueva ficha, porque ya estoy cansado de ser el que siempre toma la iniciativa.* Es lo que hace el jugador que en muchos juegos denominados «de mesa», como el parchís, las damas, el ajedrez..., abre la partida.

Mover/manejar **los hilos de algo** Dirigir, controlar algo, por lo general de forma indirecta o sin estar presente. *Desde el exilio, el depuesto presidente seguía manejando los hilos del poder.* Está clara la alusión a la persona que maneja una marioneta. V. *Ser una marioneta.*

Moverle a alguien la silla Intrigar para destituir a alguien de su puesto. *El presidente ha tenido que dimitir, pero no por propio gusto; ha habido muchos directivos que le estaban moviendo la silla.* La silla se convierte aquí en el símbolo del poder, como lo es el trono de los reyes. V. *Agarrarse al sillón||El que se fue a Sevilla perdió su silla.*

Movimiento de ratas [haber] Usamos esta locución cuando, a causa de las actitudes de ciertas personas, apartándose de algún lugar u ocultándose, presagiamos algo negativo. *Algo está pasando en esta empresa, porque hay movimiento de ratas: los dirigentes últimamente no aparecen por aquí y no quieren dar la cara.* V. *Las ratas abandonan el barco.*

Mucho don y/pero **poco din** [tener] (Mal suena el don sin el din||No hay don sin din) Aparentar lo que no se tiene. Presumir. Hacer ostentación de una elevada posición social o económica que en realidad no son tales. *No trago a estos a los que se les llena la boca de chalés, fincas, fiestas en Marbella, cenas en casa del conde de nosequé y comidas en el palacete de la duquesa de nosecuantos. Son todos iguales: mucho don y poco din.* La frase se aplicó en sus orígenes a aquellos supuestos hidalgos o caballeros, tan en boga durante los siglos XVI y XVII, que aparentaban mucha honra y mucho ringorrango, *mucho don*, y que no tenían un cuarto, es decir, *poco din(ero)*.

Mucho miedo y poca vergüenza [tener] Se le dice esto a quien, pese a tener miedo al castigo o a las consecuencias de su comportamiento o de su acción, los lleva a cabo. *Vamos, que te pones muy nervioso cuando copias en un examen y que lo pasas fatal pensando en que te van a pillar y luego me cuentas que has aprobado un montón de exámenes copiando... Tú lo que tienes es mucho miedo y poca vergüenza.*

Mucho ruido y pocas nueces (Ser más el ruido que las nueces) Esta frase proverbial se usa cuando una cosa o un acontecimiento tienen mucha menos importancia que la que en un principio le habíamos atribuido. *Esta película se anunció a bombo y platillo, con ruedas de prensa por todas partes, un despliegue publicitario impresionante y, al final, mucho ruido y pocas nueces, porque ha resultado un rotundo fracaso*. Cuando caen al suelo, o cuando se varean para recogerlas del nogal, las nueces provocan un gran ruido, debido a la consistencia de su cáscara, que en realidad oculta muy poca cantidad de fruto comestible. Esta sencilla explicación parece, sin duda, la más adecuada al dicho. De todas formas, existe una leyenda que, con nulo fundamento, se ha querido relacionar con el dicho. Parece ser que para tomar la ciudad francesa de Amiens, allá por el 1596, las tropas españolas destacadas en Flandes emplearon una estratagema, diseñada por el capitán Hernán Tello, que consistió en introducir en la ciudad a unos cuantos soldados que hablaban francés, vestidos de paisanos, que, para pasar desapercibidos entre otros campesinos, cargaban sacos con frutas y nueces. Uno de éstos, voluntariamente, dejó caer las nueces al suelo; los centinelas franceses se arrojaron sobre ellas y ésta fue la ocasión que aprovecharon los demás soldados españoles para echarse sobre ellos, hacerse con el control de la puerta de la muralla y facilitar la entrada de las tropas. ¿Hay algo más fácil? Tomen nota los estrategas... Por curioso que parezca el cuento, se desmorona cuando comprobamos que más de doscientos años antes de la toma de Amiens ya se conocía el dicho, como demuestra el hecho de que aparezca en el *Libro de Buen Amor* (estrofa 946), del Arcipreste de Hita, compuesto a mediados del siglo XIV, cuando una vieja visita al Arcipreste enfermo e intenta quitarle importancia a la enfermedad: «Con su pesar la vieja díxome muchas vezes:/Arcipreste, más es el roído que las nuezes». También lo encontramos en *La Celestina* (1499). Una conocida obra teatral de William Shakespeare (1564-1616), *Much ado about nothing*, literalmente algo así como 'mucho vacío a propósito de nada', fue traducida al español con esta expresión.

Muchos son los llamados, y pocos los elegidos/los escogidos Es decir, hay muchos aspirantes a conseguir algo, pero sólo unos cuantos son los beneficiados, los que realmente lo consiguen. *Tú no te preocupes porque a esos puestos os presentéis muchos candidatos. Piensa siempre que muchos* *son los llamados y pocos los elegidos, y tú vas a ser uno de ellos*. La frase está tomada del Evangelio según san Mateo (XXII, 1-5), de la parábola del banquete de bodas, en la que se cuenta que un rey expulsó del banquete de bodas de su hijo a quien no se había vestido de forma adecuada para la ceremonia. Con ella se ilustra la disposición con la que se debe entrar en el reino de los cielos.

Música celestial [ser; parecer; sonar a] (Andar/venir con músicas celestiales) Llamamos música celestial a lo maravilloso, lo sublime, aunque no sea música. *Esta tarta te ha quedado hoy como nunca. Es música celestial.* Quien anda o viene con músicas celestiales es la persona que fantasea, que dice cosas vanas, tonterías, palabras huecas y sin sentido. *A mí háblame claramente y no me vengas con músicas celestiales: si es sí es sí y si es no, es no. Aquí no hay término medio*. Por esta razón también llamamos *músicas celestiales*, generalmente en plural, a lo que consideramos inútil, sin sentido. *Eso de la «nueva cocina de autor» y de la «restauración artística» son músicas celestiales. Donde esté un buen plato de alubias con chorizo que se quite todo lo demás*. Todas estas expresiones están relacionadas con la concepción del universo que se tenía en la Antigüedad, especialmente durante el Renacimiento. Se imaginaba como un sistema de esferas o de cielos superpuestos (v. *Estar en el séptimo cielo*), a cada una de las cuales correspondía un planeta. Cada planeta se movía ordenada y acompasadamente, sin interferir en la órbita de los demás, lo que daba origen a un sistema armónico, a la llamada «música de las esferas». Se afirmaba, incluso, que cada una de las siete notas de la escala musical se correspondía con un cielo y, por tanto, con un planeta. El cristianismo asoció esta música metafórica con la que, según la Biblia, interpretaban los ángeles en el cielo, es decir, con la *música celestial*. A esta conjunción de músicas se refiere Fray Luis de León (1527-1591) cuando en su famosa e insuperable *Oda a Salinas*, dedicada a Francisco Salinas (1513-1590), el músico ciego amigo del poeta, dice en una lira: «Traspasa el aire todo/hasta llegar a la más alta esfera/y oye allí otro modo/de no perecedera/música, que es de todas la primera». La música celestial pasó a calificar tanto a lo más elevado y sublime como lo más etéreo, vano, e intangible.

N

Nacer con estrella (Unos nacen con estrella y otros estrella(d)os) Tener suerte. Resultar favorecido. *En cualquier lotería, sorteo, rifa a los que juegue, siempre le toca algo. Ha ganado ya un montón de dinero. A eso yo lo llamo nacer con estrella.*|*El accidente ha sido tremendo. Si tú ves cómo ha quedado el coche, no te imaginas ni por lo más remoto que haya salido alguien vivo de allí. Y, de verdad, no tenemos ni un rasguño. Se ve que hemos nacido con estrella.* La frase *Unos nacen con estrella y otros estrellados* se suele usar para remarcar la diferencia de clases, el desigual reparto de la fortuna. *Ya ves, yo trabajando toda mi vida y no tengo un duro, y este imbécil, sólo por ser amiguete de un pez gordo tiene un puesto de trabajo para toda la vida en el que ganará una pasta impresionante sin pegar ni golpe: unos nacen con estrella y otros estrellados.* Desde antiguo se ha creído en la influencia de las estrellas en la vida y en el comportamiento y el destino del hombre. Que levante la mano quien no lee o, al menos, mira, el horóscopo de los periódicos, o quien no haya oído alguna vez que, por ejemplo, los *leo* son de carácter fuerte y tienen dotes de mando y los *piscis* son unos sentimentales cargados de inventiva y de inquietudes artísticas. Siempre ha habido astrólogos y augures —ahí siguen haciendo el agosto magos y pseudomagos en todas las televisiones, radios y revistas— que han vaticinado alegrías y desgracias, periodos de bonanza y de *desastres* —palabra que no es otra cosa que la forma evolucionada y filtrada por el antiguo provenzal, del compuesto latino formado por el prefijo *des* 'no; sin' y el sustantivo *astru(m),* 'astro; estrella'—. Quien *nace con estrella,* por tanto, nace con la buena suerte escrita en su destino. Quien, recurriendo a un juego de palabras, nace estrellado, poco puede hacer para cambiar su negra suerte. V. *Tener buena o mala estrella.*

Nacer/venir **con un pan debajo del**/bajo el **brazo** Esta frase, que actualmente no tiene mucho uso, se utiliza en referencia a la fortuna que parece entrar en una casa tras el nacimiento de un hijo. *Fíjate. A los dos días de nacer el niño nos ha tocado la lotería. ¡Ha nacido con un pan debajo del brazo!* Seguramente, la alusión al pan tiene que ver con el hecho de que el nuevo miembro de la familia fuera en tiempos una nueva fuente de ingresos, es decir, dos brazos más para trabajar la tierra o para cuidar el ganado si el nacido era varón, y dos brazos más para trabajar en la casa si era mujer. V. *Ganarse el pan.*|*Más bueno que el pan.*

Nacer de pie Tener mucha suerte. *Mi primo ha tenido ya tres accidentes de tráfico. Los coches han quedado destrozados, y él, ni un rasguño. Parece que ha nacido de pie.* El uso del dicho deriva de que antiguamente, desde la época de los romanos, se creía que aquellos niños que nacían con los pies por delante, el denominado *parto podálico,* en vez de en posición de cabeza, que es lo habitual, serían afortunados en su vida, dado el alto índice de posibilidades que tenían de morir durante el nacimiento. V. *Nacer vestido.*

Nacer vestido (Nacer con la camisa) Ser muy afortunado. Tener mucha suerte. *El tío estudia sólo un par de temas y resulta que todas las preguntas del examen son precisamente de esas dos lecciones. ¡Qué suerte tiene! Es que, de verdad, ha nacido vestido.* La frase se aplicaba a los niños que nacían con la cabeza y parte del cuerpo envueltos en la membrana amniótica, lo que se consideraba señal de buena suerte para el recién nacido. Entre los antiguos romanos era normal llevar como amuleto pedazos disecados de esta membrana. V. *Nacer de pie.*

Nada nuevo bajo el sol (No hay nada nuevo bajo el sol) Usamos esta frase para indicar que, a pesar del paso del tiempo y de la transformación de las costumbres, hay cosas que nunca cambian: el mismo sol sigue iluminando al mismo mundo. *Sí, las vacaciones fenomenal; pero uno vuelve a casa, al trabajo y se da cuenta de que todo sigue igual: nada nuevo bajo el sol.* Se trata de la traducción de una conocida sentencia: *Nihil novum sub sole* o *Nihil sub sole novum,* que ya aparece en la *Vulgata,* la versión latina de la Biblia (*Eclesiastés,* I, 10). Fue retomada por el comediógrafo latino Publio Afro Terencio, que vivió en el siglo II a. C. y por el gran filósofo y escritor hispanorromano Lucio Anneo Séneca (4 a. C.-65 d. C.).

Nadar en la abundancia (Nadar en oro) Ser muy rico. Tener mucho dinero. *No me creo que en unos cuantos años hayan pasado de no tener un duro a nadar en la abundancia. Eso parece muy raro.* Pocas explicaciones hay que dar. Piensen simplemente en el Tío Gilito, el tío del pato Donald, tomando uno de sus frecuentes baños de monedas de oro.

Nadar y guardar la ropa Actuar de forma adecuada para los propios intereses, protegiéndose al mismo tiempo de las posibles consecuencias negativas. *En los negocios no se puede arriesgar todo el dinero a ver qué pasa. Hay que actuar con visión de futuro, aunque los beneficios puedan parecer pocos, es decir, hay que saber nadar y guardar la ropa.* Es más que posible que el dicho aluda a una fácil forma que tenían de robar los salteadores de caminos y que consistía en esconderse cerca de los ríos y llevarse las ropas y el dinero de quienes iban a bañarse y dejaban sus pertenencias en la orilla.

Nadie da duros a cuatro pesetas ((No se pueden) dar duros a cuatro pesetas) Se afirma con esta frase que hay que desconfiar de todo tipo de ofertas, gangas y supuestos negocios lucrativos fáciles. *Estás de broma, ¿verdad? Porque no me puedo creer que ese pedazo de ordenador, con impresora y escáner, todo nuevo, te haya costado esa miseria. Nadie da duros a cuatro pesetas*. El pintor y escritor catalán Santiago Rusiñol (1861-1931), junto con sus compañeros de la tertulia barcelonesa conocida como «Els quatre gats» ('Los cuatro gatos'), organizaba divertidísimas e ingeniosas bromas. Se cuenta que en una ocasión Rusiñol instaló en plena calle una especie de tenderete con un mostrador que llenó de duros auténticos de plata. Se colocó tras él y empezó a gritar: «¡Duros a cuatro pesetas!; ¡Vendo duros a cuatro pesetas!». Pues bien, ¡No vendió ni uno! La gente, que no lo reconocía, miraba incrédula y sonreía de forma irónica o, simplemente, pasaba de largo. Es probable que éste no sea el origen del dicho, pero la anécdota ilustra a la perfección su significado.

Nadie es profeta en su tierra (No ser alguien profeta en su tierra) Con este dicho se indica que es muy difícil que alguien sea reconocido por sus méritos en el pueblo o país en que ha nacido, a pesar de que pueda haber alcanzado fama o prestigio en otros lugares. *Este pintor es famosísimo en Estados Unidos. Sus cuadros se venden por millones. Pero como nadie es profeta en su tierra, aquí, en su país, no lo conoce nadie*. Según los Evangelios, esta frase fue pronunciada por Jesucristo cuando, a causa de su humilde origen fue despreciado y sus opiniones rechazadas por sus propios conciudadanos en la sinagoga de Nazaret (*Mateo*, XIII, 57, y *Juan*, IV, 44). Una antigua sentencia hebrea dice que el profeta en su tierra no tiene honra y los árabes aseguran que el sabio es en su patria como el oro oculto en la mina. La frase la encontramos en francés *(Nul n'est prophéte dans son pays)* e inglés, en este caso con una formulación muy cercana a la del dicho hebreo *(A prophet is not without honour save in his own country)*.

¡Naranjas de la China! (¡Nanay de la China, que son naranjas!) Con esta curiosa locución se niega y se rechaza la opinión de otra persona. *¿Que quieres salir esta noche y volver a las cuatro de la mañana? ¡Naranjas de la China!* Seguramente se tenía a la naranja de la China como algo fantástico, lejano, exótico, inalcanzable, idea de la que procedería esta expresión. La realidad nos dice más bien lo contrario, o sea, que la naranja, cuyo cultivo fue introducido en la Península por los árabes, realmente procede de China. Algunos autores piensan que la exclamación *¡Naranjas de la China!* nace como una especie de petición de socorro ante la picadura de serpientes, escorpiones y otros animales ponzoñosos, pues algunos pueblos antiguos usaban esta fruta como antídoto. Sobre el año 200 de nuestra era, el escritor y gastrónomo griego Ateneo de Naucratis afirma en su obra *El banquete de los eruditos*, deliciosa —nunca mejor dicho— recopilación de anécdotas sobre la cocina y los alimentos, que dos hombres sobrevivieron a la picadura de un áspid, mortal de necesidad, porque ese día habían comido naranjas.

Negarle a alguien el pan y la sal Mostrar rechazo hacia una persona. No reconocer sus méritos. *A este director de cine, pese a ser famoso en medio mundo, en su país le niegan el pan y la sal.* Era costumbre de algunos pueblos de la Antigüedad agasajar a los visitantes con un pedazo de pan y unos granos de sal, alimentos básicos para el sustento, como símbolo de paz y de bienvenida. Tal recibimiento jamás se negaba a nadie de antemano, fuera cual fuera su condición.

Negarse en redondo Negarse por completo. Total y firmemente. *El problema es considerable, porque la familia de ella se niega en redondo no sólo a la boda, sino a la relación entre los dos.* La perfección formal del círculo, figura geométrica invariable, imposible de transformar, hace que utilicemos el adjetivo *redondo* como sinónimo de 'excelente; magnífico': *negocio redondo; partido redondo; salió todo redondo...* (v. *Salir algo redondo*). Usamos también —con el significado de 'firme, total, completo'— el adjetivo *rotundo,* forma culta de *redondo, rotundu(m)* en latín.

Negro sobre blanco [poner; ser] Por escrito y, por extensión, claramente, sin que pueda haber dudas. *Vale, tú juras y perjuras que me devolverás el dinero que te voy a prestar, pero prefiero que la promesa la hagas por escrito, negro sobre blanco, para que luego no haya equívocos.* Cuando algo está escrito, no admite discusión. El dicho nos lleva a pensar en un libro o en cualquier documento escrito: evidentemente el negro es la tinta y el blanco es el papel. Relacionado claramente con la expresión está el antiguo adagio latino *verba volant, scripta manent,* 'las palabras vuelan, los escritos permanecen'. V. *Carta canta*||*Las palabras se las lleva el viento*||*Lo que no está escrito*||*Saber de buena tinta.*

Nervios de acero (Nervios templados) [tener] Dominio de la situación. Temple. Tranquilidad, incluso en momentos en los que se esperaría nerviosismo o tensión. *No me esperaba que fuera a estar tan tranquilo durante el parto. La verdad es que demostró tener nervios de acero. Ni siquiera su mujer se lo podía creer.* La persona a quien nos referimos parece tener los nervios «duros», protegidos, acorazados, inmunes a las señales del cerebro, como si fueran de acero, o más aún, de acero templado; también se dice tener los nervios templados. V. *De hierro.*

Ni a la de tres Con esta expresión se señala la enorme dificultad, casi la imposibilidad, de hacer algo. *El coche se ha parado y no arranca ni a la de tres.* En muchos trabajos en los que se necesita el esfuerzo de varias personas es normal que para hacer fuerza se cuente a la vez «a la una, a las dos, a las tres» y en ese mismo momento se aplique la fuerza común. La expresión también puede estar relacionada con algunos deportes, como la lucha grecorromana o el boxeo, en los que se vence cuando se consigue derribar tres veces al contrario. V. *A la tercera va la vencida.*

Ni borracho En absoluto. De ninguna forma. Literalmente, ni aunque, como el borracho, se hubiera perdido el juicio. *¿Que esa paella la has hecho tú? ¡Ni borracho! Si no sabes ni freír un huevo.*

Ni carne ni pescado [no ser] Ni una cosa ni otra. No tener identidad propia una persona o una cosa. *La película quiere ser una mezcla de cine clásico de aventuras y de comedia musical, pero el intento es completamente fallido. Al final se queda en algo que no es ni carne ni pescado.* En Italia se dice ni carne ni pescado, como las ranas. Es posible que el dicho se generara en alguna de aquellas discusiones medievales, tan comunes en la época de Cuaresma, sobre qué era carne y qué era pescado. ¿Cómo se consideraban las ranas que, aun viviendo en el agua, no tenían ni escamas ni espinas? ¿Se podían comer durante el ayuno? Son muchos los relatos que, con distintas versiones, se cuentan a propósito de estos debates. Se dice que unos frailes pidieron al obispo que les aclarara de una vez por todas qué era carne y qué era pescado. El obispo, intentando ser lo más claro posible, les envió un mensaje. «Queridos hermanos: pescado es todo animal que sale del agua. Los demás son carne». Ni cortos ni perezosos los frailes tiraron un cerdo al río, lo dejaron que chapoteara un rato, después lo sacaron y se lo comieron. V. *Ni chicha ni limoná.*

Ni cenamos ni se muere padre (Ni se muere padre ni cenamos) Se usa este dicho cuando se quiere indicar que no se está haciendo ni una cosa ni otra, cuando, por estar pendientes de que se produzca algo, no hacemos lo que deberíamos. *Elige o nos metemos en el cine o nos vamos a casa, porque en la calle a estas horas no hacemos nada, ni cenamos ni se muere padre.* El origen de la frase está en un cuento, seguramente de origen andaluz, en el que un chiquillo pide la cena a su madre. Ésta le suplica que espere, porque su marido está agonizando. Pasan las horas sin que se produzca la muerte del hombre y el chiquillo, con tanta impaciencia como sinceridad, dice: «Madre, ni cenamos ni se muere padre». Gonzalo Correas en su *Vocabulario de refranes y frases proverbiales* (1627) comenta el dicho *todo el año hambre y no se muere padre;* afirma que es propio de Andalucía y que *padre* debe entenderse como 'nadie'.

Ni chicha ni limoná [no ser] Usamos esta locución para indicar que algo es vulgar, que no tiene un carácter definido, que no es ni una cosa ni la contraria. *Yo que tú no me compraría este coche: no es un utilitario, pero tampoco es un coche elegante. A mí me parece que no es ni chicha ni limoná.* El término *chicha* no se refiere aquí a la carne (v. *De chichinabo*), sino a una bebida refrescante bastante habitual en algunos países sudamericanos y que se obtiene fermentando en agua cebada, maíz y piña. Como otro de los refrescos habituales es la *limonada,* de aquellas bebidas cuyo sabor no es ni una cosa ni otra, no son *ni chicha ni limoná.* V. *Ni carne ni pescado.*

Ni corto ni perezoso Súbitamente. Sin pensarlo dos veces. Con decisión. *Cuando le dije a Mónica que la encontraba más gordita, se puso roja y, ni corta ni perezosa, me soltó una bofetada.* En la primera parte del dicho, *Ni corto* funciona en su acepción de 'apocado, miedoso, tímido', es decir la acción se realiza sin miedo; y con *ni perezoso* se alude a la rapidez de acción antes señalada.

Ni de coña En absoluto. De ninguna manera. Ni en broma. *Como sigas sin abrir un libro no vas a aprobar ni de coña.* De nuevo aparecen los genitales femeninos cargados de connotaciones negativas en la lengua coloquial. V. *Dar el coñazo||De coña||Estar de coña.*

Ni Dios (Ni Cristo||Ni san Pedro||Ni Cristo que lo fundó) Absolutamente nadie. *El día que nosotros nos casemos no se va a enterar ni Dios. Os lo diremos dos o tres días después de la boda, ya lo veréis.* La locución, un tanto irreverente, deja bien claro que en ese nadie entran también los que siempre están presentes, los que todo lo ven. La frase *Ni Cristo que lo fundó* se emplea también como una negación rotunda, por lo general para reforzar una negativa precedente. *Como siga portándose así conmigo, el día de su cumpleaños ni cena, ni llamada de teléfono, ni regalo, ni Cristo que lo fundó. Ya verás...* Lo que fundó Cristo fue la Iglesia, por lo que llama la atención el pronombre masculino. Quizá haya que tomar como referente *el catolicismo.*

Ni El Tato Nadie. *Como no hagáis unos carteles para informar a la gente de la reunión no va a ir ni El Tato.* La locución está relacionada con dos expresiones que ya no se usan: *anda y que te mate El Tato,* utilizada como muestra de desprecio o de rechazo hacia alguien; y *no lo mata ni El Tato,* con la que se indicaba la imposibilidad de doblegar o de convencer a alguien. Ambas frases se referían a un torero sevillano, del taurinísimo barrio de San Bernardo, Antonio Sánchez, *el Tato* (1831-1895), famoso por su valentía y por sus dotes de lidiador, capaz de doblegar a cualquier toro.

Ni están todos los que son, ni son todos los que están La frase se emplea para dar a entender que alguien, a juzgar por sus palabras o sus acciones, no está muy bien de la cabeza. Para comprender el significado habría que completar el dicho: «Ni están en el manicomio todos los que son locos, ni son locos todos los que están en el manicomio». Posiblemente el dicho proceda de un refrán o de alguna canción transmitida de forma oral, ya que en una obra teatral de Ramón de Campoamor (1817-1901), *Cuerdos y locos,* uno de los personajes, loco, dice:

«Pues como dice el refrán,
en esta santa mansión,
ni están todos los que son
ni son todos los que están».

Ni flores (No tener ni flores de algo) Nada. De ninguna forma. Se suele usar cuando alguien no hace caso o cuando no se entera de algo. *¿Pero es que* *estás sordo? Llevo media hora llamándote y tú ni flores*. A veces significa 'ni idea'. *Yo lo reconozco: en las asignaturas de letras siempre tuve buenas notas, pero en matemáticas, ni flores.*|*Vamos a tener que avisar al servicio técnico, porque yo de estos aparatos no tengo ni flores*. Casi de forma segura esta *flor* no tiene nada que ver con la del campo, sino con un sencillo juego de cartas, denominado *flor* en el que gana quien reúne antes tres cartas del mismo palo. Quien no tenía ni flores, aparte de perder, no se enteraba de cómo iba el juego o desconocía sus mecanismos básicos. Por cierto, en el argot de los tramposos y jugadores de ventaja hacer flores era, sencillamente, 'hacer trampas', por lo que también la locución podría aplicarse a quien en la partida no se enterara del engaño.

Ni fu ni fa Ni bien ni mal. Se indica con esta expresión indiferencia ante algo. *Ayer fui a ver esa película de la que tanto hablan y ni fu ni fa*. Los términos *fu* y *fa* son expresiones onomatopéyicas. Con la primera, que suele indicar desprecio o rechazo, se trataría de imitar el bufido del gato. La segunda, que sería la que indicaría aceptación, se crea por oposición a la primera. De todas formas, cabe pensar también en un simple juego de palabras (v. *De pe a pa*). V. *Hacer fu, como el gato*.

Ni hablar (del peluquín) Con estas expresiones se muestra desacuerdo o rechazo ante una propuesta o ante la opinión de una persona. *¿Que vayamos a la playa con este frío? Ni hablar.*|*¿Meternos a comer en ese sitio, con el olor a fritanga que sale por la puerta? Ni hablar del peluquín*. La expresión *Ni hablar del peluquín* parece originada en un chiste o chascarrillo, quizá en este caso de alguien a quien se obligara a llevar o a quitarse un peluquín.

Ni pincha ni corta (Ser como la espada de Bernardo, que ni pincha ni corta) Con esta locución se da a entender que alguien no es importante o que no ejerce ningún poder en un determinado lugar. *En esta empresa mandan todos menos el director, que ni pincha ni corta*. Parece ser que la expresión completa era *como la espada de Bernardo, que ni pincha ni corta*. La frase aludiría seguramente a Bernardo del Carpio, legendario caballero leonés, héroe de romances y leyendas que, luchando en la batalla de Roncesvalles (778), golpeó su espada contra una roca y la dejó mocha y sin filo, aunque, prácticamente desarmado, consiguió salir airoso y sobrevivir. La historia parece confirmar que la batalla tuvo lugar entre las tropas de Carlomagno y un ejército de vascones, asturianos y leoneses, aliados probablemente con Marsil, rey moro de Zaragoza. Los poetas la convirtieron en el tema del cantar de gesta más importante de la literatura francesa y uno de los clásicos de la literatura europea medieval, la *Canción de Roldán*. Transformaron lo que seguramente fue una de las muchas escaramuzas entre vecinos mal avenidos en una lucha de la cristiandad contra el invasor musulmán. La historia y la leyenda se funden, como en tantas otras ocasiones, y el personaje vive a caballo entre la una y la otra. Hasta lo que los datos históricos nos permiten conocer, parece que el tal Bernardo o Bernaldo del Carpio, sobrino bastardo del rey asturiano Alfonso II, dirigió, cuando apenas tenía veinte años, un grupo de tropas aliadas, muchas de ellas seguramente mercenarias. Atacó la retaguardia de Carlomagno en el paso de Roncesvalles, en el Pirineo navarro. En la batalla murieron varios nobles francos, entre ellos Roldán, sobrino de Carlomagno. Se dice, aunque esto ya cae del lado de la leyenda, que fue el propio Bernardo quien le dio muerte. Bernardo luchó contra los musulmanes sirviendo a varios reyes leoneses, casi siempre como mercenario, pero también se dedicó al pillaje y al saqueo en las propias tierras cristianas. La leyenda lo convirtió en una especie de ladrón generoso, que robaba a los ricos para dárselo a los pobres. Acabó sus días, según algunos, en Navarra, según otros en Francia, sirviendo generosamente a sus respectivos reyes o mendigando y robando para sobrevivir, según otras versiones. Su figura y sus hazañas sirvieron de inspiración para diversos escritores, desde Alfonso X, *el Sabio* (1221-1284), hasta el mismísimo Félix Lope de Vega y Carpio (1562-1635), pasando por el jesuita Juan de Mariana (1536-1624), que no lo trata precisamente con mucha generosidad en su *Historia de España*.

Ni por asomo (Ni por ensueño/ensoñación||Ni por lo más remoto) En absoluto; ni por casualidad; ni fantaseando. *Ni por asomo podía imaginarme que se fuera a portar así conmigo; nunca me lo hubiera esperado.*|*¿Cómo iba yo a imaginar que me tocaba la lotería? Vamos, ni por ensueño.*| *Ni por lo más remoto podía yo pensar que Carlos se casara algún día, y fíjate, ya va a hacer un año de la boda*. El término *asomo* significa aquí 'sospecha; indicio; pista'; *ensueño* es 'sueño; fantasía' (v. *De ensueño*). La expresión *Ni por lo más remoto* se entiende como 'ni por lo más lejano o extraño'.

Ni por el forro [conocer; mirar; ver] Nada. En absoluto. *Mañana tiene un examen de literatura y no ha visto el libro ni por el forro*. La locución funciona como una negación taxativa e indiscutible. El *forro* es un revestimiento o protección, la parte exterior de un libro u otro objeto, o la interior de una prenda y a través de este significado debemos buscarle sentido a la expresión. Sería algo así como: 'ni por fuera ni por dentro', lo que está más a la vista no y lo que está más oculto tampoco; es decir, en ningún caso. V. *Pasarse algo por el forro*.

Ni por todo el oro del mundo (Ni aunque me lo regalaran||Ni regalado) De ninguna manera. Absoluta y rotundamente no. *Yo no iría a Benidorm en julio ni por todo el oro del mundo.*|*Ese ordenador será modernísimo y todo lo que quieras, pero me parece de lo más incómodo. No lo quiero ni regalado*. Con estas frases alguien se niega de forma rotunda a algo. Literalmente, se afirma que una persona no haría algo ni aunque le pagaran la mayor cantidad de dinero imaginable, es decir, todo el oro del mundo. Ante tal expresión de seguridad en uno mismo es preferible no perder de vista un sabio refrán: *Nunca digas de esta agua no beberé;* hay también otro refrán que ni pintiparado: *A caballo regalado no le mires el diente*.

Ni quito ni pongo rey(, pero/mas **ayudo a mi señor)** La frase, que se usa por lo general en su versión reducida, se emplea cuando alguien desea expresar la necesidad que tiene de ayudar o favorecer a otra persona, sean cuales sean los motivos de la ayuda y las consecuencias posteriores. *Me da igual si es justo o no que Luis sea nombrado director. Es mi amigo y yo voy a votar a favor del nombramiento. Ni quito ni pongo rey, pero ayudo a mi señor.* El origen del dicho se remonta a mediados del siglo XIV, cuando en Castilla luchaban por el trono Pedro I *el Cruel* (también llamado *el Justiciero*) y su hermanastro Enrique de Trastámara (*el Bastardo*). Cuenta la leyenda que las tropas de ambos se encontraron cerca del castillo de Montiel (Ciudad Real). Los dos pretendientes al trono lucharon cuerpo a cuerpo, y cuando Pedro había derribado a Enrique y desenfundaba su espada para matarlo, apareció Bertrand du Guesclin, mercenario francés al servicio del Trastámara, quien, tras pronunciar la frase, sujetó a don Pedro para que su rival pudiera apuñalarlo. Tras el episodio, el bastardo fue proclamado rey con el nombre de Enrique II.

Ni rey ni roque Nadie. Ni unos ni otros. Se usa sobre todo para zanjar algún asunto dando a entender que nadie tiene razón, ni siquiera los más importantes o los que parecían tenerla, para desestimar en un juicio o disputa la opinión de ambas partes. *La mitad de los vecinos quería poner un modelo de antena, la otra mitad, otro y, al final, ni rey ni roque: de momento nos quedamos con la que tenemos.* La frase procede del juego del ajedrez. Se llamaba, y a veces hoy se llama, *roque,* (es decir, *roca*) a la torre. Una de las jugadas defensivas más conocidas del juego es el enroque, que consiste en intercambiar las posiciones del rey y de la torre, para que el primero quede más protegido en un lado del tablero. De esta forma, nadie se ocupará del rey, la pieza fundamental de la partida, ni de la torre y tendrá que buscar otro camino para ganar la partida.

Ni son todos los que están, ni están todos los que son Se usa esta frase para indicar que en un lugar no están las personas o cosas más importantes o las más indicadas para hacer algo. *Los actores no son los mismos que estrenaron la obra. Ha habido bastantes cambios. Ya sabes lo que pasa en estas giras de verano, que ni son todos los que están, ni están todos los que son. A pesar de todo, merece la pena verla.|Bueno, nos faltan bastantes ingredientes para hacer la paella. Ni son todos los que están, ni están todos los que son, pero vamos a intentar que quede buena.* También se emplea para indicar que alguien no está muy bien de la cabeza o que actúa de forma disparatada o absurda. *¿Cómo se te ocurre salir a la calle con esa camisetita y en pantalón corto, con el frío que hace? Ni son todos los que están, ni están todos los que son.* Es decir, ni son realmente locos quienes pensamos que están locos ni están locos todos los que creemos que de verdad lo son.

Ni tanto ni tan calvo (que se le vean los sesos) Empleamos este dicho para asegurar que tan malo es exagerar como quedarse corto, sea en cantidad como en calidad. *Te he dicho que me eches un poco de vino, pero hombre, ni tanto ni tan calvo... Me has echado una gota que no me va a llegar ni a los labios*. Es decir, no es adecuado tener una larga melena, pero tampoco una exagerada calvicie.

Ni un ápice Nada; ni una mínima parte. Ni siquiera un poquito. *Tú exige lo que te corresponde, hasta el último céntimo y no cedas ni un ápice*. El término *ápice* se refiere a la parte superior o a la punta de algo y, por extensión, algo muy pequeño.

Ni un pelo (Un pelo) Nada. *¡Qué calor! No corre ni un pelo de aire*.|*Ese novio que te has echado no me gusta un pelo*. Es frecuente que *pelo*, en la lengua coloquial, se use con el significado de 'poquísimo' o 'muy pequeño', para hablar de una cantidad o de unas dimensiones muy pequeñas. V. *No tener un pelo de tonto*.|*Por los pelos/un pelo*.

No andarse con chiquitas No escatimar medios para conseguir algo. Emplear todo lo necesario, aunque pueda parecer violento o exagerado, para lograr un fin. *Cuando le pregunté qué es lo que quería de regalo, por haber aprobado todo en junio, el tío no se anduvo con chiquitas y me pidió un coche*. A veces se usa con el significado de 'hacer algo a lo grande, con todo lujo'. *Como sólo tenemos diez días de vacaciones no merece la pena que nos andemos con chiquitas, así que nos vamos a Australia*. El término *chiquitas* se refiere a 'menudencias'. Posiblemente, se aplicara a las apuestas muy bajas en los juegos de cartas. Se entendía que era mejor arriesgarse con una apuesta grande, que podía reportar buenos beneficios, que hacer apuestas muy bajas que supondrían ganancias mínimas.

No apearse/bajarse **del burro** Mantener alguien tercamente su opinión. *Eres un cabezota. No te apeas del burro ni aunque estés viendo que no tienes razón. Así te van las cosas*. La frase parece estar relacionada con el antiguo dicho *Puesto en el burro, aunque le den doscientos* que refería el castigo que se daba a algunos reos, a los que se sacaba de los calabozos a lomos de un burro y así se los llevaba al lugar en el que iban a ser azotados. Muchos de estos condenados hacían el recorrido altaneros y desafiantes, con porte caballeresco, como si montaran un elegante corcel, sin importarles que el castigo que les aguardaba fuera tan cruel como recibir doscientos latigazos. V. *Caer del burro*.|*Ir a gusto en el machito*.|*Poner a caer de un burro*.

No arrendarle a alguien la(s) **ganancia**(s) Empleamos esta frase para decir que los resultados de algo que va a emprender una persona no van a ser positivos, hasta el punto de que no querríamos para nosotros los *beneficios* obtenidos con dicha empresa. *O sea, que quieres poner en este barrio una tienda de ropa; pues la verdad es que no te arriendo la ganancia*.

No bajar las aguas tranquilas (Bajar las aguas turbias||Bajar/estar el río revuelto||Remansarse/calmarse las aguas) Haber problemas o una situación de inquietud o nerviosismo en algún lugar. *En el Gobierno últimamente no bajan las aguas tranquilas y parece ser que los desacuerdos entre varios ministros son cada vez más patentes.* Cuando todo vuelve a la calma se dice que las aguas *se remansan* o *se calman*.

No caber algo en cabeza humana (Eso no cabe en cabeza humana) No ser algo comprensible ni lógico. No poder entenderse de ninguna manera un comportamiento o una situación. *¡Cómo se te ocurre tirarte más de tres horas al sol sin darte crema! Eso no cabe en cabeza humana, hombre. ¡Vaya quemaduras que tienes en la espalda!* Literalmente, se indica que la mente humana no está preparada para comprender o asumir algo.

No caber alguien en sí de gozo Estar contentísimo, eufórico. *Cuando le dijeron que le habían dado el trabajo empezó a pegar gritos y saltos como un loco; no cabía en sí de gozo.* La persona a la que nos referimos está tan llena, tan hinchada, de alegría, que no tiene espacio para otra cosa dentro de su cuerpo ni de su espíritu: ni siquiera ella misma cabe dentro de sí.

No caber (ni) **un alfiler** Estar un lugar repleto. *Hay que ver cómo estaba la playa el sábado por la mañana. No cabía un alfiler. Ni siquiera había espacio para extender la toalla.|Tengo la habitación hasta arriba de libros. No cabe un alfiler.* La hipérbole resulta clarísima: hay tanta gente o tantas cosas que no hay espacio ni siquiera para un alfiler.

No caberle a alguien el corazón en el pecho (Salírsele a alguien el corazón del pecho) Ser muy generoso. Tener una gran bondad. El corazón, desde antiguo, se considera lugar de residencia de todas las virtudes, en este caso de la bondad o de la magnanimidad: a más cantidad de virtud, más tamaño de corazón. A veces la frase se usa —al igual que *salírsele a alguien el corazón del pecho*— con el significado de 'estar muy nervioso o inquieto'. *Mientras esperaba los resultados de los análisis estaba nerviosísimo. Parecía que el corazón se me iba a salir del pecho.* (V. *Darle a alguien un vuelco el corazón||A corazón abierto||Con toda el alma||De corazón||En el alma*).

No caer/echar/guardar/meter **en saco roto** Considerar algo, tenerlo presente. Tener en cuenta una opinión. *Los consejos de las personas mayores no deben caer en saco roto porque seguro que en algún momento de nuestra vida nos van a ser muy útiles.* Donde se dice *saco* léase *mente*. V. *Caer/echar en saco roto*.

No caerá esa breva No llegará esa suerte. No alcanzaremos a tener lo que deseamos. *Lo suyo sería que ahora que me he comprado la casa me tocara la lotería, pero no caerá esa breva.* El término *breva* se entiende en la frase como «fruto dulce» y, metafóricamente, como «suceso positivo o agradable». El origen del dicho es desconocido, aunque bien podría haberse originado a partir de uno de los muchos cuentos populares cuyo argumento se centra en robos de higos o brevas, especialmente de los que crecen en los huertos de los curas.

No caérsele a alguien los anillos No avergonzarse por hacer un trabajo o llevar a cabo una acción que parecen muy duros o poco adecuados a la condición social de una persona. Los anillos, en los dedos de reyes, nobles, obispos o cardenales, simbolizan poder, riqueza o dignidad, condiciones que, según la frase, no se pierden por hacer algo teóricamente no compatible con ellas. *La condesa tiene un montón de criados, pero a ella no se le caen los anillos por fregar los platos o por barrer el suelo.*

No casarse con nadie Mantener una persona su propia opinión, sin que le influyan en su comportamiento los juicios de los demás. *Todos le aconsejaban a ese cantante que cambiara de estilo, que hiciera una música más comercial, pero él no se ha casado con nadie y ha acabado triunfando.*

No comerse/jalarse (ni) **una rosca/**un rosco/un colín No conseguir alguien lo que se propone, no tener éxito, especialmente en lo que se refiere a *ligues* o conquistas de carácter más o menos amoroso. *No entiendo cómo tú, con lo guapo y lo simpático que eres y con tanto que vas a las discotecas, no te comes ni una rosca.* No está claro el origen de la locución, pero, puestos a suponer, no sería extraño situarlo en las verbenas madrileñas de zarzuela y sainete, en las que uno de los métodos reconocidos de ligue era invitar a las mozas a roscos, roscas, rosquillas o churros. *Comerse una rosca* sería, pues, sinónimo de haber conseguido el objetivo o, por lo menos, de haber sentado las bases para conseguirlo. El *colín,* término que entra recientemente en la expresión, es una especie de palo de pan, largo y delgado.

No dar abasto Verse superado por el trabajo. *Con este tiempo tan bueno, las terrazas estaban llenas de gente y los camareros no daban abasto.* El término *abasto* significa lo mismo que *abastecimiento,* que se bloquea cuando la acumulación de trabajo es excesiva.

No dar alguien su brazo a torcer No ceder una persona en su empeño o en sus opiniones. *La negociación para conseguir las mejoras salariales están siendo muy duras, porque los sindicatos no dan su brazo a torcer.* La expresión procede del juego de fuerza conocido como *echar un pulso,* en el que dos contendientes, con el codo apoyado en una mesa y las manos entrelazadas tratan de doblar el brazo del contrario. Algunos opinan, no obstante, que el dicho procede de la tortura que consistía en retorcer con cuerdas o tornos el brazo del prisionero cuya confesión se intentaba obtener y que, ante la resistencia y el empeño de éste —de aquí la expresión—, a veces no se conseguía. V. *A brazo partido*||*Echarle a alguien un pulso.*

No dar (ni) **chapa**/golpe (No dar ni clavo/ni un palo al agua||No hincarla) No trabajar. Ser un vago. *El nuevo jefe de proyecto no da chapa y es el mejor considerado.* Las expresiones *dar golpe; dar chapa* y *dar clavo* nos remiten seguramente al mundo de la fragua, del que han salido varias expresiones populares (v. *A hierro y fuego*||*Dar en el clavo...*). La expresión *No dar ni un palo al agua* nos llevaría al lenguaje marinero y habría que interpretarlo como 'no remar'. Por último, *hincarla* seguramente tiene que ver con el trabajo en el campo, con la agricultura: 'no cavar, no hincar la azada, la zapa o la pala en la tierra'.

No dar pie con bola No acertar. Equivocarse continuamente. *Ese actor estuvo fatal el día del estreno; se conoce que estaba nervioso y no dio pie con bola*. Suele remitirse el origen del dicho a algunos antiguos juegos de naipes. Al jugador que echa cartas en último lugar, por oposición al llamado *mano*, que es quien echa primero, se le denomina *pie*. *Bola* era un lance de algunos juegos que consiste en dejar escapar algunas bazas para llevarse otras de más valor, misión que correspondía al *pie*. Si el *pie* no daba con la *bola*, perdía el juego. De todas formas no podemos olvidarnos de una interpretación más simple: no acertar a golpear una pelota con el pie. Para José María Iribarren, así lo recoge en *El porqué de los dichos*, la frase también podría estar relacionada con algunos juegos de bolos (v. *No rascar bola*).

No dar puntadas sin hilo Pensar las cosas bien antes de hacerlas. Antes de coser, evidentemente, hay que enhebrar la aguja. *Fíate de él. Lo que haga o diga será siempre acertado, porque no da puntadas sin hilo*. V. *Dar puntadas gruesas*||*Hilar fino*.

No dar/hacer **una a derechas** No acertar nunca. Equivocarse permanentemente. *Es mejor que me calle y no vuelva a decir nada, porque no doy una a derechas: cada vez que abro la boca meto la pata*. Como siempre *lo derecho* vuelve a identificarse con lo bueno, con lo correcto, frente a *lo izquierdo*: V. *Entrar por el ojo derecho*||*Ir por derecho*||*Levantarse con el pie derecho*||*No hacer nada a derechas*||*Ser el brazo derecho de alguien*||*Ser el ojo derecho*.

No dar una en el clavo No acertar. Equivocarse permanentemente. *Será mejor que el regalo de Paco lo elijáis vosotros, porque yo últimamente con esto de los cumpleaños no doy una en el clavo*. El que intenta clavar un clavo ha de atinar al golpearlo con el martillo. Antiguamente existía un dicho con el que se resaltaba la torpeza de alguien: *dar un golpe en el clavo y cien en la herradura*, que podría estar en el origen de la frase que comentamos. V. *Dar en el clavo*.

No/sin **decir esta boca es mía** No decir absolutamente nada. *Había un montón de periodistas a la entrada del Parlamento, pero, a pesar de que lo acosaron con un montón de preguntas, el primer ministro no dijo esta boca es mía ni al entrar ni al salir.* La expresión sugiere un total secretismo, como si alguien fuera reconocido o castigado por el simple hecho de abrir la boca para hablar.

No/sin **decir ni pío**/ni mu No hablar. *Todos esperábamos que Federico tomara la palabra en la reunión, como había dicho, pero no dijo ni mu; se es-*

tuvo dos horas callado y se fue sin despedirse de nadie. El empleo de onomatopeyas que reproducen sonidos animales —en el caso que nos ocupa el piar del pájaro (v. *Abrir el pico||Cerrar el pico)* y el mugido del toro o de la vaca — es bastante frecuente en la lengua coloquial. V. *Habló el buey y dijo mu||Hacer fu, como el gato||Ni fu ni fa||Sin decir tus ni mus*.

No dejar a alguien ni a sol ni a sombra Estar permanentemente con una persona, sea de día (sol) o de noche (sombra). *Desde que sales con esa chica nunca te hemos visto solo; es que no te deja ni a sol ni a sombra*.

No dejar/quedar **cabos sueltos** No dejar nada pendiente. Tener todo previsto. No fiar nada a la improvisación. *Cuando se va de vacaciones deja todo perfectamente organizado. Cada cual sabe perfectamente lo que tiene que hacer. No le gusta dejar cabos sueltos*. Los cabos son las cuerdas o maromas que se usan en los barcos. Si no hay ninguno suelto está todo perfectamente ordenado a bordo y el barco navega con total seguridad. V. *Atar cabos*.

No dejar/quedar (ni) **clavo en pared** Llevarse todo lo que hay en una casa, literalmente, hasta los clavos que sujetan los cuadros. *No han esperado mucho. El mismo día que la enterraron vinieron todos los sobrinos a casa de la pobre mujer y se llevaron todo lo que había. No dejaron clavo en pared*. V. *No dejar piedra sobre piedra*.

No dejar/quedar **piedra sobre piedra** Destruir por completo un lugar; literalmente, sin dejar ni siquiera las paredes. *Ayer vinieron a verme mis sobrinos y mira cómo ha quedado esta habitación: no han dejado piedra sobre piedra*. La frase aparece en el Nuevo Testamento *(Mateo*, XXIV, 2), cuando Jesucristo advierte a los sacerdotes que el templo será destruido y que de él no quedará *piedra sobre piedra*. V. *No dejar clavo en pared*.

No dejar roso ni velloso (Ni roso ni velloso||Sin dejar roso ni velloso||A roso y velloso) Quedarse o llevárselo todo. Acabar con todo. No dejar nada. *Quítale la bandeja de pasteles de delante, que empieza a comer y no para hasta que no deja roso ni velloso*. La expresión *a roso y velloso* se usa con el significado de 'a todo el mundo; sin excepción'. *No había manera de parar al toro. No dejaba de galopar y atropellaba a roso y velloso. A todo el que le ofrecía un capote se lo llevaba por delante.|Hay que meter publicidad en todos los buzones de la ciudad; la información tiene que llegar a roso y velloso*. Hay dos interpretaciones parecidas sobre el origen de la locución. La primera es la que da Sebastián de Covarrubias en su *Tesoro de la lengua castellana o española* (1611): «*Roso* es lo mesmo que *rojo* y dícese de la fruta que está ya madura y ha tomado su color rojo; ponemos el ejemplo en el melocotón y en el membrillo, porque antes de madurar están cubiertos de vello, y de aquí nació una frase castellana: *no dejar roso ni velloso*, que es llevarse lo maduro y lo que está por madurar; tal es la condición de la muerte, que se lleva niños y viejos» (v. *Estar a las duras y a las maduras)*. Otra interpretación se basa en una de las acepciones de *roso:* 'raído; sin pelo', voz derivada del *rosus* latino, participio de *rodere*, 'roer'; *velloso* sería, por tanto, todo lo contrario, 'que tiene demasiado pelo'. La frase, entonces, se entendería como «A todos: a lo o los que tienen pelo y a lo o los que no lo tienen».

No dejar/quedar **títere con cabeza** Destruir o revolver por completo un lugar o eliminar a las personas que están en él. *El nuevo director no ha dejado títere con cabeza: ha despedido a todas las personas que trabajaban con su antecesor y ha renovado por completo la plantilla.* La expresión seguramente se debe a que era habitual que en los teatrillos de títeres, que hoy llamaríamos *de guiñol* o *de marionetas*, se terminara la función con peleas en las que los muñecos se golpeaban unos a otros hasta acabar sin cabezas, entre el regocijo de los chiquillos. Es también posible que la frase tenga que ver con esos juegos de feria que consisten en descabezar o derribar unos muñecos de trapo lanzándoles unas bolas (v. *Ser un muñeco de feria*|*Tirar el muñeco*). La interpretación menos verosímil es la que nos remite a un conocido episodio de *El Quijote* (cap. XXVI de la Segunda Parte), en el que Don Quijote, tomando como real la función que en él se representa, para vengar la afrenta que se hace al famoso caballero Don Gaiferos, destroza el retablo de Maese Pedro y acuchilla a todos los títeres.

No dolerle prendas a alguien No tener reparos en reconocer un error propio o en alabar una virtud ajena. No escatimar esfuerzos ni gastos para conseguir algo. *Me has ganado justamente la partida y no me duelen prendas en admitirlo.*|*No me duelen prendas en gastarme lo necesario para que la casa quede como yo quiero.* El término *prendas* se refiere a los objetos que uno *paga* cuando pierde en un juego, sean ropa u otra cosa. Literalmente *no doler prendas* significa, por tanto, 'no me importa lo que pago o el esfuerzo que debo hacer', lo que explica el dicho. V. *No soltar prenda.*

No encontrar/aparecer **algo o a alguien ni vivo ni muerto**/ni muerto ni vivo No encontrar, a pesar de haber llevado a cabo una atenta e insistente búsqueda, algo o a alguien en ningún lugar. *Llevo todo el día buscando a Carlos; en el trabajo, en casa, en la cafetería, en el gimnasio, y nada. No lo encuentro ni vivo ni muerto.*|*¿Has visto las tijeras? Llevo un par de días buscándolas y no las encuentro ni vivas ni muertas.* Es curioso ver cómo una expresión que, aplicada a personas, tiene todo el sentido, especialmente si la remitimos a la captura de un delincuente, o las recompensas por ella, se usa hoy aplicada muchas veces a cosas.

No encontrar alguien árbol donde ahorcarse No hallar el lugar adecuado para acomodarse o para hacer algo. *No me digas que, con todo el sitio que hay en la playa, no encuentras árbol donde ahorcarte. Deja de dar vueltas y ponte ahí mismo, a la derecha de esos señores.* Estamos ante otro de los ejemplos de «humor negro» que nos ofrece con frecuencia la lengua coloquial

No es mal sastre el que reconoce el paño Se aplica esta frase a quien de la misma forma que el buen sastre conoce todas las telas, sabe reconocer sus propios errores. *Bueno, por lo menos te das cuenta de que pierdes los nervios con facilidad. No es mal sastre el que reconoce el paño.* V. *Conocer el percal.*

¡No es/era **nada lo del ojo** (y lo llevaba en la mano)**!** Cuando alguien no le da a un hecho negativo, generalmente una lesión, una enfermedad o un incidente, la trascendencia que realmente tiene y dice algo así como «no es nada», o «no importa». En cambio su interlocutor emplea esta frase ponderativa, generalmente sólo en su primera parte, para dar a entender lo contrario, es decir, que el asunto tiene bastante importancia: *Decía que no era nada, que no le dolía, que no nos preocupáramos. ¡No era nada lo del ojo! y lo operaron de urgencia con veinte días de hospitalización.* La frase se suele relacionar frecuentemente con una macabra y delirante anécdota cuyo protagonista fue un famoso torero sevillano, Manuel Domínguez Campos, *Desperdicios* (1816-1886). Según se cuenta, toreando el 1 de junio de 1857 en el Puerto de Santa María (Cádiz), un toro, de nombre —no podía ser otro— «Barrabás», le vació un ojo de una cornada. Hasta aquí la realidad. La leyenda nos dice que él mismo recogió el ojo del albero, lo limpió con el capote y lo llevó en la mano a la enfermería diciendo: «¡No es ná! ¡Lo del ojo no es ná!». Por cierto, el apodo del torero nada tiene que ver con la anécdota. Se debe a que, viéndolo torear cuando era un chiquillo, el gran Pedro Romero (1754-1839), ya retirado, dijo «Este muchacho no tiene desperdicio». La realidad es que el dicho existe desde antes de que naciera *Desperdicios,* pues aparece en la obra *Fray Gerundio de Campazas,* del padre José Francisco de Isla (1703-1781), publicada en 1758, posiblemente haciendo referencia a algún cuento o chascarrillo.

No (es) por el huevo, sino por el fuero Se usa esta frase para indicar que algo se hace para defender la justicia, la razón o el sentido común y no para obtener dinero u otro tipo de beneficios. *A mí no me importa la indemnización que me den, si es que me la dan, he puesto la denuncia porque tengo razón y porque no me gusta que la gente vaya por ahí pisando a los demás. No es por el huevo, sino por el fuero.* Se suelen contar diversas historias e historietas para explicar un dicho cuyo origen parece muchísimo más simple, pero vayamos por partes. Sebastián de Covarrubias en su *Tesoro,* publicado en 1611, afirma que «Impuso un señor a sus vasallos por reconocimiento [el tributo de] un güevo, y ellos pleiteáronlo y gastaron sus haciendas en defenderse, y diciéndoles que cómo por tan poca cosa aventuraba tanto, respondían que no lo hacían por el güevo, sino por el fuero». Se cuenta también un suceso que tuvo lugar en Toledo a principios del siglo XIII, cuando el rey Alfonso VIII impuso a la ciudad un tributo que debía cobrarse en huevos. A esto se opuso don Esteban de Illán, alcaide de la villa. Enterado el rey de esta rebeldía, y más considerando lo exiguo del impuesto, le pidió explicaciones a don Esteban, que le aseguró que Toledo contribuiría al erario real con todas sus riquezas si era necesario, pero cuando los toledanos lo consideraran oportuno, y no cuando les fuera impuesto, como el pago del huevo, pues así lo dictaminaban los privilegios de la ciudad. «Majestad —le dijo al rey—, no es por el huevo sino por el fuero». Una tercera teoría nos lleva también a Toledo, al chascarrillo de un cura que pedía insistentemente un huevo como donativo a sus parroquianas. Desde mi punto de vista todas estas explicaciones nada tienen que ver con el dicho que seguramente en sus orígenes fue *no es por el uebo, sino por el fuero*. El término *uebo*, que aparece generalmente en plural, es una palabra ya en desuso, que apenas aparece como tecnicismo jurídico, que deriva del *opus* latino, 'obligación, necesidad o conveniencia'. Este término se usaba en antiguos textos legales, sobre todo en expresiones como *uebos nos es* que significa 'necesitamos', o *uebos de lidiar* que toma el significado de 'se hace necesaria la lucha, el litigio'. Desde esta interpretación, la frase *no es por el huevo (uebo), sino por el fuero*, deberíamos entenderla como «no es por la necesidad, sino por la ley» lo que coincide plenamente con su significado y con su uso. Como en otros casos, perfectamente explicables en la lengua hablada —la *h* es muda y la *b* y la *v* están tan cerca fonéticamente que se han acabado igualando en su pronunciación—, el *uebo* se convirtió en *huevo*. V. *A huevo*||*¡Manda huevos!*||*Por huevos*.

No está el horno para bollos Usamos esta expresión para dar a entender que no estamos, o que otra persona no está, de humor para admitir bromas o para llevar a cabo algo. *No me tomes el pelo, porque he tenido un día horrible en el trabajo y no está el horno para bollos*. Los bollos eran, originariamente, unos panecillos de harina y azúcar. Por ello, habría que traducir la frase por algo así como «hoy soporto lo habitual (el pan), pero no estoy preparado para lo extraordinario (los bollos)». V. *No está la Magdalena para tafetanes*.

No está hecha/se ha hecho/se hizo **la miel para la boca del asno** Señalamos con esta frase lo inútil de ofrecer exquisiteces u objetos de valor (la miel) a quien no sabe o no puede apreciarlas (el asno). Dicho de otro modo, hay cuestiones a las que sólo se puede llegar si se dispone de un cierto nivel intelectual. *Claro que se aburrió en la ópera. Cómo no se va a aburrir, si es un ceporro. No se ha hecho la miel para la boca del asno*.

No está la Magdalena para tafetanes Se dice cuando alguien se encuentra especialmente irritado o molesto y no está dispuesto a aguantar bromas o a hacer algo extraordinario. *No me vengas con tus chistecitos tontos, que no estoy de humor. Me ha salido fatal el examen y no está la Magdalena para tafetanes*. La frase parece referirse a María Magdalena, la pecadora salvada de la lapidación por Jesucristo (*Lucas*, VII, 35-36), que fue una de las mujeres que acompañaron a la Virgen María al Calvario y lloraron la muerte de su Hijo (v. *Llorar como una Magdalena*). Se cuenta que la Magdalena, tras la muerte y resurrección de Cristo, a modo de arrepentimiento por su vida anterior, vagó por Palestina hasta el final de sus días, sin dejar de llorar, alimentándose de la caridad y llevando ropas de lo más humilde, entre las que, evidentemente, no cabía el tafetán, tela lujosísima de seda que usaban las mujeres de las clases altas en ocasiones especiales. V. *No está el horno para bollos*.

No estar/sentirse **alguien** (muy) **católico** No sentirse muy bien físicamente. Estar destemplado. *Debe de haberme sentado mal algo que comí anoche y esta mañana no estoy muy católico*. En la frase *católico* se identifica desde antiguo no sólo con 'bueno', sino también con 'normal'. Es posible que tenga que ver con las torturas a las que la Inquisición sometía a judíos y falsos conversos hasta que, haciendo un uso muy significativo del verbo *estar*, «estaban» lo suficientemente católicos. Quien *no estaba católico* sería pues el que tenía aún suplicio por delante. No me resisto a citar un chiste del genial humorista gráfico Antonio Fraguas, *Forges*. En él aparece Martín Lutero (1483-1546) en el momento de fundar el protestantismo. Del personaje sale un bocadillo con este texto: «Hoy no me siento muy católico». Lo católico se identifica con lo bueno y con lo normal.

No estar alguien en sus cabales Estar loco. *Con este frío que hace y en manga corta. ¡Tú no estás en tus cabales!* El término *cabal* significa 'ajustado a peso o a medida', en este caso de juicio o de sentido común. V. *A carta cabal*.

No estar alguien para esos/estos/muchos **trotes** Tener pocas fuerzas. Estar cansado, bien a causa de algún esfuerzo previo o por motivo de la edad. *Jugad vosotros al fútbol, que nosotros no estamos para esos trotes y vamos a echar una partidita de cartas*. La frase se refiere al caballo que, debido a su edad, ya no puede trotar, aunque tal vez entrara en la lengua coloquial cargada de connotaciones sexuales: el *trote* sería el acto sexual y el dicho se aplicaría a la persona que, por cansancio o por años, se viera incapacitado para realizarlo.

No estar alguien para fiestas/músicas No tener ganas de diversión. No querer hacer algo. Estar enfadado o cansado. *Mira, de verdad, deja de contar tonterías, que no estoy para fiestas.*|*Haz el favor de hacer lo que te digo sin discutir, que no estoy para fiestas y me puedo cabrear si me llevas la contraria*. El uso del plural en ciertos términos aparece con frecuencia en estructuras coloquiales negativas: *no tengo ganas de dulces; no me vengas con rollos; no tengo tiempo para reuniones*.

No estar por la labor No estar dispuesto a hacer algo. No estar de acuerdo. *Hemos propuesto en la reunión de ayer un plan para instalar una antena parabólica, pero muchos vecinos no están por la labor.* El término *labor* es sinónimo de 'trabajo', por lo que la frase se refería, en sus orígenes, a quien se negaba a hacer un trabajo.

¡No faltaba más! (¡Faltaría más!) Con esta expresión aceptamos o rechazamos algo. Es como decir «claro que sí» o «claro que no». *Claro que me apetece ir a cenar con vosotros ¡No faltaba más!||Por supuesto que no puedes volver a casa después de las doce ¡No faltaba más!*

No fiarse alguien ni de su sombra (Tener alguien miedo hasta de su sombra) Desconfiar de todo el mundo. *Se ha vuelto celosísima. Después de lo que le hizo Carlos no se fía ni de su sombra.* Parece que la frase nace referida a los caballos que se asustan cuando ven su sombra. El historiador griego Plutarco (50?-120?) nos cuenta en su *Vida de Alejandro* que Alejandro Magno (356 a. C.-323 a. C.) consiguió domar a su caballo, Bucéfalo colocándolo de cara al sol para que no viera su propia sombra.

No haber cristiano que... No haber nadie que... *En esta habitación hace un calor terrible. No hay cristiano que lo soporte.* El término *cristiano*, desde antiguos y oscuros tiempos, significa 'persona'. Se consideraba que los que profesaban otra religión, especialmente musulmanes y judíos no eran seres normales, no eran, en suma, personas. V. *Hablar en cristiano.*

No haber/tener/hay **más narices**/más cáscaras/más cojones No haber otro remedio. Ser algo inevitable. *Aunque no estemos de acuerdo hay que hacerlo. Él es el jefe y debemos hacerle caso. No hay más narices.* El término *narices*, como en tantos otros casos, funciona como eufemismo de *cojones*, palabra relacionada con la virilidad, con la fuerza o, como en este caso, con la obligación o la necesidad (v. *Por narices*). La *cáscara* es lo exterior, lo superficial; *no haber más cáscaras* sugiere la necesidad de ir a lo importante, al fondo, a lo interior.

No haber nacido ayer Ser veterano. Tener experiencia. No ser ingenuo. *¿A quién quieres engañar con esa historia? Venga, hombre, que no he nacido ayer.*

No haber roto nunca un plato Aparentar inocencia. *Fíjate en ese niño; ¿a que parece que no ha roto nunca un plato? Pues es un elemento de cuidado.* La frase se aplica, muchas veces de forma irónica, a quien parece no haber cometido ninguna falta, ni siquiera una tan sumamente leve como romper un plato.

No hacer nada a derechas Hacer todo de forma incorrecta o inapropiada. De nuevo lo derecho vuelve a ser, frente a lo izquierdo, lo marcado positivamente. V. *No dar una a derechas.*

No hacerle ascos a nada Conformarse con todo. Aceptar cualquier cosa. La frase, referida en principio a la comida, se aplica a cualquier circunstancia. *A éste le da igual carne que pescado que verduras; no le hace ascos a nada.|Me da igual ir a cualquier película. Elige tú; ya sabes que el cine me encanta y que no le hago ascos a nada.*

No hay color (No tener algo color) Ser una cosa o una persona claramente superior en calidad a otra. *Para mí Quevedo es mucho mejor escritor* *que Góngora. Vamos, no hay color.*|*Entre Francia e Italia, me quedo con Italia. No hay color.* Entre ambas personas u objetos no caben las tonalidades o los matices de color: una es blanca y la otra negra.

No hay dos sin tres Aseguramos con este dicho que tras dos sucesos, negativos o positivos, ha de llegar por fuerza el tercero. *Después de los dos fracasos anteriores, y como no hay dos sin tres, el equipo cosechó ayer su tercera derrota consecutiva.*|*La película ha recibido ya dos premios importantísimos y, como no hay dos sin tres, se espera que en este festival reciba el tercero.* El tres es un número considerado tradicionalmente mágico, cabalístico, cargado de connotaciones esotéricas y simbólico para muchas religiones, entre ellas el cristianismo (la trinidad; las virtudes teologales: fe, esperanza y caridad; las potencias del alma: entendimiento, voluntad y memoria).

No hay mal que por bien no venga Se asegura con esta frase que toda desgracia o hecho negativo encierra algo positivo. *Después del accidente me tiré tres meses en el hospital, pero allí conocí a la que entonces era mi enfermera y hoy es mi mujer. Ya ves, no hay mal que por bien no venga.* El dramaturgo Juan Ruiz de Alarcón (1580-1639) escribió una obra teatral que lleva el mismo título del dicho. Pero, como no todo iba a ser positivo, para calmar el optimismo, la lengua coloquial nos asegura también lo contrario: lo bueno encierra lo malo (v. *No hay rosas sin espinas*). V. *La lanza de Aquiles.*

No hay más cera que la que arde No hay nada más que lo que se ve, lo que se tiene o que lo que se sabe. *De momento, y hasta que la situación económica nos lo permita, no podemos comprar maquinaria nueva, así que tendremos que apañarnos con la que tenemos. No hay más cera que la que arde.* La frase suena a chascarrillo de sacristán en la iglesia o en una procesión.

No hay moros en la costa El dicho que se puede usar también de forma afirmativa, aunque menos (v. *Hay moros en la costa*), se emplea para indicar que no hay peligro, problemas o alguna persona indeseable en un lugar. *Vamos a hacer una fiesta en mi casa porque, como todos los vecinos están de vacaciones, no hay moros en la costa y nadie puede protestar.* La frase se usaba para advertir desde las atalayas a los barcos y a los habitantes del litoral, especialmente del Mediterráneo, en la zona cercana al Estrecho de Gibraltar, de la presencia de piratas berberiscos cerca de la costa.

No hay peor/mejor **cuña que la de la misma madera** Quien nos conoce perfectamente sabe nuestros defectos y nuestros puntos débiles y, por tanto, puede perjudicarnos o vencernos con más facilidad. *Andrés Vázquez, el comercial que estuvo veinte años en nuestra empresa y que el año pasado se pasó a la competencia nos está quitando un montón de ventas. Es bien cierto eso de que no hay peor cuña que la de la misma madera.* Según seamos beneficiados o perjudicados la cuña será buena o mala. Claro está que para calzar o sujetar objetos de madera la cuña más adecuada es la del mismo material: se adapta perfectamente y, desde un punto de vista estético, es más apropiada. V. *Ser de la misma harina*.

No hay pero que valga No se admiten excusas. No se puede aducir ningún impedimento, ninguna disculpa. *Mañana es mi fiesta de cumpleaños y os espero a los dos. Ya tengo reservado en el restaurante y cuento con vosotros. Y no hay pero que valga*. La conjunción adversativa *pero* se transforma aquí en un sustantivo. Lo mismo sucede en la expresión *Poner peros* (v.).

No hay por dónde cogerlo (No tener algo o alguien por dónde cogerlo) Ser algo o alguien incomprensible. *Nos pusieron un problema de física dificilísimo. No había por dónde cogerlo*. Comportarse una persona de forma extraña o inapropiada. *A éste lo mismo le da por contar chistes en un funeral que por ponerse a llorar en una boda. No hay por dónde cogerlo*. Estar algo o alguien en situación muy complicada, prácticamente precaria y sin solución. *La fábrica está prácticamente en situación de quiebra. Yo no sé qué hará el nuevo director, pero eso no hay por dónde cogerlo*. Estar una cosa muy mal hecha y ser, por tanto, inútil. *Los alumnos han presentado algunos trabajos que merecen muy mucho la pena, pero hay otros absolutamente desastrosos que no hay por dónde cogerlos*. La frase nos transmite la idea de que esa cosa o persona no se puede agarrar, de que es imposible de dominar.

No hay quinto malo Este proverbio taurino, hoy extendido en la lengua común para indicar que lo que va en quinto lugar suele ser bueno, se originó cuando no se habían impuesto aún los sorteos de los lotes de toros y del orden de lidia, hecho que sucedió a finales del siglo pasado. Hasta entonces, los ganaderos elegían el orden de lidia y solían echar en quinto lugar al toro que consideraban mejor, para dejar un buen sabor de boca en la gente, que ya en el sexto toro estaba cansada y con ganas de irse. *Éste es el quinto año que estamos juntos y eso de que no hay quinto malo en nuestro caso es una gran verdad*. Algunos opinan que la frase nace en el lance de algunos juegos de cartas conocido como «escalera», que consiste en unir cinco cartas consecutivas del mismo palo. La quinta carta, con la que se supone que el jugador gana la partida o que tenga muchas posibilidades de hacerlo, se denomina «quinto». Evidentemente, no hay ninguno malo. Otros piensan que la frase hay que entenderla como 'no hay recluta malo', pues también, antes de que el servicio militar fuera voluntario, se llamaba *quinto* al joven que había sido sorteado para hacer la mili, el que había «entrado en quintas», o al que se acababa de incorporar a filas. Esta denominación se debe a que en 1752 el rey Felipe V, con la idea de acabar con los privilegios que eximían a las clases altas del servicio militar y con la compraventa de plazas en el ejército, dictó una orden de reclutamiento forzoso por la que en todos los municipios se establecía un sistema que consistía en hacer sobre las listas del censo grupos de cinco mozos. Era, precisamente, el último joven de cada uno de estos grupos, o sea, el *quinto,* el que debía incorporarse a filas. De todas formas, las listas continuaron manipulándose y los ricos siguieron vendiendo su puesto a los pobres.

No hay rosas/rosa **sin espinas** Todo lo bueno, lo positivo o lo favorable encierra en sí algo negativo o perjudicial, igual que la rosa, en toda su belleza, está cargada de espinas. *Estaba claro que su ascenso, tan merecido y que tanta alegría le causó, iba a provocar los celos y la envidia de muchos de sus compañeros, y él contaba con ello. Ya se sabe que en este mundo no hay rosas sin espinas.* Dicho de otro modo, la felicidad siempre exige un tributo. Por el contrario, también se asegura que *No hay mal que por bien no venga* (v.).

No hay tu tía Se usa esta curiosa locución para indicar que algo no tiene remedio. *Voy a tener que ponerle el motor nuevo al coche, porque he cambiado un montón de piezas y no hay tu tía, sigue sin funcionar bien.* La expresión es una deformación de *no hay atutía* o *tutía.* La *atutía* o *tutía* era un antiguo remedio de origen árabe *(al-tutiya)* para curar las enfermedades de los ojos, un ungüento que se elaboraba con el polvo de óxido de cinc que se adhería a las chimeneas de los hornos, donde se fundían metales para fabricar el latón, a veces mezclado con antimonio. Posteriormente la *atutía* pasó a utilizarse para todo tipo de enfermedades dermatológicas y como una especie de remedio universal que servía para todo. Cuando alguien entraba en una botica buscando un remedio que ésta no tenía, o cuando la enfermedad parecía no tener remedio se le decía «no hay atutía», o «no hay tutía».

No irle a alguien a la zaga No ser alguien o algo inferior a otra persona o cosa. Ser dos personas o cosas muy parejas en algo, hasta el punto de estar prácticamente igualadas. *Pedro tiene un mal genio impresionante, pero su hermana Lucía no le va a la zaga.|Este coche es uno de los más seguros del mercado, aunque este otro no le va a la zaga.* El dicho, literalmente, nos dice que la persona o cosa no va detrás de otra. *Zaga,* palabra procedente del árabe *sâqa,* 'retaguardia', es la parte trasera de una cosa, en especial la de un ejército o la de un grupo de personas. Se usa mucho para referirse a la defensa en ciertos deportes de equipo.

No levantar cabeza Estar hundido, física y/o moralmente. Estar deprimido, muy triste, sin capacidad de reacción. *Lo está pasando muy mal y no sabemos cómo echarle una mano. Desde que murió su padre no levanta cabeza.* Levantar la cabeza es señal de orgullo, de resistencia, de recuperación. El hecho de bajarla nos lleva a pensar en la sumisión, la humillación, la derrota. V. *Bajar la cabeza||Agachar las orejas||Levantar cabeza||Pasar por las horcas caudinas||Tener la frente alta.*

No librarle/salvarle/valerle **a alguien ni la bula de Meco** (La bula de Meco) [ser; dar] No haber perdón posible. *Falseaba datos de las dietas y lo han pillado. Se había llevado un montón de dinero haciendo creer que viajaba mucho más lejos. Seguro que lo despiden. A ése no le libra ni la bula de Meco.* Meco es un pueblo de la provincia de Madrid, muy cercano a Alcalá de Henares, tristemente famoso por la cárcel de máxima seguridad ubicada en su término municipal. En 1487 el papa Inocencio VIII, considerando las dificultades que existían para que el pescado fresco llegara al centro de la Península y en agradecimiento por los servicios prestados a la Santa Sede por Íñigo López de Mendoza y Quiñones (1440-1515), nieto del Marqués de Santillana, segundo conde de Tendilla y primer marqués de Mondéjar, concedió una bula (v. *Tener bula)* a los habitantes de esta localidad y de otras de las diócesis de Cuenca y Toledo, que estaban bajo el señorío del poderoso Mendoza. Por esta bula, ciertamente extraordinaria, se les permitía comer huevos y productos lácteos los viernes y otros días de ayuno, excepto en Cuaresma. V. *No librarle a alguien ni la paz ni la caridad.*

No librarle/salvarle/valerle **a alguien ni la paz ni la caridad** (No levantarle algo a alguien ni la paz ni la caridad) Ser inevitable el castigo o seguras las consecuencias negativas. No haber perdón posible. *Bueno, iré a hablar con el profesor, pero me parece a mí que el suspenso no me lo levanta ni la paz ni la caridad.*|*Pues si ibas a ciento cuarenta y te han hecho la foto, la multa no te la levanta ni la paz ni la caridad.* Los hermanos de la Cofradía de la Paz y la Caridad —fundada como Archicofradía de la Caridad por la reina María de Aragón, primera esposa del rey Juan II de Castilla (1405-1454)—, aparte de dar sepultura a los que no tenían dinero para un entierro digno, se ocupaban de acompañar, confortar y asistir a los condenados a muerte desde el momento en que, el día anterior al cumplimiento de la sentencia, entraban en capilla (v. *Estar en capilla*) hasta que se consumaba la ejecución. La cofradía, y de aquí viene el dicho, tenía el privilegio de que si al quedar suspendido el reo en la horca la soga se rompía o se desataba y un hermano lo tocaba o lo cubría con su capa antes de que lo recogiera el verdugo, al condenado se le conmutaba la pena de muerte por la de galeras, trabajos forzados o cadena perpetua en algún presidio de la costa norteafricana, según los casos. Esto, especialmente cuando los condenados eran pudientes, daba pie a numerosos sobornos para conseguir que el verdugo no asegurara bien la soga, la cortara en parte o le echara algún ácido u otra sustancia corrosiva. Tantos fueron los casos de reos salvados por la Paz y la Caridad a causa de estas prácticas, que se dictó una ley por la que se obligaba a que todas las cuerdas que se emplearan en los ahorcamientos se forraran de piel, lo que solucionó el problema sólo en parte. V. *No librarle a alguien ni la bula de Meco.*

No llegar a pájaros nuevos Con esta frase se anticipa el hecho de que alguien va a morir en breve plazo de tiempo, literalmente, de que no va a llegar a la siguiente primavera, época en la que los pájaros vuelven a anidar. *Me parece a mí que, como no se le cure esta tos, el abuelete no llega a pájaros nuevos.*

No llegar la sangre al río No ser una riña o una pelea tan dura ni tan violenta como en un principio se creía. No ser un asunto de tanta gravedad como parecía. *Después del partido algunos jugadores de los dos equipos empezaron a pelearse, pero al final reinó la paz y la sangre no llegó al río.*|*La bolsa comenzó la jornada con un fuerte descenso, pero poco a poco se fue recuperando y al final de la sesión no llegó la sangre al río.* Era habitual que en la Antigüedad muchas batallas se celebraran cerca de los ríos, por el simple hecho de que éstos suponían una primera defensa de las ciudades. Como la ciudad solía estar enclavada en una zona alta, era lógico, pues, que la sangre de los muertos y heridos corriera hacia el río.

No llegarle a alguien (ni) **a la suela de los zapatos**/del zapato (No llegarle a alguien ni a los talones/zancajos) Expresión hiperbólica con la que se indica que una persona no está a la altura moral ni intelectual de otra. *Deja que te critique. Todos sabemos que él no te llega ni a la suela de los zapatos.* Coloquialmente, se llama *zancajo* al hueso del talón y, por extensión, al agujero que se hace a los calcetines o las medias en esa zona. V. *No ser alguien digno de atarle los cordones de los zapatos a otro*||*Roerle a alguien los zancajos.*

No llegarle a alguien la camisa al cuerpo (Estar alguien que no le llega la camisa al cuerpo) Estar muy asustado por algo que puede suceder. *Mañana tengo un examen y estoy que no me llega la camisa al cuerpo.* Cuando alguien tiene mucho miedo, se encoge, de forma que una camisa que llevara encima le quedaría bailando, o sea, no llegaría a estar en contacto con la piel.

No llevarse algo ni en el mango de los paraguas Estar una cosa muy pasada de moda. *Pero dónde vas con esos pantalones de campana que no se llevan ya ni en el mango de los paraguas.* Antiguamente los mangos de paraguas y sombrillas, como hoy los de los bastones, estaban labrados con motivos donde cabían toda clase de temas, hasta los más extraños que pudieran imaginarse. Algo que ni siquiera pudiera verse tallado en uno de estos mangos sería una cosa ciertamente estrafalaria.

No morir alguien de cornada de burro Se dice de quien es tan sumamente prudente o precavido que huye de cualquier situación mínimamente comprometida, del más pequeño atisbo de peligro o de un riesgo que no existe. Sería alguien que, según el dicho, hasta sería capaz de pensar, que un dócil borrico podría cornearlo. *En cuanto estornuda, va al médico; en el coche, siempre está por debajo del límite de velocidad; no come pescado por si se atraganta con una espina; en cuanto baja un pelo la temperatura, saca el abrigo... Ese no va a morir de cornada de burro.* Si no han cambiado mucho desde la última vez que vi uno, los burros no tienen cuernos y las burras tampoco. De todas formas, cuenta José María Iribarren, en su imprescindible obra *El porqué de los dichos,* la pintoresca explicación o teoría de dos escritores y viajeros, o viceversa. El primero en exponerla es el valenciano Antonio Ponz (1725-1792), que dice en su monumental *Viaje de España* —obra en 18 volúmenes publicada entre 1722 y 1794—, en un capítulo dedicado a Toledo: «Hay recuas de borricos que continuamente acarrean esta agua con cántaros en unas angarillas de madera, en las cuales sobresalen hacia delante ciertos palos que suplen muy bien por una cornada con el que va descuidado por la estrechez de las callejas; y de ahí viene lo de *corrada de borrico*». Años más tarde, el aventurero madrileño, amigo de Pío Baroja, Ciro Bayo (1859-1939), en su *Lazarillo español. Guía de vagos en tierras de España por un peregrino industrioso (1911),* seguramente recogiendo las palabras de Ponz, dice que en tierras de El Toboso (Ciudad Real) los burros que transportan el agua a las casas «llevan dos cántaros en un aparejo que por delante termina en dos afiladas puntas, como testuz de toro, o, si se quiere, como horca en ristre, por donde acontece que en las calles más estrechas dan un encontronazo asesino al viandante que viene distraído. Llaman a este lance *cornada de burro*, la más infamante de todas, como puede suponerse».

No mover (ni) **un dedo** No hacer absolutamente nada. No actuar para conseguir algo o para favorecer a alguien. *Me revienta que ella se tire las tardes enteras barriendo, planchando, lavando y que él no mueva un dedo.|Te aseguro que Rosa ha conseguido su plaza limpiamente, porque se lo ha merecido y que su padre, pese a tener el puesto y el prestigio que tiene, no ha movido un dedo para favorecerla*. Quien así actúa no hace, según el dicho, ni el «supremo» esfuerzo de mover un dedo.

No oírse (ni) **el vuelo de una mosca** (Poderse oír el vuelo de una mosca) Haber un gran silencio en un lugar. *Yo no sé qué tiene ese profesor, pero en sus clases todos los alumnos están en absoluto silencio: no se oye el vuelo de una mosca*. La frase también se usa, con el mismo significado, en forma afirmativa.

No oler bien algo (No olerle algo bien a alguien||Oler algo a podrido) Sospechar de algo. Prever las consecuencias negativas de un hecho. *Ese cambio de actitud de Manolo, esa repentina amabilidad no me huele bien. Seguro que está tramando algo*. El olor nos permite adivinar, sin verlo, las sensaciones que nos puede causar algo o alguien. Si es desagradable, está claro que no esperamos nada positivo, que nos predisponemos negativamente. Parece clara la alusión a los animales que, como el perro de caza, usan su olfato para seguir una pista o para localizar a una presa, por muy distante que se encuentre. V. *Darle a alguien algo en la nariz*.

No pararse/detenerse **en barras** No detenerse ante ningún impedimento u obstáculo para conseguir un fin. *Este juez no se para en barras y si ha decidido llegar hasta el fondo de los hechos, lo hará, pase lo que pase y caiga quien caiga. Sin pararse en barras* es, por tanto, 'sin reparos, inconscientemente, sin tener en cuenta consecuencias negativas o inconvenientes'. *Ha triunfado en Europa, pero no se para en barras y con su último disco quiere conquistar el mercado americano.|Como hace todo a lo loco, sin pararse en* *barras pidió el crédito sin echar bien las cuentas y, claro, ahora el banco lo está ahogando*. Las *barras* son aquí las *barreras*, las *vallas*.

No pararse/detenerse/reparar **en mientes** No detenerse en los posibles obstáculos para lograr un fin. No pararse a pensar los posibles riesgos de alguna empresa. Hacer algo de forma irreflexiva. *Mientes* es forma antigua de *mente*. *Quería comprar y reformar una casa antigua y no ha parado en mientes. Le han dado igual los problemas burocráticos y el montón de dinero que se ha gastado. Al final, como todo lo que se propone, lo ha conseguido*. Raras veces se emplea la expresión en forma positiva, *pararse en mientes*, 'considerar; reflexionar'. *Antes de hacer esa locura, párate en mientes e intenta ver las consecuencias que puede tener.*

No pegar ni con cola No combinar o no ser compatible una cosa con otra. Ser dos acciones incompatibles o inconsecuentes. *Ese bolso no pega ni con cola con esos zapatos.|Esa sencillez y transparencia que tanto predica no pega ni con cola con esa vida de lujo y despilfarro que lleva*. Se utilizan aquí dos acepciones del verbo *pegar:* 'unir, juntar' y 'combinar'. La segunda acepción es la que nos sirve, aunque la aparición de *cola*, 'pegamento', se desprende de la primera, dando lugar a un juego de palabras muy propio de la lengua coloquial.

No pegar ojo No dormir. *Estoy hecho polvo. La niña se ha tirado llorando toda la noche y no he pegado ojo*.

No perder comba (Sin perder comba||Perder comba) No perder ninguna oportunidad. No dejar pasar una ocasión favorable. *En este trabajo tienes que estar permanentemente actualizado. No puedes perder comba porque la competencia es muy fuerte*. La *comba* es un juego infantil que consiste en saltar por encima de una cuerda o *comba* —así llamada por la forma curva o combada que toma al moverse— que, impulsada en cada uno de sus extremos por una persona, se balancea de un lado a otro. Los participantes van entrando en la comba por turnos y saltan intentando no equivocarse, no tropezarse, en suma, no perder comba. El juego suele acompañarse de canciones. A veces, como hacen los boxeadores, salta a la comba la misma persona que la maneja, pasándola también por encima de su cabeza. Se usa también, aunque menos, en forma afirmativa. *Empezó muy bien la carrera pero poco a poco fue perdiendo comba y al final la acabó dejando*.

No perder(se) **ripio** (Sin perder ripio) Estar plenamente atento a lo que sucede, a lo que otros hacen o dicen. No perder detalle. *Es mejor que salgamos fuera a hablar, porque Ana y Paco no pierden ripio de lo que decimos. Desde que hemos entrado aquí no han dejado de mirarnos*. La frase seguramente se origina en los ripios o rimas fáciles de los antiguos juglares, que iban de pueblo en pueblo recitando, muchas veces con acompañamiento musical, las hazañas de los héroes, por lo general fragmentos desgajados de los «cantares de gesta». Posteriormente llegaron los denominados «romances de ciego», donde, acompañados de dibujos y con gestos, entonaciones y ripios efectistas, los ciegos —normalmente fingidos—relataban leyendas y hechos fantásticos o sucesos sangrientos. Evidentemente las rimas debían ser sonoras y un tanto chuscas, ripiosas, por un doble motivo: facilitar la memorización del rapsoda y la comprensión y el efecto humorístico de quien escuchaba (v. *Quedarse con la copla*). Por el mismo motivo, los recitados solían hacerse en versos octosílabos, los más naturales para la secuencia enunciativa de nuestro idioma. Ripio significaba y significa aún en la jerga de los albañiles 'cascajo, escombro que sirve para rellenar huecos', de ahí pasó, aproximadamente a finales del siglo XVI, a referirse a las palabras inútiles, un tanto ridículas, rebuscadas y superfluas con las que se intenta completar la rima de un poema y, por extensión, a los versos de mala calidad.

No perderle la cara a algo No perder la compostura ante un asunto complicado. Mostrar valentía o arrojo. *La enfermedad no es grave, pero no le puedes perder la cara en ningún momento y debes vigilarla muy de cerca para evitar que se complique*. Quien ve los problemas de frente, quien los mira a la cara evita que le cojan desprevenido y no los deja pasar para verles la espalda; tiene así muchas más posibilidades de solucionarlos. V. *Dar la cara*.

No pintar nada No tener importancia o no poder hacer nada una persona en un lugar. *En esa casa sólo cuenta la opinión del padre. Los demás no pintan nada.*|*Estuvimos hasta las dos en la fiesta, pero después nos fuimos porque allí ya no pintábamos nada*. Seguramente este verbo *pintar* se refiere al *pinte* de algunos juegos de cartas, es decir, al palo llamado *triunfo*, que es el que, elegido al azar por el jugador que reparte, tiene más valor que los demás. V. *El más pintado*||*Pintar bastos*||*Tener buena (mala) pinta*.

No poder alguien con su cuerpo/con su alma/con los pantalones/con los calzoncillos/con los cojones/con los huevos Estar una persona muy cansada, físicamente agotada, hasta el punto de que el propio cuerpo, el alma, las prendas más necesarias o las partes del cuerpo más imprescindibles se convierten en pesada carga. *Me he tirado dos días cambiando de sitio todos los muebles de la casa. Estoy que no puedo con mi cuerpo*.

No quedar/dejar **piedra por remover** (Buscar hasta debajo de las piedras) Poner todos los medios para conseguir algo. *He hablado con todo el mundo, hasta con el mismísimo alcalde para conseguir la licencia. Te aseguro que no me ha quedado piedra por remover.* Buscar en todas partes. *No sé dónde estará ese libro. Lo he buscado hasta debajo de las piedras y no lo he encontrado*. Las frases nos llevan a pensar en quien, en su intento de alcanzar o de buscar algo, retira todos los obstáculos, hasta los más grandes o pesados.

No querer cuentas con alguien No querer tratos o relaciones con una persona. *Después de la que me preparó el año pasado, no me fío ni un pelo de Mariano. No quiero cuentas con él*. El término *cuentas*, en plural, significa 'asuntos o negocios entre dos o más personas'.

No querer/poder **ver a alguien ni en pintura** Aborrecer a una persona. No querer relacionarse con ella. No querer verla, interpretando literalmente el dicho, ni siquiera en un retrato, en un cuadro. *Creo que no me merecía ese trato. Me ha hecho mucho daño y, de verdad, no quiero verla ni en pintura.* V. *El más pintado*||*Que ni pintado*.

No quieres caldo, toma dos/tres **tazas** Se le dice a quien se ve obligado u obliga a otro a hacer lo que le desagrada o a aceptar aquello de lo que reniega. Se usa también cuando a alguien le sucede precisamente lo que no deseaba. *Ayer te dije que no me gusta la carne tan hecha, y hoy, otra vez el filete como una suela: no quieres caldo, toma dos tazas*. La frase está relacionada con un antiguo refrán: *Al que no quiere caldo, la taza llena (o taza y media)*. No olvidemos que antiguamente el caldo, más que un manjar, era una medicina, una especie de mejunje propio de enfermos o un alimento de pobres. V. *La sopa boba*.

No rascar bola No tener éxito. No sacar provecho de una situación. *Llevo un montón de días saliendo a cazar tempranísimo y todavía no he rascado bola: ni una sola pieza*. El término *rascar* significa 'coger' en el lenguaje del juego y *bola* es una baza que, en algunos juegos, tiene más valor que las demás. Si el jugador *no rasca bola* tendrá muchas posibilidades de perder. V. *No dar pie con bola*||*No tener nada que rascar.*

No saber a qué carta quedarse No saber decidirse por una cosa o por otra. *Me gusta tanto el vestido rojo como el azul. No sé a qué carta quedarme*. Es una expresión que procede de algunos juegos de naipes en los que hay que *robar* cartas del mazo y descartarse de otras.

No saber alguien por dónde se anda Estar una persona completamente desorientada, despistada, perdida a la hora de hacer algo, igual que si en algún lugar hubiera perdido el sentido de la orientación. *Lleva ya dos meses trabajando aquí, pero le cuesta mucho trabajo adaptarse y todavía no sabe por dónde se anda*.

No saber de la misa la media/mitad No saber prácticamente nada de un asunto. *Tú te crees que lo sabes todo de mi vida, pero en realidad no sabes de la misa la media*. La frase, que habría que recomponer como «saber sólo media misa», es más que posible que aluda a aquellos clérigos sin carrera, tan denostados durante los siglos XVII y XVIII, que trataban de decir en latín macarrónico una misa aprendida de memoria sin tener ni idea del significado de sus palabras. Éstos, grandes aficionados a la buena vida y a la mesa surtida, eran llamados despectivamente clérigos *de misa y olla*.

No saber hacer la «o» con un canuto Ser un inútil. Ser un ignorante. No saber hacer nada, ni siquiera algo tan simple como la letra o utilizando como guía algo redondo, como un canuto. Bastaría con ponerlo sobre el papel y pasar el lápiz alrededor o sobre la marca que dejara. *Lo han colocado aquí porque es pariente del jefe, pero es un pedazo de borrego. No sabe hacer la* *o con un canuto. Ni siquiera es capaz de pegar bien los sellos en las cartas.* Los venecianos dicen «no saber hacer la o con el culo del vaso».

No saber ni jota Ser muy ignorante en algo. *De química, lo que quieras, pero de física no sé ni jota.* La *jota* de nuestra lengua procede, en su nombre, de la *iota* griega, y ésta, a su vez, de la *iod* de algunas lenguas semíticas, como el hebreo y el caldeo. Esta *iod* es la letra más pequeña y de trazo más sencillo, trazo que aparece en muchas más letras, de forma que quien no sabe hacer la *iod* no está capacitado para trazar ninguna de las restantes letras, o sea, es prácticamente analfabeto. V. *Sin faltar una coma/una jota.*

No saber/entender/tener **ni papa**/ni patata (Ni papa) No saber nada. Ser un completo ignorante en alguna materia. *En física y matemáticas no estoy mal, pero en química no sé ni papa.* La expresión *ni papa* se usa como un adverbio, con el significado de 'absolutamente nada'. *Con esta niebla no veo ni papa.* Nada parecen tener que ver aquí las papas o patatas. La frase seguramente nació referida a quien no sabía hablar ni leer, a quien se comparaba con el niño que, en sus primeros balbuceos, apenas era capaz de pronunciar una de las sílabas más fáciles, la que resulta, simplemente, de juntar y separar los labios: «pa», «pa».

No saber/entender **ni torta** (No ver ni torta) No saber nada. *Yo hablo un poco de francés, pero no sé ni torta de inglés.* Seguramente la expresión tiene que ver con la italiana *fare la parola torta,* 'hacer la palabra torcida' o sea, 'decir algo mal'. Por tanto, quien no sabe algo, ni siquiera mal, demuestra claramente su total ignorancia. La aparición del verbo *ver,* con lo que la expresión pasa a significar 'no ver nada, no ver ni bien ni mal', seguramente se debe a alguno de los frecuentes cruces de significado que se producen en la lengua hablada.

No saber por dónde van/vienen **los tiros** (Enterarse de/saber/ver por dónde van/vienen los tiros) Mostrar desconocimiento sobre algo. Mostrarse confuso, liado. No saber cuáles son las intenciones de alguien. *Yo pensé que la conferencia iba de historia medieval, pero llevamos ya media hora y todavía no sé por dónde vienen los tiros.*| *¿Se puede saber por qué te ríes y pones esa cara?, porque no me estoy enterando de por dónde vienen los tiros.* La frase procede del lenguaje militar. Se aplicaba el soldado bisoño que, en plena batalla, en medio de la confusión, no sabía protegerse del fuego enemigo porque no acertaba a adivinar de dónde venía. *Por dónde van los tiros* significa 'cómo discurre la situación; cómo van las cosas'.

No sacar nada en limpio/en claro No obtener una conclusión o un resultado positivo. *Me he leído un montón de libros para hacer ese trabajo, pero no he sacado nada en limpio de ninguno.* Seguramente el dicho alude a las labores de aventar el trigo para separar el grano (lo limpio) de la paja. V. *Limpio de polvo y paja.*

No se ganó Zamora en una hora Con esta frase indicamos a alguien que ha de tener paciencia para llevar a cabo alguna acción que, por lo general, requiere bastante tiempo. *¿Acabas de empezar las prácticas y ya quieres examinarte del carné de conducir? Ten paciencia, hombre, que no se ganó Zamora en una hora*. La locución alude al asedio al que en 1072 sometió a la ciudad el rey Sancho II de Castilla, que pretendía arrebatársela a su hermana doña Urraca, a quien le había sido entregada al morir por su padre, Fernando I (v. *Al buen callar llaman Sancho*). Los zamoranos resistieron heroicamente, el rey Sancho fue asesinado tras la traición de Vellido Dolfos y doña Urraca terminó poniendo la ciudad en manos de su otro hermano, sucesor de Sancho, Alfonso VI. De este episodio arranca el *Cantar de Mio Cid*. V. *Roma no se hizo en un día*.

No sentir/no darle a alguien **ni frío ni calor** No importarle algo a una persona. Producirle indiferencia. Como en otros casos, los sentimientos se trasladan al plano de las sensaciones. *Antes tengo que confesarte que me comían los celos cuando la veía con otro, pero ahora no siento ni frío ni calor*. Tal vez la frase esté relacionada con un pasaje del *Apocalipsis* de san Juan (III, 15-16): «Sé que tú no eres ni caliente ni frío. ¡Si por lo menos fueses frío o caliente! Y como eres templado, ni frío ni caliente, así mi boca te vomite».

No ser algo de recibo Ser un comportamiento, un dicho o un hecho inadecuado o inaceptable. *Hombre, bien está que vayas un poco más informal, pero presentarse con esa pinta a una boda no es de recibo*. Quizá este *recibo* no sea el 'resguardo firmado en el que se declara haber recibido algo'. Tal vez haya que entenderlo como «recibimiento», acepción hoy en desuso. De esta forma, el dicho se usaría en sus orígenes para indicar que una persona no estaba vestida o un lugar preparado de forma adecuada para recibir a los invitados. El diccionario académico, de hecho, recoge como galicismo la expresión *estar de recibo*, 'estar una persona, y especialmente una señora, adornada y dispuesta para recibir visitas'. Esta frase y la que comentamos bien pudieron haber aparecido en nuestra lengua a causa de la influencia que en las costumbres y en el propio idioma tuvieron los usos de la corte francesa en varios periodos de nuestra historia. V. *Despedirse a la francesa*.

No ser algo o alguien muy allá Ser mediocre. Ser poco interesante o de poca calidad. *Pues a pesar de que haya batido todos los récords de ventas, la novela no es muy allá. No te la recomiendo*. La persona o cosa en cuestión apenas llega al límite de lo aceptable o tolerable, no va más allá.

No ser alguien de piedra Mostrar sensibilidad o interés hacia algo. *Pues claro que se me ha escapado alguna lagrimita durante la película. No soy de piedra*. La expresión se usa mucho referida a la incitación sexual. *Claro, van por ahí prácticamente sin ropa, con esos cuerpazos bronceados y, la verdad, uno no es de piedra*. ¿Hay algo más desinteresado y menos sensible que una piedra? V. *Quedarse de piedra*.

No ser alguien digno de atarle los cordones de los zapatos a otro Ser muy inferior a otro. No tener alguien las cualidades físicas, morales o intelectuales de otra persona con la que se le compara. *Se ha comparado muchas veces la pintura de este artista con la de Picasso, pero, de verdad, no es digno de atarle los cordones de los zapatos al genial malagueño.* La frase aparece, con una ligera variante, en el Evangelio: «Él [Juan el Bautista] predicaba diciendo: Tras de mí viene Otro más fuerte y mejor que yo ante el cual ni siquiera soy digno de postrarme para desatarle los cordones de sus zapatos» (*Marcos*, I, 7 y *Lucas*, III, 16). V. *No llegarle a alguien a la suela de los zapatos*

No ser grano de anís/mostaza Tener una cosa más importancia de la que se le atribuye. *Me han tocado cien mil pesetas a la lotería; no es mucho, pero tampoco es grano de anís.* El grano de anís, como el de mostaza, son diminutos y se emplean como elementos proverbiales de comparación para hacer referencia a lo más pequeño.

No ser la guerra de alguien (Eso es otra guerra||Ser algo de otra guerra) No ser un asunto de la incumbencia de una persona. *Sí, es mi hijo, pero él tiene su propia vida y su propio negocio, y yo no debo meterme en sus asuntos. No es mi guerra.*

No ser manco (Tampoco es manco||Que no es manco) Ser bueno, interesante. Tener calidad o habilidad. Se aplica tanto a cosas como a personas y suele usarse cuando se establecen comparaciones. *El primer disco de este grupo era bueno, pero este tampoco es manco.*|*No cabe duda de que Velázquez es un pintor genial, pero hay que reconocer que Ribera no es manco.* El dicho se originó aplicado a los ladrones, los que mostraban gran habilidad para robar bolsas y bolsillos. Evidentemente, no les faltaba ningún brazo.

No ser moco de pavo Se emplea esta locución para resaltar la importancia o la calidad de algo a lo que en principio no se le da mucha consideración. *No me he comprado el último modelo de ordenador porque era muy caro. Me he comprado este otro, que es más antiguo, pero que no es moco de pavo.* La locución procede de la lengua de los pícaros y maleantes de siglos pasados. En esta jerga, el *moco* era el trozo de cadena que quedaba en el bolsillo del *pavo*, o sea, del incauto, de la víctima, tras haberle sido robado el reloj y que recordaba al apéndice carnoso y colgante que esta ave tiene sobre el pico, denominado también *moco*. El *moco del pavo* era, por tanto, algo de escaso valor. Algunos autores aportan otro origen, bastante poco probable, relacionando la expresión con una planta amarantácea de nula utilidad, ni siquiera como ornamento, la *Celosia cristata*, denominada popularmente *moco de pavo* por su forma y su color, similares a los del *moco* del ave. También hay quien no va tan lejos e identifica la frase con la inutilidad —no es comestible— y fealdad del citado apéndice del pavo.

No ser nada/cosa **del otro jueves**/del otro mundo No ser una cosa tan importante o tan extraña como parece. *Como suele suceder, mucha publicidad, muchas presentaciones y al final la novela no es nada del otro jueves.*

La aparición del *otro jueves* como elemento ponderativo de calidad o de importancia podríamos identificarla con tres señalados días festivos del calendario católico, de cuya importancia da fe, incluso, el refranero: *tres jueves hay en el año que relucen más que el sol: Jueves Santo, Corpus Christi y Jueves de la Ascensión*. Algo que no es *del otro jueves,* no debe de ser, por tanto, tenido en mucha consideración o estima. V. *Estar en medio, como el jueves*.

No ser óbice No ser obstáculo, traba o impedimento. *Ya sé que te duele la cabeza, pero eso no es óbice para ir a la reunión, que es muy importante*. El término *óbice* es un cultismo que procede del término latino *obex —obice(m)* en acusativo—, 'cerrojo; candado; barrera'.

No ser para/como para **tirar**/echar/lanzar **cohetes** (No estar alguien para tirar/echar/lanzar cohetes) No ser algo motivo de alegría. No ser un asunto tan bueno o beneficioso como parece. *Sí, has pasado el examen, pero con un aprobadillo ramplón, así que la cosa no es para tirar cohetes*. Uno de los más tradicionales modos de mostrar fiesta y alegría es, por supuesto, lanzar cohetes o petardos. A veces la expresión *no estar para tirar cohetes* se usa con connotaciones sexuales, referida al hombre, con la consiguiente asociación metafórica de *cohete* con el 'miembro viril'. *Mucho presumir por ahí, mucho dárselas de donjuán, pero la verdad es que ya no está para tirar cohetes*. V. *Ser de traca*.

No ser plato de gusto Ser desagradable o incómodo un asunto que nos afecta o una acción que por fuerza debemos llevar a cabo, como la comida que, pese a su aspecto o su sabor, nos vemos obligados a ingerir. *Ya sé que es mejor este trabajo que nada, pero reconoce que no es plato de gusto levantarse todos los días a las cinco de la mañana y volver a casa a las doce de la noche*.

No ser puñalada de pícaro (Ser puñalada de pícaro||No ser cuchillada de cien reales) No ser una cosa urgente ni que necesite precipitación ni atención inmediata. *Al salir a la calle me he torcido el tobillo, pero imagino que se me pasará caminando, creo que no es puñalada de pícaro.|El coche hace un ruido extraño al acelerar. Mañana lo voy a llevar al taller. Seguramente no es puñalada de pícaro, pero prefiero hacerlo, así salgo de viaje mucho más tranquilo*. La expresión se usa también, aunque mucho menos, en forma afirmativa, cuando se trata de un asunto grave, de cuidado, que debe solucionarse rápidamente. *No es normal que la pared se haya resquebrajado de esta forma. Esto es puñalada de pícaro y deberíamos llamar cuanto antes al arquitecto*. Una de las formas de subsistencia que tenían los pícaros y maleantes de los siglos XVI y XVII era la de ejercer de asesinos a sueldo. Las puñaladas que daban estos expertos matones por encargo —muchas de ellas, las que podríamos denominar estándar, tenían la tarifa fija de cien reales— solían ser *traperas* (v. *Puñalada trapera*), o sea, dadas muy cerca de la víctima, certeras y a traición, por lo que requerían que el herido fuera atendido inmediatamente. En la novela ejemplar de Miguel de Cervantes (1547-1616) *Rinconete y Cortadillo* leemos que Monipodio, instructor de pícaros (v. *El patio de Monipodio*), lleva un diario en cuya primera página se lee: «Memoria de las cuchilladas que se han de dar esta semana. La primera al mercader de la encrucijada: vale cincuenta escudos. Están recibidos treinta a buena cuenta. Secutor (ejecutor), Chiquiznaque». A esta lista sigue la «Memoria de palos».

No ser santo de la devoción de alguien No gustarle algo a una persona o no tener simpatía a alguien. Mostrar desagrado o desconfianza hacia una persona. *Yo prefiero los coches europeos. Los japoneses no son santo de mi devoción.*|*No he ido a la exposición porque ese pintor no es santo de mi devoción*. Es habitual que cada comunidad o cada persona tenga un santo o un grupo de santos a los que profesa especial fe o devoción, hecho que provoca que otros santos sean, si no despreciados, sí «desatendidos».

No ser/parecer **trigo limpio** No ser una persona tan buena, leal o intachable en su comportamiento como aparenta, o un asunto tan legal o transparente como se preveía. *Yo no dejaría que Ángela tomara mucha confianza con nosotros. Me parece que no es trigo limpio.*|*Yo creo que esos negocios en los que dicen que se gana tanto dinero en tan poco tiempo no son trigo limpio*. La frase, lógicamente, se refiere al trigo una vez recolectado que, pese a que lo que más veamos sea el grano limpio, debe ser trillado, aventado antes de ser transportado al molino.

No ser un camino de rosas Ser un asunto trabajoso, más complicado de lo que parece. *Sí, ahora estamos fenomenal y el negocio va viento en popa, pero no vayas a creerte que esto ha sido un camino de rosas. Ni mucho menos*. Antiguamente, para honrar a los vencedores (v. *Costar un triunfo*) o en celebraciones paganas y religiosas se arrojaban al suelo o desde las casas pétalos de rosas —la flor considerada más bella y exquisita— y de otras flores. En muchos casos —se hace aún hoy en muchos lugares de España, sobre todo en las fiestas del Corpus Christi— se alfombraban las calles de flores. La tradición de arrojar pétalos se mantiene hoy, complementada con el lanzamiento del arroz, en las bodas. Puede usarse, aunque tiene menos rendimiento en forma afirmativa. V. *Como una rosa*||*Ser un camino de rosas*||*Verlo todo de color de rosa*.

No ser un gran qué No valer mucho una cosa o una persona. No ser de mucha calidad. Ser mediocre. *La película no es un gran qué. Pasas el rato sin más.*|*Su hermano fue un estupendo torero, pero él no fue un gran qué*. Es decir, del objeto, asunto o persona en cuestión no podemos decir *¡qué bonito!, ¡qué interesante! ¡qué útil!...*

No sólo de pan vive el hombre Se certifica con esta frase que debemos buscar la variedad, que la reiteración acaba aburriendo, no sólo en asuntos gastronómicos. *¿Pero es que lo único que lees son esas novelonas de amor?*

Cambia un poco y lee otra cosa; algo de aventuras, alguna novela distinta, que no sólo de pan vive el hombre. La frase aparece en el Evangelio (*Lucas*, IV, 1-13). Cristo, retirado durante cuarenta días al desierto para ayunar y meditar, recibe y rechaza tres veces las tentaciones de Satanás «No tentarás al Señor, tu Dios», le responde la primera vez. La segunda, «Vete, Satanás, porque escrito está: al Señor, tu Dios, adorarás y sólo a Él servirás», y la tercera, cuando el demonio le ofrece pan para saciar su hambre, «No sólo de pan vive el hombre, sino de toda palabra que sale de la boca de Dios». V. *Donde Cristo dio las tres voces*.

No soltar prenda No decir alguien algo que conoce. Guardar un secreto. *Le he preguntado un montón de veces y de mil maneras diferentes si por fin se casa, pero no ha soltado prenda*. El dicho alude a los juegos en los que el perdedor *paga* su derrota con una prenda, ya sea ropa u otro objeto. Puede emplearse la frase en forma afirmativa, aunque es bastante menos frecuente. V. *No dolerle prendas a alguien*.

¡No te amuela! (¡No te fastidia/giba/jode!||¡Nos ha amola(d)o/fastidia(d)o/giba(d)o/jodi(d)o/merenga(d)o!) Son todas estas expresiones de rechazo, molestia, enfado, sorpresa o desagrado ante algo. *Después de que me hace comprar el traje más caro que había en la tienda ahora va y me dice, después de dos meses, que no se lo vuelve a poner porque le queda estrecho ¡No te amuela!||El tío destroza el ascensor haciendo la mudanza y ahora pretende que pague la reparación la comunidad. ¡No te fastidia!* Los términos *amolar, fastidiar, gibar* y *joder* significan coloquialmente 'molestar; importunar'. *Amolar* es, en su primera acepción, 'afilar o sacar punta a un arma o instrumento cortante'. Si le sacamos filo o punta a una persona bien podemos suponer qué sucede. Quizá como eufemismo de *joder* (v. *Joder la marrana||¡Nos jodió mayo!*), pero también considerando la molestia que supone llevar una joroba, se crea el verbo *jorobar* y, a imagen de éste, *gibar: giba* y *joroba* son sinónimos. *Merengar* es batir leche con azúcar, canela y claras de huevo. Parece claro el uso puramente irónico en la expresión *¡Nos ha merenga(d)o!*

No tener abuela Ser alguien poco modesto en sus autoalabanzas. *Siempre estás diciendo que eres el mejor en todo, que eres el más guapo, que nunca te equivocas... Parece que no tienes abuela*. La explicación de la locución podría obedecer al hecho de que las alabanzas anteriormente mencionadas suelen destinarse siempre a las abuelas. Quien no tiene abuela se ve obligado a alabarse a sí mismo. V. *Cuéntaselo a Rita/a tu abuela...*

No tener algo/alguien **ninguna**/mucha **ciencia** (Tener algo/alguien poca ciencia) Ser algo muy sencillo de hacer o de entender. *Montar estas estanterías no tiene ninguna ciencia. Esto te lo hago yo en cinco minutos*. Aplicada a personas, la expresión *no tener mucha ciencia* significa 'tener pocos conocimientos; ser inculto' (v. *Tener pocas luces*). *El pobre hombre no tiene mucha ciencia pero hace decentemente su trabajo y cuida bien de la casa*. El término *ciencia* se usa en el primer ejemplo en su acepción de 'habilidad; maestría' y en el segundo en la de 'cultura; saber'.

No tener algo nombre (¡Esto/eso no tiene nombre!|¡Aquello no tuvo nombre!) Ser una acción absolutamente criticable, terrible, plenamente negativa. Es decir, el hecho en cuestión es tan sumamente extraño y terrible que no hay palabra en el diccionario que lo designe. *Lo que nos hizo ese individuo no tiene nombre. Se aprovechó de nuestra buena voluntad y nos engañó*

No tener arte/ni arte **ni parte** No estar implicado, directa *(arte)*, ni indirectamente *(parte)*, en un asunto. *Todos creen que esos dos han roto sus relaciones por culpa de la madre de él, pero yo te aseguro que esa mujer no ha tenido ni arte ni parte en el asunto*. La frase parece una fórmula de juramento que, aunque seguramente es más antigua, aparece ya en relación a la declaración que, tras la muerte del rey Sancho II de Castilla a causa de la traición de Vellido Dolfos en 1072 (v. *No se ganó Zamora en una hora*), tomó a varios caballeros, entre ellos Rodrigo Díaz de Vivar, el rey Alfonso VI, obligándoles a jurar no tener «ni arte ni parte» en dicha traición, es decir, que ni la habían tramado ni habían participado en ella.

No tener donde caerse muerto Ser alguien extremadamente pobre. *Fíjate, llegó a tener muchísimo dinero y ahora no tiene donde caerse muerto*. La hipérbole nos lleva a tal punto de pobreza que el aludido no tiene siquiera una cama donde morir, última y legítima aspiración de cualquier ser humano.

No tener dos dedos de frente No tener sentido común. Ser muy torpe. *¿Pero cómo se te ocurre meter el dedo en el enchufe? Es que no tienes dos dedos de frente*. En este caso, como en otros, los *dos dedos* —colocados horizontalmente— se emplean como una especie de unidad de medida *(Faltan dos dedos para que la puerta roce en la pared*.| *Échame dos dedos de güisqui)*. Antiguamente se pensaba que la inteligencia dependía de la configuración de la frente, hasta el punto de pensarse que todos los que tenían la frente clara, despejada, sin pelo, eran sabios o estaban muy cerca de tal estatus y aquellos a los que el pelo les llegaba casi hasta las cejas eran malvados, torpes o ignorantes. Por otra parte, a lo largo de la historia de la medicina y de la psicología muchos han sido los que han pretendido establecer correspondencias entre la configuración del cráneo y las características intelectuales o los rasgos de la personalidad. Entre éstos, quizá el más famoso sea el médico alemán Franz Joseph Gall (1758-1828), creador de la frenología, una hipótesis fisiológica según la cual las facultades psíquicas se localizan en determinadas regiones del cerebro y pueden ser analizadas mediante un simple examen externo del cráneo.

No tener empacho en algo No cohibirse a la hora de decir o de hacer alguna cosa. *Si vosotros queréis disfrazar la realidad tendréis vuestras razones, pero yo no tengo empacho en decir las cosas como son: aquello no fue un error, fue un timo*. Empacho, indigestión, se usa en el sentido de 'vergüenza; remilgo', una especie de «indigestión moral». Un refrán, que asegura que resulta más sencillo decir las cosas problemáticas por escrito que a viva voz, nos dice que *El papel escrito no tiene empacho*.

No tener/haber **nada que rascar** (No tener/haber donde rascar) No haber nada que hacer. No producir algo ningún beneficio. No sacar partido. *La fiesta está ya prácticamente acabada y aquí no hay nada que rascar. Será mejor que nos vayamos a casa*. Antiguamente, especialmente en Francia, mucha gente se dedicaba a limar los bordes de las monedas de oro y plata. Obtenían así, a fuerza de «rascar» una gran cantidad de ellas, algunos beneficios. Eran éstos los llamados en francés *rogneurs*, 'cortadores', posible origen del término español *roñoso* en su acepción de 'tacaño'. Fue esto lo que llevó a hacer dibujos o canales en el canto de las monedas para que, literalmente, no hubiera *nada que rascar*. Ésta podía ser una de las explicaciones de los orígenes de la frase. El otro es el que la relaciona con *No rascar bola* (v.). *Rascar* es en el lenguaje de los naipes 'coger' y *bola* es una baza que, en algunos juegos, tiene más valor que otras. El jugador que *no rasca bola* tiene muchas posibilidades de perder. V. *No dar pie con bola*.

No tener ni gorda (Quedarse/estar sin gorda) No tener nada de dinero. *Paga tú el cine, porque me he dejado el monedero en casa y no tengo ni gorda*. La frase se refiere a las monedas de diez céntimos, llamadas *perras gordas*, en oposición a las de cinco, que eran las *perras chicas*. El curioso nombre surgió de la ironía popular, pues en dichas monedas, acuñadas en 1870, figuraba el relieve de un león rampante, bastante poco logrado, al que la gente rápidamente bautizó como *perro* y posteriormente, para mayor desdoro, como *perra*. V. *Estar sin blanca*||*Jugarse algo a cara o cruz*||*No tener un duro*||*Pa' ti la perra gorda*.

No tener ni para/pa' **pipas** No tener dinero. *Déjame algo, que he salido sin la cartera y no tengo ni para pipas*. Estas pipas son las tradicionales y consumidísimas semillas de girasol, un producto no precisamente muy caro.

No tener ni pies ni cabeza No tener una cosa sentido ni orden. Ser incomprensible. *Así que os queréis ir de vacaciones a Sevilla en agosto... Eso no tiene ni pies ni cabeza*. El término *cabeza* significa 'origen o causa'; *pies*, es 'fin, consecuencia'. Algo que no tiene explicación ni por delante *(cabeza)* ni por detrás *(pies)* puede ser justamente calificado de absurdo. Por otra parte, alguien que no tuviera pies ni cabeza o algo que no tuviera lógica (cabeza) ni base (pies) sería, simplemente, monstruoso.

No tener/no quedarle a alguien **ni una gota de sangre en las venas**/en el cuerpo Estar aterrorizado. Sentir mucho miedo. *La película es realmente terrorífica. Cuando salí del cine no tenía ni una gota de sangre en las venas*. Quien sufre un gran susto o un fuerte impacto emocional, palidece, se queda frío e inmóvil, como si no circulara la sangre por sus venas. V. *Helársele a alguien la sangre*||*Hervirle a alguien la sangre*.

No tener oficio ni beneficio (Ni oficio ni beneficio||Sin oficio ni beneficio) Ser un vago. No tener trabajo ni patrimonio. *Ella es médico pero él no tiene oficio ni beneficio.* Seguramente *beneficio* no se refiere aquí a los emolumentos obtenidos por el trabajo, sino a las prebendas o riquezas concedidas a algunos cargos eclesiásticos que disfrutaban de una serie de privilegios como la exención de impuestos y la obtención de diezmos (la décima parte de las cosechas).

No tener pelos en la lengua No tener impedimentos ni obstáculos para hablar claramente, para decir las cosas tal y como se piensan. *A buen seguro la entrevista con el presidente va a ser interesante, porque el periodista que se la va a hacer no tiene pelos en la lengua.* Si tuviéramos la lengua peluda, la claridad en la expresión sería mucho más difícil, ¿o no?

No tener precio Ser algo o alguien muy valioso, extraordinario, tanto que no se puede valorar, que no se le puede poner precio. Se puede usar con sentido positivo o negativo. *Desde la ventana se ve un paisaje increíble, es algo que no tiene precio.|Es el tío más tonto que conozco. De verdad, su estupidez no tiene precio.*

No tener un duro (No tener ni/no llevar/estar sin/un duro/un real/un ochavo/un chavo/un clavel) No tener dinero. *Dicen que no tiene un duro y se han tirado un mes de vacaciones en un apartamento de la costa, a todo tren. Yo, de verdad, a la gente no la entiendo.* La pieza de cinco pesetas se llama —se llamaba— *duro* en recuerdo del *peso duro,* nombre que se daba en el siglo XVI al *real de a ocho,* que valía ocho reales de plata vieja, identificado después con la moneda de cinco pesetas. Se diferenciaba así del simple *peso,* moneda de peor calidad en la aleación y, por tanto, menos «dura». El real era una moneda de plata que valía treinta y cuatro maravedíes y que posteriormente pasó a identificarse con los veinticinco céntimos de peseta. El *ochavo,* denominado coloquialmente *chavo,* que se acuñó hasta mediados del siglo XIX, era una moneda de cobre que valía dos maravedíes, un octavo —de aquí el nombre— de onza. V. *Faltar el canto de un duro||Estar sin blanca||No tener ni gorda||No valer un duro.*

No tener (ni) **un pase** (No tener ni un pase) No ser algo explicable ni comprensible. Ser increíble o falso. *La versión que ha dado de los hechos no tiene un pase. Está clarísimo que miente.* No ser aceptable la conducta o la actitud de una persona. *Es mejor que no hagas caso de lo que dice, porque es un bocazas que se cree muy listo y en realidad no tiene un pase.* En el lenguaje taurino se dice que no tiene un pase el toro que es imposible de torear, el que renuncia a embestir a los engaños. El torero, por lo tanto, se limita a trastearlo y a matarlo.

No tener (ni) **un pelo de tonto** Ser muy listo. *Parece que no se entera, pero, créeme, ten cuidado con lo que dices estando él delante, porque no tiene un pelo de tonto.* El término *pelo* es usado muchas veces en la lengua coloquial como elemento de medida para indicar una cantidad o una distancia escasísimas (v. *Ni un pelo*|*Por los pelos/un pelo*): *He aprobado por los pelos.*|*No me he dado con la esquina por un pelo.*|*Dame un pelín de cerveza.*|*Ese tío no me gusta ni un pelo.* En este caso, la expresión nos indica que la persona aludida ni siquiera posee la cantidad de *tontuna* correspondiente, en peso o en tamaño, a un pelo.

No tener/haber **vuelta de hoja** Estar algo absolutamente claro, sin que quepa otra interpretación o explicación. *Si quieres evitar el tráfico de estos días tienes que viajar de noche; eso no tiene vuelta de hoja.* Interpretando la locución nos imaginamos a quien llega al final de la lectura de una página y mecánicamente le da la vuelta para buscar la continuación de la lectura. En este caso la cara posterior de la página, que es la última, está en blanco, es decir, no es necesario añadir nada a lo que ya se ha dicho. V. *Pasar página.*

No tenerlas alguien todas consigo No estar completamente seguro del éxito. Sospechar que puede suceder algo negativo. Tener un cierto temor hacia algo. *Sí, es verdad que estoy preparado y que he estudiado mucho para el examen, pero no las tengo todas conmigo.* La expresión, como tantas otras de la lengua coloquial, procede del mundo del juego y se refiere al hecho de no tener en la mano todas las cartas necesarias para ganar la partida. V. *Llevar las de ganar.*

No tocar (ningún) pito Ser alguien muy poco importante. Tener poca influencia en algún asunto. *Él presume de ser muy importante dentro de su partido, pero la realidad es que no toca ningún pito y nadie lo tiene en cuenta a la hora de tomar decisiones.* El *pito* es un sencillo instrumento de viento, una especie de silbato que antiguamente se hacía con una simple caña hueca (v. *Importarle algo a alguien un bledo/un pito*). Quien dentro de una orquesta, real o metafórica, no toca ni siquiera un pito, no merece ninguna consideración, no tiene importancia alguna.

No tocarle a alguien (ni) **un pelo** (de la ropa) No hacerle el más mínimo daño físico a alguien. *Les robaron todo lo que llevaban encima pero no les tocaron un pelo de la ropa.* Muchas veces se usa en sentido figurado, con el significado de 'respetar a una persona'. *Es un político de reconocido prestigio. Nadie, sea de la tendencia que sea, se atreve a tocarle un pelo de la ropa.* Se asegura en la frase que a la persona en cuestión ni siquiera se le rozará una fibra de sus vestidos.

No todos los días son fiesta (Todos los días no son fiesta) Usamos esta frase para expresar resignación ante un hecho negativo o para dar a entender que la suerte no siempre nos es favorable. *Después de llevar cinco partidos ganando, hemos ido a perder contra el peor equipo... Qué le vamos a hacer. No todos los días son fiesta.* Es sabido que antiguamente, costumbre que en parte se mantiene hoy, los domingos y festivos la gente se vestía con sus mejores galas, con «el traje de los domingos» —a veces la ropa festiva era una sencilla camisa limpia—, y llevaba a cabo actividades que suponían gastos extraordinarios —una comida especial, por ejemplo— y que no se hacían los días laborables.

No toserle a alguien (¡No me toses!) No atreverse a hacer frente, a desafiar o a competir con alguien. No discutir las decisiones o la forma de actuar de una persona. *Todos tienen un respeto casi reverencial por el jefe. No le tose nadie y se cumple a rajatabla todo lo que dice.* A veces, para llamar la atención de nuestro interlocutor o para mostrar desacuerdo o incomodidad con sus opiniones fingimos la tos. Quizá en esta acción esté el origen de la frase

No tragar algo (No tragar con algo/a alguien) No aceptar un hecho. *El suspenso es totalmente injusto y no lo trago. Mañana mismo me presento a hablar con el profesor.* No soportar a una persona. Sentir antipatía por alguien. *Lo siento, pero no puedo estar con tu prima. No la trago, es superior a mis fuerzas...* El verbo *tragar* se emplea con frecuencia con el significado de 'soportar, sufrir' (v. *Cantarle a alguien el trágala*||*Pasar un mal trago*| *Tener tragaderas*||*Tragar sapos y culebras*). En un grado más de odio o de desprecio hacia alguien se habla de *Tener atravesado algo* o *a alguien* mientras se hace pinza en la garganta con los dedos pulgar e índice.

No valer/servir **para ayudar a misa** Se dice esto a quien constantemente está recordándonos lo que tenemos que hacer, por muy evidente que parezca. *Ya sé que antes de batir los huevos tengo que freír las patatas y echarles sal. Sé cómo se hace una tortilla, no hace falta que me lo digas, que no vales para ayudar a misa.* Evidentemente, el monaguillo que ayuda a misa no ha de decirle al cura, que se supone conoce la ceremonia a la perfección, lo que tiene que hacer o que decir.

No valer un duro (No dar un duro por algo o por alguien) Valer muy poco. Ser algo o alguien poco importante, de escasa calidad. *Pues la película será muy famosa pero no vale un duro.*|*A ese torero lo han encumbrado las revistas del corazón, pero no vale un duro.* La pieza de cinco pesetas se llama —se llamaba— *duro* en recuerdo del *peso duro*, nombre que se daba en el siglo XVI al real de a ocho. V. *No tener un duro*.

No venir a cuento No tener una cosa relación con lo que se está hablando o diciendo o no ser adecuada a la situación. *Cuento*, por tanto, funciona aquí en su significado de 'relato, narración'. *No sé por qué no te callas en vez de decir siempre tonterías que no vienen a cuento.*

No ver alguien más allá de sus/las **narices** Más que en el sentido físico de 'ver sólo a muy corta distancia', literalmente, a la que marca la punta de la nariz, se suele emplear esta expresión en sentido figurado para referirse a alguien de corto entendimiento, a la ingenuidad de una persona que es incapaz de deducir o de interpretar a partir de lo que ve. *¿No te das cuenta de que ese chico se está aprovechando de ti aunque diga que es muy amigo tuyo? ¿Es que no ves más allá de tus narices?*

No ver tres en un burro Ver muy poco. *Voy a tener que ir a graduarme la vista porque de un tiempo a esta parte no veo tres en un burro*. Hiperbólicamente, se asegura en el dicho que la persona es incapaz de ver a tres personas a lomos de un burro.

No vérsele/verle **a alguien el pelo** Estar ausente. No aparecer durante mucho tiempo una persona en un lugar. *Antes venía todas las tardes a tomar café pero de un tiempo a esta parte no se le ve el pelo*.

Nobleza obliga Empleamos esta locución para indicar que, pese a que sea humillante y cueste trabajo, es noble reconocer los fracasos propios o los éxitos ajenos. *A pesar de que la derrota fue claramente injusta e inmerecida, los jugadores del equipo perdedor felicitaron a sus rivales; nobleza obliga*. La frase se suele atribuir al escritor francés François Gaston de Lévis, duque de Lévis (1764-1830), que así la recoge *(Noblesse oblige)* en sus *Máximas y reflexiones* (1808), aunque seguramente se inspiró en una afirmación del autor latino Boecio (480-526), que aparece en el libro III de su obra magna, *De consolatione philosophiae:* «Si algo de bueno hay en la nobleza es, a mi manera de ver, que llega a los descendientes para que aprendan a no desmerecer de lo que fueron sus mayores».

¡Nos jodió/ha jodido **mayo!** (¡Nos jodió/ha jodido mayo con/por no llover/llegar a tiempo!) Expresión de rechazo, desacuerdo o fastidio. *Justo cuando más lo necesito se me estropea el coche. ¡Nos jodió mayo!* Se usa mucho cuando alguien dice algo que es obvio o que no es muy apropiado para el momento. *Pues claro que por esta carretera no puedes ir a tanta velocidad ¡Nos jodió mayo!* La frase está relacionada con ese matrimonio entre la agricultura y la meteorología tan fructífero en la lengua coloquial. Si en mayo, mes tradicionalmente lluvioso, las lluvias son escasas, las cosechas no serán muy buenas. V. *¡No te amuela!/¡No te jode!*

¡Nos van a dar las uvas! (Darle a alguien las uvas) Se usa esta frase para indicar que algo se demora en exceso o para apremiar a alguien para que haga algo. *Las dos y esto va todavía por la mitad. ¡Nos van a dar las uvas!*||*Venga, termina ya de comer, que nos van a dar las uvas*. El dicho, que podríamos interpretar como 'vamos a llegar a fin de año', se refiere a la costumbre de comer las uvas en Nochevieja, tradición relativamente reciente en nuestro país. En 1909 se produjo una gran cosecha de uva moscatel. Para dar salida a los excedentes, a los cosecheros se les ocurrió la idea de introducirlas como producto navideño y de que se consumieran la noche de fin de año acompañando a las doce campanadas. Habían nacido las llamadas «uvas de la suerte».

Nunca más perro al molino Se asegura con esta frase que no se volverá a hacer algo que ha resultado perjudicial, que se ha sufrido un escarmiento. *Ya he subido una vez con Felipe en la moto y no he pasado más miedo en mi vida, te garantizo que no vuelvo a montar; nunca más perro al molino*. Se señala como origen del dicho un antiguo cuentecillo: un perro rondaba todos los días por un molino para robarle la comida al molinero. Un día el molinero lo sorprendió y le dio una buena paliza. Por supuesto, el chucho no volvió al molino.

Nunca segundas partes fueron buenas (Segundas partes nunca fueron buenas) El dicho nos dice que no se debe insistir en lo que ha tenido éxito, repetir lo que ha salido bien, ni continuar por el mismo camino. *Con lo buena que era la primera parte, no entiendo cómo se les ha ocurrido hacer una segunda. Qué gran verdad es esa de que nunca segundas partes fueron buenas.* La frase, bastante antigua, ya aparece citada en el capítulo cuarto de la segunda parte de *El Quijote* (1615) —una de las pocas excepciones al dicho—, cuando, en una ingeniosa e irónica pirueta, Cervantes (1547-1616), que la estaba redactando en aquel momento, pone en boca del bachiller Sansón Carrasco unos comentarios a propósito de la publicación de la segunda entrega de la novela: «Y, por ventura —dijo Don Quijote—, ¿promete el Autor segunda parte? Sí promete —respondió Sansón—, pero dice que no ha hallado, ni sabe quién la tiene, y así estamos en duda si saldrá o no, y así por esto como porque algunos dicen: *nunca segundas partes fueron buenas*, y otros: *de las cosas de Don Quijote bastan las escritas, se duda que no va a haber segunda parte;* aunque algunos que son más joviales que saturninos dicen: *vengan más quijotadas, embista Don Quijote y hable Sancho Panza, y sea lo que fuere, que con eso nos contentamos*».

O

Obras son amores Es decir, lo que realmente cuenta son las acciones las obras, no las palabras. *A mí no me prometas nada, compórtate como debes y demuéstrame lo que me tienes que demostrar, que obras son amores.* La expresión es la primera parte de un refrán: *obras son amores, que no buenas razones,* citado, entre otros, por Lope de Vega (1562-1635) en *La Dorotea* (1632) y por Baltasar Gracián (1601-1658) en *El Criticón* (1651).

¡Oído al parche! (¡Ojo al parche!) Es una expresión con la que se pide a alguien que preste atención y escuche. *Voy a nombrar a los que han sido admitidos, así que ¡oído al parche!* La expresión parece tener un origen militar, pues con ella se pedía a los soldados que prestaran atención a las órdenes transmitidas por el tambor, llamado también *parche,* o también para que presten atención al redoble, que sirve para marcar el paso. Este tambor podría también ser el que a veces sonaba, para llamar la atención de la gente, antes de que el pregonero echara su pregón. A veces se produce un cruce de significados y se dice *¡Ojo al parche!,* dado que, por sí sola, la interjección *¡Ojo!* ya significa '¡Atención!'. En este caso, se supone que el *parche* es el pedazo de tela o de cuero con el que se cubría el ojo herido o enfermo, ese que tanto hemos visto en las películas de piratas.

Oír campanas y no saber dónde (suenan) Conocer algo de forma vaga e imprecisa. *Paco no ha tenido un accidente: se le ha estropeado el coche en mitad de la carretera. Como siempre, has oído campanas y no sabes dónde* Las campanas, ya se sabe, eran el único medio de que antaño se disponía para transmitir noticias o advertir del peligro a los habitantes de un pueblo o ciudad. V. *Dar la campanada*||*Darle a alguien un toque*||*Lanzar las campanas al vuelo*||*Parece que te llaman con campana.*

Oír, ver y callar Se pide con esta frase discreción, pues se trata más que nada de una advertencia: que no se opine sobre lo que se oiga o se vea. *Ya sabemos que esos dos andan siempre como el perro y el gato, pero tú no te metas en sus asuntos: oír, ver y callar.* Dos refranes dan fe de lo necesario que es actuar de esta manera: *Oír, ver y callar son cosas de gran preciar; Oír, ver y callar para en paz estar.* Otro certifica lo difícil de llevar a cabo este ejercicio de discreción: *Oír, ver y callar recias cosas son de obrar.* Sobre este dicho, el genial Francisco de Quevedo (1580-1645) construye un extraordinario soneto:

«Oír, Ver y Callar, remedio fuera
en tiempo que la Vista y el Oído
y la Lengua pudieran ser sentido,
y no delito que ofender pudiera.
Hoy, sordos los remeros con la cera,
golfo navegaré que (encanecido
de huesos, no de espumas) con bramido
sepulta a quien oyó Voz lisonjera.
Sin ser oído y sin oír, ociosos
ojos y orejas, viviré olvidado
del ceño de los hombres poderosos.
Si es delito saber quién ha pecado,
los vicios escudriñen los curiosos:
y viva yo ignorante, e ignorado».

¡Ojo al cristo (, que es de plata)! Con esta curiosa frase se pide a alguien que tenga cuidado o que preste atención. *Llueve y la carretera está muy resbaladiza, o sea que vete despacio y ¡ojo al cristo, que es de plata!* Se emplea también a veces como expresión de admiración, de extrañeza o de sorpresa ante algún hecho. *Anda, que se ha puesto de paella que ¡ojo al cristo, que es de plata!* El *Diccionario de Autoridades* de la Real Academia (1726-1739) dice que la frase es una expresión con la que se advierte a alguien que vigile una cosa «por el riesgo que hay de que la hurten». Por ello es previsible que el dicho naciera a raíz de algún relato popular en el que se narrase el robo de algún cristo de plata. Muchas veces se usa sólo la primera parte: *¡Ojo al cristo!*

Ojo avizor [estar; poner; tener] También es una expresión destinada a reclamar a alguien que preste atención, que vigile. *Voy a salir un momento. Los niños están jugando en su habitación. Estáte ojo avizor para que no armen mucho escándalo.* La expresión tiene un origen jergal, pues se empleaba como orden para los soldados o marineros que hacían guardias. Sobre la palabra francesa *aviseur,* 'el vigilante, el que avisa', se construyen el verbo *avizorar,* 'mirar en todas las direcciones para descubrir algo', hoy aplicado casi en exclusiva a la vigilancia del terreno que las aves de presa hacen mientras vuelan, y además con ese mismo significado se aplica a la expresión que nos ocupa.

Ojo clínico [tener] Ser experto en alguna materia, hasta el punto de reconocer inmediatamente los valores o los defectos de algo y de prever las posibles consecuencias. *Tiene un estupendo ojo clínico para los negocios. Todas las empresas para las que ha trabajado han obtenido muy buenos* *beneficios*. La locución procede del lenguaje de la medicina. El buen médico debe ser capaz de reconocer la enfermedad, de dar un diagnóstico con sólo mirar al enfermo. Aparte del hospital, la *clínica* es también la enseñanza práctica de la medicina. V. *Tener ojo*.

Ojo por ojo, diente por diente Con esta fórmula se afirma que la venganza debe ser idéntica al daño u ofensa sufridos: si se daña o pierde un ojo o un diente, hay que «cobrarse» otros del agresor. *Te ha causado un montón de problemas en el trabajo con todo eso que ha ido diciendo de ti, ¿no? Pues haz tú lo mismo: ojo por ojo, diente por diente*. Es la formulación de *La Ley del talión* (v.), que aparece ya en la Biblia (*Éxodo*, XXI, 24 y *Levítico*, XXIV, 14-23). A veces se usa la primera parte: *ojo por ojo*. V. *Pagar con la misma moneda*||*Poner la otra mejilla*.

Ojos de besugo [tener; poner] Así denominamos a los ojos grandes, demasiado redondos y un tanto saltones, como los del pez, que solemos poner cuando algo nos causa sorpresa o admiración. *Sí. Nos casamos dentro de dos meses... ¿Por qué pones esos ojos de besugo? ¿Tanto te sorprende?* V. *Ya te veo, besugo, que tienes el ojo claro*.

Ojos de carnero/cordero **degolla**(d)**o** (Cara de carnero/cordero degolla(d)o) [tener; poner] Ojos entreabiertos, vidriosos, como los que ponen quienes están tristes, apesadumbrados o melancólicos, o los que quieren causar pena o afectación. *Lleva una temporada muy triste. Da no sé qué ver esos ojos de carnero degollado*.|*Se nota que está enamoradísima de él. Sólo hay que ver cómo lo mira, con esos ojos de carnero degollado*. Frecuentemente se usa la locución referida al que quiere aparentar inocencia, al que, siendo culpable, se finge víctima. *Aunque pongas esa cara de carnero degollado todos sabemos que has sido tú el que, con tus comentarios fuera de tono, has organizado todo este lío*. Se compara esta expresión en los ojos con la que tienen los de los carneros o corderos muertos.

Oler a cuerno quemado/a chamusquina (Sentar a cuerno quemado) Si aparece el verbo *oler*, la frase se usa para dar a entender que algo despierta sospechas. *Manolo, que normalmente no me dirige la palabra, lleva una temporada muy simpático conmigo y, la verdad, tanta simpatía me huele a cuerno quemado*. Con el verbo *sentar* se alude a que algo provoca rabia, disgusto o enfado. *Todo el día buscando el libro. Por fin lo encuentro y resulta que ya lo tiene... La verdad es que me ha sentado a cuerno quemado*. Es bastante posible que todos estos dichos estén relacionados con los autos de fe, con las quemas de condenados por la Inquisición. Los sospechosos de un delito grave, antes incluso de ser inculpados, olían *a chamusquina* o a *cuerno quemado*, pues su seguro destino era la hoguera. En el caso de *cuerno quemado*, la alusión a los posibles actos de brujería del sospechoso parece clara, pues con cuernos se representa al diablo y los cuernos tiene su *representante* en los aquelarres, el cabrón.

Oler a tigre/a chotuno/a humanidad/a león Oler muy mal algún lugar, especialmente a sudor. *Haz el favor de abrir la ventana de tu habitación y de ventilarla un rato, que huele a tigre*. Las jaulas de los felinos en zoológicos y circos desprenden, si no se limpian con frecuencia, un olor sumamente desagradable. *Chotuno* es el adjetivo referido al ganado cabrío. *Oler a chotuno* sería, por tanto 'oler a cabra'. Por lo que se refiere al olor *a humanidad*, o *a compañerismo* —como dijo alguien en un vestuario de un campo de fútbol— sobran mayores comentarios.

Olerle a alguien la cabeza a pólvora Estar una persona a punto de perder un cargo o un puesto de trabajo. *Después de todos estos patinazos en política exterior no cabe duda de que al ministro de Asuntos Exteriores le huele la cabeza a pólvora*. La frase se refería originariamente a quien estaba a un paso de ser ejecutado en el paredón, de ser fusilado. V. *Cortarle a alguien la cabeza*||*Rodar cabezas*.

Olerse la tostada Sospechar algo con bastante seguridad de acertar. Adivinar las intenciones de una persona. *Querían invitarme a la fiesta, pero cuando me dijeron dónde era y lo que había que pagar, me olí la tostada y dije que no*. El dicho procedente de la jerga de germanía —la lengua de los *germanos* o *hermanos*, los maleantes de los siglos XVI y XVII— donde *tostada* es 'perjuicio, engaño o timo', significado que toma en la locución. V. *Descubrir el pastel*.

Olla a presión [ser una; parecer una; estar en una] Se llama así al lugar o situación tensos o conflictivos, en los que en cualquier momento puede desencadenarse un problema o un enfrentamiento. *La reunión fue muy tensa, una olla a presión. Por fortuna, las dos partes acabaron cediendo y se ha alcanzado un principio de acuerdo*. Últimamente se aplica con mucha frecuencia en el lenguaje deportivo, referida a los estadios o pabellones repletos de gente que grita para animar a su equipo y para intimidar al contrario. *El estadio era una auténtica olla a presión pero el equipo contrario supo sobreponerse y no perdió en ningún momento la compostura*. La olla a presión es la que se cierra de forma hermética para que el vapor —la *tensión* en el uso figurado— salga únicamente por una válvula (v. *Válvula de escape*), con lo que los alimentos se cuecen con más rapidez. Si la válvula se obtura o no se regula convenientemente la olla puede explotar. V. *Jaula de grillos*.

Oscuro como boca de lobo [ser; estar] Se usa esta locución para designar a un lugar muy oscuro, lúgubre y que infunde temor. *Se estropearon las farolas y la calle quedó oscura como boca de lobo*. Seguramente no hay que buscarle más explicaciones al dicho y debemos pensar que ya de por sí la boca de dicho animal tiene esas connotaciones de temor y oscuridad antes referidas, aunque también podría pensarse en la *boca* de la cueva en la que vive el lobo, negra a causa del fuego y el humo que hacen los cazadores para obligar al animal a que salga. Tampoco es descartable un origen marinero: la *boca de lobo* era el angosto agujero por el que se accedía a la cofa, al puesto de vigía que se asentaba en un palo del barco. V. *Meterse en la boca del lobo*.

Otra vuelta de tuerca [dar] Forzar al máximo una situación, con el consiguiente peligro de que se puedan producir problemas añadidos, igual que sucede cuando, por el afán de apretar al máximo una tuerca, nos pasamos de rosca e inutilizamos el mecanismo (v. *Pasarse de rosca*). *La situación entre los dos era ya muy problemática, pero él, lejos de intentar arreglarla, ha dado otra vuelta de tuerca y se ha ido de casa. No me extraña nada que ella quiera separarse*. El escritor norteamericano Henry James (1843-1916) publicó en 1898 una de sus mejores y más conocidas novelas, *The Turn of the Screw*, traducida al español como *Otra vuelta de tuerca*.

Otro gallo le/me/te/le **cantaría**/cantara La frase equivale a 'la suerte sería diferente y mejor'. *Si en vez de hacer su santa voluntad hubiera seguido mis consejos, otro gallo le cantaría*. Existió un refrán, citado por Correas en su *Vocabulario de refranes* (1627), que era: *otro gallo le cantara si buen consejo tomara*, seguramente en alusión al gallo que, como había sido anunciado en la última cena, cantó tres veces tras haber declarado san Pedro que no conocía a Jesucristo. V. *En menos que canta un gallo*.

¡Otro/otra **que tal baila!** Esta expresión se emplea, por lo general de forma peyorativa, para indicar que dos personas o cosas son parecidas o que dos o más individuos actúan de la misma manera; literalmente, que bailar igual. *¡Otro que tal baila! Ves que acabo de decirle a Carlos que aquí no se fuma y vas tú y te enciendes un cigarro*.

P

Pa'/para **ti la perra gorda** Frase de significado similar a 'para ti la razón' y que suele emplearse para que, aunque no sea acertada su opinión, nuestro contrincante en una disputa o en una discusión se calle. *Que vale; que sí; que tienes razón, que París tiene playa. Pa' ti la perra gorda.* Se llamaba *perra gorda* a la antigua moneda de diez céntimos y *perra chica* a la de cinco. El término *perra* se aplicó, de forma despectiva, al león poco logrado que aparecía en las monedas acuñadas en 1870 (v. *No tener ni gorda*). El dicho tiene que ver, por lo tanto, con una apuesta hecha a propósito de dos opiniones encontradas. V. *Jugarse algo a cara o cruz.*

Paciencia y barajar Se emplea este dicho como consuelo o para pedirle a alguien que tenga paciencia, que se resigne o que acepte el fracaso. *No importa que te hayan suspendido. Paciencia y barajar. En el próximo examen tendrás más suerte.* El origen está en los juegos de cartas: el que pierde nada adelanta con lamentarse y no tiene otro remedio que barajar —mezclar— las cartas y esperar a la próxima partida para ver si cambia su suerte.

Pagar a escote Pagar una cosa entre varias personas, poniendo cada una de ellas una parte igual de dinero. *Le hemos comprado entre todos un precioso regalo a Pablo por su cumpleaños y lo hemos pagado a escote.* El término *escote*, aparte de la acepción que todos conocemos, tiene otra que es la de 'cuota común', que procede del germánico, en concreto de la voz del fráncico *skot*, 'tributo, impuesto', y que en nuestra lengua da también origen al verbo *escotar*.

Pagar a tocateja Pagar en efectivo, al contado. *He pagado el coche a tocateja, porque me hacían mucho más descuento que si lo pagaba a plazos.* El dicho se remonta al siglo XVII, pues durante los reinados de Felipe III, Felipe IV y Carlos II se acuñaron en la ceca de Segovia unas monedas de plata a las que se llamó *tejas*, quizá por tener mucho relieve —como las planchas que se usaban en las imprentas, denominadas también *tejas*— y que solían destinarse a pagar al contado, es decir, *tocando* las monedas, mercancías o asuntos de importancia. El valor de la teja equivalía a cincuenta reales de plata fuerte o ciento veinticinco de vellón, es decir, de cobre. Algunos, no obstante, sostienen que la locución se debe al hecho de que la bolsa del dinero, que se llevaba comúnmente al cinto tocara con la *teja,* la funda de la espada. Obviamente, parece más adecuada la primera explicación. V. *Al contado.*

Pagar algo caro (Hacérselo pagar caro a alguien||¡Me las pagarás/pagará/pagaréis/pagarán!||Salir algo caro a alguien) Sufrir alguien, como una especie de tributo, las duras y negativas consecuencias de una acción precedente. *Ése, a quien has puesto verde, no es un don nadie, es el asesor del alcalde. Me parece a mí que vas a pagar caro eso que has dicho de él.* Muchas veces se usa en tono de amenaza. *Esto que me ha hecho no voy a olvidarlo. ¡Me las pagará!*

Pagar con la misma moneda (Devolver la moneda) Responder a alguien con las mismas palabras o la misma acción que esa persona nos dijo o nos hizo. *Ayer me insultó delante de todos y hoy le he pagado con la misma moneda.* V. *Ojo por ojo, diente por diente.*

Pagar el pato Sufrir una pena, un castigo o una condena que en realidad corresponden a otra persona. *No fui yo quien te estropeó el coche. Ahora, por culpa de otro, no me lo quieres dejar a mí. Como siempre, acabo yo pagando el pato.* Nada tiene que ver este *pato* con el ave palmípeda. Su origen está en la palabra *pacto,* escrita y pronunciada *pato,* al igual que sucede con el término *efeto* por *efecto,* fenómeno que sucede a finales del siglo XV, periodo en el que los judíos comenzaban a ser perseguidos. Como se sabe, el *pacto* del pueblo judío con Dios está reflejado en su libro sagrado, la *Torá (Torah).* Muchos cristianos, seguramente más por ignorancia que por ironía o juego de palabras, sostenían que por un extraño *pato* con su dios, los judíos adoraban a una *tora,* o sea, a una *vaca.* Se llegó, incluso, a hacer festejos y procesiones teniendo como centro de las burlas a una novilla, origen posiblemente de muchas fiestas populares actuales. Fue entonces cuando nació la expresión *pagar el pato,* sinónimo de dar un escarmiento a los judíos.

Pagar justos por pecadores Sufrir quien es inocente (los justos) las consecuencias de lo que otros han hecho (los pecadores). Se usa la frase cuando el castigo o las represalias se aplican a un grupo de personas, sin tener en cuenta quiénes son los verdaderos culpables. *Los que armaron el escándalo en clase fueron seis o siete pero el profesor nos ha suspendido a todos. Pagamos justos por pecadores.*

Pagar la novatada Equivocarse o sufrir las consecuencias negativas de una acción a causa de la inexperiencia o de la poca habilidad. *No te preocupes, que a todos nos ha pasado; te has dado un golpe por no mirar mientras hacías marcha atrás. Has pagado la novatada y seguro que ya no te vuelve a suceder.* La *novatada* es la broma que se gasta a un novato, a quien llega por primera vez a un cuartel, a un colegio mayor o a la universidad y también, por extensión, el error que se comete a causa de la falta de experiencia.

Pagar los platos/los vidrios **rotos** Sufrir alguien un castigo por algo que no ha hecho. Ser considerado, injustamente, el responsable de algo que otros han hecho. *El candidato ha pagado los platos rotos de la mala política de su partido y ha sufrido un gran batacazo en las elecciones.* La aparición de los *platos* y los *vidrios* está perfectamente justificada. Como dice la certidumbre popular, *el que rompe paga y se queda con los cachos.* Normalmente acaba pagando quien no rompió nada.

Pan para hoy y hambre para mañana [ser] Así llamamos a la solución o remedio provisional, momentáneo, que no arregla el problema de forma definitiva. *Yo creo que deberíais reformar por completo la casa, porque darle sólo una mano de pintura es pan para hoy y hambre para mañana.* Para mitigar el hambre de poco sirve entregar pan un día, hay que poner soluciones para el futuro. Un conocido proverbio chino dice lo mismo: *no me des peces; enséñame a pescar.*

Pagar peaje Necesitar un gran esfuerzo o un sacrificio considerable para conseguir algo. Pagar un precio muy alto, sufrir un daño para lograr un fin. *He sacrificado lo mejor de mi vida, he trabajado duro y he vivido mucho tiempo lejos de mi casa para llegar donde estoy. He tenido que pagar peaje pero al final lo he conseguido.* El *peaje* es el derecho de tránsito, el dinero que se paga para poder circular por un lugar, generalmente una autopista.

Pan con pan, comida de tontos La frase se usa cuando alguien come al mismo tiempo pan con otro alimento prácticamente igual o de las mismas características. *¿Pero cómo puedes comer macarrones con pan? Pan con pan, comida de tontos.* Antiguamente, cuando no había discotecas sino bailes, se decía cuando bailaban dos chicas juntas. Se suponía que para acompañar el pan hacía falta algo de «chicha», es decir, un chico.

Pan y toros Usamos esta frase para indicar que quien gobierna un país o dirige alguna institución, embauca a la gente, los gana para su causa ofreciéndoles dinero y, por tanto, alimento (pan) y diversión (toros). Es una forma demagógica de gobernar propia de los dictadores. *Vuestro jefe es un dictadorzuelo que sigue al pie de la letra eso de pan y toros. Os tiene contentos porque os sube una miseria el sueldo y os regala un par de días de vacaciones.* La expresión nació a finales del siglo XVIII, cuando comenzó a circular por Madrid un folleto anónimo titulado *Pan y toros* en el que se criticaba la demagogia de los gobernantes y la ignorancia del pueblo y se proponía, como solución al estancamiento cultural, la reforma de la educación y el progreso científico. Durante mucho tiempo este folleto fue atribuido a Gaspar Melchor de Jovellanos (1744-1810), aunque en realidad su autor fue un reconocido crítico liberal, León del Arroyal (1775-1813). El dicho cobró fuerza a lo largo del siglo XIX, cuando se intentaba que las clases más humildes, para evitar revueltas y problemas sociales, estuvieran bien alimentadas y se divirtieran. *Pan y toros* es una clara «españolización» del latino *panem et circenses,* 'pan y circo', con la que el escritor latino Juvenal (60-140) criticaba amargamente en sus *Sátiras* al pueblo romano, que, mientras el imperio se resquebrajaba y en las instituciones políticas la corrupción se extendía por doquier, sólo se preocupaba de alimentarse y de divertirse en el circo o en el anfiteatro. Los emperadores sabían de las veleidades del pueblo y fomentaban tanto el reparto de alimento como los juegos. Llegaban, incluso, a repartir pan durante los espectáculos. El 22 de diciembre de 1864, en el madrileño Teatro de la Zarzuela, se estrenó una zarzuela que acabaría haciéndose famosísima: *Pan y toros*, con letra de José Picón (1829-1873) y música de José Asenjo Barbieri (1823-1894). En ella se criticaba, con fina ironía, a la corte de Carlos IV y la forma de vivir y de gobernar del rey y de sus cortesanos, de espaldas completamente al pueblo. Posteriormente, en 1913 el escritor madrileño Eugenio Noel publicó una novela costumbrista, de corte satírico, titulada *Pan y toros*.

Papar moscas Quedarse con la boca abierta, como si se estuvieran comiendo (papando) las moscas. Es lo que, para capturar insectos, hace en vuelo el ave denominada *papamoscas*. *Cada vez que pasa una chica se queda mirando como embobado, con la boca abierta, papando moscas*. A veces se usa con el significado de 'no hacer nada'. *Yo trabajo como un loco y él no pega ni golpe. Se pasa todo el día papando moscas*. En la parte alta de la nave izquierda de la catedral de Burgos, sobre el reloj, hay un famoso busto que abre la boca al dar las horas, y que provoca que los que lo miran la abran también. Se llama, como no podía ser de otra forma, el *Papamoscas*. V. *Ser un papanatas*.

Papel mojado [ser; quedarse en] Se denomina así al documento que de nada sirve para demostrar algo, que tendría la misma utilidad que un pedazo de papel mojado en el que nada se entendiera al haberse corrido la tinta. *Ese diploma sin el sello y la firma del director es papel mojado*.

Para abrir boca De aperitivo. Para acostumbrar la boca a la comida, para prepararla. *Yo creo que, para abrir boca, podemos pedir una racioncita de jamón ibérico*. Se usa mucho, en sentido figurado, para aludir al comienzo de algo o a lo que precede a una acción o a un espectáculo. *Antes de la película, para abrir boca, proyectaron un documental sobre la obra del director*.

Para bajar todos los santos ayudan Se indica con este dicho que el trabajo o cualquier acción que se emprenda se realizan fácilmente cuando se presentan condiciones favorables. *No me extraña que con esa oficina tan cómoda y con todos los medios técnicos que tenéis trabajéis tan bien. Para bajar todos los santos ayudan*. Se usa también en su sentido más literal. *Yo sólo cojo el ascensor para subir, porque para bajar todos los santos ayudan*. Con un punto, más bien punto y coma, de ironía se señala aquí que los rezos sirven sólo cuando tenemos todo a favor. V. *¿A santo de qué?*||*Tener el santo de cara*.

Para dar y tomar (Para regalar||Para dar, tomar y regalar) En abundancia. Todas éstas son expresiones ponderativas equivalentes a *muchísimo*. *Ayer* *había turistas en el centro de la ciudad para dar y tomar*. Evidentemente cuando se *toma*, se *da* o se *regala* algo es porque sobra.

Para el arrastre [estar; quedar; dejar] Muy cansado. Agotado. *Este viaje tan largo me ha dejado para el arrastre*. La expresión, hiperbólica, procede del mundo taurino, en el que *el arrastre* no es otra cosa que la acción de llevarse arrastrando el toro al desolladero una vez muerto, misión que llevan a cabo las *mulillas*.

¡Para el carro! (¡Para el macho!) Con esta expresión tratamos de hacer callar o de tranquilizar a alguien que está mintiendo o que está hablando de forma alocada o nerviosa. *Bueno, basta ya. ¡Para el carro! Deja ya de insultarlos y cuéntame con calma qué te han hecho*. La frase parece sacada del lenguaje de los arrieros. Sería algo así como el tradicional *¡so!*, destinado a que se detengan las caballerías. De todas formas, el *carro* muchas veces sirve en la lengua coloquial como unidad de medida: *me dijo un carro de mentiras; tiene dinero como para parar un carro*. El *macho* es el mulo, el híbrido de caballo y asno. V. *Ir a gusto en el machito*.

Para este/ese **viaje no hacen**/hacían **falta**/se necesitaba(n) **alforjas** Se señala con este dicho la inutilidad de haber hecho algo. *Me pidió consejo para decorar la casa y al final ha hecho lo que le ha dado la gana: para este viaje no hacían falta alforjas*. A veces se usa cuando alguien dice algo obvio o cuando ofrece ayuda innecesaria. *Yo busco un remedio para recuperar el texto que se me ha perdido. Ya sé yo que la mejor solución es teclear todo otra vez, no hace falta que tú me lo digas. Para este viaje no hacen falta alforjas*. Las *alforjas* son las bolsas de tela que llevaban, y a veces siguen llevando, los campesinos colgadas al hombro o las caballerías sobre los lomos para llevar la comida de la jornada o las herramientas de trabajo. Funcionan en la expresión como sinónimo de molestia o preocupación inútil o innecesaria que se toma alguien.

Para más inri Podría interpretarse como 'para más ironía, para más burla o para peor suerte'. *Ayer se me estropeó el coche en una carretera por la que no pasaba nadie y, para más inri, a veinte kilómetros del pueblo más cercano*. INRI fue la inscripción que, como burla, se colocó en la parte superior de la cruz de Jesucristo y que es la sigla de *Iesus Nazarenus Rex Iudeorum*, 'Jesús Nazareno, rey de los judíos'.

Para/como **muestra basta**/valga **un botón** (Ser botón de muestra) Basta un indicio, un ejemplo para adivinar cómo es algo o alguien. *Sólo con ver esta foto te puedes hacer una idea de lo maravillosa que es la ciudad. Para muestra basta un botón.*|*Y tú dices que no es violento, ¿verdad? Ya viste cómo se puso ayer conmigo. Pues para muestra basta un botón*. Se dice que la expresión se debe a que un sastre, harto de que la gente le pidiera muestras de tela y de que nadie volviera a pagarlas ni a hacerse los trajes, cuando alguien quería hacerse una idea de los colores y de los tipos de tela que tenía, le entregaba un botón forrado diciendo: «Para muestra basta un botón».

Para remate y jota Solemos decir esto cuando sucede algo que termina por empeorar o arruinar algo que ya de por sí estaba mal. *No sólo no se te ocurre limpiar mínimamente la cocina, sino que, para remate y jota, la ensucias todavía más*. La aparición de *remate,* 'fin o conclusión de algo' es absolutamente lógica. La *jota* parece referirse al baile popular, tomado aquí de forma irónica para significar todo lo contrario a la alegría o el bullicio. Quizá la expresión, siguiendo con este uso irónico, fuera originariamente algo así como *para remate de la jota*.

Para/pa **todos café** (Café para/pa todos) Para todos lo mismo. Se dice cuando, para no hacer diferencias, un grupo de personas recibe el mismo tratamiento o el mismo obsequio. *A mí eso de los aprobados generales, esa fórmula del para todos café, me parece francamente injusta*.|*Por Reyes a cada uno de mis sobrinos les regalo un libro, así no hago diferencias. Para todos café*. Podría pensarse en el grupo de personas que en un bar o cafetería piden todos café, pero la expresión tiene un origen mucho más trágico. Se debe al general Gonzalo Queipo de Llano (1875-1951) (v. *La quinta columna*), uno de los generales sublevados el 18 de julio de 1936 y que durante la guerra fue el responsable de los ejércitos del sur. Con la siniestra consigna de «café, mucho café» ordenó el fusilamiento de numerosos izquierdistas y opositores de la república, entre otros, se dice que el del propio Federico García Lorca (1898-1936).

Pararle los pies a alguien Llamar la atención de alguien. Frenar las malas intenciones de una persona o impedir que continúe haciendo o diciendo cosas improcedentes. *Es imposible pararle los pies a María cuando se enfada. Lo mejor es dejarla que se desahogue*. La frase se refiere a la primera misión que debe llevar a cabo el torero cuando el toro salta al ruedo: *pararle los pies,* o sea, frenar su ímpetu, lo que suele hacer con pases largos con el capote, que facilitan el recorrido del animal.

Parece que me/te/lo/la/nos **ha mirado un tuerto** Así dice quien atraviesa un periodo de muy mala suerte. *Primero el golpe del coche, luego, lo de la inundación de la casa, ahora me rompo la rodilla... De verdad, parece que me ha mirado un tuerto*. Antiguamente se creía que la mirada de los tuertos provocaba mala suerte e, incluso, mal de ojo.

Parece que te/lo/la/os **llaman con campana** Se le dice a quien aparece siempre en un lugar en el momento menos oportuno. *Hemos tratado ahora lo de tu sueldo y vienes tu protestando por las vacaciones, parece que te llaman con campana*. La campana o la campanilla era antaño la forma de avisar a la gente, especialmente a la servidumbre en las casas. De aquí proviene el dicho. V. *Dar la campanada*||*Darle a alguien un toque*||*Lanzar las campanas al vuelo*||*Oír campanas y no saber dónde*.

Parecer/ser (como) **el galgo**/la galga **del tío Lucas**/de Lucas, **que cuando saltaba**/salía **la liebre se ponía a mear** Ser inoportuno. No estar alguien en un lugar o en su puesto cuando realmente se le necesita. Se usa sobre todo la primera parte. *Te he llamado un montón de veces para que vinieras a buscarme, pero, como suele pasar, nunca estás disponible cuando te necesito. Pareces el galgo del tío Lucas.* Lucas y su galgo pertenecen a esa lista de personajes proverbiales de filiación desconocida procedentes de refranes y chascarrillos.

Parecer/ser (como) **el Pupas** (Ser un Pupas||Ser más desgraciado/conocido que el Pupas) Ser muy desgraciado. Tener muy mala suerte. *Últimamente todo lo que hago me sale mal. El trabajo va cada vez peor y en casa tengo un montón de problemas. Parezco el Pupas.* En el caso de *Ser más conocido que el Pupas* significa 'ser muy famoso'. *Es increíble la cantidad de gente que te saluda por la calle. Eres más conocido que el Pupas.* Podría pensarse, para explicar el origen del dicho, en alguien lleno de heridas o de llagas, de *pupas,* pero la variante con un personaje conocido nos lleva a pensar en Gérard Anaclet Vincent Encausse (1865-1916), médico y ocultista francés, hijo de madre española. Abandonó el ejercicio de la medicina para dedicarse al esoterismo, al curanderismo y a la hipnosis. Se puso el seudónimo de *Papus,* que extrajo del *Nuctemeron,* de Apolonio de Tiana (3? a. C.-95? d. C.) filósofo místico griego, mago y taumaturgo. Esta obra se divide en doce horas simbólicas, identificadas con los signos del Zodíaco, con los doce trabajos de Hércules y con los doce pasos de la iniciación mística. *Papus,* que aparece en la primera hora, es el genio, el duende de la Medicina. Encausse fundó la Escuela de Magnetismo de Lyon, estudió la cábala, los misterios del antiguo Egipto y el ocultismo en Grecia y Roma. Recorrió Europa haciendo ostentación de su automartirio y de los sacrificios que él mismo se imponía, lo que seguramente hizo que su seudónimo se transformara en nuestra lengua en «Pupas». En el argot futbolístico se denomina *El Pupas* al Atlético de Madrid, equipo al que la fortuna suele darle la espalda con bastante frecuencia.

Parecer/ser (como) **un disco rayado** Decir siempre lo mismo. Repetir los mismos argumentos. *Ya me has dicho mil veces que quieres ir al cine. Ya te he oído... Pareces un disco rayado.* Los antiguos discos de vinilo, cuando se rayaban, hacían que la aguja saltara y volviera hacia atrás, con lo que, hasta que ésta se movía manualmente, se reproducía el mismo fragmento. V. *Cambiar de disco.*

Parecer/ser (como) **un rabo de lagartija** Ser muy inquieto. *Siéntate de una vez y deja de moverte, que me estás poniendo nerviosa. Pareces un rabo de lagartija.* Las lagartijas y los lagartos, para escapar de sus presas mueven la cola hasta que se rompe y se desprende del cuerpo. Después de haber pasado un tiempo de su amputación, el rabo, debido a sus terminaciones nerviosas, sigue moviéndose; de ahí proviene el dicho. Por cierto, el rabo de estos reptiles se regenera.

Parecer/ser (como) **una esfinge** Permanecer inmóvil, sin hacer un solo gesto, adoptando una postura o una actitud enigmática, misteriosa. *Yo realmente nunca sé lo que piensa porque cuando hablas con él no mueve ni un músculo y te mira con esos ojos que te asustan... Parece una esfinge*. La esfinge era un monstruo mitológico con cabeza y pecho de mujer y cuerpo y patas de león. Cuenta la mitología que habitaba en Egipto, en un peñasco cercano a Tebas y que devoraba a todos los caminantes que no solucionaban el enigma que les proponía: «¿Qué animal camina por la mañana con cuatro patas, por la tarde con dos y por la noche con tres?» El enigma fue resuelto por Edipo, rey de Tebas (v. *Complejo de Edipo*). La solución era «el hombre», que en su niñez va a gatas, en su madurez camina con dos piernas y en su vejez se ayuda con un bastón, la tercera pata. Se conserva hoy una fabulosa estatua de la esfinge que se alza en Gizeh, en Egipto, junto a las famosas pirámides. Se calcula que fue construida dos mil quinientos años antes de Cristo, aunque algunos investigadores afirman que se erigió entre el 7000 y el 5000 a. C. Es lo enigmático.

Parecerse como un huevo a una castaña No parecerse en nada. Ser dos cosas o dos personas completamente distintas, en su aspecto externo o en su forma de actuar. *La gente dice que la niña es igualita a su padre pero yo creo que se parecen como un huevo a una castaña*. En la comparación se buscan dos objetos muy comunes que en tiempos pasados eran parte fundamental de la alimentación.

París bien vale una misa Empleamos esa locución para indicar que a veces merece la pena hacer un sacrificio o renunciar a algo importante para conseguir un objetivo. *He perdido mucho tiempo estudiando para conseguir esa plaza, pero bueno, París bien vale una misa*. La frase se le atribuye a Enrique IV de Navarra (1553-1610) (v. *Siempre perdiz cansa*), líder de los calvinistas franceses, que tuvo que abjurar del protestantismo y convertirse al catolicismo para convertirse en rey de Francia, lo que sucedió en 1589.

Partir a alguien por la mitad/por el eje Causarle a una persona un gravísimo perjuicio. *La sequía está partiendo por el eje a los agricultores. Como no llueva pronto se echarán a perder todas las cosechas*. Acabar con todas sus obras o sus intenciones. El eje es la línea que divide por la mitad el ancho de una superficie o de un cuerpo y también la barra horizontal que une las ruedas de un vehículo.

Partir peras con alguien Tratar a una persona con confianza y familiaridad. Tener buenas relaciones con alguien. Se usa mucho en frases negativas. *De cara a la gente se llevan muy bien pero de puertas adentro no parten peras*. El verbo *partir* debe entenderse aquí como compartir. Quien comparte algo con otra persona, lógicamente, se lleva bien con ella. V. *Estar a partir un piñón*.

Partirse/desternillarse/troncharse/mondarse/mearse **de risa** (Partirse el culo (de risa)) Reírse muchísimo. *No se puede ir contigo al cine. Te partes de risa a la menor tontería y montas unos escándalos impresionantes.* Quien se ríe mucho y de forma compulsiva dobla la cintura con cierta violencia, como si se fuera a partir o a *tronchar,* como si se quebrara por la parte del *culo* (v. *Mojarse el culo*||*Ir de culo*||*Perder el culo*). *Desternillarse* —que no destornillarse, como se suele oír— es algo parecido: romperse las ternillas, las articulaciones, es decir, descoyuntarse. Relacionado con los verbos anteriores, *mondarse* es perder la *monda* (v. *Ser la monda*), la piel. Lo de *mearse* de risa, pese al uso metafórico que solemos hacer, puede ser real. La risa excesiva puede provocar que se relajen los esfínteres y que se produzca la micción.

Pasar(se) **a alguien por la quilla** Eliminar, apartar a una persona molesta. *Había tres o cuatro empleados que no eran del agrado de la dirección y rápidamente los han pasado por la quilla.* La frase se refiere a un castigo tremendamente cruel pero contemplado en las leyes de la marinería para delitos graves cometidos por los marineros. La *quilla* es la parte inferior del barco, sobre la que se asienta toda su estructura. El castigo, muchas veces mortal, consistía en atar al reo con cuatro cuerdas manejadas por cuatro marineros, que corrían de proa a popa, o viceversa, arrastrando así el cuerpo del condenado para pasarlo por debajo de la quilla. A veces, sobre todo con verbo *pasarse,* la expresión tiene evidentes connotaciones sexuales y, por lo general, bastante machistas. *No aguanto a estos tipos que alardean de que se han pasado por la quilla a esta y a la otra.*

Pasar a mejor vida Morir. *Después de un par de meses de sufrimiento y de terribles dolores ha pasado a mejor vida.* Es uno de los muchos eufemismos que empleamos para evitar referirnos directamente a la muerte. En la tradición católica, y en otras muchas religiones, la vida terrenal se contempla como un tránsito hacia otra vida mejor, la vida eterna, el paraíso.

Pasar algo a mayores Complicarse un asunto. Convertirse en grave o importante algo que no lo era. *Poco a poco las palabras fueron convirtiéndose en insultos, la cosa pasó a mayores y acabaron llegando a las manos* |*Si no pasa a mayores con alguna infección la herida no es preocupante.* V. *Eso son palabras mayores.*

Pasar como gato sobre brasas (Pasar (como) sobre brasas) Pasar rápidamente por encima de un asunto, sin prestarle atención, sin abordarlo en profundidad, como haría un gato que pasara sobre carbones ardientes. *Yo creo que la reestructuración de los puestos directivos es una cuestión muy importante sobre la que no se puede pasar como gato sobre brasas.* V. *Pasar de puntillas por algo.*

Pasar de castaño a oscuro Convertirse en intolerable una cosa que, sin ser adecuada, hasta el momento era admisible. *Puedo soportar que me to-*

mes el pelo, pero que me gastes unas bromas tan pesadas ya pasa de castaño a oscuro. Los colores tienen un papel connotativo muy importante en la lengua. Aquí aparecen dos colores con matices significativos negativos: lo *castaño* sería lo admisible y lo *oscuro* lo absolutamente intolerable, lo negativo.

Pasar de puntillas por/sobre **algo** Tratar algo muy por encima, sin entrar en profundidad, sin «pisar» en él, apenas tocándolo con la punta de los pies. *El quinto punto del orden del día era la instalación de las nuevas antenas pero se pasó por él de puntillas y no se sacó nada en claro*. V. *Pasar como gato sobre brasas*.

Pasar/ir **de un extremo al otro**/de extremo a extremo (Tener/ser alguien los dos extremos) Ir de lo bueno a lo malo o viceversa. Cambiar por completo de idea. Pasar una persona de una actitud o comportamiento a los contrarios. *No entiendo cómo puedes pasar de un extremo al otro. Hace cuatro años votas a la derecha y este año a la izquierda.|Tú pasas de un extremo al otro: esta mañana estabas de lo más alegre, optimista y sonriente y esta tarde estás desesperado. No lo entiendo.*

Pasar el Rubicón (Ser algo el paso del Rubicón||Ser/parecer el Rubicón) Dar un paso decisivo para emprender una acción que entraña un riesgo. *Acabo de pasar el Rubicón. He decidido aceptar ese trabajo y ya no puedo volverme atrás*. El Rubicón era un pequeño río, identificado en la actualidad con tres ríos del Norte de Italia (Pisatello, Rugone o Fiumicino), que en la época romana servía como frontera entre Italia y la Galia Cisalpina. Los senadores habían nombrado cónsul a Pompeyo y rechazado el nombramiento de Julio César (100-44 a. C.), que se encontraba al mando de los ejércitos de las Galias y a quien, como a cualquier general romano, el senado había prohibido, bajo pena de rebeldía y sacrilegio, atravesar el Rubicón. A pesar de las prohibiciones, Julio César decidió en el 49 a. C. marchar sobre Roma. Cuenta la leyenda que, al llegar al Rubicón, se detuvo, tras unos momentos de reflexión lo cruzó y pronunció la célebre frase *alea jacta est*, 'la suerte está echada'. Se inició así la guerra civil contra Pompeyo (106-48 a. C.) que acabaría dando el poder a César. V. *La suerte está echada*.

Pasar(le a alguien) **factura** (Pagar la factura) Exigir el pago o la compensación por un favor previo. *Ana lo ayudó a conseguir este puesto de trabajo y es muy normal que, ahora que lo necesita, ella le pase factura*. Muchas veces se usa con el significado de 'castigar' o de 'sufrir las consecuencias de un esfuerzo'. *Seguramente en las próximas elecciones los votantes le van a pasar factura por lo mal que lo ha hecho.|El gran desgaste que ha hecho en la primera parte de la carrera le pasó factura y el atleta americano lo sobrepasó en los últimos cien metros*. La *factura* es el recibo en el que aparecen los productos vendidos o los servicios prestados y que se entrega al cliente como justificante de pago.

Pasar/hacer/ser una/**la criba** Pasar una selección muy estricta. *Bueno, aprobar el primer examen no quiere decir nada. Es pasar una criba, pero todavía queda lo peor.* La *criba* es la acción de *cribar,* de usar el utensilio denominado también *criba* o *cedazo,* una red de tela o de metal, más o menos tupida, o una lámina agujereada sujetas a un bastidor, con el que se separan granos de diferentes tamaños, generalmente de arena o de cereal.

Pasar la gorra Pedir dinero. *De momento el museo es gratuito pero me parece que pronto vamos a tener que pasar la gorra para cubrir, por lo menos, los gastos de mantenimiento.* Se dice por analogía con los músicos, saltimbanquis o cómicos ambulantes que, una vez terminada la actuación, pasaban, y aún pasan, la gorra para que el público deposite en ella el dinero. V. *Con la gorra*||*De gorra*||*Ser un gorrón.*

Pasar la noche en blanco/en vela No dormir en toda la noche. *Estaba muy nervioso y he pasado la noche en blanco.* El origen del dicho está en el ritual de algunas órdenes de caballería, en las que se exigía que el candidato pasara la noche anterior a ser armado caballero velando sus armas, por lo general en una iglesia o capilla (v. *Estar en capilla*). Estos futuros caballeros, tras haber sido confesados y haber comulgado, se vestían con una túnica blanca, símbolo de pureza espiritual y origen de la locución, y así pasaban la noche. Don Quijote —aunque todo es una burla y no hay ni castillo, ni castellano, ni damas, sino venta, ventero y prostitutas— cumple también esta ceremonia en el capítulo III de la primera parte. La expresión parece haber entrado directamente del francés *(Passer une nuit blanche).* V. *Velar armas.*

Pasar/sufrir **las de Caín** Soportar muchos problemas y sufrimientos. *Había un tráfico tremendo. He pasado las de Caín para llegar hasta aquí.* La locución alude a las penas que pasó Caín, hijo de Adán y Eva, tras haber dado muerte a su hermano Abel con una quijada de asno. Según la Biblia, Dios condenó a Caín con estas palabras: «La sangre de tu hermano está clamando desde la tierra. Maldito serás tú desde ahora sobre ella. Después de que la hayas labrado, no te dará frutos y errante y fugitivo vivirás». Este episodio se nos narra en el capítulo IV del *Génesis,* el primer libro de la Biblia. V. *Más malo que Caín.*

Pasar/sufrir/soportar **las penas del infierno**/del purgatorio Sufrir muchas penalidades o contratiempos. Pasarlo muy mal para conseguir algo. *No veas lo que he tenido que hacer para llegar hasta Madrid, con el retraso del avión y las huelgas he pasado las penas del infierno.* Evidentemente, las penas del purgatorio, el lugar en el que las almas, puliendo sus imperfecciones, esperan el juicio final, deben de ser bastante más soportables que los castigos en las calderas infernales. V. *Ser un alma en pena.*

Pasar/sufrir/tener **más aventuras que Barceló por**/en **la mar** Sufrir muchos avatares, contratiempos y dificultades. *Al final hemos llegado sanos* *y salvos, después de dos vuelos cancelados, un traslado en autobús, un control del ejército en la carretera, un tiroteo a doscientos metros... En fin, que hemos pasado más aventuras que Barceló por la mar.* La frase se refiere a las hazañas de un aventurero mallorquín, el comandante Antonio Barceló, uno de los personajes más populares en la España de mediados del siglo XVIII, en la época del reinado de Carlos III. Con el lema «A la mar voy; mis hechos dirán quién soy», Barceló combatió en numerosas ocasiones contra los piratas turcos y berberiscos que dificultaban el comercio en el Mediterráneo y que periódicamente se atrevían a realizar incursiones en las costas españolas.

Pasar/tener **más hambre que un maestro de escuela** Pasar mucha hambre. El hambre del *maestro de escuela,* que hoy es un lejano recuerdo —el hambre y el maestro de escuela—. Durante mucho tiempo la enseñanza estuvo en manos de las órdenes religiosas y eran pocos los que podían pagar un maestro privado. Las pocas instituciones privadas que contrataban maestros los malpagaban y apenas podían competir con las religiosas. A finales del siglo XVIII se intentó establecer un sistema público de enseñanza, dependiente en la mayor parte de los casos de los ayuntamientos. La cosa no mejoró mucho, sobre todo para aquellos que ejercían su profesión en pequeños pueblos, que pasaran largas temporadas sin cobrar su sueldo, por otra parte bastante escaso. Esto llevó a muchos maestros a la mendicidad, a tener que ser mantenidos por los ciudadanos. Para que nos hagamos una idea de cómo estaba el panorama de la educación en la España de finales del XIX baste decir que, sobre una población de 17 millones de habitantes, había sólo 16.000 estudiantes universitarios y apenas un millón y medio de niños en la enseñanza primaria. La tasa de analfabetismo superaba el 40% de la población. Un Real Decreto de octubre de 1901 dispuso que el Estado se hiciera cargo del pago de los sueldos de los maestros, incluidos los atrasos. Estas penurias generaron la comparación. V. *Tener más hambre que los pavos de Manolo*.

Pasar/volver **página**/la página/la hoja Cambiar radicalmente. Poner fin a un modo de vida o una forma de actuar para comenzar otros. *Este año ha sido totalmente negativo, pero hay que ser optimistas, pasar página y hacer las cosas mejor el año que viene*. Quien está leyendo un libro y pasa la página da por terminada una parte, que ya no retoma, y empieza otra. V. *No tener vuelta de hoja*.

Pasar por alto Ignorar voluntariamente algo negativo. No tener en consideración una ofensa o una falta. *Todos tenemos defectos que los demás nos tienen que pasar por alto, porque si no la convivencia sería imposible*. Hay dos interpretaciones sobre la procedencia de la locución. La primera la hace proceder del lenguaje de los cazadores, en el que *pasar por alto* sería dejar, por distracción, que las piezas pasen sobre el lugar en el que están apostados los cazadores. La segunda se sitúa en el juego de pelota. *Pasar por alto* sería, por tanto, el lance en el que la pelota supera por encima la posición de un jugador.

Pasar/entrar **por el aro**/el embudo/el tubo Aceptar algo con gran esfuerzo, en contra de la propia voluntad. *El director se negaba a subirnos el sueldo, pero ante la posibilidad de la huelga, ha acabado pasando por el aro*. ¿Han visto qué trabajo le cuesta al domador convencer a los leones del circo para que lo hagan?... El *embudo* (v. *La ley del embudo*) y el *tubo* nos transmiten la imagen de algo estrecho a través de lo cual es difícil pasar; en el último caso, sólo podemos pasar por un tubo si nos arrastramos, con lo que queda patente la idea de sumisión.

Pasar(se a alguien) **por la piedra** Pasar por la piedra: derrotar, vencer. *No tenemos nada que objetar. Nos han vencido clara y contundentemente. Vamos, que nos han pasado por la piedra*. A veces, sobre todo con el verbo *pasarse*, se hace referencia al acto sexual. *Es un bocazas y un chuleta y eso de que se ha pasado por la piedra a ésta y a la otra no es más que una fanfarronada*. La *piedra* que aparece aquí es la del molino, por lo que la frase podría entenderse como 'moler a alguien' (v. *Estar hecho polvo/estar molido*). En la lengua coloquial el verbo *moler* también se suele identificar con el acto sexual.

Pasar por la vicaría (Llevar a alguien a la vicaría/al altar) Casarse. *Después de diez años de noviazgo por fin han decidido pasar por la vicaría*. La *vicaría* es la oficina o el despacho del vicario, del auxiliar del obispo o del párroco, por lo que *pasar por la vicaría* es, literalmente, tramitar los documentos y expedientes necesarios para contraer matrimonio. Digamos que la vicaría es la parte administrativa del sacramento, frente al altar que representa la parte religiosa.

Pasar por/bajo **las horcas caudinas** Verse obligado a soportar una humillación o a hacer por la fuerza algo que no se desea. *Su madre quería que se casara de blanco y, aunque a ella no le gustaba, al final tuvo que pasar por las horcas caudinas*. El dicho hace referencia al episodio que tuvo lugar en el año 321 en la ciudad italiana de Caudio, en el camino entre Capua y Benevento, actual región de Campania. En esa zona habitaban los samnitas, que mantenían frecuentes enfrentamientos con los romanos. Tras uno de ellos, los romanos se comprometieron a firmar la paz a cambio de obtener paso libre por el estrecho desfiladero, denominado hoy de las Horcas Caudinas, que atraviesa los Apeninos. Como garantía del compromiso dejaron a seiscientos soldados de la caballería en manos de los samnitas. Éstos, con el fin de humillar a los romanos, formaron un arco con una especie de yugos, llamados horcas, que eran los que se utilizaban para llevar al cadalso a los condenados a muerte, lo colocaron a poca altura y obligaron a los rehenes a pasar bajo él, con lo que se veían obligados a agachar la cabeza (v. *Bajar la cabeza*). El episodio se saldó suspendiendo el acuerdo y declarando la guerra a los samnitas.

Pasar revista Revisar. Controlar algo o a alguien. *Pues he pasado revista mentalmente a todo lo que le dije y no encuentro que nada fuera ofensivo.|Antes de ponernos en marcha hay que pasar revista a todos los equipajes y ver si llevamos todo lo necesario*. La expresión procede del lenguaje militar, donde se denomina así a la inspección que un suboficial u oficial hace de la tropa en formación.

Pasar un/el **mal trago** (Ser algo un mal trago) Pasar un mal momento. «Beberse» algo desagradable. *El accidente fue bastante aparatoso. Pasamos un mal trago pero, por fortuna, no pasó nada grave*. Es frecuente en la lengua coloquial el uso del verbo tragar con el significado de 'soportar'. V. *Cantarle a alguien el trágala||No tragar algo o a alguien||Pasar el mal trago||Tener tragaderas||Tragar sapos y culebras*.

Pasar/sufrir/soportar/ser **un vía crucis**/un calvario Sufrir una larga desventura o una persistente desgracia. *El viaje de vuelta ha sido horroroso. Nos han cambiado dos veces de avión, nos han desviado a otro aeropuerto, no nos han dado de comer, nos han tratado fatal. En fin, que hemos pasado un vía crucis*. El dicho, claro está, se refiere a las penalidades sufridas por Cristo durante su pasión. *Via crucis* es en latín la 'vía de la cruz', la que recorrió con la cruz a cuestas camino del monte Calvario, también denominada *Vía Dolorosa*. V. *Cargar alguien con la cruz||Traer por la calle de la amargura*.

Pasar una crujía Estar en una situación sumamente difícil o penosa. *Últimamente tengo muchísimos problemas económicos y la verdad es que estoy pasando una crujía*. Se llamaba *crujía* al pasillo que quedaba entre las filas de bancos en los que se sentaban los galeotes que remaban en las galeras. Si alguno de ellos cometía algún delito, se le castigaba a *pasar un crujía*, es decir, a recorrer de extremo a extremo uno de estos pasillos mientras su compañeros le golpeaban y le daban azotes. V. *Tratar a baquetazos*.

Pasar/ser **una noche toledana** Pasar una noche sin dormir a causa de molestias, sobresaltos o disgustos. *Anoche cené demasiado y he pasado una noche toledana*. Tres versiones circulan del origen del dicho. La generalmente admitida es la de Sebastián de Covarrubias en su *Tesoro* (1611), al que, por ser toledano, se ha venido dando la razón, y que se refiere a los problemas causados por los enormes mosquitos que, procedentes de las aguas del Tajo, atacaban a los toledanos y a los visitantes en cuanto apretaba el calor. Algunas interpretaciones, como la de Gonzalo Correas en su *Vocabulario de refranes* (1627), identifican el dicho con una tradición toledana de la noche de San Juan, cuando las mozas de la ciudad, entre cánticos y bailes, salen a la calle a buscar marido. Según dicha tradición, se casarán con el primer hombre cuyo nombre escuchen. Por último, otra versión, quizá la que tenga más fundamento, recuerda un hecho histórico que se produjo en la ciudad imperial en el año 806. Por esas fechas el *walí* (gobernador) árabe de Toledo, Amrú (o Amrús) Al-Yerid, organizó un banquete para «agasajar» a los nobles musulmanes toledanos. Lo que realmente quería era vengarse de ellos, según algunos por las ofensas que dichos nobles habían vertido contra su hijo Yusuf en el periodo en que éste había sido gobernador; según otros, porque se habían rebelado contra el Califa de Córdoba. Mientras comían, Amrú ordenó a sus soldados que pasaran a cuchillo a todos los comensales, se dice que más de cuatrocientos, y que expusieran sus cabezas en la calle.

Pasarlas canutas/moradas/negras/putas Pasar muchos problemas, peligros y sufrimientos para conseguir algo. *Las he pasado canutas durante mucho tiempo, pero ahora he conseguido salir adelante*. Es difícil deducir de dónde puede venir la palabra *canutas*, pero tal vez pueda estar relacionada con la expresión *Dar (el) canuto*, que antiguamente significaba 'alcanzar un soldado su licencia total', que se le entregaba dentro de un canuto de lata (v. *Dar la lata*). Puede suponerse que *pasarlas canutas* se refiriera en un principio a los sufrimientos que pasaba un soldado hasta que abandona definitivamente el ejército, aunque, según algunas opiniones, se trata de un simple eufemismo por *putas*. Por lo que se hace al color morado, es éste el color que representa el sufrimiento, por eso es el color litúrgico de la Pasión, por eso también muchas de las imágenes religiosas de la Semana Santa, especialmente los Cristos con la cruz a cuestas, los que suelen llamarse *nazarenos*, van ataviadas con túnicas moradas. También es verdad que este color es el de los hematomas, denominados *cardenales* o *moratones*, precisamente por la tonalidad que adquieren. Por todo ello la expresión bien podría estar relacionada con los sufrimientos de los condenados o de los penitentes, sometidos a todo tipo de castigos y sufrimientos corporales. La aparición del color negro, como la del término *putas*, obedecen a las evidentes connotaciones negativas de las que se tiñen en la lengua coloquial. V. *El garbanzo negro*||*Estar en la lista negra*||*Estar negro*||*La oveja negra*||*Mano negra*||*Tener la negra*||*Verlo negro*||*Verse negro*.

Pasarlas más putas que/como **el que se tragó las *estrébedes*** Pasar grandes sufrimientos o penalidades. Sufrir un gran dolor, sea físico o espiritual. *Pues nada, que se me ha caído un armario encima y he estado un par de horas sin poder moverme, hasta que ha llegado Carlos. No me he hecho mucho daño, pero las he pasado más putas que el que se tragó las* estrébedes. Muchas veces la lengua coloquial nos deja perlas de surrealista exageración como la que nos ocupa. Hay cosas que resultan difíciles de tragar, es cierto, pero cuando tienen tres patas y son metálicas, la empresa se convierte en imposible, o en casi imposible, que hay gente para todo... Las *estrébedes*, forma vulgar de *trébede* o *trébedes*, del latín *tripedes*, 'tres pies', es un objeto de metal formado por un aro al que se le sueldan tres patas. Se usaba, y aún se usa en algunos lugares, para colocar los recipientes al fuego sin que tocaran directamente las brasas o el carbón.

Pasarle a alguien la patata caliente (Ser algo una patata caliente) Transmitirle a otra persona una gran responsabilidad o un asunto problemático. *No me parece justo que, en el momento de mayor crisis, el director presente la dimisión y le pase la patata caliente a su sucesor.* Se dice así por analogía con las patatas asadas recién sacadas del horno o de las brasas, difíciles de mantener en las manos por lo que queman. El adjetivo *caliente,* y otras palabras relacionadas con el calor, se usan muchas veces en la lengua coloquial con el significado de 'complicado; difícil' o de 'enfado; irritación'. V. *Al rojo vivo*||*En caliente*||*Está la cosa que arde*||*Estar alguien quemado.*

Pasarle a alguien la pelota/la bola (Pasar la pelota) Transmitirle a alguien una responsabilidad o una decisión trascendente o complicada. Pasar a otra persona un trabajo o una obligación. *Un buen jefe es el que sabe tomar decisiones en cualquier situación, no el que pasa la pelota a sus subordinados cuando la cosa se pone fea o cuando tiene que afrontar algo desagradable.* La imagen que nos viene a la cabeza es la del futbolista u otro deportista que le pasa el balón o la pelota y, por tanto, la responsabilidad, a un compañero. V. *Devolver la pelota*||*Estar la pelota en el tejado.*

Pasarle a alguien por encima (Pasar por encima de alguien) Superar, vencer claramente a alguien. *No hay quien les gane al tute. Siempre que hemos jugado con ellos nos han pasado por encima.* Metafóricamente, quien pasa por encima de otro no se conforma sólo con derribarlo, sino que, además, lo pisotea. V. *Darle a alguien un repaso.*

Pasarle/refregarle/restregarle **algo por las narices**/por los morros/por los hocicos a alguien Recriminar a alguien. Reprocharle algo. Sería, más o menos, arrojarle a la cara lo que ha hecho o lo que ha dicho (v. *Echar en cara*). Se advierte una especie de deseo de venganza, es como si se intentara abofetear a alguien con su propio comportamiento (v. *Cruzarle a alguien la cara*). A veces se usa con el significado de 'presumir de forma exagerada y ostentosa; intentar provocar la envidia de alguien'. *Estoy harto de que me pase por las narices todo lo que se compra. Ya sabemos que tiene mucho dinero y que se considera superior, pero tampoco es para que se exhiba de esa forma.*

Pasarlo en grande/a lo grande Pasarlo muy bien. Divertirse mucho. *Ayer estuvimos en el parque de atracciones y lo pasamos en grande.* V. *Pasárselo bomba.*

Pasarse algo por el forro (de los cojones)/por el arco de triunfo/por la entrepierna/por los cojones/por los huevos No hacer ningún caso. Ignorar. No darle a una cosa ninguna importancia. Despreciar algo. *Es inútil que le des consejos porque se pasa por el forro todo lo que le dices y hace siempre lo que le da la real gana.* El *forro* es el escroto, es decir «el forro de los cojones», prácticamente sinónimo del *arco de triunfo,* la *entrepierna,* los *cojones* y los *huevos.* Los genitales masculinos sugieren aquí desprecio, desinterés, poca importancia. V. *Ni por el forro.*

Pasarse de la raya Sobrepasar el límite de la tolerancia. *Basta ya de comportarte como un niño, que te estás pasando de la raya y me voy a enfadar.* Es posible que el dicho se haya originado en el mundo taurino, en concreto en el hecho de que el picador, a la hora de clavar la puya, no pueda sobrepasar las rayas paralelas del tercio, esas que separan la zona de las tablas de la de los medios. De todas formas, el verbo *pasarse* significa frecuentemente en lengua coloquial 'exceder el comportamiento normal o tolerable'. *No te pases ni un pelo y haz lo que te digo, porque a la próxima te quedas toda la semana encerrado en casa.* V. *Pasarse tres pueblos*||*Tener a raya*.

Pasarse de rosca (Estar pasado de rosca) Excederse. Sobrepasar el comportamiento considerado como normal. Estar mal de la cabeza. *Desde que trabaja tanto, Pepe está un poco pasado de rosca. Hace cosas que antes no hacía.* Cuando forzamos una tuerca o un tornillo lo trasroscamos, es decir, rompemos el juego normal de la rosca, por lo que queda inutilizado (v. *Otra vuelta de tuerca*). Pues ocurre lo mismo, pero en el ser humano...

Pasarse tres pueblos Excederse. Sobrepasar los límites de lo lógico o de lo permitido. *Entiendo que estuvieras enfadado con él, pero la bronca que le has metido ha sido excesiva. Te has pasado tres pueblos.* Es una frase de reciente creación que nos lleva a pensar en quien, por exceso de velocidad, se pasa de largo del lugar, del «pueblo» al que va. V. *Pasarse de la raya*.

Pasársele a alguien el arroz Dejar pasar el momento oportuno, la época más propicia para algo. Se aplica, sobre todo, a quien se deja «escapar» el momento adecuado para casarse o para establecer una relación sentimental. *Fíjate que el tío es guapo y que tiene la vida resuelta. Pero nada, tiene un carácter tan difícil que no consigue encontrar a la mujer adecuada. Para mí que, como no cambie un poco, se le va a pasar el arroz.* El arroz pasado de su punto, sobre todo en paella, se reblandece y resulta realmente incomible

Pasárselo/pasarlo **bomba** Divertirse muchísimo. *Ayer fui a ver esa película que me recomendaste y la verdad es que me lo pasé bomba.* El término *bomba* funciona aquí en sentido figurado como un adjetivo con el significado de 'sensacional; maravilloso; extraordinario'. Lo mismo sucede, por ejemplo, en *noticia bomba* o *esa novela es una bomba*. V. *Pasarlo en grande*.

Pata chula [tener la; ser un] Se llama así a la pierna tiesa o coja, a la que, por estar lesionada o a causa de alguna enfermedad, no se puede doblar o mover correctamente. *Tú quédate en casa, que tienes la pata chula y tienes que guardar reposo.* Parece que en la expresión funciona de forma irónica la palabra *chulo* en su acepción de 'bonito; gracioso', lo que discurre paralelo con el uso coloquial de *pata* en lugar de *pierna*.

Pata de gallo Se llama así a la arruga con tres surcos divergentes que, generalmente con el paso de los años, se forma en el ángulo de los ojos. La forma recuerda a los tres dedos de las patas de los gallos. *Es muy joven pero sobre todo por el pelo blanco y las patas de gallo parece que tiene diez años* *más*. También, por la misma razón, se denomina *pata de gallo* al dibujo de las telas que consiste en pequeños cuadros, que se alternan con dibujos de tres líneas divergentes, a modo de las patas de estas aves. *En lugar de tantos colorines yo me pondría un traje de chaqueta de pata de gallo. Lo más sobrio es siempre lo más elegante*. En este caso, parece tratarse de un préstamo de la expresión francesa *pied-de-poule,* literalmente, 'pie (pata) de pollo'.

Patente de corso [tener; dar; conceder] Tener una persona la potestad de obrar como le apetezca, incluso con total impunidad ante el delito. *Este niño cada vez que llega a mi casa se sube en las sillas, me destroza todo lo que encuentra a su paso... Se conoce que está acostumbrado a que sus padres le den patente de corso para hacer lo que le dé la gana*. La *patente de corso,* llamada también *carta de marca,* era una cédula por la que el gobierno de un país autorizaba a una persona para, en nombre de dicho gobierno, abordar barcos de otras naciones y quedarse con parte del botín; de ahí la palabra *corsario*. La palabra *corso* está relacionada con *curso,* del latín *cursus,* 'carrera, recorrido', por lo que *patente de corso* sería algo así como 'patente de carrera'. Hay que decir que esta cédula permitía al corsario evitar incluso la horca, en caso de ser capturado. Frente al corsario, el *pirata* atacaba a cualquier barco, fuera del país que fuera, y únicamente para su provecho. Sin duda alguna, el más famoso corsario de todos los tiempos fue Francis Drake (1540-1595), nombrado *sir* por la reina Isabel I de Inglaterra, que abordó a numerosos barcos españoles y llegó, incluso, a atacar Cádiz.

Patinarle/derraparle **a alguien las neuronas**/las meninges/el embrague Hacer o decir cosas ilógicas o incoherentes. Tener un estado de confusión mental. No estar muy bien de la cabeza. Estar loco. *Pero cómo se te ocurre salir con esa pinta a la calle. A ti te patinan las neuronas, chaval...* Las *neuronas* son las células nerviosas y las *meninges* son las tres membranas que envuelven el encéfalo y la médula espinal. Ambos términos se identifican con el *embrague* de los coches, el pedal que se acciona para meter las marchas, que es indispensable para que el coche se ponga en movimiento. Si el embrague patina no funcionan de forma correcta los engranajes, las marchas no entran adecuadamente y el vehículo, igual que la persona a la que le aplicamos el dicho, chirría.

Paz octaviana Se denomina así a un periodo largo de tranquilidad o a un lugar de gran sosiego. *Al principio de su matrimonio estaban constantemente discutiendo, pero de un tiempo a esta parte están pasando unos años de paz octaviana*. La locución se refiere a Octavio u Octaviano Augusto (68 a. C.-14 d. C.), hijo adoptivo de Julio César, que formó con Marco Antonio (82-30 a. C.) y Marco Lépido (90-12 a. C.) el llamado segundo triunvirato. Posteriormente, tras ser proclamado cónsul y más tarde emperador, pacificó Hispania, el sur del Danubio, Judea y Armenia. Reorganizó el Estado y reguló el comercio. Con todo ello logró un periodo de paz que, desde la fundación, jamás había existido en Roma. Según cuenta el historiador Tito Livio (59? a. C.-

17 d. C.) en su magna obra *Ab urbe condita* (Desde la fundación de la ciudad), el templo de Jano, dios guardián de las puertas de Roma, que sólo se cerraba en épocas de completa paz, se había cerrado sólo en dos ocasiones desde los tiempos de Numa Pompilio (715-672 a. C.), segundo rey de Roma, sucesor de Rómulo, que había ordenado erigirlo. Durante el reinado de Augusto, como relata otro importante historiador, Cayo Suetonio (70?-140?), en su *Vida de los doce césares,* se cerró ni más ni menos que en tres ocasiones.

Pedir/reclamar **algo a gritos** Se usa esta frase, metafóricamente, para dar a entender que alguien, con sus acciones o comportamiento, reclama con firmeza e insistencia algo que necesita o que parece justo, igual que si alguien, al reclamar algo de palabra, lo hiciera en voz alta. *Esta chica es una joya: trabaja de maravilla, sabe hacer de todo, habla cinco idiomas... yo creo que está pidiendo a gritos un ascenso.* Aplicada a una cosa, nos remite a la necesidad u obligación de cambiarla o de transformarla: *Esta habitación está pidiendo a gritos una mano de pintura.* V. *A grito pelado*||*A voz en grito.*

Pedir árnica Pedir ayuda o compasión. Suplicar auxilio. *No ha querido que le echemos una mano y nos ha dicho, de muy mala manera, que lo dejemos en paz. Cuando pida árnica yo no pienso mover un dedo por él.* El *árnica* es una planta medicinal de la que se extraía, siguiendo antiguas recetas de algunos pueblos germánicos, un aceite esencial con el que se curaban todo tipo de golpes y magulladuras y se aliviaban los dolores provocados por ellos. Se empleaba también como anestésico y para provocar el estornudo.

Pedir cotufas en el golfo Exigir cosas imposibles. *No pienses que el dinero te va a llegar del cielo, sin trabajar. No pidas cotufas en el golfo.* La *cotufa,* llamada más comúnmente *chufa,* es un tubérculo dulce del que se extrae la horchata. Resultaría, por tanto, imposible pedir en el mar algo que, al fin y al cabo, es una raíz.

Pedir gollerías Pedir cosas excepcionales, difíciles o imposibles. *¿Que decore el techo con hojas de escayola? Anda, no me pidas gollerías. Bastante es que me haya atrevido a pintar toda la habitación.* El término *gollería* es una deformación de *golloría,* nombre onomatopéyico que se da a una pequeña ave, similar a la golondrina, que sólo se ve, y muy extrañamente, en primavera y que antaño era considerada como un manjar exquisito. De hecho hoy *gollería* es sinónimo de manjar o golosina.

Pedir la Luna Pedir cosas imposibles o muy difíciles de lograr. Se suele usar en forma negativa. *Yo no le he pedido la Luna. Lo único que quiero es que me pague lo que me merezco, que mi sueldo corresponda a mi trabajo.* La Luna siempre ha sido, desde la más remota Antigüedad, representación de lo mágico, lejano y misterioso.

Pedir(le) **peras al olmo** Pretender un imposible de una persona o de una cosa. *Pretender que por estas fechas llueva es pedirle peras al olmo.* El olmo, evidentemente, no da peras. Produce un fruto seco con una semilla ovalada.

Pedir por boca de fraile Estar pidiendo constantemente. *Ser un pedigüeño. Ayer, que te deje el coche, hoy dinero... Tú pides por boca de fraile.* El dicho se refiere a los frailes de las antiguas órdenes mendicantes, que vivían de la limosna. V. *Hacerle a alguien la boca un fraile.*

Pedirle algo el cuerpo a alguien (Me lo pide el cuerpo) Tener ganas de hacer alguna cosa. Necesitar algo. *Este año he decidido pegarme unas vacaciones por todo lo alto. Me lo pide el cuerpo y me lo merezco.*

Pegar la hebra Hablar con alguien de manera prolongada. *Ayer me encontré con un amigo al que hacía tiempo que no veía y estuvimos pegando la hebra durante un par de horas.* La larga duración se materializa en la palabra *hebra,* que es la porción de hilo que se emplea para coser. A veces se usa con el significado de 'entablar conversación con alguien', identificado con pegar, que no es otra cosa que unir ambos extremos de la hebra. *Mira que eres pesado. Conozcas o no conozcas a la gente tú pegas la hebra con cualquiera.*

Pegar/dar/llevarse/ser/tener **un patinazo**/un resbalón Equivocarse considerablemente. Cometer un error importante. *Resbalón, patinazo, desliz...,* se usan frecuentemente en la lengua coloquial con el significado de 'error' y *resbalar* y *patinar* con el de 'equivocarse'. *Como suele ser habitual, las empresas encargadas de las encuestas electorales han pegado un patinazo notable y los resultados han vuelto a dejarlas en ridículo.* V. *Tirarse una plancha.*

Pegársele a alguien las sábanas (Quedarse/estar pegado a las sábanas) Quedarse dormido más tiempo de lo habitual o de lo necesario. *Siento haber llegado tarde; es que anoche me quedé a trabajar hasta tarde y esta mañana se me han pegado las sábanas.* La frase es una de esas tantas que se explican recurriendo a la imagen que sugiere mucho más que las palabras.

Peinar canas Estar en la madurez o en la vejez. Se usa sobre todo con el significado de 'tener experiencia'. Las *canas* son los pelos blancos de la cabeza o de la barba. *Tú haz caso de lo que te digo, que peino canas y me he visto muchas veces en situaciones como ésta en la que tú estás ahora.*

Pelar la pava (Comer hierro) Cortejar a una persona. Ligar. Conversar dos enamorados. *Estos dos no se enteran de nada de lo que pasa a su alrededor. Llevan toda la tarde pelando la pava.* El origen del dicho parece estar en un cuento de procedencia andaluza. Una mujer ordenó a su criada que pelase una pava para un banquete. La muchacha se fue a pelarla junto a la reja de la ventana —de aquí que antiguamente la locución se refiriera sólo a quienes se hablaban a través de una reja—, lugar en el que esperaba su enamorado. Al darse cuenta de que la criada no volvía, la señora la llamó, a lo que aquella contestó: «Ya voy, señora, es que aún estoy pelando la pava». Por cierto, a la acción de cortejar y ser cortejada —o cortejado, que los tiempos están cambiando— a través de una reja se denomina, en algunos lugares del sur de España, de una forma tan plástica como burlona: *comer hierro.*

Pelillos a la mar (Echar pelillos a la mar) Con esta expresión se invita a otra persona a olvidar los enfrentamientos o rencillas que pudieran haber surgido entre ésta y quien lo pide y se alienta la reconciliación. *Mira, llevamos ya unos cuantos días sin hablarnos por una tontería. Vamos a olvidarlo todo y pelillos a la mar.* El origen de la locución está relacionado con un episodio narrado por Homero (s. IX a. C.) en el tercer libro de la *Ilíada,* que cuenta cómo algunos griegos y troyanos —olvidándose de los problemas surgidos entre sus dos pueblos a raíz del secuestro de Helena por Paris, que dio origen a la guerra de Troya— celebraron una ceremonia de confraternización que, la verdad, de poco sirvió. Cada una de las partes trajo unos corderos para ser ofrecidos conjuntamente en sacrificio a los dioses. Antes de matar a los animales, les cortaron unos mechones de lana, que se repartieron y, como señal de paz y de olvido de las rencillas, arrojaron al mar. Posteriormente, el rito se siguió celebrando entre los griegos como promesa de amistad y fidelidad, a veces cambiando la lana de los corderos por unos pelillos cortados de la barba, símbolo de fortaleza, valor y virilidad. De aquí seguramente nos llega la expresión. V. *Dar la barba*||*En las barbas de alguien*||*Mentir por la barba*||*Por barba*||*Subírsele a alguien a las barbas*||*Ser un tío con toda la barba.*

Pensar en las musarañas (Mirar las musarañas) Estar distraído. *No soy capaz de concentrarme en la lectura de este libro. No sé qué me pasa que me sorprendo a mí mismo pensando en las musarañas.* La *musaraña* es un pequeño roedor, tal vez el mamífero de menor tamaño que existe; de hecho su nombre viene del latín *mus aranea,* 'ratón araña'. Por eso, quien piensa en las musarañas o las mira, se distrae en asuntos de escasa importancia y poco interés. Según el diccionario académico, se denomina también musarañas, seguramente por identificarlas con el pequeño tamaño del animal, a esa especie de nubecillas que a veces, en situaciones de cansancio o de sueño, parecen pasar por delante de los ojos. Algunos opinan que *pensar en las musarañas* sería, pues, algo parecido a *Estar en las nubes* (v.). Puede ser también que *pensar en las musarañas* sea un cruce humorístico e irónico con *estar pensando en las musas,* o sea, estar en trance de inspiración.

Perder el compás/el diapasón Desentonar. No tener el acierto o el éxito habituales. Perder el control de una situación. *Hasta este momento estamos haciendo las cosas bien. Ahora lo más importante es seguir por este camino y no perder el compás.* El *compás* es el ritmo o la cadencia de una pieza musical. El músico que pierde el compás se equivoca y puede llevar al error a sus compañeros. V. *Dar la nota*||*Estar en un compás de espera.*

Perder el culo (Ir alguien que pierde el culo) Apresurarse para hacer algo. Ir muy deprisa. *Vas siempre a clase que pierdes el culo. ¿Por qué no te levantas un poquito antes?* Muchas veces se usa con el significado de 'poner mucho interés en algo o en alguien'. *Se nota que le quiere hacer la pelota. En cuanto lo ve pierde el culo para ir a saludarlo.* La persona a la que nos referimos va tan rápidamente que se diría, hiperbólicamente, que se deja atrás el trasero. V. *Mojarse el culo*||*Ir de culo*||*Partirse de risa/el culo*.

Perder el hilo Perder el argumento principal, como si quien teje o devana perdiera el extremo del hilo. *La novela es dificilísima de leer: como pierdas el hilo, tienes que volver hacia atrás para poder seguir la historia*. Es posible que en el origen de la frase esté el mitológico hilo de Ariadna que sirvió a Teseo para salir del laberinto después de haber matado al minotauro. V. *Coger el hilo*||*El hilo de Ariadna*||*Estar al hilo*||*Tirar del hilo*.

Perder el norte/el rumbo/la brújula/el oremus/la tramontana Perder el control o la calma. Apartarse del comportamiento considerado lógico o apropiado. *En este trabajo se necesita mucho autocontrol. No puedes perder el norte en ningún momento. Siempre debes ser paciente y educado con los clientes y no decir una palabra más alta que otra*. Los marineros solían orientarse buscando en el cielo la estrella polar, que indicaba el norte, o utilizando la brújula, cuyos polos magnéticos marcan el norte y el sur. La *tramontana* es el norte, y también el viento que sopla desde esa dirección, que servía y sirve como orientación en la mar. Los antiguos marineros llamaban también así a la estrella polar, la última de la cola de la constelación conocida como *Osa Menor*. El término *tramontana*, que parece haber entrado en nuestra lengua a partir del catalán *tramuntana*, significa etimológicamente 'del otro lado del monte'. El *oremus* podría ser el misal, el libro de misa cuando ésta se decía en latín. El cura que lo extraviara, y más considerando los escasos conocimientos que muchos clérigos tenían de la lengua latina, estaría completamente perdido, sin rumbo y sería incapaz de decir misa. V. *Conocer la aguja de marear*||*Ir a la deriva*.

Perder el seso/el sentido Perder el juicio, la razón. Actuar de forma incomprensible. *Descansa un poco, hombre, que de tanto leer vas a perder el seso, como Don Quijote*.|*Era un hombre completamente normal y equilibrado. No entiendo cómo puede haber hecho eso. Sin duda alguna perdió el seso*. El término *sesus* en latín significaba 'razón; sentido'. Posteriormente se llamó *seso* o *sesos* al cerebro por ser el órgano en el que reside el entendimiento.

Perder el tren Dejar pasar el momento oportuno, la situación propicia para hacer algo. *Tengo que aprobar estas oposiciones porque este año es cuando más plazas salen a concurso. Como pierda el tren ya lo voy a tener muy difícil*. Ahora quien deja pasar un tren debe subirse a otro que, quizá, ya no llegue a tiempo. V. *Subirse al tren*.

Perder gas Perder fuerza. *El equipo empezó la temporada muy fuerte pero, poco a poco, ha ido perdiendo gas y ahora está en los últimos puestos de la clasificación*. El *gas* es aquí la potencia generada por la combustión del carburante de un automóvil. *Dar gas* o *abrir gas* son expresiones sinónimas de 'acelerar', sobre todo aplicadas a las motocicletas. V. *A toda máquina/gas*.

Perder la cabeza/la chaveta (Estar chaveta) Cambiar el comportamiento habitual. Trastornarse. *Era un chico ciertamente equilibrado, pero cuando la conoció perdió por completo la cabeza y ya nunca fue el mismo. Chaveta* es un vocablo procedente del italiano *chiavetta*, 'llave pequeña'. La *chaveta* es una clavija o una especie de pasador de dos puntas, con remaches, con la que se sujeta una pieza a un eje, barra o listón. Si se pierde la *chaveta* el mecanismo, como la cabeza de la persona de la que hablamos, se descompone, se estropea. Quien *está chaveta* está, por lo tanto, loco.

Perder (la) onda Perder la relación o la conexión con algo. No estar enterado. Estar pasado de moda. *Fue un cantante muy famoso hace unos años pero poco a poco ha ido perdiendo la onda y hoy ya nadie se acuerda de él*. La expresión nació en el lenguaje juvenil, aunque está ya prácticamente incorporada a la lengua coloquial. Esta *onda* es la hertziana, la de la radio, la que llega por el aire para permitirnos estar al día, informados, para conocer todo lo que sucede. Quien *pierde la onda* está aislado, como fuera del mundo. V. *Estar en onda*.

Perder(le a alguien) **la pista**/el rastro Desconectarse de algo. Perder la relación con algo o con alguien. *Con tanta calculadora y tantos medios técnicos ya hemos perdido la pista de las más elementales operaciones matemáticas. ¿Cuántos niños de hoy saben dividir?*||*Hace siglos que no veo a Manolo; le he perdido la pista; la última vez que supe de él estaba trabajando en Barcelona*. Es lo que sucede cuando el rastro de la pieza a la que se persigue desaparece y el perro o el propio cazador no pueden llegar a ella y la dan por perdida. V. *Poner sobre la pista*||*Seguir la pista*.

Perder las riendas Perder el control de una situación, de la misma forma que lo pierde quien suelta las riendas de una caballería (v. *Perder los estribos*). Usamos sobre todo esta expresión cuando alguien se enfada en exceso o se pone muy nervioso y actúa de forma extraña e irracional. *No sé lo que pasó. Sólo te puedo decir que cuando me insultó perdí las riendas y me lancé hacia él*. V. *A rienda suelta*||*Dar rienda suelta*||*Llevar las riendas*.

Perder los estribos Al igual que sucede con la expresión *Perder las riendas* (v.), significa enfadarse o comportarse de forma que se pierde el control de la situación. *Ayer bebiste más de la cuenta y, de verdad, perdiste los estribos*. Los *estribos* son las piezas, generalmente de metal, que sirven al jinete para apoyar los pies y que, como las riendas, se emplean para controlar la marcha de la caballería. V. *Con un pie en el estribo*.

Perder los papeles Desorientarse. Perder el control. *Siento mucho lo que te dije ayer. Estaba muy nervioso y perdí los papeles*. Posiblemente estos papeles sean los teatrales. Si los actores los olvidaran o se equivocaran se produciría, lógicamente, un gran caos en el escenario. Tampoco estaríamos desencaminados si interpretáramos los *papeles* en el sentido de escritos o documentos que sirven de guía en muchas actividades cotidianas y aportan seguridad y crden. Si se pierden, se provoca la confusión. V. *Hacer un buen o mal papel*||*Invertirse los papeles*.

Perico el de los palotes [ser; parecer] Con este apelativo denominamos a quien es excesivamente simple, a quien no nos importa o a quien no queremos nombrar. *A ver cuándo me invitas a ver tu casa. Llevas ya dos años viviendo en ella y ha estado en ella hasta Perico el de los palotes... Todos menos yo*. El tal Perico parece ser uno de los muchos personajes, prototipo de la estulticia, que circulan por la lengua coloquial. V. *Más tonto que Perico el de los palotes*.

Permitirse/darse **el lujo de algo** Darse un capricho o una satisfacción. Hacer un exceso o un gasto extraordinario. *Después de un año trabajando como un loco me voy a permitir el lujo de pegarme quince días de vacaciones en el Caribe a todo tren, por todo lo alto y sin reparar en gastos*. Muchas veces se usa en sentido figurado, con el significado de 'atreverse'. *No puedo entender cómo te permites el lujo de discutir las decisiones de tu jefe y más conociendo el carácter que tiene*.

Perro no come (carne de) **perro** Con este dicho se asegura que las personas que tienen ideas similares o algún tipo de afinidad o que forman parte del mismo grupo profesional no se perjudican entre sí. Muchas veces se alude con ella a una suerte de solidaridad o de corporativismo mal entendidos. *Es muy difícil que un médico te firme un certificado en el que se confirme que otro médico te ha causado algún daño o no te ha atendido como debería. Perro no come perro*. La frase es una traducción de la antigua sentencia latina *Canes caninam non est,* citada por el erudito y gramático romano Marco Terencio Varrón (116-27 a. C.), que la da como ejemplo de proverbio en su monumental obra *De lingua latina*. La frase también existía desde antiguo en griego.

Pesar como una losa (Ser algo una losa) Ser algo difícil de sobrellevar. Sentirse abrumado. *Hombre, es normal que el fracaso de su anterior matrimonio le pese como una losa y que se lo piense antes de meterse en una nueva relación.*|*El sentimiento de culpa pesaba como una losa y al final acabó confesando la verdad*. Quien experimenta este tipo de sentimientos da la impresión de estar soportando una pesada carga que, en cualquier momento, puede acabar venciéndolo. La *losa* es una piedra grande y plana. El término se aplica muchas veces a la piedra que cubre la sepultura, significado que bien podría funcionar en esta expresión. V. *Quitarse un peso de encima*.

Pescar en aguas turbias/en río revuelto Aprovecharse de la confusión o de una situación complicada o problemática para obtener favores, beneficios o ganancias. *Una multinacional, aprovechando la desastrosa situación económica en que estaban envueltas, se ha hecho con el control de varias empresas muy significativas dentro del sector. Bien puede llamarse a eso pes-*

car en aguas turbias. Las frases están relacionadas con un conocido refrán: *a río revuelto, ganancia de pescadores*. Aún en algunos lugares se utiliza para pescar —especialmente truchas y anguilas, difíciles de capturar en aguas claras— una conocida técnica que consiste en remover el fondo de los ríos o de los lagos para que las aguas se enturbien. Los peces, aparte de no ver, quedan así aturdidos y buscan la superficie, con lo que, echando las redes, se pueden capturar con gran facilidad. Los griegos tenían un dicho muy similar: *enturbiar el agua para pescar anguilas*, que el gran comediógrafo Aristófanes (445-388 a. C.) usa en su obra *Los caballeros:* «Tú haz como los que pescan las anguilas. Si las aguas están claras y tranquilas no cogen nada. En cambio, si remueven el fango, tienen para elegir. Haz lo mismo, provoca el desbarajuste en Atenas y aprovéchate para robar todo lo que puedas».

Picar muy alto Tener ilusiones o ambiciones desmesuradas o muy difíciles de cumplir. *O sea, que cuando seas mayor quieres ser ministro... Muy alto picas tú*. En la corte de Felipe IV (1605-1665) destacaba, por su ingenio y sus méritos literarios, tan grandes como sus intrigas, sus ansias de poder y sus escarceos amorosos, don Juan de Tassis y Peralta, conde de Villamediana (1582-1622). Se cuenta que el conde era aficionado a las fiestas de toros y, en concreto, a realizar la suerte de picar y que en una de estas fiestas, celebrada en Madrid, alguien cercano al rey comentó «¡Qué bien pica el conde!», a lo que el monarca contestó: «Sí. Pica bien, pero pica muy alto», aludiendo a la ambición antes citada o tal vez a alguna conquista de alta alcurnia, quién sabe si, como se rumoreaba en la corte, a la propia reina... Estas palabras dieron origen al dicho. Por cierto, Villamediana murió asesinado, posiblemente por sicarios a sueldo de alguno de los muchos maridos «cornificados» de la villa y corte.

Pies, para qué os quiero Se dice cuando alguien huye o escapa a toda prisa de un lugar. *Nos cerraron el paso siete u ocho hinchas del otro equipo con cara de pocos amigos. Nosotros nos miramos y pies para qué os quiero: no dejamos de correr hasta un cuarto de hora después.*

Pillar/coger **a alguien en bragas** Sorprender a alguien desprevenido o descuidado. Se nos transmite la idea de que la persona está en ropa interior, de que no está aún vestida, es decir, preparada. *Cuatro de las cinco preguntas me las esperaba pero la quinta era rarísima. Jamás hubiera pensado que me iba a caer una parecida. Me han pillado en bragas*. El término *bragas* designa aquí tanto a la ropa interior femenina como a la masculina. La denominación de la prenda parece proceder del nombre de una tribu celta, los *braqui* o *bráccari*, que usaban una especie de calzón corto de cuero que los distinguía de otras tribus. V. *Estar hecho una braga*.

Pillar/coger **el toro a alguien** Este modismo, de origen taurino, se usa para indicar que una persona se ve sorprendida por los acontecimientos o que se le echa encima el tiempo marcado para concluir un trabajo. *Tenía que ha-*

ber entregado este trabajo ayer, pero me ha pillado el toro y he tenido que pedir una prórroga.

Pillarse/cogerse **los dedos** Sufrir las consecuencias negativas de una equivocación o de un descuido. *Antes de comprarme el coche, quiero probar varios modelos, porque no quiero pillarme los dedos y elegir uno que después me dé problemas.*

Pinchar el globo Desmontar un rumor. Impedir que crezca una noticia falsa o comprometida. *Yo no sé de dónde ha salido la noticia de que nos vamos a casar en primavera, pero ya me ha dado la enhorabuena un montón de gente. No sé cómo puedo pinchar el globo.* La noticia falsa se va hinchando como un globo con los rumores y las especulaciones de los unos y de los otros, que no son, al fin y al cabo, otra cosa que aire, y es necesario quitarle el aire, aunque sea de manera drástica, para impedir que siga engordando.

Pinchar/dar **en hueso** Fallar en el intento de conseguir algo. *He intentado convencerla de que todo ha sido un malentendido, pero he pinchado en hueso. Está convencida de que habéis obrado con mala intención.* La frase procede del lenguaje taurino y se usa cuando un torero no acierta a la hora de matar al toro porque el estoque topa con un hueso del animal y no se queda clavado en su cuerpo. V. *Dar duro con hueso*||*Ser un hueso.*

Pintar/salir **bastos** Ir algo mal. No salir las cosas como estaban previstas. *El año pasado nos fue muy bien el negocio pero este año, de momento, pintan bastos y hemos tenido unas pérdidas imprevistas.* En la baraja los *bastos* son uno de los palos. Se llama *pintar* al hecho de que, en ciertos juegos, un determinado palo tenga más valor. La frase aquí se usa en sentido mucho más literal. Debemos entenderla como 'salir bastones o estacas', con todas las connotaciones negativas de 'golpear o agredir' que encierran las figuras. V. *No pintar nada.*

Pintar la mona Ser inútil o estar de más una persona en un lugar. *La fiesta fue aburridísima. Estuvimos allí un par de horas pintando la mona.* Aparte de las connotaciones que las palabras *mono* y *mona* tienen en la lengua coloquial (v. *Cogerse una mona*||*Corrido como una mona*||*El último mono),* podría asociarse esta expresión al juego de cartas que consiste en ocultar una de ellas, llamada *mona,* para que al final de la partida quede un jugador con una carta en su mano, que es precisamente la que hace pareja con la que se ha dejado fuera. V. *No pintar nada.*

Pintarle a alguien la cara Dejar a alguien en ridículo. Reírse de una persona. *Nosotros estábamos convencidos de que nuestra propuesta era muy buena, pero los alemanes han presentado un proyecto maravilloso que prácticamente nos ha pintado la cara a todos los demás. Nos hemos quedado todos boquiabiertos.* Lo más fácil sería pensar en el rubor, en el color rojo de las mejillas de quien se siente avergonzado (v. *Sacarle a alguien los colores*), aunque la frase también podría referirse a los payasos del circo, versión moderna de los antiguos bufones, que se pintan la cara de forma ridícula para reforzar el sentido histriónico de sus representaciones.

Pintarse/pintárselas **solo** Ser muy hábil para hacer algo sin la ayuda de nadie. *Seguro que Juan te arregla el coche, porque para eso se pinta solo*. Dos interpretaciones pueden aportarse para explicar la locución. Literalmente, está claro que hace falta ser muy hábil con el pincel para autorretratarse, ya que normalmente los retratos pictóricos los hace otra persona. Si consideramos el verbo *pintar* en referencia al *triunfo* de la baraja, es decir, la carta que vale más que otras, quien *se pinta* o *se las pinta solo* es quien sabe administrar adecuadamente el juego, quien es muy hábil manejando los naipes.

Pisar buena o mala hierba Estar de buen o mal humor o en buena o mala disposición para llevar algo a cabo. *No le digas nada, que esta mañana pisa mala hierba*. El dicho seguramente se origina en la jerga de los pastores, que lo emplearían para referirse a los pastos convenientes o no para su ganado.

Pisar/apretar **el acelerador** Forzar una situación. Esforzarse al máximo, igual que sucede cuando, con la idea de llegar antes a un lugar, se pisa el acelerador de un vehículo para que éste vaya más deprisa. *Estamos ya a veinte de abril y faltan sólo diez días para que se cumpla el plazo de presentación de proyectos, así que en estos días no nos queda más remedio que pisar el acelerador*. V. *Forzar la máquina*.

Pisarle a alguien los talones Estar muy cerca de alguien, tan cerca que da la impresión de que vamos a tropezar con esa persona, a pisarle el talón cuando levanta el pie para andar. *Aunque dos corredores fueron pisándole los talones durante los últimos metros, el atleta español logró hacerse con la victoria*.

Pista para el/pal **artista** (Pista, que va el artista||Dar pista) De esta forma se pide a una persona que se aparte o que se deje espacio para que alguien haga algo. *A ver, pista pal artista. Apartaos un poco, que necesitamos espacio para sacar el armario*. Figuradamente, se usa mucho para anunciar la intervención de alguien en una reunión, un debate o una conversación. *Bueno, ya habéis hablado bastante y ahora me toca a mí, así que pista pal artista, que os voy a pegar a todos un repaso*. El dicho procede del lenguaje del circo. Es una de las formas con las que el presentador anuncia la actuación de un artista.

Planchar la oreja Dormir. *Estoy realmente agotado. Voy a cenar algo ligero y me voy a planchar la oreja*. Quien duerme al apoyar la cabeza sobre la almohada hace que la oreja se junte con la cabeza y que parezca, por tanto, estar *planchada*.

Plantar cara Hacer frente a algo o a alguien. *Esa familia ha tenido muchísimos problemas, pero a todos les han plantado cara y han conseguido salir adelante*. El verbo *plantar* aporta la idea de estatismo, de imperturbabilidad; la *cara*, de valentía. V. *Dar la cara*.

Poder/ser capaz de **resucitar a un muerto** (¡Esto resucita a un muerto!) Tener algo un efecto muy beneficioso para el cuerpo. Ser una sustancia, por lo general un alimento, tonificante y reconfortante. *Tómate este caldito caliente, anda, que puede resucitar a un muerto*. Tan benéficos efectos se producen que, incluso en caso de muerte, se obraría el milagro.

Poderoso caballero es don dinero Se remarca con este dicho el gran poder del dinero. Con él se puede conseguir todo lo que uno se proponga. *Él es un zoquete, pero, claro, como su padre es el más rico del pueblo, rápidamente le han buscado un puesto de administrativo en el Ayuntamiento. Poderoso caballero es don dinero*. La frase es el estribillo de una conocida letrilla satírica del gran Francisco de Quevedo (1580-1645) de la que reproducimos un par de estrofas:

«Madre, yo al oro me humillo:
él es mi amante y mi amado
pues de puro enamorado,
de contino anda amarillo;
que pues, doblón o sencillo,
hace todo cuanto quiero,
Poderoso caballero
es don Dinero [...]

Es galán y es como un oro;
tiene quebrado el color;
persona de gran valor,
tan cristiano como moro;
pues que da y quita el decoro
y quebranta cualquier fuero,
Poderoso caballero
es don Dinero. [...]».

En el *Libro de Buen Amor*, compuesto a mediados del siglo XIV, Juan Ruiz, Arcipreste de Hita, ya abordaba el mismo tema en unos cáusticos versos en su *Enxiemplo de la propiedat qu'el dinero á:*

«Mucho faz el dinero e mucho es de amar:
al torpe faze bueno e omne de prestar,
faze correr al coxo e al mudo fablar;
el que non tiene manos, dineros quiere tomar [...]
Si tovieres dineros avrás consolaçión,
plazer e alegría, del Papa raçión;
comprarás Paraíso, ganaras salvaçión:
do son muchos dineros es mucha bendiçión [...]».

Política de campanario [hacer; ser] Se denomina así a la política excesivamente localista, de corto alcance. *El partido mayoritario del Ayuntamiento está haciendo política de campanario. Aquí no se tienen en cuenta las directrices del gobierno regional ni del nacional. Van por libre.* La expresión *de campanario* significa pueblerina, aunque, interpretando literalmente el dicho, sería aún mucho menos que eso: sería la política que mira únicamente al campanario de la iglesia del pueblo.

Poner/echar **a alguien a los pies de los caballos** Colocar a una persona en una situación peligrosa o comprometida, en la que muy probablemente va a tener problemas. *Ese jugador tiene muy poca experiencia. El entrenador no debería haberlo sacado en un partido tan importante: lo ha puesto a los pies de los caballos.* Quien caía a los pies de los caballos en los combates o carreras —lo vemos hoy en esas carreras masivas a las que tan aficionados son los ingleses— tiene difícil escapatoria: sólo le queda cubrirse la cabeza y esperar, invocando la suerte, a que pasen todos los animales. V. *Echar a alguien a los leones.*

Poner a alguien como/cual (no) **digan dueñas** Hablar muy mal de una persona. *No entiendo por qué la crítica trata tan mal a este director. Esta última película no era nada mala pero lo han puesto como digan dueñas.* Las dueñas eran las amas de llaves o las gobernantas que muchas veces ejercían de damas de compañía de las señoras o de las hijas de familias pudientes. Tenían fama de murmuradoras y cotillas, de hablar mal de todo el mundo; de aquí la frase, documentada ya en el siglo XVII. La variante negativa deberíamos entenderla como una especie de aumentativo de la afirmativa: 'incluso más que las dueñas'.

Poner a alguien como hoja de perejil Criticar o insultar duramente a alguien. Hablar muy mal de una persona. La aparición del perejil se debe a su color, con lo que debemos relacionar el dicho con otro de idéntico significado (v. *Poner verde*). El color verde se carga de connotaciones negativas seguramente debido a la *bilis,* humor corporal verdoso y amargo relacionado con la cólera y el mal humor. Es una creencia popular que la vesícula de quien se enfada o siente una profunda envidia segrega una mayor cantidad de bilis.

Poner/colocar **a alguien en el disparadero** (Estar en el disparadero) Poner a alguien nervioso. Irritar a una persona. *A ti todo te da igual. Con ese comportamiento tan indolente es que me pones en el disparadero.* El disparadero o disparador es el gatillo, la pieza que se acciona para que se produzca la detonación en un arma de fuego. Quien se ve en esa situación está, por tanto, a punto de «explotar». V. *Estar al pie del cañón.*

Poner/colocar **a alguien en órbita** Darle notoriedad o fama a una cosa o persona. *El cantante no vale un duro pero los que lo han puesto en órbita y lo han convertido en un boom son realmente unos genios.* Mandar lejos a una persona o a una cosa, por lo general a causa de los efectos de un golpe. Se usa sobre todo como amenaza. *Como no dejes de dar la paliza te meto un tortazo que te pongo en órbita.* La frase habría que interpretarla como 'poner en el espacio'. La *órbita* es la trayectoria que, por los efectos de la gravedad, recorre un astro alrededor de otro de masa mayor.

Poner a alguien en su sitio (Poner las cosas en su sitio) Controlar a una persona. Frenarla. Indicarle cuál es la posición que debe ocupar, cuáles son sus obligaciones. *Yo creo que se toma demasiadas libertades y que está llegando a ser un poco indiscreto. Voy a tener que ponerlo en su sitio.* La expresión *poner las cosas en su sitio* significa 'aclarar una situación'; 'hacer que todo vuelva a la normalidad'. *Ya he hablado con ella y he puesto las cosas en su sitio, para que no vuelva a haber equívocos.*

Poner a alguien/estar/colocar/verse **en un brete** Poner a alguien en un aprieto, en una situación difícil. *Pues me has puesto en un brete con tu pregunta, porque no recuerdo si Benidorm está en la provincia de Valencia o en la de Alicante.* Sabemos que en el siglo XIV el *brete,* término de origen germánico, de *brett,* 'tabla', era una trampa para cazar aves. Posteriormente, en los siglos XVI y XVII pasó a designar al cepo de hierro que se ponía en los pies de los presos, así como a una especie de *potro* de tortura y más tarde, por una común metonimia a la propia mazmorra, por la misma razón que hoy llamamos *lavabo* a la habitación donde está el *lavabo*. En cualquiera de los casos, el significado se ha conservado en la actual locución.

Poner a alguien tibio Criticar a alguien con dureza. Hablar muy mal de una persona. Las palabras del campo semántico del calor suelen emplearse como sinónimo de 'enfado; irritación' (v. *Al rojo vivo*||*En caliente*||*Está la cosa que arde*||*Estar alguien quemado*), significados que aquí debemos rastrear en el término tibio, 'templado'. V. *Ponerse tibio.*

Poner a caer de un burro Criticar duramente a una persona. Insultar o hablar muy mal de alguien. *Pues será muy amigo tuyo, como dices, pero ayer en la reunión te puso a caer de un burro.* Es posible que el origen de la frase esté relacionado con la antigua expresión *puesto en el burro aunque le den doscientos,* 'no dejarse convencer; mantener a toda costa la propia opinión', que se refería al castigo que se daba a algunos reos, a los que se sacaba de los calabozos a lomos de una caballería y se conducía a la plaza pública, donde se les daban los latigazos correspondientes (v. *No apearse del burro*). Durante el recorrido la gente los insultaba y les arrojaba cosas y los zarandeaba violentamente, hasta el punto de hacerlos caer del burro. V. *Caer del burro.*

Poner/traer **a escuadra** Dominar a alguien. Hablar muy mal de una persona o de una cosa. *Este niño es muy problemático. Si no lo pones a escuadra ahora, cuando crezca va a ser imposible.*|*Llevaba ya muchos días portándose mal; tengo ganas de hablar con él y ponerlo a escuadra.* Hay dos interpretaciones a propósito del origen de la frase. La primera, la más atinada, es la que se refiere a la *escuadra* en su acepción de 'regla, generalmente triangular, con la que se miden los ángulos de noventa grados'. Poner algo *a escuadra* es, por tanto, colocar algo perfectamente dispuesto en ángulo recto. En la lengua coloquial significa 'controlar completamente a alguien', o sea, *ponerlo recto,* tomando la *rectitud* en su acepción de 'severidad', de 'justicia en el comportamiento'. La segunda teoría nos lleva al lenguaje militar, donde *escuadra* es la unidad formada por un pequeño grupo de soldados al mando de un cabo. Se aludiría, por tanto, a la disciplina militar, muchas veces excesiva. Como el control al que nos referimos suele ejercerse de palabra, muchas veces de forma muy rígida, casi violenta, en ocasiones se usa con el significado de 'criticar; insultar'. *¿Me quieres decir qué te hecho yo para que hables tan mal de mí? Porque me vas poniendo a escuadra por todas partes.*

Poner a escurrir (Poner pingando||Poner a caldo) Hablar muy mal de una persona o de una cosa. *Parecen muy amigos, pero se ponen a escurrir mutuamente cuando no están juntos.* A la persona en cuestión se le echa una especie de «ducha de reproches» (v. *Aguantar el chaparrón||Echarle a alguien un chorreo*). Tal vez el origen sea mucho más cruel y más literal: escupir a una persona hasta el punto de empaparla, de ponerla *pingando,* 'goteando'. En los oscuros tiempos de la Inquisición solía hacerse con los condenados expuestos a público escarnio. Tampoco hay que olvidar que los verbos con el significado de 'mojar' tienen muchas veces connotaciones negativas en la lengua coloquial (v. *Darle a alguien un baño||Mojarle a alguien la oreja*). La expresión *poner a caldo* tiene que ver con la escasa alimentación que se daba a los presos: sólo caldo y más bien poco sustancioso.

Poner a parir Criticar duramente algo o a alguien. *Todo el mundo habla muy bien de la película, pero este crítico, como se lleva mal con el director, la ha puesto a parir.* Antiguamente la frase significaba 'poner en un aprieto', lo que no necesitaría muchas explicaciones: la mujer que va a dar a luz está, sin duda, en una situación complicada. Así se documenta en el *Diccionario de argot español,* de Luis Besses, publicado en 1905. Andando el tiempo, ha sufrido un cambio semántico. Bien es verdad que la persona criticada está también en un aprieto.

Poner/estar **algo en juego** Arriesgar. Poner algo en una situación comprometida. *Vamos a ver si tiene suerte con la tienda, porque ha puesto mucho en juego y se merece que las cosas le salgan bien.* La frase nos remite a las apuestas de los juegos de cartas. Las ganancias o las pérdidas dependen únicamente de la suerte. V. *Jugarse el todo por el todo.*

Poner/aportar **alguien su grano**/granito **de arena** Aportar alguien su esfuerzo o su ayuda, aunque sean pequeños, como un grano de arena, en pro de una causa común. *Si ponemos todos nuestro grano de arena quizá no consigamos acabar con el problema del hambre en el tercer mundo, pero seguramente lo reduzcamos en alguna medida.*

Poner/colocar/estar (muy) **alto el listón** Ser muy exigente. *Con ese examen el profesor ha puesto muy alto el listón. Yo no sé quién va a aprobar.* Marcar un límite muy difícil de superar. *Con esta novela esta escritora ha puesto muy alto el listón de la novelística española contemporánea. Va a ser complicado que en unos años aparezca una obra como ésta.* Nos referimos aquí a algunos deportes, como el salto de pértiga o el de altura, en los que el atleta debe saltar, sin derribarlo, por encima de un listón que, progresivamente, se coloca a mayor altura. Cuando el listón está muy alto el esfuerzo es, lógicamente, mucho mayor.

Poner/tener/estar con/quedarse con **cara de circunstancias** Estar triste, serio o preocupado. *¿Cómo no voy a preocuparme? Después de lo que me has dicho no te extrañe que ponga cara de circunstancias.* Muchas veces se usa cuando, con el gesto de la cara, se intenta fingir un estado de ánimo. *Hombre, aunque no te afecte directamente al fin y al cabo es una situación desagradable. Por lo menos deja de decir tonterías e intenta poner cara de circunstancias.*

Poner/tener **cara de póquer** Componer un gesto inexpresivo, de forma que a través de la cara no se puedan interpretar los verdaderos sentimientos. Es lo que hace el jugador de póquer que, para no dar ninguna pista a sus compañeros de partida, no muda el gesto en ningún momento, tenga las cartas que tenga. *Nunca sé si lo que le digo lo entiende o no, si está de acuerdo o si piensa otra cosa. Me molesta muchísimo que cada vez que hablo con él ponga esa cara de póquer.*

Poner como/de **chupa de dómine** Hablar muy mal de alguien o de algo. Criticar con saña. *Ese crítico ha puesto como chupa de dómine a la obra de teatro de la que todos hablan tan bien.* Como en otras locuciones de este tipo, lo sucio se identifica con la ofensa que se hace a otra persona de palabra. En este caso, tal suciedad la encontramos en una *chupa,* palabra recuperada en el lenguaje *cheli* para designar a la cazadora de cuero, procedente del árabe *yubba* y de la que salieron *juba* y *jubón*. La *chupa* era una prenda de tela ajustada que cubría el pecho y los brazos, con unas faldillas que caían por debajo de la cintura. Solían usarla los soldados y gentes de condición humilde. La prenda en cuestión pertenece en este caso a un cura que ejerce de preceptor y de maestro de latines, que eso es lo que significa *dómine*. Parece ser que estos sacerdotes, muchas veces fingidos y motivo de crítica y mofa en varios episodios de nuestra literatura, abandonaban su aseo personal hasta el punto de que su suciedad daba origen a ciertos proverbios. Como muestra, basta la descripción que Quevedo hace del famoso Dómine Cabra en el capítulo III de *El Buscón:* «Traía un bonete los días de sol, ratonado con mil gateras y guarniciones de grasa; era de cosa que fue paño, con los fondos de caspa. La sotana, según decían algunos, era milagrosa, porque no se sabía de qué color era. Unos, viéndola tan sin pelo, la tenían por de cuero de rana; otros decían que era ilusión; desde cerca parecía negra, y desde lejos entre azul».

Poner como un trapo (sucio)/un estropajo/un guiñapo/un pingo/un pingajo Criticar a una persona y, más extrañamente, a una cosa. Hablar muy mal de alguien o de algo. *No me gusta ir a esos actos sociales porque, entre sonrisa y sonrisa, todos se ponen entre ellos como trapos sucios.*|*Pues yo creo que la obra no está tan mal. No es para ponerla como un trapo, como ha hecho la crítica.* Parece ser que las expresiones *poner como un trapo* y *poner como un trapo sucio* proceden del antiguo dicho *poner de lodo como un trapo*, recogido en 1627 por Gonzalo Correas en el *Vocabulario de refranes*. El término *lodo*, evidentemente, se identifica con el insulto o la ofensa de palabra a la que alude la locución (v. *Lavar los trapos sucios*||*Sacar los trapos sucios*). El *estropajo*, que se hace con fibras de esparto, metálicas o de plástico, es algo de poco valor, desordenado, descompuesto, destinado a la limpieza más complicada. Los términos *pingo* y *pingajo* significan 'harapo, jirón de tela', y quizá el dicho esté relacionado con las mujeres que ejercían la prostitución, a las que en tiempos se obligaba a llevar jubón, mantos y túnicas de picos pardos, aunque muchas de ellas, generalmente procedentes de clases muy pobres, iban ya de por sí desaliñadas en el vestir (v. *Ir de picos pardos*||*Ir de pingo*). El *guiñapo* es también 'harapo; trapo andrajoso' (v. *Estar hecho unos zorros/un guiñapo*).

Poner coto Terminar con una situación de desorden o que está produciendo consecuencias negativas. *No puede tolerarse tanta violencia en el deporte. Alguien, antes o después, tendrá que ponerle coto a esto.* Se llama *coto* a un lugar que se cierra, con límites de uso, y al que se prohíbe o restringe el acceso; normalmente se refiere al uso privado de cazadores o pescadores. En el caso de la locución, que aparece en el ejemplo anterior, se prohíbe el acceso de las desgracias.

Poner/plantar **de patitas en la calle** Despedir a una persona de un trabajo o expulsar a alguien de un lugar. *Después de diez años de trabajo la empresa, sin ninguna explicación, lo ha puesto de patitas en la calle.* El término *calle* connota el abandono, la soledad.

Poner de relieve Destacar. Remarcar. *En su discurso ha puesto de relieve la necesidad de emprender una reforma profunda del sistema judicial.* El *relieve* es lo que sobresale de un plano y, en arte, la figura que se levanta sobre una superficie lisa, que destaca del plano general.

Poner de vuelta y media Criticar duramente a alguien, casi hasta el punto de llegar a la ofensa. La *vuelta y media* seguramente hace alusión al torno en el que los verdugos de la Inquisición, siguiendo la orden de los jueces o comisarios de «vuelta» o «vuelta y media», martirizaban a sus víctimas que, a buen seguro, hubieran preferido ese tormento *de palabra* al que alude la expresión. En su *Vocabulario de refranes y frases proverbiales* (1627) Gonzalo Correas recoge la expresión *A vuelta y media, torrezno fuera,* con la que se indicaba el poco tiempo que debía dejarse el tocino en las brasas. Esa frase quizá podría haberse empleado, metafóricamente, con el significado de 'insultar; criticar'. No se deben olvidar las connotaciones negativas que tienen verbos como *quemar* en la lengua coloquial. V. *Estar alguien quemado.*

Poner el acento/énfasis **en algo** Destacar, realzar algo, por lo general un determinado asunto o una parte de un discurso. *Durante la rueda de prensa, el concejal de medio ambiente puso el acento en la importancia del reciclaje.* El *acento* no es otra cosa que la pronunciación destacada de una determinada sílaba. Todas las palabras tienen acento y algunas tienen también, sobre la vocal o una de las vocales de la sílaba acentuada, *tilde.* Los términos *acento* y *tilde,* de todas formas, funcionan como sinónimos y cuando decimos, por ejemplo, que *camión* tiene *acento* lo que queremos decir es que tiene *tilde.* El *énfasis* es el recurso expresivo o de entonación con el que realza una palabra o una parte del discurso.

Poner el carro delante de los bueyes/de las mulas Invertir el orden lógico de dos acciones. *No pongas el carro delante de los bueyes: primero consigue los billetes de avión y después busca un hotel. No lo hagas al revés, como el año pasado.* El significado de la expresión sería similar a *Empezar la casa por el tejado* (v.).

Poner el cazo Recibir dinero. *Ese tío no hace nada por generosidad o porque le apetece: siempre tiene que poner el cazo.* La locución alude a lo que hacían los mendigos que para pedir dinero por la calle lo hacían ofreciendo un cazo o un recipiente similar para que la gente depositara en él la limosna. La frase está relacionada con *Meter el cuezo* (v.). Los términos *cazo* y *cuezo,* un cuenco o cestillo que se usaba para medir el grano llegaron a identificarse en la lengua hablada, por lo que quien metía o ponía el cazo o el cuezo en un recipiente era quien intentaba sacar beneficio de algo. V. *Hacer el egipcio.*

Poner/meter/colocar **el dedo en la llaga** Hablar de la realidad, aunque ésta sea dura, perjudicial o cruel. Tratar el asunto más delicado de una cuestión. *Cuando has dicho que el único mal de nuestro mundo es la desigualdad social has puesto el dedo en la llaga.* Cuenta el Evangelio que, una vez resucitado, Cristo se presentó a sus discípulos. Tomás, llamado *El Mellizo,* no creía que aquel hombre fuera su Maestro y, para convencerse, metió los dedos en la llaga del costado *Juan* (XX, 25-29). De este episodio se originó el dicho. V. *Una y no más, santo Tomás.*

Poner el grito en el cielo Manifestar, de forma ostensible, un enfado o un disgusto. *Bueno, el hecho de que se te haya estropeado el coche no es como para que pongas el grito en el cielo.* La queja nos lleva a pensar en quien, desesperado, se queja a Dios de su desventura. V. *Clamar al cielo.*

Poner el/un **huevo** (Despachar con Roca/con el señor Roca||Estirar los pantalones||Llamar por teléfono||Hacer de vientre||Hacer un muñeco) Son todos estos eufemismos, cargados de humor e ironía, que se emplean para evitar el verbo 'defecar'. *Voy a poner el huevo, a ver si se me pasa este dolor de barriga que tengo desde esta mañana.* La acción de *poner un huevo* el ave presenta bastantes similitudes fisiológicas, más o menos, con la de defecar. *Roca* es una conocida marca de sanitarios. *Estirar los pantalones* suena a irónico: realmente debería ser *arrugar... Llamar por teléfono* es una excusa universal y polivalente y en el asunto del *muñeco,* mejor no profundizar, por escatológico. Sólo diremos que el muñeco no sería precisamente de barro o de arcilla.

Poner en antecedentes Informar a alguien. Explicar las causas de algo, de lo que ha sucedido antes. *Mi sucesor en el cargo ya conoce todo lo que tiene que conocer porque estos días pasados lo he puesto en antecedentes.*

Poner/estar/ponerse/quedar **en berlina** Quedar en evidencia o en ridículo. Ser descubierto. Exponerse a la burla de los demás. *Las investigaciones de la policía han terminado dando su fruto y han puesto en berlina al cabecilla de la banda de estafadores.|Con tu estúpida forma de comportarte te pones en berlina delante de todo el mundo.* La *berlina,* palabra de origen italiano, no es aquí el coche de caballos (v. *Ir en berlina*), sino la *picota,* el patíbulo, el lugar donde, aparte de realizarse ejecuciones, se exponía a público escarnio a los condenados por algún delito. Tras leer la condena los ataban a un poste y la gente los insultaba y escupía, les lanzaba piedras, hortalizas...

Poner en circulación Sacar a la luz. Distribuir. Propagar. *Es muy difícil parar esos rumores y esas noticias completamente falsas que gente sin escrúpulos pone permanentemente en circulación.* En sus orígenes el dicho se aplicó a las monedas que se acuñaban por primera vez, uso que aún se mantiene. *Se ha puesto en circulación una moneda conmemorativa del noveno centenario de la fundación de la ciudad.* V. *Retirar de la circulación.*

Poner/estar **en cuarentena** Poner en duda. Esperar un tiempo hasta comprobar la veracidad de algo. *Muchas agencias han anunciado el fracaso del golpe de Estado pero yo creo que es una noticia que deberíamos poner en cuarentena.* Se llama *cuarentena* al espacio de tiempo, generalmente cuarenta días, durante el que permanecen aislados las personas y los animales que podrían padecer una enfermedad contagiosa. *Ante los rumores de peste porcina se ha puesto en cuarentena a toda la cabaña porcina de la provincia.* Esta profilaxis, este sentido de previsión es el que se trasluce en el uso figurado del dicho.

Poner/estar/dejar/quedar **en entredicho** Poner en duda una cosa. No creerse algo. *Todo lo que él te diga sobre el dinero que gana, todo lo que tiene y lo bien que vive ponlo en entredicho, que es un fantasma.* El término *entredicho* procede de la palabra latina *interdictus,* con la que, en la primera época del cristianismo, se marcaba a algunas personas como no aptas para celebrar sacramentos u oficios religiosos. Con los años, su significado evolucionó; desde servir para señalar a alguien dudoso o moralmente inadecuado para llevar a cabo alguna actividad, el término pasó a significar 'duda; incredulidad'.

Poner en/estar en/tener en/sobre **los cuernos de la Luna** Alabar en exceso a alguien. *Nunca le he oído una mala palabra hacia su novia; la pone siempre en los cuernos de la Luna.* Desde la más remota Antigüedad el hombre interpreta las fases de la Luna y hace pronósticos favorables o negativos según sea la posición o la forma que adopta el astro. Parece ser que antiguamente se entendía que la fase más favorable era cuando se encontraba en cuarto creciente y tomaba la forma de unos cuernos. Lo dicho lo confirman estos versos de las *Geórgicas* del poeta latino Virgilio (70-19 a. C.): «Si en el cuarto creciente —presagio cierto— camina blanca por el cielo con los cuernos afilados, todos los días que vendrán hasta el fin del mes estarán libres de lluvias y de vientos, y los marineros, seguros y a salvo, darán las gracias en la playa».

Poner en solfa Destacar un hecho, en especial para ponerlo en duda o para ridiculizarlo. *El profesor Stein ha escrito un libro en el que pone en solfa todas las teorías evolutivas de Darwin.* El término *solfa* no es otra cosa que la unión de las notas musicales *sol* y *fa* y hace referencia al *solfeo,* el arte que enseña a leer y a entonar correctamente la música. La expresión, pues, se podría interpretar como 'poner música', lo que enlaza con el hecho de destacar negativamente algo, como hacían los ciegos y copleros que iban por los pueblos cantando toda suerte de desgracias, crímenes y sucesos macabros.

Poner/estar **en tela de juicio** Poner en duda. Desconfiar de la certeza de algo. *No puedo decir que sea falso que Antonio ha estado enfermo, pero lo pongo en tela de juicio.* La palabra *tela* no significa aquí 'paño'. Es el plural del latín *telum,* que no era otra cosa que la empalizada, las vallas que acotaban un lugar para protegerlo o para que allí, además de torneos, justas, competiciones o carreras de caballos, se celebraran reuniones, debates o juicios. En el antiguo Derecho Procesal la expresión poner o estar en tela de juicios significaba algo así como 'estar pendiente de averiguaciones o investigaciones'. V. *Estar en liza.*

Poner firmes Dominar o controlar completamente a una persona. *Cuando están conmigo los niños hacen lo que les da la gana, pero su padre con una mirada los pone firmes.* La locución tiene que ver con el *¡firmes!* militar, voz de mando que se da para que los soldados se cuadren. Con el mismo significado se emplea en la lengua coloquial el verbo *cuadrarse.*

Poner/ser **la guinda** Rematar, culminar algún asunto, sea de forma positiva o negativa. *Ha aprobado con nota todos los exámenes de la carrera y en el último ha puesto la guinda con la matrícula de honor.*|*Tu comportamiento ha sido de todo punto impresentable, pero con eso que hiciste ayer has puesto la guinda.* Es muy habitual que en la parte superior de un pastel o de una tarta se coloque una guinda para embellecerlos, para darles el toque final.

Poner la mano en el fuego por algo o por alguien Tener la absoluta seguridad del comportamiento recto de una persona o de la certeza de una cosa. *Yo sé que mi amigo no robó el dinero. Pongo la mano en el fuego por él*. La expresión se refiere a los denominados *juicios de Dios* u *ordalías*, puestos frecuentemente en práctica por los tribunales inquisitoriales. Se intentaba demostrar la inocencia o la culpabilidad de alguien, sobre todo en supuestos casos de brujería, herejía o adulterio —eso sí, sólo de las mujeres—, metiendo en el fuego la mano del acusado o haciendo que sujetara un hierro candente. Otras veces se le arrojaba a un río atado a una piedra. Si a los tres días las quemaduras no habían sanado —las llagas se cubrían con cera y se vendaban— o si el desgraciado se hundía, su culpabilidad quedaba «claramente» demostrada. Si no se quemaba o si salía a flote, era inocente, claro... El paroxismo llegaba hasta el extremo de someter a juicios de Dios a objetos, generalmente libros u obras de arte. Se lanzaban a una hoguera y, si no ardían, podían considerarse puras. Si ardían... Aunque, claro, en este caso lo que se hacía era quemar las pruebas del delito... En fin, mejor no bromear. V. *Agarrarse a un clavo ardiendo*||*Prueba de fuego*.

Poner la mira en algo Tener un objetivo claro y firme. Tener la convicción de conseguir algo. *Queríamos una casa antigua para restaurarla y hemos puesto la mira en un caserón de un pueblo de la sierra*. La *mira* es la pieza de las armas de fuego con la que se dirige la puntería. En este caso da la impresión de que, quien desea algo con mucha fuerza, apunta hacia ello. V. *Estar en el punto de mira*.

Poner la primera piedra Empezar un trabajo, una actividad, un negocio o una relación. *La reunión de los dos ministros ha servido para poner la primera piedra de un acercamiento comercial entre los dos países*. Muchas veces, cuando se comienzan las obras de un monumento o un edificio importante se celebra una ceremonia en la que, de forma simbólica, se coloca, generalmente se entierra, la primera piedra. En otras ocasiones se entierran también otros objetos significativos: documentos, monedas, símbolos o productos locales...

Poner/ofrecer **la otra mejilla** Reaccionar ante una ofensa o agresión dejándose agredir u ofender nuevamente. *Cuando te insulte de esa forma reacciona y no seas tan estúpido, contéstale, no pongas la otra mejilla para que te siga insultando*. La frase está tomada del Evangelio (*Mateo*, V, 38-42). Cristo, hablando con sus seguidores, les dice: «Sabéis lo que está mandado: ojo por ojo, diente por diente. Pues yo os digo: no hagáis frente al que os agravia. Al contrario, si uno te abofetea en la mejilla derecha, preséntale la otra; al que quiera ponerte pleito para quitarte la túnica, dale también la capa; a quien te requiera para caminar una milla, acompáñale dos; a quien te pide, dale, y al que te pide prestado, no lo rehuyas». V. *Ojo por ojo, diente por diente*.

Poner las cartas en/sobre **la mesa** Hablar claro. Exponer claramente un asunto. *Si queremos entendernos y llegar a un acuerdo lo primero que tenemos que hacer todos es poner las cartas sobre la mesa*. Se refiere la frase a ciertos juegos de cartas en los que se descubren y se colocan en la mesa las cartas que cada jugador tiene en la mano. V. *Descubrir las cartas*||*Las cartas boca arriba*||*Poner sobre el tapete*.

Poner/quedársele a alguien **los** (dos) **ojos como platos** Sorprenderse mucho. Asombrarse. *Cuando le he dicho que ella está aquí y que me la he encontrado por la plaza ha puesto los ojos como platos*. Quien se sorprende ante lo que ve u oye abre muchísimo los párpados, con lo que los ojos parecen más grandes, de ahí la hiperbólica comparación.

Poner los puntos sobre las íes Hablar con claridad y determinación sobre un asunto. *En la reunión, el director puso los puntos sobre las íes a propósito de los aumentos de sueldo previstos: no serán superiores al dos por ciento*. La expresión se origina cuando, en el siglo XVI, se extendió entre los copistas el uso de los caracteres góticos. Era fácil que, debido a este tipo de caligrafía, se confundiera la letra *u* minúscula con las dos *íes* minúsculas *(ii)*, agrupación no extraña en latín. Hay que recordar que la *i* minúscula por entonces no tenía punto. Por eso, sólo en caso de que aparecieran dos *íes* en un texto, para evitar la confusión, se comenzó a usar una tilde encima de cada una de ellas. El uso se extendió después a la *i* simple. De este afán e interés por la claridad se desprende el significado de la frase.

Poner(se) **manos a la obra** (¡Manos a la obra!) Comenzar o reanudar un trabajo que requiere esfuerzo o concentración. *Parecía un trabajo complicadísimo, pero los cuatro se pusieron manos a la obra y en un par de días pintaron la casa entera*. El término *obra* no es otra cosa que la evolución de la palabra latina *opera*, 'trabajo'. La aparición de *manos* aporta la idea de esfuerzo o de dificultad que se desprende de la frase.

Poner/andar con **paños calientes** Intentar remediar o aliviar algo de forma provisional y, normalmente, poco eficaz. *La situación del paro es muy preocupante y el Gobierno tiene que tomar decisiones drásticas y definitivas. De nada sirve poner paños calientes y ofrecer soluciones a corto plazo*. Antiguamente muchas enfermedades o traumatismos producidos por golpes se intentaban remediar o aliviar aplicando emplastos o cataplasmas calientes que, por lo general, de poco servían. V. *Poner parches*.

Poner parches (Ser algo un parche) Aplicar soluciones temporales e ineficaces. *Intentar arreglar la situación llevándosela de viaje es sólo poner un parche que no arreglará su separación*. El *parche* es el pedazo de tela con el que se tapa un roto o un agujero de una prenda o la goma o plástico que se pega sobre el pinchazo en la cámara de una rueda, de una bicicleta o de otro vehículo. También se denomina parche a la venda o pedazo de tela que, normalmente impregnado en algún líquido, se coloca sobre una herida o sobre una parte dañada del cuerpo (v. *Poner paños calientes*). Todas estas soluciones no suelen ser definitivas y se hace necesaria una reparación más cuidadosa.

Poner patas arriba (Estar algo patas arriba) Desordenar. Descolocar. Revolver por completo un lugar. *He puesto la casa patas arriba, pero finalmente he conseguido encontrar el pasaporte*. V. *Echar los pies por alto*.

Poner pegas Poner trabas, obstáculos o reparos a la realización de algo. *Decide tú adónde vamos de vacaciones, porque siempre tienes que poner pegas a todo lo que yo digo*. La expresión parece deberse a una conocida trampa —el *pego* o la *pega*— que antiguamente se hacía en algunos juegos de cartas y que consistía en untar levemente algunas de ellas con cera u otra sustancia pegajosa para que quedasen unidas entre sí o para que sintiera al tacto esta marca quien las repartía. Lógicamente, la persona a la que se le ponían pegas tenía considerables dificultades para ganar la partida. V. *De pega*||*Poner pegas*||*Tirarse un pegote*.

Poner/encontrar **peros** Poner inconvenientes o trabas a las acciones u opiniones de otro. *Pues a todo el mundo le gusta el traje y, además, te queda fenomenal. No entiendo por qué tienes que ponerle tantos peros*. La persona de la que hablamos tras cada supuesto asentimiento coloca un obstáculo, un *pero:* «sí, pero...». V. *No hay pero que valga*.

Poner pies en polvorosa Huir de un peligro con rapidez; literalmente, con tanta rapidez que se levanta polvo. *Al darme cuenta de que el toro venía hacia mí, puse pies en polvorosa y conseguí subirme a una encina*. Hay una versión un tanto pintoresca, que remite el origen del dicho a un hecho histórico. Allá por el siglo IX, Alfonso III, *el Magno*, rey de Asturias, libró una dura batalla contra los sarracenos del emir de Córdoba en un lugar, situado en la actual provincia de Palencia, llamado en latín *Pulveraria* o *Polveraria*, es decir, *Polvorosa*. El rey asturiano, aunque gallego de origen, ayudado por un eclipse que facilitó la sorpresa del ataque, consiguió una gran victoria y sus enemigos huyeron precipitadamente, es decir, *pusieron pies en polvorosa*. No obstante, también puede pensarse que la frase se originó en la jerga de los delincuentes de los siglos XVI y XVII, en la llamada germanía (la lengua de los *germanos*, 'hermanos'), en la que *polvorosa* significaba 'calle'. Algunos, más escépticos y seguramente más prácticos, remiten al rastro de polvo que va dejando quien huye velozmente. V. *Poner tierra por medio*||*Salir por pies*.

Poner por las nubes Hablar muy bien de alguien o de algo. Alabar las virtudes de una persona o de una cosa. *La crítica ha puesto por las nubes esta obra, pero a mí me parece bastante mediocre*. V. *Bajar de la nube*||*Estar en las nubes*||*Estar en una nube*||*Estar por las nubes*.

Poner(le) **puertas al campo** Poner límites a algo que no los admite. Pedir cosas imposibles. *Pretender que los niños estén en silencio es poner puertas al campo*.

Poner/estar **sobre el tapete**/la mesa Exponer algo claramente para que todos lo conozcan y lo acepten o lo discutan. Someter una opinión o un problema al juicio de varias personas. *Las dos partes en conflicto han puesto sobre el tapete sus propuestas. Ahora se trata de acercar posturas y, si es posible, llegar a un acuerdo.* El dicho se refiere originariamente a algunos juegos de cartas, como el póquer, en el que los jugadores colocan sobre el tapete sus apuestas y, posteriormente, colocan en él, a la vista de todos, las cartas que tienen para determinar quién gana la partida. V. *Las cartas boca arriba*||*Poner las cartas en la mesa.*

Poner sobre/en/tras **la pista** Proporcionar a alguien las ideas o los medios para intentar conseguir o adivinar algo. *El hallazgo de una libreta con apuntes ha puesto a la policía sobre la pista de los atracadores del banco.* La frase tiene un origen cinegético: el perro, olfateando, pone al cazador sobre la pista de la pieza, es decir, le muestra el camino por el que se la puede hallar. V. *Perder la pista*||*Seguir la pista.*

Poner tierra (de) por medio Irse de un lugar, generalmente por una causa negativa. Huir. *Tras la guerra civil, muchos republicanos tuvieron que poner tierra de por medio.* V. *Poner pies en polvorosa.*

Poner/echar **toda la carne en el asador** Poner el máximo interés en hacer algo. Emplear todos los recursos de que alguien dispone para conseguir un objetivo. No limitar algo, como quien, en vez de racionarla, echa a las brasas toda la carne de la que dispone. *Si quieres aprobar esta asignatura, tienes que poner toda la carne en el asador, porque es dificilísima.*

Poner una cruz sobre algo Considerar algo terminado. Tener el propósito de no volver a hacer o decir algo. *Si me promete poner una cruz sobre lo que me dijo el otro día, estoy dispuesto a perdonarlo y a olvidarlo todo.* En los antiguos libros de contabilidad se tachaban con una cruz las pérdidas que no se podían recuperar, generalmente préstamos o créditos cuya restitución no se podía o no se debía exigir a sus beneficiarios. En resumen, era el dinero que «se perdonaba», de aquí el dicho. V. *Hacer cruz y raya.*

Poner una pica en Flandes Concluir con éxito una empresa difícil. *Enhorabuena, has puesto una pica en Flandes, porque conseguir leer y, sobre todo, entender esa película es poco menos que imposible.* La historia nos dice de las dificultades que durante el siglo XVII —sobre todo en tiempos de Felipe IV, que reinó entre 1621 y 1665— tenía el ejército español para conseguir alistar a soldados para los tercios de Flandes, sobre todo a soldados de a pie que quisieran tomar la *pica,* o sea, la lanza, para combatir en primera línea. Por extensión se llamaba también *pica* a la pequeña unidad militar, a veces menos de treinta hombres, compuesta por soldados armados con picas. Estas unidades para evitar costear o atravesar el territorio francés, recorrían un largo camino hasta llegar a Flandes, navegando por el Mediterráneo hasta Italia y atravesando el Milanesado. Esto, unido a los bajos emolumentos y a las constantes escaramuzas, hacía que resultara complicadísimo poner una *pica*, fuera un soldado o un grupo de ellos, en Flandes. La carencia de voluntarios ni siquiera se solventó con fuertes subidas de sueldos.

Poner(le)/encender(le) **una vela a Dios**/a san Miguel **y otra al diablo** Jugar un doble juego. Actuar en un asunto de dos maneras opuestas. Servirse a la vez de buenas y de malas artes para conseguir algo. *Lo que no se puede hacer en un negocio es tratar muy bien a los clientes y muy mal a los empleados, porque esa actitud, a la larga, acaba siendo perjudicial. Eso es poner una vela a Dios y otra al diablo*. Mantener relaciones al mismo tiempo con dos personas o instituciones contrarias o enemigas. *Su maravillosa colección de pintura la ha conseguido poniendo una vela a Dios y otra al diablo. Ha comprado cuadros en muchas subastas, pero también se ha servido de muchos traficantes de obras de arte y de algún que otro ladrón de guante blanco*. El dicho justifica la creencia de que a veces se consiguen logros poniendo en juego posturas antagónicas que obedecen a la clásica oposición, a veces equilibrio, entre el bien y el mal, entre Dios y el diablo. El refranero da testimonio de este comportamiento, al fin y al cabo hipócrita: *A Dios rogando y con el mazo dando*||*Rosario al cuello y el diablo en el cuerpo*||*La cruz en los pechos y el diablo en los hechos*... A veces se dice *Poner una vela a san Miguel y otra al diablo*, recordando el episodio bíblico en el que Dios, sirviéndose del Arcángel san Miguel, expulsa a Satán del Paraíso y lo arroja al infierno. Curiosamente, el *Génesis* nada dice de la rebelión de los ángeles. Encontramos indicios y referencias a ella en otros pasajes bíblicos (*Apocalipsis*, XII; *Isaías*, XIV, 14; *Jeremías*, II, 20). V. *Sin encomendarse a Dios ni al diablo*.

Poner verde (Estar verde de envidia) Hablar muy mal de alguien o de algo. *En el periódico de hoy ponen verde al alcalde a causa del nuevo plan de tráfico*. Las connotaciones negativas del color verde en la lengua coloquial (v. *Poner a alguien como hoja de perejil*) se deben seguramente a la *bilis*, el líquido segregado por la vesícula biliar, unida al hígado, y que es de un color amarillo verdoso. La antigua tradición médica escolástica denominaba a los fluidos corporales *humores*, al relacionarlos con el estado de ánimo del individuo (v. *Alegrársele a alguien las pajarillas*||*¿Qué tripa se te ha roto?*||*Revolvérsele a alguien las tripas*). En este caso, la bilis, por su amarguísimo sabor, se identificaba con la cólera. Se creía que los coléricos, los iracundos y malhumorados y los envidiosos producían una gran cantidad de bilis, en el caso de los envidiosos tanta que, incluso, les teñía la piel hasta el punto de darle una tonalidad verdosa. *Sí, lo reconozco, porque, además, no puedo ocultarlo. Carlos se ha comprado el coche que yo siempre he soñado y yo estoy verde de envidia*.

Ponerle/meterle **a alguien chinas**/chinitas/piedras **en el zapato** (Ser algo una china en el zapato||Tener una china en el zapato) Molestar a alguien. Ponerle trabas a alguien. Dificultarle a una persona, de forma insistente, alguna labor. *Un negocio no puede funcionar cuando uno de los socios no sólo no trabaja, sino que, además, se dedica a ponerle chinas en el zapato a los demás*. Cuando tenemos una piedrecita dentro del zapato, por minúscula que sea y por pequeña que sea la molestia, la incomodidad nos lleva a descalzarnos para sacarla. Por las mismas razones, si una persona molesta insistentemente, aunque sea de forma leve, el trabajo o los proyectos de otra, el daño puede ser considerable si no se consigue solucionar el problema. V. *Tocarle a alguien la china*.

Ponerle a alguien la alfombra Adular a alguien. Agasajar en exceso a una persona. *A mí en este hotel me tratan como a un marajá. En cuanto me ven aparecer me ponen la alfombra*. En las ceremonias solemnes en templos, universidades, parlamentos, etc., es habitual que se coloque una alfombra, por lo general roja o púrpura, a la entrada y en los lugares por los que pasan las personas a las que se quiere honrar y, en general, a todos los asistentes.

Ponerle a alguien la mano encima (Sentarle a alguien la mano) Pegar, agredir a alguien. *Me puso de los nervios. Menos mal que me contuve, porque estuve a punto de ponerle la mano encima*. A veces, por lo general como amenaza, significa 'atrapar'. *Como le ponga yo la mano encima va a saber lo que es bueno*. En la expresión *sentarle a alguien la mano* ha de interpretarse el verbo *sentar* como 'asentar; colocar'. Era lo que, en la antigua Roma, el señor hacía para liberar a un esclavo, para manumitirlo. La frase se cargó de connotaciones negativas a lo largo de los tiempos.

Ponerle/echarle **a alguien la vista encima** Ver a alguien. Se suele emplear en tono de amenaza. *Decidle que desaparezca de aquí, porque como le vuelva yo a poner la vista encima va a tener problemas*.

Ponerle a alguien la zanahoria/el palo y la zanahoria (Usar el palo y la zanahoria) Embaucar a alguien para conseguir algún fin. *Él está enamoradísimo y ella lo maneja a su gusto. Hace todo lo que ella le dice. Le pone la zanahoria y la sigue a todas partes como un perrillo*. El dicho está sacado de un antiguo cuento en el que se cuenta cómo un campesino, para que el borrico no se parara, puso una zanahoria en el extremo de una cuerda atada a un palo. Sentado a lomos del asno, sujetaba el palo de modo que la zanahoria cayera justo delante de la boca del animal que, persiguiéndola inútilmente, no dejaba de trotar. Una variante es usar el palo y la zanahoria que a veces se emplea con en significado de 'convencer o educar a alguien utilizando a la vez un comportamiento duro o firme y otro suave o cariñoso'. *Es un niño con un carácter muy difícil y tienes que tratarlo con delicadeza y, al mismo tiempo, con firmeza. Tienes que usar el palo y la zanahoria*. Es lo que se hace con las caballerías, a las que a veces se golpea y otras se premia con zanahorias u otros alimentos. Sir Winston Churchill (1874-1965), primer ministro británico, utilizó la frase en dos discursos pronunciados en 1943, referida a la forma en la que los aliados debían tratar al pueblo italiano. Benito Mussolini (1883-

1945) respondió en una serie de artículos publicados en el diario *Il Corriere della Sera* con el título de «El tiempo del bastón y de la zanahoria».

Ponerle a alguien las peras a cuarto/a ocho Mostrarse duro con una persona. Reprobar la actitud de alguien. Obligar a otro a hacer lo que no quiere. *Tenía yo ganas de decirle a Luisa lo que pienso de las cosas que ha dicho de mí y esta mañana me he encontrado con ella y le he puesto las peras a cuarto*. Parece claro que la locución alude a un precio desproporcionado que se le pone a un producto, ya que el cuarto era una moneda antigua. Esta carestía aporta la idea antes apuntada de dificultad para conseguir una cosa. El hecho de que aparezcan concretamente las *peras* podría deberse a algún cuento popular. La variante *a ocho* se refiere a los denominados *reales de a ocho* (v. *No tener un duro*), moneda que tenía el valor de ocho reales de plata vieja y que se identificó después con la moneda de cinco pesetas.

Ponerle a alguien los cuernos (Ser un cornudo||Tener cuernos) Ser alguien infiel a su pareja. *Su mujer estaba harta de soportar que él le pusiera los cuernos y ha pedido el divorcio*. Aunque hoy esta acepción está en desuso, se llamaba *cabrón* al marido que consentía el adulterio de su mujer, posiblemente en comparación con el comportamiento amoroso del macho cabrío (v. *Ser un cabrón*). De aquí que *Poner los cuernos*, frase que en un principio se refería sólo al hombre engañado por su mujer, sea lo mismo que *convertir en cabrón*. Es muy pintoresca —lo que no quiere decir que sea inverosímil— la interpretación que remonta el origen al comportamiento de los señores de las comarcas o regiones de algunos países nórdicos. Al parecer, tenían estos tiranuelos una especie de derecho de pernada que les permitía pasar la noche con la habitante de sus dominios que les apeteciera. Cuando el gobernador, o como queramos llamarlo, entraba en la casa de la mujer elegida, se colgaban en el exterior de la puerta unos cuernos de alce para indicar que estaba dentro (algo así como el «no molesten» de los hoteles). La colocación de la cornamenta no sólo no era causa de deshonor para el marido, sino que suponía un motivo de legítimo orgullo. Es decir, que aquel al que «le ponían los cuernos» podía sentirse un privilegiado. La expresión es muy antigua y ya existía en griego. V. *Cornudo y apaleado*.

Ponerle/ponérsele **a alguien los dientes largos** Provocar la envidia de alguien. *No me cuentes dónde te vas de vacaciones, anda. No me pongas los dientes largos*. Desear algo con avidez o vehemencia. *Cada vez que pienso en esas fuentes de marisco que nos vamos a comer se me ponen los dientes largos*. Los animales, cuando quieren comer, abren la boca o levantan ligeramente el labio superior y, en una especie de preparación o de entrenamiento para lo que se les avecina, muestran los dientes. Los humanos hacemos algo parecido cuando nos mordemos el labio inferior y nos relamemos.

Ponerle/ponérsele **a alguien los nervios de punta** Provocar un fuerte nerviosismo o enfado de alguien. *Cada vez que te veo conducir así se me po-*

nen los nervios de punta. Es bastante posible que la expresión sea un cruce semántico con *Ponerle a alguien los pelos de punta* (v.).

Ponerle/ponérsele **a alguien los pelos**/los vellos **de punta**/los pelos como escarpias Asustar a alguien o asustarse por algo. *He visto un accidente en la carretera y se me han puesto los pelos de punta*. A pesar de su tono hiperbólico, la expresión tiene una explicación fisiológica ya que, ante el miedo o la sorpresa, el cuero cabelludo, por efecto de la constricción de los vasos sanguíneos periféricos, con la consiguiente sensación de frío, sufre unas contracciones que provocan que los pelos sufran un leve erizamiento. En algunos animales, como el gato, esto constituye un sistema de defensa. Las *escarpias* son esos clavos en ángulo recto que se emplean para colgar cuadros en la pared. V. *Ponérsele a alguien la carne de gallina*.

Ponerle a alguien una pistola/un puñal **en el pecho** Como haría un asaltante o atracador, obligar, forzar a alguien a que haga algo en contra de su voluntad. Se usa más en forma negativa. *Deberías pedirle perdón. Es sólo un consejo y no te pongo una pistola en el pecho, pero deberías hacerlo si quieres que el asunto se resuelva*.

Ponerle el cascabel al gato (¿Quién le pone el cascabel al gato?) Emprender la parte más importante, comprometida y problemática de una acción. *Muy bien. Estamos todos de acuerdo: hay que ir a hablar con el jefe para un aumento de sueldo... ¿Y quién le va a poner el cascabel al gato?* Una antigua fábula medieval, recogida en el *Libro de los gatos*, del siglo XV, y recreada, entre otros, por Lope de Vega (1562-1635) en su obra *La esclava de su galán*, por Jean de La Fontaine (1621-1695) y por Félix de Samaniego (1745-1801) en la fábula *El congreso de los ratones*, cuenta la historia de unos ratones que se reúnen para encontrar la forma de librarse de la presencia del silencioso y astuto gato. Deciden, en común reunión, que lo mejor es colgarle al cuello un cascabel, que sonará cuando se acerque el silencioso minino. Todos están de acuerdo, hasta que uno de ellos hace la pregunta del millón: «¿Y quién le pone el cascabel al gato?».

Ponerse/estar **a tiro** Ser una situación muy favorable para una persona. Estar algo al alcance de alguien. Ser algo muy fácil de conseguir, como la incauta pieza que se coloca a pocos pasos del cazador y le facilita la labor de cazarla disparando casi sin apuntar. *Con el descuento que me hacían y todo lo que me daban por el viejo, se me puso a tiro el coche nuevo y no lo dudé un momento*. Se usa bastante con el significado de 'embaucar; camelar; ligar', muchas veces con evidentes connotaciones sexuales, las mismas con las que se emplea a veces el verbo 'cazar'. *Ten cuidado con ese tío, que tiene fama de llevarse por delante a todas las que se le ponen a tiro*.

Ponerse/estar **alguien en el pellejo**/en la piel **de otro** Ponerse en el lugar de otra persona. Se usa sobre todo en forma imperativa, como petición para que alguien comprenda las acciones o comportamientos de otro. Se pide, en suma, que una persona adopte la identidad de otra para que así pueda comprender mejor su forma de actuar. *A mí me dijeron que no dejara pasar a nadie, fuera quien fuera, y yo lo hice así. Ponte tú en mi pellejo. ¿A que hubieras hecho lo mismo?*

Ponerse ciego (de algo) (Agarrarse/cogerse un ciego||Estar ciego) *Ponerse ciego* se usa con el significado de 'comer o beber en exceso'. *¡Cómo voy a comer segundo plato, con toda esa paella que me he metido para el cuerpo! Me he puesto ciego.*|*¡Qué bien comimos ayer! Nos metimos en una marisquería y nos pusimos ciegos de cigalas y vino de ribeiro*. La expresión *agarrarse* o *cogerse un ciego* se usa con el significado de 'drogarse'. *Estar ciego* es, por tanto, 'estar drogado'. Ambas proceden del lenguaje juvenil. Tanto el glotón como el drogado pierden el uso de los sentidos, se obnubilan, no saben lo que hacen, no entienden ni ven.

Ponerse como el Quico (Ponerse como el chico del esquilador) Comer en abundancia. *No tengo hambre, porque hemos estado en un bar y me he puesto como el Quico de gambas*. Ignoramos la identidad del tal Quico, que seguramente, como en tantos otros casos, es el protagonista de algún cuento popular. Antiguamente, cuando el ganado lanar era parte fundamental de la economía rural, los esquiladores iban acompañados por aprendices. Ambos, esquilador y mozo, comían de lo que los pastores les ofrecían. La edad y el esfuerzo hacían que los chicos de los esquiladores devoraran todo lo que se les pusiera a tiro de mandíbula. No sería descabellado pensar que *el Quico* y *el chico del esquilador* fueran la misma persona.

Ponerse/estar (rojo) **como un tomate**/una amapola Ruborizarse. Avergonzarse. *No sé qué hacer. No puedo evitarlo. En cuanto me mira, aunque sea un segundo, me pongo como un tomate*. Cuando alguien experimenta un sentimiento de timidez o de vergüenza la sangre afluye en más cantidad de lo normal a los capilares de las mejillas, haciendo que éstas enrojezcan. V. *Sacarle a alguien los colores*.

Ponerse/estar **de uñas** Estar muy enfadado. *Yo pensé que se iba a tomar bien la broma, pero se ha puesto de uñas conmigo y lleva un montón de días sin hablarme*. Muchos animales, para defenderse o amenazar a sus posibles depredadores, sacan las uñas y les muestran sus garras; de aquí proviene el dicho. V. *Afilar las garras*.

Ponerse el mono/el buzo **de trabajo**/de faena (Ponerse el traje de faena) Realizar el trabajo más sacrificado, el menos vistoso y reconocido, el que tiene que ver más con la fuerza, el que es más manual que intelectual. *Para sacar adelante esto no sirven reuniones ni viajes ni zarandajas. Todos, desde el director hasta el último empleado, debemos ponernos el mono de trabajo y arrimar el hombro*. Últimamente, la expresión se usa mucho en el lenguaje deportivo. *Con este campo embarrado tenemos que dejarnos de florituras, debemos ponernos el mono de trabajo y jugar al patadón*. Muchos obreros de la construcción y similares, como fontaneros o pintores, además de los mecánicos de automóviles, utilizan en su trabajo el denominado mono o buzo, una prenda compuesta de pantalón y cuerpo en una sola pieza, generalmente de color azul, con una cremallera por delante. El mono, de un tejido muy resistente, los protege e impide que se manchen.

Ponerse el mundo por montera No tener en cuenta las opiniones de los demás a la hora de hacer algo. Emprender, de forma un tanto inconsciente, una empresa difícil. Es la actitud del torero, una vez que se pone en la cabeza la montera para hacer el paseíllo: no considerar lo que le rodea y centrarse en lo que le espera. *A pesar de lo que le decían todos, mi abuelo, nada más terminar la mili, se puso el mundo por montera y se marchó a Cuba a hacer fortuna.*

Ponerse flamenco/farruco Envalentonarse. Adoptar una actitud o una pose chulesca desafiante y provocadora. *Oye, conmigo no te pongas flamenco, que no tengo por qué soportarte. Si no estás cómodo ya sabes dónde está la puerta.* El dicho, según la opinión general, obedece a algunas posturas y desplantes que durante la danza adoptan los bailaores de flamenco. No obstante, no parecen desencaminados quienes sostienen que el origen de la frase habría que buscarlo en la actitud prepotente y chulesca de los cortesanos flamencos de los que se rodeaba el emperador Carlos I (1500-1558). El término *farruco* es de origen muy discutido. Es un apelativo, derivado quizá del nombre propio Francisco, que se daba en Galicia y Asturias a los que emigraban en busca de fortuna. Es posible que en el arrojo y valentía de estos emigrantes podamos buscar el porqué del dicho *ponerse farruco,* usado hoy con un significado bastante más negativo.

Ponerse hecho/ponerse como/ser **un basilisco**/una fiera/una furia/una hidra (Ponerse/estar furioso) Enfadarse de forma violenta. El *basilisco* era un animal fantástico que tenía cuerpo de serpiente, garras de rapaz, alas con espinas y cola terminada en lanza. Se le consideraba el rey de las serpientes, de ahí su nombre —*basileus* significa 'rey' en griego—, y se decía que era capaz de matar con la mirada, por lo que la única forma de acabar con él era colocándole un espejo delante. Algunos relatos mitológicos sostienen que convertía en piedra todo lo que miraba, aunque ésta era la característica propia de Medusa (v. *Estar bajo la égida de algo o de alguien*). La expresión *Ponerse hecho una furia* alude a las tres Furias de la mitología romana: Alecto, Tesífone y Megera, hijas de la Noche y del Tiempo y diosas de la venganza. Imponían castigos a quienes transgredían leyes de tipo moral y vengaban con especial dureza, bajo la apariencia de monstruo alado y cabeza llena de serpientes, a quienes cometían crímenes en el seno de su propia familia. La *hidra* era otro animal fantástico, serpiente de siete cabezas que reaparecían tras haberle sido cortadas. Vivía en el Nilo y su aliento causaba la muerte. Para derrotarla, Hércules le segó de un tajo sus siete cabezas. V. *Ser una arpía*||*Ser una fiera*.

Ponerse la piel del león Esconder la debilidad bajo una falsa apariencia de valentía o de fortaleza. *Por mucho que se ponga la piel del león acabará cediendo, ya veréis. No tiene carácter ni está preparado para soportar esta presión.* El dicho parece asentarse en una antigua fábula, recogida por Esopo (s. IV a. C.), y por el fabulista latino del siglo IV Flavio Aviano y citada por Mateo Alemán (1547-1615?) en su *Vida del pícaro Guzmán de Alfarache* (1599). Cuenta que un asno, harto de las burlas de otros animales, se disfrazó con la piel de un león y salió del pueblo para darles un buen susto. Su amo, después de mucho tiempo buscándolo, acabó encontrándolo porque el disfraz no le tapaba las orejas (v. *Asomar la oreja*). Como no podía ser de otro modo, lo molió a palos. V. *Ser un lobo con piel de cordero.*

Ponerse la venda (antes de hacerse la herida) Aunque por lo general se usa sólo la primera parte, la frase es *ponerse la venda antes de hacerse la herida.* Se usa cuando queremos dar a entender que alguien es precavido, que se previene por adelantado contra las consecuencias de algo o contra las críticas que se le puedan hacer. *Todos dicen que vamos a ganar, pero el entrenador ya se ha puesto la venda y ha dicho que el partido es muy difícil.* V. *Curarse en salud.*

Ponerse las botas Sacar mucho beneficio de algo. *Con este calor los vendedores de helados se están poniendo las botas.* Se usa especialmente con el significado de 'comer mucho'. *Ayer estuvimos comiendo en ese restaurante donde sólo dan carne a la brasa y nos pusimos las botas.* Las *botas* eran en tiempos pasados un calzado privativo de los caballeros y de quienes pertenecían a las clases superiores; de ahí esas connotaciones de riqueza y abundancia que tiene la locución.

Ponerse las pilas (Cargar/recargar/encender las pilas||Ponerle a alguien las pilas) *Ponerse las pilas* se usa con el significado de 'prepararse para realizar un esfuerzo extra o una tarea complicada', similar al de *cargar las pilas,* 'coger fuerza'. *Hay que ponerse las pilas, que este trabajo tiene que estar terminado a finales de enero y estamos a mediados de diciembre.|Voy a irme quince días en septiembre a la playa para cargar las pilas.* La persona se compara con un autómata, con un aparato electrónico al que las pilas le dan la fuerza, la vida, le hacen funcionar siempre de la misma manera, sin gastar fuerzas y sin detenerse a pensar. *Ponerle a alguien las pilas* es 'darle a alguien un escarmiento; reprender a una persona', siempre con el objetivo de «arreglarlo» para que «funcione». *A ese deberías ponerle las pilas, porque si no lo haces va a seguir siendo siempre así de grosero contigo.*

Ponerse moños Enfadarse. Envalentonarse. Encararse con alguien. *Contigo no se puede hablar. En cuanto te dicen algo que no te gusta te pones unos moños que para qué.* Presumir, darse aires. *Hay que ver qué moños se pone desde que la han ascendido. Está que no hay quien la aguante.* El *moño* es el 'rodete o atado, tocado que se hace con el pelo por adorno o para tenerlo recogido'. Era el tocado propio de las antiguas amas de llaves y de las gobernantas, de proverbial mal humor y consideradas de modales un tanto bruscos y poco refinados.

Ponerse morado Comer en exceso. *La verdad es que esta Nochevieja me puse morado de langostinos*. La locución, como es habitual en la lengua coloquial, nos lleva al mundo de la hipérbole, de la exageración. Quien comiera hasta no caberle más en el cuerpo se congestionaría, es decir, se pondría cianótico, de un color muy parecido al morado, a causa de la falta de oxigenación de la sangre. V. *Ponerse tibio*.

Ponerse tibio Darse un hartazgo. Pegarse un atracón. Comer en exceso. *Allí el marisco es baratísimo. Nos poníamos tibios a todas horas de gambas, nécoras, percebes...* Ensuciarse. *Se me rompió la pluma y me puse tibio de tinta*. La expresión *ponerse tibio* habría que entenderla literalmente como 'templarse; calentarse', significado que puede encajar con el de 'hartarse'. Quizá la expresión se empleara también en sus orígenes referida a quien se manchaba de sopa caliente o de cualquier otra comida, de donde habría podido nacer el significado de 'ensuciarse'. V. *Poner a alguien tibio*||*Ponerse morado*.

Ponerse/colgarse medallas/**una medalla** Presumir. Atribuirse alguien méritos que no son tales o que no le corresponden. *Bueno, no te pongas medallas por haber empapelado el salón, que tampoco has hecho nada especial. Yo he pintado toda la casa por dentro y no lo voy pregonando a todas horas.*|*Aquí los currantes somos los que estamos al pie del cañón dando el callo de verdad para que luego los de arriba se pongan medallas*. Las *medallas* que aparecen en la frase son las condecoraciones que se entregan a los militares, y en ocasiones a algunos civiles, por acciones destacadas o comportamientos heroicos o de gran valor social. También se premia con medallas a los deportistas que vencen en alguna competición, generalmente a los tres primeros clasificados.

Ponérsele a alguien la carne de gallina (Tener (la) carne de gallina) Sufrir un fuerte impacto emocional: miedo, alegría, sorpresa... *Cuando recuerdo algunas secuencias de la película aún se me pone la carne de gallina*. Sentir mucho frío. *En esta habitación ha bajado muchísimo la temperatura. Se me está poniendo la carne de gallina*. La epidermis humana, con los pelos erizados (v. *Ponerle a alguien los pelos de punta)* por el efecto de la constricción de los capilares, debida a un cambio de temperatura, a una sensación de miedo o una emoción fuerte, es muy semejante a la piel de las gallinas desplumadas.

Ponérsele a alguien una cosa en las narices/en los cojones/en los huevos/en las pelotas/en los mismísimos Empeñarse alguien con terquedad en hacer algo. *Se le ha puesto en las narices que tiene que adelgazar veinte kilos y seguro que no para hasta conseguirlo*. Como en muchas ocasiones en que se trata de demostrar fuerza más o menos bruta, a pesar de que el referente sea femenino, aparece la *testosterona*, las alusiones a la virilidad. Ciertamente, la expresión original es la que se refiere al testimonio de la virilidad, de la fuerza bruta; *los mismísimos, las narices, los huevos* y *las pelotas* no son otra cosa que eufemismos y, especialmente en el caso de las narices, sucedáneos habituales de lo innombrable. V. *De narices*||*Estar hasta las narices*||*Por narices*||*Tener agallas*||*Tocarle a alguien las narices*.

Pongo/pones/pone **un circo y me**/te/le **crecen los enanos** (Crecerle a alguien los enanos) Se usa esta curiosa frase, colmo de todos los males, como expresión de desencanto ante la adversidad permanente, ante la reiterada mala suerte. Es una de las muchas mezclas de surrealismo, ingenio y humor que circula por la lengua coloquial. *Primero lo del accidente; luego el robo; ahora se me inunda la casa... Es que pongo un circo y me crecen los enanos*.

Por activa y por pasiva (Por activa, por pasiva y por perifrástica) [decir; explicar] De todos los modos posibles. *Te he dicho por activa y por pasiva que no me gusta que pongas los pies encima del sofá, pero tú ni caso*. La *voz activa* y la *voz pasiva* son dos tipos de construcciones verbales. En la primera, el sujeto es el actor principal, el que realiza la acción del verbo *(Unos ladrones profesionales robaron el banco)*, en la segunda, el sujeto recibe la acción verbal *(El banco fue robado por ladrones profesionales)*. Quien, literalmente, dijera algo *por activa y por pasiva* diría lo mismo, aunque de dos formas diferentes. Las construcciones verbales *perifrásticas* son aquellas en las que se emplean dos verbos, uno en forma personal y otro en forma impersonal (infinitivo, gerundio o participio), a veces unidos por una preposición o por otra partícula: *debo trabajar, deben de ser las cuatro, tengo que estudiar, voy a cantar, estoy estudiando...*

Por amor al arte [hacer] Desinteresadamente. Por afición o por gusto Sin obtener ningún beneficio o remuneración. *Todas las tardes doy clases de guitarra a un grupo de estudiantes, pero no me pagan nada: lo hago por amor al arte*. En todas las épocas ha habido artistas que, aun a sabiendas de que sus obras no les garantizaban la subsistencia, han seguido adelante con su labor creativa. La expresión nos remite a ellos.

¡Por (el) **amor de Dios!** Exclamación —una de las muchas en las que se invoca a la divinidad— de desencanto, de súplica o de reproche. *¡Pero, por amor de Dios cállate ya de una vez y deja de decir tonterías!* Antiguamente «¡Por Dios!» y «¡Por el amor de Dios!» eran fórmulas con las que se pedía limosna, de aquí el término *pordiosero*, 'el que pide por Dios'.

Por arrobas Mucho. En gran cantidad. Es una de las muchas locuciones que funcionan en la lengua coloquial como adverbios de cantidad. *Es, sin duda, el mejor cantaor flamenco de la historia. Tiene arte por arrobas*. La arroba es una antigua unidad de peso, aún vigente en algunos lugares, que equivale a veinticinco libras, exactamente 11 kilos y 502 gramos.

Por arte de birlibirloque/de magia De forma increíble. Sin que exista una explicación más o menos lógica. *O sea, que tú no has cogido el coche y que ese bollo que tiene en la parte de atrás le ha aparecido por arte de birlibirloque*. El verbo *birlar —birlos,* según el *Tesoro* de Sebastián de Covarrubias (1611)— significa, en su primera acepción, 'en el juego de los bolos, tirar la segunda bola desde el lugar en el que queda la primera'. Como la distancia suele ser poca, el acierto suele ser máximo. Es más que posible que esta antigua palabra, desde su primera acepción, pasara a la lengua de los maleantes de los siglos XVI y XVII, llamada *de germanía* ('de los hermanos') y así *birlar* pasó a ser —y es hoy en la lengua coloquial— 'robar', con buen resultado y en las mismas narices de la víctima; el *birloque* era, por tanto, el ladrón. Como quiera que estos rateros practicaban el robo como una especie de juego de manos, de *arte,* casi haciendo desaparecer como prestidigitadores relojes, bolsas, carteras y lo que se pusiera a tiro, la locución pudo adquirir con el tiempo su significado actual, coincidente con el de *por arte de magia*.

Por atún y a ver al duque [ir; venir] Hacer algo con dos fines. Actuar de forma hipócrita. Ocultar las verdaderas intenciones haciendo algo completamente distinto. *Al final descubrimos que iba por atún y a ver al duque, que en teoría trabajaba para nosotros, pero que también la competencia lo tenía en nómina.*|*Yo me metí a estudiar para pedir prórrogas y librarme de la mili. Lo mío fue ir por atún y a ver al duque*. En el golfo de Cádiz, en la zona comprendida entre Barbate y Sanlúcar de Barrameda, hay una zona abundantísima en bancos de atunes, de lo que dan testimonio incluso los topónimos, como Zahara de los Atunes. Dada la concentración de peces, los pescadores siguen utilizando allí la antigua técnica de la *almadraba,* un conjunto de redes que ocupan una zona en la que los atunes quedan atrapados para que, posteriormente, se los pueda arponear. Durante el reinado de Felipe II (1527-1598, rey desde 1556) esas tierras pertenecían a uno de los personajes más importantes e influyentes de la corte, don Alonso Pérez de Guzmán, duque de Medina Sidonia, que tenía también el privilegio de la almadraba, es decir, controlaba y autorizaba las capturas y recibía beneficios sobre ella. Baste decir que se le conocía como «el rey de los atunes». Cuando el duque andaba por allí eran muchos los que, con la excusa de ir a pescar o a comprar atunes, se acercaban a su residencia con el fin de medrar, de obtener algún beneficio o, simplemente, de dejarse ver. A la gente le decían que iban «por atún», aunque el verdadero objetivo era ver al duque. V. *Repicar y estar en misa*.

Por barba/cabeza Se emplean estas locuciones como una especie de adjetivos distributivos con el significado de 'por persona'. *Hay doce pasteles, o sea, que tocamos a tres por barba*. La barba era una característica fundamental antiguamente entre los soldados, sobre todo entre los jefes, y especialmente entre los germanos. Es posible, por tanto, que por barba se refiriera originariamente al reparto proporcional de los botines logrados en las batallas. V. *A perdiz por barba, caiga quien caiga*||*Dar la barba*||*En las barbas de alguien*||*Mentir por la barba*||*Pelillos a la mar*||*Ser un tío con toda la barba*||*Subírsele a alguien a las barbas*.

Por (real) **decreto** Obligatoriamente. Por la fuerza. *Aquí los trabajadores no podemos elegir nuestras vacaciones. Las tenemos todos, por decreto, en julio.*|*No entiendo por qué en esta casa tenemos que comer por decreto a las dos en punto*. Un *decreto* es la 'resolución, decisión o determinación del jefe de un Estado, de su gobierno o de un juez sobre cualquier materia o negocio'. Si está firmado por el rey se denomina *real decreto*.

Por el interés te quiero, Andrés Se le dice a quien actúa siempre de forma interesada, buscando beneficios o ganancias. *No, si ya sé yo que tú me haces la pelota y tantas carantoñas sólo porque te interesa la paga semanal, ¿a que sí? Por el interés te quiero, Andrés*. Estamos de nuevo, como en otros casos en que aparecen nombres propios, ante los efectos de la rima. V. *¿Dónde va Vicente?... Donde va la gente*||*Echar el freno, Magdaleno/Macareno!*||*El cuento de María Sarmiento/de Juan Pimiento*.

¡Por éstas(, que son cruces)! Fórmula de juramento. Se suele usar para ratificar una promesa, para asegurar lo que se ha dicho. Suele acompañarse —de aquí el dicho— del gesto de hacer una cruz con los dedos y besarla. También en ocasiones se besan los dedos pulgar e índice de la mano, unidos como si estuvieran sujetando un crucifijo, que era lo que en realidad se besaba. A veces se usa sólo la primera parte, *¡Por éstas! Te prometo que este año voy a aprobar todas en junio. ¡Por éstas, que son cruces!*

Por fas o por nefas Por una causa o por otra. *O sea, que hoy te has encontrado con un amigo; el caso es que por fas o por nefas siempre tienes que llegar tarde a comer.* Numa Pompilio (715-672 a. C.), segundo rey de Roma, estableció una curiosa división de los días del año en *fastos* (de buenos presagios) y *nefastos* (de malos presagios). Los primeros se destinaban a todo tipo de negocios y actividades públicas; durante los segundos sólo se realizaban los trabajos absolutamente imprescindibles. La locución no sería otra cosa que un apócope del nombre de tales días. V. *Día señalado*.

Por huevos [hacer] Por necesidad u obligación. *Hay que aprobar este examen por huevos. Como lo suspendamos, estamos perdidos, porque nos quitan la beca*. Aunque lo parezca, nada tiene que ver en sus orígenes la locución con los *huevos,* ni los avícolas ni los «testiculares», aunque estos últimos sean paradigma del valor o de la fuerza en la lengua coloquial (v. *Tener huevos*). Nace del término *uebos,* usado antiguamente en el Derecho con el significado, precisamente, de 'necesidad, obligación, conveniencia', e hijo del *opus* latino. Como en la lengua hablada la *h* es muda, y la *b* y la *v* se confunden, los *uebos* se metamorfosean en *huevos* sin pasar por la crisálida. V. *A huevo*||*¡Manda huevos!*||*No es por el huevo, sino por el fuero*

Por la boca muere el pez Se asegura con este dicho que quien habla más de la cuenta o dice lo que no debe acaba descubriéndose o sufriendo las consecuencias. *Como tiene incontinencia verbal y no se puede estar callado él mismo ha desmontado su propia mentira, por la boca muere el pez*. El dicho se debe a que, en sus estertores de muerte, los peces abren y cierran la boca de forma compulsiva. V. *Dar las últimas boqueadas*.

Por la cara/la jeta/el morro (Por mi/tu/su... cara bonita‖Por mi/tu/su... linda cara) Sin ningún tipo de esfuerzo o mérito. *Yo jamás he comprado una entrada para los toros. He entrado siempre por la cara.*|*Éste, como su padre es amiguete del profesor, aprueba por la cara; te lo digo yo*. A la persona a la que se refiere la locución tiene un único mérito: su presencia, su identidad, es decir, su cara. V. *Tener mucha cara*.

Por/a **las bravas** Por la fuerza. De forma expeditiva. Sin respetar ninguna norma. *Si sigue sin pagar el alquiler y no quiere irse del piso habrá que echarlo por las bravas*. El adjetivo *bravo* debemos entenderlo en esta locución en su acepción referida a los animales: 'feroz; salvaje'.

Por las buenas Con buen talante. De buena manera. Educadamente. *Si me lo pides por las buenas quizá acepte, pero, desde luego, si te portas así de mal no vas a conseguir nada*. Muchas veces se usa con el significado prácticamente contrario: 'porque sí; sin ninguna explicación; por la fuerza'. *No nos dieron ninguna explicación. Nos quitaron el pasaporte por las buenas y nos tuvieron tres horas encerrados en un cuartucho*.

Por las malas De mala manera. Por la fuerza. Con métodos poco ortodoxos. *Tú no entiendes lo que te dicen con buenas palabras. Al final tendré que actuar por las malas, como siempre, y volver a castigarte*.

Por lo bajini(s)/bajines En voz baja. En secreto. *Hazme el favor de hacer comentarios por lo bajini y di en voz alta lo que tengas que decir, que lo oigamos todos*. La palabra *bajini* se forma añadiendo a *bajo* un sufijo diminutivo, remedo de la lengua italiana, que atenúa el término y le da un cierto tono informal, humorístico e irónico.

¡Por los clavos de Cristo! Exclamación de sorpresa, admiración o indignación que antaño se usaba fundamentalmente como fórmula de juramento. *¡Por los clavos de Cristo!... Pero cómo puedes dejar que el niño se pasee solo por el borde de la piscina. Eres un inconsciente*.

Por los cuatro costados Por todas partes. Por completo. *Su primera película fue muy bien aceptada por la crítica pero a la segunda le llovieron críticas por los cuatro costados.*|*Nació en Rusia, pero lleva viviendo aquí veinte años y se siente español por los cuatro costados*. Para algunos, los *cuatro costados* son, sencillamente, los cuatro puntos cardinales: norte, sur, este y oeste. La expresión podría haber llegado desde el lenguaje militar, referida al ejército que ataca o que es atacado por varios lugares. Otros sostienen que nació en el lenguaje de la heráldica, aplicada a las personas de rancia y probada nobleza, los que tenían orígenes de alta cuna por parte de sus cuatro abuelos, dicho de otra forma, por las cuatro partes del escudo. No sería extraño pensar que la expresión nos haya llegado por ambos caminos. La primera vía nos traería al aspecto meramente geográfico, espacial (primer ejemplo, citado con anterioridad); la segunda, el que se refiere a las características, cualidades o sentimientos de una persona (segundo ejemplo).

Por los pelos (Por un pelo) Por muy poco margen de espacio o de tiempo. La hipérbole es clara: por la anchura de un pelo. *Salimos tarde de casa y, como siempre, llegamos al cine por los pelos*. V. *Ni un pelo*||*No tener un pelo de tonto*||*Salvarse por los pelos*.

Por/para **los restos** Para siempre. Literalmente, para el «resto» de la vida. *Me ayudó en unos momentos muy difíciles y, haga lo que haga, será amigo mío por los restos*.

Por mor de A causa de; por culpa de. *Muchas empresas cárnicas van a tener fuertes pérdidas por mor de la peste porcina*. *Mor* es una aféresis (pérdida de uno o más sonidos al principio de una palabra) de *amor*, entendido aquí como 'razón; necesidad; afinidad'.

Por narices/cojones/pelotas Obligatoriamente. *No entiendo por qué demonios tienes que aparcar por narices en esta plaza, con todas las que hay libres*.|*Tienes que ir a la reunión por narices, te guste o no*. Por la fuerza. *Somos peores que ellos técnicamente pero vamos a ganarles por narices*. El término *narices*, como en tantos otros casos, es un eufemismo de los órganos sexuales masculinos, símbolo de la virilidad, de la fuerza bruta y, al tiempo, antítesis de la razón. V. *De narices*||*Estar hasta las narices*||*No haber más narices*||*Ponérsele a alguien una cosa en las narices*||*Tener agallas*||*Tocarle a alguien las narices*.

Por si las moscas (pican) Por si acaso. Por lo que pudiera suceder. *Hay algunas nubes negras. Yo que tú me llevaría el paraguas, por si las moscas*. Está claro que la locución es una advertencia para prevenirse de algo y es bastante posible, como parece demostrar la variante *por si las moscas pican*, que se refiriera originariamente a la necesidad de proteger los alimentos contra las frecuentes invasiones de moscas, sobre todo en verano. Algunos creen que nada tiene que ver el dicho con el molesto insecto, sino con los «moscardones» o «moscones» merodeadores de damas de buen ver o de buena condición social y económica.

Por todo lo alto Con lujo. Con esplendidez. Con abundancia. *Como se había anunciado, ha sido una boda por todo lo alto*. Una vez más lo *alto* vuelve a ser sinónimo de riqueza, de esplendor, aunque en este caso podría pensarse en que la locución tenga que ver con el lenguaje taurino, en el que la estocada perfecta, la que otorga el éxito al torero, es la que se ejecuta *en* o *por todo lo alto*, es decir, en el morrillo del toro. V. *Ir por derecho*.

Por un clavo se pierde una herradura Con la frase se señala que se debe dar importancia a las cosas pequeñas o aparentemente insignificantes, a lo que no parece tener mucha trascendencia y que podría acarrear males mayores. *No trates de esa forma a la gente, por poco que te importe, porque tu actitud se puede volver en tu contra: por un clavo se pierde una herradura.|Tú sigues diciendo que esa tos no tiene importancia, pero acuérdate de que por un clavo se pierde una herradura.* El dicho completo era: *Por un clavo se pierde una herradura; por una herradura, un caballo; por un caballo, un caballero y por un caballero, un reino.* En 1302 el rey de Francia y de Navarra Felipe IV, llamado *el Hermoso* (1268-1314), conquistó Flandes. Al frente del gobierno de la parte occidental de la región dejó a Jacob de Chatillon, conde de Saint Pol, un déspota incapaz contra el que el pueblo se rebeló inmediatamente, lo que supuso la pérdida de los nuevos territorios. Se cuenta que la revuelta comenzó cuando los flamencos interceptaron en Brujas un mensaje que Chatillon enviaba al gobernador de la zona oriental para ponerse de acuerdo con él sobre subidas de impuestos y nuevas medidas represivas. Cuenta la leyenda que el mensajero cayó del caballo porque a éste se le descolocó la herradura, que había perdido un clavo. El rey de Francia, por una cosa tan sumamente insignificante como un clavo, había perdido parte de su reino. Así nació el dicho.

Por un garbanzo no se estropea el cocido Se dice para indicar que un aspecto o un elemento negativo no debe afectar a un conjunto, que el comportamiento inapropiado de alguien no debe tenerse en consideración a la hora de llevar a cabo un proyecto o de hacer valoraciones sobre un grupo de personas o sobre su trabajo. *Es verdad que la primera parte de la novela es muy confusa y no está muy lograda, pero por un garbanzo no se estropea el cocido, porque el conjunto resulta magnífico.|Nosotros vamos a seguir adelante con nuestra idea, con o sin él. Por un garbanzo no se estropea el cocido.* El cocido, aparte de los garbanzos, lleva verduras, patata, carne y otros ingredientes. Un garbanzo podrido, claro está, no afecta al conjunto del guiso. V. *El garbanzo negro.*

Por un oído me/te/le **entra y por el otro me**/te/le **sale** (Entrar algo por un oído y salir por otro) Con esta expresión se indica que alguien no hace caso a un consejo o una advertencia. La persona que así actúa da la impresión de tener intercomunicados ambos oídos, sin conexión con el cerebro. *A ti ya te pueden decir que tienes alto el colesterol y que no comas grasas... Por un oído te entra y por otro te sale.* V. *Hacer oídos sordos.*

Por un quítame (allá) **esas pajas** Se emplea esta locución para indicar que una discusión o un enfrentamiento importantes han comenzado por un motivo insignificante. *Comenzaron discutiendo porque ella quería ver la película y él el fútbol, y ya ves, por un quítame esas pajas, llevan un mes sin hablarse.* El dicho seguramente se desprendió de algún relato popular en el que se narrara una discusión entre labradores, quizá por el límite de sus territorios o por el uso de las eras.

Por un tubo En abundancia. Funciona como una locución adverbial de cantidad, por lo que siempre aparece detrás del verbo. *Este fin de semana ha habido turistas por un tubo en las playas*. La cantidad y la rapidez de caudal de líquido que puede circular y salir por un tubo son las ideas que subyacen en el significado de la locución.

Pozo de sabiduría/de ciencia [ser un] Así se llama a los que son muy sabios, a los que demuestran una gran erudición en todas las materias. *Este tío es un pozo de sabiduría; no falla ni una pregunta. Lleva más de tres meses en el concurso y ha ganado ya no se cuántos millones de pesetas*. El *pozo* sugiere una infinita profundidad, una enorme capacidad; es algo que parece infinito, inagotable.

Predicar/clamar/dar voces **en el desierto** Hablar o advertir de algo sin que nadie haga caso. *Decirte a ti que estudies es clamar en el desierto, así que haz lo que quieras*. Tiene un origen bíblico. Se refiere a Juan *el Bautista* (v. *La voz que clama en el desierto*) (*Libro de Isaías*, XL, 3), quien, llevando una vida de anacoreta en el desierto, anunciaba sin descanso la llegada del Mesías y bautizaba en las aguas del río Jordán (*Marcos*, I, 1-6). Un refrán nos advierte de la inutilidad de actuar de esta manera: *Predicar en desierto, sermón perdido*. V. *Arar en el mar*.

Prensa amarilla (Periodismo amarillo) Así se llama a la prensa sensacionalista y escandalosa, a la que suele dar información tendenciosa poco contrastada y escasamente seria. *Tardó mucho en lavar la imagen de bebedor y violento que había transmitido de él la prensa amarilla*. La denominación se debe a Erwin Wardman, periodista del *New York Press*, y surgió a raíz de la gran polémica que, en la última década del siglo XIX, mantuvieron dos periódicos estadounidenses, el *New York World* de Joseph Pullitzer y el *New York Journal* de William Randolph Hearst, y que, curiosamente, se agudizó a causa de una viñeta. En el *World* se publicaba una tira cómica, de enorme éxito entre los lectores, creada por el dibujante Richard Felton: «Yellow Kid of Hogan's Hulley», 'El chico amarillo de Hogan's Hulley'. Sabedor de que arrastraba un gran número de lectores, Hearst, considerado el «padre» de la prensa sensacionalista, contrató para el *Journal* a Felton, al que pagó una cifra astronómica. El *World*, que tenía los derechos sobre las historietas, tuvo que hacerse con los servicios de otro dibujante, George Lucks, para seguir con las aventuras de «El chico amarillo».

Promesas de marinero [hacer; ser] Hacer promesas que de antemano se saben imposibles de cumplir, referidas especialmente a asuntos amorosos. *Afortunadamente ella se ha dado cuenta a tiempo de que él era un auténtico caradura que la embaucaba con sus promesas de marinero*. En relatos y coplas populares han quedado suficientes muestras del carácter voluble e inconstante de los marineros en cuestiones del corazón. De ellos siempre se ha dicho que tienen «un amor en cada puerto».

Prometer/ofrecer/dar/pagar/quedarse con **el oro y el moro** Cantidad exagerada y desproporcionada de dinero. *A Luisa, como sabe tanto de informática, le han ofrecido un puesto de trabajo en un banco y le han prometido el oro y el moro*. Al parecer, la frase original era *querer el oro y el moro* y sobre su origen existe una leyenda. Allá por 1426 unos caballeros jerezanos hicieron prisionero al alcaide árabe de la ciudad malagueña de Ronda, Abdalá, y a Hamet, su sobrino. Abdalá pagó una gran cantidad de monedas de oro por su liberación y la de su sobrino. Los jerezanos pusieron en libertad al alcaide, pero no a Hamet, por cuyo rescate volvieron a exigir más dinero. El hecho llegó incluso a la corte castellana y el propio rey Juan II (1405-1454) exigió que Hamet fuera liberado. Los caballeros de Jerez se negaron y el Trastámara ordenó que llevaran al moro a la corte. La polémica fue grande entre ambas partes, que se acusaban mutuamente de querer quedarse con *el oro y el moro*.

Prometérselas muy felices Tener esperanzas infundadas de conseguir algo. Considerar que un asunto es fácil o favorable pero que, finalmente, acaba resultando complicado o negativo. *Alberto se las prometía muy felices y presumía de que iba a ganar el partido sin despeinarse y no veas qué paliza le ha metido Carlos. Así aprenderá a no ser tan bocazas.|Nos las prometíamos muy felices esta mañana al ver ese cielo tan azul y fíjate cómo ha cambiado el tiempo. ¡Vaya tormenta que va a caer!*

Prueba de fuego [ser una/la; pasar una/la] Se llama así al momento crucial en el que alguien debe demostrar su valía o sus capacidades, a la situación en la que se pone a prueba la preparación de una persona. *La reunión de mañana es para mí una prueba de fuego. Si consigo salir airoso de ella tendré mucho ganado.|Para un abogado su primer juicio es una prueba de fuego que muchas veces marca el resto de su carrera*. La expresión nos remite a las *ordalías* o *juicios de dios* con los que la Inquisición —quizá sea mejor decir *las Inquisiciones*— intentaba «demostrar» la culpabilidad de los acusados, especialmente en los supuestos casos de brujería, de herejía o de adulterio. Uno de ellos consistía en meter en el fuego la mano del acusado o hacerle agarrar un hierro candente (v. *Agarrarse a un clavo ardiendo.|Poner la mano en el fuego por algo o por alguien*). Las tremendas quemaduras se cubrían con cera y se vendaban. Si en un determinado periodo de tiempo, generalmente tres días, no habían sanado, el acusado era, inevitablemente, culpable y destinado a la hoguera. A veces se sometían a estas pruebas libros, documentos, dibujos, etc., que se arrojaban a una hoguera. Si no ardían, estaban libres de culpa. Sobran mayores comentarios. Algunas veces se relaciona el dicho con el denominado *Bautismo de fuego* (v.), expresión procedente del lenguaje militar con la que se designa la primera vez que un soldado participa en un combate.

Puesta de largo Inauguración de algo o estreno de alguien en un trabajo, un cargo o similar. *Esta tarde, a las siete, es la puesta de largo del nuevo gerente de la productora. Habrá un cóctel y posteriormente se estrenará la película* Sin piedad.|*El presidente ha nombrado esta mañana a los nuevos ministros. Mañana será su puesta de largo, la toma de posesión de su cargo y la llegada a sus respectivos despachos*. Entre las clases sociales altas se llama *puesta de largo* a la fiesta en la que se presenta a una joven en sociedad, ocasión para la que se pone por primera vez un traje largo.

Punto en boca [poner] Con esta expresión se pide a alguien que se calle o que guarde silencio con respecto a algo. *Como no nos ponemos de acuerdo, lo mejor es dejar de discutir, así que punto en boca y ya nos volveremos a reunir mañana.*|*De lo que te he dicho, punto en boca; ni una palabra a nadie, ¿está claro?* Pedimos que se ponga un punto final a lo dicho, en este caso de palabra.

Puñalada trapera [ser una; dar una] Traición. Engaño inesperado y doloroso. *¿Cómo iba a pensar que iba por ahí diciendo esas barbaridades de mí? Yo creía que era mi amigo. Jamás me hubiera esperado de él esta puñalada trapera*. Durante los siglos XVI y XVII muchos maleantes se alquilaban como matones a sueldo, expertos en acuchillar a traición. Estas certeras puñaladas solían darse de forma muy rápida, a escasa distancia del cuerpo, prácticamente apoyando la punta del cuchillo en la ropa —de aquí la denominación de *traperas*— de la incauta víctima y haciendo fuerza. V. *No ser puñalada de pícaro*.

Q

Que cada palo aguante su vela Que cada uno asuma sus responsabilidades. *Yo voy a dar mi opinión sobre la organización y que cada palo aguante su vela*. Parece evidente que la locución se refiere a los palos y a las velas del barco.

¡Que diga(n) **misa!** (Como si dice(n) misa‖Por mí como si dice(n) misa‖Ya puede(n) decir misa) Se dice para indicar que no se tiene en cuenta lo que otro dice. *¿Así que va por ahí poniéndome verde? Pues que diga misa, que a mí me da igual*. Se señala que las palabras de los demás, aunque fueran tan importantes o trascendentes como las de la misa, no se toman en consideración.

¡Que Dios nos coja/pille **confesa**(d)**os!** Con esta exclamación se advierte sobre el riesgo o los problemas que alguna acción puede acarrear. *Estamos todos muertos de miedo con el examen de mañana. ¡Que Dios nos coja confesaos!*‖*El motor del coche está a puntito de cascar, así que voy a ir despacio y que Dios nos coja confesados*. La frase se basa en la creencia católica de que quien no confiesa sus pecados antes de morir está destinado al infierno o al purgatorio. Antiguamente era habitual que la persona que se veía en una gran dificultad o que sabía próxima su muerte gritara «¡Confesión!».

Que es un primor Funciona esta expresión como un superlativo de *bueno*. Significa, por tanto, 'estupendo; maravilloso'. *Se ha comprado un abrigo que es un primor. Es elegantísimo, de un tejido maravilloso. Nunca he visto nada igual*. También se usa como adverbio, con el significado de 'estupendamente; muy bien'. *Tiene una voz prodigiosa. Canta que es un primor*. El término *primor* significa 'destreza; cuidado; habilidad; delicadeza; belleza' pero antiguamente —igual que el término latino *primoris*— se empleaba con el significado de 'principalidad; primacía; importancia; nobleza', de donde se toma el sentido de la expresión que nos ocupa. En la antigua Roma se llamaba *primores* a los soldados que se situaban en primera fila de combate.

Que la están peinando Con esta exclamación se pide paciencia cuando alguien nos apremia, nos mete prisa. *Tranquilo, que la están peinando. No seas tan impaciente, que falta todavía media hora. Vete andando que ya te cojo yo* *por el camino*. La frase está relacionada con la expresión *peinar los naipes*, es decir, barajarlos. Al intercalarse las cartas entre sí se produce un efecto parecido al del peine cuando entra en el cabello. El jugador impaciente pedía que se repartieran las cartas y los otros le pedían paciencia y tranquilidad diciéndole «¡Que la están peinando!». El femenino *la* corresponde, obviamente, a la baraja.

¡Que me emplumen! (¡Que me aspen!) Exclamación de asombro o de incredulidad. Suele ir seguida de *si* y del hecho que produce la extrañeza. *¿Qué Juan y Carmen andan tonteando? Eso es imposible, hombre. ¡Que me emplumen si esos dos acaban saliendo juntos!* A veces se certifica con la frase la extrañeza que produce la realización de algo que se tenía por imposible. *¿Que ese inútil ha terminado la carrera? Jamás lo hubiera pensado ¡Que me emplumen!* Durante los años oscuros de la Inquisición se emplumaba a muchos condenados por algunos delitos como robo, hechicería y otros que supuestamente atentaban contra la moral pública: alcahuetería, adulterio, prostitución... El reo era embadurnado con brea y se le echaban encima unos cuantos sacos de plumas de gallina, que quedaban adheridas al cuerpo. De esta guisa, para vergüenza y escarmiento, se le paseaba por las calles (v. *Ser un pendón*). En el capítulo de *El Buscón*, la obra maestra de Francisco de Quevedo (1580-1645), Pablos, el protagonista, cuenta lo siguiente: «mi madre, pues, no tuvo calamidades. Un día, alabándomela una vieja que me crió, decía que era tal su agrado que hechizaba a cuantos la trataban. Sólo diz que se dijo no sé qué de un cabrón y volar, lo cual la puso cerca de que la diesen plumas con que lo hiciese en público». *Aspar* era un castigo aún peor, puesto en práctica por varios pueblos de la Antigüedad, entre ellos los romanos, que consistía en crucificar al reo en un aspa. Así, entre otros, fue martirizado san Andrés. De todas formas, este *aspar* parece referirse a las *aspas* o cruces rojas de san Andrés que se pintaban en el *sambenito* de los condenados por la Inquisición que no eran quemados (v. *Colgarle a alguien el sambenito*). Los condenados a la hoguera llevaban un sambenito, generalmente negro, pintado con diablos y llamas infernales. El *sambenito* —deformación de *saco bendito*, en alusión a los hábitos bendecidos de telas bastas de arpillera, de *saco*, de los antiguos penitentes— era una especie de hábito o casulla de tela amarillenta. Se complementaba con una *coroza* o capirote (v. *Tonto de capirote*). Quien usa estas exclamaciones está tan seguro de que algo es tan difícil de cumplir que se arriesga, metafóricamente, a sufrir un castigo si la acción se acaba llevando a cabo.

¡Que me/te/le/nos/os/les **quiten lo baila**(d)**o!** (Quitarle a alguien lo baila(d)o) Se indica con esta expresión que, pese a lo que de negativo pudiera deparar el presente o el futuro, se ha disfrutado bastante en el pasado o se han logrado ya suficientes objetivos. *Mañana se acaban las vacaciones y nos toca volver al tajo, pero bueno, qué le vamos a hacer. ¡Que nos quiten* *lo bailao!*||*Sí, ahora está en el paro, pero qué más le da, con todo el dinero que ha ganado antes... ¡Que le quiten lo bailao!* Para explicar el origen del dicho suele contarse un chascarrillo que, como en tantas otras ocasiones, también podría haber sido elaborado a posteriori. Se dice que un bailaor gitano acordó con un mesonero un espectáculo de danza que duraría una hora. El gitano, a petición del público, estuvo bailando dos horas. Llegado el momento de cobrar, el bailaor exigió el doble de lo acordado, pero el mesonero quería pagarle únicamente lo que habían ajustado por una hora. Ante la insistencia del gitano, al mesonero se le ocurrió una solución: «¡Quítame lo bailao!».

Que ni pintado [venir; estar; sentar; quedar] Ser algo muy oportuno o adecuado. *Este complemento que me han pagado me viene que ni pintado para las Navidades.* Sentarle muy bien algo a alguien, como si se hubiera pintado o diseñado a gusto de la persona. *¿Has visto qué bien me queda este vestido? Me está que ni pintado, ¿verdad?* V. *No querer ver a alguien ni en pintura*||*Venir algo pintiparado*.

Que no se lo salta un gitano/un torero/un galgo Es una de las muchas frases que funcionan como superlativos enfáticos, con el significado de 'muy bueno o muy grande'. *Me he comprado un ordenador que no se lo salta un gitano y a un precio magnífico.*|*Se ha metido para el cuerpo un plato de garbanzos que no se lo salta un gitano.* La expresión se debe a que antiguamente era normal que se ganaran la vida como titiriteros, saltimbanquis o funambulistas. La variante con torero tiene que ver con el *salto a la torera* que formaba parte de los denominados *juegos del toro,* antecedentes de la corrida. Consistía en citar al animal con una pértiga y, cuando estaba cerca, tomar impulso, clavar el palo en la arena, entre los cuernos, y pasar por encima de él (v. *Saltarse algo a la torera*). Por otra parte, conocida es la elasticidad y agilidad de los *galgos*.

Que quita el hipo (De quitar el hipo) Comparación que funciona como superlativo enfático en la lengua coloquial: muy bueno, muy grande, muy destacado... *He visto una mansión que quita el hipo.* Se usa mucho para hablar de la gran belleza de algo o de alguien. *¿Has visto a la nueva novia de Matías? Es una rubia que quita el hipo. De quitar el hipo* vale por 'sorprendente, impresionante, asombroso' y se suele usar para hacer valoraciones positivas. *Se ha comprado un coche de quitar el hipo. Ya me lo dirás cuando lo veas.* La creencia popular sostiene que el hipo desaparece tras sufrir un susto o una fuerte impresión —comparada aquí, de forma hiperbólica, con las *impresionantes* características de la persona u objeto en cuestión—. No va muy descaminada esta afirmación, pues el susto provoca un espasmo en el diafragma que puede acabar con las contracciones producidas por el hipo.

Que se las pela (Que se mata) [correr] Muchísimo. Con mucha fuerza o mucha intensidad. Se usa sobre todo con el verbo *correr* y sinónimos. *Me da muchísimo miedo cuando lo veo en la moto porque corre que se las pela.*|*Para* *lo pequeñajo que es corre que se mata el tío*. Se afirma, de forma exagerada, que la gran velocidad va a hacer que la persona pierda la piel o el objeto su capa exterior. V. *Hace un frío que pela*.

Que si patatín, que si patatán (Que patatín, que patatán||Patatín, patatán) Es una curiosa fórmula con la que, de forma humorística, se reproducen las palabras inútiles o los argumentos vanos de otro. *Tú dices que no te gusta la película por los actores, que la música es fea, que el guión no te convence, que si patatín, que si patatán, pero todavía no me has dado ni un argumento sólido que justifique tu opinión*. A veces sirve también para cerrar una enumeración. *Entre libros, cuadernos, diccionarios, lápices, patatín, patatán se nos va un montón de dinero al principio del curso*. Los términos *patatín* y *patatán* posiblemente sean creaciones humorísticas a partir de *patata*, tubérculo poco considerado en la lengua coloquial que funciona, incluso, con el significado de 'feo; de poca calidad'. *Ese libro es una patata*.||*Le han puesto un cero patatero*. V. *Rollo macabeo/patatero*.

¡Que si quieres arroz, Catalina! Con esta frase se expresa la imposibilidad de conseguir alguna cosa o de convencer a alguien para que haga algo. *Te he dicho mil veces que hace frío, que te pongas algo de abrigo, pero tú nada, que si quieres arroz, Catalina, en manga corta*... Hay una historieta un tanto pintoresca que se toma como origen del dicho y que se refiere a una judía que vivió en Sahagún (León) durante la primera mitad del siglo XV, en tiempos de Juan II de Castilla (1405-1454), de nombre Catalina. La buena mujer tenía tal apego al arroz que, aparte de comerlo a todas horas y preparado de mil maneras diferentes, lo empleaba como remedio para cualquier mal. Cuando cayó enferma, en vista de que no se curaba con ninguna medicina, le preguntaron si quería arroz. No se sabe si porque le dieron más del que su cuerpo podía soportar o porque no se lo dieron, el caso es que la pobre judía Catalina murió.

Que te cagas (Que se caga la perra) Fórmula que funciona como adverbio de cantidad, con el significado de 'muy o mucho'. *Se ha comprado una corbata fea que te cagas*.|*Abrígate, anda, que hace un frío que te cagas*. Es propia del lenguaje juvenil. Lo que se compara es tan sumamente espléndido e impresionante que, según certifica exageradamente el dicho, llega a producir la relajación de los esfínteres, con las consabidas consecuencias.

¡Que te den dos duros! (¡Anda y que te den dos duros!) Se muestra con esta frase desprecio o rechazo hacia alguien. *Después de ponerme por ahí como un trapo sucio, ahora vienes a pedirme el coche. ¡Que te den dos duros!* Es posible que la expresión sea un eufemismo de *¡Que te den por culo!*, aunque podría tener un origen muy curioso. Se dice que en las celebraciones que tuvieron lugar en Madrid en 1892 para conmemorar el IV Centenario del Descubrimiento de América a quienes hicieron el papel, o el papelón, de indios (v. *Hacer el indio*) en el desfile les pagaron precisamente eso, dos duros. En las burlas y chanzas que hizo la gente de estos figurantes pudo haberse originado la expresión.

¡Que te/le/os/les **den morcilla!** (¡Que te den!) Es una expresión de rechazo o de desprecio hacia una persona. *Llevas un año sin hablarme por una estupidez y ahora me quieres invitar a comer... ¡Que te den morcilla!* Antiguamente, en épocas de epidemias de rabia, era costumbre dejar por las calles morcillas u otros embutidos envenenados para que los perros infectados los comieran, tal vez en este hecho se originara la frase. V. *Mandar a alguien a tomar morcilla.*

¡Que te/le/la/os/les **folle un pez!** (¡Anda y que te folle un pez!) Fórmula con la que se desprecia o rechaza a una persona, uno de los muchos ejemplos de surrealismo que nos ofrece la lengua coloquial. *¡Aléjate de mi vista, que no quiero volver a verte! ¡Que te folle un pez!* Escruten cuidadosamente la anatomía de un pez... Sobran las palabras.

¡Que te/le/la/os/les **parta un rayo!** (¡Mal rayo te/le/la/os/les parta!) Es una frase despectiva hacia alguien, una especie de maldición con la que se rechaza a una persona. *Pues si quieres irte, ya sabes dónde está la puerta. Lárgate y no vuelvas nunca por aquí. ¡Que te parta un rayo!* La exclamación es suficientemente significativa como para darle más vueltas.

¡Que te/la/lo/os/les **zurzan!** Se trata de una de las numerosas expresiones para rechazar las opiniones o la presencia de una persona o para mostrar desinterés ante alguien. *O sea, que estáis de acuerdo con ellos. ¡Pues que os zurzan también a vosotros!*‖*Yo ya lo he invitado mil veces a la boda. Si no quiere venir a mí no me importa; ¡que lo zurzan!* Literalmente, se le desea a otro que *lo cosan*.

Que tiembla/canta **el misterio** Con esta frase, que funciona como un superlativo enfático o como un adverbio de cantidad, se pondera lo extraordinario, lo que está fuera de lo común, lo que, entendiendo el dicho en sentido literal, sería aún más maravilloso e inexplicable que el misterio de la Santísima Trinidad: Dios es uno en tres personas distintas. *Se han comprado una casa que tiembla el misterio. Yo no he visto nunca nada igual.*‖*A ver si se acaba pronto este verano. ¡Hace un calor que tiembla el misterio!*

Que tira/echa **para atrás** (Que tira de espaldas ‖Tirar/caerse de espaldas/de culo) Impresionante. Sorprendente. *El tío tiene un expediente que tira para atrás. No hay ninguna nota inferior a un sobresaliente.* Se dice también del olor fétido, muy penetrante y desagradable. *No sé cómo puedes comer ese queso. Huele que tira para atrás.* Tanto la fuerte impresión como el olor desagradable asustan, hacen que nos echemos instintivamente hacia atrás y, a veces, que perdamos un paso. Si son muy fuertes podríamos llegar a perder el equilibrio. *Tirar de espaldas* es, por lo tanto, 'asustar, sorprender mucho, causar una fuerte impresión'. *Tú dirás que es un cuadro fantástico, que es una obra maestra de la pintura moderna, pero para mí es un pegote* *horrible: tira de espaldas*. Se usa mucho para hablar de los olores muy fuertes y desagradables. *Hazme el favor de sacar ese queso del frigorífico, que huele que tira de espaldas.*

Que venga/baje **Dios y lo vea** Con esta fórmula alguien intenta certificar la veracidad de sus opiniones o la rectitud de su forma de actuar. Se pide, en suma, el juicio divino. Se pone a Dios por testigo. *Si eso que te han hecho en el baño no es una chapuza, que venga Dios y lo vea.*|*Lo que has dicho ayer sobre Ana es totalmente falso. Si no es una calumnia que venga Dios y lo vea.*

¿Qué mosca/bicho/**te**/le/os/les **ha pica**(d)**o?** (Picarle a alguien la(s) mosca(s)) Se dice cuando alguien está enfadado, especialmente, susceptible, desazonado, molesto o irritado. *¿Pero por qué tienes que comportarte así conmigo y contestarme de esa manera? ¿Qué mosca te ha picado?* La expresión se refiere a las molestias que causan las moscas y otros insectos en las personas y en los animales. V. *Cargarse de moscas*||*Estar mosqueado.*

¡Qué... ni qué niño muerto! Con esta curiosísima exclamación se niega lo que se ha afirmado precedentemente o se muestra disconformidad con ello. *¡Qué gripe ni qué niño muerto! Lo que tiene ese es mucho cuento y pocas ganas de trabajar.* El origen del dicho es muy oscuro. Se suelen aducir dos teorías. La primera, quizá más científica, nos remite a las disputas que en tiempos surgieron a propósito de la inclusión o no en los censos de los niños que morían antes de ser bautizados. La segunda, más conocida y folclórica, nos lleva a una supuesta anécdota surgida durante una representación teatral. Una famosa actriz se lió en su improvisación y comenzó a hablar de sus supuestos amantes, embarazos y recién nacidos muertos. El actor que estaba con ella sobre las tablas, con la idea de cortar tan extensa morcilla y de sacar a su compañera del apuro, exclamó: «¡Qué amante ni qué niño muerto! ¡Tu hijo se llama Faustino y aparece en la próxima escena!».

¿Qué tienen/tendrán **que ver los cojones con comer trigo?** Se dice cuando alguien habla de dos cosas o cita dos asuntos que no tienen ninguna relación. *Te estoy hablando de literatura seria y tú me vienes con revistas del corazón. ¿Qué tienen que ver los cojones con comer trigo?* Como en tantas otras ocasiones, se cuenta para explicar el origen del dicho un cuentecillo que parece, más que otra cosa, una aplicación de aquél. Un campesino reprendió al dueño de un asno que estaba comiéndose el trigo de sus tierras. El dueño del burro le replicó que no se trataba de un burro, sino de una burra, a lo que el otro contestó: «¿Y me quiere decir usted qué tienen que ver los cojones con comer trigo?».

¿Qué tripa se te/le/os/les **ha roto?** (Rompérsele a alguien una tripa) Es una frase que puede interpretarse como '¿qué te ha sucedido?' o '¿qué problema tienes?'. *Creo que María me ha llamado esta mañana por teléfono un montón de veces. No sé que tripa se le habrá roto*. El término *tripa* es sinónimo de *víscera*, de *órgano* y la expresión *rompérsele a alguien una tri-*

pa se entiende como 'sucederle a alguien algo a causa de lo cual necesite la ayuda de otra persona'. Antiguamente se creía que algunas vísceras y las secreciones que éstas producían, denominadas precisamente humores, regulaban los estados de ánimo de la persona. V. *Alegrársele a alguien las pajarillas||Poner verde||Revolvérsele a alguien las tripas.*

Quebrarle un/el **ojo al diablo** Hacer lo que se considera más justo, lo que parece más adecuado, aunque ello suponga un riesgo excesivo o un gasto demasiado elevado. *Uno no cumple años todos los días, así que vamos a quebrarle un ojo al diablo. Venga, que os invito a todos a comer en el restaurante que elijáis.* Evidentemente, el mejor comportamiento hacia el diablo sería meterle un dedo en el ojo.

Quedar/estar/ponerse **a la altura del betún** Resultar alguien perjudicado en su reputación o muy mal considerado tras algún asunto. *Hace ya tres meses que se han casado y aún no les hemos enviado el regalo: hemos quedado a la altura del betún.* V. *Dar betún a alguien.* Sobre lo sucio, entendido como perjuicio moral hacia alguien, hay otras expresiones en nuestra lengua. V. *Poner como chupa de dómine||Poner como un trapo.*

Quedar/actuar/comportarse **como un señor** Actuar correctamente, de forma caballerosa y educada. Salir digna y airosamente de algún asunto. *Yo creo que regalándole ese diccionario vas a quedar como un señor.|Yo contigo me he comportado como un señor, así que espero que tu comportamiento conmigo no sea muy diferente.* El término *señor* es aquí sinónimo de 'noble; elegante; magnánimo'.

Quedar/estar/faltar (todo) **el rabo por desollar** Con la locución damos a entender que aún falta la parte más complicada y problemática para concluir con éxito alguna acción. *Sí, casi ha terminado la carrera, pero aún le queda el rabo por desollar, porque tiene que aprobar la asignatura más difícil.* El verbo *desollar* significa 'quitar la piel a los animales antes de prepararlos para ser comidos'. El rabo es la parte de las reses más difícil de desollar; de ahí proviene el dicho. V. *Ser duro de pelar.*

Quedar (mucha) **tela por**/que **cortar** Se dice cuando falta mucho por hacer, mucha materia que tratar, cuando hay aún mucho por resolver o decidir. *De momento el año nos está yendo fenomenal, pero no podemos confiarnos y hay que seguir trabajando como hasta ahora, que queda mucha tela por cortar.* La frase parece haber nacido a propósito del trabajo de los sastres o modistas, aunque también podría estar relacionada con la gran cantidad de tela que se necesitaba para fabricar las velas de los barcos. V. *Tener tela.*

Quedarse a/en **la luna de Valencia** (Estar en/a la luna de Valencia) No conseguir los propósitos que se pretendían. Sufrir una frustración en algo que se daba como éxito seguro. *Todos pensábamos que el equipo ganaría la copa y, al final, nos hemos quedado a la luna de Valencia.* Existió en tiempos el dicho *dejar a la luna,* como sinónimo de 'quedarse al sereno pasando la noche' y, por extensión, como forma de decir que alguien había quedado desprotegido, sin luz, y no había conseguido lo que pretendía. *Dejar a la luna* pasó a significar, en germanía —jerga de ladrones y rufianes—, 'dejar sin dinero a alguien', 'robar todo lo que tenía una persona'; evidentemente, la pobre víctima quedaba también en el mayor de los desamparos. El situar a esa luna en Valencia tal vez pudiera referirse no al astro, sino a la forma semicircular de la muralla que antiguamente circundaba la ciudad mediterránea. Quien llegaba a horas intempestivas, cuando las puertas estaban cerradas, no podía entrar y se quedaba esperando *ante* o *a la luna de Valencia*. Joaquín Bastús sostiene en *La sabiduría de las naciones* que la luna de Valencia es la playa, así llamada por su forma, donde se veían obligados a hacer noche muchos de los que llegaban en las embarcaciones que no se autorizaba a atracar en el puerto.

Quedarse/estar **alguien sin padre ni madre ni perrito que le ladre** Quedarse una persona completamente sola, desamparada, sin ninguna compañía. *Ya se le han casado todos los hijos y se ha quedado sola, sin padre ni madre ni perrito que le ladre*. El efecto de la rima atenúa, de alguna forma, la tristeza que se desprende de la frase.

Quedarse/estar **alguien tan campante** Permanecer una persona muy tranquila, como si nada hubiera sucedido tras un incidente o una acción que podría acarrear problemas. *El tío se comió tres docenas de sardinas y se quedó tan campante*. El adjetivo *campante* se refiere a quien *campa* o *campea* tranquilamente por el campo de batalla, sin sufrir daño o sin preocuparse del enemigo. V. *Campar alguien por sus respetos*.

Quedarse/estar **alguien tan fresco**/tan pancho/tan ancho Quedarse impasible, indiferente. No inmutarse, especialmente tras haber hecho algún esfuerzo o haber actuado de forma incorrecta o poco adecuada. *Ahí lo tienes, cien kilómetros acaba de hacerse en bici y se ha quedado tan fresco.*|*No entiendo cómo puedes quedarte tan fresco después de haberle dicho esas barbaridades*. El término *fresco* hay que entenderlo en su acepción de 'descansado' y también en la de 'desvergonzado; descarado' (v. *Quedarse frío*||*Traer al fresco algo a alguien)*. *Pancho* puede ser un juego humorístico con *ancho*, 'orgulloso; ufano' o bien usarse como el hipocorístico —la forma familiar— de Francisco que se emplea en algunos lugares de España. V. *Estar alguien a sus anchas*||*Quedarse más ancho que largo*.

Quedarse/dejar a alguien **como el gallo de Morón, sin plumas y cacareando** Normalmente se emplea sólo la primera parte de la frase, con el significado de mantener o tratar de mantener el orgullo a pesar de haber sufrido una fuerte derrota o un gran fracaso. *Le he dicho que estoy harto de que vaya por ahí contando mentiras de mí y se ha quedado como el gallo de Morón, diciendo tonterías e intentando defenderse*. Hay varias versiones con las que se pretende explicar el dicho, aunque todas sitúan su origen en la localidad sevillana de Morón de la Frontera, pero sólo una parece tener algún viso de realidad. Es la que se refiere a los acontecimientos que sucedieron en el siglo XVI en este pueblo sevillano. Al parecer, las familias que ostentaban el poder no se ponían de acuerdo sobre quiénes debían ejercer el mando en la villa y cada vez que se nombraba un nuevo corregidor había fuertes enfrentamientos. La Chancillería de Granada, encargada de tales nombramientos, envió en cierta ocasión a un representante para estudiar la situación. Este individuo, al parecer, llevó al extremo su chulería declarando algo así como: «en este corral no canta más gallo que yo». Tales palabras soliviantaron aún más a los combativos habitantes de Morón, que una noche tendieron una trampa al *gallo,* lo desnudaron, le robaron todo lo que tenía, le dieron una buena mano de palos y lo pusieron de nuevo en el camino de Granada, donde, entre el regocijo general, lo vieron marchar «cacareando» es decir, profiriendo amenazas y anuncios de venganza. Aún hoy se siguen usando las expresiones *Desplumar (dejar sin plumas) a alguien,* que, aplicadas generalmente al juego, significan 'dejar sin dinero a una persona'.

Quedarse/estar **como un pajarito** (Comer como un pajarito) Muy delgado. Se dice también *comer como un pajarito,* 'comer muy poco' *Estoy bien; hombre, me he quedado pajarito después de tanto tiempo a dieta, pero pronto voy a recuperar peso, ya verás*. Temblar. Tener muchísimo frío. *Como tarde un poco más, con este frío que hace me voy a quedar pajarito*. La expresión se refiere a los temblores de los polluelos cuando están desprotegidos, fuera del nido. A veces, con una mezcla nada extraña de humor y ternura, propia de muchos eufemismos con los que nos referimos a la muerte en la lengua coloquial, se usa con el significado de 'morirse'. *No sufrió absolutamente nada; cerró los ojos y se quedó pajarito*.

Quedar(se)/dejar a alguien/estar **con el culo al aire**/en pompa Quedarse en una situación desairada, humillante. Ponerse en evidencia o en ridículo. *Con todas las tonterías que ha dicho no ha ofendido a nadie; lo único que ha conseguido ha sido quedarse con el culo al aire*. Es lo que sucedería si alguien se quedara en público con el trasero a la vista de todos. V. *Bajarse los pantalones*||*Enseñar el culo*.

Quedarse/alzarse **con el santo y la limosna** Quedarse con lo propio y con lo ajeno. Sacar partido de dos acciones o situaciones diferentes. *Aparte de ganar un buen sueldo, se metía en el bolsillo parte de los fondos destinados a la asociación de huérfanos. Vamos que se quedaba con el santo y la limosna.*|*No sólo hemos conseguido sustanciosos beneficios sino que, de paso, hemos conseguido hundir en la miseria a la competencia. Podemos decir que nos hemos quedado con el santo y la limosna*. Era costumbre en algunos pueblos que una imagen religiosa se llevara de casa en casa para pedir limosna, que se introducía en la propia peana del santo. Los ladrones tenían fácil hacerse con unos cuartos llevándose la imagen y, al mismo tiempo, el dinero.

Quedarse con la copla/el toque Enterarse. Darse cuenta de algo. Retener una información importante. *¿Qué te ha pasado con Carlos? Porque de un tiempo a esta parte no os saludáis, que me he quedado yo con la copla.* En sus orígenes el dicho se refería a quien era capaz de retener un poema o una canción, quizá aquellos que los juglares o los ciegos recitaban de pueblo en pueblo. V. *No perder ripio*||*Sacarle a alguien cantares.*

Quedarse/dejar a alguien/estar **con la miel en los labios** (Tener la miel en los labios) Esfumarse en el último instante algo que se tenía prácticamente conseguido, aquello de lo que ya casi se estaba disfrutando. *Nos faltaba sólo un resultado para tener quince en la quiniela y hasta el último momento teníamos la equis, pero el Barcelona marcó en el minuto noventa y nos quedamos con la miel en los labios.* La sensación se compara con la decepción de quien, a punto de llenarse la boca de miel —léase *éxito*—, por un motivo u otro, no consigue sino rozarla con los labios. Es posible que el dicho tenga alguna relación con una fábula recogida por el griego Esopo (s. IV a. C.), *El oso y la colmena.* Un oso derribó una colmena. Cuando empezaba a chupar la miel que de ella salía acudió una nube de abejas que lo puso en fuga y lo dejó, literalmente, con la miel en los labios.

Quedarse/dejar a alguien **con un palmo de narices** Quedar alguien en ridículo o frustrado en lo que esperaba conseguir. *Cuando me dijo que ya no quería salir conmigo me quedé con un palmo de narices.* El término *palmo* se refiere a una antigua medida de longitud que aludía a la distancia entre el extremo de los dedos pulgar y meñique con la mano en extensión. Seguramente la expresión está relacionada con esa forma de *hacer burla,* que consiste en poner el dedo pulgar en la punta de la nariz, extender la mano y mover los dedos. De todas formas, la expresión puede muy bien referirse a las enormes y ridículas narices postizas que se ponían quienes representaban en el teatro papeles de graciosos o de tontos, las mismas que hoy se ponen los payasos del circo.

Quedarse/dejar a alguien **cortado** (Ser un cortado||Ser algo un corte) Avergonzarse. *Cuando ella lo miró se quedó cortadísimo.* Quedarse sorprendido, sin poder reaccionar. *Cuando me dijo aquella burrada me quede cortadísimo y no supe cómo contestarle.* Llamamos *cortado* a alguien pusilánime, con poca iniciativa, a una persona que se avergüenza con facilidad. *¿Qué pasa, que te da vergüenza bailar conmigo? Venga, no seas cortado.* El *corte* es, por tanto, el comentario, la actitud o la situación que provoca tal reacción. *Hombre, la verdad es que verse allí, vestido de esa manera y sabiendo que todos te miran es un corte.* El término *cortar* era en la lengua de germanías —la de los «germanos o hermanos», los delincuentes de los siglos XVI y XVII— el navajazo que administraban en la cara los matones a sueldo (v. *No ser puñalada de pícaro*||*Puñadada trapera)* para que la víctima quedara marcada y, de alguna forma, avergonzada. Por fortuna, esa cuchillada ha quedado en la lengua coloquial como algo puramente metafórico. V. *Darle a alguien un corte.*

Quedarse de cuadros (Dejar a alguien a cuadros) Sorprenderse. Quedarse estupefacto. *Pues qué quieres que te diga. Nunca me hubiera imaginado que se iban a separar. Me he quedado de cuadros cuando me lo has dicho.* No parece tener mucho sentido explicar la frase refiriéndonos a cuadro en su acepción de 'cuadrado, figura geométrica'. Es más comprensible entender el término *cuadro* como 'pintura, dibujo', con lo que la expresión compararía la inmovilidad causada por la sorpresa con la que presenta la figura plasmada en un cuadro.

Quedarse/dejar a alguien **de piedra** (Quedarse/dejar a alguien de una pieza) Quedarse inmóvil, sin poder reaccionar ante algo, como una estatua, generalmente por efecto de un susto, una sorpresa o una fuerte emoción *Cuando me dijo que se iba a meter fraile me quedé de piedra*. Seguramente la frase está relacionada con los poderes de Medusa, monstruo mitológico con ojos de fuego, uñas de bronce y serpientes por cabello, que tenía el poder de dejar de piedra a quien la miraba. Medusa fue asesinada por Perseo, con la ayuda de Atenea. De su tronco, una vez decapitada, surgió Pegaso, el caballo alado. V. *Estar bajo la égida de algo o de alguien||No ser alguien de piedra*.

Quedarse de un aire (Darle a alguien un aire) Quedarse anonadado, inmovil, ausente. *¿Pero qué le has dicho a Carlos, que se ha quedado de un aire? Lleva un buen rato sin moverse y sin decir nada*. Antiguamente se pensaba que el aire, según de donde soplara, tenía efectos beneficiosos o perjudiciales sobre el cuerpo y el espíritu. El aire, se decía, era causa de la melancolía y de la ira (v. *Darle a alguien la ventolera*). Por otra parte, las corrientes de aire pueden causar ciertas contracturas musculares y hacer, por ejemplo, que el cuello quede prácticamente inmóvil.

Quedarse en agua de borrajas Resultar un fracaso o quedar sin ninguna importancia algo a lo que se daba una gran trascendencia. *Parecía que la enfermedad era muy seria, pero, afortunadamente, al final todo quedó en agua de borrajas*. La *borraja* o *cerraja* es una planta comestible, de tallo grueso cubierto de pelos ásperos y flores azules, que se emplea también en infusión como sudorífico. En la locución se alude a la poca sustancia y el escaso sabor que tiene el agua resultante de cocer tales plantas. V. *Ser un berzas*.

Quedarse/estar **en blanco** (Quedarse/estar in albis||Tener/quedarse con/estar con la mente en blanco) Olvidar todo lo que se sabía. Tener la mente completamente vacía, es decir, blanca. *Te prometo que fui perfectamente preparado y seguro de mí mismo, pero cuando me vi delante de tanta gente y de tantas cámaras me quedé en blanco*. A veces usamos la formulación latina de la expresión: *in albis*, creada sobre *albus*, 'blanco'.

Quedarse/estar **en cuadro** Reducirse considerablemente un grupo de gente. *En la oficina nos hemos quedado en cuadro: entre la gripe y las vacaciones ahora mismo estamos tres trabajando*. La expresión proviene del lenguaje militar, en el que se llama *cuadro* o *cuadro de mando* al grupo que forman los jefes y oficiales. Se decía que una unidad quedaba *en cuadro* cuando en una batalla caían todos los soldados y sólo sobrevivían los jefes.

Quedarse/dejar a alguien **en el sitio** Morir en el acto, de forma instantánea, en el mismo sitio en que se produce la causa de la muerte. *Murió de una forma estúpida. Le cayó una teja en la cabeza y se quedó en el sitio.* Es frecuente que el verbo *quedarse* sustituya como eufemismo a *morir* en la lengua coloquial.

Quedarse/dejar a alguien **frío**/helado Sorprenderse. Asustarse. Quedarse aturdido. Sentir una sensación desagradable, que no se esperaba, para la que no se estaba preparado. *Cuando me he enterado de lo del accidente me he quedado frío. No me lo podía creer.* Quien sufre esta sensación se queda inmóvil, como si estuviera helado, a veces, incluso, siente frío. V. *Quedarse alguien tan fresco.*

Quedarse/estar **más ancho que largo** Estar tranquilo y satisfecho después de haber hecho algo, bien se trate de una acción complicada, o bien no muy afortunada o censurable. *El tío se metió una paella entera y se quedó más ancho que largo.*|*Como me canse mucho me levanto, le meto una bofetada y me quedo más ancho que largo.* Quien se siente satisfecho se hincha de orgullo, engorda, se hace más ancho. El término *ancho* significa 'paciente; tranquilo; reposado'. V. *Estar alguien a sus anchas*||*Quedarse tan fresco/pancho.*

Quedarse/estar **para vestir santos** No conseguir una persona, especialmente una mujer, casarse. *Manoli tiene ya casi cuarenta años y, por el camino que va, me parece que se va a quedar para vestir santos.* La locución hace referencia a las hermanas de los sacerdotes que, por una especie de convención social, se quedaban solteras para servir a sus hermanos, ayudarles en las tareas de la casa y en las de la iglesia: cambiar las ropas de las imágenes religiosas de las iglesias, por ejemplo. Lo mismo hacían, sobre todo en los pueblos, muchas mozas que no encontraban marido (v. *Desnudar a un santo para vestir a otro*).

Quedarse/dejar a alguien **patitieso**/patidifuso Muerto. Se usa sobre todo en sentido figurado, con el significado de 'paralizado por la sorpresa' 'tieso; sin palabras y sin movimientos a causa del asombro o de la emoción'. *Cuando le dijeron que iba a tener trillizos se quedó patitieso. Tuvimos que darle unas bofetadas para reanimarlo.* La frase se refiere a los estertores de algunos animales en el momento de la muerte, que les hacen estirar las extremidades de forma espasmódica. V. *Estirar la pata.*

Quedarse/dejar a alguien **planchado** Quedarse alguien muy sorprendido, apabullado o avergonzado, sin capacidad de reacción. Literalmente, como si le hubiera caído encima una plancha, como si lo hubieran planchado. *Me he quedado planchado con eso que me has dicho de Mariano. No me lo puedo creer.*|*Cuando me enteré de que aquella chica con la que yo había estado tonteando era su novia me quedé planchado.* V. *Tirarse una plancha.*

Quedarse/estar/dejar a alguien **seco** (como un bacalao) Esta expresión es uno de los muchos sustitutos de *morirse* en la lengua coloquial. *Se tomó un tubo entero de pastillas para dormir y se quedó seco.* En este caso, más que ante un eufemismo, estamos ante un disfemismo, una expresión con la que se afea o «empeora» lo que no se quiere decir. El cadáver está inmóvil, tieso, seco, como un alimento en salazón, como deducimos de la variante *seco como un bacalao.* También se usa en sentido figurado 'quedarse paralizado, sin poder reaccionar a causa de la sorpresa, de algo inesperado'. *Cuando me dijeron que no aceptaban mi solicitud me quedé seco.*

Quedarse/dejar a alguien **sin respiración** Quedarse paralizado por la sorpresa o la emoción. *Cuando me confesó que estaba enamorada de mí me quedé sin respiración. Estuve no sé cuánto tiempo sin saber qué decir.* Ante un susto o un impacto emocional contenemos la respiración y permanecemos inmóviles.

Quejarse de vicio Quejarse sin motivo. Tener el vicio o la manía de protestar por todo, aunque la situación sea favorable para quien se queja. *¿Qué más quieres? Tienes dinero, un trabajo estupendo, una mujer maravillosa, salud... Te quejas de vicio.*

Quemar las naves Tomar una resolución extrema que, aunque suponga una pérdida o sacrificio, pueda resolver una situación muy complicada. *Esos almacenes estaban casi en quiebra, quemaron las naves ofreciendo unas rebajas increíbles para obtener algún ingreso y han conseguido salir adelante.* La locución hace referencia a un hecho histórico que tuvo como protagonista a Hernán Cortés (1485-1547). En 1518 emprendió la conquista de México con once naves que partieron de Santiago de Cuba y anclaron en la actual Veracruz. Decidido a adentrarse en lo desconocido y a seguir avanzando tierra adentro, se dice que para evitar que sus tropas desertaran y se volvieran atrás, quemó los barcos. Otras versiones, seguramente más fiables, dicen que los embarrancó. En el episodio seguramente se mezclan reminiscencias mitológicas y rituales. Los antiguos griegos, cuando terminaban un periplo sin incidencias, quemaban la nave para consagrarla a los dioses, en señal de agradecimiento y purificación. A veces parte de la proa la libraban del fuego y la llevaban al altar de algún dios. Según cuenta la leyenda, Jasón, que guió la expedición de los Argonautas en busca del vellocino de oro, quemó su famosa nave, *Argo,* en Corinto para consagrarla a Poseidón, dios del mar. El gran poeta romano Virgilio (70-19 a. C.) nos cuenta en la *Eneida* que las mujeres troyanas, hartas de navegar sin rumbo fijo y decididas a encontrar un lugar en el que establecerse, quemaron las naves de Eneas.

Quemarse/quemársele a alguien **la sangre** Enfadarse. Atormentarse. *No puedo quedarme parado ante una situación tan injusta. Es que me quema la sangre.*| *Es inútil que intentes meterlo en vereda. No te quemes la sangre intentando convencerlo y déjalo que haga lo que le dé la gana.* Los que se enfadan mucho se acaloran, sufren un estado de inquietud, de desasosiego y de hiperactividad. Sobre todo en la cara se les aprecia un enrojecimiento, una especie de congestión que los antiguos atribuían a un calentamiento excesivo de la sangre. V. *Hervirle a alguien la sangre*.

Quemarse/dejarse **las cejas**/las pestañas Estudiar mucho o realizar trabajos que exijan un gran esfuerzo a la vista. *He estado media vida quemándome las cejas, pero ha merecido la pena*. En un principio la expresión hacia referencia a 'estudiar de noche' y su significado era absolutamente literal, pues aludía a aquellos que se chamuscaban las cejas, las pestañas o el pelo por acercarse demasiado o por quedarse dormidos cerca de la vela o el candelabro que les daba luz.

Querer costal y castañas Pretender todas las ventajas o querer que sólo existan beneficios. *O sea, que pretendes que vaya yo a comprarte los zapatos y que además te los regale. Me parece a mí que tú quieres costal y castañas*. El *costal* es una especie de saco de tela que sirve para transportar grano o frutos.

Querer es poder Se ensalza en esta frase el gran poder de la fuerza de voluntad. *Desde pequeño su ilusión era ser médico y, aunque con mucho esfuerzo, lo ha conseguido: querer es poder*. Quien desea algo y pone todas las fuerzas en lograrlo acaba teniendo éxito. A través del verbo *ser* se identifican ambos infinitivos.

Querer hacer la tortilla sin romper los huevos (No se puede hacer la tortilla sin romper los huevos) Se le dice a quien pretende renovar algo drásticamente, hacer un gran cambio o cumplir alguna misión de forma muy tranquila o pacífica (la tortilla), sin causar los perjuicios o daños que por fuerza deben acometerse (romper los huevos). *Intentar cambiar completamente la forma de trabajar de esta oficina manteniendo en sus puestos a todo el personal es como querer hacer la tortilla sin romper los huevos*.

Quien hace un cesto hace ciento La persona que hace algo por primera vez, por complicado que sea, ya está capacitada para hacerlo más veces. *Es difícil calcular bien las medidas para hacer la paella, pero una vez que le coges el punto ya te queda siempre bien. Quien hace un cesto hace ciento*. Se tarda algo de tiempo en aprender a hacer un cesto de mimbre, pero, una vez hecho el primero, jamás se olvida la técnica. En la frase, como en tantas otras, ayuda la fuerza de la rima.

Quien/el que **no te conozca, que te compre** Con este dicho afirmamos conocer perfectamente los aspectos negativos de una persona y, al mismo tiempo, nos mostramos reacios a establecer relaciones con ella porque desconfiamos de su comportamiento. *Sí, quizá esta vez hablas en serio y lo que dices es verdad, pero como me has engañado muchas veces, esta vez no me voy a dejar convencer. Quien no te conozca que te compre*. Se cita como origen de la frase un cuentecillo popular andaluz, recogido, entre otros, por Cecilia Böhl de Faber —escritora andaluza, de origen suizo, (1796-1877), que escribió con el seudónimo de Fernán Caballero— en sus *Cuentos y poesías andaluzas* y por el cordobés Juan Valera (1824-1905) en *Cuentos y chascarrillos andaluces*. Tres estudiantes muy pobres aparecieron por un pueblo en el que había feria. Para sacar un dinero, robaron un borrico que sacaba agua de una noria con la idea de venderlo en el mercado. Uno de los estudiantes se quedó en la noria en el lugar del borrico. Al ser descubierto por el campesino, el pícaro estudiante le dijo: «Amo, unas brujas me convirtieron en burro, pero ya ha pasado el tiempo del encantamiento y vuelvo a ser persona». El hortelano lo desató, dejó que se fuera y se encaminó a la feria para comprar otro asno. Nada más llegar, unos gitanos le ofrecieron al suyo, el que había sido robado por los estudiantes. Cuando lo vio, pensó que había vuelto a obrar el encantamiento y echó a correr gritando: «Quien no te conozca que te compre».

Quien te conoció ciruelo... Se aplica a quien se da aires de grandeza, al que, siendo de origen humilde y habiendo llegado a un puesto de prestigio o de reconocimiento social, pretende que se le reconozca noble, de alta alcurnia, y presume de ello ante los demás. *Enchufe tras enchufe ha llegado a director general. Se las da de fino y de cultivado, cuando todo el mundo sabe que en su pueblo no había uno más bruto. Quien te conoció ciruelo...* Para explicar el origen del dicho se cuenta la historia de un labriego que le regaló a un escultor un tronco de ciruelo. El escultor, después de un tiempo, le enseñó al campesino un magnífico Cristo —un san Pedro según otras versiones— que había tallado del tronco. Éste, en vez de mostrar asombro se limitó a decir: «Quien te conoció ciruelo, ¿cómo te tendrá devoción?».

¿Quién dijo miedo? Expresión con la que solemos quitarnos el miedo, dar o darnos ánimos o coraje antes de acometer una empresa complicada o peligrosa. *¿Que quién intenta pasar por delante del perrazo?... Yo mismo... ¿Quién dijo miedo?*

¿Quién te/le/os/les **ha dado vela en este entierro?** Con esta expresión indicamos a alguien que su presencia en un lugar sobra, que no es bien recibida. También, que no tiene ningún respeto ni autoridad, que no tiene sentido su intervención en algún asunto. *¿Y tú por qué dices que yo no tengo razón si no sabes de qué hablamos? ¿A ti quién te ha dado vela en este entierro?* Era tradición en tiempos pasados que en los entierros la familia del fallecido diera velas a los parientes o a los amigos más allegados para que como símbolo de la vida eterna, las encendieran durante la ceremonia. No tener vela en el entierro era, pues, exponente de que la relación con el muerto no era muy directa.

¡Quién te ha visto y quién te ve! Usamos esta frase para dar a entender que una persona ha empeorado mucho físicamente en su estado económico o social. *Hace un par de años presumiendo de dinero, de coche, de trabajo* *y ahora pidiendo ayuda a los amigos... ¡Quién te ha visto y quién te ve!* El dicho es la reducción de un antiquísimo refrán citado ya por Gonzalo Correas en su *Vocabulario de refranes* (1627): *Quien te vido (vio) y te ve ahora, ¿cuál es el corazón que no llora?*

Quitarle hierro a algo Quitarle importancia a un asunto. *Ayer en este periódico había un artículo durísimo contra el presidente del Gobierno. Hoy, el director escribe un artículo quitándole hierro al enfrentamiento.* El término *hierro* es una palabra que funciona en la lengua coloquial como sinónimo de 'arma' y también de 'violencia; gravedad; fuerza': *quien a hierro mata a hierro muere; a hierro y fuego; al rojo vivo...* De todas formas, la expresión pudo haberse originado en la disposición que, en su vigesimoquinta sesión, hizo pública el Concilio de Trento (1545-1563). En ella se prohibían, bajo pena de excomunión, los duelos a muerte entre los caballeros cristianos. De esta forma, durante los torneos y justas se quitaba el hierro a las lanzas para que no hirieran. Algunos sugieren que la frase se podría referir al hecho de aliviar la condena del preso quitándole las cadenas o parte de ellas.

Quitarse de en medio (Quitar(se) a alguien de en medio) Retirarse. Apartarse de algún trabajo. No querer participar en alguna situación, normalmente con la idea de evitar problemas o disgustos. *Cuando uno llega a cierta edad debería tener la lucidez de quitarse de en medio para dejar paso a los más jóvenes.* La expresión *quitar a alguien de en medio* funciona también con el significado de 'destituir a alguien; apartar a una persona de una actividad'. *Ya era hora de que la dirección general lo quitara de en medio, porque era un auténtico estorbo para la empresa.* A veces significa 'asesinar a alguien'. *Actuaban con métodos puramente mafiosos. A cualquiera que sospechaba de ellos o que los estorbaba mínimamente, lo quitaban de en medio.*

Quitarse/sacarse **el muerto de encima** Liberarse, aunque sea de forma no muy ortodoxa, de un problema, de una carga, responsabilidad u obligación. *Es un encargo muy complicado y de mucha responsabilidad en el que puedes jugarte tu futuro profesional. Yo que tú me quitaría el muerto de encima.|Me persigue por todas partes y no sé cómo quitarme el muerto de encima.* El alivio que siente la persona liberada se compara con el de quien, habiendo sido acusado injustamente de un asesinato, consiguiera demostrar su inocencia. V. *Cargar con el muerto.*

Quitarse/sacarse **el sombrero** (Ser algo de quitarse el sombrero/de *chapeau*/de sombrerazo||*¡Chapeau!*) Manifestar entusiasmo y admiración por algo o por alguien. Quitarse el sombrero, especialmente en el caso de los hombres, era señal de respeto y cortesía. *De verdad, es la persona más inteligente, preparada y educada que he conocido. Me quito el sombrero ante él.|Hay que quitarse el sombrero ante los estupendos resultados que ha conseguido este equipo tan modesto.* A veces empleamos la palabra *chapeau*, incluso como interjección, al igual que se hace en francés. *Chapeau* significa 'sombrero'. Hasta el siglo XVIII se usó en nuestra lengua el término *chapeo* con el mismo significado. *La novela es magnífica, conmovedora, de chapeau.*|*Me encanta cómo has decorado la casa. ¡Chapeau!*

Quitarse/quitarle/arrancarle a alguien **la máscara**/el antifaz/la careta (Caérsele a alguien la máscara/el antifaz/la careta||Quitarse la venda) Descubrir alguien su verdadera personalidad o sus propósitos reales. Desenmascararse. Actuar sin disimulos. *Tú no eres tan modesto ni tan tímido como cree la gente. Quítate de una vez la máscara, que te irá mejor en la vida.*|*Durante la lectura de la sentencia se le cayó la máscara, se derrumbó y dejó de ser ese hombre frío e impenetrable que todos creían.* Los términos *careta* y *máscara* son prácticamente sinónimos. Por cierto, el origen de esta última palabra hay que buscarlo en el término árabe *máshara,* 'bufón, payaso', sustantivo del verbo *masáhir,* 'burlarse de alguien'. El *antifaz,* de *ante faz* 'delante del rostro', es el velo o pieza con la que se cubre parte de la cara, especialmente la que rodea a los ojos. V. *Caérsele a alguien la venda de los ojos*

Quitarse un peso de encima (Quitarle a alguien un peso de encima) Liberarse de un problema, una carga, una responsabilidad o una preocupación. *Por fin he terminado de pagar el coche. ¡No sabes qué peso me he quitado de encima!* V. *Pesar como una losa.*

R

Radio macuto [ser; parecer; ser como] Así se denomina coloquialmente, sobre todo en el lenguaje juvenil, a quien pone en circulación rumores, habladurías o cotilleos y al lugar en el que surgen. *Ángela es como radio macuto: le encanta ir por ahí metiendo cizaña y aireando la vida de los demás.*|*Eso en vez de una oficina parece radio macuto. Todo el mundo cacarea de todo el mundo, y luego todo lo que cuentan es mentira, claro.* Los comentarios salen de una supuesta radio cuyo curioso nombre nada tiene que ver con lo que entendemos hoy por macuto, sino que obedece a una rima humorística: «Aquí radio macuto, mil bobadas (o paridas por minuto)».

Rascarse el bolsillo/la faltriquera Pagar, por lo general de mala gana. *El gobierno ha decidido subir los impuestos, por lo que, como siempre, nos tocará rascarnos el bolsillo a los mismos.* El dicho alude a la imagen de alguien que rebusca dinero en el bolsillo para, casi, arrancarlo de su fondo. La *faltriquera* era antiguamente sinónimo de 'bolsillo' y también un bolso pequeño que se llevaba atado bajo el abrigo, la capa o el delantal.

Rascarse la barriga No hacer nada. *A mí lo que más me gusta es tumbarme en el sofá y pasarme un día entero rascándome la barriga.* Tradicionalmente se suele representar al vago tumbado y rascándose la panza, pesada tras una abundante comida. V. *Tirarse a la bartola*||*Tocarse las narices.*

Rasgarse las vestiduras Escandalizarse. Mostrar indignación ante algún hecho. *La película, sin ser pornográfica, es un poco fuerte, pero vamos, no es como para rasgarse las vestiduras.* Antiguamente en algunos pueblos romperse los vestidos era una desesperada manifestación de duelo, costumbre que se mantiene en algunos lugares de África, en algunos países árabes, en la India y en otros lugares del sur de Asia. Entre los antiguos hebreos (v. *Darse con un canto en los dientes*), el gesto podía interpretarse también como demostración de sorpresa o de escándalo ante algo. Fue lo que hizo el sumo sacerdote Caifás al oír las palabras de Jesucristo declarándose *el Hijo de Dios* y juzgarlas blasfemas (*Mateo*, XXVI, 63-66; *Marcos*, XIV, 61-64). V. *De rompe y rasga.*

Ratón de biblioteca [ser un] Así se llama a quien está siempre encerrado entre libros y papeles. Se usa con un cierto tono peyorativo. *No me extraña que haya encontrado esos documentos tan importantes que se daban por perdidos. Siempre ha sido un ratón de biblioteca.* Sabido es que las ratas y ratones sienten especial predilección por el papel, especialmente el de libros y documentos antiguos.

Rayar/estar **a gran altura** Sobresalir. Alcanzar un gran nivel una persona en su trabajo o actividad. Ser una cosa de mucha calidad. *Aunque es muy joven, este tenor ha rayado a gran altura en este Rigoletto y hay que tenerlo muy en cuenta para el futuro.*|*Esta cadena de hoteles raya a gran altura en la relación calidad-precio.* Es posible que aparezca el verbo *rayar* referido a una forma muy habitual de medir a una persona. El que quiere medirse se apoya en una superficie plana, una pared, por ejemplo, y otro hace una marca o raya a la altura de la cabeza. Las personas muy altas, es obvio, *rayan a gran altura.* Esta altura se toma en la expresión en sentido figurado, como 'bondad; excelencia; brillantez'.

Recoger el guante Aceptar una apuesta o un desafío. *Le dije a Julia que le ganaría al mus con los ojos cerrados y ella recogió el guante, echamos una partida y me ganó.* Antiguamente, recogiendo una antigua usanza germánica, era tradición que para retar a alguien en duelo, se le lanzaba un guante a los pies o a la cara. Si el desafiado lo recogía, significaba que aceptaba el desafío. V. *Arrojarle a alguien el guante*||*Cruzarle a alguien la cara.*

Recoger velas Desdecirse o volverse atrás ante una situación complicada. *Había dicho que, pasara lo que pasara, iría en su coche; al fin, cuando ha sabido que iba a nevar y que la carretera estaba helada, ha recogido velas y se ha ido en avión.* La locución tiene un origen marinero y hace referencia a la recogida de las velas cuando sopla muy fuerte el viento o ante el anuncio de una tormenta o una tempestad.

Refrescarle a alguien la memoria Recordarle algo a alguien. *¿Que tú no has dicho eso? Te refresco la memoria: lo dijiste en la reunión del mes pasado.* Sobre el término *fresco* se construye el verbo *refrescar* que significa también 'reciente'.

Regalarle a alguien los oídos Adular. Hablar muy bien de una persona. *Seguro que tú quieres algo, porque no es normal que me regales tanto los oídos.* Una acepción de *regalar,* ya en desuso, es 'halagar a alguien'; de ella proviene la expresión.

Reír(se) **a mandíbula batiente** Reírse mucho, de forma estridente y compulsiva, de modo que, por efecto de la risa la mandíbula inferior *bate,* es decir, se mueve con fuerza y rapidez. *Si la película dura noventa minutos me he pasado ochenta y nueve riéndome a mandíbula batiente.*

Reírse alguien hasta de su (propia) **sombra** Tomarse todo a broma. Reírse de todo y de todos, aunque la situación requiera total seriedad. Reírse alguien incluso de sí mismo. *Yo no lo invitaría a la reunión porque ese se ríe hasta de su sombra, se toma todo a cachondeo y te la puede dinamitar.*

Relamerse de(l) **gusto** Disfrutar de algo que con mucha seguridad se supone favorable o positivo antes de que suceda. *Sabe que el puesto va a ser para él y lleva ya unos cuantos días relamiéndose de gusto.* La expresión, que se usa en sentido figurado, se refiere a la persona que se humedece golosamente los labios con la lengua, que se *lame* repetidamente, ante un alimento de aspecto sumamente apetitoso.

Remachar (en) **el clavo** Insistir en el error. Añadir a una equivocación otra mayor. Empeorar una situación intentando arreglarla. *Has metido la pata hasta el fondo con eso que le has dicho a Ana. Es mejor que no le des, de momento, ninguna explicación, porque puedes liarla aún más gorda. No remaches el clavo.* Repetir algo inútil y aburridamente. *Ya nos has dicho un montón de veces que no estás de acuerdo. Ya lo sabemos, así que haz el favor de no remachar el clavo.* Es lo mismo que hace quien golpea repetidamente un clavo —término cargado de connotaciones negativas— con el martillo.

Remar en la misma dirección Actuar conjunta y coordinadamente varias personas para lograr un objetivo común. *Si cada uno hace la guerra por su cuenta y actúa como le da la gana no vamos a conseguir nada. Tenemos que remar en la misma dirección.* Piensen por un momento qué sucedería si al remero de una embarcación le diera por remar en la dirección contraria a la de sus compañeros.

Remontar el vuelo Recuperarse. Superar un problema o una dificultad. *Después de las desgracias por las que pasó el año pasado quedó muy abatido, pero ahora parece que, poco a poco, con mucho esfuerzo y con la ayuda de todos, va remontando el vuelo.* La frase nace referida a las aves que, poco a poco, desde el suelo van alcanzando altura al volar. *Remontar* es 'subir una pendiente', 'navegar corriente arriba' y también 'elevar, encumbrar'.

Renacer/revivir **alguien de sus cenizas** Volver alguien a lograr el reconocimiento o el éxito cuando se le consideraba completamente acabado o fracasado. *Llevaba más de veinte años olvidado por todos, viviendo casi en la miseria, pero con esta magnífica película ha renacido de sus cenizas y ha vuelto a demostrar que es un gran actor.* Restaurarse algo que estaba destruido o en ruinas. *El teatro, reducido a escombros por el terremoto de hace diez años, ha renacido de sus cenizas y será inaugurado la próxima semana.* El dicho se refiere a *El ave fénix* (v.) un animal mitológico, quizás un ibis, ave sagrada en el antiguo Egipto, representación del Sol. Se cuenta que vivía quinientos sesenta años. Era única y no podían existir dos al mismo tiempo. Cuando el ave sentía su muerte cercana, se refugiaba en su nido y dejaba que el Sol lo incendiara. De las cenizas se generaba un nuevo ejemplar, que formaba un huevo de mirra para trasladar dentro de él los restos de su progenitor al templo del Sol y darle así la vida eterna.

Repartirse el pastel/la tarta Repartirse las ganancias o los beneficios de algún asunto, generalmente obtenidos de forma ilícita o poco clara. *Este negocio nunca puede tener unas ganancias mínimas cuando los tres o cuatro que manejan el asunto se reparten el pastel.*|*Lo de los toros es siempre lo mismo: diez o doce toreros que se reparten el pastel, que torean entre cincuenta y cien corridas y los demás a buscarse la vida.* La expresión tiene un claro matiz peyorativo, el mismo que tiene el verbo *pastelear* 'hacer componendas; trapichear; hacer trampas'. El *pastel* podría tomarse en sentido literal: 'repartirse el dulce', aunque no podemos olvidar que antiguamente se llamaba *pastel*, como se recoge en el *Diccionario de Autoridades* (1726-1739), a una trampa de los juegos de naipes que consistía en barajarlos de forma que quien los repartía se diera las mejores cartas o se las diera a su compañero, es decir, que *repartiera el pastel*. V. *Descubrir el pastel*||*Sacar raja*||*Ser algo un pasteleo*.

Repatearle algo a alguien Molestarle, irritarle algo a una persona. Literalmente, 'darle patadas reiteradamente'. *De verdad, me repatea que me des siempre la razón como a los tontos.*

Repetir(se) **como la morcilla** Insistir. Hacer o decir lo mismo de forma reiterada. *Si te fijas bien, todas las películas de este director son prácticamente iguales. El tío se repite como la morcilla. Cambia el escenario y los actores. Nada más.* Sabido es que la morcilla *repite*, es decir, vuelve a la boca su sabor a causa de su difícil digestión.

Repicar gordo Anunciar o celebrar algo de forma solemne, espléndida, para que todos tengan noticia. *La boda de esos dos, a los que todos dábamos por solterones empedernidos, es un acontecimiento único. Hay que repicar gordo, que todo el mundo se entere.* Antiguamente la forma de comunicar noticias o de celebrar algún acontecimiento era *Echar las campanas al vuelo* (v.). Cuando éstas repicaban de forma más rápida y estruendosa de lo normal se decía que *repicaban gordo*.

Repicar y estar en misa (Repicar y estar en la procesión||Estar en misa y repicando||Estar en misa y en la procesión) Estar en dos lugares a la vez o tratar de hacer al mismo tiempo cosas que no son compatibles. *Elige: o vas al cine o te quedas viendo la película de la tele. Lo que no se puede es repicar y estar en misa.* Lógicamente, quien está tocando las campanas, que eso significa *repicar*, no puede estar al mismo tiempo en misa o desfilando en la procesión. Seguramente el dicho se refiere a algún sacristán, protagonista de algún chascarrillo popular, cuyo nombre hemos perdido con el tiempo. V. *Ir por atún y a ver al duque*.

Respirar/resollar **por la herida** Expresar alguien claramente la tristeza, la pena o el dolor que siente. Dar a conocer una desgracia que se tenía oculta. *Se siente muy mal, tristísima, muy dolida y apesadumbrada, y lo mejor es que respire por la herida, que suelte todo lo que tiene dentro.* El verbo *reso-*

llar significa 'respirar fuertemente y con algún ruido'. V. *Abrirse la herida||Dar en lo vivo.*

Respuesta sibilina (Ser sibilino||Hacer algo de forma sibilina) Respuesta que de forma voluntaria se hace poco clara, ambigua, enigmática, oscura y que puede tener varias interpretaciones. *Le pregunté que de dónde había salido el rumor y él me dio una respuesta sibilina: me dio a entender que la culpa de las habladurías era únicamente mía.* Llamamos *sibilino* a quien actúa de forma misteriosa, con ocultas intenciones. *Es un sibilino el tío, con su comportamiento está intentando que tú y yo nos enfrentemos, estoy seguro.* Las Sibilas eran unas vírgenes que tenían el don de la profecía, unas videntes que tuvieron gran prestigio en el mundo grecolatino. Eran muy longevas, llegaban a vivir mil años. Sus profecías eran, más que nada, una especie de adivinanzas que se podían interpretar de diferente manera. Las Sibilas más famosas fueron la del templo de Apolo en Delfos y la de Lidia. En Roma había otras Sibilas, algunas de ellas pintadas por Miguel Ángel (1475-1564) en el techo de la capilla Sixtina del Vaticano.

Retablo de duelos/dolores [ser/parecer un] Así se llama a quien es sumamente desgraciado, a la persona con muchos problemas o muy mala suerte. *Hijo mío, no sales de una y te metes en otra. Primero lo de la operación luego lo de tu padre, ahora lo del despido... Pareces un retablo de duelos.* Las lástimas son tales y tan evidentes que saltan a la vista, que parecen exhibirse en un retablo.

Retirar(se) **de la circulación** Apartarse de algún asunto, de la vida pública o social. *Tras la derrota de las pasadas elecciones se ha retirado de la circulación y apenas se sabe nada de él.* La expresión designa originariamente a las monedas que dejan de tener validez. En ese momento, se *retiran de la circulación*. V. *Poner en circulación.*

Revolver/mover **la mierda** Volver a tratar o a recordar un asunto triste o desagradable que se daba ya por cerrado. *Aquello fue un episodio triste y oscuro causado por un arrebato de celos y debería considerarse terminado porque de nada sirve ahora, después de tantos años, revolver la mierda.* Dice la certidumbre popular de la que se desprende el dicho que la mierda —los excrementos en este caso— cuanto más se mueve, peor huele.

Revolver/remover **Roma con Santiago** Buscar en todas partes o aplicar todos los recursos para encontrar o conseguir algo. *Ha revuelto Roma con Santiago pero, al final, ha conseguido el visado.* Roma y Santiago de Compostela eran y son dos de los centros más importantes de peregrinación de la cristiandad. Los peregrinos de mayor reconocimiento o que obtenían mayores prebendas religiosas eran los que iban a Roma y a Santiago. V. *Mover cielo y tierra.*

Revolvérsele/revolverle **a alguien las tripas**/el estómago/las entrañas/la bilis (Darle náusea algo a alguien) Causarle repugnancia algo a alguien. El sentimiento se compara al del que realmente se le revuelven las tripas, es decir al de quien tiene náuseas, ganas de vomitar. En la Antigüedad se pensaba que algunos órganos del cuerpo y sus secreciones, denominadas precisamente humores, regían los estados físicos y psicológicos de la persona, de ahí la aparición de la *bilis,* el humor propio de los coléricos. V. *Alegrársele a alguien las pajarillas*||*Poner verde*||*¿Qué tripa se te ha roto?*

Risa/risita **de conejo** Se dice de la risa forzada o fingida, muchas veces irónica, en la que no se abre la boca. *No aguanto su permanente risa de conejo. Tengo la sensación de que me está tomando permanentemente el pelo.* Los conejos y otros roedores necesitan frotar con frecuencia los dientes superiores contra los inferiores para limarlos y evitar su excesivo crecimiento, para lo cual necesitan entreabrir la boca y dan la impresión de estar sonriendo.

Risa/sonrisa **sardónica** Sonrisa de desprecio, de ironía o de prepotencia. *No aguanto que me mire con esa risa sardónica cuando le estoy hablando; es como si me estuviera llamando imbécil.* El origen del adjetivo hay que buscarlo en una hierba llamada *sardonia* por ser originaria de la isla de Cerdeña, llamada científicamente *Ranunculus sceleratus* y también conocida como *apio silvestre*. Esta planta posee un veneno que, al ser ingerido, provoca una contracción en los músculos faciales que da a la cara un gesto que imita a la risa, denominado en patología *risa sardónica, sardesca* o *sardonia*. Estos efectos ya son citados por Dioscórides, famoso médico griego del siglo I. Hay, no obstante, otra interpretación que aporta un origen mitológico. Talos, un gigante de bronce, una especie de autómata, tenía la misión de proteger las costas de Creta de las invasiones enemigas. Si la intimidación no era suficiente y los invasores entraban en la isla, el gigante calentaba su cuerpo metálico introduciéndose en el fuego y liquidaba a los enemigos con un abrazo ardiente y mortal. Mientras los destruía, reía con desprecio y estridencia. Esto lo hizo, por ejemplo, con los sardos, que intentaron invadir Creta, lo que explicaría la expresión. De todas formas, la risa de Talos parece más *estentórea* (v. *Voz estentórea)* que sardónica y resulta más convincente la primera explicación. Con menos fundamento aún, algunos opinan que la expresión puede deberse a una cruel costumbre de los sardos, que sacrificaban en una orgiástica fiesta anual a los prisioneros de guerra y a los mayores de sesenta años, imponiéndoles la obligación de que sonrieran durante su inmolación.

Rizar el rizo Complicar aún más lo que ya de por sí es complicado. *En el ordenador puedo hacerte ese gráfico si me das tiempo, pero hacértelo en color y en tres dimensiones me temo que va a ser rizar el rizo.* Hacer algo de forma sumamente rebuscada, desproporcionada. *El vestido es ya de por sí muy pomposo. Ponerse una pamela sería rizar el rizo.* Hacer algo que entraña suma dificultad. *Con pasar el examen ya me conformo; sacar un sobresaliente sería rizar el rizo.* La expresión parece que no tiene que ver con los rizos del pelo, sino más bien con los tirabuzones que hacen en el aire los pilotos acrobáticos, denominados *loops* en inglés, lengua en la que existe una expresión idéntica a la que nos ocupa y que, seguramente, es su origen: *to loop the loop*.

Robarle a alguien la cartera Engañar a alguien, por lo general de forma sutil, sin que se entere, «limpiamente», de la misma forma en que actuaría un carterista. *Con esa sonrisa tan encantadora y esa educación exquisita ha conseguido engañarnos a todos y aprovecharse de nosotros. Reconozcámoslo: nos ha robado la cartera.*

Rodar cabezas Eliminar, despedir, apartar o alejar a alguien incómodo. Renovar por completo un equipo o una plantilla, evidentemente no a golpe de hacha, como se hacía antaño y como sugiere tan expresiva y macabra locución. Se trata, claro está, de una ejecución simbólica, aunque seguramente cruel. *El nuevo director general ya ha declarado que va a renovar a parte de su equipo, o sea que preparaos, porque aquí van a rodar cabezas*. V. *Cortarle a alguien la cabeza*.

Roerle a alguien los zancajos/los calcañares Ser manifiestamente inferior a alguien en calidad o méritos, moral o intelectualmente, hasta el punto de, interpretando la frase de modo literal, conformarse con morderle el talón, señal de que no puede alcanzarlo. *Pepa se cree mucho más lista y preparada que Bea, pero te digo yo que le roe los zancajos*. Los *zancajos* o *calcañares* son los talones. V. *No llegarle a alguien a la suela de los zapatos*.

Rollo macabeo/patatero [ser un; contar un; meter un] Se denomina así a algo que, debido a su larga duración o extensión excesiva, resulta pesado y aburrido. *A mí la película me ha parecido un rollo macabeo. Creo que le sobra más de una hora*. La expresión se refiere al extenso *Libro de los Macabeos,* uno de los que componen el Antiguo Testamento, que está dividido en cuatro partes y narra la historia de los cinco hermanos Macabeos que, entre los siglos II y I a. C., lucharon contra el rey de Siria Antíoco IV para defender el culto a Dios, lucha que les costó el martirio. Recordemos que en la Antigüedad los «libros» eran enormes rollos de papel o de piel de animales (v. *Ser un rollo*). La Legendaria Biblioteca de Alejandría, fundada en el 306 a. C. por Tolomeo I Soter, rey de Egipto, uno de los generales de Alejandro Magno que a la muerte de éste heredaron su imperio, contenía unas 700.000 obras, y ninguna era un libro; todas estaban escritas en estos rollos. Por otra parte, la *patata* se considera un producto «vulgar», de escasa calidad, de ahí que no esté muy bien considerada en la lengua coloquial. V. *Que si patatín, que si patatán*.

Roma no paga a traidores Se asegura con esta frase que la traición o el daño a terceros es siempre deleznable, que no merecen ningún tipo de reconocimiento, aunque saquemos beneficio de ella. *Ya sé que tú te has aprovechado de ella y que eso me viene bien a mí, pero recuerda que Roma no paga a traidores*. La conocida frase tiene que ver con la historia de Viriato, el pastor lusitano que en el siglo II a. C., empleando el sistema de guerra de guerrillas, luchó en Hispania contra los romanos. Sus emboscadas llegaron a ser un verdadero problema para las legiones romanas y el cónsul Marco Pompilio, incapaz de luchar con él en las escarpadas zonas montañosas en que se movía, logró corromper a varios de los jefes del lusitano para que lo asesinaran mientras dormía. Cuando, cumplida la misión, éstos fueron a cobrar la prometida recompensa, el cónsul los echó de su tienda diciéndoles: «Marchaos de aquí. Roma no paga a traidores». Tras la muerte de Viriato, Roma conquistó Lusitania, la zona noroccidental de la Península.

Roma no se hizo en un día Las grandes empresas u obras no se pueden conseguir de un día para otro. Hace falta paciencia, sacrificio y, sobre todo, tiempo. *Han empezado la casa en primavera. No puedes pretender que el mes que viene ya estemos viviendo en ella. Roma no se hizo en un día.* Roma, la más esplendorosa ciudad del mundo antiguo, se fue levantando poco a poco, con el paso de los siglos. V. *No se ganó Zamora en una hora.*

Romper el fuego Ser el primero en comenzar una acción. *Nadie se atrevía a preguntar nada al conferenciante y fui yo quien rompió el fuego.* La frase forma parte del léxico militar y es sinónimo de abrir fuego, de comenzar a disparar.

Romper el hielo Romper la frialdad —de aquí la aparición de la palabra *hielo*— o el recelo que pudiera haber entre personas. *Yo sabía que los dos no se llevaban bien, así que, para romper el hielo, me los llevé a comer.* La expresión es una traducción de la latina *scindere glaciem.*

Romper el huevo/el cascarón (Salir del huevo/cascarón) Perder alguien su timidez o su inocencia. Hacerse adulta una persona, más en sentido mental que físico. *A ver si dejas de comportarte como un niño, hombre, que tienes quince años y ya va siendo hora de que rompas el huevo, ¿no te parece?* La metáfora del polluelo que rompe el huevo no necesita más explicaciones. V. *Sacar los pies de las alforjas.*

Romper con la pana Ser algo o alguien extraordinario, fuera de lo normal. *¿Has visto qué pedazo de coche se ha comprado Carlos? Rompe con la pana.*|*Es un tipo que rompe con la pana: genial, divertidísimo y muy simpático.* La *pana* es una tela, generalmente de algodón, muy resistente, hasta el punto de utilizarse antiguamente para elaborar las prendas de trabajo. Para romperla o destruirla hace falta un gran esfuerzo o un objeto muy fuerte, muy especial.

Romper moldes (Romper el molde) Ser una persona o una cosa extraordinaria, especial, sin parangón, tan única, que se ha roto el molde en el que supuestamente se ha fabricado y no se puede hacer otra igual. *Es un cantante originalísimo, que rompe moldes. Hace una música muy especial, una mezcla de flamenco y jazz increíble.* V. *Ser un fuera de serie.*

Romper una lanza por/a/en favor de **alguien** Defender o ayudar a alguien que es señalado como culpable. *Todos creen que la culpa de que se se-*

pararan la tuvo Carlos; sólo yo he roto una lanza por él. En los torneos medievales muchos caballeros luchaban a favor de alguien, representando a otra persona. Si rompían la lanza del contrario, vencían y vencía su representado. De aquí procede la expresión, formulada entonces como *romper lanzas*.

Romperse los cascos/los cuernos/la crisma Estrujarse la mente. Pensar algo durante mucho tiempo y de manera muy trabajosa. Poner mucho esfuerzo en conseguir algo. *Por más que me rompo los cascos no consigo desentrañar este jeroglífico*. El término *cascos* hace referencia a los fragmentos de la vasija rota y, por extensión, los huesos del cráneo (v. *Calentársele a alguien los cascos*||*Estrujarse el magín*||*Levantarse de cascos*). Lo de los *cuernos*, en este caso literales, parece estar más que claro (v. *Ponerle a alguien los cuernos*). Coloquialmente llamamos *crisma* a la cabeza por ser éste el lugar en el que se unge con el *crisma*, el aceite balsámico bendecido el Jueves Santo, a los que se bautizan, confirman o reciben la orden sacerdotal.

S

Sábado, sabadete... Se dice como expresión de alegría ante la llegada del sábado. *Venga, que hoy es jueves, mañana le damos el último empujón, terminamos y luego ya, sábado sabadete...* Es la reducción de una frase con rima en la que se alude al día de descanso de los cadetes de las academias militares: *Sábado sabadete, la alegría del cadete*. Hay una versión bastante menos «noble» *Sábado sabadete, camisa nueva (limpia) y polvete*. V. *Echar un polvo*.

Saber/oler **a demonios**/a rayos/a perro muerto Tener algo muy mal sabor. *Yo no quiero tomarme ese jarabe. Sabe a demonios. Prefiero que me pongan un inyección*. No hay mayor compendio de lo negativo que el *demonio*. El *rayo* es un elemento dañino y el *perro muerto* es la representación de lo putrefacto.

Saber a gloria Ser algo muy provechoso para una persona. *Me he tomado una semanita de descanso que me ha sabido a gloria*. En un principio la locución hacía alusión únicamente al extraordinario sabor de una comida. No en vano, se denomina *pastel de gloria* a un dulce elaborado fundamentalmente con hojaldre, yema de huevo, almendras y azúcar. La *gloria* no es otra cosa que el cielo, símbolo del máximo de la bondad y culmen de la aspiración de una persona. V. *Estar en la gloria*||*Ser gloria bendita*||*Tocar el cielo con las manos*.

Saber a peras Ser algo doloroso o perjudicial para alguien. *Me he dado un golpe con la esquina de la mesa que me ha sabido a peras*. Seguramente el uso que se hace de las peras, que en principio deberían tener connotaciones positivas de 'buen sabor', es meramente irónico y se emplea por oposición, como tantas veces sucede en la lengua coloquial.

Saber a qué puerta llamar Conocer el lugar en el que se puede pedir ayuda o apoyo a la persona que nos puede ayudar a conseguir algo. *Está muy preparado y sacó sus estudios adelante con gran brillantez, pero también hay que reconocer que para conseguir este puesto que tiene ha sabido a qué puerta llamar*. V. *Abrírsele a alguien todas las puertas*||*Darle a alguien con la puerta en las narices*||*Llamar a las puertas de alguien*||*Saber qué cuerda tocar*||*Tener enchufe*.

Saber algo a poco Resultar algo escaso o incompleto, como el alimento que se degusta en muy pequeña cantidad. *El concierto ha sido muy bueno, aunque me ha sabido a poco. Con media hora más hubiera salido redondo.*

Saber(se)/aprender(se)/conocer(se) **algo al dedillo**/como el padrenuestro/como el avemaría/como el abecé Saber algo de memoria. Conocer una cosa perfectamente. *En la escuela nos enseñaron la lista de los reyes godos y yo todavía me la sé al dedillo.* Seguramente la locución *al dedillo* hace referencia al gesto que se hace moviendo todos los dedos de una mano y que sirve para indicar que algo se sabe o es necesario saberlo a la perfección. Pocos son los que no se saben de memoria el padrenuestro, el avemaría o el abecedario.

Saber/conocer **alguien el terreno**/suelo **que pisa** (Saber alguien por dónde se anda) Conocer a la perfección un asunto, el lugar en el que se está o a las personas con las que se trata. *No te preocupes por mí, que no me voy a meter en ningún lío. Sé el suelo que piso.*

Saber/conocer **de buena tinta**/fuente Estar muy bien informado de algo, porque se ha tenido acceso directo a la noticia o porque se conoce a través de una persona bien informada y que merece todo crédito. *El próximo domingo va a haber huelga de gasolineras; lo sé de buena tinta, porque me lo ha dicho mi cuñado, que es gasolinero. Buena tinta* alude a lo fiable y serio de la fuente —escrita, según la locución— en la que se ha recogido la información, en la que se ha «bebido». V. *Carta canta*||*Las palabras se las lleva el viento*||*Lo que no está escrito*||*Negro sobre blanco.*

Saber de qué pie cojea una persona (Cojear alguien del mismo pie que otra persona) Conocer la forma de pensar, los intereses o actitudes de alguien, y también sus defectos y sus debilidades. El dicho se refiere sólo a la forma de actuar, al comportamiento o a las cualidades morales de la persona. *No le cuentes nada de esto a Luis, porque sé de qué pie cojea y, como se lo digas, al día siguiente lo sabe todo el barrio.* En la expresión, tal defecto se toma en sentido literal, en el plano físico: cojear.

Saber/entender **latín** (Tener muchos latines||Saber latín y griego) Saber mucho. Ser alguien muy listo, muy astuto. *Cada vez es más difícil pescar truchas en este río. Parece que saben latín.* El latín era en tiempos la medida de la preparación, incluso de la inteligencia, de una persona. Quien sabía latín tenía una consideración social más elevada. De quien, además, sabía griego, ni hablamos.

Saber más que el maestro Ciruelo Ser alguien muy culto. *No tiene estudios, pero sabe más que el maestro Ciruelo. Puede hablarte de arte, de literatura, de historia... Es increíble.* El maestro al que se refiere el dicho es el humanista y matemático Pedro Ciruelo, muerto en 1580, que alcanzó gran renombre en su tiempo. Parece ser que estudió en Alcalá de Henares, Salamanca y París, donde se doctoró en teología y ejerció como profesor de matemáticas. Fue posteriormente preceptor de Felipe II y catedrático de teología en Alcalá y Salamanca. Publicó una gran cantidad de libros de diversas materias: matemáticas: teología, anatomía, astrología, música... Entre sus obras destaca la *Reprobación de las supersticiones y hechicerías*. Irónicamente se llama hoy *ciruelo* a quien demuestra poca inteligencia (v. *Ser un sansirolé*). Existe también la locución *Ser como el maestro Ciruela* (v.), que significa todo lo contrario y que, pese a lo que pudiera parecer, seguramente no tiene que ver con la expresión comentada.

Saber más que Lepe (Ser más listo que Lepe) Ser muy listo, muy astuto y perspicaz. El dicho nada tiene que ver con la ciudad onubense, cuyos habitantes son motivo y argumento de innumerables chistes. Hace referencia a don Pedro de Lepe y Dorantes (1641-1700), obispo de Calahorra y hombre reconocido entre sus contemporáneos por su amplia cultura. Escribió un *Catecismo Católico* que llegó a ser tan famoso en su tiempo como el del padre Astete, publicado en 1608. A veces, sin que exista otra explicación que el efecto humorístico que produce la rima, se dice *Saber más que Lepe, Lepijo y su hijo (y sus cincuenta hijos)*. En su amena obra *El reverso de la Historia* (1993), Pedro Voltes cita también como posible origen de la frase a un tal Juan de Lepe, aventurero natural de esta localidad onubense, de quien se cuenta que, después de varios viajes y peripecias, acabó siendo rey de Inglaterra por un día, pues le ganó la corona a Enrique VII (1457-1509) en una partida de cartas. Regresó cubierto de fama y riquezas a su Lepe natal, donde murió. Se dice que sus restos reposan en el convento franciscano de Nuestra Señora la Bella.

Saber qué cuerda/tecla **tocar** Saber dónde o a quién acudir para pedir ayuda (v. *Saber a qué puerta llamar*). *Si tienes un buen proyecto, una idea original, puedes encontrar financiación. Tienes que tener un poco de suerte y saber qué cuerda tocar.* Saber cómo actuar en algún asunto o con alguna persona. *Déjame que hable yo con él para convencerlo, que lo conozco a la perfección y sé qué cuerda tocar.* La frase, obviamente, nace referida a los músicos de una orquesta. V. *Ser de la misma cuerda*‖*Tocar todas las cuerdas*‖*Tocar una sola cuerda*.

Saberse la cartilla (Tener(se) bien aprendida la cartilla) Estar perfectamente instruido para hacer algo, al igual que el colegial, instruido por el maestro por medio de la *cartilla,* está capacitado para leer (v. *Leerle a alguien la cartilla*). *No te preocupes, que me conozco perfectamente todos los pasos para hacer la solicitud. Ya me sé la cartilla*. Saber muy bien qué hay que hacer, cómo hay que actuar en alguna situación, generalmente por haber sufrido un escarmiento anterior. *Espero que te tengas bien aprendida la cartilla y, después del corte que te hiciste el otro día con aquel pedazo de cristal, no vuelvas a andar descalzo por la cocina.*

Sacar a alguien de sus casillas Hacer enfadar a alguien hasta tal punto que pierda la paciencia, *salga de sí,* y se comporte de forma anormal. *Siento ha-*

berte gritado tanto, pero es que hay veces en que tu chulería y tu falta de respeto me sacan de mis casillas. A buen seguro, la locución alude a algún juego de mesa con *casillas* o *escaques,* es decir, con espacios para las fichas de cada jugador. Puede referirse al ajedrez, a las damas o a un juego similar a éstas, llamado *tablas reales;* en todos estos juegos, un jugador que llega a una casilla ocupada por otra ficha puede echarla del juego, o sea, *sacarla de su casilla.*

Sacar/llevar **a alguien en**/a **hombros** (Salir en/a hombros||Salir por la puerta grande) Reconocer y alabar el éxito de una persona. *Ha sido una exposición brillantísima. Lo han sacado en hombros.* La expresión tiene una clara procedencia taurina: el torero que en una corrida consigue cortar, como mínimo, dos orejas, es paseado por el ruedo a hombros de los denominados «capitalistas», y así sale por la puerta grande de la plaza.

Sacar a alguien o algo de quicio (Estar fuera de quicio) Significa lo mismo que *Sacar a alguien de sus casillas,* pero, aplicado a acciones, es llevarlas a extremo o sacarlas de su curso natural. *Hace todo con tanta parsimonia que consigue sacarme de quicio./Sí, hemos discutido, pero creo que es algo que le sucede a todo el mundo; desde luego, no es para sacar las cosas de quicio y decir que nos hemos peleado.* El *quicio* es la parte de la puerta o de la ventana sobre la que se encajan las bisagras. Si una de éstas falla, la puerta o la ventana *sale de quicio,* es decir, de su posición normal.

Sacar/traer/venir **a colación/**a cuento (Sacar/salir a relucir) Poner algo de manifiesto. Mencionar algún asunto en una conversación, por lo general de forma inesperada y un tanto inoportuna. *Ahora estamos hablando de asuntos profesionales, así que es mejor que no saquemos a colación problemas personales.* Se llamaba colación, del latín *collatio,* al encuentro, conferencia o debate entre miembros de una congregación religiosa. Los asuntos de los que se hablaba en la colación eran, por tanto, importantes para el funcionamiento del convento o de la orden. Llamamos también *colación* a la comida ligera, especialmente a la que se hace en época de ayuno, recordando la frugal refacción que se servía durante las colaciones y, en general, en las reuniones conventuales. *Relucir,* como en otros casos *brillar,* es 'destacar; realzar'.

Sacar/llevar **adelante** Desarrollar, conducir y llevar a término algún trabajo o proyecto, por lo general superando varias dificultades o contratiempos. *Se requiere alguien con los nervios templados y con mucha experiencia para sacar esta empresa adelante.* V. *Salir adelante.*

Sacar alguien algo a la luz (Salir algo a la luz) Manifestar, publicar o mostrar algo que se desconocía o que estaba oculto. *La defensa ha sacado a la luz unos documentos que seguramente van a suponer la absolución del acusado y graves problemas para los demandantes. Luz,* como en tantos otros casos, funciona como sinónimo de 'claridad; conocimiento'.

Sacar en limpio/en claro Deducir. Entender. Obtener algún provecho. *De la reunión de ayer, sólo hemos sacado en limpio una cosa: que va a ser muy difícil que nos pongamos de acuerdo*. Se usa mucho en forma negativa: *No sacar nada en limpio* (v.).

Sacar fuerzas de flaqueza Hacer un último esfuerzo para conseguir algo. Reunir, pese a la debilidad, las pocas fuerzas que quedan, para aplicarlas a un objetivo. *Sé que estamos todos agotados y que necesitamos descansar, pero os pido que saquemos fuerzas de flaqueza para darle el último empujón al trabajo*.

Sacar/poner/dar **la cara por alguien** Interceder a favor de una persona. Asumir las responsabilidades de otro. Defender a alguien. *Es mi amigo y, haga lo que haga, yo siempre voy a sacar la cara por él*. La cara es la parte del cuerpo más desprotegida, en la que más fácilmente se puede golpear. V. *Dar la cara*‖*Tener más cara que espalda*.

Sacar la lengua a paseo/a pasear Hablar a destiempo o más de la cuenta. *Yo quería que el regalo de Marisa fuera una sorpresa, pero tú, como siempre, has sacado la lengua a paseo y has estropeado todo*.

Sacar la tripa/el vientre/la barriga **de mal año** Comer bien tras haber pasado hambre o tras haberse alimentado de forma deficiente. *Esta noche vamos a cenar a un buen restaurante, a ver si de una vez sacamos la tripa de mal año, que llevamos una semana a bocadillos*. En los tiempos en que la agricultura era, directa e indirectamente, la principal fuente de subsistencia los años de malas cosechas, por lo general producto de las sequías, suponían que tanto las personas como el ganado tuvieran escasez de alimentos, hasta llegar, incluso, a tremendas hambrunas que sólo paliaba la llegada de las lluvias. V. *Estar de buen año*.

Sacar leche de una alcuza Obtener provecho o beneficio de donde, aparentemente, no lo había. *Quién nos iba a decir que venderíamos la casa del abuelo, que estaba prácticamente en ruinas, por esa millonada. Hemos sacado leche de una alcuza*.‖ *Es un excelente profesor que obtiene el rendimiento máximo de cada alumno, hasta de los que parecen menos capacitados. Es capaz de sacar leche de una alcuza*. Diciendo que la *alcuza* es una vasija cónica, de hojalata o de barro en la que se guarda el aceite queda explicada la frase.

Sacar lo que el negro del/en el **sermón** (Quedarse/acabar/salir como el negro del sermón) Sacar poco provecho de lo que se oye o lee, fundamentalmente porque no se entiende. *Si te soy sincero, del discurso del presidente he sacado lo que el negro del sermón. Aparte de largo, ha sido denso y muy farragoso*. El dicho completo es *sacar lo que el negro del sermón: los pies fríos y la cabeza caliente* y se refiere a un negro, protagonista de un conocido chascarrillo que fue un día a misa y no se enteró de nada: se le enfriaron los pies, porque iba descalzo, y se calentó la cabeza intentando entender lo que decía el cura.

Sacar los pies de las alforjas/del plato/del tiesto (Salir(se) de las alforjas/del tiesto/del plato) Comenzar una persona tímida o retraída a obrar con atrevimiento y desparpajo. *Míralo, hace un par de años veía a una chica y se ponía como un tomate, y ahora ha sacado los pies de las alforjas y tiene una novia en cada puerto*. La *alforja* es una bolsa o talega de tela. La impresión que da la persona tímida es la de estar oculta o escondida, protegida, dentro de un *caparazón,* de un huevo (v. *Romper el huevo*), como en este caso, de unas alforjas. El hecho de abandonar estas protecciones es sinónimo de comenzar a vivir de cara al mundo, a comportarse de una forma socialmente considerada *normal*. Evidentemente, quien saca los pies ha salido completamente. A veces, incluso, se rebasan los límites de lo tolerable y la expresión significa 'comportarse de forma desproporcionada o poco adecuada. Enfadarse de forma desproporcionada'. En este caso, la frase *Sacar los pies de las alforjas* es sinónima de *Sacar los pies del tiesto* o *del plato,* es decir, del lugar en el que la persona, como si fuese una planta, estaba creciendo, madurando. V. *Mear fuera del tiesto*||*Salirse de madre*.

Sacar/airear **los trapos sucios** (Sacar los trapos al sol/a relucir) Hacer públicos, generalmente a causa de una discusión o riña, defectos o disputas que deberían permanecer en el ámbito privado. *Es verdad que en la familia hay enfrentamientos y problemas, pero no hay que sacar los trapos sucios y contárselo a todo el mundo*. V. *Lavar los trapos sucios*||*Poner como un trapo*.

Sacar partido Obtener beneficio de algo o de alguien. *Yo no sé para qué se ha comprado el ordenador si no le saca partido. Lo enciende, como mucho, una vez al mes*. Se toma aquí *partido* en su acepción de 'ventaja; provecho', relacionada con *parte*. V. *Sacar raja*||*Ser un buen partido*.

Sacar pecho Presumir. Alardear. *Venga, que, por una cosa que has hecho medianamente bien en tu vida, tampoco es para sacar pecho*. Un gesto de satisfacción, de poder y, por qué no decirlo, de chulería, es llenar el pecho de aire para destacar, para aparentar más tamaño. Lo hacen también algunos animales, como el gorila, o el pavo real, que en su cortejo amoroso despliega su fabulosa cola e hincha el pecho. Por eso, con el mismo significado, existe en nuestra lengua el verbo pavonearse. V. *A lo hecho, pecho*||*A pecho descubierto*||*Tomarse algo a pecho*.

Sacar petróleo Obtener un beneficio o un éxito cuando no estaba previsto o donde no se esperaba. *El tío ha sacado petróleo de un invento del que la gente se reía: se ha forrado vendiendo recogedores de cacas de perro*. A veces, bajo la tierra más árida se oculta uno de los más preciados tesoros: el petróleo.

Sacar raja/tajada Obtener beneficio o provecho de algo. *Nunca se habían preocupado por aquella tía, pero, cuando enfermó, todos fueron a visitarla para sacar raja de la herencia*. La locución *sacar raja* era propia del lenguaje de los carpinteros y significaba sacar una astilla o una tabla de un leño. Trasladada a la lengua coloquial, pasó a significar, metafóricamente, obtener beneficio. No obstante, la escritora Cecilia Böhl de Faber (1796-1877), más conocida por el seudónimo de Fernán Caballero, afirma que esta *raja* es un término que designa en Extremadura la extensión de encinar que puede cebar con las bellotas que produce a un determinado número de cerdos. Algunas de estas *rajas* pertenecían a los ayuntamientos, que solían cederlas por muy poco dinero a amigos de algún alto cargo, personas afines políticamente, paniaguados e intrigadores, y no a las personas realmente necesitadas. Se decía, por tanto, que los beneficiados *sacaban raja*. Dado que *raja* y *tajada* funcionan como sinónimos en muchos lugares de España para denominar a un pedazo de carne, se crea, con el mismo significado, la locución *sacar tajada*. Por lo que se refiere a *partido*, a veces, como en este caso, funciona con el significado de 'parte obtenida en un reparto, beneficio, provecho'. V. *Repartirse el pastel*||*Sacar partido*.

Sacar(le) a alguien cantares/canciones/coplas (Andar/estar/poner (a alguien) en coplas/en cantares||Echarle a alguien coplas) Criticar a alguien. Hablar muy mal de una persona. *Tu verás lo que haces, pero como no vayas a la boda, te van a sacar cantares*. Hace tiempo, los ciegos —muchos de ellos fingidos—, émulos de los antiguos juglares, iban por los pueblos recitando los denominados cantares, romances o coplas de ciego, en los que, generalmente con el acompañamiento de aparatosos dibujos, relataban toda suerte de crímenes, delitos y andanzas de tipos peculiares. A la persona a la que le aplicamos la frase la convertimos, por tanto, en protagonista de uno de estos relatos. V. *No perder ripio*||*Quedarse con la copla*.

Sacarle a alguien la(s) **hijuela**(s) Sacarle a alguien mucho dinero. Aprovecharse económicamente de una persona. Perjudicar gravemente a alguien desde el punto de vista económico. Estafar a una persona. *Es un vago sin oficio ni beneficio que les está sacando la hijuela a sus pobres padres*.| *En ese restaurante se come fenomenal, nadie lo duda, pero tampoco nadie duda de que es carísimo. Vamos, que te sacan la hijuela*. Se llama hijuela a cada una de las subdivisiones de una hacienda o a cada lote de bienes que tocan en una partición o herencia a cada hijo o heredero del difunto y al documento en que constan estas subdivisiones. Por tanto, quien *le saca a otro las hijuelas* se queda con lo que a éste le pertenece. V. *Chuparle a alguien la sangre*||*Sacarle a alguien los higadillos*.

Sacarle a alguien las castañas del fuego Solucionarle a alguien la situación apurada en que se encuentra. Resolver los problemas de otro. Le dije que le ayudaba a pintar la casa. *No quiso y, ahora que ha hecho un desastre, viene a que le saque las castañas del fuego*. La frase parece proceder de una fábula recogida por el francés Jean de La Fontaine (1621-1695), titulada *El mono y el gato*. Los dos animales deciden asar unas castañas en el fuego. Cuando llega el momento de retirarlas, el mono, que no se quiere quemar, comienza a alabar al gato y a hablar de su gran valentía. El felino, crecido en su vanidad, saca las castañas del fuego con gran riesgo de su vida. En otras versiones el mono actúa con más violencia y cuando el gato le pregunta que quién va a sacar las castañas del fuego, le contesta: «los dos». Agarra entonces la pata del gato y con ella saca las castañas. El dicho es muy conocido y se usa en varias lenguas.

Sacarle a alguien las palabras con sacacorchos/con pinzas/con gancho (Sacarle algo a alguien con sacacorchos/con pinza/con gancho) Intentar, con gran esfuerzo, que alguien hable, que cuente algo. *He tenido que sacarle las palabras con sacacorchos, pero, al final, ha acabado confesándome la verdad.* Quien actúa de esta forma parece que le extrae al otro las palabras, una por una, casi quirúrgicamente, con instrumentos que se usan para extraer objetos que se encuentran en lugares poco accesibles.

Sacarle a alguien los colores Decirle a alguien algo que le provoque vergüenza; literalmente, hacer que alguien *se ponga colorado;* normalmente se usa con el significado de 'reñir públicamente a alguien que ha obrado mal'. *La pillaron robando en el supermercado y, delante de todos los clientes, le sacaron los colores.* V. *Ponerse como un tomate*||*Pintarle a alguien la cara.*

Sacarle a alguien los higadillos/los tuétanos Aprovecharse económicamente de alguien. Estafar a una persona. *Como está enamorado hasta las cachas, no se da cuenta de que ella sólo lo quiere por su dinero, y le está sacando los higadillos.* El aprovechado, según se expresa hiperbólica y desgarradamente en el dicho, le arranca, le extrae al incauto hasta los órganos más vitales: el hígado y el tuétano, la médula de los huesos (v. *Hasta la médula/los tuétanos).* V. *Chuparle a alguien la sangre*||*Sacarle a alguien la hijuela.*

Sacarle jugo a algo o a alguien (Exprimir a alguien (como un limón)) Obtener el mayor beneficio de algo o de alguien. *Espero que le hayas sacado jugo a esta conferencia. Ha sido interesantísma.* A veces se usa con el significado de 'explotar a una persona, aprovecharse de ella'. *Estoy decidido a cambiar de trabajo. Me he hartado de que me saquen el jugo y de no recibir nada a cambio.* En el jugo de una fruta o de una verdura se concentra todo el sabor y la sustancia. Quien intenta exprimir a una persona intenta sacar, a veces para el propio provecho y con métodos poco adecuados, lo mejor de ella.

Sacarle punta a algo Interpretar algo de forma excesivamente maliciosa. Ser malpensado. Entender de forma negativa lo que no lo es. *Yo he dicho que ese vestido que llevas es muy original, no que vayas vestida de forma inadecuada ni estrafalaria. No les saques punta a mis palabras, por favor.*|*Yo levanté la mano para saludarle, pero, como le saca punta a todo, interpretó que* *era un gesto de desprecio*. Quien *saca punta* a algo lo convierte en agudo y, por tanto, en peligroso, lo que era romo, inocuo, inofensivo.

Sacarse algo de la chistera Actuar de forma sorprendente, brillante y extraordinaria, en especial en una situación complicada. *Cuando el toro estaba a punto de cornearlo, el torero se sacó de la chistera un pase de muleta magistral y se lo quitó de encima de forma milagrosa*. La frase nos lleva directamente a pensar en los trucos de los prestidigitadores, que sacan de su sombrero o *chistera* —término seguramente de origen vasco— conejos, palomas y toda suerte de objetos que suscitan nuestra admiración.

Sacarse algo de la manga Hablar o actuar sin fundamento. Inventarse algo curioso, original. Actuar de forma sorprendente e inesperada para salir de un momento de apuro. *Yo no he dicho que tu novia sea fea; eso te lo has sacado de la manga*.|*Esta agencia de viajes se ha sacado de la manga unos viajes baratísimos a ciudades monumentales*.|*Estando rodeado por tres defensas, se sacó de la manga un regate genial y se quedó solo delante del portero*. Seguramente la locución fuera en sus orígenes una alusión a quienes hacían trampas en los juegos de cartas escondiéndose naipes en la bocamanga. V. *Tener un as en la manga*.

Sacarse/quitarse **la espina** Desquitarse, tomarse la revancha de algo. *Estuve en Inglaterra un mes y comí de pena, pero nada más llegar a España me saqué la espina y me pasé una semana entera comiendo en los mejores restaurantes*. La *espina* tiene unas evidentes connotaciones de pena o de dolor (v. *Dar mala espina*), y quien se saca una espina clavada en su cuerpo siente rápidamente un alivio. La locución, trasladada por medio de la correspondiente metáfora al campo de los sentimientos, tiene exactamente el mismo significado. V. *Tener una espina clavada*.

Sacudirse/quitarse **el yugo** Rebelarse. Librarse de la opresión o del dominio de alguien. *Por fin los ciudadanos de ese país han conseguido sacudirse el yugo de la cruel dictadura que los oprimía desde hacía dos décadas*. El *yugo*, símbolo de la sumisión, es el instrumento de madera con el que se uncían los bueyes, mulas y otros animales para engancharlos al carro o al arado.

Salga el Sol por Antequera Con esta frase se indica que una acción se va a llevar a cabo, pase lo que pase y sean cuales sean sus resultados o sus consecuencias. *Mañana mismo me voy a comprar el coche, salga el Sol por Antequera*. El dicho completo era *Salga el Sol por Antequera y póngase por donde quiera*. Se supone que se originó en el campamento de los Reyes Católicos, instalado en Santa Fe, cuando, pasara lo que pasara, aunque sucediera algo impensable, o sea, *Salga el Sol por Antequera y póngase por donde quiera*, se había decidido lanzar al día siguiente el último ataque a la ciudad de Granada. La clave para entender el significado de la frase está en que Antequera, ciudad de la provincia de Málaga, estaba y está al oeste de Granada, o sea, al poniente, por lo que era y es imposible que el Sol pudiera y pueda salir por allí.

Salida de pata/de pie **de banco** [ser una; tener una] Incongruencia. Dicho o hecho inoportuno, inadecuado y fuera de lugar. Reacción desproporcionada. *Tú no aceptas que nadie hable mal de ti. Tu reacción de ayer, dando voces y poniéndote como una furia cuando Ana criticó tu comportamiento, fue una salida de pata de banco.* Quizá la frase tenga que ver con el movimiento o el desajuste que se produce en un banco o en una banqueta cuando una pata se le sale, no encaja bien o está mal igualada con las demás. También podría relacionarse con el término *saltimbanqui,* derivada de la frase italiana *salta in banco,* 'salta sobre un banco', en alusión a los acróbatas o malabaristas que andaban de pueblo en pueblo con un banco o una mesa sobre los que hacían los ejercicios. Se referiría entonces el dicho a la cabriola o salto de salida espectacular tras haber terminado un ejercicio sobre dicho banco.

Salir(le) **a alguien la paloma cuco** Estropearse los planes de una persona o resultar algo al revés de como se había tramado porque alguien lo descubre. *Quise engañar a Hacienda y me salió la paloma cuco, porque me han pillado y me espera una multa buena.* Quien aparentemente debía ser *paloma,* es decir, cauto e inocente, y tragarse el engaño, resultó *cuco,* o sea, inteligente y avispado. V. *Ser un cuco.*

Salir/sacar/llevar **a flote** Recuperarse. Conseguir superar una situación difícil, como el barco o la persona que, tras dar la impresión de haberse hundido, consiguen salir de nuevo a la superficie. *Se vio en la calle, sin trabajo, en un país que no era el suyo, pero, con gran esfuerzo y mucha moral, consiguió salir a flote.* Procedentes del lenguaje marinero, también existen el verbo *naufragar* o la locución *irse a pique* para hacer referencia a la comprometida situación antes expuesta.

Salir/saltar/sacar **a la palestra** Salir alguien a hacer algo delante de otras personas. Intervenir alguien espontáneamente en un acto público. Exponer alguien sus opiniones, muchas veces para defender algo o a alguien. *No entiendo por qué siempre que vamos a alguna conferencia o a alguna charla tienes que salir tú a la palestra y preguntar cualquier tontería.|El presidente del gobierno ha salido a la palestra para defender al ministro de cultura, vapuleado últimamente por la prensa.* La *palestra,* palabra que hoy en italiano significa 'gimnasio', era una especie de patio porticado donde griegos y romanos practicaban la lucha y otros deportes; a veces, servía también para dilucidar concursos literarios y para otro tipo de reuniones o discusiones. V. *Dejar en la estacada.*

Salir/aflorar **a la superficie** Mostrarse algo que estaba oculto. Ponerse de manifiesto lo que se tenía escondido o en secreto. Se usa sobre todo en casos de escándalos o de asuntos turbios. *Después de veinte años de la muerte del* *dictador salen ahora a la superficie unos documentos del servicio de inteligencia relacionándolo claramente con el tráfico de armas*. Posiblemente, el dicho tiene relación con los cadáveres de los ahogados, que, antes o después, acaban saliendo a la superficie.

Salir/costar/valer/estar/comprar/pagar **a pelo**(s) **de demonio** Ser algo carísimo. *El azafrán cuesta a pelos de demonio, porque su preparación lleva un trabajo increíble*. Proviene la expresión de un cuento, existente en múltiples variantes, cuyo protagonista, cómo no, para conseguir el amor de la doncella ha de superar una serie de increíbles pruebas, y entre ellas, bajar al mismísimo infierno y arrancar unos cuantos pelos de la barba de chivo del demonio.

Salir adelante Superar una enfermedad, una adversidad o un problema grave. *Es casi un milagro. Después de una operación tan complicada pocos pensaban que saldría adelante*. V. *Sacar adelante*.

Salir al paso de algo (Salirle a alguien al paso) Negar algo. Expresar la opinión contraria. *Yo no me quedaría sin hacer nada, porque eso supone aceptar la situación. Yo saldría al paso de esos rumores y los desmentiría*. Salirle a alguien al paso es detener a alguien o desengañarlo de sus intenciones; literalmente, cortarle el camino, enfrentarse a él. *Los vigilantes le salieron al paso y consiguieron arrestarlo*.|*Es mejor que le salgas al paso y lo controles para que no monte el numerito, cosa muy propia de él*.

Salir/quedar **algo redondo/**(que ni) bordado (Bordar algo) Resultar algo perfecto. Concluir algo con total éxito. *En la fiesta todo salió redondo: la comida, la música, la decoración*... El círculo es quizá la figura geométrica más difícil de trazar con perfección. Si se dibuja sin ayuda de un compás, raras son las veces en las que sale *redondo*. Por eso con frecuencia, y en distintos contextos, usamos este adjetivo como sinónimo de perfecto: *negocio redondo; partido redondo; novela redonda*... V. *Negarse en redondo*. *Bordar* es adornar una tela con relieves hechos con hilo, muchas veces de colores, una tarea que requiere gran destreza, exactitud y perfecto acabado. *Bordar* es sinónimo de 'hacer algo con gran habilidad y perfección'. *Estoy muy contento con el examen. Me ha salido bordado*.|*Canta fenomenal zarzuela, ópera, opereta, pero la jota navarra la borda*.

Salir/ser **alguien o algo más caro que un hijo tonto** Resultar muy caro el mantenimiento de una persona o de alguna cosa. *Cada dos por tres tengo que comprarte zapatos, porque los destrozas; me sales más caro que un hijo tonto*. Es ésta una de las innumerables expresiones que ilustran la proverbial crueldad que transpira el español coloquial; en concreto, son frecuentes las referencias a bobos o a tontos: V. *El bobo de Coria*||*Más tonto que Abundio*||*La tonta del bote*||*Perico el de los palotes*... En el caso que nos ocupa se alude sin tapujos a los gastos generados por el mantenimiento y los tratamientos médicos de un hijo con alguna tara psíquica.

Salir/quedar **bien o mal parado** Quedar en buena o mala situación. Resultar favorecido o perjudicado en algún asunto. *El accidente ha sido tremendo y la verdad es que han salido muy bien parados. Sólo han tenido heridas superficiales y algunas contusiones.*|*El accidente no parecía grave, pero salieron muy mal parados, con varios huesos rotos y heridas bastante importantes.* En un combate o torneo, especialmente cuando se luchaba a caballo, salía *bien o mal parado* quien conseguía o no parar o contrarrestar adecuadamente el primer golpe o ataque de su adversario. Si lo frenaba, estaba en disposición de seguir luchando; si no, quedaba a merced del enemigo.

Salir/huir/irse/marcharse **de estampida**/de estampía Irse súbita y rápidamente. *María ha salido de estampida y no he podido ni siquiera despedirme de ella.* La *estampida,* término probablemente de origen provenzal, es la huida impetuosa de un animal o, sobre todo, de un grupo de ellos. La forma *estampía,* que prácticamente se usa sólo en esta expresión, significa 'de repente' y parece haber salido del germánico *stampian* 'repentino'. En cualquier caso, ambas formas parecen remitir a un tronco común, la raíz, quizá de origen fráncico, **stamp,* 'movimiento violento; escapada, huida', origen también de *estampar.* Es posible que la frase haya pasado a la lengua coloquial directamente desde el lenguaje taurino, donde se usa cuando el toro se arranca de repente y de forma violenta.

Salir de Málaga y entrar en Malagón (Salir de Guatemala y entrar en *guatepeor*||Ir de Málaga a Malagón||Ir de Guatemala a *guatepeor*) Salir de una situación difícil y entrar en otra aún peor. En ambos casos se trata de juegos de palabras con la palabra *mala,* referida a la situación de la que antes hablábamos. En el primer caso, seguramente el dicho tiene relación con el refrán *Malagón: en cada casa un ladrón, y en casa del alcalde, el hijo y el padre,* que se aplica también —la fuerza inevitable de la rima consonante— a los naturales de otras poblaciones que terminan en *-ón.* Malagón es un municipio de la provincia de Ciudad Real. Se cuentan diversas historias para explicar el porqué de la presencia de este pueblo en el dicho, pero, como se ha apuntado, no debemos ver más allá del tirón de la rima. Por otra parte, hay un juego de palabras, acorde con el significado de las frases, basado en la primera parte de las palabras MÁLAga y MALAgón —reforzado en este caso por la terminación del aumentativo— y en la última de GuateMALA. *Guatepeor,* como puede suponerse, es una creación humorística con *peor,* comparativo de superioridad de *malo.* V. *Escapar del trueno y dar en el relámpago*||*Ir de Herodes a Pilatos*||*Saltar de la sartén al fuego.*

Salir/irse **de naja** Huir precipitadamente de algún sitio. *Cuando Luis vio que Ana entraba en el bar, salió de naja. Naja* es una palabra que procede del caló *nachar,* 'huir', emparentada con el término árabe *náha,* 'marcharse; escapar'. Como casi todos los gitanismos del español, la expresión tiene connotaciones claramente negativas.

Salir de ojo Extrañar algo a alguien. Llamar la atención. *Sí, ella es más alta que él, pero, vamos, no es una diferencia que salga de ojo.* Como en otros casos, el *ojo* es, muchas veces, elemento de medida de lo adecuado e inadecuado, de lo normal y lo anormal. V. *A ojo de buen cubero.*

Salir del armario Declarar alguien abiertamente, sin tapujos ni miedos, sus creencias o ideas. Últimamente se viene aplicando la frase a quienes expresan públicamente su condición de homosexuales. *Afortunadamente, en los tiempos que corren cada cual puede manifestar libremente sus ideas o tendencias, y cada vez van saliendo del armario más homosexuales, hombres y mujeres.* En el armario se encierra lo que no se usa o lo que se quiere ocultar, o se esconde quien no quiere ser descubierto. V. *Tener un cadáver en el armario.*

Salir/sacar **del atolladero** (Estar en un atolladero||Ser algo un atolladero) Salir de una situación complicada o problemática. *El año pasado tuvimos unas pérdidas inesperadas, pero parece que ya hemos salido del atolladero y que, poco a poco, vamos remontando el vuelo.* Superar un apuro o una dificultad. Se llama *atolladero* al *atascadero,* al lugar, generalmente de un río, en el que se producen atascos a causa del barro, de las ramas y sedimentos acumulados. *Atollarse* es 'atascarse'.

Salir del paso Resolver, aunque precipitada y provisionalmente, una situación difícil. *Siempre me gusta tener comida en el congelador, más que nada para salir del paso si te llegan unos invitados inesperados.* Antiguamente *paso,* aparte de los otros significados de la palabra, designaba al combate que, para atravesar un puente o entrar en una ciudad, debían mantener quienes quisieran *pasar* con el caballero o caballeros apostados a la entrada. Es más que posible que se dijera que quien vencía a éstos *salía del paso,* y que esto adquiriera el significado de 'resolver una situación apurada'.

Salir del túnel/del agujero/del hoyo Superar una situación muy difícil o problemática. *Por muy graves que sean los problemas que te agobian, si no te rindes y pones un poco de fuerza de voluntad, puedes salir del túnel. Túnel, agujero* y *hoyo* connotan 'oscuridad; lugar cerrado; agobiante' y, metafóricamente, 'desgracia; dificultad'. V. *Ver la luz al otro lado/al final/al fondo del túnel.*

Salir disparado/escopetado Irse muy deprisa. *¿Qué le habéis hecho a Clara, que ha salido disparada?* V. *Como una bala.*

Salir en la foto (El que se mueve no sale en la foto) Formar parte de un grupo importante, prestigioso, que goza de predicamento o de poder y, como tal, se reconoce públicamente y aparece en la prensa en textos y fotografías. *Para salir en la foto hay que ser un pelota y decir a todo que sí, eso está claro. De nada sirve hacer las cosas bien y trabajar sin descanso.* La frase *el que se mueva no sale en la foto* se puso de moda a comienzos de los años ochenta, tras la victoria electoral del PSOE en 1982, referida a la disciplina de partido, a la necesidad de que todos los afiliados comulgaran con las ideas de los órganos directivos. Se suele atribuir a quien entonces era vicepresidente del gobierno, vicesecretario general e ideólogo del partido, Alfonso Guerra. *No se te ocurra discutir con los jefes, que aquí el que se mueve no sale en la foto. Diles a todo amén y luego haz lo que te de le gana.*

Salir/irse **pitando** (Salir/irse echando/cagando chispas) Irse a gran velocidad de un lugar. Ambas locuciones se refieren a la locomotora del tren en el momento de partir de la estación: pita y, del roce de las ruedas con los raíles, echa, o echaba, chispas (v. *Estar chispa*‖*Tener chispa*). *Vino a verme, pero me dijo que tenía mucha prisa y se fue pitando*. V. *Irse echando leches*.

Salir/echar/tirar **por las de Pavía** Decir o hacer algo absolutamente inesperado o incongruente con la situación. Actuar con exageración, de forma un tanto desproporcionada. *Le pregunté qué tal estaba y salió por las de Pavía contándome un montón de estupideces sobre sus vacaciones*.| *Aunque tengas razón, la pierdes con tu comportamiento porque sales siempre por las de Pavía, te alteras demasiado y das muchas voces*. El dicho alude a la acción llevada a cabo por el general Manuel Pavía (1827-1895) cuando en 1874 entró a caballo en el Parlamento para disolver la Primera República. Podría pensarse también, aunque la explicación sea menos convincente, sobre todo teniendo en cuenta el significado actual de la locución, en alguna referencia a la batalla de Pavía, que tuvo lugar en la ciudad italiana el 24 de febrero de 1525 entre las tropas de Francisco I de Francia y de Carlos I de España, y a la huida que emprendieron los derrotados soldados franceses.

Salir por peteneras Hacer o decir algo fuera de sitio o de tono. *Cuéntame la verdad y no me salgas por peteneras, como haces siempre*. La *petenera* es un cante flamenco, tal vez uno de los más populares, con estrofas de cuatro versos octosílabos, muy apto, por tanto, para narrar historias y sucesos de tipo arromanzado. Es bastante posible que la locución sea una forma de indicar que nuestro interlocutor nos ha contado algo con adornos que nada tenían que ver con el relato, o sea, ha puesto verso y música a lo dicho.

Salir/escapar/huir **por pies/**por piernas Huir. Escapar corriendo de un peligro. *En cuanto vi que el perro me miraba, salí por pies*. Es locución muy empleada en el mundo de la tauromaquia, lo que no quiere decir que proceda de él, en referencia al torero que tira los engaños y huye precipitadamente de la cara del toro. V. *Poner pies en polvorosa*.

Salir rana Dar algo o alguien unos resultados negativos que no se esperaban. *Me compré esta lavadora porque decían que era la mejor, pero me ha salido rana, porque llevo ya cuatro reparaciones en un año*. El modismo era antiguamente *salga pez o salga rana, ¡a la capacha!*, y en su origen fue propio de pescadores, que lo usaban para indicar que cualquier cosa que se pescara, aunque fuera una rana, era buena. Algunos afirman que también podía referirse a la metamorfosis que sufre el renacuajo que, aparentando ser pez, acaba *saliendo rana*. Antiguamente, con tintes ciertamente machistas, se usaba entre los maridos para significar el hecho de que la mujer cumpliera o no las «expectativas» que de ella se tenían. Se acabó empleando en la lengua coloquial para indicar que algo que se iba a hacer saliera bien (pez) o mal (rana). Hoy usamos la versión reducida.

Salir tarifando Acabar discutiendo o peleándose. *Eran unos hermanos modélicos, que se llevaban a las mil maravillas, pero a causa de la herencia del padre han salido tarifando y ahora no se hablan*. *Tarifa*, palabra de origen árabe, es el precio estipulado por algo o la tabla de precios, derechos o impuestos. *Tarifar* es, por tanto, poner una tarifa y también, en la lengua coloquial, 'discutir', acepción que se debe a las disputas que frecuentemente surgían en los regateos a la hora de pagar un precio o de abonar un impuesto. Por cierto, el nombre de la ciudad gaditana de *Tarifa* se debe, precisamente, a que en ella estaba la aduana en la que se pagaban las tasas e impuestos por los productos que circulaban entre la península y el norte de África.

Salirle a alguien el tiro por la culata Tener una acción los resultados exactamente opuestos a los esperados, normalmente con consecuencias negativas para quien la emprende. La *culata* es la parte del arma de fuego que se empuña o se apoya en el hombro, justamente opuesta al cañón; de ahí el sentido de la locución. *Pensé que llevándole un ramo de flores iba a calmarse, pero me ha salido el tiro por la culata, porque se ha enfadado todavía más y no las ha querido coger.*

Salirle a alguien la criada respondona Usamos esta frase cuando se rebela algún subordinado o alguien que creíamos fiel o controlado, bajo nuestra responsabilidad o autoridad. *No tolero que un recién llegado, el último mono, el que menos pinta aquí discuta mis decisiones. No voy a permitir que me salga la criada respondona*. De la criada se espera una cierta sumisión, que acepte todas las órdenes y tareas que se le encomiendan, y no que las discuta.

Salirle a alguien mal capada la burra Salirle algo rematadamente mal a alguien. No acertar en nada de lo que se hace. *Me las prometía muy felices estas vacaciones, pero me ha salido mal capada la burra porque no he podido ir donde quería, ha estado siempre lloviendo y, encima, me he tenido que venir quince días antes porque me he roto el brazo*. Si el animal está mal capado y encima resulta que es una burra... El colmo de la mala suerte. Es posible que el dicho se originara en el chascarrillo de un capador que, yendo a capar un burro, se encontró con que no había nada que cortar, y, ni corto ni perezoso, sin darse cuenta de que era una burra, exclamó: «Aquí no hay nada que hacer. Este burro ya está capado».

Salirse alguien con la suya Conseguir una persona lo que pretende o actuar según sus deseos, pese a la oposición de los demás. *Todos le decíamos que ahorrara un poco más y se comprara un coche, pero nada. Al final se ha* *salido con la suya y se ha comprado la moto*. No cabe duda de que el pronombre posesivo *suya* ha de tener como referente un femenino. Nos valen *opinión, intención, idea, razón* y, sobre todo, *voluntad*.

Salirse/sacar **de madre** Excederse en los límites de lo aceptable. Exagerar en gran medida. *La película no está mal, pero en los últimos veinte minutos aquello se sale de madre y el final es un disparate*. Una de las acepciones de *madre* es la de 'cauce de un río o arroyo', y por aquí debemos buscar el origen del dicho, en las crecidas de los ríos, que, a causa del exceso de lluvias, se desbordan, se salen de la madre. V. *Volver las aguas a su cauce*.

Saltar a la vista Ser algo muy evidente. *Creo que a Arturo le caigo bien, pero salta a la vista que su novia no me puede ver.* Es más que probable que la locución proceda del lenguaje de la caza y se refiera a la pieza que aparece justamente delante del cazador. V. *Estar a la que salta*.

Saltar al vacío (Ser/dar un salto al vacío||Saltar al vacío y sin paracaídas) Tomar, voluntariamente, un gran riesgo. Comprometerse a hacer algo cuyas consecuencias negativas se ignoran o no se han valorado de forma adecuada. *Pues claro que ha sido un fracaso rotundo. A nadie se le ocurre poner en esta ciudad una tienda de moda de lujo. Todos sabíamos que eso era un salto al vacío*. Evidentemente, quien salta al vacío sin ninguna protección, lo hace sabiendo lo que le espera.

Saltar algo en pedazos Romperse algo por completo, como la pieza de cristal o de cerámica que cae al suelo. Se suele usar en sentido figurado, con el significado de 'fracasar, malograrse totalmente un asunto'. *Después de los últimos incidentes entre los dos países, el acuerdo de paz ha saltado en pedazos*.

Saltar de la sartén al fuego Pasar de una situación complicada o problemática a otra aún peor. *Yo pensé que si le contaba a Julita la verdad me perdonaría, pero ha sido saltar de la sartén al fuego, porque se ha puesto hecha una furia y ya lleva dos meses sin hablarme*. Hay veces que quien se encuentra en una situación *caliente* (la sartén), queriendo buscar soluciones, se mete sin darse cuenta en otra que *quema* aún más (el fuego). V. *Escapar del trueno y dar en el relámpago||Huir del fuego y dar en las brasas||Ir de Herodes a Pilatos||Salir de Málaga y entrar en Malagón*.

Saltarse algo a la torera No cumplir un deber o una obligación. Hacer alguien su voluntad sin importarle órdenes ni normas. *Hoy tenías que haberte tomado las pastillas, pero, como siempre, te las has saltado a la torera.*|*Negar al detenido la asistencia de un abogado es saltarse a la torera las más elementales normas de la justicia*. Antes de que la corrida de toros existiera más o menos como tal a finales del siglo XVIII, se efectuaban los llamados *juegos del toro*, uno de los cuales consistía en citar al animal con una pértiga y, cuando estaba cerca, tomar impulso, clavar el palo en la arena y pasar por encima de él. Éste es el *salto a la torera*, recogido por Goya en uno de sus grabados (v. *Que no se lo salta un gitano/un torero*). Llámese, si se quiere, *obligación* al toro, y *pértiga* a la cara dura de quien no cumple sus deberes.

¡Salut i força**/salut y forza*/salud y fuerza ***al canut! Es ésta una frase de despedida, de saludo o de ánimo. *Bueno, entonces hasta la semana que viene. Cuídate.* ¡Salut y força al canut! Traducida literalmente significa '¡Salud y fuerza al canuto!' y es de origen valenciano. Parece ser que se hizo muy popular en la zona republicana durante la guerra civil española (1936-1939) y que se utilizaba como saludo entre camaradas para desearse salud y éxito en las relaciones sexuales. *Canut,* 'canuto', es una clara referencia al órgano sexual masculino. No hace mucho, la frase fue recuperada en el lenguaje juvenil, pero identificando *canut* con otro tipo de *canuto,* es decir, 'cigarrillo de hachís o marihuana'.

Salva sea la parte Esta expresión funciona como un eufemismo, como fórmula para evitar nombrar la parte del cuerpo que se considera tabú. Salva sería, literalmente, 'salvada; evitada'. *Me pegaron un balonazo en salva sea la parte y tardé un buen rato en recuperarme.*

Salvar/solventar **la papeleta** Solucionar una situación complicada. Librarse de un peligro o de un problema. *Estaban al borde de la ruina, y con el crédito bancario, de momento, han solucionado la papeleta.* La expresión nació en las Academias Militares y se extendió a partir de la guerra civil (1936-1939). La pregunta que debían contestar en su examen los cadetes la elegían ellos mismos extrayendo a ciegas de una urna una papeleta en la que estaba escrita. Cuando a alguien le correspondía en suerte una papeleta con una pregunta complicada decía que *le había tocado la papeleta* (v. *Tocarle a alguien la palepeta*). Si la pregunta era fácil, *salvaba la papeleta.*

Salvar las apariencias Disimular. Ocultar o encubrir una situación para evitar complicaciones o comentarios. *Se sentaron juntos para salvar las apariencias, pero todo el mundo sabe que no se pueden ver.*

Salvarle a alguien la campana Librarse alguien de un problema, de un daño o de un peligro en el último instante, en el momento más crítico o de mayor dificultad. *Realmente nos salvó la campana. Tuve los reflejos de frenar y nos quedamos a unos centímetros del otro coche.* La expresión procede del mundo del boxeo, donde se dice que a un púgil *lo salva la campana* cuando, acosado o derribado por su rival, suena la campana que anuncia el final del asalto, con lo que evita perder el combate.

Salvarse por los pelos No sufrir un daño o un perjuicio por casualidad o por un escaso margen de tiempo o de espacio. *Cuando vi que el otro coche se me venía encima, pegué un volantazo y me salvé por los pelos de que me diera.* Curiosamente, la frase tiene una explicación absolutamente literal, pues se refiere a los marineros que, tras un naufragio o una caída al mar, eran salvados por sus compañeros agarrándolos por los pelos. Por eso era normal que los marineros se dejaran el pelo largo. Incluso en 1809, cuando se ordenó a los marineros que, por higiene, se cortaran habitualmente el pelo, como los soldados del resto de los ejércitos, se produjo un gran revuelo y salieron numerosas quejas de la marinería, argumentando que, por lo dicho antes, el pelo largo había salvado a muchos marineros de morir ahogados. El decreto, finalmente, se declaró de cumplimiento voluntario el 26 de noviembre del mismo año. Con menos fundamento, algunos opinan que la frase está relacionada con la antigua costumbre musulmana de afeitarse la cabeza como señal de sumisión a Dios, aunque dejándose un mechón, una especie de trenza o coleta larga y estrecha, para que Alá pudiera asirlos por él y llevarlos al Paraíso. V. *Por los pelos*.

Sangre azul [tener; ser de] Se dice que tiene *sangre azul* o es *de sangre azul* quien desciende o dice descender de reyes o de nobles. *Son aún muchos los que piensan que el príncipe heredero debería casarse con una mujer de sangre azul*. En las cortes españolas de los siglos XVI y XVII se puso de moda la piel blanquísima, hasta el punto de que la familia real y los hombres y mujeres de altas clases sociales se protegían todo lo posible del sol para evitar que pudieran adquirir siquiera un mínimo tono moreno, propio del vulgo. Su piel extremadamente blanca, casi transparente, hacía que las venas se distinguieran perfectamente y que se vieran de un color más azulado de lo normal, a causa del contraste. Entre las clases más bajas se extendería entonces la creencia de que reyes y nobles, como otro rasgo diferenciador más, tenían la sangre azul o, al menos, diferente. V. *El príncipe azul*.

Sano como una manzana [estar] Muy sano. Con un estupendo aspecto físico. *Lo he encontrado sano como una manzana. Parece mentira que hace apenas dos semanas estuviera entre la vida y la muerte*. Su piel suave, generalmente brillante, su carne jugosa y su olor fresco hacen que la manzana se considere una fruta sana por naturaleza. Además, la manzana que no está en perfectas condiciones se distingue rápidamente. V. *Como una rosa*.

¡Santa palabra! Se dice cuando alguien dice algo con lo que estamos de acuerdo, o algo definitivo o trascendente, que aclara alguna cuestión, cierra una conversación o un debate. *Eso que acabas de decir es la pura verdad. ¡Santa palabra!/Después de todas las tonterías que hemos oído, por fin una opinión sensata. ¡Santa palabra!* La expresión está relacionada con las palabras con las que el sacerdote se dirige a los fieles cuando termina la lectura del Evangelio: «Palabra del Señor».

Santa Rita, Rita; lo que se da no se quita Con esta fórmula, propia del lenguaje infantil, se rechaza la devolución de un objeto a la persona que nos lo ha regalado. *Dijiste que me regalabas el libro y ahora me lo pides. Pues santa Rita, Rita; lo que se da no se quita*. La aparición de santa Rita no parece obedecer a más motivo que la rima, como sucede en tantos otros casos (v. *¿Dónde va Vicente?... Donde va la gente*||*Echar el freno/¡Echa el freno, Magdaleno/Macareno*||*El cuento de María Sarmiento/de Juan Pimiento*||*Por* *el interés te quiero, Andrés*). No obstante, para explicar el dicho se cuentan algunas historietas que, más que nada, parecen haberse construido a partir de él. La más conocida es la de la joven, más bien poco agraciada físicamente, que para encontrar novio recurrió a santa Rita de Casia, considerada, entre otras muchas potestades, abogada de los imposibles. Los ruegos surtieron efecto y la moza encontró a un galán. Poco antes de casarse, éste la plantó y la chica, enfadada con la santa, volvió de nuevo a la iglesia y le apagó una vela diciéndole: «santa Rita: lo que se da no se quita». V. *Cuéntaselo a Rita*.

Santo y seña [ser el] Así llamamos a la persona o cosa más importante o significativa de un grupo o de una época. *Lleva cuarenta años trabajando aquí. Es el santo y seña de la empresa.*|*Este cuadro, el único pintado por encargo, es el santo y seña de la exposición*. En el lenguaje militar se llama *santo y seña* a la palabra o frase que, conocida sólo por algunas personas, sirve para identificarse ante los centinelas o para acceder a algún lugar. Antiguamente el jefe de una plaza se la comunicaba a los jefes de puesto. Muchas veces esta contraseña estaba formada por el nombre de un santo, a veces el del día, más otra clave o *seña*, que solía ser el nombre de una población. La importancia y trascendencia que estas palabras tenían quedan patentes en el significado con el que usamos hoy la expresión.

Sarna con gusto no pica Se le dice a quien siendo consciente del perjuicio o las molestias que una acción le puede causar, la lleva igualmente a cabo. *No te quejes ahora tanto del trabajo. ¿No dices que lo que más te gusta en el mundo es trabajar?... Pues sarna con gusto no pica*. La sarna es una enfermedad contagiosa provocada por un ácaro y caracterizada por la aparición de ronchas y pústulas en la piel que producen un intenso picor.

Savia nueva Llamamos así a la persona o grupo de personas que entra en una asociación, empresa o institución con la idea de renovarla. *En este partido hace falta savia nueva: nuevas ideas, nuevos proyectos y una forma de organización completamente distinta*. Se usa también mucho para significar que los jóvenes deben ocupar los puestos de los más veteranos. *La empresa está optando por savia nueva en sus órganos directivos. Los nuevos directores y jefes de sección no tienen más de treinta y cinco años*. La *savia* es el líquido espeso que circula por el interior de plantas superiores cuya función es la de nutrirlas. Contiene fundamentalmente sales minerales y agua, absorbidas por las raíces.

Se acabó el carbón Usamos esta frase cuando algo ha terminado, cuando no hay nada que hacer o cuando nuestra presencia en un lugar está de más. *Bueno, ya está bien de trabajar por hoy. Venga, vámonos de aquí que ya se acabó el carbón*. El carbón era un combustible fundamental para cocinar o mantener caliente la casa. Si se acababa el carbón, había poco que hacer.

Se acabó lo que se daba Se indica con esta frase que algo se ha terminado, que ya no hay nada que hacer en un lugar. *Mañana es mi último día de* *vacaciones. Pasado mañana, a trabajar. Se acabó lo que se daba*. Es posible que la frase esté relacionada con la costumbre de fiar en tiendas o negocios, hoy en desuso por la proliferación de hipermercados y grandes superficies. Algo así debía de ser lo que decía el tendero, harto de que sus clientes se llevaran la compra sin pagarla.

Se dice el pecado, pero no el pecador Se señala con esta frase la conveniencia de contar un dicho o hecho negativos (el pecado) y, al mismo tiempo, la necesidad de, por discreción o para no perjudicarlo, ocultar el nombre de su autor (el pecador). *Te voy a contar lo que me han dicho de ti, pero no te voy a decir quién me lo ha contado, porque se dice el pecado pero no el pecador.* Curiosamente, existe una versión bastante más «pía»: *Decir el milagro y callar el santo* (v.).

Secreto a voces [ser un] Así se hace referencia a aquello que, pese a que debería ser secreto o conocido por muy pocas personas, es de dominio público, sabido por todos. *No me digas que tú no sabías que Pedro y Patricia se separan... Pero si es un secreto a voces. Debes de ser el único que no lo sabe.*

Segarle a alguien la hierba bajo los pies Conspirar contra una persona. Actuar secreta y ocultamente contra ella. *El ministro se vio obligado a dimitir y no fue por decisión propia. Todo se debió a que varios miembros de su gabinete le segaban la hierba bajo los pies*. La despreocupación y confianza de la incauta víctima están claramente sugeridas por el hecho de que, con el peligro consiguiente, alguien pudiera segarle la hierba que tiene bajo sus pies sin que se diera cuenta.

Seguir(le) **a alguien la pista**/el rastro Ir detrás de una persona. Perseguir a alguien. Puede utilizarse con sentido negativo o positivo. *Ese chico tiene un gran futuro como escritor. Hay que seguirle la pista.*|*Es el ladrón de cuadros más famoso de la historia. La policía le va siguiendo la pista desde hace varios años, pero no consigue dar con él*. Llamamos *pista* a los indicios que quedan del paso de personas o animales. V. *Perder la pista*||*Poner sobre la pista.*

Seguirle/llevarle **a alguien la corriente**/el aire Asentir con lo que dice una persona o darle la razón en lo que hace, aunque realmente no estemos de acuerdo con ella, para que no se moleste, para obtener algún beneficio o para evitar que moleste. *Cuando Luis se toma un par de copas, se pone insoportable, y lo mejor es seguirle la corriente y esperar a que se le pase. Corriente* se refiere en la locución a la dirección hacia la que va el agua de un río. Existe, con el significado opuesto, la locución *ir a contracorriente*. En *seguirle a alguien el aire* hemos de tomar el término *aire* en su acepción de 'música; son; baile'. Literalmente, quien es capaz de *seguir el aire,* puede seguir la música, el ritmo o los pasos del baile.

Sembrar la discordia Predisponer a alguien en contra de otro. Provocar alguien o algo enfados o enfrentamientos entre la gente. Malmeter. *Parecía un detalle sin importancia, pero, ya ves, la elección de la iglesia en la que se de-*

bía celebrar la boda ha sembrado la discordia entre las dos familias. La frase tiene que ver con el episodio de *El campo de Agramante* (v.) narrado en el canto XXVII del *Orlando furioso*, obra del escritor italiano Ludovico Ariosto (1474-1533). En él se cuenta el ataque de los sarracenos a París y la defensa de las tropas de Carlomagno. Cuando la ciudad está a punto de rendirse, el arcángel san Miguel recoge a la Discordia de un convento en el que, con gran polémica, se elige nuevo abad y la esparce sobre el lugar en el que está acampado Agramante, el jefe de los invasores. Los sarracenos comienzan a pelearse entre sí, lo que facilita enormemente la victoria de Carlomagno. V. *La manzana de la discordia*||*La semilla de la discordia*||*Meter cizaña*.

Sentar alguien sus reales Establecerse alguien en un lugar. *Desde que el ministro y ese banquero tan importante han sentado sus reales en la urbanización, hay mucha más vigilancia*. Mostrar una persona o un grupo su autoridad o su dominio en un lugar. *El partido progresista sentó sus reales en el Gobierno hace más de quince años, y nadie, por el momento, ha sido capaz de hacerle sombra mínimamente*. *Sentar* se entiende aquí en su antigua acepción de 'asentar; colocar'. Se llamaba *real* o *reales* al campamento de un ejército, especialmente al lugar donde se colocaba la tienda del rey o del general.

Sentar cátedra Opinar con autoridad sobre alguna materia. Dar la opinión definitiva, por culta y lógica, sobre algo. *Me encanta ese hombre. Realmente es un sabio. Cada vez que habla, sea de lo que sea, sienta cátedra*. *Cátedra*, término que hoy se entiende generalmente como 'empleo y ejercicio del catedrático', significaba en latín, lengua a la que llegó del griego, 'silla'. En las antiguas universidades la cátedra era el asiento elevado o púlpito desde donde el profesor impartía sus lecciones. El catedrático que alcanzaba tal dignidad se decía, primero real y luego figuradamente, que sentaba ('asentaba; colocaba') cátedra. Como curiosidad, diremos que *cadera* deriva directamente de *cátedra*. No en vano es la «silla» del cuerpo. Por otra parte, la *catedral* es, etimológicamente, la iglesia en la que está la «silla» del obispo. V. *Hablar* ex catedra.

Sentar como un jarro de agua fría (Ser/echar/llevarse un jarro de agua fría) Producir decepción, desilusión o pena. Provocar tristeza o desmoralización. *Estaba muy ilusionado con mi traje nuevo, pero, la verdad, cuando me dijiste que no te gustaba me sentó como un jarro de agua fría*. El verbo *enfriar* tiene muchas veces las connotaciones de decepción, tensión o fracaso: *dejar frío, guerra fría*. Por otra parte, ya sabemos de los efectos nocivos que el agua y las palabras de su campo semántico tienen en la lengua coloquial. V. *Echarle a alguien un chorreo*.

Sentar como un tiro (Sentar como una patada en la barriga/en los cojones) Provocar algo malestar enfado o rabia. *Me ha sentado como un tiro que no me hayas invitado a la boda*. Se utiliza bastante con prendas de vestir o complementos. *El traje es bonito, pero la corbata te sienta como un tiro. Ponte una un poco más clara.* Suele ser bastante normal que la persona a la que le han disparado o aquella a la que han pateado la barriga o la parte que queda justo más abajo se moleste un poco y, en algún caso, hasta se enfade... ¿No les parece?

Sentar (la) cabeza Hacerse sensato. Recuperar el sentido común quien lo había perdido o adquirirlo quien no lo tenía. *Antes llevaba una vida absolutamente loca, pero cuando comenzó a trabajar sentó la cabeza y ahora es otra persona completamente distinta.* La cabeza es, a pesar de lo que pudiera parecer en algunos casos, sinónimo de seso, de inteligencia, de razón. *Sentar* nada tiene que ver con el hecho de sentarse en una silla, sería un poco difícil; significa 'asentar' —acepción hoy en desuso—, o sea, 'reposar; tranquilizar'.

Sentar plaza Antiguamente la expresión significaba 'entrar a servir de soldado', es decir, asentarse, establecerse en la plaza (la ciudad o localidad) donde tenía su sede el regimiento o unidad militar. Hoy se suele usar con el sentido de 'alcanzar la consideración de' o 'asentarse como; especializarse en'. *Con tus intervenciones en todos los debates has sentado plaza de inconformista y de radical.*

Sentarle/quedarle/estarle/irle **algo a alguien como a un santo**/un cristo **dos pistolas** Ser una cosa inadecuada para una persona. Ser una cosa inapropiada o incompatible con otra. Sentarle muy mal algo a alguien. Se dice especialmente de la ropa o de los complementos. *¿Has visto a Manoli? Iba hecha un adefesio. Ese vestido amarillo le sienta como a un santo dos pistolas.*| *Yo cambiaría las cortinas por otras más claras. Éstas le van a a la habitación como a un santo dos pistolas.* Pensemos en una imagen religiosa a la que se le colocara un cinto con un par de pistolas, a lo *far west*. Poco más se puede decir.

Sentir/notar/producir/tener/darle a alguien **buenas o malas vibraciones** Producir algo o alguien una impresión o sensación positiva o negativa en una persona. Prejuzgar algo o a alguien positiva o negativamente. *Sí, parece un poco tímida, pero a mí esa chica me gusta. Tiene algo. Siento muy buenas vibraciones.*|*Este silencio tan prolongado me produce malas vibraciones. ¿A ti no?* Posible anglicismo. La expresión procede de la creencia de que hay cosas o personas que, a través de unas ondas magnéticas que se perciben como vibraciones, transmiten energía positiva o negativa.

Sentir/oír/ver **crecer la hierba** Ser muy despierto, despabilado, listo, observador... *Tiene sólo seis años, pero es listísima y se entera de todo lo que pasa a su alrededor. Siente crecer la hierba.* A veces se usa con el significado de 'ser muy minucioso; prestar excesiva atención a los pequeños detalles; ser demasiado escrupuloso'. *En su casa todo tiene que estar en perfecto orden. Se pone negro si ve un cuadro un poco torcido o un libro que no está alineado en la estantería. Siente crecer la hierba.* La expresión, alusiva a alquien con sus sentidos exageradamente desarrollados, existía ya en latín: *surgentem audit avenam* ('escuchar la avena crecer'), de donde la tomó directamente el francés (*écouter les avoines lever*). Con la misma formulación que en español la encontramos en italiano (*sentire l'erba crescere*) y en catalán (*sentir créixer l'herba*).

Señalar a alguien con el dedo Hacer referencia a alguien, por lo general en tono peyorativo. Acusar a una persona. *Parece ser que ya han encontrado al culpable de la filtración de datos del juzgado. Varias personas han señalado con el dedo a un funcionario.* El hecho de señalar a alguien apuntándolo con el dedo suponía, y aún hoy supone, una acusación u ofensa, una especie de marca negativa o de humillación sobre esa persona.

Sepulcro blanqueado [ser un] Hipócrita. Falso. *No te fíes de él, que es un sepulcro blanqueado. Te hace un montón de cumplidos cuando te tiene delante y en cuanto te das la vuelta aprovecha para ponerte a parir.* Los judíos tenían la costumbre de blanquear los sepulcros con cal, por motivos de higiene, en señal de pureza y para que se vieran claramente, evitando así que alguien pisara sobre ellos, lo que se consideraba grave profanación. La expresión procede de un pasaje evangélico en el que Cristo, aludiendo a esa costumbre, se dirige a los fariseos, miembros de una antigua secta judía, que, pese a su aparente austeridad y rigor, no cumplía los preceptos e interpretaba a su modo el espíritu de la ley: «¡Ay de vosotros, escribas y fariseos hipócritas, pues sois semejantes a sepulcros blanqueados, que por fuera parecen bonitos, pero por dentro están llenos de huesos de muertos y de toda inmundicia! Así también vosotros, por fuera aparecéis justos ante los hombres, pero por dentro estáis llenos de hipocresía y de iniquidad. ¡Ay de vosotros, escribas y fariseos hipócritas, porque edificáis los sepulcros de los profetas y adornáis los monumentos de los justos». *Fariseo* se usa hoy como sinónimo de 'hipócrita' (*Mateo*, XXIII, 27-29).

Ser (más) **agarra**(d)**o** (que un chotis) Ser muy tacaño. *Con todos los millones que tiene, de verdad no entiendo cómo puede ser tan agarrao el tío. ¡Hay que ver lo que le cuesta soltar la pasta.* El individuo en cuestión, más que tener dinero, lo sujeta, lo aferra, lo «agarra». El *chotis* es el baile típico madrileño. Se baila muy lentamente, con la pareja muy cerca, agarrados estrechamente por los hombros y girando en un espacio muy reducido; «en una baldosa», dicen los castizos. Por cierto, el término *chotis* parece estar emparentado con el término alemán *schottisch* 'danza escocesa'. El baile, una especie de mazurca lenta, parece derivarse de uno alemán de origen escocés. V. *Ser de la cofradía del puño*||*Tener telarañas en los bolsillos*.

Ser agua pasada Se dice de aquello que sucedió hace tiempo, que ya está olvidado y que no afecta al presente. *Es cierto que hace años discutimos y estuvimos un tiempo sin hablarnos, pero eso es agua pasada y ahora nos de-*

vamos muy bien. El dicho sale de un conocido refrán que nos asegura que lo acontecido en el pasado no debe tenerse en consideración en el presente: *agua pasada no mueve molinos*.

Ser algo coser y cantar Ser una cosa muy fácil de hacer. *¿Que no sabes hacer una tortilla de patatas? Pero hombre, si eso es coser y cantar*. Seguramente la locución se refiere a las populares modistillas, personajes recurrentes de zarzuelas y sainetes, que mataban cantando la rutina de su trabajo. Dicho de otra forma: hacían de su trabajo algo tan sencillo que no se sabía si cantaban cosiendo o si cosían cantando.

Ser algo de/para **nota** Ser algo demasiado complicado o refinado. *Yo puedo blanquear la habitación, pero ya no me atrevo a hacer esos relieves y cenefas en las paredes: eso es de nota*. Estar una cosa muy bien hecha. *¿Has visto qué bonito ha dejado Pepe el jardín. Es de nota, ¿verdad?* La frase nos remite al mundo estudiantil, al estudiante que no se conforma con el simple aprobado, con la normalidad, sino que busca «nota», es decir, una mejor calificación.

Ser algo descabellado Ser increíble, disparatado. Se dice especialmente de las ideas o acciones. *A mí me parece que eso de bajar tanto los precios de la gasolina es una idea descabellada*. *Descabellado* es el participio de *descabellar,* verbo que antiguamente significaba 'despeinar; desordenar el pelo'.

Ser algo el catón/el abecé Ser lo más elemental, lo más básico o necesario en algún asunto, lo que todos deben conocer. *Cualquier conductor sabe que en un cruce hay que dar preferencia a los que vienen de la derecha. Vamos, eso es el catón del código*. El gramático latino Dionisio Catón (s. IV a. C.) ideó un libro compuesto por lecturas breves, de dificultad graduada para que se ejercitaran en ellas quienes aprendían a leer. Se usó para enseñar latín durante buena parte de la Edad Media. Por este motivo su apellido pasó a designar las cartillas o abecedarios. A veces, erróneamente, suele atribuirse la autoría de la obra a Marco Porcio Catón, llamado *el Censor,* político y escritor romano (234-139 a. C.). El *abecé* no es otra cosa que el alfabeto o abecedario. La palabra sale de la unión de los nombres de las tres primeras letras: a, be y ce. *El abecé de cualquier diputado es representar dignamente a quienes lo han elegido*.

Ser algo peccata minuta Llamamos *peccata minuta* al vicio o falta leve, de muy poca importancia. *Lo importante es que en el impreso pongas claramente tu nombre, dirección y DNI. Si no rellenas los demás datos, no te preocupes, que son pecata minuta*. *Peccata minuta* es una locución latina —en latín ya se usaba con el sentido antes expuesto— que significaba, literalmente, 'pecados pequeños'.

Ser algo sangrante (Chorrear algo sangre) Ser indignante, manifiestamente injusto, tanto que, como sugiere la hipérbole sobre la que se construye la expresión, provoca daño, heridas. *En esta misma ciudad hay gente que* *pasa hambre, y estos tíos se gastan una millonada en una simple comida. De verdad, es sangrante*. V. *Ser algo una sangría*.

Ser/hacer **algo sonado** Tener algo gran repercusión. *Como se le ocurra contar todo lo que sabe, la que se va a liar va a ser sonada; ya lo veréis*. El dicho podría estar relacionado con el tañido de las campanas, que se hacían sonar en todos los eventos u ocasiones extraordinarias, y también con el conocido episodio de *la campana de Huesca* (v. *Más sonado que la campana de Huesca):* el rey de Aragón Ramiro II, *el Monje*, que reinó entre 1134 y 1137, decapitó a todos los nobles que conspiraban contra él y colgó sus cabezas en forma de campana para que sirviera de advertencia. En el centro, a modo de badajo, colocó la del obispo Ordás, inspirador de la conspiración.

Ser algo un camelo Ser mentira. *Para mí que eso que me ha contado de la gripe es un camelo y que el tío se ha tirado un par de días en la cama porque le ha dado la gana*. Ser falso. *Pues te habrán dicho donde lo compraste que es de superlujo, pero yo te aseguro que ese reloj es un camelo*. En el *caló*, la lengua de los gitanos, camelar significa 'querer; seducir; enamorar' y también 'persuadir; convencer; engañar'.

Ser algo un infierno (Ser/parecer el infierno de Dante) Ser algo, generalmente una situación o un lugar, sumamente desagradable, peligroso, insoportable, doloroso... *No ha tenido más remedio que separarse. Su matrimonio había llegado a ser un infierno*. El infierno es, en la lengua coloquial, paradigma de todo lo negativo (v. *Pasar las penas del infierno*). La expresión *El Infierno de Dante* alude a la primera parte de la *Divina comedia*, obra cumbre del florentino Dante Alighieri (1265-1321), en la que el poeta, acompañado de la sombra del gran escritor latino Virgilio (70-19 a. C.), visita el Infierno. V. *Ser dantesco*||*Ser un cielo*.

Ser algo un lunar (Tener un lunar) Ser una pequeña mancha, un defecto, pequeño punto negativo en algo que, tomado en su generalidad, puede considerarse positivo o beneficioso. *La actuación del ministro en el conflicto ha sido muy acertada. El hecho de no haber contado con el sindicato minoritario en las negociaciones sólo ha sido un pequeño lunar*. Un *lunar* no deja de ser un «punto negro», y en la expresión funcionan las connotaciones negativas del color. No parecía pensar lo mismo el gran escritor madrileño Ramón Gómez de la Serna, padre del vanguardismo, cuando, en espléndida *greguería*, afirmaba: «El lunar es el punto final del poema de la belleza». Por cierto, el *lunar* debe su nombre a la *Luna*, por su forma redonda y porque antiguamente se creía que su aparición se debía a los influjos del satélite.

Ser algo un momio (De momio) Ser una ganga, un chollo, algo muy fácil de conseguir y muy conveniente. *Yo no lo dudaría y me iría ya mismo. Tal y como están hoy los precios de los hoteles y de los billetes de avión, ese viaje es un momio. De momio* significa 'gratis; sin pagar'. *Como es amigo del hijo del dueño, entra al cine de momio. Momio* es un término relacionado con *momia,* especialmente a partir de la expresión *carne momia,* 'carne magra, sin grasa y sin hueso', es decir, la mejor, la más conveniente, lo que enlaza con el significado de las expresiones de las que hablamos. La palabra momia debe su origen al ungüento, una especie de betún, que algunos pueblos árabes usaban para preservar los cadáveres de la putrefacción, denominado *mumiya,* término posiblemente emparentado con el persa *mûm,* 'cera'. La sustancia, por una metonimia, fenómeno muy común en la lengua hablada, acabó por designar al cadáver sobre el que se aplicaba.

Ser algo un pasteleo (Hacer un pasteleo) Ser una componenda, un enjuague, un amaño. El pacto entre esos dos partidos no parece estar nada claro; más que a acuerdo suena a pasteleo para quitarle votos al partido mayoritario. Se llamaba *pastel,* y así consta en el *Diccionario de Autoridades* (1726-1739), a una trampa propia de los juegos de naipes que consistía en barajarlos de forma que quien los repartía diera a su compañero y a sí mismo las mejores cartas. V. *Descubrir el pastel||Repartirse el pastel||Hacer un enjuague||Ser algo un trapicheo.*

Ser algo un trapicheo (Hacer (un) trapicheo(s)||Andar con trapicheos) Se llama trapicheo al engaño o asunto poco claro. *A mí me gustan las cosas legales, y eso de poner el coche a su nombre para pagar menos y luego que ella te haga una cesión de propiedad es un trapicheo.|No tenemos ni idea de a qué se dedica, pero nada de lo que hace está claro. Anda siempre con trapicheos, y cuando le preguntas, te cuenta unas cosas muy raras. Trapichear* es en el argot de la delincuencia 'comerciar o intercambiar algo de forma poco lícita', y se aplica sobre todo a la compraventa de droga a pequeña escala. En el origen de *trapichear* está el término *trapiche,* 'molino de aceite'. El verbo seguramente se creó para aludir a las componendas y negocios más bien turbios que se hacían en tales molinos, a la adulteración del producto o a la mengua en las cantidades de aceite que le correspondían a quienes llevaban las aceitunas a la almazara. V. *Hacer un enjuague||Ser algo un pasteleo.*

Ser algo una castaña (No valer algo una castaña) Se llama castaña a algo aburrido, feo o de poco valor. *Será muy taquillera y habrá tenido mucho éxito en medio mundo, pero te digo yo que esa película es una castaña. No valer una castaña* se aplica a cosas y a personas. *Es el escritor más famoso del momento, el que más vende, pero no vale una castaña; te lo digo yo.* En la lengua coloquial es frecuente que las verduras y otros vegetales se tomen como paradigma del escaso valor, de lo que apenas tiene importancia (v. *Importarle algo a alguien un bledo*). *Castaña* tiene en algunos lugares de la Península, especialmente en Andalucía, el significado de 'chasco; engaño', quizá porque los serranos, considerados tramposos y poco de fiar por los de la llanura, tenían la costumbre de pagar con castañas, no siempre bien pesadas ni en buen estado. Se decía, en este caso, que a alguien le habían *metido castaña*. V. *Cogerse una castaña||Darle a alguien una leche/una castaña||¡Toma castaña!*

Ser algo una chorrada (Decir chorradas||Hacer el chorra) Llamamos chorrada a una estupidez, a una tontería. *Eso de ponerle pegatinas y adornos a los coches, ademas de hortera, es una chorrada*. Hacer el chorra significa 'hacer el tonto'. *Hoy en día muchos jóvenes llaman «divertirse» a algo que no es otra cosa que hacer el chorra*. Según el *Diccionario* de la Real Academia, *chorrada*, derivado de *chorrar* o *chorrear*, es, en su primera acepción, la 'porción de líquido que se suele echar de propina después de dar la medida', lo que funcionaba cuando se vendían leche, aceite, vino o licores a granel. Seguramente estas *chorradas* no destacaban precisamente por su generosidad, sino que eran más bien escasas e insignificantes, lo que nos lleva directamente a la segunda acepción del término, la que funciona en la frase: 'necedad; tontería'. V. *Echarle a alguien un chorreo| Tener chorra*.

Ser algo/producirse/suceder **una hecatombe** Ser algo un desastre, una tragedia, una gran desgracia, una masacre. *La caída de la bolsa de Nueva York en 1929 fue una hecatombe para el mundo.|Afortunadamente, el piloto pudo efectuar un aterrizaje de emergencia, porque si no hubiera sucedido una hecatombe*. La *hecatombe* no era otra cosa que un espléndido y extraordinario sacrificio que algunos pueblos antiguos hacían a sus dioses; etimológicamente, de 'cien bueyes'. El origen del término se encuentra en el griego *hekatombê*, 'sacrificio', vocablo compuesto por las palabras *hekatón*, 'cien' y *boûs*, 'buey'. Pasó al latín como *hecatombe*, recibida en las lenguas modernas hacia los siglos XV (francés) y XVI (inglés y español). Posteriormente, pasó a significar lo dicho al principio.

Ser algo una gaita Ser una molestia. *Es mejor que vayamos andando, porque últimamente, con tantas obras, aparcar es una gaita*. También se llama *gaita* al asunto enojoso o desagradable. *Esto de que cada dos por tres se me cale el coche es una gaita*. Sin duda el significado de la expresión obedece a las molestias causadas por el sonido producido por el instrumento musical. V. *Templar gaitas*.

Ser algo una sangría (Hacer una sangría) Figuradamente se denomina *sangría* a la pérdida o gasto progresivos y continuos de dinero o de bienes. *Voy a tener que vender la casa del campo porque los gastos de mantenimiento son una sangría*. Las *sangrías* eran las punciones que los médicos o barberos, también denominados «sangradores», realizaban antiguamente a los enfermos para extraer pequeñas cantidades de sangre. Se creía que con estas sangrías el paciente mejoraba, porque se limpiaba y renovaba la sangre y se evitaban congestiones. V. *Ser algo sangrante*.

Ser algo una tela de araña/una telaraña/una maraña (Tejer una tela de araña/una telaraña/una maraña||Caer/estar en una tela de araña/una telaraña) Estar algo muy enredado. Ser muy difícil de interpretar o de desentrañar. *El caso es complicadísimo, una tela de araña. Hay un montón de pistas falsas y de datos confusos y la policía seguramente tardará mucho tiempo en descubrir la verdad.* Cuando la presa cae en la tela de la araña le resulta prácticamente imposible desenredarse. Caer en la telaraña es, por tanto, 'caer en la trampa'. *Yo me he creído que iba con buenas intenciones e, incauto de mí, he caído en la telaraña y me ha engañado por completo. Maraña* tiene dos acepciones que, curiosamente, nos valen en la frase: 'Maleza; espesura de muchos arbustos' y 'conjunto de hebras bastas de los capullos de seda, que suelen usarse en tejidos de menor calidad'. A veces maraña se usa también con el significado de confusión: *Ni siquiera hicimos el intento de entrar en el cine porque a la puerta había una tremenda maraña de gente.*

Ser algo una vaina (Andar/venir con vainas||Dejarse de vainas) Ser una tontería, un engorro o una inutilidad. *Eso que me estás contando es una vaina y no me interesa lo más mínimo, así que vete al grano y explícame claramente qué sucedió.* La *vaina* es, en algunas verduras y frutas, lo que contiene el fruto, lo exterior, lo menos importante, lo vano. La expresión se usa mucho en el español de América, especialmente en Venezuela y Colombia.

Ser alguien buena tierra para sembrar/plantar **nabos** Ser un inútil. Ser torpe o poco inteligente. *Ése tiene que tener algún enchufe, porque si no, es imposible que haya llegado tan alto. Siempre he dicho de él que es buena tierra para sembrar nabos.* Muchas verduras y legumbres se usan en la lengua coloquial para hablar de lo poco importante, de lo menos valioso o trascendente. El nabo, por otra parte, es una de las verduras más humildes e insípidas. V. *Importarle algo a alguien un bledo.*

Ser alguien corto o largo Ser poco inteligente, de poco talento o muy avispado y sagaz, respectivamente. *El pobre es muy buena persona, pero es corto y tiene muy poquita iniciativa. No le puedes pedir más.*|*¡Que largo es el tío! Basta una mirada y te entiende a la perfección. Corto* y *largo* se refieren aquí al entendimiento, a la «longitud» de la inteligencia. Ser largo se usa a veces con el significado de 'ser generoso, dadivoso'. *Es riquísimo, sí, pero también es muy largo. Todo lo que tiene lo comparte con sus familiares y amigos con total generosidad.* V. *Hacerse el longuis.*

Ser alguien duro/cerrado **de mollera** Ser muy terco, muy difícil de convencer. Ser un cabezota. *Mira que eres duro de mollera: te he dicho mil veces que no se dice cera, sino acera, pero tú, ni caso. Mollera* es hoy sinónimo de *cabeza,* pero antiguamente era sólo la parte de la coronilla, o sea, la parte más blanda, más *muelle. Muelle* significó primero 'blando, suave', lo mismo que mollar. Posteriormente, a partir de este significado, pasó a designar la espiral metálica elástica. Antiguamente se decía que los niños eran *cerrados de mollera* cuando tenían ya completamente soldados los huesos del cráneo, por lo que *ser cerrado de mollera* significaba todo lo contrario que en la actualidad, 'juicioso; mesurado; razonable'. Quien *no era cerrado de mollera* era, por lo tanto, 'infantil; poco preparado; caprichoso'.

Ser alguien (muy) **leído** (y escribido) Ser muy culto, muy ilustrado. Literalmente se alude a alguien dedicado al estudio y a la lectura. *Me fío mucho de Mariví. Aparte de muy buena persona, es prudente y muy leída. Sabe de todo y no presume de ello.* A veces la frase *ser leído y escribido* se usa especialmente de forma irónica, referida a alguien que presume de culto sin serlo, como demuestra el uso incorrecto de «escribido» por *escrito*. *Él siempre tiene que demostrarse superior, cuando en realidad es un patán. Presume de sus lecturas, y la verdad es que es muy leído y escribido.*

Ser alguien muy conocido en su casa en la hora de comer (Lo conocen en su casa a la hora de comer) Ser una persona completamente desconocida. *Pues será un escritor muy famoso, como tú dices, pero para mí que es muy conocido en su casa a la hora de comer, porque jamás lo he oído nombrar, y te recuerdo que trabajo en una librería.* De la frase en cuestión se deduce que lo conoce sólo su familia, y no muy bien, por cierto.

Ser alguien muy dueño (de hacer algo) Tener una persona la libertad de obrar como quiera. En sentido literal, ser dueño de sí mismo para hacer lo que le venga en gana. *Allá tú si te quieres comprar esa birria de coche. Eres muy dueño. Al fin y al cabo, el dinero es tuyo.*

Ser alguien muy mirado Ser muy cauto, muy cuidadoso y reflexivo. *Dudo mucho que Carlos haya dicho eso. Es muy mirado y tiene la buena costumbre de medir sus palabras antes de hablar.* A veces significa 'ser muy educado'. *Es muy mirado. Pide permiso para todo, da siempre las gracias y nunca dice una palabra más alta que otra.* Se quiere decir con la frase que la persona de la que hablamos mira, observa, toma sus precauciones para actuar con toda seguridad.

Ser alguien muy suyo Tener una persona un carácter extraño, excesivamente introvertido, lo que le hace difícil el trato con los demás. Literalmente, hablamos de alguien que sólo «pertenece» a sí mismo. *No busques explicación al comportamiento de Javier; es muy suyo, y un día te invita a cenar y al siguiente ni te saluda.*

Ser/estar **alguien pagado**/muy pagado **de sí mismo** Ser muy presumido, engreído. Es muy pagado de sí mismo. *Cada vez que abre la boca, parece que está dando una conferencia. Y luego, claro, él está convencido de que nunca se equivoca y todo lo hace bien.* El dicho nos da a entender que la persona en cuestión se considera tan maravillosa, se quiere tanto, que es capaz de pagarse, de comprarse a sí misma.

Ser alguien un caso (clínico)/patológico/perdido Ser muy especial, muy peculiar o un tanto extraño. *De verdad, eres un caso: no hay un solo día en que llegues a trabajar a la hora.* A veces este *caso* es tan sumamente particular que casi parece digno de ser analizado por los médicos. La *Clínica* es la enseñanza práctica de la Medicina: la persona sería, por sus curiosas características, un perfecto modelo de estudio. La *Patología* es la parte de la ciencia médica que estudia las enfermedades. *¿Pero cómo puedes comerte ese filete carbonizado? ¡Si parece un trozo de carbón!... Lo tuyo con la carne, de verdad, es un caso clínico.* Con *ser un caso perdido* nos referimos a alguien que no es capaz de entender, o al que no se puede convencer. *He intentado muchas veces enseñarla a jugar al mus, pero no hay manera. Es un caso perdido.* Muchas veces se aplica al que no tiene remedio, quien no podrá acercarse nunca a las fronteras de la «normalidad»; es prácticamente sinónimo de 'estar loco'. *Déjale que haga lo que quiera y no le intentes llevar la contraria, porque es un caso perdido y más vale que no le hagas enfadar.*

Ser/estar hecho **alguien una buena pieza** La frase, que aparentemente tiene connotaciones positivas, y que se refiere a la pieza cobrada por el cazador, importante por su tamaño o características, se aplica a las personas traviesas, que se portan mal o que no actúan de forma correcta. Se usa sobre todo con los niños. *Mi hijo no es un santo, lo reconozco, pero tú también tienes que reconocer que el tuyo es una buena pieza.*

Ser alguien una tumba/un sepulcro (Como una tumba) Guardar fiel y eficazmente un secreto. *No te preocupes, que, aunque lo sepa, Maribel no va a decir nada. Es una tumba, te lo garantizo.* Pocas cosas puede haber más discretas y silenciosas que una tumba...

Ser almas gemelas Coincidir dos personas, como suele acontecer con los gemelos, en sentimientos, gustos, comportamiento, actitudes... *No me extraña que se lleven tan bien y que nunca discutan: son almas gemelas. Están hechos el uno para el otro.*

Ser ave de paso Se dice, generalmente con cierto tono peyorativo, de las personas que no permanecen mucho tiempo en un lugar. *En una empresa como ésta lo importante son los trabajadores, que son los que siempre están dando el callo al pie del cañón. Los directores son, al fin y al cabo, aves de paso. Están unos años y después se van.* Se compara a la persona con el ave migratoria, que durante el invierno marcha a zonas más templadas para regresar cuando el clima mejora. El refrán *a ave de paso, cañazo* nos advierte de que ante los forasteros o desconocidos hemos de desconfiar y tomar ciertas precauciones, aunque se usaba también para criticar los abusos y *sablazos* de los posaderos con sus huéspedes, al fin y al cabo «aves de paso».

Ser capítulo aparte Ser alguien o algo muy especial o muy original, distinto a las demás cosas o personas, sea en lo positivo o en lo negativo. *Es cierto que todas las películas de este director son un tanto extrañas y bastante aburridas, pero ésta es capítulo aparte, de verdad. Tienes que verla.|Tiene la colección de vestidos más fea que he visto en mi vida, pero el que llevaba ayer es capítulo aparte: era auténticamente horroroso.* Trasladando lo dicho a una novela, hablaríamos de un capítulo diferente, que cambia el argumento o la situación de los acontecimientos o de los personajes. V. *Ser punto y aparte*.

Ser carne de cañón Estar destinado a correr un grave riesgo o a tener una vida llena de peligros y con un final violento. *Su padre se suicidó; su madre está en la cárcel y él, la verdad, es carne de cañón*. Literalmente, *ser carne destinada a morir de un cañonazo*. La frase, como otras tantas de tono belicista, se le atribuye a Napoleón, en este caso referida a sus soldados de primera línea, blanco fácil para la artillería enemiga.

Ser chabacano (Ser una chabacanería) Ser algo o alguien grosero, basto, de mal gusto. *La decoración de la casa no es que sea fea, es chabacana, de una ordinariez impresionante*.|*No se puede tener esa actitud y hablar de esa forma, con ese tono y esas palabrotas, en una reunión de ese tipo. Ese tío es un chabacano*. Se denomina *chabacano* a la lengua hablada en Mindanao y a otras filipinas. Es una curiosa —y «desordenada», característica que nos ayudaría a llegar al significado— mezcla de español, inglés, tagalo y dialectos indígenas que hablan unas seiscientas cincuenta mil personas. Tal vez a partir de esta especie de «desordenada» amalgama lingüística y de la humildad de las gentes que usan esta lengua llegamos al significado actual del término, emparentado quizá con la palabra *chavo*, que es una deformación de la voz *ochavo*, una moneda de cobre que valía un octavo de onza y que posteriormente adquirió el significado de 'cosa de poco valor' (v. *No tener un duro/un real/un ochavo/un chavo/un clavel*). Ya en 1611, Sebastián de Covarrubias, en su *Tesoro*, define *chavacano* como 'hombre grosero, vulgar e impertinente'. Como curiosidad, diremos que el chabacano no tiene femenino (el flor; el mujer) ni tiempos verbales: sólo se usa el presente. A modo de ejemplo, reproducimos unas frases: «Cosa diuste nombre y donde uste ta queda?» ('¿Cómo se llama usted y dónde se aloja').

Ser chungo (Estar chungo) De mal aspecto o de dudosa catadura moral si se refiere a personas. No te fíes de él. *Es un tipo muy chungo que en cualquier momento te puede pegar una puñalada por la espalda*. De mala calidad, referido a cosas. *Sí, el reloj es bonito, pero bastante chungo. Te va a durar muy poco, te lo digo yo*. A veces se aplica a una situación comprometida o a un asunto poco claro y problemático. *Estar chungo* significa 'estar enfermo; no sentirse bien'. *No sé qué me pasa, pero desde esta mañana estoy chungo. Debe de ser que me anda rondando la gripe*. *Chungo* es un préstamo del caló, la lengua de los gitanos, en la que *chungaló* significa 'malo', y *chungalipén*, 'maldad'. V. *Tomarse algo a chacota/a chunga*.

Ser/estar/haber **ciento y la madre** Usamos esta frase para referirnos a una gran cantidad de personas. *Nos dieron fatal de comer porque éramos ciento y la madre y no había camareros suficientes*.

Ser/parecer(se) **(como) dos gotas de agua** Ser dos personas o dos cosas muy parecidas, prácticamente idénticas. *Poca gente sabe que son madre e* *hija. La gente piensa que son hermanas. Son como dos gotas de agua.*|*Esta novela es prácticamente igual que la anterior. Son casi calcadas. Parecen dos gotas de agua.* Es imposible distinguir una gota de agua de otra.

Ser como/parecer **el herrero de Fuentes**/de Machacón La frase completa es *Ser como el herrero de Fuentes, que, a fuerza de machacar, se le olvidó el oficio.* Se le dice a quien, a pesar de sus muchos años de profesión, sigue haciendo mal su trabajo, o a la persona que, con el paso de los años, pierde habilidad o facultades en su trabajo. *Lleva más de veinte años en esta oficina y aún no ha conseguido escribir una carta como Dios manda. Es como el herrero de Fuentes.* También se usa referida a alguien que se muestra insistente y reiterativo. *Ya me has dicho mil veces que no quieres ir a ver esa película. Ya me he enterado... De verdad, pareces el herrero de Fuentes.* Suele relacionarse el dicho con un herrero, bastante poco hábil a lo que parece, que hubo en Fuentes de la Alcarria, en la provincia de Guadalajara. Otros lo asocian con uno de Machacón, un pueblecito de Salamanca.

Ser como/parecer **el maestro Ciruela** Presumir de conocimientos que no se tienen. *Dice que sabe mucho de informática, pero no ha conseguido explicarme cómo funciona el ordenador. A mí me parece que es como el maestro Ciruela.* Nada tiene que ver esta comparación con *Saber más que el maestro Ciruelo* (v.) referida al teólogo, matemático y científico Pedro Ciruelo, preceptor de Felipe II, pues Ciruela es en realidad Siruela, municipio de la provincia de Badajoz, ya que el dicho era antiguamente *Ser como el maestro de Siruela, que no sabía leer y puso escuela,* aludiendo seguramente a algún dómine del lugar; de aquí, por eliminación de la preposición *de,* fenómeno absolutamente habitual en la lengua hablada *(un paquete tabaco, una bolsa pipas, voy a casa Juan)* y por la confusión entre/s/y/z/, propia de muchas zonas meridionales, se llegó a la formulación que encontramos en la actualidad. V. *Ser un sansirolé.*

Ser como Juan Palomo (: yo me lo guiso, yo me lo como) Se dice cuando una persona es autosuficiente, cuando no necesita ninguna ayuda para hacer algo. *Yo en esto de los viajes no quiero agencias; prefiero ser como Juan Palomo: me saco el billete de avión y me busco el hotel por mi cuenta. Así, si meto la pata, la meto yo solo.* Muchas veces se usa con el significado de 'ser egoísta e insolidario'. *El del cuarto derecha hace lo que le da la gana en la casa, instala antenas y hace reformas sin contar con la comunidad. El tío es como Juan Palomo.* Existió en Andalucía, a comienzos del siglo XIX, un famoso Juan Palomo, uno de los componentes del grupo de bandoleros conocido como «Los siete niños de Écija», que primero lucharon contra las tropas francesas en la guerra de la independencia y posteriormente se echaron al monte, pero resulta difícil pensar en que él pueda ser el origen del dicho. Más bien parece que a él, por algún motivo, se le aplicó la frase. De todas formas, el nombre propio Juan —como el de Pedro (v. *Como Pedro por su* *casa)*— aparece con frecuencia en expresiones coloquiales: V. *Déjalo, Juan, y no leas*||*Éste no es mi Juan, que me lo han cambia(d)o*||*Ser Juan y Manuela*||*Ser un Juan Lanas*. Curiosamente, parece que aquí está también el origen de la palabra *juanete*, pues se consideraba que los callos y durezas en los pies eran especialmente abundantes en personas de baja categoría social, gente rústica y trabajadores del campo, entre los que era muy normal este nombre propio.

Ser como/parecer **la burra de Balaam** Se aplica esta frase a la persona que, aunque no parece destacar precisamente por su inteligencia, habla de forma atinada y opina mesurada y correctamente. *Tú le ves la pinta y su forma de ser, tan ruda, tan de campo, y casi te entra la risa, pero luego lo oyes hablar y es increíble cómo te va envolviendo, todo lo que sabe y lo bien que se expresa. Es como la burra de Balaam*. El dicho tiene su origen en un pasaje bíblico, narrado en el libro de los *Números* (XXII, 21-33), cuyo protagonista es el profeta Balaam, o, mejor dicho, su burra. Un ángel se le aparece al profeta Balaam para detenerlo cuando se dirige, montado en su burra, a maldecir a los israelitas. El animal se asusta e intenta esquivar tres veces al ángel. Balaam la azota y, en ese momento, la burra empieza a hablar y le dice: «¿Qué te he hecho para que me pegues tres veces? [...] ¿No soy acaso tu burra, en la que montas desde que viniste al mundo hasta el día de hoy? ¿Tengo costumbre de actuar contigo de esta manera?». Balaam se da cuenta de que el ángel intenta cerrarle el paso: «¿Por qué le pegaste tres veces a tu burra? Yo vine para impedirte el paso, porque este viaje no me gusta. La burra me vio y trató de esquivarme tres veces. Si no me hubiera esquivado, te habría dado muerte al instante y a ella la habría dejado con vida».

Ser como los amantes de Teruel, tonta ella y tonto él Se dice de las parejas —hombre y mujer— que muestran comportamientos o actitudes igual de tontos o de inexplicables. *Si ella es estirada y desagradable, él lo es aún más. Son como los amantes de Teruel, tonta ella y tonto él*. El dicho se basa en la famosa leyenda de *Los amantes de Teruel*. A comienzos del siglo XIII vivían en la ciudad aragonesa Diego Marcilla e Isabel de Segura, descendientes de familias muy principales. Los jóvenes se enamoraron y Diego solicitó a don Pedro de Segura la mano de su hija. Éste no se la concedió por estimar que el muchacho, al no ser el primogénito, carecía de la dote suficiente. Diego no se dio por vencido y le pidió un plazo de cinco años para servir como soldado y lograr así la dote necesaria para casarse con Isabel, lo que don Pedro aceptó. Pasados los cinco años del plazo, y ante la ausencia de Diego y la insistencia de su padre, Isabel aceptó de mala gana casarse con el señor Azagra de Albarracín. Poco tiempo después, Diego regresó a Teruel cargado de honores y riquezas y dispuesto a casarse con la mujer de su vida. Pronto conoció la triste noticia y decidió acudir al lecho de su amada para pedirle un último beso. Isabel se lo negó y Diego, roto de dolor, cayó fulminado a los pies de la cama. Cuando el señor de Albarracín se enteró de lo ocurrido, decidió llevar el cuerpo sin vida de Diego a la puerta de su casa, donde, al amanecer, lo descubrió su padre, don Martín de Marcilla. Se dispuso que el cadáver de Diego fuese enterrado en la iglesia de San Pedro. Durante la celebración de la ceremonia fúnebre, los presentes vieron llegar a una joven con un velo, que descubrió la cara del muerto y lo besó. Cuando fueron a apartarla supieron que era Isabel de Segura, y que estaba muerta. El marido de Isabel contó lo sucedido y se decidió enterrar juntos a los dos jóvenes en la iglesia de San Pedro. Corría el año de 1217. A mediados del siglo XVI los cadáveres fueron exhumados y trasladados a la capilla de San Cosme y San Damián. Basándose en la leyenda, el escritor madrileño Juan Eugenio Hartzenbusch (1806-1880) escribió la obra de teatro *Los amantes de Teruel*, estrenada con gran éxito en 1837. Posteriormente, en 1889, el músico salmantino Tomás Bretón (1850-1923) estrenó una ópera del mismo título en el Teatro Real de Madrid.

Ser como santo Tomás Ser muy incrédulo. Creer solamente en la evidencia de los hechos. *A mí ya me puedes contar maravillas de ese sitio, de la playa y del hotel, que ya sabes que yo soy como santo Tomás, y tengo que verlo para opinar.* El dicho alude al episodio del Nuevo Testamento en el que Cristo resucitado se presentó a sus discípulos. Tomás, llamado *el Mellizo*, que no está presente en la primera aparición, no da crédito a lo que le cuentan sus compañeros y no cree que aquel hombre sea su Maestro. Para convencerse, en la siguiente aparición mete los dedos en las heridas de los clavos y en la llaga que la lanza le había hecho en el costado cuando estaba en la cruz. Cristo le dice: «Has creído, Tomás, porque me has visto. Bienaventurados los que, sin haberme visto, han creído». (*Juan*, XX, 25-29.) V. *Poner el dedo en la llaga*||*Ver para creer*||*Una y no más, santo Tomás*.

Ser como un dolor de muelas/de huevos Ser una persona excesivamente pesada y molesta. *Tengo un jefe que es como un dolor de muelas: en cuanto entras en la oficina, ya está encima de ti encargándote un montón de trabajo*. Pocos dolores hay tan tenaces o desagradables como los de muelas. Lo de los huevos, aparte de un disfemismo, un envilecimiento de la expresión, tampoco va muy desencaminado: un golpe en las partes bajas masculinas tampoco es plato de gusto.

Ser/parecer **cosa de brujas** Ser algo muy extraño, inexplicable, cosa —según sugiere la frase— sobrenatural, paranormal, mágica, de brujería. *Te prometo que lo he dejado aquí, encima del mueble, que me he dado la vuelta para ponerme la gabardina y que, al irlo a coger, el libro había desaparecido. De verdad que esto es cosa de brujas*.

Ser/parecer **culo de mal asiento** Ser excesivamente inquieto. Cambiar constantemente de lugar o de idea. *En dos años te has mudado ya cuatro veces de casa. Pareces culo de mal asiento*. La locución puede referirse, evidentemente, a la persona que no se para, que no *sienta el culo*, pero también podría aludir a las vasijas que están quietas, que no *asientan* porque su fondo o *culo* es irregular.

Ser cursi *Cursi* es la persona o cosa que pretende ser elegante y lo que consigue es desprender excesiva afectación o ridiculez. *¡Mira que es cursi la tía! ¿Cómo se puede venir a clase con ese vestidito de fiesta y esos collares?* Las interpretaciones sobre el origen de la palabra son diversas, pero todas tienen algo en común: la ciudad en la que nació, Cádiz, y la época, mediados del siglo XIX. Por entonces vivían dos hermanas, que llamaban la atención del pueblo con sus ridículos vestidos y sus extremadamente refinadas costumbres, que se hacían llamar Tessi y Court, las *Tesicur*, y posteriormente las *Sicur* en boca del pueblo. *Sicur*, por metátesis, o sea, cambiando las sílabas, se convierte en *cursi*. La metátesis es posible que se originara en las chuflas populares, alguna como la que sigue, con las que el pueblo se reía de las extravagancias de estas señoritas, recogidas en un sainete que, a finales del siglo XIX, escribió Javier de Burgos y que se estrenó en Madrid en 1899:

«Han recibido desde París
las señoritas de Tesicur
tesicur sí sí,
tesicur sí sí,
lindos vestidos de canesú
y capotitas de canequí».

Ser dantesco Ser terrorífico; sobrecogedor. Se aplica sobre todo a los escenarios muy cruentos, con muchas víctimas, con enorme destrucción. Después del tremendo terremoto, la situación en la ciudad era realmente dantesca. El adjetivo se deriva del nombre de uno de los escritores más geniales de la literatura universal, el florentino Dante Alighieri (1265-1321), y se refiere al panorama desolador que el escritor, acompañado del poeta latino Virgilio (70-19 a. C.), puede contemplar en su viaje a los infiernos, narrado en la primera parte de su obra cumbre, la *Divina comedia*. V. *Ser algo un infierno*/*El Infierno de Dante*.

Ser/estar hecho **de buena pasta** (Tener buena pasta) Ser una buena persona. Ser muy tranquilo, calmado, mesurado. Tener mucha paciencia, a veces demasiada. *Carlos es de muy buena pasta; por mucho que le provoquen, jamás pierde los nervios y nunca dice una palabra más alta que otra*. La persona de la que hablamos parece estar fabricada de buen material, ser muy resistente, tener mucho aguante.

Ser de cajón Ser algo habitual y, por tanto, lógico, obvio, muy fácil de entender o de deducir. *Con la piel tan clara que tienes, te pones al sol sin protección y te quemas... Si es que es de cajón*. Dos explicaciones hay para el dicho. La primera es la que toma *cajón* como aumentativo de *caja*. Se refiere ésta a esas frases y palabras manidas que los linotipistas de las imprentas usaban con mucha frecuencia en folletos, cartas y esquelas, y que, ya compuestas, con los tipos en las cajas, guardaban en un cajón. Posteriormente pasó a calificar a esas frases ampulosas, grandilocuentes y tópicas que los gacetilleros, periodistas y escritores de folletines colocaban siembre en ciertas situaciones. La expresión, por tanto, era en un principio *frase de cajón,* y aludía a esa frase facilona y previsible que solemos encontrarnos en ciertas publicaciones. La otra explicación es la dada por Miguel de Unamuno (1864-1936), quien afirma que la expresión no tiene que ver con *caja,* sino con *ocasión,* mejor dicho, con el *ocassionem* latino, 'motivo, causa', que daría también las expresiones de significado parecido *de caixão* y *cagione* en portugués e italiano, respectivamente. Más que *frases de cajón* hablaríamos en este caso de *frases de ocasión*. Juzgue el lector y quédese con la que más le convenza.

Ser de cuando reinó/reinaba **Carolo** Ser algo muy antiguo. Estar anticuado, pasado de moda. *No sé cómo puedes ponerte todavía esos pantalones de pata de elefante... Si son de cuando reinó Carolo*. No cabe duda de que el tal *Carolo* es algún Carlos, pues ésa es la forma latina del nombre. Seguramente el hecho de que en la lengua popular cobre carta de naturaleza este latinismo se debe a que así, en latín, aparecería escrito el nombre del rey en algún lugar, y no es difícil pensar que ese lugar fuera una moneda. Llegados a este punto, ¿a cuál de los cuatro Carlos que han reinado en España le atribuimos la invención indirecta del dicho? Parece que lo más lógico es pensar que al primero, o sea, a ese que nos empeñamos en llamar Carlos V (1500-1558), y más sabiendo que en su época se acuñaron en Flandes unas monedas que llegaron también a España y que se llamaron *cárolus* o *carolos* a causa de la inscripción latina que en ellas aparecía. De todas formas, tampoco habría que descartar que la locución hiciera referencia a Carlomagno, *Carolus Magnus* en latín. V. *Ser de los tiempos del cólera*||*Ser del año catapún*.

Ser de cuidado Ser peligrosa una cosa o una persona, tanto que es necesario protegerse, cuidarse de ella, tomar precauciones. *Haz el favor de estar muy atento, que esa carretera es de cuidado y tiene unas curvas terribles.*|*Sí, parece muy simpático, pero te garantizo que es de cuidado y que puede hacerte mucho daño*. V. *De armas tomar.*

Ser de hielo (Ser (como) un témpano (de hielo)||Ser frío como un témpano) Ser muy frío, muy duro. No inmutarse por nada. Ser insensible. *No entiendo cómo no puedes llorar en una película como ésta. Es que, de verdad, eres de hielo.*|*A pesar de las tremendas acusaciones que se vertían contra él, no movió ni un músculo de la cara*. Realmente ese tipo es de hielo.

Ser de la acera de enfrente (Ser de la otra acera) Ser homosexual. *Todas las chicas del pueblo se querían casar con él: guapo, rico, elegante... Y ahí lo tienes, solterón... ¿A ver si va a ser verdad que es de la acera de en-*

frente? La lengua coloquial es ciertamente cruel con algunos tabúes que, por suerte, cada vez lo son menos. La *acera de enfrente* supone una clara toma de postura por uno de los bandos. La frase nos recuerda aquella antigua costumbre de dar paseos separados chicos y chicas, cada uno por una acera, o por un lado de la plaza, los domingos y festivos; una forma muy *sui generis* de ligar. La desaparecida escritora Carmen Martín Gaite lo cuenta hablando de su juventud en Salamanca.

Ser de la cáscara amarga Tener ideas consideradas en ciertos ambientes sociales o religiosos como excesivamente progresistas. *Éstos son de la cáscara amarga, porque se van a casar por el juzgado.* En la jerga de germanía, el argot de los maleantes de los siglos XVI y XVII se decía que *tenía la cáscara amarga* o que *era de la cáscara amarga* aquel al que nadie se atrevía a *morder,* es decir, a atacarlo, a meterse con él, por ser altivo y valiente. Con el tiempo, la expresión sufrió un cambio de significado y pasó a designar a personas de ideas políticas liberales y avanzadas, quizá por considerar que eran difíciles de convencer, que sus ideas, de las que nunca renegaban, formaban una dura costra (v. *Ser duro de pelar*). Durante la guerra civil española y parte del franquismo se llamó así a los opositores al régimen, en concreto a los socialistas y a los comunistas.

Ser de la cofradía del puño Ser tacaño. *Este tío debe de ser de la cofradía del puño. Llevamos una semana tomando café juntos y me toca pagar siempre a mí.* El puño cerrado simboliza la tacañería, la mano abierta, la generosidad. Una *cofradía,* aparte de una congregación o asociación de devotos con fines religiosos, como, por ejemplo, la organización de los desfiles procesionales de la Semana Santa y la participación en ellos, es un gremio o asociación de personas que tienen un mismo fin; en este caso, claro está, el de la tacañería. V. *Ser agarrado.*

Ser de la misma cuerda (Tocar la misma cuerda) Tener las mismas ideas, la misma opinión o el mismo carácter que otra persona. *¿Y te extraña que Maribel esté de acuerdo con Carlos? Hace mucho tiempo que sabemos que son de la misma cuerda. La frase procede del mundo de la música, donde se refiere a* los músicos que tocan el mismo instrumento de cuerda: *violín, viola, cello, contrabajo...* De alguna manera —apañada estaría la orquesta si no fuera así—, podemos decir que van bastante de acuerdo. V. *Saber qué cuerda tocar*||*Tocar todas las cuerdas*||*Tocar una sola cuerda.*

Ser/estar hecho **de la misma harina/**pasta/madera Tener una persona las mismas características o cualidades que otra u otras. Comportarse o actuar de la misma manera. Ser dos o más individuos de la misma condición, como si hubieran sido fabricados en serie y del mismo material: como *panes (harina pasta)* o *muebles (madera)* (v. *No hay peor cuña que la de la misma madera*). *Era normal que acabaran chocando porque eran de la misma harina: tan cabezotas y orgullosos el uno como el otro.* La frase es la traducción literal de una del gran escritor y filósofo romano, nacido en Córdoba, Lucio Anneo Séneca: *Omnes hi sunt ejusdem farinae,* 'Todos son de la misma harina'.

Ser de la vieja guardia Ser veterano. Pertenecer a una generación anterior. Se suele aplicar a las personas que han constituido el primer o más importante núcleo de una institución, sociedad o partido. *Parece ser que en el partido tienen la intención de rescatar a algunos líderes de la vieja guardia.* «Vieja Guardia» era el nombre que daba Napoleón a su regimiento de veteranos, a los primeros soldados de su Guardia Imperial, creada en 1804.

Ser de los tiempos del cólera Ser muy antiguo. Estar pasado de moda. *En una tienda de antigüedades me he comprado un disco de los tiempos del cólera, de aquellos de 78 revoluciones.* Es curioso el uso de esta expresión, pues hace apenas un siglo que el cólera dejó de ser una enfermedad mortal que periódicamente se presentaba en devastadoras pandemias y diezmaba a la población; en concreto, el médico alemán Robert Koch (1843-1910) descubrió el bacilo y la vacuna en 1886. El cólera, pese a todo, sigue existiendo, y jamás desaparecerá, aunque tenga localización geográfica bastante más reducida que antes y a pesar de que las vacunas actuales sean altamente eficaces. Seguramente el significado de la locución recoge ese sentimiento tan humano de querer ver cuanto más lejos mejor lo que causa males o sufrimientos. V. *Ser de cuando reinó Carolo*‖*Ser del año catapún*.

Ser de traca Ser algo o alguien extraordinario en algo, sea en sentido positivo o negativo, literalmente, hasta el punto de merecer una traca, es decir, una serie de petardos colocados a lo largo de una cuerda y que estallan sucesivamente. *¡Cómo nos reímos anoche con Julián! Es de traca. Pocas veces me he encontrado con un tipo tan divertido.*|*De verdad, ¡qué tío más desastroso! Todo lo tienes que hacer al revés. Lo tuyo es de traca.* V. *No ser para tirar cohetes*.

Ser (un tío/una tía) **de una pieza** (Estar alguien hecho de una pieza) Ser una persona moralmente íntegra. Comportarse siempre de forma irreprochable. *Si te ha dicho eso, créetelo, porque Luis siempre te dirá lo que piensa y jamás te mentirá. Te aseguro que es un tío de una pieza.* El dicho nos lleva a pensar en la integridad antes citada de la persona, en su ausencia de fisuras, en su solidez moral.

Ser del año catapún (chin chin)/de la nana/de la nanita/de la Tarara/del pedo/de la pera (Ser más viejo que la Tarara) Ser muy antiguo. Estar anticuado, pasado de moda. *Anoche pusieron por la tele una película de las que me gustan a mí, una de esas de llorar del año catapún.*|*Ese mueble de la entrada es del año catapún y no pega nada con la decoración del resto de la casa. Catapún* es un término de origen onomatopéyico que nos remite a lo muy lejano. *¡Catapún!*, *¡catapum!* y *¡cataplum!* son también onomatopeyas del ruido, más concretamente del que produce algo que se cae. Por lo que se refiere a *el año de la nana,* la expresión fue en sus orígenes *ser* *del año de la nanita*. Se llamó así en parte de La Mancha, según figura en el archivo parroquial de Chillón, pueblo de la provincia de Ciudad Real, al año de 1634, por haber recorrido la zona una moza mezcla de juglar y cómico de la legua y que hoy todavía figura en cantares, a la que se dio el apodo de *La Nanita*. Todo parece apuntar a que esta juglaresa fuese enana: el curioso nombre sería una corrupción, propia de la lengua hablada, del mote *La Enanina*. En los citados libros parroquiales se dice que tal año fue «muy estéril y valió un pan dos reales y la fanega de trigo ochenta reales». Con *el año de la polca* aludimos a las fechas en las que se introdujo en España el baile de la *polca*, propio, junto con el *vals* y la *mazurca*, de las fiestas de la alta sociedad centroeuropea, lo que sucedió a mediados del siglo XIX. La *polca* se originó como baile popular en Bohemia, de donde pasó a los salones vieneses. El término procede del checo *pulka*, 'medio paso'. *La Tarara* es un legendario personaje femenino y, por tanto, de tiempos remotos, que circula en canciones de corro y coplas por diferentes lugares de España: «Tiene la Tarara unos pantalones/que de arriba abajo parecen calzones... Tiene la Tarara un vestido blanco/con lunares rojos para el Jueves Santo». La tal *Tarara* no parece que estuviera muy en sus cabales; de ahí el apodo, cercano a *turar* o a *tururú*, onomatopeyas que nos sirven para referirnos a la locura. En *el año del pedo* identificamos lo remoto con lo desagradable, con lo feo; *pero* no es sino un eufemismo de *pedo*. V. *Ser de cuando reinó Carolo*||*Ser de los tiempos del cólera*.

Ser (de los) **del asa** Formar parte de un grupo de poder o de un grupo dirigente o de prestigio. *Agustín entró en la empresa como ordenanza y, mira, ahora ya es de los del asa*. La persona en cuestión es aquella que está *agarrada* y a la que hay que *agarrarse;* de ahí *el asa* y de ahí la expresión *tener agarraderas*, sinónima de *Tener enchufe* (v.). V. *Tener la sartén por el mango*.

Ser duro/difícil/malo **de pelar/**de roer Ser difícil de derrotar o de convencer. *Es duro de pelar, pero creo que podré ganarle la partida de ajedrez*. Tal vez se aluda aquí a la dificultad que supone desollar o desplumar algunos animales. Con *duro de roer* nos referimos a la dificultad de extraer con los dientes la carne pegada a los huesos (v. *Ser un hueso*). V. *Quedar el rabo por desollar*||*Ser de la cáscara amarga*.

Ser el acabose Ser lo máximo, lo mejor, algo que resulta insuperable, como certifica el término *acabose:* con esta cosa o persona se acabó, se terminaron las personas o cosas de su especie o características; no puede haber nada ni nadie mejor. *De verdad, no es por ser exagerado ni por hacer cumplidos, pero la paella que nos hiciste ayer fue el acabose. Sin duda la mejor que he probado en mi vida*. En contextos negativos suele significar 'desastre; descontrol'. *Todo salió bien en la fiesta hasta que unos cuantos se pasaron con la bebida; entonces la cosa degeneró y aquello fue el acabose*. V. *Ser el non plus ultra*.

Ser (el) alfa y omega Con esta frase nos referimos a la persona más importante o al principal motivo de algo. *Cuando Tomás se fue a vivir a Madrid, todos los demás dejaron de verse, porque él era el alfa y omega del grupo.* Haciendo una interpretación literal, aludiríamos a algo que es lo primero y lo último, principio y fin, pues *alfa* (α) y *omega* (ω) son, respectivamente, la primera y última letras del alfabeto griego. Como tantas otras, se trata de una frase de origen bíblico, en este caso referida a Dios: «Yo soy alfa y omega, principio y fin» (*Apocalipsis,* I, 8).

Ser el benjamín Llamamos *benjamín* al hijo más pequeño o a la persona de menos edad de un grupo, en recuerdo del hijo menor de los doce que tuvo el patriarca bíblico Jacob y que fueron el origen de las doce tribus de Israel. *Son un montón de hermanos. El mayor tiene veinticuatro años y el benjamín va a cumplir tres.|En mi grupo de amigos hay gente de todas las edades. Ana, por ejemplo, tiene cuarenta y dos años, y Felipe, el benjamín, acaba de cumplir veinte.*

Ser el blanco de todas las miradas/de todos los comentarios Ser alguien el objeto de la atención o de los comentarios de otros. La gente «dispara» sus miradas y palabras hacia alguien, que hace de *diana* o *blanco*. Podemos usar la frase con sentido positivo o negativo. *En la fiesta de anoche Mar iba elegantísima. Fue el blanco de todas las miradas.|¡Hay que ver qué horriblemente vestida iba ayer Mar! Fue el blanco de todas las miradas.*

Ser el brazo derecho/la mano derecha **de alguien** Ser quien ayuda a otra persona en su trabajo, su hombre de confianza. *Ha dimitido el ministro de Sanidad, y seguramente será su secretario, que ha sido todos estos años su brazo derecho, quien ocupe el cargo.* Quizá podamos rastrear en la frase referencias a los lazarillos, que guiaban a los ciegos ofreciéndoles su brazo o su mano derechos para que se agarraran. De todas formas, lo que sí es cierto son las connotaciones positivas que lo derecho (diestro), frente a lo izquierdo (siniestro), presenta en la lengua coloquial. V. *Entrar por el ojo derecho||Levantarse con el pie derecho||No dar una a derechas||Por derecho||Ser el ojo derecho de alguien...*

Ser el cerebro gris (Ser un cerebro/un cerebrito) Ser el intelectual, el ideólogo, la «cabeza pensante» de un grupo. *Ella está siempre en un discreto segundo plano; nunca aparece en las fotos ni participa en las reuniones, pero todo el mundo sabe que es el cerebro gris del consejo directivo. Cerebro* es, claro está, sinónimo de 'inteligencia'. El término *gris* tal vez tenga que ver con la coloración blanca grisácea de la masa cerebral, aunque podría haber un cruce con *eminencia gris* (v. *Ser una eminencia*), expresión que parece referida al padre capuchino —orden cuyos miembros llevan hábitos grises— François Le Clerc du Tremblay, conocido como Padre Joseph, consejero del cardenal Richelieu (1585-1642). *Ser un cerebro* o *un cerebrito* significa 'ser muy inteligente', aunque *cerebrito* suele usarse con cierto matiz peyorativo, con el significado de 'redicho; sabihondo; petulante'. *Con sólo trece años ya es un cerebrito: sabe de todo, opina de todo... Es un mocoso, pero habla y se comporta como un adulto.*

Ser el cicerone (Hacer de cicerone) Llamamos *cicerone* a la persona que hace de guía turístico. *No pensé yo que tú sabías tanto de arte y tantas curiosidades sobre la ciudad. Has sido un cicerone estupendo, de verdad.* El término se debe al gran orador, escritor y político romano Marco Tulio *Cicerón* (106-43 a. C.), cuya proverbial elocuencia se identifica con la de los guías turísticos. Curiosamente no decimos *cicerón,* como sería esperable en nuestra lengua, sino que hemos adoptado directamente el vocablo italiano.

Ser el/un **coco** Ser algo o alguien que, por sus aspecto y fealdad, provoca miedo. *Las matemáticas son el coco de todos los estudiantes. Que viene el coco* es tradicionalmente la frase con la que se asusta a los niños para que se porten bien. *Coco* es aquí, con toda probabilidad, una simple palabra onomatopéyica. A veces la expresión *Ser un coco* se refiere a una persona de suma inteligencia, pues se toma *coco* como sinónimo de *cabeza,* de *inteligencia: Paco es un coco; ha estudiado cuatro carreras en seis años.*

Ser el colmo Ser algo insuperable. Ser lo máximo. Se usa sobre todo en sentido negativo, en situaciones en las que se quiere transmitir enfado o disgusto. *Después de lo que me ha hecho, tiene el morro de presentarse aquí como si no pasara nada! ¡Esto es el colmo!|Ayer me dieron un golpe en el coche y esta mañana, mientras lo llevaba a arreglar al taller, me han dado otro peor ¡Es el colmo de la mala suerte! Colmo* proviene del término latino *cumulus,* 'cúmulo; montón'. En nuestra lengua *colmo* es también la parte de líquido o de otra sustancia que sobresale por encima del recipiente que lo contiene, acepción que explica perfectamente el dicho.

Ser el/un **gallito**/gallo (Ponerse gallito) Presumir. Ser, o creer ser, el más importante, el que sobresale o domina a otros, como hace el gallo en el gallinero. *Bueno, no seas tan gallito, porque no eres la única persona que conozco que tiene un coche así.* Se pone gallito quien adopta una postura arrogante, provocadora. *Tienes que aprender a ser más humilde. No puedes andar por la vida poniéndote gallito con todo el mundo.* V. *Como gallina en corral ajeno.*

Ser el non plus ultra/el no va más Ser algo lo más perfecto. *Se ha comprado un coche que es el non plus ultra del lujo.* La locución latina puede traducirse como *no* o *nada más allá,* y es lo que, según cuenta la mitología grabó Hércules en las columnas que levantó a ambos lados del estrecho de Gibraltar separando los montes Calpe y Abila, para dar a entender que, según lo que se creía entonces, allí acababa la Tierra y comenzaba el llamado *mare tenebrosum,* el Atlántico, creencia que se mantuvo durante mucho tiempo. Tras el descubrimiento de América se eliminó el *non* —evidentemente, se había ido *más allá*—, y el lema, que se mentiene en el escudo actual, pasó a ser plus ultra. Por lo que se refiere a *el no va más*, podría ser una españolización de *non plus ultra*, aunque no es descartable que el origen esté en la frase que el *croupier*, el que dirige el juego, de los casinos pronuncia para indicar que se han cerrado las apuestas y que comienza el juego: «no va más». V. *Ser el acabose*.

Ser el ojo/ojito **derecho de alguien** Ser la persona predilecta de otra. *Quiere mucho a todos los sobrinos, pero Pablo es su ojito derecho*. Una vez más, hay que comentar las bondades de *lo derecho* frente a *lo izquierdo*. V. *Entrar por el ojo derecho*||*Levantarse con el pie derecho*||*No dar una a derechas*||*Por derecho*||*Ser el brazo derecho de alguien*...

Ser el pan nuestro de cada día Repetirse algo constantemente. Con esta expresión nos referimos a una circunstancia, por lo general inconveniente, que se repite con excesiva frecuencia. *¡Hala! Otra vez llueve. Últimamente la lluvia es el pan nuestro de cada día*. La locución está construida de modo prácticamente literal sobre el Padrenuestro: «danos hoy nuestro pan de cada día», frase con la que se alude a la necesidad cotidiana de la comida.

Ser el perejil de todas las salsas (Ser como el perejil) Estar en todas partes. Participar en todos los actos. Ser entrometido. *Está en todas partes: en el teatro, en inauguraciones, en todas las fiestas... Este tío es el perejil de todas las salsas*. Algunos ingredientes, como el perejil, forman parte del aliño de muchos alimentos y entran en la composición de varias salsas. V. *Estar alguien en su salsa*||*Estar en todas las salsas*.

Ser el saco de los golpes/de las hostias Ser, por lo general de forma injusta, el destinatario de todas las culpas, críticas y agresiones, incluso físicas. *Ya no me sorprende que aquí, cada vez que las cosas no van como deberían, la culpa la tenga yo. Con el tiempo he acabado asumiendo que soy el saco de los golpes*. Al desgraciado que sufre tales críticas o ataques se le compara con el saco de cuero, suspendido en el aire y relleno normalmente de arena, que golpean los boxeadores para entrenarse. En la lengua coloquial, hostia vale frecuentemente por 'golpe; puñetazo'. Se trata de un disfemismo, un envilecimiento o «afeamiento» voluntario de un término. V. *Ser un muñeco de feria*.

Ser el trampolín (de lanzamiento) (Servir/hacer de trampolín) Ser el elemento que propicia el éxito en una actividad o el lanzamiento hacia la fama, de la misma manera que el trampolín sirve para tomar impulso y propiciar el salto. *Estamos pensando en sacar al mercado una serie de productos que serán el trampolín definitivo para darnos a conocer en América*.|*Aquel programa de televisión fue el trampolín de este grupo. En él se dio a conocer y desde entonces su fama ha ido creciendo*.

Ser/parecer **el vivo retrato**/la viva estampa **de alguien** Ser una persona muy parecida a otra, físicamente, en el carácter o en ambas cosas, hasta el punto de ser casi iguales, como si de una fotografía o de un retrato se tratara. *Carlos es el vivo retrato de su padre. Tienen, incluso, las mismas canas*.

El adjetivo *vivo* hay que entenderlo aquí en su acepción de 'real, cierto'.

Ser faraónico Ser algo grandioso, inmenso, de enormes proporciones. *El proyecto del nuevo estadio es faraónico. Será difícil que se pueda terminar en menos de dos años.* El adjetivo faraónico, que alude a las enormes dimensiones de las pirámides y de otras construcciones de los faraones egipcios, se suele usar en expresiones como *obra faraónica* o *proyecto faraónico*.

Ser flor de un día Durar muy poco. Ser algo o alguien efímero, como algunas flores que nacen cuando el día amanece y mueren al anochecer. *Sí, ahora todo el mundo lo conoce y baila sus canciones, pero este cantante es flor de un día, te lo digo yo. Dentro de muy poco nadie se acordará de él.*

Ser fruta madura (Estar maduro||Caer de maduro) Estar una persona a punto de fracasar o de ser despedido o expulsado de algún lugar; literalmente, a punto de «caer», como la fruta madura de los árboles. *El director general, por el momento, se mantiene en su puesto pero es fruta madura porque el presidente está pensando en destituirlo.*

Ser/traer/tener/dar (un) **gafe** Traer mala suerte. *Mi amigo Pablo es gafe: coche en el que monta, coche que se avería.* Seguramente *gafe* tenga relación con *gafo*, en tiempos sinónimo de leproso (v. *Eso son palabras mayores*). Lógicamente, toparse con un leproso jamás podía ser una buena señal.

Ser gloria bendita Ser algo excelente, muy bueno o muy beneficioso. Tener gran calidad. *Prueba este jamón. Te aseguro que es gloria bendita.* Pocas cosas puede haber mejores que la gloria, el paraíso, y si, además, es bendita... V. *Estar en la gloria||Saber a gloria||Tocar el cielo con las manos.*

Ser guay Ser algo o alguien excelente, estupendo. *Guay*, que también se usa como interjección, funciona en la lengua coloquial, especialmente en el lenguaje juvenil, como superlativo de *bueno*. *Me he comprado un ordenador guay. A ver si vienes a casa a verlo.|Todo el mundo decía que iba a llover, pero al final nos hizo un tiempo guay.* Curiosamente, el término *guay* es muy antiguo en nuestra lengua, donde se usaba desde el siglo XIII como una especie de interjección de lamento, con el significado aproximado de '¡ay!': *¡Guay de quien ama sin ser amado!* También se usó como una especie de advertencia: *¡Guay de quien ose ponerme la mano encima!* Posteriormente la palabra se introdujo en italiano y portugués. En español quedó en el olvido a partir del siglo XVIII para ser recuperada recientemente, aunque con otro significado, en el lenguaje juvenil. Sobre el origen del vocablo, algunos le atribuyen un origen germánico, concretamente gótico, de *wái*, exclamación de pena de la que se origina el actual *Weh* alemán. Otros sostienen que procede del árabe *wai*, interjección tanto de lamento como de alegría, lo que sin duda coincide con el significado actual.

Ser habas contadas Ser un número de cosas o de personas bastante escaso. *Parece que todos están de acuerdo con el nuevo presidente. Los que no se muestran a favor son habas contadas.* Las *habas* servían antiguamente para efectuar pequeñas operaciones matemáticas, contar los tantos que se hacían en algunos juegos de cartas, echar algo a suertes, o, divididas en blancas y negras, frescas o secas, peladas o enteras, expresar el voto afirmativo o negativo ciertas congregaciones religiosas. Sabemos, por ejemplo, que en el cabildo eclesiástico de Cádiz se usaban habas para votar sí y altramuces para votar no. De cualquiera de estos usos puede provenir la expresión, que podría significar entonces 'son pocos los tantos' o 'son pocas las opiniones favorables o contrarias'. V. *Tener la negra*.

Ser harina de otro costal (Eso es harina de otro costal) No tener relación un asunto con otro. El costal es un saco grande, generalmente de tela, que se carga al hombro, a las *costillas,* al *costado:* de ahí su nombre. *Yo puedo ayudarte con las matemáticas, pero no con la física; eso es harina de otro costal*. V. *Querer costal y castañas*.

Ser (un) **hortera** (Ser una horterada) Ser vulgar, ordinario, de mal gusto, especialmente en el vestir. *No me digas que te gusta ese coche con esas rayas y esas pegatinas de colores. No es bonito; es hortera.*| *No entiendo cómo puede ponerse esos pantalones de campana y esas camisas de rayas y de cuellos hasta los hombros... Es un hortera; no hay otra explicación*. Una *horterada* es, por tanto, una vulgaridad, un objeto u acción de mal gusto. *Eso de cortar las corbata del novio en las bodas es una auténtica horterada*. La palabra *hortera,* recuperada hoy, como tantas otras, en el lenguaje de los jóvenes, es antiquísima en nuestra lengua: se documenta por primera vez como *fortera* en 1022. Desde entonces ha tenido, al menos, tres significados. Originariamente, una *hortera* era una fuente, bandeja o escudilla de metal o madera que se usaba para muy diferentes menesteres: en la cocina para preparar comidas, en la mesa para servir, en las farmacias para elaborar fórmulas magistrales y en las iglesias para guardar las hostias. Quizá sea este último uso el que dé la clave de su etimología, supuestamente debida a la forma del latín vulgar *offertoria,* plural o femenino de la palabra latina eclesiástica *offertorium,* con el valor de 'patena para la hostia'. No es de extrañar que ese uso fuera extendiéndose a otros ámbitos, para ir adaptándose a otras necesidades más cotidianas. Más tarde la palabra aparece con el significado de 'mancebo; mozo de botica', seguramente a través de una común metonimia: se le da el nombre del utensilio o instrumento a la persona que lo maneja: *el trompeta, el primer violín, el espada...* Así, *el hortera* era el mozo que en *la hortera* mezclaba las sustancias que le ordenaba el boticario. Posteriormente, ya con un cierto toque despectivo, cargado de clasismo, el término pasó a designar al aprendiz o ayudante, al criado, a un inferior, a alguien poco considerado en la escala social; en suma, a un pobre, a alguien que, según el criterio de los supuestamente elegantes —los verdaderos horteras— no seguía los criterios establecidos como modelo del llamado *buen gusto*.

Ser (como) **Juan y Manuela** Con esta curiosa expresión se indica que algo es inútil, que no sirve para nada. *Pues yo me he puesto esos parches mágicos para el catarro y te digo yo que son Juan y Manuela, que no hacen absolutamente nada*. La explicación del origen del dicho nos la ofrece el escritor y periodista madrileño Ramón de Mesonero Romanos (1803-1882), uno de los mejores representantes del costumbrismo, en sus *Memorias de un sesentón*. En esta obra, su autobiografía, reproduce una extraña canción que los madrileños, reclamando el regreso de Fernando VII, rey de España en el exilio, les cantaban a los franceses:

«Cuando el rey don Fernando,
¡larena!,
va a la Florida
¡Juana y Manuela!
va a la Florida,
¡prenda!,
hasta los pajaritos,
¡larena!,
le dicen ¡viva!
¡Juana y Manuela!
le dicen ¡viva!»

La canción, sobre todo el estribillo, repetida machaconamente, acabó quedando como paradigma de lo inútil, porque servía de poco y porque a los franceses ni les iba ni les venía, entre otras cosas porque no la entendían. Juana se convirtió más tarde en Juan, que sin duda resulta más eufónico, que «pega» mejor que el femenino a la hora de cantar y de recitar. *Juana* y *Manuela,* como sus respectivos masculinos, son dos nombres muy comunes, y en la cancioncilla pretenden representar al pueblo llano, como sucede en otras expresiones coloquiales. V. *Ser como Juan Palomo*.

Ser juez y parte Ser parcial, por amistad o intereses, en algo que se tiene que juzgar o sobre lo que se debe opinar. *Es lógico que, siendo hija de un catedrático, muchos crean que los resultados de sus exámenes no son muy serios. Lo que la gente desconoce es que a ella siempre la ha examinado un tribunal, que su padre jamás ha sido juez y parte*. La expresión se refiere a un supuesto juez que, en lugar de mostrarse imparcial, se decantara a favor de una de las partes.

Ser kafkiano Ser una situación tremendamente enredada, absurda o muy difícil de entender. *Lo del tráfico en esta ciudad es kafkiano, no hay forma de llegar al centro en coche*. El escritor checo Franz Kafka (1883-1924), partiendo del tema de la incomunicable e irresoluble soledad del ser humano, escribió varias obras, casi todas publicadas póstumamente, tradicionalmente consideradas muy extrañas en cuanto a su trama argumental y de intrincada lectura; de ahí el significado del adjetivo. Entre su producción destaca *La* *metamorfosis,* en la que el personaje protagonista, Gregorio Samsa, se despierta un día convertido en un horrible insecto.

Ser la Cenicienta (Hacer de Cenicienta) Ser la persona o el grupo de personas a quien, por lo general de forma injusta, se tiene menos consideración o menos respeto. *Está claro que en esta oficina yo no pinto nada, que nadie me hace caso. Vamos, que soy la cenicienta.*|*El equipo se ha clasificado contra pronóstico para la fase final, y eso que todos decían que era la cenicienta del grupo. La Cenicienta (Cendrillon)* es un cuento del escritor francés Charles Perrault (1628-1703), más conocido tras la versión cinematográfica en dibujos animados de Walt Disney (1901-1966), estrenada en 1950. En él se cuenta la historia de una chica pobre, maltratada por su madrastra y sus hermanastras, que acaba casándose con un príncipe.

Ser la leche/la releche/la hostia/la rehostia Usamos esta expresión para dar a entender que algo o alguien nos sorprende positiva o negativamente. *Este tío es la leche: te desvives por él y resulta que no te hace ni caso.*|*Eres la leche; siempre haciéndome regalos.*|*Ese ordenador es la leche: tiene todo lo que puedes pedir y vale la mitad que el mío.*|*Ese ordenador es la leche: se bloquea cada dos por tres.* Seguramente el valor ponderativo de la expresión se deba a que la *leche* es el alimento más importante y necesario para la vida, aunque, como en otras muchas expresiones, *leche* funciona también como eufemismo de *hostia,* tomado aquí como 'lo mejor; lo más sagrado'. *Releche* funciona como aumentativo de *leche*. V. *De mala leche*||*Ser la pera*||*Ser la oca*||*Ser la repanocha*.

Ser la monda (lironda) Ser algo o alguien excepcional, por bueno o por malo. *Fíjate, la primera vez que juega a las quinielas y le toca un montón de dinero. ¡Es la monda!*|*A ti no te importa pasar por encima de los demás con tal de conseguir lo que pretendes... De verdad, eres la monda.* Se usa también con el significado de 'ser divertido algo o alguien'. *Hay que ver cómo es Julián. Te tronchas de risa con él. Puede estarse toda la noche contando chistes sin parar. ¡Es la monda!*|*Te aconsejo que vayas a ver esa película. No dejarás de reírte ni un segundo. Es la monda.* Esta *monda* está relacionada con las *munda Cereris,* unas cestas llenas de panes, dulces y frutas que los romanos ofrecían en primavera a Ceres, diosa de la agricultura y de las cosechas, origen también de las famosas *monas* de Pascua. Durante estas ofrendas se celebraban unas extraordinarias fiestas, con banquetes, música y bailes. Estas celebraciones, convertidas en *Mondas,* pasaron a nuestra cultura, donde se cristianizaron, y hoy, con más o menos variantes, permanecen en algunos lugares del centro de la Península. Las más famosas son las *Mondas* de Talavera de la Reina (Toledo), que se celebran el sábado siguiente al Domingo de Resurrección. En ellas se ofrecen a la Virgen del Prado los primeros frutos de la tierra. A veces, por un cruce con *Mondo y lirondo* (v.), se dice *Ser la monda lironda*. V. *Partirse (mondarse) de risa*.

Ser la niña de los ojos de alguien Ser algo o alguien lo que más valor o aprecio tiene para una persona. *Puedes pedirle lo que quieras, pero el coche jamás te lo dejará, porque es la niña de sus ojos*. Los ojos son unos órganos considerados de gran valor por el ser humano; se llama *niña del ojo* a la pupila, la parte central del ojo, la que está situada en el centro del iris y se contrae o se dilata según la intensidad de la luz. El hecho de llamar *niña* a la *pupila* procede del griego arcaico, en el que se designaba con la misma palabra, *koré*, a la pupila del ojo y a la *muchacha*. Seguramente, esto era debido a que en la pupila de quien está frente a nosotros, reducida, vemos reflejada nuestra imagen, minúscula, como en un espejo. Los romanos trasladaron el doble significado al latín, donde la palabra *pupilla*, 'niñita, muñequita', diminutivo de *pupa*, 'niña, muñeca' servía también para denominar esa zona del ojo que se contrae o dilata según sea la intensidad de la luz.

Ser la oca/la reoca Ser algo o alguien extraordinario, fuera de lo común desde el punto de vista positivo o negativo. *Es la persona más extraordinaria que conozco. Es divertido, sincero, leal, amigo de sus amigos... Vamos, que es la oca.*|*En esta ciudad el tráfico es tremendamente caótico. Circular en coche por ella, especialmente por el centro, es la oca*. Tal vez *oca* sea, simplemente, un eufemismo de *hostia* (v. *Ser la leche*), aunque quizá podría referirse al *juego de la oca*, un juego de mesa con diversas figuras dibujadas en un tablero. El jugador cuya ficha cae en una *oca* avanza hasta la *oca* siguiente y vuelve a tirar el dado diciendo «de oca a oca y tiro porque me toca». Se trata, pues, de un lance extraordinario y muy afortunado del juego. El prefijo reiterativo *re-* funciona, al igual que en otros casos *(releche, repera, repanocha)*, como un elemento enfático. V. *Ser la pera*|*Ser la repanocha*.

Ser la pera/la repera Ser una persona o una cosa sorprendente, extraordinaria por sumamente positiva o negativa. Salirse de lo normal. *Este tío es la pera. Sólo con mirar una página de un libro durante unos segundos es capaz de repetírtela de memoria y sin apenas errores.*| *O sea, que a mí se me inunda la casa, me toca pintar todas las paredes y encima me hacen pagar una parte de los arreglos de las tuberías... ¡Esto es la pera!* V. *Ser la leche*|*Ser la reoca*|*Ser la repanocha*. Es bastante complicado identificar esta *pera* con la fruta, que no destaca especialmente por su exotismo ni por sus cualidades fuera de lo común. En su estupendo y curioso *Diccionario de la españología*, Luis Carandell sugiere una explicación, cuando menos curiosa, del origen de la expresión. Según él, podría referirse al barrio de Pera de Estambul, muy elegante, lleno de palacios, de edificios oficiales y de construcciones lujosas. Es posible que los antiguos viajeros ya refirieran las maravillas de esta parte de la espléndida ciudad turca, por lo que habría quedado en nuestra lengua como representación de lo lujoso, de lo extraordinario, de lo que se sale de lo normal.

Ser la quintaesencia/la quinta esencia **de algo** Ser lo más refinado, lo más lujoso, lo más puro o perfecto. *Ni caviar ni ostras ni nada. Una buena carne a la brasa es la quitaesencia del lujo en la mesa.*|*Para mí este cuadro es la quintaesencia de la pintura renacentista: ningún otro resume mejor los postulados de la época.* Algunos filósofos de la Antigüedad, como Empédocles, Aristóteles, llamaron *quinta esencia* o *quintaesencia* al también denominado *quinto elemento,* una especie de éter muy puro, de movimiento circular, del que, según ellos, estaban formados los cuerpos celestes. Los otros cuatro elementos son, como se sabe, la tierra, el fuego, el agua y el aire. Algunos alquimistas pasaron su vida intentando reducir la materia a un concentrado de esta *quintaesencia,* una de las claves, según ellos, para transmutar en oro los metales. V. *La piedra filosofal.*

Ser la repanocha Ser algo o alguien sorprendente, fuera de lo normal, extraordinario; ser lo máximo, desde el punto de vista positivo o negativo. *Se ha comprado un pedazo de ordenador que es la repanocha. Vamos, que sólo le falta hablar.*|*Es que siempre tienes que llegar tarde... ¡Eres la repanocha, majete!* La *panocha* o *panoja* es la mazorca de maíz; la *repanocha,* palabra que es una simple creación expresiva sería, pues, una gran mazorca, cargada de granos, hecho extraordinario que, de alguna forma, está presente en el sentido de la frase. V. *Ser la leche*||*Ser la oca*||*Ser la pera.*

Ser/parecer **la sombra de alguien** Se dice de quien está permanentemente con una persona, acompañándola o vigilándola, prácticamente como si fuera su sombra. *De verdad, no sé cómo deshacerme de él. Me sigue a todas partes, me lo encuentro en el cine, en la tienda, en el médico... Es mi sombra el tío.*|*El juez le ha autorizado a salir de la cárcel los fines de semana, pero junto a él van dos policías que son su sombra.* V. *Hacer sombra a alguien.*

Ser lacónico (Hablar/expresarse lacónicamente) Ser muy parco en palabras. *El ministro ha sido muy lacónico y ha respondido prácticamente con monosílabos a las preguntas de los periodistas.* Los *laconios* o *espartanos* eran los habitantes de la Laconia, llamada también Esparta, una antigua región de la península griega del Peloponeso y una de las *polis,* las ciudades autónomas griegas. Eran famosos por su dedicación casi exclusiva a la guerra, lo que, desde la infancia, les exigía una educación tremendamente estricta. De hecho, hoy seguimos utilizando el adjetivo *espartano* con el significado de 'excesivamente estricto, muy duro': *educación espartana, leyes espartanas, jefe espartano, disciplina espartana, padre espartano, entrenamientos espartanos...* Para ilustrar lo dicho, baste decir que los niños que nacían en Esparta con el más mínimo defecto físico eran despeñados por el monte Taigeto, al ser considerados inútiles para el combate. Los que nacían sanos eran bañados en vino y colocados en el escudo del padre para infundirles el espíritu guerrero. A los siete años los varones pasaban a ser propiedad del Estado y a vivir en una especie de cuarteles en los que permanecían hasta los veinte años, edad en la que eran libres para casarse. Los espartanos vestían con poquísima ropa, comían lo estrictamente necesario y a veces, pensando en las penurias que a buen seguro pasarían en la guerra, se les obligaba a robar comida sin ser descubiertos, so pena de muerte; periódicamente eran cruelmente azotados, sin que pudiera salir de su boca ni una sola queja. Por si esto fuera poco, se bañaban a diario, en invierno y en verano, en las gélidas aguas del río Eurotas. Toda esta educación les hacía ser prácticamente analfabetos. Despreciaban totalmente la oratoria, al contrario que los atenienses, cuya educación rechazaba la guerra y fomentaba el estudio y las artes. Eran tan pobres y parcos en el hablar que a veces ni se entendían con los habitantes de otras *polis*. Se cuenta que un embajador de la ciudad de Melos se presentó ante sus vecinos espartanos para pedirles alimentos. Éstos, como era habitual, no entendieron el discurso y el embajador, cansado de darles explicaciones de mil maneras distintas, les señaló con el dedo un saco de harina. Sólo entonces comprendieron y enviaron la ayuda pedida.

Ser lechuga de otro huerto (Esta lechuga no es/viene de tu/su/vuestro huerto) Se dice cuando alguien emplea palabras o se sirve de ideas copiadas que no son suyas. *Ése no sabe ni juntar dos palabras. Te digo yo que este artículo no lo ha escrito él, que es lechuga de otro huerto. Te apuesto lo que quieras a que se lo ha escrito algún amiguete*. V. *Adornarse con plumas ajenas*.

Ser lego en algo Ser ignorante en alguna materia. *Pues no te sé decir de qué siglo es la catedral, porque soy lego en arte*. *Lego* es la forma evolucionada del latín *laicum*, término de procedencia griega, origen también de *laico*. Se llama *lego* al seglar que no tiene órdenes clericales o al fraile o monja que, pese a ser profeso, no ha tomado las órdenes sagradas. Antiguamente los legos eran gente sin instrucción y de baja categoría social que ayudaban en los conventos a las tareas cotidianas y que, dada su condición, raras veces tomaban los votos perpetuos.

Ser mano de santo Ser algo un remedio casi milagroso para un mal físico o para un problema de cualquier tipo. *Cuando te duelan las muelas, haz una bolita con perejil y aceite y póntela en el lugar del dolor: mano de santo*. La locución alude a la antigua costumbre, que llegó a ser en muchos casos cruel carnicería, de cortar tras su muerte o tras su canonización pedazos del cuerpo de quien se consideraba o había sido proclamado santo. Estas reliquias, consideradas milagrosas, se empleaban, a veces vendidas o alquiladas, como panacea para remediar todo tipo de males y como último recurso ante las enfermedades incurables. Muchos fueron los santos a quienes se cortaron las manos, entre ellos la propia santa Teresa. Una de ellas se conserva en la casa general de las Carmelitas en Roma; la otra, tras haber adornado durante todo su mandato la alcoba del general Franco y haberle protegido de todo tipo de achaques, regresó al lugar del que fue robada durante la guerra civil, el convento carmelita de Ronda.

Ser/salir **más caro el collar que el galgo**/el perro (Costar/valer más el collar que el galgo/perro) Se dice cuando el complemento, lo accesorio o menos importante *(el collar),* vale más que lo principal *(el perro). El pantalón es aparente, pero de baratillo: vale tres perras; pero se ha comprado un cinturón de marca que le ha costado una fortuna. Vamos, que ha sido más caro el collar que el galgo.*

Ser más de campo/de pueblo **que las amapolas** Ser muy rústico, muy tosco, muy rudo en el aspecto o en los modales. En suma, muy paleto. *Es muy buena persona, pero más de campo que las amapolas. ¡Hay que ver cómo se viste cuando intenta ir elegante! ¡Para hacerle una foto!* Pocas cosas puede haber más de campo, más silvestres, más rústicas, etimológicamente hablando, que las amapolas.

Ser más de pueblo que san Isidro (labrador) También significa 'ser muy rústico, muy *campestre* en el aspecto y en el comportamiento'. *¿Y os extraña la pinta con la que se presentó en la boda? ¿Es que no sabéis que es más de pueblo que san Isidro?* La frase se refiere a san Isidro, patrono de Madrid, cuya fiesta se celebra el 15 de mayo. Isidro, que, según sus hagiógrafos, vivió noventa años, nació en Madrid —entonces una pequeña aldea denominada *Magerit* o *Mayorit*— a finales del siglo XI, durante el reinado de Alfonso VI de Castilla. Hijo de una familia muy humilde, desde muy niño se vio obligado a trabajar en el campo. Se casó con la que posteriormente sería santa María de la Cabeza. Cuenta la leyenda que, mientras rezaba, dos ángeles araban las tierras del señor para el que trabajaba. Fue canonizado en 1622.

Ser más papista que el Papa Ser excesivamente escrupuloso. Mostrar en algún asunto más celo, cuidado y atención que la propia persona interesada. *Vamos a ver: tampoco hace falta que respetes las señales de forma tan estricta. Si no puedes ir a más de ochenta y vas a ochenta y cinco tampoco va a pasar nada...; tampoco tienes que ser más papista que el Papa.|Para todo el mundo esto de los plazos de entrega es algo flexible, pero nosotros, que somos más papistas que el Papa, los respetamos al máximo, incluso demasiado.* Antiguamente se decía *ser más católico que el Papa*. Sin duda alguna, en una supuesta lista de «prelación» de católicos el número uno debe ser su máximo representante: el Papa.

Ser más viejo que mear de pie Ser algo muy viejo, muy antiguo y, por tanto, bastante conocido. *No sé cómo podéis reíros con los chistes que cuenta Jerónimo. Son horribles y, además, más viejos que mear de pie.* Hay ciertas costumbres o tradiciones, incluso fisiológicas, que son inherentes al hombre, tan antiguas como la propia especie humana.

Ser (el) **mono de imitación** Imitar las palabras o comportamientos de otra persona a la que se está sometida o de la que se tiene una fuerte dependencia. No tener criterio ni opinión propios. *El imbécil de Arturito, el más pelota del mundo, repetirá cualquier cosa que diga o haga el jefe; ya sabéis que* *es mono de imitación*. Muchos animales, especialmente los simios, imitan los gestos de las personas que tienen delante. V. *Cogerse una mona*||*Corrido como una mona*||*El último mono*||*Pintar la mona*||*Tener el mono*||*¿Tengo monos en la cara?*||*Volverse mico*.

Ser oro molido/en polvo Ser alguien o algo muy valioso. *Ese chico sabe informática, habla cinco idiomas, tiene dos carreras... Vamos, que es oro molido*. El oro molido se usaba antiguamente para hacer iluminaciones de libros o para decorar obras de arte. Para conseguir esta sustancia, se mezclaban láminas o panes de oro con miel, se batía la mezcla y se lavaba con agua hasta conseguir un polvo pegajoso, una especie de papilla muy fina. V *Guardar como oro en paño*.

Ser pájaro/ave **de mal agüero** Traer mala suerte. Hablar de asuntos de carácter negativo. Ser portador de malas noticias. *Hombre, no digas que el examen va a ser muy difícil y que me va a costar mucho aprobarlo; no seas pájaro de mal agüero*. Era costumbre entre muchos pueblos de la Antigüedad mirar hacia el cielo para predecir el éxito o el fracaso de alguna empresa. Cuando aparecían aves por la derecha, los presagios eran buenos; cuando aparecían por la izquierda, por la *siniestra*, eran malos. Sin ir más lejos, en el *Cantar de Mio Cid* encontramos un ejemplo de lo dicho. Cuando Rodrigo va a emprender con los suyos el camino del exilio, los soldados miran hacia el cielo para buscar algún anuncio de su destino. El anónimo poeta nos dice: «a la exida de Bivar, ovieron la corneja diestra/e entrando a Burgos oviéronla siniestra». Conocidas son las connotaciones negativas de lo izquierdo en nuestra lengua: *Levantarse con el pie izquierdo* (v.).

Ser pan comido Ser algo muy fácil de hacer. *Llegar a Madrid en coche es pan comido; no tiene pérdida. Lo difícil es circular por la ciudad*. En la locución se da a entender que la facilidad del asunto en cuestión es tal, que ya está solucionado *(comido)* antes de hacerlo. El pan, por otra parte, es el alimento más barato, el más asequible; si se quiere, el más «fácil».

Ser (el) **paño de lágrimas** (de alguien) Servir de consuelo o de ayuda a una persona. Transformarse, como sugiere el dicho, en el pañuelo con el que quien llora puede enjugarse las lágrimas o aliviar su sufrimiento. *Yo no sé por qué todo el que tiene problemas viene a contarme a mí sus miserias y sus desgracias. Estoy harto de ser paño de lágrimas de todo el mundo*. Antiguamente los pañuelos de bolsillo se denominaban *paño* o *lienzo de lágrimas*

Ser peor el remedio que la enfermedad Se aplica esta frase cuando el supuesto remedio o solución a un problema es peor o causa más daño que el propio problema; cuando la medicina causa más daño que el mal. *Anda, avisa a un mecánico. No te metas a arreglar tú la avería, no vaya a ser que sea peor el remedio que la enfermedad.*|*Le dijeron que la leche con coñac era buena para el resfriado y se agarró una borrachera de órdago. Vamos, que fue peor el remedio que la enfermedad*.

Ser (la) **piedra de toque** Ser la prueba o el punto de referencia para conocer las características o el estado de una persona o de una cosa. *Los ejercicios que hice ayer han sido la piedra de toque para saber que el tobillo ya está bien.* La *piedra de toque* es una piedra, por lo general de jaspe negro, que usan los joyeros para hacer el *toque* de los objetos de oro y plata, es decir, para comprobar su pureza y características. Para ello, se hacen unas incisiones sobre esta piedra, una con el metal que se quiere analizar y otra con una barrita del mismo material, cuya ley es conocida. Sobre ellas se vierte ácido nítrico y se comprueba la reacción que hace con el metal.

Ser plato de segunda mesa Ser o sentirse alguien secundario, postergado, apartado o discriminado, con escaso protagonismo. *A mí me han invitado al congreso porque el profesor Vázquez ha renunciado a ir, y, como no me gusta ser plato de segunda mesa, les he dicho que yo tampoco voy.* La frase bien podría referirse a los restos de los banquetes, que, antaño, se daban a los criados y a quienes servían las mesas.

Ser (la) **punta de lanza** Estar algo o alguien en la vanguardia. Ir por delante; destacar; sobresalir, como sobresale la punta, el extremo de una lanza. *Puede decirse que este coche es punta de lanza entre los de su gama.*|*Es un gran pintor y, además, todos los críticos lo consideran punta de lanza del nuevo realismo.*

Ser (un) **punto y aparte** Ser algo o alguien único, especial. *He conocido a muchas personas buenas, pero Ángela es punto y aparte; de verdad: un auténtico pedazo de pan.*|*Prueba esta carne porque es punto y aparte. Te garantizo que nunca has comido nada igual.* Cuando escribimos y cambiamos de asunto, de párrafo, empleamos el punto y aparte, de forma que lo que se ha dicho queda perfectamente cerrado y no se puede establecer ninguna conexión con lo que sigue. De la misma manera, la persona o cosa a las que nos referimos con el dicho no está relacionada con otras, no tiene nada que ver con las demás. V. *Ser capítulo aparte*||*Ser un punto.*

Ser (un) **tabú** (Tener tabúes) Se llama *tabú* a lo prohibido, a aquello que no se puede hacer o de lo que no se puede hablar. *Si quedas con Marta para tomar café no se te ocurra hablarle de Adolfo: es tabú y se puede coger un cabreo de mucho cuidado.* Parece ser que la expresión fue introducida en Europa por el marino británico James Cook (1728-1779), quien la adoptó de los habitantes del archipiélago Tonga, en Polinesia. En un principio, el término, transcrito en inglés como *taboo,* se aplicó al ámbito religioso, del que procedía originariamente, y al social, a aquellos comportamientos impropios o inadecuados. Hoy se usa en muy diversas situaciones. En lingüística, por ejemplo, se emplea para hacer referencia a aquellos términos evitados generalmente por los hablantes, que los sustituyen por otros considerados más «finos» o menos vulgares: por ejemplo, el tabú *cagar* se reemplaza por los eufemismos *hacer de vientre o del cuerpo, ir al baño; hacer aguas mayores; hacer caca...*

Ser teta (de novicia) (Pasarlo teta) Ser excelente. *Teta* funciona aquí como una especie de superlativo de *bueno*. *Te recomiendo este libro. Es teta; muy interesante y divertidísimo.*|*Ayer fuimos al parque de atracciones y lo pasamos teta*. Desde un punto de vista masculino —y seguramente también machista— se pondera el atractivo estético y sexual del pecho femenino, especialmente el joven y virginal de una novicia, símbolo de lo prohibido: baste hacer una rápida referencia a la doña Inés del *Tenorio*. La expresión se usa mucho, referida a alimentos, con el significado de 'exquisito'. *Ayer hemos comido un arroz con leche que era teta de novicia*. De hecho, hay un dulce denominado *pecho de monja* o *teta de novicia*, que se elabora con clara de huevo montada, vainilla, ciruelas picadas y crema Chantilly.

Ser/estar hecho/ir hecho/parecer **un Adán** Ser desaliñado, muy descuidado en el vestir. *Mira: la camisa por fuera, la pata del pantalón dentro del calcetín, un cuello fuera y otro dentro... Vas hecho un Adán*. Pocas personas habrá a lo largo de la Historia que hayan dado menos importancia a su ropa que Adán... Ni siquiera la tenía. De todas formas, Adán y Eva sólo se dieron cuenta de su «vergonzoso» aspecto tras haber sido expulsados del Paraíso. (*Génesis*, III, 8-10).

Ser/parecer/estar hecho/ir hecho **un adefesio** Se llama *adefesio* a la persona mal vestida o extravagante o que no da la impresión de buen gusto. *Mira cómo va Paco: la chaqueta rota, el pantalón sucio, sin afeitar... Parece un adefesio*. La expresión tiene su origen en el dicho *hablar ad ephesios*, 'hablar inútilmente', sin que nadie haga caso, como hizo san Pablo en la *Epístola ad Ephesios*, a los que no pudo ganar para la causa del cristianismo, por ser tenaces y muy suyos en sus extravagantes cultos y costumbres. Miguel de Unamuno (1864-1936) afirma, en un célebre artículo, que la explicación puede sustentarse en los consejos que da el sacerdote a los recién casados, tomados precisamente de la *Epístola a los Efesios* de san Pablo, consejos que los recién casados suelen olvidar apenas salen de la iglesia para hacer su propia vida. Es posible que la expresión en un principio calificara a aquella persona excesivamente individualista e introvertida, y que, de aquí, por un proceso de envilecimiento semántico, evolucionara hasta significar 'persona extravagante o de mal gusto en el vestir'. Por cierto, los efesios eran los habitantes de Éfeso, una antigua ciudad de Asia Menor, en la actual Turquía.

Ser (como)/estar hecho/parecer **un adobe** Ser muy bruto, muy poco inteligente. Tener muy poca cultura o muy poca educación. *¡Pero cómo se te ocurre meter el coche en este callejón tan estrecho! A ver cómo salimos ahora ¡Eres un adobe!* El *adobe* es una especie de ladrillo moldeado con barro y paja y secado al sol. Es un elemento de construcción muy antiguo y rústico, un tanto tosco, pero muy eficaz como aislante: consigue mantener fresco el interior de la vivienda en verano y caliente en invierno. V. *Ser un adoquín*.

Ser/estar hecho/parecer **un adonis**/Adonis Se aplica al joven muy guapo y elegante. *Alto, rubio, ni un gramo de grasa, siempre bien vestido... Vamos, que el tío es un adonis. Adonis* es un personaje de la mitología griega, posiblemente de origen sirio o fenicio. Era un joven de gran belleza, hijo de Tías, rey de Asiria, que, tras la violenta embestida de un jabalí, había nacido del árbol en el que los dioses habían transformado a Mirra, su madre. Al nacer, Afrodita, diosa del amor y de la belleza, lo colocó en un cofre que confió a Perséfone, diosa de los infiernos. Cuando se lo reclamó, Perséfone, cautivada por la belleza del niño, se negó a entregarlo. Entre las dos diosas hubo un pleito en el que tuvo que mediar Zeus, que sentenció que Adonis pasase seis meses en los infiernos y otros seis en el Olimpo. Afrodita, viéndolo un día dormido desnudo, se enamoró de él. Vivieron mucho tiempo juntos, dedicándose sobre todo a cazar, hasta que un día un jabalí enviado por Artemisa, diosa de la caza y de los animales salvajes, destrozó con sus colmillos al joven. De su sangre nacieron esas flores llamadas *anémonas*. Al ir a socorrerlo, Afrodita se hirió con las zarzas del bosque, y sus gotas de sangre se transformaron en rosas rojas. Otras leyendas mitológicas sostienen que el jabalí era el propio Ares, dios de la guerra, eterno enamorado de Afrodita, que, en un ataque de celos, mató a Adonis.

Ser (más bruto que) **un adoquín** (Tener la cabeza como un adoquín) Ser muy bruto, muy inculto, muy poco inteligente. Se lo he explicado no sé cuántas veces y de mil maneras distintas, y no hay forma de que lo entienda. Definitivamente, ese tío es un adoquín. Los adoquines son piedras, generalmente de granito, labradas en bloques rectangulares que se usan para hacer empedrados. Poco más hay que añadir cuando un adoquín se compara con una cabeza humana... V. *Ser un adobe*.

Ser un águila (Tener vista de águila) Ser muy listo, muy despierto, muy avispado. *El tío es un águila para los negocios. Nadie daba un duro por una franquicia de ropa interior y él ha conseguido hacerse con más de un cuarenta por ciento del mercado nacional*. Llamamos *águila* a la persona con gran capacidad para captar y entender rápidamente todo lo que se dice o todo lo que sucede a su alrededor, igual que el ave rapaz, dotada de una excelente vista, de enorme velocidad y de gran inteligencia. Desde el aire o desde el nido puede calcular, prácticamente al milímetro, los movimientos de su presa. *Desde aquí yo leo perfectamente ese cartel, hasta la letra pequeña. Realmente puedo presumir de tener vista de águila*. V. *Ser un lince*||*Vista de lince*.

Ser un/tener (el) **alma de cántaro** Ser una persona muy inocente y crédula. *No me extraña que te hayas dejado engañar en la tienda: eres un alma de cántaro. Alma* es aquí sinónimo de inteligencia, de disposición de ánimo, pero también se juega con una acepción de la palabra *alma* referida, por medio de una metáfora antropomórfica, a la parte hueca de algunas cosas, como la del cañón o la del cántaro. Al fin y al cabo el alma no deja de ser lo que rellena la parte hueca de nuestro interior. La persona con alma de cántaro tiene, por tanto, algo así como un *vacío de conocimientos*.

Ser/andar/ir (como)/parecer **un alma en pena** (Como alma en pena) Se dice de la persona triste, melancólica y solitaria, a la que se compara con un alma que, a la espera del juicio final, deambula por el purgatorio, dicho más «laicamente», con un fantasma, con un ánima que no descansa en paz. *Desde que le despidieron del trabajo es un alma en pena. Por mucho que intentamos animarlo, no hay manera*. V. *Pasar las penas del infierno*.

Ser un animal (de bellota) Ser muy bruto, muy torpe, muy rudo en los modales o muy ignorante. *¡Pero no cargues con las dos cajas a la vez; no seas animal!*| *¡Pero qué animal eres! ¡Anda, que decir que la capital de los Estados Unidos es Nueva York!* A veces *animal* tiene connotaciones positivas y significa 'extraordinario; sobresaliente'. *El tío domina las matemáticas que no veas. Con los números es un auténtico animal*. Lo mismo sucede, por ejemplo, con *Ser una fiera* (v.). El *animal de bellota* es, obviamente, el cerdo (v. *Ser un cerdo*), aunque el dicho no se utiliza con el significado de 'sucio', sino con el mismo que se ha indicado antes. *¡Pero cómo se te ocurre decirle esas barbaridades a Gloria, con lo finolis que es! ¡Eres un animal de bellota!*

Ser un arma/una espada **de doble filo**/de dos filos Ser un asunto beneficioso y perjudicial al mismo tiempo. Un arma blanca con dos filos podría ser útil, pero esa utilidad implicaría un daño, pues al empuñarla nos cortaríamos. *Las promesas suelen ser en política un arma de doble filo, porque no suelen cumplirse y se vuelven en contra de quien las hizo*.

Ser (como)/parecer **un armario ropero**/empotrado/de tres cuerpos Ser muy grande y robusto; literalmente, alto y cuadrado, como un armario. Suele emplearse de forma peyorativa. *No sé cómo podéis decir todos que esa chica es guapísima; es un armario y tiene muy poco estilo*.

Ser/estar hecho **un as**/hacha Ser alguien sobresaliente en su trabajo o en sus habilidades. *Soy un as jugando al tenis; no hay nadie que pueda ganarme*. La expresión alude al valor máximo del *as* de la baraja, que es el que siempre gana. El dicho se extendió a partir de la primera guerra mundial (1914-18), cuando los franceses la emplearon, de forma elogiosa, referida a sus más destacados aviadores, a los que se significaban por su valor o por haber derribado más aviones enemigos. El mejor de todos era el conocido como *as de ases*. Hace varios siglos, sin embargo, decirle a alguien que *era un as* se consideraba como gravísima ofensa, pues era un forma eufemística de llamarlo *burro*, pronunciando sólo la primera sílaba de la palabra *asno*. Así lo afirma Sebastián de Covarrubias en su *Tesoro* (1611). Por otra parte, el *hacha* no es en este caso la de los leñadores, sino una vela grande, un *cirio*, *blandón* o *hachón*, que alumbra mucho; por tanto, es *un hacha* quien desprende *luz*, es decir, sabiduría, ciencia.

Ser/parecer **un avispero** (Estar/meterse en un avispero) Ser un lugar o una situación muy peligrosos, cargados de problemas y de trampas. *A causa de problemas políticos, sociales y, sobre todo, religiosos, esa zona de Oriente Próximo siempre ha sido un avispero*. Muchas veces se denomina *avispero* al lugar en el que cada cual busca el beneficio propio haciendo daño a los demás. *Esa oficina es un avispero: nadie se lleva bien con nadie, todos se critican entre sí y no dudan en perjudicar al de al lado*. Llamamos *avispero* al panal de las avispas, al lugar en el que lo colocan y a la acumulación de tales insectos; vamos, algo bastante poco recomendable.

Ser un babieca/(un) bobo/(un) tonto de baba Ser muy tonto. Ser demasiado inocente. *Eres un babieca. Te dejas engañar por todo el mundo. ¿Es que no ves que todos se ríen de ti?* Seguramente, *babieca* es palabra relacionada con la *baba* que se le suele caer a algunos retrasados, y nada tiene que ver con Babia, lugar de retiro de los reyes leoneses (v. *Estar en Babia*), ni con el nombre del caballo del Cid, cuyas características no cuadraban con el significado antes expuesto. V. *Caérsele a alguien la baba*.

Ser un bala perdida/balarrasa/bala rasa Se dice del individuo con escaso juicio, de comportamiento desordenado y un tanto inmoral, que vive de forma alocada, sin respetar pautas ni comportamientos sociales establecidos. *Ha hecho siempre lo que le ha dado la gana. Es un bala perdida que, antes o después, acabará teniendo problemas bastante graves. Ya una vez estuvo a punto de ir a la cárcel y no escarmentó*. Se compara a esta persona con una bala perdida o rasa (a ras de suelo), que puede hacer daño indiscriminadamente a quien se encuentre en su trayectoria. En 1950 se estrenó una de las películas de más éxito en la historia del cine español, *Balarrasa*, dirigida por José Antonio Nieves Conde y protagonizada por Fernando Fernán-Gómez y María Rosa Salgado. Cuenta la historia de un joven seminarista, un tanto aficionado a la vida mundana, que, claro está, acaba redimiéndose.

Ser un bártulo Ser algo una cosa inútil, algo que estorba por su excesivo peso o tamaño. *Hazme el favor de quitar de mi vista ese armario viejo. No sé cómo te puede gustar tanto; si no es más que un bártulo*. El término *bártulo* deriva del nombre del jurista italiano Bórtolo (o Bártolo; posteriormente, por deformación, *Bártulo)* de Sasso-Ferrato (1314-1356), comentarista de los textos de Justiniano y profesor de las prestigiosas universidades de Bolonia, Pisa, Padua y Perugia. Su fama llegó a ser enorme en España, hasta el punto de que los estudiantes de leyes en la Salamanca de los siglos XVI y XVII recurrían a él, lo citaban permanentemente, y llevaban cartapacios con sus obras, escritas en folios y pliegos sueltos, a todas partes. Por una común metonimia, el autor acabó dando el nombre a su obra —como cuando alguien compra *un Goya*—, y *apunte* o *nota de Bártulo* pasa a ser, simplemente, *bártulo*. V. *Liar los bártulos*.

Ser un barrabás/Barrabás (Ser de la piel de Barrabás) Ser muy mala persona, muy malvado. Estar pensando siempre en hacer daño. *Con su carita de buena persona te tiene muy engañada. Ya te darás cuenta algún día de que ese tío es un barrabás.*|*El toro era grande, bastante aparatoso de pitones, pero no era ningún barrabás; era muy noble y no mostró en ningún momento malas intenciones*. La expresión se refiere al criminal al que, según la historia de la Pasión de Cristo, liberó Poncio Pilatos (v. *Ir de Herodes a Pilatos*||*Lavarse las manos*), gobernador romano de Judea, con motivo de la pascua judía, fecha en la que tradicionalmente se otorgaba la libertad a un preso. Pilatos intenta liberar a Jesús porque no encuentra en él ningún indicio de culpabilidad, pero el pueblo, incitado por sus dirigentes y sacerdotes, le exige que lo condene y que libere al bandido Barrabás (*Mateo*, XXVII, 17; *Lucas*, XXIII, 18-19; *Juan*, XVIII, 40).

Ser un berzas/berzotas Ser un necio, un ignorante o un maleducado. *Nada. No hay manera de que entienda que tiene que demostrar un poquito de educación y de sentido común cuando está con otras personas. Es un berzas*. Se llama *berzas* a varios tipos de verduras de poca sustancia —como la de la persona aludida— que, aunque son comestibles, se suelen dar a los animales, sobre todo a los cerdos. En la lengua coloquial es frecuente la referencia a verduras, hortalizas y legumbres para hablar de cosas intrascendentes o relacionadas con las clases sociales más humildes: V. *Darle a alguien lo mismo tronchos que berzas*||*En todas partes cuecen habas*||*Importar algo un bledo*|*Jugarse las alubias*||*Quedarse en agua de borrajas*...

Ser un besugo/merluzo Ser muy torpe, muy necio, muy ignorante. *Con lo guapa, fina y culta que es ella, nadie se explica cómo puede estar con ese tío, que es un besugo de marca mayor*. De entre los del reino animal, los peces son considerados los seres menos inteligentes (v. *Estar pez en algo*). Algunas especies se toman en la lengua coloquial como paradigma de la ignorancia, la estupidez o la inconsciencia: V. *Coger una turca/una merluza*||*Diálogo de besugos*.

Ser un (mal) **bicho**/bicharraco (venenoso) Ser una mala persona. Ser malvado. Buscar el daño o el perjuicio de los demás. *Sí, cuando estás un ratito con él parece muy simpático y de buen trato, pero tenías que verlo cuando se enfada y se coge esas rabietas: es un bicho*. *Bicho* es sinónimo de 'animal', aunque suele referirse a los animales de pequeño tamaño, como insectos y reptiles. Es un término de origen gallegoportugués, derivado del latino *bestiu(m)*, 'animal'. *Bicha* suele usarse como sinónimo de 'culebra'. *Bicharraco* es una especie de despectivo de *bicho*, que, curiosamente, a veces se usa con sentido positivo: 'persona muy alta, grande y fuerza'. *¡Vaya novio el de Lourdes! Es un bicharraco de dos metros con unas espaldas anchísimas*.

Ser un bicho raro Decimos esto de la persona muy extraña, estrafalaria en su aspecto, su comportamiento o sus costumbres, de quien parece vivir aislado. *Marga no es original, no; es un bicho raro, siempre sola, con esa pinta extraña y esas gafas de sol permanentemente puestas.|Pues sí, seré un bicho raro, como tú dices, pero odio los dulces; qué le vamos a hacer.* Con un considerable grado de crueldad llamamos a la persona en cuestión algo así como «especie animal extraña», prácticamente, alguien digno de estudio.

Ser un bodrio Un bodrio es algo muy mal hecho, de muy mala calidad o de mal gusto. *Anda, vuelve a redactar la carta, que ésta que has escrito es un bodrio.|Esa película será todo lo famosa que quieras, pero es un bodrio.* El *bodrio* era en los siglos XVI y XVII la llamada vulgarmente «sopa boba» (v. *Estar a la sopa boba),* un caldo de bajísima calidad, de muy poco valor nutritivo y escaso sabor, hecho con sobras. El vocablo deriva del latino tardío *brodium,* 'sopa; caldo', originado a su vez de una raíz germánica *–brod,* 'caldo'. Mediante una común metátesis, *brodio* se transforma en *bodrio*. Posteriormente se introdujo, seguramente a través del italiano, *brodo,* palabra de idéntico significado. El diccionario recoge otra acepción de *bodrio:* 'morcilla de sangre de cerdo con cebolla'.

Ser un bolonio Dárselas de culto, de letrado y de sabio cuando, en realidad, se es un perfecto ignorante. *Me fastidia un montón que opine de todo, que se meta en todas las conversaciones y que presuma de listo y de cultísimo. En realidad es un bolonio que habla de todo y no sabe de nada.* El término *bolonio* alude a los estudiantes del Colegio Mayor de San Clemente de los Españoles, fundado en 1364 en la ciudad italiana de Bolonia, sede de una de las más antiguas universidades del mundo, por el cardenal Gil Álvarez Carrillo de Albornoz (1310-1367). Allí se alojaban y estudiaban alumnos de universidades españolas a los que, por sus buenos expedientes, se les concedían becas para ampliar su formación en la ciudad italiana. Realmente los alumnos de este selecto colegio, pese a su fama —seguramente merecida— de fanfarrones, eran los mejores, los más escogidos, por lo que quizá el dicho se cargó de sentido peyorativo a raíz de los comentarios maliciosos y de las envidias de quienes no podían acceder a él.

Ser un borde (Ponerse/estar borde||Ser más borde que la retama) Rudo. Maleducado, desagradable en el trato. *No me extraña que la gente te evite y no quiera cuentas contigo; si es que eres un borde.* Se denomina *borde* a la planta no cultivada, a la que, como la maleza, crece libremente. A veces se dice *ser más borde que la retama,* un arbusto silvestre de flores amarillas. También se llamaba *borde* al hijo o hija nacidos fuera del matrimonio. Tanto la planta como el hijo al que, cruelmente, se solía denominar «bastardo» nos acercan al significado actual de la expresión: alguien que crece, que se comporta libremente, sin atenerse a ninguna norma, sin control ni educación. El término *borde* procede del latino tardío *burdu(m),* 'bastardo', emparentado también con *burdo* —palabra que de nuevo nos acerca al significado de la expresión— y con *burdel*.

Ser un borrego (Estar aborrega(d)o||Ir como un borrego) Ser muy torpe e ignorante. *¿Pero cómo puedes decir que el Guadiana pasa por Sevilla? ¡Hay que ver qué borrego eres!* No tener criterio ni opinión propios. Ser dócil y fácilmente manipulable. *Los políticos deberían entender que los votantes no son borregos a los que se pueda dirigir fácilmente.* Las ovejas y sus crías, los borregos, van, siempre en rebaño, por el camino que marcan el pastor y sus perros. No destacan precisamente por su inteligencia.

Ser un buen partido Se dice que *es un buen partido* la persona que está en edad de casarse y tiene una buena posición económica y social. *La verdad es que Anselmo no es muy guapo, pero no me negarás que es un buen partido, con el trabajo que tiene y la pasta que gana.* Como puede verse, amor en estado puro... *Partido* toma aquí su acepción de 'ventaja; provecho', relacionada con *parte*. V. *Sacar partido||Sacar raja.*

Ser (como)/parecer **un buitre** Ser un aprovechado. Sacar beneficio del esfuerzo o de la desgracia ajenos. *Le dije que podía venir a comer algún día, pero no todos... Es que el tío es un buitre: se planta aquí a diario a comer y a cenar.| En vida sus hijos no le hicieron ni caso, pero, como son unos buitres, el mismo día en que murió ya andaban rondando por allí a la caza de la herencia.* El buitre es un ave carroñera que se alimenta de cadáveres, muchas veces restos de presas cazadas por otros depredadores

Ser un cabestro Tener muy poca inteligencia. Ser muy bruto. *¡Pero qué cabestro eres! ¿Cómo se te ocurre preguntarle por Auxi? ¿No ves que lo dejaron hace un par de meses y él sigue hecho polvo?* Los *cabestros* son los toros mansos que se encargan de acompañar a los corrales al toro que se devuelve por ser considerado inútil para la lidia.

Ser un cabrón (con pintas)/un cabronazo En la lengua coloquial llamamos *cabrón* a la persona malintencionada, a quien nos hace daño o nos perjudica. *Todos me decían que no me fiara, que aquel tipo era un cabrón, pero yo no hice caso y, claro, me estafó.* Si a la maldad le añadimos la crueldad y la inteligencia de la fiera, de un felino, nos resulta un *cabrón con pintas*, como las del leopardo o del lince. *Teníamos el juicio prácticamente ganado, pero aquellos tipos eran unos cabrones con pintas y, no se sabe cómo, consiguieron que el tribunal le diera la vuelta a la sentencia.* Es curioso señalar cómo, a veces, utilizamos el término de forma bastante atenuada, casi con connotaciones positivas, con el significado de 'listo; agudo; habilidoso'. *¡Pero qué cabrón eres, Miguel! Has descubierto la broma antes de que te la gastáramos. A ti no hay quien te engañe.|¡Qué cabrón, el tío! ¡Vaya tres goles más maravillosos que ha metido! Cabrón* es, en su primera acepción, el macho cabrío y, en sentido figurado, el hombre que conoce y consiente el adulterio de su mujer, el cornudo —acepción hoy en desuso—, posiblemente en referencia al comportamiento sexual del macho cabrío (v. *Ponerle a alguien los cuernos*). En el significado actual, sin embargo, parece que están más presentes el comportamiento violento y el aspecto malencarado del animal. No olvidemos tampoco que el macho cabrío es uno de los animales bajo cuya forma suele representarse al diablo.

Ser un cachondo (mental) (Tomarse algo/todo a cachondeo||Ser algo un cachondeo||Estar de cachondeo) Ser muy divertido. Reírse de todo. No tomarse nada en serio. *¡Cómo me lo pasé ayer con tu primo! ¡Lo que pude reírme con él! Es un cachondo el tío. Cachondeo* es, por tanto, 'broma; diversión'. *Desde la presentación hasta los títulos de crédito, la película es un cachondeo. No dejas de reírte ni un segundo.* A veces también significa 'desorden; confusión'. *Esta oficina es un cachondeo; aquí cada uno hace lo que le da la gana, nadie se toma el trabajo en serio y así va todo como va.* Hoy el adjetivo *cachondo* ha evolucionado en su significado y pocas veces se usa con su primer valor. De manera realmente precisa, el femenino *cachonda* se aplicaba casi exclusivamente a la perra en celo, y, a partir de ahí, a la persona en un estado similar. Esta generalización acarrea una ampliación del significado, pues, sin abandonar del todo el primero, se usa para designar a alguien muy bromista, alegre, gracioso y con ganas de fiesta, especialmente en el sustantivo *cachondeo,* que sólo comparte este último valor con el adjetivo. En cuanto al origen del término, se puede afirmar que la palabra guarda estrecha relación con *cachorro,* que procedería del latín *catulu(m),* 'perrito; animal pequeño'.

Ser un caco Caco vale por 'ladrón' en la lengua coloquial: *Mientras estaba de vacaciones, los cacos le desvalijaron la casa.* Cuenta la mitología que Caco, hijo de Vulcano, dios romano del fuego, era un ladrón tan hábil y recalcitrante, que, incluso, se atrevió a robarle a Hércules unos bueyes y unas terneras que éste, a su vez, había robado a Gerión en España. Pero no queda ahí la cosa, porque, cual si hubiera salido de una película de Hitchcock, Caco no dejaba pistas. El gran poeta latino Virgilio (70-19 a. C.) narra así el robo en el libro VIII de la *Eneida:* «Excitado por las Furias [...] Caco sustrajo de la manada cuatro espléndidos toros y otras tantas hermosísimas becerras, y para que las pisadas de las bestias no dieran indicios de robo, se los llevaba a su cueva tirándolos por la cola, con lo que desaparecía todo rastro del hurto; luego los escondía debajo de una piedra grande y oscura, con lo que ninguna señal podía llevar a la cueva». Hércules, indignadísimo ante tal afrenta, decidió acabar con Caco y, según algunas versiones, lo mató a golpes; según otras, lo enterró vivo en la cueva del monte Aventino de Roma, donde el ladrón guardaba sus botines. De todas formas, ya se sabe: quien roba a un ladrón, tiene cien años de perdón.

Ser un cafre (Hacer el cafre) Ser zafio, rudo. Comportarse de forma inapropiada o grosera. Demostrar escasa inteligencia. *Eres un cafre. ¿Cómo se te ha ocurrido decirle a Isabel que con ese vestido parecía caperucita roja? Cafre* procede del árabe *kefir,* 'inculto, infiel', palabra con la que, a causa de sus primitivas costumbres, los árabes denominaban a los habitantes de algunos pueblos de África del Sur. Los geógrafos de los siglos XVII y XVIII llamaron Cafrería o País de los Cafres a la parte de África situada al sur del Ecuador. Hoy en día los *cafres* son un grupo de pueblos bantúes que habitan en la zona oriental de Sudáfrica, en el Cabo Natal.

Ser un callo (malayo) Un *callo* es una persona muy fea. *Será todo lo bueno y simpático que quieras, pero no me negarás que ese tío es un callo. Yo no sé si alguna vez he visto a alguien más feo.* A veces, sin otro motivo que la irresistible fuerza de la rima, se dice *ser un callo malayo*. En un alarde de mala idea y de surrealismo se compara al desgraciado individuo con una de esas molestas —y feas— durezas que aparecen en los pies. Hay que tener mala idea...

Ser (como)/parecer **un camaleón** (Ser camaleónico) Cambiar de comportamiento, de aspecto o de opinión según la situación. *Con él nunca sabes cómo actuar, porque es un camaleón que un día dice una cosa y al día siguiente la contraria.* Poseer una gran capacidad de adaptación a cualquier circunstancia. *Es un político de raza, un auténtico camaleón. Han pasado cinco gobiernos de diferente signo y él siempre se ha mantenido en puestos de responsabilidad con todos ellos.* El camaleón es un reptil que se mimetiza con el medio en el que vive. Su piel cambia de color según su entorno.

Ser un camino de rosas Ser una empresa muy fácil de conseguir. Obtener un beneficio o un éxito sin apenas esfuerzo. *Todo el mundo aseguraba que la reunión sería durísima, pero fue un camino de rosas: nos pusimos de acuerdo en media hora y de una forma muy cordial.* Antiguamente, para honrar a los vencedores en las batallas o a los poetas en los concursos literarios se arrojaban pétalos de rosas o de otras flores para que los agasajados caminaran sobre ellos. La expresión se usa más en forma negativa. V. *No ser un camino de rosas.*

Ser un capullo Ser un imbécil. *Yo no sé por qué se permite dar consejos a todo el mundo y mirarnos por encima del hombro. Por muy jefe que sea no deja de ser un capullo.* A persona a la que le aplicamos tan sugerente calificativo queremos decirle que no está hecha, como la flor que aún no se ha abierto; que es tierna, inmadura, inexperta, inocente y, estirando un poco más la cuerda, tonta.

Ser un cardo (borriquero) Ser muy feo. *Todos los hermanos son guapísimos, pero ella es un cardo. Eso sí, es la más simpática de todos.* Ser rudo, áspero en el trato. Tener mal carácter. *No me extraña que esté siempre solo y que no se hable con nadie, con lo cardo que es. Lo raro sería lo contrario.* Ambas características, la fealdad y la rudeza las tienen las plantas de hojas espinosas a las que, genéricamente, denominamos *cardo*. El *cardo borriquero* es ése de gran tamaño, verde, con hojas muy espinosas y de flores púrpura.

Ser/estar hecho **un cascajo** Ser algo viejo e inútil. *Lo primero que tenemos que hacer es tirar todos los muebles de la casa, porque son cascajo.*|*A ver cuándo cambias de una vez de coche, que ese que tienes es un cascajo.* Estar enfermo o en malas condiciones físicas. En este caso, se usa sobre todo con *estar hecho*. *No sé si será la gripe o el cansancio, el caso es que estoy hecho un cascajo.* El *cascajo,* término derivado de *cascar,* 'romperse' (v. *Romperse los cascos)* son los fragmentos de piedra, de cerámica o de cualquier otro material que se ha quebrado.

Ser un cenizo Traer mala suerte. *Eres un cenizo: cada vez que vas al partido perdemos. Cenizo* o *ceniciento* son palabras que parecen remitir al color de la ceniza; en el significado expuesto se recoge todo lo que de malos augurios o de macabro tiene la ceniza. No obstante, la expresión podría tener que ver con una mala hierba que crece en los campos de patatas y nabos y que puede llegar a arruinar las cosechas, y que se llama, precisamente, *cenizo.*

Ser un ceporro (Ponerse como un ceporro) Ser muy bruto y torpe. Ser poco inteligente. *Déjalo, porque, por mucho que se lo expliques, no lo va a entender. Es un ceporro.* El primer significado de *ceporro* se refiere a la cepa vieja que, por inservible para producir fruto, se arranca y se echa al fuego. Trasladen la inutilidad de la cepa a la del individuo aludido y ya está. A veces *ceporro,* sobre todo en la expresión *ponerse como un ceporro,* significa 'gordo', seguramente por la traslación al plano físico de la torpeza o inutilidad antes citadas. *Al poco tiempo de dejar de fumar se puso como un ceporro, pero ahora está otra vez en su peso.* V. *Dormir como un ceporro.*

Ser un cerdo Llamamos cerdo a la persona sin escrúpulos, a la que obra con mala intención. *Sabías que iban a salir dos plazas y no me dijiste nada para que no me presentara, ¿verdad? ¿Cómo has podido ser tan cerdo?* También, como no podía ser menos, a quien es sucio. *Hazme el favor de lavarte bien las manos antes de sentarte a la mesa, no seas cerdo.* Seguramente el primer significado se originó a partir del de 'sucio'. No obstante, en ambos casos, pocos tópicos sobre los animales son tan injustos y tan poco merecidos. V. *Ser un animal.*

Ser un cero a la izquierda Ser un inútil; no cumplir ninguna función; no ser tenido en cuenta, como el cero cuando precede a otra cifra. *El abuelo quería irse a una residencia, porque decía que en casa era ya un cero a la izquierda.*

Ser (como) **un chinche** Se llama chinche a la persona molesta, fastidiosa, impertinente o inoportuna. *Es un chinche. Se planta siempre aquí cuando menos falta hace, y lo único que hace es dar la paliza.* A veces también se aplica a quien es muy susceptible. No le lleves la contraria, porque es un chinche y seguro que se lo va a tomar mal y se va a enfadar muchísimo. El *chinche* es un insecto hemíptero, de cuerpo aplastado elíptico —da nombre a la *chincheta*— y sumamente molesto para el hombre por su nocturnidad, por la fetidez que desprende, por sus desagradables picaduras y porque vive como parásito, alimentándose de sangre humana. Sobre chinche se construye el verbo coloquial chinchar, 'molestar; fastidiar'. V. *Caer como moscas/como chinches*.

Ser un chivato (Dar el chivatazo) Delatar, acusar a alguien. Eres un chivato. *Si no te hubieras ido de la lengua, el profesor no se habría enterado de nada*. A partir de este significado llamamos chivato a la luz, alarma o dispositivo electrónico que avisa de algo. *Cuando se encienda el chivato aprieta el botón de la derecha*. El *chivato* es la cría de la cabra que tiene entre seis meses y un año. El animal, desprotegido y prácticamente inválido sin su madre, la llama de forma estridente y a todas horas, actitud que se compara con la de quien no sabe tener la boca cerrada ni guardar un secreto.

Ser un chupatintas Ser una persona de poca importancia, especialmente en una oficina o despacho. *Se las da de imprescindible y a todo el mundo le cuenta que sin él no funcionaría la oficina, pero la verdad es que nunca llegará a nada, porque es y seguirá siendo un chupatintas*. No es que la persona en cuestión deguste el sabor de la tinta. *Chupar* la tinta se refiere al hecho de recargar las plumas en el tintero, trabajo encomendado a la persona de menos categoría.

Ser un ciclón (Pasar como un ciclón) Ser muy impetuoso. Tener una gran energía. Es una cantante que en directo se transforma. *Sobre el escenario es un ciclón; no deja de moverse ni de incitar al público ni un segundo*. *Pasar como un ciclón* suele usarse con el significado de 'apabullar; abrumar de forma rápida y contundente'. *Estuvo en el cargo apenas un mes, pero pasó como un ciclón: en tan poco tiempo cambió completamente la forma de trabajar de la empresa y renovó a casi todo el personal*. Un *ciclón* es un *huracán* y también una perturbación atmosférica caracterizada por un descenso de la presión, lluvias y fuertes vientos.

Ser/estar hecho **un cielo** Ser muy bondadoso. Tener muy buen carácter. *Luisa es la persona más maravillosa que conozco. Siempre alegre, dispuesta a ayudarte... Vamos, que es un cielo*. Frente al infierno (v. *Ser algo un infierno*), el cielo se considera el no va más de la bondad.

Ser un/el **conejillo de Indias** (Hacer de/servir de/tomar como conejillo de Indias) Servir de prueba para comprobar algo, generalmente peligroso o desfavorable. *La nueva ley de educación se va a aplicar de forma experimental este curso y en esta universidad. Los estudiantes de esta promoción van a ser los conejillos de Indias*. Los conejillos de indias o cobayas son unos roedores que se emplean en los laboratorios para experimentar medicinas u otras sustancias. Muchas de las enfermedades propias del hombre producen los mismos efectos sobre este animal. Además, su mantenimiento es muy barato y se reproduce con gran facilidad. Se introdujeron en España, procedentes de Perú —de ahí su nombre—, a partir del siglo XVI.

Ser un crápula Llevar un vida desordenada y licenciosa, poco acorde con la moralidad y las buenas costumbres. *Pensábamos que con la edad se iba a moderar, pero el tío sigue siendo un crápula: vive de noche y duerme de día.* La palabra *crápula,* de origen griego, ya existía en latín, donde significaba 'borrachera' y 'borracho'. En nuestra lengua aparece a comienzos del siglo XVI con el significado de 'libertinaje'.

Ser un cuco Ser muy astuto, en el sentido de buscar el beneficio propio ante todo. *Felipe es un cuco; siempre se las ingenia para pagar el mínimo posible en los impuestos y jamás le han pillado.* El cuclillo o cuco tiene una curiosísima costumbre que es la que lo ha hecho famoso en la lengua coloquial: cuando la hembra hace una puesta, recoge uno a uno los huevos y los deposita en los nidos de otras aves para que se los incuben. Apenas nacido, el polluelo de cuco llega, incluso, a arrojar del nido los huevos en los que se incuban sus propios «hermanastros».

Ser/ponerse hecho/ponerse como **un demonio**/un diablo (Ser alguien el mismísimo demonio/diablo||Ser de la piel del demonio/del diablo) Ser muy malvado. *Con lo tranquilo y buena persona que es él no me cabe en la cabeza como puede estar con esa mujer, que es un demonio.* El demonio es, en la lengua coloquial, origen y personificación de todas las maldades.

Ser un diamante en bruto Tener una persona unas excelentes cualidades aún por desarrollar. Estar una persona potencialmente muy bien dotada para hacer algo. Estar alguien por *pulir,* en el sentido de 'educar, refinar'. *Este muchacho tiene una voz prodigiosa, pero aún es un diamante en bruto. Con el tiempo y la experiencia puede llegar a ser un excelente tenor.* Comparamos a esta persona con el diamante encontrado en la mina y que, una vez limpio, pulido y tallado, se transforma en una joya espléndida.

Ser un don nadie No tener una persona ninguna importancia, pese a considerarse a sí misma imprescindible y muy valiosa. *Hay muchos escritores que, a pesar de ser unos don nadie, se creen capacitados para opinar como expertos en cualquier materia.* Es ciertamente cruel e irónica la oposición entre el *don,* que nos lleva a pensar en cierto prestigio o reconocimiento, y el vacío total sugerido por *nadie.*

Ser un donjuán/Don Juan/Tenorio Ser un conquistador, un *ligón* empedernido. *Hasta que se casó con mi abuela, mi abuelo tuvo un montón de novias. Todo el mundo dice que era un donjuán.* Se alude con la expresión y con sus variantes a don Juan Tenorio, personaje mujeriego por antonomasia. Creado por Tirso de Molina (1571-1648) en *El burlador de Sevilla,* alcanzó más fama tras la obra de José Zorrilla (1817-1893) *Don Juan Tenorio.* V. *El convidado de piedra.*

Ser un echa(d)**o para adelante**/p'adelante/p'alante Ser muy valiente y atrevido. *Me gusta que no renuncies al riesgo y que seas un echado para* *adelante; lo que no quiero es que seas un inconsciente*. Se dice de la persona que, pese a la adversidad, siempre avanza, nunca vuelve sobre sus pasos.

Ser un edén (Estar en el/un edén) Se llama *edén* al lugar maravilloso, idílico paradisíaco. *Es un país prácticamente salvaje, con unos paisajes increíbles y unas playas de aguas transparentes y arenas finísimas. Un auténtico edén*. En la Biblia se llama *Edén* al paraíso terrenal (*Génesis*, II, 8-15). El término significa en hebreo 'huerto frondoso'.

Ser un elefante blanco (Costar más que un elefante blanco) Se llama así a lo que, pese a ser sumamente valioso y difícil de conseguir, no tiene ninguna utilidad. *Ese vídeo tan lujoso que te has comprado es un elefante blanco: tanto lujo, tantas opciones y resulta que es dificilísimo de manejar*. El dicho se refiere a la costumbre de los reyes del antiguo reino de Siam, hoy Tailandia, de regalar elefantes albinos, considerados prácticamente sagrados, a las personas a las que querían agasajar: aparentemente era un regalo espléndido, pero pronto comprobaban que los gastos de manutención eran elevadísimos.

Ser un empollón Ser muy estudioso. Tiene muchas veces el matiz peyorativo de estudiar en exceso. *Mi hermana es una empollona: en cinco años de carrera la nota más baja que ha tenido es un notable*. Quien estudia recuerda, por su posición y por la cantidad de tiempo que permanece sentado, al ave que empolla sus huevos.

Ser (como)/parecer/estar hecho **un esqueleto** Ser muy delgado Interpretando literalmente el dicho, no tener carne, ser sólo huesos. *A ver si coges unos kilitos, porque da pena verte. Pareces un esqueleto*. V. *Quedarse en los huesos*||*Estar como un fideo*.

Ser un facha Despectivamente, se llama facha a quien tiene unas ideas sumamente conservadoras. *No me extraña nada que su padre no la deje venir de excursión con nosotros. Es un facha*. Originariamente se denominaba —y aún hoy se denomina— fachas a los fascistas, término que es una reducción del italiano *fascista*, que se pronuncia algo así como «fachista». El *fascismo*, un régimen político nacionalista y totalitario, fue implantado en Italia por Benito Mussolini (1883-1945) tras la primera guerra mundial. Él mismo lo había fundado el 23 de marzo de 1919. El término fascismo se toma de uno de los emblemas del movimiento, las fasces o haces de varas, entre las que se intercalaba un hacha, que portaban los *lictores*, administradores de la justicia, que precedían a los cónsules u otros magistrados en la antigua Roma

Ser un fantasma/fantasmón Ser exagerado, presuntuoso o mentiroso. *Aunque te haya dicho que mañana te invita a cenar, no te hagas ilusiones, porque es un fantasma y, mañana, si te he visto no me acuerdo* . El fantasma, ya se sabe, existe, pero es como si no existiera.

Ser un fenicio/judío Ser muy hábil en los negocios. Se suele usar con un sentido peyorativo de 'especulador; tacaño'. *Es un fenicio, el tío. No sé*

cómo consigue vender tan caros esos bolsos de puro plástico. Y el caso es que se los quitan de las manos. Fenicios y judíos son dos pueblos tradicionalmente dedicados al comercio. Muchos de los mercaderes de la Antigüedad tenían estos orígenes. Los fenicios, procedentes del actual Líbano, establecieron, a partir del siglo X a. C. una tupidísima red comercial por todo el Mediterráneo. Desde sus ciudades de Tiro y Sidón hasta el estrecho de Gibraltar.

Ser/resultar **un fiasco** Ser un fracaso, una decepción. *Tenía muchas esperanzas puestas en esta novela, pero ha sido un fiasco. Es lo más horrible que he leído últimamente.*|*A pesar de que habían invitado a varios grupos de moda y de que habían cuidado todos los detalles, la fiesta de fin de curso resultó un fiasco.* La palabra *fiasco* referida a un fracaso tiene un curioso origen. Se debe a una anécdota de la que fue protagonista un famoso actor italiano del siglo XVII, Domenico Biancolelli. Mientras representaba a Arlequín, improvisó un monólogo sobre un frasco *—fiasco* en italiano— que llevaba en la mano. Biancolelli pensaba que el público se reiría, pero todo el mundo guardó silencio. Ante ello, el actor se dirigió al frasco diciéndole algo así como: «Tú tienes la culpa de que los espectadores no me aplaudan», y lo tiró. Desde entonces, cuando un actor o un cantante comete un fallo en escena se dice en italiano que *fa fiasco.* La locución tuvo tanto éxito que, aparte de en español, se acabó introduciendo en francés *(faire fiasco),* alemán *(Fiasko machen)* e inglés *(to be a fiasco).*

Ser un figura Ser hábil; ser sobresaliente; destacar en algo. *Pues claro que mi cuñado entiende de fontanería. Es un figura en todos los trabajos caseros.* Muchas veces tiene un uso irónico y significa todo lo contrario: 'ser torpe; no saber hacer nada; ser un vago; ser un chulo'. *Anda, no se te ocurra meter la mano en el aparato. Déjame a mí y quítate de ahí, que eres un figura.*|*No sé cómo se las arregla para vivir como vive sin pegar golpe. El tío es un figura. Se pasa el día en la calle; eso sí, todo elegante, tomando café, paseando, leyendo el periódico...*

Ser/tener **un flechazo** Enamorarse súbita y rápidamente. *Lo nuestro fue un flechazo: nos conocimos durante un crucero por el Mediterráneo, y dos meses después ya estábamos casados.* La frase se basa en el mito del dios griego Eros, Cupido para los romanos. Hijo de Afrodita y esposo de Psiche, era el dios del amor. Se le suele representar como un niño con alas, llevando un arco y un carcaj lleno de flechas. Los que resultaban heridos —metáfora del enamoramiento— por las saetas que tenían la punta de oro sucumbían al amor; los que recibían la flecha con la punta de plomo se alejaban de él.

Ser un francotirador El *francotirador* es el que en una guerra o conflicto dispara de forma indiscriminada; dicho de otro modo, el que dispara «libremente», de ahí el término *franco.* Trasladado este concepto a la lengua coloquial, llamamos francotirador a quien actúa por libre, sin someterse a los consejos o a las decisiones comunes, y, de este modo, causando perjuicios o haciendo daño a la generalidad. *Hemos decidido en asamblea, y tú estabas allí, que, de momento, vamos a moderar nuestro comportamiento y a esperar a ver qué pasa, y ahora vas y estropeas todo porque eres un francotirador y andas por ahí hablando de lo que no debes y criticando a todo el mundo. Así lo único que haces es perjudicarnos a todos.*

Ser/parecer **un fúcar**/Fúcar (Ser más rico que Fúcar) Ser muy rico e influyente. *No sólo es riquísimo y preside la sociedad financiera más importante del país, sino que, además, es asesor del gobierno en asuntos económicos. Vamos, que el tío es un fúcar. Fúcar* es la castellanización del apellido *Fugger,* el de una familia de banqueros suizos que tuvieron gran fama, poder e influencia en la España de los Austrias, desde Carlos I hasta Felipe IV. Ellos fueron los que financiaron la mayor parte de las guerras en las que se vio envuelta España.

Ser (un) fuera de serie Ser sobresaliente, excepcional, único. Destacar sobremanera algo o alguien de entre los de su especie. *No sale mucho en la tele, ni en esas series de usar y tirar, pero es un actor fantástico, un fuera de serie.|He visto muchos cuadros magníficos de esta época, pero éste es fuera de serie. Dudo mucho que haya otro similar.* La persona o cosa a la que nos referimos es peculiar y diferente; se sale, cualitativa o cuantitativamente, de la generalidad de sus semejantes, de lo que parece estar fabricado en serie. V. *Romper moldes.*

Ser/armarse/formarse/montarse/organizarse/prepararse **un galimatías** Actualmente se llama *galimatías* a una situación muy confusa, aunque en su origen aludía únicamente a la confusión producida por mezcla de idiomas y por falsas o dobles interpretaciones de ideas o palabras. *A ver si tú entiendes esta factura, porque es un galimatías horrible y yo no me aclaro de nada.|Entre la gente que se había colado sin entrada y los que no estaban en su sitio, allí se montó un galímatías horroroso.* Se sabe que la palabra proviene del francés, aunque sobre su origen se han dado diversas interpretaciones. Una de ellas nos lleva a pensar en un compuesto de la voz latina *galli,* 'del gallo', y la griega *matheia,* 'sabiduría', algo así como 'ciencia del gallo o de gallos', irónica alusión a las continuas y nimias disputas filosóficas tan de moda en el siglo XVI. Otra, la más curiosa, nos habla de un pleito dirimido en latín, como era costumbre en épocas pretéritas, y que trataba de aclarar si un tal Mathias era el propietario o no de un gallo. Al parecer, al abogado que defendía al presunto propietario le jugó una mala pasada el latín, y en lugar de *gallus Mathiae,* 'el gallo de Matías', dijo *galli Mathias,* 'Matías del gallo'. El error sonó a broma y originó un equívoco que se hizo famoso y se perpetuó en la lengua. Otra teoría, más erudita y puede que más atinada, asegura que la voz *galimatías* pudo haberse acuñado a partir de la deformación de la palabra *Barimatía,* usada ya en el siglo XIII por Gonzalo de Berceo en los *Milagros* *de Nuestra Señora,* y que habría sido un error de lectura de la expresión latina *Ab Arimathea,* es decir, 'de Arimatea', en referencia al personaje bíblico José de Arimatea, quien, según el Evangelio (*Mateo,* XXVII, 57-61; *Marcos,* XV, 42-47; *Lucas,* XXIII, 50-56 y *Juan,* XIX, 38-42), es quien se hace cargo del cadáver de Cristo. *Arimatea* era una ciudad de Judea que no vuelve a aparecer nunca más en el Nuevo Testamento, lo que reforzó la idea de 'lugar exótico, extraño misterioso', cuya lengua, por fuerza, habría de ser confusa e incomprensible, un auténtico galimatías.

Ser (un) gallina Ser muy cobarde. Tener miedo de todo. *No te vas a atrever a decirle la verdad a la cara porque eres un gallina y no tienes valor para hacerlo.*|*Venga, no seas gallina y tírate de una vez, que el agua está buenísima.* La gallina no destaca precisamente por su valentía. Se espanta con el menor movimiento o con el mínimo ruido. Frente a *Ser una gallina* (v.), 'hablar mucho', que se aplica sólo a mujeres, esta expresión se reserva para hombres. V. *Cantar la gallina.*

Ser un gerifalte (Estar/vivir como un gerifalte) Gerifalte es 'jefe; persona con poder'. *No me extraña que viva rodeado de tanto lujo; yo también viviría así si fuera un gerifalte de la empresa más importante del país. Gerifalte* es un término de origen francés que, en su primera acepción, se refiere a un ave rapaz, el mayor halcón que se conoce, de gran prestancia y poder —de aquí el uso figurado—, muy estimado en otros tiempos como ave de cetrería.

Ser un gitano Engañar en la venta o en el precio de los géneros. *El de la tienda de abajo es un gitano: estoy convencido de que tiene la báscula trucada y nos engaña en el peso.* Los gitanos han tenido siempre fama de mercaderes y comerciantes de ventaja, expertos en negocios poco claros. La etiqueta permanece hoy en la lengua coloquial, muy permeable a todas las expresiones de tono racista. V. *Ir como un gitano.*

Ser/dar **un golpe bajo** Un golpe bajo es algo que se dice o hace de forma inesperada e inoportuna, a traición, algo que ofende o perjudica a alguien. *Ni por lo más remoto podía imaginarme que, en público y de esa forma tan brutal, dijeras tales barbaridades sobre mí: ha sido un golpe bajo.* Las palabras o la acción se comparan con el denominado *golpe* bajo en el boxeo, es decir, el que se da por debajo de la cintura, en el vientre o los genitales, absolutamente prohibido y, como bien puede suponerse, dolorosísimo.

Ser un gorrón Ser un aprovechado. Vivir a costa ajena. *Ese tío es un gorrón. No ha trabajado en su vida y vive de que le presten dinero y de autoinvitarse a comer en casa ajena.* Se llamaba *gorrones* o *capigorrones,* en referencia a la especie de gorra puntiaguda con la que se tocaban, a los estudiantes que se colaban en fiestas o saraos para comer gratis. V. *De gorra*||*Estar a la sopa boba*||*Tonto de capirote.*

Ser un hierro candente/caliente Ser un asunto muy complicado y problemático, en el que nadie se atreve a entrar, de la misma manera que nadie se atreve a agarrar un hierro al rojo vivo. *La reforma de la fachada es un hierro candente del que en todas las reuniones se habla sólo de pasada, y eso que es un asunto urgentísimo*. No nos olvidemos de que términos como *caliente, calor, fuego...* en la lengua coloquial connotan frecuentemente 'problema; enfado; excitación'. V. *Al rojo vivo*||*Poner la mano en el fuego*.

Ser un hombre hecho y derecho Se llama así al joven que ha alcanzado la madurez tanto física como mental. *No entiendo que un hombre hecho y derecho, más grande que un castillo, necesite ayuda para cargar un par de cajas.*|*Tiene sólo quince años y una increíble cara de niño, pero es un hombre hecho y derecho: trabajador, responsable, serio... Hecho* es 'desarrollado; formado; maduro', y *derecho*, aparte de la fuerza de arrastre de la rima, podemos entenderlo en el sentido de 'recto; justo'. A veces se añade la coletilla *...y con pelos en el pecho*.

Ser un hueso (duro de roer) Ser muy severo. Ser de difícil trato una persona o un asunto. El *hueso*, es obvio, es sinónimo de dureza. De hecho, cuando algo es difícil o complicado decimos que es *un hueso*. *Recuerdo que en el colegio había dos huesos, el profesor de latín y el de matemáticas*. V. *Dar duro con hueso*||*Hincar el diente a algo*||*Pinchar en hueso*||*Ser duro de pelar/de roer*.

Ser un Jaimito (Hacer el Jaimito||Hacer/decir/ser una jaimitada) Ser muy tonto. Si es que eres un Jaimito. *Te dejas engañar por todo el mundo, y lo peor es que ni te enteras de que te están tomando el pelo.*|*Yo esperaba que en aquella reunión se trataran asuntos serios, pero no se dijeron más que jaimitadas*. Jaimito es personaje proverbial, protagonista de muchos chistes españoles, especialmente de los *verdes*, a veces necio y simple, a veces disparatado, y otras ingenioso y pícaro. Su fama es tanta que incluso sus acciones tienen nombre específico: *jaimitadas*.

Ser/parecer **un Juan Lanas** Tener poca dignidad. Soportar todo tipo de afrentas o de bromas. Se usa también para referirse al marido complaciente. *Como es un Juan Lanas, en la oficina lo tienen para hacer los peores trabajos, lo que nadie quiere hacer*. Juan, como Pedro, son, por comunes, los nombres sobre los que se inventan todo tipo de personajes prototípicos, generalmente para convertirlos en depositarios de diversas cualidades, por lo general negativas. En el primer caso, baste citar a *Perogrullo*, a *Perico el de los palotes* o a *Pedrules el de las bragas azules*. En el caso de Juan, son abundantísimos los ejemplos: *Déjalo, Juan, y no leas*||*Ser como Juan Palomo*|*Ser Juan y Manuela*||*Ser un Juan Lanas; Juan de la Torre, al que la baba le corre; Juan Cagao, vestido de colorao; Juan de la Valmuza, sin capa ni caperuza; dos Juanes y un Pedro hacen un asno entero; Juan Miguel, que no tiene colmena y vende miel; menéate, Juan, que si no te meneas, te menearán; Juan Zalduendo, que se descostilló durmiendo...*

Ser un Judas Ser falso o traidor. Judas Iscariote, uno de los doce apóstoles, fue quien traicionó a Jesucristo por treinta monedas de plata, condujo a sus captores al Huerto de los Olivos (v. *Llevar a alguien al huerto*) y lo delató dándole un beso (v. *El beso de Judas*). Posteriormente, los remordimientos lo llevaron al suicidio. V. *Más falso que Judas*.

Ser (un) juego de niños Ser algo muy fácil de hacer o de conseguir, tanto que podrían hacerlo los niños e, incluso, sin tomárselo en serio, jugando. *Yo pensaba que colocar la antena iba a ser muy complicado, pero ha sido un juego de niños. En menos de media hora estaba instalada.*|*Conducir un coche es algo muy serio y hay que estar preparado y tener una cierta experiencia. No es un juego de niños.*

Ser un(a) **lagarto**/a El lagarto sabe protegerse y escapar a tiempo de los peligros. Como en otros casos, el masculino se interpreta en sentido positivo: 'ser astuto', y el femenino, en sentido negativo: 'emplear la astucia para engañar, generalmente al marido'. *Ya puedes contarle rollos y cuentos, que no lo vas a conseguir engañar. Con cinco años y menudo lagarto es el tío.*|*Esta tía es una lagarta que lo único que busca es publicidad y salir en las revistas; dinero fácil al fin y al cabo.*

Ser/parecer **un lechuguino** Presumir, en el aspecto físico y mental, de madurez y conocimientos quien es excesivamente joven. Ser excesivamente cursi y afectado. *Tiene sólo quince años, pero es insoportable; de todo habla, todo lo sabe, a todos critica; es un lechuguino.* Hagamos una especie de ficción teatral. Cádiz, ciudad liberal por excelencia, 1812. Se celebran las Cortes que darán a nuestro país su primera Constitución. Circulan por la ciudad gentes de diversa ralea. Entre ellos, muchos jóvenes afrancesados, a los que los gaditanos rechazan por considerarlos, aparte de traidores, afectados, presumidos, falsamente cultos y un poco afeminados. Van por las calles mirando a la gente por encima del hombro, vestidos a la última moda de París: calzones, chalecos, levitas y hasta sombreros de un estridente color verde. Dos gaditanos fieles a la causa liberal se cruzan con ellos. «Míralos, si parecen lechugas», dice uno. «Lechugas no, lechuguinos, que son poca cosa», apostilla el otro. V. *Ser un petimetre*.

Ser un lince Ser muy listo, astuto y sagaz. *No se te ocurra contarle nada que no sea verdad, que ya sabes que es un lince y te pilla enseguida.*|*Es imposible ganar una partida a las cartas jugando Luis. El tío es un lince y se adelanta a todas las jugadas.* El lince, aparte de por su prodigiosa vista (v. *Vista de lince*), destaca por ser quizá el más inteligente de los felinos. V. *Ser un águila*.

Ser un lobo con piel de cordero Tener alguien la apariencia de tranquilo, de buena persona, de inofensivo cuando en realidad es todo lo contrario. Yo que tú no me fiaría mucho de ella. *Aparentemente es frágil y parece muy simpática, con ese aspecto de niña buena y esa vocecita infantil, pero te ase-*

guro que es un lobo con piel de cordero y que como pueda armarte alguna te la va a armar. El cordero materializa la bondad y la inocencia (v. *Como un cordero*) y el lobo lo salvaje y violento. El dicho está relacionado con el cuento del lobo que, para no despertar sospechas entre el rebaño, se introdujo en él disfrazado con la piel de un cordero y lo diezmó. V. *Ponerse la piel del león.*

Ser (como)/parecer/hablar como/repetir como **un loro**/un lorito/una cotorra/un papagayo Hablar mucho y muy deprisa, normalmente sin ningún sentido. *Su hermana no habla nada, pero él es un loro. Hay veces que te marea y que no sabes qué hacer para que se calle.* El loro, la cotorra y el papagayo son aves prensoras tropicales que suelen emplearse como animales de compañía. Por la especial configuración de su lengua tienen la capacidad de reproducir palabras y frases que aprenden de sus dueños y que repiten sin ningún sentido. V. *Ser una urraca.*

Ser un/el **machaca** (Estar de machaca||Ser un manda(d)o) En la lengua coloquial se llama machaca al trabajador no especializado, al que se encargan los trabajos menos agradecidos, los que nadie quiere. *Ha conseguido un empleo en la fábrica. De momento está de machaca, acarreando cajas y engrasando las máquinas, pero tal y como está lo del empleo, menos es nada, ¿no?* Es posible que el término, por una común metonimia (tomar la actividad por el trabajador que la desempeña) —la misma que nos hace llamar pica al revisor del tren—, se refiera a los picapedreros, profesión durísima y, por lo general, poco valorada, que con el mazo o *macho* rompían, *machacaban* la piedra en la cantera, o quizá a los herreros, que también empleaban este instrumento para forjar el hierro. El *mandado* o *mandao* es el trabajador menos importante, el que no tiene ningún poder de decisión; literalmente, el recadero, el que hace los *mandaos*. *Yo te transmito, palabra por palabra, lo que me ha dicho el encargado. Si tienes que quejarte de algo, quéjate a él, que yo soy un mandao.*

Ser un macías (Ser como Macías||Estar más enamorado que Macías) Se aplica al hombre que está apasionada y obsesivamente enamorado de una mujer. El dicho se refiere al poeta gallego conocido como *Macías O Namorado*, 'el Enamorado', más legendario que real, que vivió a caballo de los siglos XIV y XV. La historias que sobre él se cuentan son muy confusas, pero todas coinciden en su arrebatadora pasión por una dama, según algunos una criada de don Enrique de Villena, maestre de la Orden de Calatrava, según otros la propia esposa de don Enrique, doña María de Albornoz. Esta última versión parece la más cierta, y más considerando que doña María llegó a pedir el divorcio a causa de la impotencia de su marido. El marido burlado consiguió encarcelar a Macías y, finalmente, ordenó asesinarlo. La pena infinita de Macías no era tanto haberse enamorado de una mujer casada como hacerlo de una mujer rica, siendo él extremadamente pobre. El personaje dio origen a varias leyendas y obras literarias; de entre todas ellas, las más famosas son, sin duda, *Macías* y

El doncel de don Enrique el Doliente, ambas de Mariano José de Larra (1809-1837) y de 1834, un drama la primera y una novela histórica la segunda. De alguna forma, Larra veía reflejada en la trágica vida de Macías su turbulenta relación con Dolores Armijo, también una mujer casada.

Ser un madero/leño/tarugo/tronco/zoquete/paquete Ser muy poco hábil en la realización de algún trabajo o actividad. Ser muy poco inteligente; muy torpe. *Leño; tarugo* y *tronco* no son sino pedazos grandes de madera, que se comparan con la «habilidad» y la «inteligencia» de la persona a la que nos referimos (v. *Cabeza de alcornoque*). *Pues habrá costado miles de millones, pero a mí me parece que ese jugador es un madero y que por su culpa nos vamos a hundir en la miseria*. Estas expresiones se usan fundamentalmente en el lenguaje deportivo. El *zoquete* es un taco de madera corto y grueso. Hay dos teorías sobre el origen de este término. La primera lo emparenta con el árabe *suqât,* 'desecho; objeto inútil'. *Zoquete* se documenta en español a mediados del siglo XVI con el significado de 'pedazo de madera o de pan sobrantes' y que, por medio de una metáfora fácilmente explicable, habría originado el de 'persona de poco entendimiento, torpe, inútil', con el que suele emplearse hoy. *Si es que eres un zoquete. ¿Cómo quieres que arranque el coche con la batería desconectada?* Otra teoría supone que la palabra deriva de la latina *soccus,* origen de *zueco,* y que era una especie de zapato bajo de madera usado por los actores cómicos griegos y latinos, a diferencia de los trágicos, que usaban una especie de botas altas llamadas *coturnos*. El *soccum* era, pues, el calzado que caracterizaba a los personajes graciosos, los que representaban a personas vulgares o de poco entendimiento. De ahí que *Hacerse el sueco* (v.) signifique 'no entender' o no enterarse, y de ahí también que de *soccum* pudiera haberse derivado *socarrón*. Un *paquete* funciona aquí como 'peso; carga; molestia; engorro; inutilidad' (v. *Ir de paquete*||*Meter un paquete*). *Es un paquete, pero no lo pueden echar porque es un enchufado. Lo han puesto en un rincón a pegar sellos en las cartas*.

Ser un maleta Ser alguien muy poco diestro o muy poco hábil en el ejercicio de su profesión. *No sé por qué contratan tanto a ese actor: es un auténtico maleta*. En un principio se llamaba maleta o maletilla únicamente al mal torero, al que viajaba con su *maleta* o con su *hatillo* de feria en feria buscando constantemente una oportunidad.

Ser un mamarracho Persona de ningún valor ni mérito, que no merece ninguna consideración. *No le hagas ni caso y déjalo que insulte todo lo que quiera. Es un mamarracho*. Sobre la palabra árabe *muharray,* 'persona ridícula', se construye la forma *moharracho,* que designaba en la Edad Media y el Renacimiento a una especie de bufón que se ganaba la vida haciendo gracias y muecas. De *moharracho,* surgió *mamarracho,* que conserva el mismo significado peyorativo que sus antiguos referentes.

Ser un mameluco Tener fuerza bruta, pero poco juicio y escasa inteligencia. Mameluco procede del árabe *mamluk,* 'esclavo'; así llamaban los sultanes de Egipto a sus mejores soldados, comprados como esclavos cuando eran niños para adiestrarlos en el uso de las armas. Eran excelentes luchadores, con gran fuerza y valor, pero con escasa inteligencia, lo que les hacía ser temerarios hasta extremos insospechados. Napoleón incorporó a estos soldados a sus tropas tras la campaña de Egipto; fueron éstos a los que más encarnizadamente se enfrentaron los madrileños el 2 de mayo de 1808, sucesos inmortalizados por Goya.

Ser un manitas (de plata) Ser muy hábil para realizar todo tipo de trabajos manuales. *Yo no llevo nunca a arreglar ningún aparato; me lo arregla todo mi marido, que es un manitas*. De quien tiene las cualidades contrarias, es decir, la falta total de habilidad, decimos que *es un manazas*.

Ser un manta Ser muy poco hábil o muy vago. *No sé por qué te dejo jugar conmigo de pareja a las cartas, si eres un manta y siempre perdemos*. Es muy posible que el primer significado fuera el de 'vago'; de ahí la identificación con la manta: quien está mucho en contacto con las mantas (v. *Pegársele a alguien las sábanas*) acaba convirtiéndose en manta. De hecho, existe también la expresión *Dormir más que las mantas*. Tampoco debe descartarse que las connotaciones negativas de la locución se identifiquen con la mala calidad de tejido de las mantas de antaño y con la suciedad y parásitos que en ellas se acumulaban. Por último, hay que decir que entre los siglos XVI y XVII se llamaba *manta* en algunos lugares del norte del país, especialmente en Navarra, al gran lienzo que se colgaba en las paredes de algunas iglesias y en el que se escribía el nombre de los judíos que se convertían (v. *Tirar de la manta*). ¿No se llamaría también *manta,* a causa de una sencilla y común metonimia, como *el trompeta* o *el maleta,* al que apareciera en aquella lista? Desde luego, sería alguien con no muy buena fama entre sus vecinos.

Ser/estar hecho **un mar de lágrimas** No poder dejar de llorar. No encontrar consuelo. *Algunos nos tomamos mejor lo del suspenso, pero la pobre Ana estaba fatal. Era un mar de lágrimas y no había manera de tranquilizarla. Mar* funciona en su sentido de 'gran extensión de agua', pero también como adverbio de cantidad, 'muchísimo'.

Ser/parecer **un matasiete** Ser un fanfarrón. Presumir de valiente. *Antonio parece un matasiete, pero cuando hay que dar la cara por algo, es el primero que se esconde*. La expresión tiene su origen en el cuento infantil del *Sastrecillo valiente,* que cuenta la historia de un sastre al que pronosticaron que se haría famoso porque mataría a siete. Y así fue, un día que estaba comiendo una tostada con miel, a cuyo olor acudieron las moscas... De un certero golpe se cargó a siete, y, para celebrar el evento, se bordó una banda para ponérsela en el pecho, con la inscripción «he matado a siete». V. *Caer como moscas*.

Ser un(a) **maula** Referido a personas, significa 'ser muy torpe o muy poco hábil a la hora de hacer algo', y también 'vago'. *Pues Carlos es un auténtico maula. No sabe ni poner un clavo en la pared.*|*Es un maula. Se pasa el día en la cama, vive del cuento y no pega ni golpe*. Referido a objetos, significa 'estorbo; cosa inútil'. En este caso se usa el artículo femenino. *Este ordenador es una maula. Ya lo puedes tirar y comprar uno nuevo, porque sólo te va a dar disgustos*. El término «maula», de origen poco claro, se documenta en nuestra lengua desde comienzos del siglo XVI con el significado de 'hombre tramposo', que se mantiene hoy, aunque con escaso rendimiento, y también de 'engaño, triquiñuela'. Entre los musulmanes españoles un *maula* era el cristiano convertido al islamismo, del que seguramente desconfiaban y al que, por tanto, llamaban *tramposo, mentiroso*.

Ser un meapilas (Mear agua bendita) Ser excesivamente religioso. Ser muy beato. Estar mucho tiempo en la iglesia. *Es un meapilas: no sale de la iglesia, todo le parece inmoral, todo es pecado...* La frase parece aludir a quien *vive* tanto en la iglesia que se ve obligado a hacer en ella sus necesidades, aunque podría interpretarse de la misma forma que *mear agua bendita:* ser un santurrón, hasta el extremo de orinar agua bendita con la que llenar las pilas. V. *Comerse los santos*.

Ser un mecenas Emplear mucho dinero para comprar obras de arte y proteger a los artistas. *Los Medici fueron los más importantes mecenas de los siglos XIV y XV*. Cayo Cilnio Mecenas (60-8 a. C.) fue consejero del emperador Augusto, a quien ayudó a conquistar el poder, y protector y favorecedor de insignes poetas de la edad de oro de la literatura latina, entre ellos Horacio (65-8 a. C.), Virgilio (70-19 a. C.) y Propercio (50?-15? a. C.), que en muchas de sus obras dejaron constancia del afecto que le profesaban.

Ser un mendrugo Ser rudo y de escasa inteligencia. *¿Pero cómo puedes ser tan mendrugo? ¿No te das cuenta de que con esa actitud tan cerrada estás empeorando la situación?* El *mendrugo* es un trozo de pan, especialmente el duro que se desecha, estas características de dureza e inutilidad son las que nos llevan a pensar en el poco entendimiento de la persona de la que hablamos. En la obra de Lope de Rueda (1505-1565) *La tierra de Jauja* (v. *Esto es Jauja*), el personaje al que engañan y roban los ladrones se llama, precisamente, *Mendrugo*.

Ser/encontrar **un mirlo blanco**/una mosca blanca Tener una persona o una cosa gran valor por ser muy escasa y dificilísima de encontrar. *He encontrado una casa preciosa, amueblada, al lado del mar, en un lugar precioso y por un precio extraordinario... Un mirlo blanco*. El mirlo es un pájaro que se domestica con facilidad y al que se le pueden enseñar ciertos sonidos. Por supuesto, y por si había dudas al respecto, es de color negro...

Ser un monstruo Generalmente el término *monstruo* funciona en la lengua coloquial con el significado de 'sobresaliente, muy destacado'. *A lo* *largo de la historia del fútbol ha habido grandísimos jugadores, pero Pelé está por encima de todos: ha sido un monstruo.* En ocasiones significa 'muy grande, exagerado'. *No sé dónde va a meter ese monstruo de armario que se ha comprado.* A veces se emplea también con el significado de 'muy feo'. *¿Que el novio de Mari es feíllo? Eso es demasiado suave...¡Es un monstruo!* Todos estos significados debemos rastrearlos a partir de la primera acepción que nos ofrece el diccionario: 'ser contrario a la naturaleza por diferir de forma notable de los de su especie'. En un caso esa diferencia o característica particular se toma en sentido positivo, y en otro, en negativo.

Ser/parecer **un**(a) **mosquita**/mosca **muerta** Tener apariencia falsa de debilidad o de inocencia. *No te fíes de Pepe, que es un mosquita muerta y te la puede preparar en cuanto te descuides.* Si hay algo más inocente, inofensivo e inocuo que una mosca es, claro está, una mosca muerta, especialmente si es pequeña.

Ser/coger/agarrar/tener **un muermo** (Estar con el muermo||Estar muermo) Ser aburrido alguien o algo. *No te aconsejo esa película: es un muermo. Con decirte que me dormí a los veinte minutos...|No se puede ir contigo a ninguna fiesta porque eres un muermo: no bailas, no hablas con la gente.. Te sientas en un rincón y ya tienes todo hecho. Muermo* a veces se usa también con el significado de 'abatimiento, somnolencia'. *No sé qué me pasa hoy, pero desde que me he levantado estoy con el muermo, como triste y sin ganas de hacer nada.* Existe también el verbo *amuermarse,* 'aburrirse, dormitar', propio del lenguaje juvenil. El *muermo* o *muerbo* es una enfermedad propia de las caballerías, muy virulenta y contagiosa, que provoca ulceraciones en las fosas nasales, moqueo y afecciones en los ganglios linfáticos y que puede transmitirse al hombre. Para curarla, los veterinarios solían colocar en la zona afectada emplastos de agua de adormidera *(Papaver somnifeRum),* la planta de la que se extrae el opio. El efecto de esta sustancia y la fiebre que producía la enfermedad hacían que el animal permaneciera postrado, abatido, prácticamente drogado; de aquí el dicho.

Ser un muerto de hambre Ser muy pobre y desgraciado, a pesar de lo que se pueda aparentar. *Míralo, coche nuevo, casa nueva, lujo por todas partes, y luego es un muerto de hambre que no tiene un duro.* La terrible crueldad de la expresión no está tanto en la recurrencia al hambre, como en la prepotencia y presunción que transmite el que la usa. V. *No tener donde caerse muerto.*

Ser/estar hecho **un**(a) **mulo**/a (Ponerse hecho un(a) mulo/a||Ser un mulo de reata) Ser muy fuerte. *Hace poco todos le tomaban el pelo porque era un esmirriado. Se apuntó a un gimnasio y ahora míralo, es un mulo. Ser una mula* puede significar 'muy fuerte', y también 'terco; obcecado' (v. *Más terco que una mula*). *Es una mula. Yo le he visto mover un tractor a en-*

pujones.|*Procura no llevarle mucho la contraria, que ya sabes que es una mula y que, cuando cree tener la razón, no hay quien lo convenza de otra cosa.* El mulo es un híbrido del caballo y el asno, de mayor tamaño que este último, y que, por su gran fuerza y resistencia se suele utilizar como bestia de carga y en las labores del campo. Llamamos *mulo de reata* a quien no tiene opinión propia, a quien sigue los dictados de otro y se deja influir por él, lo mismo que el mulo que va en una reata sigue al animal que tiene delante y al que va atado. *Mientras a tu jefe le sigas diciendo a todo que sí, como un corderito, y te tenga de acá para allá de correveidile, sólo serás un mulo de reata y tu opinión no contará para nada ni para nadie.*

Ser un/el **muñeco de feria**/del pim pam pum/del pimpampún Ser considerado, sin fundamento ni razón, culpable de algo. Ser objeto, por lo general de forma injusta, de las críticas, de las iras e, incluso, de las agresiones de otros. *Estoy hasta las narices de ser un muñeco de feria y de que aquí, cada vez que pasa algo, todo el mundo me señale, se me eche encima y me ponga a parir, ¿vale?* La persona a la que se refiere el dicho se encuentra en una tremenda situación de indefensión y no puede reaccionar, igual que esos muñecos de las casetas de feria a los que hay que derribar a bolazos. *Pim pam pum* es la onomatopeya de los golpes que producen los impactos. V. *No dejar títere con cabeza*||*Ser el saco de los golpes*||*Tirar al muñeco.*

Ser un narciso (Ser como Narciso) Preocuparse demasiado por la belleza, por la apariencia, por el aspecto físico. Ser muy presumido y vanidoso. *Luego dicen que si las mujeres tal, que si las mujeres cual, pero este tío está todo el día delante del espejo, dándose todo tipo de potingues a la cara; se compra ropa cada dos por tres y va todas las semanas a la peluquería. Vamos, que es un narciso.* Vanagloriarse en exceso de las propias facultades o conocimientos. *Si no fuera tan narciso llegaría lejos, porque no puede negarse que vale muchísimo y está muy preparado, pero lo echa a perder todo con tanto mirarse el ombligo y autoalabarse.* Narciso es un personaje de la mitología griega sobre el que se cuentan dos leyendas distintas, aunque con un mismo final. Según Pausanias, un escritor griego del siglo II, Narciso tenía una hermana gemela por la que sentía algo más que afecto. Cuando ésta murió, la pena de su hermano fue tan inmensa que se pasó el resto de sus días contemplando su propio rostro reflejado en las aguas de un riachuelo, porque le recordaba al de su hermana. Esto hizo que la gente pensara que estaba enamorado de sí mismo. El poeta latino Ovidio nos ofrece otra versión, más conocida. Cuenta que Narciso era un joven de gran belleza al que, nada más nacer, el famoso adivino Tiresias había profetizado que viviría muchísimos años sólo con la condición de que jamás llegara a conocerse a sí mismo, a ver su propia cara. La belleza de Narciso era tal que muchos de los hombres y mujeres que lo veían caían enamorados, pero a todos los rechazaba, incluida la ninfa Eco, que, por un castigo de la diosa Hera, no podía hablar, sino sólo repetir el final de las palabras que otros decían, el *eco*. Esta actitud prepotente de Narciso acabó por molestar a los dioses, que decidieron castigarlo: le hicieron ver su rostro en las aguas de un río y el joven se enamoró de sí mismo, de tal forma que permaneció en la orilla mirando inmóvil su reflejo hasta que se consumió y se transformó en la hermosa flor que lleva su nombre.

Ser/parecer **un ogro** Ser muy cruel. Provocar miedo. Tener muy mal carácter. *No entiendo por qué todos decís que el catedrático es un ogro. A mí me parece una persona muy correcta y educada. Es muy serio, es verdad, pero no se come a nadie*. Parece que el término *ogro* proviene de *Orcus* (u *Orchus*), el nombre de una de las divinidades infernales de los romanos, identificado a veces con Plutón, dios romano del mundo subterráneo y que podía llegar a representar directamente a la muerte. Orcus, que vivía con sus crueles hijas y un dragón de múltiples cabezas, era señor del mal, se alimentaba de carne humana, y aparece representado ya en antiguas tumbas etruscas del siglo V a. C. como un gigante con el cuerpo completamente lleno de pelo. La mitología europea, especialmente la de los países nórdicos, se encargó de caracterizarlo como un ser maligno que capturaba niños para comérselos. De todo esto al malvado *ogro* de nuestros cuentos (recuérdense *Pulgarcito* o *El gato con botas*, por ejemplo) hay sólo un pequeño salto de la imaginación.

Ser un (buen) **pájaro** (de cuenta) Es *un pájaro* la persona poco de fiar, quien tiene un comportamiento astuto que despierta en los demás cautelas, suspicacias o recelos. *Yo no le daría mucha confianza, porque es un pájaro y en cuanto te descuides te la juega. Te va a hacer creer que tú lo dominas, y en realidad te va a controlar él a ti*. Si la sagacidad se tiñe de maldad, las suspicacias de los demás se convierten en sentido de protección. Hablamos entonces de un *pájaro de cuenta,* o sea, que hay que tener en cuenta o del que hay que protegerse. *Ese tío es un pájaro de cuenta: ha hecho tres o cuatro desfalcos, pero ningún juez ha conseguido meterlo en la cárcel*. El término pájaro alude seguramente a la *volatilidad* del individuo al que se lo aplicamos, a su facilidad para escabullirse, a su excesiva libertad y, por tanto, falta de responsabilidad.

Ser (como)/parecer **un pan sin sal** No tener iniciativa. Ser muy simple. Ser muy soso. *Con lo alegre y pizpireta que es ella, de verdad, no sé cómo se entiende con él, que es todo lo contrario, un pan sin sal*. Ya de por sí el pan es un alimento insípido, que «no dice nada»; si encima le quitamos la sal...

Ser un paniaguado Se dice de la persona protegida o favorecida por otra, de la que depende y a la que le rinde una especie de adoración, hasta el punto de convertirse, en muchas ocasiones, en una especie de esclavo o de marioneta (v. *Ser una marioneta*). *Está claro que Martínez es un paniaguado del presidente y que nunca dirá nada que vaya contra él; así que su opinión no me interesa lo más mínimo*. Se llama *paniaguado del poder* a la persona protegida por quienes mandan o gobiernan. Antiguamente se llamaba *pania-*

guado al criado de una casa cuyo dueño, aparte de un salario, le daba alojamiento y comida (pan y agua).

Ser un papanatas Ser excesivamente simple e inocente. Ser tonto. *No me explico cómo ese individuo tan atontado, que es un papanatas y que no tiene ni idea de cómo funciona esto, ha llegado a tener un cargo como ése. Bueno, sí me lo explico, pero no lo digo...* Literalmente, un *papanatas* no es otra cosa que un «comenatas», pues la palabra es un compuesto de *papa*, derivado del verbo del bajo latín *pappare*, 'comer', y *natas*. En un principio, la palabra hacía referencia a una persona crédula e inocente, tal vez recordando al niño que aún toma leche; en la actualidad el significado es un tanto más despectivo y a la inocencia se añade el matiz de inutilidad, insignificancia o estulticia. A veces se usa con el significado de 'persona que habla mucho y hace poco; fanfarrón; presumido', seguramente por identificar erróneamente la palabra *papanatas* con la onomatopeya del sonido del cacareo de la gallina y otras aves de corral (v. *Ser una gallina*). *Jaime es un papanatas: habla demasiado de sí mismo y de sus batallitas y no se da cuenta de que sus rollos personales no le interesan a la gente*. V. *Papar moscas*.

Ser un paria Ser muy pobre y muy desgraciado. Se llama paria a la persona a la que la sociedad aparta por completo y le niega cualquier derecho elemental. Suele emplearse en sentido figurado. *No quiero quedarme más tiempo aquí. Todos me tratan fatal, me niegan el saludo y no cuentan conmigo para nada, como si fuera un paria. Estoy totalmente decidido a cambiar de trabajo.* Según la ley de Brahma, los *parias* son los miembros de la casta más baja de los hindúes. No tienen derechos sociales ni religiosos. Entre ellos hay, incluso, subcastas, como las de los *apasodas*, a la que pertenecen los hijos habidos fuera del matrimonio y los de las viudas casadas en segundas nupcias.

Ser un paseo militar Ser algo muy fácil de conseguir. Lograr algo con muy poco esfuerzo. *A esos les podemos ganar incluso jugando con los ojos tapados. Esta partida va a ser un partido militar; ya lo verás*. Se compara esta consecución con el cómodo triunfo en una batalla en la que los militares tuvieran, únicamente, que desfilar.

Ser/parecer **un pato** (mareado) Ser muy torpe. *Mira cómo baila; parece un pato...* Es proverbial la torpeza de este palmípedo cuando está fuera del agua. Existe, con el mismo significado, el adjetivo *patoso*. V. *Ser un pavo*.

Ser un pavo/pavisoso Ser muy soso, incauto y torpe. *¡Pero qué pava eres!; estás viendo que está loco por ti y tú ni siquiera le miras*. Verdaderamente, no es animal que destaque por su inteligencia, y de ello deja sobrada constancia la lengua coloquial. V. *La edad del pavo*||*Más tonto que la mierda de pavo*||*Ser un pato*||*Subírsele a alguien el pavo*.

Ser un pendón (verbenero)/pendejo Ser muy juerguista. Llevar una vida un tanto desordenada. *A ver si cuando se case cambia de vida, porque es un pendón: vive más de noche que de día*. Aplicadas a mujeres, todas estas expresiones se tiñen de connotaciones aún más negativas y pasan a significar 'prostituta'. *Su novio debe de ser el único que aún no se ha dado cuenta de que ella es un pendón. Pendón* es un término emparentado con el latino *pinna,* pluma, y que nos llega a través del provenzal *penon*. De hecho existe en nuestra lengua el sustantivo *péndola* o *péñola,* 'pluma de ave para escribir'. Las plumas eran un adorno, que servía a la vez de distintivo, que los soldados de muchos ejércitos de la Antigüedad colocaban en los cascos o en las lanzas. Posteriormente, el término, contaminado con *pender,* pasó a designar la tela que, a modo de bandera, también colocaban los ejércitos en las lanzas. Pero volvamos a las plumas. Uno de los castigos más frecuentes de los tribunales de la inquisición era «emplumar» o «dar plumas» a algunos condenados por delitos como robo, hechicería y otros que supuestamente atentaban contra la moral pública: alcahuetería, adulterio, prostitución... Al reo se le untaba con brea o con otra sustancia pegajosa y se le echaban encima unos cuantos sacos de plumas, normalmente de gallina, que quedaban adheridas al cuerpo. Así se paseaba al desgraciado o desgraciada por las calles, para que sufriera las burlas y el escarnio de la gente (v. *¡Que me emplumen!*||*Ser un pringado*). Un *pendón* sería, por tanto, alguien lleno de plumas, una persona condenada por su comportamiento poco acorde con la moral pública. *Pendejo*, voz procedente de *pectiniculus,* diminutivo de *pectine(m),* 'pubis', es, originariamente, 'pelo del pubis o de la ingle'. Seguramente, por su cercanía formal, se asimila a *pendón* en la lengua hablada al tomarlo por una especie de despectivo de dicho término.

Ser un pepla/plepa/plepla Ser alguien extremadamente delicado, que continuamente se queja por todo. *Este niño es un plepa; en cuanto le tocan un pelo, ya está llorando*. Se cuenta que durante la guerra de la Independencia (1808-1812) se instaló en Sevilla un intendente francés que se encargaba de comprar caballos para el ejército napoleónico y que tenía un alto grado de exigencia. Los que criaban caballos acudían a él para vendérselos, pero, cuando se los enseñaban, rechazaba casi todos diciendo *plaît pas,* o sea, 'no me gusta'. *Plaît pas* se pronuncia en nuestra lengua *plepa,* palabra que salió del ámbito equino para designar al quejoso o al protestón en general.

Ser un perillán Ser astuto, mañoso y pícaro. *Eres un perillán: cuando quieres algo, no dejas de hacerme la pelota*. Per (Pedro) Illán fue un personaje que vivió en Toledo durante el siglo XIII, famoso por su sagacidad y sus hazañas. Cuenta la leyenda que quiso ser enterrado en alto, para que nadie pisara su tumba, y efectivamente, así fue sepultado, en la capilla de Santa Engracia de la catedral de Toledo.

Ser un perro/perrito **faldero** No separarse alguien de otra persona. Ir a todas partes con alguien. *¿Que si está enamorado de ella? ¿Pero no ves que es un perrito faldero y la sigue a todas partes?...* En un principio, la locución se refería sólo a las personas muy unidas a sus madres. Antaño era habitual que las damas de alto copete tuvieran perritos de compañía a los que llevaban a todas partes; de ahí la expresión. V. *Agarrarse a los faldones de alguien*.

Ser (un) perro viejo (Ser un/muy perro) Obrar con mucha experiencia y astucia, en especial para buscar el beneficio propio con poco trabajo, como el perro que, a fuerza de vivir en la calle, acaba por distinguir perfectamente entre lo que le conviene y lo que no le conviene y por poner en práctica la ley del mínimo esfuerzo para sacar el mayor partido. *Ese jugador no tiene mucha calidad, pero es un perro viejo y resulta muy beneficioso para el equipo*. Ser un perro puede emplearse con sentido positivo ('ser muy listo') y negativo ('ser muy mala persona'). *Bien sabías tú que ese negocio no te interesaba. ¡Qué perro eres!/Lo que me ha hecho no tiene nombre. ¡Ese tío es un perro!* Con el femenino *perra* el significado cambia y pasa a ser completamente peyorativo: 'prostituta'. Es el que se mantiene en la expresión *hijo de perra*. Esto sucede con otros animales, en los que el masculino está marcado de forma positiva y el femenino de forma negativa: V. *Ser un lagarto/una lagarta||Ser un zorro/una zorra*. Son abundantísimas, y muy dispares en cuanto a significado, las referencias al mejor amigo del hombre en la lengua coloquial; evidentemente, se trata del animal más abundante en nuestro mundo, el que más convive con el hombre: *Muerto el perro, se acabó la rabia; hijo de perra; a perro flaco todo son pulgas||Como a un perro||Como un perro||Dame pan y llámame perro||De perros||Los mismos perros con distintos collares||Ser como el perro del hortelano...*

Ser un peso pesado (Tener mucho peso||Tener peso específico) Ser muy importante, poderoso o influyente dentro de un grupo. En el boxeo se llama *pesos pesados* o *grandes pesos* a la categoría en la que combaten los púgiles de más peso, la más importante. En física se denomina *peso específico* al de un cuerpo en comparación con el de otro de igual volumen que se toma como unidad. *Peso* podemos interpretarlo en todas estas expresiones como 'importancia; fuerza'. *En la remodelación ministerial va ha haber varios cambios, pero seguramente se mantendrán en sus puestos los tres o cuatro ministros que son los pesos pesados*.

Ser un petardo Un *petardo* es alguien molesto, pesado y desagradable en el trato. *A mí no me gusta nada estar con ella porque es una petarda que siempre está mirándose el ombligo y criticando a todo el mundo*. También se usa para hablar de algo muy aburrido. *¡Vaya petardo de conferencia! Un poco más y me quedo dormido*. El petardo es un cilindro relleno de pólvora que, al aplicarle fuego a una mecha, produce una explosión. En el dicho se alude a las molestias que produce el ruido de los petardos.

Ser un petimetre *Petimetre* significa prácticamente lo mismo que *lechuguino*. *Ese tío es un auténtico petimetre. Es cursi hasta la saciedad; presu-*

me mucho y resulta que es un auténtico ignorante. Ambas palabras tienen un origen parecido, pues se refieren a estos mismos jóvenes afrancesados de finales del XVIII y comienzos del XIX que se las daban de cultos y se atenían escrupulosamente a las modas y comportamientos que venían del país vecino. *Petimetre* no es otra cosa que la españolización del francés *petit maître*, 'pequeño maestro', irónica denominación que se aplicaba a aquellos jovenzuelos. V. *Ser un lechuguino*.

Ser un pez gordo Ser una persona muy importante e influyente. Tener mucho poder. *Para intentar que su hijo no vaya a la mili han hablado con un pez gordo del ministerio*. Relacionado con la locución existe el refrán *El pez grande (gordo) se come al chico*.

Ser/tener **un pico**/piquito **de oro** Hablar alguien muy bien y de manera muy adecuada. *¡Hay que ver qué bien habla este locutor! Es un pico de oro*. En la locución se combinan el uso de *pico* como *boca* (v. *Abrir el pico*||*Cerrar el pico*) con el valor de la locución *de oro*, prácticamente un superlativo de *bueno* (*Edad de oro*||*Ser oro molido*). Muchas veces se usa con un matiz irónico. *Cuando se trata de hablar a las espaldas de alguien eres un piquito de oro, pero cuando tienes que decirle algo a alguien a la cara no te salen las palabras, ¿eh?*

Ser un piernas Ser muy poco hábil en el ejercicio de cualquier actividad. Ser patoso. *No sé por qué las novelas de ese escritor tienen tanto éxito; si es un piernas*. Seguramente, en su origen, la expresión se aplicaba sólo a alguien con escasa habilidad para los trabajos manuales, alguien que pareciera no tener manos, dada su escasa habilidad para usarlas. La hipérbole nos llevaría a pensar en alguien con cuatro piernas y, evidentemente, cuatro pies. En este sentido, existe el dicho *Cuando Dios repartió las manos, tú te colocaste en la fila de los pies*. V. *Estar hecho con los pies*.

Ser un pigmeo/liliputiense Ser muy bajo. Medir muy poco. *Con lo altos que son sus padres, y el es un pigmeo. Apenas llega al metro y medio*. Muchas veces *pigmeo* y *liliputiense* se usan en sentido figurado, aludiendo a alguien de escasa talla moral, de muy pocos escrúpulos. *A ése no lo quiero ni ver. Es un pigmeo que se aprovecha de la desgracia de los demás para sacar partido y trepar. Pygmé* era, en griego, 'puño', y en la mitología helénica se denominaba *pygmaíos* (*pygmaeus* en latín), literalmente 'del tamaño o de la altura de un puño', a los enanos que se creía que habitaban zonas muy diversas de la Tierra: las fuentes del Nilo, Tracia, Libia o India. Se los suele representar luchando con las grullas, de quienes querían vengarse porque una de sus reinas había sido transformada en esta ave por la diosa Hera. Cuando, muchos siglos después, se supo que en las selvas del África ecuatorial habitaban unas tribus cuyos miembros no superaban el metro y medio de altura, se recuperó el antiguo nombre mitológico para designarlos. Los liliputienses son los habitantes de Lilliput, país creado por la fantasía del escritor irlandés

Jonathan Swift (1667-1745) en *Los viajes de Gulliver.* Son unos seres minúsculos que apenas miden seis pulgadas, es decir, unos quince centímetros.

Ser un piojo resucitado Así se llama a la persona muy pobre y de origen muy humilde que, por métodos no muy claros, se encumbra socialmente o llega a ocupar puestos de mando o de responsabilidad. *A saber cómo ha llegado a un cargo como ése... Yo lo único que te digo es que es un piojo resucitado, que hasta hace sólo unos años vivía con sus padres y sus seis hermanos en una casa que no tenía calefacción ni agua caliente, y que a duras penas llegaban a fin de mes.* El origen se marca clara y crudamente con *piojo,* término puramente despectivo que, junto con el adjetivo piojoso, usamos también en otras situaciones: *Era un piojoso que no tenía donde caerse muerto y ahora es uno de los más ricos del país.* El dicho encierra una tremenda esencia de crueldad: La persona de la que hablamos no era sólo un piojo, sino algo peor: un piojo muerto. Ha conseguido resucitar, volver a la vida, pero, en el fondo, sigue siendo un piojo.

Ser un pobre de espíritu Ser débil y pusilánime. *Yo no dudo que sea buena persona; todo lo contrario. Lo único que te digo es que es un pobre de espíritu y que en las situaciones decisivas, cuando surgen problemas, se acobarda.* En el Evangelio, en el conocido episodio del Sermón de la Montaña o de las Bienaventuranzas, Cristo asegura que los *pobres de espíritu* ganarán el Reino de los Cielos (*Mateo,* V, 3 y *Lucas,* VI, 20), aunque el concepto de «pobreza de espíritu» se refiere aquí a la sencillez, a la pureza espiritual y a la despreocupación por las cosas materiales.

Ser un pobre diablo (¡Pobre diablo!) Ser un desgraciado, una persona que, más que el desprecio, despierta la compasión de los demás. *Yo que tú no respondería a sus insultos... Déjalo y no le hagas caso, porque es un pobre diablo.* La antítesis que supone la unión de *pobre* y *diablo* es lo que da fuerza a la locución, que, literalmente, alude a alguien tan desgraciado que ni siquiera tiene suerte cuando es malo.

Ser/estar hecho **un poema** Referido a personas, significa 'tener muy mal aspecto; estar herido, dañado o muy deteriorado físicamente'. *No tenía nada grave, sólo unas contusiones en las piernas; eso sí, la cara era un poema, llena de rozaduras y moratones.* Si se refiere a cosas, 'ser extraño o ridículo'. *Iba vestido que era un poema: pantalón verde, chaqueta burdeos y camisa amarilla.* Por este significado debemos buscar el origen del dicho: el poema, frente a la prosa, es lo menos natural, lo sorprendente, lo forzado, lo extraño; a veces, incluso, lo extravagante. V. *Estar hecho un cristo*||*Estar hecho un cromo.*

Ser un pozo sin fondo Se dice del negocio en el que se invierte mucho dinero sin obtener beneficios, o de la persona que genera muchos gastos. *Se están planteando dar el traspaso de la tienda, porque es un pozo sin fondo y no parece tener mucho futuro.*|*El niño es un pozo sin fondo y, claro, como sus padres le dan todos los caprichos: que si ordenador, que si moto, que si jue-*

guecitos... También, en forma negativa, se usa para indicar que no se desea gastar más dinero, que los gastos tienen un límite. *Que sepas que ésta es la última vez que te presto dinero, que no soy un pozo sin fondo.*

Ser un pringa(d)**o** (Estar pringa(d)o) Se usa esta frase para aludir a la persona de la que se aprovechan los demás, generalmente en el trabajo al que tiene que asumir, por manejos o engaños de sus jefes o sus compañeros, las labores más complicadas y menos agradecidas. *Eres un pringao porque quieres. Nadie tiene derecho a exigirte más horas de las que haces ni a pedirte que vayas a trabajar los fines de semana. Tienes que aprender de una vez por todas a decir que no*. A veces, sobre todo en el lenguaje juvenil, se usa con el significado de 'simple; tonto'. *Yo no me explico cómo María puede estar con ese imbécil. Nada más hay que verle la cara para darse cuenta de que es un pringao*. Literalmente el *pringado* es el que se *pringa*, es decir el que realiza trabajos sucios, grasientos, poco agradables y que nadie quiere. También podría pensarse en el castigo que la Inquisición daba a algunos condenados por robo y por delitos contra la moral pública, a los que untaba —pringaba— con brea y cubría de plumas (v. *¡Que me emplumen!*‖*Ser un perdón*). Algunos autores sostienen que el término proviene del cruel castigo que se infligía a algunos delincuentes, conversos y esclavos huidos, a los que, después de ser azotados, se les *pringaban* las heridas con tocino o manteca derretidos con una antorcha. A éstos, lógicamente, se les llamaba *pringados*. *Pringar* y *pringarse* se usan en la lengua coloquial con el significado de 'implicarse en asuntos turbios, generalmente sobornos o asuntos que tienen que ver con el dinero': *Descubrieron que el abogado había aceptado dinero de la parte contraria. El muy imbécil se pringó por cuatro perras;* y también 'fastidiarse; sufrir algún contratiempo; perder en el juego', caso en el que se usa mucho la forma *pringarla*. *Por tu culpa nos toca pringar a todos y nos quedamos sin recreo.*|*Eso suele pasar a quien se confía, que se cree que va a ganar con la gorra y, al final, la pringa*. V. *Untar el carro*.

Ser/estar hecho **un punto**/puntazo/punto filipino Ser algo o alguien único, muy especial, tanto que, con esta persona o cosa cerramos un ciclo. Cuando en la escritura ponemos un punto seguido o un punto y aparte también cerramos un ciclo —una frase o un párrafo, respectivamente— y pasamos a hablar de otra cosa diferente (v. *Ser punto y aparte*). *Si tenéis ocasión, no dejéis de ir a esa playa: es un punto.*|*Ayer salí con Carolina y me lo pasé bomba con ella. Esa chica es un punto*. A veces, aplicado a personas, punto vale por 'pícaro; sinvergüenza' y se suele usar de forma atenuada, en tono cariñoso. *Así que te duele la cabeza... Lo que pasa es que no tienes ganas de ir a clase. ¡Menudo punto estás tú hecho!* La expresión *punto filipino* se refería originariamente a una persona de malas intenciones, a alguien de quien había que desconfiar, y parece estar dedicada a Felipe II, un rey con tantos partidarios como enemigos, alrededor del cual se tejió una amplia leyenda negra.

Ser un puñetero Ser molesto, un incordio. *Cada vez que le veo aparecer por aquí, me echo a temblar, porque es un puñetero y no sé cómo quitármelo de encima.* Ser pícaro, astuto. *Me haces venir aquí con la excusa de que me invitas a comer y lo que quieres es prepararme una encerrona para contarme tus rollos. Eres un puñetero, de verdad. Puñetero* sería, literalmente, la persona que hacía *puñetas,* los adornos de encaje que ornaban los puños de las togas de los jueces y de otros atuendos. Como las más famosas se hacían en los Países Bajos, a quien se quería ver lejos se le enviaba a *hacer puñetas* (v. *Mandar a alguien a hacer puñetas*). Otra interpretación es la que relaciona *puñeta* con la palabra italiana *pugnetta,* 'masturbación', relacionada con *pugno,* 'puño', y que podría haber pasado a formar parte del lenguaje de la soldadesca que participó en las campañas de Italia durante los siglos XVI y XVII. No hace falta decir más explícitamente a quién se llamaría *puñetero.* V. *Hacerle a alguien la puñeta.*

Ser un quebradero de cabeza/rompecabezas Se llama *quebradero de cabeza* a una preocupación que no desaparece. *A ver si de una vez salen las listas de admitidos y me quito de encima este rollo, porque lleva siendo un quebradero de cabeza más de un mes.* Ser un asunto muy problemático, muy lioso y difícil de resolver. *Tenemos que intentar arreglar de una vez por todas lo de las tuberías, porque es un quebradero de cabeza y si esperamos más va a ser peor.* De tanto preocuparse por un asunto o de tanto cavilar para intentar solucionar un problema uno se acaba «partiendo» la cabeza, idea que se recoge en el nombre del juego que consiste en recomponer una figura a partir de un determinado número de piezas: *rompecabezas.*

Ser un quijote Obrar siempre anteponiendo lo ideal a lo real, aunque eso pueda traer inconvenientes. *Ese ciclista siempre es un quijote. Sabe que él va a ganar el premio final y deja que los demás ganen las etapas.* Lógicamente, el punto de referencia es Don Quijote, modelo de idealismo y de generosidad no recompensada y abogado de causas perdidas.

Ser/meter/soltar **un**(a) **rollo**/peñazo/tostón/lata/latazo/plomo/ladrillo/pestiño/plasta Ser algo o alguien muy aburrido. *Rollo* se refiere a algo que provoca aburrimiento por su duración, a una cosa de gran longitud que, cuando se desenrolla, parece no acabar. Concretamente, se denominaba *rollo* a los antiguos documentos jurídicos y a las actas donde se recogían los autos, redactadas en pergaminos que se enrollaban. Recogiendo esta costumbre, en el lenguaje jurídico actual se llama *rollo* a las actuaciones escritas que se realizan ante los tribunales superiores. No obstante, como un *rollo* es también una piedra, un canto rodado concretamente, podría pensarse que la *pesadez,* el aburrimiento, están representados por las connotaciones de peso y de dureza de la palabra, lo que enlazaría directamente con *peñazo, plomo* y *ladrillo.* Pero *Ser un rollo* podría relacionarse también con las molestias que provocaban con su insistencia y sus exigencias los antiguos soldados de los tercios de los siglos XVI y XVII cuando iban de despacho en despacho pidiendo reconocimiento, en forma de compensaciones económicas o trabajo, con su licencia y sus pliegos de hazañas hechos un *rollo* y metidos en un canuto de lata —también por aquí podría venir la explicación de *ser una lata* o *un latazo*—. En la época, y posteriormente, existe la expresión *dar canuto* o *dar el canuto* con el significado de 'licenciar al soldado' y 'despedir a alguien de un trabajo'. Sobre *lata* y *latazo,* aparte de lo dicho del canuto de los soldados, hay varias interpretaciones. La primera se refiere al ruido producido por estos envases al ser golpeados o arrastrados por el suelo. El gran filólogo Dámaso Alonso (1898-1990), afirma que *lata* no es el recipiente metálico, sino un palo o estaca, antigua voz, existente también en portugués y en francés *(latte),* derivada de la latina *latta*. Con el mismo origen, *lata* es también una 'tabla delgada sobre la que se aseguran las tejas'. Con la lluvia y el viento las tejas golpean estas tablas, lo que no deja de *ser una lata,* una molestia. Por otra parte, José María Sbarbi afirma que en la cárcel de Málaga se vendían a los presos unas latas llenas de restos y posos procedentes de la elaboración de los vinos y de la destilación de licores. Los que tomaban el brebaje se emborrachaban con increíble rapidez y de tal forma que montaban una escandalera considerable y molestaban a sus compañeros lanzándoles las latas y haciendo ruido con ellas (v. *Dar la lata*). El *tostón* es el trozo de pan frito con el que se acompañan algunas comidas, pesado y difícil de digerir. El *pestiño* es un dulce también de pesada digestión y sumamente empalagoso: una tira de masa de huevos y harina, frita y cubierta de miel. La *plasta* es una masa de poca consistencia y, sobre todo, acepción que funciona aquí un excremento abundante y blando. V. *Cortarle a alguien el rollo||Enrollarse como las persianas||Rollo macabeo||Tener buen rollo*.

Ser un sansirolé/ciruelo Ser un tonto, un necio. Ser muy simple, muy soso. Tener pocas entendederas. *Explícaselo claramente, pero tres o cuatro veces, porque el pobre es un sansirolé y nunca coge nada a la primera*. Sansirolé, según el gran etimólogo Joan Corominas, es un término dialectal salmantino, una deformación, quizá de origen gitano, de *san Ciruelo,* algo así como 'san Tonto'. De hecho, en la lengua coloquial varios nombres de árboles y de frutas se usan con el significado de 'tonto': *ciruelo, membrillo, melón*... V. *Saber más que el maestro Ciruelo||Ser como el maestro Ciruela*.

Ser un sibarita Llamamos *sibarita* a la persona de gustos y costumbres en exceso refinados y lujosos, al amante de la buena vida. *Pues seré un sibarita, como tú dices, pero yo no pienso cambiar mis costumbres. A mí me gusta ir a hoteles buenos: si son de lujo, mejor, y comer en los mejores restaurantes*. *Síbaris* era una antigua colonia griega, hoy desaparecida, situada en las costas del golfo de Taranto, al sureste de Italia, cuyos habitantes, es decir, los *sibaritas,* debido a su floreciente comercio y a la feracidad de sus ricas tierras, vivían rodeados de lujo y abundancia, dándose a la molicie, a la *dolce vita*. Ya los romanos introdujeron en latín el término *sybarita(m)*, que tenía el mismo significado antes expuesto.

Ser un soplo de aire fresco Se llama así a la persona que supone una renovación en un grupo, institución o lugar que no evolucionaba, que se había quedado anticuado. *En una empresa en la que todos los dirigentes superan los sesenta años no cabe duda de que esta mujer, joven y dinámica, es un soplo de aire fresco*. Es algo así como ventilar una habitación maloliente o de atmósfera cargada e irrespirable. Se abren las ventanas y entra aire fresco y limpio que renueva el ambiente.

Ser un tarambana Tener costumbres un tanto desordenadas. Ser excéntrico, alocado, poco equilibrado. Ser informal, poco serio. *Hace unas cosas muy raras y viste de una forma muy peculiar. Será muy buena persona, pero yo creo que es un tarambana.|A ti no te hago ni caso, porque eres un tarambana y lo que te gusta mucho un día al día siguiente lo odias*. Seguramente a través de *traba*, sustantivo del verbo *trabar*, se origina el término *tarambana* 'pequeño cilindro giratorio de madera para cerrar puertas y ventanas', tal vez de origen aragonés, vigente hoy en zonas de Álava, Teruel y Guadalajara. La palabra, y así pudo haberla recogido el castellano, se habría destinado a calificar a la persona alocada, que cambia frecuentemente de criterio, que tan pronto «se abre» como «se cierra».

Ser un tío con toda la barba Ser un hombre «de verdad», sincero, honrado, alguien en que se puede confiar. *No dudes nunca de lo que te diga Antonio, porque es un tío con toda la barba y jamás te mentirá*. Entre los germanos, la barba era signo de honor, de fuerza y de valentía. Juraban por sus barbas, se las tocaban antes de entrar en combate y consideraban una grave ofensa que alguien se las tocara. V. *Dar la barba||En las barbas de alguien||Mentir por la barba||Pelillos a la mar||Por barba||Subírsele a alguien a las barbas*.

Ser un tiquismiquis/tiquis miquis (Andar(se) con tiquismiquis) Se dice de quien tiene muchos escrúpulos o reparos y de quien se ofende o molesta por nimiedades. *No comes pescado porque tiene espinas, ni carne porque tiene grasa, ni verduras porque no te saben a nada... Eres un tiquismiquis.|Venga, anda, no seas tiquismiquis y no te lo tomes así. Te ha dicho que eres un tontito, sí, pero era cariñoso*. *Tiquismiquis* es palabra del latín denominado «macarrónico», el deformado humorísticamente, al que llega tras diversas corrupciones de la fórmula latina *tibi, mihi*, 'para ti, para mí', secuencia que claramente explica ese toque «selectivo» del escrupuloso: 'esto sí; esto no'. Sobre *tibi mihi* se generó *tichi michi* y de aquí *tiquis miquis*.

Ser un tira y afloja Estar dos posturas enfrentadas en un asunto, en el que cada una defiende unos intereses y en el que la negociación se endurece *(tira)* y se relaja *(afloja)* de forma alternativa. *La negociación entre la empresa y los trabajadores es un constante tira y afloja y será muy difícil llegar a un* *acuerdo*. Seguramente la locución procede de un antiguo juego en el que alguno de los participantes agarraba unas cintas juntas por un extremo y cada uno de los jugadores restantes cogía una de las cintas por el extremo contrario. Al grito de «¡tira!» o «¡afloja!» debían hacer justamente lo contrario de lo que se decía. Quien se equivocaba, salía del juego y pagaba una prenda. El *Diccionario* de la Real Academia de 1791 dice lo siguiente sobre la expresión: «Juego de muchachos. Hácese tomando uno de ellos algunas cintas de varios colores, juntas por un extremo, en la mano, y toma cada uno de los otros una cinta por el extremo contrario, y el que las tiene todas manda al que quiere que tire o afloxe, de suerte que si le dice que tire, ha de afloxar y si le dice que afloxe, ha de tirar, y si no lo hace así, pierde y paga la pena.[. .] Se usa esta expresión para dar a entender que se mandan a un tiempo cosas opuestas, por lo que no se pueden executar; y también que se van sucediendo alternativamente los lances y cosas que molestan, y las que desahogan y alivian». V. *Ser un toma y daca*.

Ser un tiralevitas (Tirarle a alguien de la levita) Ser un adulador, un pelota. *Ha conseguido llegar a subdirector porque es un tiralevitas y vive prácticamente en los despachos de sus superiores*. Literalmente, *el que estira las levitas*. Transmite la palabra la típica imagen del pelota recalcitrante, limpiando y estirando las arrugas del traje del jefe. La levita era una chaqueta larga masculina, de amplios faldones que se recogían al sentarse. Cayó en desuso a finales del siglo XIX, cuando se sustituyó por el frac como prenda de ceremonia.

Ser/parecer/estar hecho **un tirillas** Llamamos *tirillas* a la persona bajita y débil, muy insignificante desde el punto de vista físico. *Tú lo ves y es un tirillas, pero tiene una fuerza impresionante*. Es posible que estas tirillas que sirven para denominar a la persona no sean otra cosa que sus brazos y piernas, extremadamente pequeños y delgados, hasta el punto de parecer pequeñas tiras.

Ser un titán Ser muy fuerte. *Es un titán. Yo lo he visto levantar doscientos kilos como si nada*. Destacar o sobresalir en algo. *Es un titán de los negocios. Empezó vendiendo camisas en su pueblo y ahora es el dueño de un auténtico imperio en la industria de la confección*. En la mitología griega, los titanes, hermanos de los cíclopes, eran los gigantescos hijos del cielo (Urano) y la tierra (Gea). Algunos de los titanes, encabezados por Cronos, se rebelaron contra Zeus, que acabó derrotándolos y los arrojó al Tártaro (el infierno). Atlante, uno de los titanes rebeldes, fue condenado a cargar con el cielo sobre los hombros.

Ser un toma y daca Existir dos opiniones o cambios alternativos en un asunto. *El partido fue un toma y daca constante y no tuvo un claro dominador. Toma* y *daca* —hoy sería *toma y dame*— son dos formas verbales que recogen el sentido de *oposición* y *trueque* de la expresión. *Daca* es un arcaísmo que se formó sobre *dame acá* y que en la actualidad se emplea sólo en este dicho, que parece haberse originado en los trueques, antiguas transacciones comerciales en las que se intercambiaban objetos. También es posible que, como *tira y afloja,* hubiese algún juego en el origen de la frase. V. *Ser un tira y afloja.*

Ser un/el **topo** (Hacer de topo||Ver menos que un topo||Más ciego que un topo) Ser un espía, un infiltrado. Alguien que entra a formar parte de un grupo, asociación, industria, etc., para pasar información valiosa a la competencia en tiempo de guerra al enemigo. *Hay que descubrir quién es el topo que se ha colado en nuestra empresa, porque no es posible que cada vez que sacamos al mercado un producto nuevo los de la competencia nos lo copien./La policía consiguió desarticular el comando terrorista infiltrando en él a varios agentes que han hecho de topos.* El topo excava galerías subterráneas, en las que vive, en secreto y sin ser visto, trabajo que se compara con el del espía al que nos referimos. Por otra parte, se compara con el topo a la persona que ve muy poco, igual que estos pequeños mamíferos insectívoros, prácticamente ciegos. *Como no nos acerquemos un poco más yo no voy a poder ver nada. Ya sabes que soy un topo.*

Ser un tragaldabas Ser un tragón. Comer mucho y de todo, incluso, como exageradamente refleja el dicho, *aldabas,* las piezas de metal que cuelgan aún de algunas puertas para llamar dando golpes con ellas, o la barra o travesaño con que se aseguran puertas o postigos una vez cerrados. *Acabamos de comer y ya estás pensando en la cena. De verdad, eres un tragaldabas.* V. *Tener enchufe/Tener (buenas) aldabas.*

Ser un trapisonda Ser un mentiroso. *Mira, aunque me jures de rodillas que es verdad, no te puedo creer, porque ya me has dado muchas muestras de ser un trapisonda.* En los libros de caballerías y en *El Quijote* aparece varias veces citado el Reino de Trapisonda, Trabisonda o Trebisonda, un lugar fantástico e idealizado que existe realmente. Trebisonda es una ciudad de Asia Menor (actual Turquía) en la costa del Mar Negro. Esta idealización, quizá debida a lo que los antiguos viajeros contaban —y exageraban— sobre las riquezas de este lugar, la mente soñadora y calenturienta de los protagonistas de esos libros y la cercanía formal y fonética con trampa contribuyeron a que trapisonda acabara significando 'embuste'.

Ser un trasto Objeto viejo o inútil que es un estorbo. *Esta mesa es un trasto; a ver cuándo la cambiamos de una vez.* A veces se aplica a personas. *No es justo que a los ancianos muchas veces los tratemos como si fueran trastos.* Ser alguien travieso. Se dice especialmente de los niños. *Pues yo cuando los niños están en silencio, con lo trastos que son, es cuando más preocupada estoy, porque seguro que no están haciendo nada bueno.* Los romanos llamaban *transtu(m)* a cada uno de los bancos o vigas transversales en los que se acomodaban los remeros de las galeras. De aquí, seguramente, por una metonimia, pudo llamarse trasto al delincuente que se sentaba en ellos, sentido que se atenuó en el travieso actual. Más tarde, recordando aquellos destartalados bancos de los galeotes, se llamó *trasto* a cualquier mueble viejo.

Ser un trepa Llamamos *trepa* —apócope de trepador— a la persona que, por cualquier medio, sin ningún tipo de escrúpulos y, si es necesario, perjudicando a los demás, intenta escalar, «trepar» social o profesionalmente. *Ése es un trepa y sólo tiene un interés: llegar a ser director, y no te quepa duda de que hará cualquier cosa, lo que haga falta, para conseguirlo.*

Ser un vago de siete suelas Ser muy vago. Antiguamente las locuciones *de tres, cuatro* o *siete suelas* funcionaban como un superlativo de muchos adjetivos referidos a actitudes o comportamientos; las locuciones significaban, pues, 'el mejor o más destacado en su género': *un pícaro de tres suelas, un loco de siete suelas, un mentiroso de siete suelas...* Las mejores botas que se fabricaban, las más resistentes, las mejores, eran las de tres o cuatro suelas; de ahí el significado de las locuciones. Seguramente no se fabricaban con siete suelas; la hipérbole se creó sobre un número, como el siete, mágico en la tradición y común en la lengua coloquial, donde, normalmente, se emplea para hacer referencia a una cantidad indefinida de veces; por eso decimos *Te he dicho siete veces que no comas pipas en casa,* y no *Te he dicho ocho veces...* Hoy se usa casi exclusivamente la expresión que comentamos y no es normal referirla a otra característica que no sea la vagancia.

Ser/estar en/vivir en **un valle de lágrimas** Ser una situación o un lugar totalmente tristes, desgraciados o desafortunados. *Era un gran compañero; por eso cuando anunció que se iba a otra empresa, la oficina fue un valle de lágrimas.* En sentido religioso, se llama *valle de lágrimas* a la Tierra, por contraposición al cielo. En la salve, por ejemplo, se pide a la Virgen piedad para quienes quedan *In hanc lachrymarum valle,* 'en este valle de lágrimas'.

Ser un vándalo (Hacer el vándalo) Ser violento, incivil. Actuar con brutalidad. *Los que se dedican todas las noches a quemar contenedores de basura son unos vándalos que no tienen dos dedos de frente y contra los que habría que tomar medidas. Vándalo* se origina en el término germánico *wandliaz,* 'el que vaga', generado a partir de la raíz indoeuropea **wendh–,* 'girar, vagabundear'. Los vándalos fueron una de las tribus germánicas que en los siglos IV y V invadieron Hispania y las Galias y acabaron con el Imperio romano. El significado que hoy tiene la palabra en nuestra lengua se debe a la proverbial crueldad de dichas tribus, especialmente en lo que se refiere a sus acciones bélicas, como, por ejemplo, el saqueo de Roma del 445. Los vándalos establecieron un reino en el siglo V d. C. en el sur de la península Ibérica y nos dejaron el topónimo Andalucía, de **Vandalusia,* 'tierra de los vándalos'. Los musulmanes que entraron en la Península a partir del 711 adoptaron y adaptaron este nombre y denominaron *Al-Andalus* a la parte por ellos dominada.

Ser un(a) **veleta** Cambiar constantemente de opinión o de comportamiento. *Primero me dijo que le apetecía venirse con nosotros; luego, que tenía otras cosas que hacer, y ahora me llama para decirme que viene. Pero es siempre así, un veleta.* La veleta es el artilugio que se coloca en los tejados para conocer la dirección en la que sopla el viento y que, lógicamente, cambia de dirección con él.

Ser un vivalavirgen/un viva la Virgen Ser un informal. Mostrar un comportamiento despreocupado. *Eres un vivalavirgen: te da igual hacer las cosas bien que mal; no te importan los resultados ni la opinión de la gente.* La expresión proviene del lenguaje marinero, en el que se denominaba *vivalavirgen* al último soldado en la formación. Antiguamente, cuando se pasaba recuento de la tropa, todos gritaban el consabido ¡presente!, excepto el último en la formación, que, para invocar la protección de la Virgen del Carmen, patrona de los marineros, gritaba «¡Viva la Virgen!». Solía darse la circunstancia de que el marinero que formaba el último era el más descuidado, el que llegaba tarde; de ahí el significado actual.

Ser un zángano (Hacer el zángano) Ser un vago. Holgazanear. *Es un zángano. Está siempre tumbado en el sofá viendo la tele y no pega ni golpe.* El zángano es el macho de la abeja reina. Se dedica únicamente a tareas reproductoras; no produce miel ni efectúa otras labores en la colmena: vamos, que no pega ni golpe y sólo se dedica a la buena vida.

Ser un zorro (Ser una zorra) En el masculino, 'ser astuto', como el animal al que se hace referencia. *¡Qué zorro es el tío! Cuando nadie pensaba que lo de los teléfonos móviles tenía futuro, él se dedicó a fabricar fundas y accesorios y ahí lo tienes. Se ha hecho de oro.* En el femenino, como suele ser normal en la lengua coloquial, la inteligencia se tiñe de connotaciones negativas y la expresión significa 'ser una prostituta'; incluso la palabra *zorra* puede sustituir a *puta* en otras expresiones: *no tener ni zorra idea.* V. *Ser un lagarto*||*Ser un perro viejo*||*Ser una fulana.*

Ser/estar hecho **una alhaja**/una joya/una joyita (¡Menuda alhaja/joya/joyita!) Ser alguien muy valioso. Tener unas cualidades muy destacadas. *Este chico es una alhaja: guapo, culto, simpático, sabe hacer de todo en casa... ¿Qué más se puede pedir?* Se usan muchísimo irónicamente, para decir lo contrario. *Hemos ido a contratar al tipo más tonto del mundo, ¡Anda que vaya alhaja!... No sabe hacer la «o» con un canuto. Alhaja* es sinónimo de *joya.* El primer término es de origen árabe (de *al haya,* 'utensilio; cosa necesaria'); el segundo, latino (de *jocale,* un derivado de *jocus,* 'juego; diversión'), aunque llega a nuestra lengua a través del francés antiguo *(joie).*

Ser/parecer **una ardilla** (Ser como una ardilla||Listo como una ardilla) Ser muy ágil y muy vivo, muy listo, como este pequeño roedor que suele vivir en los árboles. *Cualquier cosa que le pides te la hace y, además, rápida y perfectamente. No sé cómo se las apaña, pero el tío se las ingenia de* *una forma increíble: busca por todas partes, pregunta aquí y allá... Es como una ardilla.*

Ser/ponerse hecha/ponerse como **una arpía**/harpía Se aplica exclusivamente a mujeres. Se llama arpía a una mujer de malas intenciones, de mal genio y codiciosa. *Pepe le tiene un miedo cerval a su madre, que es una arpía y lo ha tenido en un puño toda su vida.* Las *arpías* (o *harpías)* eran unas figuras mitológicas griegas, hijas de Poseidón, dios del Mar, y de la Tierra, confundidas a menudo con las *furias* (v. *Ponerse como una furia*), que personificaban las fuerzas desatadas de los elementos, sobre todo en el mar: el viento, las borrascas, la oscuridad y las tempestades. Se dedicaban a raptar almas, especialmente las de los niños. Se llamaban Aelo, Ocípete, Zíela, Celeno y Podarge y se las solía representar como perras con alas o como buitres con cara de mujer y garras y orejas de oso. Aparecen algunas en capiteles del magnífico claustro del monasterio burgalés de Santo Domingo de Silos.

Ser/parecer/nadar en **una balsa de aceite** Se denomina balsa de aceite al lugar o situación muy tranquilos, donde no hay problemas ni disputas. *Se esperaba una reunión movidita, pero ha sido todo lo contrario: una balsa de aceite.* Se denomina *balsa* a una charca o acumulación de agua, natural o artificial. Si, en vez de ser de agua, fuera de aceite, éste, debido a la densidad apenas se movería por la acción del viento o por otros motivos.

Ser una bendición de Dios (Ser un bendito (de Dios)||Como un bendito [dormir]) Ser algo o alguien muy bueno o muy conveniente, literalmente, un regalo divino, un don con el que Dios ha querido bendecir a una persona. *Tengo unos hijos maravillosos. No puedo decir nada malo de ellos. Son una bendición de Dios.|Este tiempo tan estupendo en estas fechas es una bendición de Dios. Ser un bendito* significa 'ser buenísimo; incluso demasiado bueno'. *Es la persona más buena que conozco. Jamás se enfada por nada, siempre tiene una palabra agradable, está dispuesto a ayudarte en todo momento... De verdad: es un bendito.* La locución adverbial *como un bendito* se usa con el significado de 'muy bien'. *El niño no nos da ningún problema por la noche. Duerme como un bendito.* El hecho de que la usemos generalmente con el verbo dormir obedece al hecho de que quien vive en paz consigo mismo, sin problemas ni preocupaciones, no tiene ningún problema para conciliar el sueño.

Ser un(a) bestia (Ser una bestia parda) Ser muy rudo en los modales, basto, maleducado. Ser ignorante. *Pero cómo se te ocurre decir esas palabrotas en una cena tan fina. No me extraña que todos se te quedaran mirando; es que eres un bestia, tío.* Una *bestia* es un animal cuadrúpedo, generalmente de carga o de tiro: mulo, burro, buey..., muy resistentes y fuertes, generalmente en proporción inversa a la inteligencia (v. *Ser un mulo*). Muchas veces esta fuerza bruta se toma en sentido positivo y la frase pasa a significar 'destacar; sobresalir en algo', como sucede, por ejemplo, con el adjetivo *bestial*, 'extraordinario; magnífico' o en *Ser una fiera* (v.). *Es increíble lo que sabe de ordenadores. El tío es una bestia, un fenómeno. Bestia parda* se refiere al color pardo del pelo de muchos de estos animales, una especie de marrón rojizo. V. *A lo bestia.*

Ser/encontrar/tener **una bicoca** Llamamos *bicoca* a algo que, pese a ser muy útil o valioso, cuesta poco o se consigue muy fácilmente, o al negocio o trabajo fácil y productivo que requiere muy poco esfuerzo. *¿Te gusta el traje? Pues es una bicoca. Me ha costado doscientos euros. Ni yo mismo me lo creía.*| *Ese trabajo es una bicoca: trabajas cuatro horas diarias y cobras un pastón* (v. *Ser una ganga*). *Bicoca* tiene otro significado ('pequeña fortificación'), mucho menos frecuente, pero que explica el que nos ocupa. Parece prácticamente seguro que la palabra procede del término italiano *bicocca,* que toma su nombre del de una localidad de la región de Lombardía, Bicocca, cercana a Milán. En ella tuvo lugar en 1522 una batalla en la que las tropas suizas y francesas fueron derrotadas sin mucho esfuerzo por los soldados españoles, lo que supuso, entre otras consecuencias, que el ducado de Milán dejara de ser francés y pasara a la corona española. Seguramente fue la idea de facilidad de esta victoria lo que otorgara a la palabra el significado más frecuente con el que hoy se usa en español.

Ser/parecer/ir hecho **una birria** Una *birria* es una cosa mal hecha, fea, inútil, imperfecta o que provoca burla. *¿Y dices que este cuadro es bonito? Pues a mí me parece una auténtica birria.* Esta expresión debe rastrearse en el folclore popular de algunas zonas de Castilla, en especial de la Tierra de Campos y de algunas comarcas zamoranas y salmantinas, donde *la birria, el zangarrón* o *el mamarracho* son los personajes que reciben las burlas y mofas del pueblo durante algunas fiestas populares, especialmente en carnaval. *La birria* se viste con calzones rojos y otras ropas de colores llamativos. Tal vez de aquí venga el nombre, ya que *birrus,* en latín tardío, significaba 'rojo', seguramente a través de una deformación de *rubeus,* origen de *rubeola, rubí, rubicundo, bilirrubina...,* entre otras palabras; de ahí también una palabra como *esbirro,* que procede del latín, filtrada por el italiano, y que en esta lengua designaba al *verdugo,* personaje que se encargaba de ejecutar las sentencias de muerte y que, para ser fácilmente reconocido, iba vestido con hábitos rojos. En muchas zonas castellano-leonesas existe hoy la expresión *hacer el birria* como sinónimo de *hacer el tonto.* Según otras intrepretaciones, nada descartables, *birria* podría estar relacionada con la voz latina vulgar **verrea,* del latín *verres* 'verraco, cerdo macho' y con *berrear,* lo que en nada desentona con el significado actual de la expresión de la que hablamos.

Ser/convertirse en/crecer como **una bola de nieve** Se llama así al rumor, infundio o comentario malicioso que cuanto más se airea o se habla de él, más crece y más peligroso se hace, como la pequeña bola de nieve que, con el rodar por la pendiente de la montaña, va aumentando de tamaño. *Lo del divorcio de Filo y Carlos fue una bola de nieve: todo el mundo opinaba, todo el mundo comentaba, cada cual daba una versión... Yo creo que los únicos que estaban convencidos de que no se divorciaban eran ellos dos.* V. *Dejar rodar la bola.*

Ser/tener/guardar(se) **una buena baza** (una baza importante) Ser algo o alguien la solución a un problema, lo que puede producir beneficios, la clave para abordar un asunto con resultados positivos. *La modernización de las instalaciones es una buena baza para que la empresa deje de ser eminentemente familiar y se abra al exterior.*|*Este jugador es una buena baza de cara a la nueva temporada. Con él pueden llegar muchos éxitos para el equipo.* En los juegos de cartas se llama *baza* (del árabe *bazza*, 'ganancia; botín'), al número de naipes que quedan sobre la mesa en cada jugada y que se lleva el jugador que gana. V. *Jugar alguien bien sus cartas*||*Meter baza.*

Ser/hacer/dar/pegar **una cantada** Se llama cantada a un fracaso o a un error o equivocación considerables, o a algo que, por lo negativo, llama mucho la atención. En la lengua coloquial, *cantar* se usa con el significado de 'destacar'. *No tenías que haberle dicho eso, y mucho menos en público. Ha sido una cantada.*|*Hombre, yo creo que no debes ir con el coche de la empresa: eso es una cantada.* Evidentemente, quien, en sentido literal, *canta* destaca, sobresale, llama la atención. Es la idea que se transmite cuando decimos que, por el color o por la forma, un vestido canta mucho. A veces llevamos esto al extremo y, más que cantar, el color chilla: *se ha comprado un vestido amarillo chillón.* V. *Dar el cante.*

Ser una celestina (Hacer de celestina) Mediar entre las relaciones amorosas de otras personas. *Se han dejado hace unos días, pero la madre de ella está haciendo de celestina y seguramente van a volverse a juntar.* Se alude al conocido personaje de la obra de Fernando de Rojas (1470?-1541) *La Celestina* o *Tragicomedia de Calisto y Melibea* (1499), a la vieja alcahueta que consigue que Calisto acceda al amor de Melibea, en sentido espiritual y físico, lo que hace que se rompan las normas del amor cortés y se desencadene la tragedia. En palabras del propio Rojas, Celestina era: «lavandera, perfumera, maestra de hacer afeites y de hacer virgos, alcahueta y hechicera». V. *Los polvos de la madre Celestina.*

Ser/parecer/ser como/hablar como **una chicharra** Hablar mucho y sin parar, de forma muy molesta. *Yo no quiero volver a ninguna reunión en la que esté ese tipo. Se tira horas hablando sin parar y no deja intervenir a nadie. Es una chicharra.* La *chicharra* es la *cigarra*, seguramente una alteración mozárabe de este último término. Es un insecto hemíptero, de color verde amarillento, cuyos machos producen un ruido estridente y repetitivo con un órgano que tienen en el vientre. El hecho de que las chicharras canten sólo en estío, con el calor, obedece a que, cuando son adultas, sólo viven un verano.

Por una común metáfora, llamamos también *chicharra* a un timbre o a otro artilugio de forma semejante

Ser una eminencia (gris) Ser muy inteligente. *Destacar sobremanera en algún campo del saber. A pesar de lo que pueda parecerte por su aspecto, el profesor Stein es un sabio; es una eminencia en física nuclear. Eminencia* es, en su primera acepción, una elevación del terreno, significado del que procede el que comentamos: alguien que destaca sobre los demás. A los cardenales de la Iglesia se les da, por el mismo motivo, el título de *eminencia*. La expresión eminencia gris seguramente se refiere al capuchino —orden cuyos miembros llevan hábitos grises— François Le Clerc du Tremblay, conocido como Padre Joseph, consejero del cardenal Richelieu (1585-1642), y hombre de gran cultura y predicamento en la Francia de la época. V. *Ser el cerebro gris*.

Ser un(a) fiera Llamamos *fiera* a cualquier animal salvaje, por lo general carnívoro, de comportamiento considerado «violento», especialmente a los felinos. Por extensión, *una fiera* —nunca *un fiera*— es una persona que se comporta con mucha violencia. *No veas cómo se pone cuando se enfada. Se vuelve loco. Es una fiera*. Muchas veces, como sucede con *Ser un animal* (v.) o *Ser un(a) bestia* (v.), *Ser un(a) fiera* se usa con significado completamente positivo, 'sobresalir; ser muy bueno o muy hábil en algo'. *Es un fiera jugando al ajedrez. Desde hace un montón de tiempo nadie ha conseguido ganarle*. V. *Fiera corrupia*||*Ponerse hecho un basilisco/una fiera*.

Ser una figura decorativa Ser una persona inútil en un trabajo, o en un cargo. *Yo creo que a ese chico lo han contratado por su cara bonita; porque nadie sabe qué hace aquí, ni siquiera él mismo. Es una figura decorativa.*|*El secretario del consejo no tiene voz ni voto en las reuniones. Es una figura decorativa*. No participar activamente en algo. Interpretando la frase al pie de la letra, nos referimos a alguien que sólo sirve para decorar, como adorno.

Ser una fulana Ser una prostituta. Como otras veces (v. *Ser un(a) lagarto/a*||*Ser un perro viejo*||*Ser un(a) zorro/a*), el femenino sale perdiendo en la lengua coloquial, porque *fulano,* del árabe *fulân,* se refiere únicamente a la persona desconocida o cuyo nombre se ignora. V. *fulano de tal*.

Ser/parecer/ser como **una gallina** Hablar mucho y con un tono estridente o desagradable. El dicho se refiere al cacareo de la gallina. *Yo no sé cómo mantienen a esta chica en el programa. Más que una presentadora es una gallina... Hay que ver cómo habla*. De hecho, existe el verbo *cacarear,* 'hablar en demasía y de forma muy desagradable'. Curiosamente, frente a *Ser un gallina* (v.) ('ser un cobarde'), propio de hombres, esta frase se suele aplicar únicamente a mujeres. V. *Cantar la gallina*||*Ser un papanatas*.

Ser/encontrar **una ganga** (Buscar gangas) Una *ganga* es algo muy conveniente que se adquiere de forma muy sencilla, con poco esfuerzo o por muy poco dinero. *Un ordenador así a ese precio es una ganga. Yo que tú no lo dudaba un instante y me lo compraba ya mismo.* La *ganga* es un ave gallinácea similar a la perdiz en forma y tamaño, difícil de cazar y de carne dura y poco agradable de sabor. Desde mediados del siglo XVIII, *ganga* designa también, de forma figurada y mediante una ironía propia de la lengua coloquial, todo lo contrario: una cosa muy valiosa que se consigue pagando muy poco dinero. Antaño existió la frase, hoy prácticamente en desuso, *andar a la caza de gangas,* que, según afirma Sebastián de Covarrubias en su *Tesoro* (1611), se usaba con el significado de «perder el tiempo pensando en conseguir alguna cosa que, cuando tenemos ya en las manos, se nos desbarata [...]». Es lo que le sucedía al cazador que, creyendo tener una ganga a tiro, resultaba burlado. V. *Ser una bicoca.*

Ser/parecer/ser como **una hermanita de la caridad** Ser demasiado bueno, muy inocente y cándido, tanto que lo que debería ser virtud, llega a ser casi un defecto. *Bien está que seamos educados y que los tratemos bien, pero de ahí a ser unas hermanitas de la caridad y permitir que nos tomen el pelo hay una diferencia considerable.* Las hermanitas de la caridad son una orden religiosa femenina dedicada fundamentalmente a ayudar a los más necesitados. V. *Ser una ursulina.*

Ser/parecer/ser como **una hormiga**/una hormiguita Ser muy trabajador, muy laborioso y paciente en el trabajo. *No es muy rápido trabajando, pero cualquier misión que le encomiendas la cumple a la perfección, despacio, con mucho cuidado, lento pero seguro: es una hormiguita.* Ser muy ahorrador. *Tiene suficiente dinero para pasar sin problemas la vejez, gracias a que siempre fue una hormiguita y se preocupó de ahorrar.* La persona a la que aplicamos el dicho actúa como una hormiga: trabaja sin descanso para, poco a poco, ir llenando su «despensa» para cuando llegue el invierno, los tiempos difíciles.

Ser una lacra Una *lacra* es un gran defecto, un vicio de carácter físico y moral, algo que causa un grave perjuicio. *Posiblemente la droga es la mayor lacra de la sociedad moderna.* En su primera acepción, de donde sale este uso figurado, la *lacra,* término de origen incierto, es la secuela o señal dejada por una enfermedad. Quizá pudiera estar relacionado con *lacre,* al identificar el color rojo y la textura de esta sustancia con los de las llagas o marcas de los golpes. De hecho, a mediados del siglo XVII se documenta lacra con el significado de 'azote; latigazo'.

Ser una lumbrera Ser muy inteligente. La *lumbrera,* palabra derivada de la latina *luminaria(m),* es cualquier cuerpo que despide luz. Antiguamente se llamó también así a las lámparas u otros utensilios para dar luz. *No me extraña que haya sacado seis o siete matrículas y que le hayan dado el premio extraordinario de fin de carrera. Esa chica es una lumbrera.* Metafóricamente sugerimos que la persona que es una *lumbrera* «ilumina» a otros con su sabiduría. La luz y el fuego, frente a la oscuridad, se comparan tradicionalmente con la inteligencia. De ellos nos ofrece numerosos ejemplos la lengua coloquial: V. *Encendérsele a alguien la bombilla*||*Tener chispa*||*Tener pocas luces*||*Tener quinqué*.

Ser una mala pécora Ser muy malvado. Actuar con la idea preconcebida de hacer daño. *Cuando llegó, todos creímos que el nuevo encargado iba a ser totalmente distinto al anterior, alguien con quien se podría razonar y establecer una relación más o menos cordial... Pero nos equivocamos por completo, porque es muchísimo peor, es una mala pécora*. *Pécora* es prácticamente un latinismo y significa 'oveja; cabeza de ganado lanar', precisamente el símbolo de la bondad o de la docilidad. La *mala pécora* sería, por tanto, un ser excepcional por su maldad, algo prácticamente *contra natura*. V. *La oveja negra*.

Ser/quedarse/estar como **una malva** Ser muy bondadoso, dócil y tranquilo. *De pequeño era puro nervio, no paraba quieto un instante, pero de un tiempo a esta parte es una malva. No da ni un ruido*. La malva es una planta muy común cuyas flores dan nombre al color. De las flores y hojas de la malva se extraen sustancias que se usan desde antiguo en medicina como calmantes, tranquilizantes y emolientes, de aquí el significado del dicho. V. *Estar criando malvas*.

Ser una marioneta/un títere/un tirinene (Ser la marioneta de alguien) Actuar según los deseos y dictados de otro. No tener criterio ni voluntad propios. *El primer ministro de ese país, pese a los ropajes democráticos con los que se le ha querido vestir, es una marioneta del presidente, sin ninguna capacidad de decisión ni de actuación*. La persona se mueve y hasta habla manejada y completamente dirigida por alguien que, al igual que el titiritero con la marioneta, mueve sus hilos (v. *Mover los hilos de algo)* o le mete la mano por dentro. *Marioneta, títere* y *tirinene* son prácticamente sinónimos. V. *Hombre de paja*.

Ser/encontrar **una mina** Tener una persona o una cosa algo en cantidad. Ser algo o alguien un depósito de conocimientos o de beneficios, lo mismo que lo son las minas de las que se extrae el mineral. *Si quieres encontrar información sobre películas de aventuras, léete este libro, que es una mina*.

Ser/pasar/vivir/sufrir **una odisea** Pasar muchas penurias. Tener muchos problemas. *Había un tráfico que ni te imaginas. Llegar hasta aquí ha sido una odisea*. El término hace referencia a la *Odisea*, obra del escritor griego Homero (s. IX a. C.) en la que se recogen numerosas peripecias y penalidades por las que pasa el héroe aqueo Ulises —*Odiseos* en griego—, rey de Ítaca, en su regreso a su tierra tras haber combatido en la guerra de Troya, narrada en la *Ilíada*, la otra obra cumbre del gran padre de la literatura universal.

Ser/decir/hacer **una patochada** Ser una tontería, una necedad, un disparate. *Perdona que te lo diga tan claramente, pero esa idea tuya de levantar todo el parqué y cambiarlo por cerámica es una patochada*. *Patochada* parece un término relacionado con *pato*. Sería algo así como 'acción propia del pato', animal que en la lengua coloquial simboliza la torpeza y la estupidez (v. *Ser un pato*||*Hacer el ganso*). No faltan, no obstante, quienes suponen que el término tiene que ver con *pata* en la expresión, de parecido significado, *Meter la pata* (v.).

Ser una perita en dulce Ser algo muy fácil de conseguir, o alguien muy fácil de vencer o de convencer. *Yo que le tenía tanto miedo y, al final, el examen ha sido una perita en dulce.*|*En el deporte de alta competición ya no quedan peritas en dulce; todos los equipos son difíciles de ganar.* Comparamos a la persona o la cosa con una pera en almíbar. No olvidemos que términos como *dulce, almíbar, pastel*... funcionan muchas veces con el significado de *'agradable; apacible; facilón'*.

Ser una piña (Hacer piña) Ser un grupo compacto. Llevarse muy bien con otros. Apoyarse totalmente varias personas entre sí. Tener las mismas ideas, los mismos intereses o las mismas opiniones. *En la oficina, antes que compañeros somos amigos. Nos llevamos fenomenal; vamos, que somos una piña.* Se compara a este grupo con la piña, con la disposición, totalmente compacta, «apiñada», de los piñones y de las escamas que los cubren

Ser una rémora Ser un impedimento, un estorbo, algo que retrasa o dificulta de alguna manera el cumplimiento de una acción. *Es un excelente escritor, pero los años ya van siendo una rémora y tarda muchísimo en sacar una nueva novela.* La rémora es un pececillo marino, de entre 20 y 40 centímetros de longitud, cubierto de escamas duras y espinosas. Viven en simbiosis con los tiburones y con otros grandes peces, a los que se adhieren, mediante una especie de ventosa que tienen en la cabeza, para trasladarse de un sitio a otro, y de cuya comida se sirven; a cambio, hacen un trabajo muy útil limpiando y desparasitando la piel del otro pez. Según los marineros de épocas pasadas, muy aficionados a supersticiones y a narrar relatos fantásticos, la rémora era un pececillo mágico que tenía el increíble poder de hacer detener a cualquier embarcación que se topara con él, creencia que recogen, entre otros, el escritor romano Plinio el Viejo (23-79 d. C.) en su *Historia natural* y san Ambrosio (339-397) en el *Hexameron*.

Ser una sanguijuela Llamamos *sanguijuela*, palabra procedente del compuesto latino *sanguisuga(m)*, de *sanguis*, 'sangre' y *sugere*, 'chupar', a la persona indeseable, a quien busca siempre aprovecharse de los demás o hacerles daño para su propio beneficio. *Ha tenido cuatro mujeres y a todas las ha dejado en la ruina. Eso sí, él jamás ha pegado golpe. Es una auténtica sanguijuela.* La *sanguijuela* es un gusano con boca en forma de ventosa que habita en aguas dulces y que se alimenta de la sangre de los animales a los que se adhiere. Se utilizaba —hoy se vuelve a utilizar— en medicina para provocar evacuaciones de sangre, para hacer sangrías menos dolorosas y traumáticas que las de hacer una incisión en un vaso sanguíneo. Por eso la persona que vive de la sangre, es decir, del esfuerzo, de la vida de otro, es una sanguijuela. V. *Chuparle a alguien la sangre*.

Ser/hacer/organizar/preparar **una sarracina** Pelea muy violenta y tumultuosa en la que incluso puede haber heridos o muertos. *Cuando la manifestación casi estaba terminada, algunos grupos violentos comenzaron a provocar a la policía; de la provocación se pasó al ataque directo y aquello fue una sarracina tremenda*. *Sarracina* viene de *sarraceno,* por alusión al griterío y violencia con que solían pelear los *sarracenos,* un antiguo pueblo nómada de los desiertos de Siria y del norte de la península Arábiga. Durante la época de las cruzadas se llamó genéricamente *sarracenos* a todos los pueblos musulmanes.

Ser/ponerse como/hecha **una sota** Ser una mujer insolente, de mal genio y desvergonzada. *Tengo miedo de decírselo, porque ya sabes que es una sota y no quiero ni imaginarme cómo se va a poner cuando lo sepa*. Tal parece ser la actitud que deja traslucir la altiva figura de la baraja española llamada *sota* (v. *¡Me cago en la leche/en la puta!*), que representa a un paje más bien andrógino.

Ser/organizarse/prepararse **una tormenta**/una tempestad **en un vaso de agua** Se dice de un incidente, contratiempo o inconveniente que se exageran sin razón, de un problema al que se da mucha más importancia de la que realmente tiene. *No hubo ningún incidente, ni llegaron a las manos; discutieron con cierto acaloramiento, pero nada más. Ha sido una tormenta en un vaso de agua organizada en parte por la prensa.*|*¿Y porque tengamos el coche estropeado ya no podemos ir? ¿Es que no hay autobuses?... Para ti cualquier tontería es una tormenta en un vaso de agua*. La exageración queda marcada en lo hiperbólico de la frase, utilizada ya en la antigua Roma. V. *Ahogarse en un vaso de agua*.

Ser (como)/parecer **una urraca** Se dice de la persona acaparadora y tacaña, que todo lo guarda, incluso las cosas más inútiles. *En casa tiene la mayor colección de trastos y de cacharros inservibles que te puedas imaginar. Recoge todo lo que se encuentra por la calle, incluso lo que la gente tira a la basura. Es una urraca el tío*. La *urraca* es un ave del género de los córvidos, de plumaje negro, a la que se puede domesticar fácilmente, e incluso enseñar a decir algunas palabras; de ahí que, a veces, llamemos *urraca* a la persona que habla en exceso. *¡A ver si te callas de una vez, que me estás poniendo la cabeza como un bombo! ¡Pareces una urraca!* (v. *Ser un loro*). Siente especial predilección por los objetos brillantes: cristales, piedras, trozos de metal, alguna joya o piedra preciosa si se le pone a tiro..., que suele llevarse al nido. De aquí su fama de ladrona y de acaparadora. De esta desmesurada afición han quedado muchos testimonios en cuentos y relatos, especialmente en fábulas, como la conocida *La urraca y la mona,* del canario Tomás de Iriarte (1750-1791):

«A una mona muy taimada
dijo un día cierta urraca:
—Si vinieras a mi estancia,
¡cuántas cosas te enseñara!
Tú bien sabes con qué maña
robo y guardo mis alhajas.
Ven, si quieres, y veraslas
escondidas tras de un arca.
La otra dijo:
—¡Vaya en gracia!
y al paraje le acompaña.
Fue sacando doña urraca
una liga colorada,
un tontillo de casaca,
una hebilla, dos medallas,
la contera de una espada,
medio peine y una vaina
de tijeras, una gasa,
un mal cabo de navaja,
tres clavijas de guitarra,
y otras muchas zarandajas.
—Qué tal —dijo—, vaya, hermana,
¿no me envidia? ¿No se pasma?
A fe que otra de mi casta
en riqueza no me iguala.
Nuestra mona la miraba
con un gesto de bellaca,
y al fin dijo: —¡Patarata!
Has juntado lindas maulas.
Aquí tienes quien te gana,
porque es útil lo que guarda.
Si no, mira mis quijadas.
Bajo de ellas, camarada,
hay dos buches o papadas,
que se encogen y se ensanchan.
Como aquello que me basta,
y el sobrante, guardo en ambas
para cuando me haga falta.
Tú amontonas, mentecata,
trapos viejos y morralla;
mas, yo, nueces, avellanas,
dulces, carnes y otras cuantas
provisiones necesarias.
Y esta mona redomada,
¿habló sólo con la urraca?
Me parece que más habla
con algunos que hacen gala
de confusas misceláneas
y fárrago sin sustancia».

No nos olvidemos tampoco de la conocida ópera *La urraca ladrona (La gazza ladra),* del compositor italiano Gioacchino Rossini (1792-1868).

Ser una ursulina/monja Ser una mujer excesivamente pudorosa y recatada. *De cara a la gente parece muy abierta, muy liberal, pero te puedo asegurar que es una ursulina*. Las ursulinas son las religiosas de la congregación agustiniana de Santa Úrsula, fundada por santa Ángela de Brescia en el siglo XVI. Se dedican fundamentalmente a la educación de niñas —de aquí el dicho— y al cuidado de enfermos. V. *Ser una hermanita de la caridad*.

Ser una utopía (Ser algo utópico) Una *utopía* es un deseo o un plan fantástico e irrealizable. *Es posible que dentro de un tiempo el hombre viva en Marte, pero, de momento, no deja de ser una utopía*. En 1516 el político y humanista inglés Thomas More, conocido en España como Tomás Moro (1478-1535), publicó su obra más famosa, *Utopía,* palabra formada sobre las griegas *ou,* 'no', y *topos,* 'lugar', es decir, 'el no lugar; el lugar que no existe'. En el libro, escrito en latín, se nos presenta un país inexistente, en el que todo, desde los habitantes hasta las condiciones ambientales y sociales, es ideal. Thomas More fue ejecutado por Enrique VIII tras oponerse al divorcio del rey de Catalina de Aragón y a su matrimonio con Ana Bolena, lo que suponía la ruptura con la Iglesia católica. More fue canonizado en 1935 y hoy se le conoce como santo Tomás Moro. V. *Buscar El Dorado*||*¡Esto es Jauja!*

Ser una víbora (Ponerse hecho una víbora) Ser una persona tremendamente malvada. Obrar siempre con mala intención. Ser «venenoso», como la víbora, único ofidio venenoso de la península Ibérica. *Por mucha confianza que le des, no vas a conseguir cambiarle el carácter: es una víbora y buscará siempre, en cuanto te descuides, la forma de hacerte el mayor daño posible.*

Ser (como)/parecer **uña y carne** Ser dos personas inseparables. *Estos dos hermanos son uña y carne: van juntos a todas partes.* Una de las pocas concesiones que el anónimo autor del *Cantar de Mio Cid* hace al sentimentalismo y al lado más humano del héroe es la despedida de don Rodrigo de su mujer y de sus hijas en Cardeña. Así la narra: «Llorando de los ojos, que non vidiestes atal/assis parten unos d'otros, commo la uña de la carne».

Ser virguero (Ser una virguería||Hacer virguerías) Ser estupendo, muy conveniente. *En las rebajas me he comprado dos pares de pantalones virgueros.* El adjetivo *virguero* alude al trabajo, casi de artesanía, que, con gran destreza, hacían quienes cosían los virgos, es decir, el himen, a mujeres que, fundamentalmente porque se iban a casar, necesitaban pasar por vírgenes. Con el mismo significado de cosa magnífica, muy trabajada y de mucha finura existe el sustantivo *virguería*. De entre las cosedoras de virgos, destaca una sobremanera, *Celestina* (v. *Ser una celestina*), de quien se nos dice en el primer auto de la obra: «Esto de los virgos, unos los hacía de vexiga y otros curaba de punto (...). Hazía con esto maravillas: que cuando vino por aquí el embaxador francés, tres veces vendió por virgen una criada que tenía». Quien *hace virguerías* es, por tanto, alguien muy hábil o experto en algo. *Talla la madera de una forma increíble. Con un trozo de rama o con un pedacito de madera hace virguerías.*

Serpiente de verano [ser una] Rumor o noticia poco relevante a los que se da excesivo realce y mucha más importancia de la que tienen. *Para mí que la boda del torero con la condesa es un montaje, la clásica serpiente de verano de todos los años.* La expresión se acuñó en el lenguaje periodístico para denominar a esas noticias, muchas veces relacionadas con el mundo denominado «del corazón» que aparecen y se explotan todos los veranos, cuando, a causa de las vacaciones, escasea otro tipo de información. Es algo que pasa arrastrándose, que puede tener muy mala intención y ser «ponzoñoso» y largo, como la serpiente, pero que se acaba yendo.

Servir/hacer/usar **de pantalla** (Ser la pantalla) Persona que sirve de protección o de coartada a otra, que encubre y «tapa» lo que otra hace. *A* *partir de ahora, asume tus propias responsabilidades. Ya me he cansado de servirte de pantalla, de protegerte y de ocultar tus meteduras de pata.* El término *pantalla* seguramente está relacionado con el catalán *ventall(a)*, 'abanico; visera', y, aparte de la de la televisión o el cine, es también la lámina, tela, etc., que se coloca delante o alrededor de la luz artificial para debilitarla, o la mampara que se pone como protección delante de un foco de calor, ruido o radiación. De aquí pasamos al uso figurado de 'persona o cosa que se coloca delante de otra u otras para ocultarlas o protegerlas': *El presidente estaba rodeado por una pantalla de guardaespaldas y de soldados armados hasta los dientes.* V. *Tener un colchón*||*Tener un paraguas.*

Servir/valer **igual**/lo mismo **para un roto que para un descosido**/para una fregado que para un barrido Hacer con acierto todo tipo de trabajos. *Mi hermano sirve igual para un roto que para un descosido: lo mismo prepara una paella que desmonta el motor del coche y lo arregla.* La frase, modificada en su forma y significado a partir de *Siempre hay un roto para un descosido* (v.), nos lleva a pensar en sastres y modistas, pero ¿por qué no en los *sastres* y *modistas* a los que nos referimos en la expresión *Ser virguero* (v.), que igual podían solucionar un *roto* total que uno parcial? El *fregado* y el *barrido* nos remiten a las tareas domésticas y a la capacidad de adaptación de quien las realiza. V. *Siempre hay un roto para un descosido.*

Si sale con barbas, san Antón, y si no, la Purísima Concepción Con esta curiosa frase damos a entender que nos da igual el desenlace de algo, que aceptaremos el resultado, sea el que sea. *No sé si será niño o niña, pero, mira, si sale con barbas, san Antón, y si no, la Purísima Concepción.* Se cuenta que el dicho está relacionado con un chascarrillo popular que tiene como protagonista a un mal pintor —según otros un escultor—, poco decidido a la hora de elegir temas y muy dado a la improvisación, que, cuando alguien le preguntaba: «¿Qué estás pintando?», contestaba: «No lo sé. Si sale con barbas, san Antón, y si no, la Purísima Concepción». Como en tantos otros casos, queda por saber si el cuento se creó a posteriori para explicar el dicho o si realmente éste salió del cuento.

Si/y si **te he visto, no me acuerdo** Con esta frase damos a entender que alguien se despreocupa, que no quiere volver a saber nada de una persona o de un asunto. Se suele usar para marcar de forma negativa la ingratitud, la «fragilidad de memoria» con la que una persona responde a las ayudas o favores de otros. *Es que es muy fácil venir aquí a llorar y a pedir ayuda cuando tienes problemas, y luego, cuando te piden que eches una mano, si te he visto no me acuerdo.*

Siempre hay/nunca falta **un roto para un descosido** Cualquier persona, por escasos que sean sus valores morales o su inteligencia, siempre encuentra alguien afín, una pareja. *Ella es un bicho, pero él es aún peor: tiene* *una mala uva infinita. Ya ves, nunca falta un roto para un descosido.* A veces se usa para significar que los problemas y las desgracias encuentran alivio en los de otros, sobre todo cuando los ajenos son aún peores que los propios. Dicho de otro modo: los pobres y los desgraciados encuentran consuelo y solidaridad entre sí. *A mí se me ha roto la caja de cambios, pero es que a Sebas le tienen que cambiar el motor entero: siempre hay un roto para un descosido.* No está muy lejos de esta frase el conocido refrán *Mal de muchos, consuelo de tontos.* Si el descosido es una contrariedad, el roto es una contrariedad mayor. El primero se soluciona con hilo y aguja; para el segundo se suele necesitar un remiendo o una pieza. V. *Servir igual para un roto que para un descosido.*

Siempre perdiz cansa Con este dicho indicamos que una persona o una cosa, a pesar de sus excelentes cualidades, termina por aburrir en su reiteración o excesiva presencia. *Hombre, claro que a mí también me gustan las películas de vaqueros, pero eso de que sólo veamos películas del oeste empieza a ser un poco aburrido: siempre perdiz cansa.* La frase se suele atribuir a Enrique IV de Francia (1553-1610), líder de los calvinistas franceses, que tuvo que abjurar del protestantismo y convertirse al catolicismo para acceder al trono de Francia, lo que sucedió en 1589, cuando se cuenta que dijo aquello de *París bien vale una misa* (v.). Cuentan que cuando su confesor le reprochó sus constantes infidelidades conyugales mientras alababa la belleza de la reina, Margarita de Valois, y las virtudes que la adornaban, el rey le contestó: «Siempre perdiz cansa». Algunos le echan un poco más de literatura y afirman que, harto de estas constantes broncas del confesor, y sabiendo que la perdiz era su plato favorito, el monarca ordenó al cocinero que le sirviera todos los días perdiz. Después de un tiempo, el rey preguntó a su confesor por la comida de los últimos días, y éste le contestó: «Majestad, siempre perdiz cansa», y aquél le replicó «Monseñor, siempre reina cansa». V. *A perdiz por barba, caiga quien caiga.*

Sin alharacas Sin aspavientos. Sin gestos ni demostraciones excesivas. Sin llamar la atención. *Cuando llegue el presidente vamos a recibirlo sin alharacas; con todo afecto, pero de la forma más natural posible. A él no le gustan la pompa ni el protocolo.*|*Con el trabajo de cada día, sin grandes campañas publicitarias, sin alharacas, han conseguido situar a una pequeña empresa entre los diez negocios más rentables del año. Alharaca* es un término de origen árabe, de *al-haraka,* 'movimiento; agitación; emoción'.

Sin ambages Clara y directamente. Sin rodeos. A ver, ¿por qué estás enfadado conmigo? Venga, cuéntame todo sin ambages, porque no me explico esa actitud tuya hacia mí. En latín *ambages,* compuesto del verbo *agere,* 'conducir', y del prefijo *amb-,* 'entorno', significaba antiguamente 'camino intrincado; laberinto; rodeo', y con ese significado entró en nuestra lengua mediado el siglo XVI. Al entrar como cultismo, se mantuvo el nominativo, por lo que el término permaneció con la forma *ambages,* y no con la derivada del acusativo, **ambage,* que hubiera sido lo normal en castellano. Este hecho hizo que la *-s* final se identificara con la del plural y que la palabra no exista en singular. Del significado original se pasó al sentido figurando de 'circunloquio', con el que se suele usar en la actualidad.

Sin comerlo ni beberlo Sin haber intervenido. Sin tener nada que ver con un asunto. Sin ser culpable de nada. *Sin comerlo ni beberlo, el director del banco se ha visto involucrado en un grave escándalo financiero*. El dicho parece referirse a la persona que, sin haber comido ni bebido nada, enferma del estómago o del aparato digestivo. No sería descabellado pensar que estuviera relacionado con la antigua y extendida costumbre de liquidar personas incómodas y pretendientes a tronos o a cargos importantes por el expeditivo proceso de envenenarles la comida o la bebida.

Sin decir oxte/oste **ni moxte**/moste Sin decir ni una palabra. *Se enfadó y se fue sin decir oxte ni moxte*. Según algunas opiniones, *oxte* y *moxte* podrían ser contracciones de *oiga usted* y *mire usted,* respectivamente. Parece más creíble, de todas formas, pensar que *oxte* es una derivación del verbo *oxear,* la forma antigua *ojear,* 'espantar la caza', y que, lo mismo que *¡ox!,* se empleaba como exclamación para ahuyentar a los animales, especialmente a las aves. Sebastián de Covarrubias nos dice en su *Tesoro,* de 1611, que *¡oxte!,* aparte de una interjección para espantar a alguien, es «exclamación usual de los que llegando con la mano a una cosa, pensando que está fría, se queman». *Moxte* sería, simplemente, una creación debida, como tantas otras (v. *A trancas y barrancas*||*Mondo y lirondo*||*Sin decir tus ni mus*...) a los efectos de la rima

Sin decir tus/chus **ni mus** (Sin decir chus/ni chus ni mus ni bicicleta||Sin decir ni mus) Sin decir absolutamente nada. *Bueno, ¿tú no tienes nada que decir? Llevas ahí media hora mirándonos con cara de tonto, sin decir tus ni mus*. *Tus* es, según el diccionario, una voz que, repetida, se usa para llamar a los perros. *Mus* parece también una creación debida a la necesidad de la rima (v. *A trancas y barrancas*||*Mondo y lirondo*||*Sin decir oxte ni moxte*), aunque pudiera también relacionarse con el *mu* de *No decir ni mu* (v. *No decir ni pío*), el mugido de la vaca o el buey. Algunos sostienen que este *mus* es la exclamación que da nombre al conocido juego de cartas, con la que, al comienzo de cada mano, los jugadores solicitan el cambio de cartas. La aparición de la *bicicleta* obedece a una de las tantas y deliciosas pinceladas de surrealismo que decoran la lengua coloquial.

Sin desmayo Infatigablemente, sin que, pese al esfuerzo, se sientan los efectos del cansancio y la persona pierda el conocimiento, se desmaye. *Han estado trabajando durísimo, día y noche, sin desmayo, pero han conseguido inaugurar el restaurante en las fechas previstas*.

Sin encomendarse a Dios ni al diablo/al demonio Precipitadamente, a lo loco, sin valorar las consecuencias positivas o negativas, sin pedir ayuda ni consejo a nadie para demandar mesura (Dios) o atrevimiento (el diablo)

que tal acción pudiera acarrear. *Como aquí no encontraba trabajo, sin encomendarse a Dios ni al diablo se fue al extranjero*. V. *Poner una vela a Dios y otra al diablo*.

Sin faltar una coma/jota (Sin faltar punto ni coma) Íntegramente. Por completo. *A ver, cuéntame sin faltar una coma todo lo que has visto en Estados Unidos*. *Sin faltar una coma* parece una versión de *sin faltar una jota*, expresión ya empleada por Jesucristo en el Sermón de la Montaña (*Mateo*, V. 18): «Antes faltarán cielos y tierra que deje de cumplirse completamente la ley, sin faltar una jota —realmente lo que se dice es *una iota*, letra griega correspondiente a nuestra jota— o una parte de ella». V. *Con puntos y comas*||*No saber ni jota*.

Sin orden ni concierto De forma desordenada. Sin criterio. *Es un equipo fantástico, no lo dudo, pero juegan sin orden ni concierto. Cada uno va a lo suyo y así es muy difícil ganar los partidos*.|*La casa es bonita, pero está amueblada sin orden ni concierto. Parece un bazar*. *Concierto* se toma en la frase en su significado original de 'acuerdo; pacto'. Al fin y al cabo un *concierto* consiste en que varios instrumentos musicales se pongan de acuerdo.

Sin paliativos Sin alivio. Sin remedio. Con toda crudeza. *La gestión de estos últimos años ha sido un fracaso sin paliativos, y así debemos reconocerlo*. Un *paliativo*, derivado del verbo *paliar*, reflejo del latino *palliare*, procedente a su vez de *palliu(m)*, 'capa; protección', es un remedio que atenúa el dolor o la violencia de un mal o de una enfermedad.

Sin pena ni gloria [pasar] De forma inadvertida. Provocando indiferencia. Sin obtener críticas o fracasos (pena) ni alabanzas o éxitos (gloria). *Fue primer ministro durante unos meses y hoy prácticamente nadie lo recuerda. Pasó sin pena ni gloria*.

Sin pestañear Con total resolución. Sin ninguna duda. *En cuanto se dio cuenta de que el niño estaba dentro, atravesó las llamas sin pestañear y le salvó la vida*.|*Ahora me vas a hacer caso a mí y vas a escuchar sin pestañear todo lo que te diga, ¿estamos?* La locución sugiere que un simple pestañeo podría hacernos perder la concentración.

Sin remisión Sin perdón. Sin excusa. *Es tonto sin remisión. Siempre tiene que hacer el ridículo en todas partes*./*No puede protestar porque lo han suspendido sin remisión. No había pegado ni golpe*. *Remisión* se toma en su sentido jurídico de 'alzamiento de una pena o de una obligación'.

Sin solución de continuidad (No tener algo solución de continuidad) Sin interrupción. Sin pausa. *El clima en esta ciudad es muy traicionero. Pasamos del calor al frío y viceversa sin solución de continuidad*. Se llama solución de continuidad a una interrupción, a un corte en una acción o una narración. En los antiguos relatos épicos era un recurso frecuente interrumpir la narración o hacer frecuentes digresiones entre un episodio y otro; con esta solución de continuidad se conseguía mantener la atención y la tensión del público que escuchaba.

Sin ton ni son Sin ningún motivo. No sé quién era. *No lo había visto en mi vida. Sólo sé que, sin ton ni son, vino hacia mí, me insultó y se fue.* Ton parece la abreviatura de *tono*, como *son* lo es de *sonido*, por lo que es fácil deducir que la expresión se aplicara entonces a los que bailaban o cantaban sin que el baile o el canto tuvieran que ver con la música que servía de acompañamiento.

Sin trampa ni cartón (No tener ni trampa ni cartón) De verdad. Sin engaño, truco o artificio, y no como los decorados del teatro o del cine, que son de cartón, madera u otros materiales y que simulan ser lo que en realidad no son. *No cabe duda de que el automovilismo es uno de los deportes de más riesgo. En cada carrera los pilotos se juegan abiertamente la vida, sin trampa ni cartón.*

Sobre el papel Aparentemente. En teoría. *Sobre el papel, para un español aprender italiano es mucho más fácil que aprender alemán pero nunca se sabe.|Sobre el papel, nuestro proyecto es mucho mejor que el de ellos, pero vamos a ver qué decide el jurado, porque hay muchos factores que se deben tener en cuenta.* Una cosa es lo escrito y otra, a veces bien diferente, la realidad. Dicho de otra forma: la teoría (el papel) muchas veces no coincide con la práctica (la vida, la realidad).

Sobre la marcha [hacer] De forma improvisada, sin un plan preestablecido; literalmente 'mientras se va; mientras se hace otra cosa'. *Este cuarto de baño y la sala de estudio no estaban previstos en los planos. Los hicimos sobre la marcha, mientras construíamos la casa.|Ahora mismo no sé qué le voy a decir. Ya se me ocurrirá algo sobre la marcha.*

Sol de justicia Sol muy fuerte, implacable. *Hoy no puedes tumbarte en la playa más de media hora sin abrasarte. Hace un sol de justicia.* Antiguamente uno de los castigos más crueles que se daba a los condenados o a los prisioneros era el de exponerlos al sol en los patios de las prisiones, atados entre sí o a los cepos o postes. Muchos de ellos morían deshidratados. Como puede apreciarse, una forma muy particular de hacer justicia. Seguramente de aquí viene la expresión.

Sólo nos acordamos de santa Bárbara cuando truena (Nadie se acuerda de santa Bárbara hasta que truena) Con esta frase se asegura que sólo nos preocupamos de buscar soluciones o auxilio cuando los problemas son muy graves o la necesidad acuciante. *Todo el curso sin pegar ni golpe y ahora, a tres días del examen, estudiando día y noche sin parar... Sólo nos acordamos de santa Bárbara cuando truena.* Santa Bárbara es la santa protectora de los temporales y de las tormentas para las gentes del campo y del mar. Cuando hace buen tiempo no es necesario su amparo y no se le reza; de ahí el dicho.

Soltar amarras Desligarse de algo o de alguien. *Cuando llegan a una cierta edad, los hijos deben soltar amarras de sus padres y empezar a vivir por* *sí mismos.*|*Después de quince años como dependiente, ha soltado amarras y va a poner su propio negocio.* Las *amarras* son los cabos o cables con los que se aseguran las embarcaciones en el puerto, bien con el ancla, bien atándolas al amarradero. V. *Echar anclas*||*Levar anclas.*

Soltar lastre (Ser algo o alguien un lastre) Librarse de incomodidades o de problemas. Este año terminaremos de pagar el piso. *La verdad es que ya teníamos ganas de soltar lastre.*|*Me alegro de que Mari por fin se haya decidido a separarse y haya soltado lastre, porque su marido era un auténtico imbécil.* El lastre es el peso que se pone en el fondo de una embarcación para que entre el agua hasta donde se considere oportuno, o en los globos aerostáticos para disminuir la altitud. Si se suelta lastre, el barco avanza más deprisa y el globo asciende.

Soltar/hacer **un gallo** Llamamos gallo a una especie de grito, una nota chillona y desafinada, similar al kikirikí del gallo, que a veces emitimos al hablar y, especialmente, al cantar. *A este cantante aún no le han perdonado el gallo que soltó en aquella representación de hace cinco años.*

Soltar/dar/echar **una andanada** Decirle a una persona algo ofensivo o hiriente. Reprender con dureza a alguien. *Yo creo que tiene suficientes motivos para estar ofendido: ayer le soltaste una andanada tremenda con esos comentarios sobre Ana. Al fin y al cabo, te guste o no, es su novia.* El ataque a la persona se compara con lo que en el lenguaje marinero se denomina *andanada:* la descarga de toda la batería del costado de un buque.

Soltarse el pelo/la cabellera/la coleta Actuar de forma decidida. La imagen de una mujer que suelta su pelo evoca libertad, decisión, y valentía; de hecho, eso es lo que significa el verbo *desmelenarse,* que tiene idéntico origen. Antiguamente, la expresión se empleaba referida únicamente a mujeres; hoy puede referirse también a hombres. *Alberto llevaba casi un año sin salir, pero hoy se ha soltado el pelo y ha estado por ahí hasta las tantas.*

Someter a alguien al tercer grado (Hacerle a alguien el tercer grado) Interrogar a una persona durante mucho tiempo y a propósito de muchos aspectos, incluidos los más personales. *Más que una entrevista de trabajo, eso ha sido un interrogatorio policial. Me han sometido al tercer grado: han querido saber hasta cuál es mi comida favorita.* Antiguamente existía en el mundo judicial el denominado interrogatorio de tercer grado, una forma eufemística de referirse a algo que no era otra cosa que una tortura psicológica y, muchas veces, física. El gran jurista italiano Cesare Bonesana, marqués de Beccaria, conocido normalmente como Cesare Beccaria (1738-1794) luchó por su abolición, por el respeto a los acusados y la mejora de las condiciones de los condenados. Su trabajo fue fundamental en la mejora y desarrollo de los códigos penales de muchos países europeos.

Sonar a chino Ser algo muy difícil de entender. *No entiendo nada de lo que dice el profesor de filosofía: todo me suena a chino.* El idioma chino se toma aquí en el sentido de algo extraño, remoto. ¿Qué dirán los chinos cuando no entiendan algo? ¿Les sonará a *español?* V. *Hablar en chino*|*Tenerlo en chino*.

Sonar la flauta (por casualidad) (Acertar como el burro flautista) Ser algo un golpe de suerte, una absoluta e inesperada casualidad. *No había estudiado nada, me presenté al examen por ver si sonaba la flauta y, mira, aprobé*. La locución se refiere a la antigua fábula, recogida por Tomás de Iriarte (1750-1791), titulada *El burro flautista*, que cuenta la historia de un burro que encontró una flauta abandonada y que, al acercarle el hocico, la hizo sonar. La moraleja dice: «Sin reglas del arte/borriquitos hay/que una vez aciertan/por casualidad».

Sonreír de oreja a oreja (Tener una sonrisa de oreja a oreja) Sonreír abiertamente, estirando al máximo las comisuras de los labios, tanto que, como se dice hiperbólicamente en el dicho, llegan a las orejas. *Cuando vino hacia mí sonriendo de oreja a oreja enseguida supe que había aprobado el examen*.

Soplar malos vientos Estar algo o alguien en una situación problemática o desfavorable, como estaban los marineros en alta mar cuando el viento era escaso o excesivo, o cuando soplaba en la dirección contraria. *Últimamente en la relación con mis padres soplan malos vientos, y, la verdad, no sé cuál es la razón*.|*Con el* boom *del vídeo y del* dvd *soplan malos vientos para el cine*.

Sorberle a alguien el seso (Tenerle a alguien sorbido el seso) Dominar a una persona, obnubilarla, anular su personalidad. *Esas tonterías que hace últimamente no tienen nada que ver con el amor. Eso no es estar enamorado. La única explicación es que ella le ha sorbido el seso y lo tiene completamente atontado*. Si interpretamos literalmente la frase, nos resulta prácticamente el argumento de una película de terror: se nos dice que una persona le ha «aspirado» el cerebro a otra, es decir, que se ha hecho con su voluntad y su inteligencia. V. *Comerse el coco*.

Sota, caballo y rey [ser] Se denomina así a aquello que tiene muy poca variedad. *Las películas de este director son todas sota, caballo y rey. No hay ninguna que se salga un poco de esa mezcla de violencia y humor*. La locución se refiere a las tres figuras de la baraja española. Seguramente la locución adquiriera su significado actual porque se refiriera en tiempos únicamente al verbo *comer*, ya que antiguamente se llamaba *sota, caballo y rey* al cocido, comida que en muchos lugares se repetía casi a diario y que constaba, y consta, de tres partes: sopa, garbanzos y verduras, y carne.

Subido de tono [ser; estar] (Subir de tono) Un tanto obsceno o grosero. De contenido sexual bastante explícito. *La película estaba autorizada para todos los públicos, pero había algunas escenas subidas de tono*. Subir de tono significa 'acalorarse; enardecerse; enfadarse'. *Empezaron hablando muy educadamente, pero poco a poco fueron subiendo de tono y acabaron llegando al insulto. Y porque los separaron, que si no*... Estas expresiones proceden del mundo de la música: cuando sube el tono de una composición musical aumenta la energía, el vigor, la sonoridad. V. *Estar a tono*.

Subir(se)/abrir(se)/alzar(se)/levantar(se) **el telón** Comenzar algo, especialmente un acto, un ciclo o una temporada. *Mañana a las doce sube el telón del curso con un acto inaugural en el que intervendrán el ministro y el rector.* Las representaciones teatrales comienzan con la subida o apertura del telón. Por eso el dicho. V. *Bajar el telón*.

Subir (muchos) **enteros** (Ganar/perder (muchos) enteros/puntos) Crecer o menguar la importancia o el prestigio de una persona o de una cosa. *Después de su última novela esta escritora ha subido enteros y es una firma candidata al premio nacional de narrativa.|No sé a qué puede ser debido, pero el rendimiento del equipo ha bajado muchos enteros en las últimas jornadas*. La expresión se origina en el lenguaje de la economía. En la bolsa se denomina *entero* a la variación de los valores de cotización; equivale a la centésima parte del valor nominal de estos últimos.

Subirse a la parra Enfadarse mucho. *Yo sólo te he dicho que no estoy de acuerdo contigo; no es para que te subas a la parra de esa forma y empieces a dar voces*. Darse mucha importancia. Presumir. *Desde que lo han ascendido es una persona completamente distinta: se cree el más importante, el más guapo, el que más manda... Se ha subido a la parra de una manera que no hay quien lo aguante*. Tomarse alguien responsabilidades, atribuciones o comportamientos que no le corresponden. *Si no educas a los niños con un poco de mano dura, se acaban subiendo a la parra y no hay manera de que te hagan caso.|Lo que has conseguido dependiendo tanto de tu secretaria es que se haya subido a la parra y ahora prácticamente maneje todo ella*. Se usa mucho referida a los precios excesivos. *Es un estupendo restaurante, lo que sucede es que últimamente se han subido a la parra y te pegan unos buenos palos*. Para el significado de 'enfadarse' seguramente tengamos que mirar a una expresión similar, con la que podría haberse «contagiado»: *Subirse por las paredes* (v.), referida a quien se muestra excesivamente inquieto, hasta el punto de golpearse contra paredes o de intentar trepar por ellas, razón por la que se suelen acolchar las habitaciones de los enfermos mentales agudos. En los otros casos se alude a la posición elevada y, por tanto, destacada, de quien trepara a una parra, algunas de considerable altura.

Subirse/apuntarse **al carro** (Bajar(se)/apearse del carro) Mostrarse partidario de algo o de alguien, bien por moda, bien para sacar provecho. *Últimamente la gente se está subiendo al carro de los productos naturales, sin conservantes, y de la denominada «agricultura biológica».|Desde hace más de veinte años ha ocupado cargos importantes en la administración porque se ha subido siempre al carro de los partidos ganadores*. *Bajar del carro* es todo lo contrario: abandonar un grupo o unas ideas; ir por libre. *Después de muchos años en el partido, ha decidido bajarse del carro de la política y de-*

dicarse a su tarea profesional. Bajar del carro se usa también con el significado de 'aceptar las ideas u opiniones de otro; dar la razón a otra persona', (v. *Caer del burro*). *Después de mucho discutir, por fin se ha bajado del carro y ha aceptado nuestro plan.* Frente al que va a pie y se ve obligado a actuar por su cuenta y a tomar sus propias decisiones, quien se sube a un carro va más deprisa, más cómodo y, sobre todo, se deja llevar por otros. V. *Tirar del carro.*

Subirse/engancharse **al tren** (Coger el tren (en marcha)) Aprovechar una oportunidad u ocasión que, como el tren, no pasa a todas horas. *Si queremos subirnos al tren del futuro, debemos modernizarnos y cambiar de actitud.* A veces se utiliza con sentido peyorativo: 'ser un aprovechado'. *Hay muchos que, para figurar o buscar oportunidades laborales, se suben al tren de la política.* V. *Perder el tren.*

Subirse por las paredes (Estar alguien que se sube por las paredes) Estar muy enfadado, irritadísimo. *Cuando le dijeron que no la habían admitido, se subía por las paredes ¡Vaya cabreo que se cogió!* El enfado es tal que lleva prácticamente a la inconsciencia. A la persona se la compara entonces con el demente que se golpea con las paredes o intenta trepar por ellas, motivo por el que muchas habitaciones de los hospitales psiquiátricos se deben acolchar. V. *Darse contra las paredes*||*Subirse a la parra.*

Subírsele a alguien a las barbas/la chepa Perder el respeto o el miedo que se tiene a una persona. *Los militares llevan muy mal que un subordinado se les suba a las barbas y les proteste alguna orden.* La barba ha sido, a lo largo de la historia, símbolo de poder, de dominio, de virilidad y de sabiduría. Para los germanos no había mayor ofensa que tirarles de la barba. Al Cid se le llama muchas veces, en el *Cantar, el de la barba honrada* o *el de la barba vellida.* Muchos pueblos, incluso, consideraban la barba como un elemento sagrado; por eso los antiguos hebreos pensaban que afeitarse era un acto sacrílego. Y qué decir de los musulmanes, que siguen jurando *por las barbas del profeta. Chepa* se toma aquí en su sentido coloquial de 'espalda'. V. *Dar la barba*||*En las barbas de alguien*||*Mentir por la barba*||*Pelillos a la mar*||*Por barba*||*Ser un tío con toda la barba.*

Subírsele a alguien el pavo Ruborizarse. *Mi hijo es muy vergonzoso: en cuanto tiene que hablar con alguien que no conoce, se le sube el pavo.* El pavo tiene sobre el pico una especie de membrana roja eréctil, que se le dilata, como autodefensa, cuando se siente amenazado. Seguramente a este hecho, identificable con el repentino florecer del color rojo en las mejillas de quien se ruboriza, se refiere la expresión.

Subírsele a alguien la sangre a la cabeza Enfurecerse. *Haz el favor de controlarte un poco y de contar hasta diez, que a ti enseguida se te sube la sangre a la cabeza y puedes prepararla en cualquier momento.* Cuando nos enfadamos mucho tenemos una sensación de fuerte calor en la cara y en la frente, lo que se refleja en el enrojecimiento de las mejillas. Ello se debe a una concentración de la sangre en la cabeza; por eso se nos *hinchan,* algunas venas, especialmente las del cuello y las de los parietales. V. *Darle a alguien la vena*|*Hervirle a alguien la sangre*.

Subírsele a alguien los humos (Tener/darse/gastarse muchos humos) Enfadarse o llenarse de soberbia y vanidad. El humo, interpretado como producto de la ira, enlaza con verbos como *encenderse, quemarse, enrojecerse,* todos ellos empleados con el significado de 'enfurecerse' en la lengua coloquial (v. *Estar alguien quemado*), sin olvidarnos de los monstruos y animales mitológicos que, como el dragón, mostraban su ira arrojando fuego y humo por la boca o la nariz (v. *Estar alguien que echa humo*). *Cuando me he enterado de que me habían engañado, se me han subido los humos y he estado todo el día de mal humor.* Tomado como cosa incorpórea, que se desvanece, se identifica con el segundo significado de la locución: *ensoberbecerse, envanecerse, darse aires*. *Desde que trabaja en el Ayuntamiento se le han subido unos humos que no hay quien le aguante; ni que fuera el alcalde*. Joaquín Bastús, en su *Sabiduría de las naciones* (1862), remite el origen del dicho a la costumbre romana de colocar en el atrio de la casa los bustos de los antepasados, iluminados con lámparas y perfumados con incensarios. Con el paso del tiempo, el polvo y los humos, los bustos ennegrecían. Aquellos que tenían más humos eran, por tanto, los mas venerables, los de más poder. V. *Bajarle a alguien los humos*.

Subírsele a alguien una cosa a la cabeza Provocar algo aturdimiento, pérdida del control o de la consciencia, sea desde el punto de vista real o metafórico. *Se le subió el champán a la cabeza, se le soltó la lengua y empezó a decir un montón de barbaridades.*|*Era un chico simpático, agradable, sencillo, pero desde que ha vendido tantos discos se le ha subido la fama a la cabeza y se ha convertido en un perfecto estúpido*. Según el dicho, la bebida, el éxito, el dinero... ocupan el lugar del cerebro y alteran por completo el comportamiento del individuo.

Sudar el hopo Realizar un enorme esfuerzo para conseguir algo. *Todos decían que íbamos a ganar fácilmente, y sí, hemos ganado, pero sudando el hopo*. El *hopo* es la cola larga y peluda de algunos animales, especialmente la del zorro. La expresión parece aludir a una curiosa astucia del zorro para escapar del acoso de los perros. Cuando éstos lo siguen muy de cerca, se orina la cola y la mueve con rapidez. Esto provoca tal hedor que los canes frenan la carrera y se distraen, lo que permite al raposo escapar. La frase se debe a que, al tener la cola mojada, se pensaba que el zorro, del esfuerzo y la agitación, sudaba hasta por ella.

Sudar la gota gorda Sudar muchísimo, tanto que las gotas de sudor se acumulan y parecen más grandes de lo habitual. *Pensé que hacía más frío, me puse un jersey de lana y he sudado la gota gorda*. A veces se usa en sentido figurado, con el significado de 'realizar un enorme esfuerzo para conseguir algo'. *Hemos escrito cientos de cartas, rellenado un montón de instancias. Hemos sudado la gota gorda, pero, al final, hemos conseguido que nos den la subvención.*

Sudar sangre (Sudar tinta (china)) Hacer un gran esfuerzo para conseguir un objetivo. *Para terminar a tiempo el trabajo vamos a tener que sudar sangre, pero no nos queda otro remedio.* La expresión parece referirse al pasaje de los Evangelios en que se narra cómo en el Huerto de los Olivos, antes de que Judas lo delate, Cristo, sabiendo llegada su hora, muestra su lado humano, se rebela contra su suerte y, a causa de su dolor y de su enorme tensión, comienza a sudar sangre. Frente al sudor normal, la tinta o la tinta china nos aportan la idea de un esfuerzo extra, agobiante, *negro,* con las connotaciones inherentes a este color. V. *Llorar lágrimas de sangre.*

Suma y sigue Se dice cuando se suceden varios acontecimientos, cuando se produce una acumulación de sucesos, de hechos positivos o negativos que, a buen seguro, van a continuar. *Ésta es ya la cuarta novia que lo deja. Suma y sigue.*|*El equipo ha logrado su octavo triunfo consecutivo de la temporada. Suma y sigue.*

T

Tabla de salvación [ser una/la; encontrar una/la; agarrarse a una/la] Se llama así al único medio con el que se puede solucionar un grave problema o resolver un asunto complicado. *La fusión con una multinacional puede ser la tabla de salvación de esta empresa.* Se hace referencia a la situación del náufrago que, cuando todo está perdido y él a punto de ahogarse, se aferra a cualquier tabla o cosa que flota cerca de él.

Tal día hizo un año Se certifica con esta frase que es necesario olvidarse de los males y penalidades, seguir adelante para que queden en el recuerdo y sólo vengan a la mente muy de vez en cuando; una vez al año, si interpretamos literalmente el dicho. Pues si suspendes, qué le vamos a hacer. *No podemos cortarnos las venas. Tal día hizo un año.* V. *Ayer fue la víspera.*

Tal para cual [ser] Se dice para hablar de las virtudes o defectos que unen o identifican a dos personas. *Tú dices que Jaime es más simpático que Lucas, pero a mí me parecen tal para cual, igual de secos los dos.* V. *De casta le viene al galgo*||*Tanto monta.*

Tanto monta Con esta expresión se asegura que dos o más cosas o personas son muy similares, que tienen el mismo efecto o actúan de la misma manera. *Si no tienes coñac, échale un chorrito de güisqui, que tanto monta.*|*Me da igual que avises a Carmen o a Javi; tanto monta, porque los dos manejan fenomenal los ordenadores.* *Montar* se usaba antiguamente con el significado de 'importar; sumar', acepción que ha quedado en el mundo de la contabilidad y en términos como *monto* o *montante*, 'suma de varias partidas'. El dicho se extendió a raíz de que los Reyes Católicos eligieran como divisa de su reinado el dicho *tanto monta, monta tanto,* con el que querían significar que el poder de ambos y, por tanto, de las coronas de Aragón y Castilla era idéntico y que el gobierno se ejercía de forma colegiada. El pueblo amplió la frase y la convirtió en *tanto monta, monta tanto Isabel como Fernando*. Sebastián de Covarrubias cita en su *Tesoro* (1611) un dicho muy popular en su época: *Tanto monta cortar como desatar,* sobre el que dice lo siguiente: «Tómase este modo de dezir de aquel ñudo Gordio, que no pudiéndole desatar Alejandro, le cortó, diziendo las sobredichas palabras». Algunos opinan que los Reyes Católicos tomaron el lema de este episodio, y más considerando que el emblema del rey Fernando era un yugo con un nudo cortado; otros sostienen que fue creado por Elio Antonio de Nebrija (1441-1522), autor de la *Gramática de la lengua castellana* (1492), la primera de una lengua romance, dedicada a la reina Isabel, *la Católica*. V. *El nudo gordiano*||*Tal para cual*.

Tanto nadar para morir en la orilla/ir a morir a la orilla Se dice cuando, después de un enorme esfuerzo, no se consigue lo que se esperaba por muy poco. *Después de tanta lucha y de remontar el dos a cero adverso, en el último instante llegó el gol del equipo contrario: tanto nadar para morir en la orilla*. La imagen es la de alguien que lucha con la corriente de un río y que, cuando por fin alcanza la orilla, muere agotado por el esfuerzo. Existe un refrán que se usa en la misma situación y que también se aplicaba al enfermo que moría cuando parecía haber superado una situación crítica o cuando las esperanzas de recuperación eran mayores: *nadar, nadar, y a la orilla ahogar*.

Tanto va el cántaro a la fuente... El dicho completo es *tanto va el cántaro a la fuente, que al final se rompe*, primo hermano de un refrán de parecido significado: *cántaro que muchas veces va a la fuente, o deja el asa o la frente*, recogido ya por Covarrubias en su *Tesoro* (1611). Se emplea para dar a entender que si nos enfrentamos a una situación de riesgo y peligro, aunque consigamos esquivarla muchas veces, al final acabaremos cayendo en ella. *Claro, llevan todo el partido atacando y han acabado metiéndonos un gol. Tanto va el cántaro a la fuente*... Antiguamente las mujeres llevaban el cántaro a la fuente o al río para llenarlo de agua. Era normal que, con tanto trajín, antes o después se acabara rompiendo. Muchas veces, y así hay que interpretarlo en canciones y cuentos populares, la rotura de este cántaro era una referencia a la pérdida de la virginidad de la muchacha.

Tapar agujeros Solucionar, aunque sea de forma provisional, las necesidades o problemas más perentorios, generalmente de tipo económico. *Lo de la herencia no ha sido mucho, pero al menos nos ha servido para tapar agujeros*. Posiblemente sea el dicho más empleado cada 22 de diciembre: todo el mundo necesita el dinero de la lotería para tapar agujeros, desde el que gana 300 millones hasta el que rebaña las mil pesetas de la pedrea.

Taparle/cerrarle **a alguien la boca** Conseguir que alguien se calle, generalmente con métodos expeditivos, como la violencia o el soborno, aunque a veces también con argumentos concluyentes, con pruebas irrefutables. *A mí nadie me va a tapar la boca con amenazas: seguiré diciendo lo que pienso.*|*Sabían que estaba dispuesto a criticar todas sus decisiones y le taparon la boca ofreciéndole un montón de dinero.*|*Seguía manteniendo tercamente que él no había estado allí, pero le tapamos la boca con una cinta de vídeo en la que se le veía claramente*.

Tarde piache Empleamos esta curiosa frase cuando alguien no hace algo en su momento o no llega a tiempo a un lugar. *Tenías que haber solicitado la beca antes del día quince y estamos a veinticuatro. Tarde piache.*|*¿A quién se le ocurre llegar a estas horas? Ya no queda ni un grano de paella. Tarde piache.* Suele remitirse el origen del dicho a un chascarrillo popular recogido en *El portacuentos,* una de las colecciones de cuentos del valenciano Juan de Timoneda (1520-1583): Un vizcaíno se apostó con otros dos un dinero a que se comía tres huevos cocidos enteros, con cáscara y todo. Estos, para gastarle una broma, le pusieron dos cocidos y uno crudo empollado. Cuando tenía ya este huevo en la boca oyó piar al pollo y, ni corto ni perezoso, dijo: «¡Tarde piache!», 'tarde piaste', y lo engulló. En otras variantes, los protagonistas de la historia son unos estudiantes, gallego o italiano, según versiones.

Te conozco, bacalao, aunque vengas disfrazao Se dice para asegurar que conocemos las verdaderas ideas o intenciones de una persona, pese a que exteriormente transmita otra imagen. Hoy es la estrella de algunas reconocidas cocinas, como la vasca, pero antiguamente el bacalao era comida propia de gente humilde. Para conservarlo, y a veces para ocultar su mal estado, solía presentarse en salazón, es decir «disfrazado». Asimismo, al estar seco y salado, se podía confundir con otros pescados. En cualquier caso, seguía siendo bacalao, es decir, seguía siendo comida de pobres. V. *Cortar el bacalao*||*Darle a alguien bacalao.*

Te jodes, como Herodes Se usa esta frase para molestar a alguien, para ironizar sobre el comportamiento de una persona y de sus consecuencias negativas. *Joder* se usa frecuentemente en la lengua coloquial con el significado de 'fastidiar; importunar'. La aparición de Herodes, como en tantos otros casos, obedece únicamente al tirón de la rima; bien es verdad que Herodes —no está muy claro si Herodes el Grande o su hijo, Herodes Antipas— *se jodió* cuando, pese a la matanza de los inocentes (v. *Armarse un belén*), no consiguió eliminar al que los oráculos anunciaban como Rey de los Judíos, es decir, a Jesucristo. V. *Echar el freno*||*¡Echa el freno, Magdaleno/Macareno*||*El cuento de María Sarmiento/de Juan Pimiento*||*Por el interés te quiero, Andrés*||*¡Toma del frasco, Carrasco!*||*¡Toma, Jeroma!*||*Una y no más, santo Tomás.*

Temblar como/parecer **un azogado** (Tener azogue) Tener muchas convulsiones o temblores, producto del frío o del miedo. *Le tiene un miedo increíble a su padre. Cada vez que lo ve, tiembla como un azogado.* Los que respiraban mercurio, llamado también *azogue,* como medicina o por trabajar en las minas de las que se extraía este metal, eran presa de unas convulsiones y unos temblores continuados.

Temer más que a un nubla(d)**o** (Tenerle a algo o a alguien más miedo que a un nubla(d)o) Tener mucho miedo a alguien o a algo. *Cada vez que abre la boca lo temo más que a un nublado. Puede decir la mayor barbaridad en el momento menos oportuno.*|*El frío no me importa, pero al ca-*

lor lo temo más que a un nublado, porque me deja totalmente hecho polvo. La expresión se refiere a la inquietud con la que los agricultores miran al cielo en cuanto ven aparecer un nublado, que podría ser el anticipo de una tormenta que destrozara sus cosechas.

Templar gaitas Pacificar una situación conflictiva. *En la empresa la situación entre los trabajadores era bastante conflictiva, pero el director ha intervenido con acierto para templar gaitas, y las aguas han vuelto a su cauce.* Del mismo modo que en los instrumentos de viento y de cuerda se tocan todas las cuerdas y llaves para que se templen, es decir, para que se afinen, en una situación problemática se *toca* a todas las personas que en ella intervienen para *afinarlas*, es decir, para tranquilizarlas y que vuelvan a la normalidad. Dicen los gaiteros que pocos instrumentos hay más difíciles de afinar que la gaita. V. *Ser algo una gaita.* En su *Tesoro* (1611), Sebastián de Covarrubias explica el significado del dicho de manera deliciosa: «*Templar la gaita:* desenojar al que está rostrituerto». En la voz *gaita* recoge otra frase similar: «*Templada está la gaita:* cuando alguno habla con alegría y contento y a satisfacción de los demás».

Ten con ten [tener un; ser un; hacer un] Moderación o tacto en algún asunto. Equilibrio de posturas en un asunto, de forma que se exige y se otorga de forma proporcionada. *Podemos tomar varias decisiones, y ninguna es fácil. Lo mejor será que nos veamos y tengamos un ten con ten; a ver si sacamos algo en claro. Ten* es la segunda persona del singular del imperativo de *tener.* El acuerdo, el equilibrio a los que antes se aludía se explican mediante un intercambio de *ten* y *dame:* una parte da algo *(ten)* y más tarde lo da la otra *(ten).*

Tender puentes/un puente Mediar. Acercar posturas. Intentar buscar acuerdos. *El enfrentamiento entre los dos países está alcanzando cotas muy peligrosas. Se hace necesario que las dos partes renuncien a parte de sus exigencias para que se puedan tender puentes y buscar un punto de acuerdo.* El puente une dos orillas. Quien, metafóricamente, intenta tenderlo, trata de pasar a la otra orilla, intenta entender a la parte contraria y que los de la otra parte comprendan la postura de sus rivales, que eso significa esta palabra desde el punto de vista etimológico: 'el de la otra orilla'.

Tener a alguien agarrado/cogido **por los cojones**/los huevos/las pelotas Tener completamente dominado o sometido a alguien. Como bien puede suponerse, la expresión sólo se aplica a hombres. *Lo mires por donde lo mires, nos tiene agarrados por los cojones: si el domingo no vamos a trabajar, nos puede hincar el diente por donde quiera. Y no tenemos derecho a nada.* Quien, literalmente, estuviera aferrado por tal parte posiblemente no osaría moverse, más que nada por el considerable dolor que produciría el mínimo tirón...

Tener a alguien o algo **atravesado** No soportar a una persona o una cosa. Tener manía a algo o a alguien. *Será una bellísima persona, como tú dices,* *pero yo a Jaime lo tengo atravesado. No lo soporto.*|*Desde una vez que me cogí una indigestión tengo atravesados los mejillones y no puedo ni olerlos.* La persona o cosa de las que hablamos son tremendamente molestos, algo así como un hueso en la garganta; de hecho, es frecuente que al emplear el dicho hagamos un gesto llevando los dedos índice y pulgar a la garganta y pinzando la tráquea. V. *No tragar algo o a alguien.*

Tener a alguien enfilado Tener a alguien perfectamente controlado, dominado, por lo general con la idea de perjudicarlo o de hacerle daño a la menor oportunidad. *Enfilar* no es otra cosa que 'poner en una fila'. *Sé que en cuanto me descuide, me la prepara, porque me odia desde el día en que nos conocimos y me tiene enfilado.*

Tener/traer/dejar **a alguien frito** Cansar sobremanera a una persona. *Este niño me tiene frito: no ha dejado de gritar y de subirse por todas partes en toda la tarde. Freír* y *asar,* como *quemar,* son verbos que funcionan muy frecuentemente como sinónimos de aburrir, de cansar. V. *Estar frito*||*Estar alguien quemado.*

Tener/mantener/traer **a raya** Controlar a alguien de forma muy rígida. *En la mili había un teniente que nos tenía a todos a raya.* La *raya* marca el límite que no se puede sobrepasar. V. *Pasarse de la raya.*

Tener/echarle (muchas) **agallas**/(muchos) hígados/riñones/(un par de) narices/cojones/pelotas (Con un par de narices/cojones/huevos/pelotas/riñones) Ser muy valiente. *Me encantan los toros, pero ponerme delante de ellos es otro cantar. Para eso hay que tener muchas agallas.* Estas *agallas* nada tienen que ver con las branquias de los peces. Son las protuberancias o excrecencias —también llamadas *gallas*— que, a causa de la acción de algunos insectos parásitos aparecen en la corteza de algunos árboles, como el roble y el alcornoque. Estos «bultitos» se toman como metáfora formal de los testículos, de los *cojones,* referencia recurrente —y machista— al valor en la lengua coloquial (v. *Tenerlos bien puestos*). Por lo que hace referencia a los hígados, forma antigua de referirse al hígado, quizá por estar formado de varios lóbulos y unido a la vesícula biliar; los antiguos consideraban que en este órgano residían algunos sentimientos, como la amargura, la ira y, a veces incluso, la fuerza y el valor (v. *Alegrársele a alguien las pajarillas*||*Poner verde*). *Huevos, pelotas* —éstos por la forma— y *narices* son frecuentísimos eufemismos de *cojones,* lo mismo que *riñones,* aunque en este caso se trata, más que nada, del efecto de la rima. V. *De narices*||*Estar hasta las narices*||*Ponérsele a alguien una cosa en las narices*||*Por narices*||*Tocarle a alguien las narices.*

Tener alas en los pies Ser muy rápido. *No le hace caso a nadie, pero en cuanto lo llama Alicia, el tío sale disparado, como si tuviera alas en los pies.* La expresión se refiere al dios romano Mercurio, mensajero de los dioses (por eso se le representa con alas en los pies), dios del comercio, protector de mercaderes, viajeros, poetas, conductor de las almas al infierno y, por decirlo de alguna manera, «patrono» de los ladrones, a cuya volatilidad tras la comisión de un delito atribuyen algunos lo de las alas en los pies. Los ladrones lo convirtieron en su dios porque, según la leyenda, el dios griego Hermes, correspondiente de Mercurio en la mitología helena, robó nada más nacer los rebaños de Apolo: ni más ni menos que cien terneras, doce vacas y un toro.

Tener algo bemoles (¡Tiene bemoles la cosa!) Ser algo muy difícil. *Vamos a ver si conseguimos fijar la antena al tejado, aunque tiene bemoles, porque la superficie es muy resbaladiza. En fin, no sé cómo lo haremos.* El bemol es la nota musical cuya entonación es un semitono más baja que la de su sonido natural, muy difícil de leer en la partitura y de interpretar, especialmente para los principiantes. A veces se emplea también como exclamación de asombro o de sorpresa, caso en el que *bemoles,* aparte de con el significado antes expuesto, parece funcionar como eufemismo de *cojones. Resulta que la culpa del accidente fue suya y ahora va y me reclama a mí daños y perjuicios ¡Tiene bemoles la cosa!*

Tener/llevar **algo clavado**/grabado **en el alma** (Tener/llevar algo grabado a fuego) Recordar permanentemente un hecho perjudicial, negativo o doloroso, como si se llevara siempre fijado en la mente. *Yo no podré perdonarlo nunca. Lo que me dijo aquel día lo tengo clavado en el alma.*

Tener algo o a alguien **en cartera** Estar tratando o estudiando un asunto. Tener algo o a alguien en consideración. La frase es propia del mundo de la política y del de las finanzas. *No me he olvidado de su propuesta. La tengo en cartera y será el primer asunto que tratemos en la próxima reunión.|Esta chica tiene un currículum impresionante y está haciendo un gran trabajo. La tengo en cartera para ocupar un puesto importante en el nuevo departamento.* Los papeles que se guardan en la cartera son aquellos con los que se está trabajando, los que se necesitan con más inmediatez, aquellos en los que figuran los asuntos más inmediatos y urgentes.

Tener/guardar **algo en el buche** No decir algo que se conoce. Ocultar alguien sus verdaderas intenciones. *Tú no me has dicho todo lo que sabes. Estoy seguro de que tienes algo en el buche.* El *buche* —a veces usamos el término con el significado de 'estómago' (llenarse el buche)— es una bolsa membranosa que tienen las aves entre las clavículas y la parte anterior del cuello, comunicada con el esófago, en la que acumulan alimento para digerirlo lentamente o para regurgitarlo después y alimentar a sus *polluelos*. De la misma forma, quien sabe algo a veces lo oculta voluntariamente, se lo reserva, para decirlo o utilizarlo cuando le convenga. *Desembuchar* se usa coloquialmente con el significado de 'confesar; decir lo que se sabe'.

Tener/estar/quedarse **algo en la punta de la lengua** Estar a punto de recordar o de decir algo, de forma que parece haberse quedado detenido en la parte anterior de la lengua. *¿Cómo se llamaba el pueblo en el que estuvimos acampados?... Si lo tengo en la punta de la lengua, hombre.*

Tener/llevar **algo escrito en la frente** Se dice cuando una persona, por su aspecto exterior o por su forma de actuar, manifiesta claramente sus ideas, o cuando alguien deja ver con nitidez sus sentimientos o sus intenciones (v. *Leerle a alguien el pensamiento*). *No se puede negar que su padre es militar. Lo lleva escrito en la frente.*|*En cuanto lo vi supe que le había pasado algo grave. Lo tenía escrito en la frente.*

Tener algo la(s) **letra**(s) **gorda**(s) Ser algo muy fácil de hacer o de entender. *No entiendo cómo puedes decir que programar el vídeo es muy difícil, cuando tiene las letras gordas.*|*¿Que no comprendes lo que quiere decir? Pues tiene las letras gordas: que si no vamos, nos borran de la lista. Está bien claro.* Seguramente la expresión nació referida a aquellas cartillas en las que se enseñaba a leer a los niños, que tenían —y siguen teniendo— las letras muy grandes.

Tener algo (mucha) **miga** (Ser algo de mucha miga) Ser muy interesante, profundo o complicado, pese a su aparente sencillez. *El conflicto entre los dos países no es un simple roce diplomático. Tiene miga y puede derivar en problemas mucho más graves.*|*Aparentemente la película es una comedia ligera, sin más, pero tiene mucha miga, ¿a que sí?* Pocas cosas hay más simples y, a la vez, más imprescindibles que el pan. La *miga*, por decirlo de alguna manera, sería la «sustancia», lo más importante del pan.

Tener alguien telarañas en los ojos No querer ver la realidad. Ofuscarse. Está locamente enamorada de él; tiene telarañas en los ojos y no se da cuenta de que es un estúpido y que, antes o después, la va a dejar tirada. En sentido literal, ver la realidad «borrosa», como si se tuviera un filtro, una nube o una tela de araña ante los ojos. V. *Abrirle a alguien los ojos*||*Caérsele a alguien la venda de los ojos*.

Tener alguien un ramalazo (Darle a alguien un ramalazo) Parecer homosexual. Se usa exclusivamente referido a hombres. *Con esa pinta que tiene y esa forma de hablar, a mí no me digas que ese tío no tiene un ramalazo. Darle a alguien un ramalazo* significa 'comportarse de forma inesperada, extraña y, generalmente, impulsiva'. No sé qué le pasó. *El caso es que estábamos todos sentados tan tranquilos y de repente le dio un ramalazo, se levantó y salió disparado. Ramalazo* es, en su primera acepción, el golpe que se da con un *ramal*, es decir, con un cabo de soga y la señal que éste deja en el cuerpo. Quien tiene un *ramalazo* tiene, literalmente, un *latigazo*, un *azote*, castigo frecuente —y de los más suaves— en tiempos de la Inquisición para los condenados por homosexualidad, lo que entonces se llamaba *pecado contra natura*. Por otra parte, el latigazo es algo rápido, repentino, violento, lo que explicaría el significado de *darle a alguien un ramalazo*. V *Tener pluma*.

Tener ángel Tener un encanto o un atractivo especial, que no se puede explicar. *Físicamente no tiene nada destacable, tampoco es especialmente in-*

teligente, pero tiene algo especial, tiene ángel. El *ángel* es aquí, como en otros casos (v. *Como los ángeles*), símbolo de lo sobrenatural, de lo que está un peldaño por encima de las capacidades del ser humano. V. *Tener duende*.

Tener bien forrado/cubierto/protegido **el riñón** Tener una posición económica muy desahogada. *Ha trabajado muchísimo, es verdad, pero también es verdad que ha ganado un montón de dinero y que tiene bien forrado el riñón*. Era frecuente que antaño, cuando no existían bolsillos, se llevara el dinero en unas bolsas —denominadas *gatos*— (v. *Aquí hay gato encerrado*) que se ataban a la cintura. Muchas veces por detrás, bajo la capa o camisa y, por tanto, junto a los riñones. V. *Estar forrado*.

Tener buen saque Ser comilón. *Aunque lo ves así de delgado, tiene un buen saque; come bastante más que yo*. Es difícil buscar una explicación al porqué de la locución —sería más fácil si fuera **tener buen saco,* y vaya usted a saber si no se ha producido algún extraño cortocircuito de esos tan frecuentes en la lengua coloquial—, pero seguramente la avidez y velocidad en el comer tengan que ver con la fuerza y la rapidez que se imprime al saque en el juego de pelota.

Tener buena mano Ser muy hábil en el trato o el cuidado de algo o de alguien. *A mí las plantas no me duran nada, pero Luis tiene buena mano con ellas*.| *¡Qué buena mano tienes con la paella! ¡Qué bien te queda!* La *mano* materializa aquí la delicadeza, el buen hacer: el *tacto*. V. *Tener mano izquierda*.

Tener buena o mala estrella Ser afortunado o desafortunado. Pues qué quieres que te diga... *No sé por qué me toca tantas veces la lotería; será que tengo buena estrella*.| *¡Es que el pobre lleva un año!... No le ha pasado nada bueno. No me extraña que se queje de su mala estrella*. Desde la más remota Antigüedad se cree en la influencia de las estrellas sobre la vida y el destino del hombre: los astrólogos y los horóscopos han existido desde que el mundo es mundo y siempre ha habido quienes han creído a pies juntillas eso de que «el destino está escrito en las estrellas»: a quien nace bajo la influencia de una estrella «buena» le aguarda un futuro dichoso, todo lo contrario de al que nace bajo la estrella «mala». No podemos olvidarnos de que *desastre* es la evolución, tamizada por el antiguo provenzal, del compuesto latino formado por *des-* 'no; sin' y el sustantivo *astru(m)*, 'astro; estrella'. V. *Nacer con estrella*.

Tener buena o mala pinta/facha/vela Tener buen o mal aspecto una persona o una cosa. *No compres esa carne, que no tiene buena pinta*. Es bastante posible que esta *pinta* se refiera a los juegos de naipes. El término designaba a unas minúsculas rayas que tenían los naipes en sus extremos y que eran diferentes según el palo. No era buen jugador quien no conocía las cartas *por la pinta* y, por tanto, pudiera prever si el juego le iba a ir bien o no. Hoy la *pinta*, el *pinte* o el *triunfo* es el palo de la carta que se descubre al comienzo del juego, y que tiene más valor que los demás, (v. *El más pintado*‖*No pin-*

tar nada||Pintar bastos). No obstante, algunos piensan que esta *pinta* es la mancha o señal pequeña en el pelo, la piel o el plumaje de algunos animales. Los pastores o los dueños los conocerían y sabrían de sus cualidades por la *pinta*. *Facha* es un italianismo, de *faccia,* 'cara', y, en este caso, 'aspecto; apariencia' (v. *Estar hecho una facha*). *Tener buena o mala vela* aludía originariamente al estado, a simple vista, de las velas de los barcos.

Tener buena o mala prensa Tener buena o mala fama. Tener buena o mala imagen en un lugar o en un grupo de gente. *Ya sabemos que es un inútil, pero como tiene buena prensa entre los jefes, nadie lo va a mover de ahí.||No entiendo por qué ese chico tiene tan mala prensa en el pueblo. A mí me parece encantador.* En un principio la expresión se aplicó únicamente a la persona a la que la prensa trataba bien o a la que criticaba ferozmente. Hoy, aunque se sigue usando con este sentido, se refiere más a quien goza de buena o mala consideración entre otros.

Tener buena percha Estar alguien físicamente proporcionado. Ser atractivo. *De cara no es nada guapo, pero es indudable que el chico tiene buena percha, ¿verdad?* Sentarle a alguien perfectamente la ropa. *A Luisa le sienta bien todo lo que se pone, y es que hay que reconocer que tiene buena percha.* La persona de la que hablamos está perfectamente hecha, prácticamente a medida, para llevarse a sí misma y para llevar cualquier tipo de ropa. Verdaderamente —suena a greguería— a las perchas nunca les sienta mal la ropa.

Tener buena planta (Estar (muy) bien plantado) Tener muy buen aspecto físico. Ser atractivo. *No es una de esas bellezas despampanantes, pero tiene muy buena planta y resulta bastante atractiva. Además, va siempre muy bien vestida.* En sentido metafórico, se toma en la frase la acepción de *planta* relacionada con la arquitectura: 'figura que forman sobre un terreno los cimientos de un edificio o la sección horizontal de las paredes en cada uno de los pisos' *(planta basilical; planta de cruz latina...).*

Tener buenas despabiladeras Ser hábil. Desenvolverse con soltura en situaciones comprometidas. *Sí, hoy es el examen oral, y es muy difícil, pero tú no te preocupes por él, que ya sabes que tiene buenas despabiladeras.* Las *despabiladeras* son las tijeras con las que se despabilaban las velas o candiles, es decir, con las que se les quitaba el *pábilo,* la parte quemada de la mecha de una vela, actividad que requería una cierta destreza. Usamos hoy el verbo *despabilar(se)* con los significados de 'avivar y ejercitar el entendimiento o el ingenio de alguien, hacerle perder la timidez o la pereza'; 'sacudirse el sueño o la pereza', 'apresurarse en la realización de una cosa'. El término está formado por el prefijo negativo *des–,* y la forma *pabilar,* la terminación verbal del sustantivo *pábilo,* que nos llegó a través del latín vulgar *papilu(m),* del latín *papyrus,* y a su vez del griego *pápyros,* es decir, 'papiro', porque las mechas se solían hacer con las hojas de esta planta. Cuando la vela, el cirio o el candil lucen con menos fuerza y su llama es más corta y mortecina, se corta el *pábilo* ya quemado, se despabila, con lo que la llama quema una parte nueva de la mecha y emite más luz. Si aplicamos esto a las personas, cuando queremos *despabilar* a alguien lo que hacemos es quitarle de encima esa pereza o esa actitud cansina, inútil como la mecha quemada, para que actúe con más brío, con más ganas, para que tome nuevas energías.

Tener buenas hechuras Tener algo o alguien buen aspecto. *No sé cómo será por dentro, pero por fuera el edificio tiene buenas hechuras*. Realizar alguien su trabajo con corrección. Tener buena disposición o buenas cualidades para hacer algo o realizar un trabajo de forma adecuada. *Con su primera novela este escritor ha demostrado que tiene buenas hechuras y que puede ganarse la vida escribiendo*. La *hechura* es, en su primer significado, del que salen los usos figurados antes expuestos, la confección de una prenda de vestir.

Tener/dar/conceder **bula** Tener algún privilegio, facilidades o trato de favor. *Aquí en cuanto metes la pata te crucifican, a todos menos a ella, porque parece que tiene bula y haga lo que haga todo está bien*. Una *bula* era el documento pontificio relativo a materia de fe o de interés general, o a alguna concesión de privilegios, expedido por la cancillería apostólica y autorizado con su sello. Muchas bulas solían dispensar del ayuno en cuaresma, conceder indulgencias mediante el pago de algún dinero, dar ciertas gracias a peregrinos... Antiguamente no era extraño que la compraventa de bulas fuera un negocio de lo más rentable. De ello se ocupaban una especie de mercaderes denominados *bulderos*. De ello se da fe, por ejemplo, en el tratado quinto de *El Lazarillo de Tormes*. Lázaro sirve a uno de estos bulderos, que, de acuerdo con el alguacil de un pueblo, finge un milagro para que la gente compre —«tome», se decía— la bula. V. *No librarle a alguien ni la bula de Meco*.

Tener/dar/llevar/ser (un) **buen o mal rollo** (Tirarse el/un rollo) Estar de buen o mal talante, o de buen o mal humor. *Te lo vas a pasar bien con ellos. Son una gente muy agradable y tienen buen rollo; ya verás.*|*Yo no sé qué te pasa últimamente, porque tienes un mal rollo impresionante*. *Tirarse el rollo* es 'presumir; fanfarronear'. *Dice que se va a comprar un deportivo, pero yo no me lo creo. Para mí que se está tirando el rollo*. Estas expresiones son propias de la jerga juvenil, en la que rollo significa 'discurso; argumento; tema, comportamiento'. V. *Ser un rollo*||*Tener rollo*.

Tener caché (Subir/bajar el caché) Ser una persona importante. Tener fama o prestigio. *Es normal que la sala se llene para la conferencia del profesor Romero, porque tiene mucho caché. Es uno de los mayores especialistas en el arte barroco*. El *caché* es la cotización de un artista, lo que cobra por sus actuaciones. Lógicamente, a más fama, más caché.

Tener/poner **cara de pocos amigos** Tener aspecto de enfadado, lo que provoca recelos o rechazo de quienes se aproximan, y no invita, precisamente, a la amistad. *No sé qué le pasa hoy a Paco, que tiene cara de pocos amigos*. V. *Cara de haba*.

Tener/poner **cara de vinagre**/de palo Aparentar enfado, mal humor o amargura. *Será mejor que no le digas nada, porque hoy tiene cara de vinagre y te puede mandar a paseo. No sé qué demonios le habrá pasado.* El *vinagre* se identifica con la acidez, con el mal humor, con lo desapacible. De hecho, usamos mucho el adjetivo *avinagrado,* 'agrio; áspero; desagradable'. *Palo,* aparte de a la inmovilidad, a la seriedad, nos remite a lo seco del carácter de la persona.

Tener/ser **carrillos de monja boba** Tener los carrillos abultados y rojos. Tener la cara redonda y un tanto abultada. *Con lo delgado que era, y ahora si lo ves no lo reconoces: está inmenso y tiene unos carrillos de monja boba que ni te cuento.* Antaño los frailes y monjas se identificaban con la orondez, con la lozanía, con la cara redonda y los carrillos encarnados, debido todo ello, especialmente, a la buena mesa (v. *Llegar a la hora del fraile)* y a la inactividad. En las épocas de hambruna los únicos lugares en los que no dejaba de comerse bien y abundantemente, a causa de los diezmos, los impuestos y las ofertas de los aldeanos, eran los conventos. Por otra parte, los mofletes, que en el caso de las religiosas que llevan la cabeza y parte de la cara cubierta con la toca son más evidentes, nos llevan a pensar en la inocencia y candidez, características que se suelen identificar con las monjas. Tampoco podemos olvidarnos de que el anticlericalismo está presente con frecuencia en refranes y expresiones populares.

Tener chispa Ser muy ingenioso. Ser agudo. Borracho. *Me gusta el humor inteligente, lleno de improvisaciones, de golpes de ingenio, y este humorista tiene chispa.* La *chispa* es la descarga luminosa, rápida y fugaz. No nos olvidemos de que la luz y el fuego se identifican frecuentemente en la lengua coloquial con la brillantez, la inteligencia, el ingenio: V. *Encendérsele a alguien la bombilla||Ser una lumbrera||Tener pocas luces||Tener quinqué. Chispa* también funciona con otros significados. V. *Estar chispa||Salir pitando/Salir echando chispas.*

Tener chorra/moco/baba/nata/potra (De chorra||De moco) Tener mucha suerte. *Llega la grúa y se lleva los dos coches que están al lado del tuyo, y a ti ni una multa ¡Qué chorra tienes, tío!* Todo parece dirigirnos a *chorra* como manera coloquial de referirse al *pene,* forma que podríamos identificar con el verbo *chorrear,* en referencia a la eyaculación. *Moco, baba* o *nata* no serían otra cosa que formas metafóricas de referirse al semen. Estaríamos por tanto ante una expresión en que la suerte se identificaría con el éxito en la culminación de una relación sexual. En la lengua coloquial la *potra* es la protuberancia de una hernia, inguinal o escrotal, y también el *bulto* de los órganos sexuales masculinos. Volvemos de nuevo a identificar la virilidad, lo *testicular,* con lo sumamente positivo. *De chorra* y *de moco* significan 'de suerte'. *Hemos metido un gol de moco, es cierto, pero los goles de moco también valen.* V. *Echarle a alguien un chorreo||Ser algo una chorrada.*

Tener correa Hablar o moverse sin parar. *Mi suegra tiene una correa impresionante: cada vez que llama por teléfono está hablando una hora*. Tener resistencia. Aguantar un esfuerzo durante mucho tiempo. *Yo no valdría para estarme dos horas sin parar dándole a las pesas en el gimnasio. Para eso hay que tener correa*. La *correa* a la que aquí se alude es esa que se llama *de transmisión*, la que une piezas giratorias de una máquina. V. *Dar cuerda*||*Tener cuerda para rato*.

Tener/ser **cosas**/ideas **de bombero** (jubila(d)o) Hacer cosas ridículas o absurdas. Tener ideas disparatadas. *¡Pero cómo se te ocurre meter la cazuela en el microondas! Es que tienes cosas de bombero*.|*Como tiene ideas de bombero jubilao se metió de golpe en el agua, que estaba helada, y claro, casi se va para el otro barrio*. Poca relación podemos establecer entre los bomberos y el significado del dicho, salvo recurrir a las disparatadas y surrealistas identificaciones que con frecuencia hallamos en la lengua coloquial. Algunos piensan que se debe a que no piensan dos veces cómo combatir el fuego, por poco importante que sea el incendio, e inundan de agua todo lo que se les pone por delante; pero mal iríamos si no lo hicieran así.

Tener (mucho) **cuento** Ser mentiroso. Fingir mucho. *A ti ni te dolía la cabeza ni nada; lo que pasa es que tienes mucho cuento y te querías quedar en la cama*. En los cuentos, sobre todo en los infantiles, se suelen narrar sucesos ficticios o fantásticos. V. *Tener más cuento que Calleja*||*Vivir del cuento*.

Tener cuerda para rato (Tener mucha cuerda) Ser capaz de hablar durante mucho más tiempo. *Será mejor que cortemos de alguna forma el discurso, porque éste tiene cuerda para rato, y si lo dejamos, se tira hablando toda la tarde*. Quedarle a alguien aún varios años de vida. *El susto ha sido bastante gordo, pero los médicos me han dicho que, sólo con cuidarme un poco, tengo cuerda para rato*. En los dos significados del dicho se identifica al individuo con el reloj al que se ha dado mucha cuerda y que, por lo tanto, puede funcionar durante mucho tiempo. V. *Dar cuerda*||*Tener correa*.

Tener/ponérsele a alguien (el) **cuerpo de jota** Tener ganas de divertirse. *Estar predispuesto a la fiesta. Esta noche tengo cuerpo de jota y me apetecería mucho salir a dar una vuelta; ¿te animas?* La *jota* es un baile típico de muchas zonas de España, aunque la más famosa es la aragonesa. Se trata de un baile muy alegre y vivaz, en el que abundan los saltos y los movimientos rápidos. Muchas veces la expresión se usa por oposición, para significar todo lo contrario, es decir, que una persona está muy cansada. *Me voy a la cama, que hoy he tenido un día terrible en el trabajo y tengo cuerpo de jota*.

Tener duende Tener un encanto especial. Estar muy capacitado para el arte en sus diversas manifestaciones. *Ese chico será un gran bailarín. No es que lo haga perfecto, pero se ve que tiene duende*. La inspiración se ha comparado muchas veces con un duende escondido que habita en algún lugar del alma del artista y que es el que pone en marcha el mecanismo de la creación. V. *Tener ángel*.

Tener eco (Dar eco) Tener repercusión las palabras o acciones de alguien. *El discurso del ministro ha tenido eco en la comunidad universitaria, que se está planteando una serie de movilizaciones*. A veces se usa con el significado de 'tener éxito'. *Este tipo de música, desenfadada, simple y muy pegadiza vuelve a tener eco entre los jóvenes*. *Dar eco* es 'difundir, repetir'. Ciertos personajes que pululan por televisión son poco recomendables y no se debería dar eco a sus palabras. El *eco* es la repetición de un sonido a causa de la reflexión de las ondas sonoras: lógicamente algo o alguien tienen repercusión o fama a fuerza de repetirlo, de darle publicidad. En la mitología griega, Eco era una hermosa ninfa que, a causa de un castigo de la diosa Hera, no podía hablar, sino sólo repetir el final de las palabras que otros pronunciaban. La ninfa dio nombre al fenómeno sonoro. V. *Hacerse eco de algo*||*Ser un narciso*.

Tener el alma/el corazón **de piedra** Ser muy insensible. *El que no se conmueva con esta película es que tiene el corazón de piedra* Ya sabemos que el alma y el corazón, muchas veces identificados, se consideran desde antiguo lugar de residencia de los sentimientos.

Tener/darle a alguien **el baile de san Vito** Ser muy inquieto. No ser capaz de estar parado en un lugar. *¿Es que no puedes quedarte sentado? Me estás poniendo nervioso. Parece que tienes el baile de san Vito*. San Vito era el santo al que en la Antigüedad se invocaba cuando una persona tenía alguna enfermedad nerviosa que, como la epilepsia, provocaba contracciones y movimientos compulsivos, para algunos debidos a la picadura de la tarántula (v. *Darle a alguien la tarántula*). Todas estas enfermedades se conocían con el nombre de *baile de San Vito*, porque, según cuenta la leyenda, este santo sufrió en el año 303 un martirio terrible en Lucania, en el sur de Italia, y murió entre tremendos dolores y contracciones. V. *Darle a alguien la tarántula*.

Tener el colmillo retorcido/torcido Mostrar alguien desconfianza, rechazo o agresividad. *Me va a costar trabajo hacerme con los alumnos porque la mayoría de ellos tienen el colmillo retorcido y no parecen estar dispuestos a mantener una relación medianamente amistosa*. Seguramente la frase tiene que ver con la forma curva del colmillo de las fieras, aunque también podría haber un cruce con *Escupir por el colmillo* (v.), 'fanfarronear'. En este caso, lo que se retuerce es la boca —actitud propia de matones—, con lo que queda a la vista el colmillo. V. *Enseñar los dientes*.

Tener/estar con/pasar **el mono** (Tener/estar con mono de algo) Sufrir un drogadicto el síndrome de abstinencia, el estado que se deriva de la carencia de la sustancia a la que está habituado. *Lo peor de las curas de desintoxicación es intentar calmar a los enfermos cuando tienen el mono. Tienes que tener mucha paciencia y mucha mano izquierda con ellos*. La expresión se debe a que quien sufre este síndrome adopta posturas y hace movimientos que nos recuerdan los de los simios: se rasca la cabeza, las axilas y las piernas, grita, se mueve de forma convulsa... En sentido figurado, se usa con el significado de tener necesidad o ganas de algo. *Llevo ya cuatro meses de régimen y no veas el mono que tengo de pasteles*. V. *Cogerse una mona*||*Corrido como una mona*||*El último mono*||*Pintar la mona*||*Ser (el) mono de imitación*||*¿Tengo monos en la cara?*||*Volverse mico*.

Tener el santo de cara o de espaldas Tener la suerte a favor o en contra. *Hemos hecho un viaje estupendo, pero la verdad es que hemos tenido el santo de cara, porque ha habido poquísimo tráfico y no ha llovido*. Muchas veces se invoca a algún santo para obtener éxito en alguna acción. Hay un santo prácticamente para cada cosa; en el caso del ejemplo, san Cristóbal, patrono de los conductores. Luego, la empresa resulta bien o mal según el caso que nos haga dicho santo. *Hicimos todo lo que estaba en nuestra mano para ganar pero estaba claro que hoy teníamos el santo de espaldas y nos tocaba perder*. V. *Para bajar todos los santos ayudan*.

Tener el techo de cristal Sentirse alguien permanentemente amenazado o sometido a algún peligro, igual que si estuviera bajo un techo de cristal que en cualquier momento pudiera desplomarse sobre su cabeza. *Algo pasa en la sociedad para que las personas que intentan únicamente servir al pueblo y trabajar por la paz tengan el techo de cristal y necesiten vivir rodeados de escoltas y de fuertes medidas de seguridad*. V. *La espada de Damocles*.

Tener/estar/meter **en el bote** Convencer o seducir a alguien. No me extraña que tenga a todo el mundo en el bote. *Es la persona más buena, más simpática y más disponible que he conocido nunca*. Muchas veces se usa con el significado de ‘engañar’. *Con tanta sonrisita y tanta amabilidad fingida lo ha metido en el bote. Cuando se desengañe y abra los ojos se va a llevar un gran palo*. Cuando tenemos a una persona *en el bote* está completamente dominada, prisionera y sin posibilidad de escapatoria, como si realmente la tuviéramos encerrada dentro de un bote o tarro.

Tener/estar **en un puño** Tener a alguien completamente dominado, oprimido, atemorizado, como si estuviera dentro de la mano cerrada. *Más que con un jefe, trabajáis con un tirano, con una especie de señor feudal que os tiene en un puño*. El *puño* representa el dominio y también la violencia. Con *estar* también significa ‘estar algo reñido, *apretado*, con una solución muy incierta’. *La liga está en un puño. A falta de tres jornadas, hay cuatro equipos que pueden ganarla*. V. *Abrir la mano*.

Tener enchufe (Estar enchufado||Tener (buenas) agarraderas/aldabas||Tener donde agarrarse) Tener muy buenas relaciones para obtener algún beneficio. Tener un trato de favor por parte de alguien importante o con poder. *Ha conseguido entrar a trabajar en el Ayuntamiento porque tiene un enchufe, porque si no*... Imaginen un enchufe conectado a la corriente: el macho es el *enchufado;* la hembra, el *enchufador,* o sea, el *benefactor,* y la corriente, el *beneficio,* generalmente un empleo: así de fácil. Quien *tiene agarraderas* o *donde agarrarse* sabe a quién recurrir para buscar ayuda o protección, para buscar buenas *asas* (v. *Ser del asa*). Por otra parte, la *aldabe* era la pieza de metal, muchas veces con forma de mano, con la que se llamaba a las puertas (v. *Ser un tragaldabas);* el que tiene *buenas aldabas* sabe a quién debe visitar para buscar el propio interés; por eso decimos también, con el mismo significado, *Saber a qué puerta llamar*‖*Tener padrino* (v.).

Tener/criar/salirle a/crecerle a alguien (muchos) **espolones** (Tener más espolones que un gallo) Tener mucha experiencia, mucho mundo. Haberse endurecido a fuerza de vivir. *A mí hay pocas cosas ya que me sorprendan y muchas menos que me afecten. He vivido mucho y ya tengo espolones.* Los *espolones* son una especie de *espuelas* —de aquí el nombre— que les salen en la parte posterior de las patas a algunas aves adultas, como los gallos, y que, aparte de como señal de dominio, les sirven para defenderse. V. *Tener más conchas que un galápago.*

Tener/coger (mucho) **fuelle** (Perder fuelle) Tener o perder fuerza o resistencia. *No te preocupes por él. Lleva unos cuantos días trabajando mucho y muy duro, pero tiene fuelle y aguantará el ritmo.*|*Los primeros discos de este cantante se vendieron como churros, pero parece que poco a poco va perdiendo fuelle y ahora apenas suena en las emisoras de radio.* El *fuelle* es un instrumento con el que se recoge aire para proyectarlo a algún lugar; funciona en la frase como metáfora funcional de *pulmón:* a mayor capacidad pulmonar, más oxígeno recibe la sangre y, por tanto, hay más resistencia al esfuerzo.

Tener gancho/garra Tener atractivo o gran capacidad de persuasión una persona o una cosa, tanto que parece *engancharnos* y arrastrarnos hacia sí o atraparnos con unas *garras* imaginarias. *Físicamente está muy bien, y además tiene una voz preciosa y una forma de tratar a la gente; el caso es que tiene gancho.*|*La canción es muy pegadiza, tiene mucho gancho y seguro que este verano va a ser la que más suene en todas las discotecas.* V. *Tener tirón.*

Tener horca y cuchillo (Señores de horca y cuchillo) Dominar de forma implacable y despótica, sin compasión, un lugar o a unas personas. Tener gran poder sobre algo o sobre alguien. *Aquí cambian los tiempos y cambia la gente, pero siempre hay tres o cuatro que tienen horca y cuchillo, que nos tienen a todos sometidos y que no nos dejan ni rechistar. Señores de horca y cuchillo* son, por tanto, los dictadores, o mejor, los dictadorzuelos, los que ejercen sin recato su poder supuestamente omnímodo. *En este pueblo lo que hay es mucho señor de horca y cuchillo, unos cuantos nuevos ricos que se creen con derecho a todo.* Se les llama así aludiendo al antiguo derecho feudal que autorizaba a los señores a impartir justicia como mejor les pareciera, lo que solían hacer sin ningún tipo de contemplaciones: horca y cuchillo para todo el que se desmandara.

Tener/echarle (muchos) **huevos**/cojones/redaños/(muchas) pelotas Ser muy valiente. La expresión, pese a que sobrarían argumentos y aun razones para atribuírsela sólo a hombres, puede usarse también referida a mujeres. *Esa mujer tiene unos huevos increíbles: sin marido y sin trabajo ha sacado adelante a cuatro niños*. Para mayor claridad, por si es que aún hay alguna sombra de duda sobre el significado y el referente, Cela dijo en cierta ocasión, tras lograr que en el diccionario se introdujera la palabra en cuestión, que por fin los españoles iban a aprender que las gallinas ponían «huevos, testículos y cojones» (el entrecomillado es suyo). Son muy abundantes las expresiones que identifican el valor con los atributos sexuales masculinos (v. *Por huevos*||*Tener más cojones que el caballo de Espartero*). *Redaño* es la forma coloquial de referirse al mesenterio, el repliegue membranoso del peritoneo que une el intestino y el estómago a la pared abdominal. *Redaños* se usa como eufemismo de *cojones*. Las alusiones a los genitales femeninos, por el contrario, suelen estar marcadas de forma negativa: V. *Dar el coñazo*.

Tener/darse (muchas) **ínfulas** Ser presuntuoso. Tener orgullo o vanidad en exceso. *Desde que sacó la plaza en Madrid no se puede hablar con él; tiene unas ínfulas...* La *ínfula* era una diadema de lana blanca de la que colgaban dos cintas, como las que cuelgan hoy de la mitra episcopal, llamadas *vittae*, que caían a cada lado de la cabeza. Más tarde se llamaría *ínfulas* también a estas cintas. Era un símbolo sagrado e indicaba que la persona, animal o cosa que la tenía estaba consagrado a la divinidad. Solían usar *ínfulas* algunos reyes, y los sacerdotes del dios Apolo y de las diosas Ceres y Diana, así como las vírgenes vestales. También se solían poner en la cabeza de los animales que se iban a sacrificar y, posteriormente, en la de los condenados a muerte como símbolo de purificación. Los cartagineses, incluso, pusieron ínfulas en sus barcos cuando fueron a negociar la paz con los romanos.

Tener la cabeza llena de pájaros (Tener/meter pájaros en la cabeza) Tener ideas absurdas o inconsistentes. Ser poco maduro. *Es un chico muy bueno y muy simpático, pero tiene que madurar mentalmente, porque tiene la cabeza llena de pájaros*. La referencia a los pájaros se explica si los tomamos como símbolo de lo volátil, de lo inconsistente e inestable. V. *Estar a pájaros*.

Tener la cola de paja No tener la conciencia tranquila. Sentirse culpable y perseguido por haber obrado mal. *Lleva un tiempo nervioso, inquieto. Tiene la cola de paja, y no me extraña, porque preparó una muy gorda*. Quien se siente —con motivos— responsable de algo que ha sucedido tiene la idea de que va ser descubierto, de que van a pisarle o a quemarle la cola: por eso sospecha de todo el mundo y mira constantemente hacia atrás. La frase procede de un antiguo dicho: *el que tiene la cola de paja no debe acercarse al fuego*, que se usaba con un significado un tanto distinto al actual: 'el que no tiene protección o fuerza no debe buscar problemas'.

Tener/llevar/ir con **la frente**/cabeza (bien) **alta** Estar orgulloso de lo que se ha hecho. No tener nada de lo que arrepentirse. *Yo tengo la frente alta: cumplí mi cometido, y lo hice con convencimiento y seriedad.* Alzar la cabeza, frente a agacharla, es señal de orgullo, de valor, de resistencia. V. *Agachar las orejas*||*Bajar la cabeza*||*Levantar la cabeza*||*No levantar cabeza*||*Pasar por las horcas caudinas*.

Tener la gracia en el culo(, como las avispas) No tener ni pizca de gracia, pese a que alguien puede creerse simpático o gracioso. *Yo no sé por qué os reís todos tanto con sus chistes y con sus bobadas. A mí me parece que ese tío tiene la gracia en el culo.* La frase parece referirse a los insectos que, como las avispas, tienen «la gracia», es decir, la poca gracia, el aguijón en la parte posterior del cuerpo.

Tener la lengua muy larga Hablar demasiado y, generalmente, de forma inadecuada e inoportuna. No saber guardar un secreto. *Si querías mantenerlo en secreto, hiciste muy mal contándoselo a Carlos, porque tiene la lengua muy larga y seguro que le faltó tiempo para decírselo a alguien.* Ser cotilla y maldiciente. *No te fíes de lo que te diga ésa, que tiene la lengua muy larga y se dedica a poner verde a todo el mundo.*

Tener/tocarle a alguien **la negra** Tener muy mala suerte. *Últimamente tengo la negra: no me sale nada bien.* Desde muy antiguo lo blanco representa lo bueno, y lo negro, lo malo (v. *El garbanzo negro*||*Estar en la lista negra*||*Estar negro*||*La oveja negra*||*Mano negra*||*Verlo negro*||*Verse negro*...) Siempre se han hecho sorteos en que lo blanco representa la buena suerte, y lo negro, la mala; se hacían con habas (v. *Ser habas contadas*), con piedras (v. *Tocarle a alguien la china*) o con bolas de ambos colores, incluso para decidir si se condenaba a muerte a un acusado o si se le perdonaba la vida. En Grecia y Roma, por ejemplo, los magistrados públicos se elegían mediante la extracción de habas o bolas blancas o negras de un cántaro. Incluso las Parcas, las Moiras en la mitología griega, encargadas de tejer y de cortar el hilo de la vida, hilaban lana blanca o negra según fuera feliz o desgraciada la vida de la persona. V. *Estar pendiente de un hilo*.

Tener la pólvora mojada Ser alguien menos eficaz, vehemente o violento de lo que podía pensarse, como un fusil cargado con cartuchos cuya pólvora estuviera mojada y, por lo tanto, estuviera prácticamente inutilizado. *Todo el mundo lo conocía por su mal humor y por las voces que pegaba cuando se enfadaba, pero de un tiempo a esta parte tiene la pólvora mojada. Está mucho más tranquilo. Vamos, que no parece el mismo.* Se usa mucho en el lenguaje deportivo. Es un gran goleador, pero últimamente parece que tiene la pólvora mojada.

Tener la sangre de horchata/de pato (Tener poca sangre||No tener sangre en las venas) Ser apocado y pusilánime. No reaccionar ante nada. *Venga, hombre, dile que si quiere bailar contigo y deja de mirarla como un* *tonto, que parece que tienes la sangre de horchata*. La sangre es símbolo de vida y de valor. La horchata es una bebida de color blanco que se extrae de las chufas y que, además, lo que incide en el significado de la locución, se toma muy fría. De la proverbial pasividad y tontuna del pato hay suficientes testimonios en varias expresiones coloquiales. V. *Ser un pato*.

Tener/agarrar/coger/sujetar **la sartén por el mango** Tener el total control de una situación. *La negociación será muy dura, pero estoy seguro de que nosotros tenemos la sartén por el mango*. Suena a perogrullada decir que quien tiene la sartén asida por el mango está a salvo de quemaduras. V. *Ser del asa*.

Tener/decir **la última palabra** Tener alguien la capacidad de que una decisión dependa en último término y de forma definitiva de su juicio u opinión. *A mí los coches de este tipo no me gustan, pero tú tienes la última palabra. Si crees que es una buena compra, adelante*.

Tener/jugar con **las cartas marcadas** Tener ventaja en una situación, como el jugador de cartas que las marca antes de la partida para reconocerlas. *Claro, tú juegas con las cartas marcadas, porque conoces de antemano las respuestas*.

Tener las espaldas anchas Aguantar paciente y estoicamente todo tipo de desgracias o de afrentas. *Me da igual lo que digan de mí: tengo cada día las espaldas más anchas*. Quien así obra da la impresión de no verse afectado por las adversidades, de soportarlas, de cargárselas a la espalda.

Tener las horas contadas/los días contados Estar algo a punto de desaparecer o alguien a punto de dejar un cargo o un puesto de trabajo. *Hay mucha gente que piensa que el libro tiene los días contados y que las nuevas tecnologías van a acabar con él, pero yo no lo creo: el placer del libro está en su olor, en agarrarlo con las manos, en el tacto del papel...|De momento, el Gobierno no ha destituido al secretario general, pero todo el mundo sabe que tiene las horas contadas*. Estar una persona al borde de la muerte. *Los médicos han conseguido reanimarlo, pero es mejor no hacerse ilusiones, porque tiene las horas contadas*. Literalmente, las horas o los días que quedan están ya contados, es decir, decididos por otros.

Tener las manos limpias No estar implicado en un delito. *Todos piensan que el mayordomo es el asesino, pero yo creo que tiene las manos limpias*. Era costumbre de algunos pueblos que una persona acusada de haber cometido algún delito se lavara públicamente las manos para demostrar que era inocente del crimen que se le atribuía. Así hizo Pilatos durante el proceso a Jesucristo. V. *Ensuciarse las manos||Lavarse las manos*.

Tener/estar con **los pies en el suelo** Ser realista y práctico. *A pesar de que estoy preparado y, modestamente, me considero capacitado, tengo los pies en el suelo y sé que es muy difícil que me den a mí el puesto*. Frente a la irrealidad que suponen el aire, lo etéreo (v. *Estar en las nubes*), quien se aferra al suelo se une a la tierra, es decir, a la realidad.

Tener madera (de algo) Estar una persona capacitada para hacer algo. Tener las características y las condiciones necesarias para llevar a cabo un trabajo o una misión. *Con paciencia y un poco de suerte hará carrera en la política. Tiene madera.|Desde que era muy pequeño bailaba cualquier música y usaba la cuchara como micrófono. Ya te decía yo que este chaval tenía madera de artista.* La expresión asegura que, igual que de la madera del árbol se elaboran otros productos, de esa persona se puede fabricar algo en el futuro, porque tiene la materia prima. Por cierto, madera procede del término latino *materia(m),* origen también de *materia,* y éste de una supuesta voz indoeuropea **mater–,* que es exactamente la misma raíz que origina la palabra *madre:* la *madera* es la *madre* del árbol, lo que le da la vida. V. *Tocar madera.*

Tener/traer/dar **mal fario** Tener o dar mala suerte. *Ya van dos veces en que no me toca el cupón por un número. ¡Mira que tengo mal fario!|Yo jamás me he puesto nada amarillo; seré supersticioso o maniático, pero para mí ese color tiene muy mal fario. Fario* es un gitanismo. V. *Dar yuyu||Ser gafe||Ser un cenizo.*

Tener mal vino Tener mal humor o agresividad una persona cuando se emborracha. *No bebas más, que ya sabes que tienes muy mal vino y después no hay quien te aguante.* V. *Tener mala uva.*

Tener mala o buena sombra (Ser un malasombra) Tener mala idea, malas intenciones. Ser desagradable. *Ese tío tiene muy mala sombra; no te fíes de él, porque si puede hacerte daño, te lo hará.* Traer mala suerte. *Cada vez que me encuentro con él me pasa algo malo ¡Qué mala sombra tiene el tío!* La forma positiva se usa mucho menos. *No creo que Manuel haya obrado de mala fe, porque lo conozco y sé que tiene buena sombra.* La locución parece tener origen en los conjuros de la tradición gitana (v. *¡Me cago en la leche/en tu sombra!*). *Sombra,* en sentido metafórico, es sinónimo del influjo, de atracción que ejerce una persona sobre otra a la que cobija. Interpretando sombra en sentido literal, habría que decir que, en las supersticiones populares, la sombra de algunos árboles es considerada negativa o de malos influjos, como la de la higuera, e incluso venenosa, como la del manzanillo aunque en realidad lo venenoso de este árbol sudamericano es el látex que produce su corteza, bastante cáustico y también peligroso si se inhala, además de su fruto.

Tener mala pata Tener mala suerte. *Qué mala pata tengo; hoy, que acabo de limpiar los cristales, se pone a llover.* Creen muchos supersticiosos que las patas de algunos animales, especialmente las del conejo, traen buena suerte, y las usan como amuletos. La *mala pata* sería, pues, la que no produjera el efecto deseado.

Tener/estar de **mala uva**/leche/nata/baba/mal yogur/café/malas pulgas Estar enfadado. Tener mal humor. Actuar con mala idea. No cabe duda de que la expresión *tener mala uva* designaría en sus orígenes, aunque hoy no sea así, a quien se ponía violento por haber bebido en exceso (v. *Tener mal vino*). Por otra parte, la *leche* o la *nata* cuando se estropean se ponen ácidas, como el *yogur*. De hecho, al humor o al estado de ánimo de ciertas personas, un tanto desagradable o hiriente, lo calificamos de *ácido* (v. *De mala leche*). La aparición del *café* parece deberse únicamente a una creación expresiva surgida por analogía con *leche*. *Mala baba* parece referirse a los animales rabiosos, atacados por la *hidrofobia,* una de cuyas características es la de babear y echar espumarajos por la boca. Por último, si quien tuviera *pulgas* estaría incómodo y enfadado, quien las tuviera malas, es decir, especialmente molestas, habría de estarlo en mayor grado y con más motivo.

Tener/ser de **manga ancha** Ser permisivo y tolerante. *Mi padre jamás me castigó y siempre tuvo mucha manga ancha conmigo*. En su origen, la expresión se refería a la permisividad de los confesores. Es posible que entonces se identificara esta tolerancia con el hecho de que el hábito que vestían tuviera las mangas más o menos anchas.

Tener (mucha) **mano** Tener influencia. *No te preocupes, que Ángel tiene mano en la empresa y seguro que hace todo lo posible para que te den el trabajo*. La *mano* es señal de poder, de fuerza. La persona de la que hablamos tiene la capacidad de *manipular,* es decir, de 'manejar con la mano'.

Tener mano izquierda Decimos que alguien tiene mano izquierda cuando sabe cómo controlar una situación complicada, cuando tiene tacto o cuando sabe tratar muy bien a determinadas personas. *Yo nunca podría ser maestro, porque no tengo mano izquierda con los niños*. Curiosamente, es ésta la única expresión de nuestra lengua en la que aparece la palabra *izquierda* con un sentido positivo. Sabido es que en nuestra cultura y en prácticamente todas las culturas mediterráneas lo izquierdo es siempre lo *siniestro,* que las aves que anunciaban los malos agüeros venían por la izquierda, que en la iconografía religiosa el infierno y los condenados aparecen a la izquierda, incluso un *cero a la izquierda* es alguien que no sirve para nada y quien se levanta *con el pie izquierdo* pasa un mal día. Pero no sólo sucede esto en nuestra cultura: para los musulmanes la mano izquierda es la impura y nunca se utiliza para saludarse o para comer; sí, por ejemplo, para limpiarse tras la defecación. En Bangladesh se identifica a los hombres con la derecha y a las mujeres con la izquierda, y los médicos jamás usan la mano izquierda para examinar a los enfermos. Sabido es también que alguien que hace algo muy bien es muy *diestro,* que los buenos se sentarán a la derecha de Dios, que lo bueno y lo justo es *lo derecho*... (v. *Entrar por el ojo derecho*||*Por derecho*||*Levantarse con el pie derecho*||*Ser el brazo derecho de alguien*||*Ser el ojo derecho*...). ¿Dónde buscar la explicación a esta extraña *bondad* de la expresión *Tener mano izquierda?* Sin duda en el mundo de los toros, donde lo más difícil, lo más artístico y lo más natural —así se llama el pase de muleta que se da con la mano izquierda— es precisamente lo que se hace con la mano que el torero no maneja habitualmente: la izquierda, la que, como dicen los toreros, *hace rizo*, la que, también en jerga taurina es *la mano de los millones*. V. *Tener buena mano*.

Tener más años que la orilla del río (Ser más viejo que la orilla del río) Ser una persona o una cosa muy vieja. *No entiendo cómo te puedes poner todavía esos pantalones, que tienen más años que la orilla del río*. La orilla de un río permanece inmutable, entre otras cosas porque no se puede construir nada en ella.

Tener más cara que espalda/un saco de perras/un camión de muñecas/un buey/un elefante (con paperas/con flemones) (Tener la cara de cemento (arma(d)o)||Tener la cara más dura que el cemento (arma(d)o)) Ser alguien descarado o atrevido en exceso. *Hace un año te presté dinero y estoy aún esperando que me lo devuelvas, y resulta que ahora vienes a pedirme más... Tú tienes más cara que espalda*. También se dice de quien es muy atrevido que *tiene mucha cara* (v. *Tener mucha cara*). Sobre esta «extensión facial» se construye la comparación, en referencia a quien no le importa mostrar su rostro, a quien no se avergüenza, a quien no esconde la cara, sino todo lo contrario. La *cara*, se sabe, es a veces señal de valentía o de orgullo en la lengua coloquial: V. *Dar la cara||Sacar la cara por alguien*. La hipérbole sobre la insensibilidad al rubor se lleva al máximo con las alusiones a la dureza del *cemento*. Por otra parte, las *perras* no son las hembras del perro, sino las monedas de cinco o diez céntimos, llamadas *perras chicas* y *perras gordas*, respectivamente, que, como muchas otras monedas, tienen la efigie de un rey o de Franco por el anverso, lo que solemos llamar *cara*, y un escudo, o *cruz* por el reverso (v. *No tener ni gorda||Pa' ti la perra gorda*). En nuestra lengua abundan ingeniosísimas comparaciones enfáticas que funcionan prácticamente como superlativos. A este grupo pertenecen *Tener más cara que un camión de muñecas* y *Tener más cara que un buey con paperas*, una enfermedad propia de los niños que produce una gran hinchazón en la cara y el cuello, *o con flemones*, los bultos originados por las infecciones bucales.

Tener más cojones/huevos **que el caballo de Espartero**/de Santiago (Tenerlos como/más grandes que el caballo de Espartero/de Santiago) Ser muy valiente. *El tío llevaba una navaja enorme, y él, ni corto ni perezoso, le dio un golpe en el brazo y lo inmovilizó con una especie de llave de judo. Para hacer eso hay que tener más cojones que el caballo de Espartero*. Ya sabemos de la identificación de la testosterona y de los órganos que la producen —aunque este tipo de expresiones también se puedan aplicar a mujeres— con la valentía (v. *Tener huevos/cojones*), pero ahora damos un paso más y llegamos a una de esas eficacísimas y ocurrentes comparaciones enfáticas. Posiblemente tenga que ver con la estatua ecuestre del general manchego Baldomero Espartero (1793-1879) que hay en Madrid, en la calle de Alcalá, esquina con la de Velázquez. Tampoco son nada desdeñables los atributos de la cabalgadura de la estatua ecuestre de Logroño, ciudad en la que falleció. Quizá, ante tanta coincidencia, deberíamos pensar que los escultores no hicieron otra cosa que reflejar la realidad y el verdadero aspecto del animal. Espartero, distinguido por sus ideas progresistas, logró enorme prestigio durante la primera guerra carlista, que terminó con la firma del acuerdo de Vergara (v. *Darse el abrazo de Vergara*) entre él y el general carlista Rafael Maroto (1783-1847). Destronada la reina Isabel II (1830-1904) por la revolución de septiembre de 1868, un sector progresista y el propio general Juan Prim (1814) le pidieron que aceptase la corona de España, a lo que se negó. Al final se nombró rey a Amadeo de Saboya (1845-1890; rey entre 1870 y 1873), que concedió a Espartero el título de Príncipe de Vergara, con tratamiento de alteza real. La aparición del caballo de Santiago, otro corcel «valiente» y famoso es uno de los frecuentes cruces que se producen en la lengua hablada. Curiosamente, hay otra expresión, de idéntico significado, que alude a otro Espartero, esta vez un torero que destacó por su temerario valor: V. *Tener más valor que El Espartero*.

Tener más conchas que un galápago (Tener muchas conchas) Ser muy taimado, muy reservado y astuto. Los galápagos saben protegerse dentro de su concha cuando se sienten amenazados, y tienen toda la paciencia del mundo para esperar su oportunidad. *Ten cuidado con él y no te fíes, porque, aunque parezca tímido y que no se entera de nada, tiene más cochas que un galápago y es muy listo* (v. *Meterse alguien en su concha*). Tener mucha experiencia, mucho mundo. Los galápagos pueden llegar a vivir muchos años. Con la edad la concha se les va haciendo más grande y mucho más dura; es lo mismo que sucede con quien, sólo con vivir y con haberse visto envuelto en numerosas situaciones, se ha ido endureciendo y pocas cosas ya pueden afectarle (v. *Tener espolones*). *No sé por qué os sorprendéis tanto con todo esto que pasa en el mundo. A mí no me pilla nada de sorpresa; será porque he visto demasiadas cosas y tengo ya más conchas que un galápago*.

Tener más cuento que Calleja Ser un mentiroso o un fingidor. *Mucho quejarte y resulta que no tienes nada. Me parece a mí que tienes más cuento que Calleja*. La comparación se refiere al autor y editor de cuentos infantiles Saturnino Calleja Fernández (1855-1915). Los libros escritos y editados por don Saturnino, todos teñidos de alguna intención pedagógica, se cuentan por cientos y llegaron a ser muy famosos a finales del siglo XIX y comienzos del XX. V. *Tener mucho cuento*‖*Vivir del cuento*.

Tener más dientes que una carrera/una película **de caballos** Tener los dientes muy grandes. *Si feo no es, lo que pasa es que tiene más dientes que una película de caballos, y claro, eso es lo que más se ve*... Son abundantísimas en nuestra lengua estas estructuras, muchas veces comparaciones enfáticas, a cual más cruel, que hacen referencia a defectos físicos.

Tener/pasar/chupar **más frío que siete viejas**/que los perros pequeños Tener mucho frío. *Voy a ponerme otro jersey, porque estoy pasando más frío* *que siete viejas*. De nuevo la crueldad en la comparación —a los ancianos y los cachorros les afecta especialmente el frío—, y de nuevo, como por inercia, el número siete. V. *Ser un vago de siete suelas*||*Tener más miedo que vergüenza/que siete viejas*.

Tener/pasar **más hambre que Dios talento**/que los pavos de Manolo/que Carpanta/que Rasputín en la corte Tener muchísima hambre. *A mí échame ración doble, que tengo más hambre que Dios talento*. Dios tiene muchísimo talento —conjunto de capacidades artísticas e intelectuales—, más que nadie, y eso no se duda... Pues bien, el infinito talento divino se queda corto en comparación con la «cantidad» de hambre de la persona que habla o de aquel al que nos referimos. Así de claro y así de eficaz. No sabemos quién sería el tal Manolo, aunque el nombre, como los de Pedro o Juan, parece recurrente. Existe el dicho, del que seguramente se ha desgajado la primera parte, *Tener más hambre que los pavos de Manolo, que se fueron detrás del tren creyendo que era un gusano*. *Carpanta* es un conocido personaje de cómic creado por el dibujante Escobar en los años de la última posguerra, cuando más apretaba el hambre. El pobre Carpanta, en el que muchos españoles se veían reflejados, pasa su vida soñando con un buen pollo. Para terminar la nómina de los *hambrientos*, hay que decir que Grigori Yefimovich (1871-1916), más conocido como *Rasputín*, fue un curioso monje ruso, muy influyente en la corte de los últimos zares. Era una especie de curandero o de brujo que se atribuía la capacidad de hacer milagros y que decía que no necesitaba comer para alimentarse; de ahí la irónica comparación. Con sus supercherías e intrigas llegó a dominar la vida política rusa. Como era de esperar, murió en una conjura palaciega. V. *Pasar más hambre que un maestro de escuela*.

Tener/pasar **más miedo que vergüenza**/que siete viejas Tener muchísimo miedo. *Vaya un perro guardián que nos hemos comprado: en cuanto ve a alguien, sale corriendo. Tiene más miedo que vergüenza*. Es bastante posible que la expresión aluda a los soldados que desertaban del ejército porque les podía más el miedo que tenían que la vergüenza, el escarnio o el castigo que pudieran sufrir por haber desertado. En cuanto a las *siete viejas*, nuevamente una muestra de crueldad con los más débiles de la lengua coloquial. V. *Tener más frío que siete viejas*.

Tener más moral que el Alcoyano Tener mucho ánimo. No rendirse ante las dificultades. *De momento no me van muy bien los negocios, pero yo tengo más moral que el Alcoyano y sé que acabaré saliendo adelante*. Se dice, rumor seguramente propalado por algún rival deportivo, que en un partido de fútbol el Deportivo Alcoyano, equipo de Alcoy (Alicante), perdía por siete a cero (otros dicen que por trece), y sus jugadores, lejos de rendirse, pedían al árbitro que añadiera el tiempo perdido para ver si conseguían, por lo menos, empatar.

Tener más orgullo/ser más orgulloso **que**/parecer **don Rodrigo en la horca** *Ahí lo tienes: el tío está en la ruina, se ha quedado sin trabajo, pero tiene más orgullo que don Rodrigo en la horca: va por ahí como si nada le hubiera pasado*. El personaje al que se alude es don Rodrigo Calderón (1577-1621), Marqués de Siete Iglesias y Conde de Oliva. Este individuo fue favorito del rey Felipe III y de su valido, el Duque de Lerma. Al subir al trono Felipe IV, sufrió la persecución del Conde Duque de Olivares, que, enfrentándolo a la nobleza y con más de doscientas acusaciones, la mayoría con toda la apariencia de ser falacias, entre otras la de haber envenenado a la reina Margarita de Habsburgo, madre del rey, consiguió llevarlo al patíbulo el 21 de octubre de 1621. Cuentan las crónicas que don Rodrigo dio muestras de gran valor, orgullo y serenidad en el momento en que se iba a proceder a su ejecución, que, pese a lo que dice la frase, fue decapitación, como se hacía siempre con los nobles. Se dice, incluso, que pidió al verdugo que no lo decapitara por la espalda, deshonra *reservada* a los traidores. Don Rodrigo se convirtió en una especie de héroe popular. La gente le lanzaba flores y pedía a gritos su indulto, y muchos llegaron, incluso, a adorar como reliquias sus ropas ensangrentadas.

Tener más paciencia que (el santo) **Job** (Ser (como) el santo Job) Ser muy paciente. *Con tus niños da gusto; se puede ir con ellos a cualquier parte. En cambio con los míos hay que tener más paciencia que el santo Job. No se están quietos ni un momento*. El santo Job es el personaje protagonista del libro homónimo de la Biblia, a quien Dios sometió a durísimas pruebas para comprobar su paciencia. Job perdió sus riquezas, su casa, sus amigos, pero él jamás dejó de alabar al Señor diciendo: «El señor me lo dio, el Señor me lo quitó; bendito sea el nombre del Señor.» El *Libro de Job* es uno de los que componen el Antiguo Testamento.

Tener más trampas que una película de chinos Ser algo muy intrincado, engañoso o peligroso. *Ten cuidado con este coche, porque, aunque parece que funciona bien, tiene más trampas que una película de chinos*. A veces se emplea la expresión con el significado de tener una persona muchas deudas, otra de las acepciones de la palabra *trampa*. *Ha pedido muchísimos créditos a los bancos y ahora tiene más trampas que una película de chinos*. La literatura y el cine —véanse las películas de Fumanchú— nos han transmitido una imagen de los chinos como expertos en idear toda suerte de maldades. V. *Engañar a alguien como a un chino*||*Martirio chino*||*Trabajo de chinos*.

Tener más valor/huevos/cojones **que El Espartero** (Ser más valiente que El Espartero) Ser muy valiente. Nada tiene que ver este Espartero con el general que luchó contra los carlistas (v. *Darse el abrazo de Vergara*) y cuyo caballo gozaba también de proverbiales atributos (v. *Tener más cojones que el caballo de Espartero*). La expresión se refiere a un torero que ha pasado a la historia por su proverbial valor: Manuel García Cuesta, llamado

El Espartero (1865-1894). Sufrió, a causa de su temeridad, muchas cogidas en su corta carrera y, como era previsible, acabó muriendo en el ruedo. El toro que lo mató se llamaba *Perdigón*, era colorado y pertenecía, cómo no, a la legendaria ganadería de Miura. V. *Más cornás da el hambre*.

Tener mordiente (Sin mordiente) Tener agresividad, fuerza. *Sí, está muy preparado y tiene un montón de estudios, pero para ser jefe hace falta algo más; es necesario tener mordiente*. Se usa bastante en el lenguaje deportivo. *El equipo juega bien, pero no tiene mordiente, no hace daño arriba, y así es imposible marcar goles*. El *mordiente* es un ácido con el que se corroe o «muerde» una plancha o lámina metálica para grabarla. La agresividad de esta sustancia es lo que se traslada a la frase. También se llama *mordiente* a un líquido que se emplea en tintorería para fijar los colores y a la sustancia con la que se adhieren los panes de oro.

Tener mucha/o **cara**/jeta/morro/hocico/papo/rostro (Ser un cara/caradura/jeta||Tener alguien un morro que se lo pisa||Tener más jeta que un camión de marranos) Ser muy atrevido y desvergonzado. *Morro* y *hocico* son sinónimos de *cara*, aunque referidos a animales. Su uso refuerza el significado de la locución. El *papo* es el *buche* de las aves, una bolsa membranosa que tienen bajo el cuello y donde guardan el alimento (v. *Tener algo en el buche*). Trasladado a personas sería algo así como la prolongación del rostro. *Rostro*, un término propio de la lengua culta, cobra especial eficacia al ser trasladado al registro más coloquial. *Jeta* es también el hocico de algunos animales, especialmente el del cerdo. Es un término de origen incierto, aunque podría estar relacionado con *seta*, a través de una variante antigua *xeta* que se usaba a principios del siglo XVI con el significado de 'boca saliente; labios abultados', quizá por comparar la boca abombada con el sombrero del hongo. *Tener alguien un morro que se lo pisa* —quizá referida a la trompa del elefante— y *Tener más jeta que un camión de marranos* salen de esa fuente inagotable de las comparaciones enfáticas de tono humorístico que es la lengua coloquial. V. *Por la cara||Tener más cara que espalda*.

Tener mucha labia Tener gran facilidad de palabra y gran poder de convicción al hablar. *Si te pones a analizar el discurso del presidente, la verdad es que no ha dicho nada; lo que sucede es que convence a la gente porque tiene mucha labia*. *Labia* es, no cabe duda, palabra relacionada con labio, seguramente procedente del neutro plural latino, terminado en *-a*. La traducción literal sería, por lo tanto, algo así como 'tener muchos labios' y, claro está, utilizarlos para hablar mucho.

Tener mucha mili (Tener más mili que el palo de la bandera) Tener mucha experiencia. Ser veterano en algo. *A mí no me engañas, que tengo yo mucha mili en asuntos de amores: la culpa de que hayáis roto la has tenido tú, ¿a que sí?* La frase se refiere en su significado literal a los veteranos del ejército, a los soldados a los que les faltaba muy poco para licenciarse, los que realmente manejaban la vida en el cuartel y los que se aprovechaban de los reclutas novatos.

Tener muchas camándulas/camáldulas (Tener más cuentas que una camándula/una camáldula) Aparentar una falsa devoción religiosa. *Lucas es de los de misa diaria, pero va a la iglesia para que lo vean: tiene muchas camándulas*. En el año 960 san Romualdo de Camáldoli, un pueblo de la Toscana italiana, fundó, bajo la regla benedictina, la orden monástica *camaldulense* o *camandulense*, forma esta última más común en nuestra lengua. Sus miembros usaban y usan para rezar un rosario de treinta y tres cuentas, tantas como años vivió Jesucristo. Estos rosarios, junto con vendas, parches en los ojos y patas de palo formaban parte de la parafernalia de quienes fingían falsa devoción para pedir dinero, como los pícaros y pedigüeños de nuestra novela picaresca, a los que se llamó *camaldulеros* durante los siglos XVI y XVII. A ellos se refiere el dicho.

Tener muchas horas de vuelo Tener mucha experiencia en algún asunto. *Julio me quiso vender su coche, que decía que estaba en perfecto estado, pero no se dio cuenta de que yo tengo muchas horas de vuelo y es difícil darme gato por liebre*. La frase se refiere originariamente a los pilotos de aviación, cuya experiencia se cuenta en horas de vuelo.

Tener/ser de **mucho**/gran **o poco calado** Tener algo mucha o poca importancia o trascendencia. La frase se usa mucho en la política. *En estos momentos los delegados de los dos países están debatiendo una serie de temas de gran calado, decisivos para lograr la paz definitiva en la zona*. En el lenguaje marinero, el *calado* es la profundidad que alcanza en el agua la parte sumergida de un barco. A mayor calado, mayor tamaño de la nave.

Tener muchos ruidos Estar mal de la cabeza. Tener comportamientos extraños, como si dentro de la cabeza hubiera un desajuste, un sonido poco normal. *José tiene muchos ruidos, o sea que no te preocupes porque cambie constantemente de opinión o de humor.* V. *Estar sonado*||*Estar tararí*||*Volverse tarumba*.

Tener (mucho/poco) **mundo** (Tener mundología||Ser persona de mundo) Tener mucha experiencia. Conocer la vida. *Pepe es muy joven, pero ha viajado mucho y tiene mucho mundo*. *Mundo* se entiende en la frase como vida, trato con la gente, aventuras, sucesos positivos y negativos... La *mundología,* término de creación expresiva, es 'la ciencia del mundo'.

Tener (buen/mucho) **ojo** Tener intuición. Conocer algo o a alguien a simple vista. *Compra lo que ella te aconseje, que tiene ojo y sabe elegir muy bien*. No cabe duda de que la persona dotada de esta cualidad que tiene un *ojo* especial (v. *A ojo de buen cubero*||*Ojo clínico*). A veces, especialmente como orden se usa con el significado de 'prestar atención; tener cuidado'. *Vete despacio y ten ojo, que esa carretera es muy peligrosa*. V. *Abrir los ojos*||*Andar con cien ojos*||*Tener vista*.

Tener ojos en la nuca/la espalda/el culo Estar prevenido, alerta, vigilante. Ser precavido e intentar ver, incluso, lo que sucede a las espaldas. *Estas calles, sobre todo por la noche, son muy peligrosas. Para ir por ellas hay que tener ojos en la nuca.*

Tener padrino(s) Tener amigos influyentes para conseguir algo. *Aquí todos hemos entrado a través de una oposición, menos quien ya sabes, que, como tiene padrino, se coló por la puerta trasera y nos pasó a todos por delante.* Los *padrinos* (el padrino y la madrina) son las personas que acompañan y asisten a otras en algunos sacramentos, como la confirmación, el matrimonio y, especialmente, el bautismo. Tienen la consideración de guías o ayudas espirituales de quien recibe el sacramento. De aquí se deriva la acepción de 'persona que protege o que ayuda a triunfar a otra'. V. *El que tiene padrino se bautiza*||*Tener enchufe*.

Tener palanca Tener influencia para conseguir algo. *Tú no te preocupes, que voy a hablar con un amigo mío que trabaja en el Ayuntamiento y que tiene palanca, y seguro que hace todo lo posible para que te den el puesto.* La persona en cuestión, como la palanca, hace fuerza para que otro se mueva y es un apoyo para que otro logre lo que se propone.

Tener pelo(s) **en el corazón** (Tener el corazón cubierto/forrado/lleno de pelo(s)) No demostrar sentimientos. Ser muy duro. No conmoverse ante nada. *Ella ya te ha pedido perdón de mil maneras diferentes y tú sigues sin querer ni verla... La verdad es que parece que tienes pelos en el corazón.* Seguramente el dicho proviene de un pasaje del capítulo 37 del libro XI de la *Historia Natural*, del escritor latino Plinio el Viejo (23-79). En el fragmento se narra la leyenda de Aristómenes Mesenio, un griego que dio muerte a trescientos espartanos. Cuando éstos lo capturaron, le abrieron el pecho y comprobaron que su corazón estaba lleno de pelos. A veces la locución tiene un significado positivo y se refiere a una persona valiente. *Ése no se asusta ante nada y, pase lo que pase, sigue avanzando: es como si tuviera pelos en el corazón.* En este sentido, se cuenta la historia del marinero donostiarra Antonio de Oquendo (1557-1640), que luchó en Nápoles, en muchos lugares del Mediterráneo con los corsarios, contra los holandeses y contra los franceses. Murió en La Coruña y dicen quienes abrieron el cadáver para embalsamarlo que del corazón salió un enorme pelo.

Tener pelusa (Darle a alguien pelusa) Tener celos, especialmente los niños. *Últimamente está mas mimoso porque tiene pelusa de su hermano pequeño.* Es muy difícil intentar explicar el porqué del término pelusa. Tal vez pudiera significar 'pelo sedoso y suave', ese que invita a ser acariciado, aunque, quizá más atinadamente, se refiera a esa especie de vello aterciopelado que cubre la piel de los recién nacidos y que, poco a poco, va desapareciendo. El niño que tiene pelusa, por lo general de otros hermanos más pequeños, reclama cuidados y atenciones de recién nacido.

Tener perendengues (¡Tiene perendengues la cosa!) Ser algo extraño o difícil de comprender. *Yo pensé que montar el mueble iba a ser mucho más fácil, pero la verdad es que tiene perendengues.* Como exclamación, expresa asombro o enfado (v. *¡Tiene narices!*) *No pega ni golpe; está todo el día haciendo el vago y, encima, se mosquea porque los demás trabajamos ¡Tiene perendengues la cosa!* Los *perendengues,* término originado en el verbo latino *pendere,* 'colgar', son los *pendientes,* los adornos de las orejas, aunque el término, siempre en plural, se usa como un eufemismo de «cojones». La metáfora formal y funcional es evidente: los testículos también «penden».

Tener (mucho) **pesquis** Ser muy astuto, agudo y muy perspicaz. *Lo ves así, como con cara de despistado, un poco ausente, pero te aseguro que tiene pesquis: es sin duda el mejor investigador privado de la ciudad. Pesquis* es un término de origen gitano; en caló *pesqui* es 'sagacidad, astucia'. Ambos términos seguramente están relacionados con el antiguo verbo castellano, documentado ya en el siglo XIII, *pesquerir,* 'investigar', derivado del latino *perquirere,* 'rebuscar' y origen de *pesquisa.*

Tener plomo en las alas Estar una persona atada o limitada en sus actos. No tener alguien libertad para hacer lo que quiere. El dicho se refiere al ave herida por el cazador, sobre todo a la que ha sido tocada en las alas, que ya no puede remontar el vuelo. *Tiene capacidad para hacer muchas más cosas y, sobre todo, para hacerlas mejor, pero tiene plomo en las alas porque está muy controlado por sus jefes.*

Tener pluma Parecer homosexual. *Es muy fino, muy educado y todo lo que tú quieras, pero no me negarás que tiene pluma.* Es posible que el dicho tenga que ver con la apariencia un tanto especial o exagerada de la persona, o con el vestir un tanto peculiar, de ahí la aparición de la pluma, elemento de adorno femenino de otros tiempos (v. *Vérsele a alguien el plumero*). No obstante, también podría pensarse en el castigo que, durante los años más crueles de la Inquisición, se daba a quienes cometían pecados «contra la moral»: alcahuetería, homosexualidad, adulterio, prostitución... A muchos de estos acusados se los *emplumaba* o se les *daban plumas:* se los untaba de brea y se les echaban encima plumas de gallina. De esta guisa se les paseaba por la ciudad para vergüenza y escarnio públicos. V. *¡Que me emplumen!*||*Ser un pendón*||*Ser un pringado*||*Tener alguien un ramalazo.*

Tener poca sal (en la cabeza) (Ser un sin sal) Ser poco inteligente. *No insistas, porque no te va a entender. Cuando alguien tiene poca sal es mejor dejarlo a su aire.* Ser poco alegre, pasivo, aburrido. Tener poca gracia. *Siempre con esa cara triste, sentado en un rincón. Venga, sal a bailar ¡Qué poca sal tienes, hijo!* De hecho decimos *soso* para hablar de la persona aburrida y taciturna, y *salado* para referirnos a quien es alegre y simpático. En tiempos, la sal era un elemento valiosísimo que se usaba incluso como moneda. En el

Evangelio ya aparece como sinónimo de vida, de alegría, de esperanza. En el Sermón de la Montaña, Jesucristo se dirige a sus fieles con estas palabras: «Vosotros sois la sal de la tierra; pero si la sal perdiera su sabor, ¿con qué sería salada? Ya no servirá para nada, sino para ser echada al muladar y hollada por los hombres» (*Mateo*, V, 13; *Lucas*, XIV, 34-35). V. *La sal de la tierra*. Por otra parte, en el antiguo rito del sacramento del bautismo se colocaba en la cabeza del niño o de la niña un pedazo de sal y el sacerdote pronunciaba la fórmula latina *accipe sal sapientiae*, es decir, 'recibe la sal de la sabiduría'.

Tener pocas luces (No tener muchas luces||Tener menos luces que una bicicleta) Ser poco inteligente. *El pobre es muy servicial y muy buena persona, pero tiene pocas luces*. Son numerosas las expresiones coloquiales en las que se identifica la luz con la verdad o con la inteligencia, con la claridad de la mente. V. *A la luz de||A todas luces||Arrojar luz||Encendérsele a alguien la bombilla||Ser una lumbrera||Tener quinqué*.

Tener (mucho) **quinqué** Ser ingenioso, agudo y astuto. *A ése no le puedes engañar fácilmente, porque tiene quinqué y seguro que descubre que le estás mintiendo*. El *quinqué* es una lámpara portátil de petróleo o aceite con la llama cubierta por un tubo de cristal. Debe el nombre al de su inventor Antoine Quinquet (1745-1803), un químico y farmacéutico parisino. Sabido es que en la lengua coloquial se identifica, a través de una metáfora, la *luz* con la *inteligencia* y el *ingenio*. V. *Ser una lumbrera||Tener pocas luces*.

Tener (mucha) **retranca** Disimular u ocultar las verdaderas intenciones. *Aunque te trate muy bien, ten cuidado, porque tiene retranca y lo que realmente quiere es aprovecharse de ti*. Ser irónico e ingenioso. *Qué retranca tiene el tío. Todo lo que te dice tiene doble intención*. Se llama *retranca* a la correa ancha que se coloca rodeando las ancas de las caballerías para ayudar a frenar el carro o a hacerlo retroceder. La persona con retranca frena, para, esconde sus verdaderas ideas o lo que realmente quiere decir.

Tener rollo/carrete Hablar mucho y, generalmente, de temas aburridos o intrascendentes. *Por favor, procura contarle sólo lo más importante, porque te pones a hablar y, con el rollo que tienes, se te va al santo al cielo, y luego llegan unas facturas de teléfono que para qué*. El término *rollo* puede referirse a varias cosas: a los antiguos documentos jurídicos, redactados en pergaminos que se enrollaban; a los cantos rodados, denominados *rollos*, lo que nos llevaría a pensar en la pesadez y el aburrimiento, o a los *rollos* guardados en canutos de lata (v. *Dar la lata*) que llevaban los soldados de los tercios de los siglos XVI y XVII una vez licenciados. En ellos estaban escritos sus méritos y los llevaban a todas partes para solicitar insistentemente trabajo o pensiones. El carrete parece ser aquel en el que los pescadores enrollan el largo sedal. V. *Ser un rollo||Tener buen o mal rollo||Dar cuerda/carrete a alguien*.

Tener serrín en la cabeza/en el cerebro Ser muy torpe, tanto que el cráneo parece estar relleno de serrín, de polvo de madera, como el de un muñeco. *Es inútil tratar de explicarte nada, porque tienes serrín en la cabeza y no lo vas a entender.*

Tener siete vidas, como el/los **gato**(s) Se dice de quien ha superado situaciones muy peligrosas o enfermedades muy graves. *Primero aquel accidente tremendo y no te haces ni un rasguño, y ahora te pega ese infarto de caballo, te curas y no te queda ni una secuela. Empiezo a pensar que tienes siete vidas, como los gatos.* Popularmente se cree que los gatos no mueren fácilmente, quizá porque aunque caigan desde una gran altura son capaces de amortiguar la caída o porque raras veces mueren en casa de sus dueños. Por cierto, en los Estados Unidos los gatos no tienen siete vidas, sino nueve.

Tener solera Ser antiguo, tradicional. *Yo creo que esa fiesta no debería desaparecer, porque es popular, muy divertida y, sobre todo, tiene solera.* La frase se aplicó originariamente —y aún se aplica— a la antigüedad de los vinos, y parece haber tenido su origen en un método de crianza de vinos que se usa en Jerez de la Frontera desde el siglo XVIII. La *solera* es la cuba que está en el *suelo*, la que guarda el caldo más añejo, el de más años, el que se embotella. Cuando se agota la cuba solera, se rellena con el vino de la que está encima, y así sucesivamente, de modo que el que está en la solera es siempre el vino más antiguo.

Tener su aquel Tener algo o alguien una característica, un encanto o un atractivo especial. *La comida de ese restaurante no es maravillosa, pero tiene su aquel.|No es una persona especialmente extraña ni maniática, pero, como todo el mundo, tiene su aquel.* Este *aquel* nada tiene que ver con el demostrativo, porque, casi con total seguridad, procede del vocablo árabe *aqueul*, que significaba algo así como 'entendimiento' o 'calidad'.

Tener/haber **sus más y sus menos** Discutir, a veces acaloradamente, dos más personas. *Hubo un malentendido entre los dos; uno pensó que el otro le había insultado, y tuvieron sus más y sus menos.* Producirse un conflicto o un altercado. *La reunión acabó mal porque todos querían tener razón y hubo sus más y sus menos.* La aparición de *más* y *menos* nos lleva a pensar en la contradicción que genera la discusión o el debate: lo que para alguien es importante (más) para otro no lo es (menos), y viceversa.

Tener (muchas) **tablas** Tener mucha experiencia y aplomo. *Para dar clase hay que estar preparado y tener vocación, claro, pero hay algo que es muy importante: tener tablas.* Se alude a los años de experiencia de un actor sobre el escenario, que, en el argot teatral, se denomina *las tablas*.

Tener tela (Tener/haber tela/paño que cortar||Quedar (mucha/o) tela/paño que/por cortar||Ser/haber/tener tela marinera) Ser algo muy laborioso y complicado. Las locuciones se refieren al enorme trabajo que, dada la dureza de la tela, suponía cortar, coser y reparar las velas de un barco *El caso del asesinato de la calle del Pez no ha sido todavía aclarado; queda aún mucha tela que cortar.* V. *Quedar tela por cortar*||*¡Vaya tela!*

Tener telarañas/cocodrilos **en los bolsillos** Ser tacaño. *Ese tío tiene telarañas en los bolsillos. ¿Te has dado cuenta de que en todos los bares se las ingenia para no pagar?* Las telarañas aparecen en lo que no se usa, y el tacaño hace más bien poco uso de los bolsillos. La pincelada surrealista de los cocodrilos en el bolsillo, absolutamente genial, lo dice todo: si mete la mano se la muerden. V. *Ser agarrado.*

Tener/perder **tirón** Tener atractivo. Tener éxito. *Estas tiendas de ropa barata y de calidad tienen tirón entre los jóvenes.*|*Todas las televisiones intentan contratar como colaboradores a personajes que tengan tirón.* Es como si algo o alguien nos enganchara (v. *Tener gancho*) y nos atrajera hacia sí con un tirón, como hace el pescador con el pez, o como se hace en el juego del sogatira, en el que se compite por atraer al contrario tirando de una cuerda. V. *Aguantar el tirón*||*Llevarse el gato al agua*||*Tensar la cuerda.*

Tener (muchas/buenas) **tragaderas** (Tener (mucho/buen) estómago) Aguantar, sin reaccionar, ofensas, engaños o vejaciones. *Ya le puedes reñir, insultar, dar voces. Él ni se inmuta... ¡Tiene unas tragaderas!* Los verbos *comer* y *tragar* se usan frecuentemente en la lengua coloquial con el significado de 'creerse todo tipo de mentiras' o con el de 'soportar estoicamente penas y dolores'. V. *No tragar a alguien*||*Pasar un mal trago*||*Tragar sapos y culebras.*

Tener/darse **un aire a alguien** Parecerse algo a una persona, físicamente o en el comportamiento. *No sé a quién se parece. Dicen que se da un aire a su padre.*|*En la sonrisa se da un aire a su madre, ¿a que sí?* El parecido no es grande, es apenas un apunte, un «aire».

Tener/guardarse/reservarse **un as en la manga** Reservarse una sorpresa, un recurso, una solución, lo que se llama un golpe de efecto, para emplearlos en situaciones difíciles. *No canceles el vuelo que ya tienes reservado. Intenta encontrar otro más barato. Si no lo encuentras, siempre tendrás un as en la manga.* La expresión se refiere a las trampas de los juegos de cartas, especialmente del póquer, que consiste en meter en la manga el naipe de más valor, el as. V. *Sacarse algo de la manga.*

Tener/guardar/esconder/ocultar/encontrar **un**(os) **cadáver**(es)/esqueleto(s)/muerto(s) **en el armario** Tener alguien escondidos asuntos turbios o deshonrosos, generalmente pertenecientes a su pasado. *Se presenta como el político más honrado y transparente, pero hay muchos que dicen que tiene un cadáver en el armario.* El dicho nos lleva a pensar en el argumento de obras de teatro o de relatos policíacos, donde el cadáver escondido suele ser un recurso muy efectista. V. *Salir del armario.*

Tener/haber **un colchón** (Ser alguien un colchón||Hacer de colchón||Tener a alguien de colchón) Tener una protección o una defensa ante posibles eventualidades. *Bueno, aún quedan diez días para la reunión. Todavía tenemos ahí un colchón para maniobrar y poder prepararla bien.*|*El equipo lleva dos jornadas sin ganar, pero todavía tiene un colchón de puntos muy amplio y sigue al frente de la clasificación*. La persona que es un colchón o que hace de colchón es la que protege a otra, la que recibe o frena los golpes o las críticas destinados a otros. *El ministro ha vuelto a hacer de colchón del presidente, que, de una vez por todas, debería dar la cara*. El colchón, blando y mullido, aparte de para amortiguar golpes, colocado en puertas y ventanas sirve como elemento de protección ante, por ejemplo, las ondas expansivas de los explosivos. V. *Servir de pantalla*||*Tener un paraguas*.

Tener un/el **corazón de oro** Ser muy generoso. Tener muy buenos sentimientos. *Carlos es la mejor persona que conozco. Tiene un corazón de oro*. El *oro,* especialmente en la locución *de oro* funciona en la lengua coloquial como superlativo de *bueno* (v. *Edad de oro*||*Ser oro molido*||*Ser un pico de oro*). Por otra parte, *corazón,* como alma, es sinónimo de *bondad, fuerza, generosidad...*

Tener/hacérsele/ponérsele a alguien **un nudo en la garganta** Estar muy emocionado. *La película es maravillosa y tiene momentos de un impacto tremendo. Cuando salí del cine tenía un nudo en la garganta*. Cuando sentimos gran emoción, pena, miedo o angustia, cuando estamos a punto de llorar, y especialmente si intentamos controlar la emoción, nos da la impresión de tener algo en la garganta, un nudo que deshacemos respirando hondo o tragando saliva.

Tener/ponerle a alguien **un ojo a la funerala**/a la virulé Tener un ojo morado. *Me he dado un golpe contra una puerta y tengo un ojo a la funerala*. El morado, color de los hematomas o *cardenales,* es un color relacionado con lo fúnebre, con el sufrimiento. Los militares, durante las exequias fúnebres o en los desfiles de Semana Santa llevan las armas *a la funerala,* con los cañones hacia abajo (v. *Pasarlas canutas/moradas*). La locución *a la virulé* parece haberse originado a partir de una deformación de la francesa *bas roulé,* 'baja enrollada', usada en el siglo XVII para referirse a una forma de llevar las medias los hombres, un poco por encima de las rodillas y enrolladas, muy elegante para los franceses y un tanto estrafalaria para los españoles. La expresión llegó a nuestra lengua convertida en *barulé* y posteriormente se convirtió en *virulé*. Hoy se usa con el significado de 'desordenadamente; de forma descompuesta', y no cabe duda de que bastante descompuesto y en bastantes malas condiciones está el ojo al que nos referimos. V. *A la virulé*.

Tener/sentir/ser/darle a alguien **un pálpito**/una corazonada Tener un presentimiento. *No sé por qué lo hice, pero el caso es que tuve un pálpito y frené. Y eso fue lo que me salvó la vida*. Cuando alguien intuye algo negativo siente una palpitación, una especie de pinchazo en el corazón; por eso también hablamos de una *corazonada*. V. *Con el corazón en un puño*||*Darle a alguien un vuelco el corazón*||*De infarto*||*Encogérsele a alguien el corazón*| *No caberle a alguien el corazón en el pecho*.

Tener un paraguas (Ser el/un paraguas||Hacer/servir de paraguas) Tener una protección. *Ese dinero es mejor no tocarlo para tener un paraguas en caso de algún imprevisto*. La persona que es un paraguas o que hace de paraguas de otro la protege de los peligros o de las críticas, de la misma forma que el paraguas protege de la lluvia. *A ése lo han contratado para que sea el paraguas del director, para que le soltemos a él todos los problemas y todas las quejas*. V. *Servir de pantalla*||*Tener un colchón*.

Tener una/la **boca como un destral** Blasfemar. *Expresarse empleando numerosas palabras malsonantes. Debería moderarse un poco a la hora de hablar y cuidar más su lenguaje, porque tiene una boca como un destral*. El *destral* es el hacha pequeña que, por lo general, se maneja con una mano —de ahí el nombre de *destra(m)*, '(mano) derecha'—. Queda suficientemente clara la violencia verbal de la persona a la que nos referimos.

Tener una empanada (mental) (Estar con la empanada||Estar empanado) Estar muy confuso. *Déjalo. Ya me lo explicarás mañana, porque hoy tengo una buena empanada y no estoy entendiendo nada de lo que me estás contando*. La empanada es una masa rellena de diferentes productos, que se cuece en el horno. El dicho podría referirse a la gran variedad, a la *confusión* de productos con los que se puede rellenar la empanada o, posiblemente más seguro, a los efectos que produce sobre el estómago, a la pesadez y dificultad de la digestión, trasladada a la mente. V. *Tener una torrija*.

Tener una espin(it)**a clavada** Tener una pena, un dolor o una frustración —términos todos ellos que valen por *espina* en sentido figurado (v. *No hay rosas sin espinas*)— que permanecen durante mucho tiempo y que resultan difíciles de aliviar. *Desde que me trató tan mal delante de todo el mundo tengo una espina clavada y no puedo mirarlo a la cara*.|*Tengo una espina clavada: no haber estudiado Medicina, aunque no descarto empezar la carrera algún día*. V. *Dar mala espina*||*Sacarse la espina*.

Tener/llevar/salirle/crecerle a alguien **una flor en el culo** Tener muchísima suerte, como suerte es que lo más sublime y bello *(flor)* pueda crecer en lo más vulgar y sucio *(culo)*. *Que estudies sólo dos temas de cuarenta y que te caigan las preguntas de esos dos temas es mucho más que suerte, es tener un flor en el culo*.

Tener una torrija (Estar con la torrija) Estar muy confuso. *No sé qué te pasa hoy, que estás como ausente y no te enteras de nada. Tienes una torrija impresionante*. Estar borracho. *Me lo encontré anoche tirado en el portal. Tenía una torrija descomunal*. La *torrija* es un dulce típico de Semana Santa que consiste en una rebanada de pan mojada en leche o vino, pasada por huevo y frita. Se toma espolvoreada con azúcar y canela o empapada en miel. El significado del dicho hay que relacionarlo con la pesadez y difícil digestión de este dulce, que identificamos con el estado de confusión mental expresado por la frase. V. *Tener una empanada*.

Tener una agarrada/enganchada **con alguien** Discutir acaloradamente dos o más personas hasta llegar a las manos. *Yo no sé por qué se originó la discusión, pero el caso es que tuvieron una agarrada a la salida de clase y si no los separamos se prepara una gorda*. Las personas que, superada la discusión y la amenaza, pasan a mayores, se agarran con las manos, se *enganchan*. V. *Tomarla con alguien o con algo*.

Tener usía (De usía [ser]) Ser algo o alguien muy importante, de mucha categoría o de mucha calidad. *Normalmente las películas de este director son muy livianas y facilonas, pero ésta tiene usía.*|*En este restaurante te aconsejo que pruebes el bacalao, porque tiene usía*. *Usía* es la síncopa de *vuestra señoría*. Hoy se usa como tratamiento de respeto hacia los coroneles en el ejército y, como sustantivo, referido al presidente de una corrida de toros.

Tener vara alta Tener autoridad o influencia. *Voy a hablar con mi primo, que tiene vara alta en el Ayuntamiento, para ver si nos arregla el problema*. Antiguamente —y hoy de forma simbólica— los reyes, alcaldes, obispos, jefes militares, etc., portaban cetros, varas o bastones como símbolo de su dignidad. En algunas ocasiones, con el fin de destacar entre la gente y de que pudieran ser identificados, portaban una especie de báculo o vara alta.

Tener vista Tener intuición. Tener la capacidad de adelantarse a los acontecimientos, de *verlos* antes de que sucedan. *No se compró el coche el año pasado porque estaba seguro de que los precios iban a bajar. Tuvo vista y le ha salido mucho más barato que a mí*. V. *Tener ojo*.

Tener vitola de algo (Ponerle a alguien la vitola de algo) Tener aspecto o cualidades de algo. Se aplica a personas o a cosas. *Por capacidad, preparación y forma de ser, Ángel tiene vitola de ser el nuevo director.*|*Son diez las novelas presentadas, pero hay dos que, desde el principio, tienen vitola de favoritas*. La vitola es la banda o anilla de los cigarros puros. En ella figura la marca y el símbolo de la fábrica, de la misma forma que, exteriormente, la persona deja ver sus capacidades, su «marca».

Tenerle ganas a alguien Desear enfrentarse a una persona. *A ése le tengo ganas desde hace mucho tiempo. Como me encuentre con él le voy a dar un buen repaso*.

Tenerle/cogerle **hincha a alguien o a algo** Tener manía a una persona o a una cosa. *Desde que Juan me gastó aquella broma tan pesada, le tengo hincha*. Es posible que la locución tenga que ver con el gesto de desagrado que consiste en ensanchar las aletas de la nariz cuando algo nos molesta. V. *Hinchársele a alguien las narices*.

Tenerle tirria a alguien Tenerle manía a una persona o a un cosa. *No me ha hecho nada y apenas la he tratado, pero el caso es que a esa chica le tengo tirria; no la soporto.*|*Yo voy en tren. Ya sabes que le tengo tirria al avión.* *Tirria* parece ser una palabra creada a partir de una forma onomatopéyica *trr*, que expresaría desagrado rechazo o animadversión.

Tenerle tomada la medida a algo o a alguien Conocer muy bien una cosa o a una persona. *No te preocupes. Ahora está muy enfadado, pero dentro de media hora va a venir como un corderito a pedirte perdón. Es amigo mío desde hace mucho tiempo y le tengo tomada la medida.* La frase nos remite a los sastres y modistas, que conocen perfectamente las medidas de sus clientes más habituales y no los necesitan ni para cortar la tela —para eso tienen los patrones— ni para hacerles pruebas.

Tenerlo crudo (Estar algo crudo) Tener muchas dificultades para lograr algo. *La avería parece grave. Lo vamos a tener crudo para arreglarla hoy.* Tener malos augurios. *Sé que lo tengo muy crudo, porque hay muy pocas plazas y se presenta mucha gente, pero yo lo voy a intentar. Crudo* se toma aquí en su sentido de 'duro; difícil', emparentado con el más etimológico del término, derivado del latino *crudu(m)*, 'sangrante', emparentado con *cruento* y con *cruel*.

Tenerlo en chino Ser algo muy difícil de conseguir. *Vamos a intentar llegar antes de que se haga de noche, aunque, con la tormenta que está cayendo, me parece a mí que lo tenemos en chino.* El dicho se refiere directamente a la dificultad de la lengua china, alejada de la nuestra en forma y en distancia. V. *Hablar en chino*||*Sonar a chino.*

Tenerlos bien puestos/cuadra(d)os (Tener los cojones bien puestos/cuadra(d)os) Ser valiente y decidido. La expresión puede aplicarse a hombres y a mujeres. *Hay que ver el valor que ha tenido Sole al enfrentarse a ese tío. Esa muchacha los tiene bien puestos.* Como en tantos otros casos, la virilidad, y más cuando, como en este caso, parece estar bien en su sitio, se relaciona con la valentía. V. *Tener agallas/cojones. Tenerlos cuadrados* significa 'ser valiente', pero también 'ser terco y obcecado'. *Para ponerse delante de un toro como ése, hay que tenerlos cuadrados.*|*Como se le meta una cosa en la cabeza, no hay nadie que pueda convencerle de lo contrario. Los tiene cuadrados.* La supuesta deformidad es, más que nada, señal de distinción, marca de alguien destacado, especial. Parece haber también una alusión al tamaño.

Tenerlos de corbata (Tener/ponérsele a alguien los cojones de corbata) Pasar muchísimo miedo. *El avión tuvo que hacer un aterrizaje de emergencia, y no veas qué mal lo pasamos. Los tuve de corbata hasta el día siguiente.* La sensación de nudo en la garganta (v. *Tener un nudo en la garganta*) que tenemos en situaciones de mucho miedo, de angustia o de emoción se identifica con el agobio del nudo de la corbata, y éste, con una supuesta mutación anatómica: los testículos, lugar de residencia del valor, han cambiado de ubicación, se han subido al cuello y estamos desprotegidos ante el miedo. Para mostrar gráficamente esta sensación nos pinzamos la tráquea con los dedos.

Tenerlas/tenérselas/traérselas **tiesas con alguien** Tener un enfrentamiento con alguien. No ceder una persona en sus posturas o sus pretensiones. *Cada uno tenía una opinión distinta sobre cómo organizar el reparto de tareas en la casa y, como ninguno daba su brazo a torcer, se las tuvieron tiesas*. El adjetivo *tieso* se identifica aquí con *tenso* —no en vano tienen el mismo origen, el término latino *tensu(m)*— seguramente aplicado a las palabras; de ahí la forma femenina plural. Lo que está tenso no cede hacia ningún lado, mantiene su posición; de ahí su significado de 'conflictivo; problemático'. V. *Dar duro con hueso||Tensar la cuerda*.

Tengamos la fiesta en paz Se dice para solicitar calma ante una situación que se prevé conflictiva. *Mañana en la reunión pórtate bien y no te enzarces con Martínez, como siempre. Tengamos la fiesta en paz, ¿vale?* Posiblemente el dicho se deba a que, en tiempos, los días festivos, por haber más gente en la calle y celebrarse mercados y actos de tipo social solían ser más propicios para conflictos y reyertas. V. *Y santas pascuas*.

¿Tengo monos en la cara? Decimos esta curiosa frase cuando alguien nos mira con extrañeza, como si en la cara tuviéramos unos cuantos simios saltando y haciendo monerías. *¿Quieres hacer el favor de dejar de mirarme de esa manera? ¿Tengo monos en la cara?* Otra de las muchas expresiones surrealistas de la lengua coloquial. A veces, de forma soez, pero altamente eficaz, responde a la pregunta la misma persona que la hace, sin dar tiempo a que su interlocutor se exprese: «pues en el culo me bailan». V. *Cogerse una mona||Corrido como una mona||El último mono||Pintar la mona||Tener el mono. Ser (el) mono de imitación||Volverse mico*.

Tensar la cuerda Provocar una situación complicada o conflictiva. *Con sus declaraciones fuera de lugar, los ministros de Asuntos Exteriores han tensado la cuerda y han provocado un conflicto de bastante importancia entre los dos países*. Seguramente nos referimos a la cuerda del arco o de la ballesta, que se tensa para colocar la flecha o el dardo y, si es necesario, disparar (v. *Tenérselas tiesas con alguien*). También podríamos relacionar la frase con el juego del sogatira: dos equipos, sujetando cada uno al extremo de una soga, intentan tensarla al máximo para arrastrar a los contrarios. V. *Aguantar el tirón||Llevarse el gato al agua||Tener tirón*.

Terreno abonado [ser; tener el] Lugar o situación propicios para hacer o para conseguir algo. El terreno abonado está ya preparado para la siembra y para obtener buenos resultados en forma de cosecha. *Estaba claro que iba a ganar Sáinz: estaba en su ciudad, apoyado por sus paisanos... Vamos, que tenía el terreno abonado*.

Tiempo al tiempo [dar] Señalamos con este dicho la necesidad de tener paciencia y de esperar. *Con lo que mide ahora y con las cualidades que tiene,* *dentro de unos años este chico va a ser un gran jugador de baloncesto. Tiempo al tiempo.* Hasta el mismísimo tiempo —veamos aquí un sinónimo de *vida*— necesita tiempo para hacer su trabajo.

¡Tiene delito! Expresión de sorpresa o de asombro ante algo falso o injusto. *Coche nuevo, piso de no sé cuántos millones, y resulta que el tío no tiene un duro y está empeñado hasta las orejas. ¡Tiene delito!* Literalmente, se expresa que aquello a lo que nos referimos merecería la consideración de delito.

¡Tiene narices/cojones/huevos/pelotas! Expresión de asombro, extrañeza o rechazo. *Eres un experto en poner verde a todo el mundo, y en cuanto alguien te critica, aunque sea mínimamente, te pones hecho un salvaje... ¡Tiene narices!* Como en tantos otros casos, estamos ante un eufemismo de *cojones*. V. *De narices||Estar hasta las narices||Por narices|Ponérsele a alguien una cosa en las narices||Tener agallas||Tener perendengues||Tocarle a alguien las narices/¡Tócate las narices!*

¡Tierra, trágame! (Desear alguien que le trague la tierra) Utilizamos esta exclamación en una situación que nos avergüenza, en la que nos ponemos en ridículo o en evidencia. *Así que se acaba de separar y a mí no se me ocurre otra cosa que preguntarle por su mujer... ¡Tierra, trágame!* En momentos así desearíamos escondernos, aunque fuera haciendo un agujero en el suelo y enterrándonos. V. *Tragarse a alguien la tierra.*

¡Tijeretas han de ser! Se dice cuando alguien discute insistente y acaloradamente sobre asuntos de muy poco interés y trascendencia. *Llevan dos horas discutiendo sobre si poner carne o pescado de segundo, y vete tú a saber si van a llegar a un acuerdo. ¡Tijeretas han de ser!* Como origen de la frase —aunque, como tantas otras veces, podría haberse creado a posteriori para explicarla— se relata un cuentecillo. Un marido, cansado de que su mujer insistiera en que los zarcillos de la vid, los pequeños tallos con los que algunas plantas se adhieren a las paredes, estacas u otros objetos, se llamaban tijeretas, no tuvo mejor idea que tirarla al río. Ella, mientras se la llevaba la corriente, seguía gritando «¡Tijeretas! ¡Se llaman tijeretas!», y juntaba y separaba los dedos índice y corazón haciendo el gesto de abrir y cerrar las tijeras. Hay que decir que la desdichada mujer tenía razón: los zarcillos de la vid también se llaman *tijeretas*.

Tío, páseme *usté*/*usted* el río Se lo decimos a quien, pese a haber dicho que no necesitaba ayuda, la acaba pidiendo. *Tú, muy chulito, diciendo que ibas a pintar solo toda la casa y ahora, cuando ves que no puedes, tío páseme usté el río.* La frase tiene todo el aspecto de haberse originado en algún chiste o chascarrillo, aunque seguramente la rima también colabora de forma eficaz en su construcción.

Tiran/pueden **más dos tetas que dos carretas** (Tira más pelo de figa que maroma de barco) Con estas frases, de tono machista, como otras tantas de la lengua coloquial, se señala que el atractivo de una mujer, sea más físico, más sexual, o más espiritual, es más poderoso que cualquier otro deseo, interés o fuerza. *Dijo que necesitaba respirar, que quería libertad, y se fue de casa; pero, claro, a los dos días volvió con su mujer, porque tiran más dos tetas que dos carretas*. En el primer dicho, la rima vuelve a tener un papel preponderante. En el segundo, aún más soez, se alude al vello púbico femenino. La *figa*, 'higo', término de origen catalán o quizá italiano, es la vulva.

Tirar/lanzar **al muñeco** Tirar a dar. Lanzar algo directamente al cuerpo de alguien. *No me digas que no querías darme con el libro en la cabeza, porque has tirado al muñeco*. Se emplea mucho en el lenguaje de algunos deportes (fútbol, balonmano, balonvolea...). *El delantero se quedó solo delante del guardameta, pero tiró al muñeco y perdió una buena ocasión de marcar*. El dicho se refiere a esos juegos de las casetas de feria que consisten en descabezar o derribar unos muñecos de trapo lanzándoles bolas. V. *No dejar títere con cabeza*||*Ser un muñeco de feria*.

Tirar/lanzar **alguien piedras contra**/a **su** (propio) **tejado** (Nadie tira piedras sobre/a su (propio) tejado) Actuar contra los propios intereses. Perjudicarse uno a sí mismo. *Después de cuatro años estudiando Derecho, ha decidido dejarlo todo y cambiarse a Filosofía. Tiene que estar muy convencido de lo que hace, porque nadie, y menos Luis, tira piedras contra su propio tejado*.

Tirar/disparar/lanzar **con bala** (Tirar/disparar/lanzar dardos envenenados) Decir algo hiriente. Hacer un comentario con la clara intención de hacer daño o de perjudicar a alguien. *Mira que te gusta fastidiar, criticar y hacer daño a la gente. Cada vez que abres la boca tiras con bala*. Quien así se expresa, más que hablar dispara y, en vez de palabras, da la impresión de emplear balas, o dardos, incluso con veneno. Sabido es que las palabras, aunque sean inofensivas, pueden hacer mucho más daño que las armas.

Tirar de la manta Sacar a la luz asuntos ocultos que podrían resultar comprometedores para alguien. *No creo que ese pobre hombre sea el que robó tanto dinero; hay que tirar de la manta para detener a sus cómplices* (v. *Levantar la alfombra*). La locución parece referirse claramente a la *manta* que todos imaginamos, en su sentido de prenda que oculta algo. De todas formas, en algunos lugares de Navarra llamaban *mantas,* debido a su tamaño, a los lienzos que entre los siglos XVI y XVIII se ponían en las paredes de las iglesias con los nombres de los judíos que se habían convertido al cristianismo y los de sus descendientes. *Tirar de la manta* sería, según esta interpretación, algo así como investigar para descubrir las falsas conversiones o indagar sobre la llamada «limpieza de sangre». Es mucho suponer que la locución esté relacionada con este hecho, aunque en esta ciencia nunca se sabe...

Tirar del carro Soportar el peso, la mayor responsabilidad de un asunto. Esforzarse por sacar algo adelante mientras los demás no hacen nada o van cómoda y tranquilamente «subidos» (v. *Subirse al carro*). *Aquí o colaboramos* *todos, o esto se va a pique, que ya estoy harto de ser el único imbécil que tira del carro.*

Tirar del hilo/del ovillo/de la madeja Ir poco a poco desentrañando las claves que llevan a la solución de algún asunto. *La policía tenía dos pequeñas pistas, y partiendo de ellas ha ido tirando del hilo hasta conseguir localizar y detener a los ladrones.* Es posible que el dicho aluda, sencillamente, a lo que hace el pescador cuando pica el pez. Enrollándolo en el carrete, o tirando a mano del sedal para traerlo hacia sí. Donde decimos pez, póngase *asunto* y explicado queda. No obstante, la frase también podría estar relacionada con la aventura mitológica del héroe griego Teseo, príncipe de Atenas, que pudo salir del laberinto después de haber matado al cruel minotauro de Creta siguiendo —bien es verdad que no tirando de él— el hilo del ovillo que le había entregado la princesa Ariadna. Las variantes con ovillo y madeja sí se explican desde este relato. V. *Coger el hilo||El hilo de Ariadna||Estar al hilo||Perder el hilo.*

Tirar/echar **la casa por la ventana** Derrochar. Hacer más gastos de los realmente necesarios. *Este año vamos a tener que ahorrar, porque el año pasado tiramos la casa por la ventana: nos compramos la casa, todos los muebles nuevos, el coche...* A finales del siglo XVIII y comienzos del XIX se extendió en nuestro país la costumbre de que las personas que resultaban premiadas en la lotería, instaurada en 1763 por orden del rey Carlos III, tiraban por las ventanas los muebles y enseres viejos para dar a entender que comenzaba desde ese momento una nueva vida de lujo y riqueza. La costumbre se exportó al reino de Nápoles, por entonces también bajo control de los Borbones, y hoy es práctica habitual en muchos lugares del sur de Italia, donde en Nochevieja se arrojan todo tipo de objetos viejos como anuncio de fortuna y de bienestar para el nuevo año.

Tirar la piedra y esconder la mano Ser culpable o responsable de algo y negarlo posteriormente. Ser un hipócrita. *Ayer me has puesto en ridículo delante de todos y hoy dices que tú no tuviste nada que ver. Como haces siempre, tiras la piedra y escondes la mano.* La frase parece haber sido empleada por primera vez en *El banquete*, de Platón (427-347 a. C.), obra compuesta por varios diálogos. En este caso, dialogan Erixímaco y el comediógrafo Aristófanes (445-336 a. C.) a propósito del lenguaje ofensivo que a veces emplea este último. Dice Erixímaco: «¿Crees, Aristófanes, que después de tirar la piedra vas a poder esconder la mano? Más vale que tengas cuidado y que hables de forma que resulte pagada tu deuda».

Tirar/arrojar/lanzar **la primera piedra** (El que esté libre de pecado que tire la primera piedra) Ser el primero en criticar o en agredir verbalmente a alguien *Tú fuiste el que tiró la primera piedra, el primero que me puso a parir, y si hubieras estado calladito no se habría armado todo este lío.* El dicho tiene su origen en la frase con la que Jesucristo reprende a los que están a punto de lapidar a una supuesta adúltera: «Aquél de vosotros que esté libre de pecado que tire la primera piedra». (*Juan*, VIII, 1-11).

Tirar/arrojar/lanzar **la toalla**/esponja Rendirse. Claudicar ante las dificultades de algo. *Es imposible. Soy incapaz de aprender alemán y he decidido tirar la toalla y dedicarme a estudiar otro idioma.* En el boxeo, cuando el entrenador de uno de los contendientes considera que su pupilo está siendo claramente derrotado, arroja al cuadrilátero la toalla o la esponja para dar a entender al árbitro que debe parar la pelea y dar como vencedor al otro púgil.

Tirar/echar **por la calle de en**/del **medio** Actuar de forma irreflexiva, siguiendo el primer impulso y sin valorar las dificultades ni las posibles consecuencias, como quien, ante varios caminos, sin pensar en nada más, optara por la solución más cómoda: seguir por el de en medio. *Tú cuando quieres algo tiras por la calle de en medio y ya está. Te importa un comino si perjudicas a otros.*

Tirarle a alguien de la lengua Hacer, mediante provocaciones o triquiñuelas, que alguien confiese algo o hable de lo que no quiere. Sonsacar información. *No quería decirme qué había sucedido entre los dos, pero le he tirado de la lengua y me he enterado de que ella tenía un amante.* El verbo *tirar,* que aquí es sinónimo de *estirar,* habla bien claramente de la poca *voluntariedad* de la declaración. V. *Meterle a alguien los dedos.*

Tirarle a alguien de la manga Pedirle insistentemente a alguien dinero o favores. Ser un pedigüeño. *No te creas que la casa la ha puesto él. Ni mucho menos. La ha amueblado tirándole de la manga a su padre.* Se dice porque era costumbre que los que pedían limosna, especialmente los niños, llamaran la atención de las personas tirándoles de una manga.

Tirarle a alguien los tejos Intentar establecer una relación amorosa con alguien. Ligar. *Se nota a la legua que le gustas. Lleva toda la tarde tirándote los tejos.* Un *tejo* es un pedacito de teja o una pequeña piedra. El dicho se debe a la costumbre de los enamorados de arrojar por la noche piedrecitas a la ventana de su amada para que ésta se asomara.

Tirarle/lanzarle/soltarle **a alguien una pulla**/puntada Decirle a una persona algo mordaz e hiriente. *¿Me quieres decir qué demonios te he hecho yo para que lleves toda la tarde tirándome pullas? Dime claramente qué tienes conmigo, a ver si acaba esto de una vez.* Seguramente *pulla* es una alteración, provocada por el francés *pouille* o por el portugués *pulha,* de *puya,* 'punta aguda de la vara de picar', significado que, metafóricamente, coincide con el de la palabra que nos ocupa (v. *Admitir puyas*). De hecho, en la lengua coloquial se confunden frecuentemente, sin que importe mucho, los usos de *pulla* y *puya. Puya,* como *púa,* proceden del latín *pugione(m),* 'puñal', a través de una supuesta forma latino vulgar **pugia(m).* Una pintoresca e ingeniosa interpretación del origen de esta palabra es la que hace el insigne lexicógrafo toledano Sebastián de Covarrubias en su *Tesoro de la lengua castellana o española* (1611), donde la identifica con *Puglia*, 'Apulia', región del sur de Italia. Dice Covarrubias que una *pulla* «es un dicho gracioso, aunque algo obsceno, de que comúnmente usan los caminantes cuando topan a los villanos que están labrando los campos, especialmente en tiempo de siega o vendimias. Y se llamó *pulla* de la Apulla, tierra de Nápoles, donde se empezó a usar, y de ahí se ha extendido a todo el mundo». Una *puntada* es cada una de las pasadas que se dan en la tela con la aguja de coser, aunque aquí, siguiendo el camino de *pulla*, deberíamos pensar en el picotazo dado con algún instrumento puntiagudo, que bien podría ser una común aguja.

Tirarse/tumbarse/echarse **a la bartola** Vaguear. *Tengo un compañero que en cuanto llega a la oficina coge el periódico, se tira a la bartola y así se pasa media mañana*. *A la bartola* sería algo así como 'según la forma de *Bartolo*', personaje proverbial tradicionalmente identificado con la vagancia, tal vez porque el día de San Bartolomé se celebraba —y se celebra— en muchos pueblos con fiestas el final de la cosecha, y, por tanto, del duro trabajo. El insigne etimólogo Joan Corominas identifica el apelativo con *bartola*, 'vientre', forma documentada a mediados del siglo XVIII. El *bartolo* sería, por tanto, quien está permanentemente tumbado enseñando su barriga. V. *Rascarse la barriga*.

Tirarse de los pelos Arrepentirse de algo. Lamentarse cuando no hay remedio. *Es mejor que te compres ésta, aunque sea más cara. Como te compres la otra, te acabarás tirando de los pelos*.‖*¡Por un número no me han tocado un montón de millones! ¡Cómo no voy a tirarme de los pelos!* Algunos pueblos hacen pública demostración de su dolor o su desesperación arrancándose los pelos. Por otra parte, una de las reacciones más habituales de sorpresa o asombro es colocar las dos manos sobre la cabeza (v. *Llevarse las manos a la cabeza*).

Tirarse/lanzarse/echarse **los trastos a la cabeza** Discutir violentamente, pelearse. *Llevaban un montón de años siendo muy amigos, pero hace unas semanas se tiraron los trastos a la cabeza y ahora no se pueden ni ver*. Es tradicional y tópica, y de ahí viene la locución, la imagen de las discusiones, especialmente las matrimoniales, con floreros, platos, sillas y todo tipo de trastos volando de un lado a otro.

Tirarse/echarse/marcarse/ser **un farol** (Ir/jugar de farol‖Ser un farolero) Mentir. Exagerar. *Que te digo que no gana un millón al mes; que eso es un farol que se ha tirado*. En algunos juegos de naipes se llamaba, y aún se llama, *farol* a la mentira que dice un jugador sobre las cartas que tiene para que los demás queden deslumbrados —tal vez de ahí la palabra— y no se arriesguen a apostar (v. *De boquilla*). *Farolero* es, por tanto, sinónimo de *mentiroso*. En el mundo de los toros, un *farol* es cualquier pase en el que el torero saca el capote o la muleta por encima de la cabeza. Es difícil decir si el término, pensando en la dificultad y el riesgo de tal pase, llegó al léxico taurino desde el juego o si, quizá, pudo haber sucedido a la inversa.

Tirarse un/el **pegote** (Ser algo un pegote) Presumir. Alardear. Fanfarronear. *Es imposible que gane todo ese dinero que dice. Para mí que se ha tirado un pegote.* El término *pegote* hay que relacionarlo con *pega,* una trampa de los juegos de naipes que consistía en untar algunas cartas con una sustancia pegajosa, para poderlas distinguir al tacto o para que se pegaran con otras. V. *Dar el pego*‖*De pega*‖*Poner pegas.*

Tirarse/llevarse/darse/ser **una plancha**/un planchazo Cometer un error o una torpeza. Decir o hacer algo con lo que se queda en ridículo o en una situación comprometida. *Ayer me tiré una plancha tremenda: le pregunté a María por su padre y resulta que murió hace un mes. Hacer una plancha* o *tirarse (estirarse) en plancha* es un difícil ejercicio gimnástico que consiste en sujetarse con las manos a unas barras paralelas o anillas y en inclinar el cuerpo hasta conseguir ponerlo en posición horizontal. Parece ser que *hacer plancha* pasó al lenguaje de los estudiantes para definir a quien en un examen, por encontrarse en una situación difícil, a punto de *caer,* contestaba con un disparate a una pregunta. Más tarde, ya con el significado de 'hacer el ridículo', la locución pasó al lenguaje coloquial. V. *Pegar un patinazo*‖*Quedarse planchado.*

Tirársele/lanzársele **a alguien al cuello**/a la yugular Discutir violentamente con una persona. Atacar verbalmente a alguien. La violencia queda claramente marcada por el lugar en el que, si bien dialécticamente, se intenta morder. *En cuanto le dije que no nos había parecido bien lo que hizo, se me tiró al cuello: empezó a dar voces y a insultarme como un loco.*

Tocar a rebato Dar una llamada de atención o de alarma. *Si no nos hacen caso, vamos a tener que tocar a rebato y darles un aviso muy serio, porque la cosa se está empezando a poner fea.* Cuando las campanas se usaban como medio de comunicación (v. *Lanzar las campanas al vuelo),* tocaban a rebato para anunciar tragedias o peligros. *Rebato* viene del árabe *ribât,* 'ataque', por lo que podemos pensar que los ataques e incursiones de los árabes en territorios cristianos, se anunciaran tocando las campanas de forma violenta, *a ribât.*

Tocar/alcanzar **algo con la yema**/punta **de los dedos** La frase se suele usar para indicar que alguien ha estado a punto de conseguir algo o de lograr algún éxito que se ha esfumado por poco o en el último momento. *La película española ha tocado el Oscar con la yema de los dedos, pero al final, contra todo pronóstico, se lo han dado a la tailandesa.* Nos imaginamos a alguien que, con gran esfuerzo, estira el brazo hasta apenas tocar lo que, sin conseguirlo, desea coger.

Tocar/hablar **de oído** (Tocar/hablar de oídas) Conocer algo por lo que otros dicen. Hablar por boca de los demás (v. *Hablar por boca de ganso*). *Todo lo que digas tú sobre la obra de teatro es tocar de oído, porque no la has visto* *todavía y te limitas a decir lo que oyes*. Decimos que *toca de oído* quien interpreta en un instrumento musical una melodía que ha escuchado tocada por otros, o la persona que, sin saber leer música, puede interpretarla escuchando las notas y reproduciéndolas.

Tocar/alcanzar **el cielo con las manos** Alcanzar la máxima felicidad, un estado de gran bienestar o un gran éxito. *De verdad, escuchar a Mozart es tocar el cielo con las manos*. *Cielo* suele funcionar en la lengua coloquial como superlativo de bueno: *es un cielo de persona*. V. *Saber a gloria*.

Tocar fondo Llegar a una situación muy complicada, tan límite que ya no puede empeorar. Cuando se toca fondo, ya no se puede ir más abajo. *La crisis económica parece haber tocado fondo. Se espera que, a partir de ahora, se inicie una ligera recuperación*. Seguramente el dicho se refiere literalmente al barco cuya quilla toca el fondo marino, que embarranca y por lo tanto, no puede avanzar, o a la nave hundida que llega al fondo del mar. Quien *toca fondo* ya no puede bajar más. Lo contrario de *Tocar fondo* es *Tocar techo* (v.).

Tocar madera (¡Toca madera!) Se dice en una situación en la que intentamos conjurar la mala suerte. A veces se acompaña del gesto de tocar algún objeto de madera. *Yo creo que el examen me ha salido muy bien, pero vamos a tocar madera, que nunca se sabe*. Muchos pueblos antiguos consideraban la madera un elemento primigenio, fundamental para la vida. No podemos olvidar que *madera* procede del término latino *materia(m)*, origen también de *materia*, y éste de una posible voz indoeuropea **mater-*, la misma raíz que origina la palabra *madre*. Los antiguos persas creían que en la madera concretamente en sus vetas, residían el fuego, un elemento purificador, y los espíritus protectores del hombre; de ahí que ante un peligro, o en situaciones en que necesitaban ayuda, tocaran madera. De la misma forma, los celtas consideraban sagrados los árboles, que se tocaban para alejar la mala suerte y para conjurar a los malos espíritus. Los druidas, sus sacerdotes, celebraban sus ritos y ceremonias bajo las ramas de los árboles. V. *Tener madera*.

Tocar pelo (Cortar orejas (y rabo)) Triunfar. Saldar con éxito algún trabajo. *Ya es hora de que nuestro equipo gane algo, que llevamos cuatro años sin tocar pelo*. Las locuciones proceden del mundo taurino. Como se sabe, al torero se le premia, según sea la calidad de su faena, con una oreja, dos orejas o dos orejas y rabo. Los toreros llaman *tocar pelo* a cortar orejas. Si el presidente concede alguno de estos trofeos, el alguacilillo se los entrega al torero, que los coge, es decir, toca literalmente el pelo, y los pasea dando la vuelta al ruedo. V. *Salir por la puerta grande*.

Tocar techo Llegar al límite del éxito. *Será prácticamente imposible superar los beneficios obtenidos este año, porque hemos tocado techo*. Es posible que la expresión provenga del lenguaje de los alpinistas, que llaman *tocar* o *hacer techo* a alcanzar la cima de una montaña. Lo contrario es *Tocar fondo* (v.).

Tocar todas/os **las**/los **cuerdas**/palos/palillos (No dejar palo por tocar) Hacer todo lo posible para conseguir algo. Es muy posible que la frase se refiera a los músicos capaces de manejar varios instrumentos de cuerda y que, por tanto, tienen varios recursos (v. *Saber qué cuerda tocar*||*Ser de la misma cuerda*||*Tocar una sola cuerda*). En cuanto a tocar todos los palos, seguramente tengamos que pensar en los palos de la baraja, es decir, cada una de las cuatro figuras: oros, copas, espadas y bastos: El jugador *toca*, es decir, *juega* todos los palos para intentar tener suerte y ganar. Tampoco sería descabellado pensar en los palos flamencos, los diferentes tipos de cante: el cantaor experto y de calidad sería el que tocara todos los palos, el que supiera interpretar todas las variedades del cante. Pero aún hay más: visto que existe una variante con *palillos*, podríamos pensar, incluso, en los *bolillos*, los palitroques de madera a los que se sujeta el hilo con el que se teje el encaje, y que en algunos lugares se denominan, precisamente, palillos. En este caso, *tocar todos los palillos* sería, literalmente, manejar hábilmente todos los bolillos para tejer un encaje de calidad. V. *Hacer encaje de bolillos*.

Tocar una sola cuerda (Ser de una sola cuerda) Ser reiterativo. Hablar siempre de lo mismo o hacer siempre las mismas cosas. *De verdad, me aburres. En cualquier conversación tocas una sola cuerda: el maldito fútbol*. El dicho es de origen musical y se aplica a los músicos que sólo saben tocar un instrumento de cuerda: es todo lo contrario de *Tocar todas las cuerdas* (v.). V. *Saber qué cuerda tocar*||*Ser de la misma cuerda*.

Tocarle/caerle **a alguien el gordo** Tener mucha suerte. *Tengo una mujer maravillosa y unos hijos encantadores. Puedo decir con orgullo que con mi familia me ha tocado el gordo*. Suele usarse de forma irónica, para significar todo lo contrario de lo dicho: 'tener muy mala suerte'. *Con este jefe tan inútil que tengo, a mí me ha tocado el gordo*. Popularmente llamamos «el gordo» al premio más importante de un sorteo, por antonomasia el de la lotería de Navidad.

Tocarle/caerle **a alguien la china** Corresponderle a alguien la tarea más difícil, más ingrata o más comprometida. *Han hecho un sorteo y al final tengo yo que venir a trabajar el sábado... Es que siempre me tiene que tocar a mí la china*. La expresión se debe a un juego o una forma de echar algo a suertes que consiste en meter una piedrecilla o *china* en un puño y mostrar a otra persona las dos manos cerradas. Si esa persona adivina dónde está la piedra, pierde. Es algo parecido a *jugar a los chinos*, juego que debe su nombre a las piedrecillas o *chinas* que se emplean en él. V. *Ponerle a alguien chinas en el zapato*||*Tener la negra*.

Tocarle a alguien la fibra (sensible) Conmover a una persona. *No hay nada que me toque tanto la fibra como un niño llorando de hambre.*|*El pianista tocó la fibra de todos los asistentes con una interpretación prodigiosa de Mozart*.

La *fibra* —el músculo— sensible no puede ser otra que el corazón, sede principal de los sentimientos.

Tocarle a alguien la papeleta (Ser algo una papeleta) Corresponderle a una persona una misión muy complicada. Tiene el mismo significado que *tocarle a alguien la china*. La expresión se originó en las academias militares y se extendió a partir de la guerra civil (1936-1939). Los cadetes, para hacer su examen, extraían de una urna una papeleta y debían contestar a lo que en ella se preguntaba. Cuando a alguien le correspondía en suerte una papeleta con un tema difícil decía que *le había tocado la papeleta;* evidentemente, quería decir *la mala papeleta*. Dentro del propio lenguaje militar, *tocar la papeleta* pasó también a significar corresponder a un recluta un mal destino, lejano o conflictivo. V. *Salvar la papeleta*.

Tocarle a alguien las narices/las pelotas/los cojones/los huevos (¡Tócate las narices/las pelotas/los cojones/los huevos!||¡Hay que echarle narices/pelotas/cojones/huevos!) Molestarle algo o alguien a una persona. *Me toca las narices que mire a todo el mundo por encima del hombro. Un día me voy a mosquear y...*|*No aguanto a ese tipo. Es que me toca las narices. Cada vez que le veo, me pongo de los nervios*. Muchas veces se usa con el significado prácticamente contrario: 'no importar una cosa o una persona'. *A mí las opiniones de los críticos de cine me tocan las narices; no les hago ni caso*.|*Tu primo me toca las narices. Paso delante de él y como si no existiera*. Estos significados hablan bien a las claras de los efectos contrarios que un mismo gesto puede provocar en una persona: tocarle, literalmente, a alguien la nariz puede interpretarse como una grave ofensa, como un desprecio o como una especie de caricia. De todas formas, *narices*, como *huevos* y *pelotas*, vuelve a ser un eufemismo de *cojones*. (V. *De narices*||*Estar hasta las narices*||*Por narices*||*Ponérsele a alguien una cosa en las narices*||*Tener agallas*||*Tocarse las narices*). Las exclamaciones, como en otros casos similares (v. *¡Tiene narices!*), expresan asombro, sorpresa o rechazo. *Le ha pedido dinero a todo el mundo. Está empeñado con los bancos y el tío va y se compra un piso de lujo ¡Tócate las narices!*|*¿Has visto cómo baila ese abuelete? ¡Qué marcha tiene! ¡Hay que echarle narices!*

Tocarse/rascarse **las narices**/los cojones/las pelotas/los huevos/el bolo/la pera/el níspero Vaguear. No hacer nada. Literalmente, estar rascándose los testículos (v. *Rascarse la barriga*). *Con todo lo que hay que hacer aquí y el tío se pasa la mañana tocándose las narices. Eso sí, a las tres en punto ficha y se pira*. De nuevo *narices, pelotas* y *huevos* funcionan como sustitutos de *cojones* (v. *De narices*||*Estar hasta las narices*||*Por narices*||*Ponérsele a alguien una cosa en las narices*||*Tener agallas*||*Tocarle a alguien las narices*). *Bolo, pera* y *níspero* son metáforas formales de *pene*.

Todo bicho viviente Absolutamente todo el mundo, incluyendo, si interpretamos la locución literalmente, personas y animales. *No me gusta nada que* *hables con cualquiera de mí y que todo bicho viviente se entere de mis asuntos personales.*

Todo dios/cristo/quisque/quisqui (Todo/cualquier/cada hijo de vecino) Todo el mundo. *En la reunión de ayer estaba todo dios. Sólo faltabas tú. Como siempre, dando la nota.* Las referencias a Dios y a Cristo debemos entenderlas en el sentido de 'incluso Dios' o 'incluso Cristo'. Se cuenta para explicar el dicho *Todo cristo* un chascarrillo que a buen seguro se creó para ilustrarlo: en una procesión de nazarenos con cruces se organizó en algún pueblo una trifulca que el alcalde zanjó diciendo algo así como: «¡Todo cristo a la cárcel!». *Quisque*, que suele convertirse en *quisqui* en la lengua hablada, por una común asimilación del timbre vocálico, es uno de esos casos en los que un término hiperculto pasa a ser plenamente coloquial: en latín *quisque* significaba 'cada cual'. En *Todo hijo de vecino* debemos entender *vecino* como 'habitante de un lugar': es indudable que todos somos hijos de algún vecino.

Todo se andará Se asegura con este dicho que todo llegará, que antes o después se resolverá cualquier asunto. *Ahora no tengo tiempo de leer tu trabajo, pero todo se andará. En cuanto termine este informe, me meto con él.* Muchas veces se usa para pedir calma y paciencia a alguien. *No te impacientes, que ya no falta mucho para que nos terminen la casa. Sí, hay que rematar aún muchas cosas, pero todo se andará.* Es un lugar común, un *topos* clásico en la literatura y en la cultura en general, considerar la vida del hombre como un camino que hay que recorrer. Queramos o no, más deprisa o más despacio, ese camino hay que andarlo. Gonzalo Correas relata en su *Vocabulario de refranes* (1627) un cruel chascarrillo que no es explicación del origen del dicho, sino aplicación o ilustración de él: Un hombre estaba golpeando a su mujer con un palo y ésta le gritaba que no le diera siempre en la cabeza, que le diera en otra parte. El bestia le respondía: «Todo se andará, si el palo no se quiebra». Algo parecido había contado antes el escritor valenciano Juan de Timoneda (1520-1583) en su *Sobremesa y alivio de caminantes* (1563), pero referido a un ladrón al que el verdugo azotaba siempre en el mismo lugar.

Todos a una, como los de Fuenteovejuna Se dice para indicar la necesidad de que algo se realice de forma conjunta. *Si decidimos no venir mañana a trabajar, tenemos que estar todos de acuerdo para no hacerlo ninguno, porque si no, esto no sirve de nada. Todos a una, como los de Fuenteovejuna, ¿vale?* El dicho se refiere a un episodio sucedido en 1476 en el pueblo cordobés de Fuenteovejuna y famoso gracias a la obra de teatro homónima de Félix Lope de Vega (1562-1635), publicada en 1614. Los habitantes del lugar se amotinaron contra el cruel comendador, Fernán Gómez de Guzmán, al que mataron. Los Reyes Católicos enviaron a un juez al pueblo para que investigara los hechos y castigara a los culpables, pero fue incapaz de conseguir nada, ni siquiera con amenazas y torturas, porque a la pregunta de «¿Quién mató al comendador?», cualquier ciudadano interrogado respondía siempre «Fuenteovejuna». Así se recoge este interrogatorio en la obra de Lope:

> «Decidme. ¿Quién mató al comendador?
> Fuenteovejuna, señor.
> ¿Y quién es Fuenteovejuna?
> ¡Todos a una!»

Todos/dos/tres/cuatro... **al saco, y el saco en tierra** Decimos esto cuando varias personas intentan, sin éxito, realizar algún trabajo. *O sea, que sois cinco y ninguno ha sido capaz de programar el vídeo para que grabe la película: todos al saco, y el saco en tierra.* Interpretando la expresión a pie de la letra, pensamos en un grupo de personas que han sido incapaces de ingeniárselas para levantar un pesado saco del suelo. V. *Unos por otros, la casa sin barrer.*

Todos los caminos llevan/conducen **a Roma** Aseguramos con esta frase que a un lugar se puede llegar por varios caminos. *No te preocupes, que por esta calle también llegamos a la plaza mayor. En esta ciudad todos los caminos llevan a Roma.* También se usa en sentido figurado para señalar que un objetivo puede alcanzarse por varios medios. *Tú con buenas maneras y yo protestando y poniéndome bruto, pero al final los dos hemos conseguido el aumento de sueldo. Al fin y al cabo todos los caminos llevan a Roma.* Roma fue y sigue siendo uno de los centros de la cristiandad, lugar de encuentro de peregrinos de todo el mundo. Una cuidada red de carreteras y caminos, trazada en muchos casos aprovechando las antiguas vías romanas, comunicaba la «ciudad eterna» con el resto de Europa. De hecho, en la época de los Césares todos los caminos del imperio conducían a la capital. Por cierto, etimológicamente, *romero* es 'el que va a Roma'.

¡Toma castaña! Exclamación de significado polivalente: júbilo *(Yo pensaba que iba a suspender y voy y saco un sobresaliente ¡Toma castaña!)*, sorpresa o asombro *(¡Toma castaña! ¡Vaya pedazo de coche que se ha comprado Alfredo!)*, rabia o venganza (*Ahora vas a saber tú qué se siente cuando todos se ríen de ti. ¡Toma castaña!)*... Quizá en sus orígenes indicara asombro ante algo negativo, concretamente ante el descubrimiento de un engaño o timo. Castaña tiene en algunos lugares de España, especialmente en Andalucía, el significado de 'chasco; engaño', quizá porque los serranos, considerados tramposos por los de la llanura, tenían la costumbre de pagar con castañas, no siempre bien pesadas ni en buen estado. V. *Cogerse una turca/una castaña||Darle a alguien una leche/una castaña/un castañazo||Ser algo una castaña.*

¡Toma/chupa **del frasco, Carrasco!** Se intenta con esta frase fastidiar o molestar a otro diciéndole que se merece lo que le ha sucedido. Suele acompañarse de algún gesto de desprecio. *Tanto que presumías de que ninguna* *mujer te había dejado y ahora qué... ¡Toma del frasco, Carrasco!* (v. *¡Chúpate ese hueso, que tiene caña!*). El *frasco* podría ser el de alguna medicina amarga o de mal sabor, algún purgante; por ejemplo, algo que, pese al desagradable sabor, una persona tiene que tomar obligatoriamente. *Carrasco* es un apellido sin ningún referente, creado, como en tantos otros casos, para aprovechar los efectos de la rima. V. *¿Dónde va Vicente?... Donde va la gente*‖*Echar el freno*‖*¡Echa el freno, Magdaleno/Macareno*‖*El cuento de María Sarmiento/de Juan Pimiento*‖*Por el interés te quiero, Andrés*‖*Te jodes, como Herodes*‖*¡Toma, Jeroma!*‖*Una y no más, santo Tomás*.

¡Toma, Jeroma(, pastillas de goma, que son *pa'* la tos!) También es una exclamación para burlarse de alguien, para darle a entender que está recibiendo su merecido. *Tú has criticado a todo el mundo; así que bien merecido te tienes que los demás te pongan verde. ¡Toma, Jeroma! ¡Toma, Jeroma!* Parece una de las tantas expresiones rimadas (v. *¿Dónde va Vicente?... Donde va la gente*‖*Echar el freno/¡Echa el freno, Magdaleno/Macareno*‖*El cuento de María Sarmiento/de Juan Pimiento*‖*Por el interés te quiero, Andrés*‖*Te jodes, como Herodes*‖*¡Toma del frasco, Carrasco!*‖*Una y no más, santo Tomás*). El añadido de las *pastillas de goma*, siempre siguiendo la corriente de la rima, parece una alusión a algún antitusígeno, quizá las otrora famosas pastillas de goma *vicks*.

Tomar a alguien por el pito de un sereno No hacer caso o no tener respeto a una persona. *Mi hijo hace lo que le da la gana y de nada sirven mis consejos o mis broncas: me toma por el pito de un sereno*. Los serenos de antaño tenían, aparte del chuzo (v. *Caer chuzos de punta*), un pito como único elemento para protegerse de los peligros de la noche e intimidar a los posibles agresores, arma que, claro está, no era de mucha utilidad para tales fines y asustaba más bien poco...

Tomar cartas en el asunto Intervenir alguien con poder en una situación complicada. *Tengo unos vecinos que son realmente molestos, pero el presidente de la comunidad ya ha tomado cartas en el asunto y espero que la cosa se solucione pronto*. La expresión hace referencia al hecho de que un asunto pudiera trascender el ámbito de lo privado para entrar en el de lo público, es decir, en algún proceso judicial. *Carta* vale aquí por su acepción, ya en desuso, de 'papel'. Lo escrito, como se sabe, tiene valor documental y un carácter de mayor seriedad. V. *Las palabras se las lleva el viento*‖*Negro sobre blanco*.

Tomar cuerpo Hacerse realidad lo que sólo era un proyecto o un supuesto. *Eso de que se han casado en secreto empezó siendo un rumor pero parece que poco a poco va tomando cuerpo*. La locución nos induce a pensar en la sombra o la figura que distinguimos de lejos o en la oscuridad y que, según se va acercando, alcanzamos a distinguir. Más en plan ciencia ficción, en el espíritu o fantasma que se va corporeizando paulatinamente.

Tomar el olivo Escapar, huir de un lugar. *Cuando vi que aquellos tres tipos se encaraban conmigo y me amenazaban, no tuve más remedio que tomar el olivo y salir por pies.* La frase procede del mundo de los toros, donde se aplica al salto que el torero o subalterno, acosado por el toro, da por encima de la barrera, cuyas tablas solían ser de madera de olivo, muy dura y resistente.

Tomar/agarrar/coger **el rábano por las hojas** Tergiversar. Interpretar algo de forma errónea o interesada. *Yo no dije que me parece horrible cómo has decorado tu casa; dije que yo la habría decorado de otra manera. Pero, claro, tú, como siempre, has tenido que tomar el rábano por las hojas.* La expresión nada tiene que ver con el hecho de *coger,* de *agarrar* el rábano, aunque posteriormente se creara, sobre la primera acepción de *tomar,* el falso sinónimo *coger;* hay que *traducirla* por 'creerse que el rábano son las hojas'. Las hojas del rábano no se comen, aunque son la parte que más llama la atención; por decirlo de alguna forma, la más aparatosa. El rábano es, en realidad, la raíz de la planta. Hay gente que, por error, come las hojas de la planta como verdura —que, dicho sea de paso, son muy sabrosas—, sin darse cuenta de que el rábano está debajo de la tierra, como hay gente que interpreta las cosas literalmente y no profundiza en su significado real.

Tomar/coger **el tole** Salir apresuradamente de un lugar. *Enseguida me di cuenta de que allí no era muy bien recibido; así que hice un poco el paripé y a los cinco minutos tomé el tole. Tole* es la castellanización del imperativo latino *tolle,* 'quita'.

Tomar/coger **las de Villadiego** Escapar precipitadamente de un lugar. Huir. *No sé por qué me tiene Pepe tanta manía. En cuanto me ha visto entrar en el bar, ha tomado las de Villadiego.* Muchas interpretaciones se han dado a este dicho, aunque la que parece más atinada es la que lo relaciona con el antiguo refrán *Tomar las calzas de Villadiego.* Las *calzas* eran una especie de calzones largos o de *pantis* —en portugués actual son los pantalones— que usaban los hombres. Tanto en *La Celestina* como en *El Quijote* aparece tal refrán con el mismo sentido que tiene hoy. No es descartable la referencia a algún personaje apellidado Villadiego o que fuera *villariego,* es decir, *andariego, vagabundo* y que hubiera sido el protagonista de algún chascarrillo por haber tenido que salir por pies de una situación complicada. En cualquier caso, tiene más sentido pensar en la localidad burgalesa llamada Villadiego, y más teniendo en cuenta que aparece en la historia por haber sido el lugar elegido por el rey Fernando III *el Santo* (1201-1252) para alojar, o si prefieren, confinar, en él a los judíos de Burgos, eso sí, otorgándoles privilegios, dictando un fuero para protegerlos de injurias y ataques y prohibiendo que los prendieran «sino por su propia debda —'deuda'— que devan». Estos judíos de Villadiego, como los de otros lugares de España, fueron obligados a ser *judíos de señal,* es decir, a llevar un distintivo especial en sus ropas que los distinguiera de otros habitantes del lugar. Aunque tal señal solía ser en Castilla una especie de parche de tela redonda sobre el hombro derecho (¿recuerdan los campos de concentración hitlerianos?), el distintivo de los judíos de Villadiego bien pudo haber sido el de llevar unas calzas de algún color llamativo o de algún tejido especial. La expresión sería, pues, en sus orígenes una forma de dar a entender que alguien era judío y por ello debía huir o esconderse.

Tomar (buena) **nota de algo** Darse por enterado. Tener algo en cuenta. *No te preocupes, que ya he tomado nota de cómo debo hacerlo. La próxima vez todo saldrá mejor, te lo prometo.* Muchas veces se usa con el significado de 'recordar una afrenta para, en su momento, vengarse o reprochárselo a alguien'. *He tomado nota de las barbaridades que has dicho sobre nosotros y ya veremos qué consecuencias trae el asunto.* En cualquiera de los casos *anotamos* algo mentalmente, lo *escribimos* en el recuerdo para que no se nos olvide. Por algo los chinos dicen que *la tinta más débil vale más que la mejor memoria.*

Tomarla/cogerla **con alguien o con algo** (Tenerla tomada/cogida con alguien o con algo||Cogérsela con algo) Tenerle manía o animadversión a una persona o a una cosa. *Este niño no me aguanta. La ha tomado conmigo y cada vez que me ve llora.|¿Pero por qué no lees el libro? No me parece una razón de peso eso de que la has tomado con este escritor.* Cogerla o cogérsela con algo significa algunas veces todo lo contrario de lo apuntado antes: 'insistir casi obsesivamente en algo'. *Ahora se la ha cogido con las verduras y desde hace no sé cuánto tiempo no come otra cosa. Tomar* y *coger* funcionan en estas expresiones en su sentido más violento de 'agarrar; enganchar'. V. *Tener una agarrada con alguien.*

Tomarle a alguien el pelo Engañar o gastar una broma a alguien. *¿Me quiere tomar el pelo? Le he pedido jamón ibérico y éste no lo es...* Resulta sumamente arriesgado hacer un juicio sobre el origen de esta usadísima locución. Tal vez podría referirse al castigo que en tiempos se daba a algunos delincuentes y que consistía en cortarles el pelo al cero para público escarnio, lo que también era una medida higiénica. En su magna obra *El español coloquial,* Werner Beinhauer apunta la posibilidad de que la frase esté relacionada con el ultraje que entre algunos pueblos, especialmente los de origen germano, suponía tirarle a un hombre de la barba. V. *Dar la barba||En las barbas de alguien||Mentir por la barba||Pelillos a la mar||Por barba||Ser un tío con toda la barba||Subírsele a alguien a las barbas.*

Tomarle a alguien la palabra Dar como seguro, como hecho, lo que otra persona afirma. *¿Que nos quieres invitar a cenar? De acuerdo. Te tomo la palabra: el domingo a las nueve en El Buen Gusto. Tomar la palabra* debe entenderse aquí como *tomar juramento,* y así, efectivamente, es como entiende alguien lo que otro dice.

Tomarle el pulso a algo o a alguien Tantear, analizar, examinar un asunto o a una persona para prever qué va a suceder o para hacerse alguna idea.

Yo voy a tomarle el pulso a Maruja, a ver si nos da alguna pista para el regalo de cumpleaños.|Antes de tomar ninguna decisión necesitamos tomarle el pulso a la situación de la empresa, especialmente a la económica. Tomar el pulso suele ser el primer paso de un reconocimiento médico. A través de la presión arterial se puede conocer el estado general del paciente y empezar a establecer un diagnóstico.

Tomarse algo o a alguien **a chacota**/a chunga Tomarse a broma. Burlarse de algo o de alguien. *Todo el mundo te intenta ayudar, te da consejos, intenta orientarte y tú te tomas todo a chacota... Ya llegará el día en que te arrepientas*. *Chacota*, 'broma, burla', se documenta en nuestra lengua a finales del siglo XVI con el significado de 'bulla; fiesta con bromas y carcajadas'. Es muy difícil atisbar el origen de la palabra, que quizás podría derivarse de *chac*, onomatopeya del chasquido de los dedos, de las palmas o del sonido de algún instrumento musical. El término *chunga* debemos relacionarlo con *chungo*, 'de mala calidad; feo; de mal aspecto', procedente del caló, la lengua de los gitanos, en la que *chungaló* significa 'malo', y *chungalipén*, 'maldad'. V. *Ser chungo*.

Tomarse algo a la ligera No darle a un asunto la importancia o el interés que merece. Minimizar algo. *El examen de la próxima semana es fundamental. No está bien que te lo tomes a la ligera*. El asunto al que nos referimos pasa, voluntariamente, por nuestra mente rápido, ligero, sin que le prestemos atención.

Tomarse algo a/por **la tremenda** (Hacer algo/actuar a/por la tremenda) Entender o interpretar algo de forma exagerada, desproporcionada, e incluso violenta. *Mira, Fede, todos alguna vez hemos terminado mal una historia de amor. A todos nos ha dejado alguna chica, y la vida sigue. No es para que te lo tomes a la tremenda, que no es el fin del mundo. Actuar o hacer algo a la tremenda* es resolver un asunto drásticamente, de forma inconsciente e inadecuada. *Antes de actuar por la tremenda y decirle cosas de las que luego te arrepientas es mejor que te lo pienses dos veces*. Etimológicamente, *tremendo* es 'lo que debe ser temido'. Con esto queda todo dicho.

Tomarse algo a pecho Darle a un asunto mucha importancia, normalmente más de la que tiene. *Pero, hombre, no te lo tomes tan a pecho que el golpe que te han dado en el coche casi no se nota.|Las bromas son sólo eso, bromas; no puedes tomártelas tan a pecho, especialmente si no son pesadas*. Cuando se habla de *pecho* se habla de *corazón*, y, ciertamente, el significado de la locución coincide con el de *hacer algo de corazón*. V. *A lo hecho, pecho||A pecho descubierto||Sacar pecho*.

Tomarse alguien la justicia por su mano Resolver un asunto personalmente, sin recurrir a los tribunales, lo que, generalmente, lleva a la venganza y a la violencia. Quien así obra se convierte en *mano ejecutora*, suplantando al juez. *Si te ha ofendido y calumniado, como dices, denúncialo, pero no se* *te ocurra tomarte la justicia por tu mano.|Es verdad que al delantero le dieron una patada por detrás, pero, tomándose la justicia por su mano, se revolvió y le soltó un bofetón a un contrario. Es normal que el árbitro lo expulsara.* V. *Justicia catalana.*

Tonto de capirote [ser] Ser muy bobo, muy necio, muy incapaz. *Tú eres tonto de capirote: con este calorazo te pones a tomar el sol sin darte bronceador.* El capirote es un gorro puntiagudo, el que se colocan los nazarenos, el que se ponía a los condenados por la Inquisición (v. *Colgarle a alguien el sambenito*), el que se plantaba a los niños traviesos o poco avispados en la escuela y también, y seguramente a éste se refiera la locución, el que llevaban quienes en los teatros y en las fiestas —tradición que, especialmente en Carnaval, se mantiene en muchos lugares de España— se colocaban los que hacían los papeles de graciosos o de *tontos,* antepasados de los actuales payasos, que también lo llevan. Miguel de Unamuno (1864-1936), en un artículo de 1923 afirma que el tonto de capirote es «el que con un capirote o bonete puntiagudo hace de tonto en las fiestas. Es un tonto de alquiler y casi oficial». Tampoco podemos olvidar que antiguamente se tocaban con una especie de capirote los estudiantes y bachilleres (v. *De gorra||Ser un gorrón*), por lo que es muy posible que a los más necios de entre éstos la gente los llamara *tontos de capirote;* es decir, ilustrados con estudios, pero imbéciles al fin y al cabo.

Tonto del haba/del higo [ser] (Ser un tontolaba/un tontolhigo) Muy tonto. *A ése, ni caso, que es un tonto del haba y siempre está diciendo estupideces.* La lengua coloquial nos ofrece suficientes testimonios de la poca consideración, desprecio incluso, con el que hablamos de algunas legumbres o verduras, que suelen funcionar como paradigma de lo simple o de lo inútil. V. *Darle a alguien lo mismo tronchos que berzas||En todas partes cuecen habas||Importarle algo a alguien un bledo||Jugarse las alubias||Ser un berzas.*

Torear a alguien Engañar a una persona, reírse de ella o no hacerle caso. Es lo que hace el torero: burlar al toro, engañarlo, hacerle creer que tras la muleta o el capote hay algo, para llevarlo donde quiere. *Te he dicho mil veces que no me torees. Siempre haces lo que te da la gana. Si te digo que vengas, es que vengas y se acabó...* V. *Hacerle a alguien la faena.*

Tormenta/nube **de verano** [ser una] Se dice del asunto que, pese a parecer muy trascendente o aparatoso, pasa muy deprisa, se soluciona rápidamente. *Sí, es verdad que tuvieron una discusión tremenda y que estuvieron a un paso de separarse, pero fue una tormenta de verano y ahora están más felices que nunca.* En verano las tormentas llegan sin esperarlas, se desatan rápida y violentamente, y desaparecen como vinieron para dejar un cielo claro y limpio.

Torres más altas han caído Se augura con esta frase el fracaso o la derrota de algo o de alguien, y el consiguiente éxito o triunfo, visto que en ocasiones precedentes, con mayores dificultades, también se logró. *Pues claro que vamos a ganaros, y sin despeinarnos. Recordad que torres más altas han caído*. La frase tiene origen bíblico y se refiere al combate que, según el *Apocalipsis* (XVI, 16), tendrá lugar al final de los días entre los ejércitos infernales y los de Dios. Lo de las «altas torres» que caerán, según el profeta Sofonías, parece ser una referencia a los ángeles arrojados del paraíso por el arcángel san Miguel tras la rebelión contra Dios.

Tortas y pan pintado [ser] Así decimos del asunto que, en comparación con otro, es mucho más fácil o menos importante. *El inglés no es nada fácil de aprender, aunque, claro, comparado con el alemán es tortas y pan pintado*. Las *tortas* son un pan muy simple y muy fácil de hacer: una masa de harina y agua, a veces sin levadura, que se aplasta y se cuece en el horno o se fríe. El *pan pintado* es mucho más elaborado, más difícil de hacer. A media cocción se pinta con huevo para darle un aspecto brillante. Incluso a veces se decora con la manga. Se suelen denominar así algunos panes que se hacen en ciertas fiestas o celebraciones.

Tour de force [ser un; hacer un] Logro conseguido con gran esfuerzo, con muchas dificultades. Proeza. Demostración de fuerza. *Conseguir que nos dieran la subvención ha sido un verdadero* tour de force. *No os podéis imaginar la de gestiones que hemos tenido que hacer hasta que por fin nos la han concedido*.|*Este viaje ha sido un* tour de force: *primero el pinchazo, luego la avería de los frenos, después la nevada... Pero bueno, por fin hemos llegado, sanos y salvos*. Estamos ante una expresión de origen francés —literalmente, 'vuelta, recorrido de fuerza'—, que, contrariamente a lo que parece habitual en nuestra lengua, se ha respetado en su forma y pronunciación. En francés la locución tiene actualmente el mismo significado que en español.

Trabajar como un negro (Ser algo un trabajo de negros) Trabajar mucho y en unas condiciones muy duras. *Estoy harto de trabajar como un negro por un sueldo penoso, y de que encima el jefe me trate con ese desprecio*. El dicho alude, claro está, a las tremendas condiciones de trabajo de los pobres esclavos que se llevaban a las naciones llamadas «civilizadas», la mayor parte de ellos de raza negra y procedentes de África. V. *Trabajo de chinos*.

Trabajo/labor **de chinos** [ser; parecer; hacer] Se llama así al trabajo sumamente laborioso, complicado y detallista. *El jersey que me ha hecho mi madre es maravilloso, pero ha sido un trabajo de chinos*. Los chinos, armados de su proverbial paciencia, son especialistas desde siempre en elaborar refinadísimas obras de arte de todo tipo, con cualquier tipo de material y siguiendo técnicas antiquísimas. A veces para explicar el dicho se alude a la construcción de la Gran Muralla china, que tenía como objetivo detener las invasiones de los mongoles. Es, quizá, la obra más grande e importante de la historia del hombre. V. *Engañar a alguien como a un chino*||*Martirio chino*||*Tener más trampas que una película de chinos*||*Trabajar como un negro*.

Trabajo estajanovista Se llama así al trabajo exagerado y obsesivo. *Estoy harto de este trabajo estajanovista que me absorbe por completo y no me deja tiempo libre*. Muchas veces se usa de forma irónica con el significado de 'trabajo cómodo y escaso'. *El tío no hace más que quejarse de lo cansado que está y no trabaja más de cuatro horas diarias... Vamos, que tiene un trabajo estajanovista*. El adjetivo estajanovista proviene del apellido del minero ruso Alexei Stájanov (1905-1977), que el 31 de agosto de 1935 alcanzó las mayores cotas de productividad en la cuenca carbonífera del Donetz. Desde entonces los trabajadores soviéticos son citados como modelo y ejemplo.

Traer a alguien de cabeza Causar alguien o algo una gran preocupación. *No puedo salir esta noche: tengo que terminar un trabajo que debo entregar mañana y que me trae de cabeza*. Estar obsesionado por algo o por alguien. *Hay una vecina guapísima y muy simpática que me trae de cabeza*. Las preocupaciones u obsesiones son tan grandes que ocupan «toda la cabeza», todo el pensamiento, de modo que mediatizan la vida de la persona, que se convierten en lo más importante para ella. V. *Andar de cabeza*.

Traer a alguien por la calle de la amargura Causar una persona o un asunto un gran disgusto a alguien. *Este hijo mío me trae por la calle de la amargura: no quiere estudiar, se escapa del colegio, llega tarde a casa...* La calle de la amargura es la que Cristo recorrió, cargado con la cruz, camino del calvario. Está en Jerusalén y hoy se llama *Vía Dolorosa*. V. *Cargar alguien con la cruz*||*Pasar un vía crucis/un calvario*.

Traer al fresco/al pairo **algo a alguien** (Traer/tener algo sin cuidado a alguien) No importarle absolutamente nada una cosa a una persona. Serle algo a alguien totalmente indiferente. No mostrar ningún interés por un asunto. *Ya sabes que lo que diga ese tío me trae al fresco*.|*Ni se me ha pasado por la cabeza ir a la reunión de vecinos. Me trae al fresco. Que hagan lo que les dé la gana*. Por oposición a *calor,* sinónimo de agobio o de tensión, debemos entender *fresco* como 'tranquilo; descansado; relajado'. La persona de la que hablamos parece estar, simplemente, tomando el aire, sin dar ninguna importancia a lo que sucede a su alrededor, (v. *Quedarse alguien tan fresco*). En el lenguaje marinero, el barco que está o que se pone *al pairo* —término quizá de origen provenzal, derivado del verbo *pairar,* 'aguantar; ser paciente'— permanece quieto en la mar, con las velas extendidas, esperando que sople el viento en la dirección favorable. La persona que está al pairo queda como el barco, totalmente indiferente, inactiva. *Mientras nosotros ganemos, lo que hagan otros equipos me trae al pairo* (v. *Ir a la deriva/al pairo*). *Cuidado* es 'vigilancia; atención'. Lo que *trae sin cuidado* es, por lo tanto, un asunto al que no se da ninguna trascendencia. *Yo ya estoy harto de darle consejos, así que, a partir de ahora, me trae sin cuidado todo lo que haga*.

Traer/coger **algo por los pelos** (Estar algo traído por los pelos) Usamos esta frase para indicar que un asunto tiene poca relación con el tema que se está tratando, como si ambas cosas estuvieran unidas sólo por la fragilidad de un pelo. *La conferencia era sobre la novela y el cine, y yo creo que el tema de la vida privada de los actores fue algo bastante traído por los pelos.* V. *Salvarse por los pelos.*

Traer cola Tener algún asunto consecuencias, por lo general negativas. *Ese periodista ha publicado un libro sobre la vida privada de algunos miembros de la jet-set que seguro que va a traer cola.* La *cola* no es más que la extensión, la prolongación, lo que va detrás, la *consecuencia* del animal.

Traerse/llevarse/tener(se) **algo entre manos** Tramar algo. Conspirar. *No sé qué se traerá entre manos, pero vigílalo, porque me temo que está preparándonos alguna de sus bromitas pesadas.* Quien, literalmente, lleva algo entre las manos lo tiene oculto y protegido y no desea que otros lo vean ni lo toquen.

Traérsela floja algo o alguien a una persona No importarle absolutamente nada a alguien un asunto o una persona. *Las críticas constructivas las acepto de buen grado. Las destructivas, las que sólo pretenden ofender, me la traen floja.|Yo a ese tipo no le tengo ningún respeto y todo lo que diga o haga me la trae floja.* Si lo entendemos al pie de la letra, la persona que habla o de la que se habla no siente ninguna excitación, ninguna sensación de tipo sexual, ninguna erección. La flacidez del pene materializa la indiferencia. En la lengua coloquial nos solemos referir a los órganos sexuales masculinos con pronombres femeninos y a la inversa.

Tragar con todo (Tragar alguien con lo que le echen) Aguantar todo tipo de ofensas o de disgustos. *Ya le puedes llamar lo que sea o decirle las burradas que se te vengan a la cabeza, que traga con todo. Tragar* funciona frecuentemente con el significado de 'soportar'. V. *Pasar un mal trago|Tener tragaderas||Tragar paquete||Tragar sapos y culebras.*

Tragar/aguantar (el) **paquete** Soportar con resignación una pena, castigo o injusticia. *La multa que me han puesto es injustísima, pero no me va a servir de nada protestar. No me queda más remedio que tragar paquete y pagarla.* Mostrar valor o sangre fría ante una dificultad o una situación peligrosa. Con este sentido se usa bastante en el mundo de los toros. *El torero tragó paquete con un manso que no hacía más que mirarlo. Clavó las zapatillas en la arena y le sacó seis o siete pases de gran mérito. Tragar* se usa coloquialmente con el significado de 'aguantar; resistir' (v. *Pasar un mal trago||Tener tragaderas||Tragar con todo||Tragar sapos y culebras*). En 1908, la compañía nacional de tabacos, con la idea de celebrar el centenario de la Guerra de la Independencia, puso a la venta unos paquetes de puros que venían cubiertos con un papel opaco, de modo que los compradores no podían ver el contenido, lo que sorprendió mucho a los fumadores, pues los puros se solían vender sin envoltorio e individualmente. Por este motivo se acabó difundiendo la especie de que los cigarros se envolvían para camuflar su dudosa calidad o su mal estado, lo que quizá no estuviera muy lejos de la realidad. A partir de este hecho, para significar que había que aguantarse con algo malo o perjudicial, se puso de moda la expresión *tragar paquete*. V. *Meter un paquete/un puro*.

Tragar saliva Resistirse. Aguantarse el deseo de demostrar enfado o rechazo. Soportar en silencio y sin reaccionar algo desagradable. *Ya sé que te fastidia un montón que otros te den órdenes, pero en la mili no vas a tener más remedio que tragar saliva y hacer lo que te digan, aunque no te guste.*|*Me dijo tantas estupideces que tuve que tragar saliva para no mandarlo a freír espárragos*. En estas situaciones, para contenernos y no hablar, para, de alguna forma, ahogar las palabras, solemos hacer mecánicamente el gesto de tragar saliva.

Tragar sapos (y culebras) (Tragarse el sapo||Tragar bilis/hiel/quina/acíbar) Soportar algo o a alguien ciertamente desagradable. Es habitual el uso del verbo *tragar* con el sentido figurado de 'soportar' (v. *No tragar a alguien*||*Pasar un mal trago*||*Tener tragaderas*||*Tragar con todo*||*Tragar paquete*). Los *sapos* y las *culebras* son animales que, sobre todo en la iconografía religiosa, tradicionalmente simbolizan el pecado, la blasfemia, lo demoníaco, lo más negativo (v. *Echar sapos y culebras*). La *hiel* o *bilis* es líquido verdoso y amargo que destila la vesícula biliar de los mamíferos, situada bajo el hígado, necesaria en el proceso de la digestión. La *quina* es también una sustancia de sabor muy amargo, que se extrae de la corteza de un árbol llamado *quino* y de la que a su vez se obtiene la *quinina,* que se usa en medicina para combatir diferentes tipos de fiebres. El *acíbar,* término de origen árabe, es una sustancia líquida, muy amarga, obtenida a partir de las hojas carnosas de algunas especies de *aloe,* unas plantas liliáceas de hojas largas y carnosas. Ha sido considerado desde la Antigüedad uno de los mejores purgantes conocidos. V. *Dorar la píldora*||*Más malo que Caín*.

Tragarse a alguien la tierra Desaparecer alguien súbitamente y sin dejar rastro, prácticamente como si hubiera sido «aspirado» por la tierra. *Hace un par de semanas que no veo a Julia. He preguntado a varias personas y nadie sabe nada de ella. Es como si se la hubiera tragado la tierra*. V. *¡Tierra, trágame!*

Tragarse la píldora Creerse una mentira. *Si ayer no has venido a clase porque estabas enfermo, me traes un certificado médico y te quito la falta. Me puedo tragar la píldora una vez, dos y hasta tres, pero esto ya es demasiado*. Antiguamente las píldoras, mucho más grandes que las actuales se recubrían de una sustancia dulce o agradable a la vista, muchas veces de color dorado, para disimular el desagradable sabor de la medicina, generalmente un purgante (v. *Dorar la píldora*). Es lo mismo que hace quien miente: recubrir, envolver y endulzar su mentira para que el otro se lo crea. A veces usamos la frase para dar a entender que una persona aguanta o disimula algo que causa dolor o disgusto. *A uno no le pueden influir en el trabajo los problemas personales. Hay que tragarse la píldora y seguir adelante.*

Tranquilidad y buenos alimentos Se dice para solicitar calma ante situaciones tensas o complicadas. *Ya sabes cómo está la carretera en estas fechas; así que tranquilidad y buenos alimentos, y despacito, que no tenemos prisa.* La frase no es otra cosa que el consejo que solían dar los médicos a muchos de sus pacientes para aliviar su enfermedad: vida tranquila y comida sana.

Trampa saducea [ser una; poner una; tender una; caer en una] Se llama así a una trampa o equívoco sumamente refinado y malévolo en su concepción y efectividad, destinado a que alguien caiga en un error. *Creo que no he hecho nada mal el examen, aunque había algunas preguntas que eran verdaderas trampas saduceas.* La expresión se refiere a una cuestión, que los saduceos, una secta judaica fundada por Sadoc y que negaba la resurrección, plantearon a Jesucristo para poner en ridículo sus doctrinas (*Mateo* XXII, 23-32, y *Marcos,* XVIII, 27): si una mujer ha tenido siete maridos, cuando resuciten, ¿de cuál de ellos será la esposa? La respuesta de Jesucristo es: «Cuando resuciten de entre los muertos, ni ellos tomarán esposa ni ellas marido, porque serán como los ángeles del cielo».

Tratar a baquetazos Maltratar, física o moralmente, a alguien o a algo. *No sé por qué tenéis perro, si tratáis al pobre animal a baquetazos.* El origen está en un cruel castigo militar, abolido en 1821, por el que se obligaba a un soldado a pasar corriendo con el pecho desnudo entre varias filas de compañeros en formación, que, mientras pasaba, le golpeaban con las *baquetas,* es decir, con las varillas de madera o de acero con una bola de cuero en un extremo que se usaban para cargar, limpiar y desatascar las armas. También se permitía golpear con el portafusil, la correa con la que se sujetaba el arma al hombro, o con los correajes donde se llevaba la munición. Algo parecido se hacía en las galeras, donde se obligaba a pasar al castigado por la *crujía,* el espacio que quedaba entre los bancos donde se sentaban los galeotes, para que estos lo azotaran. V. *Pasar una crujía.*

Tres cuartos de lo mismo Indicamos con esta expresión que una situación es prácticamente idéntica a otra, o que dos o más personas se comportan de un modo parecido. *En el norte está cayendo una nevada impresionante, pero es que en el sur está sucediendo tres cuartos de lo mismo.*|*Lucía es muy desagradable, y su marido, tres cuartos de lo mismo.* La identidad absoluta es prácticamente imposible; de ahí que no hablemos de cuatro cuartos: hay un cuarto de diferencia.

U

Un clavo saca otro clavo Una pena se olvida con otra o un problema se arregla con otro. *Ahora que lo ha dejado la novia parece que ya no piensa tanto en lo de su madre: un clavo saca otro clavo*. La frase ya aparece en las *Tusculanas*, de Marco Tulio Cicerón (106-43 a. C.), al hablar el autor de las penas provocadas por el mal de amor: «Novo amore, veterem amorem, tamquam clavo clavum, eficiendum putant» ('Dicen que el nuevo amor saca el viejo amor como un clavo a otro'). V. *La lanza de Aquiles*||*La mancha de mora con otra verde se quita*.

Un día es un día Se usa este dicho para justificar un gasto o dispendio extraordinario o algo que se hace fuera de lo habitual, generalmente por un motivo de alegría. *Venga, vamos a meternos una buena mariscada, que un día es un día.*|*Un día es un día. Venga, vamos a echarnos un baile a la discoteca para celebrarlo*.

Un porrón de Una de las tantas locuciones que funcionan con el significado de 'mucho; en cantidad'. *No sé qué le verán a este restaurante; el caso es que tiene siempre un porrón de gente.*|*Tiene un porrón de discos. Yo calculo que unos cinco mil*. El *porrón* es un recipiente, generalmente de cristal, que se usa para beber vino, con una boca ancha por una parte y estrecha por otra, precisamente por la que cae el líquido, de modo que, por mucho que se beba, parece que nunca se agota (v. *A porrillo*). Hay otros casos en los que un recipiente funciona como una especie de adverbio de cantidad: V. *A espuertas* ||*Llover a cántaros*.

Una cosa es predicar y otra dar (el) **trigo** (No es lo mismo predicar que dar trigo||Predicar y dar trigo) Se asegura con este dicho que hay que actuar de obra, con hechos, no sólo de palabra. *Sí, claro; todos los políticos se comprometen a bajar los impuestos y a bajar el índice del paro, pero una cosa es predicar y otra dar trigo*. Sirve también para indicar que es mucho más fácil dar consejos que ponerlos en práctica. *Claro, aquí tomando un café, todos vemos muy fácil lo de cambiar una rueda y todos contamos nuestros trucos, pero hay que verse solo en la carretera para darse cuenta de que una cosa es predicar y otra dar trigo*. Seguramente el dicho tiene que ver con las antiguas predicaciones eclesiásticas: el pueblo exigía a los religiosos que, aparte de alimentarlos con la palabra de Dios, les entregara pan, una parte de los muchos alimentos que acumulaban a causa de los diezmos —la décima parte de las cosechas— que la gente les entregaba.

Una/dos **golondrina**(s) **no hace**(n) **verano**/primavera Un indicio o una muestra de algo no debe ser tomado como un ejemplo de generalidad. Un hecho aislado no es significativo. *Sí, hemos tenido algún cliente, pero eso no significa que el negocio vaya a funcionar bien; una golondrina no hace verano.* La golondrina, o, mejor, las golondrinas, porque siempre llegan en bandadas, ha sido siempre anuncio de la primavera, del buen tiempo, de la vuelta a la vida. El hecho de que una o dos se despisten y lleguen antes no significa nada. El proverbio ya existía en griego y en latín. Los portugueses tienen un dicho parecido, y, aunque triste en su forma, cargado de optimismo: *Porque muera una golondrina no se acaba la primavera*. Quizá la mejor forma de explicar el dicho sea reproducir lo que de él decía Sebastián de Covarrubias en su *Tesoro de la lengua castellana o española,* publicado en 1611: «Proverbio vulgar nuestro, latino y griego. Una golondrina no hace verano, presupuesto que es la anunciadora de la primavera; entiéndese cuando todas ellas vienen de golpe, y no porque una se haya adelantado se le ha de dar crédito; así, ni más ni menos, del testimonio singular de uno no hemos de formar notoriedad, ni de cosa que es rara, porque acontezca una vez, sacar regla general». Llama la atención la alternancia entre *primavera* y *verano,* que, tanto en la formulación de la frase como en las explicaciones del gran lexicógrafo toledano, parecen tratarse como sinónimos. Si analizamos ambas palabras desde el punto de vista etimológico, la cuestión se aclara bastante. En latín arcaico, *primavera* se decía, simplemente, *vera*. Los antiguos romanos, seguramente por el hecho de que su llegada supone el inicio de una nueva vida en plantas y animales, consideraban la primavera la estación más importante y le otorgaban el privilegio de ser la *primera* del año. Por esta razón, se creó el compuesto *primo vere,* convertido en latín vulgar en *primavera(m),* algo así como 'la primera primavera', frente a *veranum tempus,* 'tiempo primaveral', y *aestivum tempus* —de donde procede *estío*—, 'verano'. En español, hasta el siglo XVII, se mantuvo la denominación latina y se llamó *primavera* a la primera parte de la primavera, *verano* a la segunda parte de la primavera y el principio del verano, y *estío* al verano.

Una vez que maté un perro, y me llama(ro)**n mataperros** (Por un perro que maté, me pusieron/llamaron mataperros) Con este dicho intenta disculparse la persona que, por haber hecho algo considerado negativo una sola vez, es injustamente acusado y se le atribuye una falsa reincidencia en el error o en la falta. *Oye, perdona, que porque una noche me pasara un poco con la bebida tampoco tienes que recordármelo siempre ni irlo largando por ahí, que parece que soy un borracho empedernido. Una vez que maté un perro, y me llaman mataperros.*

Una y no más, santo Tomás Se dice para asegurar que jamás se volverá a hacer algo que ha salido mal o que no ha dado los resultados que se esperaban. *Intenté hablar con él para que se calmara, para intentar ayudarlo y me mandó a freír espárragos; así que una y no más, santo Tomás. Cuando vuelva a tener problemas, que se busque la vida.* La frase parece una de las frecuentes construcciones basadas en la rima (v. *Echar el freno*‖*¡Echa el freno, Magdaleno/Macareno!*‖*El cuento de María Sarmiento/de Juan Pimiento*‖*Por el interés te quiero, Andrés*‖*Te jodes, como Herodes*‖*¡Toma del frasco, Carrasco!*‖*¡Toma, Jeroma!*); aunque quizá pudiera tener algo que ver con la incredulidad de santo Tomás, el apóstol que no estuvo seguro de que Cristo había resucitado hasta que vio las heridas de los clavos y le metió los dedos en la llaga del costado (*Juan*, XX, 25-29): V. *Poner el dedo en la llaga*‖*Ser como santo Tomás*‖*Ver para creer.*

Unos por otros, la casa sin/por **barrer** Se dice cuando pese a que muchas personas se comprometen a hacer algún trabajo, al final no se hace nada. *En la última reunión todos dijisteis que haríais el informe, que eso era cuestión de reunirse un par de horas... Pues bien, ha llegado el momento de entregarlo y nadie lo ha redactado. Unos por otros, la casa sin barrer.* Las tareas domésticas más ingratas, como las de la limpieza, son las que todo el mundo acaba intentando evitar; por eso, o se asignan con toda claridad o no se llevan a cabo. V. *Todos al saco, y el saco en tierra.*

Untar el carro (Untarle a alguien la(s) mano(s) Sobornar. Corromper a alguien. *En un principio no concedieron permiso para poner esa tienda, pero hace ya unos días que la han abierto: me parece a mí que alguien ha untado el carro.* La locución se origina en una antigua certidumbre popular: *hay que untar el carro para que ande*, o sea, siempre que se quiere conseguir un fin hay que dar algo a cambio. El verbo *untar*, sin el carro, y los verbos *pringar* y *pringarse* funcionan también con el mismo significado (v. *Ser un pringa(d)o*). *Untarle a alguien la mano* es, literalmente, «manchársela» con dinero. *Las investigaciones han dejado bien claro que la multinacional untaba la mano a una serie de altos cargos para obtener licencias e inversiones favorables.*

V

Valer/merecer **la pena** Ser algo o alguien de interés, de valía, digno de ser conocido. En sentido más literal, dar por bueno el esfuerzo o las penalidades necesarias para lograr algo o para conocer a una persona. *La entrada al museo es carísima, pero vale la pena, porque lo que hay dentro es realmente fascinante.*|*Allí todo funciona por intereses creados y cada cual va a lo suyo. Son todos unos buitres. La única persona que vale la pena es Alfredo.*

Valer su peso en oro (Valer tanto oro como pesa||Valer alguien lo que pesa) Ser muy valiosa una persona o una cosa. *Yo que tú no dejaría escapar a este chico y le haría un contrato indefinido. Vale su peso en oro.*|*El libro en sí no tiene mucho interés literario, pero se trata de una edición única que, además, se imprimió con una serie de curiosas erratas. Vale su peso en oro.* Los antiguos piratas berberiscos, los que fondeaban en el norte de África, entre Túnez y Gibraltar, solían pedir como rescate de sus rehenes más importantes o más nobles el equivalente a su peso en monedas de oro. En esta costumbre seguramente se origina el dicho. A título de curiosidad, diremos que algunos pueblos germánicos del norte permitían que el asesino se librara de la venganza de los parientes del asesinado pagándoles en oro el equivalente al peso del cadáver. Esta costumbre se cristianizó y no era extraño que durante la Edad Media se ofrecieran en las iglesias exvotos que consistían en sacos o recipientes con oro, plata, piedras preciosas, trigo, cera, etc., que equivalían en peso al del enfermo cuya curación se solicitaba. V. *A huevo*||*A precio de oro.*

Valer/costar **un Potosí**/un imperio/un Perú Costar algo mucho dinero o ser de gran estima y tener cualidades muy positivas una persona o una cosa. *No me he comprado los zapatos que me gustaban porque valían un potosí.*/*Ese chico vale un potosí: es educado, culto, guapo, elegante, tiene un buen trabajo...* Potosí es una ciudad de Bolivia, capital del departamento del mismo nombre, situada en la cordillera oriental de los Andes, famosa por sus, en otro tiempo, riquísimas minas de plata, conocidas ya en la época precolombina y explotadas casi por completo durante la colonización española. A finales del siglo XVI, con casi 150.000 habitantes, era la mayor ciudad de

América. *Imperio* es palabra que, mucho más que otras, sugiere grandeza, dinero y esplendor. De hecho, de quien lleva una buena vida decimos que vive *como un emperador,* y de quien ha tenido abundante y grata comida, que ha comido *como un emperador.* La referencia al Perú se debe también a la abundancia de yacimientos de metales preciosos, sobre todo de oro, que había en ese territorio.

Válvula de escape [ser la] Se dice de lo que sirve para relajarse o distraerse, para aliviar la *presión* que sufre una persona. *Para mí la pintura es una válvula de escape. Cuando llego a casa y cojo los pinceles me olvido de todo: del trabajo, de los problemas familiares y de los agobios de todo tipo.* Se refiere a la válvula de seguridad de algunos aparatos que funcionan a presión, como las ollas exprés. Hay un pequeño orificio por el que escapa una mínima parte de vapor, o de gas en otros casos. Se evita así que la olla o el aparato revienten. V. *Olla a presión.*

¡Vaya tela! (¡Tiene tela!) Con estas expresiones indicamos sorpresa o asombro ante algún hecho. *Hoy hace un calor horrible. Cuarenta grados... ¡Vaya tela!* La expresión, originada en el lenguaje marinero, tiene que ver con el trabajo que suponía cortar o reparar la tela con la que se construían las velas de los barcos. V. *Tener tela.*

Velar (las) **armas** Estar en el momento previo a un acontecimiento importante. El origen del dicho está en el ritual de las órdenes de caballería, en las que se exigía que el candidato a ser investido caballero pasara la noche anterior a la ceremonia velando, custodiando, sus armas (armadura, espada, lanza y escudo), generalmente en una iglesia o capilla (v. *Estar en capilla*) y vestido sólo con una túnica blanca (v. *Pasar la noche en blanco*). *Jaime está un poco nervioso. Está velando armas, el hombre, porque mañana tiene el examen más importante de la carrera.* V. *Hacer las primeras armas.*

Vender algo caro (Vender cara la piel/caro el pellejo) Resistir. No ceder. Impedir alguien con todas sus fuerzas que una persona consiga algo. Se usa mucho en el lenguaje deportivo. *Han vendido cara la derrota, pero al final han acabado rindiéndose a la calidad del equipo contrario. Vender cara la piel* nos lleva a pensar en el animal perseguido por el cazador o el trampero, que resiste, que lucha por su vida y no se deja atrapar fácilmente.

Vender humo Prometer cosas vanas, fatuas, irreales, imposibles de conseguir. *Ha ganado las elecciones porque es el único político que cuenta las cosas como son, que no vende humo y que se compromete sólo a lo que sabe que puede cumplir.* Se puede vender prácticamente cualquier cosa, excepto el humo, y fundamentalmente por una razón: porque no se puede tocar. Llama la atención el hecho de que «vender» se identifique en el dicho con 'robar; embrollar; engañar', lo que habla bien a las claras de la poca consideración que en tiempos se tenía de mercaderes y comerciantes. Se cuenta que el emperador romano Severo Alejandro (205-235, emperador desde el 222) hacía morir asfixiándolos con humo a los timadores de altos vuelos, a los que engañaban a la gente prometiendo honores y riqueza, mientras un heraldo repetía: «Fumo punitur qui fumum vendidit», 'Con humo se castiga a quien vendió humo'. Tal vez de aquí venga la frase.

Vender la piel del oso (antes de cazarlo) (No vendas la piel del oso antes de cazarlo) Dar por hecho algo que aún no se ha finalizado o concretado. Anunciar un éxito o un triunfo antes de haberlo conseguido. *Ha anunciado a bombo y platillo que se compra la casa, y ahora resulta que el banco no le ha concedido el crédito. Le está bien empleado, por vender la piel del oso*. El dicho procede de una antigua fábula atribuida, como otras tantas, al escritor griego Esopo, que vivió en el siglo IV a. C., *Los dos amigos y el oso*, reelaborada en el siglo XVII por el francés Jean de La Fontaine (1621-1695). Dos amigos se internan en el bosque decididos a cazar un oso, por cuya piel obtendrán buen dinero. Cuando el animal aparece, en vez de hacerle frente, uno trepa a un árbol y el otro se hace el muerto. El oso llega y olisquea el supuesto cadáver. Después de un rato, se marcha. Cuando baja el otro del árbol, el «muerto» le dice: «¿Sabes qué me ha dicho el oso al oído? Que no vendamos su piel antes de cazarlo».

Venderle a alguien la burra/la moto Engañar a alguien. *A ti ni te duele la garganta ni nada. Lo que pasa es que hace mucho frío y se está mejor en la cama que en clase, ¿a que sí?; que te conozco y a mí no me vendes la burra*. Seguramente la frase tiene que ver con la proverbial facilidad de los gitanos para vender caballerías viejas o enfermas en las ferias de antaño, para hacer pasar, incluso, un mulo por un caballo. Es curioso señalar aquí cómo la lengua coloquial gira sobre sí misma y se refleja constantemente en el mismo espejo: en la jerga juvenil, la *moto*, a través de una evidente metáfora funcional e incluso formal, se denomina *burra*. Como lo de *vender burras* ya no se lleva, está pasado de moda, se busca un término similar para conservar el sentido del dicho y, obviamente, el espejo de la modernidad nos devuelve a la *burra* transformada en *moto*. *Mira, tío: si no quieres ir no vayas y ya está, pero a mí no me vendas la moto de que no tienes tiempo, porque no es verdad*.

Venderle el alma al diablo Hacer cualquier cosa por conseguir algo. *¡Lo que daría por tener esa grabación inédita de los Beatles! Sería capaz de venderle el alma al diablo, de verdad*. La frase se refiere a *Fausto*, el legendario personaje que hizo un pacto con el diablo, al que vendió su alma a cambio de la eterna juventud (v. *Hacer un pacto con el diablo*). Es un mito reinterpretado por varios escritores a lo largo de la historia de la literatura, entre ellos el inglés Christopher Marlowe (1564-1593) *(The Tragical History of Doctor Faustus)* y los alemanes Johann Wolfgang Goethe (1749-1832) *(Faust* seguramente la obra más conocida) y Thomas Mann (1875-1955) *(Doktor Faustus)*.

Vender(se) **algo como churros**/rosquillas Venderse mucho algún producto. *Con este verano tan caluroso, los ventiladores se venden como churros*. *Churros* y *rosquillas* son dos dulces *de sartén* muy populares y de gran consumo, sobre todo en ferias, verbenas y prácticamente cualquier fiesta popular.

Venderse alguien caro No dejarse ver; aparecer poco; ser selecto y exquisito, como los productos de elevado precio. *Antes participaba en todos los cursos de verano, pero ahora se vende caro y sólo da un par de conferencias al año.*|*Qué caro te vendes, chico. Hacía siglos que no nos veíamos... ¿Te has olvidado de tus amigos de siempre o qué?*

Venderse por un plato de lentejas Dejarse convencer, sobornar o manipular a cambio de escaso beneficio. Cambiar la tranquilidad o el bienestar moral por bienes materiales. *Antes era el tío más crítico del mundo con la dirección; ahora le han dado un carguillo y todo lo que antes era crítica ahora es alabanza y peloteo. Se ha vendido por un plato de lentejas*. El dicho nos remite al conocido episodio bíblico (*Génesis*, XXV, 29-34) en el que Esaú, primogénito de Isaac, entregó los derechos de su primogenitura a su hermano Jacob a cambio de un plato de lentejas, un día que volvía de caza cansado y hambriento. V. *La Biblia en verso*.

Venir/coger/pillar **a contrapelo** Ser algo muy inoportuno. Ir contra el desarrollo lógico o previsto de los acontecimientos. *Con este frío tremendo que nos ha venido a contrapelo cuando ya habíamos guardado los abrigos, es normal que cojamos todo tipo de gripes y resfriados*. Al pie de la letra, contrapelo es 'contra la inclinación o la dirección natural del crecimiento del pelo'. V. *Venir al pelo*.

Venir a cuento Tener relación una cosa con otra, tener que ver con el *cuento*, con lo que se dice, con el argumento que se trata. *Parecía que estaba contando cosas absurdas, pero cuando acabó de hablar comprendimos que todo lo que había dicho venía a cuento, que todo era necesario para entender lo que había pasado*. Se usa más en forma negativa. V. *No venir a cuento*

Venir al pelo Ser algo o alguien muy oportuno y conveniente. *Este mes me han pagado una gratificación que me viene al pelo. Al pelo* y *a contrapelo* seguramente se refieren a la posición que adopta el pelo en las pieles y en algunos tejidos: según su crecimiento natural *(al pelo)* o hacia el lado contrario *(a contrapelo)*. Hay otra interpretación del significado que tiene menos fundamento, porque no explica *a contrapelo,* y es la que se refiere a las armas de fuego, que se decían *montadas al pelo* cuando un levísimo roce que se hiciera en el gatillo, el hipotético e hiperbólico roce de un pelo, bastaba para que se disparasen.

Venir(le)/estar(le)/quedar(le) **algo** (que ni) **pintiparado** Ser algo muy conveniente o muy adecuado a un momento concreto. *Esta corbata de cuadros me viene pintiparada con la camisa azul. Pintiparar* es un acrónimo formado con *pinta* y *comparar* (v. *Tener buena/mala pinta*); significa 'tener una cosa las mismas características de otra', 'ser una cosa complementaria o muy conveniente para otra'. V. *Que ni pintado*.

Venir(le)/ir(le) a alguien **con el cuento** Contarle a alguien algo que debería ser secreto o que no se le debería contar, porque supone acusar a otro. *Como se te ocurra irle a papá con el cuento de que me has visto fumar, vas a saber lo que es bueno*. Contar algo que carece de interés o que no es verdad. *No me vengas con el cuento de que estabas en casa, porque te vieron en el cine*. *Cuento* funciona en el dicho como sinónimo de 'mentira; falsedad'.

Venir/andar **con martingalas** (Ser algo una martingala) Utilizar artimañas o tretas. *No le tomes nunca la palabra, porque te viene con martingalas para ganarse tu amistad y, a la menor, te dejará tirado*. Poner excusas. *El lunes es la reunión y tienes que estar. Punto. Así que no vengas con martingalas de que si el tráfico, que si el resfriado, que si esto, que si lo otro... Martingala* procede del francés *martingale*, alteración del gentilicio *martigale*, 'de Martigue', localidad de Provenza. El término aparece por nuestra lengua a mediados del XVI con el significado de 'calzas amplias y flojas', una prenda típica de esa zona provenzal. Poco después toma, ya en francés, el significado de 'engaño; treta; artimaña', quizá porque en esas calzas se ocultaban armas para sorprender a posibles contendientes, o porque se usaban para ocultar rápidamente y sin levantar sospechas lo que se robaba en tiendas o mercados.

Venir/andar **con monsergas**/músicas (Ser algo una monserga) Decir tonterías. Expresarse de forma confusa y embrollada, lo que provoca aburrimiento. *Pues realmente no sé qué ha dicho, porque me ha venido con una monserga rarísima sobre no se qué de un curso en el que se ha matriculado...*. Poner excusas. *¿Que no puedes venir a la fiesta porque tienes que trabajar? Venga, hombre, no me vengas con monsergas*. V. *Dar la matraca/la monserga*||*Venir con la misma canción*. Los etimólogos no se ponen de acuerdo sobre el origen de la voz *monserga*. La explicación más lógica —aunque lo lógico no es necesariamente lo real, y menos en esta ciencia— es la que la relaciona con el arcaísmo *sergas*, 'proezas, hazañas caballerescas', generalmente prolijas, exageradas y fantásticas, como las *monsergas*.

Venir de perilla/de perlas Ser algo o alguien muy apropiado, necesario o conveniente. *Fíjate qué corbata me he comprado en rebajas: me viene de perilla para el traje claro y para el oscuro*. Esta *perilla* nada tiene que ver con barbas ni bigotes, a pesar de la cercanía semántica con la expresión *de bigote*, pues se refiere a la ayuda que, en los momentos de apuro, cuando el caballo hace un movimiento brusco, supone para el jinete inexperto poder agarrarse a la *perilla*, a ese saliente en forma de pera que hay en la parte anterior de la silla de montar. *De perlas* aporta la idea de conveniencia de algo a causa de su belleza y de su elevado valor económico. V. *Echar margaritas a los cerdos*.

Venir Dios a ver a alguien Solucionársele a alguien un problema o una situación complicada con un golpe de suerte, casi con un milagro, que es lo que realmente se dice en la frase. *No sé cómo me he librado de estrellarme contra el camión; sólo sé que ha venido Dios a verme.* Antiguamente la frase era *Venir Dios a ver a alguien sin campanilla,* en referencia a la campanilla agitada por el monaguillo que acompañaba al sacerdote que iba a administrar el Viático, es decir, la Comunión que se da al enfermo que está en trance de muerte. V. *Aparecérsele a alguien la Virgen.*

Venir mal dadas Tener malos augurios. Saberse ante circunstancias adversas. Estar ante una situación o un problema que se prevén complicados. *Vamos a tener que recortar gastos y echar todos una mano, porque el año próximo vienen mal dadas.|Yo no sé cómo será la comida en esos países y me voy a llevar unas latas y un poco de embutido, por si vienen mal dadas.* El dicho se refiere claramente a las cartas de la baraja, cuando el que reparte, el denominado mano, entrega a un jugador unas cartas con las que difícilmente va a poder hacer un buen juego y, mucho menos, ganar la partida. Las cartas, literalmente, le vienen muy mal dadas. V. *Vérselas y deseárselas.*

Venirle algo grande/ancho **a alguien** Superar una cosa a una persona. Ser algo inapropiado, por excesivo o difícil, para las características o cualidades de alguien. Es como si una persona se pusiera un traje o cualquier otra prenda de vestir que le quedara ridículamente grande. *Es un excelente trabajador, pero yo creo que un puesto de tanta responsabilidad como ése le viene muy grande.*

Venirse abajo Destruirse. Caer, metafóricamente hablando. Derrumbarse algo o alguien, como si de un edificio se tratara. *A causa de los últimos conflictos surgidos en la zona, todos los planes de paz se han venido abajo.* En el caso de personas el derrumbamiento puede ser físico, moral o ambas cosas. *El atleta español llevaba una considerable ventaja, pero en el último tramo de la carrera se vino abajo y fue superado por tres rivales.|Cuando le dieron la noticia de que no lo habían seleccionado se vino abajo y no hubo manera de consolarlo.*

Ver el/los **cielo**(s) **abierto**(s) Llegar a su fin una desgracia o adivinar la solución de un problema. *No sabía qué hacer en aquel aeropuerto enorme; por eso cuando oí que aquella azafata hablaba español vi el cielo abierto.* El dicho proviene seguramente de la relación que en los *Hechos de los Apóstoles* (VI, 8-10 y VII, 54-70), parte del Nuevo Testamento, se hace del martirio de san Esteban. Se cuenta que mientras los agresores recogían del suelo las piedras para lapidarlo y lo miraban con los ojos llenos de ira, el santo elevó los ojos al cielo y «vio los cielos abiertos y al Hijo del Hombre a la derecha de Dios». Otra interpretación de la frase es la que alude al alivio que siente el agricultor cuando ve que el cielo *abre,* que desaparecen las nubes y termina la lluvia.

Ver la luz al otro lado/al final/al fondo **del túnel** Atisbar una solución o algo positivo tras un periodo de zozobra, de problemas o de desgracias. *Después de este año negro, horroroso, en el que no me ha pasado nada bueno, parece que ahora, con este nuevo trabajo y con la ayuda de los amigos y de la familia empiezo a ver la luz al otro lado del túnel*. El *túnel*, la oscuridad, las tinieblas, lo negro, son sinónimos de tristeza, de agobio. La *luz* la claridad, son la esperanza, la alegría. Cuando comenzamos a recorrer un túnel, a veces se ve al fondo un pequeño resplandor, señal de que allí está la salida: esta imagen es la que se nos transmite en la frase. V. *Salir del túnel*.

Ver la paja en el ojo ajeno Darse cuenta de los defectos de los demás y no darse cuenta de los propios. *O sea, que me dices que yo llevo unos pantalones horribles y resulta que los tuyos están pasados de moda y te quedan fatal... Me parece que tú ves la paja en el ojo ajeno*. La expresión procede del Nuevo Testamento, concretamente del Evangelio de san Mateo (VII, 3-5). Se la dirige Cristo a los fariseos: «¿Cómo es que ves la paja en el ojo de tu hermano y no ves la viga en el tuyo?».

Ver las estrellas Sentir mucho dolor. *Esta mañana me he pillado la mano con la puerta del coche y he visto las estrellas*. Cuando uno sufre un daño considerable tiene la impresión de ver, al cerrar los ojos en el gesto de dolor, unos puntitos brillantes, unas *estrellas*, fenómeno que obedece a una reacción de los nervios sensoriales, denominados «de Helmhotz», y que, comúnmente, recibe el nombre de *chiribitas* o *moscas volantes*. V. *Hacerle a alguien los ojos chiribitas*.

Ver los toros desde la barrera/la talanquera Observar o conocer una situación difícil y no intervenir en ella para opinar o para prestar ayuda. *Tú jamás participas en las reuniones; siempre ves los toros desde la barrera; eso sí, luego exiges que todo funcione mejor*. La barrera es la primera fila de asientos en la que se acomoda el público en la plaza de toros. A esos espectadores, lógicamente, jamás les va a alcanzar el toro, aunque salte al callejón. La *talanquera* es la valla o empalizada que en las plazas portátiles delimita el ruedo.

Ver menos que Pepe Leches/que un pez frito/que un guardia por la espalda/que un gato de escayola/de yeso Ver muy poco. ¿Quién fue *Pepe Leches?* Seguramente nadie; uno de tantos personajes proverbiales que, como *Abundio, Jaimito, Juan* o *Pedro*, son depositarios en la lengua coloquial de todo tipo de taras y defectos y blanco de todo tipo de bromas. Lo que sí parece claro es que *leches* hace referencia a los golpes que el pobre hombre se daba a causa de su escasa vista (v. *Darle a alguien/darse una leche*). A propósito del *gato de escayola*, del *pez frito* y del *guardia* la única explicación posible es remitir al afilado y recalcitrante ingenio popular.

Ver para creer (Si no lo veo, no lo creo) Se usa cuando algo es tan increíble y sorprendente que se hace necesario comprobarlo personalmente para poderlo creer. *Pepe era el tío más machista del mundo. Decía que él no se casaría nunca, y que si se casaba, su mujer iba a ser poco menos que una esclava... Y ahí lo tienes, casado y como un corderito detrás de su mujer. Ver para creer.* La frase se refiere al episodio narrado en los Evangelios donde se cuenta cómo santo Tomás, uno de los discípulos, sólo se da cuenta de que Cristo ha resucitado cuando ve las heridas de los clavos y le pone los dedos en la del costado (*Juan*, XX, 25-29). V. *Poner el dedo en la llaga*||*Ser como santo Tomás*||*Una y no más, santo Tomás*.

Ver por tela de cedazo Ver o entender algo de forma completamente subjetiva. Analizar una situación como más conviene y no como es en realidad. *Ella no te quiere, y ésa es la única verdad, pero tú ves la situación por tela de cedazo y cada gesto suyo, aunque sea de total desprecio, lo interpretas como una prueba de amor.* Quien así obra deforma conscientemente la realidad, la ve borrosa y la interpreta a su modo, como si tuviera delante de los ojos la tupida tela de un cedazo, el utensilio con el que se separan granos de diferentes tamaños, generalmente de arena o de cereal. V. *Pasar una criba*.

Ver venir a alguien Adivinar las intenciones de una persona. No sorprender a una persona las acciones o palabras de otro, porque se conoce su forma de obrar. *En cuanto has abierto la boca, te he visto venir: ya sabía que me ibas a pedir dinero*. Si alguien intenta acercarse físicamente a nosotros y lo vemos, estamos perfectamente prevenidos. Quizá la frase provenga directamente de la jerga de espadachines y delincuentes, donde se usaría referida a aquellos que luchaban con movimientos previsibles. V. *Ya te veo, besugo, que tienes el ojo claro*.

Verdad de perogrullo [ser una; decir una] (Decir/ser algo una perogrullada) Llamamos así a lo que es obvio, evidente, a aquello que no necesita explicación de ningún tipo, pues tal explicación sería poco menos que absurda. *Ya sé que es una perogrullada, pero si llueve nos vamos a mojar, o sea, que será mejor que nos demos prisa*. El tal Pero (Pedro) Grullo seguramente nunca existió, y es uno de los muchos Pedros y Juanes que pululan por las expresiones populares sirviendo de prototipos de necedad (v. *Como Dios pintó a Perico*||*Como Pedro por su casa*||*Ser un Juan Lanas*...), y más considerando que *grullo*, femenino de *grulla*, vale en algunos lugares del sur de España por 'cateto; palurdo', seguramente en alusión a los torpes movimientos de la grulla, ave muy apreciada en otros tiempos por su carne. Debió de ser un personaje muy popular en dichos y chascarrillos de siglos pasados, pues desde el siglo XV aparece periódicamente en la literatura. Lo cita, y lo supone de origen asturiano, Francisco López de Úbeda, en su obra *La pícara Justina*, publicada en 1605. Sancho Panza habla de él en el capítulo LXII de la segunda parte de *El Quijote*, cuando le pregunta a la cabeza encantada por lo que le espera en el futuro y ésta le responde: «Gobernarás en tu casa y, si vuelves a ella, verás a tu mujer y tus hijos; y dejando de servir dejarás de ser escudero». Sancho, entonces, le replica: «Bueno por Dios [...]; esto yo me lo dijera. No dijera más el Profeta Perogrullo». Por último, Quevedo, en la *Visita de los chistes,* lo utiliza como interlocutor y pone en su boca *proféticas* perogrulladas como éstas: «Las mujeres parirán,/si se empreñan y parieren,/y los hijos que nacieren/de cuyos fueren serán.||Volaráse con las plumas,/andaráse con los pies;/serán seis dos veces tres,/por muy mal que hagas las sumas».

Verdades como puños [decir; contar; ser] Verdades evidentes y comprobadas. Realidades indiscutibles, aunque los demás no las tengan por tales. *A ti te habrá sentado muy mal lo que han comentado de tu amiguito Alfredo, pero es la pura realidad. Han dicho verdades como puños. Puño* nos remite al tamaño, pero también a lo real, a lo evidente y a la firmeza en la defensa de la verdad.

Verde y con asa(s) Se dice cuando, por las pistas que se tienen, algo es tan evidente que ni siquiera es necesario comprobarlo ni decirlo abiertamente. *¿Que cómo sé que está embarazada?... Ha engordado; lleva vestidos amplios y ayer la vi saliendo de una tienda de ropa premamá. Verde y con asas*... El objeto del que habla la frase, formulada en clave de adivinanza, es un *cubo* o balde. Los primeros que se fabricaron de plástico eran casi exclusivamente de color verde. V. *Blanco y migado, leche*||*Más infeliz que un cubo.*

¡Verdes las han sega(d)**o!** Con esta frase expresamos una negativa o un rechazo a lo dicho por alguien. *Me ha venido a decir que si le doy permiso para salir hasta las cuatro de la mañana y yo le he dicho que verdes las han segao*. Es imposible que los cereales, las espigas a las que seguramente se refiere el femenino, se sieguen cuando aún están verdes; de ahí el sentido de sorpresa, incredulidad y rechazo que transmite la expresión.

Vergüenza torera [tener] Obrar recta y dignamente. *Hasta ahora nadie ha podido demostrar que el ministro haya participado en la estafa, y hay que reconocer que ha sido un rasgo de vergüeza torera por su parte dimitir de su cargo y ponerse a la entera disposición de los tribunales*. Poner todo el interés y el esfuerzo en algo, aunque no se obtengan los resultados que se esperan. *Sabemos que la fábrica va a cerrar dentro de un mes, pero tenemos que seguir trabajando, por compromiso profesional y, sobre todo, por vergüenza torera*. En el mundo de los toros se valoran mucho los gestos. Uno de ellos es la denominada vergüenza torera: intentar todo lo posible por agradar al público, por dominar al toro y por matarlo dignamente, pese a que las condiciones del animal no lo permitan y sabiendo de antemano que no se va a triunfar.

Verle las orejas al lobo Sufrir un escarmiento alguien que ha visto de cerca el peligro. *A mí me gustaba mucho correr con el coche, pero cuando tuve el accidente le vi las orejas al lobo y ahora voy mucho más despacio*. Seguramente el dicho haga referencia al relato de algún cazador cobarde, y ejemplos hay de ello, que fanfarroneara de haber visto al lobo cuando sólo le había visto, y de lejos, las orejas.

Verlo negro/oscuro (Ver(lo) todo negro/oscuro) Ser muy pesimista. *El problema económico es muy grave y no sé si conseguiremos salir adelante. Ahora mismo lo veo todo negro*. Ya sabemos de las negativas connotaciones del color negro en la cultura occidental y, por supuesto, en nuestra lengua (v. *El garbanzo negro*||*Estar en la lista negra*||*Estar negro*||*La oveja negra*||*Mano negra*||*Tener la negra*||*Verse negro*). El optimismo, en cambio, está alejado en la gama cromática: V. *Verlo todo de color de rosa*.

Verlo todo de color de rosa Ser muy optimista. *Para ti no hay problemas; todo es bueno, todo te gusta, toda la gente se porta bien... Lo ves todo de color de rosa*. Los colores cálidos transmiten, frente a los oscuros (v. *Verlo negro*), connotaciones positivas. Además, el color rosa se relaciona con el amor, con el optimismo. V. *Como una rosa*||*Ser un camino de rosas*.

Verse las caras (Tener un cara a cara) Enfrentarse dos o más personas. Literalmente, ponerse cara a cara, uno frente a otro, que es, al fin y al cabo, lo que significa *enfrentarse*. *Cuando nos veamos las caras, que seguramente será muy pronto, tengo yo que decirle a ése lo que pienso de él. Van a saltar chispas, ya verás*. V. *Vis a vis*.

Verse negro (Vérselas negras||Pasarlas negras) Hacer algo con gran esfuerzo. *Me he visto negro para meter el armario en el dormitorio. He tenido que desmontarlo, que quitar la puerta*...Tener muchos problemas o dificultades. Estar en apuros. *La enfermedad no ha sido muy grave, pero ha habido algunos días en que me he visto negro, porque notaba que me faltaba el aire*. Poco hay que decir de las connotaciones negativas del color negro (v. *El garbanzo negro*||*Estar en la lista negra*||*Estar negro*||*La oveja negra*||*Mano negra*||*Pasarlas canutas*||*Verlo negro*), pero, de todas formas, es muy posible que *vérselas negras* y *pasarlas negras* tengan que ver con la elección de los magistrados y de otros cargos públicos en la Grecia y Roma antiguas, que se hacía mediante la extracción de bolas, habas o piedrecillas (v. *Tocarle a alguien la china*) de un cántaro. Si salía la de color blanco, el candidato resultaba elegido. Si salía la negra, era rechazado. V. *Tener la negra*

Vérselas y deseárselas Esforzarse en gran medida para conseguir algo. *Tu calle está escondidísima; me las vi y me las deseé para encontrar tu casa*. El pronombre femenino *las* es otras veces en la lengua coloquial indicativo de esfuerzo o de sufrimiento (v. *Pasarlas canutas*||*Pasar las de Caín*...). El referente de ese *las* parece ser el sustantivo *penas* (v. *Pasar las penas del infierno*). Podría ofrecerse, no obstante, una explicación que nos llevaría a los juegos de cartas: el jugador que al comienzo de la partida recibe unas cartas que lo le gustan, las ve y desearía tener otras para, al menos, intentar ganar. V. *Venir mal dadas*.

Vérsele/asomarle a alguien el plumero Dejar traslucir las intenciones, las ideas o los defectos. *Dice que no está enamorado de Beatriz, pero cada vez que la mira se le ve el plumero*. En un principio se aplicó la expresión a la persona que dejaba ver claramente sus intenciones políticas. Se aludía al penacho de plumas, denominado *cimera,* que coronaba el casco de los soldados de la Milicia Nacional, que se creó en 1820 para defender las ideas de gobierno liberal. En los periódicos conservadores de finales del siglo XIX se acuñó la frase para referirse a aquellos personajes que se decantaban hacia el lado liberal, y llegaron a hacerse caricaturas en las que aparecían algunos políticos liberales tocados con dicho casco; la primera, y la más famosa, fue la que se le hizo a Práxedes Mateo Sagasta (1825-1903). Con poco fundamento, algunos piensan que el dicho está relacionado con la fábula del griego Esopo (s. IV a. C.) *El grajo y los pavos reales*, en la que un grajo intenta mezclarse con los pavos disfrazándose con sus vistosas plumas: estos, evidentemente, lo reconocen y le dan una buena tunda (v. *Adornarse con plumas ajenas*). A veces se usa la frase para hacer referencia a quien muestra tendencias homosexuales, especialmente si se trata de un hombre, quizá por identificar el tocado de plumas como algo propiamente femenino, inimaginable en el vestuario masculino. V. *Tener pluma*.

Vestirse alguien por los pies Ser alguien coherente, consecuente con sus ideas y opiniones. *He prometido que voy a esa cena e iré pase lo que pase o digan lo que digan, porque yo me visto por los pies*. Tradicionalmente, los hombres se visten por los pies (v. *Llevar los pantalones*); las mujeres, por la cabeza. Como en tantas otras expresiones coloquiales, lo masculino se marca de forma positiva y lo femenino de forma negativa. El hombre, frente a la mujer, representa la seriedad, la sinceridad. De nuevo la lengua coloquial nos demuestra que es, o, mejor, que era, tremendamente machista.

Vía libre [dar; dejar; pedir; tener] Libertad de acción. Autorización, consentimiento para hacer algo. *El jefe nos ha dado vía libre para que organicemos los turnos de vacaciones como mejor nos convenga*. Los trenes, antes de partir de la estación, esperan la señal de *vía libre,* la confirmación de que no hay ningún problema, ningún obstáculo para iniciar la marcha. V. *De vía estrecha*||*Estar en vía muerta*.

Victoria pírrica Se denomina así al éxito cuya consecución no ha merecido la pena porque ha costado grandes esfuerzos y sacrificios. *Ganó nuestro equipo, pero fue una victoria pírrica, porque acabamos con cuatro lesionados y un expulsado*. Se refiere la expresión a las hazañas de Pirro (319-273 a. C.), rey de Epiro, una antigua región balcánica griega, que dedicó casi toda su vida a luchar casi obsesivamente contra los romanos, a los que derrotó varias veces. La victoria a la que parece referirse es la que consiguió en el sur de Italia. En el año 280 a. C., Pirro y sus elefantes habían desembarcado en Taranto con la intención de marchar hacia Roma. El cónsul romano Valerio

Levino salió a su encuentro, que tuvo lugar en Heraclea. Los elefantes barrieron a la caballería romana, y Pirro, a pesar de contar con menos soldados, acabó doblegando al ejército más peligroso del mundo. A pesar de la sonada victoria, el rey de Epiro perdió a unos cuatro mil hombres, entre ellos a sus mejores generales, y se dice que exclamó: «Si consigo otra victoria como ésta, estoy perdido».

Vida de perro(s) [tener; llevar; pasar] Soportar una persona en su vida muchos sufrimientos. *Desde hace un par de años lleva una vida de perros: vive en la calle, no tiene nada y está enfermo*. Nos referimos en el dicho a la triste vida de los perros callejeros, abandonados a su suerte. La presencia del perro es abundantísima, y con significados por lo general negativos, en la lengua coloquial. V. *Como a un perro*||*Como un perro*||*Dame pan y llámame perro*||*De perros*||*Ser un perro viejo...*

Viejo verde Se dice de la persona de edad avanzada que se muestra excesivamente lascivo, con excesivas inclinaciones libidinosas, lo que lo acercaría al joven, al poco maduro, al que aún está verde, que es el que realmente tiene más necesidades de dar rienda suelta a sus efluvios sexuales. *A tus años deberías comportarte con un poco más de moderación con las mujeres y no hacer ciertos comentarios. Pareces un viejo verde*. Es curioso señalar cómo hasta bien entrado el siglo XVIII el adjetivo *verde,* aplicado a un viejo, significaba únicamente 'lozano; sano; pimpante; juvenil', sentido que se envileció con el paso del tiempo. Y otra curiosidad: el color que en la época se identificaba con lo sexual no era el *verde,* sino el *colorado,* es decir, el rojo, lo que es más lógico: es el color de la pasión, del fuego... El *Diccionario de Autoridades* (1791) dice que son palabras *coloradas* «las que, sin ser en sí oscuras, tienen alguna alusión a la obscenidad». V. *Chiste verde*||*Estar verde*.

¡Virgencita, Virgencita, que me quede como estoy! Usamos este curioso dicho cuando, pese a no encontrarnos en una situación del todo favorable, no deseamos que cambie, por si acaso empeora. Implica resignación, conformismo. *Yo ya he pasado el examen; con un aprobado ramplón, pero lo he pasado. No pienso presentarme a ese que va a haber para subir nota. ¡Virgencita, Virgencita, que me quede como estoy!* Para explicar el origen del dicho —aunque tal vez sea más para ilustrarlo— se cuenta un cruel chascarrillo que tiene como protagonista a un cojo o un manco, según versiones, que fue con un compañero a pedir una gracia a la Virgen. El primero, cojo de una pierna, le dijo «Virgencita, ¿por qué no puedo yo tener las dos piernas iguales». Dicho y hecho: quedó cojo de las dos piernas. El amigo, al ver el «prodigio», salió corriendo gritando: «¡Virgencita, Virgencita, que me quede como estoy». V. *Más se perdió en Cuba*.

Vis a vis (Tête a tête) [tener un; estar] Cara a cara. Frente a frente. *Ha habido un malentendido y me gustaría tener un vis a vis con Adela para expli-*

carle todo. En el lenguaje carcelario el *vis a vis* es el encuentro privado, sin la presencia de vigilantes, de un recluso o reclusa con algún familiar o con su pareja. *Para tener un vis a vis con un interno es necesario solicitarlo con un mínimo de dos semanas de antelación*. *Vis* es un derivado del *visum* latino, participio de *videre*, 'ver', que posteriormente se nominaliza y pasa a significar 'acción de ver; sentido de la vista'. De aquí salen *viso*, 'aspecto, apariencia', *visera* o *visaje*, 'gesto, mueca' y, en el siglo XV, 'rostro; cara'. Con más frecuencia de lo deseable, y también con cierta lógica, se escribe *bis a bis*, 'dos a dos' (el prefijo latino *bi-* o *bis-* es 'dos; dos veces', como en *bicicleta* o *bisnieto*), con lo que, entre otras cosas, no salen las cuentas: dos por dos, cuatro. Cada vez se emplea con más frecuencia, con el significado de 'cara a cara', el galicismo *tête a tête*, literalmente 'cabeza a cabeza'. *El director y el jefe de diseño publicitario han tenido un tête a tête para diseñar la campaña del próximo año*. V. *Verse las caras*.

Vista de lince [tener] Visión perfecta. Vista muy aguda. *¿Cómo puedes ver desde aquí lo que pone en el cartel? Tienes una vista de lince*. La locución parece aludir al *lince*, un felino capaz de distinguir a sus piezas a gran distancia y con poca luz, aunque es posible que proceda directamente del personaje mitológico del que el animal toma su nombre: Linceo, príncipe de Mesenia, una región del Peloponeso, al sur de Grecia. Se cuenta de él que tenía una magnífica vista; veía incluso a través de la madera y de la roca, descubría minas bajo tierra y desde una atalaya situada en Libia, a unos 250 kilómetros de Cartago, era capaz de contar los barcos de las flotas de guerra que salían de la ciudad púnica. Participó en la cacería del jabalí de Calidón y en la expedición de los Argonautas a la búsqueda del vellocino de oro. V. *Ser un águila*/*Ser un lince*.

Vísteme despacio, que tengo/llevo **prisa**/que estoy de prisa Empleamos esta frase para señalar que la excesiva prisa, la precipitación, a veces no ayuda a adelantar una tarea, sino que muchas veces la retrasa y la echa a perder. *Bueno, hemos llegado al momento más delicado del experimento; así que ahora, por favor, mucha calma, mucha atención y ya saben: vísteme despacio, que tengo prisa*. Hay muchísimas opiniones sobre el autor de tan afortunada frase. Algunos se la atribuyen al emperador romano Octavio Augusto (63 a. C.-14 d. C.), que, según afirman, solía decir a sus sirvientes «Apresuraos lentamente». Según otros, se la debemos al rey Carlos III de España, que solía decírsela a su ayuda de cámara; algunos, en cambio, se la adjudican a su nieto, Fernando VII. Por último —¡cómo no!—, no faltan los que sostienen que la dijo, también a su precipitado ayuda de cámara, el mismísimo Napoleón Bonaparte (1769-1821). Uno de los enigmas esculpidos en el claustro alto del edificio histórico de la Universidad de Salamanca en el siglo XVI explica perfectamente el dicho. En él puede verse a una mujer sentada, con una pierna apoyada en el suelo y la otra en el aire. En la mano del mismo lado de la pierna alzada sostiene una tortuga; en la otra mano, la que corresponde a la pierna apoyada, unas alas.

Visto para sentencia [estar; quedar; dejar] Estar un asunto casi terminado, en espera de su resolución definitiva. *Bueno, esto está ya visto para sentencia. Sólo falta esperar a que se seque la pintura y colocar los apliques.*|*Con tres cero y a falta de un minuto el partido está ya visto para sentencia.* La expresión procede del lenguaje jurídico, donde se usa para significar que la vista de una causa ya ha concluido y que sólo falta la resolución del tribunal.

Visto y no visto [ser] Así se dice de lo que sucede con gran rapidez, de lo que, a causa de la velocidad con que se produce, parecemos ver y no ver. *Tenías hambre, ¿eh?, porque te has comido el filete en un segundo. Vamos, que ha sido visto y no visto.*

¡Viva Cartagena! Se usaba esta exclamación como extrañeza ante el éxito alcanzado por alguien considerado mediocre; actualmente se emplea más para destacar irónicamente el comportamiento descuidado, extraño o desahogado de alguien. *A ti te da igual cómo combine la ropa. Te pones unos pantalones azules, una camisa naranja y una corbata negra y, hala, ¡viva Cartagena!* A principios de siglo, durante una representación de la zarzuela *Marina* en Cartagena, un tenor mediocre dejó escapar un horrísono gallo. Sin dar tiempo a que el público le pitase, se adelantó hacia el proscenio, carraspeó y soltó un agudo «¡Viva Cartagena!», el grito de guerra de los cantonalistas y de los revolucionarios del siglo XIX, lo que le valió el gran y unánime aplauso del público. La anécdota se hizo tan famosa que se acabó afincando en la lengua popular.

¡Viva Fernando!, y vamos robando Se usa esta frase para criticar o reprochar situaciones en las que alguien poderoso o amparado por el poder muestra su prepotencia o actúa impunemente. *Hay dos tipos de políticos: los que sirven y los que se sirven. De los últimos, de esos de ¡Viva Fernando!, y vamos robando, afortunadamente quedan cada vez menos.* El origen está en los desmanes cometidos por los partidarios del rey Fernando VII (1784-1833) una vez que éste, llamado *el Deseado* por el pueblo mientras duró su retención en Francia, se instauró en el trono de España tras la Guerra de la Independencia contra los ejércitos napoleónicos, lo que sucedió en 1814. El anunciado talante liberal del rey bien pronto se convirtió en el más estricto absolutismo. El pueblo sufría el oprobio, la opresión, los impuestos, mientras que los cortesanos, los nobles y la camarilla del rey campaban por sus respetos. Muchas fueron las frases que acuñaron los madrileños referidas al talante del rey y de los suyos, como la que comentamos, y como otra, ilustrativa de su egocentrismo, que llegó a ser famosísima. Decían que comenzaba las cartas así: «Yo, en mi misma mismidad...». V. *¡Viva la Pepa!*

¡Viva la Pepa! En su origen se empleaba esta exclamación como expresión de alegría ante un hecho. Actualmente, aunque también sirve para mostrar regocijo, suele usarse más para referirse a una acción desahogada o inconsciente. *No te apetece ir a trabajar y, hala, ¡viva la Pepa!, te quedas en la cama y no vas.* Se llamó *la Pepa* a la Constitución que salió de las Cortes de Cádiz en 1812 porque fue promulgada el día 19 de marzo, día de San José. Cuando los patriotas españoles gritaban «¡Viva la Constitución!», pedían con ello la instauración de un régimen liberal y la presencia en España del rey Fernando VII (1784-1833), que estaba en Francia, retenido por Napoleón. Cuando éste llegó, en 1814, lo primero que hizo, contrariamente a lo esperado, fue abolirla e implantar el absolutismo. Los liberales españoles siguieron reclamando la implantación de la Constitución, a la que, como ingenuo truco para evitar ser descubiertos, comenzaron a llamar *la Pepa*. La libertad, desgraciadamente, dio origen al libertinaje, a numerosas revueltas y a la interpretación que hoy damos a la exclamación. V. *¡Viva Fernando!, y vamos robando.*

Vivir/estar **a cuerpo de rey** Con todas las comodidades y lujos; no *como un rey,* que al fin y al cabo también tiene alma y mente, y de vez en cuando piensa, y se preocupa, sino como su cuerpo, que disfruta de todos los placeres sin ningún tipo de turbación mental. *El año pasado le tocó la lotería y ahora vive a cuerpo de rey.*

Vivir/comer/estar **como un cura**/obispo/marajá/pachá/rajá/marqués/rey/príncipe/emperador/general/patriarca/señor... Vivir muy bien, con poco esfuerzo y entre abundancia y lujo. *El tío vive como un cura: un trabajo cómodo y bien pagado, buena casa, buen coche, soltero...* Es realmente curioso que los verbos *comer* y *vivir* sean absolutamente intercambiables y aludan por igual a la calidad de vida. Sobre la figura del cura, se toma como parangón de la vida tranquila y regalada, en referencia a aquellos sacerdotes que se limitaban, como único trabajo, a decir misa y que estaban perfectamente atendidos en todas las necesidades de su vida (v. *Quedarse para vestir santos*). Entre el resto de dignidades eclesiásticas, gubernamentales y militares, fácil resulta buscar el lujo y la opulencia, con especial incidencia en el *Lujo asiático* (v.): el *marajá, pachá* y *rajá* son príncipes o gobernantes orientales.

Vivir/ser **como un marqués arruina**(d)**o** Vivir cómodamente sin trabajar, sin esforzarse. *No ha pegado golpe en su vida, pero vive como un marqués arruinao. Lo ves todo el día tomando vermús por los bares, comiendo en buenos restaurantes, con su traje y su corbata...* El marqués arruinado es el clásico *señorito,* ese personaje legendario, siempre elegante en los modales e impecable en el vestir, que no tiene un duro y consigue dar todos los sablazos que se propone, comer gratis, que le fíen en todas partes apelando a su alcurnia y a su esplendoroso pasado, normalmente ficticios.

Vivir de las rentas Disfrutar en el presente de los beneficios o del crédito conseguidos en el pasado. *En la cuarta vuelta ya sacaba más de un minuto a sus rivales; así que el resto de la carrera se dedicó a vivir de las rentas.|La* *gente lo conoce por la primera novela. Ha publicado tres novelas más, pero sigue viviendo de las rentas de aquélla, que era realmente excelente.* Se dice por analogía con la persona que vive de las rentas que percibe periódicamente, normalmente por el arrendamiento de tierras, locales o casas.

Vivir del cuento Vivir sin trabajar. La frase tiene todos los visos de haber nacido como crítica a los escritores, de ser un menosprecio del trabajo intelectual frente al manual, aunque no hay que descartar alguna referencia a los juglares, a los ciegos de verdad o de mentira o a los cuentacuentos que se ganaban la vida contando historias por los pueblos. V. *Tener más cuento que Calleja*||*Tener mucho cuento.*

Vivir/estar/encerrarse **en la**/una/su... **torre de marfil** Estar aislado. No vivir en la realidad. *Ese chico te está haciendo más daño que otra cosa, pero como vives en la torre de marfil y sólo ves lo que quieres ver...* Se aplica generalmente al artista que busca la perfección creativa encerrándose y aislándose del mundo. *Cada vez que se propone escribir un libro se encierra en su torre de marfil y no se le ve hasta que no la termina.* La frase parece tener su origen en un hermosísimo pasaje bíblico perteneciente al *Cantar de los Cantares* (VII, 5), toda una exaltación de la belleza femenina, de la perfección que obnubila los sentidos: «Tu cuello como torre de marfil,/tus ojos como aljibes de Hesebon». En las letanías del Rosario *torre de marfil (turris eburnea)* es uno de los apelativos de la Virgen.

¡Vivir para ver! Con esta expresión manifestamos asombro o extrañeza ante un hecho sorprendente, o ante un comportamiento inesperado de una persona. *La de veces que le he oído decir que jamás se dedicaría a la política y ahí lo tienes: concejal, y lo que venga. ¡Vivir para ver!* En la vida suceden tantas cosas, es tan impredecible, que cabe todo en ella, hasta lo que menos podríamos imaginarnos. Eso, más o menos, viene a decir tan certera exclamación.

Vivito y coleando [estar] Estar activo y en pleno ejercicio de sus facultades alguien que se daba por acabado o por retirado. *Nadie sabía qué había sido de este cantante, pero con este estupendo disco que acaba de sacar ha demostrado que está vivito y coleando.* La frase, entendida al pie de la letra, nos lleva a pensar en el animal que mueve la cola en señal de alegría y vitalidad, o en el pez que, fuera del agua, sigue dando coletazos.

Volver a la carga Insistir en algo. *Si ya te he dicho que no te voy a prestar ese dinero; no entiendo por qué tienes que volver a la carga.*|*La chica ya te ha dicho que no le gustas y que no quiere nada contigo, y tú, como un tontito, vuelves a la carga.* La frase procede del lenguaje militar. La carga era el ataque de la caballería contra los enemigos. Cuando el primer ataque resultaba fallido o no alcanzaba los efectos deseados, las tropas se reorganizaban y volvían a la carga. La frase, con la desaparición de la caballería, se trasladó al ataque de la artillería pesada y las unidades motorizadas.

Volver a las andadas Reincidir en una mala costumbre o en un mal comportamiento. Caer en el mismo error que se había cometido en tiempos pasados. Es algo así como volver a recorrer el camino anterior, en el sentido metafórico de *vida* que tiene el camino. *Había dejado de beber y estaba mucho mejor, pero creo que ha vuelto a las andadas*. Tal vez la frase tenga relación con los antiguos caballeros andantes, que, cuando se reponían de sus frecuentes heridas en combate o de sus males de amores, volvían a los caminos, a las hazañas, a las *andadas:* véase el desdichado Don Quijote.

Volver al redil (Entrar/meter en el redil||Salir del redil) Volver una persona al grupo o al lugar que había abandonado. *Muchos socios se dieron de baja el año pasado, pero la mayor parte han vuelto al redil este año.|Hace cinco años dejó la empresa para irse al extranjero a trabajar. Terminada esta experiencia, sin duda enriquecedora, ha vuelto al redil*. El *redil* es el cercado en el que se guarda el ganado. La frase parece tener su origen en una parábola del Nuevo Testamento (*Mateo*, XVIII, 1-14 y *Lucas*, XV, 3-7) en la que Cristo compara a Dios con el pastor que, a pesar de dejar abandonadas a las demás, no descansa hasta que encuentra a la oveja perdida, es decir, al pecador, y, con gran alegría, la lleva de nuevo al redil. V. *La oveja negra/La oveja descarriada*.

Volver alguien por sus fueros Ser de nuevo importante una persona. Recuperar la fuerza o el prestigio de otro tiempo. *Este escritor llevaba un tiempo escribiendo novelas horribles, pero con esta última ha vuelto por sus fueros*. El *fuero* era antiguamente el privilegio, ley o poder especial que se concedía a una ciudad, una institución o una persona. Alguien que *vuelva por sus fueros* recupera, pues, la importancia y el orgullo perdidos.

Volver alguien sobre sus pasos Desdecirse. Rectificar lo dicho o lo hecho. *Ante las protestas de los consumidores, el gobierno ha vuelto sobre sus pasos y ha frenado la anunciada subida del precio de los carburantes*. Volver sobre los propios pasos es desandar el camino, regresar al punto de partida para empezar de nuevo, que es, al fin y al cabo, lo que hace el que rectifica.

Volver(le) **la**(s) **espalda**(s) **a alguien o a algo** No querer ver la realidad. *Hay un montón de problemas sociales que nos rodean a diario y a los que no se puede volver la espalda*. Rechazar algo o a alguien. *Antes era el favorito del jefe: le consultaba todas las decisiones, pero desde hace un tiempo parece haberle vuelto la espalda y ya no cuenta tanto con él como antes*. El dicho se refería en sus orígenes al ejército que, viéndose perdido, volvía la espalda a sus enemigos y huía. *Espalda*, como *nariz* o *pecho*, es una de esas palabras que designan partes del cuerpo humano y pueden usarse en singular o en plural. El uso en plural es más arcaizante. V. *Dar la espalda*.

Volver/echar **la vista atrás** Recordar el pasado. Añorar lo sucedido en otros tiempos. *Ya sabemos que hace tres años tuvimos mucho éxito y salió todo a la perfección, pero no podemos volver la vista atrás, porque entonces nun-*

ca vamos a salir adelante. No se vive de recuerdos.|*Vuelvo la vista atrás y veo todo lo que hemos sufrido hasta llegar hasta aquí.* El que, en el tiempo, trae a su mente los sucesos pasados es como el que en el espacio vuelve la cabeza para ver el camino recorrido. De nuevo, en el trasfondo de la expresión, el conocido tópico de la vida como camino.

Volver las aguas a su cauce Volver una situación a la normalidad, igual que las aguas del río desbordado acaban volviendo a su cauce, también denominado *lecho* o *madre* (v. *Salirse de madre*). *Ayer tuvieron una discusión tremenda, pero parece que hoy las aguas han vuelto a su cauce.*

Volverle a alguien el alma al cuerpo Recuperar una persona la tranquilidad, el estado de ánimo tras haber sufrido una fuerte impresión o después de haber superado una gran preocupación. *El accidente fue tremendo y lo vi a diez metros. Fíjate que fue el jueves y aún no me ha vuelto el alma al cuerpo.* El susto, disgusto o emoción han sido tales que se asegura, hiperbólicamente, que la persona ha estado a punto de morir, de perder un alma que ahora, poco a poco, regresa a su lugar.

Volverse mico Volverse loco. Liarse. *A ver si alguien me echa una mano, porque me estoy volviendo mico para organizar todos estos papeles.* Se dice porque la persona a la que se aplica el dicho muestra su agobio, su estado de confusión, gesticulando como podría hacerlo un mico, un mono: moviéndose, rascándose la cabeza, agitando los brazos... V. *Cogerse una mona*||*Corrido como una mona*||*El último mono*||*Pintar la mona*||*Ser mono de imitación*||*Tener el mono*||*¿Tengo monos en la cara?*

Volverse/estar/dejar **tarumba** (Volver/dejar a alguien tarumba) Estar confundido, abrumado, por lo general a causa del ruido excesivo o producto de una situación muy confusa. *Haz el favor de bajar esa música, que me estoy volviendo tarumba.* A veces esta frase se usa como sinónimo de *volverse loco*. *No sabemos qué le ha dado; el caso es que se ha vuelto tarumba, dice un montón de tonterías y se comporta de una forma muy extraña.* Es realmente complicado intuir el origen de *tarumba,* que prácticamente sólo se usa en esta expresión, aunque bien podría tratarse de un término surgido de la onomatopeya del ruido del tambor, lo que nos conecta con otras expresiones de significado similar. V. *Estar sonado*||*Estar tararí*||*Tener muchos ruidos.*

Voz/risa **estentórea** Voz o risa exageradas, que destacan sobre las demás. *El vecino de arriba tiene una voz estentórea. Parece que siempre está enfadado. Desde mi casa se oye perfectamente todo lo que dice. Estentóreo,* no **ostentóreo,* como se oye con demasiada frecuencia, una especie de cóctel entre *ostentoso* y *estentóreo,* es un adjetivo referido a Esténtor, un griego que participó en la guerra de Troya y que, según cuenta Homero (s. IX? a. C.) en la *Ilíada,* atemorizaba a sus enemigos porque «gritaba tanto como cincuenta hombres juntos». V. *Risa sardónica.*

¡Vuelta la burra al trigo! Se le dice a quien se empeña tercamente en volver sobre un asunto que ya se daba por terminado o en actuar, pese a los fracasos precedentes, de la misma manera que antes, igual que la burra que, sin descanso, da vueltas y vueltas al trillo sobre la mies esparcida en la era para separar el grano de la paja. *¡Vuelta la burra al trigo! Ya hemos decidido que vamos al hotel, que no nos apetece ir a un camping. De nada sirve que insistas: si te gusta más el cámping, vete y ya está.*

Y

Y aquí paz y después gloria Usamos este dicho como muletilla para indicar resignación ante un problema o el fin de una disputa o un disgusto. *Que no podemos irnos un mes de vacaciones a Italia porque nos sale muy caro, pues nos vamos un par de semanitas a Santander, y aquí paz, y después, gloria*. La frase era una fórmula con la que los sacerdotes de los siglos XVIII y XIX sustituían al *amén* o al *así sea* que normalmente daba fin a sus sermones. Con ella querían significar los deseos de paz en la Tierra *(aquí)* y gloria en la otra vida *(después)*.

Y lo que te rondaré, morena Se dice para señalar que un asunto va a durar aún mucho tiempo, que algo se va a repetir. *Las obras de reforma van para largo. Llevamos ya ocho meses, y lo que te rondaré, morena*. La frase nos remite a los cortejos amorosos de otros tiempos, al mozo que, empeñado en conseguir el amor de una chica, la rondaba con insistencia.

Y otras/demás/más **hierbas**/yerbas Usamos esta frase al final de una enumeración de una serie de personas o de cosas con el significado de 'y otros más'. *En la parte derecha estaban los familiares del novio, amigos, conocidos y otras hierbas.*|*Venden papelería y material de oficina: lápices, folios, archivadores, carpetas y otras hierbas*. Quizá el origen de la expresión nos lleve a las antiguas farmacias o herbolarios, donde se clasificaban las hierbas por su nombre y sus propiedades terapéuticas. Aquellas cuyo nombre se ignorara pasarían a ser clasificadas, simplemente, como «otras hierbas».

¡Y un jamón (con chorreras)! Curiosa fórmula de negación tajante, de rechazo ante una afirmación o propuesta de otro. *¿Que fue Carlos el que lo dijo? ¡Y un jamón! Fue Javier, que estaba yo delante.*|*¿Que te preste el coche para el fin de semana?... Sí, hombre... ¡Y un jamón!* La exclamación nace como fórmula irónica de rechazo ante la petición desorbitada de alguien. A quien pide muchas cosas o algo muy difícil se le puede contestar diciéndole: «¡Y un jamón!», un artículo considerado de lujo, y para más lujo, un jamón absurdamente adornado con chorreras, los encajes que adornaban las pecheras de las camisas de los caballeros.

Y pare usted de contar Con esta frase terminamos una enumeración de pocos elementos o de pocas personas. La *cuenta* acaba rápidamente. *Yo pensé que iba a haber más gente, pero sólo estabámos nosotros, Antonio, Maribel, su novio y pare usted de contar.*

Y pico Parte o porción pequeñas, que no se conocen o que no se quiere expresar, que exceden a una cantidad redonda. *No me extraña que quieran que juegue al baloncesto. Con sólo diecisiete años mide dos metros y pico*. Este *pico* metafórico es un apéndice, un saliente, como el de las aves.

Y santas pascuas Con esta expresión damos por zanjado un asunto o por terminada una discusión. *Pues para que no haya problemas, no vamos a comer ni donde tus padres ni donde los míos. Nos quedamos en nuestra casita y santas pascuas*. Se trata, en suma, de que no haya problemas, de que no se estropee la armonía, la fiesta (v. *Tengamos la fiesta en paz*). La *Pascua* es la fiesta con la que los judíos conmemoran la huida de Egipto. El término deriva del hebreo *pesach,* que significa 'salida' y también 'paso, tránsito' y, según algunos, podría aludir también al *paso* del ángel exterminador por las casas de los egipcios para dar muerte a todos los primogénitos. El sentido positivo que tiene en español la expresión *Más contento que unas pascuas* (v.) se debería al primer hecho; el negativo de *Hacerle a alguien la pascua* (v.), al segundo. La religión católica aplicó el término a la Resurrección —*paso* de la muerte a la vida de Cristo—. En la actualidad, conservando el sentido festivo original del término hebreo, llamamos por antonomasia *pascuas* a las fiestas de Navidad.

Y sin vender una escoba (No vender una escoba) No obtener ningún resultado positivo. Fracasar alguien en lo que se propone. Generalmente se dice anteponiendo la hora. *Yo pensaba pasar una semana de sol y playa, pero nada, llevo ya cinco días aquí y sin vender una escoba, porque no ha dejado de llover y hace un frío horroroso*. A veces se dice con la hora delante para significar que alguien, pese a haber pasado ya mucho tiempo, no ha hecho nada o no ha conseguido sus propósitos. *Las doce, y sin vender una escoba. Y yo que quería hacer un montón de cosas esta mañana...* El dicho posiblemente lo empezaron a emplear los comerciantes para aludir a la escasez de ventas, para quejarse de que no vendían nada, ni siquiera lo más común, útil y barato, como las escobas, que se hacían con matojos del campo.

¡Ya está el gato en la talega(, míralo que salto pega)! La frase, que se usa más en la versión reducida, equivale a decir que se ha encontrado la solución a un asunto. *¡Ya está el gato en la talega!: «argonauta» es la palabra que falta para resolver el crucigrama*. El origen del dicho podría explicarse interpretándolo en sentido literal, como el hecho de atrapar un gato y meterlo en una bolsa de tela, o sea, en una *talega*. No obstante, es más lógico que proceda de la jerga de germanía, la de los delincuentes de los siglos XVI y XVII, que se llamaban entre sí *germanos* 'hermanos', donde podría significar 'descubrir un dinero oculto' o simplemente 'robar'. No se olvide que en siglos pasados se llamaba *gato* a la bolsa de piel de este o de otros animales en la que se llevaba el dinero y, también, por metonimia, al ladrón que la robaba. V *Aquí hay gato encerrado.*

Ya te veo, besugo, que tienes el ojo claro Adivinar las intenciones de una persona. *Anda, deja de hacerme la pelota, que ya sé que lo que quieres es la paga... ¡Ya te veo, besugo, que tienes el ojo claro!* Una de las formas de saber si el besugo y otros pescados son frescos es mirarles los ojos: si están claros, transparentes, el pescado está en buenas condiciones. Cuando están opacos, velados, no es recomendable su consumo. De la misma forma, mirando a una persona a los ojos podemos hacernos una idea de cuáles son sus verdaderos pensamientos. Siempre se ha dicho que los ojos son el espejo del alma. V *Ojos de besugo*||*Ver venir a alguien.*

Ya veremos, dijo un ciego Con esta irónica frase se asegura que algo no se va a hacer, pese a las promesas que puedan dar a entender lo contrario. Suele usarse cuando alguien contesta con evasivas, sin asegurar nada, diciendo «ya veremos». *Le he preguntado si me puedo coger vacaciones en septiembre, y me ha contestado como siempre: «ya veremos»... Ya veremos, dijo un ciego.* A veces se completa el dicho con un apéndice un tanto de perogrullo: *y nunca vio.*

Z

Zapatero, a tus zapatos Con esta frase indicamos que cada cual tiene que hablar de lo que conoce, o hacer aquello para lo que está capacitado, y que no debe entrometerse en otros asuntos. *¿Que quieres pintar tú la habitación? ¡Pero si no has cogido una brocha en tu vida! Zapatero, a tus zapatos*. La frase, así lo cuenta el escritor romano, se le atribuye al pintor griego Apeles (siglo IV a. C.), retratista de Alejandro Magno. Como era habitual entre los artistas, había llevado una obra, concretamente un retrato, al ágora ateniense, la plaza pública, para que sus conciudadanos le dieran su opinión. Un zapatero que pasó por allí se enfadó mucho al ver las sandalias que lucía el retratado y criticó la forma y el color. Apeles aceptó las críticas, volvió a su estudio y las retocó siguiendo las instrucciones del zapatero. De vuelta al ágora, nuevamente apareció aquél, que, orgulloso ante los resultados de sus comentarios, se permitió opinar sobre otros detalles del cuadro: la cara, las manos, las vestiduras... Apeles lo miró serenamente y, con una sonrisa, le dijo: «Zapatero, a tus zapatos». Desgraciadamente, no ha llegado a nosotros ninguna obra de tan insigne artista. Un refrán nos advierte de lo mismo *El zapatero, juzgue su oficio y deje el ajeno*.

Zumbarle a alguien los oídos Se dice que le *zumban los oídos* a la persona que sospecha que alguien está hablando mal de ella. *Seguro que ayer, cuando me fui, me pusisteis verde, porque me zumbaban los oídos*. Según una antigua creencia, se cree que cuando una persona siente una especie de silbido o zumbido se debe a que otras personas están hablando de ella. Si se siente en el oído derecho, hablan bien; si se siente en el izquierdo, la están criticando. Lo recoge el escritor romano Plinio el Viejo (23-79) en su *Historia natural:* «Absentes tinnitu aurium praesentire sermones de se receptum est», 'Los ausentes oyen un zumbido cuando presienten comentarios sobre ellos'. V. *Cargarse de moscas||Estar con la mosca detrás de la oreja||Estar mosqueado*

Zurrarle a alguien la badana (Zumbarle/zurrarle a alguien la pandereta) Golpear a alguien, en sentido real o metafórico. *Cuando llorábamos por tonterías y nos poníamos caprichosos, mi madre nos zurraba la ba-*

dana.|*Se las prometían muy felices porque se creían superiores, pero les han zurrado la badana y han perdido con toda justicia*. La *badana*, término de origen árabe, de *bitana*, 'forro', es la piel curtida, normalmente de oveja o carnero, con la que antes se elaboraban ciertas prendas de vestir de baja calidad, especialmente los calzones que llevaba la gente más humilde, y especialmente los moriscos; a quien le *zurraban la badana* le daban, pues, buenos golpes en el trasero. Algunos opinan que en los crudos tiempos de la Inquisición, por contraste con la *piel*, propia de cristianos, se llamaba *badana* a la piel de los «herejes», judíos o moros, identificándolos así con animales. Éstos, especialmente los conversos, eran objeto de frecuentes apaleamientos y torturas. Pero tal vez todo sea mucho más simple, porque con la *badana* se elaboraban también los parches de tambores, panderetas u otros instrumentos musicales que se hacen sonar golpeándolos, por lo que el dicho bien podría haber venido por este camino, y más cuando tenemos la variante con la *pandereta*.

Índice

Este índice ha sido elaborado con el fin de facilitar a los usuarios la consulta del diccionario de dichos y frases hechas. Ordenado alfabéticamente, en él se recogen todas las expresiones que aparecen comentadas en el diccionario, así como sus variantes más conocidas, remitiendo éstas a la frase o dicho en la que se puede encontrar. Se mantienen en negrita sólo las que constituyen las entradas del diccionario, pero se tienen en cuenta, a la hora de alfabetizar también las variantes intercaladas en ellas.

Para la rápida localización de cualquier expresión, se han incluido en el índice las palabras más significativas de cada dicho o frase; de esta forma la expresión *Al pan, pan, y al vino, vino* aparece ordenada en la letra *A*, bajo *pan* y bajo *vino*.